南通市老龄志

《南通市老龄志》编纂委员会 编

方志出版社
Publishing House of Local Records

图书在版编目（CIP）数据

南通市老龄志 / 《南通市老龄志》编纂委员会编
-- 北京 : 方志出版社, 2015.10
ISBN 978-7-5144-1750-0

Ⅰ. ①南… Ⅱ. ①南… Ⅲ. ①老年人—工作概况—南通市 Ⅳ. ① D669.6

中国版本图书馆 CIP 数据核字（2015）第 245700 号

南通市老龄志

编　　者：《南通市老龄志》编纂委员会
责任编辑：李　静
出 版 人：冀祥德
出 版 者：方志出版社
地址　北京市朝阳区潘家园东里 9 号（国家方志馆 4 层）
邮编　100021
网址　http://www.fzph.org
发　　行：方志出版社发行中心
电话（010）67110500
经　　销：各地新华书店
印　　刷：南通超力彩色印刷有限公司
开　　本：889*1194　1/16
印　　张：48.6
字　　数：981 千字
版　　次：2015 年 10 月第 1 版　2015 年 10 月第 1 版印刷
印　　数：0001 — 2000 册
ISBN　978-7-5144-1750-0　定价：200.00 元

长江入海口

濠河穿越千年古城

中国八小佛教名山之一——狼山

丰饶秀丽的江海平原

南通港口通天下

繁荣的南大街商业圈

新城区一角

国家级非物质文化遗产——南通板鷂风筝　蓝印花布

万鸟霜天竞自由

1997 年 11 月，全国人大常委会执法检查组到通检查《中华人民共和国老年人权益保障法》执行情况，图为全国人大常委会委员崔乃夫（中）、黄玉章（右）在视察中

2009 年 11 月，民政部常务副部长李立国（2010 年 6 月后任民政部部长、全国老龄委副主任、全国老龄办主任、中国老龄协会会长，中）视察南通市老年社会福利中心

2011年1月，海安县曲塘镇刘圩村村民向中共江苏省委书记、省人大常委会主任罗志军（前排右二）咨询养老政策

2011年7月，中共江苏省委副书记、江苏省省长李学勇（中）视察如皋市长江镇春桃社区公共服务中心，并与在棋牌室活动的老人亲切交谈。图为听取社区情况汇报

2014年5月，中共江苏省委副书记石泰峰（右四），省政协副主席、省委统战部部长罗一民（右五）视察南通市学田街道紫荆花社区时观看老年书画作品

2014年1月，省委常委、省军区政委李笃信（右三），副省长徐鸣（左一）看望慰问如皋市部分孤寡老人

2011年6月，江苏省人大常委会副主任、党组副书记林祥国（中）率检查组到南通检查《中华人民共和国老年人权益保障法》和《江苏省老年人权益保障条例》执行情况

2014年3月，江苏省副省长、省老龄委主任许津荣（前排右）视察在建中的如东县社会福利中心，省政府副秘书长、省老龄委副主任徐国柱（二排右）陪同视察

2010年6月，民政部副部长、全国老龄委委员、全国老龄办副主任、中国老龄协会副会长窦玉沛（前排右一）视察南通市崇川区居家养老服务工作

2010年4月，全国老龄办副主任、中国老龄协会副会长曹炳良（前排左一）视察崇川区新城桥街道养老服务工作

2010年6月，全国老龄办副主任、中国老龄协会副会长阎青春（右二）视察南通市居家养老信息管理系统

2002年10月，中国老年学学会会长张文范（右）看望百岁老人

2008年10月，中国老年学学会会长李本公出席首届中国十大寿星排行榜揭榜暨中国长寿之乡（如皋）揭牌仪式

2011年6月18日下午，由江苏省老龄办、文化厅、老龄协会联合举办的“颂党恩桑榆情”江苏省老年文艺汇演启动仪式暨南通市第三届老年文化艺术节开幕式在南通更俗剧院隆重举行。省老龄协会名誉会长顾浩（二排左四）、省老龄协会会长凌启鸿（二排左五）出席启动仪式并与部分演员合影

2012 年 4 月，江苏省老年学学会会长王荣炳（右一）在南通进行老年精神关爱工作调研，省老年学学会副会长张伟新（右二）等陪同调研

2012 年 7 月，江苏省老龄办主任张建平（中）在启东参观全省农村老年关爱之家建设推进会现场

2013 年 10 月，中共南通市委书记、市人大常委会主任丁大卫（左二）看望百岁老人

2014 年 1 月，中共南通市委副书记、南通市市长张国华（右）慰问老人

2013年2月，南通市人大常委会副主任、党组书记黄利金（右一）率领部分组成人员视察调研社会养老服务体系建设情况

2014年5月，南通市政协主席王德忠（右排四）率领主席会议成员视察社会养老服务体系建设工作

2012年10月，中共南通市委副书记陈斌在南通市庆祝第26个敬老日暨第四届老年文化艺术节文艺汇演大会上讲话

2012年6月，中共南通市委常委、市政府常务副市长陈照煌（左一）出席全市养老服务业发展现场推进会

2012年8月，南通市副市长、市老龄委主任赵闻斌（中）视察南通市区养老机构建设情况

2000年6月，南通市老龄协会、老年学学会会长顾嘉禾（右）在北戴河召开的全国首届健康长寿学术研讨会上发布论文：《论百岁老人成长的环境》

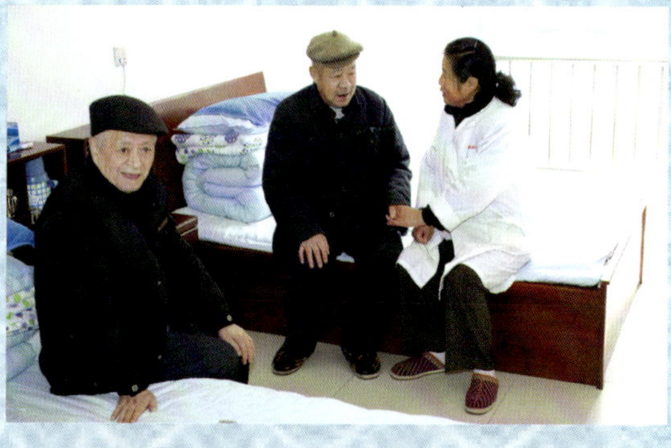

福利院（敬老院）处处有关爱

社会关爱敬老院老人

送戏进老年公寓

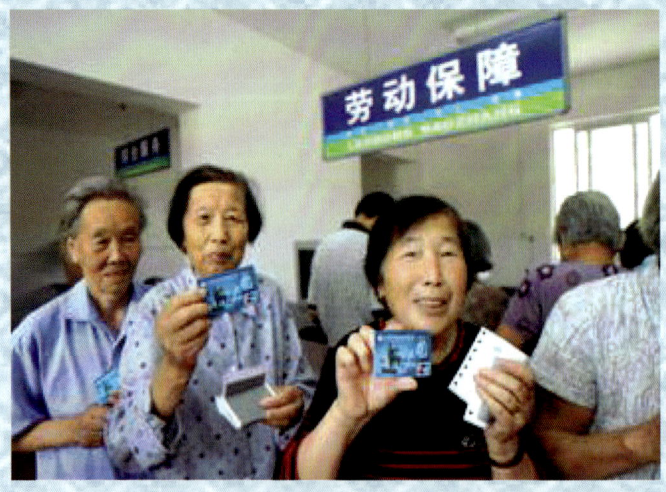

我们领到社保卡了

百岁老人母女俩

儿推母游春

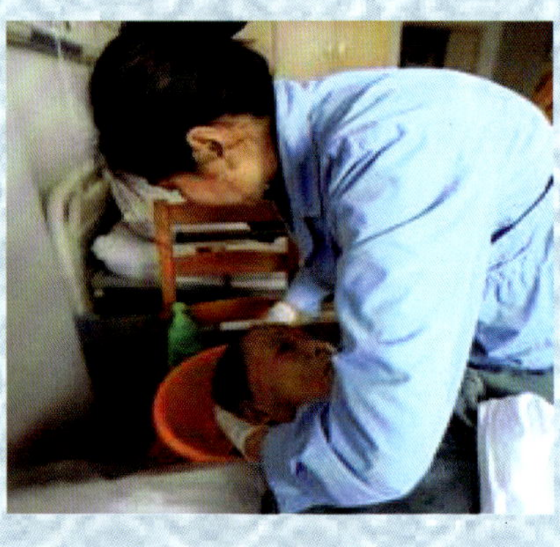

精心护理

社区老人喜看文娱演出

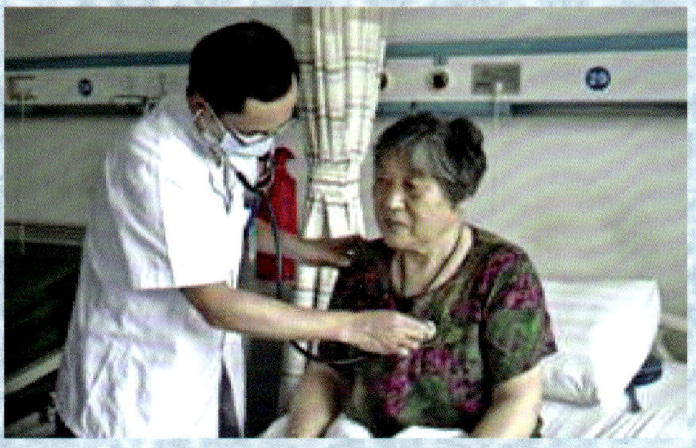

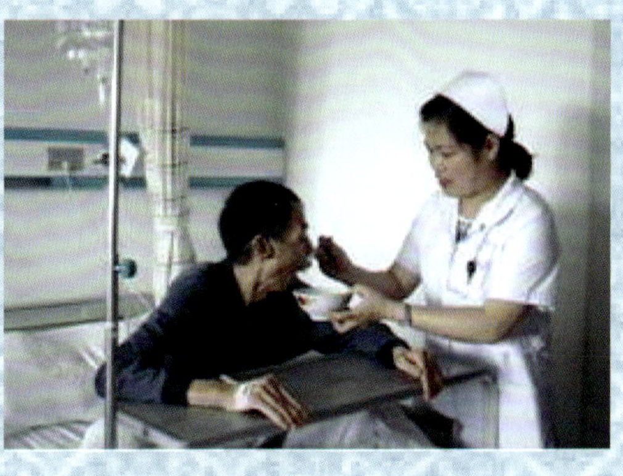

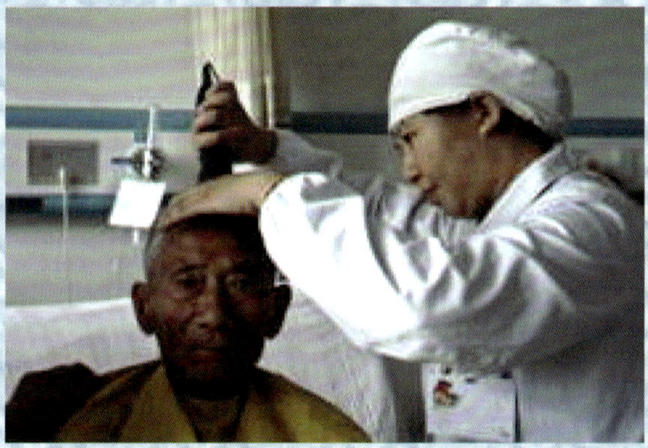

医护关心

送医下乡

老年大学招生现场

老年电脑热

书画从头学

新手艺

摄影新秀

老年大学要拍毕业照啦

老年大学学员汇报演出

听取中共十八届三中全会精神宣讲报告

读书看报　孜孜以求

泼墨挥毫　尽情挥洒

南通市老干部智库部分成员在如皋调研

南通市寺街《关心下一代园地》的编辑们

老年志愿服务者

第七届中华慈善奖获得者、中国最具爱心慈善楷模、磨刀老人吴锦泉捐款

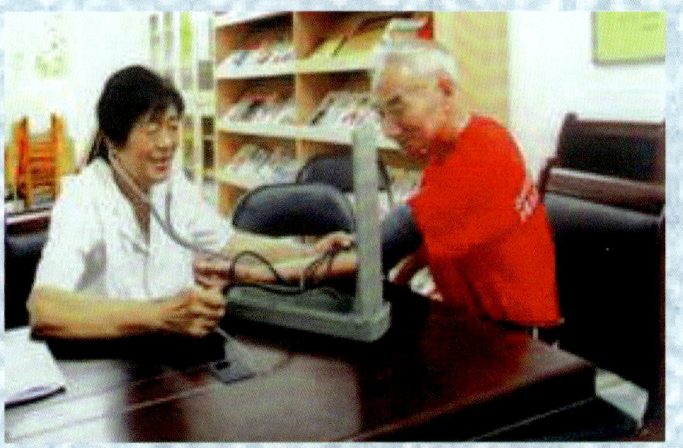

退休医生下社区服务

师徒献艺

南通非遗传承人

义务巡防

分享

乐在演唱

乐在健身

乐在出游

乐在棋中

祖孙同乐

人鸟和谐

爷爷常冬泳

奶奶舞青春

摄下美妙世界

转出快活老年

乐不可支

苦思谜底

骑行天下

高手对掼

世界长寿之都—中国南通授牌仪式

列入吉尼斯世界纪录的世界最大的青铜碗—青铜长寿百岁碗

世界长寿乡—中国·如皋授牌仪式

中国长寿之乡—如皋揭牌仪式

中国长寿之乡—如东颁牌仪式

中国长寿之乡—启东授牌仪式

百岁老人风采（一）

启东市季振山（生于1914.1）、陆秀英（生于1914.2）夫妇

海门市陈来云（生于1905.7）

如东县欧阳祯（生于1911.6）

百岁老人风采(二)

如皋市万岁宴

海安县季九兰
(生于1913.6)

通州区刘巾成(生于1914.3)、周文英(生于1912.10)夫妇

百岁老人风采（三）

崇川区王自耕（生于1910.10）

港闸区顾长英（生于1912.7）

南通经济技术开发区黄兰妞（生于1911.1）

南通市社会福利院

南通市社会福利中心(阳光老年公寓)

南通市老年康复医院（南通大学附属医院分院）

南通市老年大学主校区（原南通市政府办公楼）

2015 年 5 月 22 日，《南通市老龄志》通过省、市专家评审

南通市老年人活动中心

南通市国土资源局　南通市民政局　南通市城乡建设局　南通市规划局　南通市交通运输局　联合监制　南通市测绘院有限

审图号：苏S(2013)078号

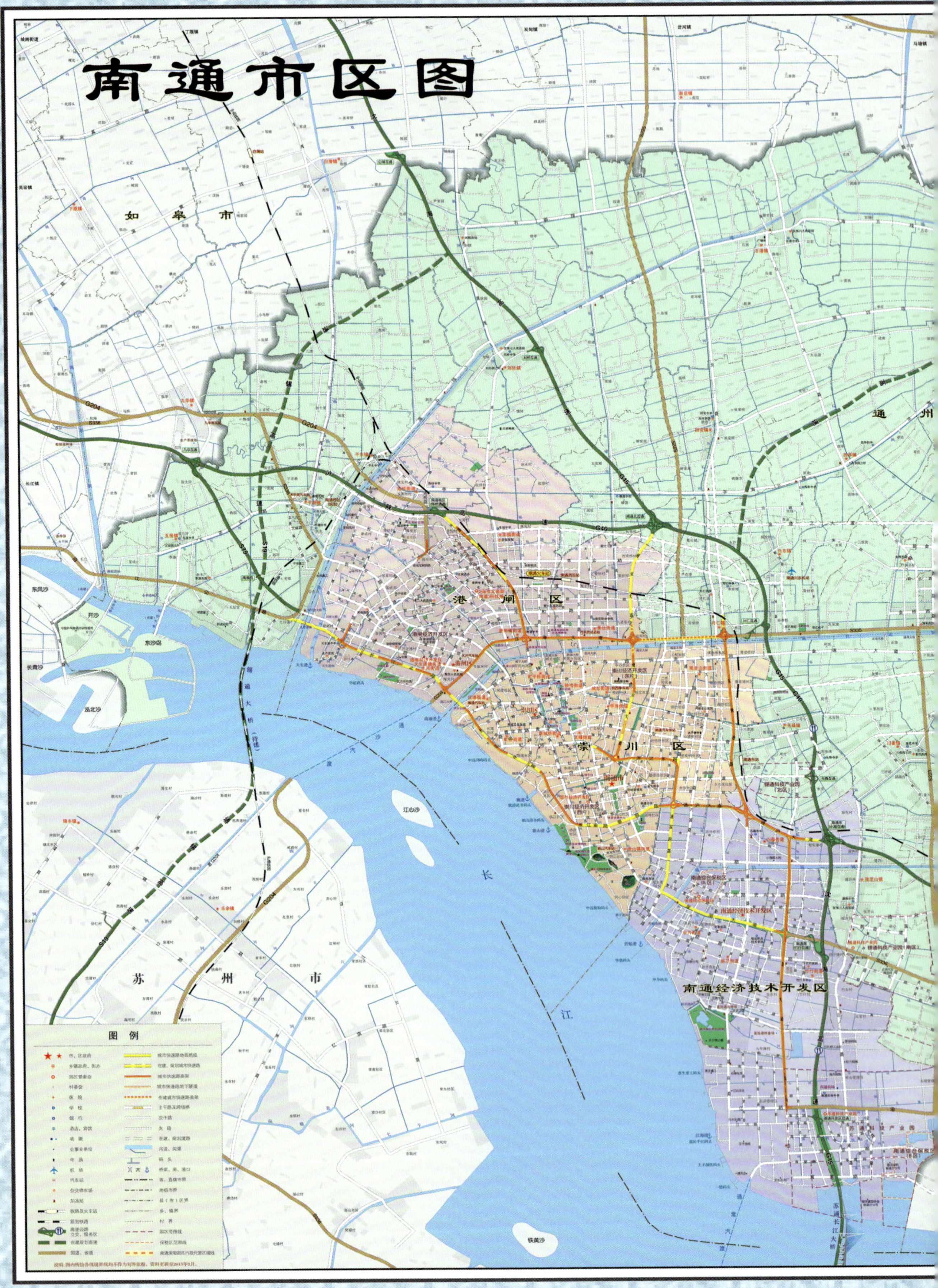

南通市国土资源局　南通市民政局　南通市城乡建设局　南通市规划局　南通市交通运输局　联合监制　南通市测绘院有限

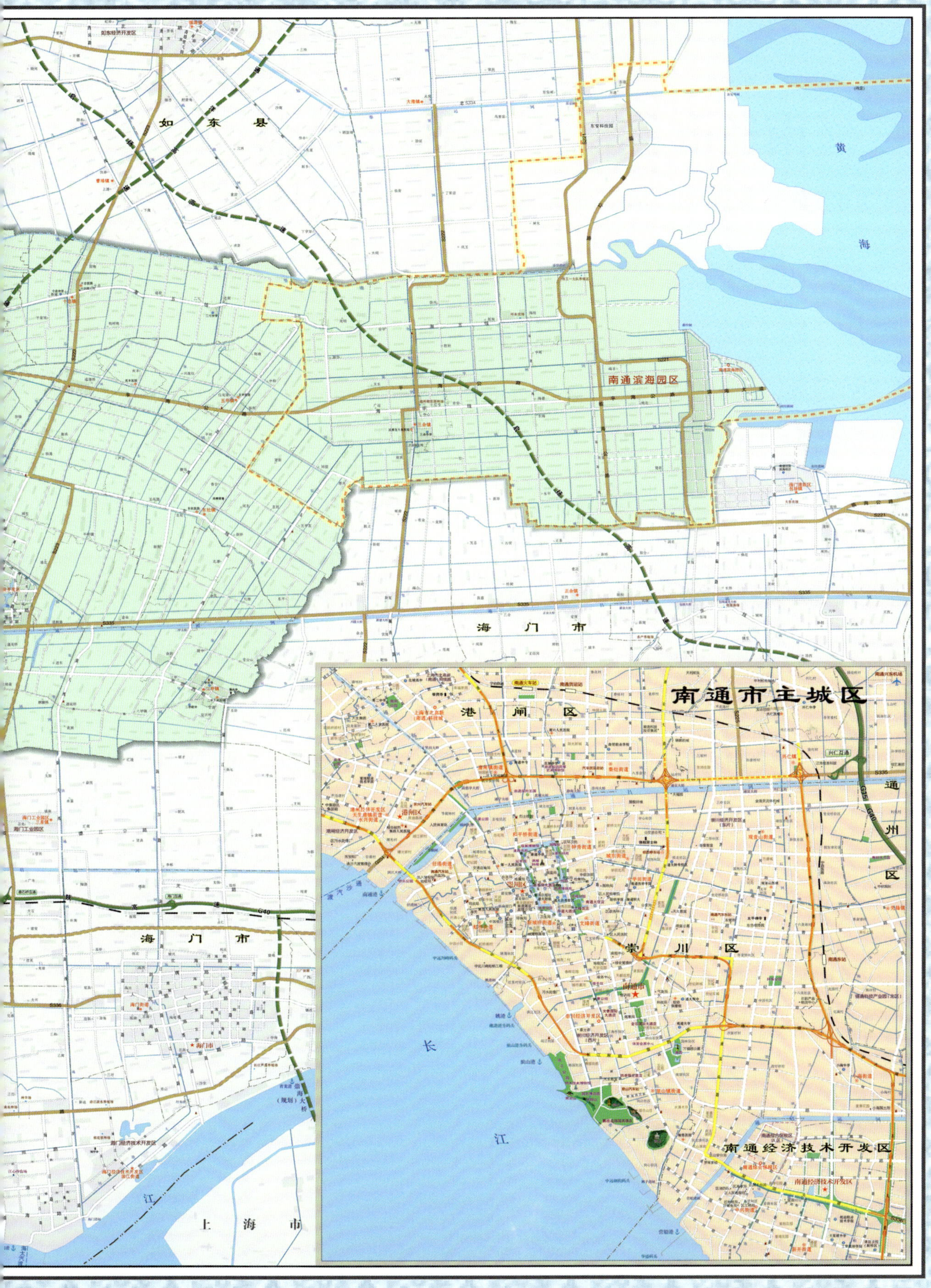

审图号：苏S(2013)079号

《南通市老龄志》编纂委员会

（2012 年 4 月成立，2014 年 8 月、2015 年 5 月先后调整）

主　　任：张国华

副 主 任：陈　斌　赵闻斌　顾嘉禾

顾　　问：朱　剑　李明勋　朱文涛

委　　员：薛　谦　王　昀　金　元　陈慧宇　徐爱民　蔡宏伟
陈　红　吴明华　戴泽晖　卢　斌　张　明　陆　路
胡宁彬　顾　锋　唐　进　李　明　许建华　龚建祥
吴爱萍　朱鸿彬　吴声和　王久捷　何惠斌　储友杰
石秀峰　刘桂江　方定琦　高顺昌　顾林忠　金维勤
沈建洪　邵汉清　匡志森　王建明　王苏敏　陈宝泉
戴焕林　钱　炜　施汉嵘　吉秀海　郑槱年　陈汉中
沈元成　王兆祥　沙未生

编辑室

主　　编：顾嘉禾

副 主 编：王　昀　吴明华　王久捷　何惠斌

执行主编：王　昀

编　　务：吴爱萍　朱鸿彬　邓美林

序

习近平总书记强调，全社会要一起努力，把老年人安顿好、照顾好，让老年人安度晚年。2014年年末，南通60周岁以上老年人有200.4万人，占全市户籍总人口比重达到26.11%，是全国地级市老龄化程度最高的城市。做好老龄工作、发展老龄事业，已经成为全社会面临的一项重要而紧迫的任务。在此背景下，《南通市老龄志》经过三年精心编纂正式出版，这对于我们系统回顾近些年我市老龄工作发展历程，总结成功经验，创新工作方法，不断开创老龄工作新局面、推动民生建设迈上新台阶具有重要意义。

《南通市老龄志》运用历史唯物主义和辩证唯物主义的观点和方法，全面客观反映了各个历史阶段我市老龄事业发展的成就，充分展示了江海大地尊老、敬老、爱老的良好社会风尚，融思想性、科学性、资料性于一体，记事脉胳清晰，文字朴实流畅，既体现了时代特点，又彰显了地方特色，是做好新时期老龄工作的重要参考资料。

希望各地、各部门充分发挥好本书借鉴、指导作用，把老龄工作放到“四个全面”战略布局中来统筹谋划和推进，不断完善养老服务体系，大力加强以孝老敬亲为重要内容的社风家风建设，切实解决好老有所养、老有所医、老有所学、老有所为、老有所乐等实际问题，在建设经济强、百姓富、环境美、社会文明程度高的新南通的进程中，让全市老年人共享更多改革发展成果。

本书编纂出版得到了多方面的关心和支持，特别是许多老同志不辞辛劳，发挥余热，付出了很多心血，做出了重要贡献。在此，谨向所有参与、支持本书编纂出版的同志们致以诚挚的问候！

2015 年 5 月 7 日

（作者系中共南通市委书记、南通市人大常委会主任）

凡 例

一、本志秉持实事求是原则，全面记述南通市进入人口老龄化社会的历史与现状，以及与之相关的自然环境、经济环境、社会环境因素；系统记载各级党委、政府及其老龄工作部门，根据老龄工作方针政策，应对人口老龄化挑战，全面推进老龄事业发展的工作实绩。全书力求熔思想性、科学性和史实性于一炉，反映时代特点和地方特色。

二、本志记述时间，上限定于1982年1月1日，下限止于2012年12月31日。大事记和第十四章“老龄科学研究”、第十五章“老年社团”、第十七章“人物·荣誉”、第十八章“文件辑存”的记事时间，下限延伸至2014年6月30日。为保持某些事物的完整性，部分章、节适当向前追溯。

三、本志记述的地域范围，以2012年底南通市行政区域为界。1983年3月1日前的“南通”，指南通地区和南通市。南通地区含海安县、如皋县、如东县、南通县、海门县、启东县。1983年3月1日，经国务院批准，撤销南通地区行政公署，将原南通地区的各县划归南通市管辖。2012年年底，南通市辖海安县、如皋市、如东县、海门市、启东市和通州区、崇川区、港闸区、南通经济技术开发区。其中，1989年11月前，启东市为启东县；1991年2月前，如皋市为如皋县；通州区1983年3月至1993年1月称南通县，1993年1月至2009年3月为通州市。1994年4月前，海门市为海门县。市属区，1983年8月前为城中区、港闸区、郊区，1983年8月至1984年12月为城区、郊区，1984年12月至1991年6月为城区、郊区、南通经济技术开发区，1991年6月至2009年3月为崇川区、港闸区、南通经济技术开发区，2009年3月后为通州区、崇川区、港闸区、南通经济技术开发区。

四、本志述、记、志、录、表、图诸体并用。总述置于志首，表格随文，索引殿后。

五、本志采用章节体，全志由章、节、目、子目四个层次组成。

六、大事记以编年体为主，辅以纪事本末体。

七、本志统计数字、书写及标点符号使用，分别执行国家有关规定。记述历年老年人口的数量，采用统计部门公布或公安户籍统计年报的数据。

八、本志所引资料，文中一般不注明出处。

目 录

总 述 …… **1**
大事记 …… **18**

第一章 环 境

第一节 生态环境 …… 92
第二节 经济环境 …… 110
第三节 社会文化环境 …… 122

第二章 人 口

第一节 人口规模 …… 128
第二节 人口变动 …… 132
第三节 人口分布 …… 137
第四节 人口结构 …… 143
第五节 人口素质 …… 151

第三章 老龄化

第一节 态 势 …… 161
第二节 变 化 …… 165
第三节 影 响 …… 169

第四章　长寿现象

第一节　基本态势…………173
第二节　结构演化…………175
第三节　长寿成因…………178
第四节　预期寿命…………181
第五节　寿道个案…………181

第五章　机构设置

第一节　领导机构…………193
第二节　职能部门…………207
第三节　县级机构和基层工作网络…………211

第六章　养老保障

第一节　城镇社会养老保险…………215
第二节　农村社会养老保险…………227
第三节　农村家庭赡养…………229
第四节　城市特困老人生活保障…………233
第五节　计生困难家庭奖励扶助…………237

第七章　医疗保障

第一节　医疗保障制度…………240
第二节　社区卫生服务…………252
第三节　老年保健…………256

第四节　老年医疗服务…………………………………………………………………………… 261

第八章　养老服务

第一节　机构养老服务…………………………………………………………………………… 265
第二节　居家养老服务…………………………………………………………………………… 272
第三节　企业退休人员社会化管理服务………………………………………………………… 277
第四节　老干部工作……………………………………………………………………………… 281

第九章　老年文体

第一节　老年教育　…………………………………………………………………………… 293
第二节　老年文艺………………………………………………………………………………… 297
第三节　老年书画………………………………………………………………………………… 300
第四节　老年摄影………………………………………………………………………………… 303
第五节　老年体育………………………………………………………………………………… 305

第十章　老有所为

第一节　建言献策………………………………………………………………………………… 309
第二节　参与老区建设及扶贫开发……………………………………………………………… 313
第三节　参与经济建设和科技发展……………………………………………………………… 316
第四节　关心下一代健康成长…………………………………………………………………… 320
第五节　修史编志　著书立说…………………………………………………………………… 324
第六节　义诊服务　治病救人…………………………………………………………………… 328
第七节　参与文明城市创建和社会公益活动…………………………………………………… 330

第十一章　权益保障

第一节　法治宣传…… 338
第二节　执法检查…… 340
第三节　市人大代表议案、建议和市政协委员提案的办理…… 341
第四节　制定规范性文件及其他重要文件…… 352
第五节　维权工作…… 354

第十二章　老年优待

第一节　提供各类优待服务…… 359
第二节　建立发放尊老金制度…… 361

第十三章　尊老敬老

第一节　敬老活动…… 363
第二节　孝道宣传…… 366
第三节　敬老先进典型…… 368

第十四章　老龄科学研究

第一节　研究机构和队伍…… 376
第二节　研究成果…… 378

第十五章　老年社团

第一节　南通市老龄协会（老年学学会）…… 402

第二节　南通市老科技工作者协会…………………………………………………………… 406
第三节　南通市老年技术工作者协会（退休工程师协会）………………………………… 409
第四节　南通市老年书画研究会（联谊会）………………………………………………… 409
第五节　南通市老年摄影学会………………………………………………………………… 411
第六节　南通市老年人体育协会……………………………………………………………… 412
第七节　南通市退（离）休教育工作者协会………………………………………………… 414
第八节　南通市离退休法官协会……………………………………………………………… 415
第九节　南通市老年人民警察协会…………………………………………………………… 417
第十节　南通市老新闻工作者协会…………………………………………………………… 419
第十一节　南通市老龄医务工作者协会……………………………………………………… 420
第十二节　南通市老年康复协会……………………………………………………………… 421

第十六章　县（市）、区老龄事业简况

第一节　海安县老龄事业简况………………………………………………………………… 424
第二节　如皋市老龄事业简况………………………………………………………………… 431
第三节　如东县老龄事业简况………………………………………………………………… 447
第四节　海门市老龄事业简况………………………………………………………………… 458
第五节　启东市老龄事业简况………………………………………………………………… 472
第六节　通州区老龄事业简况………………………………………………………………… 486
第七节　崇川区老龄事业简况………………………………………………………………… 499
第八节　港闸区老龄事业简况………………………………………………………………… 512
第九节　南通经济技术开发区老龄事业简况………………………………………………… 520

第十七章　人物·荣誉

第一节　人物简介……………………………………………………………………………… 525

第二节 寿星名录……539
第三节 荣 誉……565

第十八章 文件辑存

第一节 中共南通市委文件（5件）……603
第二节 南通市人大常委会文件（3件）……613
第三节 南通市人民政府文件（5件）……618
第四节 南通市政府办公室文件（9件）……634
第五节 南通市纪委、市委组织部、市老龄委、市监察局、市人事局文件（1件）……684
第六节 申报、评审“世界长寿之都”（“世界长寿乡”）、“中国长寿之乡”文件（12件）……685
第七节 南通市老龄协会文件（1件）……709

附表索引……714
附图索引……719
后 记……720

总 述

1982 年全国第三次人口普查结果：南通市开始走上老龄化社会。此后的 30 年，老年人群持续快速增长。60 岁以上人口从占总人口 10% 猛增到 25%，人口结构由青壮型演变为老年型。按预测，这一轮人口老龄化的发展期，将持续 50 年左右。在 2012 年后的 15 年至 20 年中，人口老龄化发展仍会呈现强劲态势。以后年份可出现缓慢回落，但在本世纪的一个相当长的时间里，老年人口始终处于高位运行的态势之中。

站在人类生存发展史的新起点上，南通市各级党政领导暨相关方面总揽全局，审时度势，精心策划，采取了多种应对举措，较好地舒缓了由人口老龄化引发的诸多矛盾。

南通市老年人口迅猛发展的 30 年，也是经济、社会、科技、文化快速发展的 30 年。经济、社会的发展，助推了人口老龄化，保障了人口老龄化，而人口老龄化的出现和加剧，又倒逼着经济、社会和科技的快速发展。

一

南通市地处中国东南部，系江苏省的省辖市。东临黄海，南枕长江，三面环水，势若半岛。地理坐标为：北纬 31°41′06″—32°42′44″，东经 120°11′47″—121°54′33″。南通与上海隔江相望，苏通、崇启两桥飞峙其间，区位优势独特，交通便捷，发展潜力巨大。今日之南通，已日渐成为长三角北翼的经济中心，在苏中新一轮发展中，正在显示出“领头雁”的作用。

南通市市区分设通州、崇川、港闸三区和富民港办事处（即南通经济技术开发区范围），管辖启东、海门、如东、如皋、海安五县（市），全境总面积为 8001 平方公里，2012 年年末，户籍总人口 765.2 万人。这里是江苏和全国人口老龄化出现最早、程度特高的一个地区。与人口老龄化相伴而生的是，高龄老人的比重大，长寿现象显示出规模化、区域化的特点。21 世纪初，南通市已成为中国东南沿海的人口高度稠密、现代经济相对发达的一个长寿区域。

人口老龄化是人类历史发展的必然，同地理位置、生态环境的优劣，经济、社会、文化的发展程度，有着紧密相连的关系。南通属于北亚热带湿润季风气候，四季分明，温和宜人，雨量充沛。全境为长江冲积平原，地势平坦，起伏较微，由西向东微倾。全境生态优良，植被丰富，宜居程度甚高。

南通市集黄金海岸、黄金水道于一身，是中国为数不多的兼有大江大海的城市。浩瀚长江由此入海；港口资源丰富，江海岸线连绵不断，港口群布及江海沿岸。境内江海岸线共长375.03公里，其中江岸线164.63公里，海岸线210.4公里①。截至2012年年末，南通共建成生产性泊位90座，其中万吨级以上泊位49座，与世界上100多个国家和地区的300多个港口通航，全年货运总吞吐量达1.85亿吨。

南通素为中国农村商品生产基地。境内水利设施配套，河道纵横交错，土质优良，旱涝保收，稳产高产，盛产稻、棉、油、豆、蚕茧及特种经济作物。海淡水产资源丰富，水产总量约占全省2/5。农村经济集约化程度高，商品性生产比重大，人民生活相对殷实富足，城乡居住环境美观、整洁，居民素有良好的卫生习惯。

南通市近代工业起步较早。清末状元张謇面对列强侵略、国力衰微之颓势，提出实业救国主张，并回归家乡南通（时称通州）付诸实践。数十年间，他潜心创实业，办教育，主导围垦植棉，兴修水利，谋划城市建设，为南通的发展打下了较好的基础，并为后来诸多方面的建设提供了有益的启示。由于历史的局限和战乱的影响，张謇的事业也遭到诸多折腾，不少企业步履维艰，及至处于破产边缘。新中国成立后，特别是改革开放后，南通市政治、经济、科技、文化、社会诸方面的建设都取得令人瞩目的成就。纺织、机械、建筑、轻工、化工、电子、船舶、海工、家纺、丝绸、服装等行业，在全省、全国均占据重要位置。1984年，南通成为国务院批准的全国首批进一步对外开放的14个沿海城市之一。数十年间，南通外经、外贸发达，利用外资比重大，外资企业、合资企业多，产品科技含量高。

经济、社会、科技的发展，为应对人口老龄化的挑战，提供了丰厚的物质基础。人口老龄化初始期的1983年，南通全市地区生产总值仅为46.94亿元，人均GDP500多美元。30年后的2012年，地区生产总值达4558.67亿元，增长97.12倍，人均GDP增加到约9600美元。全市财政收入，1983年为7.5亿元，至2012年上升到1055.9亿元，增长140.8倍。其中地方一般预算收入420亿元。城镇居民人均可支配收入，从1982年的668元，上升到2012年的28292元，增长41.46倍。农村居民人均年纯收入从1982年的327元，上升到2012年的14690元，增长44.9倍。2012年城镇人口登记失业率为2.55%，全社会科技发展投入占GDP的比重为2.2%。

南通市各项工作在全国范围内有着较大的影响，2012年国家公布的结果，其经济总量和综合实力在全国地级市中名列第10位。市属各县（市）连续多年进入全国百强县的行列，排名也逐年前移。多年来，南通市陆续被评为国家环境保护模范城市、国家卫生城市、国家园林城市、国家历史文化名城、全国文明城市、中国最佳投资环境

①据2008年江苏省近海海洋综合调查与评估（国家908专项江苏部分）资料，《南通年鉴（2013）》第39页海岸线为215.85公里，江岸线为164.63公里。

城市、中国最美丽的城市、中国优秀旅游城市，如皋、如东、启东三县（市）先后获得“中国长寿之乡”称号，如皋还获评为“世界长寿乡”。2012年南通市入选为全国十佳最适宜人住城市，2014年又获“世界长寿之都”称号。

二

1982年全国第三次人口普查，南通市（含南通地区各县）常住人口为734.31万人，60岁以上[①]人口为76.4万人，占10.4%。从此，揭开了南通人口老龄化的序幕。初现人口老龄化人口的时间，比全国提前17年，比江苏全省提前4年。

从1982年至2012年的30年间，老年人口的比重一直以快速而强劲的态势向前发展。分段情况如下：

1990年全国第四次人口普查（以下简称“四普”）结果：60岁以上的人口突破百万，为100.4万人，占同期总人口的13.09%。

2000年全国第五次人口普查（以下简称“五普”）结果：60岁以上老年人增至130.89万人，占同期常住总人口的17.42%。

2010年全国第六次人口普查（以下简称“六普”）结果：60岁以上老年人为174万人，占同期常住人口的23.46%；占同期户籍人口的22.81%（常住人口为728.28万人，户籍人口为762.92万人）。按户籍人口计算，南通市人口老龄化程度比全省高5.1个百分点，比全国高9.85个百分点；按常住人口计算，南通市比江苏全省高出5.77个百分点，比全国高出10.45个百分点。

2012年年末，按公安部门户籍统计资料，全市60岁以上人口为185.89万人，占同期户籍人口的24.29%，占同期常住人口的25.52%。国际人口学界的定义，65岁以上的人口占14%或60岁以上老年人口占总人口的20%，即称之为“老龄社会”。据此，南通市2006年进入老龄社会。

从1982年至2012年的30年间，南通市60岁以上人口的绝对数净增110万人，增幅为1.44倍，平均每年净增老年人3.66万人。不同年份老年人的增幅不尽相同，总的态势是，持续增长，前缓后疾。分段情况是：

60岁以上人口从占总人口的10%发展到15%，经过14年时间。老年人口占总人口的15%出现于1996年。

从15%发展到20%，缩短至10年时间。占总人口的20%出现于2006年。

从20%发展到25%，又缩短到7年时间。老年人口占总人口的25%，出现于2013年。这种高速增长的态势，还将持续20年，这一轮老年人口的峰值将于2030年出现。

①本志“岁”均指周岁，“XX岁以上”均含本岁。

人口年龄结构从青壮型向老年型转化，其成因很多。直观地说，同人类自身生育史密切相关。近百年来，南通人口再生产方式的变迁，大致经历三个过程：

第一，从晚清年代至中华人民共和国成立前，由于军阀割据，日寇蹂躏，历经大革命时期、土地革命时期、八年抗日战争和三年解放战争，战事加天灾，生产水平低下，生产关系落后，人民生活极度艰难，缺医少药，瘟疫蔓延，人的死亡率极高。此时人口再生产的特点是：高生育、高死亡、低增长，人口增长速度及其规模均相对处于低水平。

第二，中华人民共和国成立后的十多年间，政治制度发生根本变革，生产关系出现重大调整，生产力迅速提高，医疗环境、条件、水平较之新中国成立前亦有明显改观。此时人口再生产的特点转变为：高生育、低死亡、高增长，人口总规模呈现大幅度上升的态势。但“大跃进”后的三年困难时期，由于人们熟知的原因，人口增长速度一度明显趋缓。

第三，从 20 世纪 70 年代初起，南通市率先响应党中央国务院号召，实行计划生育政策。1980 年，南通地区就提前实现国家关于人口自然增长率控制到 10‰以下的目标。此时人口再生产的基本形态是，低生育、低死亡、低增长。

计划生育政策全面实施，人们的生育观念也日趋出现变化，“多子多孙多福”不再是刻意追求的目标。计划生育控制了人口过快增长，但对人口老龄化程度的加剧，也起着推波助澜的作用。南通市素来人口稠密，每平方公里平均近千人，多数县乡人均占有耕地仅一亩左右，有的地方人均仅有三五分地，因此人们对推行计划生育政策较为自觉。按新中国建立初期的生育水平推算，数十年来实行计划生育，全市约少生育了 350 万至 400 万人。进入 2002 年以后，全市户籍人口一直处于负增长态势。事实证明，把计划生育列为基本国策是必要的、正确的，它也得到了人民群众的广泛支持；但是，面对当下人口结构出现的新情况，国家对计划生育政策作出调整，以改善人口结构，缓解少子化的矛盾，这也是必要的，恰当的。

三

人口老龄化主要表现为老年群体规模庞大，在总人口中的比重加大，但它的出现，又同整体寿命的延长有着紧密的联系。换言之，人类寿命的延长，是构成人口老龄化的重要条件之一。南通市人口老龄化的 30 年，推进了长寿时代的到来，证明了人们适应和驾驭自然能力的增强，也证明了经济社会的发展和科学技术的进步。这是人类走上老龄社会的一大动因。

21 世纪初，《中国老年报》在一篇论述人类寿命发展史的文章中，提供了一组很有参考价值的历史寿限资料：远古年代的“北京人”，能活到 14 岁的只有 30%；20 万年前的尼安德特人，能活到 40 — 50 岁的仅占 5%；原始社会人类寿命平均不到 20 岁；奴隶社会人类平均寿命仅为 22 — 24 岁；进入封建社会人类平均寿命仅为 26.5 — 30 岁。事实说明，时代变迁同人的寿命具有正相关系，社会进步、科技发达必然推进人类寿命的延长。新中国成立前的 1948 年，全国人均寿命仅 36 岁，此后的若干年内，经济、政治、社会持续发展，尽管其间有着这样或那样的折腾，全国人均预期寿命却持续增长，到 2010 年已达 75 岁。南通地方志记载，1948 年当地人均寿命仅为 32 岁，到 1999 年预期寿命已增至 74.18 岁（其中男性 71.3 岁，女性 77.2 岁）；2000 年则为 75.3 岁，2010 年又上升到 77.99 岁，2012 年末为 78.5 岁。从 32 岁到 78.5 岁，前后短短的 64 年，增加了 46.5 岁，增长了 1.45 倍。

延年益寿，是祖先们的千年夙愿。这一美梦在今天如愿以偿，它标志着长寿时代的到来。但是，人口老龄化也给社会各方带来了许多新情况、新问题和新挑战。南通市在人口老龄化进程中出现的新情况：老年趋于高龄化，家庭趋于小型化，人口结构趋于少子化。

第一，老年高龄化发展势头强劲。2000 年“五普”时，80 岁以上老年人为 17.07 万人，占老年人总数的 13.04%；2010 年“六普”时，80 岁以上老年人增加到 26.62 万人，占老年人总数的 15.58%。2011 年年末统计，80 岁以上老年人为 30.04 万人，占老年人总数的 16.68%；2012 年年末统计，80 岁以上老年人为 30.99 万人，占老年人总数的 16.67%。在高龄老人中，90 岁以上老年人增幅更大。2010 年“六普”时，90 岁以上老年人为 3.11 万人，2011 年总量增加到 3.98 万人，2012 年又增加到 4.09 万人。百岁及以上的长寿老人，“三普”时，全市仅有 51 人，以后逐年大幅增长：2000 年统计为 372 人，2010 年“六普”调查为 550 人，平均每 10 万人口中有 7.55 人，2012 年统计为 926 人，平均每 10 万人中有 12.1 人。高龄老人、长寿老人大幅度增加，表明了人们生活质量的提高，但也有许多新情况必须引起关注，主要是高龄老人多，亚健康或不健康的老人、失能或半失能老人的比例明显增大，他们对物质供养、医疗保障、生活照护、精神安抚等方面都有许多特殊要求，公共财政在老龄方面的支出也在大幅度地增加。

第二，小型化家庭比例越来越大。改革开放后，随着经济发展，城市化建设加快，农业人口大幅度向非农方向转移，向城镇转移，使农耕时代沿袭下来的主干式家庭纷纷解体。1990 年“四普”时，全市家庭规模平均 3.19 人，2000 年“五普”时缩小为 2.87 人，2010 年“六普”又缩小至 2.65 人，远低于全国 3.1 人的平均水平。家庭小型化，是社会进步的反映，但就家庭养老功能而言，则是一大挑战。同时，早年实施计划生育、生养一胎的夫妇，已陆续走进老年行列，这就更加剧了家庭养老功能的弱化。

据典型调查推算，全市城乡独居老年家庭，即所谓“空巢老人”户，分别占老人户的48%和52%。失能、半失能老人，约占老年人总数的12%至15%。家庭养老功能弱化，是一个无法回避的大课题，农村这方面的矛盾尤其严峻。农村老人比例高，居住分散，子女外出务工，守望在家的老人还要肩负繁重的田间劳动和照看孙辈的重担，他们自身的物质赡养、生活照料、精神慰藉、医疗保障等，都比城市老年人更为紧迫，也更为艰难。

第三，人口年龄结构失衡，带来“少子化”的忧患。考核年龄结构有两个指标：一是年龄的中位数。业内人士通常把年龄中位数超过30岁视为人口结构的老化。南通的情况是：1982年第三次人口普查，年龄的中位数为27.89岁；1990年第四次人口普查，年龄的中位数为32.24岁；2000年第五次人口普查，年龄的中位数为37.07岁；2010年第六次人口普查，年龄的中位数为43岁。二是老、中、少三组人口的绝对数及其对比值。以上述四次普查数据为准，其结果分别是：

1982年“三普”统计，0－14岁人口173.39万人，占总人口的21.21%；15－64岁人口507.98万人，占同期总人口的69.18%；65岁以上人口52.94万人，占总人口的6.5%。以这第三组与第一组数据对比，即老少比是30.53%。

1990年“四普”统计，0－14岁人口142.22万人，占总人口的18.55%；15－64岁人口555.67万人，占总人口的72.46%；65岁以上老年人口68.91万人，占总人口的8.99%，老少比为48.54%。

2000年“五普”统计，0－14岁人口降为130.03万人，占总人口的17.31%；同期15－64岁人口增至527.8万人，占70.25%；65岁以上人口减至93.47万人，占12.44%。老少比为71.89%。

2010年“六普”统计，0－14岁人口大幅降为77.43万人，占总人口的10.63%，同期15－64岁人口增至530.75万人，占72.87%；65岁以上人口增至120.18万人，占总人口的16.51%，老少比为155.21%。

上述28年间的四次全国性的人口普查，南通15－64岁的劳动年龄人口的绝对数，增加了22万人。总体上维持在一个较为理想的水平上。但是，老少两组人口，却呈现出一种颠覆性的变化：0－14岁的少年人口减少了96万人，65岁以上老年人口增加了67万人。这种此消彼长的幅度极大，对未来整个社会的发展，将会产生深刻影响和潜在威胁，值得社会各方高度重视。

上述“三大变化”引发的挑战，主要表现在以下几方面：

第一，由于人口结构的老化，少年人口大幅度减少，预示着未来劳动力的匮乏。从21世纪初开始，全市已连续十多年出现户籍人口负增长状况。如果计划生育适度调整的政策奏效，预计至2030年，全市总人口将会大体保持在780万人至800万人的水平，但届时青壮劳动人口则会从现在的530万人，下降到410万人左右，降幅为22.8%。一个地方的经济、社会、文化诸多方面的发展，处于核心支配地位的是人，而其中的决定因素是劳动年龄的人口。如果少年人口持续处于一个极低水平，必然引起劳动人口来源不足，而劳动力供求失衡，对经济社会的发展和进步，势必产生深刻的负面影响。

第二，人口年龄结构老化，接受供养人群比例加大，社会经济的总供给与总需求发生深刻变化。被供养人口比例加大，必然要求相应地发展经济，加大社会总供给。但另一方面，由于人类寿命大幅度延长，未来的劳动人口资源明显不足，这又成为经济发展的制约因素。这种双重矛盾着的现象，必然出现抚养人群与被抚养人群之间的比例失衡，增加国家、社会、家庭，最终是劳动人群的负担，直接影响到社会的总供给、总消费，影响到经济、社会、科技、文化建设。南通成年人对老年人的供养比，2000年为100 ：24.9，2003年为100 ：26.1，2011年为100 ：32.2，2012年上升到100 ：36.5。预计未来20年，这类供养比还将持续上升。经济、社会要发展，人民生活要提高，社会供养水平又必须相应改善，而这些都是人口老龄化的深层挑战。事实启示人们，对未来社会福利举措的设计上，务必十分谨慎地瞻前顾后，统筹安排，防止只着眼于当下，不考虑长远的实际可能性，甚至竭泽而渔。要警惕重蹈西方某些高福利国家之覆辙。

第三，社会赡养系数迅速增加，对于每个家庭的物质和精神来说，都将是一个沉重的负担。由于长期实行一胎政策，一对夫妇必须承担4个乃至更多老人的供养责任，即所谓4 ：2 ：1的家庭，其精力、精神和经济上的困惑是显而易见的。进入21世纪后，城乡社会保障和医疗保障的覆盖面持续扩大，保障水平不断提高，对困难群体的特殊保障举措也纷纷出台，极大地缓解了家庭供养的难题。但是总体说，社会保障仍不够充分，还有很长的路要走，尤其是农村老人经济供养、生活照料、精神慰藉等方面的难题更为突出，要让他们共享社会发展成果，共同过上小康生活，依然是一篇亟待突破的大文章。

第四，伴随着人口老龄化、老年高龄化的出现，传统大家庭的解体，家庭小型化、核心化，“空巢”老人比例大幅度上升，使家庭养老功能弱化。家庭结构的小型化，是经济社会发展的必然；青壮劳动力大幅度转向非农产业，转向城市，又加剧了传统家庭的裂变。全市2012年232.3万户家庭中，常住人口家庭规模户均不足3人，60岁以上老年人有一半左右生活在“空巢”家庭，其中又有40%属于单身老人独居户。因此，完善社会为老服务机制，兴办社会养老机构，多功能、多形式、多渠道地强化养老服务已构成应对人口老龄化的第一大课题。

第五，庞大的老年群体，对社会各方提出许多新的诉求。老龄社会要求社会各方的认知和举措都应有所改变，积极做好各种应对准备。相对于青壮年，老年人是一个庞大的弱势群体，他们在衣食住行、医疗保障、精神文化生活等方面，都有许多有别于其他人群的特殊要求。例如，老年人经济收入明显滞后，贫困面比例高；老年人进入高龄阶段，失能、失智对象增多；失独家庭和失地老人也有许多特殊困难和诉求；在老年群体中，各类疾病袭扰比例大，据粗略资料，大病救治率是青壮年的5倍至10倍，医疗费用成为他们晚景中最难解开的一颗“扣子”。此外，老年人的文化、教育、精神需求、心理调适、代际和谐、养性摄生、维护合法权益和老年再婚等方面，都成为整个社会生活中的难题，需要政府、社会和家庭共同努力，实现保障老龄化、健康老龄化、尊严老龄化和积极老龄化。

四

由于人口老龄化是一个全新的概念，人们对它的认识有一个过程；同样，应对人口老龄化挑战的举措，也需要在人口老化过程中逐步得到强化。30年来，中共南通市委（简称市委）、南通市人民政府（简称市政府）不断强化领导，积极开展老龄工作。一路走来是主动的、积极的，许多应对人口老龄化的举措，已经产生了阶段性的效应；对未来人口老龄化的深度发展，也作了一些必要的准备。

（一）坚持人本理念，深化应对人口老龄化的思想认识

坚持以人为本，体现了党的宗旨和政权的性质。在应对人口老龄化各种矛盾的过程中，南通紧紧把握了这一基本原则，努力营造良好的生存环境，提高生活质量和生命质量，主要抓了三点：

第一，反复宣传人口老龄化的现状和前景。通过各种渠道，深入分析人口老龄化的程度、走向，以及它所产生的正负两方面的影响，引导全社会弄清人口老龄化的本质特征，清醒地看到人口老龄化既是机遇，更是挑战，必须确立以人为本的基本理念，针对人口老龄化引发的各种问题，积极主动地采取对应之策，努力化解矛盾，推进经济、社会的发展。

第二，以唯物史观善待老年群体。引导社会、家庭的每个成员充分认识，历史是一代代长者创造和延续的，老年人是全社会的宝贵财富。人的一生总是从少年、青年、壮年，再一步步迈向老年阶段的，一代代老年人在漫长的历史进程中，为国家，为社会，也为家庭作出了毕生的贡献，传承了丰富的知识，积累了宝贵的经验。今天他们年事日高，精力衰退，社会和家庭特别是老人的晚辈们，应当关心和保障他们晚年的物质生活和精神生活。弘扬孝道，尊老爱幼，天经地义，理所当然。从本质上说，关爱老年人，就是关爱自己的明天，尊重老年人，就是尊重历史的发展。

第三，引导人们认识，老龄问题本质是一种进步，是人类自身生存发展过程中的问题。其影响所及，包括经济、政治、科技、社会、文化各个层面。各级党政领导都要从全局高度出发，以积极姿态做好老龄工作。各个相关方面和相关部门，都应把老龄工作作为份内的不容推托的责任，真正使“党政主导、社会参与、全民关怀”的方针贯穿于始终，落实于基层。

（二）把人口老龄化视为重要市情，不断强化老龄工作领导，健全老龄工作机构

人口老龄化的快速发展，给经济、社会诸方面提出了一列新课题。南通市党政领导审时度势，深刻地认识到，史所未见的人口老龄化，已经逐渐凸显为一大重要市情，在研究部署全局工作中，必须充分考虑这一因素及其带来的深刻影响。因此，多年来各级党委政府一直把老龄工作摆上重要议事日程，党委常委会和政府常务会上，定期听取老龄工作汇报、讨论决策应对举措。市县两级人大、政协也连续多年提出老龄方面的提案和议案，并择题开展视察调查，作出相应决议和建议。

从 1985 年起，全市各级党委、政府除明确党政分管领导外，都先后成立了老龄问题委员会或老龄委员会。1995 年，市委决定将老龄问题委员会更名为市老龄工作委员会①，以强化其领导功能。同时，相应充实老龄委办公室力量，组织协调各相关方面共同做好老龄工作。2002 年，市委、市政府又明确，由各级常务副市、县（市、区）长兼任老龄工作委员会主任，并进一步加强办公室的力量配备。与此同时，市委、市政府还决定成立市老龄协会，协同市老龄委办公室推进老龄事业；此后各县（市）、区也陆续组建本级的老龄（年）协会。30 年中，南通市老龄机构从无到有，从小到大，不断发展壮大，成为党委、政府在老龄工作上的综合协调和日常办事机构，在老龄事业中发挥参助决策的作用。

南通市在加强老龄工作机构建设的同时，还注意充分发挥各类老年社会团体的作用。市委、市政府倡导和支持依法设立以老年人需求为主要活动目标，以老年人为参与主体的社会组织。各县（市）、区，各乡镇乃至村居也都建立了老年社会组织。全市上下各类老年组织基本上形成横向到边、竖向到底的工作网络。各地、各级的老年社团坚持民主、公益和非营利性质，适应了人口老龄化的实际需要，适应了社会民主化和现代化的发展，满足了老年人精神文化生活中的需求，在社会主义和谐社会和民主与法治的建设中，发挥了重要作用。

（三）把老龄事业置于社会建设大局，认真统筹谋划

由于人口老龄化来势迅猛，老龄事业往往容易滞后于客观需要。为了改变这种不适应、不协调的状况，市、县两级立足全局，把发展老龄事业纳入社会建设的范畴，

① 1985 年 8 月，南通市老龄问题委员会成立；1986 年 8 月，据市政府通政复〔1986〕36 号，市老龄工作领导机构又可称市老龄委员会；1995 年 4 月，市老龄工作领导机构改称市老龄工作委员会。老龄问题委员会、老龄委员会、老龄工作委员会均简称老龄委，老龄委办公室简称老龄办。

组织各方努力从项目布局上、资金筹措上、政策引导上、力量摆布上，确保老龄事业项目的落实。

第一，把老龄事业发展纳入本级国民经济和社会发展的整体规划。从1995年起，市县两级每五年均由老龄委及各成员单位讨论制定和颁布《老龄事业发展规划》，并由规划主管机关即同级发展改革委员会，负责与同期《国民经济与社会发展规划》相配套、相衔接。在执行期间，人大、政协还根据代表委员提案和建议，选择重点内容，组织视察调查，相机形成议案，作出决议或形成建议，强化民主监督力度。

第二，把当年老龄事业的必成项目，纳入本级政府为民办实事工程。市县政府每年在为民办实事工程中，都列出一两件或两三件直接惠及老年人的项目。此类发展项目一经确定，都由市县两级政府在"两会"上公布，包括实施内容、要求和时间，提请人大代表、政协委员审议，然后通过文件、报刊向群众公布。两级财政也相应地把项目所需资金，纳入当年公共财政支出总预算。每年项目实施进度和实施结果，均在次年"两会"上向代表、委员作出报告，并通过新闻传媒公布于众。

第三，把农村老龄问题纳入"三农"（农业、农村、农民）总体规划。按户籍人口统计，南通有60%以上老年人生活在农村，而农村老年人的难题又往往多于城市。同时，由于农村经济基础薄弱，发展老龄事业困难较大。因此，市县两级在老龄工作中始终把农村老龄工作作为重点，并与解决"三农"问题有机结合。在资金的安排上，特别注重向贫困地区老年人倾斜。对农村"五保"（保吃、保穿、保医、保住、保葬）老人、低保老人、失地老人、失独老人、失能老人、鳏寡老人、智障老人、残疾老人等特殊群体的实际困难，作为重中之重，给予更多的关注。

（四）逐步实施城乡社会养老保险、医疗保障全覆盖

人口老龄化初期，南通市养老保险、医疗保障机制很不完善、很不系统，覆盖面也很小。1984年开始，试行城镇集体企业职工养老、医疗保险；1985年起，扩大到合同制工人；1987年开始，将占职工大多数的城镇固定工纳入社会保障范围。从20世纪90年代起，随着人口老龄化的发展步伐，市政府陆续出台和修订了一系列规定和办法，围绕"全覆盖"的目标，强势加以推行。至2007年，城镇基本保险参保人数达87.02万人，2010年又扩大到农民工，缴费人数达106.5万人，覆盖率为98.01%。

为了保障退休职工生活，从1994年起，建立养老保险金正常调整制度。至2005年，已前后调高了14次。从2006年起，按照国务院规定，每年调高10%，至2012年已连续7年提高老职工养老保险金。

在农村，1992年开始推广农村养老保险。2006年开始推行个人缴费、集体补助、政府补贴相结合的新型农村社会养老保险（简称新农保）。全市参保率连续多年在全省领先。至2010年，"新农保"实现了全覆盖，基础养老金发放率达到98%。对被征地农民，市区已参照城市居民标准，全面实行了城乡一体化。各县（市）也逐年提高了供养标准，并参照市区做法，与城镇居民养老保险制度接轨。

在医疗保险方面，经多年改革，大大提高了保障水平。至2007年，全市已将包括老年人在内的城镇居民纳入医保范围，覆盖率为92.7%，其中市区已实现全覆盖。对医疗自付超额费用的补助标准、大病救助的标准，也都逐年提高。市区职工和居民住院费用补偿比例，分别达到82%和72%。

农村医疗保障方面，在原合作医疗的基础上，全面推行新型农村合作医疗（简称“新农合”）。2012年全市又将农村居民医疗保险与“新农合”并轨，普遍实行基本医疗保险制度，进一步提高了筹资标准，县、乡两级费用报销比例达到76%以上。

此外，全市对城镇特困老人、城乡计生困难老人、失独（独生子女）老人、“五保”老人、智障老人等，都分别出台了若干对应的特殊救助制度。随着人民群众生活水平的提高，对上述特殊对象的救助标准，也在逐年提高。

（五）构建城乡社会养老服务体系

由于家庭结构核心化、小型化，“空巢”老人日见其多，传统家庭养老功能日趋弱化，市县两级针对新情况，努力寻求新的对策。1990年，在全市第四次老龄问题研讨会上，明确提出“走居家养老之路是未来养老的基本选项”。此后，又围绕如何构建新型养老服务体系的相关问题，陆续作了深入探讨。2006年，市政府根据市老龄协会的专题调查报告，专门召开常务会议进行讨论。经过多年工作，全市上下正在逐步形成以居家养老为基础，社区服务为依托，机构养老为保障，信息服务为支撑的新型养老模式，并按“9073”的格局进行规划建设。即90%的老人主要依靠亲情力量实行居家养老；7%的老年人接受多形式、多渠道的社会服务，包括采取政府为他们购买服务等，破解传统养老的难题；3%老年人入住各类养老机构，接受养老机构的各种生活照护。市县两级积极发展主体多元化的社会养老机构，全面提升社会化养老服务的规模和档次。

第一，公办养老机构，经过改建或新建全面扩容、提档。人口老龄化初期，市及各县7家社会福利院，总床位仅有683张，经过多年扩建新建，市县两级政府主办的养老机构普遍成为本地社会养老示范基地。2012年年末，公办养老机构已发展到12家，拥有床位4452张（其中护理型床位2143张）。街、镇（乡）福利院，原为各乡镇接纳供养“五保”老人的敬老院，10多年来随着乡镇区划调整，大多重新兴建，既安置“五保”老人，又接收社会自费老人，居住环境明显改观。2012年年末，乡镇敬老院共整合为128家，拥有床位21532张（其中护理型床位1487张）。民办养老机构从无到有，由于得到财政资金的补助，已开始形成遍地开花之势，并以就近、方便、亲和、实惠见长，深受社会老人青睐。2012年，民办老年公寓（托老所）共有183家，拥有养老床位14079张（其中护理型床位2403张）。以上几类养老机构共有养老床位40063张，每千人平均拥有 25.7 张，入住率大体在 70% 左右。

第二，社区养老服务网络初步形成。市和各县（市）、区分别建立社会化养老服务指导中心，街道（乡镇）全面建立社会化养老服务指导站，社区（村）普遍建立社会化养老服务站。至 2012 年年末，城镇社会养老服务网点基本实现全覆盖，农村社区覆盖面约占 80%。市县两级财政除按规定为服务对象购买服务外，还对街道、乡镇指导站，社区（村）服务站的开办费、日常活动经费给予补助，大大调动了基层为老服务的积极性。在实践过程中，各地还围绕扩大服务范围、服务对象，做了许多有益的探索，创造了许多实用的形式，如日间照料中心、虚拟老年公寓、家庭护理病房、紧急传呼系统、老年营养食堂、爱心护理院、低龄老人志愿者队伍等。

（六）积极发展老龄产业

随着人口老龄化程度不断加深，在老年市场需求拉动下，老龄产业日趋兴起和发展。这一新兴产业包括为老年人提供各类专用设施、特殊商品和生活保障服务等，涉及衣食住行用医娱学等物质精神各个方面。南通市根据老年群体的特殊需求，采取以下举措支持老龄产业发展。

第一，在老龄事业发展规划中，鼓励各方发展老龄产业。在老龄事业发展“十一五”规划中提出加快发展老龄产业的措施为：把老龄产业纳入全市经济社会发展规划。制订推动老龄产业发展的优惠政策，积极鼓励非公有资本投资老龄产业发展。大力支持以公建民营、民办公助、政府补贴、购买服务等多种方式兴办养老服务业。围绕老年人需求，构建养老设施、生活照料、卫生保健、康复护理、文化教育、体育健身、老年用品、老年食品等老龄产业基本框架。按照“政府引导、社会兴办、市场推动、加快发展”方针，逐步建立符合南通实际的多元化、多层次的养老设施网络和老年社会服务体系。加强对街道社区养老服务业的布局，拓展社区养老服务业的发展，发挥各社区群团组织的作用，促进养老服务业在基层蓬勃发展。在老龄事业发展“十二五”规划中提出：加快老龄产业发展，不断完善老龄产业政策，发展老龄消费市场，培育一批生产老年用品、用具和提供老年服务的龙头企业，打造一批老龄产业知名品牌。同时提出“十二五”期间老龄产业主要发展任务和保障措施。

第二，制定并实施扶持养老服务业发展的优惠政策。2010 年 4 月，市委、市政府在《关于加快我市老龄事业发展的实施意见》中，明确了对老年服务机构的扶持政策和补贴标准。2012 年 5 月，市政府出台《关于加快推进我市社会养老服务体系建设的意见》，从九个方面进一步完善社会养老服务体系建设的各项扶持政策：编制养老服务设施布局专项规划，落实土地供应政策，落实税费优惠政策，提供金融信贷服务，健全医疗服务政策，落实居家养老服务机构经费补贴制度，提高民办养老机构经费补贴，扶持老年用品和产品市场开发。

第三，落实发展社会养老服务的各项保障措施。南通市建立社会养老服务体系建设联席会议制度，由市政府分管领导召集，各相关部门和单位参与，着重研究协调解决社会养老服务体系发展中遇到的重大问题，检查监督工作落实。各级政府建立养老服务专项经费，逐步加大公共财政对社会养老服务体系的投入，保证社会养老服务体系发展有关建设资金及扶持资金足额到位。

经过扎实工作，南通市以养老服务业为主体的老龄产业不断发展，为老服务设施和社会养老保障体系不断健全。一个以居家养老为基础、社区服务为依托、机构养老为支撑的社会养老服务体系已经建立并不断完善；老年医疗保健网络保障水平不断提高；老年人精神文化生活更加丰富；培育、生产、营销老年用品，提供老年生活服务，老年消费市场得到发展。

（七）丰富老年群众精神文化生活

随着物质生活的提高，广大老年人在精神文化生活上的诉求也日益强烈起来，加强老年精神文化建设，已成为老龄事业的一项紧迫任务。多年来，全市上下突出抓了三点：

第一，兴办教育事业，落实老有所学。以老年大学为阵地，努力为老年群体营造学习氛围，达到求知交友，施展才华，发挥潜能，愉悦身心，陶冶情操的目的。市和各县（市）的老年大学，建于20世纪80年代。进入21世纪后，市县两级老年大学纷纷扩大校舍规模，改善办学设施，拓宽专业领域，提高教学档次。2012年年末，全市县以上老年大学共有9所，拥有校舍面积18225平方米，在校学员9164人，累计毕业学员10万人（次）。各校专业课程也日益扩大，涵盖文学、历史、外语、诗词、书法、国画、摄影、电脑、音乐、舞蹈、戏曲、保健、体育、花卉盆景、烹饪技艺等数十个专业。办学层次也有较大提高，有初级班、高级班、研修班，有的学校还内设学术性社团组织，为学员继续深造提供了平台。此外，有条件的街道、乡镇也陆续办起老年学校，由城到乡，由点到面，使众多老人精神生活丰富多彩，在老人心态上起着春风化雨的作用。

第二，发展文艺团体，普及文体活动场所。市县两级普遍成立老年书画协会、摄影协会、诗词协会、老年歌舞团、艺术团等文学艺术团体。这支数以万人计的规模宏大的队伍，成为群众性的文艺体育活动的主体力量，在文学艺术舞台上十分活跃，并陆续参加全国、全省展览、演出，屡屡获奖。以书画而言，不少成员已达到或接近专业水平，并分别加入市、省或国家级的书法家协会和美术家协会。

街道（乡镇）、社区（村）陆续兴建文体活动场所。据调查，市属各区38个街道（镇）435个社区（村）中，331个有文化艺术活动场所，包括棋牌室、图书室、健身房、心理咨询处、教室，室外设有文体广场、健身设施等，较好地满足了老年人文化体育活动需要。

第三，加强心理关爱，调适心理状态。根据老年人常常易于陷入惆怅、空虚心态，各级政府普遍加大人力物力投入，构建心理调适机制，通过心理咨询、养生讲座等形式，引导老年人祛除消极不良心态，减少疾病困扰，帮助老年人正确处理社会、家庭矛盾，积极融入主流社会，达到乐度晚年、延年益寿的目的。

（八）弘扬中华民族敬老孝老的传统美德

南通民风清淳古朴，文化底蕴深厚，素有养老、敬老、助老的优良传统。进入老龄化社会以后，全市各地把弘扬这种优良道德风尚纳入社会主义精神文明建设的轨道，使孝道文化在新的历史条件下，得到进一步弘扬和升华。

第一，率先建立“敬老日”制度。1987 年 7 月，市委常委会讨论决定，将九九重阳节定为南通市“敬老日”，要求每年重阳节前后，开展系列敬老活动。包括：举办学术讲座、报告会、茶话会，评选表彰孝老、助老道德模范，慰问高龄老人、特困老人，向老人送祝福、送温暖，办实事、办好事，帮助老人排忧解难。到 2012 年，“敬老日”活动已持续 26 年。从 2010 年起，各地又根据全国老龄办规定，把“敬老日”扩大为“敬老月”。在此期间，除认真组织好各种形式的敬老活动外，还增加了举办文化艺术节，包括老年书画摄影大展、才艺大赛和歌舞文艺演出等，使敬老活动特色纷呈，常办常新。

第二，开展孝道文化宣传。从 1982 年起，通过精神文明建设，在社会、家庭开展“四提倡、四反对”活动，大力营造孝亲敬老氛围。连续多年在全市范围内开展“敬老好儿女金榜奖”的评比、表彰活动。1997 年，又扩大到“五奖”创建活动，包括：敬老好儿女金榜奖、助老服务爱心奖、老有所为金秋奖、老龄工作奉献奖、老龄事业功德奖。是年，全市共有 85 个先进单位、先进个人受到市政府的表彰，另有 18 个先进单位和先进个人获得省级表彰。为了扩大敬老宣传，《江海晚报》从 1999 年开始，坚持每周一期《老年之友》（后改名《晚晴》）专版，作为宣传孝文化和老龄工作的阵地。南通人民广播电台从 1998 年开始，每周六上午播出半小时《诗画人生》（后改名《人生晚霞》）专题节目。市老龄办、老龄协会还先后多次举办以弘扬孝文化为主线的《敬老与敬业》《孝子就在身边》等征文活动，陆续刊于《南通日报》《江海晚报》，并集中评奖和汇编成书。同年，市越剧团为弘扬孝道，编排了古装喜剧《抓阄养父》，在城乡广为演出。

第三，实行各类优惠举措。从 1990 年起，市政府陆续出台一系列优待老年人的举措，在社会上营造尊老、助老气氛。规定：60 岁以上老年人在窗口行业办事，优先接待、优质服务、优惠收费；进公园晨练免费，乘车乘船优先，倡导为老年人让座；70 岁以上老人就医，另设窗口，优先挂号、就诊、缴费、取药。1997 年，对各类优待服务又作了完善和补充，包括节假日乘坐市内公交车免费，进入公办景点游览免费，如厕免费等。2002 年规定，65 岁以上老年人乘坐市内公交车，一律凭证免费。此后，免费乘坐公交车的优待，还延伸到离城数十公里通州城乡，为数十万名农村老人进城提供无偿服务。

第四，建立不同档次的尊老金制度。1990年起，全市城乡百岁以上老人每人每月发给50元到100元的长寿补助金，后又提高到每人每月300元。从2011年起，发放范围继续扩大、标准继续提高。80—89周岁高龄老人每月发放不低于60元的尊老金；90—99周岁高龄老人每人每月不低于100元；100周岁以上老人不低于300元。如皋市对新跨入百岁的老人，另外赠送一台彩电，对95岁以上高龄老人，每人每天补贴1元牛奶费。崇川区、南通经济技术开发区等地，也提高了对高龄老人、长寿老人的补助标准。如皋市等地还以村居为单位，分夏冬两期，对孝敬老人的情况实行定期检查公布的制度，内容概括为“五有”：有一片尊老敬老的孝心，有一间通风明亮的卧室，有一张温暖舒适的床位，有一日三餐可口的饭菜，有四季不缺的衣服等等。海安县城乡把尽孝纳入乡规民约，纳入争创五好家庭的条件，广泛推广签订《家庭赡养协议书》，使敬老、养老、助老举措规范化、契约化、制度化。

（九）大力保障老年人合法权益

1996年国家颁布《中华人民共和国老年人权益保障法》（以下简称《老年人权益保障法》）。这部法律把老龄工作、老龄事业提到了法制化的高度，对维护老年人权益中的政府责任、社会责任和家庭责任，用法言法语作了明确的规范。南通市各级以贯彻实施《老年人权益保障法》为契机，从法律和道德双重层面上强化了维权力度。

第一，开展法治宣传。用较多的时间，在全市上下集中宣传《老年人权益保障法》，包括翻印便携的《老年人权益保障法》袖珍手册、印发宣讲提纲，充分运用新闻传媒，发表领导讲话和署名文章；举办各种讲座、培训班等，力求《老年人权益保障法》深入人心，并运用正反两方面的典型，强化维权意识和力度。

第二，强化维权法律机制。市县两级法院普遍开始重视涉老申诉的受理，加强案件调解、审判、结案和执行力度。市先后成立法律事务所和法律咨询服务处，充分发挥离退休法官的作用。市司法局及老龄办分别建立法律援助中心，对涉老诉讼案件，提供法律咨询和法律援助。如东等县由老法官、老律师、老法律工作者组成三老法律服务工作室，并延伸到各镇村，把当地维权案件纳入调解范畴，做到矛盾排查全覆盖，矛盾纠纷早发现，调解到位早落实。

第三，加强法律监督、民主监督和舆论监督。多年来，市人大、市政协和新闻传媒为了全面实施《老年人权益保护法》，从不同侧面做了大量工作。1999年6月，市人大常委会对《老年人权益保护法》实施情况进行执法检查，写出调查报告。随后又召开人大常委会，听取、审议市政府相关情况报告，作出进一步贯彻执行《老年人权益保护法》决议。2005年3月，在第十二届第三次人民代表大会上，针对全市人口老龄化发展态势，提出了《积极应对人口老龄化，努力推进老龄事业健康发展》的重要议案。当年6月，市人大常委会组织委员们开展视察调查，于第二十七次常委会上听取和审议了政府相关的情况报告，并作出《关于进一步加强老龄工作、加快老龄事业发展的决议》。2012年，市政协围绕构建社会养老服务体系，组织视察、调查，形成调查报告，并召开政协常委会作出相应决议，送交政府暨相关部门。市各新闻单位也加大了老龄事业包括维权方面的报道，在宣传正面典型的同时，对某些拒不赡养老人、侵犯老人权益的突出案例，予以公开曝光，达到鞭策落后、树立正气的目的。

（十）立足本地实际，开展老龄问题的学术研究

南通市人口老龄化先于全省全国，市老龄主管部门及老龄协会、老年学学会，充分发挥自身优势，进行调查研究和学术探讨。同时，会同市县两级各涉老单位、高等院校，共同组成一支老龄科研队伍。针对思想实际和工作实际，深入调查研究，用心寻找应对之策，取得了一批批研究成果，对全市老龄工作提供了智力支持。20多年来，老龄问题的研究主要集中在以下方面：

一是揭示人口老龄化的本质特征及其发展态势。用精准的数据，分析未来半个世纪人口规模和结构。提出老龄社会的出现，在人类生存发展史上具有里程碑性质，它对整个经济社会具有正负两方面的效应。认真应对人口老龄化挑战，是一个重大的全局性的问题。根据人口老龄化30年的实际，认为人口老龄化的发展，既有连续性，又有阶段性，从轻度、中度老龄化到深度老龄化，将历时50年上下。在工作指导上，应从各个阶段实际显露出来的问题出发，实行有步骤有节奏的分类指导。

二是针对传统家庭纷纷解体，家庭养老功能日趋弱化的实际，探索如何构建社会养老保障和社会养老服务两大体系。研究认为，从中国国情出发，未来的养老既不能固守旧有的家庭模式，也不能照搬西方国家养老的路径。研究认为，实行居家养老、强化社区服务功能，将是绝大多数老人的必然选择。同时，面对庞大老年群体，必须大力发展主体多元化的老年公寓。对于如何实施政府主导、政策扶持、社会参与、市场运作的原则，对经济赡养、生活照料、精神慰藉、医疗保障、心理调适等问题，都作了连续性、系列性的调查与研究，提出了符合本地实际的一系列举措。

三是根据老年人经济地位相对滞后的实际，对不同层面老年人的生活状况进行深入调查，提出许多务实解救措施。例如，农村老年人居住条件落后的抽样对比调查，对城市“三无老人”[①]和特困老人生活的调查，对计划生育困难家庭的调查，对被征地老人生活状况的调查，困难老人如何有尊严地生活的调查，等等。这些调查有情况，有分析，有建议，为党委政府采纳，落实了解困措施。

① “三无老人”是指城镇居民中无劳动能力、无生活来源、无赡养人口和抚养人，或者其赡养和抚养人确无赡养或扶养能力的60周岁及以上老年人。

四是积极倡导孝道文化。从实现健康老龄化、积极老龄化的目标出发，通过理论探讨和实地调查，积极倡导中华民族敬老、养老、助老的孝道文化，科学健康的养生文化，时尚、休闲的娱乐文化，启发人们积极向上，融入社会，用精神文化陶冶情操，愉悦心身，提高生活质量和生命质量。

五是探讨老龄产业发展路径。针对老年群体的特殊需求，研究老龄产业发展环境、条件、方向、目标和任务，调查养老服务业发展现状，找出影响发展的症结，提出发展养老服务业的政策措施建议，推进老龄产业发展。

六是从法律和道德层面上促进代际和谐。根据《中华人民共和国老年人权益保障法》，依靠法律监督和舆论监督，提出维护老年人合法权益，必须从道德、法律两个层面同时入手，构建和谐、温馨的代际关系。

七是探索长寿文化和长寿奥秘。近 20 年来，连续从微观、宏观的角度，分析本地长寿历史背景、自然环境、社会氛围、代际关系。从长寿老人心理素质、生活习性、饮食结构、遗传功能等方面的差别上，揭示长寿密码。

承前利启后，温故可知新。南通市人口老龄化从初始出现到轻度现象，进而再发展成中度状态，并日渐走向深度的边缘，其间历时凡 30 年。本志以翔实的史料，集中记载南通市这段人口老龄化的基本态势及其特点，揭示它所产生的缘由、条件和环境。在此基础上，再以较大篇幅实录南通各级党政领导机关及各相关方面，从战略高度所采取的一系列对策和举措。这对于进一步寻求应对常态性深度老龄化的谏策，必将是大有所裨益的。

大事记

1982年

7月1日 根据全国统一部署，南通进行第三次人口普查。普查结果，是日零时，南通地区总人口6953101人，南通市389988人，区市合计7343089人[①]。60周岁以上老年人口76.4万人，老年人口占总人口的10.4%，早于全国17年、江苏省4年进入人口老龄化社会。

12月31日 南通市委、市政府决定，春节前全市开展“四提倡、四反对”活动，即提倡节俭、反对大办婚事；提倡男女平等、敬养老人，反对歧视妇女、虐待老人；提倡相信科学，反对封建迷信；提倡健康的文化娱乐，反对赌博。

12月 南通市老科技工作者协会（简称市老科协）成立。市老科协是以离退休科技工作者为主体自愿组成的非营利性社会团体，接受市科协领导和管理。

1983年

3月1日 根据国务院决定，江苏省实行市管县新体制，撤销南通地区行政公署，所辖海安、如皋、如东、启东、海门、南通六县划归南通市领导。

1984年

4月 南通市退休职工管理委员会（简称市退委会）成立，下设办公室。经市编委同意，市退休职工管理委员会办公室（简称市退管办）为事业单位，编制5人。各街办、镇政府纷纷建立退管会。至1986年9月，市区7个街道、3个镇均建立退管会，并建10个退休职工活动室，配备专职联络员。

8月16日 市政府颁发《南通市城镇集体企业职工养老金和医疗保险试行办法》，这是南通市养老保险制度改革的首次尝试。养老金和医疗保障试行范围和对象为：实

①据《南通市人口和计划生育志》（中国人口出版社，2010年9月，第1版）第67页表1–4南通地区各县1982年6月总人口数相加，地区总人口为6953101人，区市合计7343089人。另据该书第95页，《南通市志》（上海社会科学院出版社，2000年12月，第1版）第108页：“南通地区总人口6953093人，南通市389988人”，区市合计7343081人。

行独立核算，自负盈亏的集体所有制企业的正式职工、合同工、计划内临时工。业务由保险公司承办。

11月24日 南通市老年人体育协会成立（简称市老年体协）。市老年体协是南通市老年人自愿组成的群众性健身团体，非营利性社会组织，由南通市体育局、体育总会归口管理，接受登记机关的工作指导和监督管理。

是年 南通市人口出生率降到8.79‰，是新中国成立以来全市人口出生率最低的一年。

1985年

4月1日 市政府发出《关于转发市老年人体育协会〈关于加强市老年人体育工作的请示报告〉的通知》，要求“各级政府和各个部门都要重视这项工作，积极支持老年人体协把活动开展起来”。

5月3日 市政府发出《关于成立南通市老龄问题委员会》的通知。为了加强对老龄问题的研究，更好地开展老龄工作，根据省有关会议精神，市政府决定成立南通市老龄问题委员会。市老龄问题委员会名誉主任：王光钧；主任：任文彬；副主任：陈华汝、胡忠（负责常务工作）、陈仁美、羌步蟾、王祥。委员21人，由各相关部委办局主要负责人担任。委员会聘请顾问：王敏之、纪元、朱良春、陈元礼、吴沐初、吴志仪、易企衡、赵拂尘、黄树勋。委员会下设办公室，由胡忠兼主任。29日，市编制委员会批复，同意市老龄问题委员会办公室列事业单位编制，编制定为5人。

5月29日—30日 市政府召开全市老龄工作会议。市政府顾问、市老龄委主任任文彬传达全国、全省老龄工作会议精神，市老龄委常务副主任胡忠提出了在当前和今后一个时期要着重抓好的几项工作。省老龄问题委员会副主任耿杰民出席会议并讲话。6月17日，市政府办公室发出《关于印发胡忠同志在市老龄工作会议上讲话的通知》，要求各县、区政府，市各部门“研究贯彻”。

6月22日 南通县老龄问题委员会成立，丁善道任主任，下设办公室。1997年2月更名为通州市老龄工作委员会。

7月2日 市政府发出《关于增补老龄问题委员会成员的通知》，增补田海宝、凌萍、卢木轩、周建4人为市老龄委副主任，增补严春明为委员。

7月 市退休职工管理委员会组织全市性的“尊老互助储备会”。凡在职职工，可为自己的父母或其他直系亲属每年存款10元，待其父母或直系长者逝世时，则以优惠的待遇领回储金办理丧事。第一期参加者达1.3万人，几天内募集10多万元。至次年4月，有223名储存未满一年的会员因其长辈病故而额外享受优惠待遇。

8月13日 启东县老龄问题委员会成立，县委常委、副县长黄植民兼任主任。委员会下设办公室。2001年11月更名为启东市老龄工作委员会。

8月26日 如东县老龄问题委员会成立，县政协主席陈德璜兼任主任。委员会下设办公室。1990年7月更名为如东县老龄工作委员会。

9月6日 海安县老龄问题委员会成立，吴庆云任主任。委员会下设办公室。2001年4月更名为海安县老龄工作委员会。

9月18日—19日 市老龄委办公室在南通县北山饭店召开各县、区老龄办主任会议，交流老龄工作的情况和经验。市老龄委名誉主任王光钧、主任任文彬到会讲话。

9月25日 海门县老龄问题委员会成立，谭柏虎任主任，委员会下设办公室。1987年3月更名为海门县老龄工作委员会。1994年6月更名为海门市老龄工作委员会。

11月2日 如皋县老龄问题委员会成立，孙德明任主任，委员会下设办公室。2002年8月更名为如皋市老龄工作委员会。

11月5日 南通市郊区老龄问题委员会成立，徐希华任主任。1995年7月更名为南通市港闸区老龄工作委员会。

11月13日—19日 江苏省老龄问题委员会（简称省老龄委）在苏州召开江苏省老龄工作现场会。南通市老龄委主任任文彬、常务副主任胡忠等参加会议。南通市退委会在会上介绍了为退休职工办好事、办实事的经验。

11月22日 南通市城区老龄问题委员会成立，李云清任主任。委员会下设办公室。1990年6月更名为南通市城区老龄委员会。1996年8月更名为南通市崇川区老龄工作委员会。

11月29日 市老龄委在市老干部局召开全体委员会议，传达贯彻省老龄工作现场会精神，部署1986年老龄工作。

12月11日 市委书记朱剑主持召开市委常委会，听取市老龄委关于省老龄工作现场会和南通市老龄工作情况的汇报，研究了加强老龄工作的有关问题：1.全党各级领导都要重视老龄工作，提高对这项工作重要意义的认识。2.开好老龄工作现场会。3.关于老龄工作机构。4.为推广如东县关心下一代协会的经验，决定着手筹备成立南通市关心下一代协会。5.为老龄工作创造条件。常委会明确，市老龄问题委员会是一个协调机构，下设办公室作为日常工作机构，编制5人。其办公地点放在老干部局内。

12月12日 市政府批转《南通市合同制工人养老和医疗保险暂行办法》，在全省率先统由劳动部门管理社会养老保险。文件规定，被定为投保人达到法定年龄退休时，缴纳保险基金满15足年以上者，可按其所交保险费标准和交费年限，计领养老金；不满15年的，按标准一次性领取退休金。

12月26日—29日 市政府在南通县、如东县召开市老龄工作现场会，传达省老龄工作现场会精神，交流经验，总结1985年老龄工作，部署1986年老龄工作。市政府顾问、市老龄委主任任文彬作工作报告，市长张佑才、市委副书记李明勋出席会议并讲话。翌年1月23日，市委办公室发出《关于印发张佑才、李明勋、任文彬在市老龄工作现场会上的讲话的通知》，要求各县、区政府，市各部门“结合各自的实际情况，认真贯彻执行”。

1986年

1月25日 印亚平任市老龄问题委员会办公室副主任。

3月 海安县老龄委、妇联等部门协助王垛乡老年协会开展“社会化养老”试点。在乡党委、政府的支持下，通过建立组织、宣传教育，全乡1847户的子女与2500名老人签订赡养协议书、保证书或养老公约。王垛乡子女与父母长辈签订赡养协议书，落实老年人养老保障的经验迅速在全市推广。

3月19日—21日 省老龄问题委员会调查组到海门、南通两县调查基层老龄工作情况。市政府顾问、市老龄委主任任文彬陪同调查。

3月28日 市政府召开第73次市长办公会，研究老干部医疗保健和扩建老干部活动中心等问题。

3月底 据普遍测查了解，南通市共有百岁老人74人，比1982年“三普”增加40人，其中男性12人、女性62人。分县情况是：海门县17人，如皋县16人，启东县14人，南通县13人，如东县7人，城区4人，海安县3人。

4月8日 江苏省退休职工管理工作会议暨南通市区退休职工管理工作经验交流会在市文化宫三楼会议室召开，市政府顾问、市老龄委主任任文彬，省总工会副主席袁美芬，全国总工会生活部部长聂兆昌与会并讲话。

4月12日 南通市老年教育工作者协会成立，孙杰任理事长。

4月22日—23日 市政府在南通县北山饭店召开全市百岁老人健康情况专题调查工作部署会议，全市有73位百岁老人被列为调查对象。5月9日，市政府办公室印发市老龄委、市卫生局《百岁老人健康情况专题调查会议纪要》。10月，完成《南通市73名百岁老人健康情况专题调查报告》。

4月 全市基本形成市、县（区）、乡（镇）老龄工作三级管理网。市、县（区）两级老龄委共有在编专职干部18人，兼职领导和聘请的离退休干部74人。

6月 南通市第一个基层老年协会——海安县王垛乡老年协会建立。

7月1日—5日 省老龄委召开市、县（区）老龄委办公室主任会议。南通市老龄办主任胡忠参加会议并介绍南通市老龄问题委员会组织机构建设情况。

8月2日 市委常委办公会议召开，根据市老龄问题委员会的请示报告，研究确定市老年大学校务委员会成员和名誉校长、校长、副校长、教务长等人选。

8月6日 市委副书记唐真寿、徐志球，市委常委、组织部部长朱文涛，市委常委、秘书长褚佩言听取市委老干部局关于省老干部工作经验交流会精神和市老龄问题委员会关于省召开的市、县（区）老龄办主任会议精神的汇报，并对全市老干部工作、老龄工作及贯彻两个会议的部署作了研究。

8月中旬 启东县政协老龄工作组、县老龄问题委员会联合组织尊老爱老经验交流报告团，在县直机关和全县各地巡回演讲。至9月底，巡回演讲10场。

8月23日 市政府发出《关于调整充实市老龄委员会成员的批复》，同意增补章立功、柯观为副主任，徐蔚为顾问，同时增补两名委员；免去王祥副主任职务。自此，市老龄工作领导机构亦称为市老龄委员会。

9月1日 市委召开全市老干部、老龄工作会议，贯彻全省老干部工作经验交流会和省老龄办会议主要精神。

9月4日—5日 如东县人大、政府慰问全县6名百岁老人，并发“长寿保健证”。证中明确规定，百岁老人每人每月享受长寿保健费15元直至终生；在本县范围内优先购买适合老年人食用的粮油及副食品；优先购买本人及陪同人员的车船票和影剧票；在本县各级医院享受挂号、就诊、取药、住院“四优先”。

9月16日—27日 市退管办组织21名联络员，对市区7个街道、3个镇的退休职工管理工作进行互查。互查统计，南通市区共有退休职工13692人，经全面登记造册，已组建120个分会、1129个退休职工小组。

9月30日 市政府发出《关于建立南通市老年大学、聘任学校领导成员的通知》，明确：“为了丰富老年人的精神生活，在‘四化’建设中充分发挥他们的余热，做到‘老有所学’、‘老有所为’，市委、市政府同意建立南通市老年大学，由市老龄问题委员会和市教育局归口管理。招收对象为离退休人员。目前，先开设书画、花卉盆景、文学、历史四个专业，学制为两年。今后逐步创造条件，开设新的专业。”市委、市政府决定，聘请刘光担任市老年大学名誉校长，马骏任校长。老年大学建立校务委员会，其人选由该学校领导会同市老龄问题委员会、市教育局确定。

10月15日 市老年大学建校暨首届学员开学典礼在市科委二厅举行。副市长杨振东宣读市政府《关于建立南通市老年大学、聘任学校领导成员的通知》，并为市老年大学校揭牌；市老年大学校委会主任、名誉校长刘光，市委副书记徐志球出席典礼并讲话。

10月15日—18日 市委、市政府在海安县召开市老龄工作经验交流会，交流推广海安县王垛乡、如皋县磨头乡、南通县金沙镇落实“老有所养”试点工作的经验，部署今后工作。市委常委、常务副市长曹兴福致开幕词，市政府顾问、市老龄委主任任文彬作工作报告，市委农工部巡视员、市老龄委副主任凌萍传达省老龄问题研讨会精神，上海大学文学院社会学系副教授袁缉辉作老年学学术报告，市委副书记徐志球作会议总结。

10 月 市老龄委与中华医学会南通市分会联合召开南通市老年医学学术会议，交流论文 26 篇，会后汇编成册。

11 月 13 日 — 23 日 南通市承办江苏省第二届老年人乒乓球比赛活动，经角逐，南通市队获团体第三名。

12 月 12 日 为保障无儿无女的退休老人安度晚年，市总工会在市区三元桥东动工建造老年公寓，首期工程建筑面积 3000 平方米。该公寓于 1990 年 10 月 26 日落成，开始营运。

12 月 中国老龄问题全国委员会办公室主办的《老龄问题研究资料》第 68 期刊载全国老龄委老年科研中心室主任徐勤撰写的《探索巩固农村家庭养老的新途径 —— 江苏省大丰县、南通市签订家庭养老协议书的经验》。

1987 年

3 月 21 日 — 22 日 市老龄委在市南公园招待所召开市老龄工作会议，交流落实各县（区）“老有所养”试点的进展情况，总结 1986 年与部署 1987 年全市老龄工作。

4 月 17 日 市委办公室《内部参考》第 25 期刊载《全市 1986 年老龄工作情况的报告》。

4 月 23 日 市委、市政府原则同意市老龄委《关于 1987 年全市老龄工作意见的报告》，由市委办公室、市政府办公室转发。

7 月 15 日 市委书记朱剑主持召开常委会议，听取老龄委工作汇报，研究确定为老年人办 10 件实事，其中有：着手筹建市区老年人活动中心；成立南通市老年基金会，为发展老龄事业筹措资金；将每年的九月初九重阳节定为南通市“敬老日”，广泛开展尊老敬老活动；支持市退委会兴建老年公寓，促成市首座老年公寓的建成。

7 月 29 日 — 30 日 市老龄办召开各县（区）老龄办主任会议，讨论与市委宣传部等 9 个单位在“敬老日”前后开展尊老活动的主要安排。

9 月 16 日 南通市各县对企业单位离退休人员实行劳动保险统筹。

10 月 16 日 — 20 日 市委、市政府在如皋县召开市老龄工作会议，传达中央和省领导有关老龄问题的指示，交流老龄工作经验，部署下一阶段的任务。与会人员参观无锡市老龄基础设施，省老龄问题委员会常务副主任耿杰民、市委书记朱剑、市委副书记徐志球参加会议并讲话。

10月26日 市政府发出通知，增补汪永传为市老龄问题委员会（市老龄委员会）副主任。

10月27日 市委、市政府作出决定，将每年的农历九月初九（重阳节）定为“敬老日”。第一个“敬老日”前后，全市各地集中开展内容丰富、形式多样的尊老敬老活动。市委副书记徐志球发表电视讲话，市委邀请数十位80岁以上高龄知识分子举行茶话会，市委、市政府在文化宫电影院举行有1500多人参加的庆祝会。市老龄委、民政局牵头，发动机关、企事业单位开展慰问离退休干部、退休职工、孤寡残疾老人活动。市、县（区）普遍慰问百岁老人，重点走访慰问离退休老同志，举行庆祝会、茶话会、座谈会、祝寿会、文艺慰问演出、老年人体育比赛，开展为老年人送温暖、做好事活动，各级医院为当地福利院、敬老院里的老人义务体检。

1988年

8月 先后成立南通市老干部书法、国画两个研究会和文化系统老年书画协会。1993年4月，三协会合并组成南通市老年书画联谊会。2009年5月，南通市老年书画联谊会更名为南通市老年书画研究会。

9月14日 经市卫生局批准，南通市老医务工作者协会（简称老医协会）成立。老医协会是由离退休医务工作者自愿组成的群众性、技术性、服务性、非营利性社会团体，归口市卫生局管理，市民政局注册登记，市老龄委负责具体工作指导。

10月18日 市委、市政府在市文化宫召开表彰大会，表彰获“老有所为精英奖”“敬老好儿女金榜奖”“老龄、老干部工作奖”（合称“三奖”）的获得者。首次开展的“三奖”表彰活动从4月开始，历时半年多。被表彰者经层层评选，广泛宣传，民主产生，社会反响良好。

10月 老医协会组织专家医疗队赴乡镇开展巡回医疗。至1989年6月，共组织各科专家60余人次，9次赴如皋县白蒲、下原、郭园、车马湖、长庄、吴窑、二案等13个乡镇开展巡回医疗，为农村居民，重点为老年人诊治疑难重症。

1989年

1月23日 省政府通报表彰“老有所为精英奖”“敬老好儿女金榜奖”获得者，前者77人，后者62人。其中，南通市有8人获“老有所为精英奖”，7人获“敬老好儿女金榜奖”。

5月18日 市委发出《关于调整南通市老龄委员会领导班子的通知》。市委决定徐志球任主任；朱文涛、陈华汝、胡忠、顾乐鸣、陶盛德、程佩芬为副主任，顾乐鸣为专职副主任。

6月21日 经市老龄委讨论决定，顾乐鸣兼任市老龄委办公室主任。

7月3日—5日 市老龄委召开市老龄工作会议。市人大常委会副主任、市老龄委主任徐志球主持会议，并作会议总结。市老龄委名誉主任王光钧、顾问任文彬到会讲话。会议回顾总结前阶段的老龄工作，研究部署下半年工作。市老龄委专职副主任顾乐鸣就开展“敬老日”活动问题作专题发言。8月8日，市政府办公室转发了市老龄工作会议纪要。

7月 市卫生局印发《南通市家庭病床管理办法》。

9月初 市老龄委召开老年协会工作经验交流会，21个单位介绍各具特色的办会经验。省老龄委主任何冰皓到南通参加经验交流会，并考察南通市老龄工作。南通市老龄委名誉主任王光钧、老龄委主任徐志球，省老龄办主任应启龙陪同考察。

9月10日 省老龄委、省委老干部局、省人事局、省民政厅、省劳动局、省总工会表彰江苏省老龄工作先进集体和个人、江苏省保护老年人合法权益先进集体和个人、江苏省先进老年人。南通市有13个江苏省老龄工作先进集体、3名江苏省老龄工作先进个人，7个江苏省保护老年人合法权益先进集体、11名江苏省保护老年人合法权益先进个人受到表彰。

10月8日—10日 首届全国“老有所为精英奖”“敬老好儿女金榜奖”表彰大会暨第二次全国老龄工作会议在北京召开。大会表彰了1902名全国“老有所为精英奖”、“敬老好儿女金榜奖”获得者，中央政治局常委宋平出席大会并讲话。大会开始前，江泽民、宋平、乔石、宋任穷、王平、王首道、彭冲、王任重、康克清等中央领导来到人民大会堂北大厅同代表们亲切会面，合影留念。中共中央总书记江泽民发表讲话。如皋县冒鸿福、吴幽兰分别获全国“老有所为精英奖”“敬老好儿女金榜奖”，受到大会表彰。

11月18日 南通市老新闻工作者协会（简称市老记协）成立，该会由中共南通市委宣传部主管，并接受民政机关的工作指导和监督管理。

年末 全市293个乡（镇）中有277个乡（镇），4804个村中有4664个村，共28万老人签订了各种形式的赡养协议书。少数经济条件较好的乡（镇）、村实行发放老年人生活费制度，全市有31个乡（镇）127个村的12650名老人享受生活费补贴。

1990年

1月5日 市委书记吴镕主持召开市委常委会，听取市老龄委主任徐志球关于首届全国“老有所为精英奖”“敬老好儿女金榜奖”表彰大会暨第二次全国老龄工作会议和省在淮阴召开的老龄工作会议精神的传达，以及南通市1989年老龄工作情况和1990年老龄工作打算的汇报，认真研究老龄工作。会议强调，要充分认识老龄工作的重要性，在原有基础上再接再厉，继续把老龄工作做好。会议研究了老龄委机构的性质、归属问题，确定市老龄委为市委、市政府领导下综合管理全市老年人事业的机构，其办公室挂靠市政府办公室，列入市发文和参加会议的单位。各县、区老龄委及其办公室的性质和归属亦参照执行。为加强领导，除市委仍由戴志良分管老龄工作外，建议市政府由龚虎城分管老龄工作。市委常委每年听取一次老龄委工作汇报，研究老龄工作。会议确定在老龄工作方面办好10件实事。1.在如东县召开老龄工作现场会。2.在全市范围内开展评比先进老龄工作者、先进老年协会、维护老年人合法权益先进集体和先进个人的活动，重阳节召开表彰大会。3.调整健全市老龄委员会，动员社会各方面力量支持关心老年事业。4.健全乡、镇老龄工作组织网络。5.继续推进第二期市老年活动中心的建设。6.切实采取措施，逐步解决离退休老干部看病难的问题。7.尽可能适当增加为退休干部活动经费，在集体所有制企业内实行退休职工退休金统筹。8.对年满60周岁的乡镇、村老年协会会员，可实行免除义务工的照顾政策。9.广泛开展尊老敬老宣传活动。每年九月初九（重阳节）后的一周内，在全市范围内集中开展群众性的尊老敬老宣传活动。10.改善老龄委工作条件。

1月15日—16日 市老龄委召开全市老龄工作会议。市委老干部局副局长、市老龄委员会副主任胡忠主持会议，市政协副主席、市老龄委副主任朱文涛传达1月5日市委常委会精神，市老龄委专职副主任顾乐鸣传达全国、全省老龄工作会议精神。市委书记吴镕到会表示祝贺，并希望全市老龄工作在马年有一个新的发展。市人大常委会副主任、市老龄委主任徐志球作会议总结。市老龄委名誉主任王光钧参加会议。

1月27日（春节）前 市委常委沈瑞芬，市人大常委会副主任、市老龄委主任徐志球，市政协副主席朱良春，分两路慰问南通市城区、郊区10个老寿星，其中郊区百岁老人9人，年龄最大的104岁。

2月5日 市委办公室、市政府办公室转发市老龄委《1990年市老龄工作意见》。文件明确：市老龄问题委员会是市委、市政府领导下综合管理全市老年人事业的机构，其日常工作归口市政府领导。

3月23日 中共南通市级机关工作委员会批复，同意建立中共南通市老龄问题委员会机关支部委员会，顾乐鸣为党支部书记，马骏为党支部副书记。

4月12日—14日 市政府在如东县召开老龄工作现场会，全国老龄委副主任张亚琴、中国老龄科研中心室主任徐勤、省老龄委副主任耿杰民，市委副书记李明勋，市人大常委会副主任、老龄委主任徐志球，名誉主任王光钧及各县（区）分管领导，如东县各区分管副区长参加会议。是会被称为老龄工作“五级干部大会”。会议总结提出“三化”要求，即认识要深化、班子要强化、工作要科学化的老龄工作努力方向，积极开创老龄事业和老龄工作的新局面。

4月 全市293个乡（镇）中有238个乡（镇），4804个村中有3848个村，213个街道办居委会中有158个街道办居委会建立老年协会。已建的4244个老年协会中1224个协会有活动室。

5月10日 市委发出《关于调整南通市老龄委员会成员的通知》，徐志球任主任，朱文涛、宋决平、顾乐鸣、胡忠、薛卫平、陈映祥、程佩芬任副主任，卢成瑞等13人任委员。

7月1日 根据全国统一部署，全市第四次人口普查。是日零时，全市登记常住人口为7667913人，其中男3841785人，占总人口的50.10%，女3826128人，占总人口的49.90%；男女性别比为100.41 ：100。60周岁以上人口突破百万，为100.4万人，占同期总人口的13.2%。

8月30日—31日 市老龄委召开各县（市）、区老龄办主任会议，传达全国老龄工作宣传会议和省老龄工作汇报会精神，回顾全市前一阶段工作情况，部署下一阶段工作。市老龄委名誉主任王光钧、顾问任文彬参加会议。市政协副主席、市老龄委副主任朱文涛，市老龄委专职副主任顾乐鸣，市委老干部局副局长、市老龄委副主任胡忠参加会议并讲话。

9月1日 南通市区养老保险费改由地税部门代收，代收任务与各税务分局效益挂钩。

9月8日 市委办公室、市政府办公室发出《关于开展“敬老日”活动的通知》，对全市第四个“敬老日”活动提出4条意见。

10月11日 市委宣传部与市老龄委商定：从1990年重阳节，即南通市第四个“敬老日”开始，每年“敬老日”，集中一周时间开展敬老宣传活动（称敬老宣传周），运用电视、广播、报纸等大众媒体广泛宣传，召开各类座谈会，开展生动活泼的敬老活动、文艺演出，大力宣传孝道。

10月22日 由市老龄委、市老干部局、市人事局、市民政局、市退休职工管理委员会、南通日报社发起开展尊老社会一条龙服务活动，并向社会公布服务项目：1. 60周岁以上老年人在窗口行业办事、咨询、公证等，优先接待、优先服务、优惠收费。2. 60周岁以上老年人早晨免费进公园锻炼身体，“敬老日”凭证免费进公园游览。3. 70周岁以上老年人坐车乘船，凭证优先购票，优先上车上船。4. 城区70周岁以上孤独老人和身边无子女老人按月义务送粮送煤上门，对孤独老人和身边无子女老人优先送煤上门服务。5. 70周岁以上孤独老人和身边无子女老人看病实行“四优先”（挂号、就诊、缴费、取药）。6. 城区 70 周岁以上老人凭老年证优先购买副食品、蔬菜，对孤独老人和身边无子女老人，逢年过节送货上门服务。7. 城郊区社会孤老和身边无子女老人由街办、村民委员会组织医护组做好经常性护理工作。

10 月 26 日 市委、市政府在军分区礼堂召开老龄工作“三先”表彰会议，表彰 56 名先进老龄工作者、21 个先进老年协会、27 个保护老年人合法权益先进集体和个人。表彰会由市政协副主席朱文涛主持，市委副书记、市长徐燕宣读表彰决定，市委副书记戴志良讲话。市人大常委会副主任徐虎、市政协副主席张柔武、军分区副司令员侯宪和和市老龄委名誉主任王光钧、顾问任文彬等出席会议。会上，市老龄委、老干部局、人事局、退委会等单位向市区高龄老人代表颁发“优待证”。会后共有 2100 多位高龄老人获得此种“优待证”，享受“尊老一条龙”的优惠待遇。

1991 年

4 月 9 日 市老龄问题委员会发出通知，李锦诚任老龄办副主任（副科级，列印亚平后）。

6 月 11 日 市区 400 多名基层“尊老互助储金会”负责人聚会市文化宫三厅，交流开展活动经验。1985 年，南通市在全国率先创办“尊老互助储金会”，得到全国总工会和省总工会的表彰。市区已有 80% 以上的基层单位建立了储金会，5 万多名职工参加，存储金额达 200 万元，先后有 7271 人次享受互助金额 15 万元。六个县（市）陆续建立了储金会，发展会员近 5 万人次，共集资金 130 万元。

6 月 20 日 市老龄委召开全市敬老先进乡镇表彰会，如皋市如城镇等 34 个乡镇、街道被授予敬老先进乡镇称号。会上，首度把重视老龄工作，弘扬敬老、爱老、助老，开展孝道宣传纳入乡镇（街道）党政工作职责。

10 月 11 日 市老龄委在市少年宫礼堂举行“向老年人献上一片爱心”主题演讲比赛，18 名选手参加演讲。

10 月 12 日 市委、市政府在南通军分区礼堂召开庆祝首届国际老人节和南通市第五个敬老日大会。

10 月 14 日 崇川区在健康路体育馆举办区首届老年运动会，1500 名老年运动员参加。

11 月 23 日 市政府印发《南通市市区城镇集体企业职工养老保险基金统筹暂行办法》。

12 月 5 日 市政府第 76 次常务会议听取市劳动局关于企业职工养老保险改革情况的汇报，重点讨论深化企业职工养老保险改革的意见。会议认为，实行一体化的企业职工养老保险制度，是完善社会保障制度的重要措施，应予肯定。

12月7日 市政府作出《关于表彰“五保”工作先进集体和命名文明敬老院的决定》，对海门县等5个“五保”工作先进县（市）、集体予以表彰，并命名海安县胡集镇敬老院为南通市文明敬老院。

12月 市老龄委、工商行政管理局、税务局等六部门联合发出《关于兴办老年经济实体的通知》，鼓励、支持老年人举办经济实体，在经济建设中发挥作用。

1992年

2月 南通市老年大学获全国老年事业先进集体创新奖。

3月 南通市老年法律工作者协会成立，由市委老干部局主管。2001年8月，报经市民政局核准登记，南通市老年法律工作者协会更名为南通市离退休法官协会。协会成立后，下属实体南通市松平法律服务所有市县两级人民法院离退休干部46人参加服务，占会员数的40%。

4月7日 南通市老年艺术团成立。

5月9日 市政府发出《批转市民政局关于开展农村社会养老保险工作意见的通知》，规定：保险对象为非城镇户口、不由国家供应商品粮的农村人口；参保费以个人缴纳为主、集体适当补助；月缴费标准分10个档次，从2元起至20元，供不同地区以及乡镇、村、企业和投保人选择，养老保险费可以补缴、预缴、停缴或调整。

6月5日 1991年度在全国范围内评选健康老人告一段落。中医专家、南通市中医研究所名誉所长汤承祖被中国老年人体协评为全国健康老人。程耀华等10人被评为江苏省健康老人，成云龙等10人被评为南通市健康老人。

7月 南通市老年学学会成立，大会在北阁饭店召开，徐志球任会长，朱文涛、顾乐鸣、胡忠、薛卫平、黄海任副会长，顾乐鸣兼任秘书长。学会由老龄问题委员会直接领导，设于市老龄问题委员会办公室。

10月3日 市老龄委、市人事局、市文化局和市化工厂联合举办的“敬老日”书画展在市文化宫开幕。画展共展出离退休人员的99幅书画作品。

10月4日（农历九月初九） 为庆祝第二个国际老人节和南通市第六个“敬老日”，市老龄委、市妇联在市委礼堂举行纪念联合国维也纳老龄问题国际行动计划实施10周年和中国老龄事业发展10周年活动。市人大常委会副主任、市老龄委主任徐志球宣布活动开始。市委副书记戴志良讲话，代表市委、市政府向全市老年人致以节日的祝贺。市委书记陈根兴、市人大常委会主任朱剑、市长徐燕和省顾问委员会委员王益众，在市委礼堂向70多位金婚夫妇颁发彩照。市老年艺术团表演了精彩的节目。市领导邹运才、李明勋、朱文涛参加纪念活动。

同日 市总工会、市退委会召开表彰会，表彰市区一批退休职工管理服务工作先进集体和个人。通棉一厂退委会等42个先进集体、王天云等49名先进工作者、李峰等23名余热生辉积极分子受到表彰。市委副书记戴志良，副市长、市退委会主任陈华汝出席会议并讲话。

10月25日 南通市关心下一代工作委员会（简称市关工委）成立。王益众任主任，王太祥、王光钧、朱文涛、刘志鹏任副主任，胡忠为秘书长。1993年5月18日，濮九康增补为市关工委副主任。关工委由老干部、老战士、老专家、老教师、老模范“五老”组成，其任务是进一步加强和改进未成年人思想道德建设。

12月13日 根据《国务院关于企业职工养老保险制度改革的决定》和省政府苏政发〔1992〕11号文件，市政府颁发《关于深化企业职工养老保险制度改革的意见》，在市区建立适用于各种所有制形式和用工性质的城镇企业职工一体化养老保险制度，养老保险的覆盖范围逐步扩大到国有企业、集体企业、外资企业、港澳台企业、股份（合作）制企业、私营企业等城镇各类企业的职工和个体劳动者。

1993年

1月16日 省敬老奖颁奖委员会发出《关于给44个集体和5名个人颁发江苏省老有所为创新奖的决定》，南通市的获奖者是：市老年大学、如东县桐本乡人民政府和市紫琅老年康复中心负责人石超。

2月 市人事局、财政局、税务局制定《南通市机关事业单位试行职工养老保险制度的实施细则》，机关事业单位养老保险的参保范围及对象为：全额预算机关、事业单位的劳动合同制工人和经人事、劳动部门批准使用的临时工；金融机构的全体职工；部、省属驻南通机关、事业单位的同类人员。驻各县（市）、区的市属事业单位，原则上参加市级养老保险，但也可经协商参加当地养老保险。

4月6日—9日 省老龄委在如东县召开全省第十一次老龄工作会议。出席会议的有省辖市老龄委主任、老龄委办公室主任及省直老龄工作系统领导干部共80余人。会议组织参观如东县6个老龄工作先进单位。省老龄委领导何冰皓、耿杰民、蔡秋明、张鸣等先后主持会议并讲话，市委副书记戴志良到会讲话。省老龄办主任应启龙、副主任李玉乾、省老年周报总编辑黄永礼出席会议。

5月 市政府办公室转发市老龄委《关于举办老年经济实体的若干规定》，明确要求对老年人举办经济实体给予多方面的优惠照顾。

7月14日—23日 市委常委崔印能在市政府一楼会议室两次召开专题会议，研究抗衰老中心发展问题。23日，市政府办公室发出《关于研究抗衰老中心发展问题的会议纪要》。

9月20日 市纪委、市委组织部、市老龄委、市监察局、市人事局联合发出《关于共产党员、国家干部尊老敬老的若干规定》，要求共产党员、国家干部带头尊老敬老，自觉发扬扶助老年人的优良传统。

10月9日 市委发出通委发〔1993〕16号文，明确市委副书记戴志良，市委常委、组织部部长邹运才分管老龄工作。

10月20日 市老龄委发出《关于表彰兴办老年经济实体工作先进单位、先进个人的决定》，对在兴办老年经济实体工作中作出显著成绩的13个单位和17名个人予以表彰。

10月—11月 南通市组团参加省老年人运动会，经角逐，南通市代表团获得团体总分第一名。

1994年

2月3日 市委、市人大、市政府、市政协领导带领有关部门负责人分八路，赴六县（市）两区入户慰问"五保户"、特困老年人。

2月24日 市委办公室、市政府办公室转发市老龄委1994年老龄工作计划。

3月31日 市政府在市军供站召开全市农村社会养老保险工作交流会，副市长宋家新出席会议并讲话，市政府副秘书长王昀主持会议并作会议总结。会议认为，通过两年来的努力，农村社会养老保险在全市已全面启动运转，收缴保费总计4000多万元。但发展还不平衡，思想认识有待进一步提高。会议明确，下一步推进全市农村社会养老保险工作，要着重抓好四个方面：1.统一认识，加强领导。2.明确责任，分工协作。国务院、省、市均已明确农村社会养老保险由民政部门负责，各地各部门必须坚决按照上级规定办。原来人保公司在农村已搞的养老保险，可以维持现状，不再扩大范围和人数。民政部门要切实履行职责，各有关部门要大力支持和配合民政部门开展农村社会养老保险工作。3.积极推进，突破"四保"。全市的保险面不宽，参保率不高，总保额偏少，人均保额偏低，不能适应形势发展的需要。各县（市）、区要加大宣传、奖惩、典型推广和开拓的力度，狠抓"四保"的突破。4.规范操作，搞好管理。农村社会养老保险基金是农民的血汗钱、活命钱，是群众对政府的信赖钱，必须管好用好。各县（市）、区要在建立、完善和执行规章制度上下功夫，基金的汇集、运营和使用都必须严格按上级规定通过国有金融部门办理，任何人、任何部门都不能随意挪用基金，以确保其安全和增值。

4月27日—29日 市老龄工作会议在海门狮山宾馆召开。与会人员参观海门县两个老年经济实体和两个充分发挥老同志作用的单位。市老龄委副主任顾乐鸣传达了省第十二次老龄工作会议精神，各县（市）、区交流了前一阶段工作，会议重点讨论了抓住机遇，积极兴办老年经济实体问题。1993年底，全市老龄系统老年经济实体已发展到280多个，一部分经济实体取得了较好的经济效益和社会效益。会议提出1994年兴办老年经济实体的目标，"各县（市）、区要有80%以上的乡镇至少办起一个经济实体，各区的乡镇、街道要实现满堂红，村一级老协分会办实体也要有明显的进展"。市老龄委主任徐志球作会议总结。此次会议形成《市老龄工作会议纪要》，5月3日市委办公室、市政府办公室转发。

7月1日 南通市政府规定，从即日起，实行养老金正常增长制度。每年7月1日，根据上年职工平均工资增长情况，考虑物价变化等因素，适当提高离退休人员养老金。至2005年，南通市区共14次调增养老金。2006年至2012年，按国家规定，企业退休职工养老金连续7年每年提高10%。

7月29日 市长徐燕主持召开市长办公会议，专题研究老龄工作。会议要求：加强老年公益设施的规划建设，丰富老年人文化娱乐生活，在老年人密集区，积极兴建创办老年活动场所（室）。今后在规划建设居民新村时，要同时考虑老年活动室的建设，配套实施，以利于老年人就近方便进行活动。在市中心地段，筹建一个示范性、经营型的老年活动中心，可采取股份制事业机构的形式，动员有实力的有关单位和企业参加投资开发。

7月 市长办公会议讨论作出为百岁老人发放特别营养费的决定。市区，百岁老人发放特别营养费每人每月100元；各县（市）每人每月不低于50元。

8月8日 市委办公室、市政府办公室发出《转发市老龄委关于开展国际老人节和第八个敬老日活动意见的通知》。

9月20日—21日 市七届政协社会法制工作委员会组织妇女界委员，以重视老龄工作、发展老龄事业为题，对贯彻执行《江苏省保护老年人合法权益条例》的情况进行调查，并提出建议。

9月23日 省政府发出《关于表彰江苏省老龄工作先进集体和先进老龄工作者的决定》，共表彰53个老龄工作先进集体、52名先进老龄工作者。其中，南通市的通州市五总乡老龄委、海门市老龄办、港闸区闸东乡老年协会获老龄工作先进集体荣誉称号，姜德贵、陈德璜、黄启冲获老龄工作先进个人荣誉称号。

10月 如东县成立老年学学会，并举行首届学术研讨会，陈德璜任会长。县一级组建老年学学会，在南通全市尚属首例。

10月—11月 南通市首届老年人体育运动会分别在如皋、启东、南通市区举行。

11月1日—3日 长江沿岸大中城市第三届老龄工作友好协作会议在湖南省岳阳市举行。南通等长江沿岸19个市（区、地）老龄问题委员会负责人共54人出席会议。会议总结交流一年来沿岸各市老龄工作经验，通过《长江沿岸大中城市老龄工作友好协作会议章程》。南通等10市（地）作了大会发言。

1995年

3月 郊区芦泾乡白龙庙村村民陆玉珍创办的民营老年托老院开业，这是市区最早营运的家庭式托老院。

4月13日 市委办公室发出《关于调整市老龄工作委员会成员的通知》。市老龄工作领导机构改称为市老龄工作委员会。市人大常委会副主任顾嘉禾兼任市老龄委主任，顾乐鸣、王锦标、施深华、陈学如、程佩芬任副主任，周振新等12人任委员。市老龄委下设办公室，顾乐鸣兼主任。

4月27日 市人大代表黄冰、李明勋、唐真寿、徐志球、朱文涛、葛忠康、蔡淑芬、朱纯澄等视察市老年康复医院，市卫生局、市城乡建委、市国土规划局、市财政局等部门负责人应邀参加视察。代表们在听取医院创办、现状和发展规划情况汇报后，对医院建设提出指导性意见。

5月9日 市老龄委召开全委扩大会议，调整后的市老龄委全体成员，各县（市）、区老龄委主任、老龄委办公室主任，市各老年协会负责人及部分县（市）、区的分管领导50余人出席。会议由朱文涛主持，市委书记陈根兴，市委常委、组织部部长邹运才到会讲话。市老龄委副主任顾乐鸣作《南通市老龄工作五年回顾与今后工作设想》报告，顾嘉禾作会议总结。陈根兴在讲话中指出："南通是老龄化程度较高的地区之一，又是长寿之乡、百岁老人之乡，老龄工作要不断开创新的局面，与各项社会事业一样都得到快速而健康的发展，老龄工作也要争创一流。"

6月6日—9日 由市老年人体协主办，市棋类协会、桥牌协会协办，市森大蒂房屋建设开发有限公司支持的"森大蒂"杯离退休干部棋牌运动会在南通市区举行。28个单位的58名运动员报名参赛，年龄最大的80岁。

10月27日 市委、市政府颁发《关于表彰老龄工作先进集体和先进个人的决定》，对南通市老年大学等20个老龄工作先进集体和石超等30名老龄工作先进个人予以表彰。

11月1日 南通市老龄事业发展10周年暨庆祝第九个敬老日大会召开，市委书记陈根兴、市长杨任远出席并讲话，向全市老年人致以节日祝贺。

12月25日 南通市农村社会养老保险基金管理委员会建立。

是年 民政部命名通州市观音山敬老院为全国模范敬老院。

1996年

2月6日 市委组织部批复，同意印亚平任南通市老龄工作委员会办公室副主任。

3月10日—15日 21位市人大代表联名向市第十届人民代表大会提交《关于应高度重视人口老龄化的议案》。大会通过议案审查委员会提出的《议案审查报告》，将该议案和另外3件议案列为大会议案，交市政府办理。

6月11日—12日 市老龄工作会议召开，副市长李炎到会并讲话，市老龄委主任顾嘉禾作工作报告。

7月25日 市委办公室、市政府办公室转发市老龄委《关于加强老龄工作的意见》，要求各级党委、政府“加强组织建设，逐步形成健全的组织网络”“积极兴办社区服务设施，多为老年人办实事”“大力开展调查研究，有的放矢做好老龄工作”。

8月7日 省政府发出《关于南通市城镇企业职工养老保险实施意见的批复》，原则同意南通市政府《关于请求批准贯彻〈江苏省城镇企业职工养老保险规定〉实施意见的请示》。

8月9日 市委、市政府发出《关于印发市委、市政府直属事业单位机构改革实施意见的通知》，明确市老龄工作委员会办公室为市政府直属副处级事业单位，挂靠市政府办公室。

8月 《中华人民共和国老年人权益保障法》颁布后，市老龄委翻印数千本发至基层单位和广大老年人。市老龄委会同市委宣传部、市司法局发出《关于学习、贯彻〈中华人民共和国老年人权益保障法〉的通知》，编写宣传提纲，组织宣讲活动。同时，运用新闻传媒开展宣传、法律咨询和援助活动，多方强化维护老年人合法权益机制。

8月 顾嘉禾在江苏省老年学学会《老年学研究通讯》发表《白发浪潮：一个跨世纪的全局性的社会问题》署名文章，文章结合人口老龄化发展趋势，提出迎战白发浪潮相应对策。此后，省老龄委《老龄研究通讯》加按语全文转载。

9月25日 市老龄委主任顾嘉禾就贯彻、实施《中华人民共和国老年人权益保障法》发表电视、广播讲话。

9月28日 市政府发出《关于贯彻实施〈江苏省城镇企业职工养老保险规定〉的通知》。

10月16日 市第十个敬老日庆祝大会召开，市委书记陈根兴、市人大常委会副主任兼市老龄委主任顾嘉禾到会并讲话。

10月31日 中共南通市级机关工委批复，同意中共南通市老龄委机关支部改选结果，顾乐鸣任党支部书记，印亚平任党支部副书记。

11月28日 市老龄委举行第三届老龄问题理论研讨会暨市第五次老年学年会，老龄问题专家、学者、老龄工作者就南通市人口老龄化现状、趋势及其主要问题、特困老人生活状况、歧视虐待老年人的种种表现及根源等进行研讨。副市长李炎参加研讨会并讲话。

12月17日 市委发出通委干〔1996〕308号文件，同意：印亚平任市老龄委员会办公室主任；免去顾乐鸣办公室主任职务。

1997年

2月 市老龄委在崇川、港闸两区进行市区特困老人情况普查，并形成《南通市市区特困老人的调查报告》。调查结果，市区有特困老人221人（后又经逐户登记核实为263人），占老年人口的2.4‰。在特困老人中，以独身、病残的高龄老人为主，大多未能享受劳保福利，又无子女或子女无力赡养，亟待给予特殊解困。调查报告上报省老龄委和市委、市政府，得到高度重视，省老龄委将此文评为一等奖；市委办公室在《内部参阅》上刊登，市委书记周福元阅读调查报告后在市委常委扩大会议上强调："要特别关心扶助那些生活贫困的老人和高龄老人，使他们的生活水平随着社会经济的发展逐步得到提高。"当年，市老龄委、民政局对263位特困老人分别落实解困措施。

3月10日 市政府颁发《南通市职工医疗保险暂行办法》，规定"离退休人员及老红军、二等乙级以上（含二等乙级）革命伤残军人不缴纳个人医疗保险费"。

3月24日 经市政府同意，市政府办公室发出《关于印发职工医疗保险有关配套文件的通知》。配套文件为：《南通市职工医疗保险基金管理暂行办法》《南通市职工医疗保险定点医疗机构管理暂行办法》《南通市职工医疗保险收费管理暂行办法》和市财政局等部门《关于发放医疗保险补贴的通知》。

9月17日 市政府办公室印发《关于在市区组织开展尊老社会服务的通知》，对尊老优待作了一系列规定，主要有：向市区70周岁以上老年人颁发"老年优待证"，老年人凭证免费游览市区各公园、景点；在元旦、春节等节日期间凭证免费乘坐市区公交车；凭证免费进收费公厕等。

9月29日 市民政局、财政局发出《关于建立优抚对象抚恤补助自然增长机制的通知》，规定"三老"（老军烈属、老复员退伍军人、老残废军人）优抚对象分别以上年度当地城市职工平均工资和农村人均收入为参照基数，依据相应比例，发放定期抚恤补助。

10月7日 南通市第十一个"敬老日"，市委书记周福元在《南通日报》发表《尊重关心老人，树立文明新风》文章，要求在社会主义精神文明建设中，大力弘扬中华传统美德，尊重关心老年人，让每个老年人都有一个幸福美满的晚年。

10月9日 市老龄委主任顾嘉禾带领江苏炜赋集团代表慰问市区10位特困老人。

10月10日 由市老龄委牵头、江苏炜赋集团协办，组织市区百名老人登狼山活动。

10月10日—11日 市老龄委组织相关部门单位在文峰大世界门前广场举行为老服务宣传咨询活动，散发敬老助老宣传资料近5000份。

10月下旬 在全国农村社会养老保险管理工作现场经验交流会上，南通市民政局、启东市民政局被民政部授予全国农村社会养老保险先进单位称号。市民政局农保科于丽萍被评为全国农村社会养老保险先进个人。

10月31日 市政府办公室发出《关于印发南通市老龄工作委员会办公室职能配置和人员编制方案的通知》。文件明确，市老龄办核定全额拨款事业编制10名（含市老年基金会编制1名），其中干部8名，工人2名。

10月 在全市范围内开展评选“五奖”（敬老好儿女金榜奖、尊老服务爱心奖、老有所为金秋奖、老年工作服务奖、老年事业功德奖）活动。“敬老日”，市政府对评选出的85个先进单位和个人进行表彰，并推荐18个先进单位和个人由省表彰。

11月10日—11日 全国人大常委会委员黄玉章、崔乃夫带领全国人大《中华人民共和国老年人权益保障法》执法检查组到南通进行检查指导。

12月 市老龄委主任顾嘉禾在全省老龄工作会议上作了《南通市特困老人解困的实践与启示》发言。会后，《江苏老龄工作》全文刊发，向全省推荐南通的做法和经验。

年末 全市共有农村敬老院262所，有“五保”老人13786人，其中集中供养7113人，分散供养6673人，入院率51.6%。在262所敬老院中，全国模范敬老院1所，省级文明敬老院14所，市级文明敬老院36所。

年末 经历年努力，全市设立优抚门诊265个，有病房500间。优抚门诊对“三老”优抚对象实行优先、优惠举措。

是年 南通市农村养老保险工作围绕“一手抓管理、一手抓发展”的总体思路，依靠民政和农保干部的不懈努力，全年收取保费8651.87万元，在全省各市中持续保持第一。

是年 全市各级多渠道筹集350万元资金为700余户优抚对象修建住房，又兴建一批“功臣院”“光荣室”，全市集中供养有特殊困难的优抚对象累计达1400人，供养面达75%。供养对象除继续享受抚恤补助外，供养标准超过当地“五保”老人供养标准的10%至20%。

1998年

2月5日 市政府明确，副市长袁瑞良分管全市老龄工作。

3月 民政部、劳动部、全国总工会、共青团中央、全国妇联、中国老龄协会评选的全国敬老好儿女金榜奖、老有所为奉献奖、重视老龄工作功勋奖揭晓。南通市如东县丰利镇空庙桥村三组石水英、海安县海安镇陈桥村三组尹克达、通州市金沙镇粮管所徐兴兰获敬老好儿女金榜奖；南通市老年康复医院常务副院长石超、如皋市鞠桥村村办企业董事长谢庆生、海门市货隆镇关工委副主任李德彬获老有所为奉献奖；原中共启东市委书记、南通市副市长黄利金获重视老龄工作功勋奖。

3月9日 市政府发出《关于命名1995—1997年度市级文明敬老院和表彰“五保”工作先进集体和先进个人的通报》，命名36所敬老院为1995—1997年度市级文明敬老院，并对15个“五保”工作先进集体和26名先进个人表彰。

4月 市老龄办组织力量在全市范围内逐村逐户进行百岁老人普查，为百岁老人建立简易档案，在此基础上开展南通长寿现象研究。

6月 市人大常委会副主任邹运才、徐朋率领调查组，对贯彻执行《老年人权益保障法》情况进行调整。

9月17日 中国老龄科研中心开展高龄老人、百岁老人健康长寿监测服务调查，南通市450名80岁以上老人列入调查对象，其中80—89岁、90—99岁、百岁以上老人各150人。市老龄委主任顾嘉禾等参与调查。南通市被调查的高龄老人总数，占全国调查总数的4.55%，占江苏省总数的37%。

10月12日 市委组织部通知，许明泉任市老龄工作委员会办公室副主任。11月25日，市老龄委发出《关于许明泉同志任职的通知》。许明泉任市老龄办主任至2000年10月。

10月23日 市政府发出《关于表彰老龄工作先进集体和先进个人的通报》，对中共海安县委老干部局等20个老龄工作先进集体和江焕明等65名老龄工作先进个人予以通报表彰，分别颁发发展老龄事业功德奖、老龄工作奉献奖、尊老服务爱心奖、敬老好儿女金榜奖、老有所为金秋奖（简称“五奖”）。

10月28日 南通市第十二个“敬老日”，市政府召开地市老领导及相关部门负责人参加的茶话会，副市长袁瑞良主持，市老龄委主任顾嘉禾汇报国际老年人年活动，及南通市人口老龄化情况。

10月 “敬老日”前，市人大常委会副主任徐朋带领市人大、市政府有关部门负责人深入基层，就《老年人权益保障法》贯彻执行情况进行专题考察调查，并形成调查报告。

11月25日 市老龄委发出通知，免去李锦诚老龄办副主任职务，改任办公室秘书（副科级）。

12月 市老龄委在贯彻落实《老年人权益保障法》中，大力推广海安县双楼镇首创的签订赡养协议书经验。到1999年年底，全市农村有30多万户签订赡养协议书。

是年 市政府从解困经费中拨出8万元，由市老龄委掌握，悉数用于城市特困老人的专项补助。市区共有400多名特困老人获得此项补助。1998年至2005年，市政府连续8年，累计拨款86万元，专项用于特困老人的生活补助。

1999年

3月5日 南通市法律援助中心正式挂牌。至年底，市、县（市）两级法律援助机构共办理法律援助案件497件，其中为老年人提供法律援助71件。

5月26日—27日 省老龄委和省舞蹈家协会联合举办首届中老年文艺汇演，南通市由30多名中老年文艺活动积极分子组成代表队赴南京参赛，有9个节目获得最佳表演奖（一等奖），获奖数居全省各市之首。

6月14日—16日 市人大常委会执法检查组对《老年人权益保障法》执行情况进行视察。执法检查组由市人大常委会副主任邹运才、顾静珍、徐朋等和部分专职委员及代表组成。市老龄委主任顾嘉禾以《护法之神，维权之剑》为题向执法检查组汇报全市《老年人权益保障法》执行情况。

6月25日—27日 民政部在南通市召开"爱心献功臣行动"现场会，向全国推广南通解决"三老"住房难、生活难、医疗难的经验。民政部副部长、全国双拥办主任杨衍银到会讲话。

6月28日—30日 市十一届人大常委会第十次会议在市政大楼七楼会议室举行，会议听取、审议副市长袁瑞良代表市政府作的《关于贯彻执行〈老年人权益保障法〉情况的报告》，作出《关于进一步贯彻执行〈老年人权益保障法〉的决议》。

7月14日 市政府发出《关于完善南通市市区老年人社会优待和服务工作的通知》，老年人社会优待和服务工作增加新的内容：优待服务对象扩大到60周岁以上老年人；明确对"五保"老人和特困老人的救济规定；规定农村男满60周岁、女满55周岁以上老年人免除义务工和劳动积累工；城乡百岁老人每人每月发给50元至100元长寿补贴金。

9月10日 市政府召开全市提高三条社会保障线水平工作会议。会议要求：从1999年7月1日起，全市国有企业下岗职工基本生活费、失业职工失业保险金、城镇居民最低生活保障金发放标准均在原标准基础上提高30%；参加城镇企业职工基本养老保险的企业离退休人员，适当增加养老金。9月中旬前将提高标准后的保障金发到各类人员手中。

9月21日 市老龄委等6个部门在体育馆联合举办“1999南通中老年科学健身演示会”，倡导积极健康的体育锻炼，市区及六县（市）1000多名老年人参加、观摩演示会。

9月 市老龄委在全市范围内组织农村老年人住房状况调查。各县（市）随机选择一个建制村，就当地老年人与年轻人住房状况进行对比，剖析老年人住房落差深层原因，提出解决途径。2003年，由顾嘉禾、顾乐鸣撰写完成《老年人晚年生活中的一大课题》的老年人住房情况调查报告。市委研究室加按语在《研究与调查》刊物上发表。2004年8月，对5年前的调查对象进行二次随访，撰写《农村老人居住状况二次随访调查》一文，市委办公室、研究室又加按语刊载于《研究与调查》。两篇调查报告被中国老年学年会评为优秀论文一等奖。

10月15日 市委常委、市委组织部部长王德忠，市老龄委主任顾嘉禾等，手推10位百岁老人乘坐的轮椅，陪同老人观光市容、交谈养生之道。同日，市区举行“1999国际老人年敬老活动暨50位金婚夫妇庆典大会”。

10月20日—27日 市人大常委会对贯彻实施《老年人权益保障法》情况又一次进行为期7天的视察调查。调研组在听取市老龄委、市中级人民法院、市民政局等单位的汇报后，深入崇川区、港闸区、海安县、如东县的部分乡（镇）和村实地了解情况。

10月24日 南通市举行首届老年文化艺术节开幕式、居家养老服务月活动仪式暨千名老年人太极拳展示活动。

10月24日—11月24日 市老龄办、市法律援助中心会同各区街道（镇）、社区开展10场老年维权进社区活动，共为400多名老年人现场提供法律咨询、上访解答、老年维权等服务。活动期间，发放法律宣传资料、尊老敬老倡议书1万多份。

11月16日 省教育委员会、省委老干部局、省老龄问题委员会发出《关于表彰全省优秀老年大学（学校）和老年教育先进工作者的决定》，对在全省老年教育先进工作中取得显著成绩的74个单位和82名个人予以表彰。其中，南通市有3所老年大学、5所老年学校和7名老年教育工作者受到表彰。

11月30日 南通市关心下一代工作“双先”表彰大会召开，市委副书记曹能新充分肯定五年来全市各级关工委组织，围绕党的中心工作，发挥自身优势，贴近青少年实际，抓住思想政治教育和科学技术培训两个工作重点，教育培养青少年所取得的显著成绩。

11月 为确保农村老年人老有所养，市老龄委总结推广如皋市“六有两查一公布”经验，六有：年轻人有一颗尊老敬老的孝心，老年人有一间向阳通风的房间，有一张温暖宜人的床铺，有一日三餐可口的饭菜，有四季不缺的衣服，老年人有病能得到及时治疗。两查：以村为单位，每年夏冬季各检查一次老人生活情况，夏查蚊帐、草席，冬查棉衣、棉被。一公布：以村为单位，定期逐户公布养老情况。

年末 全市共有60周岁以上老年人132万人，占总人口16.8%；有百岁及百岁以上老人372人，每10万人口中达4.7人。

2000年

1月31日 江苏省政府发出《关于南通市调整和完善城镇职工医疗保险有关政策规定的批复》。

3月1日 市政府印发《南通市调整和完善城镇职工医疗保险有关政策规定的意见》。

5月28日—29日 省委书记回良玉视察南通，在听取市委负责人汇报后，回良玉说："南通是个长寿之地……这要好好研究，好好概括一下，向世人介绍宣传，这本身就是投资环境。"

6月21日 市政府印发《南通市市区城镇职工医疗保险实施办法》《南通市市区城镇职工大病医疗救助暂行办法的通知》，进一步完善医疗保险政策，从当年7月1日起执行。

7月3日 市老年人法律援助中心成立。

7月 南通市区个人医疗账户资金划入比例进行调整，退休人员以其本人上一年度退休（养老）金总额为基数，统一按6%的比例从单位缴费中划出，同时实行年账户计入额最低标准保底。标准为：70周岁及以下的退休人员250元（其中退职人员200元），70周岁以上的退休人员300元（其中退职人员250元）。退休人员进入社会统筹阶段的个人年度医疗费用4000元以上部分，社会统筹医疗基金负责75%。

8月3日 市政府办公室印发《南通市市区城镇职工基本医疗保险2000年参保扩面单位安排计划分解表》。

9月6日 省老龄委发出《关于表彰江苏省老龄工作先进集体和先进个人的决定》，对119个先进集体、125名先进个人予以表彰。南通市有9个单位、10名个人获此殊荣。

9月15日 市老龄委主任顾嘉禾一行慰问崇川区、港闸区的百岁老人，送上慰问金和礼品，祝老人们健康、幸福。

10月6日 市政府召开敬老茶话会，100多名离退休人员出席，市长程亚民到会讲话并传达中共中央、国务院《关于加强老龄工作的决定》。"敬老日"期间，各地普遍开展庆祝活动，走访慰问高龄老人和特困老人。

11月1日 根据全国统一部署，南通市进行第五次人口普查。普查结果，全市常住人口为7512919人，其中男3594099人，占47.84%，女3918820人，占52.16%。65岁及以上人口 934717 人，占总人口的比重 12.44%，比第四次人口普查增加 245646 人，提高 3.45 个百分点。

11 月上旬 举办全市老年书画作品展，共展出书画作品 202 幅。市委书记周福元题写展标，市长程亚民撰写前言。

11 月 29 日 市政府发出《关于推进城镇职工基本医疗保险制度和医疗卫生体制改革工作的通知》。

是年 全市老年人总数上升到136万人，占总人口的17.3%，其中80岁以上15.6万人，占老年人口的 11.5%；百岁老人 396 人，每百万人口有 51 人。老年人口、高龄老人和百岁老人占比均居全省前列。

是年 共青团江苏省委命名南通市社会福利院为江苏省青年文明号。

2001 年

1 月 1 日 南通 396 名百岁寿星由于生于 19 世纪末，跨入其人生第三个世纪。

1 月 15 日 省劳动和社会保障厅副厅长沈松泉等到南通走访慰问部分特困下岗职工、失业职工和退休人员。

8 月 24 日 市政府办公室发出《关于南通市民政局职能配置、内设机构和人员编制规定的通知》。明确市老龄工作委员会办公室为市老龄工作委员会的常设办事机构，设在市民政局。核定市老龄委办公室事业编制 7 名，人员经费列入财政预算，干部依照国家公务员制度进行管理。

10 月 11 日 市政府办公室发出《关于调整南通市老龄工作委员会成员的通知》，市委常委、常务副市长黄利金任主任，王昀、殷雄、陈德宏、王耀光为副主任。陈德宏兼任办公室主任，印亚平任办公室副主任。

10 月 23 日 市委常委、常务副市长、市老龄委主任黄利金在市民政局四楼会议室召开会议，专题研究市老龄协会的具体组建事宜。市老领导徐志球、顾嘉禾，市政府副秘书长、老龄委副主任王昀等出席会议。市政府办公室将会议主要精神形成《专题会议纪要》，于 11 月 7 日发出。

10 月 23 日 市首届中老年人才市场在市人才交流中心开办。

10 月 25 日 — 26 日 为庆祝南通市第十五个“敬老日”，市老龄办在市民广场、文峰大世界前举行大型为老服务和咨询活动。

10 月 全国人大常委会内务司法委员会副主任李云龙视察南通市贯彻实施《老年人权益保障法》情况。

11 月 24 日 — 25 日 中国社会科学院、中国老龄科研中心、北京大学人口研究所等单位的10多位专家，对南通市高龄老人状况进行模拟调查，市老龄办派人配合进行调查。

11月28日 市老龄工作委员会全体会议在市政府七楼会议室举行。市政府副秘书长、市老龄委副主任王昀主持会议，并宣读了通政办发〔2001〕164号文件。市老龄办汇报了全市老龄工作情况。会议讨论了《南通市老龄工作委员会成员单位职责（草案）》，市委、市政府《关于加强老龄工作的意见（草案）》。

12月3日 市政府在七楼会议室召开南通市社区建设、就业暨老龄工作会议，各县（市）区常务副县（市）区长，市劳动局、市民政局、市老龄办负责同志，市社区建设协调领导小组、社区就业领导小组、老龄工作委员会的成员单位负责人出席会议。市政府副秘书长、市老龄委副主任王昀主持会议。市民政局副局长任鹰、市劳动和社会保障局副局长朱向东、市民政局局长兼老龄办主任陈德宏分别就社区建设、社区就业、老龄工作作总结和部署。市委常委、常务副市长、市老龄委主任黄利金到会并讲话，他要求：全面加快社区建设，大力促进社区就业；高度重视和努力推进老龄产业发展；加强领导，全力推进社区建设、就业和老龄工作。

2002年

2月7日 市老龄协会筹备组负责人顾嘉禾，市政府副秘书长、市老龄委副主任王昀率市民政局、老龄办、残联有关人员慰问崇川区、港闸区百岁老人、特困老人、残疾人。

3月18日 百花苑居委会建立全市第一家社区法律援助接待中心。

5月11日 市政府办公室转发市民政局、卫生局、财政局《关于进一步做好重点优抚对象医疗保障工作的通知》。

5月29日—31日 市第十一届人大常委会第三十九次会议在市政大楼七楼会议室举行。会议听取、审议副市长黄利金《关于我市企业职工养老、失业和城市居民最低生活保障工作情况的报告》、市人大常委会财经委员会《关于我市企业职工养老、失业和城市居民最低生活保障工作情况的调查视察报告》，提出对《关于我市企业职工养老、失业和城市居民最低生活保障工作情况的报告》的审议意见。

5月30日下午 市委常委、副市长、市老龄委主任黄利金在其办公室召开老年工作研究会议，市人大常委会原副主任、市老龄协会筹备组负责人顾嘉禾，市政府副秘书长、市老龄委副主任王昀，市老龄委副主任、市民政局局长兼老龄办主任陈德宏出席会议。会议研究了市老龄协会筹建中的相关问题。根据中共中央政治局常委李岚清提出的“党政主导、社会参与、全民关怀”的老龄工作方针，讨论中明确提出老龄办与老龄协会必须贴紧关系，协调一致，有机结合，相互支持，形成整体合力，做好老龄工作。会议初步确定，7 月举办一次老年文艺调演，届时举行市老龄协会成立会议（后因故推迟至 10 月）；编辑出版《江海人瑞》，宣传南通长寿之乡及百岁老人。

5 月 中国社科院、北京大学、中国老龄科研中心联合在北京大学召开全国健康长寿理论研讨会，顾嘉禾撰写的《纵论百岁老人成长的宏观环境》论文在大会上交流，并被收入由中国社科院主编的《中国人口研究》核心期刊。

同月 市劳动和社会保障局印发《南通市市区低保职工医疗救助暂行办法》。

6 月 16 日 如皋市长寿研究会成立，刘桂江任会长。

6 月 市老龄委印发《南通市老龄事业发展“四年”（2002 — 2005）计划纲要》，对全市今后四年老龄工作主要目标和任务作出规划，提出相应的实施举措。

7 月 16 日 市委宣传部、市广播电视局、市文化局、市民政局、市老龄办主办的“银海神韵 —— 南通市老年文艺汇演”在市文化宫电影院举行。市领导宋家新、邵志明、杨伯林及老龄协会筹备组负责人顾嘉禾等观看演出。

7 月 26 日 省老龄办举行全省老年人文艺汇演，南通市有 3 个节目获得一等奖。

9 月 28 日 市第三人民医院与海军干休所离休干部急诊报治中心签约、揭牌仪式在市第三人民医院五楼会议室举行。市政府副秘书长、市老龄委副主任王昀出席仪式并讲话。

10 月 19 日 市老龄协会成立暨市首届老年文艺汇演颁奖大会在市民政局二楼会议室举行。会议听取了市老龄协会筹建工作报告，通过了市老龄协会章程草案。市老龄协会为群众性、学术性和非营利性的社会团体，由市委、市政府领导，归口市老龄委管理，接受社团管理机关监督管理。经大会选举，顾嘉禾任市老龄协会会长，孙应杰、王昀、陈德宏、顾乐鸣任副会长。聘请宋家新、黄利金、徐志球、李明勋、朱文涛为名誉会长。顾乐鸣兼秘书长。同时宣布市老年学学会注销。会上，还宣读了市首届老年文艺汇演评选结果通报并颁奖。

10 月 27 日 — 29 日 如皋市委、市政府举办中国如皋首届长寿文化节暨长寿理论研讨会。全国著名老龄问题专家邬沧萍、中国老年学学会会长张文范等参加研讨。会议期间，顾嘉禾等赴如皋汇报摄制 30 名百岁老人长寿之道纪录片情况，请张文范、邬沧萍担任摄制顾问，两位专家欣然同意。会后张文范一行到南通市区考察，并当面约请顾嘉禾为中国老年学学会理事，事后按照规定程序予以确认。

12 月 6 日 市老龄办、江海晚报社、南通人民广播电台联合召开《敬老与敬业》征文活动颁奖会，对 31 篇优秀作品作者进行表彰和奖励。

2003年

1月14日 中共江苏省委副书记、省纪委书记王寿亭，副省长张桃林到南通慰问市特困企业和困难职工，并到老党员、老劳模家中走访。

1月 南通市各县（市）、区由民政部门牵头，实施农村特困老人草危房改造工程。至2004年6月，全市市、县（市、区）两级财政投入草危房改造资金6270多万元，新建和改建房屋27462间，12026户农村特困户搬进新居，其中老年特困户占60%以上。

1月 以部分福利彩票收入用于老年事业的“星光计划”开始启动。“星光计划”项目共119个，历时2年，到2004年年底全部完成并投入使用。

2月12日 市老龄办发出文件，要求加强老龄组织建设，积极推进城市社区和农村基层老龄工作。此后，各县（市）、区先后召开会议贯彻落实，推进该项工作。至年底，全市乡镇街道一级老龄组织网络全部建立。村、社区的老龄组织建设也取得进展。

7月7日 市老龄协会向市民政局报送《关于增挂“南通市老年学学会”牌子的申请报告》。报告称：“为便于同国家和省内外老年学术团体的联系，进一步加强老年学理论探讨和研究，经会长、秘书长联席会议商定：协会同时增挂‘南通市老年学学会’牌子，并刊刻相应的图章”。市民政局随即照准。是年，市老年学学会成为全国老年学学会团体会员单位。

8月8日 市政府印发《南通市农村村民最低生活保障办法》。办法所称农村村民最低生活保障制度，是指政府对家庭人均收入低于当地最低生活保障标准的农村村民实行救助的制度。遵循以下原则：1. 保障基本生活；2. 政府保障与社会帮扶相结合，鼓励劳动自救；3. 对农村常住村民实行全面覆盖；4. 属地管理；5. 公开、公正、公平。

8月底 市老龄办和老龄协会编印《长寿探源》一书，并在市长寿博物馆召开“长寿探源”论证会。

9月26日 市老龄委召开南通市第十七个敬老日庆祝大会。会上对南通市公安局老干部处等17个老龄工作先进集体、江海晚报社周其寅等18名老龄工作先进个人、江苏万古长青集团李峰等18名模范老人、南通市退管中心王苏敏等16名先进老龄工作者进行表彰。并为50对金婚夫妇举办庆典活动。

9月28日 省老龄委发出《关于表彰2002—2003年度江苏省老龄工作先进单位、敬老先进个人的决定》，共表彰100个先进单位、100名先进个人。其中，南通市有8个先进单位、8名先进个人受到表彰。

11月17日 市政府办公室发布《关于调整南通市老龄工作委员会成员的通知》，市委副书记、常务副市长袁静波任主任，缪三义、殷雄、薛谦、王耀光任副主任，叶晓平等20人任委员。薛谦兼任市老龄办主任。

11月25日 市政府发布《关于在全市建立新型农村合作医疗制度的实施意见》。意见明确，建立新型农村合作医疗制度的目标任务是：到2005年，在全市建立基本覆盖农村居民的、以大病统筹为主的新型农村合作医疗制度，重点解决农民因病致贫、因病返贫问题。2003年，选择海安县进行试点，覆盖率不低于60%；2004年，全市推开，覆盖率不低于70%，海安县达到85%；到2005年，全市覆盖率达85%以上。各县（市）、区在建立新型农村合作医疗的同时，要建立和完善农村医疗救助制度，对“五保户”和贫困家庭给予医疗救助。鼓励有条件的地区探索建立农村基本医疗保障制度，进一步提高农民健康保障水平。

11月 市老龄协会与市华飞影视传播有限公司联合拍摄的反映百岁老人生活的30集《长寿探秘》电视纪实片制作完成，开始向社会公开发行。

12月 市委办公室、市政府办公室发出通知，经市委、市政府同意，转发市劳动和社会保障局、市委组织部、市编办等15个部门联合颁发的《关于南通市区企业退休人员社会化管理服务工作的实施意见》，标志着南通市企业退休人员社会化管理服务工作全面启动。

2004年

1月14日 市领导丁大卫、蓝绍敏，市政府秘书长朱晋到启东市天汾镇、志良镇，市领导程亚民、宋飞、杨展里到海安县双楼镇、章郭镇，市领导曹能新、陈斌、周通生、季金虎到如东县双甸镇、岔河镇，市领导袁静波到通州市金沙镇、四安镇，市领导王德忠、汤桑林、施景钤到如皋市如城镇、雪岸镇，市领导黄利金、张永凯到南通经济技术开发区新开镇、崇川区任港街办，市领导朱红春、李炎、颜福星到海门市正余镇、树勋镇，市领导秦厚德、孙汝建、吴晓春、李界元到港闸区闸东乡，慰问“五保户”、低保对象、优抚对象、重灾民和残疾人。

1月19日 市委副书记、常务副市长袁静波到市社会福利院，代表市委、市政府慰问孤寡老人和儿童。

1月 市政府向市民政局、市老龄办下达《市人口老龄化现状、趋势及其对策》重点调研课题。经过半年多时间的调查研究，由顾嘉禾撰写研究文章《坚持科学发展，应对人口老龄化》。此文在国家级和江苏省相关刊物上发表，先后获得中国老年学学术成果奖和南通市社会科学优秀论文奖。

2月 春节前夕，市领导带领相关部门单位负责人入户看望慰问市区百岁老人和特困老人。协调有关部门和单位对近百位特困老人给予节前生活补助。

2月 建立南通市企业退休人员社会化管理工作委员会，副市长张庆平任主任委员，市政府秘书长朱晋，副秘书长顾诺之，市劳动和社会保障局局长王耀光，崇川区委常委、常务副区长沈建洪，港闸区委常委、常务副区长季汉平，南通经济技术开发区管委会副主任、党工委副书记李俊为副主任委员。15个部门的负责人为委员。

4月8日 全国老龄办副主任赵宝华赴如皋市检查指导创建全国老龄工作先进县（市、区、旗）工作。

4月13日 市老龄协会顾嘉禾出席在北京大学召开的中国老龄健康与社会经济发展研讨会。会上南通发表相关论文，中国老龄科研中心和北京大学人口学家提出全国长寿呈现区域化的特点，确认南通为中国三大长寿区域之一。

5月26日 经市委、市政府领导同意，由市委办公室、市政府办公室转发市委组织部、市体改办、市经贸委、市财政局、市劳动和社会保障局、市编办、市委老干部局《关于切实加强市直改制企事业离休干部管理服务工作的意见》。

6月8日 市委办公室、市政府办公室发布《关于在全市开展结对帮扶优抚对象活动的意见》。意见指出：“我市是革命老区，是一个优抚大市，现有享受定期抚恤补助的重点优抚对象3.9万。近年来，各地广泛开展‘爱心献功臣行动’，优抚对象的抚恤补助和优待标准逐步得到提高，住房条件普遍改善，医疗难问题正逐步得到缓解，……全市80%的优抚对象生活水平已达到或超过当地群众平均水平。但部分老烈属、老三等伤残军人、老复员军人以及患精神病的退伍军人等优抚对象仍然比较贫困。”意见要求进一步改善优抚对象的物质生活和精神生活条件，更好地享受改革开放的成果。重点帮扶老烈属、老三等革命伤残军人和老复员军人等，确保他们中的贫困户、孤老人员和大病重病患者全部得到结对帮扶。

6月10日 市劳动和社会保障局、市财政局发出《关于调整南通市区国家公务员医疗补助办法的通知》。自当年1月1日起，对2001年开始执行的南通市区国家公务员医疗补助办法进行调整。

7月8日 南通市民办长寿博物馆正式开馆，对市民开放。

10月18日 市老龄委举办首届老年人才艺大赛。该项赛事历时半年，参赛节目250多个。

10月21日 市老年时装表演队的《蓝白风韵》节目参加民政部、文化部、全国老龄办举办的《红叶风采》大型文艺演出。参演老年队员受到全国人大常委会副委员长顾秀莲和全国老龄办领导的接见。

10月25日 市政府办公室发布《关于做好市区社会保险统筹管理实施工作的意见》。自2004年11月1日起，市区（包括崇川区、港闸区及市经济技术开发区，下同）各项社会保险实行统筹管理。实行市区统筹的社会保险包括：城镇企业职工基本养老保险、工伤保险、生育保险、失业保险和城镇职工基本医疗保险（已统筹），以及机关事业单位职工的社会保险。原由崇川区、港闸区和南通经济技术开发区经办的相关保险业务，改由市统一经办和管理；各项保险基金至2004年10月31日止的结余上划市财政集中管理，具体划交手续由市、区两级劳动、财政部门办理。纳入统筹管理的各项社会保险，按险种在市区范围内实行统一制度、统一政策，基金统一征收、统筹使用。

11月8日 市老龄办和市老龄协会联合召开南通市第五次老龄问题（健康长寿和老龄产业）理论研讨会，有35篇文章在会上交流。

11月9日 经市政府同意，市政府办公室转发市民政局《关于加快实现南通市社会福利社会化的意见》。意见提出，到2006年，基本建成以国家举办的社会福利机构为示范、其他多种所有制形式的社会福利机构为骨干、社区福利服务为依托、居家供养为基础的社会福利服务网络。全市社会福利机构的床位数和集中收、寄养人员数量每年以10%左右的速度增长，老年福利设施床位总数力争达到1.4万张，基本实现养老设施床位总数占老年人口总数的1%。各县（市）至少建立1所集养护、医疗、康复、娱乐等功能为一体的综合性示范社会福利机构，确保内设床位不少于150张，有条件的县（市）建1所儿童社会福利院。各街道确保其养老床位不少于30张，各社区要改善或增设老年人服务设施，为老年人、残疾人提供日托或上门护理的服务项目，逐步形成社区居委会有站点、街道有服务中心的社区老年人福利服务设施网络。农村所有乡镇要建立以“五保”老人为主要对象，同时面向所有老年人、残疾人和孤儿服务的社会福利机构，确保内设床位不少于80张。

11月18日 如皋东方大寿星乐园建成正式营运。该项目投资近1亿元，征用土地800多亩，是一个集休闲、旅游、养老为一体的综合性老年设施。

12月28日 市关心下一代工作表彰大会在市行政中心召开。市领导罗一民、曹能新、蓝绍敏、徐朋、杨伯林等出席。

2005年

1月8日 由全国老龄委办公室、中宣部、教育部、团中央和全国妇联共同主办，中国老龄事业发展基金会协办的全国敬老爱老助老主题活动“葆春杯”评比表彰大会在人民大会堂举行。大会表彰了10名孝亲敬老楷模、4名孝亲敬老楷模特别奖获得者、50名孝亲敬老楷模提名奖获得者、2302名孝亲敬老之星、91篇敬老好文章和39个优秀组织奖。其中，南通的张宏林、陈国志、袁桂山、姜勤凤、孙美玲、施有芳、陈建冲7人获孝亲敬老之星荣誉称号。全国人大常委会副委员长司马义·艾买提、全国政协副主席阿不来提·阿不都热西提等出席并为全国10名中华孝亲敬老楷模颁奖。此后，敬老爱老助老主题教育评选表彰活动每两年一届，此次又被称为第一届。

1月12日 省老龄委发出《关于表彰2003－2004年度江苏省老龄工作先进县（市、区）的决定》，授予44个县（市、区）为2003－2004年度江苏省老龄工作先进县（市、区），如皋市、海门市名列其中。

1月13日－17日 31位市人大代表联名向南通市第十二届人民代表大会第三次会议提交《关于积极应对人口老龄化挑战，努力推进老年事业健康发展的议案》。大会表决通过议案审查委员会提出的《议案审查报告》，将此议案列为大会两件议案之一，交市政府办理。

2月2日 市领导曹能新、周通生、季金虎赴如东县，市领导袁静波、张小平、杨伯林赴通州市，市领导王德忠、汤桑林、张庆平、颜福星赴如皋市，市领导陈斌、刘长城、宋飞赴海安县，市领导蓝绍敏、李炎、张永凯赴启东市，市领导秦厚德、孙汝建、吴晓春、李界元赴港闸区，慰问部分"五保"老人、优抚对象、老党员、残疾人和困难群众。

4月 全国老龄委表彰全国老龄工作先进县（市、区、旗）和全国老龄工作先进单位。如皋市为全国老龄工作先进县（市、区、旗），南通市老龄工作委员会办公室为全国老龄工作先进单位。

5月20日 经市政府同意，市政府办公室转发市民政局、财政局《关于进一步做好我市城乡居民最低生活保障工作的意见》。意见明确，根据市政府提出的全市城乡居民最低生活标准再提高10%左右的要求，2005年市区居民最低生活保障标准提高到每人每月240元，农村居民最低生活保障标准不低于每人每月1200元；各县（市）应按市政府要求予以落实，其中提标后的农村居民最低生活保障标准应不低于每人每月1000元。

5月 市老龄办贯彻《公民道德建设实施纲要》，组织实施"敬老爱老助老孝心工程"，开展"孝心进社区，敬老宣传进社区，健康知识进社区"活动。

6月2日 市政府办公室转发市民政局、市财政局、市卫生局《关于在全市开展农村医疗救助工作意见》。意见提出，各地要按照与当地经济社会发展水平相适应的要求，按照"应助尽助、急难优先"的原则，合理确定农村医疗救助对象，将农村"五保户"、农村最低生活保障对象的家庭成员、因患大病造成生活特别困难又无自救能力的其他农村家庭成员纳入救助范围，使之得到及时必要的救助。

7月18日 市老龄办与市劳动局、市文化局等单位联合举办"社保情"文艺调演，庆祝南通市老龄委成立20周年和第十九个"敬老日"。

8月 市老龄协会增补何惠斌为副秘书长。

9月30日 市政府发出《关于加快发展城市社区卫生服务的通知》。

10月7日 市政府办公室转发市总工会、市财政局、市劳动和社会保障局、市人事局、市农业局、市农办《关于改善市区企业离退休市级劳动模范和老年农业劳动模范待遇的意见》。

10月 “敬老日”期间，省老龄办举办《江苏省老龄事业发展20年成果展》，市老龄办及如皋、海门两市老龄办制作版面参加全省展出。

11月24日 市老龄协会、市老年学学会编辑的《情系华发》一书，举行首发式，该书约35万字，由中国广播电视出版社出版。

12月23日—24日 市第十二届人大常委会第二十八次会议听取市政府副秘书长缪三义代表市政府作的《关于积极应对老龄化挑战，努力掀动老龄事业健康发展的方案办理情况汇报》，通过《关于进一步加强老龄工作、加快老龄事业发展的决议》。

12月26日 省体育局、省老龄办、省老年体协发出《关于表彰老年人“走向十运”健步行活动先进单位的决定》，授予52个单位江苏省老年人“走向十运”健步行活动先进单位荣誉称号，并予以表彰。其中，南通市有4个单位获此荣誉。

12月30日 市政府发出《关于印发〈老年人优待办法〉的通知》。规定各有关单位对60岁以上老年人实行一系列优待措施。该“办法”由市老龄办组织实施，并负责督促检查。

是年 省民政厅命名如皋市白蒲敬老院、长江敬老院为江苏省文明敬老院。

2006年

1月24日 市领导罗一民、张小平、杨伯林等到通州市慰问部分低保对象、敬老院老人；市领导丁大卫、刘长城、朱晋、颜福星等到启东市慰问部分低保对象、伤残军人、敬老院老人；市领导陈斌、李炎、宋飞等到海安县慰问部分敬老院老人、复员军人和困难群众；市领导蓝绍敏、周通生到如皋市慰问部分“五保户”、低保对象、困难群众、复员军人和老党员。

5月26日 市政府建立南通市持“独生子女父母光荣证”退休企业职工一次性奖励工作领导小组，副市长杨展里任组长。

6月 市老龄办、市老龄协会、江海晚报社、南通广播人民电台联合举办天年杯“孝子就在身边”征文竞赛活动。历时半年，共收到征文150多篇，发表80多篇。评出一、二、三等奖及优秀奖30篇。事后，将获奖征文汇编成《孝子就在身边》一书。

7月14日 市委、市政府发布《关于进一步加强和改进全市老干部工作的意见》。

8月 市老龄办与市老龄协会合作完成《构建新型养老体系的探索与思考》调研报告。市政府召开常务会议听取该报告的详细汇报，该文被评为市政府2006年度两篇优秀论文之一。

9月7日 省老龄委发出《关于表彰全省基层先进老年人协会和先进老年人协会会长的决定》，对114个先进老年人协会和110名先进老年人协会会长予以表彰。南通市有8个先进老年人协会和8名先进老年人协会会长受到表彰。

同日 省老龄委发出《关于表彰“江苏省孝亲敬老之星”的决定》，对各地评选推荐的191位事迹突出、群众认可的孝亲敬老典型授予“江苏省孝亲敬老之星”荣誉称号。其中，南通市有14人获此殊荣。

9月11日 市委宣传部、市老龄办、市劳动局等9部门联合举办第二届老年人才艺大赛和退管杯“人生晚霞”征文演讲活动。

9月15日—17日 中国老年学会在北京举行20周年庆典暨2006年老年学学术高峰论坛。经专家委员会评审，甄选出591篇优秀论文，其中一等奖10篇，二等奖171篇，优秀奖310篇。南通市顾嘉禾、顾乐鸣的《老年人晚年生活的一大课题》获一等奖，顾嘉禾、薛谦的《营造救助新机制 探索老龄新课题》获二等奖。17日，中国老年学学会成立20周年庆典暨首届中国老年学奖颁奖仪式在人民大会堂隆重举行，全国人大常委会副委员长顾秀莲到会并讲话，国内外的100余名著名专家学者与全国各地的500多名与会代表共同欢庆中国老年学事业的这一盛会。在颁奖典礼上，一批先进集体和个人获中国老年学会表彰。其中，南通市老年学学会获“中国老年学奖先进集体”荣誉称号，顾嘉禾从副委员长顾秀莲手中接过荣誉证书。

10月23日 市委办公室、市政府办公室发出《关于开展南通市第二十个敬老日庆祝活动的通知》。活动期间，向市区90岁以上老年人每人一次性发放慰问金100元、免费为老年人放映一场电影、免费为百岁老人上门进行一次体格检查、组织青年志愿者免费提供各类服务。

10月25日 受市长丁大卫委托，常务副市长蓝绍敏主持召开市政府第56次常务会议。副市长袁瑞良、张庆平、吴晓春、杨展里，市长助理生秀红出席。会议讨论并原则同意南通市为老年人办实事项目。

10月30日 市政府办公室发出《关于调整南通市老龄工作委员会成员的通知》，市委常委、常务副市长蓝绍敏任主任，缪三义、殷雄、薛谦、王耀光任副主任，叶晓平等25人任委员。薛谦兼任市老龄办主任。

10月30日 市委、市政府在更俗剧院召开南通市第二十个敬老日暨南通市老年大学建校20周年庆祝大会。市各部门各单位有关领导、老年大学学员以及老年人代表1000多人出席大会。市委常委、常务副市长、市老龄委主任蓝绍敏作报告，市委书记罗一民讲话。

10月 全市养老保险加快发展。城镇职工养老保险实现全覆盖；农村社会养老保险参保人数达115万人，养老保险覆盖率35.6%；2.3万名老年人纳入低保补助范围，并规定70岁以上低保老人享受上浮10%的待遇。

11月1日 市政府第12届56次常务会议讨论通过，在今后一段时间内为老年人办好十件实事，包括新建一座建筑面积4.6万平方米，有1100张床位的示范性老年公寓等。

11月6日 全国老龄办、公安部、司法部发出《关于联合表彰“全国老年维权示范岗”的决定》，授予980个单位“全国老年维权示范岗”荣誉称号。其中，南通有3个单位获此殊荣，即：海门市老龄办、南通市公安局、南通市公证处。

11月7日 全国老龄办作出《关于表彰“全国敬老模范村居（社区）”的决定》，授予2545个村居（社区）“全国敬老模范村居（社区）”荣誉称号。其中，南通的海安县曲塘镇刘圩村等9个村居（社区）获此荣誉。

11月10日 市民政局、市财政局联合发出《关于对民办非营利性养老服务机构实行资助的实施意见（试行）》。规定：凡经市民政局审批，床位在60张以上的养老服务机构，由市财政局分3年给予每张床位1500元补助；由区民政局审批，30张以上床位的养老服务机构，由市及区财政分3年给予每张床位1200元补助。

11月20日 全国敬老爱老助老主题教育活动组委会发出《关于表彰2006年中华孝亲敬老楷模、中华孝亲敬老楷模提名奖、孝亲敬老之星、敬老好文章和敬老爱老助老主题教育活动优秀组织者的决定》，授予10人中华孝亲敬老楷模荣誉称号、36人中华孝亲敬老楷模提名奖荣誉称号、2753人孝亲敬老之星荣誉称号、35个单位优秀组织者奖荣誉称号、77篇文章为敬老好文章。其中，南通市的申启忠、邬荣国、朱仲秀、张宏林、朱仲辉、陈立祥、陆亮、秦如云8人获孝亲敬老之星荣誉称号。

11月28日 市老龄办与市老龄协会联合举办积极老龄化理论研讨会。

12月1日 市老龄办、市财政局联合发布《南通市区社区老年人活动场所验收标准（试行）》，并会同市财政局对2006年申报的10个社区老年人活动场所进行验收，下拨补助经费并进行授牌。

12月31日 南通市老年人活动中心在市社会福利院旧址正式挂牌。

同日 市政府办公室发出《关于印发〈南通市老龄事业发展“十一五”规划〉的通知》。《规划》分四个部分，提出八项主要任务以及两大重点项目。

2007年

1月25日 市政府发布《关于市属事业单位改制转企后原退休人员管理有关问题的处理意见》，提出：市属事业单位改革改制企业的原退休（含提前退休）人员可由改制后的单位管理，也可由改制后的单位移交市劳动保障部门实行社会化管理服务，涉及的社会化管理服务经费由市财政与市劳动保障部门结算。

3月 社会福利中心（阳光公寓）破土动工。该项工程是市政府为民办实事工程，投资1.8亿元，占地54亩，总建筑面积46915平方米，拥有1400张床位。工程分三期进行。一期工程为新建1幢20层、建筑面积15984平方米的综合服务楼，2010年6月正式运营。二期工程是新建1幢10层的集中供养楼和2幢11层的寄养楼，建筑面积17883平方米，2011年7月投入使用；三期工程是新建2幢11层的寄养服务楼，建筑面积13048平方米，2014年3月投入使用。建成后的福利中心环境优美、功能齐全，是集居住、医疗、康复、休闲、娱乐、运动为一体的综合性养老服务场所，成为南通市乃至全省民政系统最具规模的一项亮点工程。

4月19日 市政府印发《南通市市区城镇居民基本医疗保险试行办法》。

4月—10月 市老龄办与珍奥集团南通办事处联合举办“激情燃烧的岁月，珍奥相约夕阳红”金婚、银婚庆典活动。4月，举办活动启动仪式后，共为1000多对老年人拍摄了金婚、银婚婚照。“敬老日”期间，为50对金婚、银婚老年人举行大型庆典活动。

5月 市老龄办组织10多名老年科技工作者深入社区、农村，为老年人开设健康、医疗等科普知识讲座。

8月 根据省委宣传部、省文化厅、省广播电视局、省老龄办等5个单位联合下发的《关于举办江苏省老年文艺汇演的通知》要求，市老龄办从全市筛选9个老年人优秀节目，拍摄录像，加工制成光盘报省参赛。经省专家评审，9个节目全部获奖。其中，一等奖4个，二等奖2个，三等奖3个。“敬老日”期间，南通市有两个获奖节目选调参加省庆祝第20个“敬老日”专场文艺演出。

9月 如皋市政府与复旦大学协商联合组建中国·如皋（复旦）长寿研究所。11月12日，研究所正式成立。该所的主要研究方向是以如皋长寿现象为样本，从影响人类长寿的自然环境因素、社会人文因素和长寿老人自身条件等方面进行多学科的综合研究。

9月 以省老龄协会副会长陆健为组长的调查组在南通进行养老保障、医疗保障、特困救助调研。

10月9日 省老龄委发出《关于表彰2005—2006年度江苏省老龄工作先进单位和江苏省老龄工作先进工作者的决定》，共表彰86个先进单位、77名先进个人。其中，南通市有5个单位、5名个人获此荣誉。

10月10日—11月30日 市退休人员管理服务中心组织市区纳入社区管理的万名退休老年人游南通。老年人兴致勃勃游览南通火车站、苏通长江公路大桥、滨江公园、园博园、体育会展中心、市区博物馆群，纷纷慨叹：“南通真美，南通变化真大！”

10月22日—25日 市老龄协会（学会）会长顾嘉禾、副会长顾乐鸣赴北京出席第八届亚太地区老年学和老年医学大会。会上，南通市有4篇论文入选会刊，供国内外交流。《坚持科学发展观，应对人口老龄化》获中国老年学奖——科技成果奖；《老年人晚年生活一大课题》《老年书画现象及其组织定位之刍议》《关于南通市老年消费市场的调查与思考》《如皋市农村老年人生活状况抽样调查分析》获大会中文论坛优秀论文奖。

10月26日—28日 第八届亚洲大洋洲地区老年学和老年医学大会如皋卫星会议在如皋大剧院举行，全国12个省、市、自治区的老年科学健身与长寿研究专家和兄弟长寿之乡的代表参加会议。中国老年学学会老年科学健身与长寿研究委员会副主任宋均、柴永明出席会议。如皋市委书记陈惠娟出席开幕式并致辞。全国首席健康教育专家、第四军医大学教授万承奎作健康知识讲座。会议期间举办长寿研究论坛，宋均主持论坛，南通市老龄协会、市老年学学会会长顾嘉禾、如皋市长寿研究会会长刘桂江，以及与会其他代表先后作演讲。

10月 顾嘉禾撰写《南通市长寿现象十年回眸与思考》，以大量翔实资料总结南通市出现的长寿现象。此文刊于2008年《江苏省老年学论文选集》、上海市老龄科研中心《上海老龄科学》，入编中国老年学学会《长寿理论与实践文选》，评为全国2008年度长寿与发展高峰论坛优秀论文。

同月 南通市区开展“银龄风采”进社区系列文艺演出活动。市老龄办先后组织100多名老年演员到市区的10个社区及老年公寓为4000多名老年人演出。第二十一个“敬老日”期间，邀请浙江省小百花艺术团专门为老年人演出越剧《五女拜寿》，受到热烈欢迎。

同月 市老龄办联合市司法局法律援助中心开展老年人维权下访活动，先后到港闸区越江社区、陈桥乡、秦灶镇等多个农村偏远社区及2006年新建的10个社区老年活动场所，开展老年人法律咨询，发放有关维权宣传资料。活动期间，有300多人接受法律咨询。

同月 市老龄办对市区低保老人、特困老人进行慰问，向2567名低保老人发放慰问金32.72万元，向331名特困老人发放慰问金6.62万元。

11月1日 市劳动和社会保障局发出《关于对南通市区纳入社区管理的企业退休人员进行免费健康体检的通知》，从2007年起，用3年时间分期分批为纳入社区管理的市属企业退休人员进行免费健康体检，体检费用按人均100元标准执行，在退休管理服务专项经费中支付。

11月12日 市政府发出《关于对市区持独生子女父母光荣证退休的企业职工实行一次性奖励的实施意见》。根据《江苏省人口与计划生育条例》和《省政府关于对持独生子女父母光荣证退休的企业职工实行一次性奖励的实施意见》规定，市政府决定对市区（含崇川区、港闸区、南通经济技术开发区）持“独生子女父母光荣证”（“独生子女证”）退休的企业职工（以下简称持证退休职工）实行一次性奖励。独生子女在1963年1月1日以后出生的持证退休职工（不含省部属企业职工），符合条件的，一次性奖励每人3200元。终身无子女的退休职工可参照享受。

11月21日—23日 长江沿岸大中城市第十六届老龄工作友好协作会议在南通市举行，来自9个省34个地级市以上城市以及南通市6个县（市）、区老龄办负责人及有关人员共120人出席会议。全国老龄办副主任阎青春、省老龄办副主任王凤亭到会并讲话；中共南通市委常委、常务副市长蓝绍敏到会致辞。

11月23日—25日 中国关工委副主任闵振环一行对南通市校外教育辅导站建设情况进行考察调研。

11月 常州市老龄协会、上海市南汇区老龄协会先后到南通考察，市老龄协会分别与兄弟地区老龄协会交流工作经验。

12月17日 市委书记罗一民到通州调研，先后察看平潮镇敬老院、南通明德重工有限公司和中国乒乓球通州国际训练基地。南通市委常委、通州市委书记陈照煌陪同调研。平潮镇敬老院拥有床位220张，80余名老人在此安享晚年，其中年纪最大的有100岁。罗一民认真询问敬老院建设、入住率等情况，仔细察看餐厅、医务室、健身房等设施，看望部分老人。

12月26日 市政府办公室发布《关于做好市区惠民医疗工作的意见》。市区惠民医疗服务的对象主要为南通市区（含崇川区、港闸区和南通经济技术开发区）的城市最低生活保障对象、重点优抚对象（市民政局确定）、特困职工及其家庭成员（市总工会确定）等。惠民医疗服务的病种主要为常见病、多发病；国家法定传染病的救治费用，按有关规定和支付渠道给予救助。市区惠民医疗建立三级网络，免收普通门诊挂号费、普通门诊诊疗费、门诊注射费、住院诊疗费、基本医疗护理费；普通床位费、检验费、检查费（CT、B超、心电图、肠镜、胃镜、X线）、治疗费、手术费等按50%收取；药品费、材料费按成本收费。

是年 省民政厅命名如皋市如城敬老院、丁堰敬老院，通州市三余敬老院为江苏省文明敬老院。

2008年

2月1日 市区老人免费乘坐市内公交车的年龄从70周岁以上扩大到65周岁以上，享受此待遇的老人从6万人扩大至10万人。通州、海门等县（市）对70周岁以上老人开展免费乘坐市内公交车服务。

同日 全省民政系统首个多功能敬老院在南通经济技术开发区落成，首批51名“五保”老人入住。该敬老院设床位274张，开发区由此变一镇一院供养为全区集中供养。

2月4日 全面落实市区百岁老人“五个一”。一是每人每月增发一次长寿补贴，崇川、港闸区、经济技术开发区的长寿补贴提高到每人每月200元；二是每人每天一袋牛奶，由光明乳业公司派人每天送到百岁老人家中；三是为百岁老人每人每季度提供一次打扫卫生、陪伴聊天等志愿者服务；四是每逢老人生日，市、区老龄办及乡（镇）、村（社区）干部带蛋糕和慰问金上门祝寿；五是每年为百岁老人进行一次健康体检。

2月 由南通市退休人员管理服务中心组织的市区“情暖鳏寡——特别的爱给特别的您”正式启动。市长丁大卫讲话，并和市人大常委会副主任陆玉明等向鳏寡老人代表发放春节慰问金和慰问品。凡居住在市区的鳏寡孤独“空巢”的市属企业退休人员，都作为帮扶对象纳入社区管理服务。帮扶活动内容有精神陪护、文体娱乐、医疗保健、生活照应、物质扶助、信息传递等。帮扶人员为各级退管机构工作人员、退休人员自管组织协理员。

3月8日 中国老年学学会常务副会长赵宝华、健康长寿专业委员会主任肖振禹专程赴南通考察，市老龄协会（老年学学会）会长顾嘉禾汇报全市老龄工作及长寿情况，并陪同前往如皋、海门实地考察。

3月14日 市区组织开展“全民迎奥运，银发展风采”老年人健身展示活动，参加活动的老年人达1600多名。

3月17日 市区设立高龄老人“尊老金”，崇川区、港闸区每月向90－99周岁的高龄老人发放80元“尊老金”，经济技术开发区“尊老金”的标准为每人每月100元。至年底，向市区2950名高龄老人共发放“尊老金”220万元。

3月27日－30日 中国关工委办公室和中国火炬杂志社在南通市召开关工委宣传报道工作会议，中国关工委副秘书长王立文出席会议，南通市关工委秘书长匡志森在会上作交流发言。与会人员赴海门参观天补镇清澄书屋校外教育辅导站、德胜镇瑞祥校外教育辅导站、余东镇凤达校外教育辅导站。

4月8日 市政府发布《关于进一步加强城市社区卫生服务工作的意见》。意见提出，社区卫生服务中心由各县（市）、区政府负责建设，原则上每个街道（镇）设置一个社区卫生服务中心，根据需要下设社区卫生服务站，服务中心与站之间实行一体化管理。

4月下旬 市政府确定的为民办实事项目——在市区建立20家居家养老服务站工作基本完成。新建成的居家养老服务站为60岁以上的有服务需求的老人提供生活护理、康复训练、医疗保健、精神慰藉等无偿、低偿和有偿服务。至年底，为有服务需求的近万人（次）老年人提供各种服务。

5月22日 市政府印发《南通市农村居民养老保险试行办法》。

5月30日 市政府办公室印发《南通市市区城镇困难对象医疗救助办法》。

6月2日 市老年人活动中心开通老年服务热线“85591100”，全天开通8小时，服务内容涉及老年优待政策及证件办理、老年相关法律及维权、家政托老、旅游交通出行、老年心理、老年人日常保健、配送服务咨询等十多个方面。

8月 市老龄办、市教育局、团市委、妇联、南通电视台、江海晚报社联合在全市开展评选孝亲敬老之星和孝亲敬老征文比赛活动。10月8日，召开南通市孝亲敬老之星暨孝亲敬老征文表彰大会，对15名南通市孝亲敬老之星及从各地上报的300多篇征文中遴选出的18篇好文章进行表彰，市委常委、常务副市长、市老龄委主任蓝绍敏为获奖者颁奖并讲话。

9月3日—19日 为推进老干部思想政治建设，南通市委老干部局推出一批老干部先进典型，组建老干部先进事迹宣讲团，在全市作了9场巡回宣讲。市直的最后一场报告会，市委常委、组织部部长郭腊军到会讲话。

9月17日 全省企业退休人员社会化管理服务工作经验交流会在南通举行。会议回顾总结过去5年来江苏省社会化管理服务工作的成就，分析当前面临的形势和任务，研究部署今后工作。

10月6日 首届中国十大寿星排行榜揭榜暨中国长寿之乡（如皋）揭牌仪式在如皋大寿星园举行。全国政协十届委员会副主席张怀西，国务院扶贫办原主任刘坚，中国老年学会会长李本公，市委副书记、市长丁大卫，市政协主席王德忠等参加活动。中国老年学学会正式命名如皋市为“中国长寿之乡”。至5月底，如皋市满100周岁老人102位，80周岁以上老人44139人，居民平均预期寿命高出全国平均年龄近5岁。揭榜仪式上，如皋市百岁老人韩秀芳被授予中国最佳风采寿星称号。

10月7日 南通市第二十二个敬老日庆祝大会暨市退休人员活动中心启用仪式在市退休人员活动中心举行。市领导张小平、徐辉、张庆平为活动中心启用剪彩。

10月20日 市政府办公室转发《市劳动和社会保障局关于调整市区城镇职工和居民基本医疗保险及生育保险待遇意见》。

10月31日 市编办发出《关于同意市老龄办设立内设机构的批复》。同意市老龄办设立综合处、业务处，为老龄办内设机构，正科级建制。

2009年

1月13日—14日 第三届全国敬老爱老助老主题教育活动表彰大会暨中华孝亲敬老楷模颁奖典礼在北京人民大会堂举行。大会对10名中华孝亲敬老楷模、30名中华孝亲敬老楷模提名奖获得者、2886名孝亲敬老之星、59个优秀组织者奖获得单位和72

篇敬老好文章进行了表彰。其中，南通市的王汝平、王云飞、崔学华、俞金城、易杰云、洪谟、周亚芳、陈瑞珍、王志林9人获孝亲敬老之星荣誉称号，南通市老龄工作委员会办公室获优秀组织者奖荣誉称号。中共中央政治局委员、国务院副总理、全国老龄工作委员会主任回良玉出席会议并颁奖。

1月14日 市政府发出《关于农村居民参加城镇居民基本医疗保险的通知》。市政府决定，自2009年1月1日起，对市区（指崇川区、港闸区、南通经济技术开发区，下同）农村居民和城镇居民实行统一的医疗保障制度，将市区范围内的农村居民全部纳入市区城镇居民基本医疗保险，市区新型农村合作医疗同时停止办理。

4月20日 市老龄委表彰南通市2008年度敬老助老先进县（市）、区，如皋市、海门市、崇川区获奖。

5月6日—7日 中国关工委主任顾秀莲在省人大常委会副主任、省总工会主席张艳，省关工委主任曹鸿鸣等陪同下，赴南通调研。顾秀莲一行听取市委书记罗一民、市关工委主任朱文涛的汇报，到崇川区钟秀街道校外教育辅导站和海门市德胜镇瑞祥校外教育辅导站进行调查研究，为瑞祥村题词："办好校外教育辅导站，关心青少年健康成长"。

5月8日 中共中央政治局常委李长春在中共江苏省委书记梁保华，省委常委、秘书长李云峰，省委常委、宣传部长杨新力陪同下，赴南通视察工作，听取中共南通市委书记罗一民的工作汇报。前往崇川区虹桥街道"孙爷爷谈心室"校外教育辅导站视察，肯定校外教育辅导工作"是一件非常有意义的事"。

6月19日—21日 第十一届全国老将田径运动会在如皋市体育场举行。省人大常委会原副主任、省老年体协主席王湛，国家体育总局田径运动管理中心副主任王大卫，南通市副市长杨展里及如皋市部分领导出席开幕式。全国23个省市及香港特别行政区共62支代表队1000多名运动员参加26个项目比赛。如皋田径老将代表队获奖牌76枚。

7月 《人民日报》《光明日报》《中国教育报》《中国老年报》和中央电视台等中央媒体到南通集体采访校外教育辅导站的经验和先进事迹。

7月 市老龄办制定发布《居家养老服务工作要点》《居家养老服务站建设规范》《居家养老服务站"十有"标准》等文件，编制居家养老服务站建设流程、服务企业加盟标准等。出台《南通市居家养老服务站建设验收评估办法》及具体评分细则。

8月14日 市政府办公室发出《关于调整南通市老龄工作委员会成员的通知》，市委常委、常务副市长蓝绍敏任市老龄委主任，薛谦、曹金海、杨建忠、江航任副主任，叶晓平等24人任委员。杨建忠兼任市老龄办主任。

8月24日 市民政局、市老龄办、市慈善总会联合发出《关于"慈善助老"活动实施方案的通知》。8月底前，慈善总会将"居家养老服务券"发至救助对象手中，救助对象凭券可到专业服务机构购买居家养老服务。9月9日，市慈善总会出资60万元，为市区首批救助对象共832名特困老人提供每人每月价值100元的居家养老服务。

8月 南通市老干部智库成立。智库共有33名成员，分成三组，组长由一名市厅级退休干部担任，组员均为70岁以下的市级机关县处级退休干部。每年年初，市委老干部局开会商定当年调研主题，由各组分头实施，调研结稿后，专报市委市政府相关领导和部门，年底再汇编成册。2009年至2011年，智库进行了近30项调研，提出近百条对策建议，许多建议陆续为相关方面采纳。在2011年智库调研成果汇编上，市委书记丁大卫批示："市老干部智库充分发挥智囊辅政作用，围绕市委中心工作积极建言献策，很有意义"，"报告所提建议参考价值高"。2012年10月25日，《新华日报》以《33位智多星活跃南通城乡，老干部智库贡献近百"金点子"》为题，作了详细报道。

9月29日 市政府印发《南通市市区城镇老年居民养老补贴办法》。凡符合条件的市区城镇老年居民，可按每月100元的标准享受城镇老年居民养老补贴。办法提出，根据本市经济社会的发展情况，今后还适时调高补贴标准。

10月12日 南通市选送的12个优秀老年文艺节目在全省老年人文艺汇演中全部获奖，一等奖、二等奖、三等奖各获4个，获奖数及获奖率居全省地级市前列，市老龄办获组织奖。

10月24日 由16个部门（单位）联办的南通市居家养老服务月启动。

10月25日 如皋市老龄协会成立，石秀峰任会长。

10月26日 市第23个"敬老日"之际，位于南通中学南校区的市老年大学新校区全面启用。

同日 以各社区居家养老服务站、老年人和关注老年事业的人群为主要服务对象的江苏省首个综合性老年服务网络——南通市老年服务网开通运行。

10月28日 全国老年教育"双先"表彰大会在北京人民大会堂召开，全国20名老年教育工作者被授予全国老年教育杰出贡献奖，200所老年大学被评为全国先进老年大学，1000名老年教育工作者被授予全国先进老年教育工作者称号。南通市老年大学被评为全国先进老年大学，前任校长董魁如被授予全国先进老年教育工作者称号。

10月 重阳节期间，南通市首届老年文化艺术节开幕。节日期间，先后组织千名老年人太极拳演示、全市老年人文艺汇演、老年大学学员学习成果展、欢歌重阳——激情虹桥大家唱、"银龄风采"进社区等7个系列活动。在老年文化艺术节闭幕式上组织了晚会。先后参与活动和观看演出的达2万余人次。

10月 市装饰装修行业协会组织南通市家装界十大品牌公司联合举办"金秋送情慈善助老"家装博览会，将参展收益近10万元全部捐献给居家养老服务工程。

10月 经市编办批准，市老年人活动中心增挂市居家养老服务站牌子，为市区各社区居家养老服务站提供协调、服务、业务培训和工作指导。

10 月 — 11 月 市老龄办牵头，市文明办、市教育局、市民政局、市劳动与社会保障局等 16 个部门单位参加，组织开展“金秋送情”居家养老服务月活动，在政策扶老、孝心敬老、慈善助老、爱心护老、法律援老、文化悦老等 6 个方面开展 20 项系列活动。

11 月 26 日 省老龄办主任张建平到崇川区新城桥街道调查家居养老工作。

12 月 11 日 市委、市政府在市行政中心召开全市关心下一代工作“双先”“双优”表彰大会，50 个关心下一代工作先进集体、87 名关心下一代工作先进个人、30 个优秀校外教育辅导站、30 个优秀校外教育辅导员受到表彰。市委书记罗一民出席大会并讲话，市委副书记、市长丁大卫宣读表彰决定。省关工委常务副主任王霞林到会祝贺。市委常委、组织部部长郭腊军主持会议。市关工委主任朱文涛作工作报告。市关工委名誉主任曹能新，市政协副主席顾裕岳，市关工委顾问徐超、濮九康，市关工委副主任陆国甫、魏秉勤等出席会议。

12 月 14 日 市老区开发促进会和扶贫开发协会举行纪念大会，庆祝建会 20 周年和 15 周年。市领导黄利金、王平、徐辉等出席纪念活动。

12 月 22 日 市政府办公室发出《关于调整南通市老年大学隶属关系有关问题的通知》。根据 2009 年市委常委会第 52 次会议纪要和市政府第 36 次常务会议纪要精神，市委、市政府决定对南通市老年大学进行资源优化重组。重组后的南通市老年大学，由市教育局管理，实行理事会领导下的校务委员会负责制，管理人员和教职工全部实行聘用制，不再核定和设置事业编制。

12 月 25 日 市人大常委会副主任宋飞、徐永兵、孙汝建率领常委会部分组成人员到新组建的市老年大学钟楼校区视察老年教育工作。

是年 省民政厅命名海安县社会福利院、通州区社会福利院、港闸区陈桥街道敬老院、海门市老年服务中心为江苏省示范性养老机构。

2010 年

1 月 15 日 市老龄委在市行政中心召开全体扩大会议，贯彻落实省委、省政府 5 号文件和省老龄委全体扩大会议精神，交流总结 2009 年老龄工作开展情况，专题部署 2010 年市老龄委成员单位重点工作目标任务。市老龄委全体成员，各县（市）、区老龄委主任、老龄办主任和主持工作的副主任出席会议。市委常委、常务副市长、市老龄委主任蓝绍敏主持会议并讲话，省老龄办副主任王虹森到会指导。

同日 市老龄委发出《关于表彰 2009 年度南通市养老服务先进单位的决定》，给海安县曲塘镇农村社会福利中心等 12 家农村社会福利中心授予南通市示范性农村社会福利中心称号，给海安县镇南街道镇南社区居家养老服务站等15家居家养老服务（中心）站授予南通市优秀居家养老服务（中心）站称号。

同日 市老龄委发出《关于2009年度南通市敬老助老先进县（市）、区竞赛活动表彰的决定》，对如皋市、海安县、港闸区等2009年度敬老助老先进单位进行表彰。

1月17日 南通市关爱"空巢"老人志愿服务行动启动仪式在崇川区虹桥社区举行，市委书记罗一民参加活动。关爱"空巢"老人志愿服务行动启动后，按照就近就便原则，以低龄老年志愿者为主、其他各类专业志愿者为辅，采取"一对一""一对多""多对一"等多种定向结对形式，组织开展关爱"空巢"老人志愿服务行动，由志愿者提供生活照料、心理抚慰、应急救助等服务。

1月29日 市民政局出台直属单位（市紫琅医院、盲人诊所、公墓管理所、殡仪馆、假肢修配厂、社会福利中心、老年人活动中心）老年服务优待办法。享受优惠对象涉及具有市区（含崇川区、港闸区、经济技术开发区）户籍，年满60周岁的农村"五保"、城镇"三无"人员、低保老人、老烈属和1954年10月31日前入伍的老复员军人（残疾军人）等特殊民政对象，以及年满60周岁的社会老年人。

1月 南通市、县（市、区）分别出台老年人出行、参观相关优惠政策。崇川区、港闸区、南通经济技术开发区65周岁以上老年人凭优待证免费进入旅游景点、公共体育健身场所，持卡免费乘坐城市公共汽车。如东县，政府主办的公园、旅游景点和公益性文化设施对60周岁以上老年人免费开放；县城城区公交和政府主办的公共体育健身场所对70周岁以上老年人实行免费乘坐和免费开放，对60—69周岁老年人实行半价优惠；外地到如东的老年人享受同等优惠待遇。如皋市，60周岁以上老年人凭优待证免费进入定慧寺、丝毯博物馆等景点；70周岁及以上老年人凭优待证免费进入政府主办的公园、寺庙、艺术馆、纪念馆等场（馆）所，半票游览市内各旅游景点；免费乘坐市内城市公交车。

同月 市老年活动中心建居家养老信息系统，市区16万名老年人基本信息和需求信息全部录入，实现信息动态管理。

同月 南通经济技术开发区将为60周岁以上老年人免费体格检查列为管委会为民办实事工程。全区2.3万余名60岁以上常住老人经免费体检后，其体格检查结果存入老年人个人健康档案。

2月5日 市民政局召开全市居家养老服务工作推进会。会议要求：高点定位，将居家养老服务工作打造成南通的特色品牌；务实创新，提高服务水平和质量，提升居家养老服务工作的服务面、知晓率和社会满意度；潜心组织，在民政部门牵头的基础上，加强社会资源的整合力度。

2月 市委通知，免去印亚平市老龄办副主任职务，印亚平改任市民政局副调研员。

3月1日 市老年人活动中心推出系列便民服务措施，主要有：代为预订汽车、火车、飞机票，代缴水电煤气、电话费，手机充值等公共服务业务。

3月8日 新组建的市老年大学开学，开设7个系39个专业班，学员总数2950人。

3月15日 市区部分出租车司机自发成立“江海志愿者——阳光爱心车队”。阳光爱心车队承诺，每月为12名特困“空巢”老人提供两次免费乘车服务，逢年过节登门探望，并为他们提供力所能及的爱心帮助。

3月18日 市政府发布《关于贯彻落实江苏省新型农村社会养老保险制度实施办法的意见》，提出的工作目标是：进一步统一和完善新农保制度，实行社会统筹与个人账户相结合，与家庭养老、土地保障、社会救助等其他社会保障政策措施相配套，保障农民老年基本生活。未享受城镇职工基本养老保险待遇的农村老年居民，符合领取养老金条件的，按规定享受新农保养老金待遇；引导所有适龄参保人员积极参加新农保，长期缴费，长缴多得。2010年，按照国家和省新农保政策要求，各县（市）、区3月底之前完成新农保制度的对接工作；5月底之前符合条件的60周岁（含）以上农村居民基础养老金发放到位，9月底之前发放率达到95%以上；12月底之前新农保参保率达到90%以上。

同日 市政府发出《关于表彰新型农村社会养老保险工作先进集体和先进个人的决定》，对海安县人民政府等50个新型农村社会养老保险工作先进集体、陈玉琨等100名新型农村社会养老保险工作先进个人予以表彰。2007年以来，全市各级政府和劳动保障部门精心组织和大力推进新型农村养老保险工作，取得了显著成效，实现2007年全面建立制度、2008年全面实施推进、2009年基本全覆盖三次重大跨越。

3月 市财政局、市民政局联合出台《南通市市区居家养老服务补贴办法》，规定凡崇川区、港闸区和市经济技术开发区常住户籍老年人，符合下列条件之一的：1. 60周岁以上分散供养的城镇“三无”老人；2. 60周岁以上分散供养的“五保”老人；3. 低保家庭中80周岁以上高龄独居老人；4. 低保家庭和低收入家庭中80周岁以上丧失生活治理能力老人；5. 70周岁以上无固定收入的重点优抚对象。经相关部门的审核批准后，每人每月可获得100元居家养老服务补贴，享受此项补贴对象可根据生活需要在所在指定居家养老服务机构凭券购买日常照料等家政服务。

4月1日 全国老龄办副主任曹炳良赴南通市老年活动中心调查研究，对市老年人活动中心在居家养老服务系统建设方面的创新举措给予肯定。认为南通用科技、信息手段提升养老水平，在居家养老网络联动上创出了自己的特色，互动性强，值得借鉴推广。

4月14日 市委、市政府发布《关于加快我市老龄事业发展的实施意见》，文件根据加快全市老龄事业发展的总体要求，从社会保障、养老体系、老年维权、精神关爱、保障机制建设等方面提出了详细实施意见。

4月 顾乐鸣辞去市老龄协会副会长兼秘书长职务。

5月18日 市居家养老服务指导站、阳光爱心车队带领市区12名特困“空巢”老人游览滨江公园、市政府新办公大楼。

5月 市卫生局印发《南通市老年人健康管理工作方案》。

同月 市老龄协会增补王久捷为市老龄协会副会长兼秘书长。

6月6日 海门市委组织部、老干部局联合下发《关于做好“五位一体”老干部居家养老工作的实施意见》，要求按照上级“对老干部政治上多关心、思想上多沟通、生活上多照顾、精神上多关怀”的要求，大力构建老干部部门、主管部门（单位）、卫生部门、社区、家庭“五位一体”的居家养老工作新格局，通过做好“五位一体”老干部居家养老工作，为广大老干部老有所养、老有所医、安度晚年、颐养天年创造条件、提供保障。

6月8日 民政部副部长窦玉沛率领全国人大常委会内司委、部分全国人大代表，以及民政部、财政部、人保部、国土资源部、住房城乡建设部、卫生部、国家税务总局等部委办局的领导、专家对南通市的居家养老服务工作进行调研。

同日 民政部副部长窦玉沛和市委副书记黄利金共同为市社会福利中心揭牌。该中心总投资2.2亿元，已完成的一期工程阳光老年公寓为20层综合服务楼，拥有床位245张，首批60名老人签约入住。

6月9日 崇川区、港闸区、经济技术开发区在市劳动力资源市场举办市首届居家养老服务公益性岗位专场招聘会。招聘会共提供居家养老服务岗位36个，共吸引近300位高校毕业生、城镇就业困难人员咨询报名应聘。

6月10日 市人大常委会党组副书记、副主任徐永兵率市人大内司委、部分市人大代表、内司委委员，前往市民政局调研养老服务机构建设工作。调研组听取市民政局工作汇报，考察市社会福利中心、崇川区观音山沣河老年公寓、港闸区陈桥街道敬老院。

6月11日 全国老龄办副主任阎青春，省民政厅党组成员、老龄办主任张建平对南通市的老龄工作进行调研。

6月19日 市政府发出《关于继续做好市区持独生子女父母光荣证退休企业职工一次性奖励的通知》。通知明确，对2010年1月1日起，在市区按企业职工基本养老保险规定办理退休手续的持证（“独生子女父母光荣证”）职工，一次性奖励每人3200元。符合上述条件，已死亡的退休人员，予以补发，由其配偶或子女领取。终身无子女的企业退休职工参照执行。

6月22日 中国关心下一代工作委员会、中央文明办在北京人民大会堂，召开纪念中国关工委成立20周年暨全国关心下一代工作表彰大会。南通市关工委、海门市“清澄书屋”校外教育辅导站负责人沈汉超分别获得“全国关心下一代工作先进集体”、“全国关心下一代工作先进工作者”荣誉称号。

6月29日 南通市离退休干部网络党支部开通。此后，南通市广大离退休老干部在任何地方，只要轻点鼠标，就可以参加党组织的各项学习和交流。南通市老干部党校也于当天同时成立。

7月16日 市民政局、市老龄办、市老年人活动中心在市武警边防支队联合举办“庆八一银龄风采文艺书画表演进军营”活动。市老年书画研究会的10位离退休老干部有的当场挥毫泼墨，有的把精心创作的书画作品赠送给边防支队；市常青艺术团为官兵表演《咱当兵的人》《军港之夜》《踏歌起舞》等歌舞节目。

7月22日 海门市老龄协会成立，高顺昌任会长。

7月28日 南通经济技术开发区民政局对通过市居家养老公益性岗位首场招聘会招聘的8名居家养老专职管理员开始进行岗前业务培训。首期培训内容有居家养老信息系统录入、老年服务网信息宣传报送等。

8月5日 市政府办公室发布《关于推进居家养老服务工作的实施意见》。意见提出，到2012年，各县（市）、区政府完成相关规划、完善管理体制政策和扶持措施，形成街道（乡镇）、居（村）积极兴办，社会力量广泛参与的居家养老服务体系，实现城市、城镇社区居家养老服务站建设全覆盖，农村社区（村）拥有居家养老服务站60%以上。

8月9日—13日 省老龄办副主任王虹森、省老龄协会副秘书长林涛、省委办公厅研究室处长张伟新以及部分南京高校教授组成的省《居家养老现状分析和对策研究》课题组对南通市居家养老服务工作进行专题调研。通过对崇川区、海门市、如皋市等县（市）、区实地走访和调查，省课题组认为南通的居家养老服务工作坚持从本地实际出发，具有起点高、力度大、速度快、成效显著等特点。市老龄协会会长顾嘉禾、副会长王久捷参加调研。

8月20日 省老龄办发出《关于表彰全省老龄宣传工作先进单位的决定》，对2009—2010年度在老龄宣传工作中作出突出成绩的23个老龄宣传工作先进单位予以通报表彰。南通市老龄办、如皋市老龄办名列其中。

8月22日—25日 市居家养老服务指导站为全市首批招聘的公益性岗位新进人员举办为期4天的岗位就业培训。培训课程分为理论、技能、实习三大类。具体开设“居家养老服务职业道德与职业守则”“公务礼仪与人际沟通”“老年权益保障法律法规”“社区工作与社区服务” “退休人员社会化管理” “居家养老信息采集与录入”等课程。培训结束，参训人员进行结业考试，成绩合格者颁发结业证书。

8月 为进一步弘扬中华民族尊老爱幼的传统美德，提高老年人生活质量，如皋市开始实施“夏送清凉、冬送温暖”工程，分别在每年夏、冬两季，市、镇领导深入到全市90岁以上的高龄老人家中，为老人们送上电风扇、取暖机、慰问金，了解掌握老年人的思想、生活、家庭和健康情况，为老年人排忧解难，解决实际问题。

8月—10月 市委宣传部、市文广新局、市体育局等部门和单位联合举办第二届南通市老年文化艺术节。其间，各县（市）、区组织开展开幕式分场活动及近2000场（次）街道（乡镇）、社区演出活动，老年观众达5万余人。

9月1日 如东县大豫镇周墩村十一组吴田成、张国云夫妇入选中国老年学学会组织的首届“中国十大百岁夫妻”评选，名列第8位。

9月15日 港闸区举行机关事业单位人员爱心救助基金首次发放仪式，180名贫困家庭、特困大学生、重症患者获得救助款45.7万元。今年初，港闸区离退休老干部向全区机关事业干部发出为全区贫困家庭、特困大学生、重症患者捐款倡议，得到全体机关事业单位2000多名在职和离退休干部的积极响应，全区共募集善款110万元，建立了机关事业单位人员爱心救助基金管理委员会，并制订了章程。今后每年将在机关事业单位中组织一次捐款、两次发放仪式。这在全市尚属首家。

9月 南通经济技术开发区在农村社区全面推行专职人员服务、邻里服务和村民组长兼管服务的新模式，为1165名农村老人提供全方位、多形式的居家养老服务。

10月14日 市委常委、常务副市长蓝绍敏一行慰问市社会福利中心入住老人。

10月15日 在敬老日庆祝表彰大会暨第二届南通市老年文化艺术节闭幕式上，市委书记罗一民等5名市领导出席活动，并向全市50个老年文体先进集体和80名先进个人授奖。

10月24日—27日 中国老年学学会第五次全国会员代表大会暨全国老年照护服务高峰论坛在浙江省长兴县召开。会上，中国老年学学会颁发了第二届中国老年学奖。南通市老年学学会获第二届中国老年学会工作先进集体荣誉称号。南通市老龄协会会长顾嘉禾出席会议并领奖。

10月 南通市邮政局通过609条爱心邮路开展“重阳关爱”活动。

10月 南通市推荐25件老年书画作品参加全省首届老年书画作品展，23件作品入展，18件作品获奖，参展作品数量和获奖作品数量均居全省第一。

10月 在全市范围内开展以“关爱老人构建和谐”为主题的“敬老月”系列活动。各地、各部门、各单位积极响应，开展内容丰富、形式多样的尊老敬老惠老活动。“敬老月”期间，全市各地、各部门共慰问特困、孤寡、高龄、残疾老年人约12.7万人，慰问经费达190.5万元。各地广泛组织志愿者为老年人提供家政、照料、护理、精神慰藉等志愿服务。据统计，全市有8000名志愿者参与为老服务，惠及1.5万名老年人。

11月1日 根据全国统一部署，南通进行第六次人口普查。普查结果，是日零时，全市总人口（常住人口）7282835人，65周岁及以上老年人口1202487人，占总人口的比重为16.51%。

同日 市关工委、市文广新局联合召开全市优秀“五老”（老干部、老战士、老专家、老教师、老模范）网吧义务监督员表彰大会，对120名先进个人和10个先进集体进行表彰奖励。

同日 省老龄办主任张建平一行到启东调研农村养老工作。他们查看了启东市老年公寓、汇龙镇中心敬老院，重点考察了启东市瑞慈托老院、爱心托老所、汇龙镇圩南村居家养老服务站、鑫源康复敬老院，听取了老龄工作汇报。

11月15日 市政府办公室发出《关于印发〈南通市民政局主要职责内设机构和人员编制规定〉的通知》，再次明确：市老龄工作委员会办公室为市老龄工作委员会的常设办事机构，设在市民政局。市老龄工作委员会办公室人员事业编制，人员经费列入财政预算。

11月29日 全国老龄委发出《关于表彰全国老龄工作先进单位和先进个人的决定》，授予437个单位全国老龄工作先进单位荣誉称号，授予605名个人全国老龄工作先进个人荣誉称号。其中，如皋市获全国老龄工作先进县（市、区、旗）荣誉称号；南通市老龄办获全国老龄工作先进单位荣誉称号；南通市民政局副局长葛鑫涛，海门市民政局副局长、老龄办副主任黄永健获全国老龄工作先进个人荣誉称号。

11月30日 吴明华任市老龄办副主任。

11月 民政部表彰全国农村“五保”供养工作先进单位和先进个人。启东市民政局、南通市民政局副局长方建新分别获全国农村“五保”供养工作先进单位和先进个人荣誉称号。

12月8日 市政府印发《南通市市区城镇职工基本医疗自费补充保险暂行办法》。市区城镇职工基本医疗自费补充保险是市区（含崇川区、港闸区、南通经济技术开发区）城镇职工基本医疗保险的一种补充保险，参保人员在住院期间发生的自费医疗费用，按规定由自费补充保险资金予以支付。自2011年1月1日起，市区参加城镇职工基本医疗保险的用人单位和职工以及退休人员，均按暂行办法参加自费补充保险。自费补充保险资金实行个人账户与医保统筹相结合。筹资标准为每人每年120元，其中，从参保人员医疗保险个人医疗账户中筹资60元，从城镇职工基本医疗保险统筹基金历年结余中筹资60元。

12月16日 如东县老年协会成立，方定琦任会长。

12月21日 南通市港闸区老龄协会成立，邵汉清任会长。

12月23日 市委常委、常务副市长蓝绍敏带领市民政局、市老龄办、市财政局等相关部门负责人做客“中国南通”政府网站，就应对人口老龄化问题与网民互动，介绍了南通市养老服务体系建设情况及今后的老龄工作规划，蓝绍敏对网民的提问一一作了回答。

12 月 26 日 第四届全国敬老主题教育活动表彰会议在北京举行。会议对 10 名中华孝亲敬老楷模，中华孝亲敬老楷模提名奖、全国孝亲敬老之星获得者和全国敬老模范单位进行了表彰。其中，南通获中华孝亲敬老楷模提名奖 1 人、全国孝亲敬老之星 8 人。中共中央政治局委员、国务院副总理、全国老龄工作委员会主任回良玉出席会议并颁奖。

12 月 30 日 副市长杨展里主持召开市老年康复医院规范化管理与改革发展问题协调会。

12 月 省老年学学会授予如皋市长寿研究会老年学研究先进集体荣誉称号。

是年 南通市区 204 个城乡社区、县（市）408 个乡镇社区实现居家养老服务站全覆盖。全市 1376 个农村社区中，638 个社区建立居家养老服务站，占比达 46%。

是年 南通市在全省首创市区基层老年文化团队星级评选活动，45 家老年文化团队被评为 2010 年度星级老年文化团队，并得到资金扶持。

是年 民政部命名如东县马塘镇敬老院、南通经济技术开发区敬老院为全国模范敬老院。

是年 省民政厅命名南通市社会福利中心、如皋市福利中心、启东市汇龙中心敬老院、南通经济技术开发区敬老院、崇川区沣和老年公寓为江苏省示范性养老机构；命名海安县白甸镇敬老院、曲塘镇敬老院、墩头镇敬老院、城东镇南屏敬老院，如皋市如城敬老院，如东县掘港镇童店敬老院、洋口镇敬老院、岔河镇岔东镇敬老院，海门市东灶港镇敬老院、悦来镇敬老院、四甲镇敬老院，启东市汇龙中心敬老院、王鲍中心敬老院，通州区二甲镇敬老院、平潮镇敬老院、金沙镇敬老院、石港镇敬老院为江苏省文明敬老院。

2011 年

1 月 6 日 — 8 日 省老年人体育协会（简称省老年体协）工作年会在启东市召开。省老年体协主席王湛、省体育局巡视员戴伟、省发展体育基金会常务副理事长陈廉出席会议。会议表彰命名了全省首批老体协工作示范乡镇、示范街道。启东市吕四港镇压被命名为江苏省老年人体育协会工作示范乡镇。

1 月 20 日 通州区老年协会正式成立，金维勤任会长。

1 月 26 日 市老龄办、民政局发出《关于 2010 年全市敬老助老先进县（市）、区竞赛活动评比结果的通报》。经社会测评，各县（市）、区互评及市老龄委综合考评，崇川区、如皋市、海门市、通州区被评为 2010 年南通市敬老助老先进县（市）、区。

1 月 从本月起，南通市区企业退休人员基本养老金上调 10%，人均月增 168 元，此举惠及12.3万余名企业退休人员。

同月 全市统一并提高各县（市）、区尊老金的发放标准，新标准为：80—89周岁高龄老人每人每月不低于60元；90—99周岁高龄老人每人每月不低于100元；100周岁及以上的老人，按每人每月不低于300元标准发放。

同月 经市编办批准，市科技人员进修学院增挂南通市老年科学护理培训服务中心牌子，被省民政厅命名为养老护理员培训基地，旨在为南通培养中高层次养老护理人才。

2月16日 市政府印发《南通市市区医疗救助暂行办法》。

2月27日 市委、市政府在市行政中心报告厅召开全市老干部工作暨先进集体和先进个人表彰大会，表彰40个老干部工作先进集体和50名先进个人。会议由市委副书记陈斌主持，市委书记丁大卫到会讲话，市委常委、组织部部长韩立明作老干部工作报告，市委常委、常务副市长陈照煌宣读表彰决定。市人大常委会副主任陆玉明、市政协副主席陈德新出席会议。

2月28日 市政府发出《关于表彰南通市农村居民社会养老保险全覆盖先进单位和先进个人的决定》，对通州区政府等9个农村居民社会养老保险全覆盖达标县（市）、区，海安县人民政府等40个先进集体和杨国来等80名先进个人予以表彰。2010年，全市上下组织和推进农村居民社会养老保险全覆盖工作。至年底，全市农村居民参加社会养老保险总数达到269.03万人，覆盖率达到94.58%，108.68万名农村老人领到基础养老金，发放率99.62%，实现真正意义上的全覆盖。

2月 顾嘉禾专著《老龄研究文稿》由作家出版社出版。教育部原副部长、江苏省原副省长王湛题写书名，江苏省原副省长、江苏省老龄协会会长凌启鸿撰写序言。《老龄研究文稿》收录顾嘉禾历年撰写的部分论文和调查报告，内容涉及人口老龄化的诸多领域，包括长寿现象、居家养老、社会养老、精神养老、权益保障、弘扬孝道，乃至老年文化生活等，其中提出的一些指导性、政策性、操作性较强的建设性意见，为党委、政府提供了有价值的决策参政。《老龄研究文稿》获南通市哲学社会科学优秀成果二等奖；江苏省哲学社会科学优秀成果三等奖。

3月5日 市公安局团委开展“干警学雷锋·社区做义工”活动，与市虹桥街道的30名孤寡、特困、高龄、残疾、“空巢”老年人结对帮扶，开展“一对一”上门志愿服务。

3月10日 市政府在任港街道居家养老服务中心召开市街道（乡镇）居家养老服务中心标准化建设现场推进会，对全市居家养老服务中心标准化建设工作进行部署。市政府副秘书长薛谦、市民政局副局长葛鑫涛、市老龄办副主任吴明华等出席会议，市各区分管区长、民政局分管局长与会。

3月11日 根据市十届政协第十四次常委会议关于“加快我市养老服务体系建设”专题协商调研方案的安排，市政协在机关513会议室召开“我市养老服务体系建设”

情况通报会。赴县（市）、区调研组全体人员听取市民政局、市财政局、市人社局介绍全市养老服务体系建设现状、发展目标、思路、举措、财政投入和“十二五”规划制订情况。市政协主席王德忠在会议结束前发表讲话，对搞好这次常委会议专题协商课题调研提出明确要求。市政协副主席张庆平主持会议。

3月11日—12日 市居家养老服务指导站在市科协学会礼堂举办南通市老年精神关爱心理服务专题培训，邀请省、市专家学者讲课和演示，市各区街道（镇）、社区和养老机构的居家养老管理和服务人员近300人参加培训。培训分老年精神关爱的意义和途径、老年心理沟通与关爱技巧等5个专题。通过讲解、实践操作和现场指导，参加培训的为老服务工作者对老年精神关爱服务的认知和服务技能普遍有提高。

3月14日—15日 根据市政协统一部署，副主席张永凯、顾裕岳带领调研组，赴启东、海门开展养老服务体系建设专题调研。先后听取启东市、海门市及有关部门介绍养老服务体系建设的基本情况、工作举措、成功经验、难点问题等，调研视察启东市汇龙镇中心敬老院、大兴益寿康复服务中心、启东南城区居家养老中心、海门福利院（老年服务中心）、海门镇敬老院、三厂镇中心街居家养老服务中心等单位。

3月15日—16日 市政协主席王德忠带领部分市政协常委和委员，就居家养老服务体系建设情况赴海安县、如皋市进行调查研究。调研组分别听取两县（市）政府有关领导及相关部门和单位的情况介绍，实地考察如皋宏坝社区居家养老服务站、海安镇永安街道居家养老服务站及部分养老场所，并与相关主管部门、镇、村（居）、社区负责人进行座谈。市政协秘书长朱进等参加调研。

3月22日 市政府办公室转发南通市人力资源和社会保障局制定的《2011年全市新型农村社会养老保险工作要点》。

同日 为切实加强对新型农村社会养老保险工作的组织领导，逐步解决农村居民老有所养问题，市政府决定建立南通市新型农村社会养老保险工作领导小组。市委常委、副市长秦厚德任领导小组组长，薛谦、江航、施建中任副组长，黄卫成等14名人为成员。领导小组下设办公室，办公地点设在市人力资源和社会保障局。

3月 从本月起，南通大学附属医院专家通过健康讲座、现场答疑、免费义诊、在线交流等多种形式，开展“名医进社区·健康伴我行”大型年度公益活动。活动安排在每月的最后一周周六上午九时半到十时半，根据季节变换和民众关心的健康热点问题，健康专家和名医走进社区，与民众面对面沟通，传授健康知识。

4月上旬 市区居家养老服务中心标准化建设会议在通州区召开。会议讨论南通市市、县（市、区）、镇、社区（村）四级居家养老服务机构建设基本规范，商讨建立南通市居家养老服务机构四级管理网络事宜。

5月 启东市首家农村“老年关爱之家”在汇龙镇圩北村揭牌。建设农村“老年关爱之家”列为启东市政府2012年为民办实事工程项目之一。这种新型养老模式，通过集体、社会和个人出资的方式，充分利用农村闲置房屋、土地等资源，根据养老特点加以改造完善，将村内高龄、失能和空巢老人集中起来，统一居住，配备服务人员，为其提供服务。

6月1日 港闸区首条侧重民生类的“968890”求助服务热线投入运行。服务内容有7大类37个子项目，包括家政服务、物业维修、医疗保健、政策咨询、便民服务、阳光党务、居家养老七大类。居家养老类有购物服务、精神慰藉、生活护理、老人维权4个子项目。只要是区内居民拨打“968890”，都能得到规范的解答、受理，需要上门服务的，能在最短时间内得到有效服务。区民政局还为区内部分特困老人、重点优抚对象上门免费安装“一键通”电话机700多部。

6月8日—9日 徐州市政协副主席、党组副书记吕中亚一行14人到南通参观考察养老服务体系建设情况。市政协副主席、党组副书记张庆平，副秘书长施文彬陪同考察。

6月10日 为纪念建党90周年，南通市市直老干部管理服务中心组织近百名平均年龄达85岁的离休干部前往苏中七战七捷纪念馆参观。在七战七捷纪念碑前，老干部们列队庄严地向纪念碑敬献花篮，全体党员举行重温入党誓词活动。

6月15日—17日 根据全国人大常委会《关于委托部分省、自治区、直辖市人大常委会检查老年人权益保障法贯彻实施情况的通知》，省人大常委会常务副主任、党组副书记林祥国带队到南通，就《中华人民共和国老年人权益保障法》和《江苏省老年人权益保障条例》贯彻实施情况开展执法检查。部分全国人大代表、省人大常委会委员、省人大代表和省政府有关部门负责人参加检查。市委常委、副市长秦厚德参加活动并汇报南通市执行情况。市人大常委会副主任、党组副书记宋飞，市人大常委会秘书长江治学等陪同检查。在听取汇报后，省执法检查组与市民政局、市人社局、市中级法院、市老龄办、市老龄协会等机关、社团的负责人及部分市人大代表进行座谈交流，听取意见建议。检查组还到市社会福利中心、市老年人活动中心、崇川区虹桥社区及海门市实地检查。省人大执法检查组对南通市老年人权益保障工作予以充分肯定。

6月18日 由江苏省老龄办、文化厅、老龄协会联合举办的“颂党恩·桑梓情”江苏省老年文艺汇演启动仪式暨南通市第三届老年文化艺术节开幕式在市更俗剧院举行。省民政厅党组成员、省老龄办主任张建平主持启动仪式，南通市政协副主席徐守铭致开幕词，省委原副书记、省老龄协会名誉会长顾浩出席启动仪式并讲话，原副省长、省老龄协会会长凌启鸿宣布“江苏省老年文艺汇演启动仪式暨南通市第三届老年文化艺术节开幕式开幕”。南通市老年文艺团队表演了主题为“颂党恩·桑梓情”的文艺节目。全省地级市老龄办专职副主任、市老龄委各成员单位，各县（市）、区民政局、老龄办负责人，南通社会各界代表与近千名老年朋友观看开幕式演出。南通市第三届老年文化艺术节在6月至9月举行。艺术节期间，市老龄办联合相关部门组织30支老年文艺团队走进社区演出近100场次，开展老年书画展演、棋类赛、乒乓球赛、戏曲专场表演等系列活动，吸引老年人广泛参与。

6月27日—29日 市领导丁大卫、张国华、黄利金、韩立明等分别走访慰问部分老干部及新中国成立前入党的老党员、家庭经济困难的老党员。

6月 市民政局对政府购买服务的服务对象做调整。调整后，主要包括分散供养的“三无”“五保”老人，低保家庭和低收入家庭中“空巢”老人、失能老人；70周岁以上无固定收入的重点优抚对象；家庭成员均年满80周岁的纯老年人家庭、满70周岁的独居老年人家庭；家庭成员中有重度残疾对象的纯老年人家庭；离休老干部及其他有特殊贡献的老年群体等。

7月5日—6日 全省农村“老年关爱之家”建设推进会在南通市召开，各省辖市民政局分管局长、老龄办专职副主任及各县（市）、区民政局分管局长、老龄办专职副主任参加会议。启东等6家单位就农村“老年关爱之家”建设工作作交流发言。省民政厅厅长、老龄委副主任吴洪彪，省民政厅党组成员、老龄办主任张建平总结部署全省农村“老年关爱之家”建设工作。

7月8日 启东市老龄协会成立大会暨第一届会员代表大会在启东市宾馆举行，顾林忠当选为会长。市老龄协会会长顾嘉禾与启东市委书记、市人大常委会主任孙建华共同为协会成立揭牌。

7月上旬 针对南通市区“空巢”老人数量不断增长、老年人消费维权意识亟待增强的现实，崇川区消费者协会在全市率先启动维权银发工程，通过建立适合和方便老年人投诉举报的平台、设立基层维权网络，保护老年人的合法消费权益。

7月18日 第十三届市政府第58次常务会议召开，市委副书记、代市长张国华主持。会议讨论同意市民政局提高市区城乡低保保障标准的方案。该方案明确，从2011年7月1日起，市区城市低保月度保障标准从上年的400元提高到440元；农村低保，崇川区、开发区与城市低保实现一体化，港闸区月度保障标准提高到不低于340元。通州区要进一步加大城乡低保提标力度，确保每年提高水平高于市区平均水平，力争经过几年努力，基本与市区实现一致。会议还要求港闸区、崇川区尽快将失地农民保障纳入市区社会保障体系，要及时根据市场和物价的变化，加强对社会弱势群体的救济和补助。

7月19日 中国老龄科学研究中心《城乡基本养老服务研究》项目组专家一行5人到南通开展居家养老服务工作调研。

8月24日 十三届市政府第60次常务会议召开，市委副书记、代市长张国华主持。

会议听取了关于完善覆盖城乡的社会保障体系，巩固提升城乡居民养老和医疗保障水平的调研情况汇报。会议要求，在“十二五”期间，要进一步提升社会保障水平，努力实现人人享有基本社会保障的目标。要建立起良好的覆盖城乡的社会保障体系，并把这项工作作为最重要的民生工程抓紧推进。要建立起比较完整的最基本的保障制度。要通过低保解决好弱势群体的生活问题，确保他们的收入不低于本地职工平均工资的40%，保证满足他们最基本的生活需求。要建立起覆盖所有社区的医疗卫生服务体系，引导居民“小病进社区，大病进医院”，进一步缓解老百姓看病贵、看病难问题；要逐步提高就医报销比例，形成合理机制。要按照“保基本、广覆盖”的要求，进一步扩大养老保险的覆盖面，解决更多群众的后顾之忧。要按照城乡居民收入五年倍增的要求，推动各项社会养老保险待遇水平同步增长；要充分认识南通的老龄化趋势，进一步增强收支比例逆转等方面的风险意识；要加强基层的基金征收和管理，实现养老和医疗保障的可持续发展；要逐步实现通州区与市区的制度并轨，实现征地农民基本生活保障和城乡居民养老保险的并轨。

8月30日 省老龄办副主任王虹森到崇川区虹桥街道调研、指导居家养老工作。市老龄办副主任吴明华陪同。

9月5日 首届中国·如皋长寿养生国际高端论坛在如皋举行。国际自然医学会会长，世界长寿乡调查团团长，科学认证委员会主席，医学、长寿学博士森下敬一，全国人大常委、民进中央副主席兼秘书长朱永新，中国中医药大学（台湾）教授、医学博士吴金滨，中国民族医药学会名誉会长诸国本等专家、学者，以及南通市副市长、如皋市委书记陈惠娟等出席。2010年8月经国际自然医学会北京支部实地调查考察，确认中国如皋符合“世界长寿乡”认证资格条件。会后世界长寿乡调查团再次对如皋进行实地调查考察。

9月8日 南通网报道，南通市建立居家养老服务电子信息系统，实行市、区、街道、社区四级联网，内容包括个人基本信息、服务需求信息两大类，涵盖日常照料、精神慰藉、健康服务等30个子项目。崇川区、港闸区、南通经济技术开发区的17万名老年人全部纳入信息管理系统，通州区12万名老年人部分纳入信息管理系统。居家养老服务电子信息系统拓展渠道，帮助老年人解决日常生活中的各种问题，老年人足不出户打开南通老年网即可享受到方便快捷的服务。

9月8日—9日，江苏省居家养老服务工作推进会在南通召开。各市民政局长、老龄办专职副主任及部分县（市）、区民政局分管局长参加会议。省老龄办主任张建平参加会议并讲话。与会代表参观崇川区任港街道、虹桥街道、观音山街道的居家养老服务中心，听取南通市、南京鼓楼区、苏州沧浪区、盐城市盐都区、赣榆县、海门市6个单位的交流发言。会上还对77家省级示范性居家养老服务中心进行现场通报与授牌，海安县永安街道居家养老服务中心、崇川区任港街道居家养老服务中心等 7 家单位获此荣誉。

9 月 13 日 — 15 日 中国老年学学会组织专家到如东，对如东县创建“中国长寿之乡”进行评审。专家组一致认为，如东县符合“中国长寿之乡”条件，建议中国老年学学会授予如东县“中国长寿之乡”称号。中国老年学学会常务副会长赵宝华对如东县通过专家组评审表示祝贺。南通市老龄协会会长顾嘉禾、南通市老龄办副主任吴明华、如东县人大常委会、县政府有关领导参加评审会。9 月 27 日，中国老年学学会授予如东县“中国长寿之乡”称号。2010 年年底，如东县 100 周岁及以上老人 85 人，占总人口的 8.1/10 万，对照指标，已达到或超过国际通行认定长寿之乡的标准。

9 月 19 日 市政府办公室发出《关于调整南通市老龄工作委员会成员的通知》，市委常委、常务副市长陈照煌任主任，薛谦、曹金海、杨建忠、江航任副主任，徐仁祥等 24 人任委员。

10 月 13 日 如东县老龄委代表省老龄委慰问大豫镇吴田成和张国英、洋口镇宫长元和缪祝兰、新店镇汤锡却和花全英三对百岁夫妻。三对百岁夫妇恩爱 80 年，相濡以沫，相敬如宾。如东县在 131 位百岁老人中，同时出现三对百岁夫妻，全国老龄委称全国少见。

10 月 19 日 市委常委、常务副市长陈照煌察看市老年人活动中心，并对全市老龄工作提出要求。

10 月 25 日 国际自然医学会会长、世界长寿乡科学认证委员会、如皋市政府在北京人民大会堂举行“世界长寿之乡 —— 中国如皋”授牌仪式暨新闻发布会。国际自然医学会会长森下敬一博士宣布如皋“世界长寿乡”调查成果，授予如皋“世界长寿乡”匾牌。

10 月 28 日 吉尼斯世界纪录认证官吴晓红在如皋宣布如皋青铜万寿百岁碗为世界上最大的青铜碗，并颁发吉尼斯世界纪录认证证书。青铜万寿百岁碗安放在如皋长寿园内，碗身由青铜浇铸，碗口直径 3.16 米，碗口周长 9.9 米，寓意长命百岁；碗外侧浇铸 10000 个不同的寿字，寓意万寿无疆；碗的底座印有 100 名如皋健康百岁老人代表的手印，铜底座 39 厘米，加花岗岩底座 226 厘米，共 265 厘米，寓意 2011 年如皋 265 名百岁高寿老人。

11 月 7 日 第四届中国十大寿星、第二届中国十大百岁夫妻暨如东榜登“中国长寿之乡”颁牌典礼在如东县举行。中国老年学学会会长李本公、全国老龄办副主任朱勇及全国各地的 200 多名各界人士参加。在授牌典礼上，如东县 101 岁女寿星肖玉珍和 103 岁男寿星周九云被授予 2011 年度“中国最佳风采寿星”称号。

同日 省民政厅、省老龄办发出《关于命名江苏省示范性居家养老服务中心的通报》，对验收达标的 77 个居家养老服务单位命名为江苏省示范性居家养老服务中心。南通市有张芝山镇居委会社区居家养老服务站等 8 个居家养老服务单位被命名为江苏省示范性居家养老服务中心。

11月21日 市老龄委全体扩大会议召开，审议市老龄事业发展“十二五”规划、市养老服务体系建设“十二五”规划、2012年老龄工作要点及敬老助老先进县（市）、区竞赛方案。市委常委、常务副市长陈照煌出席会议并讲话。市发改委、市人社局、通州区、崇川区相关负责人就老龄工作经验作交流发言。

11月28日 市政府印发《南通市市区被征地农民基本生活保障、城乡居民社会养老保险和企业职工基本养老保险衔接办法》。文件在全国率先对被征地农民基本生活保障与企业职工基本养老保险的衔接、城乡居民社会养老保险与企业职工基本养老保险的衔接作出规定。进入被征地农民基本生活保障体系的人员，按照自愿原则可转入企业职工基本养老保险。被征地农民参加企业职工基本养老保险缴费满15年（含2011年度一次性补缴15年），且达到领取企业职工基本养老保险待遇年龄（男年满60周岁、女年满55周岁）的，从办理退休手续次月起按月享受基本养老保险待遇，并按规定参加企业职工基本养老金的正常调整。文件出台后，崇川区、港闸区、南通经济技术开发区近11万名被征地农民纳入企业职工养老保险范畴。次年2月3日，首批到龄的4.5万名被征地农民开始领取基本养老金。

11月29日 全省首届“百佳孝星”表彰会在南京举行。副省长徐鸣出席并讲话，老领导陈焕友、凌启鸿以及省百佳孝星评选组委成员单位领导、百佳孝星代表和各市老龄办（老龄协会）负责人等出席。此次评选表彰活动是经省政府同意，由省民政厅、省教育厅、省老龄办、省广播电影电视局、团省委、省妇联、省关工委、省老龄协会共同组织开展。全省120人被授予全省首届百佳孝星称号，8个单位获全省首届百佳孝星评选组织奖。南通市的沈娟、单盘英、孙洪、陶富林、葛金凤、刘永昌、袁晓明、许树银、陈文九、杨小兵、郭载群11人获全省首届百佳孝星称号。

12月1日 南通市关工委成立20周年纪念大会在行政中心举行。中国关工委主任顾秀莲到会祝贺并讲话。省关工委常务副主任王湛、市委书记丁大卫分别讲话。省人大常委会副主任、省总工会主席张艳，市领导王德忠、陆玉明，市关工委主任曹能新、顾问徐超、名誉主任朱文涛、副主任陆国甫出席纪念大会。市委常委、常务副市长陈照煌主持会议。

12月5日 省政府召开全省老龄工作会议，贯彻第三次全国老龄工作会议精神，总结工作，交流经验，表彰先进，部署“十二五”时期全省老龄事业发展任务。省委常委、副省长、省老龄委主任黄莉新出席会议并讲话。省老龄委全体成员，各市、县（市、区）老龄委主任，民政局局长，各市老龄办主任以及受表彰的全省尊老爱老先进集体、先进个人及老有所为人物代表共360余人出席会议。会议表彰全省尊老爱老先进集体32个，先进个人123人，老有所为人物222人。其中，南通市有尊老爱老先进集体3个，先进个人10人，老有所为人物19人。

12月7日 市政府召开市区被征地农民纳入企业职工养老保险工作会议。市委常委、副市长秦厚德出席会议并讲话。

12月26日 市政府办公室发布《关于进一步加强乡村医生队伍建设的意见》，意见提出按照保基本、保基层、建机制的要求，将村卫生室（农村社区卫生服务站）纳入基本药物制度、新型农村合作医疗和城镇居民医务人员实施范围，明确乡村医生职责，改善执业条件，规范执业行为，健全培养培训制度，提高乡村医生服务水平，为农村居民提供安全有效、方便价廉的基本医疗卫生服务。

12月31日 市政府发布《关于推进南通市城镇基本医疗保险和生育保险市级统筹工作的实施意见》，要求到2013年年底，全市逐步统一基本政策、统一待遇标准、统一经办管理、统一定点管理、统一信息系统；建立市级风险调剂金，增强医疗生育保障能力；逐步实现全市范围内"一卡通"管理服务，形成具有完善的政策体系、合理的筹资机制、健全的管理体制、规范的运行机制和全市统一的医疗保险、生育保险市级统筹制度。

是年 民政部命名如皋市福利中心为全国第三批示范养老活动单位。

2012年

1月8日 姜美善·宋英慈善基金设立仪式在通州区金沙镇政府举行。94岁的老党员、离休干部宋英捐出与其丈夫姜美善的毕生积蓄100万元，设立此基金，以资助贫困党员和学生。姜美善1942年加入中国共产党，离休干部，2011年2月病逝。4月25日，中共江苏省委书记罗志军作出批示："宋英同志把毕生无私奉献给党和人民，以实际行动生动诠释了共产党人的高尚品质，是永葆共产党员先进性的楷模。全省广大党员干部要认真学习宋英同志高尚无私、克己奉公的思想境界，艰苦朴素、淡泊名利的革命本色，心系群众、扶贫济困的大爱情怀，坚守共产党人的精神家园，时刻铭记人民公仆的神圣职责，始终保持为民务实清廉的政治本色，全心全意服务人民群众，为奋力开启基本实现现代化新征程作出新的更大的贡献。"

2月3日、8日 市政府副秘书长薛谦带领市政府办公室、市民政局、市财政局、市人社局等相关部门领导赴启东市、如东县、崇川区调研养老服务业建设情况。

2月13日 根据市政府为民办实事项目的要求，市财政局、市老龄办印发《2012年南通市区居家养老服务补贴办法》。从即日起，崇川区、港闸区、南通经济技术开发区符合条件的6000名老年人，享受政府每月100元的居家养老服务券，老年人可享受上门提供家政、心理慰藉等数十种服务。

2月24日 《南通市老龄志》编纂工作会议在市民政局会议室召开，会议由市老龄办副主任吴明华主持，宣读《南通市老龄志》编纂委员会委员、特邀顾问和工作班子人员名单。市老龄协会副秘书长何惠斌对编纂纲目、要求和分工做详细部署。市老龄协会、老年学会会长顾嘉禾对编纂工作的重要意义及相关保障提出具体要求。市政府副秘书长、市老龄委副主任薛谦对编纂工作发表讲话。相关编纂委员会组成人员参加会议，并就编纂工作进行讨论，提出建议。

3月9日 市老龄委成员单位联络员工作会议在市民政局会议室召开，市老龄办副主任吴明华总结回顾2011年全市老龄工作的基本情况，提出2012年老龄工作的任务和目标，各成员单位联络员就2012年工作部署进行交流研究。会上，老龄委各成员单位对敬老助老先进县（市）、区活动评比进行投票。

3月29日 市老龄办、民政局发出《关于2011年全市敬老助老先进县（市）、区竞赛活动评比结果的通报》。经社会测评、各县（市）、区互评及市老龄委综合考评，如皋市、崇川区、启东市、港闸区被评为“2011年南通市敬老助老先进县（市）、区”。

4月10日 省老年学学会会长王荣炳，省老龄办主任张建平在南通金石大酒店召开苏中片老年精神关爱座谈会。南通市老龄办、老年学学会，扬州市、泰州市老龄办等单位负责人在会上汇报了相关情况。会前王荣炳一行参观了南通阳光老年公寓。

同日 中共中央政治局常委、国务院副总理李克强在北京中南海会见第七届中华慈善奖获奖者代表。李克强三次与南通市磨刀老人吴锦泉亲切握手，直夸他不简单。吴锦泉，男，港闸区闸西乡五星村村民。生于1928年，1959年加入中国共产党。年轻时，担任过生产队队长、民兵营长、种猪场场长。如今靠磨刀为生，磨一把刀一块钱，1000元几乎是老人三个月的磨刀收入。吴锦泉关心社会，关注时事，热心公益，奉献社会，多年来靠自己磨刀的微薄收入坚持行善，是南通市年龄最大的红十字志愿者。他入选南通市“道德模范百场宣讲和网上宣讲”先进典型，被授予南通市“红十字博爱特别奉献奖”，获江苏、中国“最具爱心慈善楷模”荣誉称号，荣登中国好人榜。在中国慈善领域最高政府奖项——第七届中华慈善奖获奖者中，南通磨刀老人吴锦泉是获此奖项的江苏省唯一代表。

4月12日 省财政厅、老龄办到南通调研养老服务体系建设情况。

4月19日 经市政府同意，市政府办公室印发《南通市“十二五”老龄事业发展规划》。“十二五”老龄事业主要任务是，加快完善覆盖城乡的老年社会保障体系；加快健全惠民共享的老年健康支持体系；加快建设多方参与的社会养老服务体系；加快发展科学合理的老龄产业体系；加快建设和谐健康的老年精神关爱体系；加快建设公正平等的老年人权益保障体系；加快构建高效有序的老年人社会管理体系。

4月25日 第十三届市政府第68次常务会议召开，市长张国华主持。会议讨论并原则同意《关于加快推进我市社会养老服务体系建设的意见（送审稿）》。5月4日，市政府发布《关于加快推进我市社会养老服务体系建设的意见》，提出到2015年社会养老服务体系建设的总体要求和主要目标，分解落实各项任务。

6月4日 市政府召开全市养老服务业发展现场推进会。各县（市）、区政府分管领导，民政部门相关负责人，市有关部门负责人和部分养老机构负责同志出席会议。与会人员参观南通市社会福利中心、崇川区常青·乐龄护理院及任港街道居家养老服务中心。市民政局局长、老龄办主任金元总结近年来全市养老服务业发展所取得的成绩，提出今后一个时期全市养老服务业发展的总体要求和主要目标。他提出，2012年市区（除通州区）为6000名困难空巢老人免费安装"一键通"服务系统，并提高民办养老机构的床位建设和运营补贴。市人社局、崇川区、启东市作交流发言。市委常委、常务副市长陈照煌出席会议并讲话，要求各地、各部门认真贯彻落实《市政府关于加快推进我市社会养老服务体系建设的意见》，抓住养老服务业与现代服务业的结合点，在"全覆盖"和"市场化"两个方面寻求新的突破，在市场、项目、资金、人才、管理五个方面强化支撑，促进养老服务业规范发展、科学发展、可持续发展。市政府副秘书长薛谦主持会议，市领导张小平、张庆平参加会议。

同日 省委常委、组织部部长杨新力代表省委书记罗志军、省长李学勇和中共中央组织部部务委员、老干部局局长傅思和，专程看望并慰问"中国好人"、老党员宋英。市领导丁大卫、张国华、黄巍东、韩立明、费高云等陪同看望。6月底，在中国共产党建党91周年来临之际，中共南通市委授予宋英同志优秀共产党员称号，并号召全市人民向宋英学习。6月30日下午，市委书记丁大卫专程登门看望宋英老人，代表市委给老人颁发优秀共产党员证书。

6月13日 市政府发出《关于表彰市区被征地农民纳入企业职工养老保险工作先进集体和先进个人的决定》，对崇川区政府等30个先进集体和陈中锋等51名先进个人予以表彰。为保障被征地农民的切身利益，从根本上解决被征地农民的长远生计，2011年11月市政府出台《南通市市区被征地农民基本生活保障、城乡居民社会养老保险和企业职工基本养老保险衔接办法》，从制度上保证被征地农民失地不失利、失地不失业、失地不失保。各区政府（管委会）和市相关部门迅速行动，认真履职，协同配合，做好政策宣传、业务培训、组织申报、信息审核、数据交换等各项工作，确保9.1万名被征地农民顺利纳入企业职工养老保险，其中4.5万人已经开始领取企业职工基本养老金。

6月15日 市政府发出《关于完善市区机关事业单位养老保险办法的通知》。

6月25日—28日 南通市第十四届人民代表大会第一次会议召开，会议将邵晓泉等14名代表提出的《关于加快建设社会养老服务体系的议案》列为大会议案，交由市政府办理。

6月26日 南通市崇川区老龄协会成立，沈建洪任会长。

6月27日 市民政局印发《南通市国办、民办养老机构建设管理服务标准（试行）》，规范全市国办（不含敬老院）、民办养老机构建设、管理、服务工作。

6月 市老龄办出台《关于加快推进老年人居家呼叫服务系统建设的指导意见（试行）》。意见根据“政府主导、社会参与、市场化运作”的总体方针，要求充分利用现代信息技术和现有网络资源，加快建立县（市）、区级居家呼叫和应急救援综合服务平台，努力为广大老年人提供高效便捷的养老服务。

7月24日 市老龄办、市老龄协会联合发出南通市人口老龄化30年理论研讨会征文启事。为促进社会各界对老龄化问题的关注重视，探讨应对老龄化挑战的对策措施，推进老龄事业与经济社会同步迈向现代化，市老龄办、市老龄协会拟于“敬老日”前后举办南通市人口老龄化30年理论研讨会。启事发出后，收到论文近百篇。市老龄协会编辑《回望　前瞻　对策》论文集，收录优秀论文46篇，入选论文目录38篇，市委副书记陈斌为该书作序。10月22日，市老龄办、市老龄协会在文峰饭店召开南通应对人口老龄化理论研讨会，市政府副市长、老龄委主任赵闻斌主持会议，市委常委、宣传部部长章树山出席会议并讲话。市老龄协会、老年学学会会长顾嘉禾就全市人口老龄化形势及老龄事业发展作主题报告，市老龄办副主任吴明华报告研讨会筹备及优秀论文评选情况；优秀论文作者代表进行交流发言。省老年学学会执行会长张秉铎讲话，省老龄办主任张建平参加会议。

7月25日 海安县慈善基金会宣布正式设立孔锦文·王爱廉爱心基金，基金100万元。这是海安慈善史上第一个个人冠名的慈善基金，也是个人捐赠数额最大的慈善基金。孔锦文，男，1920年2月出生，海安县原五金公司退休职工。王爱廉，女，1921年2月出生，海安县城东镇泰宁村农民。孔锦文退休之后，夫妻俩在路边摆摊卖布10多年，坚持积德行善，经常对一些贫困家庭施以援手。9月，孔锦文夫妇入选“江苏好人”。2013年7月被评为南通市第35次文明新风典型。

7月26日 在《南通市市区养老服务设施布局规划》公开征集报名工作结束后，市民政局、市老龄办会同市财政局、市规划局对两家入围单位进行评审打分，经过综合评比，确认由南通市规划设计院中标承办。市老龄办副主任吴明华对中标承办单位提出要求。

8月16日晚 南通市第四届老年文化艺术节暨“银龄风采”进社区文艺演出活动启动仪式在崇川区朝晖花园广场举行。副市长赵闻斌、市政府副秘书长薛谦参加并观看演出，市民政局局长、老龄办主任金元致辞。第四届南通市老年文化艺术节由市老龄办会同市老干部局、市人社局、市文广新局、市体育局以及市退管中心、市文化馆、市老干部活动中心、市老年人活动中心、市老年体协等单位举办。艺术节的活动主题是：“喜迎十八大，银龄展风采”。艺术节为期三个月，分启动仪式、系列活动、闭幕式三大部分。活动包括“银龄风采进社区”文艺演出、优秀节目评选活动、老年人健身精品项目展演、优秀影片进社区巡演、书画摄影展览等。

8月24日 副市长赵闻斌到港闸区陈桥街道敬老院、崇川区常青·乐龄老年护理院、市社会福利中心视察养老机构建设情况。市民政局局长、老龄办主任金元等参加调研活动。

9月6日 省体育局、省老龄办、省发展体育基金会、省老年人体育协会发出《关于授予张振超等469位同志江苏省“乐天”健康老人荣誉称号的决定》，南通市夏登山等40人获江苏省“乐天”健康老人称号。

9月17日 市老龄办发出《关于开展南通市孝亲敬老十大模范、老有所为十大模范、老龄工作先进个人评选活动的通知》。10月15日 市老龄委发出《关于表彰南通市孝亲敬老十大模范、老有所为十大模范、老龄工作先进个人的决定》，授予许树银等10人孝亲敬老十大模范称号、顾嘉禾等10人老有所为十大模范称号、王兆华等29人老龄工作先进个人称号。

9月19日—10月31日 南通市老年人活动中心为充分反映南通经济社会和老龄事业发展的新成果，展示广大老年人爱党、爱国、爱家乡的精神风貌，面向南通广大市民征集以“沐浴党恩夕阳红”为主题的文学作品。

9月21日 市老龄办和中国人寿保险股份有限公司南通市分公司共同主办的南通市安康关爱行动启动会在如皋光华酒店召开。该行动旨在全市推广老年人意外伤害组合保险，提高老年人抗风险能力。各县（市）、区民政局（老龄办）相关负责人以及中国人寿南通各分公司代表参加启动会。如皋市民政局负责人介绍经验，崇川区民政局、国寿海门分公司负责人发言。市老龄办副主任吴明华、中国人寿南通分公司副总经理朱德华出席会议并讲话。

10月1日 南通市慈善总会定点“医院贫困家庭重大疾病慈善救助”项目开始实施，定点医院为市第一人民医院、市中医院、市肿瘤医院。

10月1日—10月31日 南通市开展2012年“敬老月”活动，主题是“敬老爱老共建共享”，包括老年维权优待活动、走访慰问送温暖活动、助老惠老服务活动、老年文化体育活动、敬老爱老宣传活动。

10月3日 市政府办公室发出《关于调整南通市老龄工作委员会成员的通知》，副市长赵闻斌任主任，薛谦、黄卫成、陈慧宇、金元、江航任副主任，李如林等23人任委员。金元兼任市老龄办主任。

10月12日 国务院在人民大会堂召开全国新型农村和城镇居民社会养老保险工作

总结表彰大会。中共中央政治局常委、国务院总理温家宝，中共中央政治局常委、国务院副总理李克强，中共中央政治局委员、国务院副总理回良玉出席会议，国务委员兼国务院秘书长马凯主持会议。会议表彰了全国新型农村社会养老保险和城镇居民社会养老保险工作380个先进单位和480个先进个人。其中南通市的海门市人力资源和社会保障局、南通市居民社会养老保险基金管理中心主任沈雨林、如皋市如城镇十里社区劳动就业社会保障服务站站长何宏受到表彰。

10月15日 市老龄办、民政局发出《关于2012年全市敬老助老先进县（市）、区竞赛活动评比结果的通报》。经综合测评，如皋市、启东市、崇川区、港闸区被评为2012年南通市敬老助老先进县（市）、区。

10月中旬 省老龄办副主任牛飚率省检查验收组对南通市社区养老服务中心进行检查验收。省检查验收组到港闸区、通州区抽查验收部分社区居家养老服务中心，对南通养老服务中心建设情况表示满意。

10月22日（农历九月初八） 南通市第二十六个“敬老日”（10月23日，农历九月初九）前夕，市委书记丁大卫，市委副书记陈斌，市委常委、秘书长黄巍东等，前往市社会福利中心等处看望慰问老人。市委副书记、市长张国华，副市长赵闻斌等到港闸区秦灶街道，进村入户，走进老年公寓，看望慰问老人。

同日 南通市庆祝第二十六个敬老日暨第四届老年文化艺术节文艺汇演在南通更俗剧院举行。市委副书记陈斌出席活动并致辞，活动表彰了南通市敬老助老先进县（市）、区以及南通市孝亲敬老十大模范、老有所为十大模范、老龄工作先进个人。市人大常委会副主任王向红、市政府副市长赵闻斌、市政协副主席杨展里等出席活动。

10月30日 市民政局在行政中心第二会议室举办社区养老照顾专题讲座。北京市社会科学院研究员缪青博士主讲。市有关部门负责人，崇川、港闸、开发区政法委、民政局分管负责同志，各街道分管负责同志、民政助理、居家养老负责人，社区从事居家养老工作的代表参加了讲座，市民政局局长、老龄办主任金元主持专题讲座。

11月8日 南通市首届老年教育优秀教科研成果评选结果公布，共评出获奖项目30项，其中一等奖3项、二等奖11项、优秀奖16项。市老龄协会会长顾嘉禾的专著《老龄研究文稿》被评为一等奖。

11月16日 市政府办公室发出《关于表彰南通市老科协工作先进集体和先进个人的通报》。经市政府同意，授予海门市老科技工作者协会等15个单位南通市老科协工作先进集体荣誉称号，授予顾光祺等36人南通市老科协工作先进标兵荣誉称号。

11月28日 市政府召开市十四届人大一次会议《关于加快建设社会养老服务体系的议案》办理情况汇报会，市政府副秘书长薛谦主持会议。各县（市）、区政府分管领导、民政局局长、议案承办单位主要负责人参加会议，就议案办理工作情况、工作中存在的问题以及下一步工作打算作交流发言；市民政局局长、老龄办主任金元作专题汇报；市人大常委会副主任王向红、副市长赵闻斌分别对进一步办好议案提出要求。

11 月 30 日 — 12 月 6 日 市老龄办联合市司法局（法律援助中心）、市房管局（产权交易中心）举办为期 7 天的“老年法律维权社区行”法律援助活动。活动分别在开发区通盛社区、崇川区虹桥社区、港闸区永兴社区举行，近 500 名老年人参加此次活动。

12 月 12 日 市人大常委会副主任黄利金率领常委会部分组成人员，先后到市社会福利中心、常青·乐龄护理院，就市十四届人大一次会议《关于加快建设社会养老服务体系的议案》办理情况进行专题视察。党组副书记、副主任王向红，副主任施建中，党组成员张小平、徐永兵、吴晓春，秘书长李水林，参加视察活动，副市长赵闻斌，市民政局局长、老龄办主任金元陪同视察。

12 月 21 日 市老年人活动中心项目启动情况通报会在市老干部活动中心三楼会议室召开，标志着市老年人活动中心整体改扩建项目正式启动。副市长赵闻斌出席会议，希望建设部门精心组织、科学施工，把该工程建设成为展示全市老龄事业发展的示范工程。

12 月 25 日 市第十四届人大常委会第五次会议在市行政中心举行。会议审议市政府《关于加快建设社会养老服务体系的议案》办理情况的书面报告，审议并通过关于表彰市十四届人民代表大会一次会议代表优秀议案和建议的决定，《关于加快建设社会养老服务体系的议案》被评为优秀议案。

12 月 26 日 — 28 日 市人大常委会内务司法委员会对市十四届人大一次会议《关于加快建设社会养老服务体系的议案》办理情况进行视察调研，实地考察崇川区、港闸区、开发区、通州区、如皋市养老机构和居家养老服务中心（站）建设情况，了解各地推进社会养老服务体系建设的主要做法、存在问题及下一年工作思路。市民政局局长、老龄办主任金元，老龄办副主任吴明华参加视察调研活动。

12 月 29 日 第五届全国敬老爱老助老主题教育活动表彰大会在北京举行。大会对 10 名中华孝亲敬老楷模、60 名中华孝亲敬老楷模提名奖获得者、2885 名全国孝亲敬老之星、130 个全国敬老模范单位进行了表彰。其中，南通的陈艮珍、孙维达、杨小兵、杨娟、朱建勇、周小平、马富强、郭载群、袁晓明 9 人获全国孝亲敬老之星荣誉称号，海安县社会福利院获“全国敬老模范单位”荣誉称号。全国人大常委会副委员长周铁农，全国人大常委会原副委员长、中国关心下一代工作委员会主任顾秀莲，民政部部长、全国老龄委副主任李立国，全国老龄委办公室常务副主任陈传书等出席会议。主题教育活动由全国老龄办、民政部、教育部、国家广电总局、共青团中央、全国妇联和中国关心下一代工作委员会共同举办，由中国老龄事业发展基金会、中国扶贫开发协会承办。

是年 市政府年初确定10件42项为民办实事项目，至年底，全部完成或超额完成。涉及老龄事业有4件：全市建成高标准农村敬老院33个，累计达标率超过40%；市区6551名老人享受政府出资的居家养老服务；为市区居家老年人安装“一键通”电话6586部；市老年人活动中心按计划开工建设。

是年 省民政厅命名崇川区城山老年公寓为江苏省示范性养老机构，命名如皋市白蒲敬老院、长江敬老院、九华敬老院为江苏省文明敬老院。

2013年

1月31日 省委常委、宣传部部长王燕文代表省委、省政府，走访慰问海安县曲塘镇敬老院“五保”老人，曲塘镇徐庄村低保户、老军人，城东街道东大街社区老党员。省委副秘书长杨志纯，省有关部门负责人，市领导丁大卫、黄巍东、章树山、陆玉明、单晓鸣等参加慰问活动。

1月 市老龄委表彰2012年敬老助老先进县（市）、区。

2月4日 市政府办公室发出《关于2013年加快社会养老服务体系建设主要工作责任分解的通知》，将2013年加快社会养老服务体系建设的主要工作责任分解到市各有关部门，明确具体要求。

2月21日 市人大常委会副主任黄利金、副主任王向红、党组成员张小平率领市人大常委会部分组成人员视察市十四届人大一次会议《关于加快建设社会养老服务体系的议案》办理情况。他们到港闸区、海安县视察了市鸣缘老年公寓、陈桥街道敬老院、通燧社区居家养老服务站、永兴街道居家养老服务中心，海安镇居家养老服务中心、海安县社会福利院，召集政府主管部门、养老服务机构负责人和人大代表等各界人士举行座谈，听取各个层面的意见建议。市人大常委会秘书长李水林等参加活动。市民政局局长、老龄办主任金元陪同视察。

2月 如东县民政局和中国人寿保险如东支公司给如东县127名百岁老人赠送老年人意外伤害保险和《老年周报》。

3月6日 市人大常委会副主任程静率调研组到崇川区视察调研养老服务体系建设情况。区委书记吴旭，区长葛玉琴，区人大党组副书记、副主任时国华，区人大常委会副主任邱建国，副区长杨春红等陪同调研。

3月11日 市老龄办召开全市居家养老服务工作现场推进会暨老龄协会联席会，各县（市）、区民政局（老龄办）分管领导、老龄协会负责人出席会议。与会人员参观苏州市和南通经济技术开发区的虚拟养老院、日托助餐服务中心和居家养老服务中心（站）等居家养老服务机构。市老龄办业务处就2013年全市居家养老服务工作作出详细部署；市老龄协会、老年学学会会长顾嘉禾就2013年老龄协会建设工作提出要求；各县（市）、区代表分别就居家养老服务和基层老龄协会组织建设工作交流发言。市老龄办副主任吴明华讲话。

3月15日 市老龄委在市政府309会议室召开全体成员会议，市民政局局长、老龄办主任金元报告2012年全市老龄工作情况及2013年工作打算。副市长赵闻斌出席会议并讲话。

同日 市老龄办、市财政局联合下发《南通市区老年人意外伤害综合保险实施细则》。具有崇川区、港闸区、市经济技术开发区户籍人口，年满60周岁以上老年人可投保老年人意外伤害综合保险，每份保险费40元。60 — 79周岁老人投保份数不限，80周岁以上限保一份，保险期限一年。政府每年为老年人补助一份投保费用的50%（即20元），城市“三无”、农村“五保”、城乡低保及低收入家庭中老年人，由政府每年为老年人全额补助投保费用一份。三区3500多名城市“三无”、农村“五保”、城乡低保及低收入家庭的老年人，市政府已为他们全额补助2014年投保费用1份；对其余5万多名老年人，市政府补助1份投保费用的50%（即20元）。今后每年都照此办理。南通市其他县（市）、区也展开了这项为老年人办实事工程。至11月中旬，全市已有约36.5万名老年人购买意外伤害保险。崇川区、港闸区、南通经济开发区共有6.5万名老年人投保，如皋市投保的老年人超过10万人。当年市区有154名老年人因意外伤害获得理赔，理赔金额达35.92万元。

3月29日 南通市第十四届人大常委会第六次会议在市行政中心第一会议室举行。会议听取、审议市政府副秘书长薛谦受市政府委托所作的《关于加快建设社会养老服务体系的议案办理情况的报告》，市民政局、市教育局、市财政局、市人力资源和社会保障局、市规划局、市卫生局关于加快社会养老服务体系建设情况的报告；审议市人大常委会调研视察组《关于加快社会养老服务体系建设情况的调研视察报告》，观看市人大常委会视察社会养老服务体系建设情况录像片；对社会养老服务体系建设相关6个政府部门的工作进行测评；通过南通市人民代表大会常务委员会关于进一步加快建设社会养老服务体系的决议。

4月12日 南通修车老人胡汉生因病治疗无效，在市第二人民医院去世，享年86岁。1999年以来，胡汉生把自己的修车收入全部捐出来做慈善，累计捐助善款10.6万元。2011年，在老人的倡议下，港闸区成立“龙潭村汉生爱心互助基金”，各方爱心捐赠40多万元。2011年，胡汉生获首届“江苏慈善奖”。2012年，胡汉生入选“中国好人”和“感动江苏”十大人物。18日，省委书记罗志军在有关胡汉生的事迹材料上作出批示：“胡汉生老人的事迹值得我们很好宣传、学习、弘扬。”市委书记丁大卫、市长张国华先后作出批示，要求组织力量开展系列宣传，以弘扬先进、树立典型，进一步推动南通精神文明建设。19日，市领导丁大卫、陈斌、黄巍东、章树山专程到港闸区天生港镇龙潭村，看望并慰问胡汉生家人，并向“龙潭村汉生爱心互助基金”捐款。21日上午，江苏省文明办副主任韩松林代表省文明办颁发“‘江苏好人’胡汉生，美德流芳”的纪念牌匾，追认胡汉生为“江苏好人”。

4月16日 市委老干部局专题召开市老干部智库工作会议。市委老干部局副局长施平出席会议并讲话，老干部局局长助理徐训友主持会议。由部分地市职老领导和县处级退休干部组成的40多名智库新老成员参加会议。施平在讲话中回顾总结市老干部智库2012年的工作。是年，智库各调研组共撰写12篇调研报告，提出50多条对策建议，得到市委书记丁大卫等7位市委、市政府领导的批示。会上，市老干部智库3个调研组分别交流了开展调查研究的做法、收获和启示。会议还向2012年度调研报告的执笔者颁发荣誉证书，并调整智库部分成员。

4月18日 崇川区首家助老服务社团联盟“百老惠”在文峰街道鲍家桥社区管理服务中心揭牌成立，文峰街道“社团养老工程”随之正式启动。百老惠旗下的各个社团，立体式推行健康促进计划、守望互助计划、联谊计划、学习计划、心愿计划、余热计划、蛋糕计划、百老惠基金计划、安捷通计划等助老服务项目，为社区高龄、空巢、独老及需要帮扶的老人提供精神慰藉、医疗保健、生活照料、文化娱乐、权益维护等综合性的社会养老服务。

4月25日 市委举行形势报告会。市委副书记陈斌代表市委，向与会1000多名离退休干部通报2013年以来全市经济社会发展情况，感谢全市老干部老同志多年来对市委、市政府工作的支持和帮助，并进一步听取大家意见和建议，为开创“两个率先”新局面凝聚力量。市委常委、秘书长黄巍东主持会议。会上发放了征求意见表，征集广大老干部对全市经济社会发展的意见和建议，并对市级机关作风建设进行评议。

4月26日—28日 中国老年学学会副会长杜鹏率领专家评审委员会到启东，对启东申报“中国长寿之乡”工作进行评审。评审委员会认为启东市申报条件符合“中国长寿之乡”评审标准，建议中国老年学学会授予启东市“中国长寿之乡”称号。

5月23日 第十届全国人大常委会副委员长、中国关心下一代工作委员会主任顾秀莲一行到南通大学考察高校关工委工作。顾秀莲现场参观南通大学关工委著名“关工”品牌“谈心屋”，称赞南通大学关工委“工作很出色”，并希望为孩子更好地服务，为关工委事业作出更多贡献。中国关工会常务副主任兼秘书长杨志海，中国宋庆龄基金会副主席唐闻生，教育部关工委主任、中国下一代教育基金会理事长田淑兰等一同参加考察，南通市委副书记陈斌等陪同。

6月14日 海安县老龄协会成立大会在海安宾馆召开，储有杰当选会长。市老龄协会会长顾嘉禾到会讲话。

6月16日—20日 国际自然医学会会长森下敬一博士率“世界长寿乡”调查团到南通，就南通市申报“世界长寿之都”进行实地调查认证。副市长赵闻斌会见调查团一行，并详细介绍南通市经济社会发展及老龄事业发展情况。

6月18日下午 全国人大常委会副委员长、全国妇联主席沈跃跃专程赴南通市通州区慰问95岁老党员宋英。老党员宋英捐出自己和已故丈夫姜美善的毕生积蓄，设立姜美善·宋英慈善基金事迹发表后，时任中组部常务副部长的沈跃跃作出批示，要求广大党员向宋英学习。沈跃跃称赞宋英是老党员的代表、离休干部的代表，更是妇女姐妹的代表，妇女姐妹们学习的榜样。宋英老人身上的闪光点所体现的正是社会主义核心价值体系的内涵，它所折射出的可贵精神是无价的。沈跃跃嘱咐地方政府和志愿者要继续照顾好老人的生活，让老人安享晚年。中共江苏省委组织部副部长庄同保、江苏省妇联主席张京霞，南通市领导张国华、陈斌、黄巍东、张兆江等陪同慰问。

6月23日—27日 第二十届世界老年学与老年医学大会（IAGG）在韩国首尔召开。70多个国家与地区的4000余人参加此次会议。南通市老年学学会副会长兼秘书长王久捷、市学会副秘书长何惠斌及部分县（市）、区代表一行9人参加会议。此次大会分别就老年人健康、人口老龄化与老年医学发展、老年综合症、老年医学教育、老年人功能预防和维护以及老年化对经济的影响等问题进行了深入探讨和广泛交流。南通市老年学学会被中国老年学学会授予第二十届世界老年学与老年医学大会·中韩论坛组织奖，顾嘉禾在提交的论文《关于人口老龄化的战略思考》获大会优秀论文奖。

6月28日 省老龄办和中国人寿江苏省分公司联合在南通市召开全省“安康关爱行动”推进会。省民政厅党组成员、省老龄办主任张建平和中国人寿江苏省分公司副总经理俞德本到会讲话。市民政局局长、市老龄办主任金元参加会议，市老龄办副主任吴明华代表南通在会上作经验交流发言。

7月2日 市政府批转市人力资源和社会保障局、市卫生局、市财政局《南通市城乡居民大病保险实施意见（试行）》。意见明确城乡居民大病保险的总体要求，坚持“以人为本、统筹安排；责任共担、持续发展；因地制宜、创新机制；统一政策、统一管理”的原则，在现有城镇居民医保和新型农村合作医疗保险（以下简称“新农合”）制度基础上，建立城乡居民大病保险制度，解决患大病参保人员的高额医疗费用，减轻人民群众大病医疗费用负担，缓解“因病致贫、因病返贫”现象。

7月8日 “中国长寿之乡·江苏启东”授牌仪式在启东宾馆举行，启东市成为江苏省第5个“中国长寿之乡”。中国老年学学会常务副会长赵宝华为启东市颁发“中国长寿之乡”荣誉匾牌。省老龄办主任张建平，中国老年学学会翟静娴，南通市民政局局长、老龄办主任金元，启东市委副书记、市长徐锋等出席授牌仪式。

7月10日 南通市首个社会力量居家养老日托项目——安通智能居家养老服务中

心日托项目在崇川区和平桥街道启动，16 名老人成为该项目首批服务对象。

7 月 13 日 晚 8 时 57 分，南通江海志愿者服务站站长徐尔铸因病逝世，享年 77 周岁。徐尔铸，男，生于 1936 年 6 月，汉族，中共党员，从事青少年教育工作 45 年。1998 年 3 月，退休后的徐尔铸参与筹建江海志愿者服务站，担任站长。作为江海志愿者队伍的创建人和领头人，江海志愿者服务总站负责人，徐尔铸累计接听来电 3 万多次，接待来访 1 万多人次，联络志愿者提供上门服务 2.5 万多人次，组织开展广场服务活动近千场，帮助结成"一助一"长期服务对子 1500 多对。徐尔铸先后获得中国青年志愿服务金奖（全国仅 3 人获此奖项）、江苏省道德模范奖、全国道德模范提名奖、江海志愿服务十周年最具影响十大人物等荣誉。

7 月 20 日 市政府办公室发出《关于印发进一步加快建设社会养老服务体系任务分解表（2013 — 2016）的通知》。经市政府研究同意，将 2013 年至 2016 年进一步加快建设社会养老服务体系的任务分解到各县（市）、区政府，市各有关部门和单位。

7 月 30 日 南通市召开全市大学生村官工作会议暨 2013 年新聘大学生村官出征仪式。会上，南通市人大常委会原副主任沈瑞芬等 10 名离退休干部被南通市委组织部、老干部局授予"全市牵手大学生村官老干部先进个人"称号。南通市委常委、组织部部长张兆江出席会议并讲话。

7 月 31 日 市政协副主席陆玉明带领部分市政协委员，对关于社区养老服务工作的重点提案进行督办。政协委员们走访和平桥街道和虹桥街道的居家养老服务中心，并听取副市长赵闻斌和市民政局局长、老龄办主任金元的专题汇报。

8 月 省民政厅授予如皋市邮政局乡邮员"爱心邮路"、如皋市社会福利中心等单位首届省"敬老文明号"单位称号。

8 月 — 10 月 南通市举行第五届老年文化艺术节。期间，市老年人活动中心举办南通市第一届老年人才艺大赛（舞蹈专场）、40 场"银龄风采进社区"文艺演出、水上舞台濠滨夏夜老年专场文艺汇演、"更俗之夏"专场文艺演出以及老年人精品健身项目展示、象棋围棋交流赛、乒乓球个人赛、书画展等系列活动。艺术节由市老龄办牵头组织，以"激情乐龄·成就梦想"为主题，以推动群众性老年文化活动的普及开展为重点，通过开展内容丰富、形式多样、特色鲜明的文化活动，展示南通老年文化品牌魅力。8 月 15 日晚，艺术节开幕式在德民社区广场举行。来自市老年人活动中心、崇川区各街道的 12 个老年文艺团队共 200 多人参加演出。10 月 11 日下午，南通市庆祝第二十七个敬老日暨第一届老年人才艺大赛（舞蹈专场）优秀作品汇演在更俗剧院举行。市委副书记陈斌到会讲话，市领导程静、赵闻斌、杨展里参加活动。首届老年人才艺大赛（舞蹈专场）自 8 月启动，历经海选、复赛和决赛，在两个月的时间里，全市共有 2 万多名老年人积极参与，演出近 300 个节目，27 个节目进入决赛。最终有

15个节目分获一、二、三等奖，12个节目获得优秀奖。

8月8日—10日 市老年人活动中心、市老年体协等单位联合举办两场“濠滨夏夜”等老年人专场文艺演出。

9月24日 副市长朱晋视察市老年大学安全工作。

9月26日 全国老龄委发出《关于表彰第一届全国“敬老文明号”的决定》，共授予1212个集体第一届全国“敬老文明号”荣誉称号。南通市老年人活动中心、南通汽运实业集团有限公司南通汽车站、中国人寿保险股份有限公司南通分公司团体业务部、崇川区任港街道居家养老服务中心、如皋市社会福利中心5个集体被授予荣誉称号。10月19日，第一届全国“敬老文明号”集体表彰大会在北京召开。

10月8日 市老龄委发出《关于对南通市“敬老文明号”单位命名表彰的决定》，对海安县退休人员管理服务中心等26个单位授予南通市“敬老文明号”单位荣誉称号。

10月10日(农历九月初六) 中国首个法定老年节来临之前,市领导丁大卫、张国华、王德忠、黄利金、陈斌分别率队，走访慰问市区部分百岁老人、困难老人及养老机构，为全市老年人送上节日的祝福和亲切的问候。

10月18日 市委副书记、市长张国华对南通市社会养老服务体系建设工作进行调研，到崇川区和平桥街道居家养老服务中心和港闸区天生港镇街道通燧社区居家养老服务站，调研居家养老服务网络建设情况，到崇川区常青·乐龄护理院和开发区敬老院调研养老机构建设管理情况。实地调研结束后，张国华主持召开会议，专题研究部署南通市今后一个阶段社会养老体系建设工作。市人大常委会副主任王向红，副市长赵闻斌，市政府秘书长顾诺之等参加调研。

11月14日 2013年度江苏省老年人体育节南通分会场闭幕式活动，在南通开发区星湖街区广场进行。南通开发区各街道的13支健身队作精彩表演。

11月20日 市人口计生委、市统计局、市公安局联合发布《南通市2012年度人口发展报告》，这是南通市首次发布人口发展年度报告。报告对2012年人口市情进行了分析。全市常住总人口、户籍总人口分别为729.73万人、765.20万人。全市常住人口中，65岁以上人口达127万人，占总人口17.4%，较2010年上升0.9个百分点；60岁以上人口占总人口26.4%，人口老龄化进一步加速。

同日 经市政府同意，市粮食局、财政局、民政局、物价局、总工会联合发布《关于切实改进市区粮油实物帮困求助工作的实施意见》。从2014年起，市区低保户和低收入户中的70周岁以上老人等四种对象及持有特困职工证人员，粮油帮困救助标准由现在的每人每月50元提高到60元。被救助对象可以凭帮困救助供应卡在指定的粮油供应点领取价值60元的粮油制品。粮油帮困救助等价资金不计入最低生活保障家庭的收入，由市财政全额负担。

11 月 25 日 — 26 日 市人大常委会副主任黄利金率队，专题视察养老服务体系建设情况。

11 月 南通市委老干部局组织市直、部省单位老干部参加全国老龄办、民政部优抚安置局、中国老年报社联合举办的新修订《老年人权益保障法》知识竞赛活动。全市有 36 家单位 2000 余名离退休干部参赛。12 月下旬，南通市委老干部局、市公安局、市教育局等 11 个单位获集体组织奖，市房管局原副局长季国涛、市级机关工委原副书记胡树生等 14 名老干部获优秀个人奖。

12 月 2 日 由南通市社区大学支持申报的江苏学习在线夕阳红扶老上网工程第二批联系点，虹桥街道社区教育中心（南通市社区大学虹桥分校）老年网学班正式开班。

12 月 26 日 第二届江苏省慈善大会在南京举行，会上颁发由省政府设立、每两年表彰一次的第二届江苏慈善奖。南通 1 个企业和 7 名个人获奖。7 名个人中，有 4 名老人，分别是：通州区离休干部宋英、海安县退休工人孔锦文获最具爱心慈善捐赠个人称号，港闸区磨刀老人吴锦泉获最具爱心慈善行为楷模称号，退休干部、如皋市慈善基金会理事长周宝生获优秀慈善工作者称号。

12 月 28 日 港闸区最大的养老服务中心——市北养老服务中心开工。项目集养老、残疾人综合服务、社区卫生服务于一体，以养老服务为主，是港闸区为民办实事的重大工程。占地面积 42 亩，总建筑面积为 4.2 万平方米，总投资 2 亿元。项目建成后，主要为幸福、唐闸、秦灶地区的五保老人提供服务。同时，通过市场化运作，为有需求的老年人提供优质服务。

12 月 30 日晚 中国广播艺术团、中国广播电影交响乐团在南通更俗剧院联袂演出新年音乐会。音乐会上，全国政协委员、著名音乐指挥家滕矢初向获江苏慈善奖的 85 岁的南通磨刀老人吴锦泉献花，微笑着互致问候，并合影留念。

是年 南通市各级财政用于尊老金以及直接用于机构养老、居家养老、老年教育、老年活动场所、养老服务信息系统等建设和扶持资金超过 5 亿元，初步建立以居家为基础、社区为依托、机构为支撑的养老服务体系新格局。全市乡镇（街道）居家养老服务中心新增 26 家，总数达 89 家；城镇社区居家养老服务站实现全覆盖，农村居家养老服务站新增 89 家，总数达 1929 家。

是年 全国老龄事业发展基金会、全国老龄办命名崇川区常青乐龄老年护理院为全国爱心护理工程建设基地。

2014 年

1 月 3 日 市委、市政府组织开展的“转变作风、关爱民生”关爱城乡特殊困难群众送温暖活动启动。市领导丁大卫、张国华、陈斌、黄巍东、韩立明等参加启动仪式。在启动仪式后，市委书记丁大卫专题察看崇川区任港街道居家养老服务中心等市区部分民生重点工程，并走访慰问贫困家庭。

1 月 13 日 中共江苏省委常委、江苏省军区政委李笃信，副省长徐鸣一行看望慰问如皋市白蒲镇阳光敬老院的老人和家住白蒲镇松杨社区 13 组的困难老人蔡德成等，提前向他们送上新春祝福。南通市委书记、市人大常委会主任丁大卫，南通市委副书记、市长张国华，南通市委常委、秘书长黄巍东及如皋市领导姜永华、陈晓东、司祝建、杜永红等陪同慰问。

2 月 7 日 春节之后首个工作日，市委书记丁大卫、市长张国华等率队，冒雨察看部分重大基础设施工程、民生实事项目、重点园区及重大产业项目建设情况。市领导视察崇川区和平桥街道居家养老服务中心，向老人们拜年，详细询问他们的生活娱乐情况；肯定崇川探索社会力量承接居家养老服务的方式，鼓励继续探索，不断创造出新的经验。

2 月 17 日 市老龄办、市老龄协会、市老年学学会发出《南通长寿健康论坛征文启事》（论坛后正式定名为“美丽南通——长寿之都”发展论坛），提出论文参考选题 24 个，明确了征文的总体要求和征集要求。

2 月 26 日 市老龄委在市政府 513 会议室召开全体成员会议。市民政局局长、老龄办主任金元代表市老龄委报告 2013 年全市老龄工作情况及 2014 年工作打算。市老龄委各成员单位对《2014 年市老龄工作要点（审议稿）》进行审议，并提出修改意见。副市长赵闻斌出席会议并讲话。

3 月 7 日 市老龄办在海门召开全市年度老龄工作会议暨安康关爱行动推进会，研究部署 2014 年老龄工作，进一步推进全市安康关爱行动。各县（市）、区对 2014 年主要工作安排进行交流发言。

3 月 12 日 《人民日报》《中国妇女报》《新华日报》等近 10 家中央、省主流媒体记者组成采访团，到南通专题采访“巾帼挽霞”服务项目。“巾帼挽霞”是省妇联首批“苏馨港湾”妇女儿童之家社工服务 4 个项目之一。该项目以崇川区新城桥街道易家桥社区的高龄、“空巢”、残疾、病患、独居等老年女性为重点服务对象，以 50 岁至 70 岁的“小老人”巾帼志愿者作为日常服务的提供主体，采取“社工 + 义工 + 妇工”的运作模式。24 名受助老人，每人都有一个由 4 名志愿者组成的志愿服务小组与之结对，志愿者每周至少到结对老人家中服务一次，开展打扫家务、个人卫生清洁、陪聊解闷、改善伙食等爱心帮扶。

3月13日 各县（市）、区老龄协会会长会议在市区启秀戴斯酒店举行。会议研究南通长寿论坛论文征集工作，各县（市）、区老龄协会通报交流2014年协会工作安排，市老龄办副主任吴明华传达省老龄办工作会议精神和南通市2014年老龄工作安排。市老龄协会会长顾嘉禾主持会议并讲话，对做好2014年协会工作提出要求。市老龄协会副会长王昀、王久捷出席会议。

3月20日—21日 人力资源和社会保障部在南通召开领取社会保险待遇资格协助认证工作现场会，要求进一步规范异地认证流程，采取多种举措方便退休人员认证，拓展跨地区社会化管理服务工作内容。南通市2011年在全市范围内实现了退休人员社会化管理信息系统的联网运行，对异地居住南通市的退休人员，统筹纳入退休人员社会化管理服务的范畴和社区自管组织管理网络，共同参与互助服务、文体活动等。南通市退休人员和供养亲属的社保待遇资格认证率均达到100%。

3月25日 市领导张国华、赵闻斌、沈雷等视察市老年人活动中心改扩建项目建设现场。

3月27日 南通市金融支持养老服务业座谈会在启东市农商银行召开，南通市银监分局和启东市金融办、民政局、卫生局及金融单位的代表，共同就金融业如何与养老服务业达成双赢展开探讨。

3月28日 市老龄办、市财政局印发《南通市区居家养老服务绩效考评办法（试行）》，对崇川区、港闸区、南通经济技术开发区街道（社区）居家养老服务中心（站），按照有固定的服务场所、有基本的服务项目、有专业及志愿服务队伍、有健全的管理制度的要求，进行季度考核和年度综合考评。绩效考评结果向各区反馈，并适时向社会通报。社区居家养老服务站运营补贴（市补部分）由市居家养老服务指导中心根据日常服务测评结果等提出绩效考核补助具体数额，报市老龄办、财政局确认后下拨。

4月初 市委老干部局将老干部智库2013年调研成果汇编成册，专题向市委报告。2013年，智库3个调研组共撰写13篇调研报告，提出70多条意见建议。其中，《南通推进经济与环保统筹发展研究》被评为2013年度南通市社科重点热点问题研究成果三等奖。中旬，市委书记丁大卫作出批示："《汇编》围绕产业结构调整、城镇化建设、文化建设、社会治理创新、生态文明建设等诸多当前我市经济社会发展重点课题，提出了很好的意见建议，为南通新一轮改革发展提供了重要参考。老同志们群策群力、献智出力，心系南通发展的情怀、无私奉献的精神，值得学习；老同志们充满智慧的真知灼见，要充分吸纳、很好运用。"同时要求将调研报告分送有关部门参阅、研处。市有关部门积极吸纳、运用老干部智库调研成果。市委农办将关于小城镇建设的调研报告发到有关乡镇，并共同协商有关问题的解决。市建设局和城管局积极沟通，认真研处老干部所提生活垃圾处置中的有关对策建议。市老龄办把老年教育机构建设纳入老年事业发展规划和实际工作中。

4月26日 全国老龄办副主任阎青春赴海门市，调研“老年友好型城市”创建情况。阎青春对海门市推进养老事业健康稳步发展给予充分肯定，并希望海门在全国范围内率先建成“老年友好型城市”，为其他地方的创建积累成功经验。

4月29日 省民政厅副厅长钮学兴及省人大内司委和省发改委、省民政厅、省人社厅、省卫生厅、省国土厅、省住建厅等部门业务负责人，到南通市调研社会养老服务体系建设工作。市民政局局长、市老龄办主任金元，副局长陈坚，市老龄办副主任吴明华陪同调研。调研组一行视察崇川区和平桥街道居家养老服务中心和常青·乐龄护理院，并召开相关座谈会。钮学兴一行肯定南通市养老服务体系建设所取得的工作成效，并对下一步工作提出指导性意见。

4月 经连续多日加班加点，市政务中心社保中心窗口全面完成2014年市区企业退休人员基本养老金的调整工作。本次调整共涉及市区退休人员212635人，人均调整增加基本养老金214.2元。调整后，市区企业退休人员月平均基本养老金为1877.9元，剔除失地农民因素，人均月基本养老金达2184.7元。调整后的基本养老金和一至三月份的调整补发差额于4月15日左右发放到位。

5月13日 市政协主席王德忠率领市政协驻会副主席、党组成员等，视察社会养老服务体系建设工作。市民政局局长、老龄办主任金元，市老龄办副主任吴明华陪同视察。视察组先后视察崇川区常青·乐龄养老护理院、任港街道居家养老服务中心、沣和老年公寓和南通市老年人活动中心，并召开相关座谈会。

5月15日 淮安市人大常委会党组副书记、副主任刘希平率淮安市人大常委会部分组成人员，各县（市）、区人大常委会有关负责人专程到南通，考察学习南通市人大推进养老服务体系建设的经验做法。市人大常委会党组副书记、副主任王向红，党组成员张小平陪同考察。

5月21日 市老龄协会会长顾嘉禾一行到崇川区文峰街道光明村社区走访慰问百岁老人。崇川区老龄协会会长沈建洪陪同慰问。

同日 市老龄协会副会长、秘书长王久捷和市老龄办工作人员到海安县调研创建长寿之乡工作，走访慰问百岁老人。

5月27日下午 副市长赵闻斌会见国际自然医学会会长、世界长寿乡调查团团长森下敬一博士一行。

5月28日上午 “世界长寿之都——中国南通”授牌仪式暨新闻发布会在南通新区会议中心举行。国际自然医学会会长、世界长寿乡科学认证委员会主席森下敬一博士宣布南通成为“世界长寿之都”，并向南通市委副书记、市长张国华授牌。全国老龄办副主任阎青春对南通获“世界长寿之都”称号表示祝贺。副市长赵闻斌主持活动。江苏省老龄办主任张建平，市政府秘书长顾诺之，50余家中央、省市和境外媒体出席活动。《寿都南通解析——“美丽南通·世界长寿之都”发展论坛》一书在“世界长寿之都——中国南通”授牌仪式暨新闻发布会上首发。全书汇集了67篇论文，共35万余字。市委副书记陈斌，副市长、市老龄办主任赵闻斌作序。主编顾嘉禾、金元，副主编王昀、吴明华、王久捷、何惠斌。

同日下午 “美丽南通·世界长寿之都”发展论坛在新区会议中心举行，国际自然医学会会长、世界长寿乡调查团团长森下敬一博士等专家学者就南通长寿现象做专题演讲。副市长赵闻斌出席活动并致辞。论坛邀请各界专家学者、为老服务工作者，共同探索提高老年人生活质量和延年益寿的新途径。市老龄协会会长顾嘉禾，副会长王昀、王久捷参加论坛活动。

6月7日 市委书记丁大卫结合到联系点市民政局调研指导党的群众路线教育实践活动，走访崇川区常青·乐龄护理院、文峰街道城南二村居家养老服务站、紫琅医院爱心养老护理院和市社会福利中心（三期）项目等市区养老机构，深入了解养老服务体系建设情况。

6月10日—11日 “全国老年报第23届年会·世界长寿乡如皋推介”活动在如皋市举行。全国各地25家老年报的近50名总编、记者，联合采访如皋市部分百岁老人，参观了如皋市城市规划展示馆、顾庄生态园、中国长寿城、博爱康复护理院。中国报协老年报分会会长、中国老年报社长兼总编李耀东，省民政厅党组成员、省老龄办主任张建平，如皋市领导姜永华、陈晓东、司祝建、杜永红等参加活动。

6月20日 副市长赵闻斌率队考察学习上海市杨浦区和江苏省太仓市等地社区养老服务工作。市政府副秘书长薛谦，部分县（市）、区政府分管领导及市民政局（老龄办）相关领导参加考察学习活动。

6月24日 《启东市社会养老设施布局专项规划（2012—2030）》正式出台，这是全省县级市首份社会养老设施布局专项规划。

6月27日 各县（市）、区老龄协会会长会议在市区启秀戴斯酒店举行。市老龄协会副会长王久捷通报“美丽南通·世界长寿之都”发展论坛优秀论文评选情况及相关事项，市老龄协会会长顾嘉禾出席会议并讲话。

6月底 南通市率先在全国出台银行业扶持养老服务业发展的指导意见。指导意见明确，至2020年，全市银行业金融机构养老服务业授信规模不低于30亿元，对符合条件的民营养老机构（公建民营的经营主体）实行贷款贴息补助政策。

第一章 环 境

环境是万物赖以生存的基础，是人类赖以生活的必备的资源和条件。人口老龄化的形成与发展，同样离不开这一基础环境。南通人口老龄化出现早、发展快，长寿现象规模化、区域化，是环境优良与社会进步诸因素共同作用的结果，同地理位置、生态环境、社会氛围和经济发展，尤其有着密不可分的正相关系。生存环境的改善，经济、社会的发展，推进了人口老龄化；而人口老龄化的发展，又倒逼着经济社会、环境诸因素积极应对各种挑战。

第一节 生态环境

生态环境是影响人类生存、发展的水资源、土地资源、生物资源以及气候资源数量与质量的总称，是关系到社会和经济持续发展的复合生态系统。良好的生态环境是提高人们生命质量、生活质量，促进健康老龄化的基本条件。

南通是中国首批对外开放的14个沿海港口城市之一。地处江苏省东南部，南倚长江口，东北面临南黄海，三面环水，形同半岛。北接盐城市，西连泰州市，南与苏州市、上海市毗连，素为江海门户，有“扬子第一窗口”和“北上海”之称。

全市河、江、海贯通，地势低平，为冲积平原，属中纬度地带，北亚热带季风气候区，气候温和，四季分明，雨量充沛，土地肥沃，光、热、水资源充裕，物产丰富，系鱼米之乡，自古被誉为“崇川福地”。

优良的生态环境，加上大力加强环境保护，2006年至2012年，南通先后获得“国家环境保护模范城市”“国家卫生城市”“国家园林城市”“国家历史文化名城”“全国文明城市”“中国最美丽城市”等称号。2012年12月，南通市入选“全国十佳最适宜人居城市”。

2012年末，全市陆地面积8001平方公里（其中市区面积1521平方公里），耕地面积700万亩；户籍人口765.2万人（其中市区211.88万人）。市区设崇川区、港闸区、通州区和富民港办事处（即南通经济技术开发区范围），市辖海安县、如皋市、如东县，海门市、启东市。

一、地质、地貌

南通市的地层属扬子地层区。大面积为第四系覆盖，仅狼山地区有泥盆系地层出露。

南通市的地壳平均厚度约 23 ~ 29 公里[①]，重力均衡较好，比较稳定。市境陆域历史上没有发生过震级超过 5 级和烈度大于Ⅶ度的地震。

南通市地势平坦，高程 2 ~ 6.5 米，由西向东微倾。海安、曲塘以北为里下河平原的一部分，串场河以东、如泰运河以北为滨海平原的一部分，其余地区属长江三角洲平原。

南通市的地貌除狼山低丘区外，地势均比较低平，地貌的差异不太明显，按成陆时间、地理位置和地貌显示等粗分 8 个小区。

1. *狼山浅丘区*　南通市区南端长江岸边，由西而东有黄泥山（高 29.3 米，1956 年黄海高程系统，下同）、马鞍山（高 49.4 米）、狼山（高 104.8 米）、剑山（高 80.5 米）、军山（高 108.5 米），合称狼五山，呈北西西向排列，延长方向 3.5 ~ 4 公里，宽近 1 公里，山体基岩占地 0.73 平方公里。周围地势低平，高程 2 ~ 4 米，除江堤外微向长江倾斜。

2. *海安里下河低洼泻湖平原区*　海安县通扬运河以北，串场河或通榆运河以西地区，属里下河低洼平原区，东西 20 ~ 25 公里，南北 15 ~ 20 公里，地面高程 1.6 ~ 5.1 米，由东南微向西北倾斜，东南部一般 3 ~ 4 米高程，西北部 1.6 ~ 3.5 米左右，曾为古泻湖，有泥炭层分布。以微斜水网区和低洼圩田为其地貌特征，多岗、墩、甸、圩、洼、荡、洋等微地貌。

3. *北岸古沙嘴区*　位于南通市西北部，范围较大，北起海安古贲，东循范公堤经李堡、丰利到掘港，南缘在石庄、白蒲、石港以北一线，至掘港附近与北缘相交。包括海安、如皋和如东三县（市）的大部分地区，呈东西向西宽东窄的楔状展布，西部宽达 35 公里以上，东段周边为滨海平原。

古沙嘴是由西向东逐渐发展而成的，西部属海相沉积的扬泰古沙嘴东缘部分，有 5000 年左右的历史，为高沙海积微凸平原，其周边为高沙海积平原斜坡区。东段是海相河相沉积形成的如东古沙洲高亢平原，形成稍晚。如皋西部有高程 4 ~ 6 米的高沙土岗地，其间散落一些东北至西南向排列的沙脊，沙脊间有一些洼地。岗地两侧呈斜坡，北面为里下河洼地，南边为南通古河汉水网区。

4. *通吕水脊海河相沉积平原区*　该区西从天生港、唐闸附近，东到启东吕四，界限不明显，大致为沿通吕运河两侧的狭长地带，东西长 75 公里，南北宽 5 ~ 25 公里，西宽东窄，平均高程 4 ~ 5 米，向三余方向微倾斜。

（5）*南通古河汉水网平原区*　位于北岸古沙嘴和通吕水脊之间，西起如皋石庄附近，经白蒲、石港，与三余海积平原相接，大致沿如皋与通州两市（区）分界线两侧，南北最宽处 35 ~ 40 公里。地势低洼，水网稠密，多荡地。车马湖、祥符湖等湖泊属该区。

① 《江苏省南通市土壤志》，南通市农业局、江苏省土壤普查办公室编，1986 年 12 月，第 4 页。《南通市志》（2000 年版）第 143 页为 33 公里。

土壤细而粘，称为白蒲粉沙壤，适宜烧制砖瓦。

6. 南部新三角洲平原和洲地　本区包括如皋县南部的张黄港、石庄、营防以南至平潮、唐闸以南和军山以东、通启运河、海界河以南的启海平原及又来沙、长青沙、江心沙、南通农场、兴壁沙、永隆沙等洲地和围圩地。地势低平，高程 2 ～ 3 米。

7. 三余海积低平原区　该区位于通州、如东和海门 3 县（市）、区的交界处，以三余、十总和华丰为中心，呈马蹄形。海相沉积，地势周高中低，平均高程 3.5 米。水系呈半环状与扇形放射状交织的网络。

8. 沿海条田化海积平原及海滩区　该区主要是指原范公堤以外的地域，多为垦殖农田、新围滩地及滩涂。新海堤内地势平坦，新围滩地外的地区呈现条田化地貌，高程在平均高潮位左右。新海堤外海滩除有些潮沟外，大多为平坦光滩。

二、气候

南通市属北亚热带湿润季风气候区，海洋性气候明显。气候温和，日照充分，四季分明，无霜期较长，植被及生态类型丰富。

四季　按照 5 天滑动平均气温稳定上升到 22℃或以上时为夏季，稳定下降到 10℃或以下时为冬季，介于 10 ～ 22℃为春季或秋季的分法，南通市四季长短不等，冬季 138 天，春季 75 天，夏季 89 天，秋季 63 天。但一般仍按习惯把 3 月至 5 月作为春季，6 月至 8 月作为夏季，9 月至 11 月作为秋季，12 月至 2 月作为冬季。

气温　南通市气温温和，且年际振幅不大，月际波动也小，有利于机体生理机能的提高，宜人健康，延年益寿。

1951 年至 2012 年，南通市年均气温在 14.3 ～ 16.8℃。1951 年后，年均气温呈波动上升趋势，1951 年至 1955 年，年均气温为 14.8℃；1996 年至 2000 年，年均气温为 16.1℃，上升 1.3℃。20 世纪 70 年代以后，年均气温上升趋势明显。1994 年，出现年均最高气温，为 16.2℃。2007 年，年平均气温达到 17.5℃，年极端最高气温出现于 2007 年，达到 38.7℃。

年温的振幅，即气温年较差可以反映南通的气候属性。1951 年至 2000 年，南通市气温年较差在 21.1 ～ 28.5℃，平均为 24.8℃。

南通市春季平均气温 13.4℃，3 月 7.7℃，5 月 18.8℃；夏季最热的 7 月平均气温 27.3℃；秋季平均气温 17.1℃，9 月 22.7℃，11 月 11.4℃；冬季平均气温 3.9℃，最冷的 1 月 2.5℃。

南通市气温全年稳定在 0℃以上的时段为 330 ～ 345 天，总积温 5300 ～ 5500℃，南部多于北部；气温稳定在 10℃以上的时段有 226 ～ 233 天，其间积温 4778 ～ 5023℃；气温稳定在 15℃以上的时段有 179 ～ 188 天，其间积温 4134 ～ 4383℃；气温在 20℃以上约有 124 ～ 132 天，积温约为 3121 ～ 3333℃。在沿江和沿海地区因受水体的影响，温度变化比较迟缓，年际间热量存在变化，积温可相差 500 ～ 700℃。

南通市无霜期，一般在 212 ～ 235 天，北部和距海稍远地区无霜期稍短，南部及沿海地区较长。实际每年霜日仅 50 ～ 60 天。日平均气温下降到 0℃或 0℃以下，出现严重霜冻，土壤冻结的严寒期很短，年平均 20 ～ 25 天。

气压　南通市地处中国中纬度东部沿海，季风影响显著。冬季，在以极地为中心的纬向西风环流控制下，盛行冬季风。夏季，受西太平洋副热带高压和印度低压控制，盛行夏季风。春秋两季，是冬季风和夏季风相互过渡时期。

12 月初到 3 月初，大陆受蒙古高压控制，冬季风强盛且稳定少变。地面气压场上蒙古高压稳定在 100oE、50oN 附近，阿留申低压稳定在 170oE、50oN 附近。在 500 毫巴上空，东亚大槽稳定在沿海一带，南通市位于槽后，天气干燥寒冷。

3 月初到 4 月上旬，冬季风明显减小。4 月中旬，东北低压和鄂霍茨克海高压出现。地面气压场上为蒙古高压、阿留申低压、印度低压和太平洋副热带高压 4 个活动中心对峙，造成春季环流形势中南北气流进退交替相互逞强局面，致使天气复杂多变，乍暖还寒。当北方冷空气势力较为强盛，高空有低槽活动时，就会有移动性冷高压南下，出现春季寒潮天气。当南方暖湿气流比较活跃，向北挺进与冷空气交绥形成气旋时，出现阴雨天气。

6 月中旬到 7 月上旬，地面气压场上印度低压和西太平洋副热带高压成为中国大部分地区的控制系统。由于鄂霍茨克海高压的维持，高空沿海高压脊取代沿海大槽。当西太平洋副热带高压脊稳定在 20oN 附近，北缘的西南暖湿气流与来自大陆的西北冷气流在长江一带交绥，进入梅雨期。7 月中旬到 9 月上旬，印度低压和西太平洋副热带高压进一步加强，西太平洋副热带高压明显北移，南通市受其控制，盛行东南风，天气稳定，出现连续性晴热天气。9 月初到 10 月上旬，地面气压场形成类似于春季的 4 个活动中心对立状态。

日照　南通市 1982 年至 2012 年，年均日照时数 1477.9 ～ 2258.1 小时，年日照率 43% ～ 51%，太阳辐射量年均 460 ～ 490 千焦 / 平方厘米。太阳总辐射能量时空分布与日照时数基本同步，即日照时数多的季节、地区，太阳辐射总量也多；反之，太阳辐射总能量也少。

1982 — 2012 年南通市日照时数和日照百分率统计表

表 1-1-1

年份	年日照时数（小时）	年日照百分率（%）
1982	1923.9	44
1983	2009.3	45
1984	1968.0	44
1985	1898.9	43
1986	2081.9	47
1987	1954.1	44
1988	2128.2	48
1989	1894.0	43
1990	2011.5	46
1991	1905.7	43
1992	2058.7	46
1993	1477.9	34
1994	1787.8	40
1995	2043.0	46
1996	1980.5	45
1997	1910.4	43
1998	1988.2	45
1999	1818.7	41
2000	2075.7	47
2001	2099.7	47
2002	2000.3	45
2003	1909.6	43
2004	2258.1	51
2005	2192.6	50
2006	1898.0	43
2007	1934.2	44
2008	1904.5	43
2009	1766.4	40
2010	1874.4	42
2011	1784.7	40
2012	1787.3	40

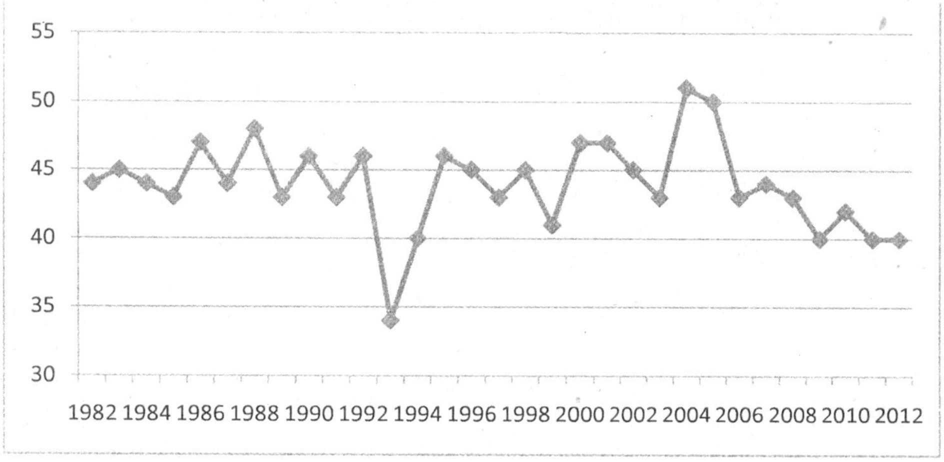

图 1–1–1 1982 — 2012 年南通市日照百分率变化

月度比较，日照时存在着较大差异。南通市区，8 月份日照最多，日照时数 258.5 小时，日照百分率 63%；2 月份最少，日照时数 140.3 小时，日照百分率 45%。

南通市日照时数和日照百分率，都是夏季大于冬季，秋季大于春季。这是因为北半球夏季昼长夜短，冬季昼短夜长。同时，夏季前期除受梅雨影响外，其余时间受到副热带高压控制，多晴天。夏季太阳高度角最大可以达到 81° 45′ 。白昼时间最长可达 14 时零 9 分，平均每天日照 7 ~ 8 小时，占全年日照时数的 31% 左右，太阳辐射量占全年的 34% 左右。春季时，常受冷暖气流交锋作用，形成阴晴冷暖多变天气；秋季，受势力较强的冷气流形成的高压控制，往往形成秋高气爽的天气。

南通市日照时数和日照百分率季节分布情况表

表 1–1–2

项目	春季	夏季	秋季	冬季	全年
日照时数（小时）	503.6	548.5	493.1	416.5	1961.7
日照百分率（%）	42	44	48	44	45

南通市南北跨纬度 1° 02′ ，最大跨距 114.2 公里；东西跨经度 1° 42 ′ ，最大跨距 158.8 公里，南北和东西跨度均不大。由于全境地势低平，地表起伏甚微，以坦荡的平原为主，地貌类型相对单一，太阳辐射在区域空间内差异相对较小。根据气象观测资料，南通市区和各县（市）多年平均日照时数从 1988.2 ~ 2071.8 小时不等，年辐射量从 460.9 ~ 488 千焦 / 平方厘米不等，见表 1–1–3。

南通市年日照时数和辐射量区域分布情况表

表 1-1-3

项　目		南通市区	海安县	如皋市	如东县	通州市	海门市	启东市
年日照时数（小时）	平均	1961.7	2071.8	1932.7	1920.3	1916.3	1988.2	2014.4
	最多	2461.8	2520.6	2356.9	2421.6	2411.2	2529.3	2401.7
	最少	1477.9	1875.5	1757.7	1579.6	1934.4	1879.4	1861.2
年辐射量（千焦 / 平方厘米）		488.0	473.4	460.9	469.6	474.2	479.3	469.6

空气　1983 年至 2012 年，南通市区与所辖县（市）城区空气环境质量一直保持在国家二级标准以内，农村空气环境质量优于城市，保持在一级标准或优于二级标准以内。1983 — 1985 年，南通市区对大气中的二氧化硫、氮氧化物、总悬浮颗粒物和降尘进行监测，各功能区中，商业交通区的二氧化硫、氮氧化物、总悬浮颗粒物的浓度最高，工业区的自然降尘浓度最高，但均符合大气质量二级标准要求。市区空气质量，除 1984 年达到“清洁”级水平外，其余年份均为“轻污染”级。

1989 年，市区大气监测增加硫酸盐化速率项目。“七五”（1986 — 1990 年）期间，市区总体空气质量变化不大，空气质量为“轻污染”级。总悬浮颗粒物是市区大气中的主要污染物，其污染负荷系数在 0.7 以上，主要是工业区和交通商业区自然降尘污染水平较重所致。其他两项指标，氮氧化物年均浓度呈明显增高趋势，二氧化硫呈逐年小幅上扬态势，与“六五”（1981 — 1985 年）期间相比，总体污染水平略有加重。1990 年市区空气质量指数较 1985 年增高 17.9%。

“八五”（1991 — 1995 年）期间，市区空气质量略有改善，总悬浮颗粒物仍是大气中的主要污染物，其污染负荷系数一直保持在 0.7 以上。一氧化碳呈上升趋势，氮氧化物略有上升，另三项指标有不同程度下降。1995 年，市区空气质量指数较 1990 年下降 21.5%。

“九五”（1996 — 2000 年）期间，市区总体空气质量明显恶化，因机动车流量大幅度上升，造成氮氧化物逐年有所上升。从“八五”时期开始实施的老城区改造、道路拓宽等工程，到“九五”期末基本结束，扬尘污染大幅度减少，空气中颗粒物污染明显减轻，污染负荷系数由 1995 年的 0.74 降到 2000 年的 0.56，但空气中气溶性物质污染加重，二氧化硫、氮氧化物污染负荷系数分别由 1995 年的 0.12、0.13 增加到 2000 年的 0.23、0.2。2000 年，空气质量指数较 1995 年上升 50%。

2001 年，按照全国城市空气质量日报技术规定，大气自动监测项目调整为二氧化硫、二氧化氮、可吸入颗粒物。“十五”（2001 — 2005 年）期间，市区空气质量状况优良级占比在77.3%～88.5%之间。“十五”后3年，空气达到优良的天数一直保持在85%的水平，较“十五”前两年有所增加。空气中主要污染物二氧化硫、二氧化氮浓度逐年攀升，降尘大幅下降，其他指标无明显变化。主要原因，一是市区火力发电厂和热电厂新机组上马，而脱硫装置未上，市区耗煤量逐年攀升，二氧化硫排放量也逐年增加。二是市区机动车拥有量持续增加，2005年市区汽车保有量为13.7万辆，比5年前翻了近一倍，汽车尾气逐渐成为城市空气的主要污染源之一。与“九五”期间相比，空气质量略有改善。2005年，空气质量指数比2000年下降7.5%。

南通市能源结构以煤炭为主，大气污染主要为煤烟型污染，主要污染因子为二氧化硫、二氧化氮、可吸入颗粒物和降尘。2010年，市区环境空气中主要污染物年日均数为：二氧化硫0.033毫克/立方米，二氧化氮0.029毫克/立方米，可吸入颗粒物0.098毫克/立方米，均符合国家《环境空气质量标准》（GB3095－1996）二级标准；降尘6.5吨/平方公里·月，符合参照标准。各县（市）、通州区政府所在地城镇环境空气质量均符合二级标准，除如东掘港镇降尘年月均值超过参照标准0.04倍外，其余各地降尘均符合参照标准。2010年，南通市环境空气质量达到优的有71天，达到良的有259天，轻微污染28天，轻度污染4天，中度污染1天，重度污染2天，全年达到优良的天数占90.41%。各县（市）、通州区城镇环境空气质量达到优良的天数占全年天数的比例分别为：海安镇95.07%、如城镇94.2%、掘港镇93.7%、金沙镇89.29%、海门镇93.42%、汇龙镇92.33%。

三、水源

水系　南通市境内有长江、淮河两大水系。淮河水系包括里下河腹部水系和滨海垦区水系，流域面积2524.1平方公里。长江水系包括通扬水系、通启水系，流域面积5974.5平方公里。

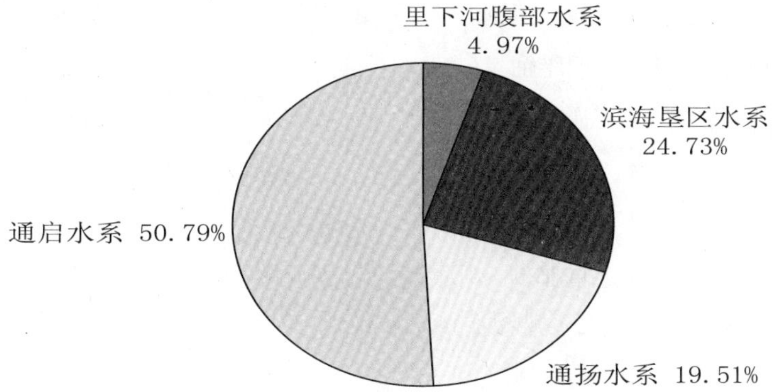

图1-1-2 南通水系构成图

南通市水系、河流名称及集水面积一览表

表 1-1-4

水系		河流	总面积（平方公里）	长度（公里）	集水面积（平方公里）
淮河水系	里下河腹部水系	新通扬运河 通榆运河	422.4	28.89	63.9
	滨海垦区水系（斗南水系）	栟茶运河东段	2101.7	47	446
		北凌河		47.44	523
		南凌河		44.5	264
		如泰运河东段		66	303
		掘苴河		16.5	186
长江水系	通扬水系	高沙土片	1403.9		
		焦　港		57.09	526
		如海运河		57.93	824
		如 皋 港		35.04	53.88
		沿江圩区　诸小河	254.6		254.6
		合计	1658.5		
长江水系	通启水系	九圩港平原区	1021		
		通扬运河东段		84.1	240
		九圩港		46.6	697
		江海河		46.3	210
		九洋河		35.1	353
		江海平原区	3295		
		海门河		45.7	142
		通启河		93.4	530
		通吕运河		78.9	699
		团结河		65.2	167
		遥望港		36	267
		新江海河		26.9	247
		圩角港		18	91
		青龙港		18.9	62
		三余竖河		21.4	87
		三和港		27	153
		头兴港		29.1	153
		五激河		14.5	167
		合计	4316		

地表水 南通市属北亚热带季风气候，降水充沛，地表水来自大气降水，年平均降水量1000 ~ 1100毫米。年平均降水日数约120天（市区为122天），年降水量90.45亿立方米，其中长江流域为64.44亿立方米，淮河流域为26.01亿立方米。平均径流系数为0.225，年平均径流量20.29亿立方米。其中长江流域为14.42亿立方米，淮河流域为5.87亿立方米，丰水年最高为29.1亿立方米，其中长江流域为20.69亿立方米，淮河流域为8.41亿立方米。受梅雨和台风影响，降雨量年内分配不均匀，主要集中在汛期。另外，降水年际差异也较大，最大年降雨量为1626.8毫米（1991年），最小年降雨量为568.5毫米（1978年），最大值为最小值的2.86倍。

南通地区降水存在明显的季节变化。春秋两季，降水230 ~ 250毫米，占全年年降水量的25%左右；主要受东亚季风影响，夏季降水多而集中，约为400 ~ 470毫米左右，占全年降水量的40%左右；冬季降水较少，仅100 ~ 120毫米，约占全年降水量的10%左右。全年各月降水量占全年的百分比分别为：3.14、4.66、5.91、7.84、9.32、14.92、16.57、12.37、12.36、5.23、4.73、2.98。其中汛期降水量占全年的56%左右。夏季降水量最多的年份达600 ~ 900毫米，最少的年份不足200毫米。南通市年平均降水量高于全省年平均降水量（996毫米）和全国年平均降水量（628毫米）的水平。地表水年人均占有261.5立方米，为全省人均占有419立方米的62.4%，亩均占有量287立方米，为全省357立方米的80.4%。年平均引江水人均占有648立方米，亩均占有712立方米，均高于全省水平。

1983年至2012年，南通市各月平均降水量为：1月50.94毫米，2月49.76毫米，3月81.81毫米，4月70.91毫米，5月83.83毫米，6月191.76毫米，7月192.47毫米，8月157.92毫米，9月98.54毫米，10月49.18毫米，11月52.66毫米，12月34.16毫米。

降水有5个相对集中的时段，即4月上旬到5月上旬的“桃花水”；6月下旬到7月中旬的“梅雨”；8月下旬到9月上旬的“台风水”；9月上旬、中旬的“白露水”；1月中旬到2月中旬的“冬雪水”。

地下水 南通市地下水主要赋存在第四系松散沉积物中，有潜水和第Ⅰ、Ⅱ、Ⅲ承压水4个含水层组。部分地段有上第三系含水层，称第Ⅳ承压含水层。此外，尚有基岩裂隙水、岩溶水。

潜水赋存在50米以上浅地层中，含水层厚度10 ~ 30米，水位埋深1 ~ 3米，单井涌水量100 ~ 300立方米/日。水质在海安县丁所至南通市区—线以西为淡水—微咸水，以东为半咸水—咸水。第1承压含水层顶板埋深30 ~ 70米。厚度在30 ~ 130米之间变化，水位埋深1 ~ 3米，单井涌水量一般在2000立方米/日以上。大部分地区为咸水，矿化度5 ~ 20克/升，水质类型为氯钠型，曲塘、搬经、白蒲、南通市区西南片多为淡水—微咸水，水质类型为重碳酸钠钙型。

第Ⅱ承压含水层顶板埋深一般 140 ~ 160 米，含水层厚 5 ~ 80 米（有缺失区），单井涌水量 100 ~ 3000 立方米 / 日。海安县西北部和如皋市西南沿江地带为矿化度小于 1 克 / 升的淡水，其余大都为半咸水、咸水。

第Ⅲ承压含水层顶板埋深 180 ~ 270 米，含水层厚度 15 ~ 80 米，单井涌水量 1000 ~ 3000 立方米 / 日。水质良好，大部分为矿化度小于 1 克 / 升的淡水。水型主要为重碳酸钙钠型，部分地区矿化度 1 ~ 3 克 / 升。静水位埋深 5 ~ 40 米。

第Ⅳ承压含水层主要分布在中北部和西部的部分地段。顶板埋深一般 270 ~ 340 米，单层厚 10 ~ 30 米，累计厚度 40 ~ 50 米。单井涌水量 1000 ~ 2000 立方米 / 日。水质良好，矿化度 0.8 克 / 升左右，水型为重碳酸钙钠型。

狼山地段泥盆纪石英砂岩中含基岩裂隙水，单井涌水量 500 ~ 1000 立方米 / 日，矿化度 1 克每升左右，水温 21 摄氏度。海门王浩地区埋深 300 米以下的花岗岩中的裂隙水，单井涌水量 40 立方米 / 日左右，矿化度 0.28 ~ 2.75 克 / 升；大理岩中的岩溶水，单井涌水量 160 ~ 260 立方米 / 日，矿化度 2.7 ~ 3.4 克 / 升。

长江水源　南通市下辖五县（市）三区中有三县（市）三区濒江〔启东市、海门市、如皋市、通州区、港闸区、崇川区（含经济技术开发区）〕。长江水来自高山的雪水融化，几经冲刷汇合而成，矿物质含量高，人体所需微量元素丰富。长江年平均水量为 9730 亿立方米，折合年平均流量为 3.09 万立方米 / 秒。南通市平均年引水量 34 亿立方米。各月引水量占全年的百分比分别为：2.57、2.57、4.26、7.86、10.62、11.98、11.66、14.91、12.10、11.55、6.55、3.37。

千百年来，南通人靠长江水浇灌土地、种植庄稼，靠饮用长江水生活，繁衍后代。新中国成立前，南通没有集中供水设施，城市、农村居民主要饮用河水与井水。沿江地区及与长江相通的河岸地区，群众直接取长江水以明矾净化处理后作饮用水；其余地区也有人们打井饮用浅层地下水，一般井深 8 ~ 12 米，其水源间接来于长江水。

1956 年 7 月 31 日，南通市区首先在唐闸镇建自来水厂，取地下水为水源。1965 年起，唐闸水厂进行改造，将深井水源改为地面水源取用通扬运河水，日供水能力 1.5 万立方米。

1963 年后，南通市以长江水为水源建设自来水厂。当年南通港水厂建成供水。1981 年，芦泾水厂建成投产，日供水能力 3 万立方米，1986 年二期工程竣工，日供水能力达 5 万立方米。1990 年 10 月，狼山水厂一期工程竣工，日供水能力 15 万立方米，1986 年二期工程竣工，日供水能力达 30 万立方米。1999 年 12 月，洪港水厂一期工程竣工，日供水能力 20 万立方米；2003 年 12 月，二期工程竣工，日供水能力达 20 万立方米。2013 年 7 月、8 月崇海水厂一、二期工程先后竣工，日供水能力达 40 万立方米。

1956 年唐闸自来水厂建成供水时，南通市区第一批自来水居民用户仅 20 户。南通港水厂建成后，随着管网延伸，及为方便后街小巷的居民用水，设立公用水站，新增用户迅速。1980 年，饮用自来水的居民达到 1.02 万户；1987 年年底，自来水用户达 1.93 万户，普及率为 99%；20 世纪 80 年代末，市区自来水普及率达 100%。

自 20 世纪 60 年代始，南通地区所属各县陆续在县城建自来水厂，城镇居民逐渐改变直接取用河水及井水为饮用水习惯。80 年代后，随着工业生产的快速发展和农村中农田农药、化肥施用量增加，河道污染日益严重。1985 年，在通扬运河南通段、通吕运河、通启运河、九圩港河、如泰运河、栟茶运河、如海河、焦港河和新通扬运河 9 条河流上共设置 35 个水质监测断面，以《地面水环境质量标准》（GB3838 — 83）评价，新通扬运河、通扬运河、通吕运河污染较为严重，总体水质分别属重度污染级、中度污染级和轻度污染级。通启运河总体水质属良好级，其他 5 条河流为轻度污染级。河水与井水已不宜直接作为饮用水。南通市各级政府日益重视环境治理，在实施创建生态农业的过程中，一方面大力推进化肥、农药减量工程，另一方面将农村改水工程提上议事日程。各级政府在大力治理污染的同时，加强供水工程建设，各县（市）县级水厂纷纷扩建增强供水能力，多数乡（镇）自办或联办小型水厂，提高自来水普及率，新建水厂选择水源多为Ⅲ级地面水，且具有明显潮汐功能的河流取水口，其水源来自长江。

为了让全市城乡居民都能喝上安全优质的长江水，1998 年初，南通市政府决定全面推进引江区域供水。从 2004 年开始每年都把区域供水列入为民办实事项目。2009 年，《关于加快实现全市城市居民普遍引用长江水的议案》列为市十三届人大一次会议一号议案，交市政府办理。市政府加强部署，至 2012 年年末，建成通如线（南通 — 如东掘港）、通汇线（南通 — 启东汇龙）、如海线（常青河水厂 — 如皋、海安镇）、通吕线（南通 — 吕四）4 条供水管道线，合计 260 多公里，投资 12.8 亿元，日供水能力 85 万立方米，基本覆盖全市所有乡镇。

四、土壤

土壤作为环境的基本因子，不断与生物、大气和水之间进行物质和能量交换，环境中的地球化学元素通过土壤作用于植物，决定作物产量和品质，通过环境和食物链影响人类的健康和长寿。

土壤的地域分布是一个土壤气候带内，由于地形地貌、成土母质、水文条件的不同，而出现不同的土壤类型。在一个市范围内，土壤地带性和相性分布的影响并不明显，主要受地域性、微地域性和人为活动的影响。

从南通市土壤分布来看，东部滨海主要分布着盐土，成土母质为河海相沉积物及近海沉积物，土体盐分含量高低与海岸线呈有规律的带状分布，土壤盐分受长期自然淋洗的作用，但由于成土围垦时间，离海远近，排水条件，耕作利用等不同，土体含盐量有明显差异，一般离海近，围垦时间短，排水条件差，人为活动小，土体含盐量高，由海岸向西，盐土类型由滨海盐土 — 潮盐土 — 过渡为盐潮土（属潮土类）。盐土、潮盐土及盐潮土亚类下的土属分布，主要受微地域地形的影响，沙性盐土（包括潮盐土、盐潮土，下同）主要分布在局部高平地，地面高程在 4 ~ 4.6 米，壤性盐土主要分布在高程在 4 米左右的平地，粘性盐土则主要分布在高程为 3 米左右的低平地。

中部为江淮冲积平原灰潮土及古河汊浅湖相沉积平原水稻土。成土母质为江淮冲积物，土层内因经过多次沉积，出现沙、粘夹层，复杂多变。水稻土分布在古河汊浅湖洼地，自然土壤为草甸土或脱潜沼泽土，后因受长江新冲积物覆盖，土体内常埋藏有自然土壤的富舍腐殖质的土层（埋藏黑土层），经人工开垦种植水稻，逐渐演变为今天的渗育型水稻土。

西部是长江北岸古沙嘴的沙洲堆积平原，母质为江淮冲积物及江淮冲积浅湖相到沉积物，土壤发育成灰潮土亚类的泡沙土、高沙土土属等，如皋小溪河以北及海安南部局部地区原是沙洲间的碟形洼地，曾生长过水生植物，以后又经长江冲积物覆盖形成埋藏黑土层，发育成灰潮土的腰黑高沙土、腰黑夹沙土等。

北部海安里下河地区的土壤母质属古泻湖和江河沉积物，成土年龄在 5000 年以上，以沼泽洼地为主，地面高程在 1.6 ~ 3.5 米，地下水埋深在 0.5 ~ 1.5 米间，表土质地较粘，以中壤至重壤为主，部分为轻粘，心、底土有匀质或砂粘相间，根据微地形高低，可分为渗育型、潴育型、脱潜型水稻土三个亚类。脱潜型水稻土主要分布在北部低洼地区，新中国成立初期为潜育型水稻土，由于排水条件改善，沤改旱后实行稻棉轮作，逐渐发育成脱潜型—潴育型水稻土。

另市区江边尚有狼山等五座小丘，具有残积、残积 — 坡积、坡积和冲积等多种成土母质类型。一般在山的顶部及上部多为残积母质，而在中上部多属残积 — 坡积母质，中下部又以坡积为主，坡麓情况比较复杂，为坡积冲积母质的混合物，但受冲积的影响较大，土壤类型以黄棕壤为主兼有少量棕色石灰土。

土类是在一定气候生物条件，水文条件、耕作制度下形成的，具有独特的形成过程和剖面形态特征及相应的属性。南通市有四个土类：1. 潮土，是在长江三角洲平原江淮冲积物草甸植被下形成的，前称浅色草甸土，它与地下水活动强度、微域地形、剖面质地层次排列、水文地质条件的变化的关系甚为密切。一般地下水埋深在 1.5 米左右，由于水利设施逐步完善，排水条件较好，经季节性的交替脱盐旱耕熟化发育而成；2. 盐土，是在江淮冲积、海相沉积的滨海盐渍母质上的盐生植被下形成的，土体和地下水含有一定量的可溶性盐分；3. 水稻土，在灌溉水和地下水升降的影响下，长期水耕熟化或水旱轮作条件下，在较强烈的还原、淋溶、氧化、淀积过程中发育成的土壤。4. 黄棕壤及石灰岩土（棕色石灰土），市区狼山等五座小丘上有残积、残积 — 坡积、坡积等多种成土母质类型发育的黄棕壤和石灰岩土（棕色石灰土），其土壤形成和性质，受母岩的影响较大。

南通市地势平坦，素称“江海平原”。经过长期治理，田、路、沟、塘、渠、宅有序分布，土地的人工生态条件优越。土地质量优良，一般不存在利用上难以克服的障碍因素。南通市可利用土地占 90% 以上，质地优良的耕地、园地、林地面积占总面积的 65%左右。这是农业综合发展的重要物质基础。

南通市土壤质地较好，土宜性广，深度开发能力较强。土壤有机质含量和全氮含量是衡量土壤肥力高低的重要指标。据 1987 年结束的南通市第二次土壤普查资料，全市土壤有机质含量平均为 1.34%，全氮含量平均为 0.098%。普查结束后，南通市土壤肥料站每 5 年在第二次土壤普查同位点采集土壤样品，对土壤有机质含量和全氮含量进行检测。至 2012 年年底，共进行了 5 次检测。检测情况表明，土壤肥力不仅没有衰退，而且明显提升。2012 年对 208 个土壤样品有机质含量和全氮含量检测统计，全市农田耕层土壤有机质含量平均为 1.942%，全氮含量平均为 0.125%，分别比第二次土壤普查时提高了 0.602%、0.027%。南通市土壤以中性、微碱性为主，质地大部分为沙壤、中壤土；土体结构具有砂粘相间的特点，障碍层少，土宜性广，可塑性强，宜粮、宜棉，宜油、也适应瓜、果、蔬、什多种农作物生长，土地的纵、横向生产能力较强。且各土类地域分布具有集中连片的特点，有利于因地种植，发挥不同地域优势，发展农副产品专业化生产。

陆地面积中，水域面积近 240 万亩，江、海、河、沟一脉相通，河、沟、塘、渠俱全。尤其是可以发展多种经营的河流水面、坑塘水面、沟渠面积占水域的 94.7%，种、养、捕、灌、排、航运等综合利用潜力很大，有利于多层次开发利用。

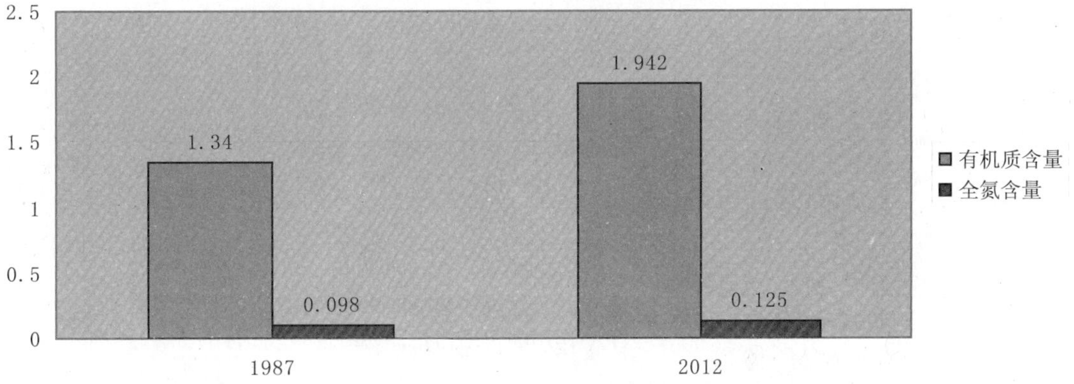

图 1-1-3 南通市土壤肥力变化图（%）

南通市主要土壤种类情况表

表 1–1–5

土类	亚类	土属工种	分布	特征	养分
潮土类	灰潮土亚类	泡沙土属	河流两岸呈带状对称分布	地形高，漏水，易遭旱，拣种性强，耕作散，石灰反应强烈	有机质 0.7%，全氮 0.045%，全磷 0.146%
潮土类	灰潮土亚类	高沙土属	主要分布于如皋市如马河和江平公路以北，通扬运河以西及海安县老通扬运河以南的老岸地区	地势较高，约 4 ～ 6 米。含沙量高，耕作层为灰黄色，粒块状结构，土性热，肥力低，石灰反应强	有机质 1.09%，全氮 0.078%，全磷 0.149%
潮土类	灰潮土亚类	夹沙土属	主要分布于中部（通州市、如东县大部、如皋市东部、通海沿江地区）	表土为轻壤和中壤，耕作层呈暗棕色，粒状结构，疏松多孔，沙粘适中，干不裂缝，雨不板结，耕不粘犁，不拣种，不择肥，宜粮宜棉	有机质 1.4%，全氮 0.107%，全磷 0.157%
潮土类	灰潮土亚类	灰泥土属	与夹沙土属为复式分布	耕作层质地中壤、重土壤至轻粘，呈黄棕至灰棕色，粒状结构，保肥性好，保水性差	有机质 1.67%，全氮 0.124%，全磷 0.167%
潮土类	灰潮土亚类	菜园土属	主要分布于市郊区	城镇近郊长期种菜发育而成，表土为轻壤或中壤，耕作层呈黄棕色，沙粘适中，小块状结构，土壤高度成熟，适宜种植蔬菜	有机质 1.54%，全氮 0.11%，全磷 0.204%
潮土类	盐潮土亚类	沙性盐潮土属	分布于南通、如东、海门、启东等县（市）东部沿海	土质偏砂，耕作层沙壤到中壤，呈浅棕灰色—浅棕色，结构性差，容重大，有返盐可能	表层 1 米土体含盐量小于 0.1%，地下水矿化度大于 1 ～ 2 克 / 升。有机质 1.08% 全氮 0.077%，全磷 0.154%
潮土类	盐潮土亚类	壤性盐潮土属	与沙性盐潮土属呈复区分布	轻壤至中壤，毛管孔隙发达，有夜潮现象，俗称夜潮土。耕作层灰棕色，碎块状结构，·疏松，一般不会返盐	有机质 1.36%，全氮 0.100%，全磷 0.159%
潮土类	盐潮土亚类	粘性盐潮土属	主要分布于启东、海门等县（市）东部，与壤性盐潮土属呈复区分布	耕作层浅黄棕色，重壤土，小块状结构，较疏松，宜耕作	土体已脱盐有机质 1.72%，全氮 0.126%，全磷 0.158%，地下水矿物度低于 1 克 / 升
盐土类	潮盐土亚类		海安、如东、南通、海门、启东等县（市）堤岸内侧的带状区域	表土呈粒状或片状结构，土粒分散，生物作用弱，结构差，易结板	1 米土体含盐量小于 0.6%，有机质含量较低
盐土类	滨海盐土亚类		主要分布于海堤内外滩涂，新围垦地和老围垦地的光板地和盐蒿地	表土熟化程度低，板结坚实。表层很薄，带有结盐皮和盐斑，石灰反应强烈	1 米土体含盐量超过 0.6%，地下水矿化度大于10克/升，有机质含量很少

续表 1-1-5

土类	亚类	土属工种	分布	特征	养分
水稻土类	渗育型水稻土亚类	河沙土属	分布于海安县里下河地区	耕作层为中壤，棕灰色，块状结构，土层疏松，有根孔锈，是种植农作物的良好土壤	有机质 1.59%，全氮 0.11%，全磷 0.128%。含钾 70 ~ 100mmP
		潮沙土属	分布于通州市的五窑、新联、刘桥、石港，如皋市的林梓、丁堰、新姚，如东县的新店、汤园等地	耕作层为轻壤至中壤，棕灰色，粒状结构，土层疏松，有根孔锈，是种植农作物的良好土壤之一	有机质 1.55%，全氮 0.113%，全磷 0.157%
		淤泥土属	主要分布于南通市的中部地区，与潮沙土属呈复式分布	耕作层为中壤至重壤，暗灰色，粒状结构，疏松多根孔，无石灰反应	有机质 1.80%，全氮 0.123%，全磷 0.132%
	潴育型水稻土亚类	红沙土属	主要分布于海安县里下河地区	耕作层为轻壤至中壤，沙粘适中，呈暗棕灰色，小块状结构，疏松，剖面有弱石灰反应	有机质 1.62%，全氮 0.11%，全磷 0.121%
		缠脚土属	主要分布于海安县里下河地区	耕作层质地较粘重，是南通市最肥沃的土壤	有机质 2.10%，全氮 0.134%，全磷 0.160%
	脱潜型水稻土亚类	勤泥土属	主要分布于海安县里下河低下洼地区	具有耕作层、犁底层和脱潜层的土体结构，表层为棕灰色，质地为重壤，碎块状结构。是南通市有机质含量最高的土壤，剖面石灰反应微弱	有机质 3.2%，全氮 0.181%，全磷 0.132%
黄棕壤和棕色石灰土类	黄棕壤亚类	自然黄棕壤（土种）	主要分布于植被保存较好，地形较缓的五山山顶或山坡上部	一般为轻壤到中壤，暗灰色或暗棕灰色，疏松，具有团粒结构，弱酸性，如军山土，颜色红褐，颗粒细，质地软，手捏成团，手松即散，含水量大，有机质高，适宜于种茶和培植花卉	军山土，含水量 25% ~ 30%，有机质 4% ~ 7%，全氮大于 0.15%，全磷 1% ~ 4%，速效磷 20 ~ 60mmp，速效钾 60 ~ 80mmp
		黄棕壤性土（土种）	与自然黄棕壤呈复式分布，地形坡度较大	土壤层次不明显，为中壤土，土层小于 50 厘米	含较多砾石
		耕种黄棕壤（土种）	分布于军山脊两侧平缓的坡地	沙壤，宜种植茶树	
	棕色石灰土亚类		与黄棕壤呈复区分布	表层土厚约 10 厘米，暗灰棕色，粒状结构，面上有胶膜状淀积物，土体紧实。全剖面呈碱性，有石灰反应	有机质 3%，全磷 0.2%，全氮 0.1% ~ 0.2%，含较多的姜结石

五、滩涂

南通市由于滨江临海，滩涂资源丰富。市境的江滩和海涂是随着市境的成陆而不断向东发展的，滩涂的垦殖也随之进行。全市近一半土地是经过围垦开发形成的。宋代范公堤的修筑，实际上也是一次大规模的滩涂围垦。范公堤内发展农业，堤外大多成为盐场，进行盐业生产。到清末，张謇倡导大面积围海、滤碱、造田，种植棉花。1949年中华人民共和国成立，至2010年的50年间，全市先后围垦沿海滩涂85.01万亩。其中，2006年至2010年围垦29.26万亩。通过围垦，一方面形成了30万亩的粮棉油生产基地和10万亩的高效海水养殖生产基地，2010年实现沿海滩涂农林牧渔总产值（现价）50亿元左右；另一方面，加速建设滨海园区，快速形成沿海开发的新载体，具备了更大规模承接产业转移的条件。与此同时，新中国成立后至1996年，南通全市围垦江滩51.39万亩。沿江的长青沙、开沙、江心沙、永隆沙、兴隆沙等都是新中国成立后围垦形成的。

据2008年江苏省近海海洋综合调查与评估（国家908专项江苏部分）资料，南通市海岸线长210.4公里，沿海滩涂面积307.25万亩[①]，其中，潮上带滩涂5.95万亩，潮间带滩涂201.3万亩，辐射沙洲100万亩。全市江岸线164.63公里，沿江沙洲浅滩毗连。

南通市沿海滩涂分为淤长型岸滩、侵蚀型岸滩两种类型[②]。其中，全市淤长型岸滩176公里，约占海岸线总长的84%，每年向外延伸淤长10 ~ 200米，每年可新增滩涂面积近万亩。丰富的沿海滩涂资源为南通市沿海开发提供了充裕的土地后备资源和巨大的发展空间。按滩面情况，南通市沿海滩涂又分为盐蒿泥滩、大米草滩、混合滩和砂 — 粉砂滩4种类型。盐蒿泥滩分布在海堤外的潮间带，滩面高程一般在3米以上。大米草滩生长大米草和互花米草，适宜于沙蚕和蟛蜞的生长和繁育。盐蒿泥滩和大米草滩大部分已被围垦。混合滩是以粗粉砂为主嵌夹淤泥薄层，分层明显。粗粉砂斜层厚10厘米，夹有1.5 ~ 2厘米厚的黄色淤泥层，粘土含量很少，滩面生物贫乏。砂 — 粉砂滩滩面宽3 ~ 6公里，多蟹穴，亦是贝类分布和生活的地区。

六、生物

生物是有生命的个体，最重要和基本的特征在于进行新陈代谢及遗传。多种多样的生物不仅维持了自然界的持续发展，而且是人类赖以生存和发展的基本条件。南通市具有江、海、河、塘和陆地及山丘等多种生态环境条件，有着多种多样的生物，不仅有丰富的野生动、植物，而且还有众多的人工培育的植物和饲养的动物，满足人们生活和从事经济活动的需要。

（一）植物

1. 野生植物

南通市有野生植物千余种，其中包括狼五山的植物111科297属437种，滨海盐生植物48种和近海浮游植物190种，按类分有蕨类15种，被子植物327种等。

①另据南通市海洋渔业局《关于南通市海洋生态环境保护工作的调研》（2014年8月）：南通市“沿海滩涂及其辐射沙洲面积约2500平方公里”，折合为375万亩。

②《南通市志》（2000年版）第149页分为淤长型岸滩、侵蚀型岸滩和稳定型岸滩三种类型，淤长型岸滩淤长速率为28米/年，稳定型岸滩淤长速率为50米/年。据此，将稳定型岸滩归入淤长型岸滩。

南通市属国家保护的植物有7种，即银杏、水杉、杜仲、野大豆、鹅掌楸、天目木兰和厚朴。尚有卷丹，为华东地区珍稀濒危植物，南通市比较稀有的植物有松叶蕨和楸树等。

有害植物豚草在南通市区的狼山和如皋地区亦有发现。

2. 栽培植物

栽培植物是指野生植物经过人工培育后，成为具有一定生产价值或经济性状，遗传性稳定，能适合人类需要的植物。南通市常见种类有：

在大片田地上露地种植，直接供给粮食、油料和衣物原料的大田作物：粮食作物，如元麦、小麦、大麦、蚕豆、水稻、玉米、高粱、山芋、赤豆、荞麦等；纤维作物，如棉花、黄麻、红麻等；油料作物，如油菜、大豆、花生等。

供人类食用或观赏的园艺植物，包括果树（桃、梨、柿、枇杷、金柑、葡萄、猕猴桃等）、蔬菜、花卉、其他落叶及常绿树木等。广义上，还包括西瓜、甜瓜、芳香植物（薄荷等）、药用植物和食用菌（蘑菇、香菇、草菇、平菇、木耳、银耳、灵芝等）。

（二）动物

1. 野生动物

自古以来有不少野生动物在南通繁衍生活。6500年前，今海安地区生存着大型的哺乳动物亚洲象。明清之际，南通市境尚有麋鹿、狼、狐、獾、獭、猴和獐等野生动物。随着近代对大自然的开发和环境条件的变化，除亚洲象早已绝迹外，麋鹿、猴、狼等兽类相继绝迹，獐、鹤等动物数量渐趋减少。据不完全统计，全市现有鸟类17目54科348种，爬行动物20多种，两栖动物10余种，吕四渔场近海鱼类130余种，哺乳动物30余种。

其中属国家一级保护的珍稀濒危野生动物有白鳍豚、中华鲟、达氏鲟、白鲟、巨蜥、丹顶鹤、白头鹤、白鹤、白鹳、大鸨和白腹军舰鸟11种。国家二级保护野生动物共有40余种，如江豚、长须鲸、鳁鲸、伪虎鲸、斑海豹、北海狮、海狗、水獭、斑嘴鹈鹕、白琵鹭、白额雁、大天鹅、小天鹅，鸳鸯、灰鹤、白枕鹤、鹏鸮和长耳鸮等。中日候鸟保护协定中所列的227种鸟类中，南通市有130余种。全国现有的9种鹤类中南通市有5种。

南通市近海海产鱼类中的优势种有大黄鱼、小黄鱼、带鱼、鲳鱼、梅童鱼、海鳗、鳓鱼、黄鲫和马鲛鱼等，多获性鱼类有25种。海产主要经济贝类有文蛤、青蛤、四角蛤、泥螺、西施舌和竹蛏等9种，总蕴藏量8万多吨。长江及内河重要淡水鱼种有中华鲟、鲥鱼、刀鲚、凤鲚、长吻鮠、河豚、鳡鱼、鳜鱼、银鱼、河鳗以及青、草、鲢、鳙、鲂、鲤、鲫、鲶等。另外，还有中华绒螯蟹、三疣梭子蟹、对虾、沙蚕、河鳗苗、河蟹苗、对虾苗以及青、草、鲢、鳙鱼苗等水产资源。

有毒动物主要有河豚与蝮蛇等。

2. 饲养动物

南通市已形成大批量、大规模、普及饲养繁育的常规动物养殖业，品种有：猪、羊（山羊、绵羊）、牛（水牛、黄牛、乳牛）、兔（肉兔、毛兔）、禽（鸡、鸭、鹅）、蚕、蜜蜂、鱼（青鱼、草鱼、鲢鱼、鳙鱼、鳊鱼、鲫鱼、罗非鱼等）等。

新兴的特种动物养殖业也在南通兴起，主要品种有：杂食类经济动物中的果子狸、蛇、牛蛙、美国青蛙等；特禽类经济动物中的乌骨鸡、七彩山鸡、火鸡、绿壳蛋鸡、鹌鹑、孔雀、绿头鸭、野鸭、野鹅、肉鸽、鸵鸟、观赏鸟等；毛皮经济动物中的貂、貉、海狸、獭兔等；水产经济动物中的鳗鱼、鳝鱼、泥鳅、珍珠蚌、鳖、绿毛龟、鳄鱼、金鱼、热带鱼、田螺、蟹、虾、贝等；昆虫等类动物中的蝎、蚁、蝇蛆、蜈蚣、蚯蚓、蚕蛹、蜗牛等。此类动物随着社会对药物、仪器和工业原料的需要量增加，其中一些种类将逐步形成规模生产，尤其是养殖技术的提高，能进一步推动生产的发展。

七、天人和谐

南通是生态之乡，2006 年、2007 年、2008 年先后获得全国环保模范城市、全国卫生城市、全国园林城市殊荣。海安、如皋、如东、海门四县（市）成为国家级生态县。南通坚持沿江沿海开发与环境保护并重，以环保优先促发展领先，全市经济持续攀升而污染物排放持续下降，“十一五”期间，工业增加值增长 154%，污染物排放量下降 73%，万元 GDP 能耗 5 年累计下降 20%左右，创全省最低，控减水平列全省第二，城市环境综合整治定量考核连续多年在全省名列前茅，提前完成主要污染物存量削减任务。2011 年至 2012 年，城市环境综合整治定量考核继续在全省名列前茅，耕地连续 20 余年保持占补平衡。出生人口性别比持续稳定在 105 左右，成为出生人口性别比控制最好的地区之一。

第二节　经济环境

经济环境是指影响人类生存与发展的社会经济状况，包括面临的社会经济条件及其运行状况、发展趋势，人类自身经济状况等多方面的内容，是人类社会的物质基础。改革开放以来，南通经济的持续健康发展，为人口老龄化、长寿化提供了雄厚的物质基础。

一、经济结构

改革开放以后，南通大力推进产业结构战略性调整，城乡产业结构不断优化，一、二、三次产业协调发展。

农业和农村经济结构　中华人民共和国初期，南通的农业是相对比较单一的以种植业为主的经济。公社化时期，南通坚持以粮为纲、粮棉并举，注重多种经营，全面发展，绝大多数地方种植业的结构，基本上是半粮半棉。改革开放以后，联产承包责任制推行，经过不断探索，调整为粮棉油桑菜结构，逐步形成了多熟制、多形式的“粮、经、饲”三元结构。农业结构从种植业为主向农林牧副渔全方位发展转变。从1993年起，林牧副渔产值超过种植业产值。2012年林牧副渔产值217.57亿元，占农业总产值的比重为55.6%。包括蔬菜、特种种植在内的多种经营，在农业经济中的比重已是四分天下有其三。随着农业结构的深度调整，绿色食品业、优质棉业、“双低”油菜①业、林果园艺业、家畜禽特畜禽养殖业、茧丝绸产业、蔬菜业、海洋产业、观光旅游农业九大主导产业不断做大做强，农业的市场化、外向化程度显著提高。南通市农产品商品率较高，素为全国商品棉和特种经济作物生产基地，商品农业起步较早，农业创汇率较高。从20世纪80年代起，由海安遍及全市，种、养、加（工）、出（口）产业格局和“百万雄鸡下江南”的养殖业就享誉全国，全市农产品商品率达70%以上，农副产品及其加工品的出口额占全市一般贸易出口额的70%左右。2012年全市农产品出口3.94亿美元，出口额列全省第三；农业实际利用外资2.52亿美元，列全省第二。

改革开放以后，南通农村经济由纯农业经济结构迅速向多元化结构转变，主要是乡镇企业异军突起。1991年乡镇工业总产值占全市工业总产值的比重达47.4%。1997年乡镇工业总产值在全市工业总产值中三分天下有其二。1979年至1998年的20年中，全市乡镇企业上缴国家税金占南通市地方财政收入的40%左右。随着经济体制改革的步步深入，民营经济发展迅速。2012年，全市个体工商户49.28万户，私营企业总数突破20万家、注册资本5927.6亿元，三项指标均保持全省第二；全市规模以上民营工业增加值1300亿元，占全市规模以上工业增加值的57.2%；民营经济入库税金419.46亿元，占全市国、地税收入的68.5%。

南通市建筑业在全国大有独领风骚之势，成为农村中的一大新兴产业，建筑业各项主要经济技术指标持续多年位列全省第一，其经济总量、施工能力、质量水平、市场覆盖等，都处全国领先地位。2012年全市建筑业增加值达422亿元，是1978年0.99亿元的426倍。南通“建筑铁军”的形象，享誉海内外。全市建筑队伍人数130万人，遍及全国及22个国家和地区，年末劳务出国人数1.2万人。全市近500家建筑企业中，有特级资质企业1家，一级24家，二级117家，全市农村6个县（市）、区已有5个被江苏省政府命名为“建筑之乡”。自1988年“南通铁军”承建的江苏援藏工程拉萨饭店获得第一个鲁班奖以来，至2012年年末，已累计获得34项这一全国工程质量最高奖项，占江苏省的一半，居全国地级市之首。此外，获得江苏“扬子杯”奖和上海“白

①“双低”油菜是指菜油中芥酸含量低于3%，菜饼中硫代葡萄糖甙含量30微摩尔/克的油菜品种。菜籽油中主要脂肪酸包括油酸、亚油酸、亚麻酸和芥酸等。“双低”油菜中的油酸含量达60%，因而被称之为“最健康的油”。

玉兰”奖多达200多项。随着二、三产业的发展，全市农村第一产业的比重不断下降，为广大农村全面迈向小康生活，提供了丰厚的物质基础。

工业经济结构　南通历史上盛产棉花，家庭土纺土织有悠久历史。清代，通州土布蜚声关内外，成为全国四大手工织布地区之一。19世纪末，张謇创办大生纱厂，南通成为中国民族工业的发祥地之一，纺织工业亦成为南通的“母亲工业”。但在旧中国战事纷扰，日寇侵略，当局腐败，工厂企业困难重重，濒临倒闭。解放前夕，南通倖存的10多家较大工业企业和若干规模很小、设备简陋的修理加工场和作坊，基本上均处于惨淡经营，勉强维生状态。1949年，南通市工业总产值只有4600多万元，每个城市人口年产值为598元。新中国建立后，南通坚持以发展统揽全局，努力保持工业经济持续快速健康发展。1980年，南通市市区工业总产值达到21.86亿元，人均工业产值10740元，成为继常州后中国又一个人均工业产值超万元的中等城市。1981年，南通成为全国220个城市中工业经济效益名列前茅的明星城市。20世纪80年代以后，南通进一步突出工业主体地位，加快结构调整和产业升级，做大做强规模企业，工业门类趋于齐全，高新技术产业迅猛发展，形成以轻纺为主体，机械、电子、化工、医药、建材、船舶、冶金相配套的现代工业体系。轻重工业协调发展，南通工业化进程不断加快。南通工业中轻、重工业比重，1981年为73.7 ∶ 26.3；1990年为67.7 ∶ 32.3。进入21世纪后，南通工业经济持续进行结构调整，产业逐步转型升级，南通工业逐渐改变以轻纺为主的格局。2005年，重工业所占比重超过轻工业，达到50.7%；2010年重工业开始主导产业发展格局，所占比重达到60.9%。全市形成船舶海工、新能源及装备、电子信息、石油化工、纺织服装、轻工食品六大主导产业，2012年年产值均突破千亿元。大力培育海洋工程装备、新能源、新材料、生物医药、智能装备、节能环保等六大新兴产业，2010年六大新兴产业占全市规模以上工业销售收入的比重达到21.5%。2012年全市工业增加值达1992.11亿元。随着南通家纺指数的发布，标志着南通市已经成为全国重要的家纺产品价格形成中心和信息发布中心。现在，世界三大家纺产品集散中心中有南通一席。南通化工行业拥有一批国内规模最大的中外合资精细化工项目，是全国15个精细化工生产基地之一。船舶海工产业成为国家新型工业化示范基地，是国内四大修造船基地之一，为国家船舶出口基地。

三次产业结构　三次产业结构，是国民经济中产业结构问题的第一位的重要关系。一、二、三次产业增加值占地区生产总值GDP的比重状况，是集中描述其三次产业结构的第一个重要的比例关系。人们常以三次产业比重的变化划分工业化进程的三个阶段。工业化过程分为前期、中期和后期三个阶段。在工业化初期，第一次产业增加值在国民经济总量中比重逐渐减少，第二次产业逐步占据主导地位，第三次产业的发展也初露端倪。在工业化中期，第二次产业的比重占据首位，第三次产业的地位攀升。

在工业化后期，第二次产业比重大幅下降，第三次产业质量和数量高位增长，其比重在三次产业中占据支配地位。南通市随着产业结构调整的不断深化，三次产业比重不断发生变化，标志着南通工业化过程的发展。1978 年，南通第一、二、三次产业增加值占 GDP 的比重分别为 41.8%、37.4%、20.8%，第一次产业的比重比第二次产业多 4.4 个百分点，这意味着南通市处于工业化前期。1983 年，南通第一、二、三次产业增加值占 GDP 的比重分别为 36.6 ： 40.9 ： 22.5，第二产业的比重超过了第一产业，在三次产业中占据了首位，这意味着南通市开始进入工业化中期。此后，南通第一次产业增加值在国民经济总量中比重逐渐下降，1991 年为 29.2%，首次跌到 30% 以内；1999 年跌到 20% 以内，为 19.2%；2006 跌到 10% 以内，为 9.8%：2012 年跌到 7%。第二次产业增加值的比重在占据首位后继续攀升，1993 年达 53.1%，首次超过 50%；1994 年至 2003 年，第二次产业增加值的比重不增反降，最低的 1996 年降到 48%；2004 年至 2011 年，第二次产业增加值的比重略有增加，年度之间有升有降，但都在 53% 以上，最高年份的 2004 年、2008 年、2009 年均为 56%；2012 年小跌到 53%。现代服务业与先进制造业互动并进，现代物流、信息服务、金融保险等生产性服务业发展势头良好。第三次产业增加值的比重一直处于攀升中，1997 年首次超过 30%，达 30.2%；2012 年首次达到 40%。2012 年，南通第一、二、三次产业增加值占 GDP 的比重分别为 7%、53%、40%。这表明，南通第二次产业的比重在国民经济总量中仍占据首位，第三次产业的比重虽不断攀升，但未能占据支配地位。据此，南通市正处于工业化中期向后期过渡的阶段，有人表述为工业化中期的晚期阶段。

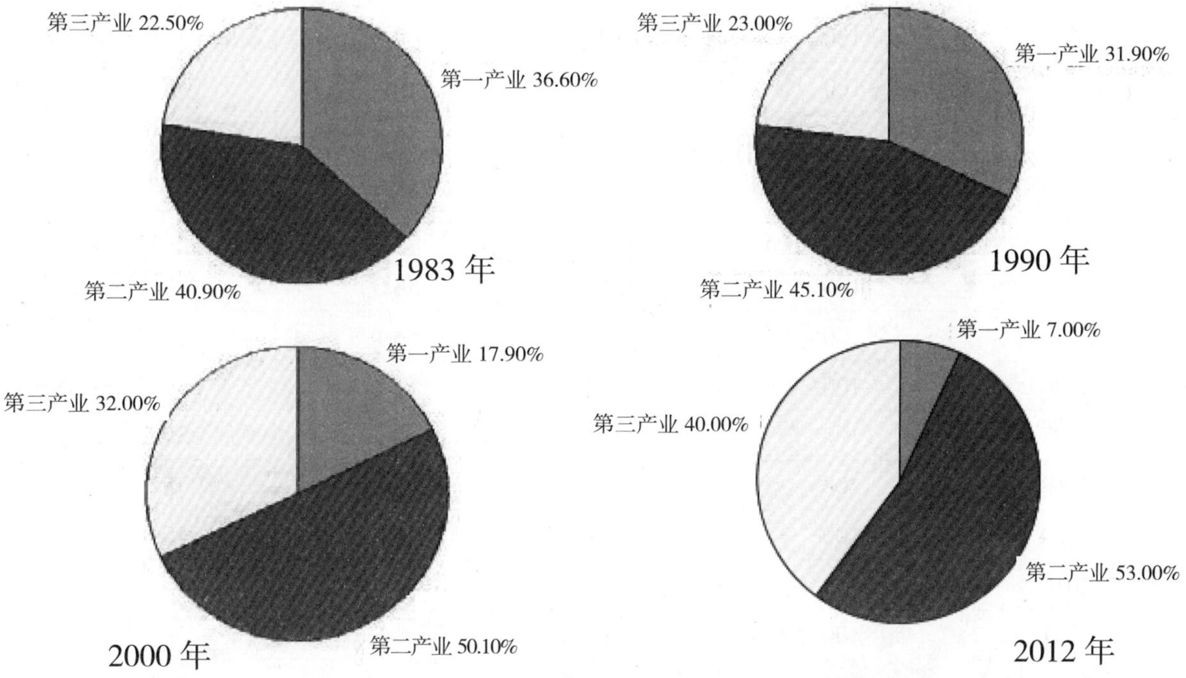

图 1–2–1 1983 — 2012 年南通市三次产业构成图

1983 — 2012 年南通市地区生产总值结构情况表

表 1-2-1　　单位：%

年份	结构			
	地区生产总值	第一产业	第二产业	第三产业
1983	100	36.6	40.9	22.5
1984	100	37.4	41.0	21.6
1985	100	34.6	44.3	21.1
1986	100	33.7	44.7	21.6
1987	100	30.5	46.6	22.9
1988	100	32.7	45.4	21.9
1989	100	33.2	43.9	22.9
1990	100	31.9	45.1	23.0
1991	100	29.2	46.3	24.5
1992	100	25.9	49.7	24.5
1993	100	23.7	53.1	23.2
1994	100	24.6	51.2	24.2
1995	100	23.3	51.4	25.3
1996	100	23.2	47.9	28.8
1997	100	21.3	48.5	30.2
1998	100	20.1	48.7	31.2
1999	100	19.3	48.9	31.9
2000	100	17.9	50.1	32.0
2001	100	17.2	50.6	32.2
2002	100	16.3	51.6	32.1
2003	100	15.1	53.0	32.0
2004	100	12.9	56.0	31.1
2005	100	10.9	56.1	33.0
2006	100	9.8	55.5	34.7
2007	100	8.6	55.9	35.5
2008	100	8.4	56.0	35.6
2009	100	8.2	56.0	35.8
2010	100	7.7	55.1	37.2
2011	100	7.0	54.5	38.5
2012	100	7.0	53.0	40.0

二、发展水平

地区生产总值是衡量一个国家或地区经济状况和发展水平的重要指标，也是衡量一个国家或地区居民生活水平的一个标准，它构成居民人均收入和生活水平的主要物质基础，是提高居民人均收入水平、生活水平的重要参照指标。1983 年，南通市地区生产总值为 46.94 亿元，人均 GDP 约 500 美元。“七五”（1986 — 1990）时期，南通市超计划完成国民经济主要指标，1990 年，全市地区生产总值完成 134.25 亿元，在“六五”（1981 — 1985）的基础上翻一番。“八五”（1991 — 1995）期间，南通经济发展势头强劲，1991 年，地区生产总值提前 9 年实现翻两番；1992 年，人均 GDP 提前 8 年实现翻两番。“八五”期末的 1995 年，地区生产总值达到 463.1 亿元。“九五”（1996 — 2000）时期，南通经济进一步加快发展，2000 年，全市实现地区生产总值 720.59 亿元。“十五”（2001 — 2005）时期，全市地区生产总值按可比价年递增 13.1%，2005 年达到 1483.8 亿元，人均地区生产总值达到 20138 元，两项指标均在“九五”末的基础上实现翻番。“十一五”（2006 — 2010）时期，南通市以平均 15% 的经济增长速度位，增速列全省第一，2010 年全市实现地区生产总值 3465.67 亿元，人均地区生产总值 48083 元。两项指标均在“十五”末的基础上再实现翻番。2012 年，南通国内生产总值达到 4558.67 亿元，人均 GDP 增加到 62506 元。期内各年度数据见表 1-2-2。

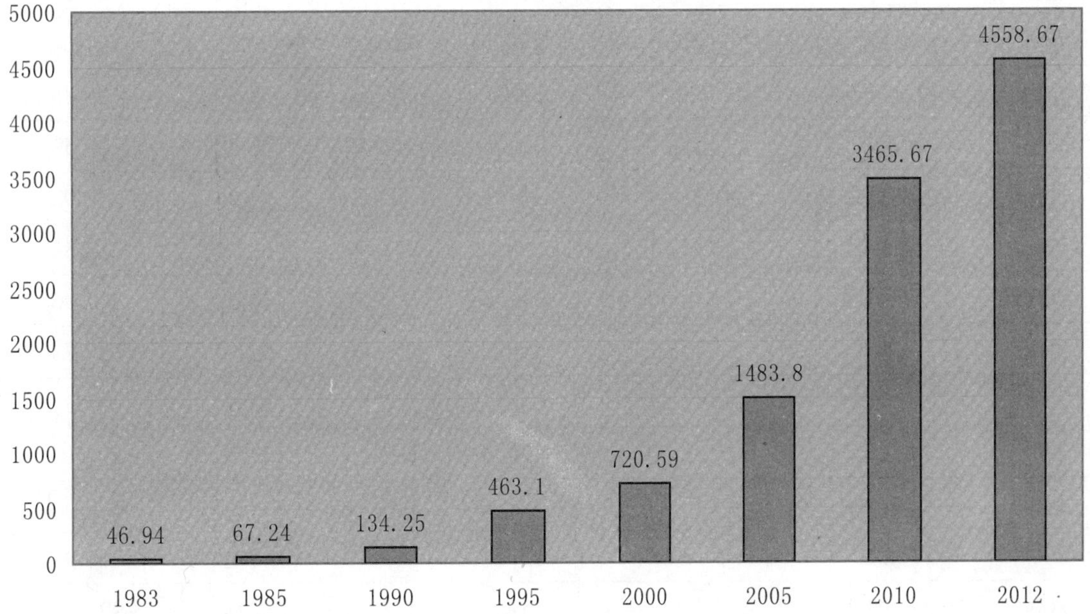

图 1-2-2 1983 — 2012 年南通市地区生产总值变化图（亿元）

1983 — 2012 年南通市地区生产总值统计表

表 1-2-2　　单位：亿元

年份	地区生产总值	第一产业增加值	第二产业增加值			第三产业增加值
			合计	工业	建筑业	
1983	46.94	17.17	19.20	17.35	1.85	10.57
1984	55.82	20.86	22.91	21.16	1.75	12.05
1985	67.24	23.26	29.77	27.50	2.27	14.21
1986	78.81	26.54	35.25	31.86	3.39	17.03
1987	90.72	27.69	42.28	37.23	5.05	20.75
1988	118.00	38.61	53.53	47.41	6.12	25.86
1989	118.33	39.29	51.91	46.13	5.79	27.13
1990	134.25	42.88	60.46	54.55	5.91	30.90
1991	148.92	43.48	68.92	61.02	7.90	36.52
1992	186.50	48.23	92.63	81.21	11.42	45.64
1993	240.84	57.10	127.78	112.68	15.09	55.97
1994	343.04	84.43	175.65	154.11	21.54	82.95
1995	463.10	108.05	237.87	196.91	40.95	117.19
1996	524.87	122.01	251.59	205.07	46.52	151.27
1997	568.99	121.15	276.20	225.98	50.22	171.64
1998	614.87	123.37	299.65	243.66	55.99	191.85
1999	657.60	126.80	321.27	264.48	56.79	209.53
2000	720.59	128.64	361.03	302.69	58.34	230.92
2001	789.61	135.81	399.29	336.54	62.74	254.51
2002	865.18	140.80	446.42	371.81	74.61	277.96
2003	980.18	147.67	519.28	428.60	90.69	313.23
2004	1195.74	154.52	669.84	542.01	127.83	371.38
2005	1483.80	163.90	828.79	677.09	151.70	491.10
2006	1788.39	176.29	992.11	821.31	170.80	620.00
2007	2163.69	186.8	129.96	1021.8	188.16	766.93
2008	2593.13	219.3	1451.63	1219.6	232.03	922.20
2009	2872.8	236.47	1607.5	1319.43	288.07	1028.84
2010	3465.67	266.22	1908.56	1568.49	340.07	1290.89
2011	4080.22	287.21	2221.48	1840.41	381.07	1571.53
2012	4558.67	319.09	2414.11	1992.11	422.00	1825.47

三、财政收入

改革开放以后，南通市随着经济快速发展，地方财政收入逐步增加。1983 — 1985 年，全市财政收入 22.62 亿元（年均 7.54 亿元），其中市区 9.50 亿元（年均 3.17 亿元）。“七五”（1986 — 1990）时期，全市财政收入 54.99 亿元（年均 11 亿元），市区 21.47 亿元（年均 4.29 亿元）。“八五”（1991 — 1995）时期，全市财政收入 95.83 亿元（年均 19.17 亿元），市区 36.54 亿元（年均 7.31 亿元）；地方公共财政预算收入 70.76 亿元（年均 14.15 亿元），市区 27.2 亿元（年均 5.44 亿元）。“九五”（1996 — 2000）时期，全市财政收入首次过双百亿关，达到 202.52 亿元（年均 40.50 亿元），其中市区 81.59 亿元（年均 16.32 亿元）；地方公共财政预算收入 105.42 亿元（年均 21.08 亿元），其中市区 42.22 亿元（年均 8.44 亿元）。进入新世纪以后，南通经济发展速度加快，财政收入显著增加。“十五”（2001 — 2005）时期，全市财政收入 581.06 亿元（年均 116.21 亿元），市区 274.82 亿元（年均 54.96 亿元）；地方公共财政预算收入 247.4 亿元（年均 49.48 亿元），市区 113.53 亿元（年均 22.71 亿元）。“十一五”（2006 — 2010）时期，全市财政收入 2107.96 亿元（年均 421.59 亿元），地方公共财政预算收入 869.61 亿元（年均 173.92 亿元）。2012 年，全市实现财政总收入 1055.9 亿元，地方公共财政预算收入 419.72 亿元。

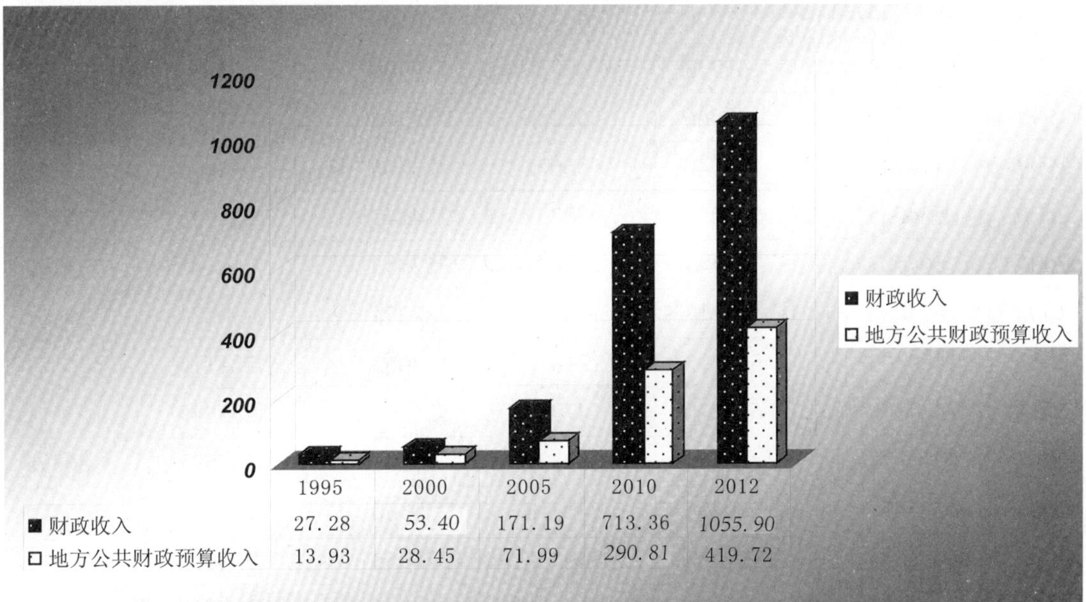

图 1-2-3 1995 — 2012 年南通市财政收入、地方公共财政预算收入变化图（亿元）

1983 — 2012 年南通市财政收入、地方公共财政预算收入统计表

表 1-2-3　　单位：万元

年份	财政收入			地方公共财政预算收入		
	全市	市区	通州区（南通县、通州市）	全市	市区	通州区（南通县、通州市）
1983	66561	28332	9117	66561	28332	9117
1984	71000	29613	9649	71000	29613	9649
1985	88750	37023	12229	88750	37023	12229
1986	91226	36790	19182	91226	36790	19182
1987	99303	39273	14570	99303	39273	14570
1988	111043	43361	16465	111043	43361	16465
1989	121430	46688	18368	121430	46688	18368
1990	126870	48577	19487	126870	48577	19487
1991	124296	48991	18187	124296	48991	18187
1992	139849	52752	20501	139849	52752	20501
1993	193560	75346	25866	193560	75346	25866
1994	227811	88003	30466	110640	42785	14420
1995	272751	100271	36351	139256	52161	17324
1996	307839	107676	43393	160108	54177	21142
1997	364398	132773	49270	177909	65833	21760
1998	402701	152666	55286	207951	81365	24912
1999	416246	174540	56672	223666	92015	17551
2000	534025	248251	70797	284549	128836	35263
2001	667483	308441	81621	352853	160185	41293
2002	874086	417113	100031	387298	180571	39661
2003	1169933	558793	131376	488063	221118	52804
2004	1387200	653520	147730	525893	235849	57301
2005	1711871	810326	200331	719903	337592	86395
2006	2175697	1019789	241318	925330	432980	105655
2007	3007122	1367408	339390	1276956	584963	140101
2008	3902076	1730228	416082	1595895	691720	165822
2009	4861042	2556053（含通州区）	553823	1989873	1023914（含通州区）	241912
2010	7133642	3890153（含通州区）	778652	2908061	1550372（含通州区）	338858
2011	9516538	4955494（含通州区）	1001531	3736858	1877357（含通州区）	424002
2012	10558988	5008596（含通州区）	1219538	4197225	1926012（含通州区）	525194

四、城乡居民收入水平

城镇居民收入　中共十一届三中全会以后，南通经济建设快速发展，城镇居民收入呈大幅增长态势。1987年年末，全市职工总人数81.78万人，比解放初增加77万人，职工年平均工资1429元，比新中国成立初期增长4倍，比1978年增长2倍；全市城镇居民平均每人年生活费收入1228元，比新中国成立初期增长10倍。每一就业者赡养系数，新中国成立初期为2.7人，1980年减为1.9人，1987年再减为1.55人，比新中国成立初期下降44.1%。“七五”期间，南通市区居民人均生活费收入平均每年递增17.1%；“八五”期间，平均每年递增23.5%；“九五”期间，经济发展速度有所放缓，收入平均每年递增6.5%；“十五”期间，人均生活费收入平均每年递增幅度又升至9.4%。2004年，在增加地方津贴等多种因素推动下，市区城镇居民人均可支配收入达到10937元；2005年，达到12384元。2007年，全市上下围绕全面小康，全面腾飞的主题，推进跨越发展，科学发展，实现地区生产总值2163.69亿元，按可比价计算增长16.2%，增幅居全省第一。全市城镇居民人均可支配收入达到15261元，其中市区城镇居民人均可支配收入16451元。2012年，全市城镇居民人均可支配收入达到28292元，其中市区城镇居民人均可支配收入30206元。市区居民人均消费性支出18981元，市区居民人均住房建筑面积达35.5平方米。

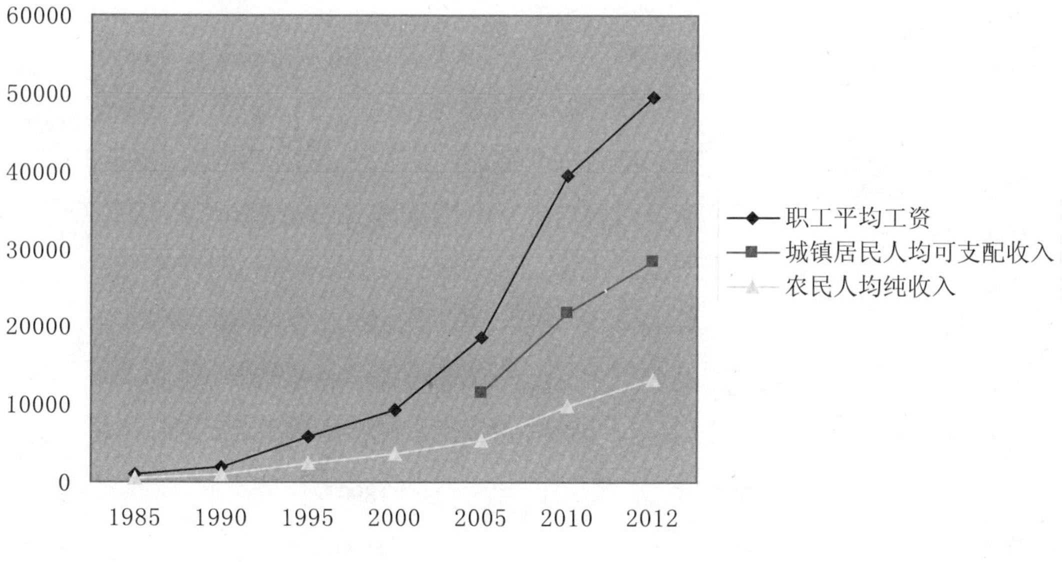

图1–2–4　1985 — 2012年南通市职工平均工资、城乡居民收入变化图（元）

1985 — 2012 年南通市城乡居民收入情况一览表

表 1-2-4　　　　单位：元

年份	全市城镇居民人均可支配收入	市区城镇居民人均可支配收入	农民人均纯收入
1985			452
1986			547
1987			584
1988			791
1989			815
1990			871
1991			886
1992		2592	1008
1993		3291	1167
1994		4889	1820
1995		5531	2547
1996		5915	3168
1997		6506	3388
1998		6899	3504
1999		7416	3585
2000		7911	3710
2001		8485	3926
2002		8640	4133
2003		9598	4393
2004		10937	4929
2005	11590	12384	5501
2006	13056	14058	6106
2007	15261	16451	6905
2008	17540	18903	7811
2009	19469	21001	8696
2010	21825	23541	9914
2011	25094	26778	11730
2012	28292	30206	13231

1985 — 2012 年南通市县（市）、区职工平均工资一览表

表 1-2-5　　单位：元

年份	全市	市区	通州	海安	如东	启东	如皋	海门
1985	1042	1133	1019	960	956	1051	965	1021
1986	1260	1364	1158	1155	1145	1223	1143	1209
1987	1429	1551	1341	1316	1283	1396	1280	1390
1988	1683	1809	1493	1610	1493	1668	1520	1609
1989	1771	1911	1661	1730	1518	1776	1590	1677
1990	1984	2172	1809	1907	1746	1927	1741	1833
1991	2125	2326	1905	2032	1984	2006	1871	2012
1992	2593	2857	2307	2323	2372	2437	2267	2509
1993	3346	3838	3170	2864	2894	3036	2766	3106
1994	4781	5358	4559	4224	4390	4550	3965	4366
1995	5779	6406	5311	5009	5271	5485	5039	5473
1996	6232	6954	6111	5249	5889	5902	5142	6130
1997	6664	7529	6506	5785	6297	6092	5448	6421
1998	7438	8474	7009	6014	6779	6917	6345	7071
1999	8310	9614	7913	6735	7292	7531	7031	7687
2000	9274	10810	8811	7300	7868	8176	7872	8690
2001	10558	12243	10057	8706	8978	9146	9086	10039
2002	12110	14073	11677	10532	10240	9977	10171	11016
2003	13547	15747	13195	11550	11622	6692	11288	12370
2004	15901	18534	15217	13746	13189	12354	13036	15204
2005	18513	21394	17589	16462	15548	14680	15252	17576
2006	21662	24649	20735	19825	18436	18011	17937	20833
2007	25947	28766	24884	24422	22598	22346	22594	25491
2008	30856	34136	29013	28564	27402	26680	26895	30797
2009	35224	38763	32451	33406	31907	30164	31753	33272
2010	39448	43500	36664	37065	35894	34103	35957	36173
2011	44574	47771	43479	41974	40665	42113	41562	42354
2012	49399	52572	47781	46226	46063	45604	46686	48578

农村居民收入　改革开放以后，南通市各级党委、政府全面落实党中央发展农村经济，增加农民收入的各项政策措施，充分发挥各项支农惠农政策效应，一系列惠农、扶农、护农、富农的重大政策得到全面落实，农村居民收入持续增长，生活质量稳步提高，为农村老年人晚年养老提供了可靠的物质保障。1981 年，农村居民年人均纯收入 249 元，1983 年增加到 327 元。“七五”期间，在农村居民收入中农业虽然仍占主导地位，

但二三产业收入比重迅速提高，收入来源趋于多样化。1990年，全市农村居民人均收入达到871元。“八五”期间，是南通市农村居民收入增长最快的时期，1992年，人均收入达1008元；1995年，达2547元。进入“九五”时期以后，由于农产品供给由结构性过剩转向全面过剩，价格持续走低，农业增产不增收的问题十分突出。特别是1997年以后，农村居民收入一直保持低增长。1997年，增长6.9%；1998年，增长3.4%；1999年，增长2.3%；2000年，增长3.5%。从2004年起，中央每年出台支持农业生产，促进农村居民增收的“1号文件”。按中央部署，南通市采取逐步取消农业税，减轻农民负担，加大对农业生产投入等措施，农村居民收入增幅逐渐上升。2004、2005年，连续两年保持两位数增长，全市农村居民人均纯收入分别达到4929元、5501元。2007年，增幅达13.1%，人均纯收入达到6905元。2010年，全年农村居民人均纯收入9914元，比上年增长14.0%。年末，农村居民人均住房面积达到53.5平方米。2012年，人均纯收入达到13231元，比1983年的327元增长39.46倍。

第三节　社会文化环境

社会文化是人类在创造物质财富过程中所积累的精神财富的总和，体现着一个国家或地区的社会文明程度。它是人类创造的，反过来又作用于人类的生存和发展。社会文化环境，通常是指在一定社会形态下的教育水平和道德规范、价值观念、宗教信仰以及世代相传的风俗习惯等被社会所公认的各种行为规范。这些行为规范又形成一定的社会文化氛围，影响和作用于人类。南通的社会文化是在人类社会的长期发展历史过程中形成的，对南通人的生存和发展产生直接影响。

一、文化氛围

南通市地处长江三角洲，南与沪、苏、锡、常吴语区隔江相望，北接江淮平原，与泰、盐、扬、淮比邻。南通成陆后曾居“流人”，唐宋以后人口流徙，给南通带来操各种方言的居民，也传承着各自风俗习惯，他们长期共同生活、互相交融渗透，形成了既兼蓄吴越、荆楚、齐鲁文化元素，又具有自己独特风格的江海文化。江海文化大体上由三部分组成，即海安、如皋、如东大部分的如海文化；以市区为中心，包括今通州区大部分地方的本土文化；以启东、海门为主以及通州、如东沿海一带的沙地文化。市区及通州区一带的本土文化又兼有上述两种文化的共同点。人口老龄化是社会现象，也是文化现象。文化作为观念形态，它既为物质所决定，又反作用于物质。江海文化推动着社会、经济的发展，也对南通出现人口老龄化起着重要的催生作用。因受江海文化熏陶，南通人的性格厚道温顺，谦恭礼让，勤奋聪慧，待人诚恳。城乡尊老敬老风气浓厚，子女孝敬老人，代际关系和睦，被视为做人的基本准则。社会上尊老敬老的习俗代代沿袭、久盛不衰。逢到高寿人家祝寿，邻里亲朋都主动登门祝贺，主人则以百岁碗、寿桃、寿面、“长生果”、长命锁片之类的礼物答谢。新中国建立以后，特别在改革开放后，党和政府日益重视文化建设，随着精神文明建设活动的深入，家庭内的父慈子孝和社会人际间的尊老爱幼的优良传统得到进一步发扬。20 世纪 80 年代，南通市、县、区政府即制定了优待老人的若干举措，每月给百岁老人发放高龄长寿补贴金，每年安排为老年人作健康检查；把九九重阳节定为“敬老日”，“敬老日”前后和中秋、国庆节、春节等节假日都开展慰问活动。

南通深厚的文化底蕴，培养了南通人积极健康的道德品格。“请莫问我是谁，风雨中我是一把伞，干渴时我是一杯水，迷茫中我是一颗星……”改革开放以来，南通在努力实现物质文明、政治文明和社会文明的同时，紧抓精神文明建设，出现了 400 多个具有时代特色的精神文明先进典型，成为中央和省级新闻媒体关注的焦点，其中有数十人被授予国家级和省级先进荣誉称号，被领导和专家总结为精神文明“南通现象”。2002 年，精神文明“南通现象”被中宣部确定为全国公民道德建设的重大典型。南通出现的精神文明先进典型有许多与尊老敬老有关，“莫文隋”“魏群”“任友琴”“吴铭”，都是做好事不留姓名的先进典型。据统计，1995 年至 1998 年，南通市慈善会、社会福利院等机构在不到 3 年时间里，收到捐款近百万元，其中不留名的就有 100 多笔。1998 年 3 月 3 日，共青团南通市委、江海晚报社和东洋之花化妆品公司共同创建江海志愿者服务站，公开招募在医疗咨询、水电维修、家电修理、法律咨询及老年人生活照顾等方面有一技之长的志愿者，组织他们面向社会孤寡老人、烈军属、见义勇为英雄及其家属、离休老干部、侨眷属有特殊困难者等服务对象中的求助者，提供无偿结对服务。2000 年，团中央、中国青年志愿者协会授予江海志愿者服务站“中国百佳优秀服务集体”荣誉称号，授予江海志愿者孙晔“中国百佳优秀青年志愿者”称号。2002 年，团中央、中国青年志愿者协会授予江海志愿者服务站站长徐尔铸“中国志愿者服务金奖”。2004 年 10 月 27 日，中共江苏省委书记李源潮指示：“江海志愿者服务站是江苏精神文明建设的一个伟大创造，要深入发掘其时代内涵，广泛宣传其现实作用，鼓励更多志愿者产生。”江海志愿者服务站刚成立时，首批志愿者 30 多人。经过十多年的工作，已发展成为拥有 9 个社区分站、2 个专业分站、400 多支服务队伍的志愿者网络，注册志愿者达 13 万人。15 年中，共提供志愿服务 2.5 万次，结成“一对一”帮扶长期服务 1500 多对。另一个精神文明全国先进典型是面向偏僻农村的“爱心邮路”，从 1998 年邮电分营起，如皋 137 条邮路上每名乡邮员结对帮扶一户孤寡老人。如皋邮政局党委将爱心帮扶工作纳入先进集体与“十佳”投递标兵评选内容，并设立帮扶基金，为乡邮员帮扶济困孤寡老人提供资金帮助。2004 年，“爱心邮路”成为全国精神文明典型后，在全国推广。是年，如皋邮政局建成 50 个“文明服务示范窗口”，被评为全省邮政系统思想政治工作优秀企业。

良好的文化氛围，让人们尤其是老人们感受到人间重晚晴，他们始终是温馨社会的一员，从而心灵受到慰藉。心安则神静，大大有利于延年益寿。

二、文博事业

博物馆群成为南通城市一个品牌。1905年，张謇为“开启民智”“西学中用”，创办南通博物苑，开中国人自己创办博物馆的先河。基于对发展文博事业重要性的认识，改革开放以后，中共南通市委、市政府随着跨越发展和“两个率先”步伐的不断加快，逐年加大投入，倾力建设各类博物馆，逐渐形成了具有南通特色的博物馆群。由一花独放、一枝独秀的南通博物苑，发展形成全国中等城市中少见的博物馆群，充分展示了南通这座“近代第一城”的卓越气质和深厚文化底蕴。至2012年年底，南通全市有各类博物馆27所，其中市区18所，县（市）9所。按职能分类，综合性博物馆3所：南通博物苑、海安县博物馆、如皋博物馆；专业性博物馆7所：南通纺织博物馆、南通给水技术博物馆、南通建筑博物馆、中国体育博物馆南通馆、中国南通珠算博物馆、中国审计博物馆、南通风筝博物馆；艺术馆、纪念馆17所：沈寿艺术馆、个簃艺术馆、蓝印花布艺术馆、如皋丝毯艺术博物馆、民间艺术馆、张謇纪念馆、海门张謇纪念馆、苏中七战七捷纪念馆、梅欧阁纪念馆、仲贞子纪念馆、曹用平艺术馆、长寿博物馆、海门民俗博物馆、德让博物馆、南通宝如风筝博物馆、赵丹纪念馆等等。有国家级博物馆2所，国家一级博物馆1所，市区平均不到每5万人就拥有1所博物馆，已达到发达国家水平。

文化工程精品丰硕。进入新世纪以后，南通市文化建设的目标定位于建设一个与经济跨越发展相适应的文化大市、文化强市，实施文化精品工程作为南通文化现代化建设的基础性工作被提上日程。经过长期努力，南通文化精品工程取得喜人成绩，尤其在面向大众、面对实际，以基层老百姓喜闻乐见的文化需求为导向，打造大众化、艺术化、时代化文化品牌和精品方面取得卓著成果。南通有国家一级文化馆5所，文化“江海行”“百千万工程”“农家书香工程”“千戏下基层，唱响新农村”主题活动以及“濠滨夏夜”“海安之春”“海陵之夜”“雉水之夏”“滨城之夜”等特色广场文化广场、通州区市区广场、海安县的“欢乐送百姓”被评为全国特色文化广场，在全省乃至全国都有很大的知名度和影响力。“濠滨夏夜”已创办30年，举办了1600多场演出，展示由市民自编、自导、自演的15000多个文艺节目，观众达到500多万人次。作为面向基层群众的文化精品工程，“濠滨夏夜”多次受到中宣部、文化部、全国总工会的表彰和奖励。

老年文化活动有助于活跃老年人身心，助力健康长寿。南通富有成效的老年文化活动，营造了健康长寿的浓烈氛围，可详见本志第九章，这里不一一赘述。

三、教育事业

南通市教育事业起步早，发展协调均衡。20世纪初，张謇秉持“父实业、母教育”的理念，在南通创建了一批具有近现代意义的教育机构，南通诞生了全国第一所师范学校、盲哑学校、刺绣学校、农业学校、戏剧学校。同时，还成立了私立南通大学（1930年更名南通学院），设有纺科、农科、医科。1949年9月，南通学院农科农业经济学系并入浙江大学。1952年，全国高等院校院系调整，南通学院被拆分，纺科并入上海的华东纺织工学院（后更名为东华大学）；农科独立后更名为苏北农学院，整体迁往扬州（后更名为江苏农学院，再后合并组建扬州大学）；医科（当时已更名为南通医学院）大部分迁往苏州，成立苏州医学院（后并入苏州大学），同时成立苏州医学院南通分院（次年又更名为南通医学院）。新中国成立后，从南通走出了著名数学家杨乐等30多名“两院”院士。改革开放以后，南通凭借丰厚积淀，守正出新、创新跨越，打造出闻名全国的“教育之乡”闪亮名片。长期以来，建一所综合性南通大学的梦一直萦绕在南通人的心头。2004年终于圆梦，由南通医学院、南通工学院、南通师范学院合并建成南通大学。至此，南通形成了优质的高等教育、普通教育、成人教育、职业教育、幼儿教育、特殊教育，以及校外教育、社区教育、老年教育、远程教育的完整的地方教育体系。2012年年末，全市拥有普通高等学校12所、成人高校2所、中等职业教育学校25所、普通高中53所、普通初中171所、小学334所、特殊教育学校9所。各级各类学校在校学生共78.3万人。拥有幼儿园380所，在园儿童14.7万人。全市小学学龄儿童入学率、升学率均为100%；初中入学率、毕业率均为100%；初中毕业升学率99.5%，高中阶段教育毛入学率99.9%。深入推进义务教育均衡发展，2012年，南通所辖9个县（市）、区全部通过全国义务教育发展基本均衡县（市）、区的省级评估。

南通市坚持优先发展教育，成果斐然。20世纪90年代以后，南通的基础教育质量一直处于全省乃至全国领先地位，素质教育成为全国典型，高考录取率和总均分连续多年名列全省前茅。2012年，南通市高考成绩主要指标位居全省第一；全省文理科前100名考生中南通考生有40人；本一、本二录取人数超过2万人。

四、医疗卫生

南通市重视卫生事业发展，全市已形成一个城乡结合，配套相对齐全，布局较为合理的医疗、预防、保健网络。以人人享有医疗卫生服务为目标，积极推进医疗卫生体制改革，加强基层卫生和公共卫生，提升卫生服务综合能力，在优化卫生资源配置、强化综合卫生监管、推动医学科技进步、完善城市社区卫生服务、巩固新型农村合作医疗、落实基本公共卫生服务方面取得明显成效。2012年年末，全市拥有卫生机构1641个（不含农村社区卫生服务站、村卫生室）。其中，医院、卫生院327个，妇幼保健院（所、站）7个，专科疾病防治院（所、站）4个。全市卫生机构床位数3.1万张，卫生技术人员3.4万人。其中，执业医师和执业助理医师1.4万人，注册护士1.3万人。全市拥有疾病预防控制中心（站）9个，卫生技术人员436人；卫生监督所7个，卫生技术人员314人；乡镇卫生院127个，床位6900张，卫生技术人员6400人。全市城乡老年人的医疗保健有比较充分的保障，“老有所医”得到落实（详见本书第七章）。

五、体育健身

南通是体育之乡。至2012年年末全市共涌现出世界冠军17个，累计夺得11枚奥运金牌、74项次世界大赛冠军，创全国地级市之最，被国家体委负责人誉为“世界冠军的摇篮”。南通籍体育健儿在2008年北京夏季奥运会上勇夺4金1银1铜，并创下了“一日三金”的辉煌；2012年在伦敦夏季奥运会上获得2金1银。从1992年巴塞罗那奥运会到2012年伦敦奥运会，南通书写了连续六届奥运会“届届夺金牌、届届出新人”的辉煌。

群众体育是竞技体育的基础。南通各地的群众体育十分活跃。为全面提高全民体育实力，南通市花大力气解决人民群众日益增长的体育健身锻炼需求和场地不足的矛盾。全市各县（市）、区，街道、社区积极开展各类群众体育竞赛活动，全民健身如火如荼。20世纪90年代，启东、通州、如皋、海门、海安相继成为全国体育先进县。2008年，南通市把每年的8月12日定为“南通体育日”。2009年至2012年，全国群众体育先进单位中，南通市体育局、海安县、如东县、通州区榜上有名。2012年，南通启动城市社区“10分钟健身圈”建设，计划用三年时间在市区增建160个全民健身工程点，当年增建全民健身工程点50个。积极推进“万村体育健身工程”，在全市115个乡镇建成体育健身中心，1783个行政村建成健身工程点，在苏中、苏北率先实现体育健身设施全覆盖，在省内率先完成了乡镇和行政村体育设施建设两个100%的任务。为构建公共体育的服务体系，2010年，南通市成立了全民健身志愿服务总队，下设20个志愿者服务队，每年组织举办各类全民健身活动。全市拥有各类体育社团、俱乐部近200个，不断加大社会体育指导员培训工作力度，累计拥有各级社会体育指导员17338名，全民健身志愿者总数近25000人，已基本覆盖城市所有社区和每个健身站（点）。涌现出一批群众体育先进典型。2011年，如皋市白蒲镇举办第40届全民运动会。2012年，海安县大公镇（原北凌乡）举办第49届农民运动会。南通市连读多年举办全市性的综合体育运动会和农民运动会，中小学生田径运动会，少儿家庭运动会，老年人、老干部运动会，残疾人运动会，军事体育运动会，消防运动会等。南通市允许市民刷医保卡健身。从2010年1月1日起，凡医保卡个人账户资金结余3000元以上的参保人员，都可以在5家指定的健身场馆使用医保卡健身，并享受一定优惠。当年，累计有2896人使用医保卡到市区定点运动健身场馆刷卡消费；2011年，共有4100多人使用医保卡健身，总消费金额超过700万元。

南通市老年人注重保健和体育锻炼，全市老年体育工作成效显著（详见本书第九章）。

六、宗教信仰

南通是一个佛教、道教、天主教、基督教、伊斯兰教并存的地区，宗教活动历史久远。1949年2月南通解放前夕，南通共有僧侣4148人，寺庙500多所；天主教徒40025人，教堂156所；基督教徒546人，教堂10所；穆斯林70多人，清真寺1所；道士1700多人，道观200多所。新中国成立后，各宗教团体积极响应人民政府的号召，纷纷建立爱国组织，广大宗教人士积极投身于抗美援朝、土地改革等各项运动，参加社会主义建设。中共十一届三中全会以后，南通市认真落实党的民族宗教政策，平反冤、假、错案，归还宗教房产，退赔查抄物资，1980年后，狼山广教寺、海门耶稣圣心堂、南通清真寺、段家坝基督教堂、梅观音堂道院先后修复开放；南通市佛教协会、南通市天主教爱国会、南通市基督教三自爱国运动委员会、南通市基督教协会、南通市伊斯兰教协会、南通市道教协会等相继成立。宗教事业健康发展，全市开放的寺庙、教堂、清真寺、道观逐步增加。1987年开放宗教场所42个，共有僧尼373人、道士1320人、天主教徒3万人、基督教徒600人、穆斯林496人。1997年开放宗教场所70个，2002年开放105个。2012年开放宗教场所176个，僧尼、道士教职人员分别为351人、49人，共有天主教徒约2万余人、基督教徒4.1万人、穆斯林6000余人。

南通市80%以上的宗教活动场所和信教群众在农村。南通宗教具有三个方面的特点：一是五教汇集。历史上，五大宗教很早就传入南通，并建有各自的活动场所。尤其是天主教，江苏省共有四个教区，海门教区就是其中之一。二是信众广泛。众多的信教群众是一支重要的社会群体。做好信教群众的工作，有利于南通的宗教和睦、民族团结和社会稳定。三是场所庄严。狼山广教寺素有中国八小佛教名山之称，是国内唯一的大势至菩萨道场，在苏浙沪乃至全国都具有较大的影响。每年正月初五，均有数万名来全国各地的佛教信徒来此朝山礼佛。南通天宁寺、南通城隍庙、狼山天主堂、海门天主堂、二甲香光寺、如东国清寺、如皋定慧寺等一批宗教活动场所在全国享有较高知名度。

21世纪后，南通市坚持"全面正确地贯彻党的宗教信仰自由政策，依法管理宗教事务，坚持独立自主自办原则，积极引导宗教与社会主义社会相适应"的宗教工作基本方针，对宗教领域依法管理、注重教育引导、积极探索创新，建立健全宗教领域平安创建长效管理机制。宗教工作服从、服务于全市工作大局，和谐寺观教堂建设深入开展，宗教教职人员队伍素质不断提高，宗教领域和谐稳定。南通市各类宗教大力开展慈善公益事业，引导教徒爱国爱教，摒恶向善，健康向上，尊老敬老，服务社会，促进了社会主义和谐社会建设，助推了健康老龄化、长寿规模化区域化。

第二章 人 口

人口，在整个社会进程中始终处于中心地位。南通人口发展的历史，特别是新中国成立后的人口发展轨迹，对人口老龄化的较早出现和较快发展，产生着决定性的影响。本章以详实资料反映全市人口规模、人口变动、人口结构和人口素质方面情况。

第一节 人口规模

一、人口总量

清代前期的近百年间，受战争和天灾人祸的影响，南通（时称通州）总人口一直是稀少的。清顺治十年（1653 年），通州总人口为 49638 人。这以后，总人口约在 6 万人左右，有记载，多时至 71208 人。至清雍正九年（1731 年），人口约维持在 10 万人以内。清乾隆年间（1736 — 1795 年）及以后的百余年中，社会比较安定，人口由长时期缓慢增长变为迅速增长。乾隆四十年（1775 年）、嘉庆十四年（1809 年）、道光九年（1829 年），通州人口分别增加到 333659 人、552109 人、789053 人。太平天国年间（1851 — 1864 年），江南的百姓纷纷举家到长江北岸的通州定居，人口骤增。清末以后，这里近代工业兴起，以机器为动力的大生纱厂、大生副厂、广生油厂、复新面粉厂、资生冶厂等工业企业陆续兴建，周边农民进城做工，通州城逐渐形成工商业较为发达的城市。宣统元年（1909 年），通州人口增加到 1286321 人，其中商业集中的通州城及工业集中的唐闸镇总人口达到 96169 人。

民国时期，通州撤州建县，称南通县。到民国 9 年（1920 年），因近代社会经济的发展，南通县城及唐闸总人口上升到 166277 人，比宣统元年增长 72.9%。同年，南通县总人口为 1090434 人，比宣统元年减少 195887 人（通州改为南通县后，因行政区划有所调整，故人口减少）。民国 18 年（1929 年）、20 年（1931 年）、25 年（1936 年）、26 年（1937 年），南通县总人口分别增加到 1337491 人、1353461 人、1479747 人、1425675 人。抗日战争爆发后，南通县沦陷，不少人迁居他乡。至民国 35 年（1946 年），人口减少 553378 人，总人口仅为 867293 人。其时，南通城区人口仅为 61711 人。

1949 年 2 月南通解放。是月，根据华中行政办事处决定，南通市人民政府建立，管辖唐家闸、天生港、南通城、陆洪闸、狼山一带地区，归苏皖边区第九行政区专员公署领导。是年 5 月，苏皖边区第九行政区专员公署更名南通行政专员公署（简称南通专署），下辖南通、如东、海门、启东、崇明 5 县和南通市。1950 年 1 月，海安、如皋两县划归南通专区管辖。同年 5 月，南通市升格为苏北行署直辖市；1953 年 1 月起，为江苏省省辖市。同时建有南通区（1953 年 4 月起改称专区，1978 年 7 月起改称地区）。1962 年 6 月，再次升格为省辖市。崇明县划归上海市领导。由于地方政权巩固，社会日趋安定，生产关系变革，经济发展，医疗卫生条件改善，人民生活水平和健康水平逐步提高，人口迅速增长。

1953 年至 1958 年，全区出现新中国建立后第一次生育高峰，南通地区、南通市总人口超过 560 万人。

1959 年至 1961 年，三年国民经济困难时期，人口出生率下降，人口总量有所回落。

1962 年至 1970 年，出现第二次生育高峰，其中 1964 年至 1968 年人口出生率、自然增长率均明显走高。

1971 年后，计划生育工作力度逐步加大，特别是 1978 年以后，出台一系列举措，人口增长得到明显控制。

1983 年，实行市管县体制，撤销地区行署，原隶属于地区管辖的海安等 6 县，悉归南通市领导。是年年底全市总户数 209.4 万户，总人口为 741.31 万人。同时，由于传统家庭的裂变，全市总户数亦呈逐年上升的趋势。

1998 年，全市人口总数达到历史新高，为 787.49 万人，以后较为平稳，并有所回落。

2005 年，全市总户数达到 278.72 万户，比 1983 年增加 69.32 万户，增长 33.1%；总人口为 770.86 万人。

2010 年，全市户籍人口总数为 762.92 万人，总户数 283.17 万户。同时，市区扩大，通州撤市设区，2010 年市区总人口增至 211.54 万人，总户数为 80.23 万户。

2012 年，全市户籍人口 765.2 万人，常住总人口 729.73 万人，其中市区户籍人口 211.88 万人，常住人口 232.3 万人。总户数 281.22 万户，其中市区 79.69 万户。

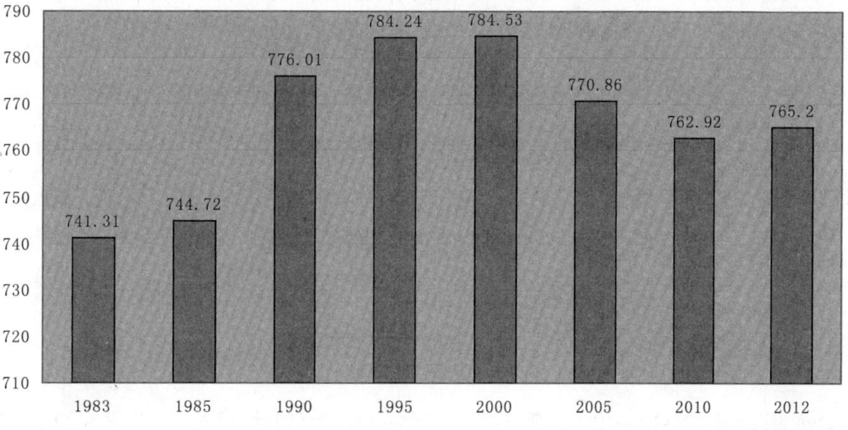

图 2-1-1 1983 — 2012 年南通市户籍总人口变化图（万人）

1983 — 2012 年南通市户数、人口数统计表[1]

表 2-1-1

年度	全市		市区	
	总人口（万人）	总户数（万户）	总人口（万人）	总户数（万户）
1983	741.31	209.40	39.72	10.45
1984	742.68	212.64	40.27	10.91
1985	744.72	220.33	41.10	11.34
1986	749.07	221.35	41.96	11.49
1987	755.75	225.51	42.82	12.07
1988	762.48	237.62	43.66	12.65
1989	770.54	248.89	44.90	13.30
1990	776.01	253.96	45.68	13.79
1991	778.84	257.10	57.89	18.44
1992	779.86	259.91	58.45	19.21
1993	781.20	261.40	59.70	19.51
1994	782.43	261.92	60.20	19.65
1995	784.24	264.29	60.90	19.81
1996	785.24	264.73	62.21	20.13
1997	786.30	264.53	63.23	20.52
1998	787.49	266.03	63.97	20.75
1999	785.99	268.45	64.73	21.14
2000	784.53	251.31	65.15	21.42
2001	782.46	271.64	79.54	26.88
2002	780.26	274.77	81.23	27.96
2003	777.62	276.33	83.01	28.83
2004	773.79	277.47	84.38	29.44
2005	770.86	278.72	85.36	30.00
2006	769.79	278.77	86.64	30.51
2007	766.13	279.47	87.25	30.82
2008	763.72	280.74	87.52	31.11
2009	762.66	279.03	211.54	80.03
2010	762.92	283.17	211.54	80.23
2011	764.88	282.76	230.01	80.12
2012	765.20	281.22	232.30	79.69

① 本章人口数据来源：1949 — 2008 年，据《南通人口和计划生育志》（中国人口出版社，2010 年 9 月，第 1 版），2009 — 2012 年，据《南通人口和计划生育年鉴（2009 — 2013）》（中国人口出版社，2014 年 9 月，第 1 版），《2013 南通统计年鉴》（中国统计出版社，2013 年 8 月，第 1 版）。

二、人口密度

宋崇宁元年（1102 年），通州人口数 43189 人，面积 5488 平方公里，人口密度为每平方公里 8 人。

清嘉庆二十四年（1819 年），通州人口数 193.3 万人，面积 7007 平方公里，人口密度为每平方公里 276 人。

民国 9 年（1920 年），人口密度为每平方公里 1295 人，城区、郊区人口密度无资料可考。

民国 21 年（1932 年），南通县人口数 1358461 人，面积 2456.75 平方公里，人口密度为每平方公里 553 人。

1949 年，南通市市区人口密度为每平方公里 1611 人，其中城区、郊区人口密度分别为每平方公里 4035 人、1141 人。

1953 年，第一次人口普查，南通市市区人口密度为每平方公里 1857 人，城区、郊区人口密度分别为每平方公里 5466 人、1249 人。

1964 年，第二次人口普查，南通市市区人口密度为每平方公里 2247 人，城区、郊区人口密度分别为每平方公里 6650 人、1483 人。

1982 年，第三次人口普查，南通区市人口密度为每平方公里 924 人。市区人口密度为每平方公里 3232 人，城区、郊区人口密度分别为每平方公里 11381 人、1668 人。

1983 年，南通市（含各县、区，下同）人口密度为每平方公里 927 人。

1987 年，南通市人口密度为每平方公里 945 人，其中市区的城区、郊区人口密度分别为每平方公里 14578 人、1432 人。

1998 年，南通市人口密度每平方公里 983 人。从 1999 年开始逐年有所下降，到 2010 年每平方公里 954 人。2012 年，每平方公里 956 人。

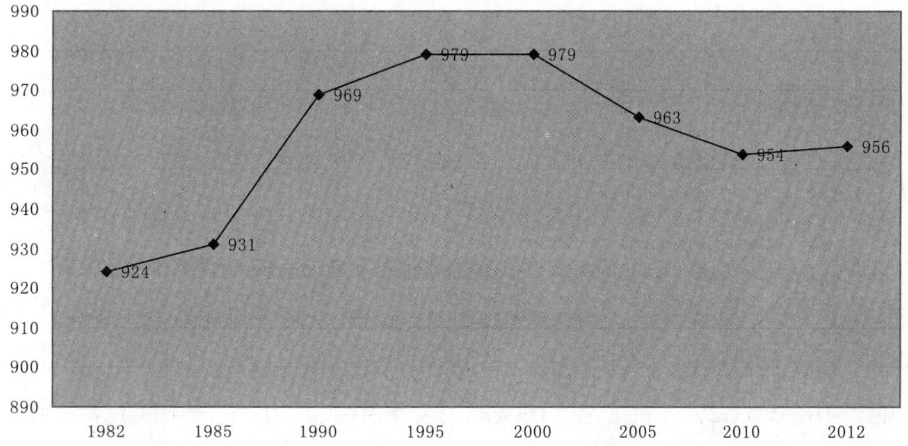

图 2-2-1 1982 — 2012 年南通市人口密度变化图（人 / 平方公里）

1949 — 2012 年南通市人口密度变化情况表

表 2-1-2　　单位：人 / 平方公里

年份	人口密度	年份	人口密度	年份	人口密度	年份	人口密度
1949	581	1965	763	1981	916	1997	982
1950	566	1966	782	1982	924	1998	983
1951	579	1967	797	1983	927	1999	981
1952	620	1968	815	1984	928	2000	979
1953	634	1969	835	1985	931	2001	977
1954	619	1970	853	1986	936	2002	975
1955	631	1971	863	1987	945	2003	971
1956	644	1972	869	1988	953	2004	967
1957	688	1973	876	1989	962	2005	963
1958	668	1974	881	1990	969	2006	962
1959	673	1975	888	1991	972	2007	958
1960	688	1976	893	1992	974	2008	955
1961	690	1977	898	1993	975	2009	953
1962	709	1978	903	1994	977	2010	954
1963	727	1979	908	1995	979	2011	956
1964	744	1980	911	1996	980	2012	956

说明：以上数据均含所属各县（市），为户籍人口。

第二节　人口变动

一、自然变动

中华人民共和国建立以后，南通人口的自然变动，总体是上升的，但不同时期出于环境背景上的差异，有所不同。实行市管县领导体制前的 1949 年至 1982 年，大致可分四个时期：第一时期，1949 年至 1958 年，人口迅速增长，且增长幅度较大。包括南通专区（后称地区，本目简称为地）和南通市在内，9 年中地、市总人口共增加 100.45 万人，每年平均增加 11.16 万人；其中，南通市人口增加 7.97 万人，每年平均增加 8856 人。1958 年为南通市人口增加最多的年份，比上年增加 2.21 万人。这 9 年中，处于国民经济三年恢复和第一个五年计划时期，生产关系发生变革，生产力得到解放，人民安居乐业，生活得到改善，城乡医疗卫生条件与新中国成立前比有较大改善。1954 年至 1958 年（1949 年至 1953 年无考证资料），人口死亡率显著下降。年平均人口死亡率，地、市为 6.62‰，市为 7.64‰。这 5 年人口出生率相当高，年平均人口出生率，地、市为 31.06‰，市为 30.13‰。年平均人口自然增长率，地、市为 21.1‰，市为 22.49‰。这一时期，人口的增长缺乏控制，出现新中国成立后第一个人口增长高峰。第二时期，1959年至1961年，国民经济三年困难时期，南通人口缓慢增长，3年中，地、市总人口自然增长率分别为5.27‰、–2.6‰、3.01‰，市人口自然增长率分别为13.42‰、3.97‰、5.33‰。值得注意的是，由于死亡率过高，1960年出现了人口下降。1960年地、市人口出生率为17.09‰，死亡率为19.69‰，高于出生率2.6个百分点。地、市总人口比上年减少8.66万人。第三时期，1962年至1970年，人口增长较快。9年中，年平均人口出生率，地、市为31.91‰，市为26.50‰；年平均人口死亡率，地、市为7.96‰，市为7.26‰；年平均人口自然增长率，地、市为23.06‰，市为19.24‰。与1954年至1958年人口自然增长率的平均数相比，地、市高1.96个千分点，市低3.25个千分点。与1959年至1961年人口自然增长率的平均数相比，地、市高出21.17个千分点，市高出11.63个千分点。这是新中国建国后第二个人口增长高峰期。第四时期，1971年至1982年，实行计划生育，人口增长的势头得到控制。12年中，人口自然增长率在10‰以上的年份，地、市仅1个（1971年13.2‰），市3个（1971年12.92‰，1979年10.56‰，1982年10.73‰）；低于6‰的年份，地、市2个（1977年5.47‰，1980年3.52‰），市5个（1973年4.52‰，1974年5.84‰，1976年5.33‰，1977年4.07‰，1978年5.99‰），其余年份介于6‰～10‰之间。其间年平均人口自然增长率，地、市为7.12‰，市为7.68‰

实行市管县领导体制后，南通市1983年至2012年的人口变动，经历了低、高、低、乃至下降几个阶段。第一阶段，1983年至1985年，人口增长继续得到有效控制，全市3年人口自然增长率分别为3.13‰、2.23‰、3.02‰，年平均人口自然增长率为2.79‰。第二阶段，1986年至1990年，全市人口出生出现生育高峰。5年间共出生564509人，平均每年出生112902人。第三阶段，1991年至2001年，出生人口虽然年度间稍有上下，但总体呈下降趋势。1991年至1995年，共出生40.59万人，平均每年出生8.12万人。1996年至2001年，共出生39.11万人，平均每年出生6.52万人。死亡情况较为平稳，没有出现大起大落的现象，每年的死亡人口在5万余人。自然增长人口，最多的为1991年，达35216人；1992年至1995年，在22867～25054人之间；1996年至2000年，在2776～15045人之间；2001年仅有485人。11年中，人口自然增长率在4‰以上的年份，仅1个（1991年4.53‰）；低于1‰的年份，有2个（1999年0.35‰，2001年0.06‰）；其余年份介于1‰～4‰之间。其间年平均人口自然增长率为2.22‰。第四阶段，2002年至2012年，全市人口自然增长率每年都为负数，在–1‰～–2‰之间的7年（最低年份2007年–1.69‰），在0～–1‰之间的4年（最高年份2002年–0.21‰）。其间年平均人口自然增长率为–1.15‰。年出生人口在44876～56647人之间，11年共出生54.88万人，年平均出生49888人。年死亡人口在54143～67708人之间，超过6万人的有2年（2010年60138人，2012年67708人），11年共死亡 64.57 万人，年平均死亡 58697 人。出生与死亡相抵，自然增长人数均为负数，–5000 人以下的 1 年（2002 年 – 1660 人），–1.1 万人以上的 5 年（最低 2007 年 –12941 人），其余年份介于 –8354 ~ –6257 人之间。

1954 – 2012 年南通市人口自然变动情况表

表 2–2–1 单位：‰

年份	出生率	死亡率	自然增长率	年份	出生率	死亡率	自然增长率
1954	32.59	11.7	20.89	1984	8.79	6.56	2.23
1955	26.82	11.29	15.53	1985	9.66	6.64	3.02
1956	37.89	15.75	22.14	1986	12.83	6.74	6.09
1957	32.80	10.12	22.68	1987	15.37	6.75	8.62
1958	25.19	8.78	16.41	1988	14.90	6.59	8.31
1959	18.16	12.89	5.27	1989	16.40	6.50	9.90
1960	17.09	19.69	–2.60	1990	14.80	7.00	7.80
1961	16.91	13.90	3.01	1991	11.24	6.71	4.53
1962	29.81	11.17	18.64	1992	10.05	7.11	2.94
1963	35.46	9.78	25.68	1993	10.19	6.99	3.20
1964	37.64	10.14	27.50	1994	10.17	7.00	3.17
1965	37.07	10.29	26.78	1995	10.37	7.17	3.20
1966	33.73	8.85	24.88	1996	9.00	7.09	1.91
1967	25.48	7.79	17.69	1997	8.68	6.97	1.71
1968	32.03	7.40	24.63	1998	9.15	7.53	1.62
1969	29.05	6.98	22.07	1999	7.53	7.18	0.35
1970	26.94	7.19	19.75	2000	8.80	7.12	1.68
1971	20.67	7.47	13.20	2001	6.61	6.55	0.06
1972	15.62	6.94	8.68	2002	6.73	6.93	–0.21
1973	14.31	6.75	7.56	2003	5.77	7.25	–1.48
1974	13.61	6.74	6.87	2004	6.56	7.58	–1.02
1975	13.36	6.68	6.68	2005	6.38	7.46	–1.08
1976	12.65	6.64	6.01	2006	6.35	7.16	–0.81
1977	12.16	6.69	5.47	2007	6.08	7.77	–1.69
1978	12.29	6.12	6.17	2008	5.99	7.59	–1.60
1979	13.07	6.10	6.97	2009	6.24	7.75	–1.51
1980	9.94	6.42	3.52	2010	7.00	7.88	–0.88
1981	12.93	6.49	6.44	2011	6.76	7.71	–0.90
1982	14.27	6.40	7.87	2012	7.40	8.90	–1.50
1983	9.88	6.75	3.13				

南通市区 1954 — 2012 年人口自然变动情况表

表 2–2–2

年份	总人口（万人）	出生		死亡		自然增长	
		人数（人）	出生率（‰）	人数（人）	死亡率（‰）	净增数（人）	净增率（‰）
1954	23.73	7573	32.38	2198	9.40	5375	22.95
1955	24.04	8416	35.23	2651	11.10	5765	23.98
1956	24.30	4542	18.79	1309	5.42	3233	13.31
1957	25.19	8758	35.39	1234	4.99	7524	29.87
1958	27.40	7886	29.98	1914	7.28	5972	22.00
1959	28.30	6732	24.17	2935	10.54	3797	13.42
1960	28.38	5069	17.89	3943	13.91	1126	3.97
1961	27.38	5216	18.71	3755	13.47	1461	5.33
1962	27.55	8395	30.56	3139	11.43	5256	19.08
1963	27.70	9839	35.62	2562	9.28	7277	26.27
1964	28.00	8156	29.29	2165	7.77	5991	21.40
1965	28.19	7384	26.28	1986	7.07	5398	19.15
1966	28.71	6917	24.31	1972	6.93	4945	17.26
1967	29.20	5855	20.22	1233	4.26	4622	15.83
1968	29.53	7348	25.02	1519	5.17	5829	19.74
1969	29.40	6884	23.37	1952	6.63	4932	16.78
1970	29.34	6972	23.74	1961	6.68	5011	17.38
1971	30.06	5757	19.38	1930	6.50	3827	12.73
1972	30.53	4213	13.90	1736	5.73	2477	8.11
1973	30.84	3044	9.92	1651	5.38	1393	4.52
1974	31.34	3681	11.84	1850	5.95	1831	5.84
1975	31.98	4073	12.86	1777	5.61	2296	7.18
1976	32.56	3376	10.46	1641	5.09	1735	5.33
1977	33.11	3178	9.68	1829	5.57	1349	4.07
1978	34.32	3737	11.08	1683	4.99	2054	5.99
1979	36.00	5460	15.53	1657	4.71	3803	10.56
1980	36.94	4591	12.59	1850	5.07	2741	7.42
1981	37.74	5567	14.91	1908	5.11	3659	9.70
1982	38.78	6065	15.85	1903	4.97	4162	10.73
1983	39.72	4090	10.42	1894	4.83	2196	5.53
1984	40.27	3513	8.78	1853	4.63	1660	4.12
1985	41.10	3504	8.61	2038	5.04	1466	3.57
1986	41.96	4313	10.39	2612	6.29	1701	4.05

续表 2-2-2

年份	总人口（万人）	出生		死亡		自然增长	
		人数（人）	出生率（‰）	人数（人）	死亡率（‰）	净增数（人）	净增率（‰）
1987	42.82	5083	11.99	2006	4.73	3077	7.19
1988	43.66	5563	12.87	2266	5.24	3297	7.55
1989	44.90	6480	14.60	2342	5.30	4138	9.22
1990	45.68	4864	10.70	2501	5.50	2363	5.17
1991	57.89	5771	11.24	3023	6.71	2748	4.75
1992	58.45	5128	8.82	3402	5.85	1726	2.95
1993	59.11	6238	10.56	3226	5.46	3012	5.10
1994	60.20	5784	9.65	2900	4.84	2884	4.79
1995	60.90	6401	10.57	2993	4.94	3408	5.60
1996	62.21	7005	11.37	3168	5.14	3837	6.17
1997	63.23	5581	9.08	3208	4.89	2373	3.75
1998	63.97	5807	9.13	3430	5.39	2377	3.72
1999	64.73	5427	8.43	2859	4.44	2568	3.97
2000	65.14	5862	9.03	5460	8.41	402	0.62
2001	79.54	4946	6.77	3963	5.53	983	1.24
2002	81.23	5700	7.02	4392	5.42	1308	1.61
2003	83.01	5377	6.48	4983	6.00	394	0.48
2004	84.38	6116	7.31	4989	5.96	1127	1.34
2005	85.36	5766	6.75	5408	6.34	358	0.42
2006	86.64	6123	6.75	5315	6.13	808	0.93
2007	87.25	6328	7.23	5455	6.23	873	1.00
2008	87.52	6002	6.86	5565	6.36	437	0.50
2009	211.54	14212	6.71	16606	7.85	–2394	–1.13
2010	211.54	16228	7.67	17022	8.04	–794	–0.37
2011	211.70	15951	7.54	16517	7.81	–566	–0.27
2012	211.88	18016	8.51	20050	9.47	–2034	–0.96

二、机械变动

新中国成立后，南通市总人口的变动，主要是自然增长。机械变动在总人口变动中所占比重不大。1953 年，南通市总人口为 230412 人，到 1982 年总人口增加到 387761 人，29 年中，共增加 157349 人，其中机械增长 35711 人，机械增长占净增人口的 22.7%。据统计，1954 年至 1982 年的 28 年中，年平均自然增长率为 13.62‰，而年平均机械增长率仅 4.13‰。

新中国成立后，南通市境内城乡之间人口大规模迁移有两次：第一次是在国民经济困难时期，由于1958年的“大跃进”，农村不少人口来到城市。1962年，实行国民经济调整，不少人又回到农村。仅南通市市区就有11133人从城市回到农村，第二次是在“文化大革命”期间，1970年前后，知识青年下乡落户，干部、教师、医务人员以及城镇居民下放农村计14889人（其中干部下放劳动3089人）。“文化大革命”结束后，大部分人员陆续返城并安排工作。

20世纪80年代，南通市人口省际间的迁移，数量逐渐增大。1980年至1983年，南通市市区从外省迁入的人数分别为2279人、2414人、3602人、2733人，迁至外省的人数分别为553人、490人、688人、643人，净迁入分别为1726人、1924人、2914人、2090人。南通市人口在江苏省内迁移变动的数量比省际迁移量大。1980年至1983年，从省内迁入的人数分别为7564人、6761人、6760人、9154人，迁出省内的人数分别为2839人、4102人、3551人、4181人，净迁人人数分别为4725人、2659人、3209人、4973人。1984年，南通市经国务院批准为全国14个进一步对外开放城市之一以后，经济快速发展，出外经商、务工、就学的人员越来越多。据统计，2010年，仅建筑业全市常年外出施工人员即达70万人。外来流入人口数量也逐年增长，据2010年第六次人口普查，全市外来流动人口为101.72万人，其中：县内跨乡镇流人人口38.22万人，省内跨县流入人口30.51万人，省外流入人口32.98万人，与第五次人口普查相比，分别减少5.02%、增加106.57%与133.07%。外来流入人口不仅数量增加，且以跨县、跨省流动为主。根据第六次人口普查数据，2010年全市常年流出人口为139万人，其中流出最多的是启东市，为27.6万人，最少的是如东县，为12.7万人。全市净流出人口37.3万人，南通市为长三角中心城市中为数不多的“人口输出型城市”。

第三节　人口分布

一、城乡人口

1983年3月起，南通实行市领导县的新体制。这一年，南通市户籍总人口741.31万人，其中市区39.72万人，占总人口的5.36%；各县701.59万人，占总人口的94.64%。全市城镇人口69.7万人，仅占总人口的9.6%；乡村人口671.61万人，占总人口的比重高达90.6%。随着改革开放的逐步深入和经济社会的发展，南通城镇化的进程不断加快，城镇化率[①]不断提高。1993年，南通市户籍总人口781.2万人，城镇人口达

① 城镇化率（又称城市化率）是一个地区经济发展的重要标志，也是衡量一个地区社会组织程度和管理水平的重要标志。人口学讲的城镇化是农业人口转化为城市人口的过程，即以农村人口不断向城市迁移和聚集为特征的一种历史过程。城镇化率（城镇化水平）通常用市人口和镇驻地聚集区人口占全部人口的百分比来表示，用于反映人口向城市聚集的过程和聚集程度。一个地区城乡人口的变化通常体现了城镇化的进程。

到191.13万人，比1983年增加121.43万人，城镇化率提升到24.47%；乡村人口566.2万人，占总人口的比重为75.53%，比1983年减少了14.87个百分点。

2005年，南通市常住总人口732.28万人，城镇人口326.6万人，城镇化率达到44.6%；乡村人口405.68万人，占总人口的55.4%。从1993年到2005年，城镇人口增加了137.67万人，年均增加11.47万人；城镇化率提升了21.28个百分点，年均提高1.68%。

2006年至2012年，城镇化率逐年提升，乡村人口持续减少。2006年，城镇化率达到46.9%，比上年提高2.3个百分点。2008年，城镇化率达到50.25%，比2006年提高3.35个百分点；乡村人口比重第一次跌到50%以内。2010年，城镇化率达到55.8%，比5年前增加11.2个百分点，年均增加2.24个百分点。2011年，城镇化率又比上年提升1.8个百分点。2012年年末，南通市常住人口为729.73万人，比2011年增加0.82万人。城镇人口为428.57万人，比2011年增加8.72万人，同比增长2.08%。全市城镇化率达到58.73%，比2011年提升了1.13个百分点。全市乡村人口减少到301.16万人，占总人口的比重降至41.27%。

1949—2012年南通市户籍人口分布情况表

表2-3-1 单位：万人

年份	合计	市区	海安	如皋	如东	通州	海门	启东
1949	464.52	19.43	60.93	94.30	69.97	94.28	64.82	60.79
1950	475.77	20.41	62.27	96.00	71.80	97.53	65.60	62.16
1951	486.55	21.39	63.05	97.80	73.63	100.73	66.39	63.56
1952	495.80	22.37	64.33	99.00	74.92	102.55	67.39	65.24
1953	507.08	23.04	65.63	100.50	75.71	105.25	68.34	68.61
1954	520.69	23.73	66.56	103.51	76.54	110.72	69.61	70.02
1955	530.42	24.04	68.57	104.41	80.80	109.46	71.36	71.78
1956	541.10	24.30	70.44	104.43	81.25	112.88	72.56	75.24
1957	550.45	25.19	72.34	105.63	82.54	114.08	73.63	77.04
1958	561.92	27.40	72.49	109.62	83.06	117.58	74.27	77.50
1959	565.85	28.30	72.69	108.47	83.34	118.44	75.32	79.29
1960	550.26	28.38	70.53	105.71	81.90	110.79	73.24	79.71
1961	552.03	27.38	71.40	105.63	82.74	110.86	73.54	80.46
1962	567.51	27.55	72.59	107.51	84.84	115.02	76.06	83.94
1963	581.52	27.70	73.38	109.43	87.09	118.53	78.48	86.91
1964	595.38	28.00	74.80	111.76	89.43	121.73	80.53	89.13
1965	610.44	28.19	76.69	114.62	91.67	125.29	82.57	91.41
1966	626.03	28.71	78.71	117.77	94.03	128.63	84.56	93.62

续表 2-3-1

年份	合计	市区	海安	如皋	如东	通州	海门	启东
1967	638.27	29.20	80.20	120.00	96.10	131.24	86.13	95.40
1968	652.40	29.53	82.37	122.95	98.20	134.30	87.39	97.66
1969	668.64	29.40	84.73	126.08	100.68	137.88	90.15	99.72
1970	682.26	29.34	86.80	128.86	102.80	140.69	91.98	101.79
1971	690.52	30.06	87.87	130.40	103.74	142.35	93.07	103.03
1972	695.21	30.53	88.44	131.44	104.33	143.33	93.40	103.74
1973	700.61	30.84	89.06	132.20	105.01	144.47	94.21	104.82
1974	704.93	31.34	89.41	132.87	105.49	145.31	94.80	105.71
1975	710.22	31.98	90.07	133.82	106.06	146.09	95.53	106.67
1976	714.44	32.56	90.54	134.44	106.53	146.83	96.00	107.54
1977	718.58	33.11	90.95	135.05	107.01	147.48	96.62	108.36
1978	722.71	34.32	91.43	135.69	107.49	147.82	96.98	108.98
1979	726.33	36.00	92.02	136.29	107.65	147.75	97.26	109.36
1980	729.11	36.94	92.35	136.59	107.83	148.15	97.56	109.69
1981	733.25	37.74	93.08	137.08	108.24	148.80	98.09	110.22
1982	739.11	38.78	93.94	137.83	108.93	149.85	98.72	111.06
1983	741.31	39.72	94.11	137.98	108.90	150.10	98.99	111.51
1984	742.68	40.27	94.15	137.96	108.79	150.34	99.27	111.90
1985	744.72	41.10	94.30	138.23	109.02	150.49	99.44	112.14
1986	749.07	41.96	94.89	139.07	109.82	151.08	99.70	112.55
1987	755.75	42.82	95.87	140.24	110.76	152.45	100.30	113.31
1988	762.48	43.66	96.67	141.59	111.62	153.75	101.01	114.18
1989	770.54	44.90	97.65	143.57	112.25	155.41	101.72	115.04
1990	776.01	45.68	98.09	144.68	112.78	156.51	102.41	115.86
1991	778.84	57.89	98.36	145.10	113.04	145.38	102.81	116.26
1992	779.86	58.45	98.51	144.73	113.21	145.66	102.97	116.33
1993	781.20	59.70	98.69	144.42	113.36	145.64	102.95	116.44
1994	782.43	60.20	98.85	144.67	113.31	145.89	103.10	116.41
1995	784.24	60.90	99.00	145.18	113.46	145.86	103.43	116.41
1996	785.24	62.21	99.00	145.14	113.20	145.57	103.46	116.66
1997	786.30	63.23	99.16	145.37	112.90	145.60	103.25	116.79
1998	787.49	63.97	98.90	146.55	112.52	145.23	103.78	116.54
1999	785.99	64.73	98.48	146.21	112.09	144.66	103.69	116.13
2000	784.53	65.14	98.18	145.67	111.50	144.28	103.57	116.19
2001	782.46	79.54	97.76	145.28	110.89	130.19	103.13	115.67

续表 2-3-1

年份	合计	市区	海安	如皋	如东	通州	海门	启东
2002	780.26	81.23	97.27	144.56	110.11	129.21	102.75	115.13
2003	777.62	83.01	96.54	143.87	109.36	128.13	102.33	114.38
2004	773.79	84.38	95.98	142.61	108.46	127.14	101.82	113.40
2005	770.86	85.36	95.33	142.01	107.68	126.25	101.36	112.87
2006	769.79	86.64	95.03	141.85	107.14	125.64	101.05	112.44
2007	766.13	87.25	94.19	141.01	106.30	124.89	100.65	111.84
2008	763.72	87.52	93.81	140.92	105.67	124.27	100.12	111.41
2009	762.66	211.54	93.68	140.72	105.30	列入市区	99.84	111.58
2010	762.92	211.54	93.42	141.21	104.84	列入市区	99.86	112.05
2011	764.88	211.75	93.71	142.26	104.75	列入市区	99.99	112.41
2012	765.20	211.88	93.87	142.50	104.60	列入市区	99.97	112.38

说明：通州区2009年至2012年分年度户籍总人口分别为124.16万人、124.64万人、125.25万人、125.73万人。

1983 — 2012年南通市城乡人口变化情况表

表 2-3-2　　单位：万人、%

年份	总人口	城镇人口	城镇化率	乡村人口	占总人口比重	备 注
1983	741.31	69.70	9.40	671.61	90.60	户籍人口
1993	781.20	191.13	24.47	590.07	75.53	户籍人口
2003	748.38	290.37	38.80	458.01	61.20	常住人口
2004	745.78	325.16	43.60	420.62	52.40	常住人口
2005	732.28	326.60	44.60	405.68	55.40	常住人口
2006	724.93	339.99	46.90	384.94	53.10	常住人口
2007	717.95	348.92	48.60	369.03	51.40	常住人口
2008	714.77	359.17	50.25	355.60	49.75	常住人口
2009	713.37	375.95	52.70	337.42	47.30	常住人口
2010	728.36	406.44	55.80	321.92	44.20	常住人口
2011	728.91	419.85	57.60	309.06	42.40	常住人口
2012	729.73	428.57	58.73	301.16	41.27	常住人口

说明：1983年、1993年城镇人口数、乡村人口数分别等同于当年非农业人口数、农业人口数。

二、农业、非农业人口

1949年，新设立的南通市农业人口为11.31万人，非农业人口为8.12万人，分别占全市总人口19.43万人的58.21%和41.79%。在总人口中，农业人口比非农业人口多16.42%。1949年至1955年，农业人口仍多于非农业人口，但在总人口中非农业人口增长的幅度大于农业人口。1955 年，农业人口为 12.95 万人，非农业人口为 11.09 万人，分别占全市总人口 24.04 万人的 53.87%和 46.13%，农业人口比非农业人口多 7.74%。与 1949 年相比较，农业人口增加 1.64 万人，非农业人口增加 2.97 万人，分别增长 14.5%和 36.58%。

1956 年至 1961 年，前两年，南通市非农业人口在总人口中的占比开始略大于农业人口，后 4 年，非农业人口增长幅度增大。

1962 年至 1977 年的 16 年中，因知识青年上山下乡、干部下放等原因，在总人口中非农业人口多于农业人口的仅 4 个年份。

1983 年，南通市实行市管县新体制，辖区总人口 741.31 万人，农业人口为 671.61 万人，占总人口的 90.6%。

1978 年至 1987 年，因招生、招工征地，及其他落实政策等原因，大量农业人口转为非农业人口。10 年中，南通市区非农业人口持续增加，后 4 年更为突出，1987 年，市区非农业人口是农业人口的 3 倍。

南通市所辖六县（市）人口总量较大，市区人口明显小于县（市）人口。1990 年和 2001 年，两次对市区和南通县区划进行调整，1990 年，南通县所辖的新开镇、秦灶乡、陈桥乡、幸福乡和小海镇的 6 个行政村共计 11.82 万人划入市区。2001 年，又将通州市（1993 年 2 月南通县撤县建通州市）所辖的观音山镇、小海镇、竹行镇、南通农场、东方红农场、新开农场划入南通市区，南通市区人口由 1983 年的 39.72 万人增长到 2005 年的 85.36 万人。2009 年 7 月，通州市撤市设区，南通市区规模进一步扩大，2010 年，市区户籍总人口达 211.54 万人。全市农业人口减少到 403.76 万人，占户籍总人口的比重降低为 52.92%，比 1983 年降低 22.66 个百分点。

2012 年，全市农业人口继续减少到 390.37 万人，占户籍总人口的比重下降为 51.02%，比 1993 年降低 39.58 个百分点。

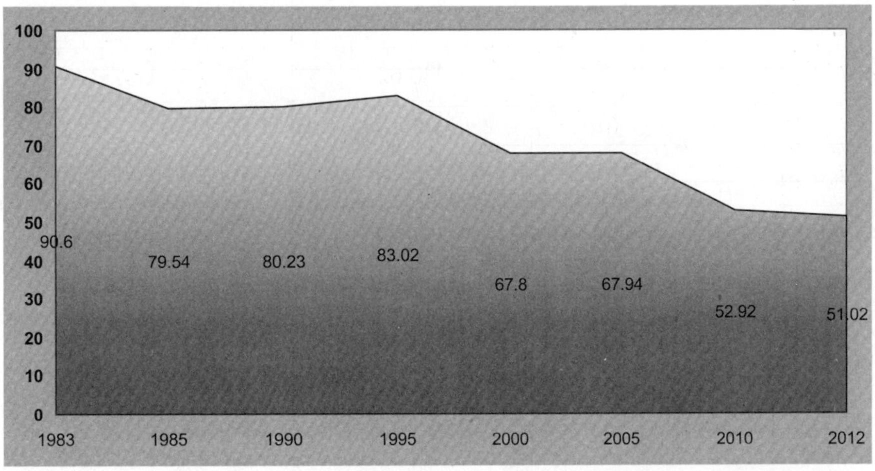

图 2-3-1 1983 — 2012 年南通市农业人口占总人口百分比变化图（%）

1983—2012年南通市农业人口与非农业人口变动情况表

表2-3-3　　单位：万人

年份	总人口	农业人口	非农业人口	非农业人口占总人口%
1983	741.31	671.61	69.70	9.40
1984	742.68	611.14	131.54	17.71
1985	744.72	592.35	152.37	20.46
1986	749.07	599.34	149.73	19.99
1987	755.75	618.62	137.13	18.51
1988	762.48	616.65	145.83	19.13
1989	770.54	619.12	151.42	19.65
1990	776.01	622.62	153.39	19.77
1991	778.84	623.17	155.67	19.97
1992	779.86	618.21	161.65	20.73
1993	781.20	590.07	191.13	24.23
1994	782.43	578.96	203.47	26.01
1995	784.24	572.63	211.61	26.98
1996	785.24	545.00	240.24	30.59
1997	786.30	541.94	244.36	31.08
1998	787.49	540.28	247.21	31.39
1999	785.99	537.53	248.46	31.61
2000	784.53	531.94	252.59	32.20
2001	782.46	524.70	257.76	32.94
2002	780.26	517.45	262.81	33.68
2003	777.62	542.70	234.92	30.20
2004	773.79	533.17	240.62	31.09
2005	770.86	523.70	247.16	32.06
2006	769.79	505.49	264.30	34.33
2007	766.13	474.20	291.93	38.10
2008	763.72	442.12	321.60	42.11
2009	762.66	405.01	357.65	46.90
2010	762.92	403.76	359.16	47.08
2011	764.88	398.17	366.71	47.94
2012	765.20	390.37	374.83	48.98

1983 — 2002 年南通市农业人口转非农业人口情况表

表 2-3-4　　　　单位：人

年份	合计	招生	招工	征地	随军家属	科技人员家属	职工居民家属	落实政策	煤矿井下工人家属	其他
总计	632182	114567	42740	90109	1361	8493	62057	16505	18114	278236
1983	20992	2584	2613	962	315	899	1957	2779		8883
1984	14065	3115	2326	97	117	1349	2124	3774		1163
1985	15252	2188	274	9284	43	369	2968	122	4	
1986	65777	3401	2773	13679	127	1894	5331	5301	4725	28546
1987	29960	3691	1070	8588	84	396	3541	1359	1088	10143
1988	68403	4136	4582	1881	72	175	3234	711	7212	46400
1989	39988	5113	5203	4920	95	170		590	810	23087
1990	31041	3270	10059	1131	42	85	1274	82	800	14298
1991	10661	3588	1556	2965	61	4	611	224	1285	367
1992	11497	3734	1481	2431	42	117	1892	166	502	1132
1993	21584	5667	4033	4532	60	71	1957	69	222	4973
1994	19937	4617	2332	6229	53	21	1766	78	651	4190
1995	21440	6661	862	5864	43	13	6260	38	302	1397
1996	24742	7424	856	7267	78	963	3919	189	241	3805
1997	22834	9776	1017	2782	23	822	3269	220	32	4893
1998	17305	9425	425	1809	27	493	1521	105	100	3400
1999	33011	8636	13	2371	14	360	8299	99	73	13146
2000	74429	8733	82	3236	19	226	9728	396	8	52001
2001	40642	8615	29	2320	32	41	1076	149	1	28379
2002	48622	10193	1154	7761	14	25	1330	54	58	28033

第四节　人口结构

一、性别结构

1964 年，第二次人口普查，南通市（不含各县）总人口为 277416 人，男性 142013 人，占总人口的51.19%；女性135403人，占总人口的48.81%，总人口性别比例为104.88（以女性为100，下同）。

1982年，第三次人口普查，全市（不含各县）总人口为389988人，男性202454人，占总人口的51.91%；女性187534人，占总人口的48.09%，总人口性别比例为107.96。各年龄组的性别比例：4岁以下婴幼儿25356人，男性13081人，女性12275人，性别比例为106.6；15 — 24岁性别比例为114.36；35 — 49岁性别比例为114～120；60岁以上性别比例逐年降低，80 — 99岁性别比例降低到54～10。

对照全省，1964年人口普查时，江苏全省总人口的性别比例为101.5，南通市为104.88；1982年人口普查，江苏全省总人口的性别比例为103.4，南通市为107.96。上述两次普查，南通市总人口性别比例均高于江苏全省平均数的数值。

1987年，全市总人口为755.75万人，男380.17万人，占总人口的50.3%；女375.58万人，占总人口的49.7%，总人口性别比例为101.22。同年，南通市区总人口为42.82万人，男性21.99万人，占总人口的51.35%；女性20.83万人，占总人口的48.65%，总人口性别比例为105.58。

2010年，全市户籍总人口为762.92万人，男377.37万人，占总人口的49.59%；女385.55万人，占总人口的50.41%，总人口性别比例为97.88。同年，南通市区总人口为211.54万人，男性104.14万人，占总人口的49.23%；女性107.4万人，占总人口的50.77%，总人口性别比例为96.96。

2012年，全市户籍人口为765.2万人，男377.78万人，占总人口的49.37%，为387.42万人，占总人口的50.63%，总人口性别比例为97.51%。同年，南通市区总人口为211.88万人，男103.99万人，占总人口的49.08%，女107.89万人，占总人口的50.92%，总性别比例为96.3%。

上述情况表明，南通市 从1983年以后，人口性别结构总体处于合理区间之内，但各年份略有波动，性别比存在略高略低状况。从上世纪九十年代后期起，各年份人口存量均为女性略高于男性，其原因很多，与人口年龄关系极大。对照历年出生人口性别比，情况就比较严重了。详见下列各统计表。

1983 — 2012 年南通市户籍人口性别情况统计表

表 2-4-1　　　　单位：万人

年份	全市			市区		
	合计	男	女	合计	男	女
1983	741.31	372.14	369.17	39.72	20.59	19.13
1984	742.68	373.13	369.55	40.27	20.80	19.47
1985	744.72	374.49	370.23	41.10	21.19	19.91
1986	749.07	376.75	372.32	41.96	21.58	20.38
1987	755.75	380.17	375.58	42.82	21.99	20.83
1988	762.48	383.64	378.84	43.66	22.40	21.26
1989	770.54	387.88	382.66	44.90	22.98	21.92
1990	776.01	390.61	385.40	45.68	23.45	22.23
1991	778.84	392.08	386.76	57.89	29.48	28.41
1992	779.86	392.64	387.22	58.45	29.74	28.71
1993	781.20	393.17	388.03	59.70	30.32	29.38
1994	782.43	393.34	389.09	60.20	30.56	29.64
1995	784.24	394.02	390.22	60.90	30.48	30.06
1996	785.24	393.91	391.33	62.21	31.38	30.83
1997	786.30	393.56	392.74	63.23	31.74	31.49
1998	787.49	393.84	393.65	63.97	32.08	31.89
1999	785.99	392.74	393.25	64.73	32.43	32.65
2000	784.53	391.57	392.96	65.15	32.62	32.53
2001	782.46	390.11	392.35	79.54	39.74	39.80
2002	780.26	388.80	391.46	81.23	40.51	40.72
2003	777.62	387.21	390.41	83.01	41.30	41.71
2004	773.79	384.97	388.82	84.38	41.94	42.44
2005	770.86	383.19	387.67	85.36	42.33	43.03
2006	769.79	382.47	387.32	86.64	42.89	43.75
2007	766.13	380.12	386.01	87.25	43.15	44.10
2008	763.72	378.56	385.16	87.52	43.21	44.31
2009	762.66	377.60	385.06	211.54	104.30	107.24
2010	762.92	377.37	385.55	211.54	104.14	107.40
2011	764.88	378.01	386.84	211.75	104.13	107.62
2012	765.20	377.78	387.42	211.88	103.99	107.89

说明：2009 — 2012 年市区统计数中含通州区，通州区 2009 年年末，总人口 124.16 万人，

男61.17万人，女62.99万人；2010年年末，总人口124.64万人，男61.29万人，女63.35万人；2011年年末，总人口中125.25万人，男61.52万人，女63.73万人；2012年年末，总人口125.73万人，男61.64万人，女64.09万人。

1982年第三次人口普查南通总人口和男女比例情况表

表2–4–2

地 区	总人口数（人）			占总人口数合计的百分比(%)		性别比例 女=100
	合 计	男	女	男	女	
总 计	7343089	3687012	3656077	50.21	49.79	100.85
市 区	389988	202454	187534	51.91	48.09	107.96
海安县	931005	469690	461315	50.45	49.55	101.82
如皋县	1370526	694271	676255	50.66	49.34	102.66
如东县	1084264	550328	533936	50.76	49.24	103.07
南通县	1487388	743263	744125	49.97	50.03	99.88
海门县	977750	483024	494726	49.40	50.60	97.63
启东县	1102168	543982	558186	49.36	50.64	97.46

1990年第四次人口普查南通市总人口和男女比例情况表

表2–4–3

地 区	总人口数（人）			占总人口数合计的百分比(%)		性比例 女=100
	合 计	男	女	男	女	
总 计	7667913	3841799	3826114	50.10	49.90	100.41
市 区	594191	303619	290572	51.10	48.90	104.49
海安县	973135	489877	483258	50.34	49.66	101.37
如皋县	1427207	721418	705789	50.55	49.45	102.21
如东县	1116318	563472	552846	50.48	49.52	101.92
南通县	1424500	711240	713260	49.93	50.07	99.72
海门县	996141	490808	505333	49.27	50.73	97.13
启东县	1136421	561356	575065	49.40	50.60	97.62

2000年第五次人口普查南通市总人口和男女比例情况表

表 2–4–4

地 区	总人口数（人）			占总人口数合计的百分比（%）		性别比例 女=100
	合 计	男	女	男	女	
总 计	7512919	3594099	3918820	47.84	52.16	91.71
市 区	771386	386206	385180	50.07	49.93	100.27
海安县	921999	436442	485557	47.34	52.66	89.88
如皋市	1362533	659720	702813	48.42	51.58	93.87
如东县	1085478	532069	553409	49.02	50.98	96.14
通州区	1371498	652777	718721	47.60	52.40	90.82
海门市	942952	431066	511886	45.71	54.29	84.21
启东市	1057073	495819	561254	46.90	53.10	88.34

2010年第六次人口普查南通市总人口和男女比例情况表

表 2–4–5

地 区	总人口数（人）			占总人口数合计的百分比（%）		性别比例 女=100
	合 计	男	女	男	女	
总 计	7283622	3443092	3840530	47.27	52.73	89.65
市 区	2274113	1096819	1177294	48.23	51.77	93.16
海安县	866337	404695	461642	46.71	53.29	87.66
如皋市	1267066	604053	662813	47.67	52.37	91.13
如东县	995983	478054	517929	48.00	52.00	92.30
海门市	907598	411363	496235	45.32	44.68	82.90
启东市	972525	447908	524617	46.06	53.94	85.30

1970 — 2012 年南通市出生人口性别比例情况表

表 2-4-6 单位：人

年份	男	女	合计	性别比例 女 =100
1970	97007	91836	188843	106
1971	84804	80664	165468	105
1972	61588	58558	120146	105
1973	53626	50577	104203	106
1974	51171	48733	99904	105
1975	49869	47313	97182	105
1976	48958	46060	95018	106
1977	49064	46224	95288	106
1978	46062	43530	89592	106
1979	52341	49572	101913	106
1980	47869	45561	93430	105
1981	41110	38423	79533	107
1982	51908	49254	101162	105
1983	37441	35727	73168	105
1984	33751	31456	65207	107
1985	37239	34613	71852	108
1986	49636	46191	95827	107
1987	59988	55624	115612	108
1988	58707	54370	113077	108
1989	65090	60517	125607	108
1990	55152	50868	106020	108
1991	45024	41382	86406	109
1992	41883	38464	80347	109
1993	39138	36145	75283	108
1994	38275	35708	73983	107
1995	36628	34488	71116	106
1996	33060	31090	64150	106
1997	28440	26355	54795	108
1998	25802	24254	50056	106
1999	24967	23163	48130	108
2000	26003	25157	51160	103
2001	22939	21515	44454	107
2002	22508	21358	43866	105
2003	23276	21800	45076	107
2004	26172	24691	50863	106
2005	25470	23804	49274	107
2006	25039	23847	48886	105
2007	23815	22900	46715	104
2008	23471	22354	45825	105
2009	24147	23499	47646	102.76
2010	27370	26015	53385	105.21
2011	26155	25510	51665	102.53
2012	29102	27545	56647	105.65

二、民族结构

1953 年，南通地区人口以汉族为主，回族、满族、蒙古族人数极少，3 个少数族人口总计 93 人，主要居住在南通市区、如皋县、海门县。

1964 年，南通地区共有汉族、回族、藏族、满族、蒙古族、朝鲜族、苗族、壮族 8 个民族的人口。其中汉族 5859391 人，少数民族人口 244 人。

1982年7月1日第三次人口普查，南通市及南通地区所属六县共有汉族、回族、满族、蒙古族、朝鲜族、苗族、白族、彝族、壮族、侗族、黎族、维吾尔族、高山族、土家族、土族、傣族、布依族、藏族 18 个民族。其中汉族人口 7342543 人，占总人口的 99.99%，少数民族 538 人，占总人口的 0.01%。少数民族以回族人口最多，其次是满族、蒙古族。分布在市、县 150 多个乡、镇。1987 年，边远、少数民族地区婚进人口明显增多，仅如皋县就婚进 58 人。来自西南地区的少数民族人数最多，其中侗族从 1 人增至 103 人，土家族从 2 人增至 73 人，苗族从 6 人增至 114 人，傣族从 1 人增至 12 人，布依族从 3 人增至 29 人，壮族从 15 人增至 110 人。当年，新增加瑶族、哈尼族、哈萨克族、景颇族、水族、纳西族、羌族、锡伯族、俄罗斯族等民族，全市共有少数民族 29 个，共 1384 人，占总人口的比重为 0.02%。

1990 年，全市共有 30 个少数民族，在各少数民族中，人口超过 100 人的有：回族 495 人，满族 162 人，蒙古族 124 人，苗族 114 人，壮族 110 人，侗族 103 人。

2000 年，全市人口中，少数民族人口为 15702 人，占总人口的比重为 0.21%。全市共有 52 个少数民族，在各少数民族中，人口超过 1000 人的有：苗族 3976 人，侗族 3386 人，蒙古族 1434 人，土家族 1380 人。

2010 年，全市人口中，少数民族人口为 22031 人，占总人口的比重为 0.21%。全市共有 53 个少数民族，在各少数民族中，人口超过 1000 人的有：苗族 5589 人，土家族 3120 人，侗族 2901 人，布依族 2209 人，彝族 1475 人，回族 1285 人。

三、职业结构

1982 年，第三次人口普查，南通市区在业人口 252296 人，人口在业率 82%，在全省名列前茅。

1990 年，南通全市在业人口 5401152 人，占总人口的 70.44%，其中各类专业、技术人员 220776 人，国家机关党群组织、企事业单位负责人 119982 人，办事员和有关人员 53236 人，商业工作人员 158117 人，服务性工作人员 145859 人，农林牧渔劳动者 3121303 人，生产工人、运输工人和有关人员 1577071 人，其他 4808 人。

2000 年，全市在业人口占总人口的比重为 66.17%，其中各类专业技术人员占在业人员的比重为 4.51%，国家机关党群组织、企事业单位负责人占在业人员的比重为 2.46%，办事员和有关人员占在业人员的比重为 1.64%，商业服务业人员占在业人员的比重为 7.92%，农林牧渔水利业生产人员占在业人员的比重为 58.56%，生产、运输、设备操作人员及有关人员占在业人员的比重为 24.87%，其他 0.04%。

第三、四次人口普查南通市从事各种职业人口数统计表

表 2-4-7　　单位：人

职业类别	1982 年	1990 年
1. 各类专业、技术人员	217428	220776
2. 国家机关、党群组织、企事业负责人	63477	119982
3. 办事员和有关人员	33801	53236
4. 商业工作人员	77382	158117
5. 服务性工作人员	107229	145859
6. 农林牧渔劳动者	3174516	3121303
7. 生产工人、运输工人和有关人员	1143794	1577071
8. 不便分类的其他劳动者	2971	4808

2000 年第五次人口普查南通市从事各种职业人口数统计表

表 2-4-8　　单位：人

职业类别	合计
1. 农、林、牧、渔业	284378
2. 采掘类	43
3. 制造业	91583
4. 电力、煤气及水的生产和供应业	2247
5. 建筑业	33847
6. 地质勘查业、水利管理业	257
7. 交通运输、仓储及邮电通信业	11246
8. 批发和零售贸易、餐饮业	27749
9. 金融、保险业	2059
10. 房地产业	529
11. 社会服务业	8348
12. 卫生、体育和社会福利业	4331
13. 教育、文化艺术及广播电影电视业	9519
14. 科学研究和综合技术服务业	364
15. 国家机关、党政机关和社会团体	7675
16. 其他行业	460

2010年第六次人口普查南通市从事各种职业人口数统计表

表2-4-9　　单位：人

职业类别	人口数
1.农、林、牧、渔业	124934
2.采掘类	112
3.制造业	158320
4.电力、煤气及水的生产和供应业	2659
5.建筑业	52179
6.交通运输、仓储及邮电通信业	13574
7.信息传输、计算机服务和软件业	1925
8.批发和零售业	49641
9.住宿和餐饮业	9343
10.金融业	2889
11.房地产业	2059
12.租赁和商务服务业	3717
13.科学研究、技术服务和地质勘查业	708
14.水利、环境和公共设施管理业	1542
15.居民服务和其他服务业	15360
16.教育	8261
17.卫生、社会保障和社会福利业	4478
18.文化、体育和娱乐业	1023
19.公共管理和社会组织	8466

第五节　人口素质

新中国成立后，南通经济发展较快，人民的生活水平不断提高。随着医疗卫生事业的迅速发展和计划生育、优生优育、妇幼保健工作的深入开展，人口身体素质和健康水平有了较大改善，死亡率逐年下降，人口平均预期寿命提高。2012年，全市人口预期寿命达到78.5岁。

南通市教育事业起步较早，有良好的基础，但20世纪30年代之后，战事纷扰，经济窘迫，教育发展迟滞，渐至停顿，广大劳动者中，文盲、半文盲人口居多。新中国成立后，随着社会经济的发展，文化、科学、教育事业都发生了深刻变化，受学校文化教育的人口逐年增加，科技队伍逐年壮大，文盲、半文盲人口逐年减少，人们的科学文化素质普遍得到提高。

一、身体素质

民国年间，南通时有霍乱、天花、白喉、疟疾等传染疾病流行。民国8年（1919年），唐闸大疫，5日内死亡200余人。民国25年（1936年），通如地区疟疾流行，患者10余万人，死亡8000余人。民国37年（1948年），南通产妇死亡率达2%，婴幼儿死亡率达20%，南通育婴堂婴儿死亡率高达75.44%。

新中国成立后，南通专区、南通市建立卫生行政管理机构和医疗预防机构，新建一批综合、专科医院及乡卫生院，形成初具规模的城乡结合、防治结合、中西医齐全的医疗卫生网络，为提高全市人民健康水平创造了条件。

1949—2012年南通市卫生医疗机构、医卫人员统计表

表2-5-1

年份	卫生机构（个）	其中医院卫生院（个）	床位数（万张）	卫生技术人员（万人）	每千人拥有卫技人员（人）
1949	19		0.02		
1965	1023		0.59		
1987	1188		1.84	1.97	
1988	1258	346	1.89	2.05	2.69
1990	1368	344	1.96	2.20	2.90
1993	1318	337	1.98	3.11	3.10
1995	1301	355	1.99	3.25	3.20
1996	1255	329	1.98	3.31	3.30
2007	3601	333	2.29	2.75	3.59
2008	1784	331	2.42	2.80	
2009	1816	333	2.49	2.96	
2010	1667	333	2.63	3.06	
2011	1665	328	2.91	3.21	4.21
2012	1641	327	3.51	3.47	4.46

说明：1949年、1965年床位数分别为213张、5942张。

1982 — 2012 年南通市死亡人数、死亡率统计表

表 2–5–2　　　　单位：人、‰

年份	死亡人数	死亡率
1982	47102	6.40
1983	49980	6.75
1984	48682	6.56
1985	49415	6.64
1986	50364	6.74
1987	50755	6.75
1988	50055	6.59
1989	49661	6.50
1990	53979	7.00
1991	52128	6.71
1992	55432	7.11
1993	54597	6.99
1994	54751	7.00
1995	56201	7.17
1996	55610	7.09
1997	54783	6.97
1998	59291	7.53
1999	56459	7.18
2000	55954	7.12
2001	51340	6.55
2002	54143	6.93
2003	56353	7.25
2004	58808	7.58
2005	57628	7.46
2006	55143	7.16
2007	59656	7.77
2008	58063	7.59
2009	59162	7.75
2010	60138	7.88
2011	58864	7.71
2012	67708	8.90

1950 年至 1955 年，全市平均年死亡率为 24.26‰，1959 年至 1962 年经济困难时期，平均年死亡率为 15.49‰。按年代计算，20 世纪 50 年代为 10.91‰，60 年代为 8.30‰，70 年代为 6.9‰，80 年代为 6.43‰，90 年代为 7‰左右，2000 年至 2010 年为 7.9‰。从 20 世纪 80 年代开始，由于老年人口比重加大，年死亡率亦呈缓慢上升趋势。

二、生命指数

人口的生命指数，一般反映当年出生和死亡人口的比例关系，若生命指数等于 1，说明出生人口和死亡人口代偿平衡，生死相当；若大于 1，说明出生人口多于死亡人口，人口显增殖趋势；若小于 1，说明出生人口少于死亡人口，人口显减少趋势。南通市人口的生命指数，1954 年至 2000 年，基本上各年都大于 1（1960 年除外），人口呈增殖类型。由于人口出生率下降，2001 年出生与死亡基本持平。2002 年至 2012 年，人口出生率大幅下降，死亡人口一直超过出生人口，进入人口负增长时期。

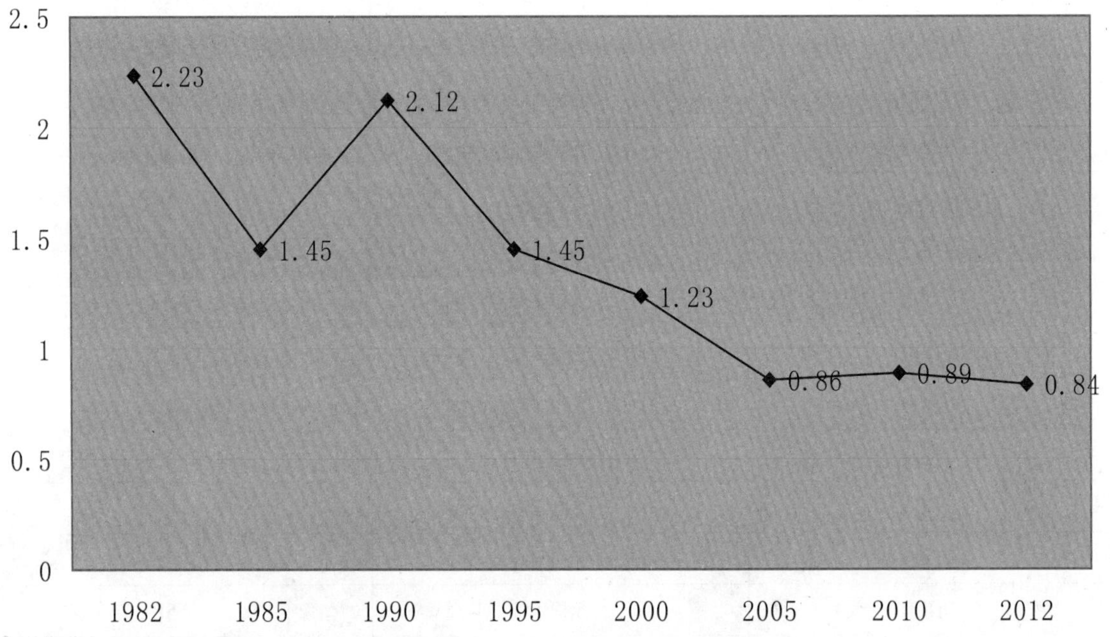

图 2-4-1 1982 — 2012 年南通市生命指数变化图

1954－2012 年南通市人口生命指数一览表

表 2-5-3

年份	生命指数	年份	生命指数
1954	3.59	1984	1.34
1955	2.37	1985	1.45
1956	2.41	1986	1.90
1957	3.24	1987	2.28
1958	2.87	1988	2.26
1959	1.41	1989	2.53
1960	0.87	1990	2.12
1961	1.22	1991	1.68
1962	2.67	1992	1.41
1963	3.63	1993	1.46
1964	3.69	1994	1.45
1965	3.60	1995	1.45
1966	3.81	1996	1.27
1967	3.43	1997	1.25
1968	4.33	1998	1.21
1969	4.16	1999	1.05
1970	3.75	2000	1.23
1971	3.51	2001	1.01
1972	2.25	2002	0.97
1973	2.12	2003	0.79
1974	2.02	2004	0.86
1975	2.00	2005	0.86
1976	1.91	2006	0.89
1977	1.82	2007	0.78
1978	2.01	2008	0.80
1979	2.14	2009	0.81
1980	1.55	2010	0.89
1981	1.99	2011	0.88
1982	2.23	2012	0.84
1983	1.46		

三、文化素质

人口文化程度 1964 年，南通市第二次人口普查，有小学以上文化程度的人口为 138760 人，占总人口 50.02%。具有大学文化程度的 2897 人，占有文化总人口的 2.1%；具有高中文化程度的 11567 人，占有文化总人口的 8.3%；具有初中文化程度的 28879 人，占有文化总人口的 20.8%；具有小学文化程度的 95417 人，占有文化总人口的 68.8%。每千人拥有各种文化程度的人口：大学程度 10 人，高中程度 41 人，初中程度 104 人，小学程度 344 人。文盲、半文盲 75451 人，文盲率为 27.20%。

1982 年，南通市第三次人口普查，有小学以上文化程度的人口为 284690 人，占总人口的 73%，比 1964 年增加 145930 人，增长 1.05 倍。具有大学文化程度的 12018 人，占有文化总人口的 4.2%，比 1964 年增长 3.14 倍；具有高中文化程度的 56054 人，占有文化总人口的 19.6%，比 1964 年增长 3.84 倍；具有初中文化程度的 103395 人，占有文化总人口的 36.3%，比 1964 年增长 2.58 倍；具有小学文化程度的 113223 人，占有文化总人口的 39.6%，比 1964 年增长 0.18 倍。每千人拥有各种文化程度的人口：大学程度 31 人，高中程度 144 人，初中程度 265 人，小学程度 290 人。文盲、半文盲 71535 人，文盲率为 18.34%，比 1964 年下降 8.86%，低于省平均数。1990 年，全市 6 岁及以上人口中，接受大专及以上教育的 71988 人，占 6 岁及 6 岁以上人口的 1.02%；接受高中及中专教育的 691286 人，占 6 岁及 6 岁以上人口的 9.83%；接受初中教育的 2095975 人，占 6 岁及 6 岁以上人口的 29.79%；接受小学教育的 2643719 人，占 6 岁及 6 岁以上人口的 37.58%；不识字或很少识字的 1532844 人，占 6 岁及 6 岁以上人口的 21.79%。

2000 年，全市 6 岁及以上人口中，接受大专及以上教育的 200400 人，占 6 岁及 6 岁以上人口的 2.81%；接受高中及中专教育的 949951 人，占 6 岁及 6 岁以上人口的 12.64%；接受初中教育的 2606496 人，占 6 岁及 6 岁以上人口的 34.69%；接受小学教育的 2695300 人，占 6 岁及 6 岁以上人口的 35.87%；不识字或很少识字的 691119 人，占 6 岁及 6 岁以上人口的 9.68%。

2010 年，全市 6 岁及以上人口中，接受大专及以上教育的 558611 人，占 6 岁及 6 岁以上人口的 7.98%；接受高中及中专教育的 1084149 人，占 6 岁及 6 岁以上人口的 15.49%；接受初中教育的 2830551 人，占 6 岁及 6 岁以上人口的 40.5%；接受小学教育的 2227903 人，占 6 岁及 6 岁以上人口的 31.84%；不识字或很少识字的 296271 人，占 6 岁及 6 岁以上人口的 4.23%。

南通市 6 岁及以上人口受教育情况一览表

表 2-5-4　　单位：人

年份	6 岁及 6 岁以上人口数	大专及以上	高中及中专	初中	小学	不识字或很少识字
1982	6800899	26396	544988	1552339	2617342	2059834
1990	7035812	71988	691286	2095975	2643719	1532844
2000	7143266	200400	949951	2606496	2695300	691119
2010	6997485	558611	1084149	2830551	2227903	296271

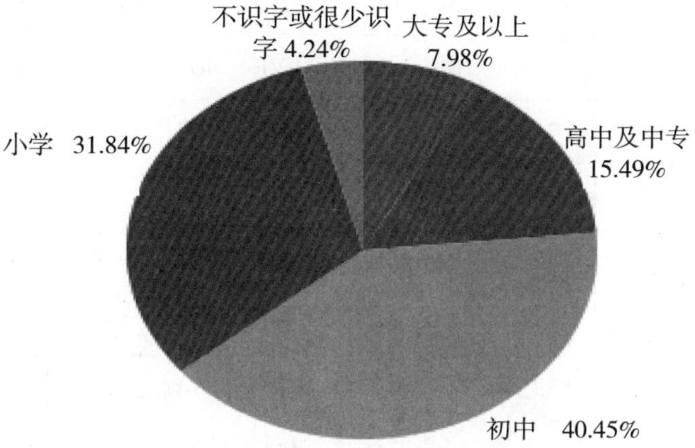

图 2-5-2 2010 年南通市 6 岁及以上人口受教育情况比例图

科技人才学历分布与构成 南通解放初期，有各类科技人员约 1 万人。1961 年，南通全区共有各类科技人员 12053 人，其中工业交通系统 2559 人，占 21.23%；农林水利系统 1469 人，占 12.19%；医药卫生系统 5372 人，占 44.57%；教育系统 2381 人，占 19.75%；科研系统 149 人，占 1.24%；其他行业 123 人，占 1.02%。

1978 年和 1979 年，南通地区和南通市为评定技术职称工作做准备，先后对科技队伍情况进行普查，共有自然科学技术人员 21296 人，其中市区 6739 人，地区各县 14557 人。科技人员占职工总数的比例，市区为 4.75%，县区为 2.5%。

1987 年，全市共有自然科学技术人员 36771 人。市区 17833 人，县区 18938 人。科技人员占职工总数的比例，市区为 7.1%，县区为 4.5%。

进入新世纪，南通市加大人才培养与引进的力度，科技人才学历分布与人才构成情况均有明显改观。2000 年，全市有中专以上学历的科技人员 318204 人，其中具有高级职称的 7183 人，中级职称的 52254 人，初级职称的 117977 人。2008 年，全市有中专以上学历的科技人员 632036 人，比 2000 年增长 98.63%；其中具有高级职称的 15139 人，比 2000 年增长 110.76%。每万人拥有专业技术人才数为 828 人，比 2000 年增长 203.9%。

1983 — 1987 年南通市自然科学技术人员分布情况表

表 2-5-5　　单位：人

类别	1983 年		1984 年		1985 年		1986 年		1987 年	
	全市	市区	全市	市区	全市	市区	全市	市区	全市	市区
总 计	24389	11117	27459	13085	31356	14686	32304	15928	36771	17833
工程技术人员	9020	5858	10823	7252	11583	7875	12898	8788	15757	10313
其中工程师以上	2133	1701	2454	1988	2590	2104	2618	2126	2651	2142
农业技术人员	1592	254	1904	339	2281	546	2353	491	2486	532
其中农艺师以上	355	106	371	120	406	148	403	138	391	135
科学研究人员	247	126	230	136	797	205	314	210	367	256
其中助理研究员以上	82	54	76	58	79	64	94	81	124	101
卫生技术人员	7658	3134	8428	3539	9121	3948	9519	4119	9956	4246
其中主治医师以上	615	362	623	369	620	375	622	380	555	331
教学人员	5872	1745	6074	1819	7574	2112	7220	2320	8205	2486
其中讲师以上			464	454	485	475	453	445	486	470
万名职工拥有自然科技人员	374.6	545.5	405.2	622.8	427	648.4	418.7	658.5	449.6	709.9

1983 年 9 月评定的南通市全民企事业各类专业技术人员统计表

表 2-5-6　　单位：人

类 别	总 数	高 级	中 级	初 级		未定
				助理	员级	
合 计	15328	71	3110	4570	6035	1542
工 程	8681	24	1986	3164	2338	1169
农 业	1372	5	300	470	224	373
卫 生	615	42	573			
会 计	3425		178	648	2599	
统 计	788		37	201	550	
农 经	406		27	69	310	
档 案	41		9	18	14	

2000年南通市县（市）人才资源总数及学历分布情况表

表2-5-7

区域	合计	研究生	大学本科	大专	中专	高中以下员级以下	人口数（万人）	人才数占人口数比例（%）
全市	318204	975	35699	97461	112708	71361	784.53	4.06
市区	92731	856	17476	32347	26496	15556	65.14	14.24
海安	32199	41	3011	9688	12043	7416	98.18	3.28
如皋	41864	5	3048	11202	21387	6222	145.67	2.87
如东	46288	7	3116	13806	17960	11399	111.50	4.15
通州	39106	16	3215	11158	13467	11250	144.28	2.71
海门	31009	26	2492	8080	9091	11320	103.57	2.99
启东	35007	24	3341	11180	12264	8198	116.19	3.01

2000年南通市人才资源总数构成情况表

表2-5-8

项目		合计	市属全民单位	集体所有制（含供销社）	乡办企业（含村办）	三资企业	私营企业	部省属单位
总数		318204	176752	36934	30979	17315	32336	23888
研究生		975	389	11	1	61	43	470
大学本科		35699	25322	1351	462	1837	1999	4728
大专		97461	62589	8722	3364	5268	7573	9945
中专		112708	61120	14333	5662	8600	17462	5531
高中以下员级以上	干部岗位	39331	13790	7778	8350	1549	5259	2605
	工人岗位	32030	13542	4739	13140			609
补充：专业技术职务	高级	7183	5079	231	337	116	334	1086
	中级	52254	34977	4851	2687	1685	3015	5039
	初级	117977	65362	17931	10240	5974	9473	8997

2008年南通市县（市）人才资源总数及学历分布情况表

表2-5-9

区域	合计	研究生	大学本科	大专	中专	高中以下员级以下	人口数（万人）	人才数占人口数比例（%）
全市	632036	5342	134693	207475	201366	83160	763.72	8.28
市区	190517	3775	38203	75930	45977	26632	87.52	21.77
海安	56908	164	14113	18473	18520	5638	93.81	6.07
如皋	77203	301	14162	24545	25586	12609	140.92	5.48
如东	68544	117	14789	18545	24112	10981	105.67	6.49
通州	78129	181	13774	21001	32471	10702	124.27	6.29
海门	76429	476	14466	23180	28258	10049	100.12	763.
启东	84306	328	25186	25801	26442	6549	111.41	7.57

2008年南通市人才资源总数构成情况表

表2-5-10

项目		合计	市属事业	市属企业	市属机关	非公企业	部省属单位	农村实用人才
总数		632036	103368	12271	24933	377498	27525	86441
研究生		5342	1173	53	748	2609	759	
大学本科		134693	47427	1871	12412	63313	7231	2439
大专		207475	34904	5209	8454	136452	11066	11390
中专		201366	13338	3240	2678	138141	4792	39177
高中以下员级以上	干部岗位	23920	2758	151		11905	1666	7440
	工人岗位	59240	3768	1747	641	25078	2011	25995
补充：专业技术职务	高级	15139	9465	155		3866	1331	142
	中级	78631	37456	965		32977	6003	1230
	初级	173725	38887	1656		122343	8499	2340

第三章　老龄化

人口老龄化，是人类自身在年龄结构上出现异变并达到了一定程度的一种科学定义。世界卫生组织和国际学术界明确界定：一个国家或一个地区60岁以上老年人达到总人口的10%，或65岁以上老年人达到总人口的7%，即称之为进入了人口老龄化社会。按照这个标准，南通市人口老龄化始于1982年全国第三次人口普查。当年，全市60岁以上老年人口为76.4万人，占同期总人口的10.4%。对照江苏全省及全国情况，南通分别提前了4年和17年。此后，人口老龄化程度持续加深，呈现出现早、基数大、发展快、势头猛的特点。据国际人口学术界的定义：一个地区如果60岁以上老年人已占总人口的20%或65岁以上老年人口已占总人口14%，可称之为进入老龄社会。按此，南通市于2006年进入了老龄社会。至2012年年末，南通市老年人口为187.73万人，占同期户籍人口的24.55%，占同期常住人口的25.2%，即全市大体每4人中就有一位60岁以上年长者，这意味着南通已进入深度老龄化的阶段。

第一节　态　势

1964年7月1日全国第二次人口普查，南通市（指市区，不含南通专区各县）总人口277416人。0—14岁儿童103232人，65岁以上人口12277人，分别占总人口的37.2%、4.4%，人口年龄的中位数为22.4岁，全市人口属年轻型。

1982年7月1日，全国第三次人口普查，南通（含南通地区各县和南通市）总人口734.31万人，其中60岁以上老年人口76.4万人，占总人口10.4%[①]。此时，南通开始跨入了人口老龄化社会，并拉开了人口老龄化迅猛发展的序幕。

1990年7月1日，全国第四次人口普查，南通全市60岁以上老年人突破百万大关，达到100.40万人，占同期总人口13.09%。比8年前的1982年净增24万人，占比增加3个百分点。年龄中位数，升至32.24岁，标志着人口整体上呈现老龄化程度。

1996年，全市老年人达到114.2万人，占总人口的14.54%。同期，全国老年人为1.1亿人，占总人口的9.5%。同期，江苏省共有老年人850万人，占全省总人口的12.22%。此时，南通市老年人口的比重，比全国高出5.15个百分点，比全省高出2.43

①如按年末户籍人口统计，南通市60岁以上老年人口总人口的比例，1982年为10.34%，1990年为12.94%，2000年为16.68%，2010年为22.78%。详见表3-1-1。

个百分点。

2000年11月1日，全国第五次人口普查，南通市60岁以上老年人增至130.89万人，占同期总人口的17.42%。与10年前的第四次人口普查比，数量增加30.49万人，在总人口中的占比上升了4.33个百分点。与全国同期相比，老年人口数量在总人口中的比例，高出7.17个百分点；与全省同期比，高出4.17个百分点。年龄中位数为37岁。据公布资料，同期北京市年龄中位数为29.3岁，南通市相较高出7.7岁。

2004年年底，南通市老年人口达到142.3万人，占总人口的18.39%。从1982年到2004年的22年间，全市每年60岁以上老年人口自然增长数在7万至7.2万人之间，同期，该年龄段人口自然衰减（死亡）数为3.9万至4万人，两者相抵，每年净增60岁以上老年人3.1万至3.2万人，少数年份的增幅远大于此数。从2001年起，南通市老年人口出现大幅增长态势，2006、2007年两年，全市共净增60岁以上老年人口12.92万人，年递增率达5.4%。2008年年末，全市60岁以上老年人166.5万人，占总人口的比例达21.43%，在全省13个地级市中比例最高，在全国范围内也属名列前茅。

2010年11月1日，全国第六次人口普查，全市60岁以上老年人口为170.82万人，占同期户籍人口761.45万人的22.82%，占同期常住总人口728.28万人的23.46%。按户籍人口计算，南通市人口老龄化程度，比江苏全省高出5.2个百分点，比全国高出9.93个百分点。按常住人口计算，南通高出全省5.76个百分点，高出全国10.49个百分点。由此可见，南通市人口老龄化的程度之烈。

2012年年末，全市60岁以上老年人口上升到189.51万人，占户籍人口的24.77%。下辖五县（市）四区中，如东县、海安县、港闸区、通州区老年人口均超过总人口的25%，分别为：如东县27.57%，海安县25.20%，港闸区26.33%，通州区25.45%。其余县（市）、区中最低的崇川区为17.11%，经济技术开发区为20.51%，启东市、海门市、如皋市分别为22.95%、24.39%、24.56%。

从1982年至2012年30年间，全市60岁以上老年人总数从76.4万猛增到189.51万，净增113.11万人，增幅为148.05%，平均每年净增老年人3.77万人。其发展态势十分迅猛，且呈前缓后疾之势。分段情况是：60岁以上老年人口，从占总人口的10%跨进15%，前后走了14年时间；从15%进入到20%，共花了10年时间；而从20%进入到近25%，则又缩短到7年时间。详细情况见下表：

1982 — 2012 年南通市 60 岁以上人口增长情况表

表 3-1-1

年度	全市总人口（万人）	60 岁以上老年人口（万人）	老年人口占比（%）
1982	739.11	76.40	10.34
1990	776.01	100.40	12.94
1995	784.24	110.80	14.13
1996	785.24	114.20	14.54
1997	786.30	117.94	15.00
1998	787.49	121.27	15.40
1999	785.99	124.18	15.80
2000	784.53	130.89	16.68
2001	782.46	132.45	16.93
2002	780.26	135.19	17.33
2003	777.62	138.41	17.80
2004	773.79	142.30	18.39
2005	770.86	148.80	19.30
2006	769.79	154.14	20.02
2007	766.13	160.86	21.00
2008	763.72	163.63	21.43
2009	762.66	168.09	22.04
2010	762.92	173.82	22.78
2011	764.58	179.35	23.45
2012	765.20	189.51	24.77

注：总人口数为年末户籍人口数。历次人口普查年的年末，户籍老年人口占比不同于普查时的老年人口之比。

南通市人口老龄化，在地区分布上大体均衡，总的是农村老龄化程度高于城市；在计划生育起步较早、抓得认真的地方，老年人口比例更高。以 2012 年末的数据，分地区列表如下：

2012 年年末南通市各县（市）、区户籍老年人口分布情况表

表 3–1–2

县（市）区	总人口数（人）	60 岁以上老人	
		人口数（人）	占总人口 %
海安县	938740	236563	25.20
如皋市	1424953	349900	24.55
如东县	1045987	288400	27.57
海门市	999688	243819	24.39
启东市	1123822	286677	25.51
通州区	1257348	319984	25.45
崇川区	525190	89806	17.10
港闸区	190385	50134	26.33
经济技术开发区	145852	29912	20.51
合　计	7651965	1895195	24.77

在江苏全省各市中，南通市人口老龄化程度一直处于最高位置，详见表 3–1–3。

2000 — 2012 年江苏省各市 60 岁以上老年人比重情况表

表 3–1–3

地区	2000 年老年人口比重	2012 年老年人口比重	2000 — 2012 年老年人口比重年递增加
全 省	12.62	18.89	0.52
南 京	12.19	18.18	0.50
无锡市	12.35	22.18	0.82
徐州市	11.19	15.52	0.36
常州市	12.30	21.22	0.74
苏州市	13.42	22.27	0.74
南通市	17.42	24.77	0.59
连云港	9.85	13.98	0.34
淮安市	11.03	15.59	0.38
盐城市	11.84	17.92	0.51
扬州市	13.34	20.72	0.61
镇江市	12.26	21.05	0.73
泰州市	14.78	21.87	0.59
宿迁市	10.85	13.65	0.23

由上表可知，从 2000 年至 2012 年的 12 年间，南通市人口老龄化尽管原来的基数

大，其增幅仍高于全省平均水平。由此，人口老龄化的严峻程度和引发的问题及矛盾，尤其值得高度重视。

第二节 变 化

伴随人口老龄化程度的步步加深，在年龄结构和家庭结构上，也出现了许多值得深度探索的问题。突出的是：结构少子化、家庭小型化和年岁高龄化。这三方面深层次的变化，加剧了人口老龄化对经济、社会等各方面的影响。

一、结构少子化

长期生育率下降，老年人口快速增长，两者相背而行，导致老少两组数值和比重出现了颠覆性的变化。

1982 年，全国第三次人口普查：南通（包括南通地区各县和南通市）总人口为 7343089 万人，其中，0 — 14 岁人口 1733930 人，65 岁及以上人口 529395 人，分别占总人口的 23.61%和 7.2%。老少比为 30.53%。

1990 年，全国第四次人口普查，全市（含所属各县，下同）人口中 0 — 14 岁人口 1422185 人，占总人口 18.55%，绝对数比同口径的“三普”减少 311745 人，降低了 5.06 个百分点；15 — 64 岁人口 5556657 人，比“三普”增加 476893 人，占总人口的比重为 72.46%，比“三普”增加 3.28 个百分点；65 岁及以上人口 689071 人，比“三普”增加 159676 人，占总人口的比重为 8.99%，比“三普”增加 1.78 个百分点。此时老少比为 48.45%。

2000 年，全国第五次人口普查，全市人口中 0 — 14 岁人口 1300250 人，比“四普”减少 121935 人，占总人口的比重为 17.31%，比“四普”降低 1.24 个百分点；15 — 64 岁人口 5277952 人，比“四普”减少 278705 人，占总人口的比重为 70.25%，比“四普”降低 2.21 个百分点；65 岁及以上人口 934717 人，比“四普”增加 245646 人，占总人口的比重为 12.44%，比“四普”增加 3.45 个百分点。此时老少比为 71.89%。

2010 年，全国第六次人口普查，全市人口中 0 — 14 岁人口 774303 人，比“五普”减少 525947 人，占总人口的比重为 10.63%，比“五普”降低 6.68 个百分点；15 — 64 岁人口 5307489 人，比“五普”增加 29537 人，占总人口的比重为 72.87%，比“五普”增加 2.62 个百分点；65 岁及以上人口 1201830 人，比“五普”增加 267113 人，占总人口的比重为 16.51%，比“五普”增加 4.07 个百分点。此时老少比为 155.21%。

历次人口普查南通市人口分段结构情况表

表 3-2-1

普查年份	总人口	0 — 14 岁人口		15 — 64 岁人口		65 岁及以上人口	
		人口数（人）	占比 %	人口数（人）	占比 %	人口数（人）	占比 %
1982 年“三普”	7343089	1733930	23.61	5079764	69.18	529395	7.21
1990 年“四普”	7667913	1422185	18.55	5556657	72.46	689071	8.99
2000 年“五普”	7512919	1300250	17.31	5277952	70.25	934717	12.44
2010 年“六普”	7283622	774303	10.63	5307489	72.87	1201830	16.50

上述四次人口普查资料证明，南通 30 年来老少对比大幅度异动：0 — 14 岁的人口减少了 96 万人，而 65 岁以上人口却增加了 67.3 万人。

二、家庭小型化

南通中西部的家庭结构，历来是“主干式”家庭占据主体地位，而东部的传统习俗，则多数为“分蘖式”家庭。从 20 世纪 80 年代开始，随着传统的自然经济向商品经济过渡，计划经济向市场经济演化，人们的传统观念起了显著变化，城乡家庭的裂变均呈现强劲态势，儿孙绕膝在多数家庭已成历史，小型化家庭日趋成为社会主体。

1990 年，全市总户数 235.82 万户，户均 3.19 人，其中一人户 25.23 万户，占总户数的 10.7%；二人户 40.10 万户，占总户数的 17%；三人户 90.16 万户，占总户数的 38.23%；四人户 46.34 万户，占总户数的 19.65%；五人户 20.51 万户，占总户数的 8.7%；六人及以上户 13.48 万户，占总户数的 5.72%。

2000 年，全市总户数 251.31 万户，户均降至 2.87 人，其中一人户 29.10 万户，占总户数的 11.58%；二人户 74.57 万户，占总户数的 29.67%；三人户 87.31 万户，占总户数的 34.74%；四人户 30.8 万户，占总户数的 12.26%；五人户 21.46 万户，占总户数的 8.54%；六人及以上户 8.07 万户，占总户数的 3.21%。

2010 年，全市总户数 265.96 万户，其中家庭户 258.84 万户、集体户 7.12 万户。平均家庭户规模又下降至 2.65 人。家庭户中一人户 46.86 万户，占总户数的 18.1%；二人户 89.83 万户，占总户数的 34.7%；三人户 66.05 万户，占总户数的 25.52%；四人户 29.09 万户，占总户数的 11.24%；五人户 20.61 万户，占总户数的 7.96%；六人及以上户 6.4 万户，占总户数的 2.48%。

1990、2000、2010 年三次人口普查南通市家庭户规模情况表

表 3-2-2

户规模	1990 年（万户）	占总户数比例（%）	2000 年（万户）	占总户数比例（%）	2010 年（万户）	占总户数比例（%）
一人户	25.23	10.70	29.10	11.58	46.86	18.10
二人户	40.10	17.00	74.57	29.67	89.83	34.70
三人户	90.16	38.23	87.31	34.74	66.05	25.52
四人户	46.34	19.65	30.80	12.26	29.09	11.24
五人户	20.51	8.70	21.46	8.54	20.61	7.96
六人户及以上户	13.48	5.72	8.07	3.21	6.40	2.48
户均人口	3.19		2.87		2.65	

上述资料和数据证明，南通城乡家庭规模远低于全国平均规模 3.19 人的水平。小型家庭已成为主体结构，传统的四世同堂、五世齐昌的家庭纷纷解体，使传统家庭养老功能遇到前所未有的尴尬。城乡“空巢”老人（含老夫妇远离子女）已占老年人总数的五成以上。改革开放后，农村老人晚年生活起居难题更多。大批青壮年离乡脱农，创业务工，不少老年人既要承担田间劳动，照顾孙辈，更缺乏亲情精神关爱和生活照料，失独、失能、失智、失地老人，困难程度尤其突出。

三、年岁高龄化

现代人口学把老年人群分为三个层次：60 — 69 岁为低龄老人，70 — 79 岁为中龄老人，80 岁以上为高龄老人。中国历来称 80 岁以上为耋，90 岁以上为耄，也统称耄耋老人。南通市老龄化程度逐年加深，还表现在 80 岁以上高龄老人在老年人口中的比重越来越大。

20 世纪中期，80 岁以上高龄老人在 60 周岁以上老年人口中的占比约在 7% 左右，1995 年前后，高龄老人在老年人总数中的占比升至 10% 左右，此后其比重逐年增大。

2000 年，第五次人口普查结果，南通全市 80 岁以上高龄老人为 17.07 万人，占老年人总数的 13.04%。这一比例高于江苏全省各市，也比毗邻的上海市略高。上海与南通一江之隔，其高龄老人的比例在全国素来居高。据第五次人口普查公布资料，上海市 80 岁以上高龄老人为 30.56 万人，占老年人总数的 12.64%，南通市高出上海市 0.4 个百分点。

2000年南通市80岁以上高龄老人分段情况一览表

表3-2-3

年龄段（岁）	人数（人）	占60岁以上老年人比例（%）
80 — 84	108150	8.26
85 — 89	45483	3.47
90 — 94	14441	1.11
95岁以上	2671	0.20
合计	170745	13.04

2000年以后，南通市高龄老人的增速继续逐年提升。据2005年年底统计，全市80岁以上老人达到22万人，占60岁以上老年人总数的15%；2010年第六次人口普查，上升到26.62万人，占同期老年人总数的16.89%；2012年末，全市总人口765.2万人，80岁以上高龄老人30.66万人，高龄老人占老年人总数的比例达16.17%。

2012年南通市80岁以上高龄老人分地区情况表

表3-2-4　　单位：人

县（市）、区	总人口数	80 — 89岁	90岁以上
海安县	938740	31154	4047
如皋市	1424953	51292	8611
如东县	1045987	39687	5856
海门市	999688	35222	5327
启东市	1123822	41130	3060
通州区	1257348	45376	6876
崇川区	525190	13124	1990
港闸区	190385	7404	1287
经济技术开发区	145852	4431	740
合计	7651965	268820	37821

进入新世纪后，高龄老人增速加快，其中90岁以上长寿老人增幅更为突出。2010年第六次人口普查结果，全市90 — 99岁老人为3.11万人。2012年年末统计，全市有90岁以上老年人3.78万人。

年岁高龄化的出现，得益于人们生活质量的提高，医疗科学技术的发展，医疗保障功能的不断加强，与养生科普知识的普及也有密切关系。但高龄老人比重加大，不等同健康老龄化。高龄老人多，亚健康人群、失能半失能老人往往也多。政府、社会和家庭在物质供养、医疗保障、生活照料、精神慰藉等方面，都面临着繁重任务。

第三节　影　响

人口老龄化由经济、社会、科技、文化诸因素共同作用而产生，同时它的产生与发展，又反作用于上述诸多方面，形成正负两方面的效应，提出一系列巨大挑战。南通市由于人口老龄化出现早，势头猛，矛盾也格外突出。

南通人口老龄化始于改革开放初期。其时百废待兴，百乱待理，人们的思想观念尚未摆脱“左”的阴影。由于受计划经济的束缚，城乡生产关系矛盾重重，生产水平低下，总供给短缺，地市财政均十分拮据，群众生活质量普遍不高，贫困人口比重大，农村贫困程度尤其明显。1982 年市、县相加（此时地市分置），国民生产总值人均仅有 500 美元左右，属于未富先老、老而不富的状态。据多方信息资料，西方许多发达国家人口老龄化是缓慢到来的，先后历经百年，而且，人口老龄化初期，人均国民生产总值大多已达到 5000 美元以上，不少国家人均超 1 万美元，应对人口老龄化的挑战，有着充分的回旋余地。相较于国外，南通走上老龄化，是明显缺乏足够的精神准备和物质准备的。

但是，此后人口老龄化的 30 年，也正是南通市经济、社会持续发展的 30 年。全市上下一方面朝着深度老龄化的征途上迅跑，一方面沿着建设高标准小康社会目标奋进，老与富出现了同向而行的态势。1983 年全市国民生产总值仅为 46.94 亿元，而 21 年后的 2004 年，全市国民生产总值已突破 1000 亿元，2007 年又超过 2000 亿元，2012 年达到 4500 多亿元，折合人均超过 1 万美元，按美元计算是人口老龄化初期的 20 倍。财政收入 1982 年为 6.4 亿元，2011 年为 951.65 亿元，2012 年为 1055.9 亿元。2012 年城镇居民人均可支配收入和全市农民人均纯收入分别为 28292 元和 13231 元。城乡居民储蓄存款余额连年大幅增长，以 2012 年年末余额计算，在全国地级市中，南通排名为第 7 位。据 2012 年全国公布的资料，南通市综合实力在全国地级市中，排名为前十强。所属各县（市）多年来一直为全国百强县。由此，南通人口老龄化发展态势，又具有边老边富、老富同步的特质。

人口老龄化是经济、社会科技、文化诸多方面发展的重大成果。但多年来的情况表明，深度老龄化又是一把“双刃剑”，对经济社会多方面提出的挑战，也是广泛而深刻的，主要有：

一、对老年人的社会抚养比重加大

人口老龄化引发人口黄金期的减弱和人口红利的骤降。南通进入 21 世纪之后，对老年人的抚养比，是直线上升的：

2000 年 15 — 59 岁的成年组人群对 0 — 14 岁少年组群和 60 周岁以上老年人群总

抚养比为 100 ： 49.8，其中对 60 岁以上老年人的抚养比为 100 ： 26。

2003 年同口径的总抚养比为 100 ： 51.9，其中对老年人的抚养比为 100 ： 26.1。

2010 年同口径总抚养比为 100 ： 47.45，其中对老年人的抚养比为 100 ： 32.7。

2012 年同口径总抚养比为 100 ： 54.08，其中对老年人的抚养比为 100 ： 39.13。

抚养比的变化，直接关系到全社会的积累与消费的此消彼长，也构成了对经济发展的重大影响。

二、人口后备力量不足

1982 年至 2010 年，全市 15 — 64 岁的劳动人口，一直处于稳中略增的态势，而 0 — 14 岁儿童则呈大幅下降的颓势（详见表 3–2–1）。

经济发展离不开高素质的劳动人口。劳动力短缺，供求失衡，就必然制约经济发展和社会进步。年龄结构的倒置，导致人口后备力量不足，是笼罩未来社会生活的一种阴影，必然危及到经济的发展和社会的安定。

三、传统的家庭养老功能弱化

家庭小型化、老年“空巢”化，导致传统的家庭养老功能弱化，它呼唤各级政府强化社会养老功能，构建新型养老体系。南通市农村人口比重大，人口稠密，随着老龄化步步加深，加之经济结构转型，农村劳动人口向城市、向外地转移，传统的主干式家庭纷纷裂变。“空巢”家庭 21 世纪后发展得更快，城乡老年户的“空巢”率均在 50% 上下。人们渴望社会各方能提供符合老人心愿的养老体系，构建可以让家人放心的养老模式。现在，城乡各地投入了大量资金，社会养老床位也在大幅度增加。但是，养老机构一方面存在供求方面的巨大缺口，另一方面又有入住率不高，经营困难的尴尬。总之，传统养老方式的困惑，寻求日臻完善的新型养老途径，是积极应对人口老龄化的一大难题，亟待在不断探索中前进。

四、家庭赡养系数加大

南通市长期实行一胎率的政策，一对年轻夫妇需从物质上、精神上供养 4 个乃至 8 个老年人，家庭负担极其沉重。家庭赡养系数加大，给众多家庭的物质生活和精神生活带来沉重负担，直接制约着人们的生活质量。这方面农村更为艰难。农村养老保险、医疗保险，尽管在制度上已逐步与城市接轨，但标准仍然偏低。农村老人生活来源主要来自两个方面，一是自己勉为其力的劳动，二是子女力所能及的供养。由于老年人年事日高，体能下降，高龄老人中失能半失能老人比重居高不下，特别是一些失独老人、失能老人、失智老人成为社会弱势群体，其经济地位、生活水平与年轻人比较，基本上处于边缘化。因此，在养老保障、医疗保障、提高城乡老年人的生活质量、生命质量等方面，需要政府担当兜底责任，从实施以人为本方略的高度出发，努力做好顶层设计，根据本级财力可能，并组织社会家庭的力量，共同为老年人安度晚年创造条件。

这方面的工作任重而道远。

五、对社会工作提出新要求

老年群体激增，改变了人的年龄结构，社会各方面的工作，都必须适应这一社会主体的重大变化。相对于青壮年人群，老年人有许多特殊的需求，包括衣食住行、医疗保健、精神文化生活诸多方面。例如，老年人退休金这几年虽有提高，但同在职人员比较，替代率仍不足70%，经济生活滞后已成一种常态，亟待落实共享社会发展成果的要求，老年人特别是高龄老人，多数处于亚健康状态，他们的医疗费用开支，一般要高于壮年五至十倍，大病救助比例更高，医疗保险必须充分考虑老年人的比例日益加大特殊需要。老年人具有终生受教育的权利，他们渴望丰富自己的知识领域，充裕自己精神文化生活、掌握养性摄生知识，由此必须下大力气办好老年大学、活动中心，建立心理门诊，并不断加大财政投入。弘扬社会主义价值观，倡导尊老孝老的伦理教育、传承中华孝道文化等也必须给予足够的重视，要形成社会尊老、家庭孝老，并从政治管道上充分尊重老年人的话语权等，让老年人过着有情趣、有尊严的生活，体现老年人的人生价值，而不是被主流社会远离、鄙薄、歧视、排斥，这些都需要方方面面共同努力，营造良好氛围。总之，人口老龄化渗透在各个方面，它所提出的问题是课题，更是挑战，需要从认识上、行动上积极应对，真正摆上各级党委、政府的主要议事日程，组织全社会共同做好这篇大文章。

第四章 长寿现象

伴随着人口老龄化的形成与发展，南通市凸显了历史上从未有过的长寿现象。1982年全市百岁以上长寿老人为51人，2012年上升到926人；2013年末统计，又突破了千人大关。以1982年为基数，到2012年整整的30年，百岁老人增长了19倍。它标志着南通史上寿限已被一再刷新，祖先们的千年夙愿正在化为现实，这种可喜的长寿现象，首先发端于农村，而后由乡及城，由普通农业劳动者扩展到其他业界和知识型的老人。在地区分布上，犹如星罗棋布般地遍及各县区、乡镇，呈现出群体化、规模化和区域化的特点。

南通市长寿现象，从20世纪末开始，逐渐为省内外众多有识之士和专业学者们所捕捉。国务院前副总理兼全国老龄委主任回良玉，在担任中共江苏省委书记时曾深刻指出："南通确实是个好地，是长寿之地。这要好好研究，好好概括，向世人宣传介绍。"著名社会学家、全国政协副主席费孝道生前先后多次视察南通，他认为南通滨江临海，环境得天独厚，堪称"江海明珠，风水宝地"。1998年，中国老龄科研中心、中国社会科学院人口研究所、北京大学人口研究所敏锐地将南通列为"全国高龄老人健康长寿监测调查"的重点地区，专家学者们先后多次深入实地考察，并委托市县（市）老龄部门组成调查组，入户调查。南通接受全国这次调查的老人共有450人，包括：150名百岁老人，150名90－99岁老人和150名80－89岁老人，占江苏全省接受调查总数的40%，占全国接受调查总数的4.5%，由此取得了大量翔实的第一手资料。随后，南通市老龄部门根据调查结果，从微观和宏观的不同视角，分别写出两篇调查报告。这两篇文章在2002年"全国健康长寿研讨论会"上，分别作了大会发言和书面交流。后来，又分别在中国社会科学院《中国人口研究》核心期刊上发表，连载于《中国健康报》。从此南通的长寿现象受到了国内外新闻媒体的关注。中央电视台、联合国电台、德国《世界报》、加拿大《环球邮报》、韩国新闻单位的记者们纷纷专程到南通采访。《人民日报》华东版、香港《明报》《新华日报》均以整版或以较大篇幅介绍了南通长寿现象。德国《世界报》的一篇报道还被中国《参考消息》转载。2004年，在北大校园举行的中国老龄健康与社会经济发展研讨会上，中国老龄科研中心、北京大学人口研究所的学者们共同认为，中国长寿现象已开始显示出区域化的特征，江苏南通地区、广西巴马县、湖北钟祥县及邻近地区，就是不同类型的长寿地区。专家们还认为，南通滨江临海，人口稠密，现代工业经济相对发达，其长寿现象的出现，具有预示性、前导性，因而也更有研究价值。自全国评定“中国长寿之乡”工作启动后，至2012年年末，南通市已有如皋市、如东县相继获得“中国长寿之乡”称号，其余县（市）也大体具备了申报“中国长寿之乡”的基本条件。如皋还被国际自然医学会命名为“世界长寿乡”。

第一节 基本态势

南通长寿现象源远流长，长寿文化积淀深厚。当地史上知名的长寿人物，可追溯至后汉年代，南宋及晚清时期的地方史志，均有寿史记载。古代街坊留下的长寿标识，民间传颂的长寿故事，也反映出长寿文化自古深深扎根于民众之中。

然而，南通长寿现象的兴起，百岁老人凸显规模化、区域化，却始于当今改革开放年代，当今百岁寿星成批涌现，超出了人们预料。

新中国成立初期，南通百岁老人极为罕见，“三普”中首次发现全市百岁老人散布乡间，至1986年年末，增至73人，平均每10万人口中不足1人。1994年年末257人，平均每10万人口中3.29人；2000年年末372人，平均每10万人口中4.8人；2003年年末449人，平均每10万人中5.79人；2007年年末663人，平均每10万人口中8.61人；2010年年末823人，平均每10万人中10.66人；2012年年末926人，平均每10万人中12.10人。从1982年起至2012年，全市百岁老人的逐年数据如下图所示：

图4-1-1 南通市百岁老人情况变化图（人）

从上图可知，南通市百岁老人的升幅，基本上处于前缓后疾状态，但各年度间并不均衡，有一定程度的波动和起伏，这反映了自然发展的现象和规律。

在地区分布上，无论是县（市）区之间或是乡镇、街道之间，都存在一定的差异，但总体上说，发展态势是基本趋同的，占比也相对比较均衡的。据 2012 年统计报表，可以看出其相对均衡程度：

2012 年南通市百岁老人分布情况表

表 4–1–1　　　　　　　　　　　　　　　　　　　　　单位：人

地区	总人口	百岁老人			平均每十万人口中百岁老人数
		合计	男	女	
海安县	938740	114	30	84	12.14
如皋市	1424953	270	49	221	18.95
如东县	1045987	147	39	108	14.05
海门市	999688	83	11	72	8.30
启东市	1123822	127	28	99	11.30
通州区	1257348	116	18	98	9.23
崇川区	525190	35	9	26	6.66
港闸区	190385	17	1	16	8.93
开发区	145852	17	4	13	11.66
合计	7651965	926	189	739	12.10

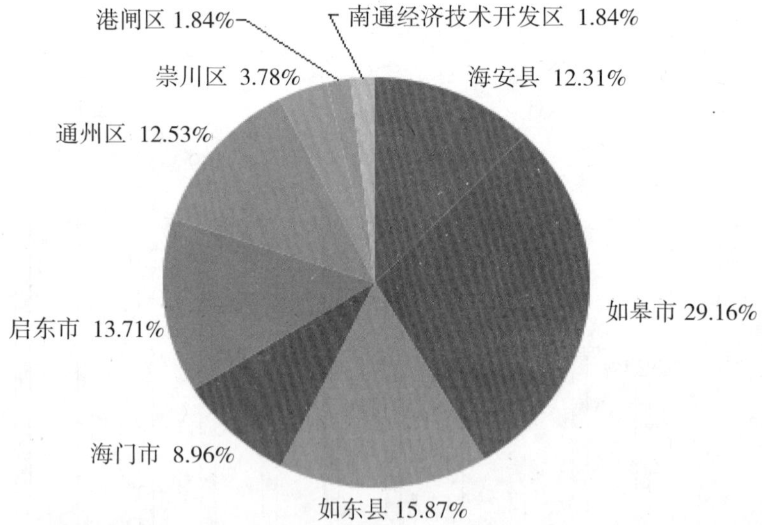

图 4–1–2 2012 年南通市各县（市）、区百岁老人数占全市百岁老人总数百分比图

南通市百岁老人的绝对数和占比，在全省各市中一直处于领先位置。据 2012 年统计报表所示，南通户籍总人口占全省的 10.13%，60 岁以上老人占全省的 13.1%，而百岁老人则达到全省总数的 22.14%。

江苏省各市百岁老人发展情况统计表

表 4–1–2

地区	2000 年			2012 年		
	总数（人）	每 10 万人中百岁老人（人）	占全省百岁老人比重(%)	总数（人）	每 10 万人中百岁老人（人）	占全省百岁老人比重(%)
全省	1198	1.7	100.00	4183	5.6	100.00
南京市	49	0.9	4.09	238	3.7	5.69
无锡市	60	1.38	5.01	234	5.0	5.59
徐州市	317	3.57	26.46	526	5.3	12.57
常州市	35	1.03	2.92	185	5.1	4.42
苏州市	52	0.9	4.34	341	5.3	8.15
南通市	191	2.43	15.94	926	12.1	22.14
连云港市	66	1.48	5.51	147	2.9	3.51
淮安市	55	1.08	4.59	163	3.0	3.90
盐城市	77	0.97	6.43	501	6.1	11.98
扬州市	37	0.82	3.09	157	3.4	3.75
镇江市	23	0.86	1.92	149	5.5	3.56
泰州市	57	1.14	4.76	341	6.8	8.15
宿迁市	179	3.55	14.94	275	4.9	6.57

对照全国，南通的长寿程度更为突出。据中国第五届十大寿星排行榜组委会公布的资料，全国 2012 年有百岁以上老人 47773 人，每 10 万人口中有百岁老人 3.55 人。南通市以同期同口径数据相对照，总人口占全国的 0.56%，而百岁老人却占全国的 1.93%，每 10 万人口中的百岁老人平均数，为全国平均水平的 3.4 倍。这一年，南通作为一个仅有 765.2 万人的地级市，百岁老人数竟能高于或大大高于同期北京（470 人）、吉林（698 人）、天津（291 人）、江西（836 人）、陕西（664 人）、黑龙江（620 人）、甘肃（446 人）、湖北（828 人）、宁夏（92 人）、山西（836 人）、内蒙古（169 人）等省、市、区，接近于同期上海（1162 人）、河北（1091 人）、新疆（1075 人）、重庆（1106 人）、云南（1173 人）、贵州（935 人）等省、市、区数据。

第二节　结构演化

南通长寿现象的发展，除了表现为百岁老人的绝对数逐年大幅度增长外，在其他诸多构成指标上，也呈现着许多可喜的变化。在这些构成指标中，有的变化比较明显，有的变化十分细微，甚至近乎于静止状态。然而，这种渐变的过程，对健康长寿的前景却有很强的预示性，颇具深度观察的价值。

一、平均寿命与最高寿限

百岁老人平均寿命稳中有升，最高寿限也呈缓慢上升趋势。据1998年随机调查，150名百岁老人平均年龄100.89岁，其中女性为101岁，男性为100.82岁，年龄最高的为106岁，女性。10年后的2007年，调查的119名百岁老人，平均年龄为101.9岁，其中女性为102.1岁，男性为101.36岁，最高年龄为108岁，仍女性。两组数据对比，10年中平均年龄增长了1.01岁，其中女性增长了1.1岁，男性增长了0.42岁。此后多年观察，仍在缓慢增长，但不甚明显，最高寿可见到110岁的人瑞，男女均有此纪录，但能够攀上这一年岁高峰的是很少的。从统计数字看，大多百岁老人的寿限均在103岁左右，高的可见104、105岁。这一情况说明，人类年龄进入高峰之后，欲再向上突破，是一个艰难的过程，这有赖于生命科学诸多因素的不断发展。

二、男女性别比

性别比出现变化，男性比重在逐渐增大，但女多男少的基本格局并未改变。长寿老人素来女性为多。1998年统计，男性占12.7%，女性占87.3%；2003年统计，男性上升到16.5%，女性比例为83.5%；2007年调查，男性占18.4%，女性占82.6%；2012年调查男性占20.4%，女性占79.6%。几次调查统计反复证明，男性百岁老人在缓慢增加。如市城区的男性百岁老人王松青，最终活到107岁，吴樾儒活到103岁。男性长寿老人的比重在波动中增长，是在男女共同增量的过程中出现的，并非绝对数上的此消彼长，因而具有积极意义。但在目前条件下，无论高龄老人还是长寿老人，女多男少的基本格局乃是一种常态，很难有大的改变。其原因主要在于生理特征的异同，与男性的社会责任与压力以及个性特点、生活方式等因素，也不无关联。这是有待于今后科学论证的一大课题。

三、健康水平

百岁老人健康水平明显提高，生活自理者比重不断加大，但失能或半失能长寿老人仍占相当比重。20世纪90年代，百岁老人卧床者居多，行走不便的多，其晚年生活质量并不理想。据2007年实地观察调查，能行走的、能生活自理的乃至操持家务的比例明显增大。粗略划分，百岁老人健康状况大致有三类：一类是身体健康或比较健康，生活基本自己料理，并能从事轻微家务活动的，属生活自理型；二类是身体状况尚可，生活起居大部分能自理，高难动作需由他人帮助，属于生活半自理型；三类是生活大多无法自理，需要他人护理，基本以卧床为主，属于生活他助型。以1998年和2007年两次调查数据对比如下：

南通市百岁老人健康状况调查表

表 4-2-1

年份	被调查人数	一类		二类		三类	
		人数	%	人数	%	人数	%
1998	150	76	50.6	44	29.3	30	20
2007	119	64	53.8	38	31.9	17	14.3

此外，2007 年对 119 名百岁老人的听力、视力、行为能力、思维能力也作了一种测试性调查。具体情况如下：

2007 年南通市百岁老人健康状况调查表

表 4-2-2　　单位：人

项目	良好	尚好	较差	很差
视力	27	29	40	23
听力	20	31	41	27
活动能力	独立行走 37	拄拐杖 43	靠人搀扶 19	基本丧失行走能力 20
思维状况	48	34	37	
语言表达	49	33	37	
直观气色	56	35	28	

从上列两表可见，前后 10 年百岁老人总体健康状况明显改观，它标志着长寿老人晚年生命质量、生活质量有了较大提高。总的说，老年人进入高龄阶段，乃至进入百岁行列，心理、生理的承受能力都在发生退行性改变，他们本人也深感自己身体明显减退，需要他人更多的关爱和帮助。这种趋势的出现，有迟有早，或疾或徐，但体质衰减的总趋势是难以逆转的。

四、文化结构

百岁老人中识字者比例增大，文化结构发生变化，但把握现代知识能力相对低下。当下百岁老人都出生于旧社会，历史的原因使他们文化水平普遍较低，文盲者比重很大。但是，以 30 年前后的资料对比，两者有着明显差异。1998 年调查的 150 名百岁老人中，具有小学文化或以上的为 12 人，占 8%，其余皆属文盲。2007 年调查，具有小学和初中文化水准的占 15.12%，初识者占据相当比例。进入 21 世纪后，文化结构大有改观。突出的是在党政干部中，在中小学教师队伍中，在医生及书画家中，陆续涌现出期颐老人。但是，由于当代科学技术日新月异，而高龄老人、长寿老人不论其原来文化水平如何，对现代科学技术均知之较少，甚至缺失，成为“科盲”。从这层意义说，长寿老人在科学技术这方面尚属弱势群体。

五、城乡分布

长寿老人的城乡分布发生变化，城镇百岁老人悄然增多，但在总体比重上，乡村仍占据优势。20世纪末，进入百岁行列者，绝大多数是农村老人，城市长寿老人比重远远低于农村。1998年全市324位百岁老人，生活在城镇的为21人，占总数的6.5%；2007年663位百岁老人中，居住城镇的为96人，占14.5%。10年中城市百岁老人比重上升了一倍多，尤其是从事脑力劳动的百岁老人多了起来。但农村百岁老人的比重，仍然大于城镇。2012年末，主城区的崇川、港闸及开发区，每10万人口中平均拥有百岁老人8.01人，低于各县（市），也低于全市同期平均12.1人的水平。此外，城镇百岁老人的增多，同城镇化建设、撤乡建镇以及产业结构的调整，也有着很大的关系。

第三节　长寿成因

南通市长寿现象的出现和发展，构成因素很多，而且诸因素相伴相生，互为影响，共同作用。

一、外部环境

良好的外部环境，是南通登上长寿之都台阶的先决条件。南通市长寿现象始于20世纪80年代，恰与改革开放同步出现。这并非时间上的巧合，而是有着内在的因果关系。30年的经济快速发展，极大地改善了城乡人民生活，为人们改善生存环境、生活条件、生命质量提供了必备的物质基础。1984年经中央批准，南通成为中国首批对外开放的14个沿海港口城市。此后在实施江苏沿海开发和“长三角”一体化发展的两大发展战略中，充分发挥了叠加优势。近十年来，各项经济指标的增幅一直高于全省平均水平。2010年年底，全市各县（市）、区全面达到省定小康标准，并继续朝着高标准的小康目标及基本实现现代化目标迈进。地区生产总值从20世末的657.6亿元上升到2012年的4558.67亿元。城乡居民养老保险、医疗保险并轨运行，公共社会保障水平和城乡居民收入不断提高。2012年，市区居民可支配收入和农民人均纯收入分别为30206元和13231元。这些事实表明，良好的政治氛围，快速的经济发展是长寿现象形成和发展的物质保障。

良好的生态环境，更是百岁老人赖以生存的基础，是促进长寿现象群体化、规模化、区域化前置条件。南通地理位置独特，自然条件优越，四季分明，日照充足、雨量均匀，无霜期长，灾害性天气较少，历来是全国农业生产基地和稳产高产地区，这也十分适宜人们颐养天年，悠然生活。2012年南通被评为“全国十佳最适宜人居城市”就是例证。

浓厚的社会敬老、助老氛围，与长寿现象有着密切的正相关系。传统孝文化、寿文化，在新的历史条件下得到了升华，并赋予了新的内涵。为民办好事的江海志愿者遍布城乡，隐姓埋名的凡人善举，“莫文隋”精神的兴起，首先得益的是庞大的年长者。南通精神文明建设的事迹，被中宣部作为公民道德建设的典型。各级政府先后出台和修订优待举措；社会保障和供养标准不断提高；失独、失地、失能、失智老人、“三无”老人救助范围持续扩大。城乡普遍建立了80岁以上、90岁以上和百岁以上尊老金制度，老人们处处得到尊崇和呵护，晚年生活更加温馨。

二、家庭氛围

营造温馨、和谐的家庭氛围，构筑融洽的代际关系，为孕育长寿老人编织了成长的摇篮。当今南通数以百万计的家庭在老有所养中仍然处于主体性地位，发挥着基础性作用。尽管家庭日趋小型化、核心化，但仍然是维系代际亲情关系的载体，传承着中华孝文化和伦理道德的主渠道。高龄老人一步步成长为期颐老人，主要靠家庭的呵护。老年人进入百岁阶段，户外活动大幅度减少，受行走等条件限制，社会交往日见稀疏，活动空间主要在家庭的亲人之间。这时，家庭氛围、代际关系，对于老人的精神生活乃至寿命长短至为重要。针对特定对象，在家庭代际关系上，许多家庭重点把握了以下几点：

第一，尊重个性特点。据世纪之交对210名百岁老人调查，有26人出生于19世纪，他们历经前清、共和、抗战、新中国各个历史阶段，出现了众多人瑞一生经历3个世纪的趣闻。老人们由于社会地位、生活阅历、思维方式各不相同，多少带有各自的历史烙印。晚辈在侍候老人时，要充分尊重和顺从老人的生活习惯和行事方式，不要去对老人抵制、顶撞和违拗，要讲求随和融洽。

第二，重视心灵互动。很多百岁老人由于文化水平较低或基本属于文盲，进入老年阶段后，又出现耳目失聪，反应迟钝，表情呆板等现象。在上述210名百岁老人中，有102名实际上是渴望子女同他交流思想，追忆往事，但又常常心底明白，却不肯主动与晚辈絮絮叨叨。子女在陪伴、护理中，主动与老人聊天，消除他们的孤独感、忧郁感和恐惧感是至为重要的。

第三，保障物质需求。百岁老人由于年事已高，体质弱，在物质上虽无过高要求，但也有他们的特殊需求。据21世纪初对210名百岁老人的调查，有单独卧室的占45%，有55%的老人与子女或女保姆同住，主要考虑便于照应。在穿着方面，以舒适实惠为宜，不求亮丽华贵。在饮食上宜特别注重清淡、绵软，荤素搭配，以素为主，辅之以牛奶、水果。

第四，照顾生活起居。百岁老人大多行动迟滞，一些行走不便、终日卧床的，更需要重视生活上的全程护理。在上述210名百岁老人中，生活基本能自理的有44人；

需要他人部分帮助的有107人；行动不便，需全程护理的有59人。不管何种情况，生活护理、起居照顾，是老人们的基本诉求，也是儿女尽孝的重点内容，必须认真落实。

第五，观察神情变化。百岁老人死亡，常常是所谓“无疾而终”，悄然离世。其实，这种说法并不完全准确。很多老年人去世是有先兆的，问题是在护理中没有充分留意。特别是在农村，很多老人小病往往不当回事，只说胃口不好，说话少了，这其实就是值得探究的现象。子女或其他护理人在照看老人中，要细心体察老人饮食、情绪、神志的变化，及时就医服药，不能延误。此外还要注意让老人生活有规律，不要随意改变他们习惯，移动他的“生物钟”，更不能任意折腾或激怒老人。

三、内在因素

百岁老人的生成，自身内在因素是根本。有良好的心态、体质和生活习惯就是一部长寿的密码。人的寿命与外在条件相关，但最终还取决于自身的健康程度和衰老速度，取决于本人的心理素质和生理素质。全市2012年90岁以上老人与百岁老人对比，大体是43 ∶ 1。换言之，90岁以上老人，最终能走进百岁堂奥的是极少数，在100名90岁老人中，最终能跨进百岁门槛的大致只有两三人或四五人。21世纪初，南通在150名百岁老人中调查，长寿的自身因素主要是：

第一，早睡早起，起居有常。老人们在生活习惯上承袭了古代“日出而作，日落而息”的生活方式，坚持早睡早起。

第二，饮食有度，兼收并蓄。百岁老人对饮食无过分要求，粗茶淡饭，不过于挑剔。南通地区主食大米，农村玉米、麦子杂以豆类，菜类以新鲜蔬菜为主，肉鱼蛋间隔，一日三餐，两稀一干或两干一稀。

第三，香烟不沾，酒量适度。在150名老人中，拒烟酒的有62人，占41%。适量饮酒的86人，占57%；吸烟的2人。农村饮酒多为软性米白酒，很少饮用烈性酒。

第四，勤勉劳作，练就体质。百岁老人饱经沧桑，一生勤劳俭朴，150名百岁老人中有60位百岁老人进入百岁之后，仍从事一定的家务劳动或经营自留地。

第五，豁达大度，情绪开朗。上述150名百岁老人，绝大多数对自己生活、对周边环境、对一生的评价，总是持乐观态度，很少低落的情绪。在家庭成员或邻里之间、人际关系上，也讲求融洽。年轻时就养就宽宏大度、与人为善的心态，真有“宠辱不惊，看庭前花开花落；去留无意，随天外云卷云舒”的意境。

百岁老人的成长，可以概括这样的公式：百岁老人 = 优良的外部环境 + 温馨的家庭氛围 + 良好的自身素质。这三者相辅相成不可偏废。

第四节　预期寿命

预期寿命，是一个涵盖广泛的综合性的测定指标。它主要依据人口发展状况、医疗卫生条件，以及经济、社会、环境、科技诸多指标，采取国际通用的科学方法而测定出生人口的可期望寿命。因此，预期寿命，预期着长寿现象的整体性和持续性，对未来数十年以至更长时间人口寿命具前瞻性意义。

数十年来，南通人口预期寿命发展很快。据资料，新中国成立前的1948年，南通人均寿命为32岁，彼时全国为36岁。1973年至1975年，南通人口出生时的平均期值寿命为68.38岁，其中男性65.71岁，女性71岁。1988年至1991年，南通市人口出生时平均期望寿命为74.18岁，其中男性71.3岁，女性77.2岁。2000年“五普”数据，全市平均预期寿命75.3岁，其中男性74.88岁，女性78.04岁。2003年，全市平均预期寿命为76.7岁，其中男性75.41岁，女性79.44岁。2005年平均预期寿命上升至78.22岁，男性75.46岁，女性81.06岁。2010年预期寿命上升到77.99岁。2012年全市平均预期寿命又上升到78.5岁。从1948年的32岁，到2012年的78.5岁，64年间，人口预期寿命增长了46.5岁，增长1.45倍。

第五节　寿道个案

长寿老人由于各自家庭境遇、生存环境、生活经历、人际交往、个性特点、职业取向等诸多因素的影响，其养生和长寿之道差异也很大。有些生活习性看似平淡，深究其里，却是一部部风格迥异的长寿教科书。本节选录南通市部分百岁老人长寿之道，以资备考①。

一、《长寿探秘》百岁老人长寿之道选录

2003年，南通市拍摄了30名百岁老人《长寿探秘》大型长寿系列片，又先后实地观察、采集了为数众多的百岁老人长寿之道。选录如下：

鲍德存　男，海安县韩洋乡人，1902年生，2004年逝世，终年102岁。年轻时贩私盐，拉黄包车，年过半百后种田为生。鲍德存姐姐鲍德英，105岁，住大公镇仲洋村；妹妹秦鲍氏，100岁，身体好，耳聪目明，只是腿脚有点不灵便。兄妹三人同一血脉，性格相近，有个共同特点：个性爽直，办事利索，到老仍十分较真。兄妹三人长寿大福共同之处，就是都有一个五世同堂的和谐大家庭，儿孙们个个都是好脾气，处处顺着寿星，

①本节所录百岁老人凡未注明卒年时间的，除本志第十五章第三节仍有其名录者外，余皆谢世（最高108岁）。

诸事尽量满足寿星，老寿星更多的时候是心平气和、开开心心。

程月英 女，通州市十总镇人，1903年生，2007年逝世，终年105岁。生有五男五女，健在的子女还有8个。她性格乐观、为人质朴，与大女儿同住，五世同堂。老人一生无不良嗜好，生活要求不高。平时想睡就睡，想起就起，完全根据身心和精神状态。一日三餐不讲究，早上吃一包芝麻糊，饮食上唯一特别的就是爱喝水，吃饭时也喜欢喝茶。

沈杨氏 女，如东县新店镇人，1899年1月生，2005年4月逝世，终年106岁。老人身体硬朗，走路不用拐杖，还经常忙些简单的家务。平时，老人喜欢坐在堂屋里，也喜欢晒晒太阳，摇摇伴随了她一生的老纺车，沉浸于过去男耕女织的日子里。老人爱吃南瓜、山芋、胡萝卜等粗粮，野菜尤其喜欢，枸杞嫩叶能吃整碗。老人不抽烟、不喝酒，但不忌荤腥。早上吃点酵水馒头，中午吃点鱼、肉。除了正常三餐，下午和晚上也会吃点饼干、茶食。及至105岁高龄时，视力听力仍好。平时喜欢听听戏。

袁施氏 女，启东市合作镇人，1903年生，2007年逝世，终年104岁。一生种田，爱热闹，好表现，有点顽童心理，身体状况良好。101岁的袁施氏，谈吐幽默，问她今年几岁了？回答："我年纪轻唷，才一岁。"搞搞笑，撒撒娇，良好的生活习惯，豁达的胸襟，加上拥有一颗快乐的心。她的长寿的秘诀之一就是忘掉自己年龄。

黄金英 女，如东县丰利镇人，1903年1月生，2009年8月逝世，终年106岁。年轻时从事体力劳动，身体硬朗，视力听觉良好，从未生过大病。97岁时不慎摔折了右腿，走路仰仗凳子。老人喜欢孩子，一生不知带过多少孩子，年过百岁，她又帮孙女带小孩。孩子逗老太，老太逗孩子，尽享天伦之乐。人能保留一份童真童趣，保留一份年轻心态，对延年益寿大有好处。

马汝康 男，如皋市如城镇人，1902年生。他喜爱京胡，进入百岁后仍经常悠闲地拉着他的京胡。老人一生清贫，年轻时挑过货郎担、耍过猴把戏，出租过连环画，家里如今还藏着上千册连环画，时不时会翻翻那些像宝贝一般的"小人书"。家境虽然贫寒，但他天生是个乐天派。邻居回忆，就是在最困难的时候，一天三顿锅里没有粮，他仍是整天乐哈哈的。俗话说"药补不如食补，食补不如心补""心一乐，百病去"。苦中得乐、玩中求乐，拥有了快乐，便拥有了长寿的"灵丹妙药"。

许德和 男，如皋市袁桥镇人，1898年生。一生大多时光从事农田劳动，90多岁还能做小本买卖，过了百岁，恋上了做拐杖，家里大大小小、龙凤蛇鸟各具形态的拐杖足有几十根。老寿星不仅因长寿出了名，也因做拐杖闻名远近。如皋风俗，摸摸寿星的拐杖，会沾点福寿喜气，方圆几十里内，常有人领着孩子来他家特地摸摸他做的拐杖。生命在于运动，老寿星削杖、磨杖、刨杖时双手用巧劲，这为身动；做杖时要想象构思，因材设计，这为脑动；杖做好后有一种满足感成就感，更添身心愉悦。

二、《长寿研究文选（2002 — 2012）》《如皋长寿研究文集》百岁老人风采及生活习性资料选录

2003 年 11 月京华出版社出版的《如皋长寿研究文集》记载了如皋市部分寿星的生活习性，2012 年 10 月江苏美术出版社出版的《长寿研究文选（2002 — 2012）》亦记载了如皋市部分百岁老人的风采。现摘录部分寿星的资料，其中韩秀芳资料见《长寿研究文选（2002 — 2012）》，其余寿星的资料均见《如皋长寿研究文集》。

韩秀芳　女，如皋市如城镇人，1908 年 9 月出生[①]。2008 年 10 月获中国老年学学会授予中国最佳风采寿星称号。她出身名门，祖父韩锦坤是太平天国翼王石达开的副将，太平天国失败后隐居如皋，经营绸缎作坊，终年 80 岁。曾祖父参加辛亥革命。父亲韩志忠继承父业，因反朝廷而入狱，绸缎作坊受新兴工业冲击倒闭，从此家道中落。韩秀芳端庄隽秀，自幼养成高雅气质，直至晚年仍注重梳妆打扮，讲究举止仪态，衣冠不整不肯见客。凡见过她的人，包括知名人口学家、中央电视台主播等对她的气质，无不交口称赞。韩氏家庭高寿颇有遗传基因，祖辈、父辈均不乏 90 岁以上高龄老人。其大弟韩培德，系武汉大学教授，曾任中国国际法家会副会长等职，首开中国国际法、环境法研究之先河，人称中国法学界泰斗，终年 99 岁。小弟韩德馨，著名地质学家，中国工程院院士，荣获中国地质学最高奖“李四光地质科学荣誉奖”，终年 92 岁。韩秀芳一向不耐孤独和寂寞，街道、社会组织的老年活动，她逢请必到，且谈吐不俗，有上佳表现。北京奥运会前，她向如皋市委、市政府建议，以如皋百岁老人名义向大会赠送 100 盆五针松盆景，祝贺奥运健儿像青松翠柏，她参加了交接启运仪式。韩秀芳的长寿，与她的世袭基因，严谨生活和优雅气质，均不无关系。

徐洪氏（原名洪惟兰）　女，如东潮桥人，80 岁时迁住如皋。1997 年 3 月，徐洪氏到达期颐之年，是当时如城镇十位百岁老人之一。

徐洪氏过百岁，长寿之道是：

一、爱劳动，能吃苦。由于家境清贫，她一生务农，长期过着面朝黄土背朝天的贫困生活。在进入老年尚未丧失劳动能力时，仍一年四季下田干活，忙收忙种，不辞辛劳。在长期劳动中，磨炼出一副好身体。

二、不挑食，不偏食。徐洪氏粗茶淡饭过了大半辈子，她常说：“粗布暖，菜饭饱，这个便宜哪里讨？”长寿与她长期以素为主，有啥吃啥，合理饮食的清淡生活方式分不开。

三、不吸烟，不饮酒。徐洪氏一生与烟酒无缘。

四、心境宽，待人好。年轻时，徐洪氏就心平气和，与人为善。年老以后，邻居特别喜欢与老人说说笑笑，拉拉家常，相互关照，和睦相处。在 90 多岁时，她还带了

①韩秀芳 2013 年 11 月逝世，终年 106 岁。

一些小礼品，健步前往几里外的邓园，看望一位百岁老太。良好的人际关系，是她能跨进百岁殿堂的关键之一。

郭正芳 女，如皋市东陈镇人，1898年1月生。老人不拣饮食，爱吃米饭和糁儿粥，喜吃肉和豆制品。吃饭时，不爱喝汤，平时也不爱喝茶，仅喝白开水，每天喝一点红酒。年轻时喝过河水，中年后一直饮用井水。

许秀桂 女，如皋市柴湾镇人，1900年生。老人生活一直能自理，很少生病，早睡早起，爱劳动，常常做一些力所能及的家务活。老人饭量正常，早晚各一碗稀饭，中午半碗饭，喜吃鱼、肉之类。平时，喝水很少。

曹友珍 女，如皋市雪岸人，1903年4月生。15岁时出嫁，共生养了6子2女。老人在年轻时，是个勤劳、善良的农家妇女。平时从不跟人生气，不肯得罪别人。在家里，也不主持家政，年轻时丈夫当家，丈夫去世后就由儿子当家，老人认真干活，从不肯让自己闲着。到了100岁的高龄，她还坚持干点力所能及的事，譬如用一张小凳子坐在门口菜地里拔草，田里没草拔了，就剥剥花生、蚕豆之类。

沈秀梅 女，如皋市丁堰镇人，1903年生。年轻时不喜吃米饭，年岁大了变为喜欢吃米饭，一餐能吃大半碗；爱吃肉，尤其喜欢吃瘦肉；饮用水为井水。她每天坚持早睡早起，生活全部自理，有时还争着要干家务活。老人性情开朗，从不计较个人得失，与家人和睦相处，家人和左右邻居都喜欢和她聊天。

仇全贵 男，如皋市桃园镇人，1903年农历八月十四日生。仇全贵老人一生勤俭，从不抽烟，喝酒也是很少。他很少吃荤菜，通常都是吃些豆腐、蔬菜，以玉米、荞麦、山芋为主食。一生没有生过大病。年轻时有头痛病，天气变化时，就头痛，一般不服药，他用菊花头晒干后灌枕头，说治头痛很有效。仇老爹为人老实，性格温和，脾气好，从不与他人争吵。

杨同新 男，如皋市白蒲镇人，1901年生。杨同新是个活跃分子，他头脑清楚，年轻时能说会道，喜欢谈古论今。一生粗茶淡饭，年过百岁饭量仍很好。

陆翠英 女，如皋市白蒲镇人，1899年12月生。自幼家境贫寒，从未读过书。老人一生勤劳，手脚勤快。她爱吃鱼虾，口味喜甜爱咸，煮黄豆和南瓜是她最爱吃的，但从不吃黄瓜、丝瓜、笋瓜和茄子，不喝开水，每天饮少量的酒。曾生过一次重病，因肾结石大出血，后经积极治疗，恢复了健康。年过百岁，耳聪目明，记忆力和精神很好，能与人正常交谈。由于生活美满，精神愉快，老人仍满面春风，不显憔悴。每天看上三个小时电视不感到乏力。老人身无疼痛，尚能做些剥花生、拣菜等轻巧活计。

沈如珍 女，如皋市林梓镇人，1899年7月生。父母开过油坊，家庭经济状况较好，读过几年书，相当小学文化程度。沈老太与大女儿一起生活，五代同堂，家庭和睦，儿孙们非常孝顺。老人年轻时很勤劳，性格也好，遇事想得开，好胜心不强。老人饮食没有什么特殊讲究，粗茶淡饭，随遇而安。

陆盘珍　女，如皋市九华镇人，1899 年 3 月生。老人是独生女，自幼家境贫寒，从未念过书，父母去世较早。年轻时，陆盘珍性格好，人品好，与邻里关系好，合人缘，且挺能干。104 岁时，身体仍然很好，生活能自理，有时还能烧煮饭菜。她的胃口一直不错，正常一顿能吃一碗粥，吃饭半碗，还要喝汤。老人生活很有规律，不论什么季节，都坚持早起，一般在 6 点钟前起床，不午睡，喜欢去邻居家串门玩耍。

金桂荣　男，如皋市九华镇人，1898 年 1 月生。读过私塾，相当于完小文化程度，兄妹四人，他排行老三。老人性格开朗，待人和气，进入百岁之后还经常串串门，跟邻居们聊天；生活能自理，还能干些轻微的家务；喜欢早睡早起，忙碌不停，每天早晨 5 点钟就起床吃早饭，间以麦片、蛋、面作主食。

陈南祥　如皋市郭园镇人，1902 年 10 月生。自幼家境贫寒，从懂事起，就是父母地里头的好帮手。他有一门盖草屋的手艺，一直做到 85 岁才歇手。年过百岁仍是闲不住，常常帮儿女们做些简单的家务，如洗衣、做饭等。老人生活很有规律，早睡早起，喜欢独自一人拄着拐杖在村里走动。老人在饮食上不讲究，不挑食，有什么吃什么，平常一天三顿酒，每次二到三两。饮用水过去是河水，现在为井水。

印美华　女，如皋市下原镇人，1902 年 2 月生。自幼家境贫寒，以种地为生。由于年轻时操劳过度，又经受过丧夫、失子的痛苦，印老太身体状况欠佳，长年卧床不起，视力较差，但她食欲较好，早上一袋麦片和一小碗粥，荤素混食，晚间有时吃点饼干、冰糖等零食；平时爱喝葡萄酒，间或抽些水烟，但不咳嗽；饮用水过去以河水为主，后改为井水。

周桂树　男，如皋市磨头镇人，1903 年 12 月生。老人活到 100 岁始终不服老。平时，他爱帮家里打猪草、翻晒粮食、绞蚕龙、扎条帚等。农忙时，他还用平板车从田里往家运油菜，只要能干的活他样样干，一点不觉得辛苦，反而感到很愉快。饮食上，老人主食米饭、玉米糁儿粥、面条，一顿能吃五六块肉，喜欢吃山芋、芋头、南瓜、荞麦面糊糊、面条、煎饼等。从不抽烟喝酒，很喜欢到外面逛逛。周老爹的儿子周华在南京发电厂工作，在老人 80 岁时，曾带他去南京、上海等地游玩，老人对于外出游玩这些事，谈起来总是津津乐道。

狄秀英　女，如皋市吴窑镇人，1904 年生。她的母亲也是高寿，90 岁时才去世。狄老太虽然年届百岁，但身体状况良好，除耳朵 10 年前失聪外，其他一切正常，一生没有生过大病，生活自理，还能做一些轻微的家务活；生活极有规律，每天早睡早起；性格爽直，对子女严厉，对人以礼相待，并能与家人和睦相处，从不计较个人得失；心情愉快，天天笑口常开。老人在饮食上很有特色，喜面食，尤其是面条、馄饨之类，能吃一大碗；从不挑食，荤菜、素菜样样行，饭量正常，早晚稀饭一至二碗，能抽烟、喝酒。到了百岁每天中饭仍能吃一碗米饭，能喝二至三两红酒，一天要抽半包左右香烟。老人饮用水一直以井水为主。

秦赵氏 女，如皋市石庄镇人，1902年生。老人每天都喝二两红酒，特别喜欢看僮子戏，只要听说哪里有戏看，不管多远，都要让孙子用车子载她过去，叮叮咚咚的戏文从头到尾看得津津有味。老人喜爱农村，热爱农村生活，从新疆退休回如城落户的二儿子多次要接她到城里住住，她不愿意。她说："我一生一世生长在农村，喝着井水，吃着山芋、芋头、玉米面，过不惯那闹轰轰的城里生活。"

卢袁氏 女，如皋市高明镇人，1901年6月生。老人是当地"说书高手"。喜欢听说书和看乡戏，有过耳不忘的本领，左右邻舍聚在一起时，性格随和的她就会应邀给大家说上一段。老人喜欢"练功"，每天早晚活动手脚踝，以保持四肢灵活。在饮食方面，平日粗茶淡饭，豆腐是每日必吃，有时也喝点红酒。老人身体健康，生活能自理，早睡早起，很有规律。

张秀英 女，如皋市搬经镇人，1902年4月生。百岁张老太一顿能吃一碗饭，喜欢喝点红酒，吃点鱼；习惯早睡早起，除体力活外，还能帮助家中做做家务。在她100岁生日时，全家到狼山去烧香，她坚持自己爬上山顶，令游客们赞叹不已。老太平时喜欢和别人拉家常，结合自己的经历，讲些做人的道理，常常告诫大家不要争长道短，要知足常乐。

李荣其 男，如皋市夏堡镇人，1904年12月生。老人一生勤劳，7岁便给人家做童工，一直勤耕不辍。老人虽已年届百岁，可步履并不蹒跚，到亲戚家3公里多的路，他轻松地走了个来回。每天坚持早上放羊，傍晚再把羊牵回来。老人性格活泼开朗，生活中似乎从没有过恼人的愁绪，平时非常喜欢和人说说笑话，开开玩笑。饮食上尤好素食，70岁之前几乎没有吃过荤食，70岁后偶尔吃点瘦肉。在素食中，豆制品、青菜是家常菜，玉米糁粥他每天必吃。饮食非常有规律，无烟酒嗜好。有良好的卫生习惯，无论冬夏，坚持勤洗澡、勤换衣，随身带着手帕，不给人以邋遢的感觉。偶尔生点小病，老人从不拖延，及时就医，有趣的是他坚持打针、输水，却不肯吃药。

沈中英 女，如皋市常青镇人，1902年2月生。平素爱清洁，讲卫生，热爱劳动。晚年后，家里人不让她干活，但她仍勤劳不辍，自己找活干，屋角、场边、草堆旁被她收拾得干干净净。在饮食上，她平素不喜欢吃粥，吃米饭也很少，喜欢吃馒头、肉类食品。喜欢喝点酒，每顿一两左右。她平时最拿手的绝活是搓绳，80岁时仍坚持搓绳。她为人随和，待人真诚，心胸宽广，人缘极好，村子里不论大人、小孩都很喜欢她。她虽已年过百岁，但仍然好动，常常拄着拐杖到邻居家串门。

张田氏 女，如皋市如城镇人，1900年11月生。老太一生没有患过什么大病，仅仅是偶尔伤风感冒。饮食方面，老人从不挑食，喜好吃糖。张老太较关心世事，周围有个红白喜事，都爱看个究竟。特好看戏，方圆一二里路范围内有戏，她逢场必看。

石昭祥 女，如皋市石庄镇人，1902年4月生。她出身于书香世家，娘家父辈皆为晚清文人。13岁时经乡里推荐到沙元炳创办的女子传习所学习女红，其间，新文化运动波及如皋，她亲历了进步学生为抵制日货所举行的游行、宣传等爱国运动。抗战中，思想进步的她，积极支持进步组织开展各项活动，捐钱送物，深得社会好评。石老太性格开朗，豁达大方，乐于助人，在家庭成员中有很高的威望，很长时间操持家庭的日常生活，与人交往总是抱着“让人三分不吃亏”理念，很受街坊邻里的敬重。与人交谈时，喜欢说往事，思路清晰，谈吐不俗，颇有风度。石老太还有一爱好，就是唱歌。有良好的生活习惯，曾有较长一段时间每天早晨空腹饮淡盐水。由于晚年牙齿不好，主要以喝粥为主。

阚陆乐 女，原籍如东掘港，家住黄市镇曹杜村18组（原杜家堡），1903年8月生。她生活很有规律，每天早睡早起。以大米、小米饭为主食，并喜欢一些饼干之类的零食。饭量不大，每顿半碗饭，以素食为主，偶吃肉类，并爱吃鲫鱼，不抽烟、不喝酒。性格随遇而安，从不因家庭琐事而烦恼，住如皋时，总爱串门唠嗑，就是在兰州第五个儿子家时也坚持每天从4楼下到花园散步、游玩。

三、海门市若干寿星生活习性节录

季秀英 女，家住原天补镇陶港村10组，1910年10月出生，耳聪目明，思路清晰，90多岁时还下田劳动，生活自理，不要儿女代劳，平时爱整洁，隔日洗澡换衣服，大家都说她干干净净没有老人气味。季秀英长寿经验，主要是：先苦后甜，健康延年；婆媳和睦，心理坦然；儿孙孝顺，晚年幸福。

季秀英年轻时嫁给丈夫秦步高，家里经济条件很差。夫家兄弟多，老代的田地给4个儿子一分就只有几百步一家。这点田地哪够一家子生活啊？丈夫不很爱劳动，又怕抓壮丁整天东躲西藏，收入就更少。眼看揭不开锅了，季秀英向娘家和亲友借了点钱，买了几百步田地，动员丈夫一起起早贪黑劳作，她还利用早晚、雨天纺纱织布，丈夫学做油布雨伞赚钱，勉强养家糊口。

丈夫53岁时逝世，老人一直与独生的儿子媳妇一起生活。媳妇施玉英自三年困难时期与季秀英儿子结婚，婆媳俩就像母女一样亲亲昵昵地度过了半个世纪。老人80岁前主持家庭，儿子媳妇俩只管种田挣钱，老人也有自知之明，常会主动征求他们意见，根据各人喜好逐步改善家庭环境，创造和谐氛围。进入高龄后，媳妇接过了家事处置权，从没对婆婆另眼看待，更没嫌老嫌脏让老人独自一人吃饭，而像女儿那样呵护关心，每顿都是同桌吃饭，非常富有亲情味。

老人一生养育了一子四女。除二女儿过世外，其余三个女儿主动担当起赡养义务以报答养育之恩。儿女们十分孝顺，她的心里充满了自豪感幸福感，天天有笑容，越活越年轻。

杨秀英　女，家住原树勋镇新河村19组，出生于1909年7月28日。她一身朴素整洁的农家妇女打扮，外貌神态、言谈举止绝对不像104岁的百岁寿星。她耳不聋，眼不花，腰不弯，背不驼，行走自如，说话响亮，看上去比实际年龄至少要年轻20岁。

杨秀英的长寿秘诀归纳为心情始终要保持"双乐"。第一件乐事是打牌消遣，她擅长打长牌"韭菜"，一般上午早饭过后稍稍活动筋骨，在宅边转转，或在家前屋后锄草解解闷。中午早早吃完饭，便邀上几个常客围坐四方桌打起"韭菜"来。她打牌不在乎输赢，全在乎消遣。第二件乐事是做"红娘"，为年轻人尤其乐为大龄青年牵线搭桥，这可谓是相机找乐，乐在其中。她为年轻人"说媒"煞费苦心，本村的小伙，他乡的姑娘，她都留个"心眼"，事先来个"下河摸石子"，对双方的住址、年龄、容貌、职业、专长、性格脾气、经济状况，甚至上代人的家底、人口变迁、身体健康等方面的情况都有全方位的了解，便于胸中有数，一把钥匙开一把锁。就这样，杨老太先后圆了不少大龄青年的婚姻梦。

杨老太一日三餐，胃口极好，吃起来特别带劲，每顿一碗饭或粥，外加大半碗小菜，中午与晚上还要各喝上一斤的米酒或黄酒，晚上睡得特别香，几乎一觉睡到大天亮。

万来于　女，家住悦来镇中圩村29组，生于1909年3月20日[①]。身体状况比较好，除了眼睛和耳朵稍微不太好使以外，饮食起居都很正常，生活能够自理，一般不需要人帮忙。她喜欢有条有理地做做家务，有空的时候出去串串门，跟一些年龄相仿的人聊聊天。老人是一位普通的家庭妇女，育有五个子女，一生以种田为业，历经各个时代的磨难，平常以粗茶淡饭为主。她的二儿子冯广于介绍说：母亲是一个典型的知足常乐者，她不但勤劳，心地善良，性格温和，而且待人宽容，为人随和，食不求精，衣不求奢，住不求阔，心态平和乐观。老人常挂在嘴边的一句话是：现在好日子一天比一天更好，我还有啥不知足的呢？财过百斗端一碗，屋有千间居一室啊！她凡事都十分谦让，邻里之间，有个什么事，都乐于照应着。

万来于老人的善良、宽容、乐观、淡泊，成就了她超越百岁人生的梦想。带给人的启示可简括为四句话：善良心情好，宽容品位高，淡泊似良药，乐观寿增高。

江守贞　女，家住余东镇庄烈村一组，生于1909年12月25日[②]。老人长寿秘诀除了一般高寿者均有的良好心态，经常泡脚、不沾烟酒、注重自我保健的良好习惯外，亲人的悉心照顾乃是至关重要的一条。江老太膝下有三男三女。三个儿子原来均有工作，年事日高后都已退休，分别在北京、昆明等地生活。三个女儿除了小女朱启玉在本镇本土，其余两个均嫁在异镇。尽管儿女们成家立业各奔东西，但他们都把亲情孝心完

①万来于2014年逝世，终年106岁。
②江守贞2013年逝世，终年105岁。

全倾注在老人身上。有钱的出钱，三个儿子主动提出每月各自拿出200元至300元贴补老人的生活费；没钱的出力，三个女儿一致应允把赡养老人的生活照应事宜包揽下来。

施占玉 女，家住海门镇海影新村，生于1912年12月22日。她是海门市烈属中年龄最长的人。她曾是知识女性，为支持丈夫陆飞鹫革命，甘当家庭主妇操持家务，丈夫牺牲后务农拉扯两个孩子长大，当过农业合作社会计、麻场管理者。

她虽已百岁高龄，除了耳朵失聪，眼睛有过白内障外，身体依然十分硬朗。90岁后，她不仅日常生活能自理，还很勤劳，常帮子女择菜、洗菜、做饭，戴着眼镜仍能穿针引线。家里的微波炉、高压锅、电饭锅、双缸洗衣机等都会使用，想喝牛奶、豆浆，她自己动手用微波炉加热。老人的记忆力比五六十岁的儿女辈还好，儿女们忘记东西放在哪里而她能记得。

施占玉生活很有规律，每天七八点钟起床，喝杯早茶吃个饼。孩子们买菜回来，她就帮着择菜、烧菜，打下手。午饭后12点样子睡上一个多小时午觉。咖啡和高档牌子的巧克力也是老人爱吃的美食，这两样东西构成老人的“下午茶”。5点半后吃饭，7点半洗漱。晚上8点，泡点奶粉或者冲些藕粉。8点半后躺在床上看电视，耳朵不好使就看字幕，或看小辈们忙活，9点钟左右睡觉。此外老人还爱喝点酒，夏天每次喝一杯啤酒，冬天喝半杯黄酒或葡萄酒。她的性格非常坚强、乐观、开朗、豁达，一年365天，天天都是笑呵呵的。

朱建章 男，家住海门市海门镇秀山新村，1912年10月19日出生。他从小学医，数十载悬壶济世，不少人经他妙手回春，治好了不孕不育症。直至百岁，才停下来，不再为人看病。他每天读书看报练书法、看《新闻联播》，过着有滋有味的生活。

自退休后，每天练习1个钟头的毛笔字已成为他生活中不可缺少的功课，他与笔墨纸砚相伴已有40个年头。老人练的主要是正楷，柳公权、颜真卿的书法作品都是他经常临摹的字帖。对于书法，老人笑称既能陶冶自己的情操，又能锻炼身体活动筋骨：“书法给我带来的是健康和开心。写字的时候什么都不想，很开心的，尤其是写出好字的时候。”

和其他许多百岁老人不同，朱建章兴趣爱好多多，身上有一份独特的知性气质。老人喜欢看书读报，房间内陈设简洁，一套木桌木椅虽然老旧，但收拾得十分整齐干净，桌上老人读过的一摞旧报纸，叠得方方正正，旁边的两个放大镜是用来读书看报用的。他爱读《海门日报》《扬子晚报》《新民晚报》《解放日报》等报纸以及《银潮》等刊物。此外，老人还爱读中医书籍以及古代的诗词、小说、散文等。在老人的书橱里既有《黄帝内经素问译释》《中药学》《中华名医名方大全》这样的专业书籍，也有《千家诗》《唐诗百话》《聊斋志异》《古文观止》等古代文学作品。

老人关心国家大事，除了每天阅读报纸杂志，还爱看《新闻联播》。数字电视操作比有线电视复杂，很多比朱建章年轻的人都不会使用，朱建章完全会操作。在他的房间里有微波炉、冰箱，这些老人都能熟练使用。

虽然老人已经百岁高龄，除了腿脚有些不便外，没有什么病。一生惟一的一次住院，是在2009年，当时得了小中风，经过医生治疗和儿女们的护理，后来逐渐恢复。谈到长寿经，老人声如洪钟地说："生活要有规律。"他多年坚持早睡早起，6点钟准时起床，中午休息一个小时，晚上看完《新闻联播》，不到8点就睡觉。老人的牙齿很好，胃口很棒，一次能吃一大碗稀饭，饮食清淡，蔬菜为主，常喝牛奶，不吃零食，水果常吃橘子、苹果等，也吃一些首乌延寿片、丹参片等保健品，不喝酒。平时他坐在轮椅里，乘电梯下楼，到处转转，自己活动活动，和别的老人谈谈心，生活过得非常充实。

老人非常讲究卫生。无论是饭桌上的碗筷还是床头柜中的鞋子，都放得井然有序。书橱上用黑色格子布罩好防灰尘，里面3层，最上面放的是各类书籍，中间一层放首乌延寿片、头孢等药物，最下面一层放着老人练字的笔墨纸砚。朱建章一个月要去澡堂洗两次澡。老人的心态很好，很少生气。老人常说，一个人要想长寿，知足常乐是很重要的。朱建章家四世同堂，子孙后辈15人都很孝顺。这是他健康长寿的重要因素。

四、南通市区寿星长寿之道例举

2014年5月出版的《寿都南通解析》一书中，袁增禄、戴昕、张吉撰写的《百岁老人的长寿之道 —— 百岁老人个性化经验探索》记述了崇川区5位寿星的长寿之道。现摘录如下：

顾扣珍 女，生于1913年农历二月十七，住文峰街道光明村社区。老人头脑清醒，口齿清晰，除有血压稍高、老年性便秘外，身体并无其他大碍。子女们为她总结了8个字的长寿经验，即"劳动、素食、平和、孝敬"。

1. 劳动健身。老人家在原城郊的一个蔬菜生产队，当年担任组长，天不亮就要唤人起床下田，保证早市新鲜蔬菜供应。除了参加生产队集体劳动外，还利用空余时间理植自留地，织土布"打下手"，里里外外操劳，真是"眼睛一睁，忙到熄灯"。正因为长年累月的劳动，锻造了她身板强健的基础，养成了闲不住的勤劳习惯，2011年还能穿针引线，缝补衣裳。多年来一直坚持自理日常基本生活。

2. 清淡养身。老人饮食以清淡为主，不吃肉，喜食鱼虾等水产品，家人常烹饪黄鱼、带鱼、鲳鱼、红毛虾等海产品供她吸收蛋白质。她还十分喜欢厚粥烂饭、炖蛋拌饭、汤泡饭，吃得特别有滋有味。老人偶饮黄酒，量也不大，喝上几口，适可而止。而且她饮酒有个怪习惯，单独吃饭时不喝，与家人共同进餐时，需子女敬酒劝酒才有兴致。

3. 平和安身。老人性格温和，心态平稳，宽厚待人。过去集体劳动，她从不挑轻拣肥，带头干苦脏累农活，工分多少，从不计较。别说乡邻纷争，就是子女之间有什么闲言碎语，她也是不参与，不过问，耳不听，心不烦。由于没有那么多的非分之想，也就没有那么多的烦恼。凡事不去计较，以局外人的心态去看事情，自然而然就多了包容宽厚。老人生育子女共5人，乡邻有时夸她儿女有出息，她总是回应说："我顾家不挣名利，只图子女个个安顿就是好！"

4. 孝敬护身。老人一直与小儿子一家共同生活，母慈子孝，儿媳孝顺，远近闻名。饭菜出锅，儿媳总是将第一碗端到婆婆面前；吃鱼首选鱼肚皮并且剔净骨刺让她尝；每天要削水果，切成小片让婆婆细嚼慢咽等等。老人最爱与二女儿唠家常，说掏心话，母女情深。2011年5月，老人睡觉起身时，小腿发麻，还没站稳，一下子摔断了股骨。伤愈后，她行动就不那么麻利了，预防再出意外，子孙们在她床边搁了一张小床，夜间轮流陪护，以便随叫随到。她现在黑发多，白发少，这与子女们经常主动与她唠家常有很大关系。旧事重提，她的话就多了，如此这般，思维刺激了，头脑活跃了，老年痴呆也预防了。2012年正月，子女为老人办了百岁寿宴，她看到五代同堂，人丁兴旺，格外开心。

除家人孝顺、呵护外，各级政府的关心、爱护也让她时时感受到了尊老敬老的社会风尚，心情愉悦。2012年重阳节，文峰街办举办敬老晚会，赠送了一部轮椅车，供她外出代步使用。

孙巧英 女，生出于1911年农历十一月，住文峰街道春晖社区。孙巧英每天早晨6时30分起床，晚上8时睡觉，午饭之后午睡一个小时。她早饭喝粥，中饭和晚饭都吃米饭，荤素搭配，营养均衡，每天适当喝半两白酒，从不挑食，由于生活调理得当，她平日几乎不生病。随着年龄的逐年增长，她的老年症状越发明显，视力和听力都有所下降，牙齿都掉光了，她只能吃一些松软易消化的食物，口味清淡，以新鲜蔬果为主。

孙巧英育有5子2女，最大的孩子已80岁，五世同堂，人丁兴旺。家庭庞大，难免会为家庭琐事而起纠纷、口角，她都以一颗平和的心对待，为人大度，从不计较，更不会把这些鸡毛蒜皮的小事放在心里日思夜想。

子女们精心护理，对待老人很有耐心，留心其平时的一举一动，只要发现老人稍有不适，就立即求医问药，把小毛小病消失在萌芽状态。子女们经常与老人一起聊天，仔细聆听她回忆往事、趣事、开心事，使老人开动脑筋，锻炼记忆功能。孙子、重孙辈们还时常与老人一起玩耍、说笑话、唱老歌，让她笑得合不拢嘴。

韩领姑娘 女，生于1908年12月，住光明新村。有5个子女。由于子女长期无微不至的照料，老人神采奕奕，面容红润。老人的房间里东西摆放得整整齐齐，收拾得很干净，阳光从窗外透进来照射在床铺上，十分温暖。老人头发梳得非常整齐，衣服穿得十分整洁。每天饭后老人都会在家人的搀扶下到楼下转转，每天走上一小段，和邻居打打招呼，与人说话总是带着浅浅的笑。回去时老人还能自己扶着扶手爬上四楼。几十年如一日，风雨无阻几乎从不间断。问起老人的长寿法宝，她的子女这样说道："我母亲的生活其实很简单，简单得可以复制。一是很注重饮食，每顿吃煮得很软的饭，以素菜为主，搭配少量荤菜，不偏食不暴食，控制食量，母亲的血压、血糖这些指标正常，令人羡慕；二是没有不良生活习惯，早睡早起，烟酒不沾；三是心态平和，心胸宽广，待人宽厚，从不发脾气，她心怀感恩，每次我们帮她从银行领回失地农民退休金和尊老金，她总要感叹一下政府政策好，对老人关心；四是这个大家庭的氛围好，大家相处和睦，我们做子女的照顾周到。”

刘子进　男，生于1910年5月，家住和平桥街道濠阳社区。老人有3个子女，随儿女生活。身体硬朗，日常生活自理，平时还经常在小区内散散步。老人不讲究吃穿，在饮食方面是荤素搭配不挑食，但以素食偏多，每顿饭都吃七分饱，不暴饮暴食。有良好的生活习惯，平时不抽烟不喝酒，保持良好的心态，每天早晨七八点起床，晚上9点左右睡觉。吃过晚饭会看会儿《新闻联播》，然后会对新闻作一些点评。老人最大的特点是每日都要在家中睡个午觉，短15分钟长1小时。老人还很健谈，他说睡个午觉，头脑会更清晰。

成元明　女，生于1912年2月，住和平桥街道濠阳社区。生3男2女，平时住在北濠桥女儿家中，随女儿一起生活。老人思维清晰，生活自理，前几年眼睛不好，患有白内障，做了手术后老人恢复很快，平时还跟家人打打长牌。老人不忌口，荤素都吃，平时抽烟，每日中午和晚上会根据季节变化喝一点酒，夏天喝啤酒，冬天喝点白酒，有时也喝些黄酒、红酒。去年老人因为胃穿孔在医院做了手术，恢复后，老人戒了烟，但每日还是保留了饮酒的习惯。老人有合理的作息时间，每天早上7点多起床，晚上9点左右睡觉，每天也保持着午睡的习惯。老人精神很好也很活跃，重阳节社区里的学生志愿者到老人家里探望老人，老人和孩子们一起包水饺，并指导他们怎样才能包好水饺。

第五章　机构设置

20 世纪 80 年代中期，南通的老龄工作开始起步。老龄工作的领导机构、办事机构亦相应建立起来。此后，随着人口老龄化的发展，各级机构又陆续得到健全和强化。现在，市暨县（市）、区两级均有党政领导牵头、机关部门参与、老龄职能部门运作的老龄工作委员会及其日常办事机构。各镇（乡）、街道及村、社区也都明确了老龄工作的分管领导、工作机构或部门。全市上下已形成了市、县（市、区）、镇（乡、街道）、村（社区）四级工作网络，为积极应对人口老龄化的挑战，把老龄工作的各项举措落实到基层，提供了组织保障。

第一节　领导机构

南通市的老龄工作领导机构，是由市分管领导和相关部门负责人组成的老龄工作领导机构。其名称先后为南通市老龄问题委员会（亦称南通市老龄委员会）、南通市老龄工作委员会（简称市老龄委）。委员会一般由市委、市人大常委会或市政府领导任主任，由市政府副秘书长和有关部门负责人任副主任，相关涉老部门负责人任委员。从 2001 年起，市、县两级老龄工作委员会主任明确由本级政府分管负责人担任主任（亦有县级市由市长担任）。市、县（市、区）委亦相应明确由一位领导分管老龄工作。在 2001 年 8 月以前，为充分发挥老同志的影响和作用，市老龄领导机构设置了由市有关老领导担任的名誉主任和顾问职务。名誉主任由市委发文明确或由市委主要领导会上宣布，顾问均为聘请。

一、机构沿革

1985 年 5 月 3 日，市政府发出《关于成立南通市老龄问题委员会的通知》。《通知》明确：“为了加强对老龄问题的研究，更好地开展老龄工作，根据省有关会议精神，决定成立南通市老龄问题委员会。”南通市老龄问题委员会的主要工作职责是：建立健全基层老龄工作组织，宣传党和政府老龄工作法规、政策，组织老龄问题调查研究，推进老龄事业发展。1990 年 1 月的《市委常委关于老龄工作的会议纪要》中确定，“市老龄委为市委、市政府领导下综合管理全市老年人事业的机构”。

1986 年 8 月 23 日，市政府发出《关于调整充实市老龄委员会成员的批复》。此文将南通市老龄问题委员会称为南通市老龄委员会，但文件的主送单位仍称市老龄问题委员会，此后亦常有两个名称混用的情况。1989 年 5 月 18 日，市委发出《关于调整南通市老龄委员会领导班子的通知》后，在市委行文中，南通市老龄委员会的名称未再出现变化。但市编办、市财政局发文仍称市老龄问题委员会。南通市老龄问题委员会的公章一直沿用至 1995 年 4 月。

1995 年 4 月 13 日，市委办公室发出《关于调整市老龄工作委员会成员的通知》中，将南通市老龄委员会更名为南通市老龄问题工作委员会。

市老龄工作委员会是南通市人民政府主管全市老龄工作的议事协调机构。2001 年 10 月 11 日，市政府办公室《关于调整南通市老龄工作委员会成员的通知》明确其主要职责是：

（一）贯彻落实党中央、国务院及江苏省有关老龄工作的方针、政策，协调和推动《老年人权益保障法》的实施，维护老年人的合法权益。

（二）研究制定全市老龄工作的政策措施和老龄事业发展规划，并组织实施。

（三）组织协调和推动有关部门做好维护老年人权益的保障工作，完善老年人社会福利与社会保障体系。推动“老有所养、老有所医、老有所教、老有所为、老有所学、老有所乐、老有所教”的落实。

（四）负责全市老龄工作的宏观指导和综合管理，指导、督促和检查各县（市）、区，市各部门、各直属单位的老龄工作。

（五）组织协调全市开展有利于老年人身心健康的各种活动，开展国内外老龄事务的协作交流。

（六）承办市委、市政府和上级组织交办的其他工作。

市老龄问题委员会、市老龄委员会、市老龄工作委员会的组成部门，市委、市政府及其办公室每次发文的单位不尽相同。这些部门有：市委组织部、宣传部、老干部局、机关工委、老龄办、发展改革、民政、人事、劳动、建设、规划、交通、农机、公安、司法、财政、税务、工商、卫生、计划生育、文化、广电、体育、旅游、民族宗教、统计等部门和市中级法院、南通军分区政治部，及工会、妇联、共青团等群团组织。相关副主任单位或委员单位的职责是，根据市老龄工作领导机构的统一部署，切实履行本部门的工作职责，配合老龄工作职能部门，共同做好全市老龄工作。2001 年 8 月，市老龄委办公室设在市民政局后，老龄委相关委员单位的职责为：民政部门充分发挥组织牵头作用，制定规划及相关政策，指导全市老龄工作顺利开展。卫生部门制定出台相关政策，督促医疗机构为老年人提供医疗保健服务。司法部门制定维护老年人合法权益及提供法律服务的优惠政策。人力资源和社会保障部门开发公益性岗位，配合民政部门，组建专业为老服务队伍，加强对居家养老服务机构人员的业务培训和指导。文化广电新闻出版部门积极协调指导基层开展老年人需求的文化活动，丰富老年人精神文化生活。体育部门为老年人健身活动场所提供必要的体育健身设施，健全老年人健身体育组织。财政部门将老龄事业基础设施建设、信息化建设、正常运行保障、政府购买服务等各项经费列入相关的财政预算，并及时拨付。

二、组成人员

（一）南通市老龄问题委员会（1985.5 — 1986.8）

名誉主任：王光钧　市人大常委会原副主任

主　　任：任文彬　市政府顾问、市政府原副市长

副 主 任：陈华汝　市政府副秘书长

胡　忠　市委老干部局副局长（负责常务工作）

陈仁美（女）市民政局副局长

羌步蟾　市总工会副主席

王　祥　市卫生局副局长（1985.5 — 1986.8）

田海宝　市委组织部原副部长（1985.7 — 1986.8）

凌　萍　市委农工部巡视员（1985.7 — 1986.8）

卢木轩　南通军分区副参谋长（1985.7 — 1986.8）

周　建　市经委副主任（1985.7 — 1986.8）

委　　员：夏瑞琴（女）市财政局原副局长

周　建　市经委副主任（1985.5 — 1985.7）

季歇生　市文化局副局长

胡晓林　市商业局副局长

郭　飞　市广播电视局局长

徐树屏　南通日报副总编辑

薛文儒　市计委副主任

叶晓平（女）团市委副书记

保钟灵（女）市妇联副主任

周志昌　市司法局副局长

沈春生　市教育局副局长

唐剑秋　市医学会会长

黄序銮　市科委原副主任

董介庚　市科协副主席

章　奋　市体委副主任

向　荣　市社科联秘书长

刘新云　市统计局副局长

易　峰　　市建设局副局长
季云达　　市房管局副局长
薛　辛　　南通医学院附属医院副院长
卢木轩　　南通军分区副参谋长（1985.5 — 1985.7）
严春明　　市委宣传部巡视员（1985.7 — 1986.8）
顾　　问：王敏之　　市政府顾问、原南通地区行署副专员
纪　元　　市政协原副主席
朱良春　　市政协副主席
陈元礼　　原南通地区行署副专员
吴沐初　　原市政府顾问
吴志仪（女）中国民主促进会南通市主任委员
易企衡　　市人大常委会副主任
赵拂尘　　原南通地区行署副专员
黄树勋　　市政协原副主席

说明：

1. 资料来源：1985年5月3日市政府《关于成立南通市老龄问题委员会的通知》（通政发〔1985〕121号）、1985年7月2日市政府《关于增补市老龄问题委员会成员的通知》（通政发〔1985〕167号）。

2. 发文时组成人员单位、职务、女性，在发文时未写明，系查阅《中国共产党江苏省南通市组织史资料（1926 — 1987）》《南通市人大志》《南通市政协志》等文档后写出。

（二）南通市老龄委员会（南通市老龄问题委员会）（1986.8 — 1989.5）

名誉主任：王光钧　　市人大常委会原副主任
主　　任：任文彬　　市政府顾问、市政府原副市长
副 主 任：陈华汝　　市政府副秘书长
胡　忠　　市委老干部局副局长（负责常务工作）
陈仁美（女）市民政局副局长
羌步蟾　　市总工会副主席
田海宝　　市委组织部原副部长
凌　萍　　市委农工部巡视员
卢木轩　　南通军分区副参谋长
周　建　　市经委副主任

章立功　　市委宣传部副部长
柯　观　　市卫生局副局长
汪永传　　市政府副秘书长（1987.10 — 1989.5）

委　　员：夏瑞琴（女）市财政局原副局长
季歇生　　市文联副主席
胡晓林　　市商业局副局长
郭　飞　　市人大常委会财经委员会主任
徐树屏　　南通日报副总编辑
薛文儒　　市计委副主任
叶晓平（女）团市委副书记
保钟灵（女）市妇联副主任
周志昌　　市司法局副局长
沈春生　　市教育局副局长
唐剑秋　　市医学会会长
黄序銮　　市科委原副主任
董介庚　　市科协副主席
章　奋　　市体委副主任
向　荣　　市社科联秘书长
刘新云　　市统计局副局长
易　峰　　市建设局副局长
季云达　　市房管局副局长
薛　辛　　南通医学院附属医院副院长
吴正倩　　市广播电视局副局长
陆荣华　　市文化局副局长
严春明　　市委宣传部巡视员

顾　　问：王敏之　　市政府顾问、原南通地区行署副专员
纪　元　　市政协原副主席
朱良春　　市政协副主席
陈元礼　　原南通地区行署副专员
吴沐初　　原市政府顾问
吴志仪（女）中国民主促进会南通市主任委员
易企衡　　市人大常委会副主任
赵拂尘　　原南通地区行署副专员

黄树勋　　市政协原副主席
徐　蔚（女）市总工会原副主席

说明：

1. 资料来源：1985年5月3日市政府《关于成立南通市老龄问题委员会的通知》(通政发〔1985〕121号)、1986年8月23日市政府《关于调整充实市老龄委员会成员的批复》（通政复〔1986〕36号）、1987年10月26日市政府《关于增补汪永传同志为市老龄委副主任的通知》（通政发〔1987〕188号）。

2. 通政发〔1985〕121号、通政发〔1987〕188号文发文时未写明组成人员单位、职务、女性，系查阅《中国共产党江苏省南通市组织史资料（1926—1987）》、《南通市人大志》《南通市政府志》《南通市政协志》等文档后写出。通政复〔1986〕36号文件中写明组成人员单位、职务（无女性）。

（三）南通市老龄委员会（1989.5—1990.5）

名誉主任：王光钧　　市人大常委会原副主任
主　　任：徐志球　　市人大常委会副主任、党组副书记
副 主 任：朱文涛　　市政协副主席、党组副书记
陈华汝　　市政府副秘书长
胡　忠　　市委老干部局副局长
顾乐鸣　　市老龄委员会专职副主任
陶盛德　　市民政局副局长
程佩芬（女）市总工会副主席
委　　员：夏瑞琴（女）市财政局原副局长
季歇生　　市文联副主席
胡晓林　　市商业局副局长
郭　飞　　市人大常委会财经委员会主任
徐树屏　　南通日报副总编辑
薛文儒　　市计委副主任
叶晓平（女）团市委副书记
保钟灵（女）市妇联副主任
周志昌　　市司法局副局长
沈春生　　市教育局副局长
唐剑秋　　市卫生局副局长
黄序銮　　市科委原副主任

董介庚　市科协副主席
章　奋　市体委副主任
向　荣　市社科联秘书长
刘新云　市统计局副局长
易　峰　市建设局副局长
季云达　市房管局副局长
薛　辛　南通医学院附属医院副院长
吴正倩　市广播电视局副局长
陆荣华　市文化局副局长
严春明　市委宣传部巡视员

顾　　问：任文彬　市政府原副市长

说明：

1. 资料来源：1989年5月18日市委《关于调整南通市老龄委员会领导班子的通知》（通委干〔1989〕110号）。名誉主任名单未见诸此文件，系沿袭通政发〔1985〕121号文。顾问名单未见诸此文件，系另行明确。

2. 发文时未写明组成人员单位、职务、女性，系查阅《南通市人大志》《南通市政府志》《南通市政协志》等文档后写出。

（四）南通市老龄委员会（1990.5 — 1995.4）

名誉主任：王光钧　市人大常委会原副主任
主　　任：徐志球　市人大常委会原副主任、党组原副书记
副 主 任：朱文涛　市政协副主席、党组副书记
宋决平　市政府副秘书长
顾乐鸣　市老龄委员会专职副主任
胡　忠　市委老干部局副局长
薛卫平　市人事局副局长
陈映祥　市民政局副局长
程佩芬（女）市总工会副主席

委　　员：卢成瑞　市委宣传部副处级干部
袁承璋　市城乡建委副主任
陈德宏　市民政局副局长
黄　海　市劳动局副局长
施建中　市财政局副局长

徐向东　　市粮食局副局长
王春生　　市交通局副局长
姚连生　　市司法局副局长
柯　观　　市卫生局副局长
邰维民　　市教育局副局长
胡晓林　　市商业局副局长
保钟灵（女）市妇联副主任
程晓强　　团市委副书记

顾　　问：任文彬　　市政府原副市长

说明：

1. 资料来源：1990年5月10日市委《关于调整南通市老龄委员会成员的通知》（通委干〔1990〕89号）。名誉主任名单未见诸此文件，系沿袭通政发〔1985〕121号文。顾问名单未见诸此文件，系另行明确。

2. 发文时未写明组成人员单位、职务、女性，系查阅《南通市人大志》《南通市政府志》《南通市政协志》等文档后写出。

（五）南通市老龄工作委员会（1995.4 — 2001.8）

名誉主任：王光钧　　市人大常委会原副主任
徐志球　　市人大常委会原副主任、党组原副书记
朱文涛　　市政协原副主席、党组原副书记

主　　任：顾嘉禾　　市人大常委会副主任

副 主 任：顾乐鸣　　市老龄委副主任
王锦标　　市委老干部局副局长
施深华　　市人事局副局长
陈学如　　市民政局副局长
程佩芬（女）市总工会巡视员

委　　员：周振新　　市委宣传部副部长
陈　西　　市城乡建委副主任
钱　炜　　市教委副主任
孙德培　　市地税局副局长
陆善平　　市劳动局副局长
姚连生　　市司法局副局长
丁友明　　市财政局副局长

陈士萍（女）市统计局副局长
汪锐石　　市工商局副局长
柯　观　　市卫生局副局长
保钟灵（女）市妇联副主席
陈本高　　团市委副书记

资料来源：1995年4月13日市委《关于调整市老龄工作委员会成员的通知》（通委干〔1995〕16号），发文时已写明组成人员单位、职务，女性为编纂者加标。名誉主任名单未见诸此文件，系市委书记陈根兴在会议上口头宣布。

（六）南通市老龄工作委员会（2001.8 — 2003.11）

主　　任：黄利金　　市委常委、常务副市长
副 主 任：王　昀　　市政府副秘书长
殷　雄　　市委组织部副部长、老干部局局长
陈德宏　　市民政局局长
王耀光　　市劳动和社会保障局局长
委　　员：叶晓平（女）市委宣传部副部长
姬焕玲（女）市级机关工委书记
王锦标　　市委老干部局副局长
葛建芬（女）市发展计划委员会副主任
叶沈良　　市教育局副局长
李云生　　市民政局副局长
陈　平　　市司法局副局长
丁友明　　市财政局副局长
施深华　　市人事局副局长
沈久华　　市建设局副局长
姚恭祥　　市文化局副局长
李　康（女）市卫生局政治处主任
王帜华　　市广播电视局副局长
王瑞华　　市民族宗教事务局局长
孙　森　　市体育局副局长
薛宜富　　南通军分区政治部副主任
朱淑娟（女）市总工会副主席
程　静（女）市妇联副主席

资料来源：2001 年 10 月 11 日市政府办公室通政办发〔2001〕164 号文《关于调整南通市老龄工作委员会成员的通知》，发文时已写明组成人员单位、职务，女性为编纂者加标。

（七）南通市老龄工作委员会（2003.11 — 2006.10）

主　　任：袁静波　　市委副书记、常务副市长

副 主 任：缪三义　　市政府副秘书长

殷　雄　　市委组织部副部长、老干部局局长

薛　谦　　市民政局局长

王耀光　　市劳动和社会保障局局长

委　　员：叶晓平（女）市委宣传部副部长、市文明办主任

姬焕玲（女）市级机关工委书记

王锦标　　市委老干部局副局长

葛建芬　　市发展计划委员会副主任

叶沈良　　市教育局副局长

李云生　　市民政局副局长

陈　平　　市司法局副局长

丁友明　　市财政局副局长

施深华　　市人事局副局长

姜　杰　　市建设局政治处主任

姚恭祥　　市文化局副局长

李　康（女）市卫生局政治处主任

王帜华　　市广播电视局副局长

王瑞华　　市民族宗教事务局局长

王兴友　　市计划生育委员会副主任

孙　淼　　市体育局副局长

朱振洲　　南通军分区政治部副主任

朱淑娟（女）市总工会副主席

羌怡芳（女）市妇联副主席

赵男男（女）团市委副书记

资料来源：2003 年 11 月 17 日市政府办公室通政办发〔2003〕238 号文《关于调整南通市老龄工作委员会成员的通知》，发文时已写明组成人员单位、职务，女性为编纂者加标。

（八）南通市老龄工作委员会（2006.10 — 2009.8）

主　　任：蓝绍敏　　市委常委、常务副市长
副 主 任：缪三义　　市政府副秘书长
　　　　　殷　雄　　市委组织部副部长、老干部局局长
　　　　　薛　谦　　市民政局局长、老龄办主任
　　　　　王耀光　　市劳动和社会保障局局长
委　　员：叶晓平（女）市委宣传部副部长、市文明办主任
　　　　　姬焕玲（女）市级机关工委书记
　　　　　王锦标　　市委老干部局副局长
　　　　　王　振　　市中级人民法院政治部主任
　　　　　陆书通　　市发改委副主任
　　　　　叶沈良　　市教育局副局长
　　　　　吴忠灿　　市公安局政治部主任
　　　　　任　鹰（女）市民政局副局长
　　　　　张有刚　　市司法局副局长
　　　　　丁友明　　市财政局副局长
　　　　　丁　健　　市人事局副局长
　　　　　姜　杰　　市建设局政治处主任
　　　　　顾美华（女）市规划局纪检组组长
　　　　　姚恭祥　　市文化局副局长
　　　　　曹金海　　市卫生局副局长
　　　　　顾　锋　　市人口和计划生育委员会副主任
　　　　　王帜华　　市广播电视局副局长
　　　　　王瑞华　　市民族宗教事务局局长
　　　　　孙　淼　　市体育局副局长
　　　　　陈　斌　　市统计局副局长
　　　　　王华全　　市旅游局纪检组组长
　　　　　徐庆满　　南通军分区政治部副主任
　　　　　朱淑娟（女）市总工会副主席
　　　　　羌怡芳（女）市妇联副主席
　　　　　赵男男（女）团市委副书记

资料来源：2006 年 10 月 30 日市政府办公室通政办发〔2006〕121 号文《关于调整南通市老龄工作委员会成员的通知》，发文时已写明组成人员单位、职务，女性为

编纂者加标。

（九）南通市老龄工作委员会（2009.8 — 2011.9）

主　　任：蓝绍敏　　市委常委、常务副市长

副 主 任：薛　谦　　市政府副秘书长

曹金海　　市委组织部副部长、老干部局局长

杨建忠　　市民政局局长、老龄办主任

江　航　　市劳动和社会保障局局长

委　　员：叶晓平（女）市委宣传部副部长、市文明办主任

姬焕玲（女）市委市级机关工委书记

蔡宏伟（女）市委老干部局副局长

帅建明　　市中级人民法院政治部主任

尹建勇　　市发展和改革委员会副主任

黄建辉　　市教育局副局长、市委教育工委书记

陆玲玲（女）市公安局政治部主任

张有刚　　市司法局副局长

丁友明　　市财政局副局长

王志平　　市人事局副局长

陈本高　　市建设局局长

顾美华（女）市规划管理局纪检组组长

王倚海　　市文化局副局长

唐金和　　市卫生局副局长

顾　峰　　市人口和计划生育委员会副主任

王帜华　　市广播电视局副局长

马建清　　市委统战部副部长、市民族宗教事务局局长

孙　淼　　市体育局副局长

陈　斌　　市统计局副局长

王华全　　市旅游局纪检组组长

石金田　　南通军分区政治部副主任

朱淑娟（女）市总工会副主席

沈　美（女）市妇联副主席

赵新叶　　团市委副书记

资料来源：2009 年 8 月 14 日市政府办公室通政办发〔2009〕150 号文《关于调整

南通市老龄工作委员会成员的通知》，发文时已写明组成人员单位、职务，女性为编纂者加标。

（十）南通市老龄工作委员会（2011.9 — 2012.10）

主　　任：陈照煌　　市委常委、常务副市长

副 主 任：薛　谦　　市政府副秘书长

曹金海　　市委组织部副部长、老干部局局长

杨建忠　　市民政局局长、老龄办主任

江　航　　市人力资源和社会保障局局长

委　　员：徐仁祥　　市委宣传部常务副部长

王　斌　　市委市级机关工委书记

蔡宏伟（女）市委老干部局副局长

帅建明　　市中级人民法院政治部主任

戴泽晖　　市发展和改革委员会副主任

黄建辉　　市教育局副局长、市委教育工委书记

陆玲玲（女）市公安局政治部主任

谢丽霞（女）市司法局政治处主任

丁友明　　市财政局副局长

杨　娟（女）市城乡建设局政治处主任

朱启平　　市规划局副调研员

袁　萍（女）市交通运输局政治处主任

张　进　　市农机局局长助理

邱国明　　市文化广电新闻出版局副局长

胡宁彬　　市卫生局副局长

顾　峰　　市人口和计划生育委员会副主任

孙　淼　　市体育局副局长

李　明　　市统计局局长助理

陈金元　　市旅游局局长助理

顾庆东　　市民族宗教事务局局长助理

刘　瑞　　南通军分区政治部副主任

季金祥　　市总工会副主席

赵新叶　　团市委副书记

钮　曦（女）市妇女联合会副主席

资料来源：2011 年 9 月 19 日市政府办公室通政办发〔2011〕158 号文《关于调整南通市老龄工作委员会成员的通知》，发文时已写明组成人员单位、职务，女性为编纂者加标。

（十一）南通市老龄工作委员会（2012.10 — ）

主　　任：赵闻斌　　副市长
副 主 任：薛　谦　　市政府副秘书长
黄卫成　　市委组织部常务副部长、市编办主任
陈慧宇　　市委宣传部常务副部长
金　元　　市民政局局长、老龄委办主任
江　航　　市人力资源和社会保障局局长
委　　员：李如林　　市委市级机关工委副处级纪检员
蔡宏伟（女）市委老干部局副局长
帅建明　　市中级人民法院副调研员
戴泽晖　　市发展和改革委员会副主任
黄建辉　　市教育局副局长、市委教育工委书记
陆玲玲（女）市公安局政治部主任
谢丽霞（女）市司法局政治部主任
卢　斌　　市财政局副局长
杨　娟（女）市城乡建设局政治处主任
吴　刚　　市规划局副局长
袁　萍（女）市交通运输局政治处主任
张　进　　市农机局局长助理
陆　路　　市文化广电新闻出版局副局长
胡宁彬　　市卫生局副局长
顾　锋　　市人口和计划生育委员会副主任
成　中　　市体育局纪检组组长
李　明　　市统计局局长助理
陈金元　　市旅游局局长助理
顾庆东　　市民族宗教事务局局长助理
汪国军　　南通军分区政治部副主任
季金祥　　市总工会副主席
杨晶晶（女）团市委副书记

沈　美（女）市妇女联合会副主席

资料来源：2012年10月3日市政府办公室通政办发〔2012〕171号文《关于调整南通市老龄工作委员会成员的通知》，发文时已写明组成人员单位、职务，女性为编纂者加标。

第二节　职能部门

一、机构沿革

南通市老龄工作日常办事部门是老龄工作领导机构的办公室。先后经历了设在市委老干部局、单独设立、归口市政府办公室和设在市民政局的四个过程。

（一）1985年5月至1989年5月，市老龄问题委员会办公室、市老龄委员会（市老龄问题委员会）办公室设在市委老干部局

1985年5月3日，市政府发出《关于成立南通市老龄问题委员会的通知》。该《通知》明确，市老龄问题委员会下设办公室，办公室设在市委老干部局内，办公室主任由市委老干部局副局长兼任。5月29日，市编制委员会批复，同意市老龄问题委员会办公室列事业单位。

1986年8月23日，南通市老龄问题委员会（南通市老龄委员会）办公室设在市委老干部局内，办公室主任由市委老干部局副局长兼任。

（二）1989年5月至1996年8月，市老龄委员会办公室、市老龄工作委员会办公室单独设立

1989年5月18日，市委发出《关于调整南通市老龄委员会领导班子的通知》。《通知》明确了市老龄委员会配备专职副主任，市老龄委员会办公室主任由专职副主任兼任。

1995年4月13日，南通市老龄委员会更名为南通市老龄工作委员会，市老龄委办公室主任由老龄委专职副主任兼任。

（三）1996年8月至2001年8月，市老龄工作委员会办公室归口市政府办公室

1996年8月，《中共南通市委员会、南通市人民政府关于市委、市政府直属事业单位机构改革实施意见的通知》明确，市老龄委办公室为市政府直属副处级事业单位，由市政府办公室管理。此时至2001年8月，市老龄办由委员会主任直接管理，行政上归口于市政府办公室。

（四）2001年8月起，市老龄工作委员会办公室设在市民政局

2001年8月21日，市政府办公室发出《关于南通市民政局职能配置、内设机构和人员编制规定的通知》，明确市老龄委办公室为市老龄委的常设办事机构，设在市民政局。市老龄委办公室事业编制，人员经费列入财政预算，干部依照国家公务员制度

进行管理。此后市老龄委办公室一直设在市民政局，办公室主任由市民政局局长担任，另配备专职副主任。

2010年11月15日，市政府办公室发出《关于关于印发〈南通市民政局主要职责内设机构和人员编制规定〉的通知》，再次明确：市老龄工作委员会办公室为市老龄工作委员会的常设办事机构，设在市民政局。文件明确：市老龄工作委员会办公室事业编制，人员经费列入财政预算。

2001年8月，市政府办公室通政办发〔2001〕138号文件明确市老龄委办公室的主要职责是：承办市老龄委决定的事项；组织宣传老龄工作方针、政策和法律法规；研究提出全市老龄工作发展的政策、措施和规划，并指导实施；依法保障老年人合法权益，指导和推动养老保障和为老年人服务工作；负责涉老社会中介组织的业务管理工作；督促检查市老龄委决定事项在有关部门和各地的落实情况；负责与市老龄委各成员单位的联系、协调工作；指导老龄工作人员的培训工作。

二、人员编制

1985年5月3日，市老龄问题委员会办公室设立。5月29日市编制委员会批复，同意市老龄问题委员会办公室列事业编制5人。先从国家机关和全民事业单位中调配3人。

1989年12月，市编制委员会、市财政局批复，同意从市老年基金会办公室2名事业编制中（经费收自支）划出1名编制给市老龄问题委员会办公室。市老龄问题委员会办公室由原定的事业编制5人调整为6人，财政不增加新增1名人员的经费。

1997年10月，市政府办公室《关于印发南通市老龄工作委员会办公室职能配置和人员编制方案的通知》明确，市老龄办核定全额拨款事业编制为10名（含市老年基金会编制1名），其中干部8名，工人2名。领导职数为：主任1名，副主任1名（正科级），科级秘书1名。

2001年8月，市政府办公室通政办发〔2001〕138号文明确，市老龄工作委员会办公室事业编制7名。此后，市老龄工作委员会办公室的编制一直为7名。

2001年8月后，市老龄工作委员会办公室领导职数为：主任1名（兼），副主任1名；科级秘书2名。

2010年11月，市政府办公室通政办发〔2010〕199号文明确：市老龄工作委员会办公室领导职数为：主任1名（由市民政局局长兼任），副主任1名（副处职）；正副处长3名，其中正处长2名，副处长1名。

三、负责人更迭

（一）南通市老龄问题委员会办公室（1985.5 — 1986.8）

主　　任：胡　忠（兼）

副 主 任：印亚平（女，1986.1 — 1986.8）

（二）南通市老龄委员会（南通市老龄问题委员会）办公室（1986.8 — 1989.5）

主　　任：胡　忠（兼）

副 主 任：印亚平（女）

（三）南通市老龄委员会办公室（1989.5 — 1995.4）

主　　任：顾乐鸣（兼，1989.6 — 1995.4）

副 主 任：印亚平（女，1989.5 — 1993.9）

　　　　　李锦诚（1991.4 — 1995.4）

（四）南通市老龄工作委员会办公室（1995.4 — 1996.12）

主　　任：顾乐鸣（兼）

副 主 任：印亚平（女，1996.2 — 1996.12）

　　　　　李锦诚（1995.4 — 1996.12）

（五）南通市老龄工作委员会办公室（1996.12 — 2001.8）

主　　任：印亚平（女）

副 主 任：李锦诚（1996.8 — 1998. 11）

　　　　　许明泉（1998.10 — 2000.10）

（六）南通市老龄工作委员会办公室（2001.8 — 2003.11）

主　　任：陈德宏（兼，2001.8 — 2003.1）

副 主 任：印亚平（女）

（七）南通市老龄工作委员会办公室（2003.11 — 2009.8）

主　　任：薛　谦（兼）

副 主 任：印亚平（女）

（八）南通市老龄工作委员会办公室（2009.8 — 2012.10）

主　　任：杨建忠（兼）

副 主 任：印亚平（女，2010 年 2 月起任民政局副调研员）

　　　　　吴明华（2010.11 — 2012.10）

（九）南通市老龄工作委员会办公室（2012.10 — 　）

主　　任：金　元（兼）

副 主 任：吴明华

四、内设机构及工作人员

从 1985 年 5 月至 2010 年 11 月，市老龄问题委员会办公室、市老龄委员会办公室、市老龄工作委员会办公室一直未设内部科（处）室。2001 年 8 月后，市老龄工作委员会办公室设科级秘书 2 名。

2008 年 10 月，市编办通编办发〔2008〕107 号文批复，同意市老龄工作委员会办公室设立综合处和业务处，为内设机构，正科级建制，核定处长职数 2 名，副处长职数 1 名，主任科员职数 1 名。同时取消原核定的正科级秘书职数 2 名、副主任科员职数 1 名。

2010 年 11 月，通政办发〔2010〕199 号文再次明确：市老龄工作委员会办公室设综合处、业务处 2 个内设机构。正副处长 3 名，其中正处长 2 名，副处长 1 名。

内设机构主要职责分别如下：

（一）综合处

研究制定老龄工作规划、政策和措施；负责市老龄工作委员会及其办公室年度工作计划、工作总结等综合性文件的起草工作；承担市老龄工作委员会及其办公室有关会议的会务工作；组织开展老年人群众性文化活动；负责老龄工作的宣传和先进典型的表彰；负责老龄信息、数据的收集、统计和管理；负责涉老社会中介组织的业务管理；负责老龄办文秘、档案、财务等行政事务的管理工作；负责市老年人活动中心的管理。

（二）业务处

负责推动老龄事业发展规划的落实工作；负责市老龄工作委员会成员单位的工作联络；督促检查市老龄工作委员会决定事项在成员单位的贯彻落实情况；协调成员单位根据其职责就老龄工作中的重大问题制定相关的方针、政策；组织实施老龄事业发展项目；依法维护老年人合法权益，推动实施老年优待政策；指导基层老龄工作的开展和经验交流；指导和推动养老保障和为老年人服务。

工作人员（不含主任、副主任、调研员）情况变动如下（以首次进市老龄办工作时间为序）：

印亚平（1985.7 — 1986.1）

王朝森（1985.10 — 1986.10）

徐　辉（1985.10 — ，2011 年 4 月起任综合处副主任科员）

王美春（1985.11 — 1991.4）

张树椿（1985.11 — 1993.3）

周光伟（1992.2 — 2001.8）

李锦诚（1987.8 — 1990.1，1991 年 4 月起任办公室副主任，1998 年 11 月起改任正科级秘书，2009.4 退休）

洪小衡（1991.12 — ，2014 年 3 月起任业务处副主任科员）

罗　蓓（1994.3 — ，2007 年 10 月起任副主任科员，2014 年 3 月起任综合处副处长）

成学雷（1993.3 — 2001.10）

吴爱萍（2001.8 — ，2001.8 任正科级秘书，2008 年 11 月起任综合处处长）
朱鸿彬（2001.8 — ，2001.8 任正科级秘书，2008 年 11 月起任业务处处长）
包桂平（2009.11 — ，2009.11 任综合处副处长，2014 年 3 月起任综合处主任科员）

第三节 县级机构和基层工作网络

一、县级工作机构

1985 年 5 月南通市老龄问题委员会成立后，根据市委、市政府部署，从 1985 年 6 月至 11 月，市属六县和城区（1991 年 5 月更名崇川区）相继成立老龄问题委员会。次年，郊区（1991 年 5 月更名港闸区）成立老龄问题委员会。1987 年，海门县老龄问题委员会更名为老龄工作委员会。1990 年，城区（1991 年 5 月更名崇川区）老龄问题委员会更名为老龄工作委员会。1995 年 6 月至 2001 年 11 月，其他县（市）、区老龄问题委员会陆续更名为老龄工作委员会。启东县、如皋县、南通县、海门县撤销，分别建立启东市、如皋市、通州市、海门市，城区、港闸区行政区划调整并分别更名为崇川区、港闸区后，老龄工作委员会（老龄问题委员会）都继续保留。

各县（区）老龄工作机构设立、更名一览表

表 5-3-1

县(区)	老龄问题委员会成立时间	更名为老龄工作委员会时间	备　注
海安	1985.9	2001.4	
如皋	1985.11	2002.8	1991 年 4 月撤销如皋县，建立如皋市
如东	1985.8	1990.7	
南通	1985.6	1997.2	1993 年 1 月撤销南通县，建立通州市；2009 年 3 月撤销通州市，建立南通市通州区
海门	1985.9	1987.3	1994 年 5 月撤销海门县，建立海门市
启东	1985.8	2001.11	1990 年 2 月撤销启东县，建立启东市
城区	1985.11	1996.8	1991 年 5 月城区更名崇川区
郊区	1985.11	1995.7	1991 年 5 月郊区更名港闸区

老龄问题委员会、老龄工作委员会是各县（市）、区老龄工作的领导机构和议事协调机构，一般由县委、县政府分管老龄工作的副书记或副县长兼任主任，由政府办、组织、人事、民政、劳动保障、司法、文化、教育、卫生、宣传、广电、报刊、体育、计生、交通、老干部、共青团、妇联、工会等成员单位组成。主要工作职责为：贯彻执行老龄工作法律、法规、规章和各项政策，研究提出并组织实施本地区老龄工作发

展的政策、措施和规划，建立健全基层老龄工作组织，组织老龄问题调查研究，推进老龄事业发展。

各县（市）、区老龄问题委员会、老龄工作委员会建立后，都设有办公室，作为领导机构的常设办事机构。其主要职责是：承办老龄工作领导机构决定的事项；组织宣传老龄工作方针、政策和法律法规；研究提出本地区老龄工作发展的政策、措施和规划，并指导实施；依法保障老年人合法权益，指导和推动养老保障和为老年人服务工作；督促检查老龄工作领导机构决定事项在有关部门和乡、镇的落实情况；负责与委员会各成员单位的联系、协调工作；指导老龄工作人员的培训等工作。2001年后，除如皋市仍保留老龄工作委员会办公室外，其余各县（市）和崇川区老龄工作委员会办公室陆续合并于民政局，对外保留老龄工作委员会办公室牌子，在民政局内设老龄工作科（如东县、通州区与社会福利科合署），由民政局局长兼任办公室主任。港闸区民政局因内设机构较少，未单独设置老龄工作科，老龄工作职能由社会事务科（“双拥”办公室）承担。2010年1月各县（市）区机构改革，如东县、崇川区、港闸区不再保留老龄办，其职能交由民政局内设机构（社会福利科或社会事务科负责）。

二、基层工作网络

（一）基层老龄工作机构

基层工作网络，是指镇（乡）村和街道、居委会的老龄工作机构和人员组成。南通市各镇（乡）、街道都建立了老龄工作委员会，负责对老龄工作进行组织协调、调查研究、检查指导。镇（乡）老龄工作委员会一般由分管党群工作的副书记兼任老龄工作委员会主任，分管领导或老干部支部书记任副主任，成员由相关部门负责人组成，民政助理员兼任办公室主任或负责日常工作。为做好基层民政（老龄）工作，南通市通过内部调剂和政府“购买服务”的方式，在村居一级全面建立了民政工作服务站和民政协管员队伍，用以强化基层为老年人服务及民政的日常工作。2008年3月，海门市287名村、居民政协管员正式履职，被赋予从事社会救助、优抚安置、基层政权、殡葬管理、社会组织、老龄等管理服务，协助完成防灾救灾工作等职责。为不增加村级负担，同时又能有较多的时间从事民政工作，海门将民政协管员配备确定在村（居）“两委”成员中副职兼任，由村（居）“两委”推荐，报乡镇党委审批。南通市在全市推广了海门的做法，如皋市348个村（居）配备了民政（老龄）工作协管员。海安、如东、启东三县（市）及通州、崇川、港闸三区的各村（居）和南通经济技术开发区的城市社区都配备了民政协管员，从事民政（老龄）工作。

（二）基层老年（老年人）协会

基层老年协会（或称老年人协会）是老龄工作纵向网络的基础单位，是党和政府联系广大老年人的桥梁纽带。政府老龄方面的决策和惠及老年群体的举措，最终都得靠其落实到千家万户。

南通市基层老年协会起步较早，并坚持常抓不懈。1986 年 3 月至 5 月，南通市老龄委会同海安县在王垛乡进行“老有所养”工作试点。6 月，在试点工作基本结束的基础上，为帮助老年人维护自身合法权益，开展各种有益活动，南通市第一个基层老年协会——王垛乡老年协会应运而生。当年 10 月，市委、市政府在海安县召开现场会，推广王垛等地经验。会议对全市农村老年人家庭赡养工作作出部署，并要求“同时建立健全老年人组织，让老年人为培养下一代，为发展老龄事业发挥余热”。1986 年 10 月，市委、市政府在如皋召开老龄工作会议，在强调强化家庭养老功能的同时，提出大力发展乡村老年协会的要求。1987 年 7 月，市委常委会决定，当年下半年的老龄工作，要本着求实的精神，着重办好十件实事，其中第六件实事就是“在落实‘老有所养’的同时，筹建乡（镇）老年协会，组织离休退休人员和社会老人开展各种有益的活动，促进老龄工作的开展。”此后，不少乡（镇）村陆续建立老年协会，并从 1988 年下半年开始，逐步形成高潮。1989 年 9 月，南通市召开老年协会工作经验交流会，21 个单位介绍了各具特色的经验。1990 年 1 月，市委常委会又一次要求各乡、镇建立健全老年协会，所属村设分会，由退二线或已离退休但身体较好、热心于老年事业的原乡、镇负责同志担任老年协会会长。“对年满 60 周岁的乡镇、村老年协会会员，可实行免除义务工的照顾政策。”

至 1990 年 4 月，全市 293 个乡（镇）中有 238 个乡（镇）、4804 个村中有 3848 个村、213 个街办居委会中有 158 个街办居委会建立了老年协会。在已建的 4244 个老年协会中有 1224 个协会有活动室。1990 年 4 月，市政府在如东县召开老龄工作现场会，进一步加强发展基层老年协会的部署。4 个月后，5038 个乡镇村、街道居委会建立了老年协会，占全市乡镇村、街道居委会总数的 92%。不少老年协会做到了“三有一开展”，即：有专职人员、有活动室、有活动经费，正常开展活动。

进入 21 世纪以后，南通市及所辖各县（市）、区根据老龄工作新形势，继续抓好基层老年协会的建设，健全老龄工作网络。南通市老龄事业发展“十一五”规划提出：“要重视各级老年协会、学会等老年社团组织建设，充分发挥老年群众组织的作用。各村、居都要建立老年人协会，从上到下形成网络，把老龄工作真正落实到基层。”“十二五”规划提出：“‘十二五’期间，设立老年协会的城镇社区超过 95%，设立老年协会的村超过 80%。做好老年社会组织的登记注册和备案管理工作，引导基层老年协会等各类老年社会组织规范发展，发挥其‘自我管理、自我教育、自我服务’的积极作用。开展基层老年协会骨干培训，提高协会整体素质和服务能力。”2010 年 4 月，市委、市政府在《关于加快我市老龄事业发展的实施意见》中再一次重申：“建立健全市、县（市）区、乡镇（街道）、社区（村）四级老年人协会网络，发挥老年人自我管理、自我教育、自我保护、自我服务和服务社会的作用。”2012 年 5 月，市政府在《关于加快推进我市社会养老服务体系建设的意见》中还要求：“加强和扶持老年社会组织建设，鼓励老年人成立各类文体型、服务型、公益型社会组织，为老年人参与社会创造条件。”按照上述文件要求，各县（市）、区加强部署，相继成立本级老龄协会，并把巩固发展基层老年协会作为一项经常性任务。“十一五”期末的 2010 年，全市各乡镇（街道）老年协会覆盖率达 83%，社区老年协会覆盖率 50%。至 2012 年年末，南通市各镇、乡、街道和村、居（社区）普遍建立老年人（老年）协会。村、居（社区）老年人（老年）协会会长由村（居）委会主任担任，副会长由老村（居）干部或退休干部担任，多数协会有固定的工作场地，有健全的工作制度，活动也比较正常。

第六章 养老保障

经过30年努力，南通市社会养老保障机制已从无到有，从低到高，从零散到系统，从城镇到农村，逐步形成了多层次、多侧面、全覆盖的基本格局，较快地提高了社会对城乡老年人的保障水平。进入21世纪以后特别是2010年后，遵循公平、公正和让老年人共享经济社会发展成果的原则，又逐步对某些保障制度进行了有序的整合、对接和并轨，不断扩大保障范围，提高社会供养水平，努力化解城乡二元结构和社会保障机制碎片化的矛盾，从制度上保障“五有”目标的落实，特别是促进老有所养目标的实现。

第一节 城镇社会养老保险

一、企业退休职工养老保险

（一）企业职工养老保险改革

南通市企业职工基本养老保险制度的改革，经历了“社会统筹”“统筹个账结合”和“统一完善制度”三个阶段。

第一阶段 企业养老保险费用社会统筹阶段（1985 — 1990年）

为适应经济体制改革、对外开放和劳动制度改革的需要，1985年南通市政府批转《南通市合同制工人养老和医疗保险暂行办法》，在全省率先由劳动部门办理社会养老保险。该《暂行办法》规定：“劳动合同制工人实行社会劳动保险。保险内容主要包括：工人的死亡丧葬费、退休后的养老金和医疗补助费，以及城镇户口的劳动合同制工人解除合同后的待业期间的生活困难补助费。”其具体做法是：合同制工人退休后的社会劳动保险，由市（县）劳动服务公司具体办理。保险基金的来源，由用工单位按合同制工人的月工资总额的18%（低于7元按7元计提）作为养老保险基金和每人每月4元的医疗保险基金，税前提取，企业在营业外支出中列支，机关、事业单位在行政事业费用中列支。合同制工人本人，在工作期间按其养老保险基金投保标准的10%缴纳，用工单位录用合同制工人时，须同时向劳动服务公司办理投保手续。被投保人达法定退休年龄退休时，交保险基金满15年（含15年）以上者，可按其所交保险费标准和交费年限领取养老金。不满15年的，按标准一次性领取退休金。至1986年年底，全市全民和大集体单位劳动合同制工人41332人，参保率达85.7%。

1987 年 8 月，为将占职工大多数的固定工纳入社会保险，根据劳动人事部和省人民政府有关文件精神，结合南通实情，市政府印发了《南通市国营企业离、退休人员劳动保险统筹暂行办法》，规定：以南通市独立核算的国营企业以及实行国营企业财务制度的联营企业为统筹范围，上述企业的固定职工、劳动合同制工人（含全民集体企业的集体固定工、集体劳动合同制工人）以及实行与固定职工相同退休、退职办法的其他职工均为劳动保险统筹对象；劳动合同制工人由企业交纳的养老保险基金不再另行收缴；统筹内容为职工离退休金和国家规定增发的生活补助费；统筹率由市劳动局、财政局每年测算一次，经市人民政府批准下达。11 月，市政府印发《南通市中外合资企业劳动人事管理试行办法》，规定中外合资企业按职工实得工资的 25% 按月交纳，合同制工人按同行业国营企业职工标准工资的 3% 缴纳，原固定工本人不缴纳。

1988 年，市政府印发《南通市临时工社会劳动保险暂行办法》，规定：本市范围内的全民、县以上集体所有制企业（含部、省属企业）和机关、事业单位经劳动部门批准使用的临时工（包括计划内及计划外）全部纳入参加社会劳动保险范围，由用工单位和临时工本人按月定额交纳，标准为每人每月 12 元，临时工本人按月另交保险金 2 元。由单位代扣，统一缴纳。被保险人到达法定退休年龄，同时交保险基金满 15 年的可凭工作单位证明、户口簿、《南通市临时工社会劳动保险证》到市（县）社会劳动保险管理处（所）申请办理养老金领取手续，凭社会劳动保险管理处（所）签发的《南通市临时工养老金领取证》领取养老金。

至此，南通市全民、集体、“三资”企业的固定工、合同制工人、临时工均已纳入不同形式的养老保险体系之中。

1987 年市区统筹率为 19%，企业以本企业统筹对象工资总额为基数，按统筹率计缴，在企业营业外支出项下支付。158 家企业参加统筹。

1990 年，全市 1850 家全民和县以上集体企业职工离退休费用统筹的企业中，受益企业有 886 家，占列入统筹企业数的 48%。到 1990 年，全市办理合同制工人养老保险 105695 人，参保率达 97.1%。

第二阶段 建立社会统筹与个人账户相结合的养老保险制度阶段（1991 — 1997 年）

1991 年 1 月《国务院关于企业职工养老保险制度的改革决定》（国发〔1991〕33 号文）出台，1992 年 1 月江苏省下发《江苏省人民政府贯彻国务院关于企业职工养老保险制度改革的决定的通知》。针对南通当时各类养老保险管理办法不统一、衔接不完善、尚未覆盖到全体城镇劳动者、职工养老保险社会化程度不高的现状，在大力推进三项制度（劳动用工、工资分配、社会保险）改革的进程中，市政府于 1992 年 12 月出台《南通市人民政府关于深化企业职工养老保险制度改革的意见》，决定自 1993 年 1 月 1 日起在全市实行新的企业职工养老保险制度：

一是明确企业职工养老保险制度改革的目标，形成以基本养老保险为主体、企业补充养老保险和个人储蓄性养老保险为补充、覆盖各类企业职工和城镇个体劳动者、社会共济与自我保障有机结合的一体化社会化养老保险制度，实行养老保险管理服务的社会化。

二是规定凡在南通注册登记的各类城镇企业（包括全民和集体企业、部省属和外省市驻通企业）、外商投资企业（包括中外合资、合作和外商独资）、私营企业和个体工商户，均列入企业职工养老保险的实施范围。上述企业的固定职工、劳动合同制职工、临时工、城镇个体劳动者以及政府劳动人事部门安排到乡镇企业工作的城镇户口职工均为企业职工养老保险对象。

三是基本养老保险基金由市、县（市、区）社会保险机构根据“以支定收、略有结余、留有部分积累”的原则，统一定率、统一征集。基本养老保险基金以参加养老保险企业职工工资总额为提取基数，具体比例按照省政府规定的积累率和支付项目进行测算，由劳动部门会同有关部门确定（南通市企业按工资总额的 20% 缴纳，职工个人按本人工资总额的 2% 缴纳，由企业代为扣缴）。

四是凡参加养老保险的职工，在到达国家规定退休年龄办理退休手续后，即开始享受基本养老保险待遇，基本养老金按企业和职工缴纳基本养老保险费的年限和金额计发。企业还可根据自身经济能力为职工建立补充养老保险。企业为职工缴纳的补充养老保险费归职工个人所有，在职工办理退休手续后可按月或一次性支付给本人。

五是参加养老保险的职工从 1992 年开始统一使用《职工养老保险手册》。职工个人和企业缴纳的基本养老保险费、补充养老保险费和个人储蓄性养老保险费均应记入《职工养老保险手册》，作为审批职工基本养老保险待遇、支付补充养老金和个人储蓄性养老金的依据。

市区从 1993 年 1 月起全面启动一体化养老保险制度，参加养老保险的企业职工无论企业所有制性质、不分用工形式，一律按工资总额的同一比例缴纳养老保险费，退休后按同等条件享受同等待遇。同时，对原固定工退休费用统筹、劳动合同制工人和临时工的养老保险进行了“合龙”“并轨”，养老保险费合并调剂使用，在全省最早实现了养老保险制度的“四统一”：即统一费率、统一征集、统一支付办法、统一管理，方便了劳动力在不同所有制企业间合理流动，为推行全员劳动合同制打开了通道。

同时，一体化的养老保险制度实行国家、集体、个人三方共同负担。从 1993 年 1 月 1 日起，南通市区企业按职工工资总额的 20% 缴纳养老保险费，职工个人按本人工资总额的 2% 缴纳。到 2004 年 7 月，职工个人的缴费比例已逐步提高到 8%。

随着经济结构的调整、就业形态的改变，社会上自谋职业者日益增多，市劳动局于 1994 年成立了南通市劳动事务所，提供劳动关系、社会保险等劳动事务的代理服务，为私营企业和个体经济组织从业人员参加养老保险提供了方便。同年，为解决本市城镇户口有收入无固定职业人员的养老问题，把档案挂靠在劳动人事代理机构的流动人员纳入养老保险参保范围，为人才的合理流动解除了后顾之忧。由此，全市建立起覆盖各种经济组织、各种就业形式的养老保险“安全网”。

在实施“一体化”养老保险制度的同时，不少有条件的企业在参加国家强制性的法定基本养老保险制度的同时，积极参加了以企业、职工自愿为原则的企业补充养老保险和个人储蓄性养老保险，增强了企业的凝聚力，调动了职工的积极性。根据省劳动局《江苏省企业补充养老保险和个人储蓄性养老保险规定》的要求，南通市从1993年开始在如皋市进行了试点，1994年在市区推行。1994年底，市区已有15家企业的2431人参加了企业补充养老保险，7家企业的300名职工参加了个人储蓄性养老保险，为改变单一的基本养老保险制度，初步建立多层次的养老保险体系，积累了经验，打下了基础。

1995年3月国务院发布了《关于深化企业职工养老保险制度的改革的通知》（国发〔1995〕6号），进一步明确了企业职工养老保险制度改革的目标、原则和主要任务。

1996年6月，江苏省人民政府出台了《江苏省城镇企业职工养老保险规定》（省政府令〔1996〕第69号）。据此，1996年12月市政府出台了《关于贯彻实施〈江苏省城镇企业职工养老保险规定〉的通知》，为深化全市企业职工养老保险制度改革、统一政策口径、规范业务操作提出了具体的实施意见：

一是明确了企业职工养老保险主要包括基本养老保险、企业补充养老保险和个人储蓄性养老保险。其中：基本养老保险是法定保险，实行社会统筹与个人账户相结合的制度。

二是规定本市行政区域内城镇企业及其与之形成劳动关系的所有劳动者，均须按照省政府69号令参加基本养老保险；城镇个体工商户及其帮工、在乡镇企业就业的城镇职工、外地驻通机构及其在本地招用的城镇职工、城镇私营企业主、城镇自由职业者也应按规定参加基本养老保险；劳动关系比较稳定的乡镇企业及其职工，在产权制度改革中与城镇企业实行兼并或紧密联合的城乡其他经济组织及其职工，经劳动部门批准，可按照规定参加基本养老保险。

三是从1996年1月1日起，按照国家技术监督局发布的社会保障号码（国标GB11643－89），为每个参加基本养老保险的人员建立一个终身不变的个人账户。基本养老保险个人账户，按照职工本人缴费工资基数的12%记入，其中个人缴纳的养老保险费全部记入，其余部分由企业缴纳养老保险费划转记入，随着个人缴费比例的提高，企业划转的比例相应降低。

四是明确了基本养老金待遇计算办法。参加基本养老保险人员到达法定退休年龄享受基本养老金待遇，实行新老办法对比：老办法即按国发〔1978〕104号文件规定，按照1994年档案工资和104号文件规定的比例计算退休金；新办法则由社会性养老金和个人账户养老金两部分组成：1. 社会性养老金，以本人退休时省和市上年的职工月平均工资平均数为基数，缴费年限在15年以上的，按25%计发，缴费年限满10年不满15年的按20%计发。2. 个人账户养老金，按照本人基本养老保险个人账户的累计储存额（含推算部分）除以120，按月计发。

第三阶段 建立、完善统一的企业职工基本养老保险制度阶段（1997—2012年）

1997年7月16日，国务院发布了《国务院关于建立统一的企业职工基本养老保险制度的决定》（国发〔1997〕26号），1998年4月11日江苏省下发了《江苏省人民政府关于修改〈江苏省城镇企业职工养老保险规定〉的决定》（江苏省人民政府令〔1998〕第139号）。

根据上述文件，南通市1998年10月5日下发《关于印发〈关于贯彻实施〈江苏省城镇企业职工养老保险规定〉若干问题的意见〉（修改稿）的通知》。为逐步向全省统一费率过渡，规定了各县（市）、区企业缴费的比例：市区（含崇川、港闸两区）及海门、如皋为20%，如东为21%，通州为22%，启东、海安调整至20%。职工缴费比例从1998年1月起，全市统一调整为本人缴费工资的5%，此后随着职工工资收入的增长，原则上每两年提高一个百分点直至8%。同时规定企业和职工缴费比例的调整，均按省统一的规定执行，各地不得自行提高和降低。

建立统一的企业职工基本养老保险制度，实现了以下几个方面的统一：一是统一了企业和职工缴纳基本养老保险费比例。企业的缴费比例一般不得超过企业工资总额的20%；个人缴费比例最终达到本人缴费工资的8%。二是统一了个人账户的记账规模。按本人缴费工资11%的数额为职工建立个人账户，个人缴费全部记入个人账户，其余部分从企业缴费中划入。三是统一了享受基本养老保险的最低缴费年限。对今后参加工作的职工，个人缴费年限累计满15年的，退休后按月发放基本养老金。四是统一了基本养老金计发办法。基本养老金由基础养老金和个人账户养老金组成。基础养老金月标准为省或市上年度月平均工资的20%，个人账户养老金标准为本人账户储存额除以120。五是统筹层次逐步由县级向省统筹过渡。

1999年1月，国务院发布《社会保险征缴暂行条例》（国务院259号令），实现了社会保险费征缴的法制化，加大了社会保险征收的强制性。根据《条例》要求，南通市从1999年全面实行社会保险登记制度，凡依法应参加社会保险的单位都要进行社会保险登记，发证参加社会保险。

2000年，根据党中央、国务院"两个确保"的要求，南通市全部实现了养老金的社会化发放，所有离退休人员可以按月通过社会服务机构领到养老金，彻底解决了养老金拖欠问题，减轻了企业的负担，受到企业和离退休人员的欢迎。9月起，根据省政府决定和全省统一部署，社会保险费改由地税部门征收，社保经办机构从繁重的征收工作中解脱出来，地税部门发挥其优势，努力实现足额征缴。2001年至2005年的平均征缴率达97.7%，形成了“社保管理发放、地税征收、财政监督”的社会保险运行机制。

2004年9月，以贯彻《江苏省社会保险费征缴条例》为契机，市政府出台了《关于进一步做好城镇企业职工社会保险工作的意见》。该《意见》提出了依法推进社会保险全覆盖的目标，进一步明确了城镇企业职工基本养老保险覆盖范围，市区各类企业、民办非企业单位和城镇个体工商户及其使用的全部职工和雇工，都必须依法参加社会保险，按照规定缴纳各项社会保险费；将区级养老保险统一纳入市区养老保险统筹范围，提高了统筹层次；同时下达了扩面征缴的具体任务，市、区各有关部门紧紧围绕“全覆盖”目标强势推进，取得了阶段性成果，扭转了基金下滑的局面。

2005年10月，国务院下发《关于完善企业职工基本养老保险制度的决定》（国发〔2005〕38号）。在贯彻这个《决定》中，南通市做到了基本养老金按时足额发放，基本养老保险覆盖范围进一步扩大，个人账户规模调整到8%并逐步做实，同时，加强基本养老保险基金征缴与监管，改革基本养老金计发办法（基础养老金以退休时当地上年度在岗职工月平均工资和本人指数化月平均缴费工资的平均值为基数，每满1年发给1%，个人账户养老金月标准为个人账户储存额除以计发月数，计发月数根据职工退休时城镇人口平均预期寿命、本人退休年龄、利息等因素确定），建立基本养老金正常调整机制，提高统筹层次，做好退休人员社会化管理服务工作，不断提高社会保险管理服务水平。至2005年年底，市区（含崇川区、港闸区、经济技术开发区）共有参保企业6310家，参保职工27.46万人，享受养老待遇的离退休人员10.10万人，分别比2003年增加3651家参保企业，6.57万名参保职工，其中离退休人员1.05万名。

2006年，全市城镇企业养老保险参保缴费人数74.2万人，比上年增加6.4万人；征缴基金29.7亿元，支出28.5亿元；基金当期收缴率达97.6%。市区参保缴费单位8964家，比上年增加2654家；参保缴费人数28.8万人，新增4万人；享受养老金待遇10.6万人，养老金收入12.58亿元，比三年前翻一番，比上年净增2.1亿元，发放12.2亿元，其中国家、省两次大幅度调整养老金，增发1.9亿元，增资水平江北领先，苏中第一。

2007年，全市城镇基本保险参保人数达87.02万人，基本养老覆为98.01%，提前达到并超过全省全面建设小康社会指标目标值。2008年，南通全市参加基本养老保险的达到96.22万人。农民工参加企业养老保险23.3万人。2009年，全市参加基本养老保险的人数达到103.5万人，基金征缴收入54.7亿元，当期收支相抵结余5.83亿元，累计结余25.81亿元，备付力6.34个月。

2010年，全市积极推进灵活就业人员、农民工参加企业职工基本养老保险。至年末，全市参保人数达111.2万人，缴费人数达106.5万人，均突破百万大关，缴费人数比2009年年末净增7.2万人，基金总收入达62.36亿元，当期结余3.84亿元，全年实现收支平衡、略有结余的目标，其中市本级参保缴费单位达15582家，养老保障参保人数达42.52万人。

2012年，全市企业职工养老保险参保缴费人数124.7万人，比上年增加10.5万人；基金总收入125.6亿元，比上年增加47.83亿元，当期结余34.47亿元，累计结余75.71亿元。市区企业退休人员人均养老金1767.8元，比上年增加201元。

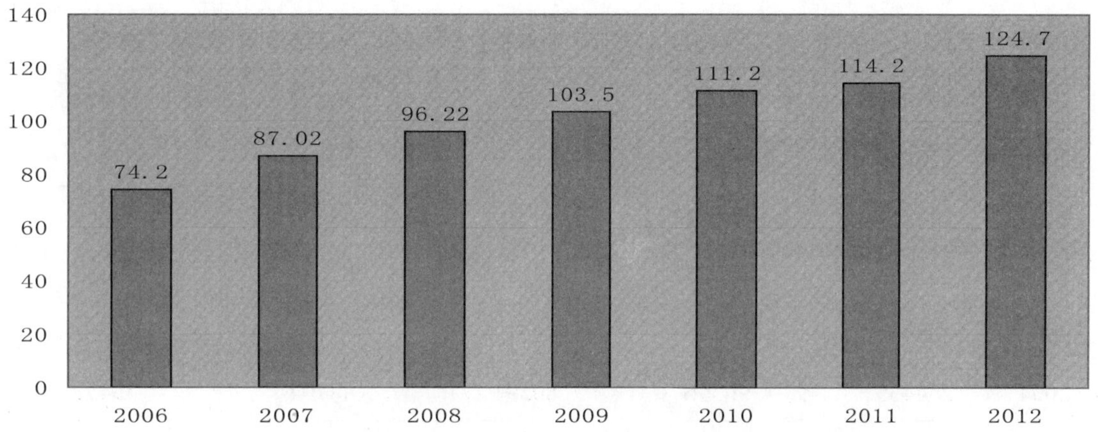

图6-1-1 2006 — 2012年南通市企业职工养老保险参保人数变化图（万人）

（二）市区缴费比例和参保状况

南通市、县两级职工养老保险制度统一，而资金则分级管理。市本级一体化养老保险制度实施后，其缴费比例、参保人数、基金收入、支出、结余列表如下：

1993 — 2012年南通市区养老保险缴费比例一览表

表6-1-1

年　份	单位缴费比例（%）	个人缴费比例（%）
1993.1 — 1994.9	20	2
1994.10 — 1996.9	20.2	3
1996.10 — 1996.12	20	3
1997.1 — 1997.12	20	4
1998.1 — 1999.6	20	5
1999.7 — 2002.6	20	6
2002.7 — 2004.6	20	7
2004.7 — 2012.12	20	8

南通市区一体化养老保险制度实施后参保情况表

表 6-1-2　　单位：人、万元

年 份	参保人数	离退休人员	基金收入	基金支出	基金结余
1993	203704	39538	17514	12429	13022
1994	224785	43860	27870	19124	21768
1995	218046	46051	36638	23854	34522
1996	210952	50206	40249	31011	43790
1997	203831	56268	36616	34057	45899
1998	198217	59490	36903	33516	49286
1999	199657	64011	43789	36577	56498
2000	190882	68100	51971	50600	57869
2001	194754	76804	54719	54409	57869
2002	203453	82027	59599	67635	50143
2003	208987	90495	72617	75175	47585
2004	264435	96396	80591	88704	39472
2005	274647	101038	104594	100586	43480
2006	336721	105734	125827	122392	46915
2007	343592	111726	151480	142861	55534
2008	372067	117841	187442	173992	68984
2009	388701	123457	212153	201132	80005
2010	425200	128581	246209	234718	91496
2011	451600	132958	311699	272483	130712
2012	487866	197072	611928	366579	376061

说明：

1.2004 年前，市区参保人数及基金使用情况，均为市本级数据。

2. 从 2004 年 11 月起，崇川区、港闸区原有养老保险基金并入市区统筹管理，所列数据含两区在内。

2011 年，南通市为切实解决市区少数城镇集体企业人员因特殊情况未能参加企业职工基本养老保险遗留问题，出台了补缴政策。市人社局、市财政局下发通知明确：当年 9 月至 12 月，市区未参保城镇集体企业人员，可一次性补缴费用，参加企业职工基本养老保险。补缴的范围和对象为：具有南通市城镇户籍、1996 年 1 月 1 日前有下列情形而未参加企业职工基本养老保险的人员，具体对象为五种：一是在县（区）属以上大集体企业、县（区）属以下城镇集体企业、城市街道办企业工作过的人员；二是在国有企业（含外省市）工作过的“五七工”“家属工”；三是曾在机关事业单位工作，后因各种原因（如辞职、辞退、自动离职等）离开原工作单位的人员（判有期徒刑及以上除外）；四是原在县属以上大集体企业工作，后下放到乡镇的“三不变”人员；五是“文化大革命”期间由国家统一组织下乡插队，返城后未参加基本养老保险的原城镇上山下乡知识青年。补缴的办法及待遇分为三种：第一种是 2011 年 7 月 31 日前，男年满 60 周岁，女年满 55 周岁的人员（简称待遇领取年龄），一次性补缴 53590 元。其中 2011 年 7 月 31 日前达到或超过 70 周岁的人员，每增加一岁减少缴费 1000 元，最多减少不超过 1 万元。从补缴次月起按月享受基本养老保险待遇。第二种是，2011 年 8 月 1 日到 12 月 31 日之间达到待遇领取年龄的，可在达到待遇领取年龄的当月一次性补缴 53590 元，次月起按月领取基本养老保险待遇。最后一种为，2011 年 12 月 31 日前，未达到待遇领取年龄的人员，可一次性补缴距待遇领取年龄不足年限与 15 年之间差额年限的养老保险费之后，继续按江苏省有关规定参保缴费，直至达到退休条件后，按月领取基本养老保险金。

（三）企业退休职工养老待遇

1986 年，南通市按照国家和省有关规定，对退休职工发给退休补助费。对 1952 年底前参加工作的退休人员，工作满 30 年、满 20 年不满 30 年、不满 20 年的，在国发〔1978〕4 号文规定的基础上，分别增发 15%、10%、5%退休补助费；对 1953 年 1 月至 1957 年前参加工作的退休人员，满 30 年、满 20 年不满 30 年的，分别补助 10%、5%。

1990 年 4 月，对 1958 年 1 月 1 日后参加工作的退休人员，比照上述规定中 1953 年至 1957 年前参加工作人员发给退休补助费。此外，根据国家和省有关规定，多次给离退休人员增发生活补贴费和水、电、煤等补贴，为企业离退休职工基本生活提供稳定可靠的保证。

1994 年以后，建立起养老金正常调整制度。每年 7 月 1 日，根据上年职工平均工资增长情况，考虑物价变化等因素，适当提高离退休人员养老金。至 2005 年，市区共进行 14 次养老金调整。据统计，在未实施养老保险统筹前，退休费最低的退休职工每月只有 30 元左右，1992 年底实行“一体化”养老保险制度前，退休人员月平均养老金为 185 元。2005 年年末提高到 800 元。在历次提高企业退休人员基本养老金水平时，都注意向退休早、养老金水平较低的部分人员倾斜，较好地保障他们的基本生活。

2005 年，南通市区提高城镇最低生活补助标准，由原来的每月 200 元提高到每月 240 元，共有 19400 位老人按照这一标准享受生活补助。各县（市）也相应提高了最低生活保障水平。

2006年始，按国务院规定，每年按增长10%标准，为企业退休职工提高养老金标准，至2012年，已连续7年。2007年，市区退休人员养老金人均水平达到每月1272元。

2009年，市区企业退休人员养老金人均水平达到每月1272元；2010年，全市企业退休职工平均养老金达到每月1300元，其中市区达到每月1424元；2012年，全市企业退休职工养老金平均达每月1768元。南通市的发放水平，连续多年为苏中地区最高。

二、机关事业单位职工养老保险

1991年6月国务院颁布《国务院关于企业职工养老保险制度改革的决定》，提出要对国家机关、事业单位的养老保险制度进行改革，并明确由人事部门负责此项改革。1992年人事部下发《关于机关、事业单位养老保险制度改革有关问题的通知》（人退发〔1992〕2号）。江苏省人事局确定南通市作为试点城市。1992年年底，市政府发出《关于机关事业单位实行职工养老保险制度的通知》，明确规定：机关事业单位养老保险基金的筹集遵循由国家、单位和个人共同负担，“以支定收、略有节余，留有部分积累”的原则，采取统筹兼顾、平稳过渡和分步到位的办法。同时定于从1993年1月1日起在全市机关、事业单位试行职工养老保险制度。这标志着南通市机关事业单位养老保险制度改革正式启动。

1993年，南通市人事局、财政局、税务局根据市政府《通知》的要求，制定了《南通市机关事业单位试行职工养老保险制度的实施细则》。《细则》进一步明确了机关事业单位养老保险改革的主要内容：一是参保范围为全额预算机关、事业单位的劳动合同制工人和经人事、劳动部门批准使用的临时工，差额补贴、自收自支事业单位的全体职工和经人事、劳动部门批准使用的临时工，金融机构的全体职工以及部、省属驻通机关、事业的同类人员。驻各县（市）区的市属事业单位，原确上参加市级养老保险，但也可经协商参加当地养老保险。二是养老保险的征缴标准按人员性质进行区分，差额补贴、自收自支事业单位的固定职工采取双基数（以在职职工工资总额与离退休职工退休费之和为缴费基数）和浮动比例（15%至33%）的模式征缴。劳动合同制职工以所在单位同性质职工的工资总额为缴费基数，按单位20%，个人2%的固定比例征缴。三是养老金支付标准按国发〔1978〕104号文以及省、市有关文件规定执行。发放费用包括：离休费、退休费、退职生活费、退养保养生活费以及其他按规定可享受的各项津补贴。

通过贯彻实施《通知》《细则》，截至1994年5月底，市直参保单位有158个，参保率达到98%。在职参保人员51441人，离退休参保人员8256人。改革成效初步显现：一是养老保险基金统筹发挥作用，缓解了事业单位负担畸轻畸重的问题；二是确保了部分效益较差事业单位离退休人员养老金的足额发放，促进了社会稳定；三是通过运用机关事业单位养老保险的共济机制，调节了国家、单位与个人的经济关系，均衡了财政与单位的负担，促进了事业单位之间公平竞争机制的形成；四是为机关、事业单位的机构改革、人员分流以及机关、企事业单位之间人员合理流动提供了保障。

启东、海门、如东、如皋、海安以及港闸区的机关事业单位职工养老保险于1993年启动，通州和崇川区则于1994年开始实施。各地在覆盖范围、改革力度和具体做法方面不尽相同。

1998年，南通市将民办律师事务所、非银行系统的金融保险等机构，以及经县（市）以上人事部门批准并管理，执行机关事业单位工资待遇的乡镇事业站工作人员列入机关事业单位养老保险参保范围。参加保险时，民办律师事务所按照1993年事业单位工资制度改革中规定的新闻类人员工资标准、套改办法和工改后的调资规定，并参照自收自支事业单位的津贴比例，计算出各级律师的档案工资额，作为提取养老保险基金的工资基数；非银行系统的金融机构、保险机构、证券机构按照“93工改”中确定的行员工资标准、套改办法和工改后调资的规定，计算出相当于各级行员的现工资额作为提取养老保险基金的工资基数。

2001年开始，机关事业单位社会保险职能从人事部门划入劳动保障部门。

2003年，经市人民政府同意，市劳动局印发《关于进一步完善市区机关事业单位养老保险制度的通知》，对机关事业单位养老保险制度进行了修改完善。主要措施：一是调整机关事业单位养老保险的参保范围，原纳入参保范围的临时工、执行机关事业单位工资制度的企业和民办非企业单位的人员不再参加机关事业单位养老保险。参加机关事业单位养老保险的单位，须是经编制管理部门批准，办理机关、事业单位法人登记，实行机关事业单位工资制度和会计制度的单位，参保人员应是经批准的正式在编人员。政策调整后的参保对象为：机关及全部由财政拨款的事业单位的合同制职工；财政部分拨款和自收自支事业单位的工作人员；部、省属驻南通机关事业单位的同类人员。二是调整了缴费基数，缩小了缴费比例的浮动范围。三是个人缴费开始全面实施。四是进一步明确了基金的支付项目。

2004年起，根据市政府办公室《关于做好市区社会保险统筹管理实施工作的意见》，决定市区各项社会保险实行统筹管理。崇川、港闸两区的机关事业单位养老保险，统一执行市劳动和社会保障局《关于进一步完善市区机关事业单位养老保险制度的通知》中规定的政策及市机关事业单位养老保险的其他规定，基金统一征收、统筹使用。原由崇川区、港闸区经办的相关保险业务改由市统一经办和管理，两区仅保留了业务经办点。

1993年至2005年期间，南通市各县（市）机关事业保险改革在探索中不断深化。各县（市）在个人缴费、缴费基数双改单（即由工资总额和退休费用两者之和为基数征收，改为以工资总额一个基数征收），征收比例浮改固（浮动比例改为固定比例），差额结算改为全收全付，实行社会化发放等方面作了积极探索。至2005年年末，全市机关事业单位养老保险参保单位共计2932个，在职参保人数58993人，离退休参保人数22297人，全市基金积累4.23亿元。

2009年，全市机关事业单位养老保险工作连续第7年被评为全省先进，社区管理工作全国领先，海安、如皋、通州、海门实现机关事业单位退休人员养老金100%社会化发放。建立机关事业单位养老保险数据异地备份机制。

2010年，全市机关事业单位养老保险工作稳步推进，提前完成结算方式改革，有2957家参保单位由差额拨款改为全额拨款，占总参保单位数的97.48%。21489名事业单位离退休人员工资实现社会化发放，占离退休人员总数的85.69%。

2012年，完善市区机关事业单位养老保险办法，7月1日后全额拨款事业单位新录用人员纳入参保对象。

1997—2012年南通市区机关事业单位参加社会保险人员情况表

表6-1-3　　单位：人

年 份	参保职工（人）	离退休人数
1997	25359	5022
1998	23138	5579
1999	23625	6073
2000	23405	6575
2001	23462	7159
2002	22978	7465
2003	17916	5459
2004	16326	5209
2005	16180	5235
2006	15930	5414
2007	15717	5676
2008	15121	5683
2009	15165	5923
2010	14481	5981
2011	14189	6218
2012	14308	6350

第二节　农村社会养老保险

1991 年 6 月，国务院颁布《国务院关于企业职工养老保险制度改革的决定》明确农村社会养老保险由民政部门负责。1992 年 1 月，民政部下发《县级农村社会养老保险基本方案（试行）》，各地开始试点。

1992 年 5 月 9 日，南通市人民政府下发《批转市民政局关于开展农村社会养老保险工作意见的通知》，南通市农村养老保险制度改革正式启动。港闸区首先开展农保改革试点工作。此后，除崇川区之外的 7 个县（市）、区农保工作相继推开。各县（市）、区根据民政部《县级农村社会养老保险基本方案》，制定了本地区实施细则。全市建立了南通市及海门、启东、通州、如东、如皋、海安、港闸农保经办机构共 8 个，建立县（市）、区农保基金管理委员会共 7 个。当年，全市农村有 77.5 万人参保。在 1992 年 12 月份举行的全国农村社会养老保险经验交流会上，启东市民政局、如东县民政局、港闸区民政局被国家民政部授予“全国农村社会养老保险工作先进单位”。

到 1995 年，南通市农保工作市、县、乡三级经办机构网络基本建立，人员配备基本到位。同时，还制定了《农村养老保险业务操作规程》等制度，对农村养老保险的操作流程提出了详细、系统的要求。这些做法，在 1995 年 10 月召开的全国农村养老保险工作会议上得到了民政部的肯定。

1996 年，市政府颁发《南通市农村社会养老保险暂行办法》，对参保对象、缴费比例和养老待遇等作出规定。南通市农村社会养老保险的参保对象为行政区域内农村非城镇户口的 60 周岁以下的农村人口（含在乡镇机关、企业、事业单位和其他各类经济组织的在职人员）。农村社会养老保险缴费以个人缴纳为主、集体补助为辅。乡镇机关、事业单位投保人按本人上一年度月平均收入的 5%比例缴纳养老保险费；其他投保人，个人应按本乡镇上一年度劳动力月平均收入的 5%的比例缴纳养老保险费，乡镇外商投资企业投保人养老保险费缴纳比例，可高于 5%。农村社会养老保险投保人年满 60 周岁的，按月或按季领取养老保险金。领取标准，由农村社会养老保险机构按国家有关规定执行。投保人领取养老保险金保证期为 10 年。投保人领取养老金不足 10 年死亡的，保证期内的养老保险金余额南其法定继承人或指定受益人一次性领取，保险责任终止。投保人领取养老保险金满 10 年后仍健在的，继续按原标准领取养老保险金，直至死亡为止。投保人未到领取养老保险金年龄死亡的，其缴纳的养老保险金本息全部退还其法定继承人或指定受益人，保险责任终止。

1998 年，国务院机构改革方案明确将原由民政部主管的农村社会养老保险职能并入新组建的劳动和社会保障部，要求在三年内完成各级农保机构的改革任务。市政府办公室下发了《关于进一步推进我市农村社会养老保险工作的通知》。

2001年，全市各级农保经办机构相继进行实质性改革移交。经过实践与探索，南通农村社会养老保险形成了“个人缴费”+“市场机制”的特色，连续多年保费征缴工作在全省地级市中位列第一。截至2005年年底，全市农村社会养老保险金参保人数达106.86万人，基金积累达10.45亿元，共有3.98万人领取养老保险金，累计发放养老金1.04亿元。

随着全社会经济水平的提高，特别是城镇职工基本养老保险的日臻成熟，农村养老保险制度的设计上，某些缺陷也日益显现，突出的是“农民缴费高、保障水平低”。这“一高一低”影响到农民参保的积极性，至2005年年底，全市农民参保人数尚不足应保对象的四成，远低于城镇职工98%的参保率。为此，南通市积极推进农保制度改革的深化，市劳动和社会保障局下发了《关于进一步推进农村社会养老保险制度建设的意见》，对新型农保险制度建设的指导思想、参保范围和对象、缴费积累期、保费缴纳等作了明确规定。

2006年，如皋市在苏北率先建立起农村居民个人缴费为主、财政补贴为辅、集体经济组织适度补助的三方筹资新型农保制度。次年，各县（市）均出台新型农保制度具体办法，进一步提高对参保农民的财政补贴力度。海门、通州对参保农民进行财政补贴的比例达到30%；如皋、海安、启东的财政补贴比例为20%，最低的如东县财政补贴比例也达10%以上。同时，如皋、海安两县（市）在全市率先实行老年农民养老金待遇调整机制。2008年，全市新型农保参保人数达76.95万人，覆盖率74.65%，新增保费17.02亿元，参保人数占全省参加新农保人数的1/4。2009年，全市新型农保参保人数达113.38万人，覆盖率97.6%，基金累计收入35亿元，实现涉农县（市）、区基本全覆盖目标。

2010年，市政府出台《南通市农村居民社会养老保险全覆盖工作目标考核办法》，新型农保制度建立工作在全市农村快速推进，参保总人数达197万人，覆盖率95.5%，108.69万农民老年居民领到基础养老金，发放率98%。

2011年，全市新农保、城镇居民养老保险实际参保人数达到207.17万人，覆盖率为97.37%，养老金发放人数125万人，发放率99%。

2012年，全市城乡居民养老保险制度实现全面并轨。全市城乡居民养老保险参保人数186.23万人，参保率99.87%，基础养老金发放人数139.48万人，发放率99.99%，参保率、发放率均居全省前列。是年，老年人意外伤害保险开始实施，通州、海安、如皋、如东、海门、启东全面实施该保险制度。

改革开放以后，南通市经济建设、社会事业快速发展，因建设需要，逐年征用部分农村土地，市委、市政府对失地农民尤其是老年失地农民的生活保障十分重视。南通经济技术开发区是全市拆迁征地量最大的地区，2000年11月，开发区管委会出台《南通经济技术开发区征地劳动力管理办法》，对男60周岁以上、女50周岁以上的征地农民给予每人每月征地生活补贴费120元。以后，考虑到物价等因素，进行多次调整。2012年，生活费补贴标准提高到502元/人·月，全区有14361人享受。2008年8月，根据《南通市农村居民养老保险试行办法》文件精神，出台《南通经济技术开发区农村居民养老保险实施办法》，按照个人缴费、集体补助和财政补贴相结合的方式筹集，养老保险缴费金额以开发区上年度农民人均纯收入的15%确定，其中参保个人承担60%，财政补贴40%。财政补贴部分由区、镇两级财政各承担50%，财政补贴年限为15年。当年，市委、市政府出台《关于加强和完善崇川区、港闸区被征地农民基本生活保障工作的意见》，两区11万被征地农民纳入社会保障体系，覆盖率达99%。5月，根据国务院《关于开展新型农村社会养老保险试点的指导意见》和《江苏省新型农村社会养老保险制度实施办法》及有关规定，出台《南通经济技术开发区新型农村社会养老保险实施办法（试行）》。缴费标准设立100元、500元、900元、1200元、1600元、2000元六个档次，财政分别给予80元、300元、600元（900元及以上缴费）的补贴，2011年12月，开发区实行城乡居民一体化，所有失地农民按年缴纳养老保险费，缴费标准为每人每年100元、500元、900元、1500元、2000元、3000元六个档次，政府对参保人员个人给予补贴，多缴多补，选择100元、500元、900元、1500元、2000元、3000元的，每年分别给予100元、350元、600元、800元、900元、1000元的补贴。

2010年，全市被征地农民基本生活保障率达95%以上。

2011年，市政府发布《南通市市区被征地农民基本生活保障、城乡居民社会养老保险和企业职工基本养老保险衔接办法》，将市区被征地农民纳入企业职工养老保险，惠及市区近10万名被征地农民。

2012年，市区10.3万名被征地农民纳入企业职工养老保险，其中5.7万人到期领取养老保险金。

第三节 农村家庭赡养

赡养父母是儿女义不容辞的责任；父母接受儿女赡养是老年人的基本权益利，也是老年人晚年生活的基本保障。为使农村日益失去劳动能力的老人的养老问题规范化、契约化、制度化，有效保障老有所养，人口老龄化以来的30年中，南通市先后两轮，扎实推进家庭赡养协议书的签订、落实。

第一轮，上世纪80年代至世纪末，由市、县（市、区）老龄工作机构主抓。

1985年，南通市有86万老年人，其中80%住在农村，无固定经济来源，迫切需要落实好家庭赡养。从1986年开始，南通市老龄问题委员会由点到面地在农村推进赡养责任人和被赡养老人签订家庭养老协议书，从道德和法制双重层面上明确赡养关系和赡养标准，落实“老有所养”。

此项工作先行试点，全市确定3个乡镇，即海安县王垛乡、如皋县磨头镇、南通县金沙镇进行试点。由3县县委、县政府通过乡、镇党委落实赡养协议书的签订工作。试点时间为两至三个月。王垛乡经过扎实工作，签订了好女婿、好媳妇尊老公约28户；独生子女赡养老人保证书754户；多子女共同赡养老人协议书680户；无子女的“三无”老人遗赠扶养协议书34户；“五保”老人供养协议书46户，护理协议书5户。全乡共有1847户办理了6194份手续，占老年总户数的92.3%。县公证处还派员到王垛乡，为部分协议书办理了公证手续。磨头乡试点在宣传教育、调查研究的基础上，普遍签订赡养老人的协议书。全镇有2457个老年户共3266人与子女办理了赡养手续。金沙镇着重解决存在赡养矛盾的68户老年人的赡养问题。

签订赡养协议试点工作的效果是明显的。试点前，乡镇老人的赡养问题主要由民政助理等少数部门的干部负责处理，显得势单力薄。试点中，由老龄委牵头，协调老干部局、民政局、司法局、教育局、共青团、妇联等部门共同参加，形成整体合力，调解了一大批多年未能解决的家庭赡养问题。据如皋县磨头镇统计，原来有520位老人因赡养问题未解决好而不愿操持家务。赡养协议签订后，老人们有的主动承担了家务，帮助子女解决后顾之忧；有的则主动从事力所能及的农副业劳动，以增加家庭收入。赡养责任契约化还促进了家庭和睦，尊老爱幼的风气大有好转，家庭纠纷明显减少。磨头镇在协议签订前，养老方面纠纷的有17起，协议签订后，这17起民事纠纷都得到解决，父子、婆媳关系融洽了。海安县王垛乡、南通县金沙镇普遍反映，民事纠纷少了，干群关系改善了。王垛乡金庄村一组的赵洪林老人说：“我活了这么大年纪，象共产党这样关心老人，历史上没有见过。”磨头镇小磨村60多岁的老人缪永和编顺口溜说：养老协议订得好，老人思想安定了；政策法律教育好，忤逆子女转变了；文明家庭建设好，淘气纠纷不见了。

在试点取得经验后，市委、市政府于1986年10月在海安县召开经验交流会，海安县王垛乡、如皋县磨头乡、南通县金沙镇在会上介绍了试点工作经验。会议要求各县（区）扩大试点，全面推广。到1987年年底，全市有169个乡（镇）试点结束，81个乡（镇）向面上推广。至1989年年末，在全市293个乡（镇）中有277个乡（镇），4804个村中有4664个村，共有28万老人家庭签订了赡养协议书。经济条件较好的一些乡（镇）、村，还向老年人发放一定数量的生活费补贴，全市有31个乡（镇）127个村的12650个老人享受生活费补贴。

但是，随着时间的推移，南通市一些地方的赡养关系也暴露了一些新的矛盾，主要是新增老年人口中，应签赡养协议书的农户出现遗漏，协议书在执行中也出现了新情况。针对这一情况，南通市以深入贯彻执行《老年人权益保障法》为契机，加大工作力度，动员组织各方面力量，采取按组分片包干负责的办法，逐村逐户地检查老有所养的情况，发现问题及时处理。对应签赡养协议而未签的，提出具体要求，督促逐一补签。对已签订协议但在赡养过程中出现新矛盾的，帮助他们调整充实协议内容，以确保老人生活水平不下降。对少数不按赡养协议书落实的子女进行批评教育，促其改正；个别情节严重的，通过民事案件诉讼解决。

第二轮，进入21世纪后，主要由各级妇联牵头。

进入21世纪后，南通市及所辖各县（市）、区紧紧围绕“五个老有”，由各涉老部门各尽职守。大力推动各地订立敬老公约，继续落实农村家庭养老协议书的签订。各级妇联紧紧结合创建“文明和谐家庭”，主动请缨，把推行签订家庭赡养协议工作纳入创建“文明和谐家庭”之中，进一步落实农村老有所养。

2003年，海安县妇联率先针对农村家庭赡养纠纷有所增多的现状，对农村有60岁以上老人的家庭全面推进签订赡养协议。经过三年多的实践，取得了明显成效。从海安县人民法院反映的情况看，实施赡养协议后，全县2003年至2006年诉诸法院的家庭赡养案件逐年下降。市老龄办、老龄协会于2005年多次赴海安调查，总结新鲜经验，并于当年5月写出调查报告《海安县落实赡养关系，营造和谐氛围的经验与启示》。全国老龄办常务副主任、中国老龄协会会长李本公对此文作了批示，全国老龄办刊于《老龄导刊》；《中国老年报》于同年8月31日，以头版头条位置发表此文，中国老龄科研中心期刊《老龄问题研究》亦全文刊登。

此后，市妇联于2006年5月在海安县召开现场推进会，向全市推广这一做法。经过全市各级妇联组织的努力，截至2008年年底，全市应签订家庭赡养协议的家庭771165个，已签订的718785个，签订率93%。这项以维护老年人权益、提高家庭赡养水平为目的的工作，受到广大农村老年人的普遍欢迎，得到社会各界的认可。《中国妇女报》《中国老年报》给予了报道，江苏省妇联将海安县妇联首创的此项工作列为全省县（市）区妇联十大优秀创新工作品牌。这一轮全市签订家庭赡养协议工作有以下特点：

（一）党政重视，妇联牵头，各涉老部门密切协同的工作格局基本形成。基层党委、政府和村党支部、村民委员会对签订协议工作甚为重视，将其纳入农村精神文明建设和新农村建设的重要内容，并结合“文明和谐家庭”创建，与其他文明创建活动一同部署、一同检查、一同考核。各县（市）、区都建立了签订协议工作组织领导和协调机构。由妇联主席任组长，文明办、综治办、司法、民政、老龄办等相关单位部门的分管领导任副组长、相关职能科室负责人为成员的家庭养老协议工作领导小组。各镇、各村（居）也相继成立领导小组，形成了分级管理、条块结合、职权明晰的工作网络。各地妇联主动与相关部门沟通协调，建立信息通报、情况交流等工作机制，及时化解签订协议过程中发现的矛盾纠纷，及时将符合条件的贫困老人列入低保救助，确保协议签订工作有序推进。如皋市建立了台账管理制度，加强对养老工作记录簿、调解纠纷记录簿、会议记录簿和老年人花名册等“三簿一册”的规范管理。

（二）宣传先行，典型引路，有序推进的工作方式初见成效。签订家庭赡养协议与养老普法宣传相结合，营造了较好的社会氛围。各地通过电台、电视台、地方快讯等新闻媒体，镇、村通过村组广播、黑板报、宣传栏，宣传《老年人权益保障法》《中国老龄事业发展“十一五”规划纲要》等有关内容。如皋市在发动群众讨论的基础上制定了《敬老养老行为规范》，从衣、食、住、行、看病、娱乐、再婚等方面倡导子女在赡养老人时要“十做到”。该市文化部门还把行为规范编成通俗易懂、易学易记的唱词，用文艺形式宣传推广。崇川区、港闸区、开发区妇联结合文明城市创建，将家庭美德的内容张贴到每个楼道，宣传到每一个家庭。海安、启东、海门等地运用“以身边事教育身边人”的做法，宣传尊老敬老典型。

签订家庭赡养协议与“文明和谐家庭”创建相结合，树立一大批先进典型。2008年，全市共选树表彰了县级以上文明家庭2000多个、孝老敬亲模范300多个。一大批基层干部积极争做孝老模范，开展结对帮扶、社会救助等送温暖活动。

搞好试点与总结经验相结合，积累了全面推广的经验。海安现场会后，各地普遍因地制宜地选择工作基础好、干部能力强、村风民风好的乡镇进行试点。镇村干部逐户调查摸底，登记造册，弄清底数，然后由村干部进村入户对重点家庭做过细的思想工作，在协议双方认识一致的基础上，签订养老协议，明确赡养具体内容，村委会负责见证和监督。在实际工作中，一些地方还不断探索改进。如有的乡镇考虑到当今老人健康状况的改善，将被赡养人的签协议年龄提高到70岁。启东市部分乡镇将“协议书”改为子女赡养“承诺书”，强化子女的责任意识，效果也很好。

（三）规范协议，强化督查，讲求实效的工作思路渐成共识。为了便于考核，启东市统一设计、印制《家庭赡养协议书》文本，下发到各乡镇。如皋市统一拟设《老人生活情况调查表》《养老协议签订工作统计表》《赡养协议书》等发至各镇村，统一填报。如东县以乡镇为单位统一协议格式，有侧重地拓展养老协议内容。各地推行的家庭赡养协议主要涉及经济上供养、生活上照料和精神上慰藉等三个方面内容，规定了赡养人应履行的义务和应承担的责任。并根据不同地区的经济水平和赡养人的承担能力，对赡养标准有所调整，总的赡养水平要不低于子女平均生活水平。除生活上供养外，部分乡镇还将“帮种责任田、改善居住条件、大病及时医疗、生病勤加照顾及料理后事”等列入协议内容。海安、如皋、如东、启东等地还将帮父母交纳农村社会养老保险和医疗保险金等内容列入协议范围。

督查回访，促进养老协议落到实处。海安县此项工作起步较早，重点抓了提高家庭赡养协议的兑现率，还在全县开展了敬老教育活动。启东、海门两地推行由村妇代会主任定期上门走访检查的回访制度。各地情况表明，通过签订家庭赡养协议，敬老养老的氛围普遍较前浓郁，农村家庭出现了“三多三少”的可喜变化：主动养老的多了，互相推诿的少了；尊老敬老典型多了，赡养纠纷少了；家庭和睦的多了，代际矛盾少了。截至 2012 年年末，全市有 60 岁以上老人的家庭赡养协议签订率超过 95%。

第四节　城市特困老人生活保障

1996 年，南通市地区生产总值达 530.42 亿元，市区年人均生活费收入 5211.46 元，广大老年人通过各种途径分享着社会发展成果，晚年生活过得颇为舒适安康。但由于种种原因，仍有极少数老年人生活水平处于最低生活保障线以下。

1997 年 6 月，市老龄委在崇川、港闸两区，对市区特困老人情况进行系统调查。调查结果，1996 年年底，市区总人口为 62.2 万人，其中 60 周岁以上老年人 9.24 万人，占比为 14.85‰。在老年人中有特困老人 263 人。在老年群体中，特困老人的比重虽然很小，仅占 2.85‰。但以一个独立的家庭来说，其困难却是百分之百的。而且这些特困老人都是失去就业能力的高龄老人，有的已年过 90 岁，尤其需要社会关怀照顾。

据当时调查，特困老人晚年生活主要有以下情况：

（一）*经济来源贫乏，生活异常窘迫。*他们中间有的年轻时靠卖苦力为生，也有的一直操持家务，年龄大了之后，因不能劳动或失去老伴，生活来源枯竭。他们正常月收入一般均不过百元，人均月收入 60 元至 75 元之间的约占 45%。有的月收入只有 30 元至 40 元，即使能达到百元左右收入的老人，也在最低生活保障线以下。因此，他们的一切开支仅是维持自己的生存而已。家住市环东路 117 号的于秀珍老人，83 岁，无子女赡养，丈夫于 1987 年去世，这几年主要靠丈夫生前所在单位每 3 个月发放一次的 186 元（月均 62 元）遗属补助维持生活。于老太领到补助后，先买上 3 个月的大米、食油，每天限制自己只烧 3 只煤饼，早晨煮一小锅粥，分三餐食用，荤食常年难得尝到。朱家园 10 号沈朝珍老人，女儿早逝，靠丈夫生前所在单位淮阴汽车公司每月 70 元遗属补助费生活。公司每半年才寄发一次，平常开支用度相当困难。这些本来就无职业的遗孀，由于已享受了遗属补助，街道除作一些临时性救济，一般均未考虑定期补助，而其丈夫生前所在单位由于经济效益欠佳，也不愿在规定之外再加以照顾。此外，还有一些经济来源更少的老人，他们除由民政临时补助或靠邻居、亲朋临时接济外，别无他途，其生活境况更是令人担心。

（二）患有多种疾病，无力求医觅药。特困老人大多患有这样或那样疾病，因为没有余钱进医院，常常是能拖则拖，能熬则熬，实在熬不过，才勉强配点普通药品或向别人讨点药品服用。南关帝庙巷44号朱玉俊、梅桂英老两口，1994年独子病故，儿媳是外地人，带着孙子走了。两个老人无人照应，男的肾炎、血尿，女的严重胃病，腿部骨折，难以动弹，现靠儿子生前单位每月发放的68元遗属补助和街办每月照顾120元生活费生活，除勉强够糊口外，很难有余钱看病抓药。北新巷7号吴建英老人，丈夫去世，儿子无业，过去主要靠替贩鱼人踏三轮车挣一点钱，近年中风，卧床不起，贫病交加，犹如雪上加霜。

（三）住房破损狭小，家庭一贫如洗。特困老人的住房普遍低劣，室内凌乱无章，锅灶靠床，空气污浊，卫生条件极差。北街35号任启元，87岁，系从外地流入南通，年轻时靠挑水生活，本人一向无住房，城东街办一位退休干部从自己房屋中腾出一小间借给他使用，一住就是30年，他家无藏物，棉被、蚊帐又破又烂又脏又黑，日常用具有这无那，衣着褴褛，屋角堆满一大堆破旧衣服，霉气熏人，还舍不得丢弃。

（四）孤苦伶仃生活，缺乏人生乐趣。在特困老人中单身为多，他们生活孤独寂寞，平日沉默寡言，很少与别人交谈，缺少人生乐趣。居委会、村民委干部和邻里乡亲常来看看他们，让他们感受到党和政府的温暖。但是他们抱病度日，风烛残年，形成了孤独忧郁的性格，很少与人交流。北街63号82岁的严风英，1996年5月生一场大病，开始虽有邻居照应，但日子一长，邻居总不能成天陪伴，许多事还得靠自己独自支撑，吃饭常常有一顿无一顿，有时连开水也端不上嘴，哀叹声不绝于耳。青年路新村孙宝珍老人，年轻时做过奶娘，现靠曾哺过乳的人接济生活费，她虽然生活能够维持，但总感到孤身一人，缺少晚年生活乐趣。

特困老人之所以形成特困，主要原因：

一是特困老人青壮年时大多就比较困难。他们文化素质较差，没有专业特长，年轻时没有固定的职业，没有固定的服务单位，主要靠简单的重体力劳动谋生。其中有的是个体小生产者，有的是肩挑小贩，也有的是从外地流入南通市，从事小本经营而未找到工作单位。例如：木头井5号陈风英原来是叫卖豆腐脑的；沈朝珍原来是在车站附近以卖茶为生的；朱玉俊则是挑货郎担走街串乡的；城中街道老人赵秀英年轻时虽一直在一些单位做临工，但未能成为享受劳保待遇的正式工。许多特困老人过去是一日不做一日不食，没有一点积蓄。年老之后难以自食其力，又与劳保福利待遇无缘，更无养老的物质准备，这就构成了特殊困难。

二是最低生活保障线未能全面落实。市和区虽然都有最低生活保障线的规定，但要落实到每家每户还有不少工作要做。在特困老人中有不少是职工遗孀，她们年轻时无固定职业，主要操持家务，生活来源靠丈夫的工资收入和退休金。丈夫去世后，只能靠领取遗属补助维持生活。目前的遗补标准大体每月只有60元至70元。如果要企业在此基础上再提高一倍，政府要作出相应规定。同时，市、区属企业全面实行了以股份合作制为主要形式的改革，在改制时预留的退休人员工资、医药费和遗属补助等都明显不足，而不少企业经济效益又未全面回升，解决职工遗属的困难，尚未引起人们的足够重视，也无明确的开支途径。

*三是部分特困老人虽有子女，但其子女无力承担赡养义务。*有的特困老人的子女因企业不景气而下岗待业，赡养老人力不从心；有的子女家居农村，经营情况不好，无力承担赡养老人义务；有的子女已经退休，退休金较低，自顾不暇；有的子女病残、痴呆，本身就需要社会资助：有的子女在老人前夭亡；还有的子女因犯罪判刑，殃及老人，如此等等，构成了老人的特殊困难。例如湾子头10号胡社萍，儿子双目失明，难以自食其力，老人生活更为艰难。胡家巷许兰芬老太，儿子家住农村，收入微薄，不能照顾老太。朱家园1号顾启宜老夫妇二人，儿子弱智下岗待业，老两口靠260元退休金生活，手头十分拮据。南园84岁的薛如玉，儿子脑溢血，媳妇早亡，女儿退休，又与丈夫离婚，且常年患病，使老人晚年生活很是凄凉。

*四是年轻时道路曲折，导致老年生活不幸。*在特困老人中，有个别人因政治历史问题影响老年经济生活，也有的由于种种原因导致生活道路曲折，影响晚年生活。城中街办特困老人孙德宏，曾在西安电厂工作，20世纪50年代定为反革命分子，妻子离异，70年代辗转回南通定居，没有固定工作，仅靠民政经费救济生活。木行桥居委会朱姓老太，旧社会沦落，后嫁给国民党一个军官，新中国成立后丈夫安置在汽车运输公司工作。丈夫死后，靠其生前单位每月发给的遗属补助生活，领养的女儿下岗，女婿单位也不景气，生活十分困难。钟秀乡中心村一组陆锦泉，年轻时因婚姻波折，引起精神分裂症，至老犹苦。莘园路一位姓戴的老太，60岁前未婚嫁，后来与一位老人成婚，因各有个性，家庭关系不和而离婚，精神受折磨，生活更艰难。还有少数特困老人，家庭几经组合，成员关系复杂，导致感情破裂，晚子或领子不尽赡养责任，导致老人经济来源无着。

《南通市市区特困老人的调查报告》上报市委、市政府及省老龄委后，得到高度重视。市委办公室在《内部参阅》刊登，市委书记周福元在市委常委扩大会议上强调："要特别关心扶助那些生活贫困的老人和高龄老人，使他们的生活水平随着社会经济的发展逐步得到提高。"市政府常务副市长张琛在市老龄委调查报告上批示："要想方设法帮助他们安度晚年。"之后，市老龄委、市民政局会同各区老龄委、民政局和各街道、乡镇层层安排人员，实地开展特困老人的登记、核实工作。在特困老人登记表逐级上报后，市老龄委、民政局逐一过堂，确认了263位特困老人，并根据困难原因分别落实解困措施：子女无赡养能力的，由民政部门列入社会保障对象，予以救助；对子女下岗失业而导致老人生活无着的，由劳动部门优先为特困老人的子女再就业创造条件，能自谋职业的，由工商部门优先发证，优先安排经营场所，减免部分收费。在子女未能再就业前，由老龄委从财政拨出的解困专项经费中列支扶助老人生活。对病残老人、“四无”老人，民政和地方政府视情给予生活补贴。对因遗属补助偏低而造成困难的老人，由原单位按规定提高遗属补助费，关停改制企业无法增加遗属补助的，则列入社会保障对象。在实行最低生活保障线时，对单身及70岁以上的高龄老人，在最低生活保障标准基础上再提高15%。对所有特困老人，市老龄委从财政拨出的解困专项经费中，按每人200元（农村150元）一次性拨给各区，由区发放到特困老人。在核实确认的263位特困老人中，有116位列入保障对象，按最低生活保障线的标准补足生活费；对20名特困老人增加遗属补助金；对18名特困老人的子女实施再就业工程；对25名特困老人通过签订家庭赡养协议书，使老有所养的问题得到落实；对84名特困老人，由当地街道、乡镇定期给予生活补助。同时，市、区老龄委和民政部门建立特困老人基本情况台账，建立完整的档案资料。是年，各县（市）也开展城市特困老人生活扶助与保障工作。

之后数年，南通市政府及民政、老龄部门坚持把帮扶社会上为数不多的特困老人作为重要工作，努力缓解贫困户的困苦。2000年年初，市老龄委报经市政府批准，从解困基金中拨出8万元专款，帮助市区400多户特困老人解除了经济上的困难，也使一些负有赡养责任而又无赡养能力的下岗职工减轻了负担。2000年至2003年，社会特困老人在实施最低生活保障线的同时，连续3年获得政府专项拨款的帮扶，仅市区每年获得这类补助的就达500多户。

2007年，在全省率先出台针对低保边缘群体的《南通市城乡居民临时生活救助实施办法》，城市特困老年人救助由“陡坡式救助”向“阶梯式救助”转型。在全省首创粮油实物帮困机制，对市区城市低保对象中的70周岁以上特困老人实施每月30元的粮油实物救助。2009年，市政府出台《南通市市区城镇居民养老补贴暂行办法》，从10月1日起，对市区城镇居民中年满60周岁、市区原城镇居民户籍连续满15年，未享受社会养老保障待遇和机关事业单位发放相关生活待遇的居民发放100元养老补贴。2010年，全市城镇无保障老年居民养老补贴制度全面建立，各县（市）、区均建立这一制度。市区5129名城镇无保障老年居民享受补贴560万元。

2010年后，南通市每年都提高城乡低保标准。2012年7月城市低保：崇川区、港闸区、南通经济技术开发区、海门市提高到每月480元，通州区提高到每月450元，海安县、如东县提高到每月420元，启东市提高到每月410元，如皋市提高到每月400元。农村低保：崇川区、港闸区、南通经济技术开发区实现城乡同步，提高到每月480元；通州区提高到每月330元，如皋市、海门市、启东市提高到每月280元，海安县、如东县提高到每月260元。至2012年年末，全市有11804人享受城市低保，其中退休人员2400人；12.62万人享受农村低保，其中“五保”人员20797人。全年共发放2.58亿元，其中城市低保3800万元，农村低保2.2亿元。从2010年起，在原来每月为市区城市低保对象中70周岁以上老年人发放40元粮油实物基础上，将市区特困职工、城市低保边缘户家庭中的70周岁以上老人纳入救助对象。

第五节　计生困难家庭奖励扶助

南通市是全国、全省计划生育的先进地区。20世纪70年代初即在全市推行计划生育，1972年自然增长率下降到8.68‰，提前8年实现国务院规定的1980年人口自然增长率控制在10‰以内的目标。从那时至20世纪末，农村计划生育贫困户一般由地方政府视情进行临时性救济、扶助。

进入21世纪后，早期实行“一孩”举措的夫妇，逐渐步入老年人行列。2002年，南通市委、市政府遵循中共中央总书记胡锦涛“目前一些实行计划生育的家庭，特别是独生子女的家庭，养老缺乏保障，这些问题要妥善解决，抓紧建立社会救助机制”的指示，着手建立计划生育贫困家庭救助机制。市计划生育委员会和市老龄委各成员单位，包括财政、民政、劳动和社会保障局以及妇联等部门通过全面调查和自下而上登记，查清全市因实行计划生育引发的困难家庭共有7798户，占全市计划生育家庭的3.1‰。其中，农村独生子女意外伤残、死亡，其父母未再生育和收养子女的贫困家庭936户；计划生育手术带来后遗症、并发症的贫困家庭1343户；农村独生子女的父母一方或双方长期生病，导致贫困的家庭5519户。据抽样调查，这些家庭人均年收入不足500元，不到同期农村人均年收入的1/8，生活极为拮据。

从2003年开始，南通市积极探索，不断完善计划生育困难家庭养老帮扶体系，取得了显著成效。国家、省人口与计划生育部门充分肯定南通在救助计划生育困难家庭方面所取得的成绩和经验，省专门在南通召开全省生育关怀“亲情牵手”零距离服务行动经验交流会。南通市人口计生委主要负责同志出席在北京人民大会堂举行的全国生育关怀行动启动仪式，并在会上介绍南通经验。

一、建立、完善救助机制

2003年1月，全市计划生育系统的市人大代表、政协委员，在市人大、政协两会召开期间联名提交《建议政府出台政策，为计划生育特困家庭撑起保护伞》的议案、提案，呼吁市两会支持启动计划生育特困家庭救助工程。2月11日，市计划生育委员会召开全市计生委主任会议，提出建立以社会保障机制为重点的计划生育保障制度，制定和落实补偿、扶持救助等措施，对实行计划生育的家庭予以关爱。3月，市计生委分别向市委、市人大提出救助计划生育特困家庭的建议。是月，市委常委会召开会议，批准市计生委关于救助计划生育特困家庭的报告，决定从市、县（市）财政每年拨出150万元，为独生子女意外死亡家庭每户办理1.8万元的养老保险，并为计划生育特困家庭落实低保。为落实市委、市政府的决策，4月11日，市财政局、市计生委联合印发《南通市计划生育特困家庭救助实施办法（暂行）》，文件规定，在尚未全面实行低保的农村，计划生育贫困家庭年人均收入低于全市最低生活保障线900元的部分，由计划生育部门给予适当补助，补助额每户每年不超过500元：最低生活保障制度到位后，不再实行该项补助办法。8月，出台《南通市农村村民最低生活保障办法》，规定保障对象为计划生育特困家庭的，其保障标准在当地农村村民最低生活保障的基础上增加10%至20%。2003年首批救助资金150万元由市、县（市）两级在当年财政中拨付。市计生委印发用于计划生育并发症、独生子女伤残、意外死亡家庭救助申报表，经登记造册、调查核实后，按时足额发放。2004年、2005年，市、县（市）两级政府均拨付150万元救助资金，专户储存，专款专用。

2004年，市计生委、市劳动和社会保障局联合发出《关于为农村独生子女意外死亡的特困家庭办理农村社会养老保险的通知》。通知规定为这类特困家庭每人办理一份社会养老保险，投保人在60周岁前每年投保1800元（按平均50周岁起保），年满60周岁以后每月可领取180元的社会养老金。保险手续由所在县（市）、区统一办理，保单由乡镇、街道计生办统一保管，办理结果及时通知户主。自2004年起，市、县（市）两级共投入1300多万元，为农村独生子女意外死亡家庭760户1286人办理了农村养老保险。港闸区、崇川区政府出资为辖区所有计生特殊家庭成员购买计划生育综合保险，涵盖意外伤害、医疗费用、特定疾病、住院补贴四大方面，提升计生特殊家庭防御重大疾病等风险的能力。全市当年年满60周岁领取养老金的老人有68人，2005年增至1060人。

2007年，贯彻省人口计生委、省财政厅《关于印发〈江苏省独生子女伤残死亡家庭扶助制度实施意见〉的通知》，至年底，全市认定独生子女伤残死亡家庭扶助对象6598人，其中子女死亡扶助对象3903人，子女伤残扶助对象2695人，省、市、县（市）三级财政支出扶助经费555.45万元。

二、开展项目扶贫

市人口生委、计生协、农业局先后出台《关于做好农村计划生育特困家庭生产自救工作的意见》《关于做好农村计划生育特困家庭波尔杂交羊饲养工作的通知》，指导各地帮助计生特困群体开展生产自救。八年多来，市、县（市）人口计生部门共计为815户农村计生特困群体免费送养波尔杂交羊，农业部门免费提供技术辅导，每户每年增加收入达到2000元左右。自2007年起，市人口计生委与民建南通市委联合开展“思源工程 —— 生育关怀行动”，累计投入35万元慰问了700户计生特困家庭；2012年又建立了“思源工程”省级帮扶基地，带动如东县双甸镇110多户计生特困家庭，户均年增收2000多元。同时，实施危房改造和赠送彩电项目。自2004年起，市县（市、区）两级计生协共投入100多万元，为40多户计生特困家庭改善居住条件。2008年起，市人口计生委发动企业捐款50多万元，为441户计生特困家庭赠送了彩电。

三、结对帮扶计生特困家庭

2004年起，发起与计生特困群体“亲情牵手”零距离服务行动，招募志愿者，通过信函往来、电话联系、登门走访，提供多样化、人性化、家庭化亲情服务，为这些不幸家庭送去亲情、友情、同志情。在为这些不幸家庭提供经济帮扶的同时，组织体检、旅游，赠送电话卡、公交卡，传递温暖爱心。全市计生志愿者已达2.61万人，实现志愿者与计生特困家庭“一对一、多对一”结对帮扶全覆盖。启东市在全国率先实施“太阳岛”工程，招募40多名专业心理咨询师，通过组织心理测量、亲情跟踪、交流联谊等形式，引导独子死亡父母走出阴影，重拾生活信心。崇川区成立计生特困家庭互助组织 ——“爱·助”爱心服务社，为其提供相互抚慰、相互扶助平台。启东市还为有收养意愿的独生子女死亡父母与独生子女孤儿牵线搭桥，亲情结对，重新组建家庭；对符合收养条件的，办理收养手续；对不符合收养条件的，由市人口计生委、计生协制作有全家福照片的结对认养纪念册。

四、保障计生特殊群体老有所养

市政府将解决好计生困难家庭最关注、最期盼的养老问题，纳入全市社会化养老服务体系建设规划，纳入民生幸福建设内容，明确任务要求，落实责任分工。市选择在海安县开展试点并加强指导协调。该县2011年起依托乡镇敬老院，建设“生育关怀”圆梦养老院，由政府筹资，配好生活设施和专职护理人员。对符合条件入住老人，实行“两免两补一优先”，即免费居住、免费提供服务，给予日常生活费补助和大病医疗费补助，优先安排享受“五保户”等待遇。全县10个镇均已建成圆梦养老院，共有“两通两有”（通厕通浴、有空调有彩电）标准居住房间106间，床位212张，已入住计生特困家庭老人136名。市政府及时总结推广海安的做法，对全市各地起到了示范作用。如皋市所有镇级敬老院全面建设“益寿之家”，2012年入住计生特困家庭老人68名，每人每年5500元生活费由市、镇两级财政出资。入住老人免费获得集中养老服务，优先享受“五保”待遇，生活有人照料，生病有人过问。市人口计生、民政、老龄工作等部门及时总结经验，出台具体推广方案。市政府要求各地借鉴经验，结合实际，整合资源，完善制度，逐步构建既能满足不同层次需求，又可持续发展的计生特殊群体的养老帮扶体系。

第七章　医疗保障

病有所医是保障老年人健康长寿的必备条件。南通市医疗保障制度创建于新中国成立初期，经数十年运作与改革，社会保障功能逐渐完善配套。建立医疗保障制度主旨在于普惠全体医患者，而老年群体由于体质日趋退行性变化，疾病袭扰概率远远大于其他人群，故而从医疗保障普惠制度中得益最多。鉴此，南通市进入人口老龄化社会后，城镇从公费医疗、劳保医疗发展到职工（居民）医疗保险，农村从合作医疗发展到新型农村合作医疗，并实施大病医疗救助，为包括老年人在内的不同人群，切实提供了医疗保障。与之相匹配的是，城乡社区卫生服务网络逐步建立，为广大群众就近治疗提供方便。为培育全社会卫生习惯，提高健康水准，全市由城及乡广泛开展健康教育，活动持久，效果显著。在各级党委、政府主导下，全市定期对老年人免费体检，基本实现城乡全覆盖。居民普遍实行健康网络化管理，陆续建立起个人健康档案。医疗保障网络不断健全，补偿标准不断提高，服务质量不断提升，大大增强了老年群体的健康水平和满意程度。

第一节　医疗保障制度

一、公费医疗

1952年6月27日，中央人民政府政务院发出《关于全国各级人民政府、党派、团体及所属事业单位的国家工作人员实行公费医疗预防的指示》，“决定将公费医疗预防的范围，自1952年7月份起，分期推广，使全国各级人民政府、党派、工青妇等团体、各种工作队以及文化、教育、卫生、经济建设等事业单位的国家工作人员和革命残废军人，得享受公费医疗预防的待遇”。1952年10月，苏北人民行政公署（简称苏北行署）贯彻执行政务院指示，规定药费每人每月2万元（现币2元）。据此，苏北行署南通区专员公署发出通知：从1953年1月1日起，上述对象在指定医疗单位就诊，可享受免费待遇。同年10月南通市成立公费医疗预防实施管理委员会，下设办公室，挂靠南通市卫生局。海门、启东、如东、如皋、海安、南通、崇明等县，亦从1952年开始，相继实施公费医疗制度。海门县从1952年10月对县区党政机关及全民事业单位工作人员4000余人实行公费医疗，经费由地方财政拨款，最初每人每月1.8元，以后逐渐增加。1956年5月，南通市人民委员会（简称市人委）颁发《南通市公费医疗预防实施细则修订草案的通知》。1957年，南通专员公署颁发《公费医疗预防实施办法就诊规则》，南通市人委颁发《南通市公费医疗预防实施暂行办法》。

1978年6月，国务院颁发《关于安置老弱病残干部暂行办法》《关于退休、退职的暂行办法》，规定："离休、退休、退职干部本人，可以享受与所居住地区同级干部相同的公费医疗待遇"。同月，南通市革命委员会财政局、劳动局、卫生局转发江苏省革命委员会财政局、卫生局、劳动局《享受公费医疗、劳保医疗人员自费药品范围的规定》的通知。12月，市卫生局转发省卫生厅《关于重申滋补、营养等保健药品不准公费报销的通知》。随着经济社会的发展和改革的逐步深化，公费医疗支出逐年膨胀，原来的公费医疗制度已很不适应。1988年起，南通市及各县（市）、区普遍建立公费医疗管理委员会，由副市长兼主任委员，分管秘书长、卫生局、财政局局长任副主任，下设办公室，改变多头领导，日常工作由卫生局主管。公费医疗费增加到每人每月6.5元，离退休干部8.5元，由各系统和单位掌握使用。超支费用由各单位自筹资金弥补。20世纪90年代初，国家进行医疗保障制度的改革。1993年中共十四届三中全会明确提出"城镇职工养老和医疗保险金由单位和个人共同负担，实行统筹和个人账户相结合"的要求。1994年国务院在江苏省镇江市、江西省九江市进行医疗保险制度改革试点。1996年南通市成为全国医疗保障制度改革扩大试点的40个城市之一。

二、劳保医疗

劳保医疗制度是中国劳动保险制度的组成部分。1951年2月，中央人民政府政务院颁布《中华人民共和国劳动保险条例》。7月，国家劳动部门公布《劳动保险条例实施细则（草案）》。是年5月1日起，南通市的大生一厂、副厂、三厂、电厂等大中型企业开始执行该条例，此后实施范围逐步扩大，到1966年执行条例的单位有78个。根据条例规定，工矿企业职工享受劳保医疗，职工可凭劳保医疗证在单位医疗机构或特约医疗单位就诊，相关费用由单位负担。1973年7月，南通市统一市属集体所有制企业劳动保险项目和待遇标准。1977年，南通市将劳保医疗扩大到集体所有制企业，规定集体所有制企业职工劳动保险待遇参照全民所有制企业执行。享受劳保医疗的对象凭证可在本单位医疗机构或特约医疗单位就诊，其诊疗、手术、药费、住院费全部由单位负担。因公负伤或职业病患者住院期间的膳食费由单位全部或部分负担。经批准去外地就诊者，其交通费及医疗费用由单位负担。享受劳保医疗的职工所供养的直系亲属，其医疗费由所在单位报销一半。进入20世纪80年代，由于医疗费用不断增大，企业负担日益加重，企业提取的劳保医疗费用最初规定占工资总额3%，到1969年提高到5.5%，仍然不敷应用。由此，大部分企业对劳保医疗费用支付方法进行改革，按企业提取的经费包干使用，对用药品种也予以限制。进入20世纪90年代，随着企业改制、部分企业破产，原来的劳保医疗制度难以为继。于是，从1996年开始，全面进行医疗保障制度改革，实施医疗保险制度。

三、城镇职工（居民）医疗保险

1996年，南通市作为全国医疗保险制度改革试点40城市之一，市政府批准成立医疗保险制度改革领导小组及其办公室，负责医疗保障制度改革的筹备工作。年底，成立南通市职工医疗保险基金管理中心，负责职工医疗保险的基金管理和具体业务经办工作。

1997年3月，市政府发布《南通市职工医疗保险暂行办法》，对南通市职工医疗保险的实施范围和对象、用人单位和个人缴费基数与比率、职工个人医疗账户和社会统筹基金、职工医疗保险待遇与费用分担、医疗医药定点制度等作了规定。该办法还规定："离退休人员及老红军、二等乙级以上（含二等乙级）革命伤残军人不缴纳个人医疗保险费，也不发给医疗保险补贴。"但试点中，出现了一卡多用、冒名就诊的情况，导致出现社会统筹基金超支严重、医疗保险基金收不抵支的窘况。

1999年3月，市政府办公室发出《关于完善职工医疗保险有关试点政策的通知》，针对试点初期存在的问题，进行政策微调。微调内容包括为退休人员建立个人医疗账户，确定"起付线"和"割顶线"，调整支付比例，改进费用结算方式。4月，为退休人员建立占本人退休（养老）金8%的个人账户。

2000年7月1日，市政府按照国务院《关于建立城镇职工基本医疗保险制度的决定》，出台《南通市市区城镇职工基本医疗保险实施办法》《南通市市区城镇职工大病医疗救助暂行办法》，对医疗保险政策作进一步完善，个人医疗账户主要用于支付门诊就医发生的基本医疗赞用账户资金不足支付时，由个人自理。参保职工住院基本医疗费用，最高限额以下的费用，按年度累计，个人负担比例根据入住定点医疗机构的不同等级，累加计算：1元至5000元，退休人员负担10%；5000元至10000元，退休人员负担5%；10000元至30000元，退休人员负担3%。个人医疗账户资金划入比例进行调整，退休人员以其本人上一年度退休（养老）金总额为基数，统一按6%比例从单位缴费中划入，同时实行年账户计入额最低标准保底，标准为：60周岁及以下的退休人员250元（其中退职人员200元），70周岁以上的退休人员300元（其中退职人员250元）。退休人员的医疗费用，退休前个人医疗账户有结余的，先由个人医疗账户支付，没有建立个人医疗账户或个人医疗账户用完后，由社会统筹医疗基金支付，个人负担的部分，比例为在职职工的一半。退休人员进入社会统筹阶段的个人年度医疗费用4000元以上部分，社会统筹医疗基金负担75%。

2001年，市政府印发《南通市市区国家公务员医疗补助实施意见》，规定：国家行政机关退休人员，经国家人事部或省、市人民政府批准列入按照国家公务员制度管理的事业单位的退休人员，经中共中央组织部或省、市委批准列入参照国家公务员制度管理的党群机关，人大、政协机关，各民主党派和工商联机关以及列入参照国家公务员管理的其他机关退休人员，审判机关、检察机关的退休人员，列入医疗补助实施对象。具体筹资标准根据收支平衡和保证公务员原有医疗待遇水平不降低的原则，按各单位职工人员上年度工资总额的5%筹资。公务员医疗补助经费主要用于补助个人医疗账户、基本医疗保险支付范围内个人自付费用、大病医疗救助个人自付费用。公务员医疗补助经费按不同年龄段划入个人医疗账户，标准为：退休人员每年400元。公务员基本医疗保险支付范围内个人自付超过一定数额的医疗费用，按下列标准补助：门诊医疗费用（含统筹基金支付以外个人负担的专项门诊费用），当年计入的个人医疗账户资金用完后，自付费用超过市区上年职工平均工资10%以上的部分，补助50%；年度实际补助限额控制在1000元以内。住院起付线费用，补助50%。住院起付线以上、最高支付限额以下，个人按其基本医疗保险规定自付的医疗费用（包括分段按比例自付、部分诊疗、用药个人先按比例自付以及转外地就医规定自付的基本医疗费用），按50%补助。基本医疗保险最高支付限额以上的大病医疗费用，大病救助办法规定个人按比例负担的部分，以及超过大病救助支付限额以上的医疗费用，按50%补助。

2004年1月，公务员补助办法进行调整，退休人员当年个人医疗账户资金用完后，其门诊医疗费用个人自付1000元以上的部分，由公务员医疗补助基金补助50%调整为70%，年度实际补助最高限额从原规定1000元调整为3500元。享受公务员医疗补助的在职和退休人员，住院起付线费用按其实际发生额，由公务员医疗补助基金补助50%调整为70%；住院起付线以上、最高支付限额以下按基本医疗保险规定自付的医疗费用，由公务员医疗补助补助基金补助50%调整为70%。

从2004年1月起，南通市把经劳动保障部门认可并已办劳动保障代理事务的城镇个体劳动者、城镇自由职业者以及非全日制、临时性和弹性工作等灵活就业的城镇劳动者，列入参加职工基本医疗保险的范围和对象。为保障农民工参加医疗保险的合法权益，市区从2005年开始，把其列为医疗保险参保扩面工作的重点和民心工程认真落实，并采取两项参保措施，一是全额参加职工医疗保险，二是参加住院和大病保险。至此，市区职工医疗保险已从单一用人单位在职职工扩大到了灵活就业人员和进城务工的农民工。

2005年年末，市区基本医疗保险参保人数从1997年的8.36万人发展36.73万人；基本医疗保险基金征缴率保持在98%以上；基金收入从1997年的3540.54万元增加到42335万元，基金累计结余达到31977万元（其中统筹基金结余4652万元，个人账户结余27325万元），基本实现“收支平衡、略有节余”的目标。是年，全市城镇职工基本医疗保险参保人数达92万人。

2006年，全市城镇职工基本医疗保险参保人数达103万人，基金征缴率为98.9%。

2007年，市政府为推动医疗保险工作，成立以市劳动保障、监察、财政、宣传、审计、教育、卫生、民政以及市总工会等部门为成员单位的城镇居民基本医疗保险工作领导小组，各县（市）、区也都相应成立有政府领导负责的推进工作班子，形成各级各部门各司其职、共同推进的机制。南通市区及各县（市）均建立起城镇居民医疗保险制度，将包括60周岁以上老年人在内的92.7%的城镇居民纳入医疗保险范围。全市城镇基本医疗保险参保人数114.18万人，覆盖率96.63%，征缴收入13.24亿元。市区24.4万人参加城镇居民医疗保险，基本实现全覆盖。2008年，全市城镇基本医疗保险参保人数126万人，其中城镇居民医疗保险参保人数65.3万人，参保率92%。2009年，全市城镇基本医疗保险参保人数132.8万人，基金征缴收入21.6亿元。市区城镇居民医保与新农合并轨工作基本完成。市区城镇居民医保参保人数达42万人。

2009年12月，市政府修订出台《南通市区城镇职工基本医疗保险实施办法》，自2010年4月起建立门诊统筹制度，扩大个人账务支付范围，老年人医保待遇水平进一步提高。2010年，全市城镇居民医疗保险覆盖率达到98%，财政补助标准上调20%。市区城镇职工基本医疗保险取消医疗费用最高支付限额，提高大病报销比例。

2011年，全市城镇职工基本医疗保险参保人数150.61万人，基金征缴收入34.44亿元，市区连续七年实现当期收支年衡，略有结余。

2011年12月31日，市政府发布《关于推进南通市城镇基本医疗保险和生育保险市级统筹工作的实施意见》，提出，到2013年年底，形成全市统一的医疗保险、生育保险市级统筹制度。1. 统一范围。包括：南通市行政区域范围内的城镇所有用人单位，包括各类企业、国家机关、事业单位、社会团体、民办非企业单位及其职工和退休（退职）人员、城镇个体经济组织及其从业人员、灵活就业人员；无从业工作单位、无承包经营土地、且不属于城镇职工基本医疗保险和新型农村合作医疗保险制度覆盖范围的全体城乡居民；各类全日制高等学校和科研院所中接受普通高等学历教育的全日制本专科生、全日制研究生。2. 统一政策。以市区医疗保险、生育保险政策体系为基础，在全市范围内建立相对统一的医疗保险、生育保险政策框架。城镇职工基本医疗保险实行社会医疗统筹和个人医疗账户相结合。建立包括基本医疗、大病医疗救助、二次补偿在内的城镇职工基本医疗保险政策体系，有条件的县（市）、区建立重症补充医疗保险和自费补充医疗保险。建立门诊统筹制度。在一个结算年度内，未享受门诊慢性病待遇的参保人员个人医疗账户资金用完后，按当地政策规定在签约的定点社区卫生服务机构享受门诊统筹待遇。城镇居民基本医疗保险不建立个人账户，所筹集的资金全部用于社会统筹。统筹标准、待遇水平等相关政策与南通市区政策相衔接，逐步过渡到统一。建立门诊统筹制度。参保人员在签约的定点社区卫生服务机构刷卡就诊可享受门诊统筹待遇。有条件的县（市）、区可研究探索城镇居民与农村居民相融合的城乡居民医疗保险统筹制度。3. 统一业务管理。各地医疗保险、生育保险的经办模式及机构职能逐步统一。统一城镇职工基本医疗保险参保范围和对象、缴费基数口径和缴费费率等，统一医疗保险个人账户对账单的格式和发放时间，统一医疗保险关系转移接续，实行全市统一医疗保险、生育保险《药品目录》《诊疗项目和医疗服务设施范围及支付标准》等，定点单位管理逐步全市统一。4. 统一信息系统。推动全市经办模式统一平台的搭建，各县（市）、区加快系统升级改造和数据整理、整合，用一至两年左右时间实现信息数据并入市区信息系统，达到全市范围医保信息数据集中管理。

2012 年年末，全市城镇职工基本医疗保险参保人数 161.97 万人，比上年末增加 11.36 万人。全市稳步推进城镇基本医疗保险和生育保险市级统筹，通州区与原市区医保系统实现联网，参保职工的基本医保待遇享受南通同城待遇；各县（市）政策标准、经办模式、内控体系亦和市区基本保持一致。职工、居民在医保政策范围内住院报支比例保持在 83% 和 70% 以上，处于省内领先水平。

四、农村合作医疗和新型农村合作医疗

1958 年“大跃进”期间，农村人民公社普遍建立公社医院，如东、如皋等县部分地区采取由农民交纳保健费，实行半统筹医疗的办法。保健费标准以减轻农民负担，照顾医疗机构正常开支为原则，平均每人每月交纳保健费 2 分至 3 分钱，就诊时免收挂号费、诊疗费，药费、材料费由病员自负。1961 年经济困难时期，江苏省为调整农村经济政策，在《农村卫生组织调整方案》中，规定取消半统筹医疗制度。

1968 年，根据毛泽东主席“合作医疗好”的批示，当年底，海门、如东、南通县率先举办合作医疗。1969 年，启东、如皋、海安及南通市郊区农村相继举办合作医疗。到 1978 年，南通地区 76 个县 293 个公社 4664 个大队、南通市郊区 7 个公社 79 个大队全部实行合作医疗制度。各县、区均成立合作医疗管理委员会，制发《合作医疗章程（草案）》《合作医疗管理规定》。各大队普遍配备“赤脚医生”，建立合作医疗站（后改称村卫生室）。资金筹集由参加者每人每年按规定交纳合作医疗费，社、队集体从公益金中提取一定比例（10% 至 15%）组成合作医疗基金。参加者凭卡到合作医疗站就诊，可免交诊疗费和部分医药费。需要转公社以上医院就诊者，按规定可享受免费就诊或可报销一定比例的费用。

20 世纪 80 年代初，随着农村实行家庭联产承包责任制和国家实行“分灶吃饭”的财政体制等改革，南通市农村县、乡、村三级医疗卫生网和合作医疗的运行面临挑战和困难，小集体性质的乡（镇）卫生院和村集体办的村卫生室因财源枯竭而无力支撑，依靠“记工分”的乡村医生报酬也无从着落，合作医疗筹资困难，大部分地区纷纷停办。农村居民尤其是老年人看病治疗全靠自己积蓄或由子女负担。

1985 年 12 月开始，启东等县在农村恢复建立合作医疗制度。1986 年，市人大常委会、

市政府组织调查组深入农村调查。针对农村卫生技术人员缺乏、村卫生室解体、乡村医生报酬不落实、大部分地区合作医疗停办等农村基层医疗卫生出现的新情况、新问题，市八届人大五次会议作出《关于加强乡村预防预保工作的决定》，市政府发出《关于加强乡村预防保健工作的通知》，根据《决定》和《通知》，各县对村卫生室陆续进行整顿、重建，乡（镇）村相应建立合作医疗组织。启东县全县合作医疗实行“合医、合药、合防”模式，参加合作医疗的老年人按“划区医疗、凭卡就诊、按级转院”，享受医疗服务。

1987年6月，市政府在启东市召开农村卫生工作会议，并下发《关于南通市农村卫生改革工作的意见》。根据市政府文件，各地继续推行合作医疗，进一步加强村卫生室建设。合作医疗资金以“农民自筹为主、集体从公益金中支付一部分”；坚持集体举办，按照“有医有药、落实防保”的原则管理，农村有更多的老年人加入合作医疗。在合作医疗恢复初始阶段，启东县全县合作医疗基金统一按农业人口每人每年4元筹集，其中从公益金中按总人口统筹每人1元，余由个人负担。1990年12月，筹集标准提高到每人每年6元至8元，其中在公益金中人均统筹1.5元。1993年10月，资金筹集标准调至每人每年15元，其中在公益金中人均统筹2元。同年，启东在惠萍乡、东元乡、合作乡开展合作医疗保险试点。启东所实施的合作医疗保险模式，受到世界卫生组织和国家课题组的充分肯定，并多次在中央、省、市有关会议上作经验介绍。1997年9月，世界卫生组织临时顾问凯林博士专程到启东实地考察合作乡、惠萍镇、东元乡的合作医疗保险，给予积极评价。至1998年，南通全市农村参加各种形式的合作医疗的人口覆盖率达68.56%。

2001年，农村税费改革后. 合作医疗基金中的集体补助渠道受阻，全市农村合作医疗参保率也随之下降。为解决优抚对象就医难问题，南通市于2002年出台《关于进一步做好重点优抚对象医疗保障工作的意见》。市区和各县（市）优抚对象服务中心定点医院全部挂牌运作。农村185个乡镇卫生院开设优抚门诊，有优抚病房355间。全市多方筹集医疗保障资金，其中市区筹集到50万元，县（市）、乡镇分别按优抚对象人均不少于100元的标准筹集。2003年，南通市出台《关于解决在乡老复员军人生活困难和重点优抚对象医疗困难问题的通知》。全市筹集医疗保障资金686万元。市区及启东市、海安县等地将重点优抚对象纳入中国人寿的医疗保险，共保障5100多人。

2003年，南通市贯彻中共中央、国务院《关于进一步加强农村卫生工作的决定》，制定《关于在全市建立新型农村合作医疗制度的实施意见》，意见要求，到2005年，全市建立基本覆盖农村居民的、以大病统筹为主的新型农村合作医疗制度，重点解决农民因病致贫、因病返贫问题。2003年试点县覆盖率不低于60%；2004年全市覆盖率不低于70%，试点县达到85%；到2005年，全市覆盖率达85%以上。鼓励有条件的地区探索建立农村基本医疗保障制度，进一步提高农民健康保障水平。2003年，海安县列入省新型农村合作医疗试点县，经过有效组织，参加新型农村合作医疗人数62.19万，参合率87%。

2004年，南通市全面实施新型农村合作医疗。各县（市）、区完成乡、镇试点，全市新农合县（市）、区实际覆盖率为78%，参保人数342.36万人，参合率65.37%。2005年，全市各县（市）、区485万人参加新农合，参合率86.98%。2006年，全市495万人参加新农合，参合率91.3%。开通新农合计算机网络结报系统，全面实现即时结报。2007年，参保人数527.28万人，参合率95.88%，住院补偿20.35万人，补偿总额2.53亿元，平均实际住院补偿率29.5%。

2008年，市政府对市区新型农村合作医疗和城镇居民基本医疗保险制度实施并轨的可行性进行调研，为城乡两项制度对接做准备。至2009年12月底，市区居民医保与新农合并轨工作基本完成，市区11.18万农村居民统一参加城镇居民基本医疗保险，参保率99%。

是年，全市新农合参合率达99.18%，筹资总额6.24亿元，人均筹资120元，其中各级财政补助人均90元，住院费用实际补偿比达40.5%。至2012年，全市农村居民参加新农合人数达493.06万人，参合率99.93%，新农合筹资标准为人均318元，其中各级财政补助人均240元，住院费用政策补偿比75.92%。全面推行支付方式改革，实现统筹地区、定点医疗机构和住院病例“三个全覆盖”，成为全国项目试点地区之一。重大疾病保障全面推进，惠及13.3万名大病患者。

五、社会医疗救助

1995年，南通市总工会等单位开始建立市区特困、低保职工社会医疗救助机制。2000年后，社会医疗救助成为政府行为。南通市政府和各县（市）、区政府都先后制定颁布困难群体社会医疗救助办法和大病医疗救助办法，救助范围扩大到包括城乡老年人在内的全体困难群体，救助标准不断提高，逐步做到即时结算，并开始试行二次补偿机制。慈善机构和医疗救助定点医院加入社会医疗救助行列，更多的年老多病的困难群众得到实惠。2012年，全市城乡医疗救助与特殊困难家庭大病医疗救助进入常态化运行。

2000年6月，为进一步深化医疗保险制度改革，建立和完善多层次的社会医疗保障体系，在保障基本医疗的基础上，帮助参保人员化解大病医疗困难，南通市政府印发《南通市市区城镇职工大病医疗救助暂行办法》，自当年7月1日起施行。该办法明确，大病医疗救助是基本医疗保险的补充，参加市区城镇职工基本医疗保险的所有在职职工和退休人员（以下统称“参保人员”），均应参加大病医疗救助。大病医疗救助由参保人员所在单位集体组织、统一办理。未参加基本医疗保险的单位和个人，不单独办理大病医疗救助。办法规定，建立大病医疗救助基金（以下简称“救助基金”），救助基金按照“互助共济、分散风险”的原则，主要由参保人员共同缴费筹集。缴费标准暂定为每人每月 4 元（全年 48 元）。起步阶段，市职工医疗保险基金管理中心按每人每月 1 元的标准，从统筹基金中安排配缴。参保人员缴纳的救助基金，在职职工由所在单位在缴纳基本医疗保险费的同时，从其本人工资中代扣代缴；退休人员由退休养老金发放单位每月代扣代缴。参保人员患大病重症，在一个年度内超过基本医疗保险最高限额3万元，在15万元以内的医疗费用，符合基本医疗服务范围和支付规定的，可申请大病救助。救助支付比例分段确定、累加计算：1 元至 5 万元部分，支付 80%；5 万元至 15 万元部分，支付 85%。连续缴纳救助基金 5 年以上的，救助支付的比例分别提高至 85%和 90%。个人自付如仍有困难者，所在单位还可给予适当补助。参保人员连续缴纳救助基金 5 年以上，未发生基本医疗保险最高限额以上的大病医疗费用，但在基本医疗保险范围内个人自付费用过重的，救助基金可给予适当补助。办法还规定，救助基金由市职工医疗保险基金管理中心负责筹集，单列管理，与基本医疗保险基金分开核算，专款专用，接受社保、财政、审计部门的管理、监督和审计，严禁任何单位和经办人员挪用救助基金，违者将依法追究。

2001 年，如皋、海安等县（市）相继建立城镇职工大病医疗救助基金，实行大额医疗费用补贴制度。

2002 年 5 月，为逐步建立和完善多层次的医疗保障制度，减轻市区已经参加基本医疗保险、享受城市居民最低生活保障待遇的职工就医时个人自付医疗费用的实际困难，南通市劳动和社会保障局印发《南通市市区低保职工医疗救助暂行办法》，自当年 6 月 1 日起执行。办法规定，医疗救助的报支范围为低保职工在市区定点医疗机构就诊的、符合基本医疗保险规定报支范围的医疗费用。医疗救助的标准为：1. 低保职工个人医疗账户用完后，当年个人自付的、符合基本医疗保险规定的门诊医疗费用，超过 1000 元以上的部分，由医疗保险基金报支 50%。2. 享受基本医疗保险门诊慢性病、特殊病照顾的低保职工，当年个人门诊慢性病、特殊病医疗费用超过限额以上的专项费用，保险基金报支 50%。3. 低保职工住院个人自付的、符合基本医疗保险规定的起付线费用，起付线以上、封顶线以下个人按比例负担的费用，大病医疗救助个人按比例负担的费用，由医疗保险基金报支 50%。4. 低保职工医疗救助的报支限额为每人每年不超过 10000 元。对低保职工当年超过大病医疗救助封顶限额以上的费用，办法规定，医疗保险基金可报支 50%。是年下半年，市区低保职工共享受医疗费优惠 28717 元，特困职工凭门诊卡在指定医院可享受免收挂号费、注射费、推拿费、针灸费、理疗费等待遇。全年，市区 211 户特困职工家庭中有 439 人享受减免医疗费用 93834 元。市总工会向 46 名患尿毒症的特困职工发放血透优惠卡，医疗单位当年补贴 44160 元。

2003 年 11 月，市政府在《关于在全市建立新型农村合作医疗制度的实施意见》中明确，各县(市)、区在建立新型农村合作医疗的同时，要建立和完善农村医疗救助制度，对“五保户”和贫困家庭给予医疗救助。

2005 年 6 月，市政府办公室转发市民政局、财政局、卫生局《关于在全市开展农村医疗救助工作意见》。《意见》提出，各地要按照与当地经济社会发展水平相适应的要求，按照“应助尽助、急难优先”的原则，合理确定农村医疗救助对象，将农村“五保”户、农村最低生活保障对象的家庭成员、因患大病造成生活特别困难又无自救能力的其他农村家庭成员纳入救助范围，使之得到及时必要的救助。是年 12 月，南通市总工会、卫生局与劳动和社会保障局联合发出《关于对市区特困职工实行医疗救助的通知》。《通知》明确，各级医疗卫生机构对特困职工及其家庭成员给予医疗服务收费减免优待。市劳动保障部门对参加基本医疗保险的特困职工和参加基本医疗保险的特困职工配偶实行医疗救助。

2006 年，针对特困、低保职工以及外来农民工家庭因病致贫、困病返贫现象，南通市总工会建立大病医疗救助金，救助标准为每户 1000 元。2007 年，南通市总工会加大扶持力度，将大病医疗救助金标准提高到每户 2000 元。

2007 年 12 月，市政府办公室发出《关于做好市区惠民医疗工作的意见》。市区惠民医疗服务的对象主要为南通市区（含崇川区、港闸区和市经济技术开发区）的城市最低生活保障对象、重点优抚对象（市民政局确定）、特困职工及其家庭成员（市总工会确定）等。惠民医疗服务的病种主要为常见病、多发病；国家法定传染病的救治费用，按有关规定和支付渠道给予救助。市区惠民医疗建立三级网络，收费按“五免、五减半、两优惠”标准执行：免收普通门诊挂号费、普通门诊诊疗费、门诊注射费、住院诊疗费、基本医疗护理费；普通床位费、检验费、检查费（CT、B 超、心电图、肠镜、胃镜、X 线）、治疗费、手术费等按 50% 收取；药品费、材料费按成本收费。

是年，南通市把优抚对象纳入大病救助范围，落实优抚对象和义务兵家属大病医疗商业保险。市区在职工和居民医保中开始试行医保二次补偿机制，根据基金结余情况，对生大病、个人负担很重的参保居民，将首次报销后个人承担的医疗费，再按一定比例报销一部分，进一步降低个人负担。实施二次补偿后，大重病患者医保报销比例最高可达 90%左右。

2007 年 8 月，省政府办公厅发出《关于加快建立和完善城乡医疗救助制度的意见》。2008 年 5 月，南通市政府办公室印发经市政府常务会议审议通过的《南通市市区城镇困难对象医疗救助办法》。《办法》明确，南通市区领取最低生活保障金的人员（以下简称城市低保对象），持有《南通市特困职工证》的人员（以下简称特困职工），患有恶性肿瘤、尿毒症、白血病、器官移植、血友病等重大疾病的低收入家庭（指家庭人均月收入在市区城市居民低保标准2倍以下）人员，已参加城镇居民基本医疗保险或城镇职工基本医疗保险，并按规定及时足额交纳医疗保险费的可申请医疗救助，其标准为：以救助对象年度全部自负医疗费为基数，对3000元以下的部分，按照35%给予补助；3000元以上至10000元的部分，按照40%给予补助；10000元以上的部分，按照45%给予补助；每人每年享受的救助金额累计不超过20000元。已享受城市低保和特困职工待遇连续2年以上，经诊断患有恶性肿瘤、尿毒症、白血病、器官移植、血友病等重大疾病的救助对象，每年可申领一次性最高额为2000元的医前救助。申请医前救助的困难对象，其可以享受的救助金额超过2000元的，仍可就超过部分申请医后救助。市、区医疗救助资金采取政府财政预算安排、按比例提取彩票公益金以及接受慈善救助和社会捐赠等方法筹集。各区财政每年根据当地城市总人口数按人均3元的标准安排医疗救助资金，列入当年财政预算；市财政每年根据市区城市总人口按不低于人均1.5元的标准安排市级医疗救助资金，并按各区实际人数核定下达到各区财政。市本级每年从社会福利彩票公益金留成中安排不低于10%的资金列入医疗救助资金。医疗救助资金筹集标准根据社会经济发展状况和救助资金运行情况适时调整提高。办法还规定，各县（市）可参照南通市区城镇医疗救助实施办法，结合当地实际，制定完善相应的医疗救助办法。是年，通州发布精神疾病医疗救助实施办法，对生活困难的城乡精神病人提供免费住院治疗、免费上门巡诊服务、帮助建立家庭病床、提供免费控制性药物等救助。

2009年，南通市积极推行大病医疗救助，市区医疗救助实现城乡一体化。全年全市实施城乡医疗救助17.79万人次，发放救助金8392.23万元。启东市城乡医疗救助，实施“资助参合参保、诊疗费用减免、门诊定额补助、住院医疗救助、重病慈善援助”五位一体的模式。

2010年2月1日，南通市医疗救助人员即时结算平台正式启动。全市所有医疗救助对象到本市各医疗机构就诊时均可在医疗保险网络平台实时结算，一改过去个人先付现金、滞后人工报支的情况。市区两级财政补贴亦及时到位。是年，市总工会计划通过现场发放和直接打卡等方式，向市区患重大疾病的103名特困、困难职工及外来困难农民工发放大病医疗救助金共计20余万元。

2011年2月，市政府印发《南通市市区医疗救助暂行办法》，从当年4月1日起施行。办法在救助对象、救助标准、资金结算和筹集等方面作出新规定：一是扩大救助对象范围，从原来的城市低保、特困职工、患重大疾病的低收入家庭人员等三类，调整为城乡低保、农村“五保”、上世纪60年代精简职工和符合救助条件的参战退役人员、特困职工及家庭成员、重点优抚对象、低收入家庭中符合条件的成员等六类。二是提高救助标准，将原来的“困难对象自负费用3000元以下按35%救助，自负费用3000

元至10000元之间按40%救助，自负费用10000元以上按45%救助；最高救助金额为20000元”补偿标准，调整为“城乡低保人员、农村“五保”人员、上世纪60年代精简退职及参战退役人员、特困职工及家庭成员、低收入家庭中符合条件的成员这五类对象自负费用补偿标准：享受基本医疗保险待遇后，救助对象个人自付的医疗费用（不包括不可报销项目费用），按照50%给予补助，每人每年享受的补助金额累计不超过30000元。对重点优抚对象中1—6级残疾军人在享受基本医疗保险待遇后，其个人自付医疗费用予以全额补助；未参加工伤保险，又无工作单位或所在单位无力支付的7至10级残疾军人旧伤复发的，其个人自付医疗费用予以全额补助；其他重点优抚对象在享受基本医疗保险待遇后，其个人自付医疗费用按75%给予补助，医疗救助不设封顶线。”三是调整资金结算模式，由原来的每年一次医后结报模式，调整为医疗保险补偿、医疗救助与个人自付“一单清”的即时结算服务，困难群众在医疗保险定点机构就医时，只需支付个人自付部分费用，切实缓解了救助对象无力垫付费用就医的矛盾。四是调整资金筹集模式，从原来的区财政为主、市财政适当补助调整为由市财政预算统筹安排。全年全市有29.88万人享受医疗救助，减少困难群众经济负担5219万元。

2011年12月31日，市政府发布《关于推进南通市城镇基本医疗保险和生育保险市级统筹工作的实施意见》。《意见》将大病医疗救助列入城镇职工基本医疗保险政策体系，要求有条件的县（市）、区建立重症补充医疗保险和自费补充医疗保险。

2012年10月1日，南通市慈善总会“定点医院贫困家庭重大疾病慈善救助”项目开始实施，定点医院为南通市第一人民医院、市中医院、市肿瘤医院。该慈善救助项目的救助对象为《南通市市区医疗救助暂行办法》中认定的，具有崇川区、港闸区、开发区户籍，参加城镇职工基本医疗保险、城镇居民基本医疗保险的、享受城市居民最低生活保障和农村居民最低生活保障的人员。救助病种包括尿毒症、恶性肿瘤、白血病（含再生障碍性贫血、血友病）。凡是符合救助条件的受助对象患以上疾病，到南通市慈善总会定点医院救治所产生的医疗费用，在享受基本医疗保险待遇、城乡医疗救助、民政大病补贴后，市慈善总会对其符合医保政策规定的个人自付费用给予25%的救助、定点医院给予5%的费用减免，每人每年享受的救助金额累计不超过1万元。如果大病救助对象经慈善救助后，个人自付医疗费用仍然难以支付，且已严重影响基本生活的，可再向市慈善总会申请“慈善牵手助医”救助。项目实施后，符合救助条件的大病救助对象凭低保证、身份证、定点医院医药费收费收据到定点医院指定窗口结报。市区符合该项目救助的对象约有8500人，市慈善总会年支出专项资金约300万元。各县（市）慈善会（基金会）结合实际，参照制定相应办法，一批符合该项目救助的对象得到慈善救助。

是年，全市各地均制定城乡医疗救助制度，救助对象基本覆盖全市城乡困难群众，救助比例为居民医疗保障补偿后个人自付费用的50%至60%不等，最高救助金额为6万元。实施“二次补偿”，在城乡居民基本医保、新农合基础上，对住院的个人负担部分进行二次报销。二次补偿针对大病发生高额医疗费用情况，不限病种，也没有用药目录的限制。二次报销比例为40%。各地全面实行城乡医疗救助与居民基本医疗保险、新农合相衔接的“一站式”即时结算服务。全年实施医疗救助41.37万人次（城市8.27万人次、农村33.1万人次），救助资金总支出9485万元。

第二节　社区卫生服务

一、城市社区卫生服务

1997年1月15日，中共中央、国务院《关于卫生改革与发展的决定》中提出：“改革城市卫生服务体系，积极发展社区卫生服务，逐步形成功能合理、方便群众的卫生服务体系”。当年5月，南通市开展城市社区卫生服务的试点。2000年，市区社区卫生服务工作全面启动。市卫生局为适应城市建设发展的需要，两度调整市区社区卫生服务机构设置规划。

2001年至2004年期间，市区社区卫生服务机构以建社区卫生服务站为主，全市共建社区卫生服务站19个。

2005年9月，市政府发出《关于加快发展城市社区卫生服务的通知》，要求当年，市区（包括崇川区、港闸区、南通经济技术开发区，下同）70%以上的街道（镇）建有社区卫生服务中心，县级市城区（县城）60%以上的街道（镇）建有社区卫生服务中心。到2007年，全市基本建成区域医疗卫生中心与社区卫生服务机构合理分工、双向转诊的两级新型城市卫生服务体系，市区90%以上的街道（镇）有社区卫生服务中心，县级市城区（县城）80%以上的街道（镇）有社区卫生服务中心。从这一年开始，南通市转为以建设社区卫生服务中心为主。当年6月24日，在全省城市社区卫生工作会议上，南通市介绍了发展社区卫生服务的经验。

2006年，南通市加强城市社区卫生服务机构标准化建设，建成社区卫生服务中心10个、服务站25个，覆盖城市居民75万人。2007年，市区和县级市城区建成城市社区卫生服务中心18个，覆盖率85.72%，服务站87个，基本实现城市人口全覆盖。推行社区责任医生工作站制度，加强社区医生全科培训，促进社区卫生服务质量的提升。5个城市社区卫生服务中心被评为省级示范中心。

2008年，市政府发布《关于进一步加强城市社区卫生服务工作的意见》，市区新改建10个社区卫生服务中心。港闸区由政府全额出资，将部分已改制的乡镇卫生院收回，并统一组建社区卫生服务中心。是年底，市区共有社区卫生服务中心20个。其中：

崇川区 10 个，港闸区 5 个，开发区 5 个，实现了每个街道（镇）建有 1 个社区卫生服务中心的目标。市区共建社区卫生服务站 26 个，初步形成以社区卫生服务中心为主体，社区卫生服务站及其他特色医疗机构为补充的社区卫生服务网络，服务 79 万人，门诊量约占市区各医院门诊总量的 10%，“小病在社区，大病去医院，康复回社区”的目标正在逐步实现。为了更好地发挥社区卫生服务机构预防、保健、医疗、康复、健康教育、计划生育技术服务“六位一体”的功能，市卫生局对各社区卫生服务机构的设备作了明确的要求。要求至少配备基本诊疗设备、便携式心电图机、电脑及健康档案管理软件及健康教育器材等。在发展社区卫生服务时，市卫生局结合实际，放开社区卫生服务机构的举办主体，引进社会资金和竞争机制。全市建成的 46 家社区卫生服务机构中，市直医疗卫生单位举办的 14 家，区属医疗卫生单位举办的 8 家，民营资本举办的 4 家，企业举办的 1 家，其他机构举办的 2 家。

2009 年，南通市区 11 个社区卫生服务中心达到省级示范化标准。市区组建全科医生团队 71 个，责任医生工作站 141 个，社区就诊比例达到 40%。崇川区推进社区卫生综合改革，被省政府授予社区卫生先进区荣誉称号。4 月起，崇川区、港闸区、南通经济技术开发区 21 个社区卫生服务中心试行基本药物零差价销售，292 个品种 366 个规格（剂型）的社区常用药按实际进价供应患者。取消的药品差价部分，由市、区两级财政按 4 ∶ 6 给予补助。全年零差价销售总额 2803 万元，优惠让利群众 1250 万元，基本药物平均降价 30%，处方均值比上年下降 25%，社区门诊量比上年增长 15%。

2011 年，南通市推动社区卫生服务模式转变，市区（含通州区）26 个社区卫生服务中心统一配备 599 种基本药物，减轻群众用药负担，城市居民到社区就诊比例达 50.95%，社区平均费用比三级医院低 60.79%。

二、农村社区卫生服务

2001 年 6 月，市政府在海安县召开南通市农村社区卫生服务现场会，提出“在农村推行乡村两级医疗卫生机构一体化管理、社区化服务，实现农村卫生事业新发展”。海安县政府、港闸区卫生局作经验介绍。

2001 年开始，如皋、通州、如东在县（市）党委政府的推动下，探索乡镇卫生院产权制度改革，推行基层预防保健等社会卫生服务与医疗服务分离。85 家乡镇卫生院改制为不同形式的民营医院，在建制乡镇单独建立全民性质的卫生所 30 个。2002 年，启东市、海门市、海安县在建制乡镇成立由政府举办兼有行政管理职能的卫生所 60 个，72 所乡镇卫生院改制为民营非企业性质的医疗机构。截至 2005 年底，全市 233 家乡镇卫生院、12 家中心卫生院进行了不同形式的改制，在建制镇成立卫生所 130 个。

根据省政府办公厅《关于积极推进农村卫生改革的通知》精神，市政府办公室于 2002 年 8 月转发市卫生局《关于推进农村卫生改革的若干意见》，要求各县（市）对乡镇卫生院的管理，由“县乡分级管理，以乡为主”调整为“县乡分级管理，以县为主”；乡镇卫生院的改革应遵循因地制宜，实事求是，循序渐进，不搞一刀切。针对乡镇区划调整的实际，一个建制乡镇应当保留一所卫生院由政府举办或公有控股举办，其余乡镇卫生院可通过租赁或产权转让等形式进行资源重组。对乡镇卫生院已全面转制，没有保留政府举办卫生院的地方，必须以乡镇为单位，由政府组建独立的卫生所，其性质为全民公益性事业单位，承担预防保健等社会卫生和部分农村卫生管理职能。

2003年12月，市卫生局下发关于学习贯彻《乡村医生从业管理条例》的通知，组织全市4634名乡村医生参加培训、考试，并规定在农村社区服务站从业的乡村医生必须持乡村医生资格证书、全科医生考试合格证书才能上岗。

2004年，市政府下发《南通市农村社区卫生服务工作意见》，市卫生局下发《南通市农村社区卫生服务站检查评估标准（试行）》，各县（市）、区全面推进农村社区卫生服务站建设. 全年新建农村社区服务站421个，累计达1767个，占应建数91.89%。

2005年，根据省卫生厅《关于发展农村社区卫生服务指导意见》，结合南通市乡镇卫生院普遍“改制”的实际，南通市提出，农村社区卫生服务中心可由政府举办的中心卫生院组建，无中心卫生院的由乡镇卫生所组建，其医疗康复功能实行购买服务，选择当地“民营医院”承担。截至2005年底，全市新建乡镇卫生所130个，原中心卫生院40个，有9所中心卫生院评为二级医院，乡镇医院233个。建立农村社区卫生服务中心106个，累计建成农村社区卫生服务站1825个，覆盖率达96.68%。

2006年，全市农村社区卫生服务中心覆盖率达95.12%，服务站覆盖率达98.5%。实施新一轮社区卫生服务站改造升级工程，海安、如皋等县（市）采取以奖代补政策，对按期达标的给予5000元至1万元奖励，有1679个服务站改造达标。加强全科医师规范化培训，参训人员5124名. 其中乡村医生4710名。

2007年，全市建成农村社区卫生服务中心117个，覆盖率96.12%，服务站1738个，第二轮升级改造率达85%，120个服务站享受省级奖补政策，占全省总数的1/8。3个农村服务中心被评为省级示范中心。通州市、启东市、如皋市等地结合农村公共服务中心建设，加快社区卫生服务机构整建步伐；海安县、如东县等地统一添置社区卫生基础设施，改善社区卫生服务条件。加强社区医生全科培训和乡村医生转岗培训，促进社区卫生服务质量的提升。

2008年，继续推进农村社区卫生服务中心的建设，累计建成139家，其中75%为乡（镇）卫生所与当地民营医院联合举办，25%为政府举办。推进农村社区卫生服务站升级改造，达到示范化标准的已有800多个，占总数的50%。开展农村卫技人员业务培训，经常举办农村卫生管理人员和骨干医师培训班，1938名乡村医生参加中专学历补偿教育。南通市区和如东县建立乡村医生养老保险制度。

2009年，320个村级卫生服务站完成升级改造，累计有1705个服务站实现房屋、设备双达标，740个服务站受到省达标奖励。推行乡村医生养老保险制度，乡村医生参保率达85%。启动农村卫技人才定向培养工程，签订定向培养合同76份。

2010年，健全覆盖县、乡、村的农村三级医疗卫生服务体系，通州、海门、启东陆续将改制中转为民营的乡镇医院收归公办。南通市所辖五县（市）和通州区有70个乡镇至少各有一所政府举办的卫生院，占乡镇总数的69.3%。同时启动乡镇卫生院医生“务实进修项目”，已有1701名乡村医生完成中专学历补偿教育理论学习。

2011年，农村三级医疗卫生服务网络进一步完善，通州区、海门市、启东市陆续启动乡镇卫生院改革重组，96所已改制医院顺利收归政府举办。全市90%村卫生室达到省规定建设标准。1672名乡村医生通过中专学历补偿教育。

2011年12月26日，市政府办公室下发《关于进一步加强乡村医生队伍建设的实施意见》。意见提出按照保基本、强基层、建机制的要求，将村卫生室（农村社区卫生服务站，下同）纳入基本药物制度、新型农村合作医疗（简称新农合，下同）和城镇居民医保门诊统筹实施范围（城镇居民医疗保险与新农合并轨的地区），明确乡村医生职责，改善执业条件，规范执业行为，健全培养培训制度，提高乡村医生服务水平，为农村居民提供安全有效、方便价廉的基本医疗卫生服务。大力推进乡村一体化管理，做到“六个统一”，即统一建设标准，所有村卫生室业务用房使用面积不低于120平方米；统一人员管理，村卫生室从业人员按照服务人口1‰至1.2‰比例配备，每个村卫生室配备一名女性乡村医生；统一业务管理，乡村卫生机构根据功能定位提供适宜的基本医疗服务和基本公共卫生服务；统一药械管理，村卫生室使用的药品、医疗器械由乡镇卫生院统一配备，严禁村卫生室从其他渠道采购药品和医疗器械；统一财务管理，村卫生室的经常性收支纳入乡镇卫生院统一核算，实行收支两条线管理，村卫生室的业务收入全部上缴乡镇卫生院，实行集中管理、分别核算；统一绩效考核，每季度对村卫生室和乡村医生至少开展一次绩效考核，考核结果作为财政补助经费核算和收入分配的依据。意见明确村卫生室补助政策。乡村医生提供的基本医疗服务，主要由个人和新农合基金进行支付。村卫生室实施基本药物制度后，采取专项补助的方式，对在村卫生室执业的乡村医生给予定额补偿。定额补偿标准按照服务人口数量或核定后的乡村医生人数制定，补助水平与当地村干部的补助水平相衔接。妥善处理好村卫生室债务化解工作，村卫生室房屋（或设备）由个人出资建设（或添置）的，按照实际建设、购置费用以及使用情况进行审计或评估，逐步返还乡村医生，产权收归乡镇卫生院或村民委员会集体所有。完善乡村医生补偿和养老保障政策，所需资金纳入财政年度预算。妥善解决好年老乡村医生的保障和生活困难问题。完善乡村医生养老保障，将乡村医生参加失业保险、工伤保险、生育保险、医疗保险等纳入保障范围。

在全市探索建立乡村医生医疗责任保险机制和医疗风险互助分担机制，努力降低乡村医生医疗责任风险。优化乡村医生队伍结构。卫生行政部门统一制定乡村医生培训计划。县级卫生行政部门对在村卫生室执业的乡村医生每年免费培训不少于2次，累计培训时间不少于2周。建立乡镇卫生院人员派驻村卫生室轮岗工作制度，每个卫生室配有一名执业（助理）医师、一名执业护士。建立健全乡镇卫生院编制总量管理、动态调整的长效机制，在省定标准的基础上，适当增加乡镇卫生院人员编制，进行统筹安排，用于公开招聘取得执业助理医师及以上资格的乡村医生，或者用于引进全日制普通高校学历并取得执业医师资格的优秀人才和公开招募医学类本科毕业生，已签订意向就业协议书的定向招生、定点培养、协议就业的医学类毕业生，以及村卫生室新补充的其他符合执业资格条件的人员，有效解决常年工作在最基层的乡村医生的上升通道。

2012年，南通市着力健全乡镇村卫生服务体系，市政府将"实现每个乡镇有一所政府办的卫生院、每个行政村有一所村卫生室（达省定标准）"列入为民办实事项目，于当年底在全市实现政府办乡镇卫生院的全覆盖。全市新增省示范乡镇卫生院5家、省示范社区中心2家，共设置村卫生室1648个，村覆盖率达100%，卫生室示范化建设率已达95%以上，基本能满足农村百姓就近看病需求，全年农村社区就诊比例51.08%。加强乡村医生队伍建设，通过定向委培、在职教育等方式，不断优化乡村医生人才结构，并帮助乡村医生统一参加企业职工养老保险。

第三节　老年保健

一、健康教育

（一）组织网络

南通市健康教育机构组织网络较为健全。1983年后，一直由市、县（市、区）卫生防疫站（后为疾病预防控制中心，简称疾控中心）负责包括老年人在内的不同人群的健康教育。20世纪90年代，根据创建卫生城市要求，市、县（市、区）先后成立了健康教育所，对外挂牌子，对内实际是卫生防疫站（后为疾控中心）的一个科室。2006年5月，南通市疾控中心将下属的健康教育所和慢性非传染性疾病防制科合并为健康教育与慢病防制科，继续承担全市健康教育的组织与业务指导以及组织、实施、管理、协调全市慢性病防治工作。各县（市）、区的健康教育机构随之作相应调整。

从2000年起，南通市社会健康教育网络得到进一步充实和完善，各镇（街道）、企业、大商场、饭店均配备了从事健康教育的专兼职人员。各区的健教组织和健教所，负责辖区内街道、乡镇、企事业开展健康教育的组织指导工作。每个街道、乡镇都有健康教育领导小组，接受区健教所的业务指导。社区居委会和各企事业单位都配备健康教育联络员，2004 年 8 月，南通市政府决定成南通市健康教育协调指导委员会，由分管副市长任主任委员，该委员会为市政府领导下的健康教育工作的协调领导组织。全市已有一支千余名的健教联络员队伍，先后接受了“科学的健康观”“健康的行为方式”“健康的生活方式”“健康教育工作标准”等专业知识与业务工作培训，在基层积极开展形式多样的健康教育活动。

（二）健康教育活动

南通市结合季节防病特点或重大疾病控制宣传日、主题月的宣传主题，有组织有计划有目的地组织有关专家和相关人员，先后开展创建卫生城市、世界无烟日、爱牙日等街头咨询和报刊专版宣传活动。在进行卫生执法活动的同时，开展卫生宣传，普及健康知识。组织全市重大疾病防治知识和技能竞赛选拔赛，及全市戒烟大赛，开展知识讲座，提供健康咨询服务。开通“12320”公共卫生公益电话，拓展心理援助、专家在线咨询、预约挂号功能。在健康教育宣传月中，市卫生局与市直各医疗卫生单位每年均在市民广场举行大型义诊活动。市卫生局多次组织到海安胡集、曲塘等革命老区进行送医、送药、送健康知识下乡活动。每年的 5 月 31 日世界无烟日期间，市卫生局、市爱卫办、市教育局、市体育局联合组织相应活动，在市民广场举办大型健教咨询活动。

2001 年 12 月，在南通市区及海安县、如皋市、如东县开展“防治艾滋病，你我共参与”大型科普图片展，此次活动由南通市卫生局主办，市健康教育所、市红十字会、市卫生防疫站、市红十字中心血站、市皮防所共同承办。此后每年全市都在防治艾滋病日开展规模不等的健康教育和健康促进活动。2003 年 4 月初，南通市制定印发《南通市防治传染性非典型肺炎健康预案》和《南通市防治传染性非典型肺炎健康教育指导意见》，组织和指导全市各级健康教育专业机构，开展“非典”防治的全民健康教育。2004 年，南通市分别在体育广场、濠东绿地、环西文化广场等处新建了 3 个大型健康教育宣传画栏，开展健教宣传，每季度至少更换一次新的内容。

2007 年 11 月，国家卫生部疾病预防控制局、全国爱卫会办公室和中国疾病预防控制中心共同发起以“和谐我生活，健康中国人”为主题的全民健康生活方式行动。第一阶段内容为“健康一二一”行动，其内涵为“日行一万步，吃动两平衡，健康一辈子”，主要以合理膳食和适量运动为切入点，倡导和传播健康生活方式理念，推广技术措施和支持工具，开展各种全民参与的活动。2008 年，南通市启动全民健康生活方式“121”行动。2011 年，开展全民健康生活方式行动示范创建活动，成功创建钟秀环东健康广场、新城小区健康步道、学田健康一条街等一批健康生活方式支持环境。2012 年，全市建成全民健康生活方式市级示范单位 61 家，县级示范单位 84 家，创建支持环境 226 个。崇川区培训 241 名健康生活方式指导员。

2008 年，南通市根据国家卫生部在全国范围内开展以“健康素养，和谐中国”

为主题的中国公民健康素养促进行动的要求，南通市在崇川区、海门市分别启动成人健康素养监测项目。此后四年，其余各县（市）、区都被列为市级监测点，如东县、崇川区在 2012 年还被列为国家级、省级健康素养监测点。2010 年至 2012 年，共完成 5700 多人的现场调查和数据整理录入工作。2010 年，全市成立健康素养讲师团，以县（市）、区为单位开展健康素养知识巡讲，覆盖率达 100%。2011 年，南通市健康素养和控烟项目通过省级终期督导。2012 年，全市有 13 万人次参与健康素养相关测试。

（三）大众传媒健康教育宣传

1993 年，为进一步加强南通市健康教育和初级卫生保健工作，贯彻新时期卫生工作方针，及时报道南通市卫生工作情况，开展全民健康教育，市卫生局创办《现代健康生活报》，为 4 开 4 版旬报，印数 4.8 万份。1994 年该报经省新闻出版局批准为江苏省内部刊物。1995 年 1 月起，由旬报改为周报，7 月经省新闻主管部门批准更名为《健康教育报》，旨在及时宣传报道卫生工作方针，普及医药卫生保健知识，开展全民健康教育。1998 年该报由省内部刊物转为内部资料《健康教育》，总发行量 160 余万份。2000 年，市卫生局与《江海晚报》合作出版 4 开 4 版周刊《江海晚报 · 健康教育》。从 2002 年起，市卫生局与《南通日报》合办《南通日报 · 健康园》。

1997 年起，市健康教育所和市有线电视台合作开办“健康 10 分”栏目。同年，市健康教育所和南通人民广播电台合作开办“健康天地”“名医坐堂”栏目。1998 年与南通电视台合作开办“卫生与健康”栏目，前后历时四年，深受中、老年观众喜爱。

2007 年，南通市开通江海健康教育网，为当时省内唯一的健康教育专业网站。2008 年后，继续加强网站的建设和维护，扩大访问量，成为省内乃至华东地区健康教育中的一个专业信息平台。

（四）医院、社区、农村健康教育

1998 年按照全国城市卫生检查评比标准对医院健康教育的要求，各级医院将健康教育列入医院工作计划，落实专兼职人员和经费，从院内院外到门诊、病区都设置了健康教育橱窗与专栏，分为固定专栏和定期更换的专栏。医务人员通过多种形式向病人及其家属开展健康教育活动，并保持完整计划和记录。市健康教育所先后组织编写了《医院健康教育简明教材》《南通市医院健康教育处方》等科普资料广为宣传，同时，在病房发放《健康教育报》。先后编印了针对住院病人的近 30 个系列、200 多个病种的健康教育处方 200 多万张。许多医院还将健康教育与整体护理、重点人群健康教育、卫生月（日）、科普宣传活动有机结合。此外，市中医院创办的“糖尿病人健康俱乐部”、市肿瘤医院创办的“抗癌明星俱乐部”、南通瑞慈医院创办的“康赛俱乐部”等，都各具特色，为相关疾病的康复和防治提供了知识服务。

从 20 世纪 90 年代起，南通市将学田街道和城中街道作为社区健康教育试点，为社区健康教育工作积累了经验。在创建卫生城市的过程中，由点及面，市、区、街道（乡镇）、社区居（村）委会4级网络健全，台账资料较为统一规范。全市街道（乡镇）和社区居委会都先后建起了健康教育科普画廊和专栏，涌现出一批质量高、内容新、图文并茂的宣传画廊和健康知识宣传橱窗，所有居民社区和村委会也都设有卫生知识宣传专栏。各街道和近郊乡镇都相继成立了社区“健康教育学校”，利用这一相对固定的场所，通过健康知识讲座、健康咨询、健康知识竞赛、电子网络教育等形式，向社区居民普及、传播健康知识和信息。从2001年开始，在社区组织“十、百、千、万”系列健康促进活动，即健教十部宣传片巡回展播，百场相约健康社区行活动，千个单位、万人参与健康知识测评。开展“健康教育社区行”等健康知识讲座活动，邀请专家轮流到全市各街道社区作讲座，将健康知识、健康行为广泛普及到社区居民群众中，受到了社会各界的好评。2001至2005年，健康教育专家深入农村、社区、单位等进行健康讲座近百场，受教育人数近1万余人。创卫期间，先后编写了《创卫居民健康教育应知应会120条》《创卫居民健康教育应知应会140条》等多种面向社区居民的健康教育资料。通过健教资料入户、健康知识讲座、电化教育等多种形式的健教活动，社区居民的健康知识知晓率和健康行为形成率明显提高，经组织居民健康知识摸底测试，知晓率和行为形成率均达到80%以上。慢病防制工作在慢性病基线调查的基础上，紧紧围绕社区综合防治，以高血压、糖尿病、肿瘤等慢性病防治为重点，加强慢病病人的监测和系统管理，不断强化目标人群和全人群的慢病健康教育等干预措施。全市建成综合慢病防治社区10个、肿瘤防治试点1个。

卫生部、全国爱卫办、广电部、农业部1994年发出《关于开展全国九亿农民健康教育行动的通知》后，南通市“行动”工作随即启动。1996年，在全国九亿农民健康教育行动工作经验交流会上，南通市形成的“五个一活动”（一张报、一本书、一台电视、一只喇叭、一块宣传栏）经验得到了充分肯定。2002年，“全国九亿农民健康教育行动”更名为“全国亿万农民健康教育行动”。2009年，南通完成全市农村健康教育第二次自评，全市14个乡镇通过“全国亿万农民健康促进行动示范乡镇”市级评估验收。2010年，继续推进“全国亿万农民健康教育行动”，全市健康教育标准宣传栏覆盖率达到100%，健康教育资料入户率以县（市）、区为单位达到95%以上。

二、老年人健康体检及建档

改革开放以后，随着广大群众保健意识的增强，健康体格检查成为一项经常性的保健服务工作。从1986年开始，由市财政部门安排专项经费，每年组织市直离退休干部和在职机关干部在定点医院（通医附院、市一院、市二院）进行健康体检。此后，各县（市）、区也陆续开始每年组织本县（市）、区离退休干部和在职机关干部在定点医院进行健康体检。

2004年，如东、如皋等县（市）为参合农民免费体检120多万人，建立60岁以上人群健康档案30多万份。

从2008年起，南通每两年一次，对全市企业退休人员免费健康体检全覆盖范围，2012年进入第三轮。为了使退休人员有一个高质量的体检，对医院的体检设备、体检环境、配套服务等方面提出高要求，对不达标的医院，不得参加体检工作；对达到要求的医院，退管机构与之签订“企业退休人员免费健康体检定点服务协议书”，确保体检工作的顺利开展。各级退管机构本着就近、方便的原则，根据各自参检人数及人员分布情况，排好退休人员体检计划，各街道劳动保障服务站具体安排落实。体检过程中，各有关方协同配合，对长期卧床不起、重病等特殊体检对象提供上门体检服务。体检结束后，各级退管及医疗机构将退休人员体检结果录入系统，建立退休人员电子健康档案。在完善档案的同时，有针对性地开展健康保健讲座。此外，各退管机构将异地委托管理退休人员的健康体检，同步纳入本地退休人员健康体检工作实施计划，异地委托管理的8000余名退休人员全部就地参加体检。为了让体检工作顺利有序并形成一个长效机制，南通市退管中心与相关部门沟通协调，使体检费用得以从医保经费中列支，极大地缓解了退管经费的压力，使退休人员更好地享受到社会化管理的服务。

2010年4月，市委、市政府在《关于加快我市老龄事业发展的实施意见》中明确要求：“重视老年人医疗保健服务。建立完善老年人健康档案，到2011年全市60周岁以上老年人健康电子档案建档率城市、农村分别达90%、60%以上。每两年为65周岁以上老年人和实行社会化管理的企业退休人员免费体检，并进行健康指导。加强对老年人慢性病的随访管理，高血压、糖尿病患者的规范管理率达90%以上。”当年5月，南通市卫生局制定《南通市老年人健康管理工作方案》，将辖区内65岁及以上常住居民（有条件的地区可扩大到60岁以上老年人群）列为老年人健康管理对象。工作目标是：以县（市）、区为单位辖区内65岁以上老年人健康体检率不低于90%。管理内容是：对老年人每两年进行一次健康管理，包括健康体检、健康咨询指导和健康干预等。健康体检主要包括三个方面：1. 生活方式和健康状况评估：包括体育锻炼、饮食、吸烟、饮酒、慢性疾病常见症状和既往所患疾病、治疗及目前用药等情况。2. 体格检查：包括体温、脉搏、呼吸、血压、体重、腰围、臀围、皮肤、淋巴结、心脏、肺部、腹部等检查以及视力、听力和活动能力的一般检查。3. 辅助检查：每年检查1次空腹血糖。有条件的地区建议增加血常规、尿常规、大便潜血、血脂、B超、眼底检查、肝肾功能、心电图检查以及认知功能和情感状态的初筛检查。体检后告知居民健康体检结果并进行相应干预。对发现已确诊的原发性高血压和Ⅱ型糖尿病等患者纳入相应的慢性病患者健康管理。对存在危险因素且未纳入其他疾病健康管理的居民建议定期复查。并对所有老年居民进行慢性病危险因素和疫苗接种、骨质疏松预防及防跌倒措施、意外伤害和自救等健康指导。县（市）、区卫生行政部门负责制定本地区老年人健康管理实施方案，并组织实施，每逢双年的10月份之前完成健康体检。所需经费从基本公共卫生服务项目专项经费中列支。城市社区卫生服务中心和乡镇卫生院组织内科、外科、五官科、眼科、检验科、B超、心电图等科室人员，成立老年人健康管理技术小组，具体负责健康体检、健康指导和健康干预等老年人健康管理的实施工作，保证老年人健康管理的质量。每次健康体检结果后及时将相关信息记入《健康档案》，做到老年人健康管理与建立健康档案、慢病管理等工作相衔接。是年，全市完成60岁以上老人体检125万人。2012年，全市65岁以上老人体检率95.7%。

实行居民健康网格化管理，加强城市老年人和农村家庭健康档案建档工作。2006年，如东、如皋等县（市）建立60岁以上人群档案30多万份。2007年，全市各地为60岁以上老人建立健康档案近120万份，随访180万人次。2008年，全市60岁以上人群建档率达85%以上，为60岁以上老人新建立健康档案36.87万份，随访257.23万人次。

第四节　老年医疗服务

一、家庭病床、家庭医生

为适应慢性病、老年病和康复病人的需要，1983年，南通市城区医院首先开设家庭病床。1984年，南通市区各医院及各县人民医院、中医院普遍开设家庭病床，由医院预防保健科管理，各单位制订了家庭病床管理制度。1989年7月，南通市卫生局根据省卫生厅颁发的《江苏省家庭病床管理办法》，制订了《南通市家庭病床管理办法》，《办法》规定医院设立家庭病床管理科，配备人员、设备及制订家庭病床收治病人的标准、巡诊查床等规章制度，并与物价部门共同确定收费标准，使家庭病床管理有章可循。全市家庭病床最兴旺时，开设机构达45家，实有病床数1106张，年入住人次2337人，年入住总床日数达317876天。1997年，南通市实施医疗保障制度改革，在城镇开展社区卫生服务，“医改办”严格控制参保职工入住家庭病床，开放家庭病床逐年减少，大部分单位家庭病床撤销。至2005年，全市开放家床仅167张，诊疗服务13581人次。

2012年，南通市在全市所有社区医院启动家庭医生制度。全市80%社区卫生服务中心启动实施，崇川、港闸、开发区辖区所有的社区卫生服务中心全面启动。家庭医生队伍主要由全科医学、临床医学、中医学等专业技术人员组成。家庭医生对团队服务的区域，进行分片（社区）、分区（楼栋）、分户（家庭），按照每名家庭医生签约服务200户左右居民的标准，建立家庭医生包干责任制。以户为单位，与居民签订书面服务协议，为群众提供健康管理和寻医问药为主要内容的基本医疗卫生服务。家庭医生制度着重体现社区卫生服务的公益性质，以老人、孕产妇、儿童、慢性病患者、残疾人等人群为工作重点，逐步覆盖到全体居民。本着自愿的原则，家庭医生优先为65岁以上老年人、0—6岁儿童、孕产妇、慢性病患者的家庭签订服务协议。家庭医生为签约家庭提供12项免费服务。各社区卫生服务机构统一家庭医生的出诊装备（出诊箱和出诊车）；统一签约服务内容；统一公示内容。家庭医生向居民公布自己的姓名、工作单位、服务项目、服务时间、联系方式和监督投诉电话等。是年，重点人群签约率达55.2%。

二、医疗机构及医疗服务

1983年地市合并后，各级医疗机构普遍设立老干部门诊、老干部病房（床）。1985年，市区医院设老干部病床86张，区、乡医院一般设3张至5张。各医院选派技术水平高、服务态度好的医生从事老干部诊疗工作。1986年，市卫生局组织对市、县级医院老干部病区工作进行了检查评比。

2007年，南通市为切实解决“三老”（老复员军人、老残废军人、老烈属）优抚对象医疗难，把“三老”优抚对象全部纳入城镇医保，并通过优抚门诊、优抚病房给予优惠。

2010年4月，市委、市政府发布《关于加快我市老龄事业发展的实施意见》。《意见》提出：“扶持老年医疗设施建设，确定市第三人民医院为老年病防治中心，扶持其基础设施和人才队伍建设，不断提高老年病防治能力。建立健全以社区卫生服务为基础的老年医疗保健服务体系和大病医疗专家咨询服务体系，加强社区卫生服务与医疗保险制度的衔接，推行首诊负责制和双向转诊制。”《意见》还要求：“着力解决养老机构老人就医难的突出问题，对符合医疗机构设置标准的养老机构，可申办医疗机构执业许可证；床位数达100张以上的养老机构和‘爱心护理院’，其医疗服务站（点）符合医保定点单位条件的，定为医保定点单位，享受社区公共卫生服务的有关优惠政策。”

2012年，南通市卫生部门为加强老年医疗定点服务，除已确定市第三人民医院和各县（市）及通州区人民医院作为老年病防治中心外，全市二级以上医院均增设老年门诊。

1993年4月，南通市老年康复协会成立。协会成立后，积极筹建南通市老年康复医院，该院于1994年7月正式营运，并作为南通医学院附属医院分院，接受其技术援助与指导。这是一所以康复医学、老年医学及慢性病治疗为特色的医教研一体的、自收自支的二级综合医院。经多年滚动发展，至2012年，医院拥有床位462张，有职工635人，其中副高级以上专业技术人员63人，中级专业技术人员142人。另聘内、外各科资深专家、教授40余名，从而形成一支具有三级医院医疗水平和实力的专业医护人员队伍。为开展科研的需要，该医院成立了中西医结合老年病研究室和康复医疗研究室，开展老年医学、康复医学的科学研究和临床教学工作，形成了集医疗、教学、科研为一体的工作体系。2004 年，医院正式挂牌为南通大学医学院康复医学临床教学基地。2008 年，医院成为盐城市卫生职业技术学院康复治疗专业实习基地。其康复医疗的整体实力，在南通市综合性医院中处于领先水平，拥有康复治疗专业设备，包括减重支持训练、电子肌电生物反馈仪、平衡测试训练系统、大型物理治疗工作站等较先进的治疗仪器，能够开展绝大部分康复治疗项目。

南通大学附属医院创建于 1911 年，是一所省属大型综合性教学医院，1994 年被卫生部审定为三级甲等医院，1998 年被卫生部确定为国际紧急救援中心网络医院。经过数十年发展，南通大学附属医院老年医学科有三个病区，病床 75 张，医师 9 名，其中主任医师 5 名、副主任医师 2 名、主治医师 1 名。博士 1 名，硕士 3 名，硕士生导师 1 名。长期以来，为南通市的老干部病员及苏中、苏北地区的老年医学临床科研教学作出了较大的贡献。2002 年开设了老年医学专家门诊，包括全天干部医疗门诊、全天普通老年科门诊和专科专家门诊，特色门诊有老年脑血管病、骨质疏松、冠心病、高血压、心律衰竭、糖尿病、脑萎缩、老年性痴呆、老慢支、肺气肿等老年多发病等。病房有为老干部提供的会诊中心，并承担院外会诊和远程会诊任务。诊断符合率和抢救成功率，在省内同行中一直处于领先水平。老年医学科担任国外留学生、临床、预防、药学、高级护理等多个专业的诊断学英语教学及普通教学任务及研究生、住院医生、进修医生等的培养。主办和参与国家级、市级老年医学会学习班。

南通市第一人民医院是一所集医疗、教学、科研于一体的国家三级甲等综合性医院，也是卫生部国际紧急救援中心网络医院。该院老年病科分设 2 个病区，开放床位 72 张，有医护人员 20 余名，包括专职医师 5 人，其中副主任医师 2 人。以收治离休干部为主，主要治疗老年性常见病、多发病，擅长于治疗冠心病、心功能不全、高血压病、Ⅱ型糖尿病、高血脂症、慢性支气管炎、阻塞性肺气肿、中风后遗症等。该科医疗设备有 PM — 9000、BP — 306 心电监护仪各 1 台，MODE1SC — 3 电动呼吸机 1 台，DCG6511 型心电图机 2 台。多年来抢救许多危重病人，其中有呼吸衰竭、顽固性心力衰竭、急性心肌梗死、肝肾衰竭、脑血管意外等，多次获医院危重病例抢救奖。曾先后受到省、市委老干部局和市卫生局的表彰。

南通市第三人民医院是一所市属三级医院，创建了全国首家由政府命名的“无红包”医院，成为全国职业道德建设的一面旗帜。1997 年 11 月，该院增挂“南通市老年病医院”院牌。老年病科成为该院具有一定影响力的综合科室之一。

南通市第二人民医院前身为南通市工人医院，现已发展为一所集医疗、保健、教学、科研、预防为一体的二级甲等市级综合性医院。老年病科为医院一级科室，现核定床位 40 张，有医师 4 人，护理人员 7 人。承担了本地区部分离退休老干部及普通老年病人的门诊、住院等医疗服务。科室内备有心电、血压、呼吸、脉搏及血氧饱和度监护仪，除颤起搏器、心电图机、呼吸机等常用检查治疗仪器；病房内设有中央空调及紧急传呼对讲系统，亦设有有线电视，对外电话；病区内设有阅览室、娱乐室及淋浴卫生设施。老年病科的医护人员在长期为老年病人诊治中积累了丰富的经验，能对老年人的常见病、多发病娴熟诊治，尤其是对老年性多脏器病变，能抓住重点，稳定病情，有效控制病情发展，延长病人生存期，提高病人的生活质量。

启东、如皋、海安、如东等县（市）都设立老年康复医院（护理院），为老年病人就诊治疗提供方便。2011 年 7 月，启东圆陀角老年康复医院设立，医院集医疗、康复、安怀及养老保健和科研为一体，拥有较强的医疗技术力量和先进的医疗仪器及康复训练器材，能对高血压、心脏病、糖尿病、中风后遗症、脑萎缩、老年性贫血、老年肺病、老年骨折约等一系列老年病开展专业化的康复治疗。2012 年 1 月，如皋市博爱康复护理院投入使用。这是一家以医疗、康复、护理、养老为特色的专业机构。该康复护理院开设 4 个病区，床位 200 张。病房内设施齐全，配有空调、电视机、中心供氧和呼叫系统和独立卫生间及淋浴设备。医院环境及设施按照无障碍要求执行，既符合老年人生活特点，方便生活照料，又满足医疗、康复的需要。2012 年医院常住患者 80 多人。2007 年，海安针灸推拿学校附属医院兴办海安县永安老年护理院，护理院为法人制民办非企业单位，从事老年护理、康复工作。2012 年，海安县集医疗、护理、康复、临终关怀为一体的以专业护理为主的医疗养老机构 —— 海安福康护理院（海安福康医院）建成。护理院有病床 200 余张，收治各种老年病人，包括慢性病、中风后遗症、脑梗塞、老年性痴呆者，及术后康复和生活不能自理的老人，为他们提供医疗、康复、心理和生活照料、临终关怀等专业服务。2012 年，如东县宾山老年康复医院正在建设施工，医院占地 20 亩，设有床位 180 张，是一所集医疗、康复、保健及癌症安怀康复和科研为一体的综合性医疗机构。

第八章　养老服务

南通市人口老龄化在步步深化的过程中，呈现出老年高龄化、家庭小型化的两大特点。这两大特点的叠加，对传统养老方式构成了尖锐的挑战。20 世纪 90 年代，市老龄委面对这一状况，在认真学习和深入调查的基础上，提出了走居家养老之路是未来养老的基本选择。认为在新的历史条件下，既不能囿于传统养老方式，又不能把千家万户的养老责任统统推向社会。此后十多年，市委、市政府暨市主管部门、社会各个方面，反复探索具有中国特色的城乡新型养老格局，大力促进社会养老服务，强化“9073”养老服务体系建设，就是家庭自我照顾、社区居家养老服务、机构养老服务为一体，90% 身体状况比较好的，愿意和子女在一起的老年人，采取以家庭为基础的居家养老；7% 的老年人依托社区的养老服务中心，提供日间照料；3% 的老年人通过机构养老予以保障。经过多方运作，以居家养老为基础，社区养老服务为依托，机构养老服务为支撑，信息化服务为补充的养老体系，正在由城及乡地逐步形成和发展。

第一节　机构养老服务

养老机构是指为老年人提供养护、康复、托管等服务的机构，包括老年社会福利院、养老院、老年公寓、护养院、敬老院等。机构养老服务是指依靠国家资助、亲人资助或老年人自助的方式，让老人在养老机构中生活的模式。

南通市近代养老机构建于 1913 年。清末状元、近代实业家张謇以他在 60 岁寿辰时所得亲戚朋友的贺礼馈赠，在南通城南白衣庵附近，建造了一所养老院，以后称之为第一养老院，主要收容无依无靠的孤寡老人。其后，他又于 1920 年，将 70 岁寿辰时所得亲友馈送之礼，在海门常乐镇建南通第二敬老院；继而，于 1922 年在第一敬老院对面建立南通第三敬老院。史载院有老人 124 名，男 83 名，女 41 名。

南通解放后，人民政府重视养老机构建设，市和各县都建有社会福利院，帮扶、救助城市“三无”等特困老年人。1958 年公社化后，农村公社（各乡）均办起敬老院，以接纳农村“五保”老人为主，也接收辖区内生活困难的残疾人等。改革开放以来，各级政府更注重民生建设，在改、扩建原有养老机构的同时，又新建了一批养老机构。同时，吸收社会力量参与养老服务机构建设，共同探索为老服务的产业化之路。1995 年 3 月，南通市第一家民办家庭托老院 —— 港闸区白龙庙老年托老院诞生。此后，各地的民办养老服务机构从无到有，从小到大，主体多元化的老年服务业逐渐形成气候。

2010年末，全市有各类养老机构251家，总床位29038张，占全市老年人口的1.67%。其中，公办养老机构8家，床位数2087张；民办养老机构98家，床位数6960张；农村敬老院147个（含农村社会福利中心110个），床位数19991张。2011年、2012年，机构养老服务又有新发展：

2011年年底，全市共有各类养老机构301家，总床位32739张，占全市老年人口的1.84%。301家养老机构中，公办社会福利机构及农村敬老院139家，床位数22076张，占总床位数67.4%；民办养老机构162家，床位10663张，占总床位数32.6%。

2012年年底，全市的养老床位数达到39755张，占全市老年人口的2.14 %。其中公办养老机构床位数26421张，占总床位数66.5%；民办养老机构床位数13334张，占总床位数33.5 %。另有城市日间照料场所和农村日间照料场所床位数8028张。南通市区养老机构共有62家，其中，公办养老机构28家，民办养老机构34家，总建筑面积21.91万平方米，床位总数7366张，入住3728人，入住率50.5%。

现在，南通市"以公办养老机构为主体、民办养老机构为补充"的机构养老服务体系已初步建成。各类养老机构为入住的老人提供全员、全程、全方位服务。养老机构不仅满足老人的衣、食、住、行等基本生活照料需求，还满足老人医疗保健、疾病预防、护理与康复以及精神文化、心理与社会等需求，成为入住老人们度过余寿的最后归宿，包括临终关怀和协同后事处理。

一、乡（镇）敬老院

南通市乡（镇）敬老院产生于20世纪50年代后期。面对人口老龄化的形势，各地对敬老院普遍进行了改建扩容，努力提高服务档次。同时把服务范围延伸至生活困难的烈军属和复员退伍老人，以及低偿接纳家庭养老遇到困难的老人。数十年间，敬老院的发展大致经历了三个阶段：（一）20世纪五六十年代，农村社（乡）均有敬老院。但入住敬老院的不占多数，不少"五保"老人通过经济补助等形式，分散供养。敬老院功能单一，设施简陋。（二）20世纪七八十年代，随着人口老龄化，各级政府加大资金投入，乡（镇）敬老院步入发展阶段。1983年，全市共有"五保"户1.2万户，1.36万人。其中由农村敬老院集中供养的847人，分散供养的1.27万人。1986年，全市农村敬老院达240所，集中供养3480人；到1990年，全市敬老院增至271所。当年，全市"五保"对象12165户、13336人，其中集中供养5054人，占38%。（三）20世纪90年代以后，乡（镇）敬老院发展进入外延扩大、内涵提升阶段。一批年久失修的敬老院，通过实施"关爱工程"，加大重建、扩建和更新改造力度，新建或改造的敬老院达90%以上。对敬老院建设标准化提出较高要求，除两居、三居室外，要有活动室、医务室、阅览室、娱乐设施、蔬菜种植基地等相配套，宿舍内部布局按一室一卫进行改造，过去的一房挤住多位老人又无卫生间的居住方式，均得到根本性改变。乡（镇）合并后，乡（镇）敬老院的建设按小康社会生活的条件进行统一规划。截至2005年年底，全市先后有136个乡（镇）区划调整，调整后，乡（镇）敬老院为145所。是年，全市共有“五保”对象1.65万户、1.72万人，其中集中供养8898人。为关心照顾战争年代的老功臣安度晚年，乡（镇）敬老院建立功臣院、功臣楼或功臣室，全市有632位无儿无女的功臣老人住在敬老院。为适应城乡社会老人的托老需求，乡（镇）敬老院从90年代初起，开始接收社会寄养老人入托，且逐年增多，到2005年年底，在院托老人数达到1260人。

在农村，乡（镇）敬老院通常是政府和社会关注民生的一个聚焦点。为保障老有所养，各地全部实行“乡镇统筹、分级负担”的供养方式，逐年提高“五保”老人年供养标准。1991年，集中供养的“五保”老人人均供养标准达580多元，分散供养的人均供养标准达489元；到2005年，集中供养的“五保”老人人均供养标准高的达到每年2900元，低的不低于每年2000元，在提高年供养标准的同时，敬老院坚持走“以商补院、以副补院”的自我发展之路，为改善入院老人的生活积极创造条件。作为全市敬老院工作的主管部门，市民政局按照国家民政部、省民政厅的要求，先后出台《关于加强农村敬老院管理的意见》《关于南通市城乡敬老院开展文明评比的暂行办法》，市和县（市）、区每年开展市级，县（市）、区级文明敬老院评比表彰活动，2005年，观音山镇敬老院被评为全国模范敬老院。

2006年，在全市开展“五保”对象普查，全市“五保”对象人数达到1.96万人，集中供养1.09万人，占55.69%，用于供养经费3612.40万元，与2005年比增456.90万元。当年，推进农村“五保关爱工程”，有25个乡镇敬老院顺利申报省“关爱工程”项目，争取到省资金773.97万元，市财政补贴50多万元，县（市）投入资金2500多万元，乡镇自筹2100多万元，确保25个“关爱工程”项目全部竣工，农村敬老院硬件建设上了一个新的水平。次年，全市41所农村敬老院列入改扩建，至年底全部竣工，增加床位4600多张。全市1.96万“五保”对象，进入敬老院集中供养的达到1.26万人，比例达到66.10%，全市有22家农村敬老院被命名为省文明敬老院，数量居全省之首。

2008年，全市有农村敬老院144所，床位1.71万张。全市有21家敬老院申报省“关爱工程”项目，新建的“关爱工程”项目总投资6456万元，新增床位1922张；另有12家敬老院进行改扩建，总投资1558万元，新增床位698张。是年部分基础较好的农村敬老院经整合，提升为当地集“五保”供养、社会寄养、社会救助、老年服务为一体的社会福利中心，全年共建成35家农村社会福利中心。2008年，全市有2.04万人落实“五保”供养（集中供养1.37万人），集中供养标准为每人每年2720元至4600元，分散供养为每人每年2200元至4000元，全年发放“五保”供养金6336万元。

2011年，市民政局、慈善总会联合开展困难乡镇农村敬老院建设专项募捐，筹措

400万元，重点资助15所农村敬老院进行改扩建，全市新增床位366张。至年末，全市敬老院有床位2.04万张。

2012年，农村敬老院硬件设施进一步加强。全市有33所乡镇敬老院达到“十二五”期间农村敬老院建设标准，继开发区敬老院和如东马塘敬老院2010年被评为全国模范敬老院后，海安县社会福利院当年被评为全国模范敬老院，如皋长江敬老院一批养老机构被评为省级文明敬老院。是年末，全市共有128所敬老院，有职工1466人，床位21809张，15972人在院，其中“五保”老人占92.41%，另有社会寄养老人1212人，占7.59%。全市“五保”供养标准按照不低于上年度农民人均纯收入45%的比例进一步提高。全市有“五保”供养对象20797万人，其中集中供养14760万人，分散供养6037人，集中供养率71%。崇川区、港闸区集中供养和分散供养标准分别为每年9240元、6415元。南通经济技术开发区集中供养、分散供养标准分别为每年6600元、6200元，启东市分别为每年6360元、4320元，海门市分别为每年7100元、6300元，通州区分别为每年6250元、5250元，如东县分别为每年5400元、4400元，如皋市分别为每年5200元、3820元，海安县分别为每年5650元、3850元。

2000—2012年南通市敬老院情况统计表

表8-1-1

年份	院数（个）	职工人数（人）	年末床位（张）	年末在院人数（人）	入住“五保”老人（人）
2000	132	657	6022	4678	4537
2005	165	908	8936	7400	7245
2010	145	1531	19991	14679	20240
2011	131	1519	20357	19888	19888
2012	128	1466	21809	15972	14760

2012年年末南通市各县（市）、区敬老院情况统计表

表8-1-2

指标	全市	市区		海安	如东	启东	如皋	海门
		小计	其中通州					
院数（个）	128	27	7	23	30	8	20	20
职工人数（人）	1466	273	195	261	370	132	278	152
年末床位（张）	21809	4360	3556	4375	3965	2045	3268	3796
年末在院人数（人）	15972	2591	1926	3887	3810	1306	3124	1254
入住五保老人（人）	14760	1999	1737	3839	3665	1126	2996	1135

二、国办养老机构

全市国办的养老机构有南通市、海安县、如皋市、通州区、海门市、启东市等 8 家社会福利院（社会福利中心、老年公寓）。除南通市社会福利院有着百年历史外，其他几家先后创建于 20 世纪七八十年代，累计床位 683 张。随着人口老龄化社会的到来，需求托老的老人增多，海安、通州、海门、启东等县（市）的社会福利院，从 90 年代起纷纷选址重建或扩建，并增挂老年公寓牌子。县（市）福利院在供养“五保”老人的同时都接收社会老人寄养，入住率常年保持在 80% 上下。南通市社会福利院的前身系张謇创办的养老院，几经时代变迁，原建在市区南大街的市社会福利院，规模、设施已均不能适应社会托老的需求。经市政府批准，2004 年 6 月至 2006 年 5 月 1 日，市社会福利院收养人员和工作人员迁往工农南路 8 号。2006 年 12 月动工新建南通市社会福利中心（阳光公寓），2010 年 6 月投入运营。社会福利中心总占地 54 亩，总投资 1.8 亿元，总床位 1400 张，分三期建设，建筑面积 477632 平方米，集养护、医疗、康复、休闲、娱乐等功能于一体，是全市规模最大、功能最全的示范性、综合性社会福利机构。进入 21 世纪后，各县（市）先后兴建一批规模大、设施新、档次高、功能全的养老服务设施。公办养老机构有很大发展，但也存在一些问题：在建设理念上存在某些误区，有的片面追求行政化、宾馆化、大型化；对象定位与实际需求错位，床位结构不尽合理，多数立足于服务健康老人，能为失能老人提供护理的比例不高；乡（镇）养老机构服务功能单一，承袭供养“五保”老人的传统模式，或者由于硬件设施不足，未能发挥对周边地区养老服务的辐射作用。

2000 — 2012 年南通市社会福利院情况统计表

表 8-1-3

年份	院数（个）	职工人数（人）	年末床位（张）	年末在院人数（人）
2000	5	165	512	485
2005	5	150	708	506
2010	6	224	1141	743
2011	8	230	1768	890
2012	8	467	2127	1217

2012 年年末南通市各县（市）、区社会福利院情况统计表

表 8-1-4

指　标	全市	市区		海安	如东	启东	如皋	海门
		小计	其中通州					
院　数（个）	8	3	1	1	在建	1	2	1
职工人数（人）	467	297	29	24		53	73	20
年末床位（张）	2127	882	152	380		277	520	68
年末在院人数（人）	969	335	84	70		230	274	60

至2012年年末，全市共有8家社会福利院（社会福利中心，市区3家，如皋2家，海安、海门、启东各1家，如东县社会福利中心仍在建，未列入），职工共467人，床位2127张，969人在院。有精神病人福利院2家，职工229人，床位600张，年末在院共456人，其中老人340人。

三、民办养老机构

随着人口老龄化社会的到来和家庭养老功能的弱化，从20世纪90年代初开始，市区、县区一些单位、家庭利用闲置房屋创办老年公寓和小型托老院。南通市区最早办家庭托老院的是港闸区原芦泾乡白龙庙村村民陆玉珍。1995年，她利用自家的七八间房屋，办起白龙庙托老院，最初仅有床位10多张，主要吸收附近需要照料的高龄老人入托。开办初期的民办托老机构，居住条件均较简陋，护理人员也未经过正规培训，但因收费较低，入托老人和其子女在经济上能够承受，因而受到欢迎，床位利用率达到80%左右。之后，在南通市区和各县（市）城镇陆续办起一批社会民办养老机构。2006年，市主管部门先后出台《关于做好非营利性养老服务机构审批管理工作的通知》和《关于对民办非营利性养老服务机构实行资助的实施意见（试行）》，从资金等方面对社会力量举办养老服务机构给予扶持。通过床位建设、床位运营补贴以及购买服务、为入院老人办理意外伤害保险补贴等，吸引社会资金投资兴办老年公寓、老年康复中心、托老所、老年护理院等机构。2010年，市民政局、财政局联合出台《关于进一步完善民办非营利性养老服务机构扶持政策的通知》，规定凡市区各企事业单位、社会团体等社会组织以及个人用非国有资产举办的非营利性养老服务机构，均可根据资助条件向民政部门申请领取资助金。资助金分床位补贴和运营补贴两类。从2010年1月1日起，凡市区民办养老服务机构经市、区民政局评定为一、二等级的，分别按每张床位3000元、2400元的标准给予补贴，分三年资助到位，市、区财政对半分担。凡符合床位补贴发放条件的民办养老服务机构，按入住6个月以上市区户籍年满60周岁的非政府供养老人实有数，根据入住人生活自理、介助、介护等不同情况，分别给予养老机构每月每张床位40元、50元、60元的运营补贴，补贴资金由市、区财政对半分担。2012年1月1日起，床位补贴提高到每张3900元至6300元，运营补贴提高到每张每月80元。各县（市）也出台了补贴政策（见表8-1-5）。至2012年年底，全市民办养老服务机构超过160多家，拥有床位1.3万多张。但由于政策扶持、引导投入力度不够，国家、省关于扶持社会兴办养办福利机构的政策，如建设用地实行划拨或优惠出让，配套设施费用减免等政策难以全面落实，加上新建养老机构初期投入大、利润率低、回报周期长、运营风险大，社会资金投入养老机构建设的总量仍然偏小。部分民办养老机构先天不足，后继乏力；不少民办机构由于没有办理消防、卫生、工商、民政等审批手续，在资金补偿方面无法获得政策支持。一些民办机构因选址偏僻，设施简陋，硬件投入不足，没有制定严密的内部管理制度，缺乏具备专业知识的护理人员，导致入住率不高，影响正常运转和后续发展。

南通市各地民办养老机构补贴政策一览表

表 8–1–5

项目	单位	海安	如皋	如东	海门	启东	通州	市区
床位补贴	元 / 张	2000 ~ 5000	5000	1000 ~ 5000	1500 ~ 5000	1000 ~ 3500	2400	3900 ~ 6300
运营补贴	元 / 月 · 张	100	80	50 ~ 80	20 ~ 80	60	无	80

四、市区养老机构情况调查

2012 年 11 月，市老龄协会组织并会同崇川区、港闸区、通州区、南通经济技术开发区老龄协会（民政局），采用全面统计与抽样调查相结合的方法，对市区老年人口、养老服务需求、养老服务设施等现状进行全面调查。通过调查，摸清了市区养老机构的基本状况，为全市统筹规划养老机构布局，继续开发养老服务机构，提供了翔实的基础资料。

南通市区养老机构情况统计表

表 8–1–6

区域	养老机构		级别				建筑面积		床位数		入住人数		入住率（%）
			市	区	镇（街道）	村	平方米	%	张	%	人	%	
崇川区	总数	18	2	12	1		82450	100	2372	100	1103	100	46.5
	公办	3	2		1		51900	62.9	866	36.5	413	37.4	47.7
	民办	15		12			30550	37.1	1506	63.5	690	62.6	45.8
港闸区	总数	14			4	10	36198	100	955	100	671	100	70.1
	公办	4			4		24148	66.7	377	39.5	276	41.1	73.2
	民办	10				10	12050	33.3	578	60.5	395	58.9	68.3
市经济技术开发区	总数	3		1	2		12180	100	388	100	354	100	91.2
	公办	1		1			10000	82.1	274	70.6	274	77.4	100
	民办	2			2		2180	17.9	114	29.4	80	22.6	70.2
通州区	总数	27		1	26		88271.6	100	3651	100	1600	100	43.8
	公办	20		1	19		80653	91.4	3298	90.3	1484	92.8	45.0
	民办	7			7		7618.6	8.6	353	9.7	116	7.2	32.9
合计	总数	62	2	17	33	10	219099.6	100	7366	100	3728	100	50.5
	公办	28	2	2	24		166701	76.1	4815	65.4	2447	65.6	50.8
	民办	34		15	9	10	52398.6	23.9	2551	34.6	1281	34.4	50.2

市区共设38个街道（镇），辖185个城镇社区、250个村。街道（镇）、社区（村）养老服务设施，包括物质养老和精神养老服务设施。物质养老服务设施包括老年人日间生活照料中心（托老所）、卫生室，精神养老服务设施包括老年文化活动场所、老年谈心室、老年教室。除老年人日间生活照料中心外，其他设施一般是面向社区全体居民包括老年人的公共服务设施。

南通市各区社区（村）养老服务设施建设情况统计表

表8-1-7　　单位：个

区别		社区数量	老年人日间生活照料中心			社区卫生室	老年文体活动场所			老年谈心室	老年教室
			日间休息室	食堂	健身康复室		休闲娱乐室	图书学习室	室外活动场地		
崇川区		109	12	6	43	75	90	98	93	86	92
港闸区		60	0	0	2	31	50	59	54	45	48
开发区		28	19	14	25	20	20	22	15	22	17
通州	城区	46	7	3	8	42	35	39	39	24	26
	农村	192	33	23	31	177	100	146	118	87	95
市区合计		435	71	46	109	345	295	364	319	264	278

1. 老年人日间生活照料中心的建设，崇川区、通州城区普遍建立街道（镇）老年人日间生活照料中心，但社区一级的建设比例低。开发区将老年人日间生活照料服务中心建设的重点放在基层社区。港闸区及通州区农村老年人日间生活照料中心建设相对滞后。

2. 社区卫生室的建设，由于城区医疗资源比较充裕、集中，崇川、港闸、开发区社区（村）一级卫生室的建有率分别为68.8%、51.7%、71.4%。通州区的建有率比较高，城区91.3%，农村92.2%。

3. 城区老年精神服务设施建设，室内、室外老年文体活动场所的建有率分别为67.8%、73.3%；通州区农村的建有率为52.1%，离全覆盖的要求均有一段距离。前几年，宣传部门重点抓社区（村）图书室、“农家书屋”建设，建有率较高，达到83.7%。

第二节　居家养老服务

居家养老服务是指政府和社会力量依托社区，为居家的老年人提供生活照料、家政服务、康复护理和精神慰藉等方面服务的一种服务形式，是对传统家庭养老模式的补充与更新，是发展社区服务，建立养老服务体系的一项重要内容。20世纪90年代以来，南通市在发展提高机构养老服务水平的同时，大力倡导和推进居家养老服务。

1999 年，市老龄委举行的第四次老龄问题研讨会上，把农村养老列为首要议题。与会者联系南通实际，认为以家庭养老为主体，社区服务相配套的居家养老形式，符合农村实际，符合现阶段生产发展水平，是一种正确的选择。此后，随着南通人口老龄化程度的不断加深，市委、市政府结合南通老年人口特点，按照“政府主导、政策扶持、社会参与、市场推动”的总体思路，充分发挥政府、社会、家庭各方面的作用，加快建设以居家养老为基础、社区服务为依托、机构养老为支撑、信息服务为辅助，覆盖城乡的养老服务网络。

2008 年，市政府把在市区试办 20 家居家养老服务站列为为民办实事项目。市老龄办、民政局、财政局联合下发《关于在市区兴办 20 个居家养老服务站的实施意见》，对居家养老服务站的设立、运行、管理以及建站经费补贴提出明确要求。4 月下旬，市区 20 个社区居家养老服务站建成，开始为居家养老的老年人提供生活护理、康复训练、医疗保健、精神慰藉等各种服务。至年底，已为市区近万人（次）老年人提供服务。是年，建成的居家养老服务站，崇川区最多，20 个；港闸区 2 个，经济技术开发区 1 个。经过观摩、推广，各县（市）社区居家养老服务站建设开始起步。启东市南、北城区街道 12 个社区通过对所属区域的资源整合，建成 12 家社区居家养老服务站；海门市在海门镇、经济开发区、三厂镇建成 11 个社区居家养老服务站，县（市）、区建成的居家养老服务站总量达到 67 个。

2010 年 8 月，市政府办公室发出《关于推进居家养老服务工作的实施意见》，要求各县（市）、区人民政府，市经济技术开发区管委会，市各委、办、局，市各直属单位，认真贯彻落实全国老龄办等十部门《关于全面推进居家养老服务工作的意见》和省委、省政府《关于加快我省老龄事业发展的意见》文件精神，以中共十七大精神为指导，努力践行科学发展观，建立“政府主导、民政牵头、部门配合、社会参与”的工作机制，着力打造全方位、多层次的居家养老服务网络，推进以家庭为基础、以社区为依托，为居家老人提供就近便捷的居家养老服务，让老人平安养老、健康养老、幸福养老。

2009 年 10 月，市文明办、教育局、民政局、劳动与社会保障局等 16 个部门和单位联合开展“金秋送情”居家养老服务月活动。市慈善总会筹资 60 万元，为市区首批救助对象共 832 名特困老人提供每人每月价值 100 元的居家养老服务。市政府出台《关于推进居家养老社会化实施意见》后，得到热烈响应，富源美容美发公司为市区居家养老的 677 名老人免费上门理发。市装饰装修协会组织市家装界十大品牌公司举办“金秋送情，慈善助老”家装博览会，将参展收益近 10 万元全部捐给居家养老服务工程。邮政系统牵手“爱心邮路”，开展“邮政储蓄情暖夕阳”活动，为居家养老的 238 名的老年人免费赠送《老年周报》。是年，全市居家养老服务站建设在各级党委、政府重视下进展迅速，至年底，建成数达到612家，为11.70万名居家养老的老年人提供服务。其中，南通市区建成街道居家养老服务中心10个，社区居家养老服务站135个，建成居家养老服务站的市区城市社区覆盖率70%，农村社区达31%。

2011年8月开始，市老龄办逐年委托市老龄协会开展全市居家养老服务第三方调查评估。居家养老服务站建设的评估内容，依据市民政局制定的《南通市街道（乡镇）居家养老服务中心标准化建设基本规范》及其《实施细则》，从硬件设施、队伍建设、服务管理三个方面，列出16个具体项目。调查评估对象采取分类型、按比例随机抽样的方法确定，抽取的样本，地域上兼顾城市与农村，对象上兼顾老年人中的重点服务对象与一般服务对象，力求具有广泛的代表性。在9个县（市）区中，各抽取3个居家养老服务站。其中，县（市）和通州区各抽取县城的1个社区、2个农村乡镇的社区；崇川区、港闸区、经济技术开发区各抽取2个城镇社区、1个农村乡镇的村，全市共抽取27个社区居家养老服务站，作为调查评估样本。评估居家养老服务对象满意程度，依据市民政局制定的《南通市居家养老服务效果评估标准》及其《细则》，从居家养老服务人员定岗履职、服务项目、服务范围、信息反馈、开展活动、满意程度六个方面，结合服务对象的认知程度、感受方式，确定15个具体项目，设计《南通市居家养老服务情况调查问卷》，进行入户调查评估。全市共从27个社区中，随机抽取270个居家养老服务对象，作为评估样本。

据各县（市）、区汇报，居家养老服务中心（站）建设进度列表如下：

南通市县（市）、区居家养老服务网络建设情况统计表

表8-2-1

项目/单位	街道（乡镇）居家养老服务中心建设情况							社区（村）居家养老服务站建设情况						
	街镇数	建中心数	建立比例	硬件达标	达标比例	专职人员	兼职人员	社区（村）总数	区建站数	建立比例	硬件达标	达标比例	专职人员	兼职人员
海安	10	10	100%	10	100%	0	20	280	235	83.9%	188	67.1%	0	235
如皋	14	14	100%	14	100%	55	30	347	252	72.6%	252	100%	510	220
如东	14	10	71.4%	10	100%	45	73	258	258	100%	258	100%	294	539
海门	12	12	100%	6	50%	12	36	295	295	100%	11	3.7%	295	295
启东	15	15	100%	15	100%	30	35	297	297	100%	297	100%	300	230
崇川	10	10	100%	10	100%	30	50	109	109	100%	109	100%	109	156
港闸	6	6	100%	6	100%	18	0	60	60	100%	60	100%	76	180
通州	19	19	100%	19	100%	19	19	238	236	99.2%	236	100%	0	236
市开发区	4	4	100%	4	100%	8	4	29	29	100%	29	100%	76	855
合计	104	100	96.2%	94	94%	217	267	1913	1771	92.7%	1440	81.3%	1660	2946

南通市县（市）、区老年人日托、助餐情况统计表

表 8-2-2

项目 区划	日托情况				助餐情况					
	应建任务数	建成数	日托老人数	助餐人数	助餐方式			经费来源		
					自办食堂	餐饮送餐	其他	免费人数	自费人数	自费加补贴
海安县	9	21	0	0	3	0	0	0	0	0
如皋市	20	14	160	140	13	7	0	15	120	5
如东县	14	57	1472	4220	12	45	0	630	1276	2314
海门市	17	17	265	105	16	56	0	15	36	5
启东市	15	30	1600	380	2	50	34	150	130	100
崇川区	32	42	98	486	10	32	32	440	26	20
港闸区	12	10	0	46	3	0	3	12	32	2
通州区	19	24	200	200	10	14	0	0	200	0
市开发区	12	18	91	141	12	0	2	50	0	91
合计	150	233	3886	5718	81	204	71	1312	1820	2537

南通市社区居家养老服务站建设评估结果统计表

表 8-2-3

项目	评估内容	标准分	项目评估得分									单项得分率（%）
			海安	如皋	如东	海门	启东	崇川	港闸	通州	开发区	
硬件建设	挂有居家养老服务站牌子	6	6	6	6	6	6	6	6	6	6	100
	服务站长由社区（村居）主任兼任	6	6	6	6	6	6	6	6	6	6	100
	有一处相对独立的办公场所	7	7	7	6.67	6.8	6.57	6.83	6.83	5	7	94.8
	服务站配置办公桌椅、电脑、电话等设备	7	6.67	6.97	6.67	6.9	6.67	6.5	7	6.33	7	96.4
	服务站内部环境整洁	4	4	3.75	3.93	3.93	3.97	3.83	4	3.83	4	98
	服务站配备专职服务人员	6	5	5.97	5.83	5.73	4.4	6	5.33	5.5	6	92.2
	服务站工作人员穿着整洁、热情礼貌	4	3.5	3.97	3.43	3.73	3.43	4	4	4	4	94.6

续表 8-2-3

项目	评估内容	标准分	项目评估得分									单项得分率（%）
			海安	如皋	如东	海门	启东	崇川	港闸	通州	开发区	
服务管理	服务对象接受服务情况统计资料完备	8	7.67	7	7	7.17	7.63	7.33	7.33	7.83	7	91.6
	服务站人员名册、派工资料完备	7	6.67	6.6	5.83	6.93	5.5	7	6.83	6.83	6.67	93.4
	服务情况反馈资料完备	5	4.8	4.6	4	4.87	4.33	4.17	4.33	4.44	4.67	89.4
	服务站收费协议完备	5	4.83	4.28	4.1	4.9	4.6	4.83	3.83	4.83	4.67	90.8
	公示居家养老服务制度	6	6	5.75	5.57	5.73	5.8	5.67	6	5.6	6	96.2
	设有意见簿或意见箱	4	3.33	3.28	3.17	3.83	3.77	3.83	3.33	3.78	4	89.8
	针对服务对象所提意见，制定落实整改措施	5	3.83	3.88	3.67	4.23	4.53	4.5	4	4.93	4.67	85
队伍建设	有一支相对稳定的居家养老服务队伍	10	9	9.92	9.1	9.43	8.83	9.83	9.67	9.67	10	94.9
	有一支结对帮扶居家老人的志愿者队伍	10	9.67	9.17	9.23	9.37	9.4	9.83	10	9.83	10	96.1
县（市）、区得分		100	94.0	94.1	90.2	95.6	91.4	96.2	94.5	94.7	97.7	平均分 94.0

据抽样评估结果分析，社区居家养老服务站组织架构初步形成，硬件设施基本齐备，服务管理逐步规范。县（市）、区初步形成专兼职人员、志愿者和社区市场资源“三位一体”的队伍建设格局。各县（市）、区对城市“三无”、农村“五保”、高龄特困、空巢失能、重点优抚老人实行政府购买服务，针对不同对象，每人每月分等级发放百元以下的居家养老服务补贴。社区运用这笔资金，加上地方其他资助来源，聘用专职人员从事居家养老服务。开发区 37 个社区配备专职服务人员 64 名，兼职帮助照料老年人的邻里人员 263 名。专职服务人员由管委会支付报酬，兼职人员也支付劳务补助，基本满足辖区内重点困难老人的居家养老服务需求。抽样调查对象对居家养老服务工作总体上表示满意，但也希望进一步增加服务项目，扩大服务对象，施行“普惠制”，让更多的老年人能够享受到更多的居家养老服务。

南通的居家养老服务工作得到各级领导的赞誉。2011 年，全国人大代表、民政部和全国老龄办领导调查考察南通后给予高度评价，全国老龄办副主任曹炳良撰文推介南通居家养老做法。省委、省政府调研组先后进行专题调研，并在省政府《调查研究报告》第 63 期内部资料和省老龄委《工作专报》第 23 期刊登调研报告。2011 年，南通市成为国家“居家养老服务数字化建设”示范点和省“老年精神关爱”示范点。南通市居家养老服务工作历经努力，取得很大成绩，但也存在服务能力不足，服务质量不高等问题。一是设施覆盖面不大，社区日托机构（小型托老所）、老年食堂、老年活动场所以及老年人专业服务网点缺乏，居家养老服务设施及网点没有列入新建小区配套设施进行配建。二是服务项目少，多数居家养老服务站提供给老年人的服务项目比较单一，只有基本生活照料及送餐服务等项目，老年人需要的家政服务、康复保健、精神关爱等服务内容还难以满足。三是受益人群少，以市区（不含通州区）为例，2011年，享受政府购买居家养老服务对象仅为1500人，2012年扩大到6000人，受益面仍然不大。在非政府购买服务对象的老年群体中，更有大量的“空巢”老人和失能、半失能老人，他们在独居生活中遇到突发急病、漏水或漏气等紧急情况时，往往处于孤立无援的境地。四是农村居家养老服务工作推进难度大，虽然70%以上的农村社区建立了居家养老服务站，但不少地区由于经费和人员问题，居家养老服务尚未正常开展。

至2012年年底，各县（市）、区政府完成相关规划、完善管理体制政策和扶持措施制定，形成街道（乡镇）、居（村）积极兴办，社会力量广泛参与的居家养老服务体系。初步建成市、县（市区）、乡镇（街道）、社区四级居家养老服务体系，市区的204个城乡社区，全部建立居家养老服务站，各县（市）408个城镇社区实现全覆盖；全市1376个农村社区中有638个社区建立居家养老服务站，占比达46%。

第三节　企业退休人员社会化管理服务

从新中国成立至20世纪末的50年间，南通国营（后称国有）企业和大集体企业职工退休后，都在原单位领取退休金，也由原单位组织各类活动。1984年4月，南通市成立了市退休职工管理委员会（简称市退委会），下设办公室（简称市退管办），负责退休工作综合协调，日常工作由市总工会归口领导。市区各镇、街道和工厂也都成立了退委会，以求把分散的退休职工逐步按辖地管理的原则组织起来，并为他们提供服务工作，但当时条块矛盾并未真正解决，退委会作用未能充分发挥。

1996年至1999年，南通国有企业改革力度加大，大多企业投资主体出现多元化，国营、集体变成民营。加之企业经营机制转换，不少企业陆续转产或破产重组。先后被剥离的大批下岗人员和企业退休人员，无法同原来企业再保持联系，许多退休人员纷纷发出此后何处去，由谁来管的感叹，这实际上也是老龄工作上迫切需要回答和解决的一大课题。

当时，全国还没有企业退休人员实行社会化管理服务的先例，南通市劳动保障服务中心（简称市劳保中心，后改名为南通市退休人员管理服务中心，简称市退管中心）面对上述情况，主动提出接管破产重组企业剥离到社会上的退休人员，为企业退休人员社会化管理服务迈出了第一步。市劳保中心组成专项工作班子，从各个破产重组企业中“抢救”职工档案，为后来企业退休人员调整待遇、参加医保提供了可靠的依据。

2002年下半年，在深入调研的基础上，《南通市企业退休人员管理办法》出台。此办法试行半年多后，中共中央办公厅、国务院办公厅转发劳动和社会保障部等部门《关于积极推进企业退休人员社会化管理服务工作的意见》。南通随即对照中办、国办转发的意见，逐项研究新的实施办法，拓宽了自己工作思路。

2003年12月，经市委、市政府同意，市委办公室、市政府办公室发出通知，转发市劳动和社会保障局、市委组织部、市编办等15个部门联合制订的《关于南通市区企业退休人员社会化管理服务工作的实施意见》，这标志着南通市企业退休人员社会化管理服务工作全面展开。退管工作启动后，南通市各级党委、政府紧紧围绕保民生、促和谐的工作要求，从提高管理服务的质量和水平入手，开拓创新，扎实工作，努力建立和完善退休人员社会化管理服务的新机制。2005年，全市企业退休人员社会化管理人数达到25.22万人，基本实现全市企业退休人员管理服务社会化，社会化管理率为99.6%。2008年，省在南通召开企业退休人员社会化管理服务工作经验交流会，部、省有关领导和与会代表对南通企业退休人员社会化管理服务工作予以较高评价。2012年，全省企业退休人员社会化管理服务工作经验交流会再一次在南通召开。是年底，全市纳入社区管理服务的企业退休人员达45.41万人，社区管理率、档案接收率、周期免费健康体检率，企业退休人员、供养直系亲属享受社保待遇资格认证率均达100%，年度各项考核指标均名列全省前茅。市退管中心连续9年荣获全省退休人员社会化管理服务先进集体称号，连续6年跨入全省退管宣传工作先进行列。2010年至2012均被评为年度省级文明单位。

一、建立健全退管服务机构和工作机制

市退管中心建立后，各县（市）、区相继建立退管中心，并积极推动在乡镇、街道和退休人员较为集中的村建立劳动保障服务机构，配备专职退管工作人员。全市建立了“两级政府、三级管理、四级服务、五级网络”的退休人员社会化管理组织体系，做到了机构、人员、办公场所、制度、工作、经费“六到位”。市主城区22个街道和256个社区统一设立了劳动和社会保障服务所、站，并且将退休人员社会化管理服务工作列入街道社区平台工作的重要内容。各县（市）和通州区也相继在街道（乡镇）、社区设立了408个劳动保障服务机构。各级机构的建立，保证了退休人员社会化管理服务由市区向基层社区的有序延伸。

为了规范企业退休人员社会化管理，南通市经过深入调查研究，出台了一系列操作性较强的政策文件，进一步明确了推进社会化管理服务工作的具体事项。各县（市）、区也相继制定了相关配套政策。各级退管中心建立和完善企业退休人员移交、接收、管理、服务的工作机制，企业、街道社区、退管中心、退休工资代发点（银行、邮局等）各负其责。同时，加强基础建设，落实退休人员档案场所，强化配套基础设施建设，对退休人员档案集中整理归档。重视退管软件开发，市和各县（市）、区建立并完善退休人员基本情况信息库，全面实行计算机管理。市退管办每年年初下发退管工作考核办法及工作要点，明确考核内容和评分细则，年终考核评比。县（市）、区退管机构对照考核办法，按月制订具体工作目标，层层落实目标责任制。

二、打造企业退休人员自我管理平台

随着退管工作的深入开展，社区退管工作力量显得薄弱，管理服务难以完全到位。2005年，在深入调查研究和在如皋市试点的基础上，全市建立了退休人员自我管理（简称自管）组织，统一制定《自管组织工作职责》和《协理员协助工作要求》。2006年末，全市共建立企业退休人员自管组织3864个，产生协理员3864人，纳入自管组织的企业退休人员达214578人，占全市纳入社会化管理服务退休人员数的83.77%。2012年，全市企业退休人员自管组织达4532个，产生协理员4532人，纳入自管组织的企业退休人员达340490人，占全市纳入社会化管理服务退休人员数的87.3%。

自管组织协理员经退管中心培训后上岗，工作热情高，组织开展了陪孤寡老人谈心、提供志愿者服务、协助社区调解纠纷等活动，成为社区退管工作人员的得力助手。在退管部门的组织指导下，自管组织协理员活跃在基层，使广大退休人员有困难能在家门口就享受到服务，同时退休人员在老有所为中也实现了自己的人生价值。通过自管小组，社区能在第一时间准确掌握退休人员基本情况和动态信息，延伸了管理服务的触角，自管小组每年在协助社区做好退休人员的生存认证、体检和节日慰问金发放等工作上，都发挥了重要作用。

三、启动安吉通居家养老服务平台

为给远离子女的“空巢”老人和无儿无女的孤寡老人提供更多更实的养老服务，南通市利用现代科技手段，打造没有围墙的“养老院”。2012年4月，市正式启动安吉通居家养老服务平台。该平台以居家养老为基础、社区服务为依托、呼叫终端为支撑，面向所有老年群体，提供紧急救助、健康护理、生活服务、精神关爱等全面的服务。家中安装安吉通设备后，老人有生活服务需求，按一下特殊按键，传呼系统就可自动连接到服务中心。坐席员根据用户要求，及时联系相关部门或机构进行紧急救助或者相应的健康生活服务。

四、开展退休人员活动场所合格社区创建达标活动

企业退休人员纳入社区管理后，迫切要求建立和扩大学习活动场所。2006年，市退管中心率先开展退休人员活动场所合格社区创建达标活动。从2006年7月开始，市区连续5年每年新增10个社区老年活动场所。2008年，市区和各县（市）均已建立退休人员活动中心。截至2012年，全市共建成各级退休人员活动场所840个，活动室面积达9.6万平方米，比创建前增长7倍。全市共创建10个省级示范社区，43个市级示范社区，此项工作全省领先。全市城镇、街道、社区（村、居）退休人员社会化管理服务活动场所建设率达98%以上；活动率达100%。全市1617个行政村，已建立退休人员活动场所1368个，占比达85%。

五、帮扶关爱鳏寡老人

鳏寡老人是企业退休人员中的弱势群体。他们在过去的工作中，曾为本地经济发展、社会进步，贡献了自己的青春年华。步入高龄的鳏寡老人通常有“三难”：孤独无助生活难，年高体弱自理难，常年患病就医难。在市属企业退休人员中，鳏寡孤独老人有205名，分布在市区15个街道66个社区113个居民点。他们常年处于孤独无助，“出门一把锁，回来一盏灯”的困境。2008年2月，由南通市退休人员管理服务中心组织的市区“情暖鳏寡——特别的爱给特别的您”正式启动，市长丁大卫到现场讲话，并与市人大副主任陆玉明等领导向鳏寡老人代表发放了春节慰问金和慰问品。此后，凡居住在市区的鳏寡孤独的市属企业退休人员，都作为重点帮扶对象纳入社区管理服务。帮扶活动内容有精神关爱、文体娱乐、医疗保健生活照应、物质扶助、信息传递等。帮扶人员为各级退管机构及工作人员、退休人员自管组织协理员。通过此项活动，对鳏寡老人实行全天候和多方面的服务，建立长效帮扶机制。

在帮扶活动中，各级退管服务机构首先采集好每位老人的居住状况、体质情况、本人性格特长、通讯联系方式等基本信息。然后按照“二帮一、就近、自愿、适宜”的要求，组织和发动帮助，让鳏寡老人的左邻右舍成为信息员，有针对性地进行帮扶。据统计，从2008年至2012年，市各级退管服务人员为鳏寡老人服务1.6万人次，精神慰抚5000人次，参加各类文体活动4000人次，生活医疗照应5000人次，慰问6000人次，信息传递1.2万人次。

为使“情暖鳏寡”帮扶活动深入持久地开展下去，南通市退管中心逐步把对鳏寡老人的帮扶关爱纳入规范化、常态化轨道，并重点凸现六项服务内容：一是传统节日慰问。在端午、中秋和春节3个传统节日对特困鳏寡老人进行慰问，由市区各街道、社区劳动保障机构对200名帮扶对象进行慰问。其中中秋节与重阳节慰问结合进行。二是提供家政服务。由市区各街道统筹安排，为鳏寡孤独老人提供家政服务。三是提供精神慰藉。帮扶协理员定期上门关心和帮助鳏寡老人，每月至少一次，根据他们的需求提供力所能及的帮助。四是给予医疗保健照应。组织有关医院定期安排医生对重点帮扶对象进行体检和保健指导。五是组织文体活动。定期安排鳏寡老人参加社区组织的各类文体活动。六是创立“爱心储蓄”模式。2011年，市退管中心动员退休人员开展志愿服务活动，借服务项目助“情暖鳏寡”服务网络，开拓退休人员爱心储蓄，将义务照顾孤寡、独居老人等“助老帮困、奉献爱心”作为笔笔储蓄存入“爱心银行”。银行中的“存折”就会为其累加“存款”。而当储户遇到困难需要帮助时，又可以随时从“银行”中提取“爱心”，获得别人的帮助。由此形成社会和谐人人有责，和谐社会人人共享的生动局面。

六、打造“魅力夕阳”文化养老品牌

“魅力夕阳”走进社区文艺演出活动，是南通市为退休人员精心打造的一块文化养老品牌。至2012年，南通市已经连续9年组织开展“魅力夕阳”走进社区文艺演出活动，累计演出100多场，观众达30多万人（次）。舞蹈、小品、京剧、合唱、时装表演等节目精彩纷呈。“魅力夕阳”文艺演出还走进偏僻乡村，给乡村的退休人员和居民带去美的享受，退休人员中的文艺骨干也在演出中体现了自己的人生价值，增加了生活自信，丰富了自己的精神生活。

为丰富退休人员的晚年生活，退管中心还积极组织引导退休人员开展各类文体健身娱乐活动。如老年人才艺大赛、征文演讲比赛、书画摄影作品展览、门球、乒乓球、羽毛球比赛等，让广大退休人员在展示才艺、彰显自我中实现老有所乐。2006年3月，市退管中心印发了《关于社区开展企业退休人员社会化管理服务各项活动的指导意见（试行）》，将社区组织开展退休人员精神文化活动归纳为“十个一”的系列活动，即：一张贺卡、一堂联谊、一场电影、一台演出、一趟旅游、一身健康、一次慰问、一本杂志、一份报纸、一个声音、一生关怀。为了让退休人员享受改革开放的成果，领略南通蓬勃发展的巨大变化，市退管中心还不定期举办“万人游南通”“畅游濠河喜看南通新貌”等活动。

为了交流全市各级退管工作经验，市退管组织充分利用新闻媒体和自建平台加以宣传。在《江海晚报》“老年之友”专版开辟“大家谈”栏目。在市电台开辟《退管之声》栏目，通过电波反映退休人员心事，传递退管工作动态。2009年，市退管中心创办《南通退管》报。《南通退管》宣传报导退管工作动态和退管人员精神文化生活、社区服务活动等，成为退休人员相互学习、信息交流的纽带。

第四节　老干部工作

老干部工作是党的组织工作和中国特色干部工作的重要组成部分，从社会学的角度说，它又属于老龄工作的范畴，其工作对象涵盖离休干部、退休干部两大部类。按照党中央要求，离休干部工作要坚持“单位尽责、社会统筹、财政支持、加强管理”的原则，确保离休费保障机制、医药费保障机制、财政支持机制健全完善和有效运转。退休干部的日常服务管理由供养关系所在单位负责。南通市属革命老区，离休干部比例较大，但随着时间的推移，其人数逐年减少：2002年，全市有离休干部9917人；2007年为7488人，平均年龄79.9岁；而2012年则下降到5478人，平均年龄85.1岁。

与此同时，建国以后参加革命工作的退休干部人数则在大幅度增长。2012年仅市管（即县处级）退休干部就达1272人。

为加强老干部工作，根据中央关于干部离退休制度的规定，南通市、县（市、区）两级都设有老干部局。南通行署老干部局设立于1980年9月15日，同年12月南通市老干部局设立。1983年3月，地、市机构合并，南通行署老干部局和南通市老干部局合并成立南通市老干部局，为南通市政府职能部门。1986年3月，按省委指示，南通市老干部局由政府序列调整为中共南通市委直属部门，更名为中共南通市委老干部局。1980年9月，南通行署老干部局下辖2个处室、2个事业单位，全局有10多名工作人员。2012年，市委老干部局下辖4个处室，3个事业单位，全局在册在职干部职工34人。

为加强领导，市委、市政府建立老干部工作领导小组，由市委主要领导或分管领导担任组长，市政府常务副市长和市委组织部长任副组长，相关部门为成员单位。

30多年间，南通市老干部工作不断加强，多项特色做法和经验得到上级肯定。2006年，市委老干部局被中组部、人事部授予全国老干部工作先进集体荣誉称号。老干部网络党支部建设得到中组部肯定推广。市委老干部局被评为全省老干部工作先进集体，组织老干部参与社会管理创新获省创新创优成果一等奖。市委老干部局还被评为市级机关优质服务品牌创建先进单位，市委、市政府授予其文明单位荣誉称号。

一、深入推进老干部思想政治建设

南通市在落实离退休干部政治待遇的同时，狠抓关键环节，创新工作举措，不断加强离退休干部思想政治建设。

（一）坚持并完善通报情况、传达文件等各项制度

市、县（市、区）每年都组织安排党委、政府有关领导向离退休干部传达、通报中央、省重要会议、重要文件和本地重要会议及经济、社会发展情况。2003年，市长丁大卫给市直县处级以上老干部作全市政治经济形势报告。2008年，市委副书记黄利金为千余名市区离休干部、县处级以上退休干部及老干部党支部书记作形势报告。2005年、2006年、2010年，市委常委、副市长蓝绍敏，三次为老干部作全市经济社会发展等情况报告。

（二）抓好政治理论学习

1998年以来，中共十五大、十六大、十七大、十八大召开后，市、县（市、区）都举办老干部学习中共代表大会精神报告会、学习班（读书班、培训班），帮助老干部学懂弄通代表大会精神，撰写心得体会文章。如2000年，组织老干部学习《老干部理论学习读本》，全市有3.8万名离退休干部参加这一活动；举办读书班、培训班25班次，8517名老干部撰写读书心得体会，交流心得22次。2002年组织全市老干部学习贯彻“三个代表”重要思想、“5·31”讲话和十六大精神，组织老干部学习座谈会

170多场，撰写心得体会文章811篇。2008年，组织举办以传达十七大精神为主的老干部学习班372期，举行学习辅导或形势报告会358场次，老干部撰写心得体会文章4638篇，组织心得交流会450场次，组织老干部观看改革开放图片展、考察新农村建设等2万多人次。市、县（市、区）组组织老干部学习邓小平理论、“三个代表”重要思想、科学发展观。2009年，组织全市老干部认真学习科学发展观、十七大和十七届四中全会精神。全市共开办老干部学习班372期，举办学习辅导和形势报告会386场，组织宣讲126次，老干部撰写心得体会文章4638篇，组织心得交流会450场次。2012年，举行离退休干部学习中共十八大精神报告会及系列学习活动。

（三）组织参加知识竞赛和征文活动

2001年以来，多次组织全市离退休干部参加全国性的党史、革命史等知识竞赛和征文活动，丰富广大老干部的知识领域。

组织老干部参加知识竞赛和征文活动一览表

表8-4-1

年份	举办单位	活动名称	参加人数	获奖情况
2001	中组部、中国老年报报社	党的知识竞赛	1.39万人	市委老干部局获优秀组织奖
2003	中国老龄协会、中组部老干部局、总政老干部局、中国老年报报社	党的十六大精神和“三个代表”重要思想知识竞赛	市直3000多人	市委老干部局获组织奖
2004	中组部老干部局、总政老干部局和中国老年报报社	纪念邓小平诞辰100周年邓小平理论知识竞赛	市直3000多人	市委老干部局获优秀组织奖
2006	中国老年报报社	纪念中国共产党成立85周年党史党建知识竞赛	市直2500多人	市委老干部局被中组部授予优秀组织奖
2007	中国老龄协会、中组部老干部局、中国老年报报社	迎接党的十七大和纪念建军80周年知识竞赛		市委老干部局作为全国唯一的一家地级市老干部部门获优秀组织奖
2008	中组部老干部局、中国老龄协会、中国老年报社	学习党的十七大精神、迎奥运知识竞赛	近3000人	市委老干部局获优秀组织奖
2009	全国老龄工作委员会办公室、民政部优抚安置局、中国老龄协会、中国老年杂志社、中国老年报报社	庆祝建国60周年知识竞赛		市委老干部局获优秀组织奖、先进集体
2010	全国老龄工作委员会办公室、中国老年杂志社	“庆世博让生活更美好”知识竞赛		市委老干部局获优秀组织奖
2011	中组部	“与党同呼吸、共命运、心连心”征文活动	226人参加征文	60篇征文分别获一、二、三等奖，是全省获奖人数最多的城市
2011	中国老年报报社	建党90周年知识竞赛	2500多人	市委老干部局获优秀组织奖

说明：表中“党”均为中共。

（四）加强老干部党支部建设

市、县（市、区）每年都组织对老干部党支部书记的培训，通过辅导、讨论、交流、参观等形式，提高老同志的政治、业务素质，促进基层老干部思想政治工作和老干部党支部建设的开展。20 世纪 90 年代以来，南通每年都举办市直单位老干部党支部书记（后来扩大到部省属单位）培训班。参加培训的人员从 110 人至 180 人不等。与此同时，还合理调整老干部党支部组织设置，调整充实党支部班子。2005 年，全市共调整充实老干部党支部班子 157 个，选配支部书记 184 名。2006 年，合理调整老干部党支部组织设置。单独建立离休干部党总支 14 个、党支部 124 个，合建离退休干部党支部 609 个。2010 年，针对离休干部进入“双高期”（高龄期、高发病期）的特点，积极探索发挥社区党建优势资源，开拓新时期离退休干部党支部建设新路。如在崇川区初步探索出“五个一体化”（组织一体化设置、党员一体化管理、活动一体化开展、平台一体化建设、资源一体化共享）的工作模式，将离退休干部党支部建设融入社区党建工作。

开展创建离退休干部“五好”（支部班子好、党员队伍好、组织设置好、活动开展好、群众反映好）党支部活动。2008 年，南通率先在全省开展创建离退休干部“五好”党支部活动。这一做法在中组部召开的 2008 年全国离退休干部党支部建设暨思想政治建设经验交流会上交流推广。2009 年，市委组织部、老干部局联合下发《南通市“五好”离退休干部党支部考核验收标准》和《关于加强离退休干部党支部书记队伍建设的意见》。同时，召开全市创建“五好”离退休干部党支部推进会，至年末全市有 25% 离退休干部党支部达到“五好”创建标准。市委老干部局的《率先开展“五好”离退休干部党支部创建工作，离退休干部思想政治建设实现规范化、科学化》被评为 2009 年度全省老干部工作创新创优成果优秀奖。中组部《情况交流》以专题形式推介南通的做法。2010 年，市委组织部、老干部局联合下发《关于组织全市离退休干部党支部和党员深入开展创先争优活动的意见》，提出在离退休干部党支部和党员中开展以创建“五好”先进党支部和争做“五好”优秀党员为主要内容的创先争优活动。全市 60% 以上离退休干部党支部达到“五好”标准。2011 年，全市 90% 以上离退休干部党支部达到“五好”标准。

推进学习型和“三型”离退休干部党支部建设。2010 年，市委老干部局下发《关于推进学习型离退休干部党支部建设的意见》。在市老干部活动中心成立南通市老干部党校，开通南通市离退休干部网络党支部，利用网络覆盖广泛的优势，开设专题辅导、学习园地、热点解读等栏目，帮助老干部深入、系统地学习党的最新理论成果，注册会员达 600 多名。利用社会课堂，组织参观学习。组织老干部参观上海世博会、参观本地工农业生产建设，用改革开放的成果教育老干部。2011 年，继续抓好理论武装和形势任务教育，组织老干部认真学习中央全会、中央领导重要讲话和省、市党代会精神，就近参观革命历史景点和工农业生产。2012年，推进学习型、创新型、奉献型“三型”党组织建设。启动实施老干部信息化技能提升工程，从2012年开始，计划用三年时间，对市直单位离退休干部党支部书记和市管退休干部开展一次信息化技能普及。

（五）开展主题教育、实践活动

1995年开始，南通市逐步形成每年召开老干部思想政治工作经验交流会制度。自1998年开始，率先在全省开创以主题教育活动为载体，加强和改进老干部思想政治工作的先河。1999年至2001年进行“学会科学养老，争做健康老人”主题活动。2001年至2004年，开展“四保持”（保持清醒的政治头脑、保持光荣的革命传统、保持革命的人生晚节、保持良好的精神状态）主题教育活动。2004年至2006年，深入开展“保持共产党员先进性、争做四个模范”（认真学习、思想常新的模范，维护大局、促进发展的模范，发挥优势、奉献余热的模范，积极养老、构建和谐的模范）主题教育活动。2007年至2009年，开展“心系和谐当参谋，促进发展献余热”主题实践活动。2010年至2012年，开展“夕阳映江海，晚霞更生辉”主题实践活动。在主题教育、实践活动中，往往通过与新闻媒体联合宣传，举办各类学习班、培训班和学习园地，举行各类报告会、情况通报会及图片巡回展、巡回讲演，组织撰写心得体会、参观考察、交流经验等方式，调动广大老干部参加活动的积极性，确保活动取得良好效果。每次主题教育、实践活动，都会涌现出一批先进人物。如，2001年，市委、市政府表彰在“学会积极养老·争做健康老人”主题活动中成绩突出的张正联、季汉中等10名“十佳健康老干部”。2003年3月，对在上年度“四保持”主题教育活动中成绩突出的100个离休干部先进单位、先进老干部党支部、先进个人进行表彰。2004年，对连续3年老干部“四保持”主题教育活动中涌现出来的34个先进党支部、52名离退休干部先进个人进行表彰。通州市公安局老干部党支部、海门市离休干部洪谟受到中组部表彰。6个先进党支部、13个先进个人获省表彰。2007年1月，全市召开老干部工作暨老干部主题活动表彰大会。有27家单位获全市老干部保持共产党员先进性、争做“四个模范”主题教育活动组织奖，30个老干部党支部（党总支）获先进集体奖，53个离退休干部获先进个人奖。2012年，通州区离休干部宋英捐资100万元设立慈善基金。中组部领导、省委、省政府和市委主要领导均作出重要批示，省委组织部、老干部局，市委、市政府下发文件，要求广泛学习弘扬宋英同志的崇高精神。6月30日，市委召开创先争优表彰大会暨宋英同志先进事迹报告会。召开全市离退休干部思想政治建设暨“夕阳映江海，晚霞更生辉”主题实践活动表彰会，表彰30个优秀组织单位、40个先进支部和50个先进个人。坚持不懈地发挥老干部的思想政治优势，1991年，市老干部革命传统教育团被中组部评为全国老干部先进集体。2012年，市老干部革命传统教育团被表彰为全省、全市理论宣讲先进集体。

二、全面提高老干部晚年生活质量

从提高老干部晚年生活质量入手，尽心尽力为老干部办实事、做好事、解难事，努力使老干部生活待遇与经济社会发展水平相适应。

（一）建立、完善离休干部离休费、医疗费保障机制

上世纪90年代至本世纪初，由于国有企业改制和地方财政困难等原因，一些地方和单位离休干部的离休费、医疗费未能及时足额发放，出现拖欠现象。当时，南通市把建立、完善离休干部的两费（离休费、医疗费）保障机制作为老干部工作的重点，每年都花较大力气抓“两费”清欠工作，采取抽样检查、电话暗访、上门家访等形式，限期解决拖欠离休干部“两费”的问题，做到“一分不欠，一户不漏，不留死角”。1998年，市老干部工作领导小组决定，市属13家破产企业62名离休干部的离休金由社会统筹，服务管理由主管局负责，并对37家特困企业165名离休干部单独划出参加医疗统筹的问题作了讨论研究。1997年至2002年五年共解决拖欠离休干部的离休金、医疗费2292.11万元，特项经费193.94万元。

建立、完善离休干部离休费保障机制。2001年10月，市委、市政府召开全市老干部工作会议，落实省委办公厅、省政府办公厅《关于完善离休干部离休费、医药费保障机制的意见》文件精神。市委办公室、市政府办公室转发市委组织部、老干部局、市劳动和社会保障局、财政局《关于完善市直企业离休干部离休费及专项经费保障机制的通知》。2002年，对全市25个困难乡（镇）500多名离休干部离休金，采取由所在县（市）财政直发的办法。2003年，规范离休费统筹项目，解决离休干部离休金前清后欠问题；乡（镇）离休干部离休费由县（市）、区财政直发。健全和完善离休干部专项经费发放机制。2004年，规范离休费统筹项目，达到覆盖面、统筹面两个100%，彻底解决离休金前清后欠问题。至年底，全市离休干部的专项经费全部实行社会化发放。

建立、完善离休干部医疗保障机制。2000年4月，全市召开离休干部医药费县级统筹会议。各县（市）采取扎实有效措施，先后建立、健全离休干部医药费县级统筹保障机制并正常运行。2001年，市委常委会和市政府常务会议讨论通过《关于市区离休干部医疗保障实施统筹管理的意见》。从2002年3月起，市直单位实施离休干部医疗统筹，为74家困难企业减免330名离休干部的医疗统筹金，并按时参加医疗统筹。2003年，全市离休干部参加医疗统筹人数为8321人，覆盖率达99.21%。市直对105家特困企业、328名离休干部的医疗统筹实行减免。市财政为73家困难企业329名离休干部共支付医疗费统筹金527.51万元。2004年，全市离休干部参加医疗统筹人数7821人，覆盖率达97.2%。市财政承担市直困难企业离休干部806.38万元医疗统筹金。2005年市财政为市直困难企业379位离休干部支付医疗统筹金1158.48万元。全市离休干部参加统筹人数7989人（除部省单位和2005年已故人数），医疗统筹覆盖面达

到 97.2%。2006 年，全市老干部医疗统筹覆盖面达到 99.2%。市财政在兜底解决市直改制、困难企业 435 位离休干部医疗统筹金的基础上，又解决市直 7 个特困企业 56 位离休干部的医疗统筹费，减免金额达 268.4 万元。南通市还逐步解决无固定工作、无固定收入的已故离休干部的配偶参加医疗统筹问题。2007 年全年全市解决 3132 人。市财政还为 129 位离休干部解决了其配偶因无固定工作、无固定收入难以参加医疗保险的问题。对部分离休干部因家庭重大变故或因家庭收入低、危重病自付药品费用多的困难，财政上也给予了特殊补助。

针对离休干部高发病期特点，南通市于 2005 年调整市直单位离休干部的医疗统筹标准。当年，市财政支付 13 万元对 103 名离休干部进行补助。离休干部特殊护理费标准，随着物价上涨，也逐渐有所提高。2010 年，市出台《南通市进一步加强离休干部医疗保健服务管理工作的意见》和《关于做好副省级医疗待遇离休干部医疗保健工作的通知》，进一步明确要强化老干部门诊、病区建设，强化医疗服务保障，强化医务人员配备，强化医疗单位的组织领导。2011 年、2012 年，市提高了企业离休干部服务管理经费标准。各县（市）、区普遍加强了老干部病区和病房建设，县一级医院有专门的老干部病区，乡一级医院设有专门的老干部病房，并尽可能地为老干部病区、病房配备良好的医疗设施和优质的医护人员。

（二）建立、完善离休干部生活待遇正常增长机制

南通市在完善离休干部离休费、医药费保障机制的基础上，不断提高离休干部生活待遇，使其充分享受改革开放成果。一是坚持生活待遇与经济发展协调增长。2007 年年初，各县（市）、区按照当地经济发展水平，适当提高离休干部年终一次性补助标准。2008 年，在制定规范地方补贴方案时，坚持从优原则，对政府统一规定的改革性补贴及交通费、电话费等给予保留。提高离休干部无固定收入配偶（含遗属）年终一次性补助标准。2012 年增发离休干部生活补贴，提高离休干部去世后丧葬费、抚恤金和遗属补助等，并及时按标准全面落实到位。二是做好离休干部住房补贴和住房租金补贴的发放工作。2002 年，开展市直单位离休干部住房补贴和住房租金补贴的发放工作。2004 年，市直离休干部住房租金补贴由本人工资总额的 3.6% 调至 6.1%，并实行社会化发放。2009 年，开展离休干部住房补贴第二批发放工作。2007 年至 2010 年，各县（市）、区离休干部的住房补贴问题，采取单位负担与财政补贴相结合、一次审批与分批解决相结合的办法，为 5718 位县（市）、区离休干部发放住房补贴。三是办理其他优待。2002 年，南通市为 2780 多名市直离休干部办理了免费乘坐市区公交汽车手续。

（三）建立、完善离退休干部特殊困难帮扶机制

2008 年，全市各级党委、政府设立老干部专项基金，帮助生活困难的老干部及老

干部遗属解决后顾之忧。2009年，市委组织部、老干部局、市财政局等联合出台《关于做好困难离退休干部关怀、帮扶工作的意见》，市财政安排50万元作为老干部特困专项资金。全市共落实150多万元，先后帮助460名困难离退休干部解决燃眉之急。2010年，市财政安排帮扶特困老干部专项资金，对有特殊困难的离休干部给予特殊关爱和救助，并将帮扶对象延伸至市管退休干部和老干部遗属。全市落实经费387万元，帮助了600多名困难离退休干部及离休干部遗属。2012年，制定了市直离退休干部扶贫帮困细则。海安县建立全县离休干部大病救助奉献基金、明确困难对象帮扶责任制。启东市财政每年专门拨付30万元，作为困难帮扶救助基金。通州区财政每年安排50万元老干部特困帮扶基金。

三、充分发挥离退休干部作用

坚持把老有所养和老有所为结合起来，积极构筑老干部发挥作用平台，引导离退休干部在中国特色社会主义建设中发挥积极作用。

（一）构筑服务发展大局平台

市委老干部局于2009年8月，成立南通市老干部智库。聘请30多名老干部为智库成员。智库紧扣党委政府中心任务，立足发展前沿，抓住重点课题，认真开展调查研究。2009年至2012年，共形成40余篇高质量调研报告，提出建设性意见150多条，编印成4本《南通市老干部智库调研报告汇编》。市委书记丁大卫和多位领导作出批示，要求相关部门将智库建言吸纳到工作中。《新华日报》《中国老年报》等媒体大篇幅地报道了智库服务经济发展大局的事迹和经验。

组织老干部参与创建文明城市、文明社区工作。2002年，全市有3217名离退休干部参加创建文明城市的宣传、发动工作。是年，全市老干部提供招商引资、项目开发信息100多条，有价值、可以落实的有30多条，引进资金930多万元。2011年，招募组建六支特色老干部（老年人）志愿服务队，共有1500多名老干部参与。

（二）构筑参与社会管理平台

在深入调研的基础上，市委老干部局于2011年下发《关于组织引导老干部参与社会管理创新的实施意见》。市委政法委、老干部局联合召开全市组织引导老干部参与社会管理创新工作会议，对发挥“四大层面、十个领域”的积极作用进行全面部署，组织全市4万多名老干部在社会管理创新舞台上大展身手。编印了《老骥促和谐——南通市老干部参与社会管理创新材料选编》，市委常委、政法委书记曹斌撰写序言。

（三）构筑助力人才培养平台

组织老干部牵手大学生“村官”活动，全市有2483名离退休党员干部和1665名大学生村干部牵手结对。建立“以老带新、以新助老、共同提高”的长效机制，使老干部政治、经验、威望优势得到发挥。召开市直单位老干部牵手大学生村官座谈会，为老干部发挥作用提供新平台。

筹备成立老干部创业导师团，与市人才办对接，挑选工作经验丰富、熟悉企业经营管理的退休干部与高层次人才结对，真正将老干部的经验和专业优势转变为落实人才强市战略的资源优势。崇川区直机关开展了离退休干部与青年干部“牵手共建”活动，帮助青年干部真正融入全区工作大局当中。

四、全面做好老干部服务管理工作

针对新形势下老干部工作的新要求，以人为本，拓展内涵，积极研究利用社区资源服务离退休干部工作的新思路、新举措，探索退休干部服务管理工作。建立健全国有改制和破产企业离休干部服务管理工作长效机制。

（一）深入推进利用社区资源服务离退休干部工作

2009年，市委组织部、老干部局、市民政局等部门下发《关于利用社区资源做好离退休干部服务管理工作的意见》，明确“助学习、助活动、助医疗、助家政、助慰藉、助奉献”的“六助”工作任务。分别在崇川区、通州区开展活动试点。当年11月初，南通市在通州区召开全市利用社区资源做好离退休干部服务管理工作推进会，交流推广经验并组织实地参观。2010年，将市属1469名离休干部委托崇川、港闸区21个社区服务管理，分别签订服务管理责任书。指导街道、社区建立离休干部基本信息库，实现了市直离休干部信息与街道、社区的完全对接。指导其健全服务台账，建立联系服务卡，编发服务指南。将85岁以上、独居、“空巢”和长期卧病在床、生活不能自理、家庭发生重大变故等有特殊困难的离休干部作为服务的重点，提供有针对性的服务。坚持典型示范引领。2011年、2012年，在全市培育通州区城东村、崇川区朝晖社区等5个省级示范点，17个市级示范点，以示范为引领，以示范带一般，有效促进了全市利用社区资源服务老干部工作水平的提高。在全省利用社区资源服务离退休干部推进会上，南通市2个省级示范点受到表彰，经验得到推广。为进一步提升服务水平，南通市组织对社区服务工作和社区工作人员进行考核评比，对考评和民意测评两项指标考核合格的，给予适当奖励。

（二）做好国有企业改制和破产企业离休干部及易地安置离休干部服务管理工作

南通要求各地各部门按照“上收一级、原单位管理”等五种形式，做好国有企业改制、破产企业离休干部的服务管理工作，切实做到离休干部的事情有人管、工作有机构负责、所需经费有保障。2001年，市委办公室、市政府办公室转发市委老干部局《关于切实加强机构改革和企业改制后老干部工作的意见》。2005年4月，市老干部工作领导小组研究决定，对未授权的已破产、歇业、无主管和无国有资产的69家企业218名离休干部，由新建的市直老干部管理服务中心直接进行管理和服务。落实改制为非公有制和破停产企业604名离休干部管理服务经费由财政统一核拨，确保待遇和经费到位。

2006年，市财政给市直改制的非公有制企业的663名离休干部，按每人每年2100元的标准拨付管理经费。是年7月，在如东县召开全市国有改制和破产企业离休干部管理服务工作推进会，交流各地的成功经验与做法，推进全市改制企业离休干部的管理服务工作。建立中共南通市市直老干部管理服务中心总支部委员会，把直接管理的改制企业离休干部党员，单独建立4个党支部，分片开展活动。2007年，对市直216名改制企业离休干部直接管理服务。2011年，对市直18个部门50家改制企业的离休干部进行审核，及时核拨款项，为550名改制企业离休干部管理服务工作提供了保障。在继续对原210多名改制破产企业离休干部实行集中管理服务的基础上，新接收了原物资总会下属企业49位离休干部，并创造性地将这些离休干部根据居住区域分片包干，建立定期联系、走访、慰问等四项制度，结合一些节庆活动，组织开展了“老少同颂党恩”联谊、经济形势讲座等活动。2012年，建立企业离休干部矛盾纠纷联动调处机制。市委老干部局与市法律援助中心和社区联动，通过电话咨询、上门服务和知识讲座等方式帮助老干部解决矛盾纠纷。继续深化拓展“四就近”，积极构建老干部原单位、老干部工作部门、老干部家庭、老干部所在社区“四位一体”服务网络。

南通市要求易地安置离休干部代管单位要切实落实好易地安置离休干部的政治、生活待遇，进一步做好医疗照顾、学习活动安排等各项服务工作，尽力帮助他们解决实际困难，让他们更好地安享晚年。各县（市）、区加强与离休干部单位的联系协调，听取意见建议，不断完善工作方法，提供更好的服务。

（三）积极探索退休干部服务管理工作经验

南通市按照“宏观管理、分级负责”的原则，积极探索退休干部分级、分类服务管理的新思路、新举措，在全国较早按干部管理权限，开展退休干部服务管理工作。省委老干部局在南通市召开全省退休干部服务管理工作交流会，推广该市做法。2008年，市委办公室转发《关于进一步加强市管退休干部服务管理工作意见的通知》。市委老干部局增设了退休干部处。各县（市）、区亦相应出台了退休干部服务管理工作意见，成立了退休干部科，配备了服务管理人员，落实了服务管理经费，开展了正常工作。制定《南通市市管退休干部服务管理暂行办法》，明确服务管理的具体内容。定期组织学习培训，先后组织4期市直和县（市）、区县（处）级退休干部培训班，有300多名市管退休干部参加了培训。对市管退休干部定期开展走访慰问活动，完善定期情况通报、定期组织体检等制度。对有特殊困难的县处级退休干部等对象不定期上门看望，做好帮扶、慰问、日常服务等工作。市在如皋召开了全市退休干部服务管理工作推进会。会后，各地不断创新完善工作制度，进一步细化工作措施，逐步完善形成了培训参观、慰问帮扶、成果共享等行之有效的工作机制。

五、满足老干部精神文化需求

全市各级老干部工作部门大力实施“营造一流环境，创造一流条件，树立一流形象”的“三项一流”工程，加大投入，加强管理，改善老干部活动学习环境，开展丰富多彩的活动，满足老干部精神文化需求。

（一）加强活动学习阵地建设

南通市坚持将活动学习阵地建设纳入当地城市建设的总体规划，不断加大投入，更新设施设备，为老干部活动学习提供良好的环境。自 20 世纪 80 年代后期成立市老干部活动室起，逐步在老干部集中居住的虹桥、北郭、苹园路、新城小区等社区设立老干部活动分室，形成一中心多分室的工作格局。1998 年 7 月 1 日，市老干部活动中心落成对外开放。市老干部活动中心建筑面积 4218 平方米，是全市离退休干部学习、娱乐活动的主阵地。2003 年、2004 年，全市各县（市）、区连续两年共投入资金 3200 多万元，用于老干部活动中心建设，活动中心面积达 9.12 万平方米。2010 年，根据中组部要求，在市老干部活动中心增挂老干部党校牌子。当年，全市投入资金 5019 万元，新增和改造老干部学习活动阵地 13000 平方米。开发区在区公共服务中心专门设立了老干部活动中心，在 13 个社区为老干部活动增设了阵地。2012 年，市老干部活动中心电脑室及网络升级改造，全面提升信息化服务水平。海门投资 5000 余万元，兴建了建筑面积达 1 万平方米的老干部活动中心。

（二）开展示范性老干部活动学习阵地创建活动

自 20 世纪 90 年代开始，在全市老干部活动室开展“五好”活动室评比活动。2010 年初，南通市按照“组织领导制度化、基础设施标准化、活动开展多样化、服务管理亲情化、队伍建设规范化”的“五化”标准，出台《南通市示范性老干部活动学习阵地建设实施意见》和《南通市示范性老干部活动学习阵地建设考核验收标准》。指导、督促各县（市）、区制定示范性镇（街）、社区老干部活动学习阵地考核标准和考核办法。在全市精心培育了 26 个示范点，发挥示范引领作用。在如东召开示范性老干部活动学习阵地建设推进会，把活动学习阵地向乡镇（街道）、向村（社区）延伸。省委老干部局要求全省各市学习南通做法，全面开展示范性老干部活动中心创建工作。市和如东县老干部活动中心被省授予全省示范性活动学习阵地称号。在示范性老干部活动学习阵地创建过程中，全市各级老干部活动学习阵地加强内部科学管理，开展日常工作和全年工作考核考评，接受老干部监督，不断提高服务水平。

（三）丰富充实老干部精神文化生活

南通市各级党委、政府及老干部工作部门结合重大节日和重要纪念活动，组织老干部开展丰富多彩、科学文明、健康有益的文化活动，活跃广大老干部的精神文化生活，把文化养老落到实处。

2008 年，举办纪念改革开放 30 周年暨迎奥运全市老干部书画摄影作品展。举办南通市第九届运动会老年部比赛，全市 127 名离退休老同志、社会老年人参加乒乓球、门球比赛。组织参加迎奥运全省老干部太极拳比赛。组队参加在香港举办的“敏之杯”老年乒乓球国际友好邀请赛，获男子团体第 5 名。6 次组织有关专家向老干部作防病健身知识讲座。

2009 年，举办“祖国万岁”老干部书画展、“六十年，我们共同走过”老干部文艺汇演。选送优秀节目参加“祖国颂”全省老干部文艺汇演，歌舞小品《亲家拌嘴》荣获优秀节目奖，舞蹈《十送红军》、服饰表演《濠河流韵》荣获表演节目奖，市老干部活动中心荣获优秀组织奖。

2010 年，举办历时 4 个月的首届“健康快乐伴我行”老干部文体系列活动。组队参加“迎省运”全省老干部桥牌比赛，取得团体第三名，老干部局获得优秀组织奖；参加“和谐颂”全省老干部现代交谊舞比赛，南通市代表队获多个奖项；组队参加第十七届全国沿海部分城市门球联谊赛，取得好成绩。开展元宵节庆祝活动、庆中秋音乐会、重阳节老干部文艺汇演暨庆祝重阳节活动。

2011 年，开展庆元宵系列活动，组织老干部参加第 31 届“濠滨夏夜”文艺晚会。利用老干部活动阵地组织开展纪念中国共产党建党 90 周年系列活动，举办老干部书画摄影作品展、老干部纪念中国共产党成立 90 周年大会暨文艺演出、“经典红歌唱响南通”演唱会、邮票展览、诗词创作吟诵等活动。举办“迎国庆、贺重阳”系列文体比赛、组织“相约在南通”老干部文艺交流演出等活动，在全省老干部门球比赛中荣获优秀组织奖。

2012 年，组织开展“辉煌三十年·庆祝党的十八大胜利召开”全市老干部系列文体活动，举办迎庆十八大老干部书画摄影作品展、老干部文艺演出、邮票展览等活动。组织全市离退休干部参加中组部老干部局开展的“诗书画影抒情怀，喜迎党的十八大”主题活动，中国老年报社主办的首届全国中老年散文、诗歌创作大赛，圆满完成了作品征集上报任务。承办了全省老干部乒乓球比赛。筹建市老干部艺术团，南通市选送的舞蹈《溜溜的康定、溜溜的情》在全省老干部民族舞比赛中获二等奖。全年各项活动累计达 300 余次，参加的老干部 1 万多人次。

第九章　老年文体

老年人的文化活动是老年人生活的重要组成部分，是老年人老有所教、老有所学、老有所为、老有所乐的重要内容。从 20 世纪 80 年代中期开始，南通市各级政府及相关工作部门重视老年文化建设，全面发展老年教育，组织适合老年人参与的各类文化体育活动，包括音乐舞蹈、书法国画、摄影摄像、保健养生等，着重在敬老文化建设、休闲文化建设、益寿文化建设三方面加以推进，以丰富老年群体的精神文化生活。老年人踊跃参加各类文化体育活动，愉悦身心，陶冶情操，延年益寿。自 1986 年起，市政府每年都安排老年文化教育专项经费，用于资助、支持开展老年文化活动。

第一节　老年教育

老年教育是终生教育的后期阶段。为丰富老年人晚年精神生活，南通市大力兴办并切实办好老年大学、老年学校，以增长老年人的文化知识，丰富晚年生活。许多老年人在老年大学、老年学校学习后，积极参加艺术实践和社会实践活动，丰富提高自己，积极服务社会，晚年生活过得更加充实和更富有意义。

一、老年大学

南通市委、市政府于 1986 年建立南通市老年大学。随后各县（市）、区也相继建立老年大学。到 2012 年年底，南通市共有老年（老干部）大学 9 所，校舍面积达 18225 平方米，在校学员 9164 人，累计毕业学员 10 万人（次）。各校根据当地老年学员的需求和办学条件，开办数十个专业课程，有书法、绘画、音乐、舞蹈、戏曲、文学、历史、外语、医疗保健、健身体育、花木栽培、烹调、摄影、计算机等。办学层次从初级班、中级班、高级班到研修班。

南通市老年大学　建于 1986 年 9 月，由市老龄委归口管理。建校时，市委、市政府聘请刘光任名誉校长，马骏任校长。学校建立校务委员会，刘光任第一届校务委员会主任，任文彬、马骏为副主任。1995 年 3 月，马骏任名誉校长，董魁如任校长。1998 年 5 月，李明勋任校务委员会主任，顾嘉禾、叶沈良、董魁如任副主任。2009 年 7 月，市政府决定市老年大学归口市教育局管理，实行理事会领导下的校务委员会负责制。学校理事会理事长由市委、市政府负责同志兼任，黄利金任理事长，蓝绍敏、杨展里任副理事长；理事会理事由市教育、民政、老干部等部门和市老年大学的负责人组成。学校为社会公益性事业单位，财政全额拨款（2007 年 12 月前定额拨款）。学校行政管理人员、教职员工全部实行聘任制。市政府决定，王建明任市老年大学校长。

市老年大学面向南通市区全社会老年人，以“坚持方向，增长知识，丰富生活，陶冶情操，有益健康，服务社会”为办学宗旨，本着“颐养康乐”和“进取有为”并重的原则，满足老年人“求知、结友”的要求，按老年人的特点和意愿设置专业和构建学校秩序。1986 年学校首次招生，开设历史、文学、书法、国画、养花 5 个班，学员 251 人次。借用市业余工大一间教室上课。1988 年，市政府拨款在濠河畔（环城南路 23 号）建 793.59 平方米校舍，次年 11 月迁入凌云校区新址。2005 年底，市老年大学共开设 30 个专业，有 88 个班，学员 2148 人次。2009 年 7 月，市老年大学主体迁入十字街钟楼内，包括凌云校区，校舍总面积达 9000 平方米，制约老年大学发展的校舍问题得到初步解决，入校老年学员大量增加，办班扩大到 170 个班级，50 多个专业。次年，在校学员超过 4800 多人，规模进入省内中上游行列。2011 年、2012 年不断扩大办学规模。为满足学员提高层次、继续学习的要求，市老年大学从 1989 年起开设中级班，1993 年首次开设书法、国画研究班，1996 年又开办创作研究班。2012 年 9 月，南通市老年大学开设的 50 多个专业分为 7 类：音乐舞蹈类（歌咏、京剧、越剧、舞蹈、交谊舞、拉丁舞、健身排舞、钢琴、电子琴、古筝、二胡、葫芦丝、T 台风采）、书画类（楷、隶、行、草、篆、花鸟画、山水画）、摄影类（摄影基础、摄影技艺、摄影题材、图像基础、图像软件、旅游地理、旅游文化）、计算机类（计算机基础、计算机组装与维护、计算机理财、网络软件、DV 摄像基础、摄像编辑）、文史类（诗词格律、文物赏析、四书名句解读、唐宋诗词赏析、红楼梦解析、中国史、世界史、英语）、综合类（瑜伽、太极拳、木兰扇、太极柔力球、养花、国际象棋、中国象棋、编织、烹调、时尚家庭菜、中西点心、健美操专业健排舞）、医疗保健类（西医保健、中医老年养生、导引养生功、老年疾病的防与治）。层次分为基础班、中级班、高级班和创作研究班。南通市老年大学教师50多人,为高等院校的退休教师和社会上的知名专家。

毕业学员中的部分人专业技艺达到较高水平。据不完全统计，老年大学历届学员的书画作品在全国参赛获奖及入编全国性作品专集的超过 300 人次。

1993 年，南通市老年大学获全国老年事业先进集体创新奖。1994 年 3 月、1997 年 1 月，学校两次被市委、市政府评为两个文明建设先进集体。1999 年 11 月，被省教委、省老干部局、省老龄委评为江苏省优秀老年大学。2005 年，南通市老年大学被评为省、市两个文明建设先进集体、老龄工作先进单位、优秀老年大学。2009 年，在中国老年大学协会组织的全国老年教育先进单位、先进个人评选表彰活动中，南通市老年大学被评为全国先进老年大学，董魁如被评为全国先进老年教育工作者。

海安县老干部大学 创办于 1992 年 7 月，首期开办 3 个班，学员 65 名。20 多年来，

学校不断发展壮大，现有三层教学楼一幢，面积近700平方米，有较为齐全的教学配套设备。截至2012年，学校先后开设政治理论、文学、诗词、书法、篆刻、国画、家电、花卉、烹饪、摄影、电脑、英语、中西医保健、按摩、音乐、戏剧、民族舞、太极拳等11个专业，33个班级，学员1738人次。1992年，学校被县教育局表彰为社会办学先进单位；1999年，被省教委、省老干部局、省老龄委评为江苏省优秀老年大学。

如皋市老年大学　1987年9月建立如皋县老年大学，为南通市各县、区中第一所老年大学。1991年6月，如皋撤县建市，如皋县老年大学更名为如皋市老年大学。建校初期，学校设书法、老年保健、花卉盆景3个班，学员89人，兼职教师3人。至2012年，学校已逐渐形成一定的办学规模，专业设置不断增加，有文学、历史、英语、书法、国画、写作、老年保健、音乐、舞蹈、电子琴、古筝、电脑、烹饪、摄影、篆刻、家电使用与维修、太极拳、花卉盆景等22个专业，28个班级，学员1210人次。1999年12月，如皋市老年大学被评为江苏省优秀老年大学。2001年10月，如皋市老年大学被评为如皋市老龄工作先进集体。

如东县老年大学　1988年9月建立，校址设于县老干部活动中心内，学制以二年为主。第一期开设保健、花卉、书画3个班，学员162人次。2004年，如东老年大学新建建筑面积1469平方米校舍，现代化教学设施逐渐配套。2005年，班级发展到保健、书法、摄影、烹调、旅游、地理、电脑、英语等15个，学员307人。2012年，共开设专业16个，24个班，学员1075人次。1989年，如东县老年大学全体学员加入如东县关心下一代协会；1994年，学校建立关心下一代工作委员会，下设家庭教育组、革命传统教育组、德育故事组、校外教育辅导组、法制教育组等。2002年，又建立芳岑志愿者服务站。在办学过程中，学校先后建立老干部文艺队、老年书画联谊会、摄影联谊会、红叶诗社、老年合唱团、京剧兴趣组等多个社团。仅老干部文艺队、老年合唱团，2005年一年就对社会公开演出22场次，观众达7000多人。学校被江苏省妇女儿童委员会授予儿童少年工作先进集体荣誉称号，南通市委、市政府授予老龄工作先进单位、两个文明建设先进集体荣誉称号，如东县委、县政府授予关心下一代先进集体荣誉称号。

启东市老年大学　1989年9月建立启东县老年大学，在启东撤县建市后更名为启东市老年大学。建校之初，设中医保健、楷书两个专业，4个班级。经过艰苦创业，摸索教学经验，进入20世纪90年代后，在启东市委、市政府的重视和有关部门的支持下，扩建教室，添置教学设施，学员增至4000多人次。进入新世纪后，老年大学进入规划创新阶段。启东市委、市政府把“建成教育设施比较完善，教学体系相对完备，教学质量争创一流的启东老年大学”作为为民办实事之一，政府投资390万元建成一所现代化的、多层次综合型的老年大学。2005年，学校发展到30个班级，学员1511人次，设英语、电脑、花鸟画、山水画、健身舞、文娱、电子琴、书法、按摩、文史、烹调、中西医保健等 12 个专业。2012 年，已经发展到 50 个班级，学员 2330 人次。学校在 1991、1995 年先后被启东市委、市政府，南通市委、市政府授予老龄工作先进集体荣誉称号。

海门市老年大学 1989 年 9 月建立海门县老年大学，撤县建市后更名为海门市老年大学。办学之初借用县委老干部局会议室上课。1992 年 3 月，县政府作为实事工程拨款 18 万元，在狮山路 19 号动工兴建 400 平方米教学楼 1 幢。2005 年，学校迁至海影新村新校舍，建筑面积 800 平方米，办学条件有极大改善。建校首期，学校设保健、书法各两个班，学员 126 人。1994 年设国画、书法、诗词、按摩、中医、西医、太极拳、烹饪、音乐、电子琴、书画等 12 科 18 个班，学员 370 人，计 750 人次。期间，先后与有关部门联办 4 期电脑班，100 多位老年人学会了电脑操作。2012 年设 17 个专业，21 个班，学员 1200 人次。1996 年，海门市老年大学被评为南通市、海门市两个文明建设先进单位。

通州区老干部大学 1991 年 11 月，建立南通县老干部大学。1993 年，南通县撤县建通州市，南通县老干部大学更名为通州市老干部大学。2009 年，通州市撤市建区，学校又更名为通州区老干部大学。建校初期，学校设 3 个班级，学员 58 人。2005 年，学校有 23 个班级，学员 571 人。2012 年，学校有 16 个专业，20 个班，学员 795 人次。学校的班级和科目一直坚持按老年人的学习需要设置。知识类：文学、电脑、汉语拼音等；娱乐类：音乐、戏曲、交谊舞、民族舞等；健身保健类：西医、中医、心理保健、健身操等。通州老干部大学建立初期，教学设施十分简陋，经过发展，至 2005 年已有教学、展厅、办公用房约 1000 平方米，2012 年增加到 2200 平方米。

崇川区老年大学 2000 年 9 月创办，又称南通市老年大学崇川分校。其主管部门是区民政局、区老龄办。初创时区老年大学设在城山路崇川区教育局内，设太极拳、书法、旅游、乐器、摄影 5 个班，招收 136 名学员。到 2005 年年底，学校开办专业 10 门，设 10 个班级，学员 230 人。2012 年，学校开办专业 18 个，37 个班，学员 1239 人。从 2005 年起，区老年大学从城区社区教育的实际出发，在有条件的社区创办小型学习班，将老教育向社区延伸，方便行动困难的老人就近上学。至 2012 年度，全区 109 个社区共办 1310 个班，就近上学的老年人累计达 68000 多人次。

港闸区老年大学 2000 年 9 月创办，又称南通市老年大学港闸分校，其主管部门是区民政局、区老龄办。初创时老年大学暂借用唐闸职工教育学校的教学楼办学，当年招书法、健身、歌咏、国画 4 个班级，有 95 个学员。后迁址到芦泾乡窑墩坝小学办学。2003 年，港闸区老年大学迁到唐闸疏航桥，区老年大学正式有了自己的教学楼。随着办学影响的逐步扩大，区老年大学在办好校部教学的同时，为方便就近入学，从 2005 年起，在易家桥新村、秦灶镇、幸福乡开办老年健身、书画、电脑等班。2012 年，学校开办 12 个专业，19 个班，学员 980 人次。

二、老年学校

在市、县（市、区）建立老年大学的基础上，乡镇、社区的老年人教育也日益受到重视。1994 年 9 月 22 日，如皋县第一所乡镇老年学校 —— 县老年大学丁埝镇分校开学上课。紧接着县老年大学白蒲镇分校、石庄镇分校以及搬经镇老年学校建立。与此同时，全市各县（市）、区亦陆续掀起兴办乡镇老年学校的热潮。老年学校的课程设置以养生保健、农技、时政、书画为主，居住乡镇的老年人有了学习阵地，晚年生活变得更丰富多彩。一批老年学校愈办愈好，受到表彰。1999 年 11 月，省教委、省老干部局、省老龄委授予海安县老干部大学仇湖分校、如皋市吴窑镇老年学校、如东县岔河镇老年学校、通州市骑岸镇老年学校、启东市寅阳镇老年学校 5 所学校江苏省优秀老年学校称号。各地推广优秀老年学校的经验，掀起新一轮兴办和建设乡镇老年学校的热潮。至 2005 年，如皋市乡镇共有 28 所老年学校，学员 3600 多人。通州市 10 个建制镇，镇镇建有老年学校。2012 年，全市有社区、乡镇老年学校（班）3000 多个，学员近 8 万人次。

第二节　老年文艺

南通市群众文艺活动中，由人数众多的老年文艺爱好者组成的老年文艺团队十分活跃，格外引人注目。各类老年文艺团队遍布全市城乡，至 2011 年共建有各类团队 1100 多家。这些文艺团队组织和参与各类文艺（娱）演出，既展现了老年人艺术风采，也活跃了社会文化生活。

1992 年 4 月，南通市老年艺术团成立。当年，市老龄问题委员会与市委宣传部、市广播电视局联合举办“江风神韵”—— 南通市首届老年人文艺汇演。为参加汇演，各县（市）、区和经济技术开发区广泛发动，认真组织，一大批老年文艺活动爱好者参加排练、演出。“江风神韵”汇演，六县三区均有节目参演。通过文艺汇演选出的《龙舞吉祥》等 12 个节目，后来屡屡在省级、全国获奖，其中获省老年人文艺汇演一等奖的有 2 个、二等奖 4 个、三等奖 1 个，有 2 个节目获全国老年人文艺汇演二等奖。南通市获江苏省首届老年人文艺汇演组织奖。当年，市老龄办还联合有关部门组织开展了一系列丰富多彩的老年人文化活动，如举办老年京剧培训班等。

1995 年，南通市成立首支老年文艺表演团队 —— 市老年艺术团，以后陆续成立夕阳红艺术团、老年腰鼓队等老年文艺团体。5 月 26 日至 27 日，省老龄委和省舞蹈家协会联合举办首届中老年文艺汇演，南通市由 30 多位中老年文艺活动积极分子组成代表队赴南京参赛，有 9 个节目获得最佳表演奖，获奖面居全省各市之首。

2001年“敬老日”期间，市老龄办组织市老年艺术团、夕阳红艺术团、老年腰鼓队等老年艺术团体在市民广场表演了20多个文艺节目，整台演出融演员乐、观众乐于一体，充满了喜庆的节目氛围。老年人对开展文艺活动的积极要求得到街道和社区的大力支持和帮助，街道、社区主动提供必要经费，协助解决活动场所，联系安排演出等，推动老年文艺活动的开展。2001年，崇川区新城桥街办及城南二村居委会相继成立中老年舞蹈队、老年腰鼓队、妇女合唱队、书画小分队等多种形式的文艺队伍。老人文艺队伍经常开展活动，不仅使该地区的老年人生活过得有滋有味，有声有色，而且把整个社区的文体活动搞得丰富多彩，受到社会各界的一致好评。

2004年10月，南通市举办老年人才艺大赛。大赛历时半年，吸引广大老年人积极参与，共有250多个节目参赛。经过初赛、复赛、决赛，最后评出一等奖5个、二等奖8个、三等奖12个、优秀奖15个、组织奖21个。10月18日，在南通市第十八个“敬老日”，老年人才艺大赛举行颁奖汇报演出。10月21日，由民政部、文化部、全国老龄办共同举办的《红叶风采》大型文艺晚会在北京全国政协礼堂举行，在南通市老年人才艺大赛中获奖的时装表演节目《蓝白风韵》作为江苏省唯一参演节目在晚会上演出。演出结束后，南通老年演员受到全国人大常委会副委员长顾秀莲和全国老龄办领导的接见。

2007年7月21日至8月16日，市区举办第四届“魅力夕阳”走进社区文艺演出活动，在永兴佳园、钟秀街道、观音山剧场、陈桥乡、经济技术开发区组织的5场专场演出，观看的老年人和居民达1.5万人。10月，又开展“银龄风采”进社区系列文艺演出活动，100多位老年演员先后到10个社区及老年公寓为4000多位老年人演出。

2009年，市委、市政府决定，从这一年开始，在重阳节期间，每年举办一届南通市老年文化艺术节。当年老年文化艺术节以“盛世金辉 和谐老龄”为主题，先后开展了6个系列活动。一是组织开展了“银龄风采”进社区巡回演出，市老龄办精心挑选了5个老年文艺团队，先后深入到市区10个社区进行演出，观看人数近万人。二是举办了首届南通市老年文化艺术节开幕式、南通市居家养老服务月启动仪式暨千名老年人太极拳展演活动，来自各县（市）、区的近千名老年人在市文化广场为市民进行了太极拳表演。三是举办了老年大学学员书画作品展示活动，全市共有72幅老年人作品参加此次展示，其中有一幅反映南通巨变的8米画卷让人叹为观止，在展示的10天中，每天前来的观看者络绎不绝。四是举办了南通市老年大学文艺汇报演出，市委书记罗一民、市长丁大卫等市有关领导观看了此次演出，观众近千人。五是组织开展“欢歌重阳 —— 激情虹桥大家唱”活动，台上演员和台下群众的互动表演、激情演唱，赢得了阵阵掌声和喝彩声。六是举办首届南通市老年文化艺术节闭幕式暨老年文艺节目颁奖典礼，对在全市老年文艺赛演中获奖的节目进行了表彰。整台节目围绕“盛世金辉和谐老龄”主题，以《我们的美好家园》《感恩的心》《特别的爱给特别的你》等精心创作、编排的节目，热情地赞美南通这座和谐老龄的幸福家园，唱响南通老龄事业发展的喜人面貌和美好的前景。演出取得极大的成功，许多观众赞扬演出活动是尊老教育、宣传夕阳风采的好形式。此次活动将整个老年文化艺术节推向了高潮，也生动形象地宣传了老龄形势和老龄事业。

2010 年 8 月至 10 月，市委宣传部、市老龄委、市文广新局、市体育局等部门和单位联合举办第二届南通市老年文化艺术节。其间，各县（市）、区组织开展开幕式分场活动及近 2000（次）街道（乡镇）社区演出活动，老年观众达 5 万余人。在“敬老日”庆祝表彰大会暨第二届南通市老年文化艺术节闭幕式上，市委书记罗一民等 5 位市领导出席活动，并向全市 50 个老年文体先进集体和 80 位先进个人授奖。在艺术节启动前的 7 月 16 日，市老龄办、市老年人活动中心在市武警边防支队联合举办“庆八一银龄风采文艺书画表演进军营”活动。市老年书画研究会的 10 位离退休老干部当场泼墨挥毫，把精心创作的书画作品赠送给边防支队。市常青艺术团为官兵表演《咱当兵的人》《军港之夜》《踏歌起舞》等 13 个歌舞节目。现场老少同乐、军民同乐，丰富老年人精神文化生活的同时，也增进了军民鱼水情。是年，南通市在全省首创市区基层老年文化团队星级评选活动，有 45 家老年文化团队被评为 2010 年度星级老年文化团队。

2011 年 6 月 18 日，由江苏省老龄办、文化厅、老龄协会联合举办的“颂党恩·桑梓情”江苏省老年文艺汇演启动仪式暨南通市第三届老年文化艺术节开幕式在市更俗剧院隆重举行。中共江苏省委原副书记、省老龄协会名誉会长顾浩出席并讲话，江苏省原副省长、省老龄协会会长凌启鸿宣布启动仪式开始。省民政厅党组成员、省老龄办主任张建平主持启动仪式，南通社会各界代表与近千名老年朋友观看开幕式演出。本届老年文化艺术节历时 4 个月，开展了书画展、棋牌赛、戏曲专场表演等一系列活动。艺术节期间，市和各县（市）、区老龄办还与相关部门联手组织各县（市）、区的街道、乡镇老年文艺团队走进社区，在每个社区都举办了一到两场有特色的老年文化活动。

2012 年 8 月至 10 月　市老龄办会同市委老干部局、市人社局、市文广新局、市体育局以及市退管中心、市文化馆、市老干部活动中心、市老年人活动中心、市老年体协等单位举办第四届南通市老年文化艺术节。艺术节的活动主题是：“喜迎十八大，银龄展风采”。艺术节分启动仪式、系列活动、闭幕式三大部分。活动包括“银龄风采进社区”文艺演出、优秀节目评选活动、老年人健身精品项目展演、优秀影片进社区巡演、书画摄影展览等。8 月 16 日晚，南通市第四届老年文化艺术节暨“银龄风采”进社区文艺演出活动启动仪式在崇川区朝晖花园广场举行。副市长赵闻斌参加活动，并宣布艺术节启动。市老年人活动中心银龄艺术团、夕阳红艺术团等老年人团队的演员们表演了舞蹈、独唱、葫芦丝演奏、越剧、小品、时装等精彩节目，饱满的热情、精湛的演技展示了当代老年人的活力和风采，讴歌了老年人积极向上的生活态度和幸福的晚年生活。艺术节启动后，历时三个月，全市组织开展老年艺术团队进社区表演、老年人健身精品项目展演、优秀影片进社区巡演等各类文体活动、演出近2000场。10月22日下午，南通市举行敬老日庆祝表彰大会暨第四届老年文化艺术节文艺汇演。市领导陈斌、王向红、赵闻斌、杨展里等出席庆祝表彰大会。来自全市的300名老年演员演出了《中国鼓》《绿荫》《我们唱起夕阳红》等艺术节精选节目。第四届老年文化艺术节闭幕。

第三节　老年书画

20世纪80年代，南通市一批钟情书画的离退休干部、职工掀起了学习中国传统书画的热潮。1988年8月，几位颇具文化修养的耆宿，顺乎文化建设之潮流，应乎心仪书画翁妪之诉求，发起成立了南通市老干部书法研究会、南通市老干部国画研究会。1993年4月两会合并成立南通市老年书画联谊会，2009年更名为南通市老年书画研究会。老年书画组织建会以来，广大会员刻苦学习，淡泊名利，在探索书画艺术和为民服务方面，取得了令人瞩目的成绩。1999年被评为全省先进分会，2004年、2008年先后被评为全省先进团体会员单位，2008年又被评为全国老年书画先进集体，上百人被评为省、市先进会员，先进工作者。

一、学习研究，提高书画创作水平

老年书画爱好者坚持自学为主，相互切磋，根据不同对象的原有基础，采取多种方法，多种渠道进修学习，不断提高艺术水平。许多老同志年复一年地在市老年大学研修楷书、草书、隶书、篆书、花鸟画、山水画等专业。为了提高会员创作水平，市老年书画联谊（研究）会连续多年采取多种方式帮助会员提高艺术水准：每两个月举办一次专题讲座，先后聘请市内外书画名家作艺术讲座50多次，边讲课边示范，对会员作品进行点评；组织骨干会员去上海博物馆、南京博物院、颜真卿纪念馆、林散之纪念馆、萧娴纪念馆、江阴南菁中学沈鹏书法艺术馆、昆山昆仑堂美术馆参观学习，去海门货隆镇参观农民书画与金花节名人书画展、张家港全国扇面书法展、盐城全国首届手卷书法展等；不定期举办书画创作骨干学习班，相互提供作品，组织交流点评；与市书法家协会、美术家协会、书法篆刻研究会等单位广泛联谊，虚心求教，与如东、如皋、启东分会举行书画联展，组织现场笔会、理论研讨，既拓宽了眼界，又增进了友谊。联谊会（研究会）各会员小组，每月或每两月开展一次学习活动，进行作品点评，现场笔会或观看名家名作录像。

通过以上活动，不少会员书画水平明显提高。市老年书画联谊（研究）会选送优秀作品参加省展、国展，不少同志获奖入集，其中沈元成、沈佩荣、顾嘉禾、袁玉泉、谭兴、吴力行、周渭南，通过新人新作展先后被吸收为江苏省书法家协会、江苏省美术家协会会员，顾嘉禾、沈元成、沈佩荣被聘为江苏省颐和书院书画师，沈元成还被接纳为全国书法家协会会员。还有不少会员出版个人书画专辑。市老年书画联谊会集广大会员之精品，出版了大型书画集《艺海银潮》，受到社会好评。

不少会员还撰写了老年书画方面的理论研究文章。顾嘉禾的《当代老年书画现象及组织作用之刍议》富有哲理性，被省会转发全省各地，并在亚太地区国际老龄问题论坛上获得中文优秀论文奖。沈元成的多篇文章在省以上报刊发表后汇编成《老年书法谈》一书。蒋云龙的《老年书画漫谈》在省刊和《书法导报》上发表。

二、弘扬主旋律，举办多种类型书画展

举办展览是彰显老同志书画成果，切磋书画技艺的重要措施。市老年书画联谊（研究）会举办的展览主要有以下几种：

一是大展。紧紧围绕党和国家中心任务及重大纪念活动，由全体会员参加，对外开放展出。1992 年举办贺亚运会书画展；1993 年举办纪念延安文艺座谈会 50 周年老干部书画展；1994 年举办纪念毛泽东诞辰 100 周年书画展，镇江、南通两市老年书画联展；1995 年举办抗日战争胜利 50 周年书画展；1996 年举办纪念中共建党 75 周年书画展，纪念红军长征胜利 60 周年、苏中七战七捷 50 周年书画展，长寿老人书画展；1997 年举办庆祝香港回归书画展；1998 年举办纪念周恩来诞辰 100 周年书画展、纪念十一届三中全会 20 周年书画展；1999 年举办“祖国万岁”建国 50 周年书画展、庆祝 1999 国际老年人年书画展；2000 年举办第一届老年十人书画展、新世纪之光书画展；2001 年举办第二届老年十人书画展、建党 80 周年“红旗颂”书画展；2002 年举办常青藤十人书画展、庆祝党的十六大召开书画展；2003 年举办第四届常青藤十人书画展、纪念毛泽东诞辰 110 周年书画展；2004 年举办第五届常青藤书画展、庆祝建国 55 周年暨邓小平诞辰 100 周年书画展、庆祝市老年书画联谊会成立 15 周年书画展；2005 年举办纪念抗日战争胜利 60 周年书画展、第六届常青藤书画展；2006 年 7 月举办第七届常青藤书画展、建党 85 周年暨红军长征 70 周年书画展；2007 年举办和谐颂书画展、迎庆党的十七大召开与建军 80 周年书画展；2008 年配合市甲骨文学会成立举办甲骨文书画展，举办“庆奥运、颂巨变”书画展；2009 年举办建会 20 周年书画展（同时出版《艺海银潮》书画集）、建国 60 周年书画展；2010 年举办世博情中国心大型书画展、夕阳之歌老年书法展、第二届市老年文化艺术节书画展；2011 年举办十姐妹国画庆“三八”主题展、建党 90 周年大型书画展；2012 年举办庆祝十八大大型诗书画展、第四届文化艺术节书画展。

二是联展。先后与市人事局、南通工学院、崇川区政府、刘桥镇政府、七彩商城、市三中、民族中学、镇江市老年书画会等单位举办了“新世纪之光”“党在我心中”“爱我千年濠河，建设美好崇川”“祖国颂”“文明新光”“迎奥运”“光明在前”“江山多娇”“建党 90 周年”等联展。

三是橱窗展。由市会各书画小组分别与所在社区居委会合作举办，如和平桥、虹桥、新城桥、北郭、易家桥、学田新村、新城小区等社区都设有数米以至十数米的宣传画廊，书画展出是其常年宣传内容。作品由市老年书画研究会会员提供，一、二个月更新一次，常展常新，既丰富了社区文化，又拓宽了会员展示作品的阵地。

四是个展。先后有田林、沈佩荣、宋本润、黄家骥、印连珍、韩觉民、龚宝珍、茅心田、洪祖蔷、沈蓉珍、沈云华、张兰芬、卢锦添、杨茂林等，有的还多次举办个人书画展。

三、面向社会，为人民大众服务

市老年书画联谊（研究）会把丰富人民生活与弘扬传统书画艺术紧密结合，多渠道多形式为农村、街道、商场、社区、企业、医院、学校、军营提供服务。具体做法有：

（一）每年春节前夕，组织精干队伍，不畏严寒为民写春联、送春联。先后在卢泾乡、八厂乡、幸福乡、钟秀乡、刘桥镇、港闸区政府、文峰大世界、八仙城、南方市场、学田新村、南通中专、新开镇、观音山镇、先锋镇等地举办书赠春联活动，深受广大居民欢迎。此项活动持续多年，一以贯之，居民称赞他们“‘老雷锋’‘老八路’作风依旧，革命精神不减当年”。

（二）开展献爱心活动。在抗洪救灾、抗击非典、为汶川大地震献爱心等斗争中，老同志纷纷作书绘画，向前方战士赠送书画作品，累计 500 余幅。为老年康复医院、瑞慈医院、市一院提供作品 180 多幅，为长寿博物馆提供 30 幅作品。为市老年人活动中心、市社会福利中心、开发区福利院、开发区紫荆社区、星湖社区，新开苑社区提供 200 余幅作品。

（三）接受有关单位邀请，举办书画现场演示与笔会。先后在刘桥中学、西藏民族中学、南通工学院、市三中、通州实验小学、小海中小学、休闲农庄、紫琅中学、市老年活动中心、开发区等处举办。

（四）开展“忘年交”书画活动，为青少年服务。先后多次与崇川区关工委、虹桥二中、城中小学、市三中联合举办现场笔会、作品点评活动，许多青少年常年在老书画家指点下，艺术水平大有长进，有的在国内入展获奖，有的被送到日本国与中国港澳地区展出、获奖。

（五）与老年大学联合办学。为发展老年教育，提高学员书画水平，市老年大学建立老年书画社，由市老年书画研究会骨干组织领导。为了方便老年人就近入学，促进社区文化建设，2011 年 3 月，市老年书画研究会与市老年大学在易家桥社区设立联合办学点，使附近的老年学员能在家门口学到书画艺术，也促进了社区文化建设的良好发展。

（六）为政府和企业外事活动与招商引资提供服务。聘请书画艺术水平高的同志，为市人大常委会、市政协、市人事局、市老干部局、市财政局等单位提供作品，作为对外交往的馈赠礼品。

第四节　老年摄影

南通市和各县（市）、区机关、学校、医院、工厂等企事业单位都有一些爱好摄影的离退休老同志。他们中间有不少人原先是市和各县（市）、区老年大学摄影专业的学员。结业后，很多老年摄影爱好者自发地组织起来，依靠集体的力量，继续坚持学习研修，通过摄影实践活动提高自己，奉献社会。

2003 年 9 月，以宋毅、邓绍武、张中恺为首的 18 名从市老年大学摄影专业结业的老人自愿结合，成立了港闸区“夕阳美”摄影队。2007 年 9 月，“夕阳美”摄影队整体加入南通市摄影家协会，为团体会员。2009 年 12 月，以“夕阳美”摄影队为骨干，成立了南通市老年摄影学会。至 2012 年末，南通市老年摄影学会有会员 102 人。

一、学习研修摄影技艺

南通市的老年摄影爱好者始终把摄影技艺的学习研修放在重要位置，有些老同志把老年大学开设的各类摄影技艺专业通通学习了一遍，更多的老同志是在学校结业后去实践中丰富提高。以“夕阳美”摄影队为例，他们请市老年大学的摄影老师、南通大学的退休教授蒋省吾担任顾问。活动之初，借用港闸区老年活动中心的场地进行课堂教学，队员们围着蒋老师对着照片听课。坚持每两周一次的集中课日制度，从未间断。在课日活动中，他们专题学习摄影技艺。从摄影的创意、构图、用光、色彩等基础知识，到对比、透视、线条、组照等单项的深化；从朝霞、夕阳、日全食、星迹的特殊拍摄，到世博会、二十三届国展、十八大等专题的研讨；从数码照片的 PS 技艺到风格化个性化摄影技艺的借鉴创新。他们如饥似渴、孜孜不倦，邀请市摄影界名家高手来队讲座指导。他们还坚持队员摄影作品解读点评的做法，交流各自的心得体会。丰富多彩的队日活动使队员们加深了对老年快乐摄影的理解，激发了对摄影技艺追求的热情。

他们坚持每年的摄影采风活动。多年来，他们采取的方法是集中组织与自由分散相结合，形式多样，全面开花。队里每年组织二至三次，远的有塞罕坝、三峡风光、楠溪江 — 霞浦、安徽临焕、宏村 — 西递等线；近的有阳澄湖、武进 — 千灯、扬州春色、溧阳天目湖、苏州西山、太湖开捕节、常熟张家港、上海莘庄等；本市的有开发区、星湖 101、军山半岛及县市等地。队员们分散参加单位、社区、市摄协等组织的旅游摄影采风活动就不计其数了。个人结伴出行的则更多，近在市、县、郊，远到青海、西藏、新疆。不少人还数次出了境、出了国。形式多样的采风活动使队员们眼界大开，技艺见长。队员们在摄影采风活动中，起早贪黑，不辞辛苦，在青山绿水中奔波，在街头巷尾间创作，凭着各自对社会的理解和对生活的感悟，用手中的相机记录了和谐的祖国、美丽的家园，留下了不少珍贵的照片和作品。

通过学习研修，不少人摄影技艺提高较快。2012年年末，市老年摄影学会会员中有中国摄影家协会会员11人，江苏省摄影家协会会员40人，省老年摄影学会会员102人。蒋省吾老师集十多年的教学经验，整理出版了《蒋省吾摄影教学图辑》，深得摄影界同仁们的好评。近年来，他还获得了数次大奖，他的《扒耳朵》获国际“奥赛”摄影奖，《水韵江苏》被江苏省摄影家协会选送赴欧摄影图片展。南通日报社原党组书记、社长、总编辑贾涛根2000年退休后，出于对家乡自然环境的关注，开始了野生鸟类的拍摄。共拍摄南通境内200多种禽鸟，形成数万幅图片资料。2010年12月在南通博物苑举行了“生态南通野鸟天堂——贾涛根鸟类摄影图片展”，受到各界好评。

二、举办、参加影展

市老年摄影组织通过举办成员摄影作品展览，充分展示摄影成果和现代老年人的夕阳风采。“夕阳美”摄影队基本上每年举办一次影展。他们在市群艺馆、虹桥公园、市老干部活动中心等处举办了四届大型摄影展，在全市摄影界引起了较好的反响。他们还与市退管中心、通州摄影家协会、港闸区老年活动中心合作举办了三场巡回展，效果很好。老队员王兆芳利用节庆日多次举办家庭、个人影展，以摄影表达心声、以摄影会友，队委管平举办了“南通老街”专题影展。这些影展在南通市摄影界、新闻界影响都很大。如，2007年6月16日的《南通日报》出了一个整版“最美还是夕阳红”，介绍和宣传了这批老人和他们的作品。同年7月18日，《人民摄影》也出了专刊，把这些老人和他们的作品推到更大范围的摄影朋友面前。许多老年摄影爱好者参加了单位、社区、市、省乃至全国的各类各项影赛活动，有许多作品选登在市、省及国家级专刊画册和各类报纸杂志上，其中有不少获各类奖项。

三、爱心奉献社会

老年摄影爱好者们除参加各种摄影活动、各类影展影赛外，还以高度的责任和真诚的爱心回报社会。

2008年汶川地震，老年摄影爱好者们纷纷解囊相助，表达关爱之情，“夕阳美”摄影队前后捐款共计15920元。“夕阳美”摄影队活动费用一直是老传统——有钱出钱、有力出力，2009年队里要适当改善教学条件，队员们争先恐后，多至1000元至2000元，少则100元至200元，资助近万元添置了必要的教学设备。几届影展筹备工作时间紧、任务重，十多位老人召之即来，起早带晚，自己动手搬运、布展，老当益壮的行动使场馆活动中心的工作人员都惊叹不已。

这批老人还是社区文化建设、城市建设、公益服务的骨干。老队员们成为社区和老年活动中心离不开的人，哪里有需要就拿起相机奔哪里。一些老年摄影爱好者还组织去福利院为老人服务。大家共同的感受就是“虽然累了、苦了，但是快乐了、充实了”。

老年摄影组织内部关系融洽，相互关心。“夕阳美”摄影队坚持每年组织一次辞旧迎新联欢会或茶话会，坚持每年召开1至2次座谈会，听取队员的意见、建议，及时调整工作活动计划；对特殊重症住院的队员予以看望；对高龄体弱的老同志实行“荣誉队员”制度，保留终身队籍。摄影队还组织了联谊、野餐，为八旬老人庆贺生日等活动。不少队员像盼望回家一样牢记摄影队的活动日。队员的子女们也非常放心老人在摄影队里的活动。

第五节　老年体育

南通市是全国知名的体育之乡、世界冠军的摇篮，老年人有开展体育活动的传统，常见的活动项目有：武术、气功、健身操、太极拳、驯放信鸽、放风筝、钓鱼等。20世纪80年代开始，随着人民生活水平的提高，越来越多的老年人注重养生，参加各种健身活动。1984年11月，南通市老年体协成立。1985年，南通市人民政府转发市老年体协《关于加强老年人体育工作的请示报告》。老年人参加体育活动由过去的自发分散为主，变为体育主管部门、街道、社区和老年体协组织引导与自由分散进行相结合。老年人开展体育活动的场地、设施也大量增加，参加人数更多。老年群体活动正在逐步由城市、集镇向农村社区普及，成为老年人追求健康老龄化的主要途径。

一、树立创新理念

市老年体协践行“五出五新”的工作思路。“五出”是：常规出新、特色出彩、活动出名、队伍出众、弱项出劲；“五新”是：认识要有新提高、队伍要有新面孔、活动要有新内容、发展要有新举措、工作要有新成效。后来又提出，老年体育事业的发展必须走“整体联动”的路子，即：采取全方位借力，多层次、立体式，上下一条龙，平行一盘棋，达到老年体育工作一动皆动、左右逢源、如鱼得水、生龙活虎。他们还在思想建设上总结出“四有”的经验，即“队伍要有高度，感情要有深度，工作要有力度，方法要有适度”。为了确保老年体育工作不断上新台阶，他们提出“四个创新”的要求：一是创新指导思想，即“创特色、求新意、争一流”；二是创新工作精神，即“团结、协作、高效、务实、创新、奉献”；三是创新工作作风，即“相互尊重，合理分工，主动配合，精益求精”；四是创新工作方法，即“生命在于运动，组织在于活动，群众在于发动，工作在于主动，形式在于生动，关键在于行动”，谓之“六动”。

二、组织各类赛事

举办老年体育运动会。1985年，南通市举办老年人、老干部运动会，有400人参加。比赛项目有：中国象棋、围棋、田径、乒乓球等，表演项目有：武术、气功、太极拳等。1991年，崇川区在健康路体育馆举办区首届老年运动会，近1500名老年运动员参加。2010年，如皋市举办第九届运动会老年部比赛，设有门球、象棋、乒乓球、桌球、扑克等项目，118名老同志参加了比赛。如皋市还举办过老年长寿运动会。2012年4月至10月，港闸区举办了为期6个月的老年人体育节，全区老年人广泛开展太极拳、功夫扇、柔力球、军鼓、舞龙灯等文体活动，举行老年人文体展示和比赛达150余场，吸引了18000余人参加。

举办各类老年体育比赛和健身演示。南通市每年举办老年体育比赛4次至6次，已形成制度。比赛项目有：门球、乒乓球、象围棋、健身球操、长跑、钓鱼、老年足球、木兰扇、海派秧歌等。1987年农历九月初九，是南通市委、市政府作出将重阳节定为南通市“敬老日”决定后的第一个“敬老日”。当天，市老年体协组织九九重阳节长跑、登山活动，有400余位老人参加。2002年，市区举行老年乒乓球友谊赛。2003年，市老龄办组织开展“迎七一中老年健身演示晚会”，来自市区各社区的20支中老年方阵表演了木兰扇（拳）、太极拳（剑）和健身操等20多个节目，老年人的精彩表演博得在场上千名观众的阵阵掌声。市还举办了老年人门球、乒乓球及老年长跑比赛。港闸区举办全民健身大众体育项目展示展评活动，老年体育爱好者积极参与；通州市组织开展老年门球、象棋比赛。

承办全国、全省老年体育竞赛活动。1986年11月13日至23日，南通市承办省第二届老年人乒乓球比赛，经角逐，市队获团体第三名，有5人获个人名次。2002年，市政府主办，市老龄办承办全国沿海部分城市第九届老年门球赛，山东、浙江、福建、上海、江苏的26支老年代表队230多名门球爱好者参加比赛。

举办各类体育项目培训班。举办门球、健身球操、柔力球裁判员培训班，经培训，有50人获二级裁判资质，2人获三级裁判资质，8人获省级裁判资质。

举办新项目，新套路培训。举办海派秧歌，健身球操、柔力球、可乐球、海安花鼓、手杖健身操，健步走团体操等教练员培训班，共有2730人次参加了培训。回到原派出地，发挥了很好的小教员作用。还承接了省老年体协和市老年体协联合举办的全省新项目编排培训班，共有全省80多名骨干参培。

举办江苏省老年人体育节南通分会场的开、闭幕式活动。自2006年始，每年从3月份开幕，10月份闭幕，在历时7个月的时间内，开展丰富多彩的健身项目展示，项目多，参与人数多，效果好。

三、参赛成绩卓著

1991年至2012年，南通市年年组队参加全国老将田径运动会，共13届，获奖牌160枚，其中：金牌45枚，银牌53枚，铜牌62枚。1993年，南通市组团参加省首届老年人运动会，经角逐，获团体总分冠军。2010年，由海安县总工会、海安县老年体协组建的象棋、围棋队，代表南通市老年体协参加江苏省象围棋比赛。经过4天的苦战，终于取得了象棋优秀奖、围棋优胜奖的优异成绩。历年来，南通市参加省老年人体育节的门球、健身球操、柔力球、乒乓球、手杖健身操、气排球、太极拳剑、象棋比赛，大部分项目获“优胜奖”，所有项目均获“体育道德风尚奖”。

四、健身蔚成风气

市老年体协制定了老年体育人口发展规划，并付诸实施，取得较好成绩。1986年底统计，全市经常参加体育活动的老年人有10万余人；2012年年末统计，全市经常参加体育锻炼的老年体育人口为110万人，占老年人口总数的59.5%。被各级老年体协授予的“乐天健康老人”不断增加。2012年，南通市有30名老人被全国老年体协授予“全国乐天健康老人”称号，有40名老人被省老年体协授予“江苏省乐天健康老人”称号，有218名老人被市老年体协授予“南通市乐天健康老人”称号。市老年体育协会被评为全国、全省老年体育工作先进集体，全市有10个乡镇、社区被评为全国群众体育先进集体。老年人体育锻炼项目发展到乒乓球、门球、游泳、钓鱼、网球、足球、太极拳、太极剑、气功、桥牌、棋类、交谊舞、迪斯科等。

2008年，第29届夏季奥运会在北京举行。是年8月12日这一天，中国军团摘取4枚金牌，其中南通籍体育健儿就摘取了其中3枚，北京奥运赛场刮起了南通旋风。南通市人大常委会通过决议，将每年的8月12日定为南通体育日，大大推进了全民健身热潮，更多的老年人参加体育锻炼，成为开展全民健身活动中的一道风景线。“坚持运动，与健康同行”，逐渐成为广大老年人晚年生活的第一追求。市区社区近百个老年舞蹈、腰鼓队成了市老年体协组织大型健身活动“召之即来、来之能战”的大军。市老年体协积极组织老年长跑队、门球队、足球队、自行车骑游队等专业队伍，在坚持日常活动的同时还参加了外地的比赛活动。

老年体育健身与老年文艺活动联姻，是南通老年体育活动的又一特色。2005年，南通市老年体协应邀组队赴香港参加由香港中华民族文化艺术联合会举办的“中国香港‘金紫荆花奖’中老年艺术大赛”，带去参加比赛的时装表演“蓝白风韵”获金奖，“江东丽人”获金奖，“蓝白风韵”同时获服装设计金奖，大会为南通市老年体协颁发组织金奖。2009年，如皋市委农工办、市体育局、市文化局、市老龄办等单位联合主办如皋市“长江杯”农村老年文体汇演。20支农村老年文体表演队的队员以敏捷的动作、悦耳的歌喉赢得了评委和当地群众的阵阵掌声。汇演囊括了合唱、舞蹈、小品、相声等多种表演形式，将文化艺术与体育运动巧妙地结合在一起，充分展示了如皋市农村老龄人“老有所乐、老有所为”的精神风采。随着体育健身广场和健身点的普及，体育舞蹈成为海安社区群众健身的重点项目之一。海安县恒天新世界广场每天坚持晨晚练的人们，学练广场排舞和拉丁舞，聚集了数百名体育舞蹈爱好者。2010年，海安县顺应群众的健身需求，举办了首届恒天之夜广场交谊舞比赛，吸引了体育舞蹈爱好者的热情参与，观众累积3万多人次。是年5月，南通市首届中老年舞蹈大赛在更俗剧院举行。来自全市的22支中老年舞蹈队同台一展舞者风采，在社会上产生了很大影响。

第十章　老有所为

《中华人民共和国老年人权益保障法》规定："国家和社会应当重视、珍惜老年人的知识、技能、经验和优良品德，发挥老年人的专长和作用，保障老年人参与经济、政治、文化和社会生活。"老年人在达到法定退休年龄、退出劳动岗位后，运用自己长年积累的知识、技能和经验，继续为社会主义物质文明、精神文明、政治文明、生态文明建设作出新的贡献。南通市各级党委、政府和各部门、各单位十分重视发挥老年人的作用，通过多种途径，鼓励广大老年人为本地经济、社会、文化发展建言献策，助力发展，包括积极参与经济建设和科技发展，参与老区建设及扶贫开发，关心青少年成长，参与本地精神文明建设和社会慈善公益活动，参加各类文化体育活动，努力在诸多方面弘扬主旋律，发挥正能量，有所作为，促进了当地的改革、开放、发展和稳定，起着"压舵石"的作用。

第一节　建言献策

南通市的老年社团和离退休老同志关心当地经济和社会的发展，发挥对南通经济、社会发展的历史和现状比较了解的优势，发挥潜能，积极为本市的经济、社会发展建言献策，发挥了积极作用。

在每年市、县（市、区）人民代表大会召开之前，市和各县（市）、区党委、政府都分别召开市（厅）、县（处）职老同志座谈会，利用征求对政府工作报告修改的机会，较系统地听取他们对市、县（市、区）各方面工作的意见和建议。老同志们本着知无不言、言无不尽的精神，不仅对政府工作报告提出修改意见，还对全局工作或某一方面的工作提出批评、意见和建议。各级党委、政府虚心倾听，认真改进，推动了工作的开展。每次党代会召开前，市和各县（市）、区党委也都将工作报告讨论稿事先发给老同志，召开老同志座谈会，广泛听取意见。在"三讲"（讲学习、讲政治、讲正气）、共产党员先进性教育、党的群众路线教育实践活动中，各地、各部门、各单位都数次召开老同志座谈会，虚心听取批评和整改意见、建议。老同志的建言献策，促进了历次活动的深入开展，为取得实效打下了良好基础。

一、老干部智库建言献策

南通市许多老干部长期从事经济、社会事业的领导和管理工作，实践经验丰富，专业造诣较深，是独特的人才群体，退休后仍十分关心各项事业发展。为了发挥老干部的才智，使之成为党委、政府智囊，南通市委老干部局于2009年8月，策划成立南通市老干部智库。智库由33名具有较高威望、较深造诣、乐于奉献的县处级以上离退休干部组成。智库分成三组，每组11人，组长由一名市四套班子老领导担任，组员俱为70岁以下的县处级退休干部。2012年4月，年龄已超过70岁的部分智库成员退出智库，智库又及时补充了70岁以下的县处级退休干部。每年年初，市委老干部局开会确定重点调研主题，各组分头细化、落实。每一次调研结稿，专报市委、市政府相关领导和部门，年底再汇编成册。2009年至2012年，智库进行了近30项调研，提出近百条对策建议，许多建议已经转化为现实生产力。2011年，老干部智库第一调研组历时6个月，深入各地调研，最终形成调研报告《关于我市残疾人事业的调查与思考》，向市委提出7条建议得到重视，市委办公室《内部参考》全文刊载调研报告，市政府则将报告建议中所提的残疾人事业项目列入2012年市政府为民办实事项目。市财政局、民政局、残联从残疾人经费中拨款8000万元，修建残疾人功能大楼。老干部智库第二调研组围绕沿海开发前往各区县实地调研、座谈了解，最后形成《开发腰沙冷家沙刻不容缓》的调研报告，建议南通沿海开发整体联动，在市本级层面上全面开启。调研报告认为："如果各县（市、区）仅以自身利益为驱动，各自规划，自行开发，既浪费资源，又形不成拳头，难以做大。"报告提出了开发实体的两种组建形式，市委、市政府后来确定的成立滨海新区便是其中一种。老干部智库第三调研组成员冒着酷暑，连续多天在基层蹲点，向136位老人进行问卷调查，挨家挨户搜集老年人生活状况第一手资料。他们关于大力加强农村居家养老服务工作、制定优惠政策、吸引社会资金参与居家养老服务等建议，都已经被南通市老龄事业"十二五"规划充分吸纳，并在全国老年学学会高层论坛上获优秀论文奖。在2011年的智库调研成果汇编上，市委书记丁大卫专门作出批示，认为"市老干部智库充分发挥智囊辅政作用，围绕市委中心工作积极建言献策，很有意义"，肯定"报告所提建议参考价值高"。2012年，市老干部智库立足发展前沿，更加注重破解热点难点问题。老同志们围绕产业转型升级、文化繁荣发展、加强"三农"工作等3个重点课题和整合提升家纺产业、打造15分钟社区文化圈、整治农村环境、老年人精神关爱等10多个子课题，通过扎实有效的调查研究，提出了一系列新的思路和对策。各调研组共撰写12篇调研报告，提出50多条对策建议，得到6位市委、市政府领导的批示。2012年10月，《新华日报》以《33位智多星活跃南通城乡，老干部智库贡献近百"金点子"》为题，对智库工作作了全面生动的宣传报道。

二、为老区开发建言献策

南通市老区开发促进会（扶贫开发协会，以下简称市老促会）建言献策，促成黄桥老区范围界定和优惠政策出台。20 世纪 90 年代初，省委、省政府为扶持贫困老区的发展，在建立“茅山老区”之后，又决定建立“黄桥老区”。黄桥老区地跨如皋、海安、泰兴、泰县（现姜堰）4 个县（市）。在市老促会多方推进、积极争取下，如皋、海安共有个 39 乡（镇）纳入黄桥老区范围，享受茅山老区同等优惠政策。随着市场经济的建立，原先省政府制定的优惠政策需作必要调整。为此，市老促会积极向省老促会提出重新制定政策的建议，得到了省老促会的赞同和支持，并受其委托，在深入调研的基础上，草拟了政策初稿报省老促会，省老促会将其转发到相关的6个省辖市征求意见，后又召开座谈会进行讨论修改，上报省人民政府；省政府在多次征求省有关部门意见后，正式出台了 5 个方面、19 条具体优惠政策。此后，省各相关部门加大了黄桥、茅山两个老区的扶持力度，在促进农村经济发展、农村公路建设、农业综合开发、金融税收扶持、草危房改造、农村低保、医保和改水等方面加大了资金投入。根据南通市老促会调查，除减免税收的金额外，省对南通市黄桥老区扶持的金额每年达 5000 万元以上，体现了党和政府对贫困老区人民的关爱，有力地推动了老区建设事业的发展。

三、为应对人口老龄化建言献策

南通市老龄协会（老年学学会）深入开展新型养老体系的调查研究，及时建言献策，为市政府决策提供帮助。一是探索养老模式。早在 20 世纪末，市老龄协会就在全市老龄工作研讨会提出了“走居家养老之路是当今养老模式的基本选项”的观点。其后，在广泛调查的基础上，又形成了《构建新型养老体系的调查与思考》等多篇文章。时任市长的丁大卫同志对上述调查报告高度重视，专门召开政府常务会议讨论，要求政府办制成多媒体加以研究与推介，将相关工作任务分解到各部门。二是农村养老研究。农村老年人群比例高，居住分散，经济基础薄弱，养老难度远大于城市。市老龄协会将农村养老列为 2011 年度调研重点，选择市经济技术开发区、海安县南莫镇为样本展开调研，形成了《不断完善失地老人生活保障机制 —— 南通经济技术开发区的调查报告》，提出了在城市化进程中，如何建立失地老人生活保障机制的做法与思考。同年 11 月，市政府决定将主城区 10 多万被征地农民全部纳入城市职工养老保险. 使失地老年人真正纾解后顾之忧，体现了调研成果的转化。三是社区居家养老服务评估。受市老龄委、民政局委托，市老龄协会连年组织全市社区居家养老服务第三方调查评估，形成了不同年度的《南通市居家养老服务调查评估报告》，从定性与定量的结合上评估分析情况，提出对策，为改进社区居家养老服务，提供了目标和决策依据。四是家庭养老服务产业化的探讨。市老龄协会通过调查研究，撰写了《把发展家庭服务业着力点放在养老服务上 —— 加快我市养老服务业发展的调查与思考》一文。此后，市政府出台的《关于加快推进我市社会养老服务体系建设的意见》吸收了上述报告提出的建议。

四、为经济发展建言献策

市和各县（市）、区的老年社团及其成员积极建言献策。2003 年，市老科技工作者协会（以下简称市老科协）递交的《关于用高新技术改造南通纺织工业的建议书》引起市长丁大卫的重视，所提建议被写进南通市“十一五”发展规划。2010 年，市老科协承担关于《南通市区编制“十二五”规划若干问题》的建议软科学课题，形成综合报告 3 篇，分题报告 8 篇，共 5 万字的整体汇编报告。市长、秘书长和 14 位政府部门主要负责人听取了结题汇报。市长说，建议具有很好的指导意义，市政府一定吸收好、应用好。2010 年以来，在贯彻落实省委沿海发展战略、服务沿海开发活动中，市和沿海县（市）、区老科协共完成建言献策 428 件，受到各级领导重视和批示的有 115 件，被省老科协表彰为全省服务沿海发展先进集体。如东县老科技工作者协会 2000 年 12 月成立以来，向县政府及有关方面提交有价值的调研报告 84 篇，合理化建议 865 条。水务开发分会针对洋口港建设的重大项目，进行深入调查，提出建议方案，并撰写《关于洋口港临港工业区二期围垦实施情况的报告》，被业主采纳后，工程周期缩短，节约开支 1000 多万元。启东市老科技工作者协会每年围绕农业增产、工业增效，农民市民增收等问题，选择带有全局性的热点、难点问题，列出专题，与市有关部门、有关乡（镇）联合调查，形成调研材料。每年形成具有参考价值的调研材料 20 多份。1998 年，关于天汾镇坝头村 6 组稻田养蟹连续多年稻谷和成蟹双高产，亩产值万元以上的调查材料，得到时任副省长姜永荣的肯定和批示，向全省推广。2002 年 8 月，成立启东市河蟹协会，为保护本地“中华绒螯蟹”种质极佳的资源优势，多次与市海洋渔业局及东元镇、启隆乡协调。2003 年春，促成省级河蟹育苗原种场在东元海滩建立，确定启隆乡为种蟹繁育基地、东元海滩为育苗基地。通州市（区）老科技工作者协会围绕“科教兴市（区）”大局，组织广大老科技工作者开展建言献策活动。农业分会针对农业生产中出现的问题，深入基层和农村调查研究，先后提交建言献策 100 多条，如 2005 年关于《大棚蔬菜生产中的连作障碍及其改良措施》、2006 年《加强基层农业技术服务队伍建设》专题报告、《禁烧稻麦秸秆和综合利用的建议》，2008 年关于“技术推广服务方式”、“农田节能、环保、养地”，推广《城东村茅金鑫的生态环保零排放污染的养猪模式》等建议意见都被市（区）委、市（区）政府及有关部门接纳，并取得良好效果。2012 年，如皋市、镇老区开发建设会（扶贫开发协会）组织调研活动 62 次，撰写调研报告 42 篇，重点对农村改革发展中突出的典型经验、政策性问题和社会热点开展调查研究，为领导正确决策提出了参考意见。

第二节　参与老区建设及扶贫开发

南通是革命老区。解放后，特别是改革开放以来，经济社会不断发展，人民生活水平不断提高。2010 年年底，各县（市）达到省定小康标准。但是，由于地区间发展不平衡，仍存在一些经济薄弱地区和一定数量的贫困户。市老促会 1989 年 8 月成立后，积极参与老区建设及扶贫开发，为老区的经济发展、人民生活的改善作出了贡献。

一、积极参与高沙土治理开发

南通市有 150 万亩高沙土，地貌高低不平，土壤沙漏板瘦，水利年久失修，严重制约了这一地区经济的发展。市老促会抓住国家黄淮海开发和中低产田改造的机遇，在调查研究的基础上，先后为市委、市政府起草了 9 份文件，多次向省和国家有关部门汇报老区情况，并通过多条渠道，争取列入了国家开发的范围。自 1983 年以来，国家每期都安排一定的开发面积及资金。为了加快开发的进程，又争取列入了省里的专项工程。同时，建议省提高了省立项目投入资金的标准和国家项目投入中的县（市）级配套资金比例（从 60% 下降到 10%），大大减轻了县（市）级财政的困难。为了解决农田水利建设的引排水问题，向省分管领导建议水利厅立项，帮助解决了横穿通泰高沙土腹部的姜黄河的疏浚。通过以上努力，大大促进了高沙土的综合治理和开发。到 2008 年年底，全市治理开发 94.3 万亩，共投入资金 26865.4 万元，其中各级财政资金 19577.47 万元，基本上建成了土地平整、渠道防渗、道路相通、河道通畅、绿化达标的高产稳产农田，提高了农业综合生产能力，促进了农业结构调整，推进了产业化经营，创建了一批现代高效农业园区，增强了农业发展后劲，增加了农民收入，一般每亩增收 500 元至 600 元。

二、努力争取江海滩涂围垦

南通市人多地少为江苏之最，制约着农村经济的发展；但滩涂面积辽阔，土地后备资源非常丰富。市老促会针对这一情况，把争取围垦滩涂作为重要工作之一。在沿江滩涂围垦方面，根据市政府领导提出的要求，提出了确保 3 万亩、争取 5 万亩的围垦方案，直接向省长当面汇报。省政府迅即拨款 200 万元，确保了如皋又来沙、薛案沙（16000 亩），通州开沙（4000 亩），启东兴隆沙（10000 亩）围垦工程的顺利进行。在沿海滩涂围垦方面，积极向省滩涂开发局争取资金 80 万元，围垦了启东的寅兴垦区 12000 亩。后来，又大力支持如东凌洋垦区的围垦，组织专家进行可行性论证，协调县际之间统一认识，向省申报立项，在省农业开发局的支持下围垦了 35000 亩。这些围垦地段都先后成为经济社会发展之后劲所在，有的成了对外开放的港口区，有的成了发展现代工农业的示范地，有的成了国家乒乓球的训练基地，有的成了比较有名的旅游景点。

三、积极推进农村经济发展

发展农村经济、增加农民收入，一直是市老促会工作的重点。市老促会建会之初，着重推进庭院经济和多种经营的发展。市和各县（市）老促会配合有关部门深入农村调查总结了71份典型经验，其中有23份在市政府召开的全市多种经营会议上作介绍，有47份汇编成《南通市庭院经济研讨材料汇编》，对开发庭院经济起到了一定的推动作用。为了促进银杏生产发展，组织老促会人员到外地参观学习，印发宣传材料，培训栽培技术，培育育苗基地，各县（市）均基本实现了百万棵银杏的目标。根据市政府指示精神，市和沿海县（市）老促会，充分利用本市中华绒螯蟹的资源优势，促进养蟹事业的发展，形成了从人工育苗、豆蟹培育到成蟹饲养这一产业链，仅启东市河蟹年产值就达6亿多元。随着农村经济结构的调整和农业产业化经济的推进，多方积极筹措资金，支持产业化经营项目，对贫困地区、有发展前景、能够带动农民增加收入的项目，以借款的方式，先后扶持了种植业、畜禽、水产饲养业、林业和农副产品加工业等企业与合作组织。所扶持的单位都取得了较好的效果，单位增加了收入，农民得到了好处。例如，连续6年扶持海安大公镇养羊协会，推动养羊事业很快发展。2004年全镇羊栏存仅有4万余只，2009年发展到15万只，百头羊场近100户，千头羊场2户，形成了以协会为纽带、山羊市场为龙头、农户家庭羊场为载体的规模养殖；形成了培育优良品种、推广饲养新技术、饲料加工、疫病防治、产品加工、市场营销为一体的产业化经营，取得了显著效益。羊市场年成交量120万只，经营额达6亿多元，群众养羊年收入6000多万元，扶持1321户贫困户养羊，使之走上了脱贫之路。市老促会还围绕如何解决千家万户和大市场的连接，调整农业产业结构，促进产业化经营，发展农民专业合作组织，推进现代农业建设等方面，深入进行调查研究，写出具有导向性的调查报告。不少调查报告得到省分管领导和市领导的肯定和批示，有的分别在《南通日报》和《大江南北》杂志上发表，推动了相关难题的解决。

四、认真搞好人才培训工作

为了加强老区的人才培训，1995年市老促会在市委、市政府的支持下，积极倡导并报经省计经委和教委批准，以海安双楼职高为依托，正式创办了江苏省黄桥老区人才培训中心。至2009年，已培养具有中等专业水平的毕业生人数10586名（黄桥老区和外县市人数占40%以上），其中1421人考上大学，近万人直接走上了工作岗位，不仅为国家和社会建设作出了贡献，还每年为农村增加2亿多元的收入，解决了一大批贫困家庭的脱贫问题。为了让品学兼优的特困生能够受到良好的教育，他们在省扶贫基金会和扶贫协会的指导下，从2004年开始到2012年，在如皋、海安、如东三县（市）共选送了34名初中毕业生去广东国华纪念中学就读。这所学校是全国第一所纯慈善的高级中学，学校师资、设施都属一流，全部承担学生的“衣、食、住、行、学、用”一切费用，并一直资助到大学（研究生）毕业。同时，还选送了88名高中毕业生去山西太原中国老促会创办的山西老区医学院就读，现已毕业走上了工作岗位。此外，还以南通农校（后升格为南通农业职业技术学院，继而更名为南通科技职业技术学院）为依托，和市委组织部联合发文，采取函授与面授相结合方法，分期分批对417名在职的乡村干部进行了学历和专业（经济管理）培训，提高了他们的思想、业务和管理水平。

五、建立老区扶贫基金会

在市政府的大力支持下，经省农林厅、民政厅批准，于2008年建立了公募型的南通市老区扶贫基金会，各县（市）均设立了办事处。至2012年年底，基金会资金总额3215.01万元，其中本金为3081万元，为2008年基金会建会之初400万元的7.5倍。通过零风险投资，每年增值300多万元。从建会至2012年底，基金会运用基金利息实施开发式扶贫。首先，开展产业化开发扶贫。5年共投入近500万元，资助农业产业化扶贫项目312个，有种植业、养殖业和加工业，有龙头企业、农民专业合作组织和专业大户，取得了良好效果。据2011年至2012年的106个项目统计，共带动、帮助35276户农民增收，其中贫困户11914户，贫困人口25312人，人均年增加收入3000余元。其次，开展人才开发扶贫（资助贫困生就学成才）。5年共投入200万元，资助贫困家庭子女生1263人次，其中大学生335人次（每人次3000元），高中生和职高生859人次（每人次1000元），小学生、初中生69人次（每人次年600元）。再次，开展科技开发扶贫。积极实验、示范、推广良种良法，并扶持通州刘桥民办农科所的水稻育种研究，已初现成果，亩产800公斤的刘粳一号不断扩大示范。此外，还帮助一些乡村解决交通困难，为抗震救灾捐款，对麻风病人进行慰问。

南通市老区建设促进会负责人名录表

表10-2-1

届别	任期	名誉理事长	顾问	理事长	副理事长	秘书长
一	1989.8 — 1994.11	王益众	姜祝三 黄克明 翟筱珊	唐真寿	徐志球 张　琛 朱锦辉 刘志鹏 张正联 凌　萍 陈彤鋆 陆兆麟	高友生
二	1994.11 — 1999.11	王益众 张　琛 朱锦辉 季　康	姜祝三 黄克明 翟筱珊 谢丕岳 沙秀高 陶景泉 陈德璜 许吉甫 朱知和	唐真寿	徐志球 刘正高 谢翼飞 张克诚 刘志鹏 张正联 凌　萍 陈彤鋆 陆兆麟 卢泰晶	朱毓敏

续表 10-2-1

届别	任 期	名誉理事长	顾 问	理事长	副理事长	秘书长
三	1999.11 — 2008.12	王益众 程亚民 张 琛 黄利金	姜祝三 黄克明 龚虎城 严绍恭 翟筱珊 谢丕岳 沙秀高 陶景泉 陈德璜 许吉甫 朱知和	唐真寿 （2001.3 逝世） 张 琛 （2001.4 任）	徐志球 张正联（常务） 谢翼飞 刘正高 杨振东 张克诚 刘志鹏 凌 萍 陈彤鋆 陆兆麟 柯 文 殷 雄 卢泰晶 陈学如	朱毓敏
四	2008.12 —	黄利金 蓝绍敏 秦厚德 秦兆桢 程亚民 姜祝三 刘正高	徐志球 季 康 谢翼飞 严绍恭 张克诚 刘志鹏 陈彤鋆 孙学旺 凌 萍 许吉甫 谢丕岳 沙秀高 翁培康	张 琛	张正联（常务） 柯 文 曹金海 潘 新 陈学如 王 昀 沈良兵 王兴友 杨自度（增补） 朱荣贵（增补）	陈学如

2012 年年末南通市各县（市）、区老区开发促进（建设）会会长名录表

表 10-2-2

县（市）区	老促（建）会会长	县（市）区	老促（建）会会长
海安县	朱知和	海门市	陆海忠
如皋市	冯邦才	启东市	刘静芳
如东县	顾和章	通州区	卫树人

第三节 参与经济建设和科技发展

一、参与经济建设

（一）参与农业生产

20 世纪 80 年代初，南通市农村普遍实行土地家庭联产承包责任制，劳动主体和劳动对象结合在一起，土地成为农民生活包括养老的基础性经济保障，农民的生产积极性极大提高，老年农民成为耕种责任田、发展农副生产的重要力量。此后，城镇化率不断提高，农村外出经商、务工、求学人员逐年增多。大批青壮年农业劳动力外出后，居住在农村的老年人和妇女，承担承包土地的大部分农活，成为南通获得连年农业丰收的一支中坚力量。2011 年 5 月，南通市老龄协会、海安县南莫镇政府在该镇进行农村老有所养、老有所为调查，在抽样调查的 136 位老人中，仍然从事农副业生产的 104 人，占 76.4%；兼做买卖、做杂工，或做其他社会工作（如环保员、调解员、治安员）的 85 人，占 62.5%。按统计，老年人自己劳动的年所得在 3000 元以下的 32 人，占 23.5%；

3000 元至 5000 元的 56 人，占 41.2%；5000 元至 10000 元的 16 人，占 11.8%；10000 元以上的 6 人，占 6.6%。合计有 77% 的老人在经济上靠自立自养。136 位老年人中，75 岁以下的老年人大多还在从事生产劳动，75 岁以上的老年人中身体尚好的，一般都仍做些力所及的家务活和看护小孩等工作。南莫镇的抽样调查，在全市农村有较强的代表性。

（二）兴办工商实体

1991 年，市老龄委、工商行政管理局、税务局等六部门联合发出《关于兴办老年经济实体的意见》，鼓励、支持老年人兴办经济实体，在经济建设中发挥作用。1993 年 5 月，市政府办公室转发市老龄委《关于举办老年经济实体的若干规定》，对老年人举办经济实体给予多方面的优惠照顾。当年 10 月，市老龄问题委员会对兴办老年经济实体工作的 13 个先进单位、17 名先进个人进行表彰。

进入新世纪后，市委、市政府作出争创江苏民营经济第一大市的决策，全市民营经济呈现蓬勃发展的强劲势头。从 2004 年开始，南通市民营企业、个体工商户数一直位列全省前茅。老年人在民营经济发展中发挥着重要作用。据南通大学商学院人力资源专业 2010 年 5 月至 6 月的网络调查，南通市民营企业家中 40 岁以下的占 12.50%，41 — 50 岁的占 56.25%，50 岁以上的占 31.25%。相当一部分民营企业家年龄在 60 周岁上下。个体工商户中老年从业者的比例就更大。

各级老科协发动老科技工作者创办经济实体。2012 年统计，共创办、参办 543 个企业（其中各级老科协独办 7 个，参办 45 个；老专家独办 100 个，领办 51 个，参办 340 个），年经营总收入 45.78 亿元。

二、参与科技发展

随着退休制度的确立，南通市逐年有一大批科技人员从其熟悉的岗位上退下来。他们中间不少人退休后，仍在不同领域以不同方式发挥着重要作用。从 1982 年 12 月开始，南通市及各县（市）、区陆续成立老年科技工作者协会。到 2012 年 9 月底，全市各级老科协会员发展到 4774 人。1998 年 6 月，市老年技术工作者协会（退休工程师协会）成立，有 500 多名会员。市老科协、市退休工程师协会本着“重在参与，力所能及，甘当配角，不争名利，拾遗补缺，乐于奉献”的精神，发挥老科技人员自身优势，参与科技进步、经济建设和建言献策活动。

（一）研制发明，申获专利。2012 年统计，全市科技老专家共开发科技创新成果 1032 项，取得申报批准各项专利 802 项，推广应用 230 项，应用方创造年总收入 53.05 亿元。1997 年至 2002 年，市老科协农业分会研制的“18W 高效双波诱虫节能灯”在海门、启东市布点试验，诱虫效果好，对天敌杀伤率低，获国家专利。2003 年至 2005 年，通州退休土肥专家王为民先后帮助通州专用肥料厂申报《一种具有增效剂的氮肥生产方法》等3项发明专利和《一种应釜抽真空装置》实用新型专利。2004年，市老科协农业分会研制的“蚕豆营养粉及其生产方法”被国家知识产权局授予国家级发明专利。如东县老科协工业分会会员石守俊创办的南通守俊味业食品公司生产的“红方”“糟方”牌乳腐获得国家绿色产品称号，获得国家两项实用新型专利，产品“味之琦”商标获省著名商标称号。马塘分会会员董民族创办的南通华康机械有限公司研制开发的两个新型马达产品和平面通流经向柱塞马达，获得江苏省高新技术产品称号，并获批国家新型实用专利。2008年8月，通州市老科协工业分会孙泉如为南通凯鑫精密机械制造公司开发走式半自动收割机，该系统和割刀传动系统均获得国家专利，产品已列入国家农机补贴产品目录。2009年10月，工业分会会员高级工程师周金高研究的“喷油泵机械调束器微调操纵机”获得国家专利，工业分会工程师陈文斗为船舱盖生产工艺专有技术获得6项国家专利。通州区（市）老科协共申报发明专利近20项，申报实用新型专利300多项。在申请各类专利项目中95%以上已获批准，40%以上都得到实施。

（二）创新、选育、推广农作物新品种。1995年，通州市退休农艺师马金城（原南通县副县长）培育的优质水稻新品系M80，当年经国家农牧渔业部稻米检测中心检测，12项指标全部达到国优一级米标准，填补了南通市选育成功国优一级米的空白。马金城被誉为“南通的袁隆平”。2001年至2003年，市老科协农业分会新育成绿絮棉品种“8588”，专家鉴定：“处于省内领先，国际先进水平”。如东县老科协农林分会会员冯志芳，退休后开发生产的“富硒玉米”，获得国家AA级绿色食品称号，她本人获得如东县科技进步奖、南通市政府科技推广奖。启东市退休科技人员李锦文、陆廷耀等自筹资金，创办民营科技型企业——启东市绿源豆类研究所，从事名、特、优豆类作物品种选育和高产栽培技术研究。经过多年攻关、创新，选育出启豆5号、启豆6号、通豆6号3个新品种和“03－03”利马豆（洋扁豆）新品系。启豆5号品种列入国家科技部农业科技成果转化资金项目和江苏省农业三项工程项目，累计推广面积18万亩，增效7200多万元。启豆6号品种具有豆粒大、品质优、商品性好、产量高、抗性强等特点，适合鲜豆冷冻加工和青豆荚生产作为时令蔬菜上市。菜用品种通豆6号，2007年通过江苏省农作物品种审定委员会审定。启东已推广10多万亩，各地累计推广24万亩，增效9600多万元。2008年至2012年，市老科协农业分会先后引进20多个粮、棉、油、蔬菜、水果新品种进行试验示范，推广苏玉糯2号玉米、鲜实蚕豆、美国薄荷、加拿大紫荆等新品种，深受欢迎。

（三）开展厂会协作，提供技术咨询服务。市老年技术工作者协会（退休工程师协会）以厂会挂钩为主要形式，组织离退休专业技术人员为社会发挥余热，向企事业单位推介专家300多人次，落实到位的有一半以上。此外，还应20多家企业需求向他们推荐顾问近百人次。累计已与60多家单位签订协议，提供培训职工、转让新产品及新技术等服务。1999年至2003年，协会下属的质量管理分会为20多家企业提供质量管理咨询，帮助这些企业顺利通过ISO 9001：2000标准的认证。老工程师们先后与海门、如东、通州、海安及崇川区、港闸区、经济技术开发区的40多家企业建立起相对固定的协作关系，为他们提供全方位技术服务。1993年至1996年，启东市30多名退休工程师为14家企业开展ISO 9000质量认证管理咨询；先后实施“厂会协作”20项，获南通市“优秀厂会协作”项目9项，其中一等奖2项，二等奖2项，三等奖5项；启东市老科协与江苏海四达集团实施的“电动工具协力型锂离子电池”协作项目，获省“优秀厂会协作”项目二等奖。如东县老科协有84名会员被企业聘为常务副总、副总、技术总监、质量总工程师、技术顾问、技术科长等职务。通州老科协工业分会理事、高级工程师黄步钧、顾传均，于2006年联合创办老年科协质量咨询服务部。创办后他们利用服务部这个平台，为百余家企业和单位开展科技咨询、技术培训、产品生产许可证申报、产品3C质量体系认证、企业标准化体系、产品标准等咨询服务和开发新产品、新项目论证等。

（四）开展校地合作，搭建创新服务平台。市老年技术工作者协会利用老专家与母校的密切关系，引进高校智力服务南通地方经济。协会会长戴焕林同时兼任西北工业大学校友会会长，他牵线搭桥，引进西北工业大学余隋怀教授为首的工业设计专家团队，在南通经济技术开发区建立了南通西北工业大学工业设计研究院，为南通工业设计产业发展搭建了创新服务平台。戴焕林全程参与工业设计研究院筹建工作，并兼任副院长。协会积极筹建，于2012年3月建立南通市工业设计协会，戴焕林兼任常务副会长，主持日常工作，组织编印《工业设计产业发展参考资料》，为南通推广应用工业设计奠定了基础。

（五）促进农业增产增效。2008年至2012年，各级老科协共创建农业示范基地14个、“三农”咨询服务联系点51个。市老科协农业分会联合市老促会和沿江地区农科所，进行三次大型送科技下乡活动，为种养户进行科技培训、科技咨询，送良种、送新农药、新肥科、科技资料，种养户受益颇丰。海门市老科协农业分会的32名农业老专家组成5个小组，与28名大学生村官进行“对接互动，创新创业”活动，帮助村官制定好创业规划，选择好切实可行的项目，突出科技与创新，并能在短期内产生效益；同时帮助村官所在地农户共同增收致富。4年中共帮助村官创业25个项目，建起现代农业园示范基地5个，面积达1300亩，带动500多户农民发展高效农业，帮助村官建图书室3个，赠送农业技术书籍500多册。大学生村官中有10人获海门市政府表彰奖励，1人被评为江苏省农业创业先进个人。通州区老科协农业分会设立牧医咨询服务部。畜牧大户遇重大疫情及疑难病症由区畜牧兽医站高级兽医师、推广研究员会诊。为方便畜牧户咨询服务，服务部加大了硬件设施建设力度，有存放饲料、兽药、疫苗、器械的仓库达120平方米，门市部及办公室80平方米，经营15个品牌的饲料、各种疫苗25类、兽药500多个品种。近年来，山羊市场看好，农户养羊积极性高涨，每天都有通州、港闸、如东、启东、海门等地的养殖大户来购兽药、饲料、疫苗，技术咨询、辅导即问即答，技术讲座、培训经常举办，服务部几乎成为通州的第二便民大厅。

第四节　关心下一代健康成长

南通市关心下一代活动在全国全省起步较早。如东县关心下一代工作协会（简称县关工协）早在1984年5月20日就已成立，是继河南安阳关协之后全国第二个成立的关工组织，开创了县级关工组织的先河。南通市关心下一代工作协会经市委批准，于1991年11月25日成立。1992年10月25日，又经市委批准，更名为南通市关心下一代工作委员会（简称市关工委）。各级关工委，特别是基层关工委，主要由老干部、老战士、老专家、老教师、老模范组成，称之“五老”。其任务主要是致力于加强未成年人思想道德建设。20多年来，全市关工组织不断健全发展，关工队伍不断发展壮大。2012年末，全市共有关心下一代工作组织7009个，从事关工工作的“五老”志愿者队伍10.61万人，在培养“有理想、有道德、有文化、有纪律”的“四有”新人工作中作出了重要贡献。市和各县（市）、区出现一批为关心下一代健康成长热情执着、事迹突出的先进集体和先进个人。市关工委被中央文明办、中国关工委授予全国关心下一代工作先进集体荣誉称号，被中国关工委评为全国关心下一代宣传工作标兵单位。截至2012年年末，先后有如东县关工委、通州区关工委等7家单位被中组部、中央文明委和中国关工委表彰为先进集体，徐超、朱文涛等10人被表彰为关心下一代工作先进个人。

一、进行主题教育活动

市关工委围绕党的中心任务和重大节日，坚持“贴近实际、贴近生活、贴近青少年”的“三贴近”原则，开展了一系列深化思想道德教育的主题活动。围绕《爱国主义教育纲要》，在青少年中开展爱国主义、集体主义、社会主义教育；围绕《公民道德建设实施纲要》开展基本道德规范的教育；围绕2004年中央8号文件，开展未成年人思想道德建设主要任务的教育；围绕“八荣八耻”，开展社会主义荣辱观教育。近年来又围绕社会主义核心价值观进行了一系列主题教育活动。2008年，开展“迎奥运，颂改革，建设美好家乡”的三项教育活动；2009年，开展“迎国庆，颂祖国，我为祖国添光彩”主题教育活动；2010年，开展“迎世博，学双百，争三好”主题教育活动；2011年，开展“学党史，颂党恩，跟党走”主题教育活动。2012年，开展“学雷锋，知党恩，讲道德，见行动”主题教育活动。每次主题教育，全市均组织数百个报告团（组），作上千场报告，受教育青少年达数十万人。2012年，全市各级关工委组织“五老”宣讲员 5170 人，编写材料 4332 篇，组织宣讲活动 4696 场次，受教育中小学生 137 万人次；组织图片展览、文艺演出、演讲比赛 2247 场次，参加人数 132.2 万人次。通过开展主题教育活动，唱响共产党好、社会主义好、改革开放好、伟大祖国好、各族人民好的时代主旋律，不断深化青少年社会主义核心价值观教育，提高青少年思想道德素质，坚定青少年走中国特色社会主义道路的信念。

二、建立校外教育辅导站（点）

广大“五老”利用校外教育辅导站平台，开展形式多样、内容丰富的思想道德教育，对提高青少年的思想道德素养起了很大的作用。2007 年 6 月底 7 月初，省关工委在南通召开了全省关工委工作座谈会，推广南通举办校外教育辅导站的做法和经验。2008 年 3 月，中国关工委办公室在南通召开全国宣传报道现场会，推介这一经验。南通市关工委被中央文明委授予全国第一届未成年人思想道德建设工作先进单位称号，南通市城乡社区校外教育辅导站获中央文明办第三届未成年人思想道德文化建设工作创新案例二等奖，成为江苏省文明办十大创新品牌。至 2012 年年底，全市有各类辅导站点 6411 个，建成电子阅览室 76 个，担任校外教育辅导员的“五老”3.31 万名，全年辅导中小学生 197.6 万人。

三、进行“三好”标兵竞赛评选

从2010年开始，市关工委与市文明办、市教育局、团市委、市妇联（以下简称5部门）联合开展“三好”（在学校做好学生、在家做好孩子、在社区当好公民）标兵竞赛活动。次年，中央政治局常委李长春、中国关工委主任顾秀莲分别对南通开展“三好”标兵竞赛评选活动作出批示，给予肯定。5 部门于 2010 年 3 月下发检查通知，9 月组织联合检查，10 月正式开展评比活动，评出县级“三好”标兵 1161 名。启东、海安、如东、崇川等地还开展镇村两级“三好”标兵评选表彰活动。2011 年 4 月，5 部门在通州区实验小学召开全市“三好”标兵竞赛评选活动现场推进会，表彰市十佳“三好”标兵。9 月，5 部门发出通知，在全市中小学生中广泛开展争当“三好”标兵主题教育实践活动，并组织开展第二次市“三好”标兵评选活动。2012 年，组织开展 2011 年度市十佳“三好”标兵网上投票活动，共有 16.45 万人参加。

四、义务监督网吧

为防止青少年沉迷网吧、游戏机房，荒废学业，市和各县（市）、区关工委成员陆续组建“五老”义务监督员队伍，对网吧、电子游戏经营场所进行义务监督。从 2005 年起，每年市关工委、市文广新局都要联合召开全市网吧优秀“五老”义务监督员表彰大会，对网吧优秀“五老”义务监督员和网吧义务监督工作组织奖单位进行表彰奖励。全市建立健全了长效监督机制，坚持定期学习培训、检查通报、表彰奖励等制度，形成了义务监督工作的常态化管理，使网吧、电子游戏场所不得接待未成年人的规定得到较好执行。据启东市统计，“五老”网吧义务监督员就劝阻了400多名未成年人进入网吧。“五老”网吧义务监督员不仅劝阻未成年人进入网吧，同时还对痴迷网吧的未成年人做好心理疏导工作，脱离网瘾，得到了社会、家长和学校的一致好评。到2012年底，义务监督员队伍2300多人，市关工委被省文化厅、省关工委评为全省网吧义务监督工作优秀组织单位。

五、帮助失足青少年

各级关工委配合政法部门，在青少年中开展“两法一条例”（《中华人民共和国未成年人保护法》《中华人民共和国预防未成年人犯罪法》《江苏省未成年人保护条例》）宣传教育活动。全市建立法制教育报告团312个，报告员1969名，举行报告会2355场，受教育青少年达111万人（次）。2012年，各级关工委配合综治部门，开展未成年人零犯罪社区（村）创建活动。经过努力，全市共有零犯罪社区（村）1721个，占整个社区（村）总数的88.8%。市各级关工委始终坚持思想道德教育和法制教育相结合，充分发挥“五老”的优势和作用。“五老”参与社区矫正工作，对有问题的失足青少年，运用多种阵地和载体开展法制教育和结对帮教。还组织“五老”定期到市拘留所、收容教育管理所为拘留人员作宣讲报告。至2012年底，全市有关爱工作团（队）838个，“五老”关爱工作团成员21500人，实现市、县（市、区）关爱工作网络全覆盖。全市成立帮教小组2222个，参加帮教活动“五老”有7769名，帮教对象2716个。通过帮教，一批问题青少年得到帮教转化，促进了社会的和谐、稳定。

六、开展关爱青少年服务活动

各级关工委在开展思想道德教育的同时，积极为青少年做实事、办好事、解难事，开展帮困、帮学、帮富、帮转化的一系列关爱服务活动。他们帮助困难学生、外来务工子女、三峡移民子女、外来船民子女、留守儿童、孤残儿童、单亲家庭子女，解决生活上、学习上、工作上的一系列困难。市关工委连续5年开展爱心助学活动，通过发动房地产开发公司、银行等企业捐资88.5万元，共资助1702个困难学生，其中包括28名江西省井冈山市的特困生。活动中还涌现了一些典型，如启东市海复镇搬场村关工委4名“五老”为残疾少年苏春曙办起了只有一个学生的学校，经过两年多时间的教学，苏春曙已经小学毕业。他们的事迹在社会上引起了强烈反响，被评为南通市第32次文明新风典型，并入选全省关工委“五老”风采一书。还涌现了捐资助学的民营企业家典型。

七、帮助青年农民创业致富

20世纪90年代以来，市关工委配合市委组织部、市科协在农村开展“实用科学技术培训”工作，收到了很好的效果。随着农村劳动力向城市的转移，开展了对农村青年多种技术的培训工作。在青年农民中深入开展“讲理想、学科技、达小康、奔现代化”活动，帮扶青年农民创业致富。市关工委配合市农委组建由32名老农业专家组成的老农业科技专家库，每年组织开展农业科技乡村行活动；配合市农委、市科协组织编写28万字的《青年农民实用农业技术读本》，举办全市农民现代农业科学实用技术培训班。市和8个县（市）、区都建立了农业系统关工委，进一步推进青年农民实用技术培训活动。各乡镇村关工委还广泛发动农村科技工作者开展对青年农民学科技的咨询和指导工作。不少离退休人员参加县的农业技术讲师团（组）和乡镇农村技术培训学校的教学工作，参与先进技术的试验、示范、推广和普及，进行技术咨询。2012年，各级关工委参加举办政治科技特色学校834所，发动2706名老科技工作者开展科普教育活动，受教育青年农民达16万人次。

八、推动基层关工组织建设

2001年，市关工委提出创建关工委先进村、先进社区的“双创”活动，其标准为：有组织、有队伍、有阵地、有“一教四帮”（青少年思想道德教育，帮学、帮困、帮难、帮教）活动、有制度，做到无失学儿童、无严重不良道德行为、无违法犯罪、无不孝子女、无迷信邪教活动。到2010年末，全市已创建关心下一代工作先进村1050个，先进社区225个；从2006年起，市关工委又提出在“双创”基础上，以“八好”（关工组织健全好、活动阵地建设好、“五老”人员发动好、教育活动开展好、四帮措施落实好、三结合教育网络好、育人环境氛围好、制度健全执行好）为标准，开展创建市级关心下一代工作示范村、示范社区的“双示范”活动。经过3批检查验收，全市创建示范村（社区）114个。

南通市关心下一代委员会负责人名录表

表10–4–1

任　期	名誉主任	顾　问	主　任	副　主　任	秘书长
1992.10 — 2003.9			王益众	王太祥　王光钧　徐　超 杨振东　朱文涛　刘志鹏 濮九康	胡　忠 （1991.10 — 2002.7） 殷　雄 （2002.7 — 2003.9）
2003.9 — 2011.5	曹能新 （2004.3任） 蓝绍敏 （2004.3任）	王光钧 徐　超 濮九康	朱文涛	沈瑞芬　殷　雄　叶晓平 魏秉勤（2004.3任） 陈长华（2004.3任） 王炎斌（2004.3任，2009.4免） 陆国甫（2008.12任） 缪建新（2009.4任）	殷　雄 （2003.9 — 2005.10） 匡志森 （2005.10 — 2011.7）
2011.5 —	朱文涛		曹能新	陆国甫　陈长华　黄鹤群 曹金海　叶晓平 郭毅浩（2011.10任）	匡志森（2011.7 —　）

2012 年年末南通市县（市）、区关工委主任名录表

表 10–4–2

县（市）、区	关工委主任	县（市）、区	关工委主任
海安县	吴庆云	通州区	张宏杰
如皋市	蒋　建	崇川区	曹志林
如东县	陶明生	港闸区	周　静
海门市	谭柏虎	开发区	曹　钤
启东市	董美英		

第五节　修史编志　著书立说

史志具有资政、存史、育人的功能和作用。改革开放以来，南通各级各部门各单位组织力量，编修了一批质量较高的史志书籍。在编修史志队伍中，起着骨干作用的是一大批熟悉情况的老同志。他们离退休后，或接受本部门本单位的委派，或接受相关方面的邀请，甘心与孤独、清苦相伴，严肃认真，静心编修，一丝不苟，求真存实，力求史志文约事丰，图文并茂，服务当代，垂鉴后世。

南通社会主义新方志的编修工作进行了两轮：第一轮修志从 20 世纪 80 年中期开始，2000 年结束。《南通市志》是一部贯通古今、全面系统记载南通经济、政治、文化历史和现状的鸿篇巨帙，上限溯自事物发端，下限迄至 1987 年，从开始编修到正式出版面世，历经十余载艰辛努力。《南通市志》的主编邵建、乔显曾是从市地方志办公室负责人岗位上退休的两位老同志；70 多部分志的主要编修人员和参编人员，大多是离退休老同志。第二轮编修工作从 2006 年开始。这一次要求全面系统记载 1983 年至 2005 年的经济、政治、文化发展情况，计划 2015 年出版。《南通市志（1983 — 2005）》总纂的执行副主编何惠斌是从市地方志办公室退休的一位老同志，各分志的主要编修人员和参编人员，大多也是离退休老同志。为做好《南通市志（1983 — 2005）》编纂工作，保证志书质量，经市政府领导同意，聘请了顾嘉禾、徐朋、孙国涛、孙应杰、王昀、管长江、黄鹤群、贾涛根、邵建、徐家壁等 10 位老同志担任《南通市志（1983 — 2005）》总纂顾问。这 10 位老同志中，顾嘉禾、徐朋是已退休的市级领导同志，其余 8 位均是已退休的县处级干部。各县（市）、区两轮志书的编纂出版情况，与《南通市志》相仿。一些地区志、专业志的编纂出版，也仰仗于退休老同志。市人大机关王昀、顾洪玲、卢前、汤广伦、江学余 5 位退休老同志，根据市人大党组

的要求编纂《南通市人大志》。他们广泛搜集近60年有关人大的历史资料，认真鉴别，求真取精，在较短的时间内抢出了初稿，经征求意见修改完善后交付出版。方志出版社认为："编者指导思想明确，遵循专业志书的要求与规范，反映了新中国成立后人民代表大会制度在南通走过的历史足迹，突出了人大及其常委会依法行使宪法和法律赋予的职权全面履职的情况。全书取材丰厚、翔实，横排纵写工整、稳妥，采用各种体裁恰当、合理，全书体例完备、统一，文字风格朴实、平和""编校质量高。""粗读《南通市人大志》书稿，感触到编撰者呕心沥血、精细严谨的工作态度与精神。"《南通市人大志》填补了南通市级政权和民主政治建设史志的空白，受到各方面好评。《南通市经济技术开发区志》《南通市建设志》《南通市卫生志》等专业志书，都是由本系统的退休领导和退休工作人员为主编纂的。《崇川区人大志》《港闸区军事志》《南通市红十字中心血站志》等志书，则是聘请具有修志知识的退休人员编纂。市老新闻工作者协会的一些会员参与了《南通市工会志》《南通市金融志》《南通市轻工志》《南通市文化志》《南通市广播志》《南通市报刊志》《南通市档案志》的编写工作。有一些离退休老同志还承担了省部分专门志，如省人民代表大会志、省公安志、省水利志等有关章节的编修任务。

许多老年社团和涉老社团十分重视革命传统的宣传教育，他们或联合有关部门，或自己组织离退休老同志编写党史、革命史宣传材料，给人民群众以形象生动的教育。市老促会把宣传老区历史，弘扬老区精神，促进老区经济社会发展，放在重要位置上。建会之初，即和党史办联合编写了《南通老区》一书，介绍南通老区人民的奋斗历程。建国50周年编写了《老区革命历史宣传材料》。红十四军建军70周年和反"清乡"胜利60周年，他们和党史办联合编写了《红十四军故事》和《反"清乡"斗争故事》两本书，一直发至各乡（镇）。解放军建军80周年、新四军建军70周年，编写了《简述黄桥老区重大革命斗争历史事件》。以秦兆祯为会长的南通新四军研究会2011年4月成立后，注重对新四军在南通历史的挖掘、整理和研究，加强史料的收集整理。在南通市一批老领导的积极奔走呼吁下，抢救了很多弥足珍贵的新四军在南通抗战的历史资料。很多离退休老同志收藏革命历史，编著革命史籍，用激扬文字教育后人。如新四军文化老战士龚德介绍苏中四地委敌工部长将日军俘虏教育改造为重要反战骨干纪实文学新著《远方的云》，王昀编著的《南通革命根据地财政经济史（1927—1949）》填补了地方革命财经史空白，此外，还有记载烈士事迹的《港闸英烈传》（张圣嗣编著），介绍抗日英雄的传记《白桐本传略》（薛镜如著），讲述中国第一支航空队成立历史的《浴火重生》（杨文彬著）等，均为传统教育的生动教材。

在地方史书籍的整理出版方面，许多离退休老同志都发挥了骨干作用。由离退休老同志担任干事会会长、副会长、秘书长的南通张謇研究中心，2005年启动新编《张謇全集》（主编李明勋），2007年12月被国家清史编纂委员会列为国家清史纂修工程文献整理项目。原南通大学张謇研究所教授张廷栖、原市党史办副主任戴致君、南通博物苑学术委员会副主任赵鹏、原南通市教育研究所科研究员陈炅承担了新版《张謇全集》编纂的实际工作。三位熟悉经济工作的退休干部王昀、肖正德、王福泉承担了《南通经济发展简史》有关章节的编撰任务。另几位退休干部孙应杰、顾德山、徐家壁参与了书稿的篇目论证、校核和初审。该书的出版，填补了南通经济史的空白，为南通经济发展提供了有益的借鉴。以离退休的文史工作者、爱好者为骨干的南通市江海文化研究会组织编纂、出版《江海文化丛书》（编委会主任李炎，主编姜光斗，执行副主编尤世玮、沈玉成）。丛书较为系统地反映了南通不同历史时期、独具地方特质的重要遗迹、重大事件、重要人物等，融知识性、史料性、学术性和可读性于一体，多视角、多层次地展现了南通江海文化的深厚积淀和丰富内涵。传记文学作家刘培林花十余年时间，在近80岁时完成了《名家传奇纪实文学丛书》的撰写出版工作，为与南通有着深厚的历史渊源的京剧大师梅兰芳、影剧大师赵丹、绣艺大师沈寿等人立传。退休干部孙应杰根据宋人编撰的《高僧传》之《泗州大圣明觉普照国师传》，广取博纳、重新架构、勤奋耕耘、全新演绎，撰成18个章回20万字的人物传记新著《僧伽大师》，由凤凰出版社出版发行。市老新闻工作者协会的一些会员参与了党校史、医学院史等的编写工作，参加或协助有关单位编辑出版书籍，如数百万字的《与南通一起走过——朱剑同志档案资料汇编》、20万字的《大生纱厂（1899－1949）工人生活的调查》、15万字《南通报刊史资料》、16万字的《扬子第一窗口——狼山港区一期工程建设专辑》等。

许多老同志发挥专长，出版专著。市老龄协会主要负责人顾嘉禾编撰的《情系华发》《长寿探源》两本专著作公开出版及他在全国发表的若干文章，引起了海内外多家媒体的关注，联合国电台、德国、加拿大、韩国以及中国台湾、香港地区先后派记者赴南通实地采访报道，此后他出版的《老年研究文稿》亦受到业内人士的广泛关注，获得省、市政府奖励。海安县退休教师杭荣泽根据长期丰富的教育教学经验，撰写专著《条件议论文写作实践谈》《未成年人思想道德行为规范例谈》，经内蒙古人民出版社出版后，各赠送100本给云南省宁蒗民族中学，受到彝族师生的好评。市杂文协会精心策划，经过两年多时间，江苏杂文丛书（南通辑）2012年2月出版，丛书共10本，其中退休干部的著作有：李雪前《从涛声说起》、祖丁远《当今县官读的什么书》、沈玉成《冷眼衷肠》、陆鱼龙《“龙”之心声》、黄鹤群《亦方亦圆》、李昌森《谓我何求》等。市老新闻工作者协会多位会员自费出书，成果喜人，如正式出版发行的《晚晴之旅》《流年回眸》《秋月春风》《大地的足迹》等，由有关部门批准出版的《鼓点集》《浪花集》《魅力南通——南通市情读本》《真情实话》等。市广播电视局退休干部王嘉祥于2009年5月创办双月刊杂志《南通窗》。承担杂志编印发行工作的皆为一批志同道合的退休人员。该杂志已成为南通父老乡亲心连海外游子、域外赤子的红色平台，国内国外江海儿女心系故乡、情注故乡的绿色通道。

随着社会进步和教育程度的提高，写回忆录已不再是名人、学者的专利。南通已悄然刮起一股回忆录写作风，许多老人用这种独特的方式回忆从前，感悟历史。适应老人们这种需求，南通长寿博物馆、老年大学、侨联等单位纷纷开设回忆录写作班，教授老人撰写回忆录的技巧，并免费为老人联系出版单位。2004年，南通老年大学举办的3期培训班，期期爆满。一些离退休干部的回忆录，如记述解放战争、剿匪和抗美援朝经历的《温乐集》（许进著），记述红色财经工作经历的《平凡的七十八年》（凌萍著），记述战火纷飞年代革命往事的《山高水长》（张明著），记述改革开放以来的“思痕”“履踪”的《百姓缘》及人生行知琐记《知行录》三卷（均为马汉坤著），记述农村基层干部经历的《曹金琪回忆录》，记述基层普通党员奋进的一生《心地无私写春秋》（朱秀英著），记述多个岗位不同经历的《平凡人生路》（蔡可如著）等，颇受读者欢迎。南通年龄最长的归侨徐潘学静撰写的《九十年的回忆》，记述了世纪老人的传奇人生。2012年2月，历时5年、七易其稿、20万字的书稿终于由上海书店出版社出版，香港散文大家董桥为之作序。

一些老人退休后以自己的生活经历为蓝本，进行文学创作。海安县退休特级教师徐凤生以自我为原型，经过艺术加工，塑造了一位上世纪五十年代知识分子的优秀代表。这部长达22万字的小说《吉诃德先生别传》，凝聚着他一生的理想、心血和汗水，由黑龙江人民出版社出版。另一位中学高级教师徐春赋在古稀之年开始创作长达48万字的小说《悠悠古桥镇》。市广电局退休干部滕杰写作出版计有40回章、反映五十年代史事的长篇小说《春雨》；市审计局退休干部卞劼生写作出版长篇小说《明月》《残云》《春雨》《秋水》，散文集《西海雁影》。60多岁的如皋丁堰镇农民陈宏出版了长篇小说《惊魂》，反映了改革开放前后中国农村的缩影，也折射出现代农民的新形象和不断升华的人生追求。著名辞赋家袁瑞良退休所创作出版报告文学《中国第一个女省长顾秀莲的主政之道》。还有一些老人参加了家谱、家族史的整理，把家族的兴衰史有机地融入中华民族的成长史中。江苏人民出版社2012年出版的《南通保家轶事》（保晓冲编著）和马汉坤编撰的家世系列书卷《扶风堂》四卷六部，颇有代表性。老年人诗词创作是讴歌时代、文化养生的重要方面。许多老年人退休后为了陶冶情操，愉悦身心，学习并进行诗词创作，一大批耄老诗人应运而生。南通诗词协会的会员中，老年会员占了相当比重。青山诗社、南通老年大学诗词协会的成员完全是老年人。老年诗词社团经常组织成员采风，热情拥抱自然，感受社会变迁，讴歌祖国，针砭时弊。一部分老年人还将诗歌汇集出版，为时代变革传递正能量。南通大学教授姜光斗退休后在市老年大学任教，撰写《红楼梦诗词尝析》作为教材，江苏教育出版社于2010年8月出版，颇受欢迎。

第六节 义诊服务 治病救人

很多医务工作者退休后继续把脉问疾，发挥专长，以高尚的医德、精湛的医术服务社会，获得人民群众的好评。1988年9月，南通市区一批离、退休的医务工作者成立了老龄医务工作者协会（简称老医协会），创办了医疗实体——老医协专家门诊部，开展对外门诊；组织下乡、入厂、上街，热心为群众提供医疗服务。

一是组织专家医疗队，深入缺医少药的农村乡、镇，开展巡回医疗服务。1988年10月至1989年6月，共组织各科专家60余人次，9次去白蒲、下原、郭元、车马湖、长庄、吴窑、二案等13个乡镇开展巡回医疗，帮助诊治疑难重症797人（次）。

二是组织专家体检队深入工厂企业为职工进行健康检查。1989年至1998年，下厂12次，为电容器厂、二机床厂、七一机床厂、铜厂、柴油机厂、轮船公司、市政工程公司、塑料二厂、树脂厂、环卫处等10多家工厂企业单位共5000多名职工，进行全面体格检查和妇女病检查。

三是上街开展免费咨询活动。每年科普宣传周、重阳节以及其他重要节日，都组织老医务工作者上街，为群众治疗疾病提供咨询服务。还为老年朋友举办《科学保健、辩证养生》《老慢支及肺气肿的防治》等知识讲座。

四是发挥导医作用，为老年人看病排忧解难。协会利用在康复医院办公的有利条件，热情接待，帮助安排老年人到老年康复医院就诊，每年接待来自通州、如东、海门地区和市区的老年人近百人。

县（市）、区的离退休医务工作者同样积极为当地群众提供各种医疗服务。1997年，启东市属医院10名退休老专家，赴新义、王鲍乡开展义诊活动，250多人获检查治疗。2002年，海门市老科协组建医疗专家门诊部，2003年成为职工医保定点医疗单位。门诊分为日常门诊和资深医学专家定期义务咨询两部分。资深医学专家门诊由15位已退休的具有高级职称医务人员组成，每星期一、三、五下午在门诊部开展义务咨询服务。多年来，他们组织银龄医疗志愿者队伍开展义诊，义诊人数达1.5万多人次，还为100多位百岁老人进行健康检查，为全市离休干部上门义诊。2011年，通州区老科协医卫分会组织20多名主任医师，多次赴农村举办医疗保健知识科普讲座，开展义诊活动，每次活动受惠群众达500余人次。在金沙镇南山社区，开设了专家咨询服务门诊室，由各科的专家，共40余人轮流坐诊，每天均有两名老医生轮流免费看病，有时还下乡给病人免费送医送药。2011年4月当选“中国好人”“江苏好人”的王秀冲医生2002

年退休后，放弃回家团聚机会，继续留在通州区东海之滨的残老村，为麻疯病人服务，一干就是10多年。麻风病人长相异变，且具传染性，让人恐惧，不敢靠近，一些亲属也望而远之，向社会上招收护工很困难。每当遇到这种情况，王秀冲总是义无反顾地照顾病人吃饭、用药。一位病人双目失明后情绪非常烦躁，曾多次自杀，每次都是王秀冲处置得当而化险为夷，一次次挽救其生命。2012年10月下旬，如皋市老科协与医卫分会组织市人民医院、市中医院的部分老专家一行18人，赴东陈镇徐湾小区和丁堰镇开展义诊活动，举办《食物、药物同源》《中风先兆》等卫生保健知识讲座，并为100多人提供内科、外科、五官科、儿科等方面的诊断和咨询服务，基层干部、农民代表230多人到会听讲、咨询、求诊。

从外地退休、回原籍养老的医务工作者积极为当地和外地群众提供医疗服务。曾任南京中医药大学教授、主任医师、硕士研究生导师的张谷才，生于1921年3月，是享受国务院特殊津贴的全国著名中医专家，退休后回到老家如皋市常青镇草张庄村，开设中医门诊。20多年间，老人治疗肿瘤、肝病等内伤杂症及妇幼疾病6万余例，把200多名重症病人从死亡线上拉了回来。张谷才一直恪守“有钱没钱照样看病”的诺言，不仅免收孤寡老人、特困村民、重症病人以及残疾人诊疗费约30多万元，还为从外省慕名而来的困难病人贴补伙食费、住宿费、差旅费5万多元。20多年间，他自费兴建“济民博物馆”，免费向群众开放，出资近40万元为村民修桥辅路。2011年张谷才喜登“江苏好人榜”，同时被中央文明办列为“中国好人”候选人，成为全省全国众多“好人”中最年长者。上海中医协会委员、上海卫生局聘为十级医师的朱建章，系知名归科专家，退休后回到老家海门养老，不少人慕名远道登门求医。面对求医心切的患者，尤其是那些从外地千里迢迢赶过来的人，老人总是来者不拒，把脉处方，为许多妇女治愈了多年的妇科病。不少经过治疗怀上了孩子的妇女，带着茶食、水果、红包前来感谢，朱建章总是一再拒绝。

一些高级医疗专家老当益壮，医术更为精进，雄风不减当年。南通市中医院首任院长朱良春1917年8月出生，1939年1月起从事中医临床工作，70周岁时被国务院批准为“杰出高级专家”，同年卫生部授予“全国卫生文明建设先进工作者”称号。73周岁时国家确认为首批全国继承老中医药专家学术经验导师。90周岁时国家中医药管理局授予“全国老中医药专家学术经验继承工作优秀指导老师”称号。92周岁时获首届“国医大师”称号。

朱良春2003年7月获中华中医药学会“中医药抗击非典特殊贡献奖”。2003年9月被国家中医药管理局聘为“中西医结合治疗SARS临床研究特别专项”专家顾问。2005年11月作为国家中医药管理局专项“中医药防控人禽流感研究”科研课题10人小组成员之一，精心撰写《中医药防控“人禽流感”的认识》一文，其中相关建议已为国家中医药管理局总方案采纳。朱良春75周岁时，与家人创办南通市良春中医药临床研究所，广泛吸收诸多老中医的临床经验，对于内、妇、皮肤等科疾病基本上使用纯中药治疗，对风湿、肿瘤、脾胃、肝、肾、呼吸系统、心脑血管、不孕不育、痤疮、牛皮癣等疑难疾病疗效显著。尤其对风湿病的治疗一直处于全国领先水平。前往求诊者达10万人（次），患者遍及包括港澳台地区在内的全国各地，以及美、欧、日、东南亚各国。

朱良春一直关心中医药事业的兴衰，热心学术的继承、弘扬，应邀赴各地讲学，足迹几乎遍及全国。2005年，朱良春与十多位名老中医发起，由中华中医药学会、南通市人民政府主办，广东省中医院及南通市良春中医药研究所、南通市中医院承办“2005年中国首届著名中医药学家学术传承高层论坛”。论坛当年6月在南通市举行，卫生部副部长佘靖到会讲话，达到“承接岐黄薪火，传承中医衣钵”的目的。

第七节　参与文明城市创建和社会公益活动

南通民风素来淳朴。关注社会、热心公益、扶贫济困、邻里相助为代代相传的优良传统。退休老人由于有了更多闲暇时间，便成为积极参与文明城市的创建和社会公益活动的一支生力军。

一、积极参与文明城市创建

南通市文明城市建设中，有一个由社会各个层面人员组成的专做小事实事而被政府各个部门所重视的团体，默默无闻地推动着南通社会文明和谐的建设发展。这个由市民自愿报名参加的团体就是南通市第二十九届文明新风典型集体“南通市文明城市建设市民巡访团”。巡访团成立于2004年，由企业从业人员、民营企业家、社区干部、离退休干部、退休职工、大中小学教师、医生护士、营业员、机关干部、银行等事业单位职工等人员组成，现有团员197人。他们中间50岁以上的中老年成员有80多人，占40%以上，年龄最大的已逾古稀。他们在巡访团里老当益壮，有所作为，发挥了骨干作用。老同志们有个共识：“志愿参加巡访工作，是每一位成员的社会责任。要用夕阳的余热在文明城市建设工作中不断努力，做出更大贡献。要当好‘布衣钦差’，大力监督社会不文明现象；当好‘桥梁纽带’，及时反映社情民意；当好‘文明使者’，促进全市文明程度的共同提高。”

市民巡访的主要形式是：1. 个人巡访为主，巡访团成员可以结合各自的工作和生活实际，持证对城市文明情况进行日常性的明查暗访，发现社会生活中的不文明现象，向巡访团团部反馈，并提出建设性的意见和建议。2. 小组根据任务分工组织专项巡访。根据文明城市建设指挥部办公室的部署，结合文明城市建设的阶段性任务，对应、配合文明城市建设长效办公室，组织开展专项巡访。3. 团部组织专题督查。巡访团团部接受文明城市建设指挥部办公室的安排，对文明城市建设的重点点位、难点焦点问题、组织专题巡访督查，提出整改意见并跟踪督查整改。

巡访团团员们甘当城市啄木鸟，无私奉献，穿梭在大街小街，义务巡访督查城市的与文明不相符合的各种现象，及时向有关部门反映，提交各类巡访信息每年平均500多件，由指挥部办公室转交各有关责任地区和部门办理。由于巡访信息反映的情况及时、提出的建议可行性和操作性强，绝大多数得到了党政部门的重视，得以及时有效地整改，取得了良好的社会效果，先后为南通卫生城市、五城同创、创建全国文明城市工作做出了贡献。很多老同志在晨练、买菜、接送孙儿、散步时做有心人，发现问题，马上写巡访信息向团部报告，使问题能得到及时妥善的解决。

前些年有一段时间，市区的封建迷信活动猖獗，一些市场出售封建迷信用品，甚至有的摊位还公开出售以人民币图案印制的冥币。为了破除封建迷信，打击违法销售迷信用品的行为，提倡文明健康生活，巡访团受文明办委托，请6位老同志对学田市场、新桥市场、易家桥市场、端平桥市场及虹桥小商品市场等地销售迷信用品的情况暗访，为市文明办等9家单位出台《反对封建迷信联合公告》提供了依据。

机关作风千人评议工作，市民巡访团总要推荐德高望重的老巡访团员参加，这些老同志总是提前到达会场，认真听取领导讲话。每一位参加测评的巡访团员都以认真负责的态度，郑重地填写测评表，认真地进行测评。10年来，市民巡访团先后组织了30余次到党政机关有关部门和窗口服务单位的集体巡访活动，共有500多人次参加，其中每次都有老同志的代表。这些老同志在巡访前就开始“做功课”，从各个方面了解将去的部门和单位的情况，在巡访中认真听取汇报，坦诚地提出意见和建议，帮助他们不断改进工作。

市退管中心引导企业退休人员积极参加全国文明城市创建活动。他们在社区企业退休人员中组织开展“讲文明树新风我为和谐做贡献”系列活动，各区退休人员管理服务机构组织辖区各街道劳动保障服务所具体落实。系列活动的内容包括：文明影片进社区巡映、“魅力夕阳”进社区文艺演出、文明知识走进家门、健康保健送上家门、“夕阳红”志愿服务、文明知识普及竞赛、文明新风广播、重阳节慰问等。

南通市区各社区都有一批以文明城市建设为己任的老年人，他们自觉地从身边的小事做事，搞好家庭文明和小区文明，默默地为文明城市建设添砖加瓦。不仅如此，还有一批老年人志愿参加社区安保工作和交通秩序维护工作。在城市社区，大量老年人主动担当治安员，参加巡查，维护社区安全。20世纪90年代后，南通市经济高速发展，城市人口增加给交通带来很大压力，为维护交通秩序，一大批老年人志愿加入执勤行列，在南通市区的每条主道路口，每天都可看到戴着红袖套的老年人手持小红旗认真疏导交通。崇川区开展文明倡导活动。2008 年，成立狼山街道老奶奶文明倡导队，12 位老人参加文明卖香、文明敬香、文明停车倡导活动。2009 年，成立任港街道低碳生活倡导队，7 位老人参加活动。至 2012 年，全区成立老年文明倡导组织 38 个，参加老人 400 余人。

很多离退休干部、职工活跃在社区基层，与市民打成一片，在呵护家人健康，照看孙辈、解除子女后顾之忧，促进家庭和睦，增进邻里团结，正面疏导老百姓关心的热点、难点问题，调解、协调矛盾、纠纷，在建设文明城市、促进社会和谐方面发挥了积极作用。

二、热心慈善事业

南通是全国文明城市，慈善氛围浓厚，扶危济困、乐善好施、助人为乐的传统美德深入南通社会各阶层，孕育出无数个可亲可敬的慈善楷模。每当外地发生地震或洪涝灾害时，许多老年人感同身受，捐款捐物，为灾区人民分担困难。一些老年人将一生积蓄捐献出来，建立慈善基金，成为老年人奉献社会的生动典型，他们是：通州区老党员、离休干部宋英，海安县退休职工孔锦文、农民王爱廉，港闸区修车老人胡汉生、磨刀老人吴锦泉，市直离休干部肖克林。

（一）倾囊捐款百万的九旬老党员宋英

宋英是南通市通州区离休干部，1918 年生，1946 年参加革命工作，1947 年 10 月加入中国共产党，1979 年离休。姜美善是宋英丈夫，1942 年加入中国共产党，离休干部，2011 年 2 月病逝。2012 年 1 月 8 日，姜美善·宋英慈善基金会在通州区设立。宋英捐出自己和姜美善毕生的百万积蓄，用来救助生活困难的老党员和家庭贫困的学子。平常他们坚守勤俭节约习惯，家里每件家具都已用了不少年头，可见的现代家电仅是一个挂壁空调和一台旧电视机。宋英老人说，钱存在那里是“死钱”，如果把钱用“活”救助需要帮助的人，可以做很多有利于国家和社会的事情。老伴去世后，捐献财产成了宋英老人迫切的愿望。2012 年 1 月 5 日，宋英老人将百万元支票交给了政府部门，两位老党员多年夙愿得以实现。她还立下遗嘱，身后捐出房产等全部遗产。姜美善在生前和她共同立下了《关于我们的财产遗嘱》，就是为了方便将来把积蓄捐赠给国家。目前捐出来的 100 万元是他们夫妻俩的毕生积蓄。2012 年 4 月，宋英荣登“中国好人榜”。同年 4 月 25 日，中共江苏省委书记罗志军作出批示：宋英同志把毕生无私奉献给党和人民，以实际行动生动诠释了共产党人的高尚品质，是永葆共产党员先进性的楷模。全省广大党员干部要认真学习宋英同志高尚无私、克己奉公的思想境界，艰苦朴素、淡泊名利的革命本色，心系群众、扶贫济困的大爱情怀，坚守共产党人的精神家园，时刻铭记人民公仆的神圣职责，始终保持为民务实清廉的政治本色，全心全意服务人民群众，为奋力开启基本实现现代化新征程作出新的更大的贡献。

（二）捐毕生积蓄建百万慈善基金的孔锦文、王爱廉夫妇

2012年7月25日，海安县慈善基金会宣布正式设立孔锦文·王爱廉爱心基金。基金100万元，系孔锦文、王爱廉夫妇的毕生积蓄。这是海安慈善史上第一个个人冠名的慈善基金，也是个人捐赠数额最大的慈善基金。孔锦文，男，1920年2月出生，海安县原五金公司退休职工。王爱廉，女，1921年2月出生，海安县城东镇泰宁村农民。孔锦文退休之后，夫妻俩在路边摆摊卖布。风里来雨里去，老夫妻俩这小摊一摆就是十多年。每天早上五点多开始摆摊，直至天黑，扛布扛得肩疼腰酸。一年四季，天天如此。赚到辛苦钱，坚持积德行善，关爱贫困家庭。孔老爱看书看报，有时候看到一些贫困家庭的报道，经常会施以援手。2011年海安电视台的一个节目，介绍了17个贫困残疾家庭，夫妻俩就到民政局查询17个家庭的信息。老夫妻俩在女儿的陪伴下，给这17个家庭逐户送去了善款。有一次，孔老在南通电视台看到一个家庭发生火灾，孔老第二天就将资助款寄过去。看到扬子晚报上登载的困难家庭，孔老让女儿将资助款带到南京交给人家，还不准留下名字。孔老每个月还会给东台富安的一家敬老院寄钱。2012年9月，孔老夫妇入选“江苏好人”。2013年7月被评为南通市第35次文明新风典型。

（三）克勤克俭、积攒善款的修车老人胡汉生

胡汉生老人生于1927年，港闸区闸西供销社五接桥合作商店退休职工。年轻时曾学得一手修车的好手艺。退休后，从1999年开始，胡汉生在南通市港闸区唐闸老街上摆起了修车摊，他把修车收入全部捐出来做慈善，累计捐助善款10.6万元。修一辆车一般1元钱，遇到困难的人还免费，要攒够1万元需要很长的时间。而老人因年事已高，身体每况愈下，却舍不得看病；一件外套补了又补，老人也舍不得换一件新衣服；头发长了，就让老伴用推子推一下。可老人每攒够一万元，都会捐出去，十几年如一日，坚持助人行善。2011年，在老人的倡议下，港闸区成立了“龙潭村汉生爱心互助基金”，目前已经募捐各方爱心捐赠40多万元。2011年，胡汉生荣获首届“江苏慈善奖”。2012年，胡汉生入选“中国好人”和“感动江苏”十大人物[①]。

（四）生活俭朴、用几近全部微薄收入帮助别人的磨刀老人吴锦泉

吴锦泉，男，港闸区闸西乡五星村村民，与修车老人胡汉生并列，称南通“慈善双雄”。吴锦泉生于1928年，1959年加入中国共产党。年轻时，担任过生产队队长、民兵营

①2013年4月12日，胡汉生因病治疗无效，在市第二人民医院去世，享年86岁。18日，省委书记罗志军在有关胡汉生的事迹材料上作出批示：“胡汉生老人的事迹值得我们很好宣传、学习、弘扬。”市委书记丁大卫、市长张国华先后作出批示，要求组织力量开展系列宣传，以弘扬先进、树立典型，进一步推动南通精神文明建设。19日，市领导丁大卫、陈斌、黄巍东、章树山专程到港闸区天生港镇龙潭村，看望并慰问胡汉生家人，并向“龙潭村汉生爱心互助基金”捐款。21日上午，江苏省文明办副主任韩松林代表省文明办颁发了“‘江苏好人’胡汉生，美德流芳”的纪念牌匾，追认胡汉生为“江苏好人”。

长、种猪场场长。如今仅靠磨刀为生，除了磨刀，没有其他经济来源。一把刀一块钱，1000 元几乎是老人 3 个月的磨刀收入。老两口的生活并不富裕，至今还住着三间破旧的瓦房，生活朴素到了极点，老伴出来捐钱时穿的黑裤子已经近 40 年了，还是出门时才舍得穿的行头。吴锦泉关心社会，关注时事，热心公益，奉献社会，多年来靠自己磨刀的微薄收入坚持行善，是南通市年龄最大的红十字志愿者。老人多次向地震灾区，向残疾儿童、智障孩子，向需要帮助的人捐款，还在所在街道成立了“爱心一元社”。他生活十分俭朴，几乎把磨刀获得的微薄收入都用于帮助别人，出钱出力，修路补桥；他以能帮助他人为最大的快乐，他帮助过的人、做过的好事，不计其数。磨刀老人的故事感动了南通，感动了江苏，感动了中国。他入选南通市“道德模范百场宣讲和网上宣讲”先进典型，被授予南通市“红十字博爱特别奉献奖”，获江苏、中国“最具爱心慈善楷模”荣誉称号，荣登中国好人榜。在中国慈善领域最高政府奖项 —— 第七届中华慈善奖获奖者中，南通磨刀老人吴锦泉是获此奖项的江苏省唯一代表。崔永元、韩红等知名人士，65639 部队 64 分队雷锋班同获此奖项。2012 年 4 月 10 日，中共中央政治局常委、国务院副总理李克强在北京中南海会见第七届中华慈善奖获奖者代表。李克强副总理三次与磨刀老人吴锦泉亲切握手，直夸他不简单。作为南通公益形象的代言人，“磨刀老人”已由南通市红十字会正式注册为公益商标，成为引领公民社会责任、倡导社会文明、推动微公益行动的一项重要举措。

（五）捐赠毕生积蓄 10 万元助学贫困学子的八旬离休干部肖克林

肖克林 1932 年 7 月出生于湖南湘乡，1949 年 9 月参加革命工作，1956 年 8 月加入中国共产党，1992 年 8 月离休，离休前为南通市机电设备公司正科级经济师。2011 年 12 月，肖老病重期间，在语言表达困难的情况下，他艰难地表述了自己的心愿：“把毕生的积蓄 10 万元捐献给贫困学生。”为了完成父亲的遗愿，肖老的子女在市慈善总会成立“市直老干部管理服务中心克林基金”，一方面确保老人的捐赠善款规范运作，另一方面也通过冠名基金弘扬老人无私奉献的崇高品质，告慰老人在天之灵。2012 年 3 月 22 日，捐赠仪式在市慈善总会举行，市直老干部管理服务中心克林基金成立。

南通市和各县（市）、区都建立了慈善总会（慈善会），除港闸区、开发区外，主持工作的都是市和各县（市）、区退下来的四套班子老领导，从事具体工作的，大多是机关退休的处科级干部。市和各县（市）、区慈善盘子不断做大，困难群体能及时得到救助，与这些老领导、老同志的工作精神是分不开的。至 2012 年年底，全市共有慈善组织 151 个，其中各级各类慈善（基金）会 60 个，累计募集善款 7.6 亿元，救助支出 3.5 亿元; 救助各类困难群众 80 余万人（次），其中市本级募集善款 9785.56 万元，救助支出 10335.72 万元，救助各类困难群众 30 余万人次。精心打造了“情暖江海”助困、“牵手夕阳”助老、“生命阳光”助医、“金秋圆梦”助学、“共享蓝天”助残、

“情系孤儿”助孤、“慈善牵手助医”“聆聪行动”等慈善品牌，开展了“慈善一日捐”等大型慈善募捐活动，各行各业行善积德蔚然成风，成为南通一道靓丽风景。

至2012年12月底，全市慈善（基金）系统结存善款约5.4亿元，其中市本级结存资金4128万元。全市慈善系统保值增值运作的慈善资金达到2.03亿元，累计获得收益近3000万元。启东市慈善基金会爱心助学工程荣获2009年“中华慈善突出贡献奖”；南通红十字阳光爱心车队获2011年中华慈善奖“最具爱心行为楷模”；2012年，南通入选“中国城市公益慈善指数”最高级别7星级慈善城市，其中慈善文化单项指数与北京、上海、无锡等城市并列第一。如皋市和海门市获评6星级慈善城市。

2012年年末南通市、县（市、区）慈善总会（慈善会）会长名录表

表10-7-1

机构名称	会长	机构名称	会长
南通市慈善总会	程亚民	启东市慈善总会	周嘉生
海安县慈善总会	王秀和	通州区慈善总会	张秀兰
如皋市慈善总会	周宝生	崇川区慈善会	陈　琳
如东县慈善会	张桂英	港闸区慈善会	顾国华
海门市慈善总会	高顺昌	开发区慈善会	周　健

三、发展志愿服务

全国关注的精神文明“南通现象”的重要标志，是一支拥有13万人的江海志愿者队伍。南通江海志愿者服务站几乎囊括了国内有关志愿者的所有最高奖项，曾获“中国十大杰出青年志愿服务集体”等荣誉。江海志愿者队伍的创建人和领头人，担任江海志愿者服务总站负责人的徐尔铸，是一名退休干部。徐尔铸，男，生于1936年6月，汉族，中共党员，南通市崇川区北濠桥东村居民，原是南通市青年宫副主任，从事青少年教育工作45年。1998年3月，退休后的徐尔铸参与筹建了江海志愿者服务站，担任站长。[①]这些年来，作为江海志愿者队伍的创建人和领头人，江海志愿者服务总站负责人的徐尔铸，累计接听来电3万多次，接待来访1万多人次，联络志愿者提供上门服务2.5万多人次，组织开展广场服务活动近千场，帮助结成“一助一”长期服务对子1500多对。在徐尔铸的感召和组织下，江海志愿者队伍由成立之初的34人发展为拥有1个总站、9个社区分站、2个专业分站、400多支服务队的志愿服务网络，注册志愿者达13万人，占南通市区人口的16.2%。10年间，徐尔铸先后获得“中国青年志愿服

①2013年7月13日，徐尔铸因病医治无效不幸逝世，享年77岁。

务金奖”（全国仅 3 人获此奖项）、“江苏省道德模范奖”“全国道德模范提名奖”“江海志愿服务十周年最具影响十大人物”等；2008 年，徐尔铸作为奥运火炬手，参加了火炬在南通的传递。人民日报、新华社、中央电视台《焦点访谈》等多次报道过他的事迹。

2011 年 7 月，南通市着手在企业退休人员中组建江海志愿者“夕阳红”服务队。江海志愿者“夕阳红”服务活动以江海志愿者品牌效应为龙头，以“奉献、友爱、互助、进步”为原则，以“热心献社会，真情暖人间”为主题，以服务特困、高龄、病残、空巢、孤寡退休人员、农村老人和农民工子女为重点，让广大退休老人切实感受到社会大家庭的温暖，共享南通改革开放和文明城市创建成果。“夕阳红”服务队充分利用现有的劳动保障平台或外联合作伙伴，发布江海“夕阳红”志愿服务供需信息，同时建立评星表彰激励机制和爱心储蓄机制，大力弘扬“今天我为人人，明天人人为我”的志愿互助机制，真正形成好人有好报，好人一生平安的社会氛围。至次年末，全市共组建 456 支江海志愿者“夕阳红”志愿服务分队，1093 个社区（村、居）建立了志愿服务工作站，注册“夕阳红”服务志愿者 5740 名，先后开展了为老服务、生活料理、技艺帮扶、科普宣传、法律咨询、健康义诊、心理咨询、关爱留守儿童等一系列志愿服务活动 22675 人次，得到了退休人员的充分肯定。

随着南通市人口老龄化程度的不断加深，越来越多的高龄老人、“空巢”老人需要照料服务。志愿服务顺应人口老龄化的发展，启动了关爱高龄老人、“空巢”老人的志愿服务行动。2008 年，在推进社区居家养老活动中，学田街道成立助老服务站，并迅速向崇川区全区推开。2010 年 1 月 17 日，南通市关爱“空巢”老人志愿服务行动启动仪式在崇川区虹桥社区举行。关爱“空巢”老人志愿服务行动启动后，迅速形成以低龄老人为主的志愿服务队伍，开展“小老人”服务“老老人”活动。大量低龄老人采取“一对一”“一对多”“多对一”等多种定向结对形式，开展关爱“空巢”老人、高龄老人志愿服务活动，为结对对象提供生活照料、心理抚慰、应急救助等服务。至 2010 年年末，全区 3000 多名“小老人”志愿参与照顾“老老人”活动。

新城桥街道易家桥社区开展了“巾帼挽霞”服务项目。这一项目以社区的高龄、“空巢”、残疾、病患、独居等老年女性为重点服务对象，以 50 岁至 70 岁的“小老人”巾帼志愿者作为日常服务的提供主体，采取“社工 + 义工 + 妇工”的运作模式。24 名受助老人，每人都有一个由 4 名志愿者组成的志愿服务小组与之结对，志愿者每周至少到结对老人家中服务一次，开展打扫环境、个人卫生清洁、陪聊解闷、改善伙食等爱心帮扶。“小老人”们已把个体志愿凝练成集体制度，自觉探索从日常服务向机制服务转变。而且根据服务对象的心理、生理需求不断调整、改进服务方式、方法等，确保了服务的常态化。她们还建立了相互监督、培训、考评机制。为了提高志愿服务水平，每隔一段时间，就组织一次服务技能培训。成员间还申请了 QQ 群，通过这一平台及时沟通信息、交流经验、探讨问题。同时还建立了例会制，每半月一次，雷打不动坚持至今。南通大学社会学系专门组成课题组进行为期一年的跟踪调查，结果显示，受助“老老人”对“小老人”的服务满意度达96%，其中非常满意的高达80%。

第十一章　权益保障

新中国成立后，国家重视老年人口合法权益的保护，制定了多项保护老年人口的法律法规，宪法、民法、婚姻法、刑法、诉讼法以及地方性法规，都涉及对老年人口合法权益的保护。面对人口老龄化的出现，1996年颁布《中华人民共和国老年人权益保障法》(1996年8月29日第八届全国人民代表大会常务委员会第二十一次会议通过)。2012年12月28日，第十一届全国人民代表大会常务委员会第三十次会议又对这部法律作了较大修订，并以中华人民共和国第72号主席令公布，自2013年7月1日起施行。江苏省也出台了相应的保护老年人合法权益的地方法规，省人大常委会先后通过《江苏省保护老年人合法权益条例》（1988年6月23日江苏省第七届人民代表大会常务委员会第三次会议通过）、《江苏省实施〈中华人民共和国老年人权益保障法〉办法》（1999年10月30日江苏省第九届人民代表大会常务委员会第十二次会议通过）、《江苏省老年人权益保障条例》（2011年1月21日江苏省第十一届人民代表大会常务委员会第二十次会议通过）（后一部法规施行时，前一部法规同时废止）。

南通市在进入老龄化社会后，十分重视老年人合法权益的维护，广泛宣传、认真施行《老年人权益保障法》等涉老法律法规，使老年人的各项合法权益得到较好的保障。

第一节　法治宣传

1996年8月，《中华人民共和国老年人权益保障法》经全国人大常委会通过后，南通市委、市政府高度重视，立即展开《老年人权益保障法》的宣传、贯彻。市委办公室、市政府办公室迅速转发市委宣传部、市老龄委、司法局《关于学习、宣传、贯彻老年法的意见》。从1996年10月到1997年秋，市和各县（市）、区召开宣传、贯彻《老年人权益保障法》大会；利用重阳节、春节开展敬老活动机会，各级党政主要领导发表电视讲话，集中宣传、讲解法律条文，广泛营造气氛，力求家喻户晓、深入人心。其间，南通市区在城乡主要地段均悬挂横幅、张贴标语。全市共印发《老年人权益保障法》手册40000份，宣传材料65000份；报刊、电视发表近400篇学法新闻、报道；市、县两级老龄委举办宣传讲座506场（次），有11.22万人参加；巡回宣讲52场（次），举办学法培训班112个。

1997年秋开始，全市将《老年人权益保障法》宣传活动与学习宣传中共中央颁发的《关于加强社会主义精神文明建设若干重要问题的决议》紧密结合，运用报纸、刊物、电视、广播电台等新闻媒体，反复宣传：弘扬中华民族尊老敬老美德，既是道德规范方面的问题，更是一个接受法律约束的问题，欺负老人、虐待老人、侵犯老人的合法权益不仅于情不容、于理不容，更触犯法律，于法不容。市委书记周福元署名文章《尊重关心老人　树立文明新风》，刊登在《南通日报》上，产生了较大的社会影响。市老龄委会同司法部门把《老年人权益保障法》纳入“三五”普法计划，同时调查、总结了维护老年人权益方面情况上报，后在《全国老龄工作通讯》全文发表。10月份，根据省老龄委的部署，牵头组织通、盐、泰三市贯彻实施《老年人权益保障法》的检查。当年，还在全市范围内经广泛宣传、发动，开展争创、评选“五奖”（敬老好儿女金榜奖、尊老服务爱心奖、老有所为金秋奖、老年工作奉献奖、老年事业功德奖）活动，城乡一批学习贯彻《老年人权益保障法》，尊老敬老，在维护老年人合法权益等方面作出贡献的先进个人受到市委、市政府表彰。

1998年，国际老年人年活动启动，南通市委、市政府及老龄工作部门以宣传国际老年人年“建立不分年龄人人共享的社会”主题为契机，集中宣传《老年人权益保障法》中关于老年人有从国家和社会获得物质帮助的权利，老有所养、老有所医、老有所为、老有所学、老有所乐的规定。1999年10月24日至11月24日，市老龄办、市法律援助中心会同各区街道（镇）、社区开展10场“老年维权进社区”活动，共为400多位老年人提供法律咨询、上访解答、老年维权等服务。活动期间，发放法律宣传资料等1万多份。2000年10月6日，市政府召开敬老茶话会，100多位离退休人员出席茶话会，市长程亚民到会讲话并传达中共中央、国务院《关于加强老龄工作的决定》。

进入21世纪后，南通市在老年人养老保障、医疗保障、权益维护、优待服务、照料及精神文化生活等方面，采取切实有效措施，取得明显成效，但老年人的赡养权、财产权等被侵害案件仍时有发生，涉老矛盾纠纷和案件呈上升趋势。各级党委、政府、司法、老龄工作部门通过新闻媒体和其他途径加大《老年人权益保障法》的宣传力度，在全社会营造尊老敬老、切实维护老年人合法权益的良好社会氛围。2005年5月，市老龄办组织实施“敬老孝心工程”，贯彻《公民道德建设实施纲要》，开展“孝心进社区活动”，促进家庭和谐。是年，启东市老龄办会同司法、广电部门把《老年人权益保障法》列为全市开展法制宣传教育的一项重要内容，在市广电局设立“夕阳红”宣传专栏，举办“民政杯”启东市尊老爱幼法律知识竞赛，通过这些活动，强化全体公民的学法、守法意识。2006年是《老年人权益保障法》颁布实施10周年，全市各地加强《老年人权益保障法》宣传力度。市老龄办继续与江海晚报社办好《老年之友》专栏，与市电台联合办好《人生晚霞》专题，又与南通日报社在《健康生活》专版上开辟《老年人健康》专栏。全年在各类报刊、杂志上宣传老龄事业的稿件500多篇。

2010 年，市老龄办会同司法局法律援助中心到崇川区、港闸区、经济技术开发区宣传老年维权法律知识，举办了 6 场系列活动，现场接受老年人法律咨询，发放有关维权知识资料 2 万余份。2012 年，市老龄办开通“南通老龄网”，对全市老龄工作进行全面宣传。

第二节　执法检查

各级人大常委会对《老年人权益保障法》等涉老法律法规的实施情况，进行一系列执法检查。市县两级人大常委会还先后形成相应决议，有力地促进了《老年人权益保障法》等涉老法律法规的贯彻执行。

一、全国人大常委会莅通执法检查

1997 年 11 月 10 日至 11 日，全国人大常委会委员黄玉章、崔乃夫等以全国人大常委会内务司法委员会的名义，赴南通实地考察《老年人权益保障法》的实施情况，着重研究南通市为特困老人解困的经验和意见。

2001 年 10 月，全国人大内务司法委员会副主任李文龙到南通视察维护老年人合法权益情况，着重了解南通市的老龄工作，特别是老年教育工作的经验。

二、省人大常委会执法检查

根据全国人大常委会《关于委托部分省、自治区、直辖市人大常委会检查老年人权益保障法贯彻实施情况的通知》，省人大常委会副主任、党组副书记林祥国于 2011 年 6 月 15 日至 17 日，率检查组到南通市，就贯彻实施《老年人权益保障法》和《江苏省老年人权益保障条例》的情况开展执法检查。市委常委、副市长秦厚德代表市政府向省执法检查组汇报了南通市贯彻实施《老年人权益保障法》的工作情况，包括近几年来，南通面对人口老龄化的严峻挑战，市委、市政府坚持“党政主导、社会参与、全民关怀”的工作方针，统筹发展，把握重点，整体推进的情况，以及全市老年人经济供养、医疗保障、社会优待、文化体育等方面所取得的发展。市老龄协会、市民政局、老龄办、人社局、法院等单位的负责人分别汇报了相关情况和认识，部分市人大代表也参加了座谈。检查组在通期间，还实地考察了市社会福利中心、市老年人活动中心和崇川区一些社区，听取老年人代表、社区工作人员、社区养老服务机构等方面的意见和建议。接着检查组还赴海门市进行了执法检查。检查组对南通老年维权、保障工作予以充分肯定，并提出了指导意见。

三、市人大常委会执法检查

1998 年 6 月，市人大常委会副主任邹运才、徐朋率领调查组对《老年人权益保障法》贯彻执行情况进行调查。翌年 6 月 14 日至 16 日，市人大常委会又组织部分组成人员，深入有关单位，对贯彻执行《老年人权益保障法》情况进行视察检查。

1999年6月28日至30日，市十一届人大常委会召开第十次会议，听取、审议副市长袁瑞良《关于贯彻执行〈老年人权益保障法〉情况的报告》，常委会内务司法委员会《老年人权益保障法贯彻执行情况的调查报告》，作出《关于进一步贯彻执行〈老年人权益保障法〉的决议》。决议指出，南通市是全国较早出现人口老龄化的地区。1982年全市60岁以上老年人占当时全市总人口的10.3%，进入人口结构老龄化。到1998年年底，全市60岁以上的老年人为128万人，占总人口的16.3%，高出全国平均水平6个百分点以上。人口老龄化已呈现“来得早、基数大、发展快”的态势，成为全市国民经济和社会发展中不可忽视的一个重要问题，必须引起高度重视。决议要求各级政府：1. 进一步加大对老年人权益保障法宣传教育的力度；2. 加强老年工作，发展老年事业；3. 逐步完善养老保障体系，保障老年人的基本生活；4. 加强对老年工作的领导。决议要求各级政府、司法机关要认真调解和查处涉老纠纷和案件。要重视对老年人的权益、财产、赡养、居住以及婚姻等方面矛盾的处理。诉讼到法院的涉老案件做到优先立案、优先审查、优先执行，坚决维护老年人合法权益。

第三节　市人大代表议案、建议和市政协委员提案的办理

一、市人大代表议案、建议办理

市人大代表在市人民代表大会上提出与老龄工作有关的议案、建议，由市人大常委会交市人民政府办理，推动了老龄工作一些难点、重点问题的解决，促进了全市老龄事业的发展。

（一）市人大代表议案办理

2005年1月，在市十二届人大三次会议上，顾洪玲、卢前、葛建芬、朱纯澄、陆肖谷、王昀、王建明、尤世玮、缪宝迎、厉永茂、花俊、邵敏、景圣琪、王锦标、朱胜华、江良高、单俊男、陈晓东、吴远明、姚惠琳、顾裕岳、李炎、姬焕玲、刘建中、郝昌荣、姚建新、李育林、毛辉、陈莉、张家祝、顾建国等31名代表提出《关于积极应对人口老龄化挑战，努力推进老年事业健康发展的议案》。会议决定将其列为大会议案，交市政府办理。

通过这一议案的办理，理顺了市及县（市）、区老龄工作体制，基层老龄机构乡镇、街道覆盖面达100%，村居达到90%以上；市区老年活动中心已立项，市区老年人70岁免费乘公交车已落实；市发改委协调督促各涉老单位抓好老年事业发展规划的制订和实施，开展“十一五”规划纲要起草工作；加大宣传力度，营造尊老助老社会氛围；加强了老年福利机构、老年大学建设，抓紧制订《南通市老年人优惠办法》；完善制度，

切实保障城乡老人的基本生活需要。

12月24日，常委会第二十七次会议听取、审议市政府副秘书长缪三义《关于积极应对人口老龄化挑战，努力推进老年事业健康发展的议案办理情况的报告》，作出《关于进一步加强老龄工作、加快老年事业发展的决议》。决议要求：进一步提高思想认识，加强对老龄工作的组织领导；进一步加强宣传教育，努力营造敬老、养老、助老的良好社会氛围；进一步加大维护老年人合法权益工作的力度；进一步推进老龄产业的发展；进一步加强社区为老服务工作。

这一议案被市人大常委会评为2005年度优秀议案，在市十二届人大四次会议上受到表彰。

2012年6月，在市十四届人大一次会议上，邵晓泉等14名代表提出《关于加快建设社会养老服务体系的议案》。会议决定将其列为大会议案，交市人民政府办理。

在议案办理过程中，市政府重点抓了以下六项工作：1.强化制度建设，养老服务政策体系加快完善。启动《南通市养老服务设施布局规划》编制工作，对全市老龄事业发展进行整体布局。加强政策创制，在养老服务社会化、市场化方面进行了重点探索和政策创新，并在土地供应、税费优惠、财政补助等方面作了相应安排，被省民政厅转发全省学习借鉴。2.强化平台建设，城乡一体居家养老服务网络加快形成。建立养老服务信息网络，扩大政府购买服务规模，充分发挥社会参与功能。3.强化能力建设，多元机构养老服务格局加快构建。市、县先后新建了一批规模较大、功能较全的养老服务设施。4.强化市场建设，养老服务产业加快推进。5.强化文化建设，老年文体事业加快发展，较好地满足了老年人的需求。6.强化队伍建设，养老服务培训机制加快健全。

11月28日 市政府召开市十四届人大一次会议《关于加快建设社会养老服务体系的议案》办理情况汇报会，市政府副秘书长薛谦主持会议。各县（市）、区政府分管领导、民政局局长、议案承办单位主要负责人参加会议，就议案办理工作情况、工作中存在的问题以及下一步工作打算作了交流发言；市民政局局长、老龄办主任金元作了专题汇报；市人大常委会副主任王向红、副市长赵闻斌分别对进一步办好议案提出要求。

（二）市人大代表建议办理

市人大代表在历次人民代表大会上和闭会期间提出的涉老建议较多，本志仅列表反映，市十三届人大一至五次会议上，市人大代表提出，市人大常委会交市政府办理，由市民政局、市老龄办主办和协办的涉老建议的主要情况。

市十三届人大代表部分涉老建议办理情况表

表 11-2-1

年份	会次	建议编号	建议人	建议名称	办理部门	办 理 情 况
2008	一	109	陈晓晴	关于建立社区化养老服务体系	市老龄办	1. 市、区两级财政拿出 40 万元，建立 20 个社区居家养老服务站；各县（市）建设 10 个标准较高的社区居家养老服务站。2. 对社区养老福利专业人员进行教育培训，解决部分下岗职工再就业。3. 市政府出台扶持老年福利事业发展的政策措施，对为老服务机构给予免税优惠。
2008	一	111	顾爱东	关注老年人心理健康的建议	市民政局 市老龄办 市卫生局	2008 年 5 月 8 日答复：下拨一定的调研经费用于老年学、老年心理健康方面的研讨，扶持建立老年心理服务组织和服务网络。做好省精神关爱试点单位市老年人活动中心的相关工作。加强精神卫生专业人才和精神病机构建设。 建议人反馈结果为“B”类①。 2011 年 8 月 26 日跟踪答复：制订市老龄事业发展“十二五”规划，明确提出要加强老年人心理疏导；购买心理关爱服务，培训心理服务专业人员，对老年人开展心理健康和生命观等方面的教育，并提供专业的心理疏导服务；做好省精神关爱试点单位的相关工作。
2008	一	293	李 炎	更多关注弱势群体之一的老年人的建议	市老龄办	加大对老龄事业的资金投入，为老年人健身增加场所，提供方便；逐步加大对市老年大学的经费投入，争取 1–3 年内每年拨款 10 万元用于租用教学场所；对社会力量兴办老年福利机构给予优惠政策。
2009	二	104	吴声和②	关于尽快改善老年大学教学设施的建议	市民政局 市老龄办	2009 年 5 月 18 日答复：对市老年大学的建议予以更多的关心和支持，争取政府增加更多的财政投入，尽快改善老年大学办学条件和办学环境。 建议人反馈结果为“B”类。 2011 年 8 月 24 日跟踪答复：2009 年 7 月，市委常委会议决定组建新的老年大学，交由市教育局主管。

①建议人对办理情况的反馈结果分为 A（满意）、B（基本满意）、C（不满意）三类。

②附议代表为俞晓和、黄煌、钱中怡、严君毓、李春宝、顾华。

续表 11–2–1

年份	会次	建议编号	建议人	建议名称	办理部门	办理情况
2009	二	290	杨永康①	关于老年工作亟待加强的建议	市民政局 市老龄办	2009年5月18日答复：积极建议市老年大学迁址重建，以尽快解决场所问题；继续增加社区老年活动场所建设；将老年福利设施建设列入政府为民办实事项目，建设一批规模较大、设施较全的国办养老机构服务设施；建设农村社会福利中心，提升农村养老水平。 建议人反馈结果为“B”类。 2011年8月24日跟踪答复：2009年7月，市委常委会议决定组建新的老年大学，交由市教育局主管。
2009	二	294	吴志中	关于老年群体需要更多关注的建议	市民政局	市老龄办牵头，组织市有关部门和单位开展有关宣传和活动，在全社会掀起关注老年人的热潮；市慈善总会开展慈善助老工程，政府对表现突出的单位和个人予以表彰。
2009	二	295	郑　州	关于中小城镇的养老问题不容忽视的建议	市民政局	重视中小城镇和农村老年人的养老问题，进一步建好中小城镇的养老机构和居家养老服务机构，加大投入，提高档次。
2009	二	296	李　炎	关于加大老年事业工作力度的建议	市民政局	1.市委常委会议决定组建新的老年大学，交由市教育局主管。2.将老年福利设施建设列入政府为民办实事项目，建设一批规模较大、设施较全的国办养老机构服务设施。3.继续增加社区老年活动场所建设。
2009	二	298	周天虹	关于设立大区域老年康复中心的建议	市民政局 市卫生局	2009年6月5日答复：赞同建议，积极做好相关基础工作。 建议人反馈结果为“B”类。 2011年8月24日跟踪答复：各级卫生、老龄部门积极筹建“爱心护理院”。市确定市紫琅医院为“爱心护理院”。各县（市）、区确定1所“爱心护理院”，为老年人开展长期护理和关怀服务。市紫琅医院已设立临终关怀服务区。
2009	二	299	陈　琳②	关于采取有力措施，切实加强市老年大学建建，扭转市老年大学办学落后的状况的建议	市民政局	市委常委会议决定组建新的老年大学，交由市教育局主管。

①附议代表为尹建炉、许海波、朱剑。

②附议代表为钱中怡、管德明、周建忠、姚天勇、尹建新、李春宝、杜明生、江治学、姜晓军、王耀光、吴声和、杨永康。

续表 11–2–1

年份	会次	建议编号	建议人	建议名称	办理部门	办 理 情 况
2009	二	312	张永凯	关于要重视老年人事业与发展的建议	市民政局	关注对重要老龄问题的调查研究，市政府每年都将为老年人办实事列入议事日程；弘扬尊老敬老传统美德，在全社会营造助老爱老良好氛围；江海志愿者服务网络为社区生活有困难的老人提供无偿服务，市民政局寻求全社会对居民居家养老的支持；加大对老龄工作的支持力度，从物力、财力及人力等方面予以倾斜。
2010	三	186	李　炎	关于开拓创新 加快我市老龄事业发展的建议	市民政局 市财政局 市教育局	1. 市委、市政府出台《加快老龄事业发展的实施意见》，要求进一步建立健全党政主导、老龄工作机构组织协调、相关部门各司其职、社会广泛参与的领导体制和运行机制。2. 财政提高市区“尊老金”的发放标准、居家养老服务站的建设补助标准、民办非营利性养老机构的床位补贴标准，补助老年活动建设，从市体育彩票公益金中安排资金用于扶持老年体育事业发展。3. 办好市区老年大学，整合现有老年教育资源，将老年教育事业向基层延伸。
2010	三	201	成玉如	关于实施村（居）老年活动场所全覆盖的建议	市民政局 市老龄办	大力推进社区老年活动场所建设，市政府对老年活动场所给予定额补贴，扶持力度不断加大。
2010	三	279	花　俊	关于在市区建立老年人活动中心的建议	市民政局 市老龄办	市老龄办等部门已向市发改委递交立项书面报告，市发改委已召开专题协调会，市政府领导已要求市有关部门在制定“十二五”规划时予以考虑。
2011	四	53	赵莉玲	关于加快发展老年服务机构的建议	市民政局 市老龄办 市规划局	对城市公共服务设施用地中的老年服务机构建设进行规划，构建市、区、社区三级养老服务体系。
2011	四	80	秦兆祯	关于进一步改善老年人活动中心条件的建议	市民政局 市老龄办 市财政局 市发改委	同意在原社会福利院旧礼堂上改建5000平方米以上的老年人活动中心大楼的建议，按政府投资项目的建设申报程序，组织制定建设方案，报市政府决策。协调解决市老年人活动中心的编制问题，加强建设和管理。
2011	四	173	蔡　波	关于制订应对人口老龄化问题的战略规划建议	市民政局	制订《南通市老龄事业发展“十二五”规划》，明确全市老龄事业发展的指导思想、基本原则、发展目标、主要任务和保障措施。

续表 11-2-1

年份	会次	建议编号	建议人	建议名称	办理部门	办 理 情 况
2011	四	272	李　炎	关于加大对老年体育人口活动关注的建议	市民政局 市体育局	把老年人体育工作纳入体育事业总体发展规划，社区（村）和老年人居住相对集中的区域建有老年健身活动场所；在市体育彩票公益金留成中每年安排一定经费，用于扶持老年体育事业发展。每年举办一届普及性的老年人体育节。
2012	五	闭会期间建议	汪　宁	关于应对我市老龄化趋势的建议	市民政局 市老龄办	出台《关于加快我市养老服务业发展的若干意见》，对养老机构建设规划、建设用地、资金扶持、税费减免等方面，提出了一系列力度更大、更符合实际、更具有操作性的扶持政策措施；加大对养老服务设施建设的经费投入，提高对新建、改扩建的民办养老服务机构的床位建设补贴和营运补贴标准；加强养老机构建设和老年人精神关爱，健全提升养老服务组织。

二、市政协委员提案办理

市政协委员在历次委员会上提出的涉老提案较多，本志仅列表反映市十届政协委员会一至五次会议上，市政协委员提出，市政协常委会交市政府办理，由市民政局、市老龄办主办和协办的涉老提案的主要情况。

市十届政协委员部分涉老提案办理情况表

表 11-2-2

年份	会次	提案编号	提案者	提案名称	办理部门	办 理 情 况
2008	一	397	许建平	关于加大公共文化投资	市老龄办	市老年大学新建选址方案在紧急筹划酝酿之中，为解决教室不足问题，拟由市财政拨款 10 万元租用教学场所，解决短期困难。市区部分街道、社区相继建立或筹建社区老年学校。
2008	一	399	汪晓莺	发展老年教育，办好老年大学是小康社会之必须	市民政局	2008 年 5 月 8 日答复：市政府已同意市老年大学提出的在易地新建之前租用房屋教学的请示，并安排了相应经费；从 2009 年起，市财政对市老年大学实行全额预算管理，不断增加经费投入；依据市编办核定编制，在年内把老年大学管理人员配备到位。 提案者反馈结果为“B”类①。 2011 年 8 月 24 日跟踪答复：2009 年 7 月，市委常委会议决定组建新的老年大学，交由市教育局主管。

①提案者对办理情况的反馈结果分为 A（满意）、B（基本满意）、C（不满意）三类。

续表 11-2-2

年份	会次	提案编号	提案者	提案名称	办理部门	办 理 情 况
2008	一	402	廖　萍	关于加快建立社区居家养老服务中心	市老龄办	在市区兴办 20 个社区居家养老服务站，作为市政府为民办实事工程；“十一五”期间，每年在市区建 10 个社区老年活动场所。
2009	二	466	汪晓莺①	关于尽快扩大南通市老年大学校舍的建议	市民政局	2009 年 5 月 18 日答复：正在积极建议迁址重建，以尽快解决市老年大学场所问题。提案者反馈结果为“B”类。 2011 年 8 月 24 日跟踪答复：2009 年 7 月，市委常委会议决定组建新的老年大学，交由市教育局主管。
2009	二	467	佘晓春	关于我市申报“中国长寿之乡”的建议	市民政局	评选“中国长寿之乡”只对县（市）、区一级，地市级暂不考虑，待时机成熟，积极争取。
2009	二	469	樊晓梅	关于推进县（市）成立老龄协会（学会）的建议	市民政局 市老龄办	动员和发动各县（市）、区老龄工作部门积极支持老年协会的建设，呼吁各县（市）、区党委、政府重视老年协会的建设，给予一定的资金扶持，确保老年协会能正常规范运转。
2009	二	471	廖　萍	关于建立社区“托老所”的建议	市民政局	同市老龄委成员单位如建设局等部门沟通联系，将“托老所”列入新建住宅小区规划设计；在今后社区居家养老服务站建设运营过程中，逐步增加老年日托、老年食堂等服务内容；市、区财政已出台优惠政策，对兴办托老机构有优惠。
2009	二	473	林晓梅	整合职能整合资源切实做好涉老工作	市民政局	市老龄办牵头，重新调整 27 家成员单位的联络员，进一步明确了各单位为老服务的职能；全市 50% 以上的城市社区、15% 以上的农村社区当年年底建成居家养老服务站，市区 9 个街道实现居家养老服务全覆盖。
2009	二	477	倪安娅	农村老年人生活现状及对策建议	市民政局	积极探索创新建立健全农村养老保障体系，新农保实行“个人缴费、集体补助和财政补贴相结合”的机制，确保老有所养；“新农合”逐步完善，农村老年人的医疗水平不断提高，市区范围内的农村居民全部纳入市区城镇居民医疗保险；构建社区养老服务平台，农村老年人精神文化工作取得进展和成效。

①附议人为陈桦、徐广飞。

续表 11-2-2

年份	会次	提案编号	提案者	提案名称	办理部门	办 理 情 况
2009	二	480	姜正宁	关于建立社区“托老所”的建议	市民政局	建立40家社区居家养老服务站，列入当年政府为民办实事项目；以市老年活动中心为阵地，建立市居家养老服务总站，实现资源互补和网络化管理；建立居家养老网络平台和老年人个人信息及居家养老需求信息系统，实行市、区、街道（镇）、居（村）四级管理的模式，形成多层次、多形式、广覆盖的居家养老服务网络。
2010	三	048	祝和娟	进一步提高老年人服务水平，促进老年事业发展	市民政局	推进敬老院整合提升工作，建设农村社会福利中心，拓展服务对象和服务功能；市、区财政已出台优惠政策，扶持民办养老机构；加强居家养老服务网点建设，完善配套设施；解决护理人员后顾之忧，加强培训，提高素质。
2010	三	102	殷春杭	关于加快我市养老事业发展的建议	市民政局	编制“十二五”养老事业发展规划，将养老设施建设在城乡建设规划体系中统筹安排；已出台扶持社会力量兴办老年福利事业的政策措施，大力发展社区居家养老服务业；继续增加10个社区老年活动场所。
2010	三	170	张　林	构建社区居家养老服务体系，完善社区服务功能	市民政局	继续建设社区居家养老服务站，列入当年政府为民办实事项目；建立居家养老网络平台和老年人个人信息及居家养老需求信息系统，更多地关爱高龄老人、“空巢”老人。
2010	三	291	胡　平	孤寡老人更应值得社会上的关注、关心和关爱	市民政局	加强社区居家养老服务站建设，完善配套设施；发展志愿服务，帮助孤寡老人解决实际困难。
2010	三	356	刘盘生	整合社会资源 关爱“空巢”老人	市民政局	签订家庭赡养协议，大力扶持社会力量参与养老机构建设；依托社区关爱“空巢”老人，为广大老人送去关爱；加大对困难“空巢”老人的救助力度，积极开展志愿服务。
2010	三	433	韦人瑄①	加强社区托老所建设，为老年人提供日间照料	市民政局	加强社区居家养老服务站建设，列入当年政府为民办实事项目；在城乡建设规划体系中统筹安排养老设施建设；市、区财政已出台优惠政策，扶持养老机构发展。

①联合提案人为丁征峰、张毅、吴炜、曹善华、邱训功、黄志斌、徐珊珊、王萍芳、冯卫琴、黄振平、葛亮、王瑾、蒋茂堂、钱晓冬、颜敏。

续表 11-2-2

年份	会次	提案编号	提案者	提案名称	办理部门	办 理 情 况
2011	四	120	陈玉冬	关于应对南通市城市人口老龄化的建议	市民政局 市老龄办 市建设局 市人社局 通州区政府办、教育局 崇川区教育体育局 港闸区教育局 开发区社会事业局	为老年人免费体检，丰富老年人精神生活，建设配套老年服务设施；继续扩大社会化保障覆盖范围，不断完善养老保险制度；基本建立养老服务政策体系，初步形成多元化的机构养老格局，全面推进社区养老服务；把老龄产业纳入全市发展总体规划，制订出台引导和推动老龄产业发展的优惠政策。
2011	四	126	廖长源	关于发展我市养老护理院的建议	市民政局 市老龄办 市人社局	进行市区 40 个街道（乡镇）养老服务中心标准化建设；政策引导，推动养老护理事业全面发展；及早谋划，探索长期护理保险制度的途径。
2011	四	202	野树明	关于尽快设立养老社区的建议	市民政局 市老龄办 市发改委 市财政局	提案匠心独具，但由于目前发展条件还不太成熟，南通市在养老社区建设方面尚未起步。省如有养老社区项目落地南通，将借鉴兄弟市的成功经验，集聚社会合力，规划建设好养老社区。
2011	四	217	李　照	建议加强对社区老年活动室的建设和管理	市民政局	市加强与各县（市）、区民政、老龄部门的沟通联系，共同推动老年活动场所的建设和管理。
2011	四	257	黄卫冲	关于规划我市养老社区的建议	市民政局 市老龄办 市规划局	建议顺应了养老服务的发展方向，但由于目前发展条件还不太成熟，南通市在养老社区建设方面尚未起步，主要原因是土地供应紧张，相关政策和扶持措施还需进一步完善。省如有养老社区项目落地南通，将借鉴兄弟市的成功经验，集聚社会合力，规划建设好养老社区。
2011	四	423	于　澄	关于加快我市养老服务体系建设的建议	市民政局	市政府高度重视市政协《关于加快我市养老服务体系建设的建议案》所提对策、建议的落实情况，各部门都制订落实措施并付诸行动；市老龄事业发展“十二五”规划和市基本养老服务体系建设“十二五”规划已初步制定；协调相关部门，从用地、税收、财政等方面完善支持老龄事业发展的政策措施；创新养老服务体系，建管并举，提高服务质量。

续表 11-2-2

年份	会次	提案编号	提案者	提案名称	办理部门	办 理 情 况
2012	五	040	章幼奕	关于给低龄“空巢”老人志愿者设立“时间银行”的建议	市民政局 市委宣传部	积极探索低龄“空巢”老人服务高龄“空巢”老人的有效措施和方法。充分利用江海志愿服务平台，记录低龄老人志愿服务的时间，实现长期保值、不断增值。在崇川区虹桥街道开展“爱心储蓄”服务试点，探索好的经验和做法，再向全市推广。
2012	五	043	吴红萍	关于进一步完善我市养老服务工作的建议	市民政局 市老龄办 市财政局	居家养老信息化市四区全覆盖，老年人全部纳入信息管理系统；出台《关于加快我市养老服务业发展若干意见》，规范了养老机构服务标准，对养老服务设施规划和提升养老机构发展水平作了明确规定；加大四级居家养老服务网络建设力度，提升从业人员服务水平；鼓励民办养老机构发展，加大养老服务宣传力度。
2012	五	179	倪安娅	积极应对人口老龄化已迫在眉捷	市民政局	市政府召开全市养老服务业发展现场推进会，部署全市养老服务体系建设相关工作；建立市养老服务体系建设联席会议制度，市政府分管领导担任召集人；围绕社区居家养老服务，建立居家呼叫服务系统和应急救援系统，建设服务平台，发展公共养老服务机构设施；扶持老年用品和产品市场开发，发展老龄产业；中小学、幼儿园积极开展敬老教育。
2012	五	185	汪小利	解决我市农民养老问题的建议	市民政局	强化家庭敬老养老责任，大力推行签订农村家庭赡养老人协议；健全老年社会保障体系，增强农村居家养老服务能力和农村养老服务设施建设。
2012	五	213	高 峰	关于发展健康养老，实现老有所养的建议	市民政局	出台《关于加快我市养老服务业发展若干意见》，扶持养老机构发展；推进居家养老服务平台建设，建立政府为困难老年人购买服务制度，逐步扩大受益对象覆盖面；构建以社区卫生服务机构为基础的社区居家养老服务体系，打造专业化养老服务队伍。

续表 11–2–2

年份	会次	提案编号	提案者	提案名称	办理部门	办理情况
2012	五	213[①]	吴迎春	关于加快建设城区专业助老、志愿为老队伍建设的建议	市民政局	积极推动通过公益性岗位购买服务，充实居家养老服务专职人员，全面承担居家养老服务机构管理服务工作；依托社区老年协会，充分调动社区老干部、老教师、老年医务工作者的积极性，积极组织低龄健康老人为高龄和患病老人提供服务，同时进一步拓展社区养老卫生服务工作；依托社区居家养老服务站，广泛组织志愿者为社区空巢、高龄、独居及失能老人提供服务；加大宣传工作力度，充分发挥机关、社团和学校等组织机构的助老号召能力。
2012	五	261	九三学社南通市委	关于进一步加强我市养老服务体系建设的建议	市民政局 市老龄办 市教育局 市卫生局	加强养老服务业组织领导，建立由市政府分管领导任组长，有关涉老部门为成员的联席会议制度；整合为老服务资源，建立健全居家养老服务网络，拓展服务内容，加强信息系统建设；加强社区门诊服务，进一步建立健全基层老年維权网络；出台《关于加快我市养老服务业发展若干意见》，政策扶持社会力重参与多元化的养老服务体系建设；积极引导、扶持老年社会组织发展；发展专业养老服务队伍，鼓励志愿者参与养老服务。
2012	五	270	王　敢	建议在人口密度较高的住宅区建设托老院	市民政局	编制市区主城区和各县（市）及通州区老年服务设施布局专项规划，通过科学布局、合理设点、分类实施，将养老机构、居家养老服务设施、日间照料中心（托老所）等建设项目逐一落实到各个街道（镇）、社区（村）。
2012	五	313	顾　绮	建议政府优先解决计划生育“空巢”家庭的养老问题	市民政局 市计生委	办理养老保险，全面落实农村计划生育家庭奖励扶持和特别扶助制度，开展居家养老服务和志愿者帮扶服务，有效解决部分独生子女死亡的计划生育“空巢”家庭养老问题；做好“生育关怀圆梦养老院”行动的推广工作，让更多的计划生育“空巢”家庭解除后顾之忧。

①编号有误。

第四节 制定规范性文件及其他重要文件

南通进入人口老龄化社会后，从保障老年人的各种合法权益出发，依据国家、省有关法律法规和行政措施，根据不断变化的实际情况，南通市政府及其办公室不断制定、发布、实施规范性文件及其他重要文件。

1984 年，市政府颁发《南通市城镇集体企业职工养老金和医疗保险试行办法》。

1985 年，市政府发出《关于转发市老年人体育协会〈关于加强市老年人体育工作的请示报告〉的通知》，批转《南通市合同制工人养老和医疗保险暂行办法》。

1986 年，市政府发出《关于建立南通市老年大学、聘任学校领导成员的通知》。

1991 年，市政府颁布《南通市市区城镇集体企业职工养老保险基金统筹暂行办法》。

1992 年，市政府颁发《关于深化企业职工养老保险制度改革的意见》。

1993 年，市政府办公室转发市老龄委《关于举办老年经济实体的若干规定》。

1996 年，市政府发出《关于贯彻实施〈江苏省城镇企业职工养老保险规定〉的通知》。市委办公室、市政府办公室转发市老龄委《关于加强老龄工作的意见》。

1997 年，市政府办公室发出《关于印发职工医疗保险有关配套文件的通知》。经市政府同意，市政府办公室印发《南通市职工医疗保险基金管理暂行办法》《南通市职工医疗保险定点医疗机构管理暂行办法》《南通市职工医疗保险收费管理暂行办法》和市财政局等部门《关于发放医疗保险补贴的通知》，印发《关于在市区组织开展尊老社会服务的通知》。

1999 年，市政府发出《关于完善南通市市区老年人社会优待和服务工作的通知》。

2000 年，市政府印发《南通市调整和完善城镇职工医疗保险有关政策规定的意见》，颁布《南通市市区城镇职工医疗保险实施办法》《南通市市区城镇职工大病医疗救助暂行办法》，发出《关于推进城镇职工基本医疗保险制度和医疗卫生体制改革工作的通知》。市政府办公室印发《南通市市区城镇职工基本医疗保险 2000 年参保扩面单位安排计划分解表》。

2001 年，市政府印发《南通市市区国家公务员医疗补助实施意见》。

2002 年，市政府办公室转发市民政局、卫生局、财政局《关于进一步做好重点优抚对象医疗保障工作的通知》。

2003 年，市政府印发《南通市农村村民最低生活保障办法》，发布《关于在全市建立新型农村合作医疗制度的实施意见》。市委办公室、市政府办公室发出通知，经市委、市政府同意，转发市劳动和社会保障局、市委组织部、市编办等 15 个部门联合颁发的《关于南通市区企业退休人员社会化管理服务工作的实施意见》。

2004年，市委办公室、市政府办公室转发市委组织部、市体改办、市经贸委、市财政局、市劳动和社会保障局、市编办、市委老干部局《关于切实加强市直改制企事业离休干部管理服务工作的意见》；市委办公室、市政府办公室发布《关于在全市开展结对帮扶优抚对象活动的意见》；市政府办公室发布《关于做好市区社会保险统筹管理实施工作的意见》；经市政府同意，市政府办公室转发市民政局《关于加快实现南通市社会福利社会化的意见》。

2005年，经市政府同意，市政府办公室转发市民政局、财政局《关于进一步做好我市城乡居民最低生活保障工作的意见》，转发市民政局、财政局、卫生局《关于在全市开展农村医疗救助工作意见》，转发市总工会、市财政局、市劳动和社会保障局、市人事局、市农业局、市农办《关于改善市区企业离退休市级劳动模范和老年农业劳动模范待遇的意见》。

2006年，市委、市政府发布《关于进一步加强和改进全市老干部工作的意见》。

2007年，市政府发布《关于市属事业单位改制转企后原退休人员管理有关问题的处理意见》《关于对市区持独生子女父母光荣证退休的企业职工实行一次性奖励的实施意见》；市政府办公室发布《关于做好市区惠民医疗工作的意见》。

2008年，市政府印发《南通市农村居民养老保险试行办法》，发布《关于进一步加强城市社区卫生服务工作的意见》；市政府办公室印发《南通市市区城镇困难对象医疗求助办法》，转发《市劳动和社会保障局关于调整市区城镇职工和居民基本医疗保险及生育保险待遇意见》。

2009年，市政府发出《关于农村居民参加城镇居民基本医疗保险的通知》，印发《南通市市区城镇老年居民养老补贴办法》。

2010年，市委、市政府颁发《关于加快我市老龄事业发展的实施意见》；市政府发布《关于贯彻落实江苏省新型农村社会养老保险制度实施办法的意见》，发出《关于继续做好市区持独生子女父母光荣证退休企业职工一次性奖励的通知》，印发《南通市市区城镇职工基本医疗自费补充保险暂行办法》；市政府办公室发布《关于推进居家养老服务工作的实施意见》。

2011年，市政府印发《南通市市区医疗救助暂行办法》《南通市市区被征地农民基本生活保障、城乡居民社会养老保险和企业职工基本养老保险衔接办法》，发布《关于推进南通市城镇基本医疗保险和生育保险市级统筹工作的实施意见》。市政府办公室发布《关于进一步加强乡村医生队伍建设的实施意见》。

2012年，市政府发布《关于加快推进我市社会养老服务体系建设的意见》，发出《关于完善市区机关事业单位养老保险办法的通知》。

第五节　维权工作

《老年人权益保障法》施行以来，南通市利用多种渠道，做好老年維权工作，为老年人伸张正义，使法律赋予老年人的权益基本得到落实，有效促进了社会的稳定与和谐。

一、强化维权意识

市和各县（市）、区不断拓展老年法律法规的宣传广度和深度，通过宣传教育，让全社会懂得涉老法律法规，增强老年人维权意识，在老年人权益遭到侵害时，勇于运用法律武器，维护自身权益。2004 年 7 月，全市老年维权工作座谈会在崇川区召开，与会单位交流工作经验，强化服务意识，拓宽工作思路。2007 年 9 月下旬至 10 月上旬，市老龄办会同司法局法律援助中心联合开展维权下访活动，深入社区开展老年人维权系列活动，开展法律咨询，发放有关维权宣传资料。活动中同步放映尊老敬老主题电影，举办“银龄风采”文艺演出，受到广大老年人的欢迎。2008 年，南通市继续开展老年维权下访活动，先后到离市区较偏远的 10 个社区开展法律咨询，发放宣传材料 1 万余份，放映老年维权题材的电影 10 场，观看的人数达 6000 人。2009 年，南通市组织开展“老年维权进媒体”活动；编辑完成《老年维权 99 问》，为老年人提供法律援助和法律咨询；邀请公安专业人士举办“加强防范意识、谨防上当受骗”的法制讲座；市老龄工作部门到崇川区、港闸区、开发区，开展老年维权工作下访系列活动。2010 年，开展老年人防诈骗知识讲座。2011 年，由市老龄办牵头，联合市法律援助中心、房产交易中心等部门，开展广场咨询活动，进行涉老纠纷调解。2012 年 10 月，南通市积极组织各县（市）、区和市直律师事务所开展“老年人法律援助月”活动，使老年人特别是农村老年人能够多渠道、更便捷地享受到“家门口”的法律援助。全市发放各类法律援助资料 20000 余份，发放“法律援助爱心卡”8000 余张，受理老年人法律援助案件 108 件。11 月，市老龄办联合市司法局（法律援助中心）、市房管局（产权交易中心）举办为期 7 天的“老年法律维权社区行”法律援助活动，活动分别在开发区通盛社区、崇川区虹桥社区、港闸区永兴社区举行，近 500 名老年人参加了此次活动。活动期间，采取与老年人面对面的形式，宣传讲解涉及老年人切身利益的法律法规，特别是家庭财产纠纷、子女抚养及老年人再婚等方面的法律问题，并耐心细致地一一解答老年人的咨询，同时还向老年人发放了有关法律知识的宣传资料。这次开展法律维权服务进社区活动，进一步增长了广大老年人的法律知识，增强了老年人维权的法律意识，扩大了法律援助工作的覆盖面，促进了社会的和谐稳定，得到了广大老年人的一致好评。

二、重视信访处理

市政府信访机关、老龄和民政部门，强化对老年人来信来访的处理，建立自办、交办、会办、现场督办制度，做到来访有答复，来信有回音，并做好回访工作。每年市、县(市、区)两级老龄机构接受的来信来访均超千件（次），民事调解机构受理超3000起。老龄和民政部门重视利用处理来信来访时机，引导农村老年人用法律维护自己的合法权益。

三、办理涉老案件

随着社会老龄化程度的不断加深，涉老案件日趋增多。此类案件主要有四种：一是赡养问题，约占80%以上；二是老年人劳动所得受到侵害，其打工报酬不能及时足额到手；三是老年人受到人身伤害（主要是交通事故）的赔偿、补偿受到人为干扰，不能很好落实；四是其他，如土地承包、财产权益、丧偶再婚、历史老案遗留问题等方面的诉讼。

根据老年人维权新特点，市和各县（市）、区在深入普法，增强老年人维权意识的基础上，建立健全了涉老法律服务网络，并提供高效便捷服务。南通市各级法院普遍加强了这类案件的受理、结案。通州、海门、海安、启东等县（市）普遍加强涉老案件的审理，判决后还跟踪随访，检查执行隋况。对各类涉老案件优先开庭优先审理，积极化解赡养矛盾，较好地维护老年人的合法权益。2009年，如皋市还专门成立“老年维权法庭”。各级涉老部门还抓住有代表性的典型案例和突出案件，通过新闻媒体予以曝光，以儆效尤。

四、为老年人提供法律援助

随着深入贯彻执行《老年人权益保障法》，市、县（市、区）相继建立老年维权援助组织。市司法局、市老龄办均建立了法律援助中心。2003年，通州市人民法院成立“夕阳红”法律咨询服务处，专门为老年人无偿进行法律咨询服务。海门市也于当年建立法律援助中心。如东县老龄办和县司法局联合成立成立县老年人法律援助工作室。随着老年维权需求的扩大，又升格为老年人法律援助中心，并延伸至各镇、村，设立法律援助工作点。制定《如东县法律援助中心与相关单位对接工作规范》，方便老年人及时获得法律援助，做到应援尽援。在为老年人提供法律援助中，全县建立起三级计算机联网调解、矛盾纠纷排查实时上报、矛盾纠纷早发现、实时指导调处等工作机制，做到涉老矛盾纠纷排查全覆盖、矛盾纠纷早发现、实时指导高效益、调解到位早解决。

县（市）、区基层人民法院，开辟老年人法律援助“绿色通道”，对老年人发放法律援助“一卡通”，实行电话接访、上门服务；对孤寡老人、享受低保老人、要求子女赡养的老人、收到各种人身伤害的老人，立案时不再审查其经济情况；对各类涉老纠纷优先开庭优先审理，积极化解赡养纠纷，较好地维护老年人的合法权益。如皋市专门成立“老年维权法庭”，并建立老年人权益保护法律援助工作站和老年人员法律援助工作数据库。港闸区由300多名“五老”组成的“夕阳调节室”，在基层老年维权工作中起到重大作用。崇川区建立老年人维权站，将老年人服务热线与“12348”热线并线，每周三接受老年人法律咨询。

市和各县（市）、区的一批老年法律工作者离退休后，发挥自身优势，为老年人提供法律援助。2001年8月，南通市两级法院离退休法官自愿组成南通市离退休法官协会。2006年，如东县成立由退休老法官、老律师、老法律工作者组成的“三老法律服务工作室”，专门为老年群体维权服务。

南通市离退休法官协会成立以后，积极开展法制宣传教育，坚持义务法律咨询，做好诉讼代理和非诉讼代理，维护老年、妇女、儿童等社会弱势群体的合法权益，做了许多工作，受到社会好评。

协会积极开展法制宣传教育活动。根据社会需求，举办法制宣传教育活动达140多场次，受众达11000多人。宣讲的内容涉及《婚姻法》《继承法》《老年人权益保障法》《妇女权益保障法》《未成年人保护法》《著作权法》《物权法》等20多部国家法律法规。市中级法院退休法官们在宣讲前都认真编写讲稿，力求理论联系实际，以案释法，讲解深入浅出，通俗易懂。

协会坚持义务法律咨询，为咨询者释疑解惑，指点迷津。为了满足和适应广大群众学法、用法的需求，协会采取多种形式开展法律咨询活动。一是以南通松平法律服务所和通州区10名会员组成的“夕阳红”法律咨询室为主阵地，常年坚持义务法律咨询。二是与崇川区虹桥街办磋商，在桃坞社区建立法律咨询室，由南通市中级法院的徐正均等5名会员成立的“红旗扬”法律咨询队定时到法律咨询室接待前来咨询的群众。三是针对老年群体的实际需要，从2009年起，每年重阳节前夕，协会组织会员分别在崇川、港闸、海安、通州、海门、如东等地开展以维护老年人合法权益为专题的大型义务法律咨询活动。四是积极组织会员参与有关部门和社团组织举办的大型公益活动，承担其中的法律咨询工作任务。至2012年6月，12年里，协会会员接待、解答民事、商事、行政等各类法律咨询19909人次。协会还总结推广了会长施汉嵘根据会员的实践经验总结出来的“坚持三个心，融会三个理”的法律咨询工作方法，即耐心倾听来访者陈述，细心梳理陈述的争议焦点，热心为来访者释疑解惑，指点迷津，将法理、事理、情理融会于提供的咨询意见之中。来访者普遍反映：老法官们提供的咨询意见，细细道来，深入浅出，既入耳又入心。

协会下属南通松平法律服务所的法律工作者常年保持在30人左右，其中绝大多数都是有二三十年审判实践经验的离退休法官。他们在履行代理职责中坚持社会效益第一，服务质量第一，切实维护法律的权威和当事人的合法权益，受到当事人及社会各界的好评。至2012年6月，12年间松平法律服务所代理民事、商事、行政诉讼3750件，代理非讼法律事件415件。松平法律服务所始终将为老年人提供优质、高效的法律服务作为一项重要职责，尽心竭力维护老年人合法权益。12年来，该所优先受理、优先办理各类涉老纠纷的非讼调解和诉讼代理共270多件，绝大多数纠纷案件都获得了比较圆满的处理结果，受到了广泛好评。港闸区陈连珍老人退休后迁居武汉与女儿共同生活，将两间砖木结构的瓦房免费借给其亲戚管某居住。1994年管某谎称该房屋是其继承所得，取得房屋所有权证。2007年因道路建设需要拆迁，管某又瞒着陈连珍与拆迁公司订立了补偿安置协议，取得了安置房和补偿款。等陈连珍叶落归根时，却发现自己已无立足之地。协会会长、南通松平法律服务所主任施汉嵘决定由自己办理这起案子，为老年人维权。当时，正值酷暑高温季节，施汉嵘为了获取必要的诉讼证据，头顶骄阳，骑自行车到有关部门调查，耐心地宣传有关法律、法规，消除了证人的顾虑，最终取得了他们的支持与配合。为了进一步澄清事实，厘清权益界限，施汉嵘还不辞辛苦，从原郊区1983年清查登记农村房屋宅基地的“83底册”档案中提取到了涉案房屋登记在陈连珍名下的重要证据；还到港闸经济开发区拆迁办公室，详细查询了各项补偿费用的标准和计算方法，以及安置面积确定的原则。施汉嵘所作的努力，为法院认定案件事实、厘清当事人的权益界限奠定了基础。当他得知陈连珍因为没有可以提供担保的财产而不能申请诉讼保全时，他当即决定拿出自己在市区的一套房屋为老人提供财产担保。这场诉讼历经1年，最终施汉嵘的绝大部分代理意见被通州区人民法院一审判决采纳，陈连珍获得30多万元的经济补偿，老人对维权结果十分感激，特地制作了一面写有“伸张正义，为民解忧”八个大字的锦旗送给施汉嵘。

松平法律服务所从事代理业务的会员在代理工作中坚持定纷止争，着眼于化解矛盾，向当事人耐心宣传法理、事理和情理，提倡宽容和包容，求得和气、和解与和谐，达到案结事了的最佳效果。市区原八厂乡厂北村有一对80多岁老夫妻与领养女儿女婿的房屋使用权纠纷延续10多年，乡村一直未能有效解央。经市老龄委介绍，松平法律服务所派员在调查弄清情况后，积极参与乡村干部和派出所对当事人的耐心调解，最后达成和解协议。

五、开展老年消费维权

南通市进入老龄化社会后，老年人消费市场规模庞大，而作为相对弱势的老年消费者合法权益受侵害的案件时有发生。为增强老年消费者的自我保护意识和能力，培养老年消费者科学、理性、文明的消费理念，努力把老年消费维权的“关口”前移到消费教育引导、消费警示、消费知识普及上来，着力帮助老年消费者树立科学消费观念，防范消险，提高自我维权水平。

2011年6月16日，由海安工商局、老干部局和县消费者协会共同发起成立的南通市首家老年消费教育基地在海安县老干部大学揭牌。为了广泛发动社会力量参与消费维权工作，督促经营者诚信、守法经营，海安县消费者协会还聘请了5名同志为老年消费维权义务监督员并颁发了聘书。揭牌仪式结束后，海安县消费者协会消费教育讲师团的同志对参与活动的全体老同志作了老年消费维权知识专题讲座。

2012年10月23日重阳节，南通市老年消费教育基地在南通老年大学揭牌。南通工商局、南通市消费者协会对基地的成立表示祝贺，要求全市工商系统、消协组织从推进科学发展、构建和谐社会、关注改善民生的高度重视消费维权工作、重视老年消费教育，强化责任意识，加强能力建设，切实提高消费维权工作水平。他们向老年大学赠送了100本《老年消费者消费维权知识读本》，同时还向老人们赠送了重阳糕。消协消费维权讲师团的同志为老年大学120多名老年学员做了一场老年消费维权知识讲座，受到了老同志们的热烈欢迎和好评。

崇川区消费者协会也大力开展“消费维权银发工程”，重点处理老年人的消费投诉，为他们提供方便、快捷的维权服务。

第十二章　老年优待

1997年起，南通市开始对市区70周岁以上老年人实行社会优待服务，1999年扩大到市区60周岁以上老年人。进入21世纪后，各县（市）、区亦分别在老年人生活、出行、参观等方面出台优惠政策。1999年起，南通市开始对百岁老人发放长寿补贴金，此后逐步扩大到90周岁、80周岁，并统称尊老金。2011年，全市对80岁以上的高龄老人发放尊老金的举措实现了全覆盖。

第一节　提供各类优待服务

1997年，市老龄委与有关主管部门会商，确定对市区老年人实行社会优待服务的措施，以营造敬老助老的社会氛围，并报市政府批准。当年9月17日，市政府办公室印发《关于在市区组织开展尊老社会服务的通知》，规定：向市区70周岁以上老年人颁发老年优待证，凭老年优待证享受以下社会优待服务项目：1. 老年人凭证免费游览市区各公园、园林、寺庙和旅游景点。2. 市区各路公共汽车设老年人专座，七一节、国庆节、重阳节等节日期间，老年人凭证免费乘坐公共汽车。3. 市区各医改定点医疗单位设70周岁以上老年人服务窗口，老年人凭证可享受挂号、就诊、划价、缴费、配药、住院等六优先服务。每年10月份，老年人就医凭证免收挂号费。4. 市区各法律服务机构对老年人免费提供法律咨询，对缴纳代理费、公证费确有困难的老年人，提供法律援助；对行走不便的老年人实行上门服务。5. 老年人白天在市区各电影院、影剧场观看电影，凭证享受半价优惠；市区各博物馆、艺术馆、文化馆，老年人凭证可免费参观游览。6. 市区身边无子女的单身或双亲老年人家庭安装有线电视，凭证优惠初装费10%。7. 市区各浴室设敬老专座，元旦、春节、五一节、七一节、国庆节、重阳节等节日期间，老年人凭证可享受半价优惠服务。市区各理发店对行走不便的老年人实行上门服务。8. 市区各大商场设老年人用品专柜，并对老年人实行送货上门服务。9. 市区各收费公共厕所，老年人凭证可免费使用。这些举措受到广大老年人的欢迎，也得到社会各方支持。到年底共发出1.3万多张优待证。

1999年，为扩大优待服务范围、完善优待内容，市政府发出《南通市关于进一步完善老年人社会优待和服务工作的通知》，将一些优待项目的享受对象扩大到60周岁以上老年人。

从2008年2月1日起，市政府决定将市区老人免费乘坐市内公交车的年龄，从70周岁以上扩大到65周岁以上。享受此待遇的老人，从6万人左右扩大至10万人以上，其费用全由市财政拨付。此后，通州、海门等县（市）对70周岁以上老人亦开展本县（市）内免费乘坐公交车的服务项目。2009年通州撤市建区后，通州居民在市区范围内出行也列入优待。

2010年1月29日，市民政局出台直属单位（市紫琅医院、盲人诊所、公墓管理所、殡仪馆、假肢装修厂、社会福利中心、老年人活动中心）老年服务优待办法。享受优惠对象涉及具有市区（崇川区、港闸区、经济技术开发区）户籍、年满60周岁的农村“五保”人员、城镇“三无”人员、低保老人、老烈属和1954年10月31日前入伍的老复员军人（残疾军人）等特殊民政对象，以及年满60周岁的社会老年人。各项优惠自2010年2月10日起执行。优惠内容见下表：

南通市民政局直属单位老年服务优惠内容表

表12-1-1

序号	优惠内容	服务单位
1	特殊民政对象中的精神疾病患者，由医务人员到社区免费发放基本抗精神病药物，并进行用药动态监测，每月定期随访。	紫琅医院
2	特殊民政对象住院期间，医疗收费按“五免、五减半、两优惠”标准办理。免收：普通门诊挂号费、普通门诊诊疗费、门诊注射费、住院诊疗费、基本医疗护理费；普通床位费、检验费、检查费（B超、心电图、X线）、治疗费、小手术费按50%收取；药品费、材料费按成本收取。	
3	80—95岁社会老年自费病人和医保病人住院医疗费的自费部分按15%优惠；95岁以上老年自费病人住院费和医保病人住院医疗自费部分按20%优惠。	
4	特殊民政对象进行一个疗程（10次）的按摩理疗按20%优惠。	盲人诊所
	60周岁社会老人按摩理疗一个疗程（10次）按15%优惠。	
5	低保老人骨灰寄存免收服务费用。	公墓管理所
6	低保老人火化费按20%优惠。	殡仪馆
7	低保老人骨灰寄存免收服务费用。	
8	特殊民政服务对象安装假肢、购买康复器按15%优惠。	假肢修配站
9	90岁以上老年人入住床位费按15%优惠。	市社会福利中心
10	为老年人无偿代缴公共服务费用、预订火车、飞机票等。	市老年人活动中心

是年，南通市及各县（市）、区还分别出台了老年人出行、参观相关优惠政策。65周岁以上的老年人可凭优待证免费进入旅游景点、公共体育健身场所。如东县将政府主办的公园、旅游景点和公益性文化设施的免费开放范围，扩大至60周岁以上的老

年人；县城内公交和政府主办的公共体育健身场所，对70周岁以上老年人实行免费乘坐和开放，对60—69周岁老年人实行半价优惠。如皋市明确，60周岁以上老年人可凭优待证免费进入定慧寺、丝毯博物馆等景点，70周岁以上老年人凭优待证免费进入政府主办的公园、寺庙、艺术馆、纪念馆等场（馆）所；半票游览市内各旅游景点；免费乘坐市内城市公交车。

2011年，市区出台居家养老补贴办法，补对象由5种增加到7种，约有6000名老年人凭证可享受政府购买的各类服务项目。2012年6月，市财政局、市老龄办发文公布了市区居家养老服务补贴办法。崇川、港闸、开发区符合条件的6000名老年人，每人每月领取100元的居家养老服务券，老年人可选择性享受上门提供的各类家政服务。

第二节　建立发放尊老金制度

1999年，全市城乡百岁老人每人每月发给50元至100元长寿补贴金。

2005年起，如皋市每年对新跨入百岁的老人赠送1台彩电，对95岁以上的高龄老人按季度发放90元牛奶费。

2006年，全市普遍调整慰问金和补贴金发放标准：市区90岁以上老年人，每人一次性发放慰问金100元，有2506名90岁以上老年人得到补贴，共发放慰问金25.06万元；海安县将百岁老人的长寿补贴金由原来每人每月80元提高到100元，将105岁以上百岁老人的长寿补贴金提高到每月200元；启东市百岁老人和90岁以上老党员长寿补贴金由每月50元调整为100元。

2007年，崇川区对全区90周岁以上的老年人每人每月发放80元高龄老人尊老金。

2008年，市区设立高龄老人尊老金。崇川区、港闸区每月向90—99周岁的高龄老人发放80元尊老金，经济技术开发区尊老金每人每月为100元。至年底，市区对2950名高龄老人发放尊老金220万元。同时，对市区百岁老人作出“五个一”的优待：每人每月发放一次长寿补贴150元、每人每天一袋牛奶、每人每季度提供一次志愿者服务、每人每年送一份生日蛋糕、每人每年免费体检一次。

2009年，海安县、启东市分别将90周岁以上老年人的尊老金标准提高到每人每月20元和30元；如皋市将90—94周岁的老人享受标准由每人每月10元提高到30元，100—104周岁老年人每人每月享受360元，105周岁及以上老年人每人每月享受420元；崇川区、开发区将百岁老人的尊老金标准提高到每人每月300元；开发区还扩大尊老金的发放范围，85—90周岁老人可享受每人每月50元。

2010年，全市全面建立80周岁以上高龄老人尊老金发放制度：百岁以上老人每人每月不少于300元，90—99周岁、80—89周岁（海安、启东除外）老人每人每月分别为30元至100元、10元至50元。2010年全市累计发放尊老金6500多万元，受益老年人共28.21万人。

2011年，市统一提高各县（市）、区尊老金的发放标准。新标准为：80—89周岁高龄老人，每人每月不低于60元；90—99岁高龄老人，每人每月不低于100元；100周岁及以上老人，每人每月不低于300元。启东市、海安县分别出台政策，落实80周岁以上老年人尊老金发放制度。至年底，全市高龄老人尊老金发放实现全覆盖。

第十三章　尊老敬老

南通市尊老敬老文化底蕴深厚。家有一老，常被儿孙们视为一宝。随着人口老龄化的发展，精神文明建设的加强，弘扬尊崇老人的传统文化，成为社会的热门话题。

南通市常年组织的敬老活动，深入、持久开展的涉老法治教育，细雨无声的孝道宣传，使“老吾老及人之老，幼吾幼及人之幼”的理念日益深入人心，并涌现出一大批孝亲敬老先进典型，敬老、养老、助老蔚然成风。

第一节　敬老活动

农历九月初九为重阳节，南通地方素有“重九尊老，登高祝寿”的习俗。1987年7月，中共南通市委常委会讨论确定，将九九重阳节定为南通市的“敬老日”，要求党政机关、社会各界在每年的重阳节前后开展敬老活动，使老年人感受到社会各方给予的关怀和崇敬。从1987年至2012年，南通市每年都在春节、“敬老日”（重阳节）期间展开敬老活动，给老人送去温暖与关爱。各级、各部门、各企事业单位还力求把尊老敬老常态化、持久化，真心实意地为老年人办好事、办实事。

一、广泛开展慰问活动。

南通春节期间慰问老人早有惯例，重阳节慰问老人始于1987年。当年10月是南通市第一个“敬老日”，由市老龄问题委员会、市委老干部局、市民政局牵头，发动全市机关、企事业单位广泛开展慰问离退休干部、退休职工、孤寡残疾老人活动。在“敬老日”前后，全市各地相对集中地开展了一次内容丰富、形式多样的尊老敬老活动。市委副书记徐志球发表电视讲话，市委邀请数十位80岁以上高龄知识分子举行茶话会，市委、市政府在文化宫电影院举行有1500多人参加的庆祝会。市、县（区）普遍慰问百岁老人，重点走访慰问离退休老同志，举行庆祝会、茶话会、座谈会、祝寿会、文艺慰问演出、老年人体育比赛，开展为老年人送温暖、做好事活动，各级医院为当地福利院、敬老院里的老人义务体检。此后，每年的春节和“敬老日”期间，党政机关、社会团体、企事业单位领导慰问特困老人和百岁、高龄老人，成为一种惯例和常态。

1992年10月4日，为庆祝第二个国际老人节和南通市第六个“敬老日”，市老龄委、市妇联在市委礼堂举行纪念联合国维也纳老龄问题国际行动计划实施10周年和中国老龄事业发展10周年活动。活动由市人大常委会副主任、市老龄委主任徐志球主持，市委副书记戴志良讲话。市委书记陈根兴、市人大常委会主任朱剑、市长徐燕和省顾问委员会委员王益众等在市委礼堂向70多位金婚夫妇颁发彩照。市老年艺术团表演了精彩的节目。

1997年南通市第十一个"敬老日"，市政府在文化宫二楼召开庆祝大会。节日期间，老龄委还前往崇川、港闸两区最困难的老年人家中慰问。

南通市的第十二个"敬老日"，适逢1999国际老年人年启动和党的十一届三中全会召开20周年。市政府举行敬老座谈会，市人大常委会原副主任、市老龄委主任顾嘉禾在会上介绍国际老年人年具体内涵和南通市人口老龄化的现状及发展态势、应对之策。"敬老日"期间，市和各县（市）、区普遍开展慰问百岁老人和特困老人活动，运用新闻传媒集中宣传"不分年龄人人共享"的理念，市领导在《南通日报》发表《答记者问》，发表广播电视讲话，慰问崇川、港闸两区的20多名特困老人和百岁老人。各地、各部门、各单位还召开老年人座谈会、报告会、庆祝会，组织老年人参观游览，开展老年人文博活动，丰富老年人的节日生活。

1999年的"敬老日"，市区举行1999"敬老日"暨50位金婚夫妇庆典活动。当日，市委常委、市委组织部部长王德忠，市老龄委主任顾嘉禾推着轮椅，陪同市区10位百岁老人观光市容，并以茶叙形式与老人们交谈养生之道。

2000年"敬老日"期间，各地普遍开展庆祝活动，走访慰问高龄老人和特困老人。

2002年，全市组织开展丰富多彩的全国第十六个"敬老日"活动。市老年体协举办老年人"看南通万米跑"活动。各县（市）区通过走访慰问老年人、组织老年人旅游、开展娱乐和咨询服务活动以及表彰敬老先进集体、先进个人等活动，大力弘扬尊老敬老的传统美德，让老年人愉快度过了自己的节日。

2007年，从春天开始，市老龄办与珍奥集团南通办事处联合举办"回望激情岁月，珍奥相约夕阳"金婚、银婚庆典活动，半年内共为1000多对老年人拍摄金婚、银婚照。敬老日，又为50对金婚、银婚老年人举行了大型庆典活动。

2010年10月，在全市范围内开展以"关爱老人构建和谐"为主题的"敬老月"系列活动。各地、各部门、各单位积极响应，开展内容丰富、形式多样的尊老敬老惠老活动。"敬老月"期间，全市各地、各部门共慰问特困、孤寡、高龄、残疾老年人约12.7万人，慰问经费达190.5万元。

2012年重阳节期间，市领导率队慰问困难老人、百岁老人及养老机构。各地、各有关部门也开展走访慰问活动。

二、倡导社会尊老服务

1990年10月22日，市老龄问题委员会、市老干部局、人事局、民政局、退休职工管理委员会、南通日报社发起开展尊老社会一条龙服务，并向社会公布服务项目。

10月26日，市老龄委、老干部局、人事局、退委会等单位对市区2100多位高龄老人颁发了“优待证”，这些高龄老人将享受“尊老一条龙”的优惠待遇。

在物质生活得到保障以后，老年人更希望解除孤寂，满足精神文化生活的需求。2007年3月31日，南通江海志愿者服务站成立，江海志愿者发扬雷锋精神，深入社区为孤寡老人提供无偿服务。江海志愿者走进社区，入户与孤寡老人谈心、聊天，提供精神慰藉服务。“敬老日”节前后，南通市区开展“银龄风采”进社区系列文艺演出活动，市老龄办先后组织演出队伍到10个社区及老年公寓为4000多位老年人进行演出。10月10日至11月30日，市退休人员管理服务中心组织万名老年人游南通。老年人兴致勃勃游览南通火车站、苏通长江公路大桥、滨江公园、园博园、体育会展中心、市区博物馆等新景点。

2009年10月—11月，市老龄办、文明办、教育局、民政局、劳动与社会保障局等16个部门单位联合组织开展“金秋送情”居家养老服务月活动，在政策扶老、孝心敬老、慈善助老、爱心护老、法律援老、文化悦老等六大方面开展20项系列活动，让广大老年人真切感受到了党和政府及全社会的关爱。是年，南通富源美容美发公司给市区居家养老服务人员赠送价值15万元的7500件工作服，为市区677名特殊困难老人免费上门理发；装饰装潢行业协会组织南通市家装界十大品牌公司举办“金秋送情慈善助老”家装博览会，将参展收益近10万元全部捐献给居家养老服务工程；牵手“爱心邮路”，开展“邮政储蓄情暖夕阳活动”，为238位老人免费赠送《老年周报》。

2010年3月15日，市区部分出租车司机成立“江海志愿者——阳光爱心车队”。阳光爱心车队承诺，每月为12名特困空巢老人提供两次免费乘车服务，逢年过节登门探望“空巢”老人，并为他们提供力所能及的爱心帮助。5月18日上午，阳光爱心车队载着12名特困“空巢”老人游览滨江公园、市行政中心，让“空巢”老人们真切欣赏家乡新变化，感受浓浓的尊老、敬老、爱老、助老之情。10月，各地广泛组织志愿者为老年人提供家政、照料、护理、精神慰藉等志愿服务。据统计，全市有8000名志愿者参与为老服务，惠及1.5万名老年人。

2011年，港闸区开通“968890”服务热线，为全区90周岁以上老年人、重点优扶对象1821人免费发放“一键通”，为老人排忧解难。

2012年，市政府为市区独居高龄老年人安装“一键通”电话6586部，建立了呼叫服务系统和应急救援服务网络。如皋市利用公安24小时接警平台，让老年人及时享受到居家应急救援服务。其他县（市）也都建立了呼叫服务系统。

三、组织敬老助老竞赛活动

从2008年开始，南通市开展敬老助老先进县（市）、区竞赛活动。每年年初，由市老龄办提出要求；而后，召开全市性会议，加大推进力度；年末检查评比，次年初对先进单位进行表彰。竞赛活动的内容涵盖老龄工作的各个方面。如，2012 年竞赛的主要内容有：1. 提高居家养老服务质量。农村社区居家养老服务站和街道（乡镇）居家养老服务中心建成率要达到一定的目标，比上年有较大提高；县（市）、区全部建立居家养老服务指导站；崇川区、港闸区、南通开发区 3 个区为低保困难、失能、半失能老人购买服务对象继续扩大，各县（市）及通州区购买服务对象达到老年人总数的 1% 以上；崇川区、港闸区、南通开发区为困难老人免费安装居家呼叫及应急救援设备，其他县（市）、区积极开展试点工作。加强农村老年人集中居住区建设，积极推进县（市）、区农村“老人关爱之家”建设。2. 提升老年优待服务水平，老年人优待水平达到《江苏省老年人权益保障条例》规定的要求，出台尊老金发放管理办法建立逐年增长机制。3. 做好老年维权服务工作，积极推进农村《家庭赡养协议书》签订工作。4. 鼓励发展老年社会组织，通过政府补助、福彩公益金、体彩公益金资助等方式，多渠道筹集社区老年社会组织发展资金和专项扶持经费，2012 年县（市）、区老年协会全部建立，每个城镇社区新建 2 个以上老年社会组织，农村社区新建 1 个以上老年社会组织。5. 丰富老年人精神文化生活，继续组织开展好“敬老月”系列活动，各县（市）、区至少培育 20 支以上老年文艺团队。

全市各级老龄工作部门以敬老助老先进县（市）、区竞赛活动为载体，推进工作方式创新和老龄事业全面发展。为老服务的基础设施不断改善，老年优待水平持续提升，机构养老、居家养老服务质量显著提升，老年文体活动久盛不衰，老年人对晚年生活的满意程度也逐步提高。

第二节　孝道宣传

南通大多数地区，特别是中西部农村，传统家庭构成以主干式为多，在主干式家庭里，长者地位尊严，享有话语的决定权和经济的支配权。孝道是维系家庭的基本理念。改革开放以后，随着家庭小型化、核心化，“空巢”老人日趋增多，弘扬传承中华尊老敬老传统美德，更显得重要和迫切。南通市进入人口老龄化社会后，市委、市政府坚持进行孝道宣传，通过各种途径弘扬孝亲敬老的传统美德，营造孝亲敬老的良好氛围。

一、领导干部带头宣传

1982 年 12 月 31 日，在全市范围开展包括“提倡敬养老人”“反对虐待老人”在内的“四提倡、四反对”活动。

1991 年，南通市在全市开展敬老先进乡镇评选活动时，首度把重视老龄工作，弘扬敬老、爱老、助老，开展孝道宣传，纳入乡镇党政工作职责。

1994 年 10 月，市纪委、组织部、老龄委、监察局、人事局联合发出《关于共产党员、国家干部尊老敬老的若干规定》，要求共产党员、国家干部带头尊老敬老，自觉发扬扶助老年人的优良传统。

1996年8月29日，《老年人权益保障法》颁布后，市委办公室、市政府办公室转发市委宣传部、市老龄委、市司法局《关于学习、宣传贯彻〈老年法〉的意见》，结合敬老活动，召开全市宣传、贯彻《中华人民共和国老年人权益保障法》大会，市委、市人大、市政府、市政协领导出席会议并讲话。市人大常委会副主任、市老龄委主任顾嘉禾发表电视讲话。

1996年、1997年、2000年“敬老日”前后，市委书记周福元分别在《南通日报》发表署名文章。1997年10月发表《尊重关心老人，树立文明新风》，2000年10月发表《欣逢重阳话敬老》。文章在向全市百万老人祝贺节日、表示敬意的同时，要求全社会重视人口老龄化发展形势，认真贯彻《老年人权益保障法》，大力弘扬中华民族尊老敬老传统美德，发展老龄事业。

南通市各地在制订乡规民约，开展“文明家庭”“五好家庭”等评比表彰活动中，都把尊老敬老内容纳入其中。各地中小学校和企业政工部门在青少年学生和青年职工中加强伦理道德和思想情操的教育，帮助青年人树立正确的人生观、价值观和道德观，增强孝道观念。

二、新闻媒体加强孝道宣传

通过报纸、刊物、广播、电视等大众媒体，进行孝道宣传，有利于弘扬传统美德，营造尊老、敬老、养老、助老的氛围。

1998年，从年初开始，南通人民广播电台开辟“诗画人生”（后改名“人生晚霞”）老年专题节目，每周六上午播出。这一专题节目成为宣传孝道的重要阵地。

1999年，《江海晚报》为配合国际老年人年的宣传，开辟“老年之友”专版，市老龄委为专版的协办单位，每周一期的“老年之友”专版，成为宣传孝道的重要阵地。此后，该专版改为“晚晴”，一直坚持至今。前后达十多年，成为尊老、敬老、颂老的园地。

2002年8月，市老龄办与《江海晚报》、南通人民广播电台举办“通光杯”《敬老与敬业》征文活动，通过征文形式，宣传敬老典型。活动到11月结束，评出一等奖1名，二等奖2名，三等奖3名。12月6日，市老龄办、江海晚报社、南通人民广播电台联合召开征文活动颁奖会，对31篇优秀作品进行表彰与奖励。

2006年，市老龄办、老龄协会、江海晚报社、南通人民广播电台联合举办天年杯“孝子就在身边”征文竞赛活动，历时半年，共收到征文150多篇，80多位孝亲敬老典型先进事迹在《江海晚报》“老年之友”专栏刊载和在广播电台播出。事后，评出一、二、三等奖及优秀奖30篇，获奖作品汇编成《孝子就在身边》一书，发至基层单位，扩大影响。

2008年，市老龄办、市教育局、团市委、妇联、南通电视台、江海晚报社联合在全市开展评选孝亲敬老之星和孝亲敬老征文比赛活动。此项活动经媒体发布信息，社会各界广泛参与。评选结束后，电视、报纸连续对15名南通市孝亲敬老之星和从300多篇来稿征文中遴选出的18篇文章进行报道。

三、运用多种宣传形式

1991年10月11日，市老龄问题委员会在市少年宫礼堂举行“向老年人献上一片爱心”主题演讲比赛，18名选手参加演讲。演讲者以身边人孝亲敬老先进事迹为题材，纵论新时代年轻人应继承中华民族优良传统，时时处处关爱老人、善待老人，在青少年中起到了很好的宣传效果。

1999年，市越剧团编排的一部古装家庭伦理喜剧搬上舞台，市委宣传部、文化局、市老龄委发文推荐，该剧在市和各县（市）演出40多场，4万多人受到孝亲敬老教育。

2005年，为配合“孝亲敬老”主题教育活动，海门市文明办组织人员编印《孝亲敬老教育读本》。读本精选了二十四孝故事、全国孝亲敬老楷模、名人敬老尊贤，以及海门孝亲敬老人物故事近50个。分为古人孝亲篇、楷模事迹篇、名人故事篇、江海人物篇、格言警句篇和理论探讨篇。当年6月，海门市机关和中小学都收到了《孝亲敬老教育读本》。

2007年，为庆祝南通市第二十一个“敬老日”，市老龄办主办，由小百花艺术团在更俗剧院表演以尊老敬老为主题的传统越剧《五女拜寿》，为老年人奉上一份文化大餐。

2008年，南通市将广泛评选出的15名南通市孝亲敬老之星的事迹拍成系列专题片，在南通电视台“城市日历”栏目中播出。征集孝亲敬老征文，共收到300篇，18篇获奖征文在《江海晚报》“老年之友”专版刊登，并推荐参加全国敬老征文评选。并在当年敬老日，召开南通市孝亲敬老之星暨孝亲敬老征文表彰大会。

第三节 敬老先进典型

南通市委、市政府多年坚持评选表彰，树立尊老孝老敬老的典型，运用典型引路，推动形成浓厚的社会敬老氛围。全市出现了一批在全省乃至全国都有影响的孝亲敬老的先进典型，较好地发挥了楷模引路作用。

一、评选表彰先进

1988年，市委、市政府在全市范围内首次开展敬老好儿女金榜奖评选活动，经层层宣传、评选，10月8日，在市文化宫召开隆重表彰大会，吴幽兰等38人获得敬老好儿女金榜奖表彰。

1991 年，南通市在全市开展敬老先进乡镇评选活动。6 月 20 日，全市召开评选表彰大会，如皋市如城镇等 34 个乡镇、街道被表彰为敬老先进乡镇。

1998 年 10 月 7 日，南通市第十二个“敬老日”，市政府对全市范围内评选出的 85 个“五奖”（敬老好儿女金榜奖、尊老服务爱心奖、老有所为金秋奖、老年工作服务奖、老年事业功德奖）先进集体和先进个人进行表彰，如皋市薛窑人民法庭等 8 家单位获尊老服务爱心奖，张生才等 14 人获尊老服务爱心奖，渚新玲等 12 人获敬老好儿女金榜奖。

2003 年 9 月，市老龄工作委员会对全市范围内评选出的南通市公安局政治部老干部处等 16 家南通市敬老先进单位、周其寅等 18 名南通市敬老先进个人、王苏敏等 16 名南通市先进老龄工作者、李峰等 18 名南通市模范老人进行表彰。

2008 年 6 月，市老龄办、市教育局、团市委、市妇联、南通电视台和江海晚报社联合主办了 2008“脑白金杯”南通市孝亲敬老之星评选暨孝亲敬老征文演讲比赛。经过全市范围内的推荐和评选，最终有 15 人被评为南通市孝亲敬老之星。他们中，有 15 年如一日精心照顾瘫痪公公的好儿媳，有连续 6 年照料植物人父亲最终让老人部分恢复知觉的好儿子，有父母双亡 10 岁起就开始服侍高龄奶奶的好孙女，还有待老人如自己父母一样的敬老院护理员。当年的“敬老日”，对 15 名南通市孝亲敬老之星进行了表彰。市委常委、常务副市长蓝绍敏为孝亲敬老之星颁奖。

2012 年，市老龄工作委员会决定，在全市范围内开展关于开展南通市孝亲敬老十大模范、老有所为十大模范、老龄工作先进个人评选活动。表彰名单确定后，还通过新闻媒体向社会公示，接受社会监督。重阳节期间，市举办庆祝第二十六个“敬老日”相关活动，对敬老助老先进县（市）、区，孝亲敬老十大模范，老有所为十大模范和 29 名老龄工作先进个人进行了表彰。

从 20 世纪 80 年代以来，南通市开展评选文明新风典型活动，数十年持之以恒。至 2012 年，已进行了 34 次评选。在历次评选活动中，一批尊老敬老先进典型受到表彰。

在全市评选表彰先进模范的同时，南通市还积极向省和国家有关部门推荐上报本市尊老孝老敬老的先进典型，以进一步扩大影响。

2004 年至 2012 年，全国老龄办、民政部、教育部、国家广电总局、共青团中央、全国妇联、中国关心下一代工作委员会联合举办了五届全国敬老爱老助老主题教育活动。南通市每届都推荐上报全国孝亲敬老之星，供主题教育活动组委会评选表彰。第一届主题教育活动，南通市 7 人获评全国孝亲敬老之星。第二届主题教育活动，南通市 8 人获评全国孝亲敬老之星。第三届主题教育活动，南通市 9 人获评全国孝亲敬老之星。第四届主题教育活动，南通市 8 人获评全国孝亲敬老之星，1 人获中华孝亲敬老楷模提名奖。第五届主题教育活动，南通市 9 人获评全国孝亲敬老之星。

2011年，省民政厅、省教育厅、省老龄办、省广播电影电视局、团省委、省妇联、省关工委、省老龄协会共同组织、评选表彰江苏省首届百佳孝星，经市推荐上报，南通市11人获此殊荣。

二、敬老先进名单选录

结合开展社会主义精神文明建设，南通市涌现出一批尊老敬老先进典型。本节仅列举受国家和省表彰的全国敬老好儿女、全国孝亲敬老之星、全国孝亲敬老楷模提名奖、全国敬老模范村居（社区），江苏省孝亲敬老之星、江苏省首届百佳孝星、全省尊老爱老先进单位、江苏省敬老先进个人、江苏省尊老爱老先进个人名单。

1989年10月，如皋县冒鸿福、吴幽兰荣获全国敬老好儿女金榜奖；1998年3月，如东县丰利镇空庙桥村三组石水英、海安县海安镇陈桥村三组徐兴兰、通州市金沙镇粮管所尹克达荣获民政部、劳动部、全国总工会、共青团中央、全国妇联、中国老龄协会评选表彰的全国敬老好儿女金榜奖。

2004年至2012年，南通市共有41人获评全国孝亲敬老之星，1人获中华孝亲敬老楷模提名奖。这41名全国孝亲敬老之星是：第一届，张宏林、陈国志、袁桂山、姜勤凤、孙美玲、施有芳、陈建冲；第二届，申启忠、邬荣国、朱仲秀、张宏林、朱仲辉、陈立祥、陆亮、秦如云；第三届，王汝平、王云飞、崔学华、俞金城、易杰云、周亚芳、陈瑞珍、王志林；第四届，沈吉云、周淑云、胡志兰、洪谟、刘宏燕、张武锦、管维川、施正云；第五届，陈良珍、孙维达、杨小兵、杨娟、朱建勇、周小平、马富强、郭载群、袁晓明。如皋市民政局副局长、老龄办副主任钱德贵获第四届全国孝亲敬老楷模提名奖。

2006年11月，全国老龄办表彰全国敬老模范村居（社区），海安县曲塘镇刘圩村、如皋市如城镇大治街道安定社区、如东县岔河镇迎春社区、通州市先锋镇双盟村、海门市正余镇正基村、启东市汇龙镇明珠新村社区、崇川区城东街道德民花苑社区、港闸区天生港镇街道爱国村、南通市中兴街道富新社区榜上有名。

1989年1月，陈福林、刘汉成、陆慕珍、吴幽兰、高红英、蒋义芳、吴连英获江苏省敬老好儿女金榜奖；2006年9月，黄仁稳、孙宝银、郭载群、徐伟伟、徐龙、周德山、王晓红、曹晨曦、袁桂山、许栋新、戴国群、陈旭东、唐美华、张树清获评江苏省孝亲敬老之星；2011年11月，沈娟、单盘英、孙洪、陶富林、葛金凤、刘永昌、袁晓明、许树银、陈文九、杨小兵、郭载群获评江苏省首届百佳孝星。

2003年9月，王咸仪、郭载群、吴正友、蔡跃华、吴祝云、高广红、秦振荣、钱国均获2002—2003年度江苏省敬老先进个人称号；2011年12月如皋市、海门市、崇川区获评全省尊老爱老先进单位，吴爱萍、于俊卿、钱德贵、高建、施建斌、沈菊萍、刘华、戴昕、薛美英、石松华获评江苏省尊老爱老先进个人。

历次南通市文明新风典型中，尊老敬老先进典型颇多，本节仅列举第32次第34

次文明新风典型（含提名奖）中的尊老敬老先进典型。2010年第32次文明新风典型中，有让老人“‘空巢’不空心”的帮扶行动 —— 南通市崇川区新城桥街道政协委员“爱心手牵手”行动，坚持每月一天开展志愿服务的外乡人 —— 到启东市从事水电维修和管道疏通工作的江西省瑞昌市人张绪柱，自掏腰包为老百姓造渠修路、救助社区孤寡老人的离休干部 —— 如东县国税局离休干部杨振奎，长期照顾家中三位老人的农村妇女 —— 港闸区秦灶街道费桥村村民徐明芳，老吾老以及人之老的楷模 —— 通州区二窎中学校长王振华，二十年如一日照顾邻居老人的普通农村妇女 —— 尹菊香（提名奖）。2011年第33次文明新风典型中，有坚守麻风病残老村39年的乡村医生 —— 通州区疾病预防控制中心医生王秀冲，致富不忘众乡亲的全国劳模 —— 崇川区文峰街道城南村四组组长马清林，流动的城市风景线 —— 南通出租汽车有限公司由32名驾驶员组成的珍珠黄爱心车队，由如皋137条演绎为全市609条的“爱心邮路” —— 邮路上的爱心团队，热心社会公益事业的企业家 —— 江苏元升太阳能集团董事长吴道元，超越血缘的孝心 —— 通州区英雄小学退休教师郭洁云，一年365天坚守的付出 —— 崇川区虹桥街道光明社区“雷锋服务队”（提名奖）。2012年第34次文明新风典型中，有崇川区新城桥街道爱心送餐志愿服务群体，崇川区光明社区“365”志愿服务队，用大爱撑起一个温暖的家的崇川区赵志兰，用坚强诠释大爱的港闸区育爱村汪学芹，年逾九旬的爱心大使、享受国务院特殊津贴的著名中医专家张谷才，扶搀倒老人险被误解的南通汽运集团驾驶员殷红彬、郁维贞。

三、典型事迹节选

（一）“爱心邮路”

如皋“爱心邮路”是精神文明建设“南通现象”的重大典型。如皋137名乡邮员奔波于7300公里的乡村邮路上，用真情、真爱，先后帮扶了250多位孤寡老人。如皋市邮政局137名乡邮员在出色完成繁重投递任务的同时，积极响应党委的号召，在137条乡间投递邮路上开展帮扶孤寡老人活动，被人们称为“爱心邮路”。老模范陈照斌、全国邮政系统模范投递员姚泽民、全国邮政系统先进个人吴学军、全省邮政系统文明标兵赵颖东等一批乡邮员，在7300多里长的乡间邮路上，用真情、真爱帮扶190多户250多位孤寡老人，为老人们送去祝福问候、助耕助种、修理用具、料理家务、代购用品、维修房屋、求医问药。2006年，“爱心邮路”被列为全省和全国重大典型；2007年，被授予中华慈善奖。

2011年，南通全市“爱心邮路”已达到609条，帮扶对象达到659名。南通邮政局要求乡邮员做到“四个上门”：逢年过节上门问候；老人生病上门探望；农忙时节上门帮忙；特殊困难上门解决。将帮扶工作纳入了先进集体、十佳投递标兵的评比内容。

（二）南通市第32次文明新风典型的帮扶行动 —— 南通市崇川区新城桥街道政

协委员与“空巢”家庭“爱心手牵手”行动

2008年11月，南通市崇川区新城桥街道21名政协委员在街道政协工委的倡导下，开展与辖区内的21个“空巢”家庭结成一对一的爱心帮扶对子，在生活帮购、法律援助、精神慰藉、文体娱乐等方面为老人提供体贴入微的服务。为了让老人“‘空巢’不空心”，他们提出了“四个一”的服务原则，即一周一次电话询问、一月一次探望，一季一次陪伴，一年一次体检，让“空巢”老人时时感觉到关爱。在他们的帮助下，老人们的晚年生活变得越来越丰富，心态也越活越年轻。

（三）1989年全国敬老好儿女、如皋县玻璃纤维厂工人吴幽兰

吴幽兰尽心尽孝，长年不懈，照顾体弱多病的养父养母。1949年3月，吴幽兰出生在如皋县邓园乡的一个农民家庭，由于父母无力抚养，她被遗弃了。忠厚的吴家夫妇收养了小幽兰，把她视为命根，却又爱而不宠，惯而不娇，谆谆善诱，言传身教，从小就铸造了吴幽兰尊老爱幼、助人为乐的纯洁心灵。“文化大革命”期间，养父蒙冤被关进“牛棚”，吴幽兰经过深思熟虑，认定“他是好人！”为此，她失去了工作也毫无怨言。斗转星移，岁月如梭，父母年老了，体弱了，吴幽兰更是悉心关照。1979年夏，养母双腿烫伤，医院没有空床位，她和丈夫坚持轮流背着老人去医院打针、换药，连续45天。1980年，养母又身患晚期乳癌，吴幽兰多次带老人就医，多方慰藉，侍奉汤药，改善饮食，很快控制了病情。1986年，养母又患子宫癌，幽兰又和丈夫用车推着老人四处访良医、八方觅妙药，精心照料，百般服侍，再次把老人从死亡线上拉了回来。吴幽兰对待养母关怀备至，对待养父也是体贴入微。在老人坐骨神经痛发作期间，她和丈夫除了及时端茶送水、端尿倒屎外，还用中药煎汤，抱他坐浴，推拿按摩，使老人尽快恢复了健康。有人说：“这个假闺女比亲生的还要好，真是打着灯笼也难找。”也有人说：“这个人自讨苦吃，真傻。”可是吴幽兰这样说：“老俩口没有自己的亲骨肉，他们更需要儿女的爱。我们要用比亲生儿女更细微的关怀去照料他们。”1987年，吴幽兰在全县率先订立赡养老人协议书；1985年以来，她被连续评为厂先进工作者；1987年以来连续年荣获市、县尊老敬老好儿女称号；1988年荣获省敬老好儿女奖；1989年10月24日荣获国务院授予的全国敬老好儿女金榜奖。

（四）第四届全国孝亲敬老之星、海门市离休干部洪谟

从海门市人民法院离休的洪谟，于2002年，萌生了在农村创办爱心托老院的念头。随即在该市麒麟镇用6间平房，加自己积蓄的3万元，成立了全市第一家非营利性托老院麒麟爱心托老院。2003年，他又投资20多万元，把三厂镇合兴村村小的旧舍修缮一新，创办了可容纳40位老人的爱心托老院，成为省内最大的非营利性民办托老院。看到农村有些高龄独身老人要进敬老院不符合条件，而到民办托老机构又无力负担费用，洪谟萌生了用离休金收养特困单身老人的念头。2005年开始，托老院先后收养了

10位空巢老人。洪谟后因患有较严重的心脏病和关节炎，为老人服务感到心有余而力不足。经上级民政部门研究决定，2011年1月起，洪谟二次“退休”，三厂爱心托老院院长由他的儿子史觉担任。史觉当年50岁，他说：“我要接过父亲的爱心接力棒，一辈子做好事，‘用爱心去抚慰老人’是我的座右铭。”姜士英是四甲镇合兴村人，98岁高龄的她，老伴去世多年，家中一贫如洗。见到老人，洪谟流着泪说：“我的母亲也叫姜士英，您就把我当成自己的亲儿子吧！”他当即把老人接到了院里……老人百岁时，洪谟父子为老人举办了百岁寿宴。后来，老人在弥留之际说：“没有洪谟父子，我哪能活过100岁！”洪谟父子不仅悉心照顾好托老院里50多位老人的起居生活，还关心社区“空巢”老人的生活。每逢春节、重阳节，都要去慰问特困老人和“空巢”老人。2010年至2012年，他们共为社区45位“空巢”老人送去温暖。托老院是老人最后的驿站。为了让老人“老有所安”，史觉花两万多元，在托老院东侧建了两间单门独院的“临终关怀室”。至2012年，史觉先后在“临终关怀室”送走了20多位老人，让他们体面地离去。洪漠扶贫济困、帮助弱势群体的事迹被中央电视台拍成电视报告剧在全国播放。

（五）第四届全国孝亲敬老之星、海安县城东镇东片敬老院护理员刘宏燕

1998年8月，刘宏燕服从安排，从新生供销社调至乡敬老院做了一名普通的护理员。她把全院的老人当成自己的父母，以孝女一般的角色将护理员的各项工作做到了极致，以忘我的工作精神将护理员这个岗位当作了奉献人生的大舞台。刘宏燕坚持每天早上七点上班，到班后她总要一一关照老人们的生活起居，打扫室内外的卫生，然后洗衣服、床单、被罩和蚊帐、晒床铺、陪老人聊天。就在刘宏燕到敬老院工作的第二天，患有肺结核的76岁老人曹井美中暑了，危在旦夕。刘宏燕不容分说立马将老人送到卫生院，并且日夜守候在老人的身边，喂水、喂药、擦洗身子、倒大小便。一天夜里老人突然剧烈咳嗽起来，一口痰卡在嗓子里咽不下、吐不出，脸色铁青、嘴唇发紫，就在危急之时刘宏燕毫不犹豫俯下身，口对口地吸痰。就这样，整整两个星期，在刘宏燕的悉心照料下，曹老太终于可以下地走路了。1999年10月9日，体弱多病的陆凤老人，病倒住进医院，刘宏燕又开始奔波在医院和敬老院之间。陆凤老人时常神志不清，严重时会将大便抓在手上，抹在脸上，擦在衣服上，刘宏燕总会耐心地帮老人擦洗身子并换上干净的衣服，再用陈醋杀菌去异味。这样的事刘宏燕百做无怨。老人临终前，紧紧拽着刘宏燕的手说：“闺女啊，这辈子能遇到你，是我的福气啊，我让你受苦了。”老人安心地走了，而刘宏燕在短短的20天里体重竟减了16斤。即便如此，她什么都不怨，什么都不说，依旧接着干，接着忙。有一年，双目失明的陈逢章老人，患上了肾脏综合症，精神病又复发，膝盖下流淌着腥臭的黄水。刘宏燕每天按时给他喂药、擦洗伤口，买来高锰酸钾将他的衣裤消毒。谁知，老人不小心又重重地摔在了水泥地上，造成左

肋骨折，右胯骨骨折。这下，刘宏燕可忙坏了，一日三餐喂水、喂药、接大小便不算，还自己掏钱给老人买草鸡蛋，煮着吃、炒着吃、做蛋花吃。远在千里外的67岁的母亲病重，家里电话通知刘宏燕速回，可当时敬老院正有3位病重老人需要刘宏燕护理，她走不开，回家的日期只好一拖再拖。可是，等3位老人病情好转，刘宏燕赶回家时，母亲早已告别人世。

（六）第四届全国孝亲敬老之星、崇川区虹桥街道虹北社区党员沈吉云

2012年72岁的沈吉云，从1979年开始，照顾身边的第一位孤寡老人包顺英，照顾了15年。随后，她还照顾着九旬孤寡老人史月侬和朱连甫。每天上午为他们买菜、淘米、洗衣、拿药，下午陪老人到虹桥公园走走，晒晒太阳，听听那儿的居民唱京剧，晚上为他们关好电与煤气。每天在路上为老人拎菜，公交车上让座。

（七）第四届全国孝亲敬老之星、如东县减速器厂退休职工管维川

1979年，与管维川同厂的职工郭如凤得了帕金森病。时年33岁的管维川与郭如凤比邻而居，义无反顾地承担起照顾郭如凤的义务，终生未嫁。管维川一天的生活安排得近乎于机械,但又十分有条理。每天早晨起床后,她做的第一件事,就是帮郭如凤穿衣、洗漱、吃早饭；临近中午，她便帮着做午饭，其间，每隔一段时间，她会扶起郭如凤慢慢起身活动，防止肌肉萎缩；下午，天气好的时候，她会用轮椅推着郭如凤外出散心、透气；晚上，她陪着郭如凤睡觉，为的是及时帮着翻身、捶背、敲腿……平日里，郭如凤洗澡、擦身都是管维川忙活，换洗的衣服管维川洗，要喝水管维川倒，一日三餐都是管维川一勺一勺地喂。由于活动少，郭如凤便秘严重，管维川买来开塞露为她通便，有时不顾恶臭，用手一点一点地往外抠。

（八）江苏省首届百佳孝星沈娟

2011年41岁的沈娟是启东市汇龙镇大陆村农民，2007年婆婆中风病倒在床上，丈夫远在新疆打工，沈娟义无反顾担起了照顾老人的重任，一边打工赚钱，一边料理家务，伺候婆婆，给老人送上了无微不至的悉心照顾，温暖了老人和周边村民的心。

（九）南通市第32次文明新风典型徐明芳

徐明芳，女，2010年52岁，港闸区秦灶街道费桥村村民，长期照顾家中3位老人。徐明芳数十年如一日精心照顾丈夫的祖父，老人20年前就双眼失明、双耳失聪，生活完全不能自理,全靠徐明芳的照顾。2005年,公公不幸患上了前列腺癌卧床不起,2006年，20多年前因胃癌开刀切胃的婆婆旧病复发，徐明芳面对3个需要照顾的老人，毅然辞掉在乡办厂的工作，在家专心服侍3个老人、看护幼小的孙女和耕种5亩多的责任田。徐明芳的丈夫在她的支持下，全身心投入工作，成为一名优秀的村干部。

（十）南通市第33次文明新风典型郭洁云

郭洁云，女，通州区英雄小学退休教师。37年间，先后侍候了5位与她没有血缘

关系的老人。2 岁时，郭洁云生母离世，她被郭家领养。6 岁时，养父去世，养母改嫁，她和年近 70 的爷爷、奶奶相依为命。19 岁时，郭洁云就挑起了当家理事、赡养爷爷、奶奶的重担。此后，奶奶中风、爷爷患老年痴呆症，都是郭洁云赡养。奶奶、爷爷去世后，郭洁云又开始照料无儿无女、均患有严重疾病、生活无法自理的姑妈、姑父。2009 年，婆婆因股骨骨折加上中风后遗症住院，郭洁云每天骑着摩托车赶到 40 公里外的医院陪护。

第十四章　老龄科学研究

对于人类生命科学之研究，南通历史悠久。南宋以降，即有长寿事迹典籍和众多长寿养生专著面世。从社会学的角度研究应对人口老龄化的一系列命题，起始于上世纪八十年代。1992年，南通市老年学学会成立；进入21世纪后，市和县（市）、区老龄协会相继建立，老龄科学研究进入社会化、系统化和应用性阶段。研究队伍形成专业研究与群众参与两支力量。研究内容主要结合南通实际，涉及人口老龄化战略研究、社会养老服务体系建设、老龄事业产业发展、老年文化建设、老年权益保障、中华孝道传承发展、健康长寿探源等诸多方面，具有一定指导价值的调查报告、研究文章及专著达千余篇（部）之多。研究成果有的提供给党委、政府及老龄工作部门发展老龄事业的决策参考，有的转化为人民群众包括老年群体圆梦百岁的实际行动，多项研究成果被全国、省、市报刊刊用，多次获得国家、省级相关组织的奖励。南通市老年学学会连续两届获得中国老年学学会授予的中国老年学奖先进集体称号。

第一节　研究机构和队伍

南通市老年学专业研究机构有南通市老年学学会及如皋市长寿研究会、崇川区老龄科研中心，各县（市）、区老龄协会亦具有老年学研究功能。研究队伍由专职人员、老龄工作者和社会各界热心老年学研究的人士组成。

一、研究机构

（一）南通市老年学学会

1992年7月，南通市老年学学会成立，与南通市老龄问题委员会办公室合署办公，未设专职人员。2002年10月，南通市老龄协会成立，同时注销南通市老年学学会，老年学研究职能由市老龄协会承担。2003年8月，为便于同国家和省内外老年学学术团体联系，进一步强化老年学理论研究，又复立南通市老年学学会，协会、学会合署办公，一套办事班子。

（二）县（市）、区老龄协会

2009年10月至2013年6月，南通市所辖如皋市、海门市、如东县、港闸区、通州区、启东市、崇川区、海安县的老龄协会先后成立。根据机构精简原则和县（市）、区实际情况，县（市）、区未建立老年学学会，但在老龄协会章程中，将其性质定位为“推动老年事业发展的群众性、学术性和非营利性的社会团体”，并将“开展老龄方面的调查研究和理论探讨”列为首要任务。

（三）县（市）、区老年学研究机构

如皋市长寿研究会　成立于2002年6月，是由如皋市委、市政府主导，组织社会上热心长寿研究的单位和个人组成的学术性非盈利性社会团体，并经如皋市民政局审核登记注册。2008年，有团体会员100个，个人会员453个。长寿研究会成立以后，一直把探讨如皋长寿奥秘，开展长寿研究，普及科学养生知识，宣传如皋长寿现象，为构建和谐社会、促进如皋经济社会又快又好发展作为努力目标，积极开展调查和科研活动，所形成的文字材料先后汇编成5本书，会员个人出书近20本，先后有11篇论文（文章）获中国老年学学会及其科学养生专业委员会和长寿研究委员会优秀论文奖。该研究会被江苏省老年学学会评为老年研究先进集体，被南通市人事局、南通市民政局授予“南通市民间先进组织”称号。

崇川区老龄科研中心　成立于2013年年初，是由南通市委党校和崇川区委组织部、区人大司法工委、劳动人事局、民政局、卫生局、文化局、文联、老龄协会及各街道为成员单位的研究性非盈利性社会团体。基本任务是结合辖区实际，围绕应对人口老龄化问题开展调查研究和理论探讨，为区委、区政府发展老龄事业提供决策参考。2013年，结合崇川区进入人口老龄化30年开展调研，形成《崇川区老龄化社区三十年回望》《浅谈老年人社区老龄人口状况与前瞻》《利用社区资源服务老年人的实践与思考》等调研成果，为社区更好开展老年人工作提供指导意见。2014年，开展长寿现象调查研究，形成《长寿的金钥匙在自己的手中——健康生活方式探讨》《影响健康长寿的因素剖析》《健康长寿需要良好的心态》《百岁老人的长寿之道》《重视对老年人的精神关爱》等研究成果。崇川区老龄协会、老龄工作研究中心先后将两次调研成果汇编成《关注老龄社会》《长寿·崇川福地》论文集。

二、研究队伍

南通市老年学研究队伍由专职研究人员和兼职研究人员计600余人构成。

（一）专职研究人员

专职研究人员，包括南通市老龄委办公室、南通市老年学学会、市老年社团组织，县（市）、区老龄协会和如皋市长寿研究会、崇川区老龄科研中心具有一定资质和水准的专业研究人员，以及南通大学公共管理学院、公共卫生学院教授等，计80余人。

（二）兼职研究人员

兼职研究人员，包括市、县（市、区）民政局、发改委、卫生局、人社局、计生委、统计局和医疗卫生机构中注重老龄问题观察研究的人员。市和县（市）、区老年社团、关心下一代工作委员会、老年大学相关工作人员，街道（乡镇）、社区（村）负责人、老龄工作者，退休干部、教师、科技工作者、新闻工作者中注重老龄事业的研究人员，全市约有600人左右，其分布遍及城乡各地。

三、研究活动

围绕南通市及各县（市）、区老龄事业发展中心，确定选题，采用调查研究，资料分析，社会征文，召开理论研讨会及参加国际、全国、省级研讨会，市际交流等方式，组织开展多种形式的研究活动。市和县（市）、区有千余篇研究文章、调查报告在全国、省、市、县级报刊上发表，参加国际、全国、省、市、县级老年学研讨会（论坛）交流，不断提高研究水平，扩大社会影响。1986年10月，南通市老龄问题委员会、中华医学会南通市分会联合召开南通市老年医学学术会议，26篇论文在会上交流并汇编成册。1992年至2012年，市老年学学会先后召开综合性、专题性研讨会10余次。2012年10月，在南通进入老龄化社会30年之际，南通市老龄工作委员会召开南通应对人口老龄理论研讨会。市老龄协会、老年学学会会同市老龄委办公室负责会议的组织工作，并发动市级机关部门和县（市）、区老龄协会，撰写研究文章、调查报告72篇。其中，37篇被评为优秀论文，汇编为《回望 前瞻 对策——南通应对人口老龄化理论研讨会文集》；35篇作为入选论文，编入文集目录。2012年11月，南通市老年大学组织开展南通市首届老年教育优秀教科研成果征集评选活动，共评出获奖项目30项，其中一等奖3项，二等奖11项，三等奖16项，内容涉及老年社会学和老年教育诸多专业领域。2014年5月，市老龄委办公室、市老龄协会、市老年学学会为与世界长寿之都命名相呼应，发动组织专职、兼职研究人员，撰写研究文章、调查报告104篇。其中，67篇评为优秀论文，汇编为《寿都南通解析——“美丽南通·世界长寿之都”发展论坛优秀论文集》；43篇作为入围论文，编入文集目录。在南通市政府举办“美丽南通·世界长寿之都”发展高层论坛上，邀请国内外专家学者、中国老龄工作委员会、江苏省老龄工作委员会领导及本市相关研究人员近百人参加，并通过发表演讲、座谈交流等形式，开展研讨活动。

第二节 研究成果

南通老龄科学研究，着眼于南通老龄工作实际，调查、分析人口老龄化过程中出现的新情况、新问题，研究相应的对策措施，引起全社会对人口老龄化问题的重视，为党委、政府推进老龄事业发展提供决策参考。研究领域涉及人口老龄化战略、社会养老服务体系建设、老龄产业发展、老年文化建设、老年人权益保障、中华孝道继承发展、健康长寿探源等诸多方面。

一、研究人口老龄化战略问题

（一）研究与人口老龄化相关的宏观认识

1992年至2012年，南通市老龄协会、老年学学会顾嘉禾先后撰写《白发浪潮——一个跨世纪的全局性社会问题》《坚持科学发展观 实现健康老龄化》《改革开放洪流把南通带进长寿时代》《科学地、多视角地研究老龄问题》《积极应对人口老龄化的若干战略思考》等论文，就正确认识人口老龄化问题提出若干观点。1. 人口老龄化是社会文明进步的产物。人口老龄化是人类历史发展的大趋势，南通市、江苏省、中国乃至全世界先后进入人口老龄化社会。人口寿命普遍提高，老年人口比重大幅增加，延年益寿的千年梦幻成为现实，这是社会进步、经济繁荣、科技发达、人文素养提高的必然产物，是人类生存发展史上的重要里程碑。2. 寿命的延长，出现长寿现象，是宏观、中观、微观三个层次要素共同作用的结果。以宏观视角分析，良好的外部环境是人类长寿的先决条件。南通长寿现象走上群体化、规模化的台阶，是与改革开放同步到来的，经济社会快速发展，生活水平显著提高，为改善人类生存环境、生活条件、生活质量提供了丰厚的物质基础。以中观视角分析，温馨的家庭、和睦的代际关系，是孕育长寿老人的摇篮。以微观视角分析，延年益寿的自身内在因素，主要是有良好的心态、体质和生活习惯。3. 人口老龄人化对经济社会发展提出严峻挑战。人口老龄化对社会各方面带来影响：社会总积累、总消费比例发生变化，供给需求增加，加重政府、社会和个人负担；赡养系数倍增，给众多家庭的物质、精神生活带来影响，直接制约生活质量和幸福指数；年龄结构老化，劳动人口减少，影响劳动生产率的提高；家庭养老功能弱化，政府、社会需要承担更多的养老服务功能；老年群体规模扩大，对衣食住行、医疗保健、精神文化生活等多方面提出诉求，需要社会各方共同努力解决。4. 人口老龄化发展具有阶段性。人口老龄化从初始期到高峰期，以中国而言，大体需经历50年左右时间，大体是三个阶段：第一阶段，是轻度发展阶段，老龄化程度大体在10%至15%之间；第二阶段，是中度发展阶段，老龄化程度大体在15%至25%之间；第三阶段，是深度发展阶段，老龄化程度从25%向30%、35%方向发展。不同时期老年群体比重不同，人们认知程度不同，问题的广度深度不同，区别不同阶段实施应对之策，既不临渴掘井，也不一蹴而就，分清先后主次和轻重缓急，使应对老龄化挑战工作积极而有序地展开。

（二）研究人口老龄化现状及发展趋势

多年来，市老龄协会、老年学学会利用历次全国人口普查资料及市老龄、公安、人口和计划生育、统计局等部门的相关资料，研究南通人口老龄化现状、特点及发展趋势。顾嘉禾撰写的《给生命以岁月，给岁月以生命——论健康老龄化与积极老龄化》《长寿时代话长寿》《南通市人口老龄化现状、趋势及其对策研究》《回望·探索·建言——写在南通市人口老龄化三十年之际》等文，跟踪研究南通人口老龄化现状和发展趋势，指出：1982年，全市60周岁以上老年人占户籍人口10.40%，进入人口老龄化社会时间比江苏提前4年，比全国提前17年；2012年，全市老龄化程度达24%，成为全国老龄化程度最高的地区。预测到2030年，老龄化程度将达33%，人口老龄化峰值将可达35%至38%。2035年后，人口老龄化程度可出现缓慢回落，但人口老龄化将是长期伴随南通现代化进程的基本市情。老龄化引发出人口与家庭结构出现三大巨变，即老年高龄化、家庭小型化、人口结构少子化，对南通经济、社会、文化发展产生重大影响，需要及早谋划好应对之策。各县（市）、区也都结合本地实际，分析研究区域人口老龄化的现状、趋势和对策。《海安县老年人口的现状与思考》（姚志迅、姜德贵），发表于全国《老龄问题研究》杂志；《人口老龄化问题研究——以海安县为例》（吉祖燚），获南通应对人口老龄化理论研究会优秀论文奖。

二、研究社会养老服务体系建设

（一）探索养老模式

1999年6月，市老年学会召开老龄问题研讨会，顾嘉禾、顾乐鸣文章明确提出“走居家养老之路是当今养老模式的基本选项”的观点。他们与其他研讨者共同认为，养老主要依靠家庭是不可动摇的前提，但在新的历史条件下，传统的家庭养老模式面临前所未有的挑战，必须走家庭养老与社会养老相结合的居家养老之路。2006年6月，顾嘉禾、顾乐鸣在调查研究的基础上，撰写《构建新型养老体系的探索与思考》，提出构建“居家养老为基础，社区服务为依托，养老机构为补充”的社会养老体系的总体目标和具体任务，以及“政府主导，社会参与，市场运作，整体推进”的实施路径。时任市长丁大卫对这份调查报告高度重视，专门召开市政府常务会议讨论，政府办据此制成多媒体进行研究和推广，将相关工作任务分解到政府各部门。

（二）研究社会养老服务体系建设

1. 社会养老机构建设。1999年，市老年学学会组成“社会养老机构建设课题组”，对南通市主城区崇川区、港闸区和南通经济技术开发区社会养老机构的状况开展调查，撰写《南通市市区社会养老服务业的发展前景》（顾嘉禾执笔）等文章。2009年，市老龄学会、老年学学会采取实地考察与全面统计分析相结合的方式，对上述3区的养老机构进行了一次系统调查，形成《南通市市区发展社会养老机构的调查与分析》（顾嘉禾、顾乐鸣执笔）调查报告。在比照前后10年状况的基础上，肯定了发展成绩，分析了突出问题，提出了加快公办社会养老机构建设，鼓励和支持社会力量兴办养老服务机构，加强民办托老机构的日常管理和领导，加强护理人员的专业培训，丰富精神文化生活，提高入住老人生活质量等对策建议。为制定《南通市区养老服务设施布局规划（2012－2020年）》，南通市政府委托市老龄协会、老年学学会承担相关基础调研，为制订规划提供依据和建议。市老龄协会、老年学学会在市区4个区，从区、街道（镇）、社区（村）三个层次上，采取全面统计与抽样调查相结合的方法，对老年人口、养老服务需求及养老设施服务建设现状展开调查，对今后10年市区人口老龄化发展趋势及机构养老、社区服务及与之相关的养老服务设施建设，进行预测分析，提出了具有指导性、操作性的建议意见，由王久捷执笔，形成《南通市区养老服务设施布局规划基础调查综合报告》。

2. 农村养老。1999年，市老年学学会顾嘉禾、顾乐鸣针对农村不少老人住草房、危房的问题，在所辖六县(市)中随机各选择一个自然村，逐户开展老少住房对比性调查，揭示矛盾，分析原因，提出对策，形成《老年人晚年生活中的一大课题——南通农村老人住房状况的调查》。市委办公室认为此件很有说服力，加按语印发至各乡镇和全市党政机关。2004年，顾嘉禾、顾乐鸣又对上述6个村作了跟踪调查，观察5年住房变迁，写出随访报告。市委办公室又一次加按语，在《调查与参阅》上刊登。这两次对比性调查，推动了农村老年人住房改善。2011年，市老龄协会、老年学学会将农村养老问题列为年度重点调研课题，选择南通经济技术开发区、海安县南莫镇为样本开展调研。《不断完善失地老人生活保障机制——南通经济技术开发区的调查报告》(顾嘉禾、何惠斌、王久捷)，总结了城市化进程中建立失地老人生活保障机制的做法和经验。同年11月，市政府决定将主城区10万多被征地农民全部纳入城市职工养老保险，使失地老人纾解后顾之忧。这一决策在一定程度上吸收了上述调研成果。《剖析农村老人生活 探索农村养老路径——海安县南莫镇老有所养抽样调查与思考》(顾嘉禾、王久捷、何惠斌、吴爱萍执笔)，分析了现阶段以“家庭赡养为主体，国家保障为支撑，社会服务相匹配”的农村养老格局，结合实际提出了加快完善农村新型养老体系的操作建议。

3. 社会养老服务体系。市民政局局长金元撰写《南通人口老龄化与社会养老服务体系建设》，总结工作经验，分析存在问题，从提高思认识、完善工作机制、做好布局规划、提升社区服务、发展养老机构、重视精神关爱、落实扶持政策、加强队伍建设、强化行业监管等方面，较为系统地提出进一步加快社会养老服务体系建设的对策措施。受市老龄委办公室委托，市老龄协会组织了两次全市社区居家养老服务第三方独立调查评估，分别形成了年度《全市居家养老服务调查评估报告》(王久捷执笔)。报告在客观评估各县(市)区居家养老服务现状、分析老年群体居家养老服务需求的基础上，从进一步提高居家养老服务网络的管理功能、推进居家养老运营类服务组织建设、加强居家养老服务队伍建设、发挥家庭养老基础功能、完善居家养老服务的领导管理机制等方面，提出健全社会化居家养老服务体系建设的意见和建议。管仲贤撰写的《城市化进程中老年问题及对策》根据南通经济技术开发区实际，提出对失地老年农民提供社会服务的对策措施。如皋市老龄协会石秀峰、石昭华撰写的《加强基层老龄协会建设之我见》，崇川区民政局、老龄科研中心张宣武、戴昕撰写的《浅谈老年人社区社团的功能与建设》等文章，提出加强基层老龄社团建设，发挥其服务老年群体功能的思路和对策。

（三）研究社会老年救助机制

1996年，南通市区居民生活明显改善，但由于历史和现实的原因，仍有极少数老年人生活水平处在最低生活保障线以下。1997年年初，市老龄委对市区221名特困老人生活状况逐户作了一次系统调查，由顾嘉禾、周光伟执笔，写出《南通市市区特困老人的调查报告》，从经济、医疗、住房及精神生活等方面直陈特困老人生活现状，分析其成因，并提出缓解老人困苦的建议：对特困老人落实居民最低生活保障政策；动员社会各方面为特困老人送温暖、献爱心；为特困老人提供看病用药的一切条件；依法保障老年人合法权益；开展社区为老服务工作。市政府参阅调查报告提出的建议，采取一系列扶贫解困措施，使特困老人生活、医病状况明显改善。该文被省老龄委评为一等奖。论文作者又对此进行跟踪调研，1998年6月形成《南通市特困老人解困工作的实践与启示》一文，进一步提出促进特困老人生活水平不断提高的建议措施，并在全省老龄工作会议上作了介绍。2005年，市老龄委办公室与市老龄协会针对因计划生育形成的一些困难家庭，与市相关部门整体联动，提出实施救助的基本思路和若干举措。顾嘉禾、薛谦、李锦诚就此进行调查总结，形成《探索老龄新课题，构建救助新机制——南通市扶助计生困难家庭的调查》。此文于“2006年全国老年学高峰论坛”上获优秀论文奖。南通大学公共管理学院教授钱雪飞撰写的《城市空巢老年妇女生活困境及社会工作介入》，获江苏省社科联2013年度社科应用精品工程优秀成果奖。

三、研究维护老年人合法权益

从法律和道德两个方面，展开维护老年人合法权益问题研究。

1998年10月，顾嘉禾撰写调查报告《江天秋景胜春光——南通市贯彻实施〈中华人民共和国老年人权益保障法〉两周年》，总结各级党政领导、老龄机构和社会各方所做的工作、取得的成绩、形成的经验。1999年，市老龄委在向南通市执法检查组汇报中，顾嘉禾进一步分析了南通人口老龄化对经济、社会、文化生活产生的影响，从营造良好社会氛围、重点落实“老有所养”、加强社区为老服务、重视特困老人帮扶、落实老年人优待规定等方面，提出进一步贯彻实施老年法的建议，并以《护老之神 维权之剑》为题，在《全国老龄工作》杂志1999年第9期全文发表。2012年，如东县老年协会方定琦、万则东撰写的《增强老年维权意识强化维权服务机制建设——如东县老年人权益保障情况调查与思考》，分析了涉老矛盾纠纷的特点，提出了加快建立涉老法律服务长效机制的对策建议。

大力弘扬中华民族传统孝道，是老年人合法权益得到尊重的家庭和思想基础。2003年6月，顾嘉禾撰写《略论当代弘扬家庭孝道》，提出当代家庭孝道的四个重点：

在感情上亲敬父母，在物质上善事父母，在生活上侍奉父母，在精神上抚慰父母。此文在《群众杂志》刊登。2005 年 7 月，顾嘉禾、李锦诚通过调查，形成《海安落实赡养关系、营造和谐氛围的经验与启示》，总结了该县通过家庭赡养协议书的形式，落实子女对父母履行赡养义务的做法和经验。全国老龄办常务副主任、中国老龄协会会长李本公对此文作了批示，全国老龄办《老龄导刊》《中国老年报》《老龄问题研究》和江苏省《老年学通讯》等报刊先后刊载。在 2012 年召开的南通应对人口老龄化理论研讨会上，《浅论代沟对传统孝道文化的冲击及其对策》（吴希林撰写）、《汲取孝道精华　弘扬新孝文化》（赵宗普撰写）、《孝道文化在新时期的传承和创新 —— 新二十四孝浅议》（洪善宽撰写）、《敬老孝亲 —— 高龄老人生活的港湾》（邱献荣撰写）、《孝亲敬老从小从我从心做起》（曹峰剑撰写）等文章，从不同侧面提出重塑新时期孝道文化的思考和建议。

四、研究老年文化建设

20 世纪 80 年代以来，南通老年书画活动日益活跃，老年书画组织应运而生。2008 年 5 月，顾嘉禾撰写《老年书画现象及其组织作用之刍议》，分析了老年书画现象的特点和影响，老年书画组织的群体优势及其作用，提出进一步加强老年书画组织建设，需要明确一个宗旨 —— 坚持正确的政治方向，把握两个基点 —— 书画和联谊，完成四项任务 —— 学习切磋、书画展示、融入基层、丰富晚年精神文化生活，发挥五大作用 —— 网络作用、引路作用、纽带作用、交谊作用、传承作用。此文先后由省老年书画研究会加批语转发全省老年书画组织，并刊载于全国《老年教育》《江苏老年学研究》，在亚洲 / 大洋洲老年医学大会上获中文优秀论文奖。

2009 年 11 月，市老年学会派员参加中国老年学学会举办的全国首届老年文化高峰论坛。顾嘉禾根据出席此次论坛感受和个人的认识，撰写《重视老年文化建设　丰富老年精神生活 —— 出席全国首届老年文化高峰论坛的感悟》，就老年文化的基本定义、基本内涵、战略地位、发展路径等，进行了理论思考，提出了工作建议。中共十七届六中全会前后，市老年学学会即把老年文化建设列入研究范畴，顾嘉禾在南通市“长青大讲坛”作了《纵论人口老龄化与老年精神文化建设》讲座，并以讲座内容为基础，整理出《关于加强老年文化建设的思考》一文，在论述老年文化的基本概念的基础上，分析了当下老年群体心理变化特征，引导老年群体以正确的理念养性摄生，自觉充实晚年精神文化生活。此文被省内外一些报刊刊用。

在丰富老年精神文化生活要求的指导下，2012 年 6 月，市老龄协会、老年学学会组成老年精神关爱课题组，以“基层社区老年精神关爱服务”为主题，切实了解城乡老年人的心理状况、精神需求，总结社区老年精神关爱服务的经验，形成《撑起老年人精神世界的天空 —— 南通经济技术开发区社区老年精神关爱服务调查报告》（顾嘉禾、王久捷、何惠斌等执笔），分析了城乡老年人的心理状况，表达了他们的精神文化诉求，从提高思想认识、创新服务机制、建立基层老年人协会、弘扬孝道文化、加强老年文化建设等方面，提出切实的对策措施，为相关部门制定出台《关于推进老年精神关爱工作的指导意见》提供了参考建议。此文还在中国老年学学会举办的“全国老年心理健康与精神疾病预防高峰论坛”上作了交流发言，全文编入国家论坛文集，并获优秀论文奖。南通大学公共管理学院教授钱雪飞在《南京人口干部管理学院学报》上，先后发表《影响城市老年人生活满意度的社会因素探讨》《城乡老年人尊重需求的满足现状及影响因素》。在2012年南通应对人口老龄化理论研讨会上，许多老龄工作者、理论研究者从不同侧面提出加强老年文化建设、实施老年精神关爱的对策措施。主要有：《中国式养老文化初探》（王昀撰写）、《老龄化背景下老年文化建设之思考》（黄永健、范成达撰写）、《关注老年人精神健康 积极面对老龄化问题》（顾健丽撰写）、《发展老年体育事业 提高老年人生活质量》（丁俊荣撰写）、《开发“夕阳红旅游”产品 为老年人打造“老有所乐”好去处》（袁志冲撰写）、《南通市老年教育调查》（陈鑫楠撰写）、《大力发展老年教育 积极应对人口老龄化挑战》（张文森撰写）等。

五、研究老年服务事业、产业发展

市老年学学会较早结合南通实际，研究老年公益事业问题。2001年8月，顾嘉禾、顾乐鸣撰写《略论社会养老服务业的现状与发展》一文，在全国提高老年人生活质量对策研讨会上作大会交流发言。2007年12月，市老年学学会会同市民政局、老龄办，对南通老年公益事业发展情况作了一次较为系统的调查，顾嘉禾、顾乐鸣将调查所得进行了思考和整理，形成《老年共享小康生活的重要载体 —— 南通市发展老年公益事业之浅见》，对老年公益事业的基本定义、南通老年公益事业展取得的成绩和需要解决的问题进行了较为深入的分析，着重从提高发展老年公益事业的认识、发展社会养老机构、强化社区为老服务功能、发展老年教育文化事业等方面，提出了对策建议。前一篇文章先后在中国老龄科研中心《老龄问题研究》《江苏老年学研究》《江苏老龄》等期刊发表。

随着南通人口老龄化深入发展，越来越多的研究者认识到，在大力发展老年公益事业的同时，必须大力发展老龄服务产业。2006年，顾嘉禾、何惠斌、李锦诚等组成调查组，采用问卷调查与访谈相结合的方式，对南通市区450位老年人进行调查，形成《南通市老年消费市场的调查与思考》，分析了老年文化消费、保健品、服装、旅游、住房及养老需求市场的现状，并从企业、社区、政府三个方面提出老年消费市场开发策略的探讨。此文发表于《上海老龄科学》、全国《老龄问题研究》等刊物，并获第八届亚洲/大洋洲老年学老年医学大会中文论坛优秀论文奖。2012年，南通市委、市政府提出加快发展现代服务业的实施意见。市学会与市老龄办、市民政局联手，共同探讨养老服务产业化问题。通过调查研究，撰写了《把发展家庭服务业着力点放在养老服务上 —— 加快我市养老服务业发展的调查与思考》（吴明华、王久捷执笔），深入分析全市养老服务业现状，提出制订全市基本养老服务体系的建设规划、培育拓展养老服务市场、提升社区居家养老服务站功能、加强养老服务从业人员队伍建设、建设家政服务网络中心、健全养老服务业发展的领导管理体制等建议，以推进养老服务业逐步向投资主体多元化、运行机制市场化、服务形式多样化、服务队伍专业化的目标转型升级。其中一些建议，被市政府《关于加快我市养老服务业发展的若干意见》所吸收。在 2012 年召开的南通应对人口老龄化理论研讨会上，各县（市）、区提交 10 多篇关于老龄产业发展的研讨文章，主要有：《发展老龄产业　共绘朝阳蓝图》（石秀峰、郭载群撰写）、《社会养老 —— 服务夕阳的朝阳产业》（黄淼撰写）、《浅析人口老龄化下的家庭服务业》（高国荣撰写）、《通州区推行以房养老的可行性分析》（仇实撰写）、《我市老龄产业发展问题与对策研究》（蔡鹏飞撰写）等，结合县（市）、区各自实际，分析老龄产业现状，研究发展对策。

六、研究长寿现象

南通的长寿现象，早在上世纪末就引起国内外学者和新闻媒体关注。2004 年在北京大学召开的“中国健康老龄化与社会经济发展研讨会”上，学者们认为，南通长寿具有区域性特征。南通市、县（市）区老龄研究工作机构和长寿研究爱好者从多个侧面开展南通区域长寿现象研究。

从宏观、中观和微观层面上，探索健康长寿之道。20 世纪 90 年代末，市老龄委、市老年学学会配合中国老龄科研中心，在全市入户调查了 150 位百岁老人和 300 位高龄老人，对他们的心理、身体、生活、家庭、代际关系等作了全面调查。此后，年复一年坚持观察与分析，积累了大量的数据资料，写出《南通市长寿现象十年回眸与思考》（顾嘉禾、李锦诚撰写）、《论百岁老人成长的宏观环境》（顾嘉禾撰写）、《人生能圆百岁梦》（顾嘉禾、李锦诚、周光伟撰写）、《纵谈中国三大长寿区域之一的南通》（顾嘉禾撰写）、《温馨的家庭是孕育百岁老人的摇篮》（顾嘉禾、李锦诚撰写）、《长寿之乡探秘》（顾嘉禾、王嘉祥、李锦诚撰写）等文章，深入探求了具有规律性、科学性的长寿奥秘。南通医学院附属医院张克智、南通市级机关门诊部易彬等专家结合医疗实践，撰写《南通市 73 名百岁老人临床综合调查》《南通市 73 名百岁老人长寿因素调查》，发表于《南通大学学报（医学版）》。南通大学公共卫生学院教授庄勋在《中国慢性病预防与控制》杂志，发表《1998 — 2008 年南通市 60 岁以上老年人死因趋势分析》。如皋长寿研究会从如皋长寿历史渊源、自然环境因素、社会人文因素、个人行为习惯等方面，开展较为系统的研究，形成一批研究成果，主要有：《如皋长寿现象探源》（刘桂江、戴其南撰写）、《如皋长寿现象的历史渊源》（徐建平撰写）、《如皋长寿现象与土壤环境》（邹忠撰写）、《江苏省如皋市长寿现象与土壤环境关系研究初探》（中科院南京土壤研究所黄标等撰写）、《长寿之乡——江苏如皋市微量元素环境调查》（中国科学技术大学陈树榆等撰写）、《长寿之乡的气候条件分析与研究》（马云龙等撰写）、《如皋区域环境与健康长寿》（刘伯健、李耘撰写）、《试析如皋的文化教育对人口长寿的影响》（刘桂江、吴希林撰写）、《宗教与长寿》（陈根生撰写）、《如皋的宗教与长寿》（吴希林、黄裕龙撰写）、《浅析如皋人的饮食与长寿》（刘桂江、吴希林撰写）等，有20多篇在中国老年学学会长寿研究委员会会刊《长寿研究》等省以上报刊发表，其中有关长寿自然环境的论文在国内外10多个学术刊物上发表。如东县老年协会、人口和计划生育委员会《关于如东人口老龄化与计划生育问题的思考和建议》（葛坤山、王小金、方定琦撰写），分析了计划生育对人口老龄化形成的影响，提出积极应对人口老龄化、调整完善现行生育政策的几点建议。在研究探索长寿奥秘的同时，加强健康长寿知识宣传。2003年，市老年学学会汇编了《长寿探源》一书，会同华飞文化传播公司制作发行了《长寿探秘》影碟片，展示了30多位百岁老人生活纪实；中央电视台制作《探索如皋长寿之谜》电视专题片；如皋市委、市政府制作《探秘如皋长寿之乡》电视片，向全社会宣传推广长寿奥秘。

结合南通实际，总结经验，探索南通长寿现象走上规模化、区域化的路径。市老年学学会结合本市实际，先后撰写出《南通"长寿之乡"界定依据的若干思考》（顾嘉禾撰写）、《南通市对照"中国长寿之乡"评审标准的基本分析》（顾嘉禾、何惠斌撰写），分析南通区域长寿现象特质，论证南通符合中国老年学学会颁发的"中国长寿之乡"标准。2013年，全国第二届长寿之乡联席会议召开之前，顾嘉禾、王久捷撰写《厘清立足点 紧抓着力点 夯实支撑点——南通市"长寿之乡"建设中的几点感悟》一文，围绕如何看待长寿之乡的品牌效应，如何把握建设长寿之乡要义等问题，提出创建长寿之乡，必须厘清立足点——让老年人更幸福、健康、长寿；紧抓着力点——营造良好的生存环境、生活要素和生命质量；夯实支撑点——着力发展经济，提供充裕的物质保障。此文以当地翔实资料为基础，联系全国创建寿乡的情况，发表了切中时弊的见解，引起领导和业内人士的关注，中国老年学学会将此文收入"美丽中国与寿乡发展高峰论坛"文集，并评为优秀论文，江苏省老年学学会亦全文转发至全省各地。同时获奖的还有：《如皋市区域人群长寿现象的相关性分析》（刘伯健、鞠海撰写）、《孝道助长寿》（刘桂江、吴希林撰写）、《美丽环境与健康长寿》（朱骏武撰写）、《略论海鲜饮食与长寿现象——如东长寿现象成因简析》（张武俊撰写）、《后天优于先天 人寿重在人为——启东市长寿现象成因试析》（启东市老龄协会撰写）、《老龄社会中的政府思维模式与职能定位刍议——兼论启东长寿现象中的政府作为》（李英、黄淼撰写）。在全国性健康长寿学术会议上，南通市有7篇文章获优秀论文奖，在全国地级市中是仅见的。

南通市老龄科学研究主要成果一览表

表 14-2-1

一、书籍类

题　　目	作（编）者	单　　位	时间	出版单位	获奖情况
长寿探源	顾嘉禾主编	南通市老龄协会 南通市老年学学会	2003	南通市老龄协会 南通市老年学学会	
情系华发（35.1 万字）	顾嘉禾主编	南通市老龄协会 南通市老年学学会	2005.9	中国广播电视 出版社	
家长必读	顾定裴	海门市	2007	凤凰传媒出版社	
孝子就在身边（7.1 万字）	顾嘉禾 印亚平 顾乐鸣主编	南通市老龄办 南通市老龄协会	2008.5	南通市老龄办 南通市老龄协会	
孝亲敬老（15 万字）	黄永健主编	海门市民政局	2008.9	海门市老龄办	
共圆百岁梦 —— 海门寿星长寿之道（14 万字）	黄永健主编	海门市民政局	2009.9	海门市老龄办	
长寿名流精萃	刘桂江主编	如皋市长寿研究会	2010.3	如皋市长寿研究会	
老龄研究文稿（30.2 万字）	顾嘉禾著	南通市老龄协会 南通市老年学学会	2010.12	作家出版社	2011、2012 年 分获南通市政府、江苏省政府哲学社会科学优秀成果二等奖、三等奖
中国长寿之乡如东百岁风采	方定琦 万则东主编	如东县老年协会	2011.9	方志出版社	2012 年如东县政府第一届哲学社会科学优秀成果二等奖
老有所为风采录（13 万字）	黄永健主编	海门市民政局	2012.8	海门市老龄办	
长寿如东	方定琦 万则东主编	如东县老年协会	2012.1	如东县老年协会	
回望　前瞻　对策 —— 南通应对人口老龄化理论研讨会文集（30 万字）	顾嘉禾 吴明华 王久捷 何惠斌等编审	南通市老龄办 南通市老龄协会 南通市老年学学会	2012.9	南通市老龄办 南通市老龄协会 南通市老年学学会	
长寿研究文选	刘桂江主编	如皋市长寿研究会	2012.10	江苏美术出版社	
大美夕阳	方定琦主编	如东县老年协会	2013.10	如东县民政局 如东县老年协会	
寿都南通解析 ——“美丽南通·世界长寿之都”发展论坛优秀论文集（35 万字）	顾嘉禾 金元主编	南通市老龄委办公室 南通市老龄协会 南通市老年学学会	2014.4	南通市老龄办 南通市老龄协会 南通市老年学学会	

续表 14–2–1

二、音像、画册类

题　　目	作（编）者	单　　位	时间	出版单位	获奖情况
长寿探秘纪实录像片	顾嘉禾 王嘉祥等	南通市老龄协会 南通华飞文化公司	2003	南通市老龄协会 南通华飞文化公司	
中国如皋寿星河(漫画长卷)	张汉忠	如皋	2004.10		
百岁老人（电视专题片）	江建华	如皋市委、市政府	2005.8	上海高教电子音像出版社	
探索如皋长寿之谜（电视专题片）		中央电视台	2006.4		
中国长寿之乡 —— 如皋百岁寿星纪实（画册）	侯宪和	南通军分区	2008		
探秘长寿之乡如皋（电视专题片）		如皋市委、市政府	2008.7	党建读物出版社	

三、论文、调查报告类

题　　目	作（编）者	单　　位	时间	刊载报刊、文集	交流、获奖情况
南通市 73 名百岁老人临床综合调查	张克智 陆雪华 易　彬 裘　华 黄进贤	南通医学院附属医院 南通市级机关门诊部 南通市卫生局	1987.4	南通大学学报（医学版）	
南通市 73 名百岁老人长寿因素调查	张克智 陆雪华 易　彬 裘　华 黄进贤	南通医学院附属医院 南通市级机关门诊部 南通市卫生局	1988.5	南通大学学报（医学版）	
海安县老年人口的现状与思考	姚志迅 姜德贵	海安县	1992.8	全国老龄问题研究	
海安县百岁老人的概况	姜德贵	海安县	1994.12	全国老龄问题研究	
白发浪潮：一个跨世纪的全局性社会问题	顾嘉禾	南通市老年学学会	1996.8	江苏老年学通讯	
农村高龄老人生活状况调查	姜德贵 陈元录	海安县	1997.1	江苏老龄	
南通市市区特困老人的调查报告	顾嘉禾 顾乐鸣 周光伟	南通市老年学学会	1997.2	全国老龄工作、江苏老年学通讯	江苏省老年学优秀论文一等奖
南通市特困老人解困工作的实践与启示	顾嘉禾	南通市老年学学会	1998.6	江苏老龄工作	在江苏省老龄工作会议上发言交流
江天秋景胜春光——南通市贯彻实施《中华人民共和国老年人权益保障法》两周年	顾嘉禾	南通市老年学学会	1998.10	中国老年报 江苏老龄工作 江苏老年学通讯	
护老之神　维权之剑	顾嘉禾	南通市老年学学会	1999.9	全国老龄工作	
走居家养老之路是农村养老的基本选项	顾嘉禾 顾乐鸣	南通市老年学学会	1999.9	江苏老年学通讯	

续表 14-2-1

题　　目	作（编）者	单　　位	时间	刊载报刊、文集	交流、获奖情况
预期寿命一次质的飞跃	顾嘉禾	南通市老年学学会	1999	江苏老年周报	
南通市农村老人居住情况的调查报告	顾嘉禾 顾乐鸣	南通市老年学学会	2000.3	中国老年报 江苏老年学通讯	中国老年学学会老年学学术高峰论坛优秀论文一等奖、第八届亚洲大洋洲老年学和老年医学大会中文优秀论文奖
“发挥余热”一说有待商榷	顾嘉禾	南通市老龄协会 南通市老年学学会	2000.3	中国老年教育	
论百岁老人成长的宏观环境	顾嘉禾	南通市老年学学会	2000.6	中国社科院《中国人口研究》	全国健康长寿论坛大会发言
人生能圆百岁梦	顾嘉禾 李锦诚 周光伟	南通市老年学学会	2000.6	老龄问题研究 中国健康报 健康文摘	全国长寿研讨会书面交流
略论社会养老服务业的现状与发展	顾嘉禾 顾乐鸣	南通市老年学学会	2001.8	江苏老年学通讯	全国提高老年人生活质量对策研讨会大会交流
略论弘扬家庭孝道	顾嘉禾	南通市老龄协会 南通市老年学学会	2003.6	江苏群众杂志	中国老年学学会“中华孝文化和代际和谐国际论坛”交流
温馨的家庭是孕育百岁老人的摇篮	顾嘉禾	南通市老龄协会 南通市老年学学会	2003	江苏老年学通讯	
探索老龄新课题　构建救助新机制——南通市扶助计生困难家庭的调查	顾嘉禾 薛　谦 李锦成	南通市民政局 南通市老龄协会	2004.4	老龄问题研究	中国老年学学会老年学术高峰论坛优秀论文二等奖
农村老人居住状况二次随访及思考	顾嘉禾 顾乐鸣	南通市老龄协会 南通市老年学学会	2004.8	江苏老年学通讯	中国老年学学会老年学学术高峰论坛优秀论文一等奖、第八届亚洲大洋洲老年学和老年医学大会中文优秀论文奖
南通市人口老龄化现状、趋势及其对策研究	顾嘉禾	南通市老龄协会 南通市老年学学会	2004.9	江苏老年学通讯	2007 年首届中国老年学奖“学术成果奖”
海安落实赡养关系、营造和谐氛围的经验与启示	顾嘉禾 李锦诚	南通市老龄协会 南通市老年学学会	2005.7	中国老年报 老龄导刊 老龄问题研究 江苏老年学通讯	全国老龄办副主任、中国老龄协会会长李本公批示
长寿探源——南通市高龄老人状况及长寿之乡研究	顾嘉禾 顾乐鸣 李锦诚	南通市老龄协会 南通市老年学学会	2005.10		南通市第七届哲学社会科学优秀成果“决策咨询奖”
长寿之乡探秘	顾嘉禾 王嘉翔 李锦诚	南通市老龄协会 南通市老年学学会	2005.11	中国老年报	
应对高龄老人诉求　构建生活照料体系	顾嘉禾 顾乐鸣	南通市老龄协会 南通市老年学学会	2006.6	江苏老年学通讯	

续表 14–2–1

题　　目	作（编）者	单　　位	时间	刊载报刊、文集	交流、获奖情况
构筑新型养老体系的探索与思考	顾嘉禾 顾乐鸣	南通市老龄协会 南通市老年学学会	2006.6	老龄问题研究 江苏老年学通讯	2006 年度南通市政府优秀论文奖
健康长寿　路在脚下	顾嘉禾 何惠斌 闻　静	南通市老龄协会 南通市老年学学会	2007.2		江苏省老龄事业好新闻年度奖二等奖
树立科学发展观　应对人口老龄化	顾嘉禾	南通市老龄协会 南通市老年学学会	2007.10		首届中国老年学奖——学术成果奖
南通市老年消费市场的调查与思考	顾嘉禾 何惠斌 施俊燕 李锦诚	南通市老龄协会 南通市老年学学会	2007.10	上海老龄科学研究 中国老龄问题研究	第八届亚洲 / 大洋洲老年学老年医学大会中文论坛优秀论文奖
如皋市农村老年人生活状况抽样调查分析	顾嘉禾 何惠斌 郭载群 李锦诚	南通市老龄协会 南通市老年学学会 如皋市老龄办	2007.10		第八届亚洲 / 大洋洲老年学老年医学大会中文论坛优秀论文奖
如皋长寿现象探源	刘桂江 戴其南	如皋市长寿研究会	2007.10		第八届亚洲 / 大洋洲老年学老年医学大会中文论坛优秀论文奖
南通市长寿现象十年回眸与思考	顾嘉禾 李锦诚	南通市老龄协会 南通市老年学学会	2007.10	上海老龄科学	全国 2008 年度长寿与发展高层论坛优秀论文
老年共享小康生活的重要载体——南通市发展老年公益事业之浅议	顾嘉禾 顾乐鸣	南通市老龄协会 南通市老年学学会	2007.12	老龄问题研究 江苏老年学通讯 江苏老龄	中国·襄樊汉江助老论坛一等奖
老年书画现象及其组织作用之刍议	顾嘉禾	南通市老龄协会 南通市老年学学会	2008.5	中国老年教育 江苏老年学研究	亚洲 / 大洋洲老年学老年医学大会中文优秀论文奖
如皋的天时地利人和	刘桂江 吴希林	如皋市长寿研究会	2008.7	湖北家庭保健	
传承长寿文化　引领长寿时代——《万寿无疆——中华寿字集成》序	顾嘉禾	南通市老龄协会 南通市老年学学会	2008.8	《万寿无疆——中华寿字集成》（南京大学出版社出版）	
改革开放洪流把南通带进长寿时代	顾嘉禾	南通市老龄协会 南通市老年学学会	2008.10	江苏老龄	
影响城市老年人生活满意度的社区因素探讨	钱雪飞	南通大学公共管理学院	2009.3	南通人口干部管理学院学报	
南通市市区发展社会养老机构的调查与分析	顾嘉禾 顾乐鸣	南通市老龄协会 南通市老年学学会	2009.9	老龄问题研究 江苏老年学研究	全国老年照护服务高峰论坛优秀论文奖
如皋的宗教与长寿	吴希林 黄裕龙	如皋市长寿研究会	2009.9	长寿研究 中国老年学学会科学养生论文集	
宗教与长寿	陈根生	如皋中学	2009.9	长寿研究	

续表 14-2-1

题　　目	作（编）者	单　　位	时间	刊载报刊、文集	交流、获奖情况
论养老机构中的社会工作介入	高书梅	南通大学法政与管理学院	2009.10	社会工作（下半月）（理论）	
如皋区域环境与健康长寿	刘伯健 李　耘	如皋市环保局	2009.11	中国老年学学会国际环境发展与健康长寿研讨会论文集	
处处有寿星　人人能长寿	吴希林	如皋市长寿研究会	2010.3	长寿研究	第五届全国科学养生研讨会优秀论文奖
破解当今老有所养难题的一大举措 —— 南通市居家养老服务工作调查报告	顾嘉禾 王久捷	南通市老龄协会 南通市老年学学会	2010.6	上海老龄科学研究 老龄研究的理论与实践 —— 江苏省老龄研究论文选集（2010 — 2011）	
引导发展　推广普及	海门市关工委	海门市关工委	2010.6	中国火炬	中国关工委成立 20 周年优秀作品奖
江苏省南通市老年人养老服务需求研究	庄　勋	南通大学公共卫生学院	2010	中华流行病学杂志	
1998 — 2008 年南通市 60 岁以上老年人死因趋势分析	庄　勋	南通大学公共卫生学院	2010	中国慢性病预防与控制	
不断完善失地老人生活保障机制 —— 南通经济技术开发区调查报告	顾嘉禾 王久捷 何惠斌	南通市老龄协会 南通市老年学学会	2011.6	江苏老年学研究 上海老龄科学研究	全国农村老龄问题高峰论坛优秀论文奖
用五国语言连唱六首歌曲的百岁老人黄士瑞	吴希林	如皋长寿研究会	2011.6	长寿研究 科学养生论文集 欢度百岁 —— 江苏长寿老人风采录	
剖析农村老人生活　探索农村养老路径 —— 海安县南莫镇老有所养调查与思考	顾嘉禾 王久捷 何惠斌	南通市老龄协会 南通市老年学学会	2011.7	中国老龄问题研究 江苏老年学	全国农村老龄问题高峰论坛优秀论文奖
居家养老服务模式的探索	黄永健	海门民政局	2011.7	江苏老年学	
江海明珠　寿乡如皋	刘桂江 吴希林	如皋市长寿研究会	2011.10	欢度百岁 —— 江苏长寿老人风采录	“江苏百岁老人生活与风采”征文二等奖
城乡老年人尊重需求的满足现状及影响因素	钱雪飞	南通大学管理学院	2011.10	南京人口干部管理学院学报	
让校外教育辅导站充满生机和活力	顾定裴	海门市	2011.		教育部关心下一代工作委员会工作案例二等奖

续表 14–2–1

题　目	作（编）者	单　位	时间	刊载报刊、文集	交流、获奖情况
关于加强老年文化建设的思考	顾嘉禾	南通市老龄协会 南通市老年学学会	2012.5	江苏老年学研究 老龄研究的理论与实践——江苏省老龄研究论文选集（2010—2011）	
遵循自然医学原则 创造健康长寿生活	吴希林	如皋市长寿研究会	2012.5	长寿研究 科学养生论文集	第六届全国科学养生研讨会优秀论文奖
撑起老年人精神世界的天空——南通经济技术开发区社区老年精神关爱服务调查报告	顾嘉禾 王久捷	南通市老龄协会 南通市老年学学会	2012.7	江苏老年学研究	全国老年心理健康与精神疾病预防高峰论坛优秀论文奖
积极应对人口老龄化的若干战略思考——写在南通市人口老龄化三十年之际	顾嘉禾	南通市老龄协会 南通市老年学学会	2012.8	中国老龄问题研究 江苏老年学研究	第20届世界老年学与老年医学大会中韩论坛优秀论文奖
社区老年大学网络信息技术课程的实践与思考	高洪波 马素萍	江苏城市职业学院（南通）	2012	中国管理信息化	
强化老年维权服务机制建设	方定琦 万则东	如东县老年协会	2013.4	江苏老年周报	
强化保健服务体系 破解老年看病“五难”——南通市“老有所医”调查与思考	顾嘉禾 王久捷	南通市老龄协会 南通市老年学学会	2013.5	江苏老年周报 江苏老年学研究 江苏省“老有所医”课题调研报告汇编	
厘清立足点 把握着力点 夯实支撑点——南通市“长寿之乡”建设中的几点感悟	顾嘉禾 王久捷	南通市老龄协会 南通市老年学学会	2013.8	江苏老年周报 江苏老年学研究	中国第二届长寿之乡联席会议优秀论文
老龄社会中政府思维模式与职能定位刍议	李　英 黄　淼	启东市民政局	2013.11		中国第二届长寿之乡联席会议优秀论文
如皋市区域人群长寿现象的相关性分析	刘伯健 鞠　海	如皋市环境监测站 如皋市疾病控制中心	2013.11		中国第二届长寿之乡联席会议优秀论文
孝道助长寿	刘桂江 吴希林	如皋市长寿研究会	2013.11	长寿研究	中国第二届长寿之乡联席会议优秀论文
美丽环境与健康长寿	朱骏武	如皋市长寿研究会	2013.11		中国第二届长寿之乡联席会议优秀论文
后天优于先天 人寿生存人为——启东市长寿现象成因试析		启东市老龄协会	2013.11		中国第二届长寿之乡联席会议优秀论文
城市空巢老年妇女生活困境及社会工作介入	钱雪飞	南通大学管理学院	2013		江苏省社科联2013年度社科应用研究精品工程优秀成果奖
略论海鲜饮食与长寿现象——如东长寿之乡成因简析	张武俊	如东县老年协会	2013.11		中国第二届长寿之乡联席会议优秀论文

续表 14-2-1

四、科研工作交流

题　目	作（编）者	单　位	时间	刊载报刊、文集	交流、获奖情况
我们是怎样开展南通长寿现象研究的	顾嘉禾 何惠斌	南通市老龄协会 南通市老年学学会	2006.2		江苏省老年学工作会议经验交流
把握实情　探讨对策　当好参谋助手 —— 关于南通市老年学学会工作回顾与若干思考	顾嘉禾	南通市老年学学会	2009.9	全国老年学学会工作经验文选 老龄研究的理论与实践 —— 江苏省老龄研究论文选集	在全国老年学学会工作会议上交流
积极开展老龄问题调查研究　努力为推进老龄事业发展建言献策	顾嘉禾 王久捷	南通市老龄协会 南通市老年学学会	2013.8	江苏老年学研究	江苏省老龄协会工作经验交流会大会发言
南通市企业退休人员社会化管理服务模式探索	曹煜玲 龚建祥	东北财政大学 南通市退休人员管理服务中心	2013.10	中国劳动	

说明：

1. 此表所列文章发表起讫时间为 1992 年 1 月至 2014 年 6 月。

2. 此表所列文章，为在省级以上报刊发表，省级以上学术会议交流、获奖的文章。

《南通老年医学学术会议资料汇编》目录

表 14-2-2

论 文 题 目	作　者	作 者 单 位
南通市 73 名百岁老人调查报告	南通市老龄问题委员会 ※ 张克智　易　彬	南通市老龄问题委员会 南通医学院附属医院 市级机关门诊部
老年人急性心肌梗塞的临床特点	张克智	南通医学院附属医院
老年人肾病综合症的临床特点	通医附院肾病组	南通医学院附属医院
212 例正常老年人和老年心血管患者心肌收缩时间、间期测定的分析（存目）	高志昆　陈爱芳	南通市第一人民医院
老年人心阻抗图的改变（β 体 100 例资料分析）	徐洪辉　陈爱芳 吴子让　黄　云	南通市第一人民医院
130 例老年人冠心病的高密度脂蛋白胆固醇的分析	易祖荫	南通市第一人民医院
467 例老年组及 1126 例老年前期组纤维胃镜检查对比分析	陈仁华　理　平	南通市第一人民医院
老年人消化性溃疡特征（附 66 例分析）	陆华生　郭建雄	南通市第一人民医院
经 CT 证实的脑出血 47 例住院病例讨论	姚春生	南通县人民医院
影响老年人珠网膜下腔出血预后的因素	朱树人	海门县人民医院

续表 14-2-2

论文题目	作者	作者单位
老年内科住院病人死亡病因分析（附 220 例对照分析）	邱志亮	南通市第一人民医院
体外反搏对 16 例老年人急性动脉硬化性脑梗塞临床疗效初步观察	高丽玲　季国群 徐洪辉	南通市中医院 南通市第一人民医院
80 例老年人肺结核住院原因分析	倪国昌	如东县人民医院
老年人原发性肝癌 50 例分析	季信良　沈　澄	启东县中医院
慢性肺原性心肌病并发心律失常附 54 例 60 岁以上老年病例分析	汤永芳　区慕潜	南通县人民医院
老年人病毒性肝炎（附 151 例临床分析）	朱胜华　王秀珍 蓝绍颖	南通市传染病院 南通医学院传染病教研室
老年人甲状腺机能亢进症 —— 附 3 例报告	张鸿民	南通县人民医院
112 例老年期精神病人病种调查分析	张一鸣　王增辉	南通市神经精神病院
海门农村三年脑卒中发病率及与气象关系探讨（摘要）	刘金华　江友田 胡安鲁　钱德音 董加斌	海门县人民医院 海门县卫生局心血管病防治办公室
运用“扶阳抑阴法”治疗老年病部分介绍	邱祖萍	南通县人民医院
老年人阵发性心房颤动 49 例临床分析（摘要）	沈文英	海门县人民医院
江苏省南通县 3 万老年人群听力残疾及轻度障碍调查分析	南通县人民医院耳鼻咽喉科 协作单位：南通县五爻、新华、新联、四安、姜灶医院五官科	南通县人民医院
南通市 1044 名离休干部健康检查分析	黄进贤	南通市卫生局干部保健科
非寄生虫性肝囊肿 28 例报告	黄进贤	南通市卫生局干部保健科
老年胆道手术 110 例临床分析	刘国兴　陈　敏	南通市第二人民医院
100 例老年急腹症手术治疗的分析	施翔辉	海门县人民医院

说明：

1. 南通老年医学学术会议召开时间为 1986 年 10 月，举办单位为南通市老龄问题委员会、中华医学会南通分会。

2.《资料汇编》第 1 篇论文的第一作者为南通市老龄问题委员会，第二、三作者为个人；第 4 篇论文仅存目。

3. 目录标题、作者与、正方正文不一致的，以正文为准。

4. 在会议上，另有三次老年医学讲座，分别是南通医学院附属医院泌尿科居业骏作的《前列腺增生》、南通市第一人民医院内科胡琴林作的《谈谈老年人的医学心理学》、南通医学院附属医院神经科陆金珍作的《老年护理——内科老年医人心理与生活护理特点》。

《回望 前瞻 对策——南通应对人口老龄化理论研讨会文集》目录

表 14-2-3

论文题目	作者	作者单位
加强老龄科学研究　为南通老龄事业发展提供理论支撑（序言）	陈　斌	中共南通市委
回望·探索·建言——写在南通人口老龄化三十周年之际	顾嘉禾	南通市老龄协会、老年学学会
关于如东人口老龄化与计划生育问题的思考与建议	葛坤山　王小金 方定琦	如东县人口与计划生育委员会 如东县老年协会
人口老龄化问题探究——以海安县为例	吉祖燚	海安县民政局
城郊涉农社区老龄人口状况与前瞻——观音山新城国胜社区老龄人口调查分析	王学余	崇川区观音山新城国胜社区居委会
老龄化背景下公共养老金制度转型利益博弈分析	张　雷	南通市人力资源和社会保障局
不断完善失地老人生活保障机制——南通经济技术开发区的调查报告	顾嘉禾　吴爱萍 王久捷　何惠斌	南通市老龄协会、老年学学会 南通市老龄办
让农村低保老人享受有尊严的老年生活	沈志荪	如皋市东陈镇政府
关注老人安全　构筑和谐社区	孙维达　方　兴	南通经济技术开发区敬老院
南通市人口老龄化与社会养老服务体系建设	金　元	南通市民政局
把发展家庭服务业着力点放在养老服务上——加快我市养老服务业发展的调查与思考	吴明华	南通市老龄办
剖析农村老人生活　探索养老服务路径——海安县南莫镇农村老有所养抽样调查与思考	顾嘉禾　王久捷 何惠斌　崔益勤	南通市老龄协会　老年学学会 海安县南莫镇政府
社会养老　服务夕阳的朝阳产业	黄　森	启东市民政局
发展老龄产业　共绘朝阳蓝图——对如皋市老龄产业发展的现状的调查与思考	石秀峰　郭载群	如皋市老龄协会
通州区养老机构建设现状及发展对策	纪曹王	通州区民政局
浅析人口老龄化下的家庭服务业	高国荣	通州区民政局
为银潮撑起爱的天空——通州居家养老服务的调查与思考	袁金祥	通州区社科联
探索农村居家养老服务工作新途径	港闸区秦灶街道老龄协会	港闸区秦灶街道老龄协会
我市老龄产业发展问题与对策研究	蔡鹏飞	港闸区陈桥街道民政办
通州推行以房养老的可行性分析	仇　实	通州区石港镇政府
利用社区资源服务老年人的实践与思考	吴海军	崇川区新城桥街道办事处
关于加强老年文化建设的实践与思考	顾嘉禾	南通市老龄协会　老年学学会
撑起老年人精神世界的天空——南通经济技术开发区社区老年精神关爱服务调查报告	顾嘉禾　刘　锋 王久捷　何惠斌 翟敬东　徐善贵 薛祥发　石松华	南通市老龄协会　老年学学会 南通经济技术开发区民政局
试析如皋文化教育对人口长寿的影响	刘桂江　吴希林	如皋市长寿研究会

续表 14–2–3

论 文 题 目	作 者	作 者 单 位
老龄化背景下文化建设之思考	黄永健 范成达	海门市老龄协会
中国式现代养老文化初探	王 昀	南通市政府
关注老人精神健康 积极面对老龄化问题	顾健丽	通州区二甲镇政府
发展老年体育健身事业 提高老年人生活质量 —— 关于应对人口老龄化的思考	丁俊荣	通州区人大常委会
城市化进程中老年问题及对策	管仲贤	南通市天星湖中学
南通市老年教育调查	陈鑫楠	南通市老年大学
大力发展老年教育 积极应对老龄化挑战	张文森	如皋市老年大学
海门市人口老龄化与老年教育	俞茂林	海门市老年大学
开发“夕阳红旅游”产品 为老年人打造“老有所乐”的好去处	袁志冲	启东市旅游局
增强老年维权意识 强化维权服务机制建设 —— 如东县老年人权益保障情况调查与思考	方定琦 万则东	如东县老年协会
启东创建长寿之乡工程及长寿成因的调查和探索	邵建新	启东市老龄协会
敬老孝亲 高龄老人生活的港湾 —— 启东惠萍镇高龄老人家庭状况的调查与思考	邱献荣	启东市惠萍镇老龄协会
谈谈老年人才资源的发挥和利用	戴焕林	南通市退休工程师协会
提倡老有所为 让老年人成为社会和谐建设的重要支柱	顾定裴	海门市老年教育工作者协会
写好服务“三农”续篇的实践与思考	黄颂禹	海门市农业局
试析“五老”在老年人力资源发掘中的地位和价值	朱文涛 匡志森	南通市关心下一代工作委员会
浅论代沟对传统孝道文化的冲击及其对策	吴希林	如皋市长寿研究会
汲取孝道精华 弘扬新孝文化 —— 浅谈孝道的起源、演变、继承与发展	赵宗普	南通市妇幼保健院
孝道文化在新时期的传承和创新 —— 新二十四孝浅议	洪善宽	启东市老龄协会
孝亲敬老从小从我从心做起	曹锋剑	通州区石港小学
加强老龄基层协会建设之我见	石秀峰 石昭华	如皋市老龄协会
浅谈老年人社区社团的功能与建设	张宣武 戴 昕	崇川区老龄科研中心 崇川区民政局
基层老龄协会工作存在问题及对策	冯吉仁	崇川区钟秀街道老龄协会

说明：

1. 此次研讨会召开时间为 2012 年 10 月。

2. 在此次研讨会上，另有 35 篇论文入选存目。

3. 本文集编审：顾嘉禾、吴明华、王久捷、吴爱萍、何惠斌、邓美林。

《寿都南通解析——“美丽南通·世界长寿之都”发展论坛优秀论文集》目录

表 14–2–4

论文题目	作者	作者单位
序	陈　斌 赵闻斌	南通市委 南通市政府
解析世界长寿之都——南通	顾嘉禾 金　元	南通市老龄协会 老年学学会 南通市民政局
厘清立足点 紧抓着力点 夯实支撑点——南通市“长寿之乡”建设中的几点感悟	顾嘉禾 吴明华 王久捷	南通市老龄协会 老年学学会 南通市老龄委办公室
长寿文化建设：寿乡持续发展之魂——如东县建设长寿之乡的实践思考	方定琦 万则东	如东县老年协会
老龄社会中的政府思维模式与职能定位刍议——兼论启东长寿现象中的政府作为	李　英 黄　淼	启东市民政局
实施长寿品牌发展战略 放大长寿创建综合效应	英　淼	启东市民政局
试探长寿之乡的可持续发展	邵建新	启东市工商联
经济改善民生　安定催生长寿——南通经济技术开发区长寿现象探究	管仲贤	南通市天星湖中学
如皋 269 位百岁老人的长寿真谛	石秀峰 沈永祥 郭载群	如皋市老龄协会
海安老人长寿初探	任吉祥 赵　庭	海安县海陵中学
后天优于先天　人寿重在人为——启东市长寿现象成因试析	邵建新 洪善宽	启东市老龄协会
彪炳千秋的长寿史册及其物质遗存——如皋长寿历史与长寿文化溯源	徐建平	如皋市历史文化研究会
如皋市生态环境保护性干预与区域人群长寿现象的相关性分析	刘伯健 鞠　海	如皋市环境监测站 如皋市疾病控制中心
丁其誉《寿世秘典》综述兼及如皋长寿文化渊源	谷　粒 黄裕龙	如皋市国土资源局
浅谈人体微环境与南通长寿现象	邵汉清	港闸区老龄协会
发挥老龄协会作用 促进老年人健康长寿	石秀峰 石昭华	如皋市老龄协会
加快推进通州区社会养老服务体系建设的调查与思考	张　梅	通州区委党校
长寿的金钥匙在自己手中——健康生活方式探讨	沈建洪 李　林 穆海祥 孙　寅	崇川区老龄协会 崇川区卫生局
“废话”不“废”　健康添寿	唐学丰	南通天生港发电有限公司
百岁人生的个性化长寿之道	张圣嗣	港闸区鹤涛小学
健康的生命 可以掌握在老年人手中	周　亚	港闸区秦灶街道办事处
试析长寿现象之可控及不可控因素——以如东县为例	张武俊	如东县老年协会
百岁老人的长寿之道	袁增禄 戴　昕 张　洁	崇川区老龄协会 老龄科研中心
影响长寿的因素剖析	管晨童	港闸区时光村社区
百岁老人生活状况观察与研究	崔益勤	海安县南莫镇政府

续表 14–2–4

论文题目	作者	作者单位
长寿与健康长寿之浅议	郭　耀	通州区民政局
倡导文化养老 创造健康长寿	朱轩臣 张文森	如皋市老年大学
健康老龄化是老年教育的重要目标 —— 关于老年教育与健康老龄化关系的认识	王建明	南通市老年大学
办好老年大学 铺就长寿之路	张洪华	港闸区老年大学
遵循自然医学原则 创造健康长寿生活	刘桂江 吴希林	如皋市长寿研究会
精神养老与长寿之浅析	顾林忠 李松涛	启东市老龄协会
浅谈老年人的精神生活与健康长寿	黄永健	海门市老龄协会
老年人精神关爱的现状与对策探析	戴晓琳	南京工业大学
毋需返老还童术 自有延年益寿方 —— 浅谈长寿、生活质量与晚年幸福	赵宗普	南通市妇幼保健院
加强道德修养 增进延年益寿	丁士风	海门市三厂镇汤家虹北校
影响健康长寿的因素剖析 —— 以长寿之乡如皋为例	许荣新 常　茜	南通市委党校
克服“四怕” 做好“四防” —— 浅谈影响健康长寿因素之我见	季桂如	通州区人民检察院
音乐益寿	朱骏武 江　波	南通市老科技工作者协会
戏曲与长寿	张　垣	海门市天补中学
健康长寿的七个主音符 —— 解读海门百岁老人长寿谱	范成达	海门市供电局
小议健身与长寿	汪如一 朱应中	如皋市老年人体育协会
老年人的文体表演欲望与身心健康	单　洪	启东市老年人体育协会
追求健康生活每一天	李　进	通州区司法局
与严重慢性病抗争三十三年	范汉棠	海门市老科技工作者协会工业分会
略论海鲜饮食与长寿现象 —— 如东长寿之乡成因简析	张武俊	如东县老年协会
食品营养与健康长寿	许苏舒	港闸区西洋桥社区
浅谈健康长寿之科学养生	顾　霞	港闸区秦灶街道居家养老服务中心
远离身边的“环境癌” 须从低碳生活做起	张惠明	南通市广播电视大学
心态是长寿的第一要素	李昌森	南通市委办公室
长寿在于心态	卢　佳	港闸区唐闸镇街道办事处

续表 14-2-4

论文题目	作者	作者单位
心情好是老年人健康长寿的法宝	保晓冲	南通市公安局
老年精神关爱与长寿	顾效翔	港闸区天生港镇街道泽生社区
心态与健康长寿	陈　樊	启东市政协
心态决定生命的质量	张陆翔	海门市东灶港佳佳大酒店
好心情是攀登健康长寿之巅的阶梯	顾定斐	海门市老科技工作者协会教育分会
心态好 健康长寿的灵芝草	赵　庭 李晓星	海安县教育局关心下一代工作委员会 海安县关心下一代工作委员会
坎坷人生路 欢乐度百年 —— 106 岁寿星黄士端的长寿养生之道	吴希林	如皋市长寿研究会
我家亲属长辈都长寿	臧福良	通州区公安局
恐老心理状况的调查与思考	刘桂平	海安县大公镇东片老干部支部
浅议养老力度与寿命长度	陆品贤	海门市人民西路街道
需求层次理论与高龄老人的健康长寿 —— 国胜社区高龄老人基本情况分析	王学余	崇川区观音山新城国胜社区居委会
面对老年孤独 加强精神关爱	陈洋漾	港闸区幸福街道
孝道助长寿	刘桂江 吴希林	如皋市长寿研究会
长寿之乡孝道美	陈根生	如皋中学
孝道与长寿之我见	倪　勤 倪来兵	启东市惠萍镇老龄协会
唱响五保老人健康长寿“五部曲”	吉功名	海安县曲塘镇成人教育中心校
农村“三失”空巢老人需要更多关注关爱	方定琦 万则东	如东县老年协会
浅谈空巢家庭对健康长寿的影响及对策	沈永祥	如皋市老龄协会
百人同献的一份伴手礼 —— 编后絮语	顾嘉禾	南通市老龄协会 老年学学会

说明：

1. 此次研讨会召开时间为 2014 年 5 月。

2. 此次研讨会上，另有 43 篇论文入选存目。

3. 本论文集主编顾嘉禾、金元，副主编王昀、吴明华、王久捷、何惠斌。

南通市首届老年教育优秀教科研成果目录

表 14–2–5

成果题目	成果形式	作（编）者	作（编）者单位
一等奖（共 3 项）			
老龄研究文稿	专著	顾嘉禾	南通市老龄协会
红楼梦诗词赏析	教材	姜光斗	南通市老年大学
老年大学的办学探索四则	论文	董魁如	南通市老年大学
二等奖（共 11 项）			
老年大学书法教学初探	专著	吴力行	南通市老年大学
养生保健	教辅	吴士申	海门市老年大学
钢琴初级、中级、高级演练教材	教材	南通市老年大学钢琴教材编写组	南通市老年大学
计算机系列教材	教材	南通市老年大学计算机教材编写组	南通市老年大学
摄影技艺教程	教材	吴振华	南通市老年大学
回顾二十年　立足新起点	论文	薛志忠	海安县老干部大学
提升老干部大学引领功能　为社会主义文化大繁荣大发展而努力	论文	陆向红	海安县老干部大学
把老年大学办成学习传播先进文化的阵地	论文	如东县老年大学	
以科学发展观统领老年大学创新发展	论文	俞茂林	海门市老年大学
老年书法刍议	论文	蒋云龙	南通市老年大学
老年教育研究报告	研究报告	张文森	如皋市老年大学
三等奖（共 16 项）			
学书札记	专著	孙德庚	如东县老年大学
沈佩荣写意花鸟画	专著	沈佩荣	南通市老年大学
字帖《新舒同体书法》	教材	程奎连	海安县老干部大学
文学教材	教材	马长明	如皋市老年大学
烹饪教材	教材	孙国军	如皋市老年大学
颐年武术教材	教材	秦师彬	如皋市老年大学
摄影教材	教材	曹发田	如皋市老年大学
针灸推拿基础	教材	沈爱明	南通市崇川区老年大学
数码摄影基础	教材	王萱霖	南通市老年大学
PhotoshopCS4 图像处理教材及光盘	教材	吴锡山	南通市老年大学

续表 14-2-5

成果题目	成果形式	作（编）者	作（编）者单位
老年疾病调养菜谱	教材	张继华	南通市老年大学
学有所得　学有所乐　学有所为	论文	秦迪祯	海安县老干部大学
老年大学帮老同志驱除了“三怕”	论文	缪汝梅	如东县老年大学
谈谈书法学习中的悟性	论文	周宝录	南通市港闸区老年大学
我的米体情景式教学法	论文	王蓝青	南通市老年大学
老年教育研究报告 4 篇	研究报告	朱轩臣	如皋市老年大学

说明：南通市首届老年教育优秀教科研成果评选时间为 2012 年 11 月。

第十五章　老年社团

老年社团是依据国家法律法规设立的，以从事老年工作为主要内容，以满足老年人需求为主要活动目的，并以老年人为参与主体的非政府性的社会组织。它在党和政府同广大老年人之间，发挥着不可替代的桥梁、纽带作用。《中华人民共和国老年人权益保障法》第六条规定："国家机关、社会团体、企事业组织应当按照各自职责，做好老年人权益保障工作"，"居民委员会、村民委员会和依法设立的老年人组织应当反映老年人的要求，维护老年人合法权益，为老年人服务。"

南通市进入人口老龄化社会后，各级党委、政府支持老年人依法设立老年社团，开展为老服务。2002 年 10 月，南通市老龄协会成立后，一批老年社团陆续成为该协会的理事单位和团体会员。主要有：市老年书画研究会（联谊会）、市老年摄影学会、市老年人体育协会、市退（离）休教育工作者协会、市老科技工作者协会、市老年技术工作者协会（退休工程师协会）、市离退休法官协会、市老年人民警察协会、市老新闻工作者协会、市老龄医务工作者协会、市老年康复协会。这些老年社团均有各自的章程，定期举行会员大会或会员代表大会，选举产生理事会。理事会选举产生常务理事会及其理事长（会长、主席）、副理事长（副会长、副主席）、秘书长（也有的社团通过常务理事会任命负责人），聘请名誉理事长（会长、主席）、顾问。届中负责人的变化，一般由理事会决定。本章记载上述社团的主要情况，包括社团的宗旨、职能、历届主要负责人及所开展的主要工作等。凡在本书第九章老年文体、第十章老有所为、第十一章权益保障中叙述过的有关工作，本章从略不赘。

第一节　南通市老龄协会（老年学学会）

南通市老龄协会成立于 2002 年 10 月 19 日。市老龄协会是推动老年事业发展的群众性、学术性和非营利性的社会团体。该会经市委常委会讨论决定成立，日常工作由市老龄工作委员会归口管理，并接受市社团管理机关的监督管理。协会严格遵守国家宪法、法律、法规，以马列主义、毛泽东思想、邓小平理论和"三个代表"重要思想、科学发展观、习近平总书记系列重要讲话精神为指导，联系和组织广大老龄工作者、人口学和老年学理论工作者，以及相关的单位团体，本着解放思想、实事求是、与时俱进、开拓创新的原则，开展老龄方面的调查研究和理论探讨，推动老龄事业和社会老年学的发展，为党委、政府决策服务，为发展老年事业服务，为社会长治久安服务，促进老年人“五有”目标的全面实现。

南通市老年学学会建于1992年7月。市老龄协会成立之时，注销了市老年学学会，学术研究任务由协会承担。2003年7月根据需要，并经社团主管部门同意，复立南通市老年学学会。市老龄协会与市老年学学会两个名称一个章程，两块牌子一套班子。是年，南通市老年学学会成为中国老年学学会团体会员单位，其主要负责人并担任该学会理事。

市老龄协会（老年学学会）基本任务和业务范围如下：

（一）调查研究。对本地区人口老龄化的现状、趋势及其影响，对保障老年人权益的法律、法规的实施情况，对老龄工作、老龄事业上的重要课题，进行有目的、有重点地调查研究，及时向相关领导机关提出意见和建议。

（二）理论探讨。遵循理论联系实际的原则，有计划地组织社会学、人口学、医学、老年学学者和老龄事业实际工作者，开展理论探讨探讨，总结实践经验，推动老龄事业的发展。

（三）咨询服务。参与全市性老龄事业规划和重大决策的研究；加强与全国和省内老年学学术机构的联系和交流，掌握国内外老龄方面的信息、动态；向社会各方提供老龄方面的咨询服务。

（四）反映民情。沟通与各专业性老年协会及各界老年人士的联系，倾听他们的意见、建议和要求，为党委、政府联系老年人发挥桥梁和纽带作用。

（五）舆论宣传。协同各类宣传阵地和新闻媒体以及各涉老单位搞好老龄方面的宣传报道。创造条件，办好内部交流期刊。

（六）完成市委、市政府和市老龄委交办的其他事项。

市老龄协会成立大会选举顾嘉禾担任市老龄协会会长，孙应杰、王昀、陈德宏、顾乐鸣任副会长，顾乐鸣兼任秘书长，聘请宋家新、黄利金、徐志球、李明勋、朱文涛为名誉会长。2005年8月，增补何惠斌为市老龄协会副秘书长。2010年4月，顾乐鸣辞去市老龄协会副会长兼秘书长职务。次月，增补王久捷为市老龄协会副会长兼秘书长。

市老龄协会（老年学学会）成立以后，充分发挥了党委、政府与老年人之间的桥梁和纽带作用。

一、开展调查研究，为政府决策服务

调查研究是协会的首要任务，每年均列出若干专题，开展专题调研。2004年，市老龄协会在经过大量调查和深入研究之后，对南通市在全省、全国率先出现的老龄化的现状特点、发展趋势，对人口老龄化给社会经济发展带来的重大影响进行前瞻性分析，并提出5项对策，形成了《树立科学发展观 应对人口老龄化》的论文。该文得到市领导的高度重视，被评为当年的社科类优秀论文。该文作者还在全国获得“首届中国老年学奖——学术成果奖”。在2005年召开的市人代会上，31名代表根据论文中分析的南通市老龄化现状及发展趋势，联名提出了《高度重视人口老龄化问题，积极发展老龄事业》议案。该议案成为人代会上全票通过的两个议案之一。事后，市人大常委会作出加强老龄工作的决议。为摸清农村老年人的住房状况，2000年，协会在六个县（市）各选择一个村，进行逐户调查，撰写《老年人晚年生活的一大课题——农村老人住房状况的调查》。2003年，又在原来的村进行逐户随访调查，写出《农村老人居住状况随访及其思考》调研报告。前后两篇调查均引起市委、市政府的高度重视，市委办公室加按语两次在《研究与参阅》上全文刊载。该调研成果获得中国老年学学会优秀论文一等奖。面对人口老龄化、家庭小型化的新形势，协会多年来对养老模式进行认真的观察、调查和探讨，先后写出《走居家养老之路是当今养老模式的基本选项》《略论社会养老服务业的现状与发展》《积极构建新型养老体系的调查与思考》等文章，对发展老年公益事业，形成新型养老体系起了积极作用。《构建新型养老体系的调查与思考》一文，还得到市政府重视，市政府据以召开常务会议讨论研究，并将论文评为当年优秀论文。协会连年组织养老服务调查评估，提出加快养老服务业发展的规划建议，为市政府积极推进养老服务社会化，提供了决策依据。

二、开展长寿现象研究，探索长寿奥秘

协会从经济、政治、文化、历史、环境、遗传等方面对南通出现的长寿现象进行综合分析研究，取得一批成果，《论百岁老人成长的宏观环境》《人生能圆百岁梦》《温馨的家庭是孕育百岁老人的摇篮》《以江海文化视角剖析南通长寿现象》《从三十二到七十四》等多篇论文在国家和省级理论刊物上发表，并在全国性学术会议上进行交流。有14篇论文汇编成《长寿探源》一书，得到有关专家学者的高度评价。协会与南通市华飞影视传播有限公司合作，以各具特色的30位百岁老人为素材，拍摄5集《长寿探秘》电视纪实片。

三、推动“中国长寿之乡”的参评认定

“中国长寿之乡”是中国老年学学界经科学论证并赋予的一种权威性称号。“中国长寿之乡”的评选，有助于长寿命题的探索，促进科学养性摄生，推动老龄事业和整个经济社会发展。南通市老龄协会和各县（市）老龄协会、长寿研究会在开展长寿现象研究的同时，积极参与和推动所在地区评选认定“中国长寿之乡”。南通市先后有如皋市、如东县、启东市通过中国老年学学会对“中国长寿之乡”的评选认定。如皋市于2011年10月被国际自然医学会、世界长寿乡科学认证委员会评为“世界长寿乡”。此后，南通市于2014年5月被国际自然医学会、世界长寿乡科学认证委员会授予“世界长寿之都”荣誉称号。

四、尽心尽力，为老年人办实事

市老龄协会成立以来，坚持为老年人办实事，认真接待老年人来信来访，切实维护老年人合法权益。协会成立老年旅游专业委员会，联系和协同相关旅行社组织老年人开展国内外旅游活动，以丰富老年人精神文化生活。协会还积极支持社会力量创办民办养老机构10多家，帮助他们解决办院难题，提供托老咨询服务，先后介绍数百人托老；参加并组织百岁老人的祝寿及节日慰问活动，倡导社会尊老敬老。

五、建立健全组织网络

为使老龄工作落实到基层，根据省委、省政府及省老龄委文件精神，通过多种途径、多种方法，积极推进全市各级老龄协会网络建设。至2014年6月，全市各县（市）、区均已成立老龄（年）协会。各镇（乡）、街道，各村、居绝大多数也建有老龄（年）组织，实现了老龄协会网络组织的全覆盖。

2006年9月，中国老年学学会授予南通市老年学学会中国老年学奖先进集体称号。2010年10月，中国老年学学会授予南通市老年学学会第二届中国老年学奖学会工作先进集体称号。2009年9月，市老龄协会、老年学学会会长顾嘉禾被江苏省委组织部、省委老干部局授予全省离退休干部先进个人荣誉称号；2011年6月，被江苏省委组织部、省委老干部局评为“四好”（学习活动好、教育后代好、发挥作用好、保持本色好）退休干部党员；2011年9月，被南通市哲学社会科学界联合会评为南通市百名优秀社科志愿者。

各县（市）、区老龄（年）协会（长寿研究会）负责人名录表

表15-1-1

协会名称	届别	任期	名誉会长	顾问	会长	副会长	秘书长
海安县老龄协会	一	2013.6–	顾国标 彭为华		储有杰	周小平　李群生 顾亚平	于俊卿
如皋市老龄协会	一	2009.10–	黄　成 张　辉 杜永红		石秀峰	王宝鹤　汪如一 强汉林	钱德贵
如皋市长寿研究会	一	2002.6–2007.7	蓝绍敏 陈惠娟 石秀峰 石　耀	吴功祥 冯邦才 孙德明 明道奎 魏国平	刘桂江	李中林　郭载荣 张元健　于永芳（女） 刘聪泉　许建军 戴其南	戴其南
	二	2007.7–2012.11	冯邦才 石秀峰 魏国平 浦文海 周宝生 郭载荣	吴功祥 冯邦才 石秀峰 明道奎 魏国平 浦文海 周宝生	刘桂江	郭载荣　徐建平 魏祝明　吴希林 强汉林　李向东 许秀银　周庆如 戴其南　许宏兵	吴希林
	三	2012.11–			刘桂江	魏祝明　许　俊 吴希林　许秀银 周庆如	吴希林

续表 15-1-1

协会名称	届别	任期	名誉会长	顾问	会长	副会长	秘书长
如东县老年协会	一	2010.12–	任新峰 于立忠 翁士豪		方定琦	白银东 张 杰 丁 越 沈秀芬 龚维国	詹 洁
海门市老龄协会	一	2010.7–	曹 斌 姜 龙	沙秀高 秦志明 高其兴	高顺昌	吴佳虹 肖卫东	黄永健
启东市老龄协会	一	2011.7–	孙建华 徐 锋 黄卫锋 谢丕岳	施仲元 刘静芳 陈南飞 张建芳 董美英 袁裕丽 顾达平	顾林忠	何卫东 李 英（女） 徐锦涛	洪善宽
通州区老年协会	一	2011.1	陈永红 郃江淼 曹国平	朱茂鑫 张秀兰	金维勤	张武军 陈 兵 包云祥 顾建军 王建云 周容生 沈志祥	周玉君
崇川区老龄协会	一	2012.6–	黄卫锋 陈中锋 杨春红 江建春		沈建洪	袁增禄 尹 伟	郁伯香
港闸区老龄协会	一	2010.12– 2014.3	张建新 顾国华		邵汉清	李长文 许福建 施 坚	成小聪
	二	2014.3–	葛锦坤 周 静		邵汉清	朱永忠 许福建 施 坚 蒋长泉	蒋长泉

第二节　南通市老科技工作者协会

南通市老科技工作者协会（以下简称市老科协）成立于1982年12月，是江苏省老科技工作者协会的团体会员。市老科协是离退休科技工作者为主体自愿组成的非营利性社会团体，是市科协的重要组成部分，也是党和政府联系老科技工作者的桥梁和纽带。市老科协的宗旨是，以邓小平理论和“三个代表”重要思想为指导，以江泽民“二·四”题词[①]为指针，以经济建设为中心，贯彻科教兴市战略方针，遵守国家法律法规，依据“发挥优势，量力而为，逐步前进，务求实效”的原则，积极参与四个文明建设，为科技进步，经济繁荣，社会发展和民族振兴再作贡献。至2014年6月，市老科协历经八届，历届负责人名录见下表：

①1990年2月4日，中共中央总书记江泽民为中国退(离)休科技工作者团体联合会〔简称中国退科联，1993年5月更名为“中国老科学技术工作者协会”（简称中国老科协）〕题词：“团结广大退离休科技工作者为科技进步经济繁荣社会发展和民族振兴再做贡献”。

南通市老科技工作者协会负责人名录表

表 15-2-1

届别	任　期	名誉理事长（名誉会长）	顾　问（高级顾问）	理事长（会长）	副理事长（副会长）	秘书长
一	1982 — 1985	孙　励　陆兆麟		马绍融　陆群超		刘俨然 朱秉健 金道平
二	1985 — 1988	孙　励　陆兆麟		马绍融　陆群超		金道平 朱秉健
三	1988 — 1991		李继桢　张召光	马绍融　张守义 陆群超		金道平 朱秉健
四	1991 — 1996	孙　励　王光钧 陆兆麟	马绍融　陆群超 朱秉健　颜子和 徐　倩　秦伯玞 卞景和	张守义　金道平 董介庚		顾学文 张玉芳
五	1996 — 2002.9	秦兆桢　孙　励 王光钧　陆兆麟 沈瑞芬（1998.10 增补）	张　琛　王德忠 顾嘉禾　杨伯林 柴文彪　史文龙 1998.1 后增聘： 黄巍东　薛卫平 施建中　熊淦集 陈德新	沈瑞芬　张玉芳 王乃熊　陈彤鋆 张正联　佘　彭 董介庚　鲍乾元 张克诚（1998.10 增补）		殷家龙 顾学文 施绣璋
六	2002.9 — 2007.11	秦兆桢　王光钧 孙　励　沈瑞芬	张　琛　王德忠 顾嘉禾　杨柏林 厉永茂　黄巍东 薛卫平　施建中 史文龙　熊淦集	张克诚	张玉芳　王乃熊 鲍乾元　沈学明 柴文彪　顾光祺	顾光祺
七	2007.11 — 2012.11	秦兆桢　黄　冰 程亚民　曹能新 沈瑞芬　顾嘉禾 陈华汝　严绍恭 陆兴达 张毓余（2012.12 增补）		张克诚	王乃熊　柴文彪 顾光祺　徐少安 张逸明　尤来宗	顾光祺 陈宝泉
八	2012.11 —	秦兆桢　黄　冰 程亚民　曹能新 沈瑞芬　顾嘉禾 陈华汝　陆兴达 张小平　张克诚 李　炎（2013.5 增补）		刘长城	陈宝泉　刘　震 王　斌　徐少安 张逸明　柴文彪 高宇人　潘永江 马　明　顾裕岳 （2013.12 增补） 张有珩 （2013.12 增补）	陈宝泉

说明：

1. 第一至七届称理事长、副理事长、名誉理事长，第八届称会长、副会长、名誉会长。

2. 第一至四届聘请顾问，第五至六届聘请高级顾问。

各县（市）、区均成立老科协。2012 年，各县（市）、区老科协会长名单如下：

海安县卢玉林，如皋市于永芳，如东县杨兴章，海门市陈如喜，启东市张建芳，通州区吴刚，崇川区刘勇，港闸区陆福林。到2005年底，县（市）、区团体会员发展到8家，会员总数2054人，其中市区会员822人。

1985年，市老科协设有3个分支机构，会员不足百人。2005年年末，市区发展到含自然科学、社会科学、管理科学“三位一体”的15个分会（专业委员会）。市老科协注意将组织机构逐步向下延伸，2005年末，全市建有观音山镇、闸西乡、易家桥社区等10家镇、乡、社区老科协。2005年，全市各级老科协会员2054人；至2012年9月底，会员总数增加到4774人。

市老科协从服务“三农”、传统产业改造升级、社会发展规划以及关心下一代等社会热点难点问题入手，发挥自身优势，开展建言献策活动，受到省、市有关部门的重视，有的建议被采纳（详见本志第十章《老有所为》）。

市老科协发挥优势，组织老科技人员参与科技进步、经济建设。许多科技老专家参与科技开发，取得科技创新成果，申获发明创造专利；服务“三农”，选育、推广农作物新品种，推广农业高产高效新技术；服务企业，开展科技咨询、技术培训，促进经济发展（详见本志第十章《老有所为》）。

投身社区科普，参与文明创建，是市老科协服务社会的又一渠道。2003年7月，市老科协与崇川区政府联合召开共建科普文明社区会议，签署共建科普文明社区公约。双方商定，选择学田苑等14家社区进行试点，开展结对共建活动。2005年，结对社区扩大到21家。2005年，市老科协与街道联合，创办苏中苏北第一所社区科普大学——和平桥街道科普大学百花苑社区分校。2005年4月组建科普讲师团，首批成员50多人。同时吸引大学生志愿者和社会科普积极分子参与，并编印了含有十大专题110个讲题的科普菜单，供社区“点菜”。

市老科协关心会员，使其老有所乐。自1997年起，市老科协建立“会员活动日”（2003年改为会员学习日）制度，邀请党政领导或专家教授给会员做讲座，让大家了解形势，更新知识，跟上时代步伐。针对老科技人员居住分散的特点，市老科协于1989年2月创办内刊《会讯》，至2014年6月，出版了90期。组建兴趣小组。根据爱好，组成15个不同的兴趣小组，定期开展活动。2004年10月和2005年11月，市老科协分别获省老科协系统的书画篆刻摄影展和文艺汇演两项组织奖。2002年至2003年，市老科协被江苏省文明委表彰为“科教进社区”先进集体；1997年至2004年连续8次被省老科协表彰为先进集体；2001年至2002年以及2003年、2004年两度被市民政局表彰为先进社团；2001年至2013年连续13年被市科协表彰为先进学会；2009年至2013年连续四年获中国老科协全国优秀科普讲师团三等奖三次、二等奖两次。

第三节　南通市老年技术工作者协会（退休工程师协会）

南通市老年技术工作者协会成立于1998年6月12日，是由南通市工会系统职工技术协会退休老专家为主发起组建的民间科技社会团体。主要成员为生产一线退休的科技人员、工人技师和有专长的管理人员。后根据多数成员是退休工程师的特点，于2000年1月组建南通市退休工程师协会，“两块牌子，一套机构”，合署办公，同属南通市科技局归口管理，也是南通市科学技术协会的市属协会和南通市老龄协会的团体会员。协会会长：戴焕林；副会长：郭应源、陈洪森、王郁、周磊豪；秘书长：周磊豪。聘请顾嘉禾、陆玉明、徐守铭、刘岩、厉永茂任名誉会长。下属模具、焊接、热处理、船务、建筑咨询、机电、质量管理咨询和卫生保健等8个分会，会员500多名，半数以上为具有高级职称的专家，有较强的开发创新能力和实际工作水平。

协会成立后，坚持“两个服务”，即为社会经济发展服务和为广大老科技人员服务，组织开展技术攻关、技术咨询和技术培训等多种形式的技术服务活动；为广大离退休科技人员排忧解难办实事，做了一些力所能及的工作，取得了一定的社会效益，发挥了党和政府联系离退休科技人员的桥梁纽带作用（详见本志第十章《老有所为》）。2002年以来，连续被评为南通市先进社团。

协会与市人事部门配合，开展人才交流和中介活动，为挖掘老年人才资源，在用人单位和离退休专业技术人员之间架设桥梁。2000年以来，4次作为协办单位参与组织南通市老年人才交流专场。

协会积极参与文明社区创建活动，与崇川区和平桥街道颐和社区结对共建。深入社区举办科普讲座，布置宣传栏，邀请老同志对青年学生进行革命传统教育，慰问困难居民。

协会尽心尽力为离退休科技人员排忧解难，办实事。自成立以来，始终把关心会员和广大离退休科技人员的生活和身心健康，作为一项重要工作内容，通过多种方式向有关部门反映离退休专业技术人员的实际困难和突出问题，得到重视和适当解决。协会并对特困科技人员进行帮扶和慰问。

第四节　南通市老年书画研究会（联谊会）

1988年8月，南通市先后成立市老干部书法研究会、市老干部国画研究会和市文化系统老年书画协会。1993年4月，三会合并，成立南通市老年书画联谊会，并申请成为江苏省老年书画联谊会的分会。2009年5月，南通市老年书画联谊会更名为南通市老年书画研究会。市老年书画研究会（联谊会）为爱好书画艺术的离退休人员自愿组成的群众性艺术团体，其宗旨是：严格遵守国家宪法、法律、法规，以马列主义、毛泽东思想、邓小平理论为指导，努力践行“三个代表”重要思想和科学发展观，认真贯彻党的基本路线，坚持“两为”（为人民服务、为社会主义服务）方向和“双百”（百花齐放、百家争鸣）方针，大力继承弘扬中华传统优秀文化，繁荣老年书画事业，为建设中国特色社会主义而做出应有贡献。研究会（联谊会）以书法、国画为载体，组织引导会员切磋艺术，陶冶情操，联谊交友，促进延年益寿，丰富精神文化生活，营造和谐温馨的社会氛围，进而达到老有所学、老有所为、老有所乐之目的。主要任务包括开展学术交流、举办作品展览、繁荣中国特色的社会主义文化、组织横向交流等。至2014年6月，市老年书画研究会（联谊会）历经五届。历届负责人名录见下表：

南通市老年书画研究会（联谊会）负责人名录表

表15-4-1

届别	任 期	会 长	副会长	秘书长
一	1993.4 — 1998.7	田 林	陈 璞 邱 丰 朱志豫 尹 方 沈元成（1995增补）	陈 璞（至1995） 沈元成（1995任）
二	1998.7 — 2003.12	马 骏 （2001后顾嘉禾主持）	沈元成 尹 方 邱 丰 张 璞 吴康均	沈元成
三	2003.12 — 2009.5	顾嘉禾	沈元成（常务）徐 岳 尹 方 张 璞 宗永和 沈佩荣 袁玉泉 宋德曜 施东辉	徐 岳
四	2009.5 — 2014.6	顾嘉禾	沈元成（常务） 宗永和（常务） 徐 岳（常务） 沈佩荣 袁玉泉 宋德曜 施元冲（2010.12后常务） 施东辉 吴声和（常务，2010.12增补）	施元冲
五	2014.6 —	顾嘉禾	张毓余（常务） 吴声和（常务）丁 健（常务） 施元冲（常务）宋德曜 谢国庆 张志森 章月红 张兰芬 周宝录 蒋云龙 胡荣生 施东辉 钱仲仁 蔡国柱 徐继恺 孙宝龙	施元冲

南通市老年书画研究会（联谊会）会员来自各条战线，主要为各行各业的离退休老干部、老军人、老教师、老文化、老科技工作者，也有少数老职工。成立初期，有46位会员。2005年12月，有会员231名，其中中国老年书画研究会会员75人，省老年书画联谊会会员122名，省、市书法家协会、美术家协会会员18人。2014年6月，

研究会（联谊会）有会员618名，其中中国老年书画研究会会员110名，中国书法家协会会员1名，省老年书画联谊会会员296名，省、书法家协会、美术家协会会员6名，市书法家协会、美术家协会会员90名。

南通市老年书画研究会（联谊会）在组织体制上，实行理事会领导下的网络化管理。研究会（联谊会）设办公室、组联部、展览部、市场开发服务部以及评审委员会。工作方法上坚持集体领导，分工负责，年初有计划，年终有总结，季度有通报，重大活动有专题小结，一年至少一次会员大会，半年至少一次理事会，每月一次部门联席办公会。这些做法，多年来持之以恒，形成制度。

会员活动实行网络化管理，以会员居住地分布和专业分组，成立17个书画小组，划为4个片（城东、城南、城中和虹桥），民主产生片、组长，坚持一月一次小组或片上活动。另外，如东县、如皋市、启东市分别设立分会，为市研究会（联谊会）团体会员单位，不定期开展横向联谊活动。分会会长分别由施东辉、蔡国柱、钱仲仁担任。

南通市老年书画研究会（联谊会）建立后，在提高老年书画创作水平、展示老年书画成果、为人民大众服务等方面做了大量工作，取得了令人瞩目的成绩（详见本志第九章《老年文体》）。

南通市老年书画研究会（联谊会）建会以来，多次受到上级表彰。书画联谊会1998年受到市委表扬，1999年被评为全省先进分会，2004年、2008年先后被评为全省先进团体会员单位，2008年被评为全国老年书画先进集体。在研究会（联谊会）会员中，上百人被评为省、市先进会员，先进工作者。顾嘉禾、田林等50人被评为全省先进会员，马骏、尹方、沈元成、顾嘉禾、沈佩荣、张璞、袁玉泉、姚湘岩、陈叔如、宋德曜等多人被评为全省先进工作者。

第五节　南通市老年摄影学会

南通市老年摄影学会于2009年12月成立。学会理事会理事13人，蒋省吾任会长，邓绍武、朱明山、严荣华、吴华任副会长，吴华兼任秘书长。聘请周通生任名誉会长，季音任顾问。随着老同志年龄的递增、一批新生力量的加入，2012年9月，学会理事会对会长、理事进行了部分调整：张中恺等7位同志辞去理事会成员职务，蒋省吾辞去会长职务，严荣华辞去副会长职务；增补2名理事，王兆祥任会长，管平为副会长。同时，聘请蒋省吾为名誉会长。

南通市老年摄影学会成立时有68位会员，其中有部分省老年摄影学会会员。根据省老年摄影学会的活动惯例，参照省内各兄弟市的做法，市老年摄影学会在慎重稳步发展新会员的同时，对老会员陆续补办参加省老年摄影学会的手续，同时一次性缴纳5

年会费。由于这项工作面广量大，学会当时又属松散型组织，且大多数会员年事较高，此项工作到2011年才告结束。至2011年年末，市老年摄影学会共有会员97名，其中江苏省老年摄影学会会员95名。2012年，南通市老年摄影学会新增加会员5人。

南通市老年摄影学会的主体是“夕阳美”摄影队。这支摄影队建立于2003年9月，是市老年大学摄影老师蒋省吾带领18个老年大学结业的摄友建立的，后发展到70多人，是南通市摄影家协会的第一个团体会员。在市老年摄影学会成立前，“夕阳美”的全体队员（除个别特殊情况）都加入了省老年摄影学会成为会员。从市老年摄影学会成立之初到2012年，“夕阳美”的队员在老年摄影学会中的会员比例一直保持在70%左右，而且都是骨干力量，在南通市老年摄影界以至整个摄影界起到举足轻重的作用。“夕阳美”队委班子和老年摄影学会的会长、秘书长基本重合，实际上是两块牌子、一套班子。

南通市老年摄影学会成立以来，坚持“愉悦身心、延缓衰老、发挥余热、服务社会”的宗旨，为推进南通市老年摄影活动健康开展作出了积极的贡献（详见本志第九章《老年文体》第四节《老年摄影》）。

学会根据会员要求，坚持每两周或一周一次的课日活动，每年组织多次专题讲座，为老年摄影爱好者提高摄影技艺的学习研修提供方便；围绕主旋律，开展丰富多彩的适合老年人的摄影活动；积极举办和参与影展影赛，基本做到每年举办一次影展，充分展示现代老年人的夕阳风采。

第六节　南通市老年人体育协会

南通市老年人体育协会（简称市老年体协）成立于1984年11月24日，是南通市老年人自愿组成按照协会章程自主活动的体育健身团体，具有法人资格，是非营利性的社会组织。协会接受南通市体育局、体育总会业务指导，接受登记管理机关的工作指导和监督管理。至2014年6月，历经四届。历届负责人名录见下表：

南通市老年人体育协会负责人名录表

表15-6-1

届别	任　期	首席顾问	名誉主席	主　席	副　主　席	秘书长
一	1984.11 — 1990.11			章　奋	朱元本 陆　健	
二	1990.11 — 2004.11	陈根兴	朱　剑 唐真寿 赵拂尘 王光均	徐志球	朱元本（常务） 宗永和 包志成 季荣生 章　奋 徐希华 羌步蟾	何治中

续表 15-6-1

届别	任　期	首席顾问	名誉主席	主　席	副　主　席	秘书长
三	2004.11 — 2012.9	罗一民 丁大卫	王德忠 朱　剑 黄　冰 徐志球 顾嘉禾 葛忠康 崔印能 陈华汝	李　炎	何治中 王苏敏 宋桂林 武春生 陈玉书 范成昌 谭柏虎 周容生 汪如一 李贻福 储有杰 孙学维 高庆森 何哲明	王苏敏
四	2012.9 —	丁大卫 张国华 名誉顾问： 朱　剑 黄　冰 程亚民 曹能新 顾嘉禾	王德忠 黄利金 程　静 陆玉明	李　炎	王苏敏 黄承斌 陈　钟	王苏敏

市老年体协成立后，各县、区相继成立老年体协，有领导有组织地开展老年人体育活动。至 2014 年 6 月，全市各县（市）、区均建立老年体协，乡（镇）、街道、村、社区建立老年体育组织的达 98% 以上，基本形成市、县（市、区）、镇（乡）、社区（村）四级组织网络。大多乡镇老年体协组织均有专人负责、有活动经费，有办公地点，有活动场地，健身活动项目丰富多彩，有的项目同大型文艺表演相结合，深受广大老年人喜爱。各县（市）、区老年体协主席名单如下：海安县储有杰，如皋市汪如一，如东县李贻福，海门市吴佳宏，启东市施仲元，通州区周容生，崇川区孙振志，港闸区高庆森。

市老年体协成立后，执行“党政主导、社会参与、全民关怀的老龄工作方针”和“促进城市、发展农村、重在基层、面向全体”的老年体育工作方针，积极落实《全民健身条例》，脚踏实地、求真务实，努力践行以人为本的科学发展观，全心全意为老年人服务，认真组织和开展适合老年人参加的体育健身活动（详见本志第九章《老年文体》）。市老年体协因工作努力，成绩显著，分别被全国、省、市评为老年体育工作先进集体。分别获评中华人民共和国民政部、南通市民政局授予的中国社会组织评估登记 4A 级社团，被市文明办等单位授予体育道德模范群体、敬老先进社会组织、敬老文明号。

市老年体协会刊为《江海乐天》，2007 年 9 月发刊，至 2014 年 6 月，共出刊 27 期。协会还组织编写、印发《南通市老年体协 20 年大事记》。

为发扬成绩、激励先进，1984 年 1 月至 2014 年 6 月，市老年体协共表彰了南通市老年人体育工作先进集体 215 个，先进个人 317 名，优秀老年之友 330 名，乐天健康老人 218 名，信息工作先进单位 17 个，优秀通讯员 22 名。全市获省老年体协命名的示范街道 6 个，示范乡镇 25 个。

第七节　南通市退（离）休教育工作者协会

南通市退（离）休教育工作者协会（简称退教协会）的前身是南通市老年教育工作者协会（简称老教协会），成立于1986年3月1日，于2002年4月更改为现名。退教协会是由市教育系统退（离）休教育工作者自愿结合成立的群众组织。其宗旨是：以邓小平理论和“三个代表”重要思想为指导，遵守国家法律、法规和公民道德规范，团结广大退（离）休教育工作者认真学习党和国家的方针政策，用法律维护老年人的合法权益，在政治上、思想上、生活上互相关心，互相帮助，开展有益于身心健康的文化娱乐活动，以活跃退（离）休教育工作者的精神生活、延年益寿、欢度晚年。退教协会围绕“老有所养、老有所医、老有所教、老有所学、老有所为、老有所乐”的工作目标，积极开展各项工作，热情为退（离）休教育工作者服务。

1987年初，老教协会设在少年宫建“晚晴楼”1幢，总面积430平方米，成为全市首家拥有独立办公、活动楼的老年社团。

至2014年6月，市退教协会（老教协会）历经五届，历届负责人名录见下表：

南通市退教协会（老教协会）负责人名录表

表15-7-1

届别	任　期	理事长	副 理 事 长	秘书长
一	1986.3 — 1992.4	孙　术	沈春生 穆国玺 张金波	束志生
二	1992.4 — 1998.4	沈春生	穆国玺 邱　耘 丁忠佐 马雪琴	丁忠佐
三	1998.4 — 2002.4	沈春生	穆国玺 邱　耘 丁忠佐 马雪琴	丁忠佐
四	2002.4 — 2012.9	王建明	邱　耘 陈家如	陈家如
五	2012.9 —	钱　炜	陆士冲 苏大伟 顾　勤	顾　勤

首届老教协会，市区大中专院校、普通中小学、机关第一幼儿园等近50个单位成为市老教协会的会员单位。第三届老教协会，会员单位40多个，会员1600多人。第四届退教协会，由于市区行政管理体制变化，会员单位减至26个，会员1300多人。第五届退教协会，会员单位25个，会员1500多人。

市退教协会始终把组织学习放在重要位置，努力增强会员与时俱进的自觉性。在改革开放20周年之际，与市老龄委、老干部局联合举行20年来改革开放光辉成果展览。组织专家、学者为会员作中共十八大精神学习报告、作“中国抗日战争中的两个战场”、《老年人权益保障法》等专题讲座。从第四届退教协会成立起，编辑出版《南通老园丁》（小报），到2010年停刊，共出版38期。从1990年开始，编辑出版《晚晴楼诗词》，共出版39期，刊载会员诗词252首。

市退教协会认真学习贯彻老龄工作方针，积极开展有益于老年人身心健康的各项活动。协会建立之初，即组建书法国画组、歌咏队、舞蹈队、诗社等组织，开展定期活动。开辟棋牌室、书画室，供老教育工作者娱乐、休闲。1993 年，协会组建花卉兴趣小组。1994 年，协会在原歌咏队的基础上组建合唱团。20 多年来，合唱团以自娱自乐为前提，配合重大活动和节日，如中华人民共和国建国 60 周年、中国共产党建党 90 周年等，到机关、学校、社区、广场等演出近百场，观众达 3 万人次，为全市社会主义精神文明建设作出了贡献。合唱团在文艺演出中频频获奖。多次赴宁参加全省中老年才艺大赛，获得好评。2007 年获全国老年合唱比赛一等奖；2008 年，舞蹈《一杯美酒》代表南通市关工委参加全省教育系统关工委组织的文艺比赛，获一等奖；2009 年，在全国老年合唱节上，合唱团的大合唱节目获得金奖。协会建立以来，共组建合唱团、书画、摄影、诗社、花卉、太极拳等 6 个兴趣小组。

协会建立 20 多年来，自身的组织建设、组织职能得到加强和发挥。第三届老教协会成立不久，即以市退（离）休教育工作者协会联谊会的形式，与各县（市）、区老教协会的联络与交流，先后与各县（市）、区老教协会举行了 4 次联谊活动。第四届退教协会成立时，将各县（市）、区老教协会的理事长选为市协会的理事，每年召开两次理事会，进一步加强全市退教协会工作的交流。第五届退教协会建立了市、县（市、区）两级退教协调联动工作机制。各县（市）、区市退教协会理事长，名单如下：海安县蒋鹤林，如皋市钱祖尧，如东县施东辉，海门市陈志平，启东市王安平，通州区张作义，崇川区周克俊，港闸区殷胜时。协会积极为政府、社会、党校拾遗补缺、建言献策；为教育改革的热点、难点问题开展调研，写出有质量的调研报告，供政府、教育行政部门参考。

协会积极为退（离）休教育工作者做好事、办实事，维护会员的合法权益。在住房、医疗、工资、职称等方面，协会通过调查，写出报告，向有关职能部门反映，不少问题得到妥善解决。

由于协会工作成绩显著，老教协会第二、三届理事长沈春生获全国老有所为先进个人称号；市退教协会被市民政局评为 2003 — 2004 年度南通市先进社团；市人事局、民政局表彰市退教协会为 2005 — 2006 年度南通市先进民间组织。

第八节　南通市离退休法官协会

1992 年 3 月 20 日，成立南通市老年法律工作者协会，由市委老干部局主管。下设南通市法律服务处，开展法制宣传、法律咨询服务、民事代理等工作。2001 年 8 月，经市民政局核准登记，南通市老年法律工作者协会更名为南通市离退休法官协会。南通市离退休法官协会系南通市两级法院离退休法官自愿组成的老年社团组织，由南通市中级人民法院主管。

协会的宗旨是：坚持“健康快乐第一，社会效益第一，服务质量第一”的宗旨，积极发挥会员的自身优势，在宣传社会主义法制，开展法律服务方面从事力所能及的工作，为促进南通市两个文明建设，构建平安社会、和谐社会、法治社会奉献余热。协会的职责是：组织会员开展社会主义法制建设方面的调查研究；承办有关方面委托的法律服务事项；组织会员开展法律咨询、法制宣传教育活动；组织会员参加公益服务活动；组织会员参观考察；组织会员联谊活动。至 2014 年 6 月，市离退休法官协会历经三届，历届负责人名录见下表：

南通市离退休法官协会负责人名录表

表 15-8-1

届别	任 期	名誉会长	顾 问	会 长	副 会 长	秘书长
一	2001.8 — 2005.4	陆国甫	施汉嵘 张汉生 周剑浩	陈宗耀	施耿冰 徐正均	沈兰英
二	2005.4 — 2009.4	徐 朋 陆国甫 管怀仁		施汉嵘	施耿冰 张汉生 徐正均	沈兰英
三	2009.4 —	徐 朋 陆国甫 管怀仁		施汉嵘	张汉生（病故） 徐正均 施汉新 秦 彬（增补） 吴 刚（增补）	沈兰英 吴 建

协会下辖“一所”“一店”。“一所“为南通松平法律服务所，该所原名南通市法律服务处，创办于 1988 年 5 月，是一个由南通市法院系统离退休资深法官为主体组建的法律服务机构。2001 年更名为南通松平法律服务所，并经南通市民政局注册登记，为民办非企业单位，接受协会的管理和指导。该所经核准的业务范围是：代写法律文书、法律咨询、法律服务、代理诉讼（刑事除外）。至 2012 年 6 月该所有执业人员 30 人。“一店”为南通市松平法律书店，于 2001 年设立，领有工商营业执照，主要为南通市两级法院审判业务及时提供配套的法律业务工具书和法律期刊杂志，同时也为律师、法律工作者以及广大群众购买法律图书、期刊杂志提供方便。

协会成立以来，注重发挥会员熟悉法律、具有比较丰富的司法实践经验的业务特长，在法律咨询、法律服务、法制宣传教育方面，积极组织活动，开展工作，力所能及地为人民群众，特别是社会弱势群体提供便捷、高效的服务，得到南通市有关部门的充分肯定和广大群众的赞扬（详见本志第十一章《权益保障》）。一些退休法官参加了市关心下一代工作团，每年寒暑假对未成年人进行法律教育。

协会组织捐资赈灾、助学，扶危济困。2009 年国庆 60 周年前夕，协会组织发动全体会员奉献爱心，向革命老区为建立新中国作出贡献的革命老人捐款，表达对他们的敬意，115名会员捐款14000元。协会领导在南通市民政局、如东县民政局的协助下，将这笔捐款分送给如东县苴镇34位革命老人。当年89岁高龄、曾当过姬鹏飞的警卫员的童兆连老人从会长施汉嵘手中接过爱心款时，激动地说："我感谢党的好干部，感谢好法官！"12年来，仅南通市中级法院的退休法官就捐款10万余元赈灾助学，扶危济困，向灾区人民群众、贫困学子和社会弱势群体奉献出了共和国老法官的一片爱心。

协会组织会员参观考察，开展多种形式的活动，陶冶情操、愉悦身心。2006年以来，协会组织会员参观考察如东洋口港建设工程、苏通长江公路大桥、江苏熔盛重工、启东海工园区，让会员们耳闻目睹南通经济建设、社会发展的巨大成就；组织部分会员参观海安县苏中七战七捷纪念馆、如皋市红十四军纪念馆、通州区东社镇忠孝文化园，激励会员传承党的优良传统作风，传承中华民族优良文化传统。从2006年开始，协会还尽力而为，每年组织一次有全体会员参加的大型联谊活动，每逢重大纪念活动时，协会根据南通市委老干部局的部署，组织会员积极参加征文、书画创作展、歌咏比赛等活动，陶冶情操，愉悦身心。

十多年来，协会通过自身的不断努力，成为一个有凝聚力的老年社团，为南通市两级法院离退休法官实现老有所为提供了一个富有支撑力的平台。老法官们在实现老有所为的同时，也收获了老有所乐。南通松平法律服务所曾多次获得南通市委、南通市政府授予的先进集体、送温暖工程先进单位铜牌。2011年，江苏省委组织部、老干部局授予会长施汉嵘全省"四好"离退休干部党员荣誉称号；省精神文明建设委员会授予施汉嵘江苏省百名优秀志愿者荣誉称号，并颁发奖章；2013年，市精神文明建设委员会授予施汉嵘南通市首批十佳优秀志愿者荣誉称号。2013年，副会长徐正均被南通市崇川区委授予2011—2013年度优秀党员荣誉称号；他还多次获得崇川区虹桥街道、南通市关心下一代工作委员会的表彰。

第九节　南通市老年人民警察协会

南通市老年人民警察协会成立于1996年4月22日，是由市公安局所属离退休警察、职工自愿结成的非营利性群众组织。协会接受市公安局和市民政局社团登记管理机关的业务指导和监督管理。协会的任务是：组织会员积极参加所在党支部组织的学习活动，坚持邓小平理论、"三个代表"重要思想和科学发展观，学习国家法律法规和时事政治，提高思想政治水平，保持和发扬人民警察的优良传统；为创办老年经济实体、筹集老年福利基金，改善老年生活福利献计出力；为推进社会治安综合治理提供法律法规咨询服务。至2014年6月，市老年人民警察协会历经三届，历届负责人名录见下表：

南通市老年人民警察协会负责人名录表

表 15-9-1

届别	任期	名誉会长	会长	副会长	秘书长
一	1996.4–2001.4		陆元吉	朱溪峰 俞焕煌	朱明华
二	2001.4–2011.3		陆元吉	朱溪峰 俞焕煌	朱明华
三	2011.3–	杨圣岳	俞兆成	杨淑炎	吉秀海

一、开展扶贫济困送温暖活动，支持希望工程建设

协会成立之初，就以参与社会公益事业，关注社会弱势群体为己任，在会员中广泛开展向贫困学生奉献爱心活动，资助贫困学生完成学业、渡过难关。从 1997 年起，号召全体会员“少抽一包烟，少喝一瓶酒，资助一名贫困学生”，向希望小学捐资捐款，已帮助 21 名贫困学生完成了高中学业、7 名学生圆了大学梦，正在帮助 2 名农民工子女上小学。

二、办好老年经济实体，筹集老干部活动资金

协会在法律许可下，开展生产经营，办好老年经济实体，积极为老干部开展活动积累资金，增加老干部福利，减轻市公安局负担。协会创办了南通安达工贸公司汽车拆解场、南通市南山刻字社、南通市汽车驾驶员体检站（与南通市妇幼保健医院联办），合法经营、诚信为本，取得一定的经济效益和社会效益。

三、发挥公安民警优势，维护社会治安稳定

协会充分发挥公安民警自身优势、特长，组织会员积极参与社区治安管理工作，教育引导会员当好社区治安的宣传员、监督员、信息员，得到社区群众的好评。组织会员参加南通文明城市创建，成立了关爱青少年服务队，组织老干部到社区开展青少年教育活动，预防未成年人违法犯罪；成立网吧监查队，组织老干部开展网吧义务监督活动，防范未成年人上网；成立法律咨询队，组织老干部为群众提供法律咨询，参与纠纷调解、矛盾化解工作；成立“红袖章”义务巡逻队，组织老干部参与社会管理工作，维护社会和谐稳定。

许多会员积极参加市关工委青少年教育工作宣讲团，主动到大专院校、中小学校，开展爱国主义教育和遵纪守法教育，并从现实生活中，以及公安机关的刑警支队、治安支队、法制支队搜集资料，以身边的人、身边的事开展教育引导，针对性强，贴近生活，受到青少年学生普遍欢迎。协会 1 名理事热心市民巡防团工作，积极参加市民巡防团组织的各项活动，主动到居民新村、菜市场、马路上调查情况，及时向上级反映情况，为南通文明城市建设发挥作用。居住在市区北街社区的 8 名会员，自愿组织“夕阳红巡逻队”，每天在新村巡逻，进行安全防范知识宣传，调解邻里纠纷，对青

少年进行革命传统教育，受到城东街办的表彰奖励。每年暑期，36 名由会员担任的南通市区网吧义务监督员主动到市区 120 余家网吧进行检查，教育沉迷网吧的未成年人，从关心引导、日常检查和案件预防三方面入手，促使网吧经营合法，管理规范，引导青少年健康上网，受到较好的社会效果。

2006 年老年人民警察协会被全国老龄办、公安部、司法部授予“全国老年维权示范岗”荣誉称号；2012 年老年人民警察协会名誉会长、市公安局政治部离退休干部处副调研员杨圣岳被省委组织部、省委老干部局、省人力资源和社会保障厅授予全省老干部工作先进个人。

第十节　南通市老新闻工作者协会

南通市老新闻工作者协会（简称南通市老记协）成立于 1989 年 11 月 18 日。

市老记协是党领导下的由离退休老新闻工作者自愿参加的非营利性社会团体，由中共南通市委宣传部主管，并接受民政机关的工作指导和监督管理。至 2014 年 6 月，市老记协历经两届，第二届协会理事 50 人，个人会员 240 人。协会历届负责人名录见下表：

南通市老新闻工作者协会负责人名录表

表 15-10-1

届别	任　期	会　长	副会长	秘书长
一	1989.11 — 2001.6	徐树屏	杨卓如　徐泽霖	徐泽霖
二	2001.6 —	郑槱年	吴其刚　李雪前　陆鱼龙　滕　杰　钱志达　卑圣拓　潘辉明	姜德胜

市老记协成立以来，团结全市老新闻工作者，发扬党的新闻工作优良传统，认真学习、宣传马列主义、毛泽东思想、邓小平理论、“三个代表”重要思想、科学发展观和习近平总书记一系列重要讲话，紧密围绕全市工作大局和新时期的舆论宣传工作，依托群体优势，开展了形式多样的具有老新闻工作者特点的活动，并力所能及地为会员搞好服务，为推动南通经济社会发展和繁荣全市新闻事业贡献了余热，为老新闻工作者“老有所学、老有所为、老有所乐”地过好晚年生活发挥了积极作用。协会的工作多次在全国地市报老龄委会议上进行交流和介绍，赢得兄弟地区同行们的赞赏。

一、坚持把学习放在首位，与时俱进，做到思想常新、理想常存

按照中央和省、市委的要求，协会通过组织政治学习、动员会员积极参加本单位老干部支部活动和听取有关辅导报告等形式，推动全体会员认真学习党中央一系列文

件、国家颁布的有关法律法规和地方党委、政府召开的重要会议精神，使大家及时了解国家和地方经济社会发展的基本思路、总体要求，紧跟形势，明确己任。协会还围绕全国老干部工作“双先”表彰大会精神，结合南通实际，开展了争做“四个模范”的活动，引导全体会员在自己带头做到保持革命人生晚节、退休不褪色的同时，充分发挥老同志的作用，为促进社会和谐、书写辉煌的中国梦南通篇章多作贡献。

二、积极开发老年资源，根据自身的特长和志趣，各显其能，发挥余热

协会运用集体的力量收集编印了《南通老新闻工作者名录集》，协作合编了《南通市经济建设通讯特写集》，选题初编了《外国人在南通》《南通人在海外》，受聘参编了《江海银潮》等。部分同志积极参加市委宣传部、市新闻出版局、市广播电视局组织的“三审”活动（审读、审看、审听），年均提交“三审”报告近百篇。有的同志常年从事市记协会刊《江海记者》主编工作，该杂志已出版 76 期，在全国地市级新闻界颇有影响。近几年，市委宣传部、市记协主编的《获奖新闻作品评析选》中半数以上的评析文章由老记协会员提供。协会组织和推荐的论文《好心态是老干部健康长寿的金钥匙》，在市积极健康老龄化研讨会上进行了交流介绍，并被汇编成册。一些会员参与修史编志工作，出了一批成果（详见本志第十章《老有所为》）。许多会员为推动新闻事业的发展，经常对本单位的工作建言献策，帮助改进工作，并向年轻采编人员进行革命传统教育，传授经验。有的同志笔耕不辍，撰写新闻稿件和有关论文，会员年均见报稿和发表论文数逾 200 篇。

协会中的一些会员担任本市多个社会组织的领导职务或承担处理日常工作的任务。他们开拓创新，组织了不少在市内外产生很大影响的活动，有的经验被中央有关部门的网站和省级工作简报录用，予以推广。

三、组织开展多种活动，提供关爱服务，将温暖送到老同志心头

协会组织或协助有关单位组织老新闻工作者开展参观学习、联谊交流、走访座谈等活动，组织活跃身心，开阔视野，感受改革开放带来的新气象，接受革命传统教育。协会还举办健康讲座，引导会员保持身心健康，安度晚年，延年益寿。

第十一节　南通市老龄医务工作者协会

经市卫生局批准，南通市老龄医务工作者协会（简称老医协会）于 1988 年 9 月 14 日成立。老医协会是由离、退休医务工作者自愿组织，群众性、技术性、服务性、非营利性的社会团体。由市卫生局直接领导和监督管理，民政局注册登记，老龄委具体指导工作。其宗旨是在党的领导下，学习邓小平理论和“三个代表”重要思想，遵守法律法规和国家政策，团结广大离、退休医务工作者发挥各自的技术专长，为人民的健康事业奉献力量。

协会成立时产生理事26人，常务理事14人。程达人任理事长，汤承祖、唐剑秋、邵懋任副理事长，石玉任秘书长。1995年起，唐剑秋任理事长。协会聘请唐真寿、任文彬、徐超、张晓敏任名誉理事长。

协会创办医疗实体——老医协专家门诊部，常年对外门诊。1989年3月6日，老医协会与市邮电局达成协议，联合举办老医协专家门诊部。设内、外、妇、儿、五官、皮肤、中医、检验、B超、手术室、观察室等科室。各科室配精干专业人员负责，由程达人、汤承祖等20多位医疗专家轮流应诊，为邮电职工及家属提供优惠服务，并面向社会。从1989年3月开诊至2005年底，累计医治病员10万余人。为满足病人治疗需要，老医协又与纺织工学院联合举办城南门诊部，设内、外、五官、药房、化验等科室，1991年6月因房屋拆迁而停业。

老医协会建立后，10多次组织专家医疗队，深入缺医少药的农村乡、镇，开展巡回医疗服务；组织专家体检队深入10多家工厂企业为职工进行健康检查；每年多次在节假日上街开展免费医疗咨询公益活动。老医协会热心为群众提供医疗服务的情况，详见本志第十章《老有所为》。

1989、1990，1991年，老医协会连续3年获省、市老龄委颁发的先进集体称号。1994年获市委、市政府颁发的两个文明建设先进集体奖。1989年程达人、汤承祖、石玉等获市委、市政府颁发的老有所为精英奖。

老医协会有会员280多人，成立后一直未换届，2009年3月，经市卫生局、民政局核准注销。

第十二节　南通市老年康复协会

南通市老年康复协会于1993年4月28日正式成立。协会是以推进健康老龄化为主旨，探索老年康复事业发展的专业性非营利性的社会团体。该会系根据市政协1992年相关建议案，由市政协原主席唐真寿等一批老干部主导，由市委老干部局归口管理，受市政府民政局工作指导和监督管理。协会设于市老年康复医院。

至2012年12月，市老年康复协会历经两届。第一届理事会理事60名；1997年11月25日，会员代表大会选举产生第二届理事会，理事64名。1999年11月26日，增补名誉理事长2人、特邀顾问1人、顾问1人、副理事长2人。市老年康复协会历届负责人名录见下表：

南通市老年康复协会负责人名录表

表 15-12-1

届别	任期	顾问	名誉理事长	理事长	副理事长	秘书长
一	1993.4 — 1997.11	王益众 朱 剑 黄 冰 朱良春 殷若男 曹从坡 祝玉成	唐真寿	徐志球	朱文涛 龚虎城 徐 超 孙 励 孟宪镛 龚启荣	石 超 陈汉中
二	1997.11 — 2010.12	王益众 朱 剑 秦兆桢 黄 冰 沈鹏千 李 照 龚虎城 葛忠康 孙 励 朱良春 殷若男 叶千全 孟宪镛 吴爱祥 薛卫平 陆维钊（特邀，增补） 季汉中（增补）	唐真寿 黄 冰（增补） 朱崇仁（增补）	徐志球	朱文涛 顾嘉禾 陈长华 祝玉成 石 超 陈汉中（增补） 陆华荣（增补）	陈汉中

说明：二届顾问、名誉理事长、副理事长增补时间均为 1999 年 11 月 26 日。

市老年康复协会成立以后，针对南通市人口老龄化不断加剧的形势和老年人多发病求治难、住院难、康复难的实际状况，主要做了以下工作。

一、全力筹建南通市老年康复医院

协会在唐真寿、徐志球主导下，根据市政协相关建议方案和市政府的批示，在充分调查研究的基础上，决定充分吸取通医附院康复门诊部的人才、设备等资源，并向政府申请划拨国有土地，面向社会筹措资金，组建股份制性质的、功能相对齐全的南通市老年康复医院。对医院的经营理念、专业特色、单位性质、发展规模以及争取政府优惠政策等，都做了大量工作。1994 年 6 月 14 日，由市老年康复协会与南通医学院附属医院联名请示，成立南通老年康复医院。在市委、市人大、市政府、市政协大力支持和推进下，市编委于同年 7 月 5 日批复同意报告申请，成立南通市老年康复医院，并明确为股份制性质的事业单位，对外挂南通医学院附属医院的牌子。

市老年康复医院成立后，市老年康复协会作为它的主管和股权单位，在医院发展过程中，运用协会领导的社会影响和智能优势，积极主动地协同医院董事会开展工作，在医院的发展中发挥了主导作用。医院经过十多年的滚动发展，至 2010 年底成为一所以老年医学和康复医学及慢性病治疗为特色的教医研一体的二级综合医院，拥有 20 多亩国拨土地，2.4 万平方米房屋，400 多张病床的规模，医疗器械设备比较齐全，各项基础设施基本配套。在院员工达 540 余人，其中在编医务、行政人员 259 人，成为面向广大市民特别是老年人，提供优质医疗服务的一所医院。

二、积极争取兴办南通市老年温馨公寓

随着人口老龄化和家庭小型化，“空巢”老人的比重越来越多，传统的家庭养老格局遇到严峻挑战。而 2000 年前后，南通市国办养老机构十分紧缺，民办托老机构限于规模条件，养老服务社会化成为老龄工作上的一大难题。市老年康复协会领导积极

向省财政厅、市政府争取国拨资金和贴息贷款，在康复医院内兴办了一所二级法人的医养结合的老年温馨公寓。经过3年努力建成了5000平方楼房，内设150张养老床位，集养老、护理、医疗、康复为一体，同时充分运用康复医院医疗设施、后勤资源，于2003年正式营运。此后医院在实际操作中，扩大了老年病的病房设施。

三、围绕健康老龄化的命题，拓展老年康复医院的辐射功能，开展调查研究

协会经过调研，及时总结老年康复医院走股份制道路发展公益事业，解决老年人看病难、住院难的经验，顾嘉禾撰写了《成功的实践 可贵的探索——南通市康复医院实行股份制的调查》的文章，该文被中国老龄协会编入中国人口出版社出版的《21世纪中国老龄问题论坛》丛书，引起省市有关方面的重视，先后载于《江苏改革》《全国老龄工作》《江苏老龄工作》、南通《江海纵横》等刊物，并在全省老年学学会上作大会发言。2001年到至2005年，协会围绕健康老龄化，在全市六县（市）二区开展了18次调查活动，宣传开展老年医疗康复事业理念，介绍市康复医院规模功能，并根据取得的第一手资料，撰写《努力办好老年康复医院 热忱为老年人提供服务》的汇报，及时报送市政府及有关部门参阅。

四、面向社区，举办预防、保健知识专题讲座。

2002年至2004年，协会连续3年在崇川区、港闸区和通州市的一些乡镇新村小区，组织预防疾病、养生保健专题知识讲座。邀请南通医学院附属医院专家讲解《心脑血管疾病的形成和防治》《防治糖尿病及其并发症》《老慢支及肺气肿的防治》知识。2005年，举办《科学保健 辩证养生》知识讲座。

按照章程，市老年康复协会原定于2002年召开代表大会，选举产生第三届理事会，因诸多原因，包括协会主要领导唐真寿、徐志球，以及龚虎城、葛中康、叶千全、孟宪镛等同志先后病逝，使换届工作未能及时付诸实施。2010年12月31日，市政府会议纪要明确：市老年康复医院维持市院联办的合作体制，实行“以院为主”的管理机制，由通大附院实施统一管理，老年康复协会及市老龄办等单位不再参与老年康复医院的管理。据此，市康复协会的主要工作任务亦相应告一段落。

第十六章　县（市）、区老龄事业简况

1982年，南通市区和海安县、如皋县（后撤县建市）、如东县、南通县（后撤县建市、撤市建区，分别称通州市、通州区）、海门县（后撤县建市）、启东县（后撤县建市）都进入老龄化社会。30年来，随着人口老龄化的迅速发展，南通市各县（市）、区对老龄工作高度重视，陆续采取切实有效措施，强化老龄工作，推进老龄事业，建立健全社会保障机制，老年群体的生活质量和幸福指数不断提高，长寿现象亦逐步出现群体化、规模化的局面。2008年、2011年，如皋市、如东县（市）相继进入“中国长寿之乡”的行列，如皋市还获得“世界长寿乡”殊荣。

第一节　海安县老龄事业简况

海安县地处南通市西北部，东临黄海，东、南与如东县、如皋市、泰兴市接壤。西、北同姜堰市、东台市相邻。2012年年末，全县面积1108平方公里，耕地83.7万亩，户籍总人口93.87万人，常住人口86.6万人，辖10个镇。

一、人口老龄化

1982年，据第三次人口普查，海安全县60岁以上老年人口96238人，占总人口的10.32%。进入人口老龄化社会比全国早17年，比全省早4年。此后，海安县老年人口比重快速上升，人口老龄化趋势加快。1990年，全县60岁以上老年人122747人，占总人口的12.61%；2000年，第五次人口普查，60岁以上老年人为164624人，占总人口17.86%；据2010年第六次人口普查资料，60岁以上老年人为221270人，总人口中的占比达到23.68%。

1982年至1990年，全县65岁以上老年人口的绝对数，从63209人增加到82539人，8年净增1933人，平均每年增加2416人；1991年至2000年，从82539人增加到114308人，10年净增31769人，平均每年增加3176人；2000年至2010年，从114308人增加到157149人，10年净增42841人，平均每年增加4284人。65岁以上老人占总人口比重，由1982年的6.79%上升到1990年的8.48%、2000年的12.4%、2010年的17.7%。2010年底，全县80岁以上的高龄老人2690人，占老年人口的14.77%。2010年年底，全县有百岁老人97人。

2012年，全县户籍总人口93.87万人，60岁以上老年人23.67万人，占总人口的

25.2%，有百岁老人 114 人。

二、工作机构

1985 年 9 月，成立海安县老龄问题委员会，下设办公室，老龄问题委员会办公室与老干部局合署办公。1989 年 10 月，调整隶属关系，将老龄问题委员会办公室划归民政局领导，原机构名称、级别、人员编制、经费渠道不变，编制 3 人。1997 年，海安县老龄问题委员会改为海安县老龄工作委员会，下设办公室（简称老龄办）。

2001 年 9 月，县老龄办与县民政局合并，对外挂县老龄工作委员会办公室的牌子，在民政局内设老龄工作科，由民政局局长兼任老龄办主任，承担老龄委的日常工作。

海安县老龄工作机构负责人名录表

表 16-1-1

时　间	机构名称	主 任	副主任	办公室主任
1985.9 — 1987.10	海安县老龄问题委员会	吴庆云	张开裕 陈贤周 葛金堂 丁国喜 王普天 黄玉富	丁国喜
1987.10 — 1990.7	海安县老龄问题委员会	晨　阳	翟厚才 陈贤周 吕广银 丁国喜	姚志迅
1990.7 — 1992.6	海安县老龄问题委员会	徐国锦	于忠武 朱卫民 吕广银 仇金树 姚志迅	姚志迅
1992.6 — 1994.9	海安县老龄问题委员会	秦厚德	于忠武 朱卫民 仇金树 姚志迅	姚志迅
1994.9 — 2001.4	海安县老龄问题委员会	储有杰	陈贤周 王连生 仇金树 陈元录	陈元录
2001.4 — 2002.8	海安县老龄工作委员会	缪小华	李群生 张英稳 杨书存 张树林 陈元录	陈元录
2002.8 — 2004.9	海安县老龄工作委员会	朱　春	王莜融 闾曙光 张英稳 顾亚平 丁　宁	顾亚平
2004.9 — 2008.6	海安县老龄工作委员会	朱　春	郜江淼 孟伟鸿 严国和 张亚曦 顾亚平 丁　宁	顾亚平
2008.6 —	海安县老龄工作委员会	朱　春	彭为杰 杨云根 程　杰 陈兴俊 张　航 周小平 李如生	周小平

三、认真贯彻《老年人权益保障法》

1996 年，《老年人权益保障法》颁布实施。海安县利用广播、电视、报纸深入开展宣传活动，举办 8 次广播电视讲话，举办 5 期培训班，450 多人参加培训，印发 1.2 万册《老年人权益保障法》单行本。

1999 年 8 月至 9 月，县人大常委会、县政法委、县老龄委深入到全县 11 个乡镇和县级机关 11 个部门、单位调查了解《老年人权益保障法》的贯彻执行情况。9 月 27 日，县第十二届人大常委会第十二次会议审议通过了《关于贯彻执行〈老年人权益保障法〉的审议意见》，明确四点要求：1. 高度重视老龄工作，进一步加强《老年人权益保障法》宣传；2. 认真制定老龄事业发展规划，逐步增加老龄事业投入；3. 采取得力措施，切实完善老年人社会保障体系；4. 确保老年人优待政策落实到位。

2000 年上半年，在双楼镇进行落实老有所养，签订赡养协议书的试点工作。全镇

13个行政村的2403户老年人中，有2351户老人与子女签订赡养协议书。赡养协议书内容包括：落实老年人的生活照料、精神慰藉，改善住房条件、提供看病费用等。赡养协议书签订后，解除了老年人的后顾之忧，赡养纠纷明显减少。双楼镇落实老有所养，签订赡养协议书的做法，受到南通市老龄委的肯定。6月，在如皋市召开的南通市老龄工作会议上双楼镇领导作专题介绍。

2006年4月，县老龄办公室根据《南通市老年人优待办法》，结合县实际，广泛征求有关职能部门意见，形成《海安县老年人优待办法》初稿。在进一步修改充实后，县政府于6月份批准下发。海安县老年人优待办法出台后，县老龄委在继续做好老年人优待证发放工作的同时，认真协调、督促有关部门和单位保证老年人优待优惠政策的落实。

2009年，由县老龄办牵头，县劳保局组织卫生部门为全县城镇60岁以上退休职工进行免费体检，县人民医院为军队离退休干休所的老干部和全县的百岁老人进行免费体检。为全县5000多名老年人登记办理江苏省老年人优待证，建设、交通、卫生等部门增设老年人优先服务窗口，为老年人提供优质服务。组织法律援老，维护老年人合法权益。全年老年法律援助中心共接待老年人咨询600多人次，接受老年人法律援助案件168件，共为老年人家庭人追回、赔偿、挽回经济损失100余万元。全县已建立居家养老服务站68家（AAA等级15家、AA等级53家）。

2010年，根据省委、省政府《关于加快我省老龄事业发展的意见》和南通市委、市政府《关于加快我市老龄事业发展的实施意见》，结合海安实际，制定《关于加快我县老龄事业发展的实施意见》。为切实将文件提出的目标任务和政策措施落到实处，根据县有关部门和各镇的工作职能，下发《县有关部门贯彻实施县委县政府〈关于加快我县老龄事业发展的实施意见〉责任分解方案的通知》，将分解任务列入年度重点工作和目标考核内容。各部门和各镇按照职责分工相互支持、积极配合，共同完成好老龄工作的目标任务。

2010年，海安县对70岁以上老年人实行免费乘坐城区公共汽车；2011年由城区扩大到全县所有城乡公交线路，实现老年人免费乘坐公交车辆全覆盖。

2011年，结合海安县老龄事业发展实际，科学确定“十二五”老龄事业发展目标，在广泛征求意见的基础上，研究制定《海安县老龄事业发展“十二五”规划》。

四、老年供养

海安县不断完善社会保障体系，切实保障所有老年人老有所养。2012年，城镇职工养老保险参保人数18.72万人，纳入社会化管理的企业退休人员38560人，月均退休工资1660元/人；新型农村养老保险参保人数41.8万人，年满60周岁的男性居民、55周岁的女性居民可按规定按月领取一定数量的养老金。2012年年末，全县拥有各类养老机构 29 家，总床位数 5665 张，其中农村敬老院 23 家，床位 4305 张。农村“五保”对象 5483 人，集中供养 3839 人，集中供养率达 70%。

从 2009 年 7 月开始，海安县建立了对城镇老年居民发放养老补贴、对高龄老人发放生活补助的尊老金制度。凡具有海安县城镇户口、70 周岁以上，无固定生活来源、已参加城镇居民医疗保险、其直系亲属符合参加社会养老保险和医疗保险条件的均已参加社会养老保险和医疗保险，并正常缴费，均可享受每人每月 30 元的城镇老年居民养老补贴。凡具有海安县常住户口的 90 — 99 周岁的老年人，均享受高龄老人尊老金，每人每月 30 元。全县共 2500 人。2010 年，尊老金标准提高到每人每月 60 元。从 2011 年 7 月 1 日起，海安县将尊老金的发放范围由 90 周岁扩大至 80 周岁以上，标准为：80 — 89 周岁的老人每人每月 20 元。2012 年末全县享受尊老金待遇的 80 周岁以上高龄老人共有 34911 人，其中 80 — 89 周岁的 30925 人，90 — 99 周岁的 3986 人。

对百岁老人，海安县从 1992 年开始发放长寿保健费，从 1999 年提高到每人每月 80 元。2005 年下半年提高到每人每月 100 元。2006 年 10 月，又将 105 岁以上的老人的长寿保健费标准提高到每人每月 200 元。2012 年，共有 114 位 100 周岁及以上的老人享受长寿保健费。

五、老年医疗保障

2012 年年底统计，全县有 238133 名老年人参加基本医疗保险，其中 34393 人参加城镇职工医保，11438 人参加城镇居民医保，192308 人参加新型农村合作医疗，基本实现人人享有最基本的医疗保障。城镇职工医保规定老年人医保个人账户按本人年养老金的 5% 划入，比在职职工高 2%。将糖尿病、高血压（II、III 期）、乙型活动性肝炎、帕金森氏综合症、肺心病、脑梗或脑出血等老年病纳入慢性病门诊医疗费报销保障范围，所发生的门诊医疗费按 70% 的比例报销，慢性病比在职职工高 20%，年报销限额为 2000 元。住院医疗费报销比例比在职职工高 5%。

城镇居民医保规定，在县内定点医疗机构门诊发生的医疗费用按 20% 的比例报销，年报销限额为 100 元。住院医疗费用参照城镇职工医保老年人报销规定照顾报销。新型农村合作医疗规定，自 2012 年 7 月起，参保农民在县内定点医院和社区卫生服务站发生的门诊医药费按 30% 报销，全年最高封顶 200 元。将糖尿病、高血压（II、III 期）、乙型活动性肝炎、帕金森氏综合症、肺心病、脑梗或脑出血等老年病纳入慢性病保障范围，所发生的门诊医疗费按 20% 的比例报销，年报销限额为 2000 元。住院费用在 5000 元内的按 70% 的比例报销，5001 元至 10000 元的按 65% 比例报销，10001 元至 30000 元的按 60% 比例报销，30001 元至 50000 元的按 50% 比例报销，50001 以上按 70% 的比例报销，年报销限额为 120000 元。建立特困医疗救助制度，参加新型农村合作医疗的农村“五保户”和低保户，住院医药费补偿后个人自付费用（指核定范围内可报销医疗费用减去已报销费用）按55%救助。全年最高救助限额为25000元。建立大病医疗救助制度，参保人员在享受住院费用报销后，一个年度内个人按规定负担10000元以上的部分，符合新农合报销范围内的费用（指住院过程中的起付线费用，按比例报销中的个人自付费用，不包括自费药品、自费项目的费用），按20%的比例给予救助，年救助限额3000元，但不计入年最高支付限额内。

六、老年文体

老年文化 2002年6月，推荐6个节目参加省市老年人文艺汇演，并参加全国老年人文艺汇演的评选。舞蹈《龙舞吉祥》获得南通市一等奖，舞蹈《拔根芦柴花》获得南通市二等奖，小品《今宵月儿圆》获得南通市三等奖，舞蹈《板凳龙》和《海安花鼓灯》获南通市优秀奖。舞蹈《龙舞吉祥》《拔根芦柴花》分别获江苏省老年人文艺汇演一等奖和二等奖，舞蹈《龙舞吉祥》获全国文艺汇演银奖。

2004年，市老龄委组织老年人才艺比赛，海安县有20多个老年人文艺节目参加海安赛区的初赛，从中筛选出8个节目参加复赛，选出3个节目参加南通市中城杯老年人才艺大赛的决赛。舞蹈《碧水珠影》获二等奖。锡剧《定能战胜顽敌度难关》获三等奖。戏曲、现代锡剧彩唱获优秀节目奖。

2007年，有两个节目参加市老年人文艺汇演，市文化局、市老龄办制成光盘送省参加评选，获江苏省老年文艺汇演舞蹈类三等奖。

2008年11月9日，老干部青松艺术团在县少年宫举行20周年团庆。20年中，青松艺术团以弘扬先进文化为己任，排练数百个节目，为机关、企业、农村和学校演出300多场，受到社会各界好评。2009年重阳节前，海安县老干部青松艺术团和海安县退休职工艺术团挑选10个节目，参加市老年文化艺术节活动，《出水莲》《悠悠里下河》获二、三等奖。组织40人的老年人太极拳队伍参加市艺术节表演，获首届南通市老年文化艺术节组织奖和南通市老年文化艺术开幕式暨千名老年人太极拳展示优秀表演奖。

2010年，在迎接第二届南通市老年文化艺术节召开期间，积极开展各类文体活动。老干部活动中心举办为期一个月的老干部棋牌球大奖赛，1000多名离退休干部参加。县青松艺术团、县退休职工艺术团到各镇、村（社区）巡回演出，各镇、社区的老年艺术团在本镇范围内就近演出，覆盖面达60%。县老年体协发动各镇、街道、社区分会开展各类文体活动。老干部门球队、桌球队等团体多次出县、出市参加各种友谊竞赛，沟通与兄弟县市的交流和合作。在整个老年文化艺术节期间，全县老年文艺演出和各类文体活动达220多场。县青松艺术团的女声小组唱《茉莉花》、县退休职工艺术团的舞蹈《悠悠里下河》参加南通市敬老日庆祝表彰大会暨第二届南通市老年人文化艺术节闭幕式演出。县企业退休人员管理服务中心、县老干部青松艺术团等5家南通市老年文体活动先进集体和叶晨玲、崔世莹等10名南通市老年文体活动先进个人受到表彰。

2011年组织参加南通市第三届老年人文化艺术节。按照市第三届老年文化艺术节组委会的要求，协调和配合县委老干部局、县退休职工服务中心、退休职工艺术大学和县老年体协等部门和单位，积极开展老年人喜爱的文化娱乐和体育健身活动。经过层层推选，从6个精品节目中，选出县退休职工艺术团的《家园雨思》，参加6月18日市老龄工作委员会办公室主办的南通市第三届老年文化艺术节开幕式。全年，组织海安县青松艺术团、海安县退休职工艺术团到各镇、村（社区）巡回演出40多场，县老年体协发动各镇、街道、社区分会开展各类文化活动，在整个老年文化艺术节期间，老年文艺演出和各类文体活动达280多场。

2012年，组织海安县各艺术团到各镇、村（社区）巡回演出40多场。白甸镇文化站艺术团的《白甸车水号子》节目，代表县参加南通市庆祝第26个敬老日暨第四届老年文化艺术节文艺汇演。

老年教育　海安县老年大学创建于1992年10月，初办时设2个专业，老年学员50多人。2012年，有学员750余人，1500多人（次）参加学习。开设政治、文学、诗词、书画、英语、电脑、保健、花卉、家电、太极拳、音乐、戏剧、舞蹈、按摩等14种专业32个班。

学校建有艺术团、书画、研究会、诗词协会等社会团体组织，经常开展活动，并向社区、乡镇发展。1999年11月，县老干部大学被评为全省优秀老年大学。

老年体育　县老年体协组织输送培训健身骨干、社会体育指导员、辅导员、小教员18500多名，分别在城乡、街道、村居、广场、公园、小区组织中老年人开展健身活动。县、镇、街道、系统每年都分别组织2至3次健身、健康知识讲座，用科学、文明、健康的健身理念，宣传全民健身，反对封建迷信，反对邪教的教育活动，受教育的中老年达到10多万人次。编辑《海安老年体育》专刊，宣传海安老年体育的亮点，组织通讯报道队伍向省、市、县和全国的报刊、网站投稿。在省、市、县和全国报刊、杂志、网站发表文章、图片1200多篇（幅），省以上论文、征文获奖的有20多人次。获得省、市先进单位。每年县、镇、街道健身团队主办、承办或协办县、镇大型表演、比赛活动100多场，参演人数达10000多人次，观众达20多万人次。如全民健身大拜年、红红火火过大年、学雷锋、世界气象日、经贸洽谈会、河豚节、紫菜节、老年人体育节、反邪教启动仪式、企业总结、表彰、庆典等大型活动，将老年健身艺术团队融入社会。参加省、市和全国健身展示比赛50多次，获得优异成绩。老年体育健身团队参加省、市和全国的展示比赛和争先创优活动中获得奖牌71块（其中全国9块、江苏省30块、南通市32块）。有92个单位和个人受到省、市和全国的表彰奖励，有550多个单位和个人受到县有关部门的表彰奖励。

七、尊老敬老

1986年，海安县把每年农历九月初九重阳节定为“敬老日”。此后，每年县委、县政府都转发县老龄委关于开展“敬老日”活动的意见，各地均开展隆重、扎实的敬老活动。如医疗服务、法律咨询、免费游园等，举办各种类型的茶话会，座谈会、祝寿会。县委、县政府每年都召开座谈会，邀请离休干部，原县四套班子负责人、社会老人和“五保”老人代表参加。

1999年初，县老龄委与委县宣传部、县关心下一代工作委员会、县教育局、团县委联合下发《关于在全县青少年中开展尊老、敬老、助老活动的意见》。

2003年，根据市老龄工作委员会办公室〔2003〕9号文件精神，在全县范围内开展评选敬老先进单位、敬老先进个人、模范老人和先进老龄工作者活动，共有2个敬老先进单位、2个敬老先进个人、2个模范老人、2个先进老龄工作者，受到市老龄委员会的表彰，并应邀出席南通市庆祝第十七个敬老日大会。

2008年重阳节，海安县老龄委根据市老龄办、市教育局、团市委、市妇联、市电视台、江海晚报联合发出的通老委发〔2008〕11号《关于在全市开展“脑白金杯”孝亲敬老之星评选和孝亲敬老征文演讲比赛活动的通知》精神，在全县组织开展孝亲敬老之星评选和孝亲敬老征文评选活动，2人评为孝亲敬老之星，3篇征文分别获得一等奖和三等奖。

2011年，按南通市老龄工作委员会部署，组织开展南通市孝亲十大模范、南通市老有所为十大模范、南通市老龄工作先进个人的评选活动，城东镇立发村长池二组村民许树银服侍中风瘫痪的百岁老公公20年的事迹先后在省、市、县有关新闻媒体播放和报道宣传，被评为南通市孝亲敬老十大模范、江苏省首届百佳孝星。县民政局局长周小平被评为全国孝亲敬老之星。县福利院被评为全国敬老模范单位。

2012年，根据中央、省、市文明委关于开展关爱“空巢”老人志愿服务活动要求，县民政局、县文明办联合下发《关于组织开展居家养老志愿服务活动的实施意见》，就开展居家养老、关爱“空巢”老人志愿服务活动主旨、活动原则、活动形式和内容、组织机构与责任分工以及保障措施等都作了具体明确。10月20日上午，在县苏中“七战七捷”纪念馆组织开展“情暖空巢、关爱老人”活动启动仪式，县政府分管副县长出席并讲话。启动仪式后，165名志愿者分组到各镇，与76名特困“空巢”老人开展结对帮扶，并送去慰问品。还在全县推广老年人意外伤害保险保障工程。

八、老年社团（群团）组织

海安县老年人体育协会 1986年7月成立。2006年，县老年体协换届后，镇（街道）、村（社区）和系统亦相继成立老年体协分会，全县共有236个分会。各分会均有分会长，专（兼）职管理人员，每个分会又有3至5个健身团队。

海安县退离休教育工作者协会（简称县退教协） 成立于1997年5月，退教协下设分会25个，每所完职中、局直单位和每个区镇各设1个分会。其职能是，以国家宪法和《老年人权益保障法》为依据，组织老教工实行自我管理、自我教育、自我服务、自我维护，发挥潜力，多作奉献。

海安县老科技工作者协会（简称老科协） 成立于2003年3月。业务范围主要是，组织会员建言献策、开展科技创新、技术咨询、科技培训，在服务经济、服务民生、服务社会等方面做了许多力所能及的工作。

海安县关心下一代工作委员会 1992年9月24日成立海安县关心下一代协会。此后，各乡镇和有关县直单位也相继建立了关心下一代协会分会。1993年4月更名为海安县关心下一代工作委员会。在关心、教育、培养下一代方面积极开展活动，促进下一代健康成长，培养一代有理想、有道德、有文化、有纪律的新人。

海安县老区开发促进会（简称老促会） 1990年9月成立。1995年3月又成立县扶贫开发协会，与县老促会两块牌子，一套班子。各乡镇均建立分会。县老促会建立后，主要围绕三个方面开展工作。一是立足促进发展，做好扶贫帮困工作。在市、县各有关方面和县老促会共同努力下，至2011年年底，海安县给南通市扶贫基金会先后注入425万元，每年增值资金全部返还给海安，用作扶贫项目贷款贴息扶持。另外，县“两会”还争取省扶贫基金会每年扶持无息借款和社会各界捐款，用于扶贫开发。二是突出老区宣传，促进会社会形成“饮水思源，不忘老区”的氛围，不断扩大海安老区影响。三是注重调查研究，提出脱贫致富建议，每年总有多篇调研报告被县委、县政府批转相关部门参考落实。

第二节　如皋市老龄事业简况

如皋市位于南通市西南部，北与海安县、东与如东县、东南与通州毗邻，西南及西与靖江市、泰兴市接壤。1991年4月，经国务院批准，撤县建市。2012年末，全市面积1492平方公里，耕地123.75万亩。全县户籍人口142.5万人，常住人口126万人，辖20个镇。2005年、2010年，如皋市先后两次被评为全国老龄工作先进市。2008年10月6日，中国老年学学会授予如皋市“中国长寿之乡”称号。2011年10月，国际自然医学会授予如皋市世界第六个“世界长寿乡”称号。

一、人口老龄化

如皋人口老龄化始于1982年，当年如皋总人口为137.05万人，其中老年人14.29万，老龄化程度达到10.42％。到2012年年底，该市户籍总人口为142.5万人，老年人口34.99万人，老龄化程度达到24.55%。在30年间，全市人口老龄化程度提升了14.13

个百分点，平均每年提升 0.47 个百分点。如皋市 1982 年至 2012 年人口老龄化，反映以下特点：一是在总人口呈现回落态势的情况下，老年人口的绝对数和比重都一直在上升。以 2012 年与 1982 年相比，老年人口净增 20.74 万人，增幅为 1.45 倍。二是高龄老人在总人口的比重逐年增多。根据 1982 年以来的四次人口普查资料，1982 年，高龄老人在总人口中占比为 0.83%，1990 年占比 1.25%，2000 年占比 1.94%，2010 年占比 3.24%，2012 年统计又上升到 4.27%。30 年占比上升 3.44 个百分点，且上升比例在逐年加快。以 2012 年与 1982 年高龄老人绝对数而言，30 年净增 49420 人，净增 3.31 倍。三是百岁老人逐年增多。1982 年百岁寿星仅有 7 人，2012 年增加到 270 人，前后净增 37.57 倍。四是人口预期寿命在延长。1982 年全国第三次人口普查，如皋人的平均预期寿命 69 岁。1990 年全国第四次人口普查，平均寿命增至 72.01 岁。2000 年全国第五次人口普查，平均寿命增至 75.59 岁。2010 年全国第六次人口普查，平均寿命增至 78.6 岁。

1982 — 2012 年如皋市人口老龄化情况统计表

表 16-2-1

年份	总人口（万人）	60 周岁以上老人（万人）	老龄化程度（%）	80 岁以上高龄老人（人）	百岁老人（人）
1982	137.83	14.35	10.41	11466	7
1983	137.98	15.03	10.89	12098	12
1984	137.96	15.46	11.21	13286	13
1985	138.23	15.95	11.54	14609	16
1986	139.07	16.21	11.66	15442	14
1987	140.24	16.87	12.03	15901	15
1988	141.59	17.12	12.09	16797	19
1989	143.57	18.01	12.54	17821	13
1990	144.68	18.44	12.75	18042	9
1991	145.10	18.64	12.85	18500	16
1992	144.73	18.92	13.07	18709	16
1993	144.42	19.26	13.34	19080	25
1994	144.67	19.56	13.53	19534	16
1995	145.18	20.59	14.18	19857	36
1996	145.14	21.32	14.69	19572	20
1997	145.37	22.25	15.31	19837	36
1998	146.55	25.10	17.13	20600	52

续表 16-2-1

年份	总人口（万人）	60 周岁以上老人（万人）	老龄化程度(%)	80 岁以上高龄老人（人）	百岁老人（人）
1999	146.21	24.01	16.42	32400	89
2000	145.67	23.72	16.28	28235	33
2001	145.28	25.97	17.88	42000	101
2002	144.56	26.63	18.42	40000	126
2003	143.87	28.30	19.67	41895	195
2004	142.61	26.57	18.63	42754	209
2005	142.01	26.45	18.63	42980	235
2006	141.85	26.27	18.52	43200	242
2007	141.01	27.50	19.50	43190	248
2008	140.92	30.65	21.75	44700	251
2009	141.72	31.10	21.94	45091	256
2010	141.21	31.20	22.09	45712	255
2011	142.86	33.23	23.26	58365	265
2012	142.50	34.99	24.55	60886	270

说明：以上总人口指户籍人口。

二、老龄工作机构

1985 年 11 月 2 日，如皋县老龄问题委员会建立，下设办公室，作为日常办事机构。1985 年 11 月 6 日，县编制委员会核定县老龄问题委员会办公室为事业单位，编制 3 人。1991 年 2 月 6 日如皋撤县建市后，县老龄问题委员会更名为市老龄工作委员会（简称老龄委）。2001 年，如皋市委、市政府明确市老龄委是市委、市政府主管全市老龄工作的议事协调机构，老龄工作委员会办公室为市老龄委的常设办事机构，设在市民政局；市老龄委成员单位有市委组织部、市委宣传部、市委老干部局、市团委、市人事劳动和社会保障局、市民政局、市教育局、市妇联、市总工会、市体育局、市法院、市司法局、市卫生局、市广播电视局等。在市委、市政府领导下，市老龄委各成员单位逐步形成党政主导、多方参与、各司其职的工作机制，保证老龄工作全面的落实。

为加强对乡镇及基层村居老龄工作的领导，各镇均成立老龄工作委员会，主任由乡镇党委副书记担任，副主任由分管领导或老干部支部书记担任，成员由相关部门负责人组成，民政助理兼任老龄办主任；村居普遍建老年协会，会长由村居社区主任兼任，副会长由村居老干部或退休老干部担任，协会制度齐全、活动正常、台账完备。全市 347 个村（居）各配备了 1 名民政（老龄）工作协管员，每年由市财政给予一定的经费补助。为了充分发挥乡镇老龄委成员单位的作用，全市统一制定了各成员单位的工作职责，各成员单位确定老龄工作联络员，将老龄工作目标任务逐项分解，责任到落实各成员单位。

如皋市（县）老龄工作机构负责人名录表

表 16-2-2

时　间	机构名称	名誉主任	主 任	副主任	办公室主任
1985.11 — 1987.10	如皋县老龄问题委员会	吴功祥 孙忠权	孙德明	王志和 陈殿文 缪益清 吴承泉 丁正如 谢仁余 何宝传	何宝传
1987.10 — 1990.4	如皋县老龄问题委员会	吴功祥 孙忠权	汤志深	王宝鹤 郭载荣 王志和 丁正如 何宝传	张文森
1990.4 — 1997.7	如皋县老龄问题委员会	孙德明	郭载荣	戴崇顾 李慧宏 王朋年 丁正如 张文森 何宝传	张文森
1997.7 — 2002.8	如皋县老龄问题委员会	孙德明	刘培银	钱学义 宗学广 朱 阳 张培兵 陈德海	钱学义 周国庆
2002.8 — 2004.6	如皋市老龄工作委员会	王宝鹤	陈照东	张元健 郝继锋 薛冠军 陈璋炎 华国瑞	陈璋炎
2004.6 — 2009.3	如皋市老龄工作委员会	王宝鹤	潘建华	陈冬梅 郝继锋 薛冠军 沈 建 华国瑞	沈　建
2009.3 — 2013.5	如皋市老龄工作委员会	王宝鹤	黄　成	杜永红 孙天骄 郝继锋 薛冠军 强汉林	强汉林 谢万健
2013.5 —	如皋市老龄工作委员会		司祝建	杜永红 张 勇 龚卫东 周太荣 陈晓燕 谢万健	谢万健

三、老年供养

机关、事业单位离退休干部保障　截至 2012 年年底，全市机关、事业单位离退休干部和企业离休干部有 9726 人，其中离休干部 672 人。这些对象的政治待遇和生活待遇，分别由市老干部局、人事劳动和社会保障局，以及退休干部所属各单位分工负责。各镇（区）、街道建有老干部高龄养护服务站，离休干部 153 人接受养护服务。

企业职工养老保障　1986 年 10 月，如皋县社会劳动保险处成立，对劳动合同制工人实行养老保险。职工基本养老保险基金实行国家、企业、职工个人三方共同负担。2010 年全市基本养老保险参保职工 136927 人。2012 年年底，全市企业退休职工人员达到 4.8 万人，养老金全部实现社会化发放，社会化发放率达到 100%。

农村社会养老保险　1992 年 7 月，如皋市农村社会养老保险开始起步。2001 年 9 月 30 日，将原由市民政局承担的农村社会养老保险业务移交给市劳动和社会保障局管理。2009 年，全县农保参保缴费人数 25.26 万人。2010 年，如皋市把推进农村社会养老保险与新型农保制度对接，以加快实施新农保参保缴费和基础养老金发放两个“全覆盖”。至 2010 年底，全市新型农保参保人数 45.16 万人。各类参保人数累计 111.87 万人。截至 2012 年底，全市有 18.34 万农村老人每人每月领到 60 元的新农保基础养老金。

农村“五保”户供养保障　1987 年 10 月，县政府印发《关于〈江苏省农村“五保户”供养工作暂行规定〉实施办法的通知》，明确规定农村中无依无靠、丧失劳动能力、无生活来源的老年人、残疾者和未成年的孤儿，都要实行“五保”供养。本人丧失劳动能力，虽有子女，但子女病残无赡养能力者，也列为“五保”对象。对“五保”户的供养，采取敬老院集中供养和分散供养两种形式，乡（镇）兴办的农村敬老院优先接受已丧失生活自理能力的“五保”老人入院。1990年，全县建立服务中心34个、包护组563个，包护人740人，计3856人享受“五保”。截至2012年年底，全市“五保”对象4044人，敬老院养老床位3819张，集中供养3612位“五保”老人，年供养费用标准每人5200元，分散供养432人，年标准每人3820元；其中每人每年统筹400元用于解决五保供养对象住房、医疗问题。

此外，对城乡最低生活保障对象、被征地农民、支边返籍人员和清简退职老职工等特殊群体中的老年人，如皋市都采取不同途径，保障他们生活。如对1959年至1961年支边返籍人员中重返新疆确有困难者，予以就地安置。至2012年年底，安置628户975人，均为老年人。又如，对1961年至1965年间实施国民经济调整被精减退职工，现已步入老年行列，给予救济保障，城市人口每人每月340元，农村人口每人每月320元。2010年共救济800人。

签订家庭赡养书　1986年7月，如皋县老龄办在磨头镇小磨村开展签订赡养老年人协议试点。全村60周岁以上老人的生活给养、饮食起居、床铺衣着、疾病治疗都在与子女签订的赡养书中予以明确。试点取得经验以后，在全县全面推广开赡养协议书，由直接赡养责任人与被赡养老人签字，村委会监证，并定期检查公布执行情况。赡养协议书对老人生活用品、耕种粮食、住房、穿衣、医疗、零花钱等养老责任，都一一量化、细化。1986年10月18日，南通市在如皋召开经验交流会，省老龄委负责同志亦到会充分肯定这一维护老年人合法权益的经验。至1987年底，如皋全县有22.96万名老人与子女签订家庭赡养协议书。

1999年，市老龄办在总结柴湾等乡镇强化家庭养功能的基础上，将赡养责任概括为“六有二查一公布”：“六有”即有一颗尊老敬老的孝心、有一间通风透光的房间、有一张温暖舒适的床铺、有三餐适口的饭菜、有一年四季的衣服、生病后有及时的治疗和护理；“二查”即夏查蚊帐席子、冬查棉衣棉被；“一公布”即以村居为单位在黑板报（张榜）或广播里公布养老状况。这一经验被《江苏老年学通讯》、省《老年周报》刊载，在南通和全省得到推介；《全国老龄工作》亦刊登相关文章予以充分肯定。

构建社会养老服务体系　市政府发布《加快构建社会养老服务体系的实施意见》，把养老服务体系建设列入政府为民办实事工程。一是按照小型多样、功能配套齐全的要求，将闲置的医院、学校、企业等公共设施资源，建设改造成小型托老所等社区养老服务设施。同时鼓励农村利用个人、集体空置房或空闲地，通过政府、集体、社会和个人出资的办法，建立小型互助式老年关爱之家，并实行规范管理，确保安全运行。对达到项目建设标准的小型托老院和农村老年关爱之家，按照相关文件实行以奖代补等相关补贴政策。到2012年年底，全市共兴建了8家老年托老所和农村老年关爱之家。二是积极推进机构养老建设。各镇围绕市政府提出的"'十二五'期间，每个镇（区、园）必须建设一所100张床位以上护理型养老机构，重点满足失能、病残、高龄等老年人入住需求"的目标要求，充分利用镇民营医院的医疗护理优势，鼓励民营医院发展养老服务机构。到2012年年底，全市民办的上规模、住宅条件上水平的老年公寓有8家，床位数1600张。三是鼓励民间力量创办养老机构。市政府发布了《关于对民办非营利养老服务机构实行资助的意见》《关于加快全市社会福利社会化进程的意见》等文件，鼓励社会资本投资兴办福利性、非营利性的老年公寓、老年康复中心（站、点）、托老所、老年护理院等养老服务设施。在政府政策引领下，"老龄事业社会办"的理念正成为社会共识。江陵建筑集团投资1.08亿元，在如城西郊兴建了占地50亩、建筑面积4万多平方米、600个床位的怡园老年公寓；上海阳光集团企业家张德璜、张志镕捐赠350万元，在家乡林梓镇兴建了如皋市阳光公寓；北京民营企业家许宏兵在家乡如城投资近亿元，兴建了东方大寿星园。四是创办城乡社区居家养老服务站。全市从2009年起在各个乡镇陆续创办社区居家养老服务站。居家养老服务站采取有偿或低偿的服务为高龄老人、"空巢"老人、单身老人、生活难自理老人、经济有困难老人提供生活帮助。五是成立老年人援助中心。为帮助广大老年人提供高效便捷的养老服务，市老龄办与市公安局、财政局联手，利用公安24小时接警平台，成立了"呼救通"老年人援助中心，并以此为载体，切实解决困难老人应急援助、医疗救治、专业服务、精神慰藉等需求，努力提高老年人的安全系数和幸福指数。主要援助对象包括分散供养的"三无""五保"老人，低保家庭和低收入家庭中"空巢"老人、失能老人；70周岁以上无固定收入的重点优抚对象；家庭成员均年满80周岁的纯老年人家庭、满70周岁的独居老年人家庭；家庭成员中有重度残疾对象的纯老年人家庭等。

四、老年医疗保障

城镇职工、城镇居民基本医疗保险 2001年，如皋市全面实施城镇职工基本医疗保险制度改革，发布《如皋市城镇职工基本医疗保险暂行规定》《如皋市城镇职工大病医疗救助暂行规定》《如皋市市属企业职工住院医疗保险暂行办法》，建立了企业职工住院医保制度。即住院医疗保险由单位按照6%的比例缴纳医疗保险费，职工个人不缴费，参保职工与机关干部享受同等待遇。为了确保退休人员的医疗保障，市劳动保障局经过认真调研，提出"企业改制、破产清算时，按上年度职工平均工资6%的比例，一次性为退休人员缴纳15年住院医疗保险补偿费"的方案。该方案经如皋市政府批准实施。当年有11359名退休人员享受了住院医疗保险。

2005年年底，全市1.8万名退休人员在企业破产、关闭时点前纳入基本医疗保险。从2006年起，10年内每年由如皋市财政补贴1200万元，贴补总额1.2亿元，用于退休人员参加基本医疗保险所需经费，先期参加住院医疗保险的退休人员也同步过渡到基本医疗保险。

2007年7月，如皋市政府颁发《如皋市城镇居民基本医疗保险试行办法》，将全市具有如皋市非农户籍、无从业工作单位、无承包经营土地、不属于城镇职工（退休人员）基本医疗保险和新型农村合作医疗保险制度覆盖范围的全体城镇居民（含符合基本生活保障的被征地农民）8.27万人纳入城镇居民医疗保险范围，进一步加大了财政补贴力度。其中，老年居民（指年龄男满60周岁、女满50周岁的居民，约7000人）每人年缴100元，财政补贴200元；低保特困居民每人年缴80元，财政补贴220元（低保特困居民家庭的学生儿童，财政补贴90元，个人不缴费）。同时，如皋市政府还向社会承诺，居民医保基金不敷使用时，其差额仍由财政拨付。

2010年，为不让身患大病、发生大额医疗费用的参保人员因病致贫，如皋在南通市范围内率先实行城镇职工大额医疗费用二次补助。是年，如皋市城镇职工政策规定范围内的住院基本费用报销比例达94.3%，住院总费用报销比例达77.96%；城镇居民住院基本费用报销比例达到77.6%，住院总费用报销比例达到59.5%，超过了省规定的最低控制线，有效地保障了参保人员的基本医疗水平。参加职工基本医疗保险和城镇居民基本医疗保险的老年人，医保范围内住院总费用报销比例分别不低于80%和60%。

2011年1月1日起，再次对城镇居民医保待遇进行调整：一是新增居民门诊统筹待遇。统筹年度内，老年、成年参保居民在该市定点医疗机构发生的符合基本医疗保险规定的普通门（急）诊医疗费用，200元以内的部分，由城镇居民基本医疗保险基金按40%的比例支付。二是提高政府补贴水平。统筹年度内，老年城镇居民基本医疗保险基金统筹标准为360元，其中个人缴纳120元，财政补助240元；属低保特困家庭的老年、成年居民，个人缴纳80元，财政补助280元。三是提高待遇保障水平。统筹年度内，参保居民发生符合基本医疗保险规定的住院费用，起付标准以上至4万元（含4万元）的部分，城镇居民基本医疗保险基金支付70%；4万元以上至最高限额的部分支付80%。老年、成年居民最高限额为10万元。四是提高大额医疗费用补助标准。一个统筹年度内，参保居民发生的住院基本医疗费用，在按规定享受基本医疗保险待遇后，个人负担超过5000元以上、10万元以下部分，由城镇居民基本医疗保险基金补助50%。10万元以上部分不予补助。

2012年1月1日起，提高城镇居民住院费用支付比例和最高限额。统筹年度内，老年、成年居民符合基本医疗保险规定的住院费用，起付标准以上至4万元（含4万元）的部分，基本医疗保险基金支付75%；4万元以上至8万元（含8万元）的部分支付80%；8万元以上至最高限额的部分支付85%。学生、儿童居民各段支付比例均提高10%。老年、成年居民住院费用最高限额由10万元提高到18万元。在省内首创城镇居民大额医疗费用二次补助，将目录外的药品和诊疗服务项目纳入补助范围，在大病医疗救助基金平稳运行的前提下，对在享受基本医疗保险、大额医疗费用补助等待遇后，个人医疗负担仍然较重的基本医疗保险参保人员，给予大额医疗费用二次补助。补助标准为：职工医保参保人员超过2万元以上的部分在4万元以下的补助70%，4万元以上15万元以下的补助90%，超过15万元的不予补助。居民医保参保人员超过2万元以上的部分在10万元以内的，老年、成年居民补助50%。

为加强老年人医疗保障服务，如皋市普遍建立和完善了老年人健康档案。全市60岁以上老年人健康电子档案建档率2011年达90%以上。每两年为60周岁以上老年人和实行社会化管理的企事业退休人员免费体检。

新型农村合作医疗　如皋市新型农村合作医疗工作起步较早。2001年实行尝试性的新型农村合作医疗，由农民每人筹缴1元至3元，乡镇财政补贴1元至3元，市（级）财政支持2元至5元，形成筹资总额最低5元最高10元不等规模的各乡镇的新型农村合作医疗。

2003年，如皋市政府着手全面建立新型农村合作医疗制度，制定了《如皋市新型农村合作医疗管理办法》，成立了以分管副市长为主任的管理委员会和以农工办和监察局为正副主任的监督委员会。经机构编制委员会核准，成立了农村合作医疗管理办公室。各镇也成立了以镇长或分管镇长为组长的新型农村合作医疗工作领导小组，在镇卫生所设立合作医疗经办业务机构，具体负责所在镇的合作医疗日常工作。

自2004年开始，如皋市相继制定并认真实施了新型农村合作医疗参合人员住院医药费用结算暂行办法、定点医疗机构考核办法、信息网络管理暂行办法。通过监督委员会加强监管、审核，并将考核、审核的结果由卫生、财政、农工办等部门复核分管市长核准后在《如皋动态》公示，或通过电视流动字幕在黄金时段播放。各镇政府和卫生所及各村社区服务站实行张榜公布，还会同邮政局联合制作《致广大参合农民一封信》，连同补助存款单一并通过邮政储蓄网点直接发放到参合农民手中，使参合农民特别是老年农民得到了满意的服务，参合率也逐年提高：2003年为78.58％，2008年上升到99.6%，全市共有120.53万人参加合作医疗。此外，2006年，还组织参合农民进行健康体检，共计76.55万人次受检，支出800多万元；2008年，老党员体检共计8458人次，补助金额37.97万元，妇女病普查共计94，576人次，支出136.21万元。

2004年至2008年，全市累计筹资3.28亿元，其中个人缴费8029.02万元、省级财政补助1.51亿元、南通市财政补助1316.12万元、如皋市财政补助8001.33万元，利息收入142.85万元，累计支出2.86亿元，住院补助15.1万人次，补助金额2.14亿元，基金使用率达到87.16%。2005年至2008年，门诊补助453.91万人次，补助金额

6121.74 万元。2008 年，住院费用实际补偿比为 39%，其中 10000 元以上补助 955 人次，最高补助金额为 8 万元。

2009 年至 2012 年，如皋市连续四年把提高新型农村合作医疗保障水平作为政府为民办实事项目之一，“五保”、低保等困难群众由财政出资参加新农合，连续 4 年农民统计参合率达 100%，合作医疗基金筹资标准和补助标准不断提高；同时，对大病患者采取了医疗保险二次补助、大病救助等措施，让患者及时得到救治。

2009 年，合作医疗基金年人均筹资标准由上年的 100 元调高为 120 元，参合农民以户为单位每人自缴金额由 20 元调高为 30 元，各级财政补助人均 90 元（省财政补助人均 50 元、南通市县两级财政补助人均 40 元）。参保 120.66 万人，全年基金收入达到 1.47 亿元。此项工作在南通市名列前茅。住院医疗费用报销比例最高达 70%，每人每年累计补助总额最高为 10 万元；基本药物目录由原来的 781 种扩大至 894 种；为防止因病致贫、因病返贫，对患重病大病的困难群众实施医疗救助。

2010 年，合作医疗筹资标准调整为人均 160 元，农民以户为单位每人自缴 40 元，各级财政补助人均 120 元，并适度调整了补偿政策，增加再生障碍性贫血和多发性骨髓瘤两种特殊病种的费用补助。新农合参保老年人住院费补偿率达到 50%，门诊补偿率达 30%。

2011 年，如皋市共有 111.87 万人参加新型农村合作医疗，筹资标准为人均 260 元，农民每人自缴 60 元，各级财政补助人均 200 元。基金总额达到 2.91 亿元，其中各级政府补偿资金达 2.24 亿元。全市累计发放参合农民人均 40 元的门诊医药费用定额补助资金 4378 万元，有 60079 人次享受住院补助，补偿资金 13569.64 万元，其中有 2694 人补助超过 10000 元，市镇两级政策范围内住院补偿比达到 70%，实际补偿比达到 50%。为防止因病致贫、因病返贫现象发生，提高参合农民、尤其是老年农民的基本医疗保障水平，从是年开始，如皋市探索建立了“门诊统筹 + 大病统筹”的“二次补偿”模式，普通住院人员，凡自付费用在 3 万元以上，即可享受到“二次补偿”的优惠。2012 年初，如皋市向上年符合“二次补偿”政策的 1734 名参合农民发放补偿资金 808.92 万元。

2012 年，如皋市共有 109.12 万人参加新型农村合作医疗，筹资标准提高到人均 320 元，农民每人自缴 80 元，各级财政补助增至人均 240 元。基金总额达到 3.49 亿元，其中各级政府补偿资金达 2.62 亿元。是年，参合农民在如皋市定点医疗机构住院发生的符合新型农村合作医疗基本用药目录和诊疗项目范围 500 元以上的医疗费用，一级医院补助 75%，二级医院补助 65%。如皋累计发放参合农民人均 60 元的门诊医药费用定额补助资金 6221.99 万元；84786 人次享受住院及慢性病补助，补偿资金 26090.21 万元，1443 人次享受五种特殊病种费用补助，补偿资金 1287.8 万元。

五、老年文体

1989年，在全县建56个乡镇老干部活动室。1994年，如皋市老干部活动中心竣工，建筑面积4800平方米，内设棋室、牌室、球室、阅览室、图书室、展览厅、歌舞录像多功能厅等，专供离退休老干部开展活动。1996年，在市老干部活动中心新建门球场。全市社区健身房、社区健身锻炼器材、社区休闲娱乐服务所、城市大面积公共绿地、活动广场、体育活动中心等日益增多。

1985年建立的如皋老干部艺术团，是如皋老年人开展文体活动的第一支队伍。随着长寿之乡的社会影响，老年文体组织更趋兴盛，从县城到乡镇，从乡镇到农村，老年人活动组织遍及城乡。如城镇锦绣街道老年莲湘队、老年交谊舞队，迎春街道公园晨舞队、老龄时装表演队，大治街道京剧、越剧联谊会，丰乐街道老干部艺术团、老龄腰鼓队、白蒲京剧戏迷票友会等老年文艺队伍相继建立。老年文体队伍还延伸到白蒲、石庄、丁堰、磨头、搬经、桃园、下原、郭园、江安等一批集镇和城乡社区。

如皋老干部诗会成立20多年来，编辑印刷了多期《红园晚唱》诗集，开展了庆祝香港回归，纪念抗战胜利60周年、建党85周年、红军长征胜利70周年、苏中“七战七捷”60周年等活动。2003年，如皋老年体协长寿艺术团在“今又重阳·中国长寿运动会”开幕式上的演出节目并获表演奖。2007年，市九鼎老年艺术团代表江苏省参加全国老龄办在福建武夷山举办的全国亿万人健身活动展示大会，《挂红灯》获优秀表演奖。是年，市老龄部门联合组织离退休人员参加“万人看如城”活动，参观如皋经济社会发展发生的巨大变化。2009年，如皋市长寿艺术团在人民大会堂参加全国中老年优秀文艺节目会演，《众人划桨开大船》《家乡变了》《耥花灯》获凤凰金奖，《长寿乡的新传说》获孔雀金奖。2010年，市老年体育协会组团应邀访问韩国参加老年体育赛事，4个比赛项目获3金1银。

六、如皋·中国长寿文化节

2002年至2012年，如皋市兴办了六届如皋·中国长寿文化节，各届长寿文化节概况如下：

首届如皋·中国长寿文化节　2002年7月25日，中国如皋市委、如皋市政府在北京人民大会堂举行首届如皋·中国长寿文化节信息发布会，中共南通市委常委、如皋市委书记蓝绍敏发布如皋长寿信息。国家民政部副部长、全国老龄工作委员会办公室常务副主任、中国老年协会会长李宝库，中国老年学会名誉会长、中国人民大学教授邬沧萍分别在信息发布会上讲话。10月26日，首届如皋·中国长寿文化节在如皋举行。首届中国长寿之乡联合论坛暨长寿饮食高层论坛在如皋丽都假日酒店举行，论坛由如皋市人民政府承办、湖北钟祥市和广西巴马县人民政府联合主办，来自三大长寿之乡和海内外长寿养生领域的专家学者共300多人出席。首届长寿文化节举行了21世纪长寿论坛暨全国老年医药保健康复论坛，国家老龄委原副主任张亚群主持开幕式，全国政协委员、中国老年学学会会长张文范致词。文化节还举行了中华长寿之乡民俗风情展、太平盛世万岁宴、群星拜寿大型文艺晚会等一系列活动，向世人充分地展示了长寿养生福地的迷人风采。这次文化节还推出5000套百岁碗，编号绝版发行。《人民日报》、新华社、中新社、中央电视台、香港凤凰卫视及海外一些媒体派出100多名记者现场采访报道。

第二届如皋·中国长寿文化节 2004年10月28日在如皋举行。第二届如皋·中国长寿文化节与第三届中国（如皋）花木盆景艺术节、第二届中国如皋沿江经济洽谈会（合称“一会两节”）在如皋港经济开发区同时开幕。国内著名长寿之乡广西巴马、湖北钟祥、四川都江堰的领导和与会代表会聚如皋，联合举办了首届中国长寿之乡联合论坛暨长寿·饮食高层论坛。在中国老年学学会的支持下，发起建立了中国长寿之乡联谊论坛，作为中国长寿地区之间交流长寿研究成果的常设联谊方式。此届文化节的内容还包括如皋市第二届长寿趣味运动会、五世同堂合家欢大型联欢会、明星与寿星共度重阳等活动。中央电视台和江苏电视台等新闻媒体进行现场采访和报道。

第三届如皋·中国长寿文化节 2006年10月28日，如皋市人民政府与中国老年报社、中国保健协会共同举办的第三届如皋·中国长寿文化节在如城东方大寿星园开幕。文化节期间，举行了中国（如皋）长寿餐饮论坛、安排了长寿餐饮烹饪大赛、长寿产业博览会、双星携手共建和谐等紧扣长寿主题的活动。全市100名百岁寿星为栽在刻有不同寿字印章的紫砂大红花盆中有数十年树龄的100盆如派五针松盆景浇水培土之后，捐赠给北京奥运会组委会，寓意“千秋万载颂奥运”，用以装扮北京奥运场馆，美化首都，表达如皋人民支持奥运之情。

第四届如皋·中国长寿文化节 2008年10月6日，文化节同时与第六届如皋经贸洽谈会、第五届花木盆景艺术节同时在如皋东方大寿星园举行。全国老龄办原常务副主任、中国老年学学会会长李本公和中国老年学会常务副会长赵宝华为“中国长寿之乡（如皋）”揭牌，并将“中国长寿之乡”称号荣誉证书授予如皋市委副书记、市长姜永华。授牌仪式上，中国老年学会常务副会长赵宝华宣布中国十大寿星排行榜名单，如皋百岁老人韩秀芳被评为最佳风采女寿星。全国政协原副主席张怀西出席了揭牌仪式。文化节还安排了百岁寿星才艺大赛，对外界宣传了“游古城、谒古刹、访名园、拜寿星”的旅游专线。人民日报、光明日报、中国老年报、中央电视台、香港明报等数十家新闻媒体对这次文化节作了宣传报道。

第五届如皋·中国长寿文化节 2010年10月28日在如皋举行，同时与第八届沿江经济洽谈会、第六届花木盆景艺术节举行。这次文化节的主要内容，举办了第二届中国·如皋长寿论坛，论坛围绕绿色地球村，长寿金如皋主题，共同探讨生命的厚度与绿色、低碳、环保、生态，全国老龄委副主任阎青春，中科院老年产业和老年心理学研究专家、教授李贵云，联合国工业发展组织、国际自然医学会北京支部中国专家组首席专家孙尚京到会发表意见。阎青春对如皋老龄事业的发展给予了充分肯定。在文化节上，还有中国楹联学会和如皋市人民政府共同主办的中国·如皋中华长寿园长寿楹联大赛获奖作品揭晓活动，浙江楼立剑创作的“海魄江魂，人共地长流，独让平川开寿域；全城绿野，心随天畅朗，总将古邑认仙居”获特等奖，参赛作品共收到1705件，评选出特等奖1名，一等奖2名，二等奖5名，三等奖10名，优秀奖50名。

第六届如皋·中国长寿文化节 2012年10月28日在如皋大剧院举行。如皋市委书记、市长姜永华为开幕式致辞；南通市委副书记、市长张国华讲话；厄瓜多尔驻华大使莱昂纳多·阿里萨加宣读《促进中国长寿养生文化向世界如皋宣言》；塞浦路斯驻华大使玛莉奥蒂斯向副市长杜永红颁发“最值得驻华大使馆向世界推荐的中国长寿理念最佳体验地”的匾牌。

七、尊老敬老

1987年8月11日，县委常委会作出为老年事业办十件实事决定。并写入老龄工作会议纪要。十件实事包括落实老有所养、乡村建老年协会、建县老年学校、成立老年基金会、积极兴办敬老院、筹建县老年活动中心、确定每年重阳节为全县“敬老日”等。10月14日，如皋县第十届人大常委会第四次会议通过《关于维护老年人合法权益的决议》、对树立尊老、敬老、养老的社会风气，对老年人再婚、保护老年人受赡养的权利、对侵犯老年人合法权益的行为、对侮辱、虐待、遗弃老人的行为作了一系列决定和决议。

1987年起，中共如皋县委、县人民政府决定每年农历九月初九 —— 中国传统重阳节这一天作为如皋“敬老日”。1991年10月1日，联合国确定为首届国际老人节。对这两个老年人的节日，市委、市政府每年都要以两办的名义转发市老龄办的活动意见。每年重阳节和春节，市老龄办筹划敬老活动，组织慰问高龄老人已成惯例并形成了市、镇、村居三级慰问制度：市领导慰问全市百岁老人，部门和镇（园、区）领导慰问本单位和本镇90岁以上高龄老人，村居社区组织慰问80岁以上高龄老人。1991年、1998年市老龄办先后两次在重阳节，组织专人为如城镇678对金婚夫妇拍摄合影彩照。

如皋在开展老龄工作的30年间，召开了几十次县级表彰大会：1987年，全县上下共评出17624名敬老好儿女，6595名老有所为模范，647个老龄及老干部工作先进集体和先进个人。1988年10月重阳节，县委、县政府召开千人表彰大会，对161位先进集体代表和先进模范颁发证书和奖品。1988年，如城玻纤厂职工吴幽兰获江苏省政府授予的敬老好儿女金榜奖。1989年10月8日，全国老有所为精英奖和敬老好儿女金榜奖表彰大会上，如皋冒鸿福、吴幽兰赴京出席并获奖。1990年全市开展好家庭、好儿媳、好女婿表彰活动。1991年2月，开展尊老敬老先进模范、老有所为先进模范、老龄工作先进集体和先进工作者评选活动。1994年开展尊老育幼模范家庭评选表彰。1999年市委、市政府表彰了94位敬老好儿女金榜奖、老有所为奉献奖、老龄工作功勋奖获得者。1999年2月8日，如皋市夏堡乡鞠桥村谢庆生赴京荣获全国老有所为精英奖。2012年，市老龄办与市纪委等部门又联合行文，对不尊老敬老的党员、干部，在发展党员、评议党员、干部考核评先、干部选拔任用过程中实施“一票否决”制，以倡导党员干部带头尊老敬老。

在举办一系列尊老敬老活动的同时，如皋市委、市政府还出台了一系列社会尊老服务政策，引导全社会形成尊老敬老的气氛。1999年10月13日，如皋市人民政府下发《关于完善老年人社会优待和服务工作的通知》，这是如皋老龄工作史上出台的第一个社会优待文件。2001年12月，市委、市政府统一规定，给每位百岁以上寿星每年发给960元生活补贴。2002年，市政府下发《关于进一步做好老年人优待和服务工作的通知》（即实施“八个一”工程），具体内容：一项长寿补贴——对年满100周岁以上的老人每人每月发给长寿营养补贴80元；一瓶牛奶——对年满95周岁以上老人，每人每天免费供应一瓶牛奶；一次体检——90周岁以上老人，每人每年一次免费体检和义诊，其中对百岁老人登门服务，90至99周岁的老人由各镇（开发区）组织；一次慰问——市领导每年重阳节对全市百岁老人进行一次走访慰问；一次祝寿——对年满百岁的老人，政府出面组织一次祝寿活动；一次馈赠——对年满百岁的老人，当年赠送一台彩电；一次褒奖——每年对有85周岁以上老人的家庭开展一次评比，全市每年评出100户尊老敬老模范家庭，给予一次性褒奖；一系列优惠待遇——凡本市年满60周岁的老年人可领取老年优待证，在就医、乘车、进公园等方面享受优待惠顾。此后，又作多次调整，2010年，市委、市政府颁发皋委办36号文件：对95岁以上的高龄老人发放牛奶费标准由原来每人每天1元提高到每人每天2元；为80－89周岁老人的尊老金发放每人每月30元尊老金补贴；90－94周岁老人每人每月50元补贴；95－99周岁的老人每月80元补贴；100－104周岁的老人每月360元补贴；105周岁以上的老人每月420元补贴。2012年1月，市政府对补贴标准又作调整：对95岁以上的高龄老人牛奶费标准每天仍2元；80－89周岁的老人每月由30元调整到60元；90－99周岁之间的老人由每月50元、80元调整到100元；100－104周岁的老人每月仍360元补贴；105周岁以上的老人每月仍420元补贴。同时落实老年人在如皋进电影院、大寿星园、水绘园景区、定慧寺、丝毯博物馆等场所半票和免票优待政策。向全市90周岁及以上高龄老人和低保特困老年人赠送意外伤害保险，经费由市财政承担。70周岁以上老年人乘坐城市公交免费政策出台。

2008年10月，为保护老年人健康，如皋市政府制定《如皋市“爱心惠老保平安”工程实施细则》，采取政府支持、社会组织参与、市场运作的形式，在全市开展“爱心惠老保平安”工程，开办老年人意外伤害保险业务，明确了老年人意外伤害保险的参保办法和参保范围，即老人每年缴参保费40元，可保额2万元；被保险人因意外伤害造成残疾的，按该残疾所对应的给付比例赔付残疾保险金；意外住院治疗的，可获得20元/天的意外住院补贴。市政府每年向全市90周岁以上的高龄老人和低保特困老年人赠送老年人意外伤害保险。经过广泛的宣传发动和热情周到的服务，至2012年年底，全市已参保71590人次，如皋人寿保险公司当年共支付理赔金额400多万元，3000多个家庭受益。如皋“爱心惠老保平安”工程的做法被江苏省老龄委称为“老年人意外伤害保险如皋模式”，并在南通市和全省启动推广。

八、中国长寿之乡

中国长寿之乡 2008年3月，中国老年学学会常务副会长赵宝华、长寿专业委员会主任萧振禹到如皋考察“中国长寿之乡”创建工作。5月18日，如皋市政府向中国老年学学会报送了经南通市政府签署意见的申报“中国长寿之乡”的申请报告及相关材料。此后，赵宝华、萧振禹又到南通考察，提出在南通市范围内可先选择一个县（市）为“中国长寿之乡”。南通市政府分管领导及相关方面主张，先推荐创建工作最扎实的如皋市为“中国长寿之乡”，其他县（市）积极创造条件，做好申报准备。8月1日至3日，萧振禹率考核中介机构——北京美兰德信息公司4位专业人员到如皋核实申报资料，逐户核对百岁老人状况，确认如皋市达到“中国长寿之乡”的三项必成指标：100周岁及以上老人占如皋总人口的7.2/10万；按“五普”数据，人均预期寿命为75.58岁，比全国高4.58岁；80周岁以上高龄老人为44139人，占总人口3.13%。其余12项考核指标也都符合申报要求。

8月22日至24日，中国老年学学会常务副会长赵宝华又率“中国长寿之乡”专家评审组一行7人，到如皋举行专家评审会，听取如皋市政府汇报，通报中介公司核查结果。专家组经充分论证作出书面评审意见:“一致建议中国老年学学会授予如皋市“中国长寿之乡”称号”。9月，中国老年学学会将评审结论在网上公示一个月。

10月6日，全国十大寿星排行榜揭榜仪式暨中国长寿之乡（如皋）揭牌仪式在如皋东方大寿星园举行。第十届全国政协副主席张怀西，国家扶贫办主任刘坚，中国老年学学会会长李本公、常务副会长赵宝华，南通市市长丁大卫及省市相关部门负责人到如皋参加授牌仪式，赵宝华宣读决定，李本公向姜永华市长授牌、颁发证书。

世界长寿乡 2009年6月19日，如皋市市长姜永华书面邀请国际自然医学会会长、世界长寿乡科学认证委员会主席森下敬一博士到如皋考察调研。2010年10月28日，国际自然医学会根据派员实地考察的情况，向如皋市政府发出了“世界长寿乡——如皋资格确认书”。2011年9月，森下敬一方又率相关专家8人到如皋考察，并出席国际自然医学会与如皋市政府联合举办的“自然医学与长寿养生”首届中国·如皋长寿

养生国际高端论坛。在此期间，中外调查人员多方考察，并访谈了10位百岁老人，对如皋长寿特点进行了科学论证。

2011年10月25日上午，国际自然医学会、世界长寿乡科学认证委员会与如皋市人民政府在北京人民大会堂举行“世界长寿乡——中国·如皋授牌仪式暨新闻发布会”，第十届全国政协副主席张怀西，国际自然医学会会长、世界长寿乡科学认证委员会主席森下敬一，第十届全国人大外事委员会副主任、中国对外贸易协会会长周可仁，全国老龄办副主任肖才伟，国际自然医学会中国支部支部长王智墨等领导和专家出席。森下敬一向如皋市委书记陈惠娟授“世界长寿乡”匾牌，并宣读了他的调查报告，他说：“从高加索地区到帕米尔高原等地，长寿乡都位于比较偏僻的地区，但如皋这个长寿之乡处在平坦的经济发达地区，让我感到非常惊讶。”如皋是一个“都市文明型世界长寿乡”。张怀西在讲话中说：如皋成为“世界长寿乡”，为如皋打开了一扇通向世界的大门，成为如皋新的光彩夺目的名片。他希望如皋市委、市政府以此为契机，利用长寿之乡这一品牌，发展长寿产业，放大品牌效应，进一步打造特色鲜明、文化厚重、产业发达的健康长寿之城。希望更多的专家深入如皋、体验如皋、感受长寿、探秘长寿、共享长寿。

九、老年社团（群团）组织

如皋市老龄协会 2009年10月25日成立。为建立健全基层老龄协会的，2012年，中共如皋市委组织部转发市民政局、市老龄办《关于建立健全各级老龄协会的意见》，各镇老龄协会一般由5人组成。设正、副会长各1名、会员3名；会长由镇党委、政府分管领导兼任；副会长拟由热心老龄工作、素质较好、身体能适应的退居二线或离、退休老同志担任，负责协会的日常工作；成员由各镇自行决定。各村（社区）老龄协会一般由3人组成，设会长1名、成员2名。

如皋市长寿研究会 参见本志第十四章第一节，此处从略。

如皋市老科技工作者协会（简称老科协） 1999年9月建立，当时下设5个专业分会，98名会员；经过逐年发展，截至2012年年底，专业分会发展到35个，会员发展到956人；同时在20个镇（园、区）建立分会，会员达到1230多人。协会成立23年来，围绕市委、市政府的中心工作，开展四技（科技调查、科技攻关、科技咨询、科技服务）服务工作，为社会经济发展在进言献策、科普宣传、科技服务、文化建设服务方面做了大量工作。据统计，老科协举办各类科普报告192场，受教育人数15.3万人次；在全市154个村举办培训756场，参训农民17.9万人次。市老科协多次被评为省、市老科协会工作先进集体。

如皋市老年人体育协会（简称老年体协） 1994年5月17日成立。在市老年体协的组织下，如皋14个镇（园、区）建立了分会，332个村、社区建立了老年体协组织，

实现了市、镇到村居三级组织网络的全覆盖。市、镇、村居三级协会组织都有自己的专业队伍组织，如健身走、太极拳、舞龙灯、锣鼓、门球、军鼓、秧歌、乒乓球等队伍。全市有262多支有组织的活动队伍。其中市老年体协直属团队就有61个，1万多人。三级老年体协组织坚持“促进城市、发展农村、重在基层、面向全体”的工作方针，群策群力，依靠党政领导、企业资助、社会关怀，参加老年体育健身活动的老人越来越多。全市33万老年人中经常参加体育健身活动的有18.1万人，参与率54.8%。每年参加健步行的老年人都保持在16万人次以上，2008年达到21万人次。2011年，举办江苏省老年体育节暨“迎党庆、颂党恩、跟党走”百万老年人健步行如皋分会场启动仪式，全市20个镇统一行动，当天5万多老年人参加了健步活动。以市老年体协为龙头，常年组织镇（园、区）活动骨干培训健身新项目，一级培训一级，引领基层开展活动，拥有1000多人的社会体育指导员队伍，其中一级社会体育指导员达到30人。市老年体协于2012年7月建立网站，对内积极开展交流、汇演、评选活动，办好《金皋乐天》简报，每期发行1000份，对倡导老年体育活动交流起到积极作用。市老年体协积极组织队伍参加省、市及国内、国际老年人文化体育赛事。从1997年起，全国每届老将田径运动会，市老年体协都组织队伍参加，截至2012年年底，连续参加12届，累计获得奖牌157枚，其中金奖44枚、银牌52枚、铜牌61枚。2009年，第十一届全国老将田径运动会在如皋举办，市老年体协协助市体育局顺利完成各项赛事。组织文艺团队多次参加省市、全国大赛，共获得全国大奖206个、省级大奖33个、南通市级大奖40个，并组队去韩国和欧洲等国及中国台湾、香港地区进行文化交流，荣获国际大奖23个。市老年体协为2012年度如皋市4A级社会组织，多次被省市和全国老年体协授予老年人体育工作先进单位称号。

如皋市关心下一代工作委员会 1992年12月8日成立。至2012年底，全市各级关工委组织共848个，大致分4个层次：一是与各级行政机构相配套的基层关工委372个（其中镇、街道关工委24个）、村（居）关工委348个；二是学校关工委163个；三是市直机关关工委3个；四是企业关工委310个。不少镇、村（居）把关工委组织延伸到村（居）民小组。全市加入关心下一代工作的“五老”（老干部、老军人、老教师、老模范、老专家）志愿者服务队伍1234人。至2012年年底，全市20个镇（区、园）中有16个镇建立了校外教育辅导站。市校外辅导站办站经验多次受到江苏省和南通市关工委的肯定。在全市范围内开展创建关心下一代先进村和先进社区的“双创”活动，按照公民道德教育纲要开展争当“五好小公民”活动，推广磨头小学建立家长学校，将关工委工作贯穿于学校和家庭教育中的做法受到肯定。在林梓小学成立关心留守儿童工作委员会，这个做法受到中国关工委的肯定和推广。关心下一代工作重在宣传教育。市关工委曾先后组织各种形式的宣讲团、报告团达350多个（次），聘请和培训宣讲员、

报告员 1875 人（次），举办各种讲座、报告会、宣讲会、座谈会 4100 余场，受教育青少年人数达 150 余万人（次）。

如皋市老区建设促进会（简称老建会）　1992 年 12 月 6 日成立。主要任务是开展社会调查研究和扶助贫困，向现任领导建言献策。截至 2012 年年底，市老建会在全市 20 个镇（区、园）有 386 个会员小组，会员 8000 余人，基本达到镇有分会，村有小组，组有会员的组织网络。2011 年，市老建会获中国老建会授予的老区宣传工作特等奖。市老建会成立 20 年来，坚持科学发展观，变过去的救济式扶贫为开发式扶贫，坚持项目扶贫、助学扶贫、智力扶贫、科技扶贫，在多层次、多领域内为老区建设服务：2005 — 2007 年，市老建会会员在带头致富和带领群众致富的“双带”中，参加扶贫活动 12433 人次，为民做好事 12986 件，结对帮扶的贫困户 3207 户，基本脱贫 1863 户，脱贫率占 58.1%，办班举行农业科技培训 131 期，受训 20755 人次，受助民众得到实惠。

第三节　如东县老龄事业简况

如东县地处南通市东北部，南与通州区为邻，西与如皋市接壤，西北与海安县毗邻，东面和北面濒临黄海。2011 年 10 月，中国老年学学会授予如东县“中国长寿之乡”称号。2012 年末，全县面积 1733 平方公里，耕地 222.77 万亩，户籍人口 104.6 万人，常住人口 98.6 万人，辖 14 个镇。

一、人口老龄化

如东县人口老龄化发展大体分为四个阶段：第一阶段（1964 — 1982），人口由年轻型社会转向老年型社会，1964 年第二次人口普查时，全县 65 岁及以上老年人占总人口的 5.4%，到 1982 年，上升至 7.77%，标志着开始进入老年型社会；第二阶段（1983 — 1990），迅速发展进入初始老龄化阶段。1990 年第四次人口普查，全县 65 岁及以上老年人占总人口的 9.78%；第三阶段（1991 — 2000），快速发展进入中度老龄化阶段，2000 年第五次人口普查时，全县 65 岁及以上老年人占总人口的 13.47%；第四阶段（2001 年以后），加速发展进入重度老龄化阶段。据如东县 2010 年第六次人口普查公布数据，全县常住人口中，65 岁及以上人口占总人口的 19%，比全国高 10.23% 个百分点，比全省高 8.11% 个百分点，比全市高 2.49% 个百分点。影响如东县人口老龄化的因素主要有：其一，计划生育政策的执行使得出生人口数量大幅度降低。如东县是全国倡导开展计划生育工作最早的县之一。1956 年起，县委、县政府坚定不移地贯彻落实党和国家在各个时期制定的人口和计划生育政策，1978 年开始提倡一对夫妇只生一个孩子后，在全国率先实现低生育率、低死亡率、低增长率。人口出生率，从 20 世纪 60 年代末起，之后的 30 年内持续下降。1982 年 11.54‰；1990 年 12.42‰；2000 年

7.32‰，2010 年 5.49‰，2012 年 6.37‰。实行计划生育 40 多年时间，如东的人口出生率下降了 26.91 个千分点，少生近 50 万人。其二，随着经济社会发展，生态环境及生活水平、医疗卫生条件的改善，人均预期寿命不断延长。1982 年人均预期寿命 70.1 岁，1990 年 73.28 岁，2000 年 75.04 岁，2010 年 77.3 岁。其三，青壮年人口流出日益增多，使得人口总量不断降低。如东是基础教育强县，每年高考录取外出求学人数众多，加上外出务工人员数量持续增加，据统计，2000 年以后，平均每年净迁出人口超过 3000 人。以上诸方面因素使得全县 60 岁以上老年人口的绝对数及占总人口比例不断攀升，人口老龄化持续发展。

如东县人口老龄化情况统计表

表 16-3-1

年份	人口总量（万人）	人口出生率（‰）	0 — 14 岁		65 岁及以上		老化指数（%）	100 岁以上	
			数量（万人）	占总人口比（%）	数量（万人）	占总人口比（%）		数量（万人）	占总人口比（‰）
1964	89.43	32.4	31.34	35.04	4.83	5.4	15.41		
1982	108.93	11.54	23.68	21.74	8.46	7.77	35.72		
1990	111.88	12.42	18.76	16.77	10.94	9.78	58.33		
2000	108.54	7.32	17.67	16.28	14.62	13.47	82.75		
2010	99.6	5.49	9.11	9.15	19.18	19.26	210.46	85	0.0853
2012	98.27	6.37	8.80	8.95	19.06	19.39	216.49	147	0.1496

说明：表中人口为常住人口，所标年龄均为周岁。

二、老龄工作机构

1985 年 7 月 26 日，成立县老龄问题委员会，办公室设在县委老干部局；1990 年 4 月 7 日，县委第四十四次常委会决定，县老龄问题委员会为县委、县政府领导下综合管理全县老年人的事业机构，县老龄问题委员会办公室为二级局建制，挂靠县政府办公室；1990 年 7 月，县老龄问题委员会更名为县老龄工作委员会。1996 年 11 月，在县级机构改革中，明确县老龄工作委员会办公室为县政府直属副科级事业单位，挂靠县民政局；2010 年 1 月，在县级机构改革中，撤销县老龄工作委员会办公室，其相关职能由民政局内设科室（社会福利科）承担。

从 1985 年下半年开始，全县 8 个区、51 个乡镇场均建立老龄工作工作小组。随着区划调整和行政体制改革，至 2012 年，全县建有 14 个镇（开发区）老龄工作委员会和老年协会、262 个村居老年人协会。

如东县老龄工作机构负责人名录表

表 16-3-2

时　间	机构名称	主 任	副主任	办公室主任
1985.7 — 1990.7	如东县老龄问题委员会	陈德璜	孙长龄 陈福山 葛锦富 吴义华 戴国祥 顾维祥 潘福明 黄京龙 孙明扬 张佩金 顾　平	孙长龄
1990.7 — 1998.10	如东县老龄工作委员会	陈德璜	沙建华 孙长龄 吴义华 姚为民 顾宏亮 顾维祥 丛　林（女）	丛　林（女） 康　旦（女）
1998.10 — 2000.3	如东县老龄工作委员会	杨建忠	陈德璜 余　科 张祖生 康传银 孙维龙 姚为民 朱成贵 陈宋林 王鹤声 康　旦（女）	康　旦（女）
2000.3 — 2001.4	如东县老龄工作委员会	杨建忠	张玉泉 季雪林 徐志平 余　科 康　旦（女）	康　旦（女） 李红华（女）
2001.4 — 2004.9	如东县老龄工作委员会	单晓鸣（女）	吴鼎高　季　峰 李红华（女）季雪林 赵尊兵	李红华（女）
2004.9 — 2006.4	如东县老龄工作委员会	徐守宏	陈登山 丁　越（女） 季　峰 李红华（女） 罗晓东	李红华（女）
2006.4 — 2007.5	如东县老龄工作委员会	徐守宏	张　杰 丁　越（女） 季　峰 李红华（女） 罗晓东	李红华（女）
2007.5 — 2008.3	如东县老龄工作委员会	徐守宏	沈秀芬（女）张　杰 丁　越（女）余　晶 罗晓东	沈秀芬（女）
2008.3 — 2010.1	如东县老龄工作委员会	于立忠	张　杰 丁　越（女） 余　晶 沈秀芬（女） 罗晓东	沈秀芬（女）
2010.1 — 2012.3	如东县老龄工作委员会	于立忠	张　杰 丁　越（女） 余　晶 沈秀芬（女） 罗晓东	沈秀芬（女）
2012.3 — 2013.10	如东县老龄工作委员会	江　华	周志勇 丁　越（女） 余　晶 沈秀芬（女） 宫向阳	沈秀芬（女）
2013.10 —	如东县老龄工作委员会	蒋树建	朱小建 丁　越（女） 余　晶 沈秀芬（女） 宫向阳	沈秀芬（女）

三、老年供养

城镇社会养老保障　如东县城镇企业职工养老保险起步于 1986 年。1987 年，县政府出台《如东县退休费用统筹暂行规定》；2000 年，根据《如东县政府关于企业离退休人员养老金实行社会化发放的通知》，离退休人员养老金由差额缴拨改为社保机构通过银行、邮政储蓄直接发放。2006 年 8 月，县劳动和社会保障局下发《关于做好企业退休人员慰问工作的通知》，对全县企业退休人员慰问补助范围和对象、慰问补助标准、申领结报与管理作出详细规定。2010年，在全省首开先河，开展企业离退休人员生存指纹采集工作，以杜绝冒领养老金、遗属补助费现象，确保养老金社会化发放成果得到巩固。从2001年开始，实行养老金社会化发放。同时对企业退休人员实行社会化管理服务，并逐步达到规范化，养老金社会化发放、党组织生活、免费健康体检、走访慰问、文体活动、关爱服务等工作全面展开。到2010年12月，全县39060名企业离退休人员全部实行社会化管理，社会化管理率达100%。截至2012年年底，共按时足额发放养老金48亿元。全县享受城镇职工养老待遇人员48965人。人均养老金2004年为594元，2012年达1514元。

农村社会养老保障 1992年，如东县作为国家民政部批准的第二批农村养老保险试点单位，依据《县级农村社会养老保险基本方案》建立农村养老保险制度。从1993年9月起，符合男满60周岁、女满55周岁的参保农民首批19人开始按月领取养老金。此后，农村养老保险在试行中得到发展。2002年，中共十六大报告提出在“有条件的地方，探索建立农村养老、医疗保险和最低生活保障制度。”如东农村养老保险得到快速增长，县农保机构在省内首家实现农村社会养老保险金委托邮政代发。2003年8月，江苏省劳动和社会保障厅在如东县召开全省农村养老保险规范管理现场会，推广如东管理模式。当年年末，全县领取养老金的农村老人达到6345人。2006年5月，如东县农村养老保险基金纳入财政专户管理，标志政府对农民养老将承担最终责任。2007年12月，县政府出台《如东县新型农村社会养老保险暂行办法》，规定基金以“个人交费、集体补助、政府补贴”三方筹集。年末，全县农村领取养老金人数17076人，发放养老金575.67万元。2008年7月，出台《如东县新型农村社会养老保险暂行办法补充规定》，对年满70周岁未享受企业职工基本养老保险待遇的农村老人，其直系血亲参保缴费后，可申请享受每月30元高龄补贴；对年满60周岁未满70周岁农村老人，可选择一次性补缴15年保险费，于次月享受养老金待遇。这一政策的完善，将全县符合条件的农村老人全部纳入社会保障范畴，年末，全县农村领取养老金的老人达42700人，全年发放养老金2017.47万元。2012年，享受新型农村养老保险制度，年末领取养老金的农村老人总数251728人，全年发放养老金2.97亿元，在全市、全省处于领先地位。

“五保”老人供养 1999年，全县有农村敬老院40所，集中供养“五保”老人1722人，集中供养率51%；另49%的“五保”人员分散供养。全县筹集480万元，异地新建、原地扩建、翻建16所敬老院，有8所被评为省、市级文明敬老院。2010年全县5家敬老院改造提升，共投入资金700万元，集中供养率72%。全县38家敬老院中，马塘镇敬老院被评为全国模范敬老院，另有省级文明敬老院3家，市级文明敬老院10家。2012年，全县共有“五保”老人5242人，其中，70%的“五保户”集中供养在30家敬老院，供养标准为每人每年5100元；30%的“五保户”分散供养，标准为每人每年4100元。

县政府投资1.6亿元，兴建如东县社会福利中心。一批民营养老机构陆续兴建运营。

四、老年医疗保障

城镇老年医疗保障 1993年，如东县政府对公费医疗制度进行改革，引入个人负担机制，但对退休人员给予政策倾斜。门诊费用进行定额控制，退休人员标准略高于在职人员，每人每月10元。住院费用，退休人员500元以内自理10%，500元以上自理5%。1997年，如东县进行医疗保障制度改革试点，试行医疗保险制度。规定退休老职工医疗保险待遇高于在职职工，退休人员暂不设个人账户，住院报销待遇比在职人员高10个百分点，实际报销比例在90%左右。1998年，退休人员设立个人账户，每人每年480元。进入统筹的自付段为240元。2000年，实施新型医疗保险制度，退休人员基本医疗保险个人账户调为560元，门诊慢性病报销比例为70%，住院可报销比例分段为80%至95%。到2006年年底，参加基本医疗保险制度的退休人员达到37484人，人均报销费用835元。2002年，为适应县属企业全面改制，建立破产改制企业退休人员医疗费用托管制度。此类企业按不低于3500元的标准为退休人员办理医疗费用托管。托管人员70周岁以下的个人账户每人每年120元，70周岁以上180元，住院报销比例50%，参与结算的费用封顶2.5万元。2005年5月，对不具备破产条件的困难企业，建立住院医疗费用托管制度，企业按2000元的标准为退休人员办理住院医疗费用托管。住院报销比例50%，参与结算的费用封顶2.5万元。年底，针对改制破产企业退休人员又出台医疗费用补助制度。2006年5月，如东县政府颁发《如东县城镇居民住院医疗统筹管理暂行办法》，率先在南通市建立城镇居民医疗保险制度，人均筹资每年50元，城镇居民人均缴费30元，参加住院保险。2007年4月，县政府在总结前期医疗保障制度改革经验的基础上，印发《如东县城镇医疗保障制度实施办法（试行）》，基本医疗保险退休人员个人账户调为600元，门诊慢性病报销比例为70%，住院可报销比例为85%。10月，县政府将2005年12月31日之前退休的原国有集体企业退休人员全部纳进基本医疗保险。到年底，参加基本医疗保险制度的退休人员达到43951人，人均费用775元。2007年，对城镇居民医疗保险制度进行调整，人均筹资标准由每人每年50元，提高到每人每年320元。其中，老年人个人缴费100元，财政补助220元。当年6750名老年居民参保，报销费用183万元。2012年，参保退休人员和老年居民达64476人，报销费用1.5亿元。

农村老年医疗保障 1999年，县政府下发《如东县农村合作医疗保险管理暂行办法》《如东县农村合作医疗保险县级大病统筹实施细则》。当年年末全县农村合作医疗保险行政村覆盖率90.6%，人口覆盖率85.5%。2001年，有481人获得大病统筹补偿金111.9万元。2006年，在全市率先开通如东县新型农村合作医疗网站。2010年，全县参加新型农村合作医疗人数83.47万人，参合率99.7%，全县参合人员住院医药费实际补偿比例达45%。2010年1月1日开始，实行门诊网络即看即报，3月起开通县外医药费“绿色通道”，方便参合群众结报。

2012年，如东县参加新农合人数为78.1万人，参合率为99.9%，人均筹资305元，农民每人自缴65元，各级财政补助240元。率先在全省实施新农合混合支付方式改革，县内定点医院全面实施按病种付费与按床日付费相结合的方式，有效降低了次均住院费用。到年底，全县结报67485人次，共补偿2.04亿元，平均每人补偿3027.29元，住院政策补偿比达75.89%，实际补偿比为51.7%；门诊结报216.7万人次共补偿2111.7万元。

五、老年文体活动

老年教育 1988年9月，创建如东县老年大学。初期，老年大学设保健、书画、花卉3个专业。经20多年发展，办学条件不断改善。2012年，开设保健、烹调、书法、国画、文学、舞蹈、音乐、民族乐器、英语、电脑、电子琴、乐龄讲坛等17个专业课程，班级增加到24个，有学员520人。各镇和开发区共建有老年大学15所。通过老年大学学习，先后有3人加入省书法家协会、15人加入市书法家协会、21人加入县书法家协会；10人加入中国老年书画研究会、46人加入省老年书画研究会；2人加入中华诗词学会、5人加入省诗词学会。

老年文化 1986年，创建县老干部活动中心，中心占地面积4500平方米，到2004年10月，占地面积扩大到9000多平方米，新建的综合大楼建筑面积近3000平方米，设置政治学习、健身活动、娱乐休闲、文化艺术、室外体育共五大类活动场所，对全社会老年人开放。2012年，活动中心老年人自发建立的文体活动组织有18个，有老年摄影、集邮、门球、乒乓球4个协会，有文艺、故事、桌球、桥牌、纸牌、象棋、健身、长跑、网球9个队，有读报、聊天、拳剑操、扑克、钱币研究5个兴趣小组，此外还有一批京剧票友。老年大学的老干部文艺队、老年合唱团、老年书画研究会、摄影联谊会、红叶诗社；掘港镇的退休职工黄海剧团，丰利镇的夕阳红文艺队均正常开展文化活动。遍布各镇的老年活动中心、星光之家、文化广场及社区（村）文化活动室，成为当地老年人文化活动的主阵地，极大地丰富了老年人的晚年文化生活。老年大学先后编印学员《书画作品选》6辑，诗词集6种、办书画作品展56次、摄影作品展29次，数百幅作品及千首诗词在省以上报刊发表或被收入有关书籍、大型诗集，还有作品被有关展馆、博物馆收藏。20多年中，有100多人次获参赛参展一等奖、金奖。1989年，县城老干部文艺队演出200多场次，上海电视台摄制专题片。2006年，参加全国老年大学文艺汇演，获“三百杯”荷花奖，参加全国中老年才艺大赛，获“夕阳红金奖”；丰利镇夕阳红老年文艺队挖掘编演的民间舞蹈《海婆娘》，获得两个全国金奖、一个江苏舞蹈界的最高奖“莲花奖”。2007年，县退管中心选送的县印刷厂退休职工张步明画作《黄海风情》、黄海汽配公司邱金煌甲骨文作品《沁园春·长沙》、原饮服公司孙德庚篆书《状江南·孟夏》参加全省企业离退休人员书画作品比赛，同时获奖；2009 年，举办全县离退休人员迎国庆 60 周年“社保杯”书画大赛，53 人获奖。2012 年 10 月，由县老年协会等 6 家单位联合主办“长寿如东”老年书画展，共展出县内老年作者 100 幅作品。

老年体育　群众性老年体育活动和老年人专业体育活动都很活跃。全县建有 1000 多个健身场，有近 25 万老年人正常参加健身舞活动。县黄海老年健身长跑队的 60 多名老年人，坚持天天跑，每周一次集体跑；洋口镇 22 个村都有长跑队，老年队员平均每天跑 4 公里至 5 公里；县、镇、村门球场正常都是老年人活动，每三年组织一次县级比赛。老年女长跑运动员徐应兰成为 29 届北京奥运会火炬手，杨其智、孙斐如等老年体育工作骨干先后受到国家老年体协表彰。县老年体协会同有关部门连续五年举办老年人体育节活动。2000 年 11 月，组织 29 名老年人赴杭州参加全国第三届老将田径运动会，获银、铜牌 3 枚。2001 年 10 月，组织 19 人赴长沙参加全国部分城市老年乒乓球赛，江国英获冠军。2003 年 8 月，老年体协在县体育局支持下，成功举办有 13 支代表队 300 多名运动员参加的华东地区第十九届“团结杯”老年人长跑邀请赛。据统计，1996 年以来，县老年体协组织老年人团队参加省以上各类体育比赛 35 次。

六、老年公益活动

广大退休老人，特别是离退休老干部是国家的宝贵财富，是一支有一定能量的队伍，他们在政治、经济、文化、教育领域发挥余热有着不可替代的优势。他们在党的建设、精神文明建设、社会维稳、经济建设等方面，发挥了重要作用。全县离退休人员先后有 300 多人次参办、领办、帮办 150 多家民营企业，总投资 3000 多万元，安排就业人员 1500 多人。在构建和谐社会建立社会大调解格局中，县司法系统将于 2006 年成立的“三老法律工作室”升格为“老年人法律援助中心”，并延伸至各镇、村，分别设立法律援助工作站、点。同时还引进现代化法律工作机制和设备，实现了三级计算机联网调解，矛盾纠纷排助实时上报、实时指导调处等快速服务目标，做到涉老矛盾纠纷排查全覆盖、矛盾纠纷早发现、实现指导高效率、调解到位早解决。全县涉老矛盾纠纷调解成功率保持在 95% 以上。老干部宣讲队配合公民政治教育，先后编写《公民道德建设》《苏中七战七捷的伟大胜利》等 10 多个专题 16 多万字宣讲材料，在全县宣讲 100 多场次，听众 6 万人以上；2010 年 10 月，县委组织部、老干部局联合发布《关于在老干部与大学生村官中开展“结对帮带、双向服务”活动的实施意见》，牵手双方承诺做到“五个一”：大学生村官每周向老干部汇报一次思想动态和工作情况，老干部每月为大学生村官上一次党课，大学生村官每季度邀请老干部到任职村进行一次调研指导，双方每半年向组织部、老干部局作一次结对共进情况汇报，老干部每年帮助大学生村官办一件实事或解决一个难点问题。在送温暖，献爱心活动中千余老干部积极捐款、捐物计100余万元、扶困帮贫500多人次；2008年，四川汶川大地震，新店镇时年97岁老人朱和英亲自到居委会捐款100元；2010年，时年100岁的苴镇老教师、原关协会员欧阳祯，将教育局和镇政府为他祝寿的1200元分送给两户急需用钱的贫困户。退休老教师缪云山于2002年领头创办的芳岑志愿服务站，坚持关注社会弱势群体，特别关爱未成年人健康成长，足迹遍及县内各村组，县外广州、深圳、新疆、东北等地，咨询解难4300多人，跟踪服务6200多人次，为742人建立跟踪服务简易档案，服务站及缪云山先后获得国家、省、市、县相关部门多项表彰。

七、尊老敬老

孝道宣传 1987、1988年，县老龄委组织各乡镇与赡养人签订赡养协议书20406份。1989年11月，县老龄委颁发“十要十不”尊老养老规定，即：干部群众要尊敬老人，不准歧视；子女婿媳要赡养老人，不准虐待；吃饭穿衣要照顾老人，不准为难；居民用钱要宽待老人，不准苛刻；生病就医要护理老人，不准推诿；逢年过节要慰问老人，不准冷漠；丧偶再婚要支持老人，不准干涉；上车下船要搀扶老人，不得无礼；物品供应要优先老人，不得怠慢；文化娱乐要顾及老人，不得淡忘。1999年国际老年人节，县政府发出《关于认真做好老年人社会优待和服务工作的通知》，县老龄委等8部门发出《关于在全县青少年中开展知老、尊老、敬老、助老活动的意见》，全县围绕“建立不分年龄人人共享的社会”这一主题，开展向老年人献爱心、送温暖活动，营造尊重、关爱、帮助老年人的良好社会氛围，涌现出一批敬老先进单位和“五十佳”先进个人。2002年，老龄委印发《老年人权益保障法》在全县宣传，并会同媒体进行敬老典型系列宣传报道；2004年，县老龄委、县电视台将百岁老人家庭中尊老敬老的突出典型拍成电视片在《这方天地》播放；每年敬老节，都召开各种座谈会、组织各级文艺团队开展敬老慰问宣传活动。2010年12月，如东县老年协会成立后，即谋划开展“‘百税’贺‘百岁’、财富之手携长寿之手”爱心敬老活动，组织全县百强纳税企业为百岁老人募集善款近20万元，推动敬老孝老宣传新热潮。2011、2012年，如东县老年协会与县民政局老干部局、教育局等部门先后以“百岁风采”“长寿如东”为主题联合组织有奖征文活动，全县近千名中小学生及社会人士踊跃参与，优秀征文结集出版，为弘扬长寿孝道文化，营造孝亲敬老社会氛围发挥了积极作用。

敬老活动 自1987年以来，全县各级开展九九重阳“敬老日”敬老活动从未间断。2006年，以江苏省第二十个敬老节为契机，县老龄办下发《关于开展庆祝江苏省第二十个敬老节活动的通知》，开展评选表彰“尊老敬老好儿女”活动，全县共评出15位侍奉孝敬长辈、事迹突出且得到社会公认的“尊老敬老好儿女”，宣传他们的事迹。2010年，积极参加争创市敬老助老先进县活动，结合如东实际，县政府办公室下发《关

于分解争创南通市敬老助老先进县工作任务的通知》，落实职责，强化部门联动，在全县形成尊老、敬老、助老的良好氛围。在县第二十四个敬老节前后，县委、县人大、县政府、县政协领导走访慰问全县部分高龄老人和百岁老人，并给适逢70、80、90岁生日的32名老人赠送节日蛋糕。县创新研究会、摄影家协会和芳岑志愿服务站的潘金环、李建淮、缪云山等人不畏辛苦，足迹遍及全县乡村，拍摄231位百岁老人照片784幅，于2010年11月举办"温馨中国人寿"《如东百岁寿星百张笑脸摄影展览》，展出10天，4万人参观，中央电视台新闻频道、《南通日报》、南通电视台等多家媒体报道。掘港镇大学生爱心服务团坚持数年在节假日到敬老院献爱心活动。

扶老助老 2007年7月，县老龄办与司法局联合成立如东县老年人法律援助工作站，出台《如东县法律援助中心与相关单位对接工作规范》，确保应援尽援，老年人能及时获得法律援助。当年重阳节期间，县、镇两级政府分别对95周岁以上和90周岁以上老年人进行慰问，共慰问3000多人。组织老年人参加"重温激情燃烧岁月、珍奥相约夕阳红"金婚（结婚50周年）、银婚（结婚25周年）庆典活动和"爱之旅港澳海南12日游"活动，30多对老年夫妇免费到婚纱店享受婚纱摄影服务，70多名老年人参加港澳海南12日游活动。2010年4月，如东县发布《关于加快推进我县老龄事业发展的实施意见》，对高龄老人尊老金进行"扩面提标"，明确尊老金发放年龄从80周岁开始，新标准为80—89周岁老人每人每年不低于120元、90—94周岁每人每年120元、95—98周岁每人每年360元、99周岁每人每年1200元、100周岁以上每人每年3600元，当年全县发放高龄老人尊老金41761人，137.58万元，县镇财政投入700多万元。2012年，标准提高，80—89周岁每人每年240元，90—94周岁每人每年720元，95—98周岁每人每年960元，其他龄段不变。2012年6月，发布《关于鼓励社会力量开展养老服务的意见》，再次提高对民办养老机构的补贴标准，从每张床位1200元提高到2400元。同时，制定《如东县居家养老服务站建设检查评估细则》，细化对合格居家养老服务站的资金补贴标准。免费为1300多名老年人办理"江苏省老年人优待证"。县政府主办的公园、旅游景点和公益性文化设施对60周岁以上老人免费开放，城市公交和公共体育健身场所对70周岁以上老人实行免费乘坐和开放，公立医疗机构对70周岁以上老年人免收普通门诊挂号费和诊疗费。在如东历史上首次实现百岁老人免费殡葬。如东县是国家居民健康档案电子化管理试点县之一，结合这项工作，为60周岁以上老人建立了随访卡，2010年随访18.32万人。2010年，县委老干部局发布《关于利用社区资源做好离退休干部服务管理工作的意见》，充分利用社区资源优势，为离休干部提供以"助学习、助活动、助医疗、助家政、助慰藉、助奉献"为主要内容的"六助"服务，并发放老干部居家养老服务卡，服务卡标明支部负责人、社区服务站联系人、结对助老服务者、结对医生、家政服务人员的姓名以及联系电话，

老人只需一个电话，服务会立即送上门。从2008年起，县退管中心依据《如东县纳入社会化管理服务企业退休人员免费健康体检工作的实施方案》，每两年组织一次体检，已有51000多人次企业退休人员免费健康体检，其中400多人在体检中发现疑似或确认肿瘤、心血管、糖尿病等重大疾病，得到及时治疗。

敬老表彰 20世纪80年代，设立敬老金杯奖、老龄工作奉献奖、老有所为金杯奖、老龄工作功德奖、为老服务爱心奖和五好家庭评选活动；90年代，开展“敬老民政好干部、敬老好家庭、敬老好园丁、敬老好学生、敬老好青年、敬老好媳妇”六好评选活动；2002年，老龄委发出《关于推荐表障“五十佳”敬老新风户的通知》，评出典型敬老新风户50个，予以授牌；2003年，全县自下而上开展评选敬老先进单位、敬老先进个人、模范老人、先进老龄工作者活动；2005年第十九个敬老节，全县开展“五十佳尊老敬老先进个人”评选活动，颁发奖牌，在全社会营造尊老敬老的良好风尚。2012年重阳节，县政府隆重召开如东县庆祝第二十五个敬老日、纪念“中国长寿之乡”命名一周年暨老龄工作“五十佳”表彰大会，表彰50名先进个人。1999年，16对模范金婚夫妇和敬老新婚夫妇受到省通报表彰。2006年，县康福特颐养院周德山被省老龄委表彰为江苏省孝亲敬老之星。2010年，马塘镇社会福利中心被省民政厅评为省示范性养老机构，掘港镇居民管维川获得第四届全国孝亲敬老模范称号，芳岑志愿服务站负责人缪云山被县精神文明指导委员会授予道德明星称号。2011年，掘港镇三河村村民杨小兵被评为江苏省首届百佳孝星。

八、长寿之乡

如东滨江临海，天高海阔，气候宜人。古扶海洲历史上的移民和垦荒，铸就了如东人包容开放品质和体健寿长的遗传基因。依海而生，人与自然和谐相处的环境使人心境淡定，有序生活；得天独厚的海鲜和丰富农产品，养成独特的饮食结构和生活习性，成为如东人长寿健康的关键所在。特别是进入改革开放新时期，如东人自主自信，创业创新，努力推进“五个文明建设”，矢志于经济社会协调持续发展。同时县委、政府出台了一系列惠于民生的措施，敬老助老各项举措得到有效落实，老龄事业得到长足发展，全社会尊老爱老敬老氛围日趋浓厚，为如东长寿现象的传承、提升奠定了坚实的基础，创造了更为有利的条件。

2006年，苴镇季园村百岁老人朱长珍作为南通市百岁老人代表走进中央电视台参加中国魅力城市展示；2010年，双甸镇石甸居委会十一组的袁桂芳以108岁高龄成为全县年龄最长的老人，大豫镇周墩村十一组吴田成、张国云和洋口镇池塘头村六组的宫长元、缪祝兰是全县仅有的两对百岁夫妇，吴田成、张国云夫妇入选中国老年学学会组织的首届“中国十大百岁夫妻”评选，名列第7位。2010年年底，如东县80周岁以上高龄老人50054人，占常住人口的5%，100周岁以上老人85人，占常住人口的

8.5/10万。2011年6月30日，如东县政府向中国老年学学会发出《关于请求授予“中国长寿之乡”的请示》。9月13日至15日，中国老年学学会组织专家评审委员会在如东县进行了评审。经严格考核评审，专家评审委员会确认如东县相关指标都已达到或超过长寿之乡的标准。10月，中国老年学学会授予如东县“中国长寿之乡”称号。11月7日，第四届中国十大寿星、第二届中国十大夫妻排行榜暨如东县“中国长寿之乡”颁牌典礼在如东隆重召开。中国老年学学会会长李本公、全国老龄办副主任朱勇等参加盛典。如东县新店镇101岁女寿星肖玉珍、大豫镇103岁男寿星周九云被授予2011年度中国最佳风采寿星称号。《中国长寿之乡如东百岁风采》一书作为礼品赠送给参与盛典的500余位嘉宾。

九、老年社团（群团）组织

如东县级老年及涉老社团组织都配有驻会人员，办公地点落实、活动经费有保障，均按照各自章程及自身职能要求有序开展为老年人服务工作。

如东县老年协会　2010年12月成立。第一次会员代表大会选举产生会长、副会长、24名常务理事、38名理事。

如东县老年人体育协会　1985年8月成立。各镇、社区（村）相继建立分会。至2012年老年体协长跑协会有会员5000人，门球协会有会员200多人，乒乓球协会有会员50人，太极拳协会有会员120人。县老年体育协会会同有关部门积极开展老年体育活动，成绩显著，被评为省先进集体。

如东县老科技工作者协会　2000年12月成立。时仅46名会员，到2012年年底，已发展到14个分会，会员总数488人，高级技术职称的占总会员数的43.3%。县老科协充分发挥老年科技工作者余热，开展“厂会挂钩”“村会挂钩”“送科技下乡”“深入调研、建言献策”等活动，取得丰硕成果，多次被省、市老科协评为先进集体。会员提交有价值的调研报告84篇，合理化建议865条。协会组织会员开展形式多样的科普活动，送科技知识到农村、到社区、到企业、到学校。科技下乡855次，参加人员9660人次，其中科技培训728次，受益人员90280人次，赠送各类科普资料246560份。鼓励会员参与沿海开发和经济社会建设。老科协现有84名会员被企业聘为常务副总、副总、技术总监、质量总工程师、技术顾问、技术科长等职务。

如东县关心下一代工作委员会　1984年5月20日，如东县关心下一代协会成立，成为全国第一个县级关工组织。1992年经县委批准，更名为关心下一代工作委员会。如东县关工委成立以来，逐步实现了组织从无到有、队伍由小到大的突破。县关工委曾被评为南通市“精神文明建设十件大事”之一，先后多次受到南通市表彰，5次受到江苏省表彰，3次受到全国表彰。1985年5月，获由中央顾问委员会、中央组织部、共青团中央颁发的“关心下一代、为国育新人”奖状。中国关工委十分关注如东关工

委的经验和做法。校外教育辅导站是上世纪80年代中期，如东县关心下一代工作的一个特色品牌。1990年11月，时任中国关工委主任、国务院原副总理康世恩单独接见出席全国关心下一代工作经验交流会的如东县关工委常务副主任苏国光，对该县建立校外教育辅导站大为赞赏，并欣然题词嘉勉。1991年10月如东县关工委获中国关工委颁发的全国关心下一代工作先进集体奖旗。2005年被中央文明办、中国关工委评为全国关心下一代工作先进集体。

中央、省新闻媒体对如东关工委的活动和经验多次予以宣传教导。1994年11月20日，《人民日报》用半版篇幅，以“讲故事，育新人”为题，详细报道如东县关工委组建“老园丁故事队”，用讲故事的方式进行思想道德教育的做法并配发评论。

2009年以来，县关工委会同县文明办、教育局、团县委和县妇联在中小学生中开展“在学校做好学生，在家庭做好孩子，在社会做好公民”的三好标兵竞赛评选活动。省《关心下一代周报》先后3次报道了如东县三好标兵的优秀事迹，在各地产生了广泛影响。

如东县老区开发促进会 1991年3月成立。1995年3月成立如东县扶贫开发协会，与其两块牌子、一套班子。全县参加“两会”工作和活动的老同志110人。“两会”的主要职能：宣传老区历史，弘扬老区精神；促进老区开发，实施扶贫开发。“两会”配合县扶贫办公室实施脱贫攻坚工程，实施省、市扶贫示范项目；落实精准扶贫。抓好扶贫助学。2004年至今，向纯慈善、全免费国华中学输送41名优秀贫困生。2002年至今，县老区开发促进会11次被评为全国老区宣传工作特优（特等）奖。理事长顾和章被评为全国老区工作先进个人。

第四节 海门市老龄事业简况

海门市南靠长江，东北濒临黄海，东邻启东市，东南端永隆沙与上海市崇明县东北端相接，西和北部与南通市通州区接壤，西南部与南通市经济开发区毗连。1994年4月经国务院批准，撤县设市。2012年年末，全市面积939平方公里，耕地7.87万亩，户籍人口99.97万人，常住人口90.23万人，辖8个镇1个乡、3个街道。

一、人口老龄化

老龄化发展态势 1982年，海门全县60岁以上人口占人口总数11.5%，进入老龄化社会。进入老龄化社会的时间比全国提前17年，比全省提前4年。1990年，第四次全国人口普查，海门县60岁以上老年人口139273人，老年人在总人口中的占比上升到13.6%。2005年，第五次全国人口普查，60岁以上老年人口188207人，老年人在总人口中的占比为18.56%，比第四次全国人口普查时提高4.96个百分点。2010年，全国

第六次人口普查，海门全市 60 岁以上老年人口 224388 人，在全市总人口中的占比达到 22.48%。2012 年，全市老年人口为 243819 人，在总人口的占比为 24.39%。随着人口老龄化程度加深，65 岁以上老年人及 80 岁以上高龄老人在总老年人口中的比重不断增加，并有越来越多的老年人进入百岁殿堂。

海门市（县）60 岁以上人口比例变化情况表

表 16-4-1

年份	60 岁以上人数	占总人口比（%）
1982	113531	11.50
1990	139273	13.60
2005	188207	18.56
2006	195397	19.33
2007	207143	20.59
2008	212928	21.28
2009	220322	22.06
2010	224388	22.48
2011	224690	23.50
2012	243819	24.39

海门市（县）65 岁以上人口比例变化情况表

表 16-4-2

年份	65 岁以上（人）	占老年人口比（%）	年份	65 岁以上（人）	占老年人口比（%）	净增数（人）	平均每年增加数（人）	备注
1982	76731	67.58	1990	95113	68.29	18382	2297	8 年比较
1990	95113	68.29	2000	123663	69.73	28550	2855	10 年比较
2000	123663	69.73	2010	157850	70.34	34187	3500	10 年比较
2011	164054	69.91	2012	169842	72.20	5432	5432	1 年比较

2005—2012年海门市高龄老人在老年人口中比例情况表

表16-4-3

年 月	60岁以上（人）	80岁以上（人）	占老年人口比（%）
2005	188207	34442	18.01
2006	195391	32989	16.88
2007	207143	34948	16.87
2008	212928	36042	16.92
2009	220322	37660	17.09
2010	224388	38053	16.95
2011	234690	39852	16.98
2012	243819	40623	16.66

说明：按户籍人口统计。

1985—2012年海门市（县）百岁老人统计表

表16-4-4

年份	总人口(万人)	百岁老人（人）	男	女	最高年龄（岁）	占总人口比（/万）
1985	99.44	15	1	14	105	0.150
2005	101.36	85	12	73	105	0.835
2006	101.05	82	9	73	106	0.811
2007	100.65	91	11	80	107	0.904
2008	100.13	93	14	79	106	0.929
2009	99.84	92	13	79	106	0.921
2010	99.86	84	10	74	105	0.841
2011	99.99	97	18	79	106	0.970
2012	99.97	83	11	72	107	0.740

说明：按户籍人口统计。

老龄人口地域分布　海门市人口老龄化程度的地区差异比较明显，据《海门市2010年人口普查资料》，80%以上的老年人生活在农村，因此，老龄化率农村比城镇高。全市有14个乡镇（园区），60岁以上老年人在镇（园区）总人口中的占比，高于全市平均数26.56%。老年人口比例30%以上的有常乐（31.7%）、刘浩（31.3%）、万年（31%）、树勋（30.5%）、余东（30%）5个镇。海门镇、三厂镇、包场镇、海永乡和经济开发区、滨海新区、工业园区，这7个乡镇（园区）低于平均数，最低的经济开发区，老年人口占总人口的 11.2%。海门工业园区由原三星镇和天补镇合并建立，由于外来打工的常住人口多，老龄化率也低。

平均期望寿命　据历年《海门统计年鉴》记载，海门市人口平均期望寿命呈波浪形。

1984 — 2012 年海门市（县）人口平均期望寿命一览表

表 16–4–5

年份	年龄（岁）	比上年增减	男	女
1984	73.15			
1990	72.79			
2000	75.63		72.87	78.44
2001	76.16	+0.53	73.62	78.72
2002	77.59	+1.43	74.47	80.64
2003	77.38	+0.21	73.92	80.66
2004	78.02	+0.64	74.57	81.30
2005	77.37	–0.65	74.18	80.39
2006	77.39	+0.02	73.93	80.69
2007	77.55	+0.16	74.18	80.79
2008	77.52	–0.03	74.30	80.65
2009	77.84	+0.32	74.54	81.09
2010	78.16	+0.68	75.15	81.02
2011	77.85	–0.31	75.53	80.31
2012	80.70	+2.85	78.45	83.07

二、老龄工作机构

1985 年 9 月，成立海门县老龄问题委员会，下设办公室（简称老龄办），老龄办与老干部局合署办公。

1987 年，改为海门县老龄工作委员会，下设的老龄工作委员会办公室（简称老龄办）独立建制，经费、编制独立，编制 3 人。县民政局局长兼任老龄办主任。1991 年，县长兼任老龄委主任。1994 年 6 月，撤县设市，海门县老龄工作委员会改名海门市老龄工作委员会，下设办公室。市长兼任老龄委主任，市民政局局长兼任老龄办主任。1995 年起，市政府常务副市长兼任老龄委主任。2001 年后，老龄委主任均由市长（代市长）兼任。老龄办主任由市民政局局长兼任。2010 年 2 月，撤销老龄办，所有职能全部合并到民政局。6 月，民政局设立老龄科。

海门市（县）老龄工作机构负责人名录表

表 16–4–6

时　间	机构名称	名誉主任	顾　问	主 任	副主任	办公室主任
1985.9 — 1987.3	海门县老龄问题委员会			秦志明	陈秀萍（女）黄祖禹	黄祖禹
1987.3 — 1990.3	海门县老龄工作委员会			陆兴达	陈秀萍（女）黄祖禹	黄祖禹
1990.3 — 1991.1	海门县老龄工作委员会			陆兴达	曹建平 杨裕德	杨裕德
1991. 1 — 1994.6	海门县老龄工作委员会			曹能新	曹建平 杨裕德 张素萍（女）	杨裕德 张素萍（女）
1994.6 — 1995.3	海门市老龄工作委员会			曹能新	肖振时（女）张素萍（女）	张素萍（女）
1995.3 — 2001.9	海门市老龄工作委员会	秦志明 （1999 任）	沙秀高 樊发祥 胡海涛 高其兴 韩　藩 （均 1999 任）	汤仲飞	肖振时（女）张素萍（女） 曹思平	张素萍（女） 曹思平
2001.9 — 2002.6	海门市老龄工作委员会	秦志明	沙秀高 樊发祥 胡海涛 高其兴 韩　藩	汤仲飞	肖振时（女）张素萍（女） 曹思平	曹思平
2002. 6 — 2006.9	海门市老龄工作委员会	秦志明	沙秀高 樊发祥 胡海涛 高其兴 韩　藩	汤仲飞	陈水平 曹思平	曹思平
2006.9 — 2007.11	海门市老龄工作委员会	秦志明	沙秀高 樊发祥 胡海涛 高其兴 韩　藩	姜　龙	陈水平 曹思平	曹思平
2007.11 — 2010.2	海门市老龄工作委员会	秦志明	沙秀高 樊发祥 胡海涛 高其兴 韩　藩	姜　龙	张永斌 肖卫东	肖卫东
2010.2 — 2012.9	海门市老龄工作委员会	秦志明	沙秀高 樊发祥 胡海涛 高其兴 韩　藩	姜　龙	朱志强 肖卫东	肖卫东
2012.9 —	海门市老龄工作委员会	秦志明		杨曹明	朱志强 江　华（女）	江　华（女）

三、老年供养

城镇基本养老保险　2012 年，海门市 14.12 万人参加城镇基本养老保险，参保率为 97.43%；养老保险基金收入 9.86 亿元。

农村社会养老保险　2010 年 4 月，市政府下发《海门市新型农村社会养老保险实施办法》，在全市开展新型农村社会养老保险工作，对 60 周岁以上老人每月发放基础养老金，发放率 99%，参保率 98%，基本实现全民参保、全民享受基础养老金目标。2012 年，40.01 万人参加农村养老保险，全年农保费征缴 3.08 亿元，有 17.98 万人领取农村养老保险金，全年发放养老金 2.04 亿元。

高龄生活补贴　海门市对城乡低保对象中的 60 周岁以上老人，在低保标准上再上浮 10%，对 80 周岁以上老人发放“尊老金”，发放标准见表 16–4–7。

2009 — 2012 年海门市“尊老金”发放标准一览表

表 16–4–7

年份	年龄段（周岁）	每人每月（元）	年份	年龄段（周岁）	每人每月（元）	年份	年龄段（周岁）	每人每月（元）
2009–2010	80 — 89	--	2011	80 — 89	10	2012	80 — 89	20
	90 — 94	10		90 — 94	30		90 — 94	50
	95 — 98	60		95 — 98	70		95 — 98	80
	99 以上	120		99 以上	300		99 以上	300

农村“五保”老人供养　海门市对农村丧失劳动能力，无依无靠的 70 周岁以上孤寡老人和 70 周岁以下的残疾人实行“五保”。70 岁以下的残疾人根据残疾部位、等级及痴呆程度判定，其他人员根据丧失劳动能力的情况判定，特殊因病的凭县人民医院诊断证明。“五保”供养经费，1985 年开始由各乡镇统筹，乡镇财政补贴。1997 年后，逐步将其纳入乡镇财政预算。2001 年，海门市政府决定提高“五保”供养标准，列入乡镇财政预算，由市转移支付。2008 年 7 月 1 日，实施农村“五保”供养对象供养标准自然增长。以后每年 7 月，由市民政局、财政局根据市统计局发布的上年度农民人均收入的 45% 确定。供养标准不断提高。

1986 年“五保”供养生活费按年人均不低于 200 元标准，由各乡统筹，加上乡镇财政补贴，实际年人均 300 元，最高的三星乡年人均 600 元。

1990 年，全市入院供养的老人人均生活费（吃、穿、用）535 元，分散供养的年人均生活费 343 元。1993 年，全市集中供养对象年人均 812 元，分散供养年人均 507 元。

2001 年，“五保”供养标准提高到年人均 1650 元。2005 年提高到 2000 元。2007 年提高到 2600 元。

2008 年集中供养标准为每人每年 4000 元，分散供养标准为每人每年 3200 元（平均 3600 元）。

2012 年，集中供养 1010 人，分散供养 513 人；集中供养标准年人均 7100 元，分散供养标准年人均 6300 元，全年发放金额 1040.3 万元。

养老机构　海门市养老机构有公办、民办两种类型。2012 年，全市有公办敬老院、福利院（所）21 个，养老床位 3596 张；民办托老院（所）19 个，养老床位 2290 张。海门社会福利院的前身是始建于清乾隆年间的“涸苏堂”，为南通市最早成立的一所老人院。现占地 41 亩，共有床位 218 个（含老年服务中心 150 个），供养“五保”老人 52 人，收养社会老人 52 人。该院先后被省评为三级福利院和文明敬老院，并被南通市授予“十佳孝亲敬老先进单位”。

海门市各镇都建有敬老院，负责集中供养“五保户”。2012年末，全市各乡镇（含开发区）共有敬老院23个，职工156人，其中医务人员10人，年末在院人数1218人（其中女9人），内有“三无”对象58人，自费人员172人。

社会养老机构中颇具代表性的是江苏赛城国际集团与海门市民政局合作建设的海门市老年服务中心。2005年动工建设，2008年二期工程完成，先后投资4000多万元。市老年服务中心是集居家、医疗、保健、休闲、娱乐、养老为一体的花园式现代化综合性老年服务中心，现有综合性服务大楼5幢，共有床位483张，还有143名社会老人入住位。

2005—2012年海门市养老机构情况统计表

表16-4-8

年份	养老机构（所）	床位（张）	入住老人（个）	其中			
				公办敬老院福利院（所）	床位（张）	民办托老院（所）	床位（张）
2005	31	1858	1269	24	1278	7	580
2006	31	2452	1310	24	1882	7	580
2007	31	3690	1440	24	2910	7	580
2008	33	3900	2053	24	3030	9	690
2009	33	3942	2103	24	3310	9	632
2010	40	5094	2016	23	3076	17	2018
2011	40	5356	2510	21	3385	19	2123
2012	40	5886	3102	21	3596	19	2290

居家养老 2009年开始，大力推进全市居家养老服务站建设。市政府办公室《关于印发〈海门市社区居家养老服务中心（站）建设的实施意见〉的通知》，规定了居家养老服务的对象、享受标准、服务项目，并从福彩公益金中安排230万元用于居家养老服务站建设和居家养老服务，建立180个居家养老服务中心（站），实现城市社区全覆盖，农村社区覆盖率52%。到2012年年底，市建立居家养老服务指导站1个，乡镇（街道）居家养老服务管理中心12个，社区居家养老服务站293个，实现城乡居家养老服务站全覆盖。

海门市居家养老服务对象、享受标准、服务项目一览表

表 16–4–9

<table>
<tr><th>类别</th><th>条　件</th><th>标 准</th><th>服务项目</th></tr>
<tr><td>A</td><td>70 周岁以上享受低保且生活不能自理的老人，85 周岁以上的“空巢”老人、孤寡老人，100 岁以上的老人</td><td>60 元 / 人 · 月</td><td rowspan="3">生活照料
健康服务
法律维权
文化教育
体育健身
精神慰藉
助耕助收</td></tr>
<tr><td>B</td><td>70 周岁以上分散供养的城镇“三无”老人、农村“五保”老人特困老人、70 周岁以上无固定收入的重度残疾老人、重点优抚老人</td><td>40 元 / 人 · 月</td></tr>
<tr><td>C</td><td>65 周岁以上有服务需求的老年人</td><td>自费</td></tr>
</table>

四、老年医疗保障

市区居民、职工老年人医保政策优待　2012 年 1 月，市区居民基本医疗保险的财政补助标准提高到每人每年 200 元。同时提高参保居民住院医疗费用报支比例。将原“参保居民起付标准以上、4 万元以下的医疗费用，由医疗保险基金按 60% 比例予以支付；4 万元以上、8 万元以下的医疗费用，由医疗保险基金按 70% 比例予以支付”调整为“参保居民起付标准以上、10 万元以下的医疗费用，由医疗保险基金按 75% 比例予以支付”。市区居民医保筹资和财政补助标准，超过法定劳动年龄（男 60 周岁、女 50 周岁）的老年居民筹资 300 元，个人缴费 100 元，财政补助 200 元。2011 年，市政府出台《关于调整职工基本医疗保险实施办法的通知》，规定参加本市基本医疗保险的人员在退休后，其实际缴费不足规定年限，如一次性补缴有困难的，可申请延期缴纳不足年限部分的基本医疗保险费。延期缴费期间享受在职职工基本医疗保险待遇，待缴满规定年限后，办理相应手续享受退休人员基本医疗保险待遇。

农村老年医疗保障　海门市从 2001 年开始试办新型农村合作医疗，当时称为“农村大病医疗保险”。2001 — 2002 年度（2001 年 10 月 1 日至 2002 年 9 月 30 日），农民每 人交 2 元，市财政补助 1 元，乡镇财政补助 1 元，报销起付线 4000 元。当年最高报销额为 2 万元，另外，还规定了特大病救助制度，老年农民患特大病，除报销部分外，还给予救助。2011 年度新型农村合作医疗保险基金筹集平均每人 260 元，其中老年农民个人出资 60 元；2012 年度新型农村合作医疗保险基金筹集平均每人 340 元，其中老年农民个人出资 70 元。

老年人免费体检　海门市从 2008 年开始对 60 周岁以上老年人实行免费体检，每年体检率在 90% 以上，并建立健康档案。2012 年，全市投入 940 万元，为 14.5 万 60 周岁以上老年人免费体检。

五、老年文体活动

老年教育　海门老年大学创建于 1989 年 9 月，2011 年，有学员 450 余人，开设文学、英语、音乐、摄影、舞蹈、书画、保健、太极拳、电脑等13个科目19个班级。有教师13人，以兼职为主，工作人员6人。学校建有艺术团、书画研究会、诗词协会等社团组织。艺术团在2004年至2011年期间，为社区演出200余场次，得到文化部门的奖励。

1998年，创建海门市凤达老年活动中心。活动中心位于余东镇木桩港村，由余东镇退休干部袁桂山创办。从2007年起，扩大活动领域，改名为海门市凤达老少活动中心。

老年文化 1982年，老干部局组织在烈士陵园锻炼的10多名退休教师成立老年文艺宣传队。1994年，三厂镇新东街7名通棉三厂退休职工组织合唱小组，此后成为新东街文艺宣传队，经常为社区居民和农民演出。

2001年3月，以海门镇老年人为主的红十字会艺术团成立。2002年4月，海门镇社区艺术团挂牌成立。2003年4月，海门市科协将原分属三厂镇新东社区、海门镇社区、市红十字会的3个艺术团，重新组合成海门市科普宣传艺术团。

2006年6月，海门市老龄办建立夕阳红文艺宣传队。2009年5月，市老龄办组织成立海门市夕阳红大舞台。2011年，组成大舞台的社区艺术团由成立时的5个团发展到9个团，中老年演员由119人发展到206人，他们中年纪最大的73岁，最年轻的50岁。海门市夕阳红大舞台参加南通市首届老年文化艺术节活动，节目《居家养老就是好》《和谐如金》获二、三等奖。《居家养老就是好》还获省老年文艺演出三等奖。

2010年9月，在南通市委宣传部、民政局、文广新局、体育局、老龄办联合开展的“老年文体活动先进集体和先进个人”评选活动中，海门市老龄办、海门市老年体协、海门市太极拳协会、海门市夕阳红大舞台演出一团、二团，被评为“南通市老年文体活动先进集体”；吴佳虹、姜兴明、张茂玲、王玉琴、陆红星、杨蕴兰、徐琴、吴斌、陈旭等10人被评为南通市老年文体活动先进个人。.

2011年6月至10月，海门市老龄协会主办，老干部局、民政局、政协之友联谊会书画协会、海门画院、光华国际大酒店协办“庆祝中国共产党成立90周年老年书画展”，展出45幅书画作品，参观者近万人次。2011年9月（重阳节），江苏省老龄办、文化厅、老龄协会举办江苏省第二十四个“敬老日”老年文艺汇演，海门市夕阳红大舞台演出团选送的情景剧《情满绣乡》获三等奖。

2012年8月11日，民政局、老龄协会共同举办《歌舞海门潮，喜迎十八大“银龄之声”影视歌曲演唱会》，200多名老人在海门文化广场演出了器乐合奏、独唱、表演唱、歌伴舞等17个节目，获宣传部优秀组织奖。

老年体育 1984年建立老年人门球兴趣小组。1989年6月7日，举办海门县第一届退休职工运动会。之后，直至1996年，在每年的10月份，均举办全市老年人运动会。1999年10月1日至4日，盛士芳、唐静波等8人赴北京参加全国第一届木兰扇比赛，获二等奖。2000年3月，海门建立门球协会，至2012年，门球协会有108名老年门球爱好者，每年组织外出参赛，曾获全省第二名，第三名。2007 年 7 月 7 日至 10 日，老年体协会员盛士芳、唐静波等 10 位木兰拳爱好者应邀请参加在香港举办的第三届中外木兰拳国际精英交流大赛，表演 38 式木兰拳、剑、扇和自选节目《春色满园》双扇，获金奖。2010 年 6 月 10 日，海门市组织老年健美时装队，80 多人经培训后参加展示活动，历时两周。10 月 20 日，在东洲公园举办第一届“海门市夕阳红艺术节”。

2011 年 4 月，在苏州举行的省体育舞蹈大赛中，海门市老年选手分获 1 个第一名、3 个第三名和 1 个第六名，并获得优胜组织奖。6 月，海门市选手代表南通市老年体协参加省老年体协在无锡举行的全省健身气功大赛，“易筋经”“五禽戏”2 个团队项目和 4 个个人项目均获优胜奖，并获体育道德风尚奖。9 月，在南京举行的省太极拳（剑）比赛中，42 式太极拳、太极剑两项团体及七项个人比赛项目均获优胜奖，并获体育道德风尚奖。上旬，在扬州举行的省健身球比赛中，市代表队在规定套路、自编套路两个项目比赛中获优胜奖，并在闭幕式上展示。9 月 18 日，在东洲公园举办第二届海门市夕阳红艺术节。是年，海门市区共有 50 个健身指导站。文化广场、烈士陵园、滨河广场、开放式公园供老年人活动健身，建有 7 处老年门球场。

2012 年，海门市老年人门球队赴溧阳、丹阳参加比赛。

六、尊老敬老

创办网站　2012 年 12 月，海门市老龄办创办《海门老龄网》站和《乐龄论坛》，主要宣传上级和本市老龄政策法规，交流老龄活动，展示老年风采，宣传健康知识，介绍养老机构等。《乐龄论坛》以互动为主，是一个休闲娱乐的场所，是一个不同界别、不同年龄段、不同性别的朋友们相聚的平台，注重和谐、快乐、温馨、浪漫，与各界朋友一起度过快乐的时光。特别是为爱好上网的老年人提供了一个娱乐平台。

孝道宣传　2005 年，海门市老龄办、文明办、妇联共同向全市发出 20 万份《尊老敬老倡议书》。2008、2009 年在《海门日报》开设“夕阳红”老龄专版，每月一期。2009 年 3 月，编辑出版《共圆百岁梦 —— 海门寿星长寿之道》，记录 87 位老人的长寿故事，由市长、老龄委主任姜龙作序，两次印刷 2800 册。2011 年 4 月，海门市对全市民政助理、民政协管员和老年协会负责人进行《江苏省老年人权益保障条例》培训。2012 年 7 月，海门市民政局、老龄协会联合组织开展“金呢杯”《江苏省老年人权益保障条例》有奖知识竞赛活动。

孝老活动　1986 年，海门县将每年农历九月初九重阳节定为“敬老日”。每年重阳节和春节，村级慰问 80 — 89 岁老人，乡镇慰问 90 — 99 岁老人，市政府慰问 100 岁以上老人。2004 年 2 月 10 日，海门市召开创建全国老龄工作先进市动员大会，全市上下开展一系列创建活动。2005 年，海门市老龄委、文明委等单位联合开展孝亲敬老活动，是年重阳节，举办海门市孝亲敬老先进典型表彰暨专场文艺演出活动。2006 年重阳节，

召开海门市老龄工作会议。海门市老龄办给全市60周岁以上老年人每人发出一封《慰问信》。2007年，开展“双爱杯”尊老敬老征文竞赛活动，共收到征文180多篇。是年，组织80名老人相约香港、澳门、三亚、海口、兴隆、广州、珠海、桂林等地，饱览祖国美好河山。2008年4月至12月，与上海“珍妮花”婚纱摄影公司海门店联合举办“美在夕阳”免费摄影活动，为全市60周岁以上老人提供免费服务，共有10多万老人受益。2009年4月，市老龄办会同卫生局、红十字会、老科协成立一支由200多人组成的银龄医疗志愿者服务队，深入农村、社区开展咨询、义诊、健康知识讲座，为行动不便和敬老院的老人免费上门医疗服务，并在居家养老服务站设立服务点，常年为老年人提供医疗服务。2009年，海门市老龄办配合南通市老年服务中心，组织老年人台湾环岛游活动。2010年开始，海门市开展“孝文化”进社区、进校园、进家庭的“三进”活动。

2012年，海门市老龄办与文明办、海南小学共同举办“我们的节日·重阳”主题系列活动。与妇联一起开展“五个一”敬老活动：给远方老人打一次电话，给老人送一份礼物（或送零花钱），陪老人吃一顿饭，为老人洗一次澡（或洗衣、被），为老人拍一张照或陪老人进行一次锻炼。当年重阳节，市老龄委、市文明办、市民政局、市文广新局、海门日报社、市老龄协会等6个部门，在大东方广场前隆重举行庆祝海门市第二十七个敬老节暨《印象海门》第二届“和谐金婚”庆典活动。市领导给18对金婚老人颁发荣誉奖杯。双爱黄金珠宝行、卓泰家纺研发中心、开心果婚纱影楼也为老人分别送上银戒银镯、新品家纺及婚纱照。

扶老助老 2010年10月16日，海门市志愿者及慈善义工联合会成立。志愿者为老人提供精神慰藉、洗衣做饭、打扫卫生、送医送药、体检、理发、修理家电、助耕助收、文艺演出等。成立大会后，志愿者分头到海门镇敬老院、三厂镇中心街居家养老服务中心、四甲镇二桥福利中心等单位，为老人提供各种力所能及的服务。以后慈善总会每年安排100多万元用于助老关爱项目，支助经济薄弱乡镇敬老院建设。

老年维权 1999年8月27日，海门市为男性60周岁、女性55周岁以上老年人办理敬老优待证，凭证享受各种优待和服务；对城乡孤寡老人实行“五保”供养；提高70周岁以上生活特困的老年人救济标准；免除农村老年人（男满60周岁，女满55周岁）的义务工和劳动积累工；为老年人医疗保健提供优先服务，百岁以上老年人由当地医院（卫生院）每年免费作一次体检；老年人进入公园、市老职工活动中心、图书馆、陵园、风景区免购门票；进入剧场、电影院、文化宫、俱乐部、寺园、荔园娱乐城、旅游景点以及体育健身等公共文化场所（除大型文艺演出和重大比赛活动外），老年人享受半价优惠；进入收费公厕一律免费；对百岁以上老年人每人每月发给长寿补助金。

2004年2月，海门市政府发出《关于进一步做好老年人社会优待和服务工作的通知》,在原有优待基础上增加70周岁以上老人可凭老年优待证免费乘坐市内1路、4路(后改5路）公交车，各乡镇场按照规定建好老年人活动室等。4月16日，成立市维护老年人合法权益工作领导小组。是年，建立维护老年人合法权益援助中心（设在司法局），并聘请两名律师担任法律顾问。各乡镇相应成立维护老年人权益法律援助所，为维护老年人合法权益开辟绿色通道。

2006年3月，发放南通市老年人优待证，至2008年7月共发放36000张。

2007年7月，下发《市政府关于印发〈海门市老年人优待办法〉的通知》，凡年满60周岁的老年人，可以申请办理南通市老年人优待证，凭证享受规定待遇。60周岁至70周岁的老年人，凭南通市老年人优待证可以免费参观游览南通市区各公园、寺庙、博物馆、艺术馆、纪念馆等场（馆）所；可以半票游览狼山景区、剑山景区、军山景区、黄泥山景区、马鞍山景区。70周岁及以上老年人，凭优待证可以免费参观游览上述所有场（馆）所、景区景点。70周岁以上的老年人，可凭优待证到市公交公司免费办理乘车证，凭证持卡免费乘坐市内1路、5路公交车。老年人凭优待证免费使用收费公共厕所。70周岁以上城乡居民最低生活保障对象，保障待遇在当地最低生活保障标准的基础上上浮10%至20%。国际老人节、“敬老日”（重阳节）和春节等节日，村级慰问80—89岁老人，乡镇慰问90—99岁老人，市政府慰问100岁以上老人。100岁（99周岁）以上老人享受市政府长寿金。

2008年3月，海门市人大常委会对市政府执行《老年人权益保障法》情况进行执法检查。8月，发放江苏省老年人优待证，至2011年发放14365张。

2009年3月，海门市老龄办、司法局、妇联、团委联合成立有120多人的老年人维权法律志愿者队伍，至2011年，已无偿帮助200多位老人咨询和调解各种矛盾纠纷。

敬老表彰　2004年12月，袁桂山被评为全国敬老爱老助老主题教育活动孝亲敬老之星。2005年9月，海门市老龄委、文明委等单位联合开展“孝亲敬老”活动，召开“海门市‘孝亲敬老’先进典型表彰暨专场文艺演出”大型表彰会。对10个“孝亲敬老”先进单位、12位“孝亲敬老”楷模、10位“孝亲敬老”好媳妇给予表彰。

2006年重阳节，海门市召开全市纪念老年法颁布实施十周年暨海门市敬老模范村（居）表彰大会，对20个海门市敬老模范村（居）进行命名表彰。10月，海门市茅镇街道老年协会被评为江苏省先进老年协会；袁桂山被评为江苏省先进老年人协会会长；袁桂山、许东新被评为江苏省孝亲敬老之星；朱仲辉被评为全国孝亲敬老之星；正余镇正基村被评为全国敬老模范村（居）。12月，海门市老龄办被全国老龄工作委员会授予“全国老龄维权示范岗”称号。

2008年重阳节，海门市老龄委评选表彰10个孝亲敬老先进单位、10个孝亲敬老之星、十佳模范老人。

2009年10月，海门市老龄委评选表彰16个敬老模范村（居），考核命名7个海门市长寿之乡（村）。12月，南通市老龄委授予海门市南通市老年维权先进市称号。

2010年10月，海门市老龄委与市妇联联合表彰十佳好婆媳。11月，海门市老龄委评选表彰敬老助老先进集体10个、敬老助老先进个人10个。黄永健被全国老龄工作委员会授予全国老龄工作先进个人称号。12月，南通市老龄委授予海门市南通市敬老助老先进市称号。

2011年8月，省老龄委授予陈文九江苏省百佳孝星称号，授予黄颂禹、沈汉超老有所为人物奖。11月，老龄委授予施建斌2011年度尊老爱老先进个人称号；授予海门市江苏省尊老敬老先进集体。

七、老年社团（群团）组织

1. 海门市老龄协会 2010年7月22日成立，选举产生第一届老龄协会组织机构。

海门市村（居）老年协会始建于21世纪初。2003年，海门镇茅镇街道建立老年协会，每个居委会设分会，共6个分会，会员720人。2004年，海门市乡镇（园区）、村（居）的老年协会相继成立。鉴于乡镇（园区）、村居的合并以及人员的变动，2010年5月14日，市委组织部、民政局、老龄办联合下发《关于建立健全乡镇（园区）、村（居）老年协会的意见》，进行规范化建设。至2011年，海门市21个乡镇（园区）、233个村和64个居委会，均建立乡镇（园区）、村（居）两级老年协会组织。三级老龄协会会员3000多人，占老年人总数的1.3%。

海门市老龄协会统一编印基层《老年人协会职责》《走访慰问老年人制度》《总结评比制度》《签订赡养协议制度》《老年活动室制度》《老年人协会章程》等制度，促进了基层老年协会工作的有序开展。

2. 海门市老科技工作者协会（简称老科协） 2001年成立，是年有6个分会，1个学组，118名会员。次年6月创办老科协专家门诊部。2010年10月，建立老科协法律咨询服务部。至2011年11月，有18个分会，546名会员，其中享受国务院特殊津贴的6人，正高工15人，副高工以上174人。2008年，海门市老科协被评为第五届江苏省科协先进集体，倪向前被评为优秀老科技工作者。2010年，范有茂、黄颂禹被南通市政府授予南通市老科技工作者标兵称号。2011年10月，黄颂禹、沈汉超获省老龄委授予的江苏省老有所为人物奖。

3. 海门市老年人体育协会（简称老年体协） 1985年7月20日成立，至2012年历经三届。老年体协积极组织开展老年群体活动，老年健身形成热潮。海门市中老年妇女健身队被评为全国巾帼文明健身队。郁燕臣被中国老年体协评为1997年世纪寿星健康老人，朱佐才、徐善清先后被评为第五届、第七届全国健康老人。谭柏虎被评为1997年度全国老年人体育先进工作者，获2001年度中国老年体协先进个人奖。杨蕴兰获 2003 年度中国老年人体协先进个人奖，于 2007 年 12 月被评为全国群众喜爱的社会体育指导员。2011 年 12 月，海门市老年体协被评为省老体协工作先进集体，吴佳虹、杨蕴兰、黄凯荣被评为省先进个人。

4. 海门市老教育工作者协会（简称老教协） 1991 年 8 月 20 日成立。至 2012 年末，有会员 4000 人，其中 2500 人被聘为城乡校外教育辅导员。老教协组织会员参与乡镇老干部学习月活动、未成年人思想道德教育、青少年特殊群体的关爱帮教、社会管理创新、为群众防病治病等活动。每年重阳节，老教协慰问全市 80 周岁以上老教师。老教协、教育局关工委被评为全国教育系统关心下一代先进集体；天补清澄书屋辅导站站长沈汉超被评为全国关心下一代工作先进个人，受到中央领导接见：货隆初中李德彬被全国老龄委评为全国老有所为先进个人；沈汉超、李德彬被评为江苏省关心下一代工作先进个人；徐忠义、黄文成被江苏省教育厅评为关心下一代工作先进个人；三阳初中倪诗冲、正余小学钱宝初、王浩中心校汤国辉、汤家初中顾同仁，被评为江苏省城乡校外教育辅导站先进个人。

5. 海门市关心下一代工作委员会（简称关工委） 1993 年 3 月成立。关工委贯彻《中共中央国务院关于进一步加强和改进未成年人思想道德建设的若干意见》，弘扬“忠诚、关爱、创新、奉献”精神，积极主动地在青少年中开展各项教育实践和关爱服务活动。2011 年，全市有 11500 多名关心下一代志愿者和 4500 多名“五老”（老干部、老教育工作者、老科技工作者、老军人、老模范）校外教育辅导员，创办各类校外教育辅导站 900 多个，吸引 4 万多名青少年到站活动。2005 年、2006 年南通市、江苏省先后在海门召开现场会，“三结合”教育现场会推广校外教育辅导站经验。2007 年、2009 年，中国关工委常务副主任闵振环、主任顾秀莲先后到海门视察校外教育辅导站。顾秀莲为德胜镇瑞祥村辅导站题词“办好校外教育辅导站，关爱青少年健康成长”。2008 年全国关心下一代宣传工作会议代表 30 多人到海门参观考察；海门校外辅导站经验分别在全国文明办召开的山东淄博和浙江温州会议上作介绍。至 2012 年年末，先后有广东、上海、福建、安徽、四川和省内 40 多个市（县）级以上单位 600 多人到海门参观考察。

海门市关工委被中央文明委评为全国未成年人思想道德建设工作先进单位；被江苏省文明办、江苏省关工委评为全省关心下一代工作先进集体、全省城乡校外教育辅导站建设先进集体。全市有 5 个优秀辅导站、7 个优秀辅导员受江苏省关工委、文明办表彰。

6. 海门市老区开发建设促进会（简称老促会） 1990 年 12 月成立。1995 年 12 月，成立扶贫开发协会，两块牌子一套班子。老促会理事 48 名，常务理事 11 名，聘请在职与离退休领导为名誉理事长。在各乡镇、园区及部分部门场、村设有分会，共有 25 个。老促会通过各种会议、座谈会、纪念活动、报纸杂志、电台，电视台、网络等多种形式，纪念建国60周年、长征胜利70周年、建军80周年、建党90周年，宣传老区革命历史和老区精神。老促会进行“三农”工作调研，积极办好《海门老区建设》简报，调研报告在海门市委《内部参考》《江苏老区》、省《扶贫动态》《大江南北》等内刊杂志上发表。

第五节　启东市老龄事业简况

启东市位于江苏省东南端，黄海与长江交汇处，南濒长江入海口北支，其中东段以江心为界，西段永隆沙兴隆沙与崇明县北端相接；东、北面濒黄海；西与海门市接壤，三面环水，形如半岛。2012年年末，全市面积1208平方公里，耕地面积106.5万亩。户籍人口112.38万人，常住人口96万人，辖11个镇1个乡。

一、人口老龄化

1982年，启东进入人口老龄化社会，全县65岁以上老年人口占总人口7.2%。以后，老龄化程度呈上升态势。1990年，全市60岁以上老年人超18万人，占全市总人口的16.81%，65岁以上老年人占总人口的7.3%。全市老少比74.63%。老年系数和老少比两项指标均高于老龄化社会的国际标准（7%、30%以上）水平，也高于全国6.69%和30.4%的平均水平。2000年，全市人口中，0－14岁人口180708人，占总人口的17.09%；15－64岁人口741505人，占70.15%；65岁以上134860人，占12.76%。

2003年，全市60岁以上老年人209118人，占总人口的18.28%。2004年，60岁以上老年人增加到209469人，占总人口的18.51%。2005年，老龄人口213637人，占比18.92%，百岁以上老人102人。

2007年底，全市60岁以上老年人227395人，占总人口的20.33%。

2010年底，全市60岁以上老年人247210人，占总人口的22.06%，高于全国60岁以上老年人占比13.26%。百岁老人107人。2000年至2010年，老年人口由18万人增加到24.7万人，平均每年增加6700多人；老年人在总人口中的比例，10年增加5.7个百分点。

2012年，全市60岁以上老年人286677人，占总人口的25.51%。老年人口在总人口中的比重，比2003年增加6.23个百分点，比2010年增加3.49个百分点。

启东市第四、五次人口普查分龄组人口构成表

表 16-5-1　　单位：人

项目	总人口	学龄前儿童	学龄儿童	劳动后备年龄	劳动年龄	老年人
1990 年总计	1136421	105027	78836	44460	738829	169269
男性	561349	53560	40610	22902	382537	61740
女性	575072	51467	38226	21558	356292	107529
性别比	97.61	104.07	106.24	106.23	107.37	57.42
占总人口 %	100	9.24	6.94	3.91	65.01	14.89
2000 年总计	1057073	61133	90309	40435	649719	215477
男性	495819	30787	45733	20459	313924	84916
女性	561254	30346	44576	19976	335795	130561
性别比	88.34	101.45	102.60	102.42	93.49	65.04
占总人口 %	100	5.78	8.54	3.83	61.46	20.38

说明：

1.1990 年和 2000 年分别为第四次、第五次全国人口普查数。

2. 年龄为周岁。

3. 学龄前儿童指 6 岁前儿童，学龄儿童指 7 — 12 岁儿童；劳动后备年龄指 13 — 15 岁人口；劳动年龄指男 16 — 59 岁，女 16 — 54 岁；老年指男 60 岁和女 55 岁及以上人口。

启东市（县）四次人口普查人口老龄化情况统计表

表 16-5-2

年份	常住人口数	0 — 14 岁		15 — 64 岁		65 岁以上	
		人口数	占人口比重（%）	人口数	占人口比重（%）	人口数	占人口比重（%）
1982 年三普	1102168	253784	23.1	768603	69.7	79781	7.2
1990 年四普	1136421	213659	18.8	840241	73.9	82521	7.3
2000 年五普	1057073	180708	17.1	741505	70.1	134860	12.8
2010 年六普	972525	101965	10.5	696587	71.6	173973	17.9

2003 — 2012 年启东市人口老龄化情况统计表

表 16-5-3

年份	总人口（人）	60 岁以上（人）	比重（%）	百岁老人数
2003	1143884	209118	18.28	
2004	1133991	209469	18.51	
2005	1128704	213637	18.92	102
2006	1124390	219916	19.56	
2007	1118431	227395	20.33	
2008	1114111	234222	21.02	127
2009	1115791	239482	21.46	99
2010	1120557	247210	22.06	107
2011	1124069	247532	22.02	150
2012	1123822	286677	25.51	157

启东人口老龄化程度地区差异比较明显，中西部地区最高，人口老龄化的发展速度农村快于城镇。

2010 年启东市人口老龄化地区差异情况表

表 16-5-4　　单位：人

乡镇	地区分布	总人口	60 岁以上老年人口	60 岁以上老年占该总人口比例（%）
汇龙镇	城镇	214085	35622	16.64
惠萍镇	东部	91714	20544	22.40
南阳镇	中部	107154	27516	25.68
王鲍镇	西部	93163	23953	25.32
吕四镇	北部	177849	39154	22.01

二、老龄工作机构

1985 年 8 月，启东县老龄问题委员会成立。常务副县长兼任委员会主任，有关部门领导兼任副主任，下设办公室，办公室事业编制 3 人，县委组织部副部长兼办公室主任。1990 年起，分管副市长兼任委员会主任，副主任仍由有关部门领导兼任，办公室主任仍由市委组织部副部长兼。1993 年 3 月，老龄问题委员会办公室与市民政局合并，由民政局局长兼老龄办主任。2001 年 11 月，市老龄问题委员会更名为市老龄工作委员会，下设办公室，仍与市民政局合署办公，民政局局长兼老龄办主任。

启东市（县）老龄工作机构负责人名录表

表 16-5-5

时 间	机构名称	名誉主任	主 任	副主任	办公室主任
1985.8 — 1987.11	启东县老龄问题委员会	陈邦才	黄植民	曹成贤 黄裕宾 倪选智 陆家康 陆 兴 田渭池 吴玉明 陆振明 任长武 徐步成 陆嘉宥 顾林忠	曹成贤
1987.11 — 1990.3	启东县老龄问题委员会	陈邦才 黄裕飞	施连桃	曹成贤 倪选智 陆 兴 田渭池 吴玉明 徐步成 陆雨亭 黄静森 周广森 梁文沛 姚 兴 黄振鸣	曹成贤
1990.3 — 1993.3	启东市老龄问题委员会	陈邦才 蔡元祥	陈南飞	曹成贤 陆 兴 田渭池 吴玉明 周广森 梁文沛 黄振鸣 任海麟 黄沛群 赵 越 蔡洪亮 施忠元 龚秀如 谢胜利	曹成贤
1993.3 — 1994.3	启东市老龄问题委员会	陈邦才 蔡元祥	周广森	陆 兴 田渭池 吴玉明 梁文沛 黄振鸣 任海麟 黄沛群 赵 越 蔡洪亮 施忠元 龚秀如 谢胜利	黄启冲
1994.3 — 2001.11	启东市老龄问题委员会	陈邦才 蔡元祥	周广森	蔡洪亮 龚张荣 黄启冲	黄启冲
2001.11 — 2008.3	启东市老龄工作委员会	陈邦才	施学雷（女）	杨莹莹（女）马伯欣 徐锦涛 陈卫东	徐锦涛
2008.3 — 2011.11	启东市老龄工作委员会	陈邦才	张蓉蓉（女）	朱咏梅（女）何卫东 李 英（女）杨莹莹（女）	李 英（女）
2011.11 —	启东市老龄工作委员会		倪春元	宋 逵 赵凯旋 何卫东 李 英（女） 杨莹莹（女）	李 英（女）

三、老年人供养

企业职工养老保险 1985年6月，启东县开始在城镇集体组织中试行职工养老保险。县政府批转县劳动局、财政局、税务局、总工会、保险公司《关于在城镇集体组织中试行职工养老金保险的报告》，由中国人民保险公司启东支公司具体实施。1986年，启东县社会劳动保险公司成立，隶属劳动局。1987年，启东县退休基金统筹管理所成立。1988年底，全县72个全民企业、54个集体企业，共2.86万职工实行退休费用统筹。1990年7月，启东县社会劳动保险公司和启东县退休基金统筹管理所撤并为启东县社会保险事业管理处。管理处负责全民、大集体企业职工及由劳动部门安排在乡镇企业中的合同制工、退休人员养老金的筹集、管理、支付。为便于退休养老基金的统一管理，原由中国人民保险公司启东支公司经办筹集的全民和县属以上集体单位的劳动合同制工人退休养老基金，连同利息一并划转县社会劳动保险公司。1993年，颁发《启东市企业职工养老保险暂行办法》，进一步明确参加养老保险的范围和对象，基本养老保险基金的筹集、支付项目、基本养老保险金的计发办法、职工养老保险手册的使用、养老保险基金的管理和监督等。1994 年，颁发《启东市企业职工养老保险暂行办法》补充规定，扩大养老保险范围和对象、统一养老保险基金提取比例、明确基本养老金计发办法、进一步推行离退休费用直接发放，加强基金收缴与管理。至年底，全市参加养老保险的企业单位 260 家，职工 6 万多人，离退休人员 1.1 万余人。养老保险做到统一制度、统一标准、统一管理、统一调剂使用基金。养老保险基金收缴率一直列南通市各县（市）、区之首。1996 年，对企业职工养老保险费的征集、养老保险关系的建立和变更、养老保险个人账户、职工 1995 年年底前工作年限、储存额的推算、过渡期内调节金的设置和新老办法对比、农民合同制工中止合同等具体问题又作出补充规定。

1994 — 2003 年启东市企业职工缴纳养老保险金比例变化情况表

表 16–5–6

年 份	缴费比例（%）			个体户缴费比例（%）
	总比例	企 业	个 人	
1994	22	19	3	
1997	22	18	4	
1998	25	20	5	
1999	26	20	6	
2001	27	20	7	
2003	28	20	8	20

1998 年，汇龙镇、吕四港镇的镇属企业职工养老保险与市属企业职工养老保险并轨，统一按市属企业养老保险的规定标准执行。1999 年，为保障城镇私营企业职工和个体工商户的合法权益，启东制定城镇私营企业职工基本养老保险暂行办法和外商投资企业职工参加社会养老保险规定。明确启东市行政区域内，所有城镇私营企业职工、个体工商户、外商投资企业职工都必须依法参加社会养老保险，企业社会养老保险覆盖全市各类企业的所有职工。2002 年，启东实施社会保障制度改革，进一步扩大社会保障覆盖面，加大基金征缴力度，同时积极争取省、市财政补助，截至 2012 年年底，上级财政共补助启东 27417 万元，确保离退休人员养老金的及时、足额发放。包括城镇职工、居民在内，全市城镇基本养老覆盖面 97.3%。

1987 — 2012 年启东市职工养老保险情况统计表

表 16-5-7

年度	参保企业数	参保人数（人）	收缴基金（万元）	收缴率（%）	退休人数（人）	支付基金（万元）	社会化发放率（%）
1987			178				
1990		30800	1228		5085	708	
1995	248	58021	5731	97.00	10849	3989	
2000	353	56466	7707	95.00	16631	9607	90
2005	1436	54736	8998	97.03	21749	16941	100
2009	706	55178	11070	99.20	23146	18046	100
2010	726	59619	13210	99.74	24446	20102	100
2011	3173	111881	57390	100.00	34923	62525	100
2012	3258	118826	78215	99.36	42089	79721	100

机关事业单位职工养老保险　机关事业单位中的劳动合同制职工，均从 1986 年起参加企业养老保险。机关事业单位参保对象：机关、财政全额拨款事业单位中的固定工、劳动合同制工人及劳动、人事部门批准使用的临时工；差额补贴、自收自支事业单位的全体干部职工和经劳动、人事部门批准使用的临时工；乡镇工业技术服务站，乡镇事业站（所）的在职在编人员；人才市场的事业代理人员。养老保险金收缴标准：1993 年 7 月至 2001 年 12 月，自然比例（单位离退休费用与全部职工工资总额比）在 15%以下的，按 15%提取；自然比例在 15% 至 25%的，按 21%提取；自然比例在 25% 至 35%的，按自然比例减 3 个百分点提取；自然比例在 35%以上的，按 34%提取；劳动合同制工人和临时工统一按工资总额的 20%提取；固定工人、合同制工人、临时工个人按工资总额 2%缴纳；离退休人员养老金计入单位缴费基数。2002 年，对缴费基数和比例作适当调整。单位按在职职工工资总额的 31%，个人按工资总额的 4%缴纳；乡镇兽医站单位按在职职工工资总额的 29%，个人按工资总额的 6%缴纳；个人缴费比例每两年提高 1 个百分点，最高不超过 8%；离退休人员养老金不作为单位缴纳养老保险金的基数。机关事业单位中的参保人员基本养老金实行全额结算，差额缴拨，离休干部全部实行社会化发放，乡镇农机服务站、畜牧兽医站试行全收全付的结算方式。机关工人退休，按本人工作年限、岗位工资、工效工资、技术等级（职务）工资、奖金的 50% 至 90%计发；事业离休人员，按本人职务工资与津贴之和全额计发；事业退休人员按工作年限，本人职务工资（技术等级）与津贴之和的 50% 至 90%计发。其中工作满 35 年按 90%计发；工作满 30 年按 85%计发；工作满 20 年按 80%计发；工作不满 20 年按 70%计发；工作不满 10 年按 50%计发。机关事业单位中的合同制工人缴费年限满 15 年的按固定工待遇计发养老金；缴费年限不满 15 年，按低于 10 个百分点

计发；缴费年限不满10年的按缴费年限每满一年一次性发给本人月均缴费基数两个月的生活费。知识分子家属农转非满5年，参照缴费年限满10年的办法，按月计发养老金。

1997 — 2012年启东市机关事业单位社会保险参保情况表

表16-5-8

年份＼分类	参保单位数（个）	参保人数（人）	退休人数（人）
1997	244	9508	1999
2000	274	10018	2374
2005	257	6411	1629
2008	260	6344	1754
2009	260	6281	2016
2010	208	5771	2513
2011	198	4896	2964
2012	200	4906	3411

农民养老保障 1992年7月，启东市开始在农村推行社会养老保险（简称“农保”）。“农保”的投保对象是18 — 60周岁的农村各类人员。按自愿参加的原则，不限投保金额，缴费方式灵活多样，可以趸缴，也可按月或按年缴纳。投保人员可直接到市农保处或所在乡镇的农保经办机构办理投保手续。参保人员男满60周岁，女满55周岁可按月领取养老金。投保人员领取养老金不足10年身故的，由其法定继承人或指定受益人领满10年。养老金发放标准按国家规定，将投保金额、时间、增值利率等因素综合计算确定。养老金实行社会化发放，由邮政储蓄银行代发。1992年，启东全市参保人员人均月缴费额为5.2元；1997年，参保人员人均月缴费额26元，参保人数增至18.5万人。2005年年底，参保人员达21万多人，积累基金1.86亿元；9183名参保人员领取养老金，共发放3491万元。2010年，27.46万人参保，22393名参保人员领取养老金，共发放1.55亿元。2012年，全市28.84万人参保，参保率92.09%，21.04万人领取养老金，共发放1.67亿元，平均每人近800元。

农村“五保”老人供养 启东县对农村“五保”老人实行供养，有敬老院集中供养和居家分散供养两种形式。

1983年，全县有敬老院41所。1986年，发展到44所，实现“一乡一院”设置目标。之后，随着撤乡建镇、乡镇合并，敬老院布局作调整，数量减少。

1992年至2002年，市、乡（镇）两级共投入2230万元，用于敬老院硬件建设，改善居住和生活条件。1998年汇龙、久隆、惠丰、新安镇敬老院被评为江苏省文明敬老院，有6所敬老院被评为南通市文明敬老院。2005年底，全市24所乡（镇）敬老院中平房改建成楼房7所；各院原来矮小、破漏、危旧房屋相继得到维修、翻新、扩建；

设有书报阅读室、棋牌娱乐室、洗涤卫生室；配有彩电、风扇、洗衣机等。

2006年，启东市开始建设区域性中心敬老院，将其列入市政府实事工程部署实施，根据“布局合理、功能完善、设施配套、环境优美、管理规范”的建设目标，按照“硬件单元化、环境花园化、生活多样化、管理规范化”的标准要求，统一规划建设。至2008年10月底，全市8所区域性中心敬老院全部建成运行。经市编办同意，中心敬老院被定性为市社会福利养老服务事业单位，单独建账，独立核算，由市民政局垂直领导管理。8所区域性中心敬老院，总投资8000多万元，总占地面积12万平方米，建筑面积4.45万平方米，床位1769张。2010年底集中供养“五保”老人1705名，另有652人分散供养，集中供养率72.3%。2012年，集中供养“五保”老人1126人，集中供养率70%，供养标准每人每年6360元；分散供养“五保”老人482人，供养标准每人每年4320元。

社会老年服务设施建设　1996年月10月，市老年公寓建成后对外投入使用。2004年至2005年，市老年公寓两次扩建。经扩建后，占地23亩，建筑总面积10500平方米。绿化面积占45%，有公寓楼3幢，设单、双人标准客房130间，房间内有卫生、淋浴室，配有电话、彩电、风扇、壁柜等生活用具。新建5号公寓楼，房间内配有空调、电话、彩电、太阳能淋浴、沙发等生活设施。综合楼1幢，建筑面积2541平方米。公寓设有医务室、健身房、阅览室、娱乐室、餐厅等配套设施，基本形成集寄养托养、健身娱乐、康复治疗为一体的综合型格局。2012年，共设床位255张，住寄养、托养老人218人。

1999年，市筹集“福彩”基金12万元，资助4所社区“星光老年之家”，用于购置健身器材、文娱用品及书刊资料，为社区老人提供实用型福利设施和活动场所。

2003年，实施首批“星光计划”①，共投资433万元，其中市财政290万元，乡（镇）自筹99.5万元，上级拨款12.5万元，社会募集16万元，吸纳社会资金15万元，为市老年服务中心4所敬老院改造房屋6350平方米，新建房屋570平方米。2004年12月，全部竣工投入使用。

2009年，全市推进“爱心服务站”建设工作，年底全市2/3以上的村和社区建有爱心服务站。各镇村和社区结合“爱心服务站”建设，开展500多次“法律援助、医疗护理、日常维修、扶贫帮困、文体活动、宣传教育、心理疏导”等尊老爱老志愿服务活动。

①全国社区老年福利服务星光计划的简称，2001年6月8日起“星光计划”正式启动。“星光计划”的主要内容是，在三年内使用各级彩票中心发行福利彩票筹集的福利基金的80%（约50亿元）和各级政府及社会各界投资50亿元，在全国10万个社区居委会和农村乡镇新建成或扩建一批城市社区老年福利服务设施、活动场所和农村乡镇敬老院，以供老年人娱乐和学习。这些老年福利机构称之为“星光老年之家”。至2005年年底，“星光计划”总投资34亿元，建成“星光老年之家”3.2万个，涵盖老年人入户服务、紧急援助、日间照料、保健康复和文体娱乐等多种功能，受益老年人超过3000万。2005年全国平均每个街道有1.32个城市老年福利机构，每9.8个社区居委会有1个城市老年福利机构。

2010年9月，市政府办公室发布《关于加快推进全市居家养老服务中心（站）建设实施办法》。2012年6月，市政府发布《关于加快推进我市社会养老服务体系建设的实施意见》《关于大力推进农村老年关爱之家建设的实施意见》。至年底，全市建立居家养老服务站266个、居家养老服务中心15个。汇龙镇南城区居家养老服务中心通过省级示范性居家养老中心评估验收。全市共有各类社会养老机构55家，总床位数5131张。

四、医疗保障

机关干部、职工医疗保障 1986年至1996年8月，机关干部、职工医疗待遇由市公费医疗管理委员会办公室（简称公费办，隶属市卫生局）承办。公费办负责对机关事业单位及乡镇公费医疗对象的医疗保障经费计划预算拨付、公费医疗管理政策的完善和调整、定点医疗机构的管理。1997年，在市直122家原执行公费医疗制度的市直行政机关和事业单位中进行医疗保障制度改革试点。1999年12月，按照“基本水平、广泛覆盖、共同负担、统账结合、属地管理”的原则，市政府印发《关于完善职工基本医疗保险有关制度的暂行意见》；2000年，市政府颁发《关于调整城镇职工基本医疗保险有关政策规定》和《关于调整和完善城镇职工基本医疗保险有关政策规定的意见》等文件。2000年1月起，原实行的公费医疗和劳保医疗制度废除，城镇职工医疗保险制度正式实施。医疗保险改革试点初期，参保范围主要为市直机关和全额拨款的直属事业单位。后扩大到市级机关、各类事业单位、行政性公司、部省属单位。2002年，扩展到全市各乡（镇）机关、企事业单位。人事、劳动关系代理和托管的人员，灵活就业人员和市属企业二等乙级伤残军人也纳入医保范围。2001年，所有企业军队转业干部全部纳入医疗保险，应由单位负责缴纳的医疗保险费全部由财政负担。到2002年7月，全市所有离休人员、乡（镇）和企业的二等乙级伤残军人纳入医疗统筹。统筹医疗费实行单独缴费、单独核算、单独管理。离休人员和进入市医疗统筹的二等乙级伤残军人相继实行医疗备用金制度。2002年7月，由改革初期仅有基本医疗保险一种模式扩展为三种模式：基本医疗保险，设立个人账户，享受基本医疗保险待遇；住院医疗保险，不设个人账户，享受住院医疗保险待遇；大病互助保险，只享受大病互助保险待遇。2002年起，企业退休人员可采取一次性趸缴医疗保险费的办法参加医疗保险，最低缴费年限为20年。为保证国家公务员原医疗待遇不降低并随经济发展有所提高，2004年起，对市直机关、定额预算事业单位、垂直管理单位实施公务员医疗补助。同时，启东市政府颁发企业补充医疗保险办法。2005年，对改制（破产）企业退休人员推出50%住院医疗保险和35%住院医疗统筹，退休人员全部选择参加。2011年7月1日起，调整离休干部护理费标准，抗日战争、解放战争时期离休干部每月护理费分别调整为900元和800元。2011年、2012年，调整退休人员最低缴费基数，缴费比例、最低年限不变。

2000 — 2012 年启东市退休人员医疗保险缴费基数比例一览表

表 16-5-9

起讫年月	最低缴费基数（元）	缴费比例（%）		最低年限
		基本医疗保险	住院医疗保险	
2000.1 — 2000.12	6382	7	/	无规定
2001.1 — 2001.12	7000	7	/	无规定
2002.1 — 2002.12	7500	7	5.8	20 年
2003.1 — 2003.12	8362	7（1 — 6 月） 8（7 月起）	5.8	20 年
2004.1 — 2005.6	9977	8	5.8	20 年
2005.7 — 2010.12	10232	8	5.8	20 年
2010.11 — 2012.12	21528	8	5.8	20 年

农村老年医疗保障　1985 年 12 月，中共启东县委颁发《启东县农村合作医疗管理暂行规定》，全县合作医疗基金统一按农业人口每人每年 4 元筹集，其中从公益金中按总人口统筹每人 1 元，余由个人负担。各地健全合作医疗管理组织，县成立以分管县长为主任、有关部门领导参加的合作医疗管理委员会，每个乡（镇）、村亦相应建立合作医疗管理组织。全县合作医疗按“合医、合药、合防”模式，坚持“划区医疗、凭卡就诊、按级转院、分级管理”原则。1990 年 12 月，全市合作医疗基金筹集标准提高到每人每年 6 元至 8 元，其中在公益金中人均统筹 1.5 元。1993 年 10 月，资金筹集标准调整为每人每年 15 元，其中在公益金中人均统筹 2 元。同年，在惠萍镇、东元乡、合作乡开展合作医疗保险试点。1995 年 2 月，市政府在三个乡镇试点成功的基础上，全面推行合作医疗保险制度，并颁发《启东市合作医疗保险试行办法》。全市合作医疗基金筹集标准按农民年人均收入的 1.5%（约 20 元）筹集，其中集体补助 2 元。基金实行全乡（镇）统一管理，乡与村分级核算的管理责任制。基金使用分“一般基金”（用于基本医疗）和“专项基金”（用于大病医疗、预防保健），分别占总基金的 80% 和 20%。是年，全市农民参保率 60%。1994 年 7 月，启东市被世界卫生组织、国务院政策研究室、卫生部联合确定为《中国农村合作医疗保健制度改革研究》项目试点县（市）之一。启东所实施的合作医疗保险模式，受到世界卫生组织和国家课题组的充分肯定，并多次在中央、省、市有关会议上作经验介绍。1997 年 9 月，世界卫生组织临时顾问凯林博士专程到启东实地考察合作乡、惠萍镇、东元乡的合作医疗保险，给予高度评价。2001 年，农村税费改革后，基金中的集体补助部分下降为人均 1 元，全市合作医疗参保率随之下降，至 2002 年，全市仅为 39.8%。2003 年，根据中共中央、国务院《关于进一步加强农村卫生工作的决定》，农村大病医疗保险纳入社会保障体系。全市 23 个

乡（镇）参保人数 87 万人，参保率 90.8%，共筹集资金 448.6 万元。有 2406 人得到补偿，共补偿 58.67 万元，个人最高补偿 1.6 万元。2004 年，实施“6+6”模式，即农民人均交纳 6 元，财政补助人均 6 元；合作乡、启隆镇试行“15+15”模式，即农民人均筹资 15 元，财政补助人均 15 元。当年全市参保人数 85.42 万人，参保率 87.98%，农民个人筹集资金 541.54 万元，财政补助 541.54 万元，共筹集资金 1083.08 万元，有 6508 人得到补助。2010 年，全市应参保人数 74.37 万人，有 63.89 万人参加，参保率 85.90%，共筹集资金 1916.59 万元，其中个人筹集资金 958.29 万元，市财政补助 638.86 万元，乡（镇）财政补助 391.43 万元。有 18214 人获住院医药补偿，补偿款 1208.10 万元，人均补偿 663 元，获补偿款 10000 元以上的有 22 人，有 12611 人获门诊医药费补偿，补偿款 254.21 万元，人均补偿 22.75 元。年底，全市 60 周岁以上农村参保人员健康体检，体检费支出 99.9 万元。2012 年，全市参保人数 85.68 万人，参合率达 99.91%，60 周岁以上老人参合率 99.97%，均创历史新高；筹资标准每人 320 元，其中各级财政补助 255 元，其筹集资金 2.18 亿元。全市“五保”人员、70 岁以上老党员、90 岁以上老年人口及 35706 名低保人员个人缴纳资金由市财政资助，共 232.09 万元。全市 82115 人次获住院医药费补偿，共支出 1.89 亿元，平均每人次补偿 2301 元，其中补偿 5000 元的有 7933 人。为全市 60 周岁以上农村参保老人免费体检，支出 120.71 万元。

五、老年文体

1983 年以来，启东县（市）相继成立门球协会、桥牌协会、文娱队等 14 个文体团体。汇龙镇经常参加活动的老人在 3500 人左右。每逢重大节日或纪念日，各协会积极开展各种文体活动，举办书画展、集邮展、趣味体育和游戏比赛。还经常参加外地举办的各类比赛，如门球友谊赛、桥牌比赛等，年平均开展活动 30 余次。

1985 年，建立启东县老干部活动中心，中心位于汇龙镇民乐中路，占地 7881 平方米，建筑面积 1335 平方米，绿化面积约占 60%。

1989 年 9 月，启东创办老年大学。2004 年，老干部活动中心扩建。老年大学拥有一幢五层教学大楼，有 5 个标准教室和 1 个多功能厅，办班由创办时的保健、书法增至人文地理、音乐舞蹈、器乐、戏曲、书法绘画、医疗保健、拳操、英语、计算机等。平均每年有 1000 多人进入老年大学学习。

2008 年 4 月 30 日，启东市举办首届老年人体育节，全市 2.6 万多名老年人参与。

2009 年，启东市老科协科普文娱宣传队参加南通市老科协举办的庆国庆 60 周年文艺汇演，演出的越剧歌舞《仙人乐》、戏曲茶坊《乐在农家》获得金奖。《十送红军》《花浓细语》参加南通市老年体协承办的“快乐健康与祖国同庆”老年专场文艺晚会演出，《十送红军》代表南通参加省级比赛。

2010 年 1 月，启东市夕阳红明珠舞蹈队在中国国际中老年艺术节 —— 2010 年第二届“畅享和谐”全国中老年春节联欢晚会上，表演舞蹈《海婆娘》，获金玉兰奖。12月，启东市老年人倪国彬带领启东民间长跑队参加上海国际马拉松赛，倪国彬连续6年参加国际比赛，受到组委会表彰。

2011年5月，启东市老年人体育协会主席在省老年人体育协会召开的“五纳入[①]”工作现场推进会上，介绍启东老年人体育健身经验。至2012年末，启东市有晨晚健身点360余处，全市2万名老年人常年参加健身。吕四镇府前路、王鲍镇文体站、汇龙镇台角村等5个老人健身点被命名为南通市级晨晚练健身点。

六、老年公益服务

离退休人员捐款献爱心，资助孤儿、父母残疾或生重病在校生。采取一帮一的办法，每个乡（镇）每年落实一二百个帮扶对象，从技术、信息、资金、劳力转移等多种途径进行帮扶。经过努力，全市先后有3万多人脱贫，有数千户逐渐走上致富路。1991年10月8月至15日，邀请省老促会组织医疗队在王鲍地区中心卫生院设点开展巡回医疗，624人次得到义诊服务；受省红十字会委托，向老区人民赠送红霉素、卡那霉素等价值6000多元的药品。1997年，市属医院10名退休老专家，赴新义、王鲍乡开展义诊活动，250多人获检查治疗。1998年，全市扶贫助学683人，扶贫款14.49万元。为市职教中心身患恶性肌瘤的女生龚某捐资1.15万元。1999年起，扶贫助学活动在全市各地持续展开，至2005年，全市扶贫助学2712人，累计16441人，扶贫助学款59.45万元。2003年，建立社会调解服务网络，各乡（镇）和市经济开发区都建立社会矛盾纠纷调处中心，市直各部门、各单位建立调解小组或办公室，村（居）及200人以上企事业单位建立人民调解委员会，村民小组及200人以下企事业单位建立民调小组，每10户村（居）民设立1名调解员。各级调解员除少数在职，90%由离退休老年人承担。至2010年底，全市共有乡（镇）、村级、小组调解员、信息员31025名，构建起覆盖城乡的大调解网络体系。受理、调处婚姻家庭、交通、劳资、医疗、环保、合同、财产、企业改制和征地拆迁等矛盾纠纷8136件，成功调处7453件，调处成功率91.6%；共化解群体性纠纷850起21183人次，防止民转刑案件563件。2006—2010年，先后帮助621名家境贫寒的初中毕业生到黄桥人才培训中心学习，毕业后分配到上海、苏州、无锡、常州等地企业工作。

七、尊老敬老

1982年，启东县王鲍乡女青年芮琴珠自愿赴湖南省靖县照顾患病孤寡老人胡永发，直至老人病故。启东县委派出慰问组前去慰问，并发出《关于向芮琴珠同志学习的通

①全民健身“五纳入”：公共体育设施建设纳入当地国民经济和社会发展规划、全民健身经费纳入当地财政预算、全民健身工作纳入本级政府目标管理、开展群众体育运动纳入单位文明创建、人均体育场地面积纳入各级政府目标责任考核体系。

知》。翌年6月，芮琴珠出席全国学雷锋积极分子座谈会，被评为全国学雷锋积极分子。《湖南日报》发表长篇通讯《一枝精神文明建设的迎春花》，湖南电视台播出专题片，高度赞扬芮琴珠尊老敬老的雷锋精神。

1983年起，每年春节、重阳节，县（市）四套班子领导及民政局负责人分头走访慰问部分敬老院“五保”老人；登门探望慰问部分老共产党员、百岁老人及散养“五保”老人。

1986年10月12日，农历重阳节，启东首倡重阳节为“敬老日”。县有关领导慰问15位百岁老人，给每位百岁老人赠送新被1条、红糖5斤、钱20元。1987年，各乡（镇）、村在做好子女、亲属思想教育工作的基础上，子女签订赡养老人协议书，由村委会监督执行。

1990年10月4日，市委、市政府转发市老龄委、老干部局、民政局等14个部门《关于开展尊老社会“一条龙”服务的通知》。

1994年起，对农村90岁以上的共产党员及百岁高龄老人实行长寿金补助制度，年人均补助300元。1995年，增加到400元。1999年，调高到600元。补助资金市财政按年核拨。

1996年8月，《老年人权益保障法》颁布，全市开展形式多样的学习、宣传活动，增强法律观念，提高维权意识，营造良好的尊老敬老社会氛围。

1998年，启东市委、市政府出台文件，规定老年人看电影、乘公交车、上公厕、游公园、看病、安装维修电器、法律服务等7项尊老敬老优惠措施。

2002年，对参加合作医疗的农村90岁以上老人及70岁以上的共产党员，个人筹资给予年人均20元的补助。2003年起，上述对象参加农村新型合作医疗个人负担的规费给予全免。

“十五”以来，为全市129户独生子女死亡后不再生育或收养的家庭共217人办理养老保险。

2007年，启东市开展“倡尊老爱幼风尚”活动。帮助结对村组织开展“三建一创”（建道德理事会、建道德规范、建道德档案，创和谐社区）主题活动；村民自觉签订赡养老人承诺书10万份以上。

2010年起，启东市广泛开展“我们的节日·重阳节”主题教育活动，各中小学校普遍以班队活动和学校升旗仪式为载体，发动学生积极参与“感恩重阳”活动；以开展志愿者服务活动为形式，组织学生到敬老院表演文艺节目，慰问老人。10月，启东市文明办在人民公园广场举行“尊老敬老百千万”志愿服务活动启动仪式，全市建立100个志愿服务站，为1000名以上老人开展1万次服务活动。是年，启东市民政局在全市开展“关爱老人、构造和谐”敬老月活动，免费上门为百岁老人拍福星照、全家福和免费体检，并制作百岁福星图片展在市区和政务网上展出。

八、老年社团（群团）组织

启东市老龄协会 2011年7月8日成立。同年10月至12月，全市12个乡（镇）、1个经济开发区、2个街道办事处以及全市所有的村委会、居委会全部建立老龄（老年）协会。

启东市老年人体育协会 1985年6月成立。1993年1月、2003年9月、2008年1月，分别进行第二、三、四届换届选举。至2012年年末，全市大部分行政村建立老年人体育协会俱乐部。

启东市老科技工作者协会 1997年1月成立，下设6个专业小组。2012年底，协会有13个分会；12个乡（镇）分会；1个企业老科协。会员916人。组建启东市老科协科普讲师团，开展科普知识和实用技术讲座。根据广大农村和社区群众生产和生活需要，选择农副业生产新技术、卫生保健、法律知识等方面20个课题备课，向各乡（镇）街道印发讲座内容“菜单”，供各单位选择。开展“我为启东沿海开发献一计”活动，参与市以节约能源资源，保护环境，保护安全健康为主要内容的“创意金点子”活动，先后提出建议207条。每年围绕农业、工业增效，农民市民增收等问题，选择带有全局性的热点、难点问题，列出专题，与市有关部门、有关乡（镇）联合调查，形成调研材料。每年形成具有参考价值的调研材料20多份。1998年，关于天汾镇坝头村6组稻田养蟹连续多年稻谷和成蟹双高产，亩产值万元以上的调查材料，得到时任副省长姜永荣的肯定和批示，向全省推广。启东市老科协与江苏海四达集团实施的“电动工具协力型锂离子电池”协作项目，获省“优秀厂会协作”项目二等奖。退休科技人员、老科协成员李锦文、陆廷耀等自筹资金，创办民营科技型企业——启东市绿源豆类研究所，从事名、特、优豆类作物品种选育和高产栽培技术研究。经过多年攻关、创新，选育出新品种启豆5号、启豆6号、通豆6号。累计推广面积42万亩，增效1.68亿元。医学老专家组成志愿者服务队，深入全市乡（镇）社区义诊，为百岁老人进行体检。

启东市老区开发促进会（简称老促会） 1990年11月成立。第一届理事会由34人组成，其中常务理事18人，正副理事长8人，名誉理事长1人。原县处级领导3人担任顾问。老促会下设办公室和工业、农副业、科技服务3个工作小组，聘请农工副三业9名科技骨干为特约研究员，吸收经济实力较强的企事业单位为团体会员。在革命老区中心地区新义、久隆、合作、志良、聚南、王鲍6个乡和贫困的聚阳、大同2个乡，建立8个联络小组。1994年3月，市第二届老促会理事会设名誉理事长3人，原市四套班子5名老领导和人大办公室主任担任顾问，正、副理事长10人，常务理事40人，理事65人，聘请具有中高级职称的技术人员12人为特约研究员，特邀10个局（行、社）、11个公司和13个厂、1个专业户为会员单位。1995年6月，市成立扶贫开发协会，与老促会两块牌子，一套班子。1998年3月，市第三届老促会理事会名誉理事长增至5人，顾问6人，正、副理事长11人，常务理事30人，理事62人，特约研究员13人，会员单位24个。年底，全市37个乡镇除启隆乡外，均建立老促会。2003年3月，市第四届老促会理事会把原顾问人员统改为名誉理事长，共12人，正、副理事长13人，常务理事25人，理事73人，含34个镇、乡老促会常务副理事长，不再设特约研究员和团体会员单位，将市直机关部、委、办、局27个单位的主要负责人聘为顾问。2005年底，全市24个乡（镇）全部建立老促会。2008年5月，市第五届老促会设名誉理事长15人，正、副理事长6人，理事39人，其中市级15人、乡镇24人。市直相关28个部门、单位的负责人担任顾问。

启东市关心下一代工作委员会 1993年4月成立，设主任1人，副主任7人，顾问2人，16个成员单位负责人任委员。下设办公室，办公室主任由市委老干部局副局长兼任。1996年6月，市关工委迁出老干部局，单独办公，驻会人员均为离退休干部。2005年3月，关工委办公室设事业编制1名，是年年底，市关工委有成员25人。20世纪90年代起，一些单位和部门陆续成立关工委。至2005年，市直机关有教育局、文化局、交通局、供销总社、粮食局、建工局、发改委、电信局、卫生局、供电局等16个部门成立关工委组织。1993年6月，北新镇建立启东市第一个乡镇关工委。至2005年，全市有基层关工委、关工小组701个，其中乡镇24个，街道9个，行政村326个，社区128个，学校138个，企事业59个，民营企业17个。

至2012年，全市参与关心下一代工作的各类志愿老人9420人，创办青年政治科技学校194所，有专兼职教师463名，学员15067名；办科技培训班241个，讲座215次，听课12590人次。帮助下岗青年889人再就业。全市有各类校外辅导站辅导员3990名，辅导学生累计达9.2万人次。市关工委先后4次被全国关工委表彰为宣传工作先进集体，2次被评为江苏省关心下一代工作先进集体，2人获中国关工委表彰。

第六节　通州区老龄事业简况

通州区位于南通市中部，东临黄海，南依长江，三面环绕南通市主城区，北与如东县毗连，西北与如皋市接壤，东南与海门市相邻。通州区前身先后为南通县、通州市，1993年1月，经国务院批准，撤销南通县，设立通州市。2009年3月，经国务院批准，撤销通州市，设立南通市通州区。2012年末，全区面积1166平方公里，耕地105.12万亩。户籍人口125.73万人，常住人口114.2万人，辖19个镇、4个街道。

一、人口老龄化

1982年，南通县进入人口老龄化社会。当时南通县常住人口总数1487388人，其中60周岁以上老年人口164295人，占总人口的比例为11%。以后30年间，老龄化程度一直呈上升态势。1990年，常住人口总数1545005人，其中60岁以上老年人口207776人，占总人口比重为13.4%，年均递增0.3%。由于区划范围调整和劳务人员外出，常住农业人口呈下降趋势。2000年，通州市常住人口总数为1371498人，其中60周岁以上老年人口246084人，占总人口比例为17.94%，年均递增0.45%。2010年，通州区常住总人口为1138738人，其中60岁以上老年人口288362人，占总人口比重25.32%，年均递增0.74%。

通州区四次人口普查人口老龄化情况统计表

表16-6-1 单位：人

年份	总人口	60岁以上	占比	百岁老人数
1982	1487388	164295	11%	
1990	1545005	207776	13.4%	
2000	1371498	246084	17.9%	46
2010	1138738	288362	25.32%	137

说明：1982、1990、2000、2010分别为第三次、第四次、第五次、第六次全国人口普查数。

人口老龄化程度在地区间很不均衡。据2010年“六普”资料，人口老龄化程度较高的地区为北部片区，老年人口占比为31.6%，其中骑岸镇人口老龄化程度最高，老年人口占比达36.4%；人口老龄化程度较低的地区为南部片区，老年人口占比为20.7%，其中川姜镇人口老龄化程度最低，老年人口占为17.7%。东部、西部、中部三大片区老龄人口占比分别为29.9%、25%、21.2%。这同商品经济发展程度和人口流动程度密切相关。

与人口老龄化程度加深相联系的，是长寿现象的发展。据资料记载，1997年至2012年间，通州百岁老人数最少年份为1997年和1999年，分别为33人和32人。最多年份为2006年和2010年，分别为119人和137人。男性占比一般为15%左右，占比最低的2004年为9.0%，占比最高的2001年为22.2%。最高寿限为113岁。逐年数据列表如下：

1997 — 2012年通州百岁老人及男女占比情况统计表

表16-6-2

年份	百岁老人数（人）	其中			最高年龄(岁）
		男性人数（人）	占比(%)	女性人数（人）	
1997	33	5	15.15	28	104
1998	36	5	13.90	31	105
1999	32	5	15.50	28	104

续表 16-6-2

年份	百岁老人数（人）	其中			最高年龄(岁)
		男性人数（人）	占比(%)	女性人数（人）	
2000	46	8	17.40	38	105
2001	36	8	22.20	28	103
2002	75	13	17.30	62	104
2003	96	14	14.60	82	105
2004	80	7	9.00	73	105
2005	79	17	21.50	62	106
2006	119	22	18.50	97	107
2007	85	13	15.30	72	108
2008	87	15	17.20	72	109
2009	87	12	13.80	75	110
2010	137	25	18.20	112	111
2011	115	21	18.20	94	112
2012	116	18	15.52	98	113

二、老龄工作机构

1985年6月，南通县老龄问题委员会成立。1997年2月，通州市老龄问题委员会改称通州市老龄工作委员会，并调整老龄工作委员会领导成员。2000年12月，通州市老龄工作委员会办公室划归民政局管理，民政局设老龄工作科，与社会福利科合署办公，承担老龄委的日常事务。

通州区（南通县、通州市）老龄工作机构负责人名录表

表 16-6-3

时 间	机构名称	名誉主任	顾 问	主 任	副主任	办公室主任
1985.6 — 1986.11	南通县老龄问题委员会	陶景泉	沈汉卿 朱学银 姜光华 丁善道	丁善道	华福广 杨秀明 朱鹿鸣	朱鹿鸣
1986.11 — 1991.5	南通县老龄问题委员会	陶景泉	沈汉卿 朱学银 姜光华 丁善道	金维勤	华福广 杨秀明 朱鹿鸣	朱鹿鸣
1991.5 — 1992.5	南通县老龄问题委员会	陶景泉	沈汉卿 朱学银 姜光华 丁善道	张永凯	华福广 白新成 张竹华 李云祥 周美成(女)	华福广
1992.5 — 1993.2	南通县老龄问题委员会	陶景泉	沈汉卿 朱学银 姜光华 丁善道	张永凯	刘郁昌 白新成 张竹华 李云祥 周美成(女)	华福广 刘郁昌
1993.2 — 1995.12	通州市老龄问题委员会	陶景泉	沈汉卿 朱学银 姜光华 丁善道	张永凯	刘郁昌 白新成 张竹华 李云祥 周美成(女)	刘郁昌
1995.12 — 1997.2	通州市老龄问题委员会	陶景泉	沈汉卿 朱学银 姜光华 丁善道	朱茂鑫	刘郁昌 曹 凯	刘郁昌

续表 16-6-3

时　间	机构名称	名誉主任	顾　问	主 任	副主任	办公室主任
1997.2 — 2000.3	通州市老龄工作委员会			朱茂鑫	刘郁昌 曹　凯	刘郁昌
2000.3 — 2002.8	通州市老龄工作委员会			曹　斌	刘郁昌 曹　凯	刘郁昌
2002.8 — 2008.6	通州市老龄工作委员会			明汉清	陈　斌 陈永祥 刘郁昌 杨　松 汤建忠 张宏林 郁　红（女）	葛志兵
2008.6 — 2009.7	通州市老龄工作委员会			陈　勇	陈艳梅（女）张慎军 顾子建 张宏林 李淑芳（女）	张宏林
2009.7 — 2011.10	通州区老龄工作委员会			陈　勇	陈艳梅（女）张慎军 顾子建 张宏林 李淑芳（女）	张宏林
2011.10 —	通州区老龄工作委员会			郜江森	陈艳梅（女）包云祥 顾子建 张武军 金　剑	张武军

三、老年供养

企业职工养老保险　1986年，南通县开始实施企业职工养老保险制度改革。1987年，经南通县人民政府第十次常务会议决定，成立南通县退休费用统筹管理委员会，副县长黄骏驰兼任县退休费用统筹管理委员会主任。南通县自1987年10月1日起，在全民所有制企业中推行退休费用社会统筹，1988年1月1日起在县属集体企业中推行退休费用社会统筹。

1992年9月25日，南通县人民政府发出《印发〈南通县企业职工养老保险暂行办法〉的通知》，规定企业职工养老保险的参保范围和对象为“全民所有制企业、县属集体所有制企业，在我县的部、省、市属企业的职工，三资企业的中方职工，国家机关、事业单位和社会团体的劳动合同制职工以及安排到乡镇企业工作的国家统配人员和城镇待业人员”。

1994年3月19日，通州市人民政府发出《关于印发〈通州市深化企业职工养老保险制度改革的意见〉的通知》，将企业职工养老保险的实施范围拓宽到“在通州市注册登记的各类城镇企业、外商投资企业、私营企业和城镇个体工商户”，实施对象为“上述企业的固定职工、劳动合同制职工、临时工、城镇个体劳动者以及安排到乡镇企业工作的城镇户口职工”。

2003年11月1日，通州市市委办公室、市政府办公室转发市劳动和社会保障局等部门《关于企业退休人员社会化管理服务工作实施意见》，要求全市企业退休人员实行社会化管理服务，将原由企业承担的退休人员日常管理服务工作逐步转移社区承担，建立市、镇、社区三级管理服务体系。企业退休人员社会化管理服务工作实行属地化管理。通州市企业退休人员社会化管理服务中心具体承办全市企业退休人员社会管理服务工作，负责实施退休人员节日和日常慰问，组织开展退休人员文体娱乐活动。

2005 年 4 月 23 日，通州市政府发出《关于进一步做好我市企业职工社会保险工作的意见》，规定“行政区域内各类企业、民办非企业单位和个体工商户，使用的全部职工以及行政事业单位非在编人员都应参加各项社会保险”。

自 2008 年起，通州市对纳入社区管理的企业退休人员以三年为一个周期，分期分批实施免费健康体检，并建立退休人员健康档案。2011 年起，将这部分退休人员免费检查的周期调整为两年。

农村养老保险 1993 年开始，通州推行农村养老保险政策，习惯称老农保，主要以个人缴纳为主，只要是农村户口均可参保，领取养老保险金年龄规定为女性 55 周岁、男性 60 周岁，到 2007 年年底，累计领取老农保 6766 人。

2007 年，通州市被列为江苏省新农保首批试点县市。当年 11 月 28 日，通州市颁发《通州市农村社会养老保险暂行办法》，自 2008 年 1 月 1 日正式施行。新农保最大的特点是采取政府补贴、个人缴费、集体补助相结合的保费筹资模式，凡具有通州市户籍，男 18 — 60 周岁；女 18 — 55 周岁的农村居民，均可参加农村社会养老保险。缴费基数为市上年度农民人均纯收入，缴费合计比例为 13%，其中个人缴纳 10%，市财政补贴 2%，镇财政补贴 1%，鼓励有条件的个人多缴费（比例最高不超过 30%）。规定满足以下三个条件即可领取养老金: 1. 缴纳农村社会养老保险费年限累计满 15 年以上（含一次性足额缴纳）；2. 男年满 60 周岁、女年满 55 周岁；3. 未享受政府主办的其他社会基本养老保险待遇。参保人员养老金由个人账户养老金和基础养老金组成。养老金计发办法如下: 个人账户养老金按本人启领养老金时个人账户累计储存额除以 120 计发。另外，基础养老金以本人启领养老金时本市上年度农民月均纯收入为基数，按 3% 的比例计发。缴费年限超过 15 年的，每满 1 年计发比例增加 0.1%。已参加原农村养老保险未到达领取养老金年龄的人员，自本办法实施之日起均按本办法规定的缴费标准缴费，到达领取养老金年龄时，按本办法计发养老待遇。原缴费年限可与本办法实施后的缴费年限合并计算，原缴费金额低于现行缴费标准的，按现行缴费标准折算缴费年限。截至 2008 年年底，通州区新、老农保领取人数达 13425 人。

2009 年 3 月 20 日，通州市政府颁发《通州市农村社会养老保险暂行办法补充规定》，集中出台三项惠民政策：实施农村低收入人员参加养老保险补助；参保人员年龄放宽到 70 周岁；建立农村无社会保障老年居民养老补贴制度，年满 70 周岁不满 80 周岁的，每人每月补贴 30 元；年满 80 周岁的，每人每月补贴 50 元。随着这三项新政策的出台实施，到 2009 年年底，新、老农保领取人数达 52516 人。

2010年4月30日，通州区政府颁发《通州区新型农村社会养老保险实施办法》。新办法充分体现了政府对社会保障的主导作用，加大了财政补贴力度，只要子女均参加社会保险并正常缴费，年满60周岁的父母即可享受每月60元的基础养老金；新农保在支付结构上分两部分：基础养老金和个人账户养老金，每月60元的基础养老金由财政全部保证支付，并且明确规定基础养老金随着财政的增长而增长。另外调整了养老金领取年龄，规定缴纳新型农村社会养老保险费且年满60周岁、未享受企业职工基本养老保险待遇的本区农村居民，按月领取养老金。对已按原新型农村社会养老保险规定享受待遇的55－60周岁的女性，仍按原标准领取，至年满60周岁时，再按本办法规定计发养老金。2010年年底，新、老农保领取人数达224040人，其中153750人直接申请领取基础养老金。

高龄老人生活补助　1986年起，南通县对百岁老人给予生活补贴，每人每月10元，作为老年人的营养费。1989年4月，经南通县人大常务委员会研究通过，对百岁以上老人的营养费从每人每月10元增加到15元。1999年1月，百岁以上的老人生活补助每人每月提高到50元。2005年7月，百岁老人的补贴标准再次作了调整，由每人每月50元提高到100元。从2008年7月1日起，对尊老金的发放年龄作调整，凡年满90周岁以上的高龄老人，具有通州市常住户口，每人每月发放10元尊老金；年满95周岁以上的老年人，每人每月发放60元尊老金；百岁及百岁以上的老年人，发放尊老金的标准，由原来的每人每月100元调整为160元。2010年7月，90－94周岁的高龄老人尊老金由每人每月10元提高到40元；95－99周岁的老龄人尊老金由每人每月60元提高到80元。百岁老人的尊老金由每人每月160元提高到300元。同时，尊老金的发放范围由90周岁以上老人扩大到80周岁以上老人。发放标准为80周岁至89周岁的高龄老人每人每月享受10元尊老金。

农村“五保”老人供养　通州对农村“五保”老人实行敬老院集中供养和居家分散供养。1983年，南通县57个乡镇中47个乡镇建有敬老院，“五保”供养标准达到年人均180元至200元。1985年，南通县实现每个乡镇都有敬老院，集中供养覆盖全县。2001年至2002年，市“星光计划”资助213万元，完成11所敬老院的改扩建。2003年、2005年、2011年，全市共投入资金1938万元，完成22所基础设施差、住房条件简陋的敬老院改扩建工程。“五保”供养标准不断提高。2007年，集中供养标准每年每人2600元，分散供养标准每年每人2200元。2012年集中供养标准每人每年6250元，分散供养标准每人每年5250元。

社会养老服务设施建设　1994年，动工兴建通州老年公寓，设在通州区福利院内。

2002年，市“星光计划”一期投资近60万元，完成城区7个“星光老年之家”的改建，添置设施。2004年，市“星光计划”投入资金62万元，用于改善老年活动场所，赠送图书2万多册。全市新增“老年星光之家”6个。2005年，全市投入资金240万元，完成刘桥、五甲、兴东、二甲、川港、北兴桥镇6镇敬老院改建工程的任务。

2008年，建成10个社区居家养老服务站。

2009年，通州市老年公寓正式开业，占地面积5000平方米，建筑面积5500平方米，拥有养老床位152张。南通市通州区城区居家养老服务中心挂牌成立。《通州市城乡居民最低生活保障实施细则》出台，规定对低保家庭中70周岁以上的老年人，每月增发20%的保障金。

2010年，通州区建立居家养老服务指导站，指导20家居家养老服务中心、267家居家养老服务站，负责辖区内养老资源和居家养老服务工作的日常管理、服务网点规划建设、服务对象审核、服务质量监督评估等工作；建立本辖区老年人信息库；设立居家养老服务热线电话，听取老年人意见与建议，解答提出的问题；组织服务人员培训；协调和组织辖区民间组织、志愿者等社会力量开展及时有效的为老服务。

通州区养老机构一览表

表16-6-4

序号	养老机构名称	机构性质		级别	建筑面积（平方米）	床位数（张）	入住人数（人）	入住率（%）	地点
		公办	民办						
1	金沙镇敬老院	√		镇	4500	190	80	42	金沙镇金西居
2	西亭镇敬老院	√		镇	2800	120	71	59	西亭镇西亭居
3	二甲镇敬老院	√		镇	5666	252	72	29	二甲镇余北居
4	东社镇敬老院	√		镇	3481	120	78	65	东社镇横马村
5	十总镇敬老院	√		镇	2930	120	72	60	十总镇二爻居
6	骑岸镇敬老院	√		镇	5000	230	106	46	骑岸镇骑岸居
7	五甲镇敬老院	√		镇	2668	120	82	68	五甲镇庆丰居
8	石港镇敬老院	√		镇	5100	240	105	44	石港镇石东村
9	四安镇敬老院	√		镇	3100	120	76	63	四安镇徐家桥村
10	刘桥镇敬老院	√		镇	5600	300	118	39	刘桥镇英雄村
11	平潮镇敬老院	√		镇	5000	220	140	64	平潮平西村
12	平东镇敬老院	√		镇	2400	110	51	46	平东镇新卅里居
13	五接镇敬老院	√		镇	8600	324	45	14	五接镇李港居
14	兴仁镇敬老院	√		镇	2800	90	50	58	兴仁镇横港居
15	兴东镇敬老院	√		镇	2000	120	49	41	兴东镇黄金村
16	张芝山镇敬老院	√		镇	2600	100	42	42	张芝山镇塘坊村

续表 16-6-4

序号	养老机构名称	机构性质		级别	建筑面积（平方米）	床位数（张）	入住人数（人）	入住率（%）	地点
		公办	民办						
17	川姜镇敬老院	√		镇	4408	160	46	29	川姜镇夏四店村
18	先锋镇敬老院	√		镇	3000	120	21	18	先锋镇双盟村
19	高新区敬老院	√		镇	3500	90	82	91	高新区金乐居
20	通州区福利院	√		区	5500	152	98	64	通海路 54 号
21	平潮南山公寓		√	镇	2804	60	15	25	平潮镇平西村 21 组
22	张芝山镇雪英托老院		√	镇	600	48	43	90	张芝山镇张芝山居 5 组
23	骑岸志勇托老院		√	镇	393.6	15	6	40	骑岸镇北街
24	南兴文秀托老院		√	镇	580	30	8	27	张芝山镇南兴居
25	福星家庭托老院		√	镇	250	30	18	60	张芝山镇凉棚村 9 组
26	长庚托老院		√	镇	418	50	14	28	二甲镇宝云山村
27	颐和舒雅老年公寓		√	镇	2573	120	12	10	石港镇花市街村 50 组
合计		20	7		88271.6	3651	1600	44	

数据来源：2011 年 11 月，市、区老龄协会调查统计。

通州区街道居家养老服务中心设施情况一览表

表 16-6-5　　　　单位：平方米、人

镇（区）	老年人日间生活照料中心			卫生室		老年文体活动场所			老年谈心室	老年教室
	日间休息室	食堂	健身康复室	面积	医护人员	休闲娱乐室	图书学习室	室外活动场地		
金沙镇	30	150	50	25	6	50	25	200	25	50
高新开发区	30	50	25	0	0	50	25	1000	0	0
平潮镇	30	20	0	0	0	40	20	90	0	70
骑岸镇	144	320	50	25	1	50	50	300	25	50
十总镇	48	100	40	0	0	36	50	300	30	48
五甲镇	52	40	52	14	0	52	20	0	12	0
张芝山镇	0	0	0	0	0	0	0	0	0	0
刘桥镇	250	200	50	0	0	0	25	200	25	50
川姜镇	80	30	60	0	0	30	30	200	0	0
二甲镇	0	0	0	0	0	100	3	100	30	40
兴东镇	0	0	0	0	0	0	0	0	0	0

续表 16-6-5

镇（区）	老年人日间生活照料中心			卫生室		老年文体活动场所			老年谈心室	老年教室
	日间休息室	食堂	健身康复室	面积	医护人员	休闲娱乐室	图书学习室	室外活动场地		
东社镇	80	40	20	9800	40	100	30	20	24	100
石港镇	50	80	120	20	7	0	30	300	30	0
四安镇	1500	0	100	3000	66	0	40	80000	0	0
五接镇	100	200	80	40	4	100	80	300	40	60
西亭镇	60	30	30	0	0	0	0	0	0	0
先锋镇	60	252	60	60	5	100	40	200	30	100
兴仁镇	0	0	0	0	0	0	0	0	0	0
平东镇	0	0	0	0	0	0	0	0	0	0

数据来源：2012 年 11 月，市、区老龄协会调查。

四、医疗保障

城镇居民基本医疗保险　2007 年 6 月 26 日，通州市政府颁发《城镇居民基本医疗保险试行办法》。同年 9 月 1 日起，通州市正式启动城镇居民基本医疗保险。至 2007 年底，参加城镇居民基本医疗保险的达到 16672 人，其中 60 周岁以上的男性、50 周岁以上的女性参保的老年居民为 1208 人，占参保居民的 7.2%。2010 年 12 月 6 日，通州区政府发出《关于南通市通州区城镇居民基本医疗保险试行办法的通知》，在实施过程中，城镇居民基本医疗保险参保居民的住院医疗费用，确定起付标准和最高限额，医疗保险基金分段按比例支付。同时，通州区的城镇居民基本医疗保险政策与南通市区的城镇居民基本医疗保险政策全面接轨。

新型农村合作医疗　2005 年，通州市全面推行新型农村合作医疗制度，市政府将实施新农合制度列入为民办实事项目，发布《通州市新型农村合作医疗管理暂行办法》和《通州市 2005 年新型农村合作医疗实施意见》等文件，明确了新农合实行“征、管、监”相分离的运行模式，即市镇两级政府负责财政补助资金的筹集，各镇政府负责农民个人出资部分的征缴，中国人寿保险公司通州支公司承担基金的补偿支付业务，卫生部门对人寿保险公司基金运作和定点医院服务行为进行监管。全市共有 89.63 万人参合，其中 60 周岁以上老年人 18.32 万人。2006 年，市政府继续将新农合列入为民办实事项目，加大力度全面推进。市政府三次常务会议研究新型合作医疗工作，发布《通州市 2006 年度新型农村合作医疗实施意见》和《关于完善 2006 年度新型农村合作医疗制度的意见》等文件，在南通市范围内率先明确了人均 50 元的筹资标准。补偿封顶线由 20000 元调整为 30000 元，将 6 种严重慢性疾病的门诊费用纳入补偿范围。全市共有 87.89 万人参合，农业人口覆盖率 90.63%，共筹集新农合基金 4396.16 万元。当年，60 周岁以上老年人参合 19.58 万人。农村“五保户”、低保户和新中国成立前加入中国共产党无固定收入的老党员由政府资助其参合。全市共有 27813 人次获得 3175.31 万元住院补偿，其中，参合老年人中共有 9237 人次获得 1226.7 万元住院补偿。门诊优惠券结报 842.69 万元。2007 年，全市共有 90.35 万人参合，60 周岁以上老年人共 21.28 万人参合。为提高新农合资金利用效益和群众受益率，市政府依据当年筹资水平（人均 60 元），进一步完善补偿政策。全市共有 42701 人次获得 5765.95 万元住院补偿，门诊优惠券结报 873.85 万元。其中，参合老年人中共有 14059 人次获得 2489.8 万元住院补偿。

2008 年，全市共有 94.88 万城乡居民参加新型合作医疗，参合率达到 97.06%，人均筹资标准 100 元，共筹集新农合基金 9396.64 万元。60 周岁以上老年人参合 23.15 万人。市政府第五十四次常务会议讨论通过《关于完善 2008 年度全市新型农村合作医疗制度的意见》，提高住院费用报偿比例，年度补偿封顶线由 40000 元调整为 60000 元，特殊病种由 6 种扩大到 13 种。2008 年，全市共有 50780 人次获得 7938.37 万元住院补偿，其中，参合老年人中共有 17464 人次获得 3779.3 万元住院补偿，门诊补偿 882.57 万元。2009 年，全区 96.36 万城乡居民参合，参合率达到 98.57%，基本实现制度全覆盖。60 周岁以上老年人参合 24.71 万人。新农合人均筹资标准提高到 120 元。区政府常务会议及时研究发布了《关于完善 2009 年度新型农村合作医疗制度的意见》，新农合补偿政策更为完善。全区共有 53297 人次获得 8010.05 万元住院补偿，其中，参合老年人中共有 19292 人次获得 4001.1 万元住院补偿。门诊补偿 839.79 万元。

2010 年，区政府第十九次常务会议研究通过《全区 2010 年度新型农村合作医疗实施意见》，人均筹资标准 160 元，其中个人筹资 35 元，各级财政补助 125 元。全区 95.89 万人参合，参合率达到 98.92%，基本实现制度全覆盖。当年，参合老年人为 24.71 万人。根据筹资标准提高和上年度基金运行情况，进一步调整完善补偿政策，扩大受益面，提高受益程度。至年末，全区共有 5.95 万人次获得 12552.89 万元住院补偿，其中，参合老年人中共有 21701 人次获得 5750.5 万元住院补偿。门诊补偿 2369.54 万元。

2005 — 2012 年通州新农合有关情况统计表

表 16-6-6

年度	参合人数（万人）	其中 60 岁以上老年人（万人）	获得住院补偿		门诊基金补偿（万元）	其中 60 岁以上老年人获得住院补偿	
			人次（万人）	补偿金额（万元）		人次	补偿金额（万元）
2005	89.63	18.32	21245	1397.97	840.77	5712	409.00
2006	87.89	19.58	27813	3175.31	842.69	9237	1226.70
2007	90.35	21.28	42701	5765.95	873.85	14059	2489.80
2008	94.88	23.15	50780	7938.37	882.57	17464	3779.30

续表 16-6-6

年度	参合人数（万人）	其中 60 岁以上老年人（万人）	获得住院补偿		门诊基金补偿（万元）	其中 60 岁以上老年人获得住院补偿	
			人次（万人）	补偿金额（万元）		人次	补偿金额（万元）
2009	96.36	24.71	53297	8010.05	839.79	19292	4001.10
2010	95.89	24.71	59562	12552.89	2369.54	21701	5750.50
2011	97.63	26.83	67702	19018.50	3282.57	32703	9096.71
2012	96.77	28.04	84244	29318.69	3396.16	43216	16408.39

五、老年文体

通州区老龄工作委员会成立后，为广泛开展老年人的文化艺术活动和体育健身运动，在文化和体育部门的积极配合和指导下，相继成立了老年文艺团体和老年体育协会，认真组织老年人开展多种多样的文化艺术活动，各类体育健身和竞赛活动。

1983 年，由县政府拨出专款，着手投建老干部活动中心。1985 年 12 月，活动中心建成，占地 4170 多平方米，活动面积为 1230 平方米，设有棋牌、舞厅、阅览等 8 个活动阵地。

2003 年，通州市委研究决定，将老干部活动中心建设列入市行政中心建设的整体规划，投入 1500 万元专项资金，用于老干部活动中心建设。新建的市老干部活动中心于 2005 年底建成并投入使用，总建筑面积为 5800 平方米，划分健身、娱乐、教学、休闲、观光等 5 个区域，设有乒乓球、歌舞、棋牌等 23 个项目，能容纳 1500 人活动。2007 年，通州市老干部活动中心被江苏省委老干部局评为全省先进老干部活动中心。

南通县老年大学（先后更名为通州市老年大学、通州区老年大学）于 1991 年 10 月 6 日创办，接着又办起了平潮老年大学、石港老年大学、三余老年大学、骑岸老年大学 4 所，并作为县（市、区）老年大学分校。其余各镇也相继办起了老年学校 15 所。2010 年年底统计，在校学员总计 2850 余名，累计学员 32000 多人次。

通州区（南通县、通州市）老年人体育运动遵循“促进城市，发展农村，重在基层，面向全体”的方针，坚持以人为本，科学健身，适合老年人参加的各类体育健身活动，并不断向基层延伸，向社区、镇村和部门、单位拓展，基层组织网络建设逐步得到健全和加强。各镇先后成立镇老年人体育协会 19 个，覆盖全部乡镇。大部分行政村也相应有了老年人体育组织，至 2010 年年底，社区、建制村共建老年体协 351 个。老年人体育运动参加人数越来越多。经常参加体育活动的有 17 万多人。

六、尊老敬老

1987 年 3 月，全县成立 100 多个共青团服务队伍，200 多个中小学生服务小组，8 万多妇女参加各种孝亲敬老的孝道活动。此后每逢传统节日和敬老节期间，县（市、区）四套班子领导均发表电视讲话，祝贺老年人自己的节日，表达亲情问候，要求各地切实做好老龄工作，宣传保障老年人的合法权益，开展以尊老、敬老、助老为主题的各项孝道活动。同年经南通县人大常务委员会讨论通过，对百岁以上老人的营养费，从每人每月 10 元增加到 15 元。

1989 年，为推动老有所养工作，南通县委、县政府表彰了 9 个乡镇，54 个村居为老有所养先进集体。1990 年 5 月，根据南通县委作出表彰“三先”的决定，评出了老干部管理工作 63 个先进集体、78 名离退休先进个人、23 名老干部工作先进个人。

1994 年 10 月，通州老龄委决定表彰“百佳尊老育幼好家庭”，评出 89 个“百佳尊老育幼好家庭”，并予以表彰。

1997 年，“敬老日”期间，民政局牵头组织各乡（镇）和机关、企事业单位走访慰问部分百岁老人，广大党员、干部、青年、职工与孤寡老人、高龄老人认亲结对，开展“一帮一”扶助活动，全市中小学校组织学生开展打扫卫生、购米买煤、修理器具和陪伴谈心等活动，为敬老院和社会老人做好事。

2000 年，全市中小学生、青年、妇女、民警等为老年人做好事 32000 多件，石港、三余、四安等镇还分别为 70 岁以上的老人赠送了礼品。

2005 年，江苏省老龄委发出《关于同福建万家旺油脂有限公司联合开展“敬老助老惠老”活动的通知》，通州每位百岁老人获赠 100 元和 2000 毫升食用油，特困老人获赠 1700 毫升食用油。全市举办企业离退休人员文艺节目调演活动。

2006 年 6 月，市老龄委和福建芬芳粮油公司在金沙、五接、刘桥、平潮、三余、二甲、石港等 7 个镇开展赠油、赠送慰问金的敬老优惠活动。这 7 个镇内的百岁老人每人获赠 100 元慰问金和 3000 毫升玉米胚芽调和油一瓶，90 周岁以上老人每人获赠 900 毫升玉米胚芽调和油一瓶。

2008 年，通州“忠孝园”建立，作为进行传统教育的老龄工作基地，又作为孝道宣传的基地。每年平均接待参观学习的 5000 批次，约计 10 万人次。青年学生、少年儿童受到孝亲敬老的教育，形成孝亲敬老意识。

2009 年，区慈善基金会拨出 30 万元，与区民政局、区老龄办联系组织“夕阳敬老工程”，对全区百岁老人、分散供养“五保”老人和慈善工作有过突出贡献的老人进行慰问。区文化局组织老年文艺团体分赴 20 个镇敬老院进行慰问演出，为老年人送去精神食粮。区卫生部门分别组织医生对老年人进行免费体检、义诊和送药活动。区司法部门开展涉老义务法律咨询，法院对涉及老年人赡养、财产、婚姻等方面的案件优先办理，切实维护老年人的合法权益。

2010 年 7 月，区民政局与区慈善基金会联合开展“夕阳敬老工程”，由区慈善基金会出资 50 万元，对全区百岁老人、分散供养的“五保”老人和对慈善工作有突出贡献的老人进行慰问。

2012年7月，80—89周岁高龄老人尊老金发放标准由原来的每月10元提高到60元；90—99周岁高龄老人尊老金发放标准提高到每月100元，与南通主城区对接。同年提高全区低保、“五保户”供养标准，农村“五保”标准由原先的每人每月280元提高至每人每月330元；城镇低保标准由原先的每人每月400元提高至每人每月450元。

七、老年社团（群团）组织

通州区老年协会 2011年1月20日，通州区老年协会成立，召开理事会，通过协会章程，选举产生会长、常务副会长和副会长、秘书长、副秘书长，聘请4名名誉会长和2名顾问。

通州区老年人体育协会 1987年4月，南通县老年人体育体协会（先后更名为通州市老年人体育协会、通州区老年人体育协会）成立。1995年，选举产生第二届理事会。2004年4月，选举产生第三届理事会。

通州离退休教育工作者协会 2002年10月29日，通州离退休教育工作者协会成立，由41名理事组成理事会，设17名常务理事。2006年11月12日换届选举，产生了由30人组成的第二届理事会。

通州老干部花卉盆景协会 1985年5月成立，第一次会员大会选举产生南通县老干部花卉盆景协会委员会，并经南通县科学技术协会批准正式成立。1997年11月，通州市老干部花卉盆景协会产生新一届协会领导。2009年7月，通州市改区，协会更名南通市通州区老干部花卉盆景协会，有会员52名。

南通市老年书画研究会通州区分会 以原通州市老干部书法联谊小组成员和通州市老干部大学书画班学员为基础，经南通市老年书画研究会批准，于2010年4月16日成立，有会员56人。

通州区太极拳协会 2005年6月28日成立，协会由民政局主管，由体育局负责业务指导。通州太极拳协会在第一次代表会议上，通过了《通州市太极拳协会章程》，选举产生了理事会。协会成立以来，推动了通州太极拳运动，2012年，在城区设有5个太极拳晨练点和1个太极拳健身中心，太极拳练习者达到1000人以上，注册会员有485人。

通州区老年科技工作者协会（简称老科协）1998年4月26日成立，选举产生理事长、副理事长、秘书长，吸收46名会员。至2010年共进行过三次换届选举。至2012年，有会员273名。十几年来，通州市（区）老科协紧紧围绕科教兴市（区），积极参与决策论证；注重科普宣传，科技服务“三农”，充分发挥老年科协群体智力优势和技术优势及实践经验优势；在兴办老年实体、开展“厂会协作”、保护知识产权等诸多方面，都取得了成果。1995年，农艺师马金城培育的优质水稻新品系M80，当年经国家农牧渔业部稻米检测中心检测，12项指标全部达到国优一级米标准，填补了南通市水稻选育国优品种的空白。12年来，先后实施“厂会协作”被江苏省南通市政府授予科技进步奖和“厂会协作”优秀科技成果奖。10余年来，共获上级政府及部门科技进步奖40余个，其中获省政府科技进步二等奖1个、三等奖2个；获南通市政府科技进步一等奖5个、二、三等奖9个；获省市厂会协作优秀项目奖共计13个。获奖数位于全省和南通市县级前列。共申报发明专利近20项，申报实用新型专利300多项，申报版权保护项目1600多项。在申请各类专利项目中95%以上已获批准，40%以上都得到实施。

围绕“科教兴市（区）”大局，组织广大老年科技工作者开展建言献策活动。农业分会针对农业生产中出现的问题，深入基层和农产调查研究，先后提交建言献策100多条，受到市委、市政府及有关部门重视，取得良好效果。

农业分会畜牧服务中心支持家庭经济困难、残疾人等弱势群体养殖户发展养殖业，帮助他们脱贫致富，深受社会各界和养殖户的好评。

通州区关心下一代工作委员会　1986年6月南通县成立以离退休老干部为主体的关心下一代协会。1993年4月更名为通州市关心下一代工作委员会。2009年7月1日，通州市关工委更名为南通市通州区关心下一代工作委员会。

1993年以来，通州关工委积极配合党委、政府和各有关职能部门，充分发挥“五老”的优势作用，开展多种形式教育和实践活动，引导青少年树立正确的世界观、人生观、价值观，加强青少年思想道德和法制宣传教育，开展帮学、帮困、帮教、帮富活动，为广大青少年办实事，做好事，为青少年健康成长作出了积极的贡献。1993年，通州有6个单位被评为省关心下一代工作先进集体，9人（次）被评为省关心下一代先进个人，7人（次）被评为省优秀“五老”网吧义务监督员。1995年10月，季汉中被评为全国关心下一代工作先进工作者。

第七节　崇川区老龄事业简况

崇川区为南通市主城区核心地段，西南面临长江，北以通吕运河为界与港闸区相邻，东南与通州区、南通经济技术开发区连接。2012年末，全区面积99.98平方公里，户籍人口52.52万人，常住人口80万人，辖10个街道。

一、人口老龄化

从1982年开始，崇川区人口老龄化一直强势而快速地向前发展。1990年，全区65岁以上人口占总人口的7.17%。2000年，65岁以上人口占总人口的8.02%。2010年，

60 岁以上人口占总人口的 18%，65 岁以上人口占总人口的 12%，其中 70 — 79 岁的老年人 28088 人，80 — 89 岁的老年人 11727 人，90 — 99 岁的老年人 1653 人，100 岁以上的老人有 54 人（男 11 人，女 43 人）。2012 年，60 岁以上人口 89806 人，占总人口的 15.3%，65 岁以上人口 66829 人，占总人口的 11.4%。其中，70 — 79 岁的老年人为 31315 人，80 — 89 岁老年人 13.24 人，90 — 99 岁的老年人 1990 人，100 岁以上的老年人为 35 人（男 9 人，女 26 人）。人口平均预期寿命也在逐步提高。1982 年平均预期寿命，男性 69 岁，女性 71 岁。1992 年男性 71 岁，女性 72.5 岁。2002 年男性 72 岁，女性 74.3 岁。2010 年男性 74 岁，女性 77 岁。

二、老龄工作机构

1985 年 11 月 20 日，城区（崇川区前身）老龄问题委员会成立，分管副区长兼任委员会主任，3 个有关部门的领导兼任副主任，9 个部门的负责人为委员会成员，委员会下设办公室，与区民政局合署办公。1991 年 5 月，城区更名崇川区。随后，城区老龄问题委员会更名为崇川区老龄委员会。1996 年 8 月，崇川区老龄委员会更名为崇川区老龄工作委员会，并对其成员进行调整，民政局负责人兼任老龄委办公室主任。此后的 20 年间，根据工作需要和涉老部门的人员变动，对其成员先后调整和充实。2010 年 1 月，机构改革时，撤销区老龄工作委员会办公室，在民政局设立老龄工作科，负责全区老龄日常工作。

崇川区（城区）老龄工作机构负责人名录表

表 16-7-1

时　间	机构名称	名誉主任	主任	副主任	办公室主任
1985.11 — 1990.6	城区老龄问题委员会	陈桂山	李云清	徐茂祥 陈　琳（女） 黄锦德	徐茂祥
1990.6 — 1996.8	城区老龄委员会	陈桂山	陆桂山	卫忠礼 陆云波 黄锦德 唐吉玲（女）	卫忠礼
1996.8 — 1999.10	崇川区老龄工作委员会		陆桂山	吴志明 唐吉玲（女） 黄锦德 朱万泉 陆志年 胡荣生	吴志明
1999.10 — 2002.5	崇川区老龄工作委员会		徐国祥	唐吉玲（女）陈玉坤 贾继沛	凌署华
2002.5 — 2009.4	崇川区老龄工作委员会		徐国祥	丁　锋 陈玉坤 贾继沛	陈玉坤
2009.4 — 2011.11	崇川区老龄工作委员会		顾晓明	李红霞（女）陈玉坤 张　怡（女）	陈玉坤
2011.11 —	崇川区老龄工作委员会		田　桦	王建明 杜瑞山 张　怡（女）	杜瑞山

三、老年供养

企业职工养老保险　1989年，城区政府成立城区社会劳动保险处。同年7月10日，根据《关于在城区企事业单位开展社会劳动保险工作的实施意见》文件精神，城区企事业单位内的劳动合同制工人，经市、区劳动人事部门批准，1979年1月1日后进单位的计划内临时工，都实行社会劳动保险。当年，参加养老保险的企事业单位58家，职工495人。到1992年底，崇川区参加养老保险的企事业单位共131家，职工2558人。1993年2月4日始，根据《南通市崇川区企业职工养老保险实施办法》，全民、集体所有制企业的固定职工、合同制职工、经劳动部门批准使用的临时工、“三资”企业中的中方职工、在乡镇企业工作的国家统配人员和城镇户口职工参加养老保险，街道企业职工、私营企业职工和个体劳动者逐步实行养老保险。当年，崇川区参加养老保险的企业118家，享受离退休待遇统筹人数为1078人。

2004年10月后，社会保险实现全市统筹，区层面主要承担企业职工养老保险扩面征缴工作。2008年以来，累计扩面征缴社保基金5237万元，其中2008年完成扩面基金入库2056万元，2009年完成扩面基金入库1227万元，2010年完成扩面基金入库1954万元。2011、2012年扩面基金入库完成额分别为2000万元、1300万元。

城乡居民养老补贴　为了切实解决过去没有参加任何养老保险的老年居民的养老问题，从2009年10月起，崇川区全面启动市区城镇老年居民养老补贴发放工作，对无任何社会养老保障、无固定收入、在区内居住15年以上的城镇老年居民提供社会养老补贴，共为2601名符合条件的老年居民发放人均每月100元的养老补贴。而后又为在区内居住不满15年的城镇老年居民发放每月60元的养老补贴。2010年，为使农村居民老有所养，崇川区将农村老年居民基础养老补贴发放列为利民惠民重点工作加以推进，为5215名农村老年居民发放每月60元基础养老补贴，城乡老年居民养老补贴发放率达100%。至此，覆盖城乡的养老补贴制度全面形成。2011年12月起，基础养老金进行了调整，农村老年居民基础养老金调到每月80元，城镇居民户籍未满15年的调至100元，户籍满15年的调至120元。2011年发放基础养老金681.12万元，2012年全年发放基础养老金826.16万元。

机关事业职工养老保险　1993年12月8日，崇川区成立南通市崇川区机关事业单位社会保险处，与崇川区社会劳动保险处合署办公。1994年1月，颁发《崇川区机关事业单位养老保险试行办法》，对机关及全额拨款事业单位的劳动合同制职工，差额拨款及自收自支事业单位的全部职工试行社会养老保险。当年，崇川区试行社会养老保险的机关事业单位78家，享受离退休待遇统筹人数为399人。截至2002年年底，实行机关事业单位社会养老保险的单位96家，享受离退休待遇统筹人数为814人。

农民养老保险　2004年1月，按照《南通市区征地补偿和被征地农民基本生活保障试点实施办法》文件，全区开展被征地农民基本生活保障工作，被征地农民基本生活保障资金的来源主要是全部的安置补助费和70%的土地补偿费，将被征地农民分为四个年龄段确定不同阶段的保障标准。截至2010年年底，全区27420人纳入被征地农民基本生活保障。2010年10月，按照《市政府关于加强和完善崇川区、港闸区被征地农民基本生活保障工作的意见》，崇川区开始推进失地农民回保工作，实现被征地农民回保8383人，回保率88%，同时对回保农民发放基本生活保障金，被征地农民基本生活保障覆盖率为100%。2010年，崇川区按照省、市政府文件精神，全面启动新型农村养老保险工作。对具有崇川户籍，年满16周岁至未满60周岁（不含在校学生），未参加机关事业养老保险或企业职工基本养老保险，未享受被征地农民基本生活保障待遇的农村居民，采取个人缴费、政府补贴和集体补助相结合的办法，建立新型农村养老保险制度。参保农民缴费分100元、300元、500元、700元、900元、1100元六个标准，自愿选择。政府对参保人员每年给予补贴，选择最低缴费档次的，每人每年补贴50元，每提高一个缴费档次，递增20元。到2010年年底，共有6190人参加新农保，参保率达97%。

退休人员社会化管理服务 2003年，根据《关于南通市区企业退休人员社会化管理服务工作实施意见》，崇川区建立退休人员社会化管理组织体系。10个街道和107个社区统一设立劳动和社会保障服务所、站。2003年年底，根据全省统一部署，市区企业退休人员逐步纳入社会化管理。到2004年年底，市区已参加养老保险统筹的企业退休人员共计58156人纳入社会化管理服务范围，退休人员档案接收率100%，独立于企事业单位之外的社会保障体系基本形成。2004年10月，根据《关于开展对纳入社区管理服务的企业退休人员敬老日慰问活动的通知》，崇川区开展系列慰问活动。到2010年年底，崇川区退休人员各类慰问资金累计达306.37万元。2005年6月，根据《关于社区建立企业退休人员自管组织的通知》精神，崇川区开始启动建立社区退休人员自管组织，到2010年年底，崇川区累计建立988个退休人员自管组织。2008年4月，根据《关于进一步明确市区企业退休人员纳入社区管理服务的通知》精神，市属企业职工和自由职业者退休时，即纳入社区管理服务。到2010年底，崇川区纳入社会化管理的企业退休人员达到83771人。2009年12月，经市评估验收，崇川区33个社区劳动保障服务站达到南通市社区退休人员社会化管理站达标标准，成为2009年度南通市区企业退休人员社会化管理服务达标社区。到2010年年底，崇川共有86个社区成为南通市区企业退休人员社会化管理服务达标社区，33家社区成为市级示范点，3家成为省级示范点。

农村“五保”老人和城市“三无”老人供养 1983年观音山镇建敬老院。1984年至1985年，城区狼山、任港、文峰、钟秀4个乡镇分别筹建敬老院，将近300名农村“五保户”实行集中供养。城市“三无”老人全部由市社会福利院接收供养。1986年6月，观音山敬老院迁址新胜村，占地0.88公顷，建三层综合大楼一幢，二层食堂一幢，建筑面积2700平方米。1993年，扩建八厂乡敬老院，在院老人居住使用面积人均15平方米，双人房内配备简单卫生设施，添置部分家具，总投资100多万元。1994年，财政划拨经费，改善各家敬老院环境。1998年，投资25万元在任港敬老院的基础上翻修改造成崇川区敬老院。2002年，观音山敬老院划入崇川区，崇川区5家敬老院集中供养农村“五保”老人数达到400人。2012年末，崇川区共有“五保”老人62名，敬老院集中供养45名，供养标准每年每人9240元；分散供养17人，供养标准每年每人6415元。城市“三无”老人11名，全部集中供养，供养标准每人每年15600元。

民办养老机构　2005年9月，由大学生自主创业型首家民办养老机构南通市爱晚亭老年公寓成立，次年爱晚亭老年护理院成立，爱晚亭老年公寓和老年护理院共有床位100余张，设有单人间、标准间、三人间、护理间等，为集疗养、养老、康复、保健、娱乐、休闲及安抚等一系列服务为一体的综合性福利机构，收住患有各种慢性病和常见病的老人，包括：生活能自理、半自理、不能自理的老人，为他们提供养老托护、疾病康复等服务。2007年7月，爱晚亭老年护理院被吸收为民政部中国社工协会老年福利服务工作委员会会员单位，院长于2007年12月被评为全国养老机构优秀院长及全国敬老之星。同年，建成崇川区首家护理型民办养老机构“长青·乐龄”护理院，护理院按300张至350张床位规模设计、装修，全院总占地面积8300平方米，建筑面积12000平方米，为一栋五层建筑。功能分布：一楼为咨询接待及医疗评估大厅；二楼为康复训练、中医治疗、收费处、医技科室，预留有49张床位的临终关怀、重症监护病区；三楼为护理A区；四楼为护理B区；五楼为康复及特需病区。护理院聘用工作人员55名，其中行政、后勤管理人员9名，医护管理人员4名，医生6名，护士16名，护工20名。护理院共收治失能、失智、高龄老人，康复、临终关怀老人79人次。护理院先后获全国首届社会养老工作协会会员单位、南通市民间组织先进单位、大学生创业基地称号。创办人陆亮获得全国敬老孝星、全国优秀护理院长、南通市十佳创业女性、大学生创业导师称号。

2012年，崇川区共有民办养老机构17所，养老床位2138张。崇川区为多家民办养老机构承办南通市初级护理员培训报名和江苏省中级护理员的培训报名工作，各家养老机构共送出40名40岁至50岁人员参加培训，为养老机构提高了护理水平。

社区养老服务　2003年，全区实施“星光老年计划”，到2010年区财政先后投入7000余万元，建成34个“星光老年之家”，近200个居委会老年人室内（外）活动场所建成面积达28000平方米。2006年开始，以和谐社区创建为契机，加强老年活动场所建设，在市有关部门的支持下，每年坚持建设5个老年活动场所。做到每个社区都有一定面积的老年活动场所，可供老年人唱歌、跳舞、棋牌娱乐。2009年，崇川区在市有关部门的支持下，建成区老年人基本信息网络，有的街道社区还为有网络联系能力的老人开通了QQ群。2012年，全区已为2500余名老人安装了呼叫服务“一键通”，通过“一键通”呼叫器，老年人可以及时享受到各项专业的生活服务。

2008年年底，推进社区居家养老建设，至2010年逐步实现全区10个街道109个社区居家养老服务中心（站）全覆盖。建成集老年日托、配餐送餐、文体活动、休闲娱乐、康复保健于一体的实体化街道居家养老服务中心10个，建筑总面积达5000平方米。通过购买公益性岗位、招募志愿者等方式，加强居家养老服务的网络建设，至2010年底，拥有居家养老专职服务人员125余名，兼职服务人员200余名，志愿者10000多名，定点加盟服务单位500余家。居家养老服务内容拓展至生活照料、医疗卫生、文化娱乐、体育健身、法律维权、精神慰藉六大类专项，并在为老服务的实践中，逐步形成“覆盖全面化、模式多样化、服务特色化、活动正常化”的特点。

2012年，为了提高老年人的幸福感和满意度，根据江苏省民政厅、江苏省老龄工作委员会办公室和江苏省财政厅联合下发的《关于印发2012—2015年社区居家养老服务中心（站）建设实施方案的通知》精神，崇川区新增2家3A级省级示范性街道居家养老服务中心，10家2A级社区居家养老服务站。崇川区居家养老服务逐步形成“覆盖全面化、模式多样化、服务特色化、活动正常化”的特点。2012年上半年，崇川区承办了全市养老服务工作现场会，养老服务工作经验在全市、全省推广。全区享受政府购买服务的老年人2009年为142人，经过4轮扩面后，2012年年底上升至2903人。2012年全年政府投入购买居家养老服务经费近200万元。

崇川区养老机构一览表

表16-7-2

序号	养老机构名称	机构性质		级别	建筑面积（平方米）	床位数（张）	入住人数（人）	入住率（%）	地点
		公办	民办						
1	南通市阳光公寓（一、二期）	√		市	47000	740	310	42	工农南路185号
	南通市阳光公寓（在建）					600	0		
2	南通市退休职工公寓	√		市	2500	66	50	76	文峰路19号
3	观音山街道敬老院	√		街	2400	60	53	80	新胜路88号
4	爱晚亭老年公寓		√	区	800	52	40	77	虹桥北村60栋
5	心乐俏夕阳老年公寓		√	区	840	61	30	49	新胜社区过渡房

续表 16-7-2

序号	养老机构名称	机构性质		级别	建筑面积（平方米）	床位数（张）	入住人数（人）	入住率（%）	地点
		公办	民办						
6	沣和老年公寓		√	区	3000	115	105	91	通甲路南
7	爱晚亭老年护理院		√	区	1000	100	72	72	虹桥南村 54 栋
8	爱心老年公寓		√	区	550	45	25	55	姚港社区 10 组
9	乐福安养院		√	区	400	30	18	60	观音山街道海洪村 17 组
10	裕和老年公寓		√	区	2000	102	12	18	学堂桥社区
11	感恩苑老年公寓		√	区	600	65	47	72	滨河东城 13 栋
12	老年颐园		√	区	2000	80	65	81	中南苑 27 号
13	城山老年公寓		√	区	4200	121	72	60	长江南路 268 号
14	吉和老年公寓		√	区	800	50	38	76	横河路 23 号
15	百合花老年公寓		√	区	1100	80	39	48	虹桥新村附 34 栋
16	老年慈爱福利院		√	区	760	105	75	71	新桥北村 50 栋东
17	云舒老年护理院		√	区	2500	100	32	32	城港社区城港桥头
18	常青·乐龄老年护理院		√	区	10000	206	100	50	紫琅路 59 号
合计		3	15		82450	2172	1183	54.5	

说明：

1. 数据来源：2012 年 11 月，市、区老龄协会调查统计。

2. 上表中的南通市阳光公寓在建的 600 张床位计入床位数，未计算入住率。

崇川区街道居家养老服务中心设施情况一览表

表 16-7-3　　单位：平方米、人

街道	老年人日间生活照料中心			卫生室		老年文体活动场所			老年谈心室	老年教室
	日间休息室	食堂	健身康复室	面积	医护人员	休闲娱乐室	图书学习室	室外活动场地		
观音山街道	60	40	65	40	2	120	15	200	8	60
狼山街道	60	80	20	15	2	20	20	200	20	50
钟秀街道	80	80	60	45	2	200	50	500	30	50
文峰街道	72	50	72	24	2	24	15	200	24	30
任港街道	80	70	80	25	2	480	40	1200	40	80
城东街道	25	50	16	20	2	16	50	300	25	60

续表 16–7–3

街道	老年人日间生活照料中心			卫生室		老年文体活动场所			老年谈心室	老年教室
	日间休息室	食堂	健身康复室	面积	医护人员	休闲娱乐室	图书学习室	室外活动场地		
和平桥街道	20	10	30	20	2	20	50	100	20	60
学田街道	40	0	50	20	2	100	40	100	20	40
新城桥街道	50	15	15	15	1	100	50	800	15	100
虹桥街道	40	26	15	15	1	120	15	1500	8	60

数据来源：2012 年 11 月，市、区老龄协会调查统计。

四、医疗保障

机关干部、职工医疗保障 1987 年 5 月实行市、区分级管理，成立崇川区公费医疗办公室，采用记账和现金结算后报销等方式支付医药费。1989 年 4 月实行经费包干到单位和个人，年人均定 180 元，1995 提高至 200 元，离退休人员 400 元。1997 年 4 月起，全区机关职工医疗保险全部交由市医保中心统一结算。

1987 — 1997 年崇川区公费医疗支出情况统计表

表 16–7–4

时 间	人数（人）	全年实支（万元）	年人均支出（元）
1987 年 5 — 10 月	1990	16.19	81.35
1988 年	2131.17	64.25	301.52
1989 年	2283.45	57.26	250.80
1990 年	2385.65	65.12	273.00
1991 年	2290	77.44	338.20
1992 年	2398	92.66	386.45
1993 年	2519	120.11	476.8
1994 年	2391	180	752.82
1995 年	2369	240	1013.09
1996 年	2402	204	849.29
1997 年 1 — 3 月	2422	127.65	527.07

农村合作医疗 崇川区合作医疗始创于 1969 年，合作医疗有村办社管和村办村管形式。1969 年，原郊区 4 个公社 40 个生产大队实行合作医疗。村民按照自愿自参的原则，每人每年交合作医疗费 5 元，享受免诊疗费和部分药费。1972 年，在任港、八厂、钟秀、狼山全面普及。1983 年，农村实行体制改革，生产实行以户为单位核算，因集体扶持资金得不到落实，合作医疗参加率不到 20%。90 年代，农村初级卫生保健工作不断深入，1997 年，崇川区 4 个乡 40 个村中 30 个村实行合作医疗，参加率达 82.5%，村民

逐年上缴20元至100元集资款，村民在村卫生室就诊免诊疗费和部分药费，在医院就诊按比例报销。2004年，崇川区启动新型农村合作医疗制度，相继发布《崇川区新型农村合作医疗实施意见》和《崇川区新型农村合作医疗实施细则》等一系列文件，确定参加对象和筹资标准，建立相应的合作医疗管理机构。实际运作后，2005年、2006年，对筹资标准和报销比例又作相应的调整和完善，两年度共结报5143658元。2007年，全区参加新型农村合作医疗的农民91782人，筹资标准为每人每年66元，由区、镇街财政对半负担，共筹集资金6057612元，人群覆盖达到100%。2008年，筹资标准提高到人均148元，住院补偿起报线降低到500元，封顶线提高到6万元，共26789人参保，筹集资金396.47万元。2009年起，崇川区农村新型合作医疗与城镇居民医保并轨，实现医保制度城乡统筹并轨。将城乡最低生活保障对象、农村低保、农村“五保”、特困职工、重点优抚对象共计3988人纳入医疗救助范围，参保率达到97%。

五、老年文体

文体团队及活动 1983年，崇川区各街道相继成立5个文化体育协会，下属130余支文体团体，如舞蹈队、书画小组、摄影小组、太极拳队、长跑队等。常年参加活动的老人12000多人。全区群众文化团队也逐年增加，2010年全区群众文化团队486支，参与群众10966人，大多为离退休老年人。每年全区各类老年人演出超过1500场次。群众文化团队艺术形式涵盖舞蹈、声乐、器乐、戏剧、文学等十大类别，民族舞、现代舞、合唱队、军鼓队、越剧、通剧、书画、摄影等60多个小类别，满足了不同群众的文化需求。1992年，成立虹桥街道木兰艺术团，被命名为南通市特色文化团队，崇川区五星级群众文化团队，崇川区十佳社区民间组织。1996年获江苏省木兰系列比赛一等奖、优秀创新奖；1997年获江苏省木兰拳比赛集体一等奖；1998年获全国首届中国木兰拳比赛团体第二名；2005年，自编扇舞《欢乐夕阳》获南通市“社保情”企业离退休人员文艺调演二等奖。2006年，自编扇舞《和谐社区其乐融融》在“和谐江苏创文明环省行”南通市社区才艺大赛中获第一名、南通市全民健身新优项目调演一等奖。木兰扇表演在南通市迎十六运武术文艺比赛中获第一名。2007年，自编大型扇舞《和谐社会温馨家园》在全国中老年才艺大赛中获“夕阳红”金奖；2008年，在南通市首届健美操锦标赛中获南通市首届健美操中老年组第一名；2009年，木兰艺术团被市委宣传部授予南通市庆祝建国60周年贡献奖。自创鼓扇舞《盛世鼓韵》获南通市中老年文艺汇演优秀节目奖；2010年舞蹈作品“南通好家园”被评为崇川区首届文学艺术奖二等奖，南通市第三届健美操锦标赛特等奖。2002年，成立崇川区老年艺术团，建团以来，获得多项荣誉。2007年，舞蹈《茉莉花》在香港国际“紫荆花奖”中老年舞蹈大赛中获编导大金奖、舞蹈大金奖；2010年，舞蹈《江海鼓韵》在南通市首届中老年舞蹈大赛中获金奖。学田街道民族风艺术团于2000年成立，36名团员皆为退休女职工、

干部。2009年，被崇川区民政局授予十佳社区民间组织称号，被崇川区文化局评为崇川区首批五星级群众文化团队。2004年7月，成立崇川区民间艺术团，该团多次赴韩国、新加坡、日本等国家参加文化艺术交流活动。2007年，被江苏省文化厅命名为江苏省第三批特色文化团队。创作的老年服饰表演《江东丽人》、广场舞蹈《江海神韵》等节目在全国多次获奖。2007年，成立城东街道兰亭艺术团，团员30人平均年龄60岁。2010年参加南通市文学艺术界联合会、南通市舞蹈协会联合举办的中老年舞蹈大赛，获银奖、老年舞蹈大赛表演奖。2007年10月和2008年4月，狼山街道剑山社区门球队先后成功承办江苏省老年体育工作经验交流现场会和江苏省门球赛。2009年3月，又成功承办中国人民银行南京分行2009年苏南片老干部门球交流友谊赛。2009年开始，崇川区先后成功举办了崇川区多届老年文化艺术节，每年银龄风采进社区文艺演出近200场。据不完全统计，每年全区共举办各类老年文体演出活动百余场次。同时，积极动员广大老年人借助社区文化艺术节、社区体育节、社区社团风采节等“三节”载体，开展“红歌大家唱”“我们是党的好女儿”“祝福祖国”“再唱山歌给党听”“爱我中华”“南通好家园”等系列活动，参加活动的老年人每年逾20万人次。2012年“激情广场戏曲大家唱”活动，吸引了众多老年人参加，“江海放歌送祖国”崇川区庆祝新中国成立60周年大型歌会，10个街道的方队全部由居民群众组成，其中绝大多数为老年人。

老年体育　区老年人体育协会每年组织健身球、柔力球、太极拳等特色健身项目在市各大室内外广场展演，参演人数最多近千人；多次组织参加“濠滨夏夜”“更俗之夏”等群众文体专场演出活动。2005年起，每年均举办一到两次崇川区老年乒乓球或老年象棋比赛；认真筹办每年一届的江苏省老年人体育节开、闭幕式（南通分会场）活动，扎实推进体育节期间各项活动的落实；成功承办了江苏省和长江沿岸城市门球赛、全省城市社区老年人体育工作经验交流会。崇川区老年体育协会受到上级的充分肯定，获得多项荣誉。在每年全市老年体协工作评比中，崇川区均获优胜奖；在2008年开展的“迎奥运万人健步行”活动中，崇川区被国家老年体协评为全国先进区。2011年，崇川区被省老年体协授予江苏省老年体育先进单位称号。

老年大学　崇川区老年大学创建于2000年9月。办学经费，由区财政全额拨款，所收学费全额上缴区财政。2010年12个专业23个班632名学员。2012年18个专业37个班1239名学员。通过整合各方资源，老年大学还与街道合作，就近开办教学点，方便老年人就近学习。

六、老年公益服务

开展矛盾纠纷调处。200年至2012年期间，崇川区各个街道及有关企事业单位相继成立以老年人为主参加的各类调解站，为各类社会矛盾纠纷的化解开展志愿服务。如崇川区企事业单位民调协会、新城桥街道“劳动争议公益调解团”、和平桥街道“调解人会所”、学田街道“知心调解团”、观音山街道“夕阳红温暖调解社”、狼山街道“三人行”调解协会、文峰街道“和谐调解社”、任港街道“牵手114调解队”等。

*参与老年社团孵化工作。*2005年成立虹桥街道老年社团孵化站。20多名退休老人成为社区文化类、调解类、管理类、公益类社团引领人。2009年至2012年，全区成立老年社团孵化站11个，600多名老人参与老年社团的孵化培育工作。

*开展“小老人”服务“老老人”活动。*2008年，在推进社区居家养老活动中，成立学田街道助老服务站。至2010年，全区3000多名小老人志愿参与照顾老老人活动。

*开展文明倡导活动。*2008年，成立狼山街道老奶奶文明倡导队，12位老人参加文明卖香、文明敬香、文明停车倡导活动。2009年，成立任港街道低碳生活倡导队，7位老人参加活动。至2012年，全区成立老年文明倡导组织38个，参加老人400余人。

七、尊老敬老

1995年开始，区政府和各级老龄工作部门在每年的敬老节期间，通过召开庆祝会、举办大型活动等形式，全面开展尊老敬老宣传教育活动，营造浓厚的尊老敬老氛围。

1996年8月，国家颁布《老年人权益保障法》，全区开展形式多样的普法学习、宣传活动，增加老年人的法律意识和观念，提高老年人的维权心理和意识。

2004年2月，区人口计生委开展对独生子女死亡后不再收养不再生育家庭的“亲情牵手”结对帮扶活动，同时为农村计划生育特困家庭办理农村低保和养老保险；南通大学医学院2003级临床医学专业本科二班的37名同学，开展志愿者“亲情牵手”零距离服务活动。同年，南通市一中在全校师生中开展“亲情牵手”行动，学校组织师生与虹桥街道、任港街道部分社区定期开展计划生育“空巢”家庭结队帮扶活动，33个“空巢”家庭得到帮扶。

2005年，崇川区在全市率先对90周岁以上老人发放尊老金，每人每月60元。2008年11月，文峰街道成为全省第一个为85－89周岁老人放发尊老金单位。2010年，崇川区开始正式分档发放尊老金，80－89周岁老人每人每月50元，90至99周岁老人每人每月100元，100周岁以上老人每人每月300元。截至2012年年底，累计发放尊老金近4350万元。

2009年开始，为全区60岁以上老年人免费办理《江苏省老年优待证》，累计发放近65000张。在春节、敬老月、重阳节期间，区四套班子领导对百岁老人、病残老人、困难老人开展走访、慰问活动，为老人排忧解难。12月，开始实施全区居家养老政府购买服务，第一批142名老人享受居家养老服务。

2010年，崇川区把居家养老服务列入“十大为民办实事工程”，加快推进居家养老服务建设工作。率先在全市第一个完成居家养老服务中心（站）全覆盖。2010年至2012年，崇川区连续三年被评为南通市尊老敬老先进区。

八、老年社团（群团）组织

崇川区第一家老年人社团于1993年2月成立，此后，崇川区老年社团进入蓬勃发展时期。2010年，全区10个街道和109个社区先后成立基层老年人协会。截至2012年年底，全区注册登记和备案的老年社团共有1006家。

2012年崇川区街道老年社会组织统计表

表16-7-5　　单位：个

街道	文体型老年社会组织	服务型老年社会组织	公益型老年社会组织	合计
观音山街道	88	36	37	161
狼山街道	15	30	20	65
钟秀街道	31	63	35	129
文峰街道	32	20	5	57
任港街道	60	34	20	114
城东街道	65	12	16	93
和平桥街道	62	12	8	82
学田街道	18	26	78	122
新城桥街道	26	37	16	79
虹桥街道	55	21	28	104
合计	452	291	263	1006

崇川区老龄协会 2010年，全区10个街道和109个社区均建立健全老年人协会组织，在此基础上区委、区政府着手筹建区老龄协会。2012年6月，崇川区老龄协会第一次会员代表大会召开，崇川区老龄协会正式成立。至此，区、街道、社区三级老龄（老年人）协会组织网络全面形成。

崇川区老年人体育协会 1993年2月成立。2005年7月，召开崇川区老年人体育协会第二次代表大会，选举产生崇川区第二届老年人体育协会领导成员。2012年7月，召开崇川区老年人体育协会第三次会员代表大会，选举产生崇川区第三届老年人体育协会领导成员。老年人体育协会成立以后，以为全区老年人服务为宗旨，积极搭建平台，组织开展形式多样、内容丰富的体育健身活动。

崇川区退（离）休教育工作者协会（简称退教协） 1992年成立，是经崇川区民政局批准备案的社会团体，并接受南通市退（离）休教育工作者协会的指导。崇川区退教协理事会由7位理事组成。退教协下设28个小组，退教协小组在同级党组织的领导下开展工作，小组长均由热心退教工作，有威信、有精力的人员担任。形成区、学校两级管理网络。到2012年年底，全区有离、退休教师1700余名，其中离休干部40名。广大离退休教育工作者人老心不老，积极投入到学校、社区的各类活动，积极参与一些适合老年人的文娱体育活动，积极参与有益于青少年健康成长的关心下一代的各项工作，得到社会各界的好评。

崇川区老科技工作者协会（简称老科协） 2009年5月成立，发展首批会员58名，其中大专院校教师38名，占65.5%，高级以上职称43名，占74.1%。70岁以上的47名，占81%以上。2009年11月28日，崇川区老科技工作者协会召开成立大会暨第一届会员大会，选举产生7名理事。2012年6月27日，经一届三次理事会选举产生新的理事长，副理事长、秘书长不变。区老科协有48名会员来自本地高校，区老科协注重发挥他们的科研优势，组织开展产、学、研活动，为企业服务。2010年12月9日，崇川区老科协和中国科学院老专家技术中心签订科技合作协议，中国科学院老专家技术中心在崇川区成立了南通工作站。此外，老科协还在每年的科普宣传周、科普宣传日期间，组织老科技工作者、科普志愿者走进社区开展广场咨询、举办科普讲座。2009年至2010年，共组织广场咨询30余场，科普讲座50多场，听众达10000多人次。

崇川区关心下一代工作委员会（简称关工委） 1993年4月成立，设主任1人、副主任9人、委员20人（成员单位负责人），下设办公室。此后关工委成员多次调整，一般设顾问3至4人，主任1人，常务副主任1人，副主任8至11人，委员23至24人。2008年5月21日，区委常委会决定：区关工委配置1个事业编制。6月26日，崇川民营经济关心下一代工作委员会成立。自上世纪90年代起，10个街道均建立关工委，由街道党工委副书记兼任关工委主任，配备一名“五老”担任常务副主任，主持日常工作。区教育体育局、崇川工商分局等部门也建立关工委，全区109个社区、所有中小学都建立了关工委，有的社区建立关工小组和楼道小组，少数民营企业建立关工组织，全区基本形成由上而下比较健全的关工组织网络。全区参加关心下一代工作的“五老”人员共有3521人，约占全区“五老”总人数的60%。关工委每年结合中央文件精神、重大历史事件和重大纪念日活动，针对青少年思想和生活实际，重点抓住一至二个主题开展主题教育活动，受教育青少年每年达3万多人次。在青少年中开展法律、法规宣传教育，作法制报告3400多场次，受教育青少年达28万多人次。2005年至2007年，崇川区连续三年获江苏省网吧“五老”义务监督工作组织奖。2007年至2010年，连续四年获南通市“五老”网吧义务监督工作组织奖。全区各个城乡社区均建立以“五老”为主体的青少年校外教育辅导站，并形成学田街道的“知心奶奶”群体、和平桥街道的“关工园地”、钟秀街道城北校区的“爱心家教”，虹桥街道的“孙爷爷谈心室”等一批在全国有影响的辅导站，受到时任中共中央政治局常委、国务院总理温家宝，中共中央政治局常委李长春，中共中央政治局委员、中央书记处书记、中组部部长李源潮，全国人大常委会原副委员长、国家关工委主任顾秀莲、副主任闵振环等领导人的视察和充分肯定。中央电视台新闻联播、焦点访谈，《人民日报》、江苏电视台相继进行宣传报道。2001、2006年两度获江苏省关心下一代工作先进集体荣誉称号。1999、2004、2006、2009年分别获南通市关心下一代工作先进集体荣誉称号。至2012年年底，全区1个集体、1名个人受到中央关工委的表彰；17个集体、20名个人受到省表彰；20个集体、89名个人受到市表彰。2012年，学田街道以“知心奶奶”群体为依托的关心下一代工作成绩显著，9月24日，作为唯一街道层面关工委，代表南通市在全省“学雷锋、知党恩、讲道德、见行动”主题活动座谈会上发言，得到省、各市领队的充分肯定和一致好评。中国关工委主任顾秀莲在此发言稿上作批示：“用‘三知道、三结合、三实践’的运作载体，推进学雷锋常态化，这种主体教育形式好，相信做好了，必有好的成效。”

第八节　港闸区老龄事业简况

港闸区地处南通市主城区北部，全区面积134平方公里，耕地5万亩。2012年年末，户籍人口19.04万人，常住人口27.8万人，辖6个街道。

一、人口老龄化

1982年，港闸区进入人口老龄化，当年全区总人口17.16万人，其中60岁以上老年人1.78万人，老龄化程度达到10.37%。到2012年底，区总人口为190385人，其中60岁以上老年人口50134人（男性2.3万人，女性2.71万人），占总人口的26.33%；老年人口年龄结构：60—69岁25231人，占老年人总数的50%；70—79岁16195万人，占老年人总数的32%；80—89岁老人7404人，占老年人总数的15%。90—99岁老人1287人，占老年人的2.5%；百岁老人17人（男2人、女15人），达到万分之三。老年人口户籍结构：城镇2.1万人，占老年人总数的42%；农村2.91万人，占老年人总数的58%。职业结构：离退休人员0.96万人，占老年人总数的19.2%；以种田为生的农民2.81万人，占老年人总数的56.1%；其他职业的老人1.24万人，占老年人总数的24.7%。2012年，人口平均预期寿命达到80.23岁。30年间，全区人口老龄化程度提升15.97个百分点，平均每年提升0.53个百分点。全区人口发展态势呈现出“上升、下降、上升”的曲线走向，这与地处南通市区北郊的区位、经济发展等因素有很多内在联系：港闸区在1999年以前，整个区域的经济以农业为主，农业人口居多，村（居）民受经济收入的影响，走出区域的人少，人口呈现稳步上升的态势，到2000年达到22.44万人。人口老龄化程度不断提升，2000年达到16.8%，比1982年上升6.43个百分点，年均上升0.36个百分点。2000年以后，城乡一体化建设进程加快，很多年轻人在主城区购房，致使全区总人口逐年下降，但他们的父母仍住在港闸区，这就形成了老龄化程度加快上升。2009 年达 25.17%，比 2000 年上升 8.37 个百分点，年均上升 0.93 个百分点。2010 年起，随着全区经济发展，南通北翼新城的崛起，总人口又开始上升。30 年来，高龄老人大幅度增加。1982 年，高龄老人在总人口中占比为 1.19%，1990 年为 1.7%，2000 年为 2.3%，2012 年达到 4.5%。

1982 — 2012 年港闸区人口老龄化情况统计表

表 16-8-1

年份	总人口（万人）	60 岁以上老人（万人）	老龄化程度（%）	80 岁以上高龄老人（人）	百岁老人（人）
1982	17.16	1.78	10.37	2059	1
1983	18.32	1.98	10.80	2382	1
1984	18.98	2.16	11.38	2278	2
1985	19.51	2.21	11.32	2536	2
1986	19.87	2.26	11.37	2630	1
1987	20.18	2.34	11.60	2839	4
1988	20.57	2.42	11.76	3295	3
1989	20.93	2.55	12.18	3347	5
1990	21.05	2.86	13.60	3589	6
1991	21.58	2.82	13.07	3732	8
1992	20.16	2.64	13.10	3901	5
1993	20.12	2.65	13.17	4191	7
1994	21.27	2.93	13.78	4035	5
1995	21.31	2.98	14.00	4241	6
1996	21.59	3.10	14.36	4319	9
1997	21.72	3.43	15.80	4432	8
1998	21.86	3.56	16.28	4846	7
1999	22.13	3.65	16.49	5068	12
2000	22.44	3.77	16.80	5174	8
2001	21.60	3.84	17.78	5285	11
2002	19.80	3.72	18.80	5439	14
2003	19.30	4.05	21.00	5851	16
2004	18.90	4.03	21.30	6219	9
2005	18.12	3.90	21.50	6553	15
2006	17.85	4.07	22.80	6810	13

续表 16-8-1

年份	总人口（万人）	60 岁以上老人（万人）	老龄化程度（%）	80 岁以上高龄老人（人）	百岁老人（人）
2007	17.56	4.09	23.30	7009	18
2008	17.16	4.23	24.65	7132	13
2009	17.76	4.47	25.17	7231	13
2010	18.17	4.52	24.88	7372	19
2011	18.81	4.83	25.67	7751	15
2012	19.04	5.01	26.34	8708	17

说明：总人口指户籍人口。

二、老龄工作机构

南通市郊区老龄问题委员会 1985 年 11 月成立，下设办公室。1991 年区划调整后，成立港闸区老龄问题委员会。1995 年 6 月，更名为港闸区老龄工作委员会，下设办公室。

2001 年 8 月，港闸区委、区政府明确区老龄委是区委、区人民政府主管全区老龄工作的议事协调机构，区老龄工作委员会办公室为区老龄工作委员会的日常办事机构，设在区民政局；区委组织部、区委宣传部、区委老干部局、区团委、区人事劳动和社会保障局、区民政局、区教育局、区妇联、区总工会、区体育局、区法院、区司法局、区卫生局、区广播电视局等 19 个部门为区老龄委成员单位。区建老龄工作机构后，各街道（开发区）都设有老龄工作机构，名称称街道（开发区）老龄工作委员会、或称街道（开发区）老年人协会，机构和工作通常归口民政。2009 年以来，港闸区先后调整老龄委组成人员，因机构改革，未保留区老龄委办公室。

港闸区（郊区）老龄工作机构负责人名录表

表 16-8-2

时　间	机构名称	主任	副主任	办公室主任
1985.11 — 1987.5	郊区老龄问题委员会	徐希华	邱一兰（女）周德芝	
1987.5 — 1991.1	郊区老龄问题委员会	陆福林	毛乃英（女）	毛乃英（女）
1991.1 — 1995.7	港闸区老龄问题委员会	陆福林	毛乃英（女）	毛乃英（女）
1995.7 — 1999.5	港闸区老龄工作委员会	陆福林	毛乃英（女）	毛乃英（女）
1999.5 — 2000.11	港闸区老龄工作委员会	刘保根	俞汉林 王敏捷 姚志迅	姚志迅
2000.11 — 2001.12	港闸区老龄工作委员会	刘保根	俞汉林 王敏捷 陈　钧	陈　钧
2001.12 — 2003.3	港闸区老龄工作委员会	严崇明	俞汉林 许志清 王敏捷 陈　钧	陈　钧

续表 16-8-2

时　间	机构名称	主任	副主任	办公室主任
2003.3 — 2005.9	港闸区老龄工作委员会	程　翔（女）	于立忠 许志清 陈　钧 许福建	许志清
2005.9 — 2007.9	港闸区老龄工作委员会	程　翔（女）	许志清 张劲松 成小聪 许福建	许志清
2007.9 — 2008.4	港闸区老龄工作委员会	陈永红	许志清 成小聪 许福建 尹先松	许志清
2008.4 — 2009.8	港闸区老龄工作委员会	杨　建	李长文 成小聪 许福建 王晓飞	李长文
2009.8 — 2012.7	港闸区老龄工作委员会	顾国华	李长文 成小聪 许福建	李长文
2012.7 —	港闸区老龄工作委员会	葛锦坤	朱永忠 许福建	朱永忠

三、老年供养

截至2012年年底，全区5.01万老年人中，属离退休干部、职工退休8628人，享受“五保”待遇192人，享受优抚待遇168人，享受老党员补助待遇294人，享受城乡低保待遇925人，参加农村新型养老保险8021人，享受乡镇村办企业补助3731人，失地农民享受经济定额补助16963人，享受村级经济发展补助金3036人，享受政府老年人补助待遇（城乡没有工作的60岁以上老人）5103人。区委组织部负责做好老党员享受生活补助金的发放工作；区委老干部局负责落实离休干部“两个待遇”工作；区计生委负责做好计生家庭独生子女的父母步入老年后的经济补助工作；区人社局负责退休干部的管理、退休职工管理服务工作；区委农工部门负责农村失地农民的经济补偿工作；区民政局负责优抚对象、“五保”对象的管理服务工作，对城乡老人符合低保条件的做到“该保尽保”；区老龄办负责百岁老人、80岁以上高龄老人长寿金的发放等优待工作。

各部门在保障现有养老政策落实的同时，积极创造条件让更多老人享受政策保障。1992年，港闸区建立区农村社会养老保险事业管理局。1996年，区政府发布《港闸区农村社会养老保险实施办法》，规定行政区域内农村户口的60周岁以上的人口均为农村社会养老保障对象。2008年7月，颁发《港闸区农村农民养老保险试行办法》，新的农保制度正式启动。到2012年年底，全区有8021位老年农民享受养老金发放。全区集中供养175名“五保”老人，分散供养17人，供养标准平均每人每年达到6100元。从1997年起开始在城镇，1998年后在农村实行低保制度，对城乡生活困难的老人实行生活保障。到2012年年底，全区有935名城乡老年人享受低保待遇。城市低保对象标准每人每月提高到400元，其中70周岁以上城市低保对象纳入粮油实物救助；农村低保对象标准提高到每人每月340元。2003年，区计生委与区民政局联合下发《关于为实行计划生育贫困家庭优先办理农村最低生活保障的通知》，将计划生育贫困家庭优先纳入农村低保范围。2012 年年底，出台被征地老年农民的经济补助政策，同等享受企业退休人员待遇。

1999 年，开始对百岁老人发放尊老金，每人每月 100 元，此后提高标准，从 2011 年起，每人每月享受 300 元补助；在对百岁老人发放尊老金的同时，区政府对 80 岁以上老人也发尊老金，80 — 89 岁老人每人每月可领取 50 元，90 — 99 岁老人每人每月可领取 100 元。对生活特困老人发放生活补助金，从 1999 年开始，区老龄办在市、区两级财政的安排下，每年下拨特困资金发放到数百位特困老人手中；从 2009 年起，这笔专用资金用于城乡低保老人补助，城镇老人每年 200 元，农村老人每年 100 元。

2012 年，区政府努力提高老年保障水平，政府购买服务人员提标扩面，由原来 80 岁以上低收入家庭中的独居老人和失能老人，扩大到 60 岁以上低收入家庭中的独居老人和失能老人；并对全区 80 — 89 岁重度失能老人、低保对象中的老人及 90 岁以上老人实行普惠制。政府购买服务标准由原来的每人每月 100 元，提高到每人每月 150 元。提标扩面后，全区共有 2603 人享受居家养老政府购买服务，比 2011 年增加了 1924 人。根据南通市民政局与南通市财政局联合下发的《关于进一步做好市区高龄老人尊老金发放管理工作的通知》精神，全区 80 — 89 岁的老人尊老金从年初开始由原来的每人每月 50 元提高为 60 元。2012 年，全区享受尊老金的 80 岁以上老人共计 9334 人，尊老金总支出 509 万元。

随着人口老龄化进程的加快，港闸区逐渐形成政府主导、社会支持、民间兴办、社区居家养老同步发展的养老格局。全区有唐闸、天生港、秦灶、幸福、陈桥 5 所政府办的敬老院，到 2012 年年底，拥有床位 430 张，入住“五保”老人 174 人，同时接受社会寄养老人 260 多人。5 所敬老院在 30 年中先后经过分期分批迁址或新建，改变了敬老院过去传统的住宅结构，建成便于老人起居、洗漱、如厕的宾馆式用房，更方便老人生活。全区 5 家敬老院中，有 3 家被评为省级、2 家被评为市级敬老院。

1995 年 3 月，南通市第一家民办家庭托老院 —— 港闸区白龙庙老年托老院诞生。17 年来，先后有鸣缘、金鑫、白龙庙、天福、爱心、新闸、国庆、成院、春满、诚心等 15 家老年公寓或家庭托老院应运而生。到 2012 年年底，民办养老机构拥有床位 693 张，运行状况良好。连同政府办的 5 家街道敬老院共拥有 1123 张床位，每百位老人拥有 2 张床位。秦灶街道鸣缘老年公寓是全区最大的民办养老机构，投资 1000 多万元，拥有 146 张床位。为引导鼓励民办非营利性养老服务机构为社会老人搞好服务工作，区民政局、财政局从 2012 年 1 月起对符合民办非营利性养老服务条件的机构，分一、二、三、四个等级床位补贴，分别按每张床位 6300 元、5700 元、4500 元、3900 元的标准给予补贴，分三年补助到位。同时实行营运补贴，对入住 6 个月以上的市区非政府供养的老人，给养老机构每月每张床位 80 元运营补贴。2009 年起，在 6 个街道 60 个村（居）社区中分期分批创办社区居家养老服务站。至 2012 年年底，每个街道都建起了居家养老服务中心，还在 60 个村（居）社区创办了居家养老服务站，覆盖率 100%。居家养老服务站采取有偿或低偿服务为全区高龄老人、“空巢”老人、单身老人、生活自理有困难的老人、经济有困难的老人提供生活帮助。2012 年，享受政府购买服务的对象有 2530 人，其中享受低保待遇对象、“五保”老人，每人每月享受 300 元补助，其他服务对象每人每月享受 159 元补助。为做好全区社区居家养老服务工作，开设“968890”服务热线，还为全区部分高龄老人、重点优抚对象免费发放“一键通”电话机 860 部。

港闸区养老机构一览表

表 16-8-3　　　　单位：平方米、人

序号	养老机构名称	机构性质		级别	建筑面积	床位数	入住人数	入住率	地点
		公办	民办						
1	闸西街道敬老院	√		街	3500	85	55	65%	新闸村 3 组
2	秦灶街道敬老院	√		街	1648	32	19	59%	费桥村 3 组
3	陈桥街道敬老院	√		街	7000	200	146	73%	河口村
4	幸福街道敬老院	√		街	12000	60	56	93%	幸福村 9 组
5	福寿康托所		√	村	150	18	16	88%	五星村 12 组
6	诚意老年托老所		√	村	240	32	32	100%	白龙庙村 14 组
7	新闸托老所		√	村	300	30	19	59%	新闸村 14 组
8	白龙庙托老所		√	村	260	40	40	100%	白龙庙村 14 组
9	天福托老所		√	村	180	10	3	30%	节制闸村 5 组
10	国庆托老所		√	村	200	20	2	10%	国庆村 13 组
11	成院托老所		√	村	320	78	63	81%	通遂社区刘家圩 44 号
12	鸣缘老年公寓		√	村	3000	126	62	49%	闸东村 2 组
13	金鑫托老所		√	村	400	24	12	50%	八里庙村 4 组
14	陈桥老年爱心托老院		√	村	7000	200	146	73%	五里树村 9 组
合计		4	10		36198	955	671	70%	

数据来源：2012 年 11 月，市老龄协会、港闸区老龄协会调查统计。

港闸区街道居家养老服务中心设施情况一览表

表 16–8–4　　　　单位：平方米、人

街道	老年人日间生活照料中心			卫生室		老年文体活动场所			老年谈心室	老年教室
	日间休息室	食堂	健身康复室	面积	医护人员	休闲娱乐室	图书学习室	室外活动场地		
秦灶街道	0	0	0	0	0	600	100	400	0	80
永兴天生港镇街道	0	0	0	3000	43	300	40	3000	60	200
唐闸镇街道	100	80	100	0	0	0	0	0	0	0
陈桥街道	0	0	0	0	0	185	30	600	0	60
幸福街道	50	0	30	1300	17	200	100	500	0	50

数据来源：2012 年 11 月，市老龄协会、港闸区老龄协会调查统计。

三、老年医疗保障

随着人口老龄化的加剧，全区在各街道先后建成 6 家政府办社区卫生服务中心，投资经费累计达 7000 万元。建成 19 家城市社区卫生服务站，形成城乡居民“15 分钟健康服务圈”，三级公共卫生服务网络建设日益完善。全区开展老年人健康建档工作，到 2012 年年底，已为 38735 名 60 岁以上老人开展了包括血常规、血压、血糖、肝肾功能、B 超透视在内的免费体检，并建立了健康档案，建档率 92%，所有档案均输入电脑进行动态管理。老年保健以“预防为主，保健为主，关心为主”为管理思路，区成立慢性病管理科和健康教育所，各街道社区成立 38 个卫生服务团队，通过服务进小区、服务进家庭等服务方式，引导和帮助老年人建立良好的卫生习惯，倡导科学、文明、健康的生活方式。区城镇职工医疗保险工作开始于 2000 年 7 月 1 日，根据市政府颁发的《南通市城镇职工基本养老保险实施办法》，实施范围和对象是指国家机关和社会团体的工作人员、企事业单位的固定职工包括退休人员。2004 年，全区推行市政府下发的《关于在全市建立新型农村合作医疗制度的实施意见》，从 2009 年 1 月 1 日起，全区农村居民和城镇居民实行统一的医疗保障制度，人均筹资标准提高到 320 元，农村参加保险人数达到 54481 人，参保率 99.7%。农村居民参加城镇居民医疗保险给予专项财政补贴，老年居民财政补贴每人每年最高 300 元。

四、老年文体

港闸区依托老年社团，积极开展老年文体活动。区老年人体育协会积极组织、指导、引领全区老年人开展健身活动。区、街道和村（居）三级协会建有专业活动组织，如太极拳、舞龙狮、锣鼓、门球、军鼓、秧歌、乒乓球等队伍，全区累计有 50 多支有组织的活动队伍。区老年大学创办于 2000 年 9 月 1 日，办学 10 多年来，老年大学逐

步发展。老年教育向街道、社区延伸，先后在易家桥、秦灶、幸福、陈桥街道办班，连同校本部发展到12个专业、21个班，有520多名学员。区老科技工作者协会以科普为主题，开展自娱自乐活动，举办音乐会、书画摄影展，活跃文化生活，展示七彩人生。港闸区离退休教育工作者协会为活跃退休教师的文化生活，建立夕阳红艺术团，艺术团设歌咏、舞蹈、朗诵、健身、书画等兴趣小组。

五、尊老敬老

1987年，港闸区根据中共南通市委将每年九九重阳节定为“敬老日”的决定，党政机关、社会各界广泛开展敬老活动。

1990年10月，由区老龄问题委员会会同区委老干部局和区人事、民政、妇联等部门联合开展“尊老社会一条龙服务”，并向社会公布相关优待规定。1997年9月，区老龄办根据南通市政府办公室《关于在市区组织开展尊老社会服务意见的通知》，认真做好老年优待证的发放工作。1999年国际老年人年启动，对全区百岁老人每人每月发放100元长寿补贴金。2004年，市政府出台《关于完善南通市区老年人社会优待服务工作的通知》，区老龄办认真做好宣传工作，全区70岁以上老人办理IC公交卡，免费乘坐市区公交车。从2010年开始，全区65岁以上老人办IC公交卡免费乘坐市区公交车。从2011年开始，全区60岁以上老人办理IC公交卡半免费乘坐市区公交车。

1988年，港闸区结合弘扬新时期的孝道宣传，开展“敬老好儿女金榜奖”评选活动；1991年，开展“敬老先进乡镇”评选活动，将重视老龄工作纳入乡镇党政工作职责；1999年，区妇联开展中老年妇女健康知识竞赛；2003年，港闸区老龄办与相关部门联合开展敬老爱老助老教育活动，当年还开展了老龄工作先进集体和先进个人表彰活动；2004年，全区实施“星光计划”，兴建12个老年活动之家。进入新世纪后，港闸区开展过“全国敬老模范村居社区”“美德进农家”“和谐港闸·关爱银龄”“弘扬敬老美德·共建和谐港闸”，评选“模范金婚夫妇、敬老孝心夫妇、敬老之星”等活动，广泛宣传尊老敬老传统美德。

2012年，区政府下发《关于组织开展2012敬老月和重阳节敬老活动的通知》。敬老月期间，开展门球比赛、老年合唱大赛、老年书画展、进敬老院慰问演出等。

六、老年社团（群团）组织

港闸区老龄协会　2010年12月成立。区老龄协会成立后，全区6个街道、60个城乡村（居）先后建立老年人协会。

港闸区老年人体育协会　1993年10月成立，唐闸镇、天生港镇、永兴、秦灶、幸福、陈桥6个街道和60个村（居）均建立老年体协组织，区、街道到村居三级组织网络基本健全。2008年，被评为全国老年体协工作先进单位。

港闸区老科技工作者协会　1996年3月成立，到2012年年底，有会员70多人，下设工业、农业、蔬菜牧医、医卫、信息、文艺、政法7个专业组。成立15年来，积极向区委、区政府建言献策，围绕中心开展“三服务”工作。协会12次被市、区相关部门表彰为先进集体，35位会员受到省、市、区表彰。

港闸区离退休教育工作者协会 2001年10月成立。至2012年年底，有会员758人。

港闸区关心下一代工作委员会 1993年4月成立，5个街道（开发区）、64个村（社区）和教育系统、民营企业及17个学校建有关工委组织。港闸区关工委创办四点半学校，充分利用校外教育辅导站这个阵地，大力开展“迎奥运、颂改革、建设美好港闸”“学党史、颂党恩、跟党走”“学雷锋、心向党、讲道德、见行动”“学习慈善老人吴锦泉、胡汉生先进事迹，争当美德少年”“爱学习、爱劳动、爱祖国，践行中国梦”等主题教育，同时对学生开展课外文化知识辅导，得到家长、社会的一致好评，成为全区100件为民为实事项目。省、市关工领导到港闸区视察，对该区的电子阅览室、四点半学校、三好标兵竞赛评选活动、预防未成年人零犯罪等工作给予了充分肯定。

自1993年4月成立以来，港闸区、陈桥街道、秦灶街道等关工委等单位获江苏省关心下一代工作先进集体荣誉称号；丰建华、陈汉余、吴思九、顾志宣等9人（次）获江苏省关心下一代工作先进个人荣誉称号。

第九节　南通经济技术开发区老龄事业简况

1984年12月19日，国务院批准设立南通经济技术开发区。1986年，南通市政府批准建立南通经济技术开发区管理委员会，确立了开发区的管理体制。在起步阶段，开发区实行的是政企合一的管理模式，管委会和总公司两块牌子一套班子。1993年，“实行政企分开，转变职能”。这种政企分离的管理模式一直延续至今。

1990年12月，省人民政府批准成立南通市人民政府富民港办事处，是市政府的派出机构，履行辖区（南通经济技术开发区地域）的行政管理职能。南通开发区建区后，经历了两次大的区划调整。第一次是1990年，省政府《关于调整南通市区和南通县部分行政区划的批复》“将南通县的新开镇和小海镇的沙家圩、戴家圩、二圩墩、棍梓街、近山、五圩等六个村及南通县良种场近江大队划归富民港办事处管辖”。第二次是2001年，市委、市政府《关于做好市区部分行政区划调整的意见》“将通州市管辖的小海镇、竹行镇、良种场、种畜场整建制委托富民港办事处管辖，同时，将通州市行政区划范围内的南通农场（省属）和东方红农场（省属）划入富民港办事处行政区划范围内”。2001年区划调整前，开发区管辖35平方公里，3.3万人口。2001年区划调整后，开发区管辖146.98平方公里，12.36万人口。2001年，市委、市政府明确“开发区党工委、管委会是中共南通市委、南通市人民政府的副厅级建制派出机构，代表市委、市政府对开发区实行统一领导和管理，行使市级管理权限。南通市人民政府富民港办事处并入开发区，对外保留牌子”。2012 年年末，全区面积 146.98 平方公里，耕地 8.1 万亩，户籍人口 14.58 万人，常住人口 20.3 万人，辖 4 个街道。

一、人口老龄化

根据人口普查资料记载，2000 年，全区常住总人口 128785 人，65 岁以上老年人口 14024 人，占总人口的 10.89%。2010 年，全区常住人口 182104 人，60 岁以上老年人口 26562 人，占总人口的 14.59%。2000 年，有百岁老人 2 人。2010 年，百岁老人增至 13 人。2012 年，60 岁以上老年人 29912 人，占总人口的 20.51%，有百岁老人 17 人。

二、老年供养

老年被征地农民生活保障和城镇老年居民养老补贴　开发区管委会于 2000 年 11 月 6 日出台《南通经济技术开发区征地劳动力管理办法》，保养劳动力（男 60 周岁、女 50 周岁以上）每人每月享受征地生活费补贴 120 元。以后又多次进行调整，历次调整情况如下：

南通经济技术开发区老年被征地农民生活保障情况统计表

表 16–9–1

保障标准（元 / 人 . 月）	执行时间	享受人数
120	2000.1	2284
146	2002.1	2094
164	2003.1	3539
182	2004.1	4586
202	2005.1	6425
255	2007.1	7172
300	2008.1	9148
320	2008.4	9148
364	2009.7	11089
440	2010.7	14361
502	2011.4	16211
502	2012.2	1640

说明：2011 年 12 月，按照市政府〔2011〕80 号文件，市区（含崇川区、港闸区、南通经济技术开发区）老年被征地农民在一次性补交 15 年养老保险金后，纳入城镇企业职工养老保险，按月领取退休养老金。开发区老年被征地农民须一次性补交 53590 元。未补交者仍享受征地生活补贴。

2009 年 11 月，出台《南通经济技术开发区城镇老年居民养老补贴办法实施方案》，对在南通市取得户籍连续满 15 年的城区镇老年居民给予每月 100 元的老年补贴。

农村养老保障 2008年8月，根据《南通市农村居民养老保险试行办法》文件精神，出台《南通经济技术开发区农村居民养老保险实施办法》。按照个人缴费、集体补助和财政补贴相结合的方式筹集，养老保险缴费金额以开发区上年度农民人均纯收入的15%确定，其中参保个人承担60%、财政补贴40%。财政补贴部分由区、镇两级财政各承担50%。财政补贴年限为15年。

2010年5月，根据国务院《关于开展新型农村社会养老保险试点的指导意见》和江苏省《新型农村社会养老保险制度实施办法》有关规定，出台《南通经济技术开发区新型农村社会养老保险实施办法（试行）》，缴费标准设立100元、500元、900元、1200元、1600元、2000元六个档次，财政分别给予80元、300元、600元（900元及以上缴费）的补贴。2010年1月1日起，对年满60岁的农村居民统一加发60元基础养老金。2011年12月，根据市政府《南通市市区城乡居民社会养老保险试行办法》规定，开发区实行城乡居民一体化，所有居民按年缴纳居民保险费，可自主选择缴费标准。缴费标准为每人每年100元、500元、900元、1500元、2000元、3000元六个档次，政府对参保人员个人给予补贴，多缴多补，选择100元、500元、900元、1500元、2000元、3000元的，每年分别给予100元、350元、600元、800元、900元和1000元的补贴。对年满60岁具有城镇居民户籍满15年的、每月发放150元，不满15年的每月发放100元，农村居民每月发放80元的基础养老金。

高龄老人生活补助 2008年4月，出台《南通开发区90周岁以上长寿老年人尊老金发放管理暂行办法》，标准为：90—99周岁老人每人每月100元，百岁以上（含百岁）老人每人每月200元。2009年10月，出台《关于调整长寿老人尊老金标准和范围的通知》，发放奠老金的范围扩大到85—89周岁老年人，该年龄段的老年人每人每月享受50元尊老金。2010年8月，长寿老人尊老金发放范围再次扩大，80—84周岁的的老年人也享受每人每月50元尊老金。

南通经济技术开发区尊老金发放情况统计表

表16-9-2

年度	年度发放金额（万元）	各年龄段人数（人）			
		80—89周岁	85—89周岁	90—99周岁	100周岁以上
2008	47.77			425	16
2009	57.64		1340	489	12
2010	249.26	4038		595	13
2011	316.75	4136		583	17
2012	380.22	4255		646	13

敬老院　新开镇、竹行、小海三个镇（现为街道）2008 年前均有敬老院集中供养农村“五保”老人。2007 年，开发区党工委、管委会将建区敬老院列为为民办实事工程之一。2008 年初，区敬老院建成并投入使用，占地面积 14096 平方米，建筑面积 10450 平方米，总床位 274 张，总投资 1600 万元，房间全部采用双人标准间模式，人均使用面积 12.5 平方米，配有空调、有线电视、电子呼叫系统、电子巡更系统、音响系统及电话、淋浴设施等。建有进出入刷卡系统、监控自动报警系统及室内外保健和文体娱乐设施。12 月，撤销新开、竹行、小海三镇敬老院，所属供养“五保”老人全部转移至区敬老院。配备工作人员 37 名，接纳“五保”老人 86 人、社会寄养老人 164 人。2008 年 11 月，被评为南通市文明敬老院。2009 年 11 月，被评为江苏省示范性养老机构。2010 年 11 月，被评为全国模范敬老院、江苏省行风建设示范单位。2012 年 11 月，“用心为老人服务”获南通市民政系统服务品牌活动一等奖。

南通经济技术开发区养老机构一览表 2012.12

表 16-9-3　单位：平方米、张、人

序号	养老机构名称	机构性质		级别	建筑面积	床位数	入住人数	入住率（%）	地点
		公办	民办						
1	南通开发区敬老院	√			10000	274	274	100	开发区新河路 36 号
2	新开镇敬老院		√		1200	34	32	94	开发区振兴东路 326 号
3	小海天韵老年公寓		√		980	80	48	60	开发区小海村 7 组
合计		1	2		12180	388	354	91	

数据来源：2012 年 11 月，市老龄协会、市经济开发区民政局调查统计调查。

南通经济技术开发区街道居家养老服务中心设施情况一览表

表 16-9-4　单位：平方米、人

街　道	老年人日间生活照料中心			卫生室		老年文体活动场所			老年谈心室	老年教室
	日间休息室	食堂	健身康复室	面积	医护人员	休闲娱乐室	图书学习室	室外活动场地		
新开街道	0	0	0	0	0	0	0	0	0	0
竹行街道	0	0	0	0	0	500	100	1500	0	0
中兴街道	0	0	0	1500	19	2000	500	2000	100	300
小海街道	0	0	0	0	0	0	0	0	0	0
合　计	0	0	0	1500	19	2500	600	3500	100	300

数据来源：2012 年 11 月，市老龄协会、市经济开发区民政局调查统计调查。

居家养老服务 2007年4月，在中兴街道永兴社区建立社区居家养老服务站，开展居家养老服务试点。2009年5月，全区4个街道和37个城乡社区均建立居家养老服务中心（站），实现居家养老城乡全覆盖。至年底，全区有924名老年人列为居家养老服务对象。2010年7月，出台《南通开发区居家养老服务工作考核办法》。在新开街道新开苑社区、小海街道星景社区、竹行街道星辰社区、中兴街道富新社区，分别建立日间照料、老年康复、助餐服务“三站点”。居家养老服务对象增加到1902名。2011年，出台《南通开发区街道居家养老服务中心“三站点”管理考核办法》，建立以专兼职服务人员、社区志愿者和社会力量为主体的服务队伍，并按照服务对象的规模数量配置相应的专兼职服务人员，提供重点服务对象每天1小时、一般对象每天20分钟的上门服务，服务经费列入区财政预算。2011年，全区居家养老服务对象1995名，占老年人口的9%。

三、老年医疗保障

城镇居民医疗保障 2007年7月1日，根据市政府《关于印发〈南通市市区城镇居民基本医疗保险试行办法〉的通知》，经济技术开发区为区内城镇居民和失地农民办理城镇居民医疗保险，筹资标准为每人每年320元，其中财政配套每年300元，个人缴费每年120元。为减轻农民负担，开发区对个人缴费部分补贴60元，即个人只缴费60元。2010年5月5日，出台《关于贯彻党工委、管委会“减轻居民负担，提高医疗保险个人缴费补贴标准”有关问题的通知》，对老年居民个人缴费部分（320元/人年）实行全额补贴。2010年，党工委、管委会将为区内60岁以上老年人免费健康体检纳入年度为民办实事工程，区内14574名60岁以上老人享受免费体检服务。2011年，为1.81万名65岁以上老年人提供保健服务，为8915名城乡老年人进行免费体检，体检率90%。

新型农村合作医疗 2009年1月1日起，根据《市政府关于农村居民参加城镇居民基本医疗保险的通知》，将参加新型农村合作医疗保险的农村居民全部纳入城镇居民医疗保险，城乡居民实行统一的医疗保险制度。

四、老年社团组织

2006年3月，南通经济技术开发区老年人体育协会成立。

2011年7月，全区37个城乡社区全部建立老年协会。

第十七章　人物·荣誉

本章收录与南通市老龄工作有关的人物简介、人物名录、先进个人和先进集体。

人物简介，简要介绍市老龄问题委员会（老龄委员会）、老龄工作委员会的主任、名誉主任、顾问的基本情况、主要经历，按照类别和任职时间、排名顺序排列，并写明任职时间。所收人物，不论已故或健在，均不立传，只作简介，不加褒贬。本章对人物的记述，不作为处理个人任何问题的依据。已故人物终年，按中国传统习惯，悉以虚岁计算。

人物名录一节，收录各县（市）、区100周岁及以上老人名录。

荣誉一节，收录全国（含国务院及国家部、委、办、组委会、全国性社团）、省（含省政府及委、办、厅、局、全省性社团）、市（市委、市政府、市老龄委）级表彰的南通市老龄工作先进个人名录和先进集体名单。

第一节　人物简介

一、南通市老龄问题委员会（老龄委员会）、老龄工作委员会主任

任文彬，1985年5月至1989年5月任南通市老龄问题委员会（老龄委员会）主任，1989年5月至1995年4月任南通市老龄委员会顾问。

曾用名郑万桥，男，1922年3月生，汉族，江苏省六合人，中学文化。1940年5月参加工作，同年6月加入中国共产党。1940年5月任六合县东旺乡公所助理。1941年11月任六合县东庙乡（镇）乡（镇）长。1942年9月至10月淮南行政学院学习。1942年11月任冶山县四合区委会武委主任，1943年3月任东南县四合区委会武委主任兼双灯乡乡长。1943年8月至11月淮南路东地委党校学习。1943年11月任东南县四合区委会组宣科长。1944年5月任东南县四合区署区长。1944年10月至12月在中共冶山县委整风队整风。1945年1月任中共冶山县四合区委书记。1945年11月任中共六合县马集区委书记。1946年3月任六合县政府秘书。1946年7月后本地游击坚持期间任工委书记。1946年9月至1947年1月山东军政大学学习，任班长。1947年2

月后淮南坚持游击期间任工委书记。1948 年 10 月任六合县县长。1949 年 5 月后历任中共六合县委代理书记、书记。1953 年 9 月任中共扬州地委生产办公室主任，1954 年 4 月后历任中共扬州地委委员、生产合作部部长，农工部部长。1956 年年初任中共扬州地委副书记、扬州专署专员。1958 年秋至 1965 年冬历任中共泰兴县、高邮县、泰县县委书记。“文化大革命”初期被审查，在泰县“五七”干校学习。1973 年后任中共泰县县委工作队长。1978 年 1 月任南通地区革委会副主任。1978 年 7 月任南通地区行署副专员（1978 年 7 月至 9 月代理中共海门县委书记），1981 年 7 月兼任南通地区行署秘书长。1983 年 3 月至 1984 年 8 月任南通市副市长（1983 年 5 月至 1984 年 1 月兼任南通市农委主任、党组书记）。1984 年 10 月至 1987 年任南通市政府顾问。1985 年 5 月至 1989 年 5 月任南通市老龄问题委员会（老龄委员会）主任，1989 年 5 月至 1995 年 4 月任南通市老龄委员会顾问。中共南通市第六次代表大会代表，南通市第八、九届人大代表。

徐志球（1930.5 — 2012.6），1989 年 5 月至 1995 年 4 月任南通市老龄委员会主任，1995 年 4 月至 2001 年 10 月任南通市老龄工作委员会名誉主任。

男，汉族，1930 年 5 月生，江苏省南通县人，高中文化。1948 年 12 月加入中国共产党。1948 年 4 月先后在南通中学文教队、苏北团校学习。1949 年 10 月起，历任南通县余西区团区委宣传委员、二甲区团区委宣传委员、中共二窎区区委宣传委员。1952 年 2 月起，历任中共南通地委组织部组织科组织员、副科长、科长。1965 年 6 月任中共南通县委副书记。1966 年 2 月起，历任中共灌南县委副书记，灌南县革委会主任；1970 年 8 月任泗阳县革委会副主任；1971 年 1 月起，历任中共泗阳县委副书记，泗阳县革委会副主任；1975 年 1 月任中共泗阳县委书记、县革委会主任。1975 年 12 月任中共金湖县委书记、县革委会主任。1977 年 8 月任中共淮阴地委常委、副书记、行署副专员；1983 年 3 月任中共淮阴市委副书记、市政府副市长。1986 年 2 月任中共南通市委副书记；1988 年 1 月任南通市人大常委会副主任、党组副书记；1989 年 5 月任南通市人大常委会副主任、党组副书记，市老龄委员会主任。1994 年 3 月离休。1995 年 4 月至 2001 年 10 月任南通市老龄工作委员会名誉主任。第四、六届全国人大代表，淮阴市第一届人大代表。南通市第八、九、十届人大代表。2012 年 6 月 30 日在南通病逝，终年 83 岁。

顾嘉禾，1995 年 4 月至 2001 年 10 月任南通市老龄工作委员会主任。

男，1933 年 7 月生，汉族，江苏省如皋人，高中文化。1951 年 4 月参加工作，1959 年 1 月加入中国共产党。1951 年起，历任南通土产公司学员，启东县土产公司会计，百货公司、商业局副股长；1959 年 2 月起，历任中共启东县委办公室秘书、中共南通地委办公室秘书。1966 年 1 月任中共南通地委办公室副主任。1967 年 3 月起，南通地区生产办公室、办事组工作；1970 年起，历任南通地区革委会办事组、秘书组副组长；1974 年 1 月起，历任中共南通地委、地革会办公室副主任，中共南通地委、行署办公室主任，中共南通地委副秘书长。1983 年 3 月，任中共南通市委副秘书长兼市委办公室主任，1985 年 2 月任南通市政府秘书长、党组成员。1988 年 1 月任南通市政府副市长、党组成员；1992 年 2 月至 1996 年 12 月，任南通市人大常委会副主任、党组成员。1995 年 4 月至 2001 年 10 月任南通市老龄工作委员会主任。2002 年 10 月任南通市老龄协会（老年学学会）会长。中共南通市第七届委员会委员，南通市第九、十、十一届人大代表。

黄利金，2001 年 10 月至 2003 年 11 月任南通市老龄工作委员会主任。

男，1953 年 5 月生，汉族，江苏省启东人，中央党校研究生学历，1974 年 4 月加入中国共产党，1974 年 6 月参加工作。1974 年 6 月任中共启东县新义公社大队支部书记。1976 年 6 月起，历任中共启东县新义公社委员会副书记（1980 年兼乡管委会主任）、书记。1982 年 9 月任中共启东县吕四区委书记。1984 年 1 月起，历任启东县政府副县长，中共启东县委常委、县政府常务副县长（1986 年 10 月至 1988 年 12 月，江苏省高等教育自学考试党政干部基础专业大专学习）。1992 年 3 月任中共启东市委副书记，市政府常务副市长、代市长；1993 年 1 月任中共启东市委副书记、市政府市长；1995 年 4 月任中共启东市委书记；1995 年 7 月任中共启东市委书记、人武部党委第一书记。1998 年 1 月任南通市政府副市长、党组成员（1999 年 8 月兼江苏省预备役步兵师副政委、南通预备役团第一政委）（2000 年 3 月至 2001 年 1 月，中央党校中青班学习；2000 年 3 月至 2003 年 1 月，中央党校法学理论专业研究生学习毕业）；2001 年 8 月任中共南通市委常委，市政府常务副市长、党组成员。2001 年 10 月任中共南通市委常委，市政府常务副市长、党组成员、市老龄工作委员会主任。2003 年 4 月任中共南通市委副书记。2008 年 6 月任中共南通市委副书记，市委党校校长、市社会主义学院院长。2011 年 2 月任中共南通市委副书记、南通市人大常委会副主任，市委党校校长、市社会主义学院院长。2011 年 10 月任南通市人大常委会党组书记、南通市人大常委会副主任；2011 年 12 月任南通市人大常委会党组书记、南通市人大常委会副主任（正市级）。中共江苏省第十一、十二次代表大会代表，江苏省第十、十一届人大代表；中共南通市第九、十次代表大会代表，南通市第十一、十二、十三、十四届人大代表。

袁静波，2003 年 11 月至 2005 年 5 月任南通市老龄工作委员会主任。

男，1952 年 1 月出生，汉族，江苏省无锡人，省委党校大学学历，高级经济师、工程师。1969 年 2 月参加工作，1970 年 5 月加入中国共产党。1969 年 2 月解放军 117 师 351 团 1 连战士，1973 年 2 月无锡市郊区扬名公社社员。1974 年 10 月镇江农机学院（现江苏大学）内燃机专业学习。1978 年 1 月毕业后历任无锡市郊区农机研究所工作人员、副所长。1983 年 9 月任无锡市郊区工业局副局长。1984 年 9 月江苏省委党校 84 级培训班学员。1986 年 8 月后历任中共无锡市郊区南站乡委员会副书记、书记。1988 年 9 月任无锡市郊区副区长，1990 年 11 月任无锡市乡镇工业局局长、党组书记。1994 年 4 月任中共江阴市委副书记、市长；1996 年 5 月任中共江阴市委书记。1998 年 1 月任无锡市人大常委会副主任、中共江阴市委书记；2000 年 8 月任中共无锡市委副书记、江阴市委书记；2001 年 1 月任中共无锡市委副书记。2001 年 8 月任省政府研究室副主任。2003 年 4 月任中共南通市委副书记、南通市政府常务副市长。2003 年 11 月任中共南通市委副书记、南通市政府常务副市长、南通市老龄工作委员会主任。2005 年 5 月任省供销合作总社主任、党组书记。2011 年 7 月任省供销合作总社主任。2012 年 2 月任省人大常委会外事委员会主任、省供销合作总社主任；2012 年 4 月至 2013 年 3 月任省人大常委会外事委员会主任。

江苏省第十一届人大代表、省第十一届人大常委会委员，省第十届政协委员；无锡市第十二届人大代表；南通市第十二届人大代表。

蓝绍敏，2006年10月至2011年4月任南通市老龄工作委员会主任。

男，1964年1月出生，汉族，广东省大埔人，研究生学历，理学博士学位，高级政工师，1984年3月加入中国共产党。1981年9月入南京航空学院自动控制系陀螺仪表与惯性导航专业学习（其间：在学校先后任校学生会主席，江苏省学联副主席）。1985年7月毕业后参加工作，任共青团启东县委副书记。1987年2月任中共南通市委组织部副科级组织员。1990年12月任中共南通合成纤维厂委员会副书记，1994年11月任中共南通市色织一厂委员会书记兼副厂长。1996年10月起，历任中共南通市委组织部组织科科长，党政干部科科长，党政干部科科长、副处级组织员。1998年8月任中共如皋市委副书记；1998年12月任中共如皋市委副书记，常务副市长、市政府党组副书记（其间：1997年5月至1999年6月苏州大学管理学院世界经济研究生课程进修班学习结业）；1999年12月任中共如皋市委副书记，代市长、市政府党组书记；2000年1月任中共如皋市委副书记，市长、市政府党组书记；2000年12月任中共如皋市委书记，市长、市政府党组书记；2001年1月任中共如皋市委书记，2001年8月任中共南通市委常委、如皋市委书记。2002年12月任中共南通市委常委；2003年1月任中共南通市委常委，副市长、市政府党组成员（其间：2002年9月至2004年1月参加省委党校政治经济学专业研究生班学习；2004年3月至2006年2月兼任南通市关心下一代工作委员会名誉主任）；2006年2月任中共南通市委常委，常务副市长、市政府党组副书记（其间：2006年9月至2009年6月华中科技大学水电与数字化工程学院系统分析与集成专业博士研究生；2006年9月至2011年4月兼南通市行政学院院长；2006年10月至2011年4月兼南通市老龄工作委员会主任）。2011年5月任中共宿迁市委副书记，代市长、市政府党组书记；2011年7月任中共宿迁市委副书记，代市长、市政府党组书记，兼宿迁市洋河新城党工委书记；2011年11月任中共宿迁市委副书记，代市长、市政府党组书记；2012年1月任中共宿迁市委副书记、宿迁市人民政府市长、市政府党组书记。2013年2月至2014年1月任中共宿迁市委书记，2014年1月至2014年7月任中共宿迁市委书记、市人大常委会主任。2014年7月任中共泰州市委书记。

第十二届全国人大代表；中共江苏省第十、十二次代表大会代表，十二届中共江苏省委委员，江苏省第十一届人大代表。中共南通市第九、十次代表大会代表，南通市第十二届人大代表。

陈照煌，2011年9月至2012年6月任南通市老龄工作委员会主任。

男，1955年10月生，汉族，江苏省泰兴人，省委党校研究生学历，1974年12月加入中国共产党，1973年7月参加工作。1973年7月如皋县夏堡公社插队知青，1975年9月如皋师范学校学习。1977年8月毕业后中共如皋县委宣传部工作人员；1978年4月如皋县工作队办公室秘书；1979年1月中共如皋县委办公室工作人员、秘书。1982年9月至1985年9月南京农业大学农经系学习（全日制、脱产）。1985年9月任中共如皋县委农工部副部长；1986年7月任中共如皋县丁西乡委员会书记；1987年8月任中共如皋县委宣传部部长。1989年10月任中共如皋县委常委、宣传部部长；1991年5月任中共如皋市委常委、宣传部部长（其间：1989年9月至1991年9月省委党校函授学院党政管理专业本科学习毕业）；1993年7月任中共如皋市委常委、副市长。1995年12月任中共通州市委副书记；1997年11月任中共通州市委副书记，市政府代市长、党组书记；1998年1月任中共通州市委副书记，市政府市长、党组书记；2000年12月任中共通州市委书记（其间：2001年9月至2002年1月中央党校学习，2001年9月至2002年12月省委党校政治经济学专业研究生学习毕业）。2006年9月任中共南通市委常委、通州市委书记；2008年6月任中共镇江市委常委，市政府常务副市长、党组副书记。2011年5月至2011年7月任中共南通市委常委；2011年7月任中共南通市委常委、市政府党组副书记；2011年8月任中共南通市委常委，市政府常务副市长、党组副书记；2011年9月任中共南通市委常委，市政府常务副市长、党组副书记，南通市老龄工作委员会主任。2012年7月任中共南通市委常委。

中共江苏省第十一次代表大会代表，中共南通市第十次代表大会代表。

赵闻斌，2012年10月起任南通市老龄工作委员会主任。

男，1963年2月生，汉族，江苏省海门人，中央党校大学学历，1989年5月加入民建，1981年7月参加工作。1978年9月江苏淮阴财校工业会计专业学习。1981年7月毕业后历任南通柴油机厂财务科会计，财务科副科长，副总会计师、财务科科长。1993年11月任南通柴油机股份有限公司副总经理（1992年9月至1994年7月南京航空航天大学工商学院大专学习）；1996年11月任民建南通市委会副主委、南通柴油机股份有限公司副总经理；1997年12月任民建南通市委会副主委、市机械局副局长、南通柴油机股份有限公司副总经理；1998年2月任民建南通市委会副主委、市机械局副局长、南通柴油机股份有限公司总经理。2001年8

月任民建南通市委会副主委、市外贸局副局长、南通纵横国际股份有限公司总经理；2001 年 10 月任民建南通市委会主委、市外贸局副局长、南通纵横国际股份有限公司总经理（1999 年 9 月至 2001 年 12 月中央党校经济管理专业本科学习毕业）。2002 年 3 月任民建南通市委会主委、市外贸局副局长；2002 年 5 月任民建南通市委会主委，市外贸局副局长、江苏华容集团有限公司副董事长、南通纵横国际股份有限公司总经理；2003 年 1 月任南通市政协副主席，民建南通市委会主委，市外贸局副局长、江苏华容集团有限公司副董事长、南通纵横国际股份有限公司总经理。2003 年 11 月任南通市政协副主席、民建南通市委会主委、市外贸局副局长、江苏华容集团有限公司副董事长；2005 年 1 月任南通市政协副主席、民建南通市委会主委、市外贸局副局长、南通众和控股公司监事会主席；2006 年 12 月任南通市政协副主席、民建南通市委会主委、市审计局副局长。2012 年 6 月任南通市政府副市长、民建南通市委会主委、市审计局副局长。2012 年 10 月任南通市政府副市长、民建南通市委会主委、市老龄工作委员会主任。

民建第八、九届中央委员会委员；民建江苏省委会常委。江苏省第八、九届政协委员，第十、十一届江苏省政协常委。南通市第十四届人大代表；第九、十届政协委员。

二、南通市老龄问题委员会（老龄委员会）名誉主任

王光钧（1920.8 — 2014.6），1985 年 5 月至 2001 年 10 月任南通市老龄问题委员会（老龄委员会）名誉主任。

男，汉族，1920 年 8 月生，安徽省无为人。1938 年 10 月加入中国共产党。1938 年 10 月参加革命，历任安徽省无为县抗日人民自卫军政训处民运指导员，安徽省动员委员会十七团副团长，中共无为县五区区委书记，县动员工作团副团长，县委巡视员，游击大队连指导员；1940 年任桐无县民运部部长，游击大队政治指导员、区长、敌工部部长；1943 年 3 月任中共无为县五区区委书记，军事部部长；新四军第七师十九旅民运科科长、联络科科长，华野第七纵队政治部秘书；1949 年 4 月任中国人民解放军第 25 军政治部秘书科科长，华东军政大学政治部秘书科科长，第三高级步校办公室副主任。建国后历任南京市第七区区长、区委书记，财贸部副部长，中共南京电业局委员会书记，手工业局局长，地方工业部部长，中共白下区委书记等职。1966 年 5 月任中共南通市委常委、南通市副市长。“文化大革命”初期受迫害免职休息。恢复工作后历任南通市革委会办事组副主任，中共南通市委副书记。1983 年 3 月任市八届人大常委会副主任，党组副书记。1984 年 12 月正厅级离休。1985 年 5 月至 2001 年 10 月任南通市老龄问题委员会（老龄委员会）名誉主任。中共南通市第三、

四、六次代表大会代表，第三、四、六届市委委员，第六届市委常委；南通市第七、八、九届人大代表。2014年6月18日11时28分逝世，终年95岁。

朱文涛，1989年5月至1995年4月任南通市老龄委员会副主任，1995年4月至2001年10月任南通市老龄工作委员会名誉主任。

男，汉族，1930年生，江苏省启东人。1948年冬加入中国共产党。解放战争时期，曾担任区财经分局粮赋员、乡财政助理。1949年初调任启东县新区补征工作队组长，中共启中区委秘书。同年夏调至中共启东县委秘书处，先后任政策研究员、助理秘书。1953年初到中共江苏省委党校学习，参加省委工作队，任组长。1954年6月调至中共南通地委组织部，先后任秘书、组织科长等职。1956年秋任青年团南通地委副书记。1957年春调海门县，先后任中共海门县茅镇区委书记、海门县中学党支部书记兼副校长。1958年秋任共青团南通市委副书记、共青团南通地委副书记。1966年初任中共南通地委组织部副部长兼共青团地委负责人。“文化大革命”后，先后任南通驻徐州煤矿指挥部副指挥，南通行署工交办、经委副主任，中共南通地委组织部副部长。1983年初南通地市合并，先后任中共南通市委常委、组织部长，兼任市编委副主任、市委整党办公室主任等职。1988年1月至1993年2月任南通市第六届政协副主席、党组副书记。1989年5月至1995年4月任南通市老龄委员会副主任，1995年4月至2001年10月任南通市老龄工作委员会名誉主任。1994年底离休。2003年任南通市关心下一代工作委员会主任。2011年7月任南通市关心下一代工作委员会名誉主任。

三、南通市老龄问题委员会（老龄委员会）顾问

王敏之（1922.5 — 1991.6），1985年5月至1989年5月任南通市老龄问题委员会（老龄委员会）顾问。

男，原名盛钟奇，汉族，1922年5月生，浙江省慈溪人。1939年8月参加革命、加入中国共产党。1940年12月任掘港苏北文化服务站工作人员。1941年4月任苏中出版社发行部负责人。1941年10月后历任中共苏中滨海工委工作组组长、滨海中心区区委委员兼第一分区党委书记、滨海区委书记。1942年9月任中共苏中二地委组织部干部科科长。1943年1月后历任中共台北县特派员、兴化城工委书记、东台县特派员。1944年12月后历任中共南通城工委副书记、南通城特派员、南通城

工委书记。1949 年 2 月任中共南通港闸工委书记兼办事处主任。1949 年 4 月任中共南通市委工作队工委书记。1949 年 10 月至 1952 年任南通市总工会副主席，并先后兼任市总工会秘书长、组织部长、纠察部长。1951 年 8 月至 1952 年 10 月任南通市人民政府委员。1951 年 12 月任南通市劳动局副局长（未到任）。1952 年 7 月至 10 月任中共大生副厂委员会书记。1952 年 8 月至 1955 年 6 月、1959 年 12 月至 1960 年 3 月任中共南通市委统战部部长。1952 年 11 月至 1953 年 10 月任南通市第六届各界人民代表会议协商委员会秘书长。1953 年 2 月至 1954 年 6 月任南通市政府主任秘书。1953 年任南通市爱委会办公室主任。1954 年 9 月至 1960 年 3 月任南通市政府副市长（1959 年 2 月至 1960 年 3 月任中共南通市委常委、副市长）。1954 年 11 月至 1956 年 2 月、1957 年 11 月至 1960 年 4 月兼任中共南通市委政法党组书记。1955 年 9 月至 1957 年 11 月兼任中共南通市宗教工作委员会副书记。1956 年 4 月至 1958 年 12 月兼任南通市基本建设委员会主任。1960 年 4 月任中共南通地委委员、南通专署计委副主任。“文化大革命”初期受到迫害。1974 年 6 月任南通地区商业局革命领导小组副组长、党的核心小组副组长。1975 年 1 月任南通行署计委副主任（1976 年 6 月兼任经济协作领导小组组长）。1978 年 1 月任中共南通地委常委、南通地区革委会副主任。1978 年 1 月任中共南通地委常委、南通行署副专员。1983 年后任南通市人民政府顾问。1985 年 5 月至 1989 年 5 月任南通市老龄问题委员会（老龄委员会）顾问。中共南通市第一、二届代表大会代表、市委委员；南通市第一、二、三、八届人民代表大会代表。1991 年 6 月 7 日逝世，终年 70 岁。

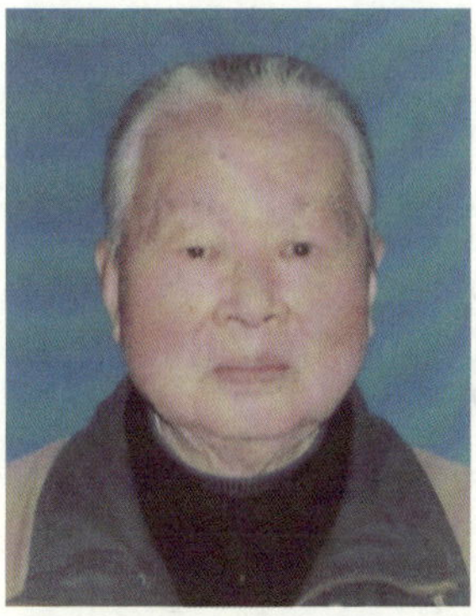

纪元，1985 年 5 月至 1989 年 5 月任南通市老龄问题委员会（老龄委员会）顾问。

男，汉族，1917 年 6 月生，安徽省天长人。1935 年 7 月至 1939 年 8 月，先后任安徽省天长县汀溪小学、龙岗小学教师。1939 年 8 月加入中国共产党。同年 9 月参加革命工作，任安徽省天长县抗敌后援会动员工作团组长、党内组长。1940 年 1 月起，在新四军五支队党训班学习，参加天长地区地下党工作和情报工作，先后任中共天长县委党训班支书、五区委组织委员、县政府机关总支书兼县报总编，并在淮南区党委研究班学习。1941 年 1 月起，先后任中共天长县委秘书兼区工委书记，三区、五区、杨村区区委书记。1942 年 10 月任中共天长县委宣传部长。1943 年 4 月任中共天高办事处汊涧区委书记。1943 年 7 月参加淮南区党委一、二期党校整风学习，后任中共甘泉县陈集区委书记兼区长。1944 年 7 月起，先后任中共天长县委宣传部长、淮南区委青救会主任。1946 年 8 月北撤山东省，翌年 1 月起任山东省支前委员会沂东站副站长、支前委直属民工管理处副主任。1948 年 2 月起，先后任华东局土改工作团团员、华东局政策研究室农村组研究员、华东局农委副组长。1953 年兼任中共浙江省嘉兴县委第三书记。1955 年 1 月任中央书记处第二办公室三组研究员。1957 年 1 月起调中共南通地委，任地委秘书长。1958 年 9 月起任中共南通县委书记、南通县人武部政治委员，兼任南通县第一、二届政协主席。1965 年 2 月任南通专员公署副专员。1972 年 1 月任南通地区驻徐州煤矿指挥部指挥。1976 年 10 月任南通地区行署计划委员会副主任。1978 年 1 月后历任中共南通地委常委、宣传部长，南通地区革委会副主任，南通地区行署副专员兼地委、行署秘书长。1983 年 3 月至 1984 年 8 月，任南通市政协副主席。1984 年 12 月离休。1985 年 5 月至 1989 年 5 月任南通市老龄问题委员会（老龄委员会）顾问。

朱良春，1985 年 5 月至 1989 年 5 月任南通市老龄问题委员会（老龄委员会）顾问。

男，汉族，1917 年生，江苏省丹徒人。1934 年 2 月至 1938 年 12 月，先后就读于苏州国医专科学校、上海中国医学院。大学毕业后，在南通创办私人诊所并组织联合中医医疗机构（医院），创办中医专科学校，任诊所所长、联合中医院院长、中医专科学校副校长。1956 年至 1984 年，任南通中医院院长。1956 年 10 月加入中国农工民主党，先后任农工民主党南通市筹委会副主任、农工民主党南通市第一至四届委员会主委，第五至七届名誉主委等职，并担任农工民主党第九、十届中央委员会委员，农工民主党江苏省第五、六届委员会常委。1962 年任江苏省中医学会常务理事。1979 年起，先后任江苏省卫生厅科技委员会委员、江苏省中医学会副会长、中华全国中医学会理事、南通市科技协会副主席等职。因研究成果颇丰，曾获江苏省科技奖和国家中医药管理局科技成果奖，1987 年获国务院授予的杰出高级专家称号并荣获国家卫生部授予的精神文明建设先进工作者称号，1990 年获中国中医药百名中医专家证书，1991 年获国务院政府特殊津贴。历任南通市第一至四届政协常委，南通市第五、六届政协副主席等职。

陈元礼（1919.7 — 1995.10），1985 年 5 月至 1989 年 5 月任南通市老龄问题委员会（老龄委员会）顾问。

男，汉族，1919 年 7 月生，江苏如皋人。1943 年 7 月如西县滨江中学简易师范科毕业后参加工作，1947 年 10 月加入中国共产党。1943 年 7 月后历任如西县申锎小学、陈官小学、北石小学等校教师、校长，如西县南马塘区文教辅导员、文教股长，如皋县柴湾区、城东区文教股长等职。1947 年 6 月调中共如东县城东区委工作，同年 10 月任中共城东区委工作队队长。后历任中共如东县委通讯站干事、副站长，中共如东县委政策研究室研究员、县委秘书、县委宣传部副部长、部长等职。1956 年 4 月任中共如东县委副书记。1956 年 5 月调西藏工作，历任中共西藏工委黑河分工委委员、宣传部副部长，分工委委员、组宣部副部长等职。1959 年 7 月在西藏任中共黑河县委书记，后又历任中共西藏工委那曲分工委委员，农牧部副部长、部长等职。1963 年 4 月在中共西藏工委那曲分工委“五反”办公室工作，同年 11 月任中共西藏工委索县县委书记。1964 年 2 月调任中共西藏自治区委员会党校党委委员、办公室主任。“文化大革命”开始后，1967 年受迫害，下放劳动。1969 年 9 月进西藏自治区毛泽东思想学习班学习，后调至西藏自治区人民出版社工作，任副社长、党的核心小组副组长，并兼任中共西藏新华印刷厂委员会书记、革委会主任等职。1972 年 11 月任中共西藏自治区驻西安办事处委员会副书记。1981 年 4 月任南通地区行署副专员。1983 年 5 月离休。1985 年 5 月至 1989 年 5 月任南通市老龄问题委员会（老龄委员会）顾问。1995 年 10 月 5 日 20 时 25 分逝世，终年 77 岁。

吴沐初（1911 — 1998），1985 年 5 月至 1989 年 5 月任南通市老龄问题委员会（老龄委员会）顾问。

男，汉族，1911 年生，江苏南通人，大学文化。1940 年 10 月参加革命工作，1943 年 11 月加入中国共产党。1937 年上海法学院毕业先后任南通新通报社编辑、南通县抗日宣传动员委员会干事、南通县司法承审员室工作人员。1940 年 10 月任南通县抗日民主政府司法科科长。1942 年 1 月任通西行署主任。1943 年 10 月任南通专署司法科科长。1944 年 5 月任苏中行署高等法院秘书。1945 年 4 月起历任苏中四分区法院、苏皖一分区法院、九分区法院院长。1947 年 2 月任通如行署主任。1948 年 3 月至 11 月在华中党校学习。1948 年 12 月任苏皖九分区干部学校校长。1949 年 3 月任南通区军管会秘书长。1949 年 10 月任南通行政区法院院长。1950 年 7 月至 12 月在中央司法干部轮训班任学委。1951 年 1 月任苏北法院主任秘书。1953 年 1 月任江苏省政府秘书处处长。1955年9月任省司法厅副厅长。1958年9月至1966年任省人民委员会办公厅主任。1978年后任南通市革委会、市政府顾问，1978年7月至1982年兼任南通市书法国画研究院院长。1983年离休。1985年5月至1989年5月任南通市老龄问题委员会（老龄委员会）顾问。1998年逝世，终年88岁。

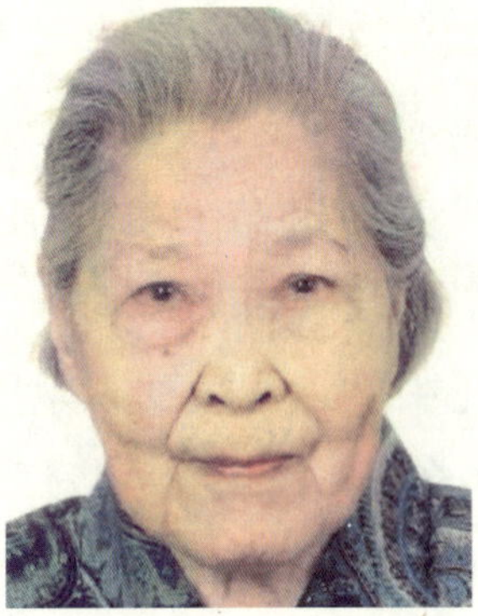

吴志仪（1911.12 — 2012.4），1985年5月至1989年5月任南通市老龄问题委员会（老龄委员会）顾问。

女，汉族，1911年12月生，原籍江苏如东县，出生于海门市常乐镇。1931年7月毕业于南通女子师范学校高中师范科，1988年5月加入中国共产党。1931年8月至1949年1月，先后任南通女师纪念小学主任教员、如东岔河小学教员、南通城北小学教务主任、南通女师附属小学教务主任、校长、南通中心小学校长、南通师范第一附属小学教务主任、校长等职。1949年2月后，继续担任南通师范第一附属小学校长。1957年1月加入中国民主促进会，1957年3月至1959年3月任中国民主促进会南通市筹备组主委，1959年3月至1988年5月任中国民主促进会南通市第一、二、三届委员会主任委员。其间，1957年1月至1967年2月任南通市教育局副局长，1967年2月至1976年2月在南通市五七干校参加学习和劳动，1976年2月至1980年2月在中国民主促进会南通市委员会工作，1980年12月至1983年3月任南通市政协副秘书长，1983年3月至1988年2月任南通市政协副主席。1988年5月起任中国民主促进会南通市第四、五、六、七届委员会名誉主委。1998年12月退休。1985年5月至1989年5月任南通市老龄问题委员会（老龄委员会）顾问。

先后担任中国民主促进会江苏省筹备委员会委员，中国民主促进会江苏省第二、三届委员会常委；中国民主促进会中央第三、四、五次代表大会代表。江苏省第三届人民代表大会代表；江苏省政协第二、三届委员，第四、五届常委。南通市第一届人民委员会委员，第七届人大常委会委员。2012年4月30日2时35分逝世，终年102岁。

易企衡（1913 — 2000），1985 年 5 月至 1989 年 5 月任南通市老龄问题委员会（老龄委员会）顾问。

男，汉族，1913 年生，江苏南通人，大学文化。1931 年 9 月在国立上海交通大学读书。1935 年 8 月后历任威墅堰电厂工务员，英国电气公司英国施塔福实习生，上海长江大学、大同大学教师，苏北八临中、崇敬中学教师，湖州吴兴电气公司工程师，南通大生电厂天生港电厂工程师。1954 年 12 月后历任省地方电管局、省电业局工程师，扬州供电局代总工程师，南通电业局总工程师。“文化大革命”中在南通电业局、南通供电局隔离下放劳动。1977 年 1 月退休后继续工作，1980 年 8 月恢复国家编制，任工程师。1980 年 12 月任南通供电局总工程师。1981 年 1 月至 1988 年 1 月任南通市人大常委会副主任。1985 年 5 月至 1989 年 5 月任南通市老龄问题委员会（老龄委员会）顾问。1988 年 4 月再次退休。南通市第七、八届人大代表。2000 年逝世，终年 88 岁。

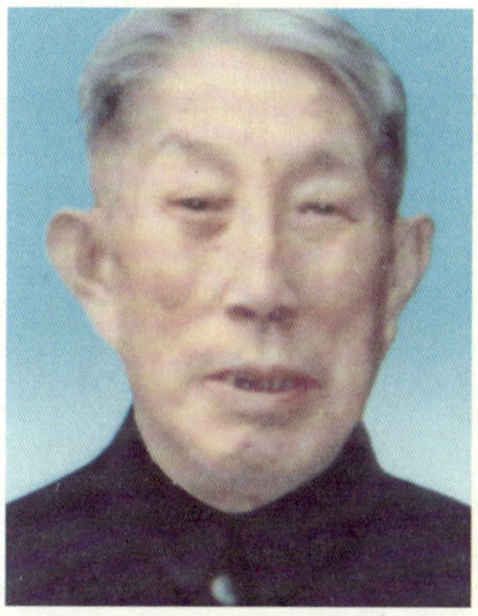

赵拂尘（1915.5 — 2005.10），1985 年 5 月至 1989 年 5 月任南通市老龄问题委员会（老龄委员会）顾问。

男，汉族，1915 年 5 月生，山东福山人。1938 年 3 月在胶东参加革命，1939 年 2 月加入中国共产党。1938 年 3 月任三联军二路政治部干事；1938 年 8 月后历任三联军司令部军需处科长、八路军五支队留守处科长、北海军分区供给处处长、五支队一团供给处处长、胶东军区政治部总务科科长；1944 年 2 月至 1945 年 8 月在胶东区委党校学习；1945 年 8 月后历任胶东区委党校总务科科长、胶东军区交通部总务科科长；1946 年 8 月至 1947 年 4 月在华东军政大学学习；1947 年 4 月后历任华东九纵政治部秘书处副处长、华东九纵留守处副处长、华东九纵 26 师供给处处长；1948 年 5 月至 1948 年 9 月在华东党校学习；1948 年 9 月任华东后备兵团教导师供给处处长；1949 年 12 月后任南京市公安局总务处处长、劳改处处长；1953 年 3 月后历任省公安厅劳改局局长、副厅长、厅党组成员；1957 年 10 月后历任中共盐城地委常委、专员公署副专员、专署党组副书记、政法党组书记兼统战部部长；1965 年 12 月任射阳县社教总团副团长兼分团团长、书记；“文化大革命”初期受到冲击；1968 年 5 月后历任盐城地革会政治部副主任、地革会副主任、地委常委；1975 年 9 月任盐城地革会顾问；1978 年 11 月任南通地区行署副专员兼中共南通师范专科学校委员会书记、校长；1983 年 5 月离休。2005 年 10 月 4 日 20 时 20 分逝世，终年 91 岁。

黄树勋（1917.6 — 2012.5）1985 年 5 月至 1989 年 5 月任南通市老龄问题委员会（老龄委员会）顾问。

男，汉族，1917 年 6 月生，曾用名李海东，江苏省涟水人，正厅级离休干部。1937 年冬参加革命工作，1939 年 8 月加入中国共产党。1937 年冬至 1939 年冬，在家乡参加民众抗日救国会，先后任分会主任、支会主任、中共支部委员；1940 年春，任涟水县民众抗日救国会总会委员；1940 年 5 月至 1941 年 1 月，任中共涟水县三区区委委员、股长；1941 年夏，任中共涟水县三区岔庙乡支部书记；1941 年秋至 1943 年 6 月，任中共涟水县四区、盐西区区委委员；1943 年 7 月至 1945 年 1 月，任中共涟水县高沟区委委员、农委主任；1945 年 2 月至 1947 年 11 月，任中共涟水县灰墩区、公兴区区委书记；1947 年 12 月至 1949 年 6 月，任中共涟水县委组织部副部长、部长；1949 年 7 月至 1954 年 4 月，任中共涟水县委副书记、书记；1954 年 5 月至 1955 年 7 月，在中央党校中级班学习；1955 年 8 月至 1956 年 10 月，任中共启东县委书记；1956 年 11 月至 1957 年 2 月，任中共如皋县委第一书记；1957 年 3 月至 1959 年 3 月，任中共南通地委组织部部长；1959 年 4 月至 1965 年 8 月，任中共南通地委常委、组织部部长；1965 年 9 月至 1969 年 2 月，任江苏省气象局副局长。“文化大革命”期间，一度在“五七”干校和农村参加学习和劳动，后恢复工作。1973 年 12 月至 1974 年 11 月，任南通地区农科所农场副场长；1974 年 12 月至 1976 年 10 月，任南通地区民政局领导组组长；1976 年 11 月至 1978 年 3 月，任中共南通地区机关委员会书记；1978 年 4 月至 1983 年 3 月，任中共南通地委审干办公室主任，纪律检查组副组长、组长，地委纪律检查委员会书记；1983 年 4 月至 1984 年 6 月，任政协南通市第五届委员会副主席。1985 年 3 月离休。1985 年 5 月至 1989 年 5 月任南通市老龄问题委员会（老龄委员会）顾问。2012 年 5 月 10 日 8 时 46 分逝世，终年 96 岁。

徐蔚，1986 年 8 月至 1989 年 5 月任南通市老龄问题委员会（老龄委员会）顾问。

男，汉族，1925 年生，江苏省常熟人。1945 年参加革命，1946 年加入中国共产党。参加革命后，历任苏（州）常（州）昆（山）太（仓）办事处会计，中共南通县三余区委秘书、区委委员、妇联主任等职。新中国成立后历任中共南通市委职工工作队组织委员，市政府劳动局劳动介绍所所长、失业工人救济委员会秘书、南通市工业部工业科科长，中共通棉二厂委员会副书记、书记、南通市制药厂革委会副主任等职。1973 年 5 月任南通市总工会副主席。1979 年 3 月任南通市总工会主席、党组书记兼南通市工人业余大学校长。1985 年 12 月离休。1986 年 8 月至 1989 年 5 月任南通市老龄问题委员会（老龄委员会）顾问。

第二节　寿星名录

2013年年末，南通市共有100周岁及以上老人860位，现分县(市)、区列出寿星名录。

海安县寿星名录表（124 人）

表 17-2-1

序号	姓　名	性别	出生年月	家庭住址
1	于伦同	女	1910.5	海安镇芙蓉路 5 号
2	严桂芳	女	1912.1	海安镇光华村 13 组
3	钱刘氏	女	1911.7	海安镇凤山村 6 组
4	张英太	男	1910.3	海安镇通学桥村 10 组
5	胡永姝	女	1908.3	海安镇海南村 7 组
6	胡宝祥	男	1911.5	海安镇黎明路 10 号
7	顾宝堂	男	1910.4	海安镇大里村 8 组
8	钟立旺	女	1912.12	海安镇钟涵村 6 组
9	罗广瑞	女	1912.10	海安镇海南村 10 组
10	陈步衢	男	1913.1	海安镇中大街 14 幢
11	周永凤	女	1913.9	海安镇中坝中路 21 幢
12	孙开明	男	1913.4	海安镇曙光中路 39 幢
13	王星南	男	1913.8	海安镇洋港路 21 号
14	许文美	女	1913.10	海安镇新桥村 1 组
15	金南桢	男	1912.12	海安镇大里村 10 组
16	吉宜英	女	1913.7	海安镇大里村 30 组
17	吉智和	男	1913.10	海安镇隆政村 13 组
18	于和清	男	1913.7	海安镇林桥村 4 组
19	熊道秀	女	1913.9	海安镇谢河村 15 组
20	黄宝平	女	1913.6	海安镇北景庄村 9 组
21	杨伯珍	女	1913.6	海安镇交运路 19 号
22	赵锦芳	女	1911.11	海安镇胡集敬老院
23	丁月玲	女	1911.7	海安镇曙光东二路 39 幢
24	张德美	女	1912.5	海安镇海北村 30 组
25	王国芳	女	1910.10	海安镇自由村 17 组
26	苏学芳	女	1910.1	海安镇曙光西路 18 号

续表 17–2–1

序号	姓　名	性别	出生年月	家庭住址
27	周玉兰	女	1908.12	海安镇青萍港村 5 组
28	徐胡氏	女	1906.11	海安镇胡集村 18 组
29	刘松美	女	1913.1	海安镇谢庄村 11 组
30	金仁兴	男	1913.12	海安镇新宁南路 8 号
31	卞正美	女	1912.7	城东镇石庄村 4 组
32	仲兴凤	女	1911.10	城东镇洪旺村 16 组
33	崔杨春	男	1912.1	城东镇新立村 7 组
34	杨中兰	女	1912.1	城东镇戚庄村 3 组
35	陈四英	女	1913.10	城东镇戚庄村 3 组
36	阙金花	女	1912.4	城东镇油坊头村 7 组
37	许学富	男	1911.7	城东镇南屏村 18 组
38	芦基明	男	1912.9	城东镇立发桥村 2 组
39	吕昌英	女	1911.12	城东镇立发桥村 17 组
40	刘书英	女	1912.6	城东镇立发桥村 23 组
41	俞德凤	女	1910.2	城东镇界墩村 4 组
42	蒋九凤	女	1912.12	城东镇上湖村 4 组
43	史桂芳	女	1911.8	城东镇农林村 17 组
44	朱金凤	女	1910.10	城东镇农林村 26 组
45	张国英	女	1909.4	城东镇农林村 23 组
46	汪友英	女	1910.10	城东镇三丰村 15 组
47	葛云六	男	1913.11	城东镇油坊头村 15 组
48	葛仁凤	男	1913.10	城东镇南阳村 23 组
49	季九兰	女	1913.10	城东镇界墩村 15 组
50	吴国凤	女	1913.5	城东镇农林村 15 组
51	王年凤	女	1913.11	城东镇三丰村 3 组
52	韩召云	女	1913.9	城东镇三角村 9 组
53	田宝桂	男	1913.10	城东镇三角村 9 组
54	王长美	女	1908.5	城东镇石庄村 5 组
55	崔伯珍	女	1910.7	城东镇西场村 4 组
56	赵虎兰	女	1912.7	城东镇施秦村 21 组
57	葛克圣	男	1912.6	城东镇油坊头村 7 组
58	申山凤	女	1908.3	角斜镇五凌村 11 组
59	万金香	男	1912.6	角斜镇新坝村 13 组
60	施秀芳	女	1912.7	角斜镇来南村 14 组

续表 17-2-1

序号	姓　名	性别	出生年月	家庭住址
61	冯八群	男	1911.11	角斜镇江海村 1 组
62	韩发英	女	1913.6	角斜镇江海村 5 组
63	王宏英	女	1913.9	角斜镇双龙村 16 组
64	邱维方	女	1911.12	角斜镇范堑村 9 组
65	缪二兰	女	1913.12	角斜镇范堑村 25 组
66	秦锡凤	女	1911.4	李堡镇中凌村 11 组
67	沈桂英	女	1912.2	李堡镇光明村 25 组
68	顾云凤	女	1912.3	李堡镇红旗村 18 组
69	吴广英	女	1912.5	李堡镇李堡村 4 组
70	储家珍	女	1912.6	李堡镇北大街 58 号
71	李九凤	女	1911.9	李堡镇富庄村 2 组
72	杭其珍	女	1911.10	李堡镇红旗村 6 组
73	储家美	女	1913.8	李堡镇丁所村 6 组
74	吴永秀	女	1913.3	李堡镇蒋庄村 37 组
75	杨文奎	男	1913.2	李堡镇杨庄村 27 组
76	丁可英	女	1913.2	李堡镇杨庄村 27 组
77	夏慰群	男	1912.3	李堡镇红旗开发区 3 幢
78	周贵之	男	1913.7	李堡镇蒋庄村 1 组
79	冯秀英	女	1913.3	李堡镇储洋村 16 组
80	吴方英	女	1913.3	李堡镇李西村 5 组
81	陈锦凤	女	1913.8	李堡镇李堡村 16 组
82	潘京寿	男	1913.10	李堡镇李堡村 10 组
83	冯德兰	女	1911.10	大公镇仲洋村 27 组
84	陈玉芳	女	1912.2	大公镇贲集村 9 组
85	张正英	女	1912.8	大公镇古贲村 3 组
86	崔世贵	男	1913.10	大公贲集村 30 组
87	丁加怀	男	1913.6	大公镇仲洋村 32 组
88	许秀英	女	1913.5	大公镇马舍村 24 组
89	吉范氏	女	1909.5	曲塘镇崔母村 14 组
90	毛文秀	女	1912.8	曲塘镇周桥村 14 组
91	毛松华	女	1911.7	曲塘镇陆庄村 5 组
92	江绍英	女	1912.9	曲塘镇富民村 10 组
93	金有坤	男	1911.6	曲塘镇曲塘村 11 组
94	袁周氏	女	1912.8	曲塘镇崔母村 29 组

续表 17-2-1

序号	姓　名	性别	出生年月	家庭住址
95	夏圣英	女	1912.1	曲塘镇大陈庄村 24 组
96	王裕发	男	1913.1	曲塘镇中桥村 16 组
97	严宝珍	女	1912.1	南莫镇南莫村 8 组
98	黄宝旺	男	1912.10	南莫镇南莫村 9 组
99	王怀英	女	1912.1	南莫镇柴垛村 26 组
100	顾长根	男	1913.4	南莫镇林庙村 5 组
101	杭　林	女	1913.5	南莫镇沙岗村 2 组
102	房永才	男	1913.12	南莫镇唐庄村 18 组
103	万桂芳	女	1911.1	雅周镇金庄村 4 组
104	丁开芳	女	1909.10	雅周镇东夏村 15 组
105	闾成元	男	1908.3	雅周镇钱庄村 23 组
106	周　云	女	1912.12	雅周镇雅周村 5 组
107	吕红珍	女	1911.12	雅周镇雅周村 17 组
108	陈少兰	女	1911.1	雅周镇迴垛村 14 组
109	王汝成	男	1913.1	雅周镇王垛村 5 组
110	唐万才	男	1913.11	雅周镇庞庄村 8 组
111	马兰堂	男	1913.1	雅周镇庞庄村 35 组
112	蒋厚如	男	1913.7	雅周镇张莫天村 23 组
113	王文才	男	1906.2	雅周镇中凌村 14 组
114	曹坛凤	女	1907.4	雅周镇蒋庄村 31 组
115	孟尔英	女	1908.10	雅周镇杭窑村 1 组
116	吴中英	女	1912.10	墩头镇东湖村 10 组
117	曹如卜	男	1908.10	墩头镇墩西村 6 组
118	俞云英	女	1910.8	墩头镇墩北村 15 组
119	吉成云	女	1911.10	墩头镇长垎村 3 组
120	杨钱氏	女	1912.2	墩头镇千步村 23 组
121	蒋忠英	女	1912.6	墩头镇凤阳村 7 组
122	张顾氏	女	1911.9	墩头镇双新村 11 组
123	王桂兰	女	1912.8	白甸镇邹冯村 7 组
124	杨高成	女	1911.1	白甸镇官垛村 2 组

如皋市寿星名录表（173 人）

表 17-2-2

序号	姓名	性别	出生年月	家庭住址
1	丁银珍	女	1910.2	白蒲镇蒲东居 36 组 5 号
2	丁粉英	女	1910.11	白蒲镇松杨居 17 组 62 号
3	张步生	男	1911.10	白蒲镇杨家园村 11 组 32 号
4	陈改英	女	1911.11	白蒲镇前进居 4 组 28 号
5	李翠英	女	1912.4	白蒲镇朱家桥村 31 组 3 号
6	陶克明	女	1912.5	白蒲镇薛家桥巷 11 号
7	秦素珍	女	1912.7	白蒲镇沈桥村 10 组
8	吴素珍	女	1912.9	白蒲镇钱园居 37 组
9	刘余成	男	1912.10	白蒲镇朱家桥村 24 组
10	姜赵氏	女	1912.11	白蒲镇姜北村 7 组
11	陈秀英	女	1913.1	白蒲镇邓杨村 15 组
12	李杨引	女	1913.3	白蒲镇松杨居 13 组
13	房准英	女	1913.4	白蒲镇蒲东居 23 组
14	康鸭英	女	1913.6	白蒲镇朱窑村 16 组
15	张孙氏	女	1913.6	白蒲镇蒲东居 9 组
16	陈湖庭	男	1913.11	白蒲镇朱家桥村 23 组
17	沈素珍	女	1913.11	白蒲镇朱家桥村 6 组
18	邵顾氏	女	1913.11	白蒲镇前进村 3 组
19	李来英	女	1913.12	白蒲镇邓杨村 23 组
20	丁志田	男	1913.12	白蒲镇邓杨村 27 组
21	匡桂生	男	1909.10	林梓镇居委会 13 组
22	刘玉美	女	1911.3	林梓镇施民路 9 号
23	朱凤英	女	1911.5	林梓镇蒋殿居 31 组
24	金秀英	女	1911.11	林梓镇文著居 21 组
25	吴彩平	女	1911.12	林梓镇月旦居 19 组
26	陈徐氏	女	1912.7	林梓镇月旦居 15 组
27	宗徐氏	女	1912.8	林梓镇斜庄居 12 组
28	薛金莲	女	1912.10	林梓镇新陆村 12 组
29	顾爱珍	女	1912.11	林梓镇文著居 21 组
30	赵美英	女	1912.11	林梓镇蒋殿居 20 组
31	季金氏	女	1913.4	林梓镇斜庄居 7 组
32	徐金莲	女	1913.10	林梓镇桥口村 34 组
33	郭学美	女	1904.10	搬经镇加力居 22 组

续表 17–2–2

序号	姓名	性别	出生年月	家庭住址
34	佘文福	男	1905.7	搬经镇梅甸村 10 组
35	曹荣珠	女	1911.6	搬经镇肖马村 9 组
36	章登凤	女	1911.11	搬经镇严鲍居 3 组
37	李林芳	女	1912.6	搬经镇搬经居 10 组
38	谢千华	女	1913.3	搬经镇严鲍居 4 组
39	丁正美	女	1913.4	搬经镇搬东居 9 组
40	曾玉英	女	1913.11	搬经镇林上村 22 组
41	张凡伍	男	1912.8	高明镇卢庄村 18 组
42	郝荣春	男	1913.8	高明镇晓庄村 2 组
43	僧满仓	男	1912.4	常青镇叶庄居 21 组
44	黄甫兰	女	1909.2	柴湾镇志勇村 13 组
45	余本周	女	1909.7	柴湾镇鲍家场 25 号
46	刘松美	女	1910.3	柴湾镇邓园居 15 组
47	翁太明	男	1910.7	柴湾镇万新村 11 组
48	任启秀	女	1911.7	柴湾镇天河桥村 21 组
49	许逢爵	男	1911.9	柴湾镇戴庄村 23 组
50	黄步兰	女	1912.9	柴湾镇双楼庄村 15 组
51	胡久凤	女	1912.12	柴湾镇万新村 6 组
52	彭加桂	男	1912.12	柴湾镇复兴村 9 组
53	张礼英	女	1913.4	柴湾镇戴庄村 24 组
54	刘松秀	女	1913.7	柴湾镇六河桥村 8 组
55	刘兴美	女	1913.9	柴湾镇万新村 22 组
56	马桂芳	女	1913.10	柴湾镇六河桥港 1 组
57	张立桂	女	1908.2	袁桥镇纪港村 9 组
58	范广美	女	1910.5	袁桥镇纪港村 15 组
59	张希美	女	1911.1	袁桥镇袁桥居 2 组
60	周圣美	女	1912.8	袁桥镇野林村 10 组
61	葛存芳	女	1913.3	袁桥镇八角井村 14 组
62	张维岳	男	1913.3	袁桥镇袁桥居 6 组
63	陈大凤	女	1913.11	袁桥镇八角井村 10 组
64	袁陆氏	女	1908.1	长江镇二案居 9 组
65	冯国英	女	1908.10	长江镇长青居 29 组
66	刘生德	男	1909.8	长江镇长江村 1 组
67	钱桂英	女	1911.10	长江镇三洞口居 12 组

续表 17–2–2

序号	姓名	性别	出生年月	家庭住址
68	徐明玉	男	1912.1	长江镇长青居 13 组
69	刘文凤	女	1912.3	长江镇知青居 24 组
70	施莲英	女	1912.4	长江镇永平居 5 组
71	郭加仁	男	1912.7	长江镇五零村 16 组
72	薛玉珍	女	1912.10	长江镇二案居 2 组
73	陆姚氏	女	1912.12	长江镇长江村 4 组
74	陈桂珍	女	1913.5	长江镇头案居 13 组
75	顾　桂	男	1913.11	长江镇二百亩居 7 组
76	孙文英	女	1911.3	郭园镇义圩居 9 组
77	朱友英	女	1911.11	郭园镇车马湖居 8 组
78	沙巧英	女	1912.9	郭园镇郭园居 6 组
79	潘李氏	女	1913.8	郭园镇义圩居 16 组
80	薛格英	女	1913.9	郭园镇薛窑居 14 组
81	李姜氏	女	1913.10	郭园镇义圩居 22 组
82	缪何氏	女	1909.12	丁堰镇鞠庄村 13 组
83	张巧云	女	1909.12	丁堰镇凤山居 23 组
84	杨美英	女	1910.10	丁堰镇堰南居 13 组
85	冒同英	女	1911.6	丁堰镇新堰居 19 组
86	苏佩兰	女	1911.10	丁堰镇夏圩村 20 组
87	陈米英	女	1912.1	丁堰镇鞠庄村 4 组
88	季序莲	女	1913.2	丁堰镇鞠庄村 21 组
89	石兆兰	女	1913.11	丁堰镇鞠庄社区 17 组
90	冒文秀	女	1911.3	东陈镇汤湾村 26 组
91	张启兰	女	1913.8	东陈镇石村 26 组
92	肖长英	女	1913.8	东陈镇范桥村 9 组
93	王伯兰	女	1913.10	东陈镇杭桥村 21 组
94	李长珍	女	1906.12	雪岸镇万富居 18 组
95	冒广兰	女	1911.10	雪岸镇凌云居 11 组
96	郝友美	女	1913.11	雪岸镇万富居 20 组
97	刘贵英	女	1912.7	江安镇迎春路 73 号
98	张忠英	女	1912.9	江安镇镇中居 2 组
99	陆玉泉	男	1912.10	江安镇合作村 19 组
101	丁连芳	女	1912.11	江安镇中心居 17 组
102	陶顾氏	女	1913.3	江安镇黄市新居 26 组

续表 17-2-2

序号	姓名	性别	出生年月	家庭住址
103	严丁氏	女	1913.8	江安镇中心居 18 组
104	章文莲	女	1913.10	江安镇合作村 8 组
105	孙美兰	女	1913.10	江安镇徐葛居 11 组
106	黄周氏	女	1913.12	江安镇徐黄居 7 组
107	戚张氏	女	1911.2	高明镇黄庄村 6 组
108	朱相凤	女	1912.6	高明镇章庄居 17 组
109	石兰英	女	1908.2	九华镇郭李居 23 组
110	汤明泉	男	1911.3	九华镇营西村 15 组
111	田扣英	女	1911.6	九华镇马桥村 12 组
112	刘如英	女	1911.7	九华镇洋港村 20 组
113	于连英	女	1911.10	九华镇二甲村 23 组
114	胡琴英	女	1912.7	九华镇营防居 26 组
115	蔡林英	女	1912.8	九华镇马桥村 24 组
116	龚福星	男	1912.9	九华镇丝渔村 12 组
117	刘兆英	女	1913.2	九华镇云屏村 6 组
118	耿罗奶	女	1913.10	九华镇耿扇村 2 组
119	吴改英	女	1913.11	九华镇二甲村 22 组
120	陈玉美	女	1906.10	磨头镇邓高居 13 组
121	王才祥	男	1912.3	磨头镇董堡村 5 组
122	时文英	女	1913.10	磨头镇董堡村 21 组
123	石召美	女	1913.12	磨头镇严狄村 9 组
124	陈秀芳	女	1906.11	如城镇光华村 4 组
125	韩秀芳	女	1908.9	如城镇花港新村 9 幢
126	孟新民	男	1909.2	如城镇锦绣苑 208 幢
127	张可美	女	1909.9	如城镇城东居 8 组
128	马凤英	女	1911.3	如城镇大殷居 24 组
129	吴瑞兰	女	1911.7	如城镇宏坝居 2 组
130	葛存元	男	1911.12	如城镇东大街 90 号
131	黄辉美	女	1912.7	如城镇钱桥东河边 2 号
132	苏汤氏	女	1912.8	如城镇钱长村 18 组
133	冒生兰	女	1912.9	如城镇长港村 12 组
134	徐宏珍	女	1912.9	如城镇仙鹤居 3 组
135	王福如	男	1912.9	如城镇西郊居 6 组
136	王兰珍	女	1912.10	如城镇健康东村 7 幢

续表 17–2–2

序号	姓名	性别	出生年月	家庭住址
137	沈兴凤	女	1912.11	如城镇方庄村 1 组
138	白少莲	女	1912.12	如城镇锦绣苑 201 幢
139	平张氏	女	1912.12	如城镇城南居 9 组
140	胡孙英	女	1913.3	如城镇安定村 8 组
141	翟桂英	女	1913.4	如城镇红星居 7 组
142	许秀兰	女	1913.9	如城镇新官村 15 组
143	谢芙英	女	1913.10	如城镇东皋新村 401 楼
144	臧金友	男	1913.10	如城镇光华村 2 组
145	曹宋氏	女	1910.3	石庄镇闸口居 20 组
146	顾本珍	女	1910.9	石庄镇石北居 24 组
147	董兆瑞	男	1911.7	石庄镇洪港村 17 组
148	沈秀莲	女	1911.11	石庄镇何正村 5 组
149	朱云程	男	1912.4	石庄镇平洋路 12 号
150	王瑞达	男	1912.11	石庄镇唐埠村 17 组
151	余兰芳	女	1912.11	石庄镇张黄港居 8 组
152	沈陈氏	女	1909.1	常青镇海圩村 6 组
153	倪德珠	女	1910.8	桃园镇左郛村 26 组
154	朱其强	男	1912.6	桃园镇桃北村 1 组
155	沈进文	男	1913.7	桃园镇新庄村 19 组
156	何陈氏	女	1913.10	桃园镇新华社区 17 组
157	苏张氏	女	1913.12	桃园镇软件园杨花桥村 30 组
158	丁昌礼	男	1913.12	桃园镇平明社区 18 组
159	刘蔡氏	女	1910.7	吴窑镇钱庄居 20 组
160	纪汉祥	男	1912.4	吴窑镇长西村 10 组
161	张玉珍	女	1913.8	吴窑镇陈家村 20 组
162	杨德英	女	1909.11	下原镇桃园居 2 组
163	陈留英	女	1910.12	下原镇腰庄居 9 组
164	陈单氏	女	1911.1	下原镇老坝村 6 组
165	薛翠英	女	1911.7	下原镇下原居委会 19 组
166	陈朱氏	女	1912.11	下原镇陈桥村 15 组
167	冒文英	女	1913.3	下原镇曙光村 1 组
168	张子英	女	1913.5	下原镇腰庄居 31 组
169	田往英	女	1913.6	下原镇白李居 4 组
170	吴宗海	男	1913.8	下原镇蔡荡村 2 组

续表 17-2-2

序号	姓名	性别	出生年月	家庭住址
171	朱玉轩	女	1913.8	下原镇腰庄居 10 组
172	杨连珍	女	1913.9	下原镇白李居 22 组
173	张桂英	女	1913.9	下原镇白李居 15 组

如东县寿星名录表（142 人）

表 17-2-3

序号	姓 名	性别	出生年月	家庭住址
1	徐美英	女	1911.10	双甸镇丛家坝村 23 组
2	石子英	女	1911.4	双甸镇高前村 3 组
3	袁桂芳	女	1902.7	双甸镇石甸居 41 组
4	李桂芳	女	1912.9	双甸镇石甸居 10 组
5	李德元	女	1912.12	双甸镇石甸居 9 组
6	戴平珍	女	1912.9	双甸镇宗奎村 28 组
7	汤丛英	女	1913.11	双甸镇德银村 7 组
8	汤吴氏	女	1913.6	双甸镇石南村 20 组
9	时华梅	女	1913.2	双甸镇田季村 12 组
10	徐引珍	女	1913.9	双甸镇锡伍村 7 组
11	沈文秀	女	1913.3	栟茶镇双港村 6 组
12	缪　英	女	1913.10	栟茶镇双港村 16 组
13	吴梅青	女	1913.11	栟茶镇育婴巷 3 号
14	缪其生	男	1913.4	栟茶镇虹桥路 99–22 号
15	张志仁	男	1909.1	栟茶镇兴凌村 11 组
16	康成英	女	1912.2	栟茶镇兴镇村 27 组
17	徐正英	女	1912.7	栟茶镇洋堡村 10 组
18	刘桂英	女	1911.12	岔河镇金桥村 10 组
19	吴　凤	女	1911.4	岔河镇兴发村 4 组
20	孙友常	男	1912.3	岔河镇启秀村 6 组
21	严保芳	女	1911.7	岔河镇三联村 9 组
22	吴集太	男	1910.12	岔河镇古坝社区 2 组
23	周陈氏	女	1913.11	岔河镇南桥村 16 组
24	陈万元	男	1913.10	岔河镇金河村 22 组
25	严沈氏	女	1913.3	岔河镇金桥村 2 组
26	叶张氏	女	1913.7	岔河镇振河村 15 组
27	王正和	男	1913.9	岔河镇振河村 11 组

续表 17-2-3

序号	姓 名	性别	出生年月	家庭住址
28	吉桂英	女	1913.2	岔河镇兴北村 1 组
29	陈文秀	女	1913.4	岔河镇启秀村 14 组
30	缪永珍	女	1913.7	岔河镇启秀村 4 组
31	蒋汤氏	女	1913.8	曹埠镇上漫居委会 23 组
32	屈永兰	女	1913.7	曹埠镇上漫居委会 28 组
33	朱德贵	男	1913.10	曹埠镇冯桥村 8 组
34	朱仲英	女	1913.10	曹埠镇直港村 9 组
35	王学连	女	1912.7	曹埠镇孙窑居委会 16 组
36	江学珍	女	1907.9	曹埠镇甜水村 9 组
37	陆群珍	女	1910.2	曹埠镇孙窑社区 24 组
38	仇圣英	女	1911.5	河口镇锦成村 50 组
39	陶玉山	男	1912.6	河口镇锦成村 9 组
40	许锦芳	女	1912.8	河口镇中天村 1 组
41	钱学兰	女	1906.12	河口镇十里桥 17 组
42	周发根	男	1913.5	河口镇双港村 12 组
43	陈万英	女	1907.4	大豫镇南坎社区 1 组
44	张启明	男	1913.10	大豫镇豫东村 26 组
45	施文英	女	1913.12	大豫镇巩王村 40 组
46	宋胜兰	女	1913.2	大豫镇巩王村 23 组
47	张亚秀	女	1911.4	大豫镇丁家店村 3 组
48	沈志英	女	1913.2	大豫镇伯安村 9 组
49	陈雪英	女	1913.11	大豫镇东安闸村 30 组
50	顾亚芬	女	1912.4	大豫镇马家店村 1 组
51	吴玉康	女	1912.11	大豫镇徐征村 8 组
52	沈瑞兰	女	1913.5	大豫镇强民村 14 组
53	施惠珍	女	1905.11	大豫镇强民村 20 组
54	高林兰	女	1911.4	大豫镇一门闸村 2 组
55	徐可英	女	1906.5	大豫镇止马洼村 20 组
56	倪士珍	男	1909.11	大豫镇香台村 5 组
57	杨友林	女	1913.9	大豫镇香台村 6 组
58	汤瑞珍	女	1913.3	大豫镇豫东村 1 组
59	陆云珍	女	1911.5	大豫镇一门闸村 30 组
60	於林珍	女	1912.11	丰利镇双灰山村 12 组
61	李明英	女	1912.6	丰利镇双灰山村 12 组

续表 17-2-3

序号	姓 名	性别	出生年月	家庭住址
62	马桂英	女	1913.2	丰利镇凹桥村 26 组
63	刘家贵	男	1913.9	丰利镇华严村 17 组
64	陈如恒	男	1913.7	丰利镇南宁村 13 组
65	朱金英	女	1913.12	丰利镇双灰山村 23 组
66	陈锡如	男	1913.10	丰利镇月河村 26 组
67	崔兰芳	女	1913.6	袁庄镇时桥村 2 组
68	黄锦秀	女	1912.12	袁庄镇赵港村 7 组
69	吴秀芳	女	1913.5	袁庄镇朱庄村 3 组
70	高仪兰	女	1911.11	袁庄镇戴南村 1 组
71	李建顺	男	1911.12	袁庄镇赵港村
72	夏四明	男	1911.9	袁庄镇赵港村 1 组
73	康承英	女	1911.7	袁庄镇海河滩村 27 组
74	汪友山	女	1909.7	袁庄镇时桥村 2 组
75	张永珍	女	1913.7	苴镇晓桥居委会 1 组
76	倪传英	女	1912.4	如东经济开发区兴新社区
77	耿学凤	女	1911.6	苴镇蔡桥村 2 组
78	宋秀英	女	1911.3	洋口镇双墩村 6 组
79	康十文	男	1912.11	洋口镇杨楝园村 2 组
80	石召英	女	1912.11	洋口镇周新庄村 19 组
81	周如珍	女	1912.5	洋口镇张埭村 6 组
82	葛善珍	女	1910.2	洋口镇新坝村 5 组
83	缪祝兰	女	1910.9	洋口镇池塘头村 6 组
84	刘帮瑞	女	1907.8	洋口镇油坊口村 7 组
85	徐兰芳	女	1912.9	洋口镇刘环村 3 组
86	杨培珍	女	1913.11	洋口镇楼窑村 11 组
87	曹文学	男	1913.5	洋口镇斜港村 4 组
88	陆运珍	女	1913.7	洋口镇浒路村 5 组
89	陈金连	女	1912.11	掘港镇潮墩村 45 组
90	汤雪连	女	1910.12	掘港镇新丰村 10 组
91	施兰芳	女	1911.12	掘港镇丁字岸村 18 组
92	季忠信	男	1910.5	掘港镇江庄村 28 组
93	王兆英	女	1906.9	掘港镇十里墩村 22 组
94	杨福南	女	1907.5	掘港镇天星村 6 组
95	徐张氏	男	1908.12	掘港镇陈高村 2 组

续表 17-2-3

序号	姓 名	性别	出生年月	家庭住址
96	刘福娴	女	1908.9	掘港镇碧霞社区
97	奚配英	女	1909.9	掘港镇沙南村 9 组
98	戴柏英	女	1910.9	掘港镇洋岸村 21 组
99	张素琴	女	1910.7	掘港镇虹元村 36 组
100	许素珍	女	1910.3	掘港镇江庄村 10 组
101	陈甫连	女	1911.6	掘港镇天星村 1 组
102	肖友国	女	1911.10	掘港镇三河村 37 组
103	欧阳祯	男	1911.6	掘港镇通海社区
104	林正莲	女	1911.11	掘港镇十里墩村 18 组
105	陆长英	女	1912.1	掘港镇十里墩村 22 组
106	朱跃和	男	1912.9	掘港镇野营角村 17 组
107	管永珍	女	1912.9	掘港镇丁杨村 37 组
108	傅淑珍	女	1912.11	掘港镇灯塔社区
109	管维濂	男	1912.1	掘港镇盐垣社区
110	鲍堂氏	女	1912.3	掘港镇五总村 9 组
111	姜示福	男	1913.11	掘港镇三桥 11 组
112	张秀英	女	1913.9	掘港镇余荡村 40 组
113	黄秀珍	女	1913.11	掘港镇新丰村 15 组
114	杨福林	男	1913.9	掘港镇芳泉村 14 组
115	赵马莲	女	1913.8	掘港镇晓河村 21 组
116	吴韶九	男	1913.5	掘港镇青园新村 11 号
117	阚陈氏	女	1908.2	马塘镇马西村 19 组
118	邓淑珍	女	1909.7	马塘镇马丰村 27 组
119	柯佳翠	女	1910.4	马塘镇潮桥居委会
120	严张华	女	1910.3	马塘镇潮南村 4 组
121	陆开银	女	1912.2	马塘镇桃园村 5 组
122	黄喻氏	女	1912.6	马塘镇七里镇村 8 组
123	缪桂英	女	1912.9	马塘镇光明新村
124	周宋氏	女	1912.11	马塘镇马丰村 13 组
125	喻风兮	女	1912.12	马塘镇潮南村 1 组
126	邵秀美	男	1913.6	马塘镇桃园村 4 组
127	于格英	女	1913.9	马塘镇沙庄村 16 组
128	范广仁	男	1913.10	马塘镇马丰村 27 组
129	成国良	男	1913.11	马塘镇马西村 23 组

续表 17-2-3

序号	姓 名	性别	出生年月	家庭住址
130	蒋桂英	女	1913.12	马塘镇亚苏村 9 组
131	王召英	女	1913.7	长沙镇港城村 33 组
132	唐学贵	男	1904.3	新店镇祝套村 1 组
133	肖玉珍	女	1910.10	新店镇园北村 15 组
134	王群英	女	1909.9	新店镇孙桥村 13 组
135	吉春山	男	1911.10	新店镇月池村 2 组
136	朱和英	女	1911.4	新店镇祝套村 12 组
137	周诵玉	男	1912.5	新店镇祝套村 15 组
138	陈桂英	女	1912.3	新店镇双虹桥村 4 组
139	张银山	男	1913.2	新店镇曹庵村 4 组
140	殷桂方	女	1913.10	新店镇汤居 15 组
141	曹林涛	男	1913.3	新店镇孙桥村 6 组
142	刘扣英	女	1913.3	新店镇孙桥村 4 组

海门市寿星名录表（109 人）

表 17-2-4

序号	姓名	性别	出生年月	家庭住址
1	江守贞	女	1909.12	余东镇庄烈村 1 组
2	崔作霖	男	1913.10	余东镇启凤街 10 组
3	杨秀英	女	1909.7	树勋镇新河村 19 组
4	戴文娥	女	1913.6	树勋镇凤凰村 27 组
5	王徐氏	女	1905.12	临江镇普民村 21 组
6	沈士兰	女	1911.12	临江镇刘洪村 21 组
7	陆亚芳	女	1913.10	临江镇鹤丰村 21 组
8	陈来云	女	1905.7	包场镇大东村 14 组
9	东庙恩	男	1913.12	包场镇鲜海村 28 组
10	江于良	女	1913.7	包场镇灵树村 8 组
11	张来奴	女	1911.9	包场镇包场村 20 组
12	陈小凤	女	1913.6	包场镇长桥村 31 组
13	张彩红	女	1913.12	包场镇长桥村 19 组
14	张志芳	女	1913.3	包场镇林英村 29 组
15	施学兰	女	1913.10	包场镇凤飞村 31 组
16	陈仲珍	女	1913.1	包场镇凤飞村 39 组
17	张来芬	女	1911.12	包场镇天西村 18 组

续表 17-2-4

序号	姓名	性别	出生年月	家庭住址
18	黄凤莲	女	1913.7	包场镇天西村 12 组
19	江来云	女	1913.10	包场镇头甲村 9 组
20	张素仙	女	1911.10	包场镇新群村 27 组
21	刘选英	女	1914.12	江心沙农场 11 大队
22	侯朝良	女	1910.3	四甲镇合兴村 58 组
23	施太珍	女	1910.3	四甲镇四甲村 8 组
24	毛忠杰	男	1912.9	四甲镇合兴村 6 组
25	钱玉珍	女	1912.5	四甲镇八索村 13 组
26	曾秀明	女	1913.2	四甲镇廷俊村 15 组
27	郁静连	女	1913.8	四甲镇廷俊村 28 组
28	俞海香	女	1913.4	四甲镇四甲村 9 组
29	黄士明	男	1913.10	常乐镇双乐村 5 组
30	董鹤章	女	1913.12	常乐镇锦程村 26 组
31	陈青云	女	1910.10	常乐镇麒新村 3 组
32	黄念英	女	1910.1	常乐镇广南村 32 组
33	施亚新	女	1913.11	常乐镇双河村 13 组
34	周玉兰	女	1912.6	常乐镇玉竹村 25 组
35	陆亚兰	女	1912.3	常乐镇中南村 2 组
36	许佩兰	女	1911.5	常乐镇培育村 36 组
37	金祥珍	女	1911.11	常乐镇常来村 17 组
38	朱佩祖	女	1913.11	常乐镇如意村 26 组
39	李德裕	男	1913.2	常乐镇如意村 25 组
40	张志鹏	女	1913.6	三和镇岸角村 5 组
41	严兰英	女	1912.4	海门镇城兴村 31 组
42	范树珍	女	1910.6	海门镇大同新村 305 幢
43	景兰英	女	1910.2	海门镇大同新村 607 幢
44	张西美	女	1910.11	海门镇复兴新村 124 幢
45	施占玉	女	1912.12	海门镇海影新村 509 幢
46	仇安凤	女	1911.12	海门镇日新社区居委会 6 组
47	茅林章	女	1913.4	海门镇沙东村 38 组
48	黄秀英	女	1912.10	海门镇沙东村 45 组
49	宋学文	男	1913.10	海门镇双高村 22 组
50	茅雪琴	女	1913.1	海门镇双高村 34 组
51	季秀英	女	1910.10	海门镇陶港村 10 组

续表 17-2-4

序号	姓名	性别	出生年月	家庭住址
52	张祖珍	女	1911.11	海门镇文俊村 4 组
53	黄阿美	女	1912.3	海门镇秀山村 1 组
54	朱建章	男	1912.10	海门镇秀山新村 109 幢
55	林巧林	女	1912.10	海门镇张南村 1 组
56	杨秀礼	女	1913.6	海门镇振邦村 23 组
57	盛杏贤	女	1913.3	海门镇中海村 53 组
58	陆廷兰	女	1913.9	开发区利北村 43 组
59	陆希珍	女	1909.2	开发区建南村 1 组
60	施银翠	女	1913.10	开发区建南村 2 组
61	袁惠南	女	1911.3	开发区棉种场大队
62	张宝珍	女	1913.3	海门镇三江村 32 组
63	季月琴	女	1913.10	海门镇三江村 18 组
64	徐富英	女	1913.10	三厂镇厂西村 31 组
65	徐连文	女	1910.2	三厂镇镇西村 29 组
66	陈小林	女	1911.3	三厂镇青龙港村 7 组
67	季美珍	女	1913.7	三厂镇孝汉村 19 组
68	范成英	女	1913.1	三厂镇大洪村 7 组
69	汤洪祥	男	1911.3	三厂镇中兴村 13 组
70	杨云路	男	1913.3	三厂镇厂南新村 607 幢
71	毛静兰	女	1913.12	临江镇介云村
72	陈汉才	女	1910.9	三星镇宝兴村 14 组
73	薛章秀	女	1913.12	三星镇宝兴村 20 组
74	陆兰英	女	1911.1	三星镇宝兴村 24 组
75	周锦英	女	1913.4	三星镇光荣村 01 组
76	吴朝琴	女	1913.2	三星镇光荣村 26 组
77	施延才	男	1913.3	三星镇广丰村 7 组
78	黄士珍	女	1909.1	三星镇陶港村 30 组
79	徐善新	女	1912.10	三星镇彦英村 06 组
80	尹维珍	女	1907.11	三星镇益民村 7 组
81	蒋贵宝	女	1911.11	三星镇镇南村 1 组
82	顾洪兰	女	1913.4	三星镇镇南村 30 组
83	肖秀莲	女	1911.12	德胜镇银才村 26 组
84	俞道民	男	1912.1	德胜镇汇通村 20 组
85	姜锡娥	女	1912.6	德胜镇平山村 1 组

续表 17–2–4

序号	姓名	性别	出生年月	家庭住址
86	杨志英	女	1913.5	德胜镇新凤村 32 组
87	戴玉珍	女	1911.3	悦来镇松林村 17 组
88	缪玉芳	女	1913.12	悦来镇松林村 8 组
89	潘士俊	男	1906.3	悦来镇信民村 6 组
90	茅锦娥	女	1913.12	悦来镇悦南村 16 组
91	施小末	女	1909.2	悦来镇袁李村 5 组
92	张志英	女	1913.11	悦来镇保卫村 9 组
93	冯茂林	男	1913.3	悦来镇锡祥村 41 组
94	周士兰	女	1910.5	悦来镇悦来村 12 组
95	施玉兰	女	1913.11	悦来镇保民村 3 组
96	尹占能	女	1913.1	悦来镇普新村 15 组
97	茅灿兰	女	1913.10	悦来镇阳东村 17 组
98	黄成珍	女	1913.2	悦来镇镇兴村 14 组
99	黄允兰	女	1913.4	悦来镇镇兴村 28 组
100	杨维娥	女	1913.2	悦来镇万盛村 27 组
101	李志芳	女	1913.3	悦来镇中圩村 29 组
102	万来于	女	1909.3	正余镇正基村 7 组
103	丁彩先	女	1913.5	正余镇安渡村 7 组
104	唐月娥	女	1909.4	正余镇新桥村 26 组
105	沈凤凤	女	1913.12	正余镇邢柏村 16 组
106	王改余	男	1912.8	正余镇河岸村 22 组
107	张桂娥	女	1912.9	正余镇河岸村 5 组
108	姜桂芬	女	1912.8	正余镇桥闸村 4 组
109	崔锡翰	男	1912.9	王浩镇古坝村 29 组

启东市寿星名录表（111 人）

表 17–2–5

序号	姓名	性别	出生年月	家庭住址
1	崔友礼	男	1910.12	南城区彩臣三村
2	施文英	女	1912.8	北城区幸福一村 148 幢
3	顾南英	女	1911.2	北城区幸福一村名都苑 2 幢
4	施培英	女	1913.4	南阳镇启兴村 8 组
5	陆怀珍	女	1911.7	南阳镇南阳村 7 组
6	倪翠香	女	1907.9	南阳镇佐鹤村 5 组

续表 17-2-5

序号	姓名	性别	出生年月	家庭住址
7	王瑞芝	女	1912.12	南阳镇合丰村 6 组
8	李秀珍	女	1912.12	南阳镇正谊村 3 组
9	朱祖芳	女	1912.4	南阳镇聚阳村 4 组
10	黄二姐	女	1911.2	南阳镇元庆村 5 组
11	苏守林	女	1911.11	南阳镇元庆村 6 组
12	邢学芳	女	1901.8	南阳镇元庆村 10 组
13	宋二姐	女	1913.7	南阳镇南塘村 3 组
14	沈志康	男	1912.4	南阳镇南塘村 6 组
15	彭玉贤	女	1911.10	南阳镇南塘村 7 组
16	樊法昌	男	1912.10	南阳镇锦屏村 1 组
17	朱正兰	女	1911.5	南阳镇永兴村 4 组
18	高国英	女	1912.11	南阳镇富兴村 6 组
19	张福明	男	1913.4	南阳镇居委会
20	杨桂林	男	1913.8	南阳镇居委会
21	沈汉兰	女	1913.11	南阳镇启兴村 3 组
22	邢国干	男	1908.10	海复镇北固村 4 组
23	沈佩芳	女	1912.11	海复镇家禄村 29 组
24	黄国珍	女	1912.11	海复镇三圩村 20 组
25	黄维桥	女	1913.8	海复镇复西村 5 组
26	江祖成	女	1913.8	海复镇北新街 112 号
27	周明芳	女	1912.11	合作镇新义村 8 组
28	曹秀芳	女	1911.12	合作镇元和村 9 组
29	李佩兰	女	1912.11	合作镇庙店村 31 组
30	朱维芳	女	1911.9	合作镇蟠龙村 37 组
31	徐凤兰	女	1913.1	合作镇蟠龙村 24 组
32	卞允璜	女	1912.5	合作镇二效镇村 6 组
33	徐志兰	女	1912.9	合作镇竖河镇村 23 组
34	顾家兰	女	1901.5	合作镇无畏村 33 组
35	黄锡英	女	1911.5	合作镇志良桥村 10 组
36	陆素兰	女	1910.9	合作镇志良桥村 32 组
37	张彐成	男	1913.9	合作镇志良桥村 23 组
38	龚启兰	女	1913.4	近海镇小闸口村 1 组
39	顾守芹	女	1913.8	近海镇新阳村 2 组
40	杨茂英	女	1913.10	近海镇向北村 12 组

续表 17-2-5

序号	姓名	性别	出生年月	家庭住址
41	徐洪秀	女	1913.12	近海镇利民村 6 组
42	樊翠兰	女	1913.4	王鲍镇久东村 38 组
43	沈宝兰	女	1912.7	王鲍镇久南村 36 组
44	施帮芬	女	1911.11	王鲍镇久西村 34 组
45	朱洪兰	女	1913.3	王鲍镇元东 12 组
46	杨玉兰	女	1913.8	王鲍镇元东 27 组
47	张祖兰	女	1913.2	王鲍镇九令村 1 组
48	宋玉珍	女	1911.3	王鲍镇洪桥 5 组
49	顾秀珍	女	1913.8	王鲍镇正平村 3 组
50	江玉珍	女	1912.12	王鲍镇三岔店村 7 组
51	施允德	男	1913.1	王鲍镇大生村 39 组
52	徐小山	男	1913.12	王鲍镇义南村 23 组
53	沈秀英	女	1910.11	寅阳镇稷字村 20 组
54	高维英	女	1913.5	寅阳镇胜丰村 4 组
55	袁雅芬	女	1912.12	寅阳镇东清河村 24 组
56	龚亚琴	女	1913.1	寅阳镇东清河村 20 组
57	施秀珍	女	1912.2	寅阳镇侯字村 18 组
58	高培兰	女	1913.5	寅阳镇林启村 18 组
59	石亚琴	女	1912.1	寅阳和合镇村 23 组
60	王秀英	女	1913.5	寅阳镇连兴港村 19 组
61	陈美容	女	1913.10	寅阳镇稷字村 6 组
62	浦亚琴	女	1913.12	寅阳镇和丰村 17 组
63	尹秀清	女	1913.12	寅阳镇洪飞村 33 组
64	曹明元	男	1912.11	北新镇北新村 8 组
65	张建英	女	1907.11	北新镇永安村 12 组
66	陆文秀	女	1911.11	北新镇灯杆村 9 组
67	张永连	女	1912.9	北新镇普东村 24 组
68	周选琴	女	1913.9	北新镇新桥村 43 组
69	徐卫杨	男	1913.10	北新镇万安村 6 组
70	陆聘才	男	1913.12	北新镇灯杆村 30 组
71	陈秀兰	女	1913.10	北新镇光卫村 1 组
72	杨凤芝	女	1908.4	东海镇大丰镇村 7 组
73	徐士贤	女	1912.10	东海镇显中村 6 组
74	尹志高	男	1913.1	东海镇显中村 5 组

续表 17–2–5

序号	姓名	性别	出生年月	家庭住址
75	邵德兰	女	1911.9	东海镇东余镇村 1 组
76	顾洪英	女	1913.7	东海镇德字村 1 组
77	钱凤珍	女	1906.7	汇龙镇双庆村 22 组
78	施石兰	女	1908.1	汇龙镇汇中村 1 组
79	王秀连	女	1909.2	汇龙镇育德村 22 组
80	郁思珍	女	1909.9	汇龙镇唐虞村 14 组
81	朱成兰	女	1910.3	汇龙镇五四村 3 组
82	蒋云凡	男	1911.11	汇龙镇取丰村 7 组
83	杨建芳	女	1912.2	汇龙镇克明村 26 组
84	黄秀芳	女	1912.10	汇龙镇双庆村 8 组
85	施尽芳	女	1913.6	汇龙镇光荣村 2 组
86	季三姐	女	1913.10	汇龙镇亚光村 12 组
87	郁进兰	女	1913.11	汇龙镇临江村 8 组
88	殷汉芳	女	1912.2	惠萍镇河湾村 4 组
89	顾正德	男	1913.9	惠萍东兴镇村 3 组
90	李玉英	女	1913.3	惠萍东兴镇村 12 组
91	樊秀芳	女	1913.3	惠萍镇益成村 16 组
92	陈步珍	女	1911.2	惠萍镇拥政村 29 组
93	徐惠珍	女	1912.11	惠萍镇曙升村 1 组
94	黄川梅	女	1911.7	惠萍镇士连村 18 组
95	董炳炎	男	1913.2	惠萍镇士连村 1 组
96	邓国芬	女	1912.1	惠萍镇南惠阳村 3 组
97	薛井兰	女	1913.2	惠萍镇长兴村 27 组
98	李玉英	女	1913.3	惠萍镇东兴镇村 12 组
99	顾正德	男	1913.9	惠萍镇东兴镇村 3 组
100	朱瑞玉	女	1912.4	开发区城西村 5 组
101	梁雪英	女	1910.12	开发区城西村 24 组
102	郁凤英	女	1911.5	开发区华石新村 109 号
103	朱玉英	女	1910.11	吕四港镇通兴镇村 18 组
104	薛 良	女	1913.6	吕四港镇如意村 30 组
105	徐巧风	女	1913.6	吕四港镇西宁村 15 组
106	田安锁	女	1910.12	吕四港镇六斧头村 22 组
107	徐兰英	女	1913.2	吕四港镇东皇山村吕丰渔业组
108	成亚芳	女	1913.6	吕四港镇吕滨村 8 组

续表 17-2-5

序号	姓名	性别	出生年月	家庭住址
109	陶凤山	男	1911.9	吕四港镇三甲村同心街
110	陶兰英	女	1911.10	吕四港镇吕北村 27 组
111	季亚珍	女	1913.12	吕四港镇培根村 10 组

通州区寿星名录表（107 人）

表 17-2-6

序号	姓名	性别	出生年月	家庭住址
1	邱吉英	女	1913.9	金沙镇北山居市民广场 7 号
2	邱兰候	女	1912.3	金沙镇城东村 25 组
3	张兰英	女	1909.9	金沙镇虹南村 4 组
4	张宏茂	男	1913.6	金沙镇金北村 108 组
5	邱莲珍	女	1912.7	金沙镇金北村 30 组
6	易美连	女	1910.8	五甲镇庆丰居 16 组
7	张宏连	女	1913.4	五甲镇庆丰居 41 组
8	曹锦銮	女	1913.9	五甲镇白龙庙居 26 组
9	周回英	女	1910.11	五接镇张大圩村 14 组
10	吴老桂	男	1912.2	五接镇桃园村 26 组
11	刘寿老太	女	1911.9	五接镇天后宫村 12 组
12	蔡义和	男	1913.12	五接镇李港村 27 组
13	刘玉春	男	1913.1	五接镇老木厂村 01 组
14	顾 鋆	男	1913.11	五接镇五接居
15	吴良英	女	1913.6	高新区邢园村 18 组
16	张等候	女	1912.12	高新区张门村 4 组
17	施朱氏	女	1913.10	高新区狮子桥村 20 组
18	潘翠娥	女	1913.11	高新区花家渡村 41 组
19	潘云章	男	1913.12	高新区通灵桥村 9 组
20	庄乔英	女	1913.12	高新区三姓街村 11 组
21	黄小妹	女	1911.6	张芝山镇南兴村 9 组
22	林伯群	男	1907.8	张芝山镇竖积洪村 11 组
23	黄允高	男	1912.1	张芝山镇培德村 5 组
24	陈丽泽	女	1912.2	张芝山镇天星村 12 组
25	顾士珍	女	1912.4	张芝山镇通海村 7 组
26	宋亚男	女	1912.8	张芝山镇竖积洪村 7 组
27	陆秀英	女	1913.5	张芝山镇银洋河村 40 组

续表 17–2–6

序号	姓名	性别	出生年月	家庭住址
28	陆秀珍	女	1913.12	张芝山镇通启桥村 35 组
29	沈雅芳	女	1912.4	川姜镇川港居委会 5 组
30	葛云珍	女	1912.9	川姜镇双桥村 13 组
31	陆士美	女	1912.11	川姜镇启江村 16 组
32	茅凤英	女	1913.4	川姜镇望海台村 4 组
33	陈瑞姑娘	女	1911.11	平东镇新生村 5 组
34	冯老太	女	1913.11	平东镇新三十里居 15 组
35	吴连老太	女	1909.8	平东镇赵甸居 36 组
36	倪桂老太	女	1912.4	平东镇赵甸居 19 组
37	孙一老太	女	1912.12	平东镇金桥村 19 组
38	张连老太	女	1912.7	平东镇金桥村 18 组
39	费芹老太	女	1910.5	石港镇乐观村 41 组
40	周芹英	女	1911.6	石港镇江海村 14 组
41	任刘氏	男	1912.5	石港镇乐观村 33 组
42	顾领英	女	1912.11	石港镇睹史院村 19 组
43	季粉珍	女	1912.12	石港镇西大街 148 号
44	严季氏	男	1913.5	石港镇花市街村 7 组
45	王翠老太	女	1913.6	石港镇乐观村 2 组
46	郑圣老太	女	1913.7	石港镇金庄居 2 组
47	邹济南	男	1913.10	石港镇草市桥居 6 组
48	魏秀英	女	1913.10	石港镇四港村 30 组
49	顾巧英	女	1910.8	西亭镇李庄村 32 组
50	陆盘诊	女	1911.11	西亭镇李庄村 32 组
51	黄桂英	女	1911.11	西亭镇华芦村 10 组
52	李张氏	女	1913.9	西亭镇西亭居 4 组
53	王连英	女	1913.10	西亭镇西禅寺村 24 组
54	杨宛惠	女	1912.11	兴东镇永护村东 4 组
55	吴龙英	女	1913.4	兴东镇双楼村东 10 组
56	陈何连	女	1913.5	兴东镇土山村北 4 组
57	金鸭英	女	1912.10	刘桥镇新联居刘家桥 3 组
58	陈纯英	女	1912.10	刘桥镇慎修村测震 21 组
59	曹改英	女	1913.9	刘桥镇米三桥村 14 组
60	房招英	女	1913.10	刘桥镇长岸村 12 组
61	杨保珍	女	1913.11	刘桥镇尹家园村 14 组

续表 17-2-6

序号	姓名	性别	出生年月	家庭住址
62	沙朝发	男	1913.12	刘桥镇新联居卞西 14 组
63	钱巧英	男	1913.12	刘桥镇长岸村韩家桥 6 组
64	杨巧英	女	1912.7	平潮镇新坝村 40 组
65	姚福老太	女	1912.11	平潮镇吉坝村 14 组
66	王凤英	女	1912.12	平潮镇三港村 28 组
67	陈领姑娘	女	1913.10	平潮镇云台山村 7 组
68	王凤珠	女	1912.12	先锋镇秦家埭村 5 组
69	刘秀英	女	1910.1	十总镇迎阳村 4 组
70	浩贵连	女	1911.7	十总镇二爻居 39 组
71	瞿景兰	女	1911.9	十总镇二爻居 30 组
72	喻志和	男	1913.11	十总镇二爻居 48 组
73	严学兰	女	1911.11	十总镇志新村 8 组
74	黄明春	男	1913.7	十总镇新雁村 12 组
75	阚老太	女	1911.11	四安镇徐家桥村 26 组
76	高姜氏	女	1912.2	四安镇阚庵东村 25 组
77	朱井成	男	1913.6	四安镇酒店居 16 组
78	丁舜群	女	1912.12	骑岸镇东场村 8 组
79	王桂英	女	1912.2	骑岸镇季庄村 11 组
80	张金连	女	1913.3	骑岸镇季庄村 14 组
81	俞学贞	女	1911.1	骑岸镇骑岸居 17 组
82	戴宝连	女	1912.11	骑岸镇上雁村 5 组
83	曹群珍	女	1913.7	骑岸镇上雁村 10 组
84	曹永祥	男	1911.8	二甲镇三甲居 12 组
85	赵树英	女	1913.4	二甲镇新市居 1 组
86	施志莲	女	1913.6	二甲镇三甲居 30 组
87	高钧兰	女	1913.7	二甲镇宝云山村 35 组
88	曹金兰	女	1913.8	二甲镇三甲居 17 组
89	丁金娥	女	1913.8	二甲镇通运桥村 64 组
90	曹桂兰	女	1913.11	二甲镇新市居 16 组
91	瞿吉恋	女	1909.12	东社镇严北村 26 组
92	季金娥	女	1913.1	东社镇新街村 12 组
93	陶瑞贞	女	1909.1	东社镇五马路村 16 组
94	王子兰	女	1919.10	东社镇横马村 1 组
95	曹洪西	男	1913.11	东社镇五甲苴村 36 组

续表 17–2–6

序号	姓名	性别	出生年月	家庭住址
96	宋文姑娘	女	1912.10	兴仁镇长林桥村 33 组
97	周文英	女	1912.10	兴仁镇三庙村 11 组
98	蒋月姑娘	女	1913.7	兴仁镇横港社区 18 组
99	王瑞姑娘	女	1913.9	兴仁镇横港社区 25 组
100	白爱英	女	1913.11	兴仁镇徐庄村 7 组
101	花连贞	女	1912.7	兴仁镇民主街 3 组
102	倪陶林	女	1910.04	三余镇新建街 39 号
103	顾松松	女	1904.04	三余镇广运村 32 组
104	施氏兰	女	1909.03	三余镇安平村 22 组
105	施美英	女	1908.04	三余镇胜利村 17 组
106	龚召兰	女	1911.11	三余镇恒兴村 10 组
107	陈新源	男	1912.02	三余镇光明村 12 组

崇川区寿星名录表（58 人）

表 17–2–7

序号	姓名	性别	出生年月	家庭住址
1	张等英	女	1913.10	文峰街道五一社区春晖花园 61 幢
2	顾有英	女	1913.07	文峰街道凤凰社区五一新 24 幢
3	钱素珍	女	1912.02	文峰街道新城小区 7 幢
4	孙巧英	女	1912.01	文峰街道春晖社区锦安花苑 9 幢
5	王领贞	女	1909.10	文峰街道凤凰社区学田托老所
6	韩领姑娘	女	1908.12	文峰街道厂北社区南川园附 2 幢
7	葛风姑娘	女	1913.06	文峰街道星火社区
8	顾扣珍	女	1913.02	文峰街道光明村社区 7 组
9	周金姑娘	女	1908.7	文峰街道城南小苑 15 幢
10	徐兰英	女	1908.6	狼山街道狼山社区 7 组滨江花园 7 幢
11	杨翁氏	女	1911.11	狼山街道南郊 4 组
12	许巧姑娘	女	1912.6	狼山街道洪江社区 10 组
13	陈桂生	男	1910.7	狼山街道狼山社区 10 组
14	黄张氏	女	1913.2	狼山街道同心 2 组狼山敬老院
15	汤麟书	男	1913.03	城东街道郭里园 74 幢
16	苏锡林	男	1912.2	城东街道龙王桥新村 15 幢
17	李春林	男	1913.6	城东街道新桥北村 63 幢
18	王汝洲	男	1912.12	城东街道东方雅苑 1 幢

续表 17–2–7

序号	姓名	性别	出生年月	家庭住址
19	严国权	男	1907.6	城东街道东大街 99 号，现住四安镇阚庵东村 32 组
20	刘子进	男	1910.5	和平桥街道濠阳社区环城西路 154 号
21	成元明	女	1912.2	和平桥街道濠阳社区施家田 3 号
22	任领珍	女	1911.10	和平桥街道万象东园 23 幢
23	张　二	男	1911.2	和平桥街道万象西园 16 幢
24	徐耀珊	男	1911.10	和平桥街道万象北园 50 幢
25	顾祝英	女	1912.12	和平桥街道万象新路 21 幢
26	张素英	女	1910.5	和平桥街道濠西园半宫桥 21 号
27	邹淑琴	女	1912.8	和平桥街道濠阳社区田家巷 9 号
28	程秀英	女	1913.12	和平桥街道濠阳社区红英巷 4 号
29	葛焕章	男	1913.10	和平桥街道濠西园 41 幢
30	沈慧珍	女	1912.4	新城桥街道文峰花苑 5 幢
31	周秀英	女	1911.12	新城桥街道社会福利院
32	顾文英	女	1913.2	新城桥街道易家桥新村 208 幢
33	吴艺林	女	1910.8	任港街道城港新村 39 幢
34	朱连姑娘	女	1913.9	任港街道城港村 1 组
35	张瑞椿	女	1912.4	任港街道陈家小园 78 幢
36	陈文琴	女	1913.4	任港街道晨苑 7 幢
37	管庆元	男	1913.9	任港街道城港新村 44 幢
38	陈美英	女	1912.7	任港街道崇川区绿苑小区 2 幢
39	沈月琴	女	1913.6	任港街道佳成花苑 8 幢
40	朱淑云	女	1910.6	任港街道外滩小区 18 幢
41	钱二姑娘	女	1912.12	钟秀街道新桥村 2 组
42	卢金氏	女	1912.10	钟秀街道郭里头村 3 组
43	郭海英	女	1913.7	虹桥街道虹桥新村 110 幢
44	施秀贤	女	1912.4	虹桥街道虹桥新村 9 幢
45	王自耕	男	1910.10	虹桥街道虹西 127 幢
46	汤麟书	男	1913.3	虹桥街道光明东村 12 幢
47	陈君藩	男	1913.2	虹桥街道姚港路 22 号 4 幢
48	方云成	男	1912.11	虹桥街道青年西路 76 号
49	翟洪贤	女	1910.10	虹桥街道小石桥社区新桥新村 22 幢
50	马洁因	女	1912.11	虹桥街道青年路新村 4 幢
51	邵夕华	女	1913.10	学田街道学田苑 50 幢
52	曹小妹	女	1913.5	学田街道中南苑 8 幢

续表 17-2-7

序号	姓名	性别	出生年月	家庭住址
53	陈井玉	男	1912.12	学田街道南川园 17 幢
54	沈凤英	女	1911.7	学田街道学田苑 90 幢
55	镇文英	女	1912.12	观音山街道观音山派出所南 318 幢
56	黄珍姑娘	女	1913.2	观音山街道天山花苑 22 幢
57	何连英	女	1912.5	观音山街道国胜村 9 组
58	韩会珍	女	1913.10	观音山街道海洪村 8 组

港闸区寿星名录表（20 人）

表 17-2-8

序号	姓名	性别	出生年月	家庭住址
1	季珍姑娘	女	1907.1	永兴街道东港村 8 组
2	杜文英	女	1911.6	永兴街道东港村 10 组
3	凌门姑娘	女	1912.5	永兴街道龙潭村 2 组
4	刘钱氏	女	1912.2	永兴街道白龙庙村 10 组
5	顾长英	女	1912.7	永兴街道白龙庙村 3 组
6	胡月珍	女	1913.7	永兴街道白龙庙村 7 组
7	保福姑娘	女	1911.11	永兴街道八一村 11 组
8	钱明珍	女	1913.6	永兴街道新闸村 1 组
9	戴桂姑娘	女	1913.12	永兴街道爱国村 12 组
10	孙等姑娘	女	1911.4	永兴街道节制闸村 7 组
11	任平珍	女	1912.2	幸福街道蒋坝社区 8 组
12	沈领珍	女	1912.6	幸福街道管园村 13 组
13	倪大	男	1913.8	唐闸镇街道新华 2 村 4 幢
14	严领珍	女	1913.9	唐闸镇街道新华 2 村 17 幢
15	贺玉英	女	1909.9	唐闸镇街道唐闸公园社区 18 幢
16	祁文姑娘	女	1911.5	秦灶街道秦灶村 3 组
17	何言生	男	1912.11	秦灶街道西安桥村 4 组
18	周连珍	女	1913.1	陈桥街道天玺花园 23 幢
19	张领珍	女	1912.10	陈桥街道集成村 18 组
20	保秀珍	女	1912.6	陈桥街道河口村 27 组

南通经济技术开发区寿星名录表（16 人）

表 17-2-9

序号	姓名	性别	出生年月	家庭地址
1	沈林美	女	1911.10	新开街道通盛花园 25 幢
2	黄元坤	女	1911.9	新开街道星盛花园 13 幢
3	黄兰姐	女	1911.1	小海街道小海镇小海村
4	陆士珍	女	1912.6	小海街道小海村 19 组
5	施雪英	女	1913.6	小海街道营房头村 27 组
6	黄巧英	女	1913.10	小海街道四圩桥村 4 组
7	周亚珍	女	1911.7	小海街道星景花园 71 幢
8	陆士元	男	1909.11	竹行街道大安村 34 组
9	张卓兰	女	1911.7	竹行街道竹行村 17 组
10	黄明芬	女	1912.1	新开镇敬老院
11	施秀兰	女	1908.5	竹行街道神农村 5 组
12	沙朝珍	女	1913.10	竹行街道大安村
13	王连芬	女	1913.5	中心街道富民新村 25 幢
14	施连芬	女	1913.6	中心街道民主新村 4 幢
15	曹进得	男	1911.9	南通农场江边管理区 17 小区
16	陈惠兰	女	1910.2	南通农场中心管理区 2 小区

第三节　荣　誉

一、全国、全省、全市表彰的先进人物[①]

（一）全国表彰

1．1989 年 10 月国务院颁发

全国老有所为精英奖　冒鸿福　如皋县玻璃纤维厂工人

全国敬老好儿女金榜奖　吴幽兰　如皋县东陈镇

2．2012 年 10 月 12 日国务院表彰

全国新型农村社会养老保险和城镇居民社会养老保险工作先进个人

沈雨林　南通市居民社会养老保险基金管理中心主任

何　宏　如皋市如城镇十里社区劳动就业社会保障服务站站长

3．1997 年 10 月民政部表彰

全国农村社会养老保险先进个人　于丽萍　南通市民政局农保科科长

4．1998 年 3 月民政部、劳动部、全国总工会、共青团中央、全国妇联、中国老龄

①人物性别，原表彰文件未标注的，本节未予标注。人物职务、获奖单位名称，按原彰文件。

协会评选表彰

（1）全国敬老好儿女金榜奖

石水英 如东县丰利镇空庙桥村三组

徐兴兰 海安县海安镇陈桥村三组

尹克达 通州市金沙镇粮管所

（2）全国老有所为奉献奖

石　超　南通市老年康复医院常务副院长

谢庆生 如皋市鞠桥村村办企业董事长

李德彬 海门市货隆镇关工委副主任

（3）全国重视老龄工作功勋奖

黄利金　原中共启东市委书记、南通市副市长

5．2005年1月5日全国青少年敬老爱老助老主题教育活动组委会表彰[①]（全国组委会发〔2005〕1号）

孝亲敬老之星 张宏林 陈国志 袁桂山 姜勤凤 孙美玲 施有芳 陈建冲

6．2006年11月20日全国敬老爱老助老主题教育活动组委会表彰（全国组委会发〔2006〕2号）

孝亲敬老之星 申启忠 邬荣国 朱仲秀 张宏林 朱仲辉 陈立祥 陆亮 秦如云

7．2008年10月6日 中国老年学学会“中国长寿排行榜”揭榜

中国最佳风采寿星 如皋市百岁老人韩秀芳

8．2008年12月29日全国敬老爱老助老主题教育活动组委会表彰（全国组委会发〔2008〕3号）

孝亲敬老之星 王汝平 王云飞 崔学华 俞金城 易杰云 周亚芳 陈瑞珍 王志林

9．2009年10月中国老年大学协会表彰

全国先进老年教育工作者 董魁如

10．2010年10月中国老年学学会举办的首届中国十大百岁夫妻排行榜

如东县吴田成（男、汉族、101岁）、张国云（女、汉族、102岁）获评

11．2010年11月民政部表彰

全国农村五保供养工作先进个人　方建新　南通市民政局副局长

12．2010年11月29日全国老龄委表彰（全国老龄委发〔2010〕5号）

全国老龄工作先进个人

葛鑫涛　　南通市民政局副局长

①组委会由全国老龄办、民政部、教育部、国家广电总局、共青团中央、全国妇联、中国关心下一代工作委员会组成。这次活动后，每两年举办一次全国敬老爱老助老主题教育活动。

黄永健（女）海门市民政局副局长、老龄办副主任

13．2010 年 12 月全国老龄办、民政部、教育部、国家广电总局、共青团中央、全国妇联、中国关心下一代工作委员会共同举办的第四届全国敬老主题教育活动表彰（全国组委会发〔2010〕1 号）

（1）**中华孝亲敬老楷模提名奖** 钱德贵 如皋市民政局副局长、老龄办副主任

（2）**全国孝亲敬老之星**

沈洁云　周淑云　胡志兰　洪　谟　刘宏燕　张武锦　管维川　施正云

14．2012 年 2 月中国老年学会科学养生专业委员会表彰

优秀组织奖 刘桂江

15．2012 年 10 月 12 日国务院表彰

全国新型农村社会养老保险和城镇居民社会养老保险工作先进个人

沈雨林 南通市居民社会养老保险基金管理中心主任

何　宏 如皋市如城镇十里社区劳动就业社会保障服务站站长

16．2012 年 12 月全国老龄办、民政部、教育部、国家广电总局、共青团中央、全国妇联、中国关心下一代工作委员会共同举办的第五届全国敬老爱老助老主题教育活动评选表彰

全国孝亲敬老之星

陈良珍　孙维达　杨小兵　杨　娟　朱建勇　周小平　马富强　郭载群　袁晓明

（二）全省表彰

1．1989 年 1 月 23 日省政府表彰

（1）**老有所为精英奖：** 田万源　汤承祖　洪涤生　冒鸿福　陈晓阳　王　新　吴景陶　缪则勤（女）

（2）**敬老好儿女金榜奖：** 陈福林　刘汉成　陆慕珍（女）吴幽兰（女）高红英（女）蒋义芳（女）吴连英（（女）

2．1994 年 9 月 23 日省政府表彰（苏政发〔1994〕92 号）

江苏省先进老龄工作者 姜德贵　陈德璜　黄启冲

3．1990 年 9 月 10 日省老龄委、省委老干部局、省人事局、省民政厅、省劳动局、省总工会表彰（苏老龄委〔1990〕20 号）

（1）**保护老年人合法权益先进工作者** 王明池　胡　达　冯隆昌

（2）**先进老龄工作者** 马　骏　陆　建　马　俐　陈德璜　姚志迅　单银凤　吴耀生　季惠祥　毛乃英　季凤敖　陈广德

4．1993 年 1 月 16 日省敬老颁奖委员会颁发（苏老奖〔1993〕2 号）

江苏省老有所为创新奖

石　超 南通附院原党委副书记、现市紫琅老年康复中心负责人

5. 1999 年 11 月 16 日 省教育委员会、省委老干部局、省老龄问题委员会表彰全省老年教育先进工作者（苏老委〔99〕13 号）

江苏省老年教育先进工作者 张金波 周德成 朱轩成 尤文绚 邱志新 余龙标 王兴伯

6. 2000 年 9 月 6 日省老龄问题委员会表彰（苏老龄委〔2000〕17 号）

老龄工作先进个人

顾嘉禾　南通市老龄工作委员会主任

肖振时　海门市人民政府副市长兼老龄委副主任

陈　钧　港闸区老龄委员会办公室主任

张汉俊　通州市老龄委员会办公室副主任

袁锦达　启东市民政局

刘培银　如皋市人民政府副市长兼老龄委主任

单银凤　如皋市如城镇政府协理员兼老龄委员会副主任

杨建忠　如东县副县长兼老龄工作委员会主任

毛永霞　崇川区学田街道办事处副书记、副主任

姜德贵　海安县老龄委员会办公室

7. 2003 年 9 月 28 日省老龄工作委员会表彰（苏老工委〔2003〕1 号）

2002 — 2003 年度江苏省敬老先进个人

王咸仪 郭载群 吴正友 蔡跃华 吴祝云 高广红 秦振荣 钱国均

8. 2006 年 9 月 7 日省老龄工作委员会表彰（苏老龄委发〔2006〕2 号）

江苏省先进老年人协会会长

孙学维 尹栋君 顾选能 袁桂山 谢丕岳 赵正如 叶希华 朱仲秀

9. 2006 年 9 月省老龄工作委员会表彰（苏老龄委发〔2006〕3 号）

江苏省孝亲敬老之星

黄仁稳 孙宝银 郭载群 徐伟伟 徐　龙 周德山 王晓红 曹晨曦 袁桂山 许栋新 戴国群 陈旭东 唐美华 张树清

10. 2007 年 10 月 9 日省老龄工作委员会表彰（苏老龄委发〔2007〕2 号）

2005 — 2006 年度先进老龄工作者

王　伟 凌曙华 成小聪 黄永健 陈立祥

11. 2011 年 11 月省民政厅、省教育厅、省老龄办、省广播电影电视局、团省委、省妇联、省关工委、省老龄协会共同组织、评选表彰

江苏省首届百佳孝星

沈　娟　启东市汇龙镇大陆村农民

单盘英　崇川区战胜社区村民

孙　洪　崇川区新城桥街道居家养老服务中心员工

陶富林　通州区骑岸小学退休教师

葛金凤　通州区十总镇志新村26组农民

刘永昌　市经济技术开发区南通江海钢绳有限公司会计

袁晓明　港闸区天生港镇街办敬老院院长

许树银　海安县城东镇立发村农民

陈文九　海门市三厂镇退休教师

杨小兵　如东县掘港镇三河村木工

郭载群　如皋市老龄办副主任

12．2011年12月省老龄工作委员会表彰

（1）尊老爱老先进个人

吴爱萍（南通市）　于俊卿（海安县）　钱德贵（如皋市）　高　建（如东县）　施建斌（海门市）　沈菊萍（启东市）　刘　华（通州区）　戴　昕（崇川区）　薛美英（港闸区）　石松华（开发区）

（2）老有所为人物

顾嘉禾（南通市）　储有杰（海安县）　储佳木（海安县）　汪如一（如皋市）　刘桂江（如皋市）　方定琦（如东县）　杨兴章（如东县）　黄颂禹（海门市）　沈汉超（海门市）　施仲元（启东市）　周嘉生（启东市）　任遂生（通州区）　于正芬（通州区）　孙陈达（南通市）　蔡松英（如东县）　徐荣富（港闸区）　高庆森（港闸区）　顾文平（南通市）　周文进（开发区）

13．2012年9月6日省体育局、老龄委办公室、发展体育基金会、老年人体育协会授予荣誉称号（苏体群〔2012〕48号）

江苏省“乐天”健康老人

夏登山　黄忠帮　黄牧军　谢丕岳　凌长禄　茅琪妹　钱春山　唐耀宗　顾志进　秦金林　费朝一　缪祝平　王金镛　蔡元祥　陆　霍　石泰金　佘正伯　杨银聪　江兰芳　彭佳桂　陈　俊　杨福生　孙国民　沙秀高　芦　邦　曹井泉　胡宝祥　李　明　岑云台　钱宏川　顾　照　张英太　顾志祥　唐载元　黄卓兰　陈如英　周　骏　林　超　徐善清　施云生

（三）全市表彰

1．1988年10月18日市委、市政府表彰

（1）老有所为精英奖

海安县5名

仲贞子 海安县西场中学　何勇发 海安县丁所乡
许文才 海安县张垛乡　杜道元 海安县王垛乡
邵相文 海安县旧场砖瓦厂

如皋县9名

马洪谟 如皋县人大常委会　杨银聪 如皋县人大常委会
黄国珍（女）如皋县政协　葛存富 如皋肉联厂
冒鸿福 如皋县东陈镇　李忠盛 如皋县常青沙乡
顾义龙 如皋县袁桥乡　姜宝森 如皋县勇敢乡
宗兆广 如皋县丁堰乡

如东县7名

顾旦生（女）如东县人民政府　苏国光 如东县政协
陈春育 如东县军队干休所　缪则勤（女）如东县栟茶中学
陈学余 如东县双甸片指导组　李　林 如东县丰利片指导组
顾一安 如东县丁店乡

南通县9名

陈　勇 南通县环保局　于　新 南通县科学技术协会
严金保 南通县金沙米厂　朱兴龙 南通县供销合作社
许安国 南通县骑岸镇　吴金山 南通县西亭镇
卑宗淦 南通县金余中学　李泽民 南通县李港乡
徐仲富 南通县南兴灯泡厂

海门县6名

岑云台 海门县人大常委会　黄锦宙 海门县悦来镇
洪涤生 海门县三星羊毛衫厂　蔡宝元 海门县包场国营渔场
施正风 海门县其林乡　许正言 海门县国强乡

启东县6名

陈邦才 启东县政协　沈陶真 启东县志办公室
施玉丰 启东县农机局　吴绍基 启东县外贸公司
顾介山 启东县中医院　陆桂元 启东县三甲乡

城区5名

曹　静（女）南通市城区教育局　汤承祖 南通市中医院
葛祖清 南通市城区城东街办　李锡同 南通市城区城中街办

王兰英（女）南通市城区虹桥街办

郊区 4 名

周学富　南通市郊区闸东乡　　吴锦生　　南通市郊节制闸供销社

侯光德　南通市郊区八厂乡　　成凤珠（女）南通市郊区新港镇

市直 13 名

成晓阳　中共南通市委组织部　王　新　　南通市人民检察院

苏　淮　南通医学院　　　　　程达人　　南通医学院附属医院

陈　璞　南通教育学院　　　　金道平　　南通市科学技术协会

吴锦陶　南通市文化局　　　　石　玉（女）南通市卫生局

张宗和　南通市档案馆　　　　田万源　　南通市军队干休所

高　海　南通第一棉纺织厂　　李金元　　南通柴油机厂

邬德明　南通第二棉纺织厂

（2）敬老好儿女金榜奖

海安县 5 名

许荣芳（女）海安县沙岗胶塑厂　谈素娟（女）海安县曲塘轧钢厂

庞泽联（女）海安县南莫镇　　蒋义芳（女）海安县新生乡

浦忠圣　　海安县隆政乡

如皋县 7 名

徐凤珍（女）如皋高压电器厂　　吴幽兰（女）如皋玻璃纤维厂

赵士贤　　如皋拖拉机修配厂　　倪修美（女）如皋县高明乡

肖兰芳（女）如皋县江安乡　　朱惠兰（女）如皋县车马湖乡

章邦元　　如皋县磨头镇

如东县 5 名

杨国华　　如东县童店乡　陈福林　　如东县新店乡

谢来芳（女）如东县潮桥乡　张必英（女）如东县石甸乡

石永英（女）如东县五义乡

南通县 7 名

姜明珠（女）南通县丝绸厂　　陆忠仁　　南通县二甲镇

陈吉连　　南通县四安镇　　高红英（女）南通县赵甸乡

季兰英　　南通县姜灶镇　　蒋祝英　　南通县金乐乡

王志华　　南通县骑岸镇

海门县 5 名

周菊红（女）海门县新余童鞋厂　吴品香　　海门县悦来镇

黄丽珍（女）海门县常乐乡　　梁桂芳（女）海门县树勋乡
陆慕珍（女）海门县天补乡

启东县4名

吴凤贞（女）启东中学　　刘汉成　启东县东海乡
刘玉英（女）启东县近海乡　　邵桂香（女）启东县惠萍乡

城区2名

李　芬（女）南通市城区城中街办　　张纪芳（女）南通市城区人民西路街办

郊区2名

赵　英（女）南通市郊区狼山乡　　吴连英（女）南通市郊区闸东乡

市直1名

季月静（女）中国农行南通分行

（3）老龄、老干部工作者奖

海安县2名

周克悦　海安县海北乡党委　　凌万旺　海安县青萍乡敬老院

如皋县3名

黄晓秋（女）如皋县中医院　　单银凤（女）如皋县如城镇人民政府
宗志和　如皋县丁堰供销社

如东县2名

陈德璜　如东县政协　　曹德林　如东县古坝乡党委

南通县3名

张慎仁　南通县委老干部局　　季凤鳌　南通县三余镇人民政府
陈广德　南通县李港乡敬老院

海门县2名

陆善才　海门县三星乡党委　　许厥仁　海门县树勋乡人民政府

启东县3名

王玉英（女）启东县吕四镇党委　　陆亚香（女）启东县大丰乡党委
樊桂珍（女）启东县大同乡敬老院

郊区2名

毛乃英（女）南通市郊区老龄委　　胡　达　南通市郊区狼山镇人民政府

市直4名

陈美蓉（女）南通市委政法委　　闻月生（女）南通市纺织工业局
胡德英（女）南通市房地产管理局　　钱金凤（女）南通市社会福利院

2．1990年10月市委、市政府召开表彰大会，表彰老龄工作先进个人

（1）先进老龄工作者

启东市 曹成贤 彭秉荣 张必祥 沙云山 黄士江

海门县 吴耀生 沈志成 潘云生 崔志勇 徐兆连 唐建新 施耀波

如东县 陈德璜 许炳兰 李　林 高镜湖 陈学余 张万凤

南通县 季凤鳌 秦　华 顾　平 陈广德

如皋县 赵正如 李福泉 沈永贵 吉祖尧 严金华 李国忠 韩德银 单银凤

海安县 周开美 姚志迅 丁国喜 吴德来 谈和山 储友华 张光文 储友根

城　区 马　俐 姚蕴哲 葛祖清 冯隆昌

郊　区 胡　达 钱桂馨 陈文章

市　直 王美春 胡　忠 史永言 展国良 顾　勤 周广斌 徐　静 马　骏 程达人 孙　术 杨谷中

（2）保护老年人合法权益先进个人

启东市 梁仲新　海门县 查沈季 陈文新　如东县 万十平

南通县 于　新 朱兴龙　如皋县 朱永来　海安县 姚招勤

郊　区 姚　道　市公证处 翟礼宴

3. 1995年10月27日市委、市政府表彰（通委〔1995〕37号）

老龄工作先进个人

石　超　南通市老年康复协会

程达人　南通市老年医护工作者协会

陈宗耀　南通市法律服务处、松平律师事务所

袁谷储　南通市老新闻工作者协会

丁忠佐　南通市老年教育工作者协会

沈兰英　南通市中级人民法院

贾桂林　南通市社会福利院

陈南飞　启东市人民政府

黄启冲　启东市老龄委办公室

施履冰　启东市老年大学

陈象新　海门市老年大学

吴耀生　海门市三厂镇青龙港办事处

陆汉连　海门市海门镇镇政府

陆汉俊　通州市老龄委办公室

杨鑫堂　通州市石港区区工委

葛维彬　通州市观音山镇敬老院

李　林　　如东县丰利区区工委
吴竹君　　如东县岔河镇老龄委
陈德山　　如东县石甸乡老龄委
单银凤　　如皋市如城镇镇政府
顾富华　　如皋市吴窑镇党委
赵正如　　如皋市雪岸乡乡政府
薛芝实　　海安县仁桥镇党委
周学寿　　海安县胡集镇老干部支部
尤加稳　　海安县西场镇优胜村村委会
钱汉勇　　崇川区钟秀乡老年协会
储金英　　崇川区城西街道老龄委
毛乃英　　港闸区老龄委
凌长城　　港闸区闸西乡老年协会
袁瑞芝　　南通市新开镇镇政府

4．1998年3月9日市政府表彰（通政发〔1998〕42号）

南通市五保工作先进个人

毛汉新　　南通市民政局社会救济科科长
阙向年　　海安县民政局社会救济股股长
王桂华　　海安县沙岗乡民政助理
王世常　　海安县古贲乡民政助理
姜勤凤　　海安县海安镇敬老院院长
唐风盛　　如皋市民政局副局长
侯瑞达　　如皋市丁堰镇民政助理
顾兰美　　如皋市营防乡敬老院院长
唐国荣　　如皋市石庄镇敬老院院长
周福林　　如东县民政局社会救济股副股长
杨德轩　　如东县石甸乡敬老院院长
冯海如　　如东县新店乡敬老院院长
张本银　　如东县岔北乡敬老院院长
葛维彬　　通州市观音山镇敬老院院长
陈令俊　　通州市新坝乡民政助理
俞金城　　通州市余北乡敬老院院长
樊祥秀　　通州市北兴桥镇炊事员

施清明　　海门市民政局社会救济科副科长
张素萍　　海门市民政局局长
施建新　　海门市悦来镇民政助理
陈立祥　　启东市民政局社会救济科科长
顾新美　　启东市汇龙镇敬老院院长
马启良　　启东市惠丰乡敬老院院长
周允兰　　启东市王鲍乡敬老院服务员
朱龙云　　港闸区民政局副局长
陆汉章　　港闸区闸东乡民政助理

5. 1998年10月23日市政府表彰老龄工作"五奖"先进个人（通政发〔1998〕178号）

发展老龄事业功德奖

江焕明　　中共海安县海安镇党委副书记
刘坤如　　中共如皋市城西乡党委书记
肖振时　　海门市人民政府副市长
林文标　　中共海门市三垦镇党委书记
陈映章　　中共启东市委老干部局局长
李志斌　　南通市公安局原局长
朱淑娟（女）南通市总工会副主席

老龄工作奉献奖

刘传斌　　海安县隆政镇人民政府民政助理
姜如同　　海安县仇湖镇人民政府民政助理
陈友树　　海安县胡集镇人民政府民政助理
董和平（女）海安县老干部活动中心会计
江荣泉　　如皋市白蒲镇党委协理员
陈德山　　如东县石甸乡老龄委副主任
康传芳　　如东县沿南乡老龄委副主任
华福广　　通州市民政局副局长
张亚琴（女）海门市总工会女工部主任
张　萍（女）海门市悦来镇人民政府副镇长
黄文彪　　海门市常乐镇人民政府民政助理
顾乐鸣　　南通市老龄委副主任
周　权　　《南通日报》社记者
王苏敏（女）南通市退委会办公室主任

俞允泉　　南通市交通局机关党委副书记
姚凤仙（女）南通附属医院退委会副主任
毛汉新　　南通市民政局科长
沈美云（女）港闸区陈桥乡人民政府民政助理
朱龙云　　港闸区民政局副局长
黄　镇　　狼山旅游度假区社发局科员

尊老服务爱心奖

张生才（女）海安县仇湖镇仇湖村农民
姜勤风（女）海安县海安镇敬老院院长
许秀如（女）如皋市如城建筑站退休职工
郑长才　　如皋市绿园经理
詹　毅　　工商银行如皋支行行长
陈祥勇　　中共掘港镇掘西村党支部书记
樊祥秀（女）通州市北兴桥镇敬老院服务员
黄亨高　　启东市惠和乡敬老院炊事员
沈建标　　启东市寅阳镇人民政府民政助理
施振南　　南通市松平律师事务所律师
袁宏春　　南通市公证处公证员
陈胜华（女）南通市工商局科员
吴健康　　中共南通市纪委纪监员
刘炳泉　　南通市紫琅医院党支部书记

老有所为金秋奖

何忠如　　如皋市中如化工厂总经理
徐祝三　　如东县计委离休干部
吴竹君　　如东县岔河镇离休干部
季汉中　　通州市关心下一代工作委员会副主任
庄　奂　　通州市人大退休干部
李德彬　　海门市货隆镇中心校退休干部
黄锦陶　　海门市德胜镇离休教师
施启祥　　启东市王鲍乡退休教师
陆凤翔　　启东市海复卫生院退休医生
杨文斌　　南通市老年艺术团团长
石　超　　南通市老年康复医院院长

施秀兰（女）崇川区老教协会理事长

敬老好儿女金榜奖

渚新玲（女）如皋市江防乡平东村农民
顾兴东　　如皋市夏堡乡肖马村组长
赵尊芬（女）如东县老龄办秘书
苏福英（女）如东县袁庄乡铁果门村农民
丁晏均　　通州市骑岸镇沙坝村五组农民
章　明　　通州市工商银行信贷员
黄耀武（女）通州市供销大厦营业员
蔡玉英（女）海门镇育才路居委会主任
黄振涛　　中共海门市纪委办公室主任
陆万森　　启东市财政局退休干部
朱正元　　启东市寅阳镇人民政府统计站长
盛元元　　开发区新开镇人民政府计生助理

6．2010 年 3 月 18 日市政府表彰（通政发〔2010〕35 号）

新型农村社会养老保险工作先进个人（100 名）

海安县（14 名）：

陈玉琨　　海安县人民政府办公室副主任
葛铁宏　　海安县劳动和社会保障局副局长
薛海蓉　　海安县劳动和社会保障局财务中心主任
左友忠　　海安县农村社会养老保险中心副主任
田卫军　　海安县财政局副局长
陈一鸣　　海安镇党委副书记
崔元兵　　墩头镇副镇长
华志刚　　雅周镇镇长
韦宝军　　大公镇镇长
盛慧琴　　南莫镇党委书记
王春山　　老坝港镇劳动保障服务所所长
季伯生　　李堡镇劳动保障服务所所长
丁益民　　城东镇劳动保障服务所所长
陈德春　　曲塘镇劳动保障服务所所长

如皋市（14 名）：

黄　成　　如皋市委常委、常务副市长

章旭友　　如皋市劳动和社会保障局党委副书记
包　蓓　　如皋市农村社会养老保险管理处业务窗口负责人
卞露露　　如皋市农村社会养老保险管理处会计
李晓红　　如皋市财政局副局长
刘锡贵　　磨头镇党委副书记
汤德如　　常青镇劳动和社会保障事务所所长
陈志宏　　下原镇劳动和社会保障事务所副所长
徐竹梅　　雪岸镇劳动和社会保障事务所所长
郭再云　　郭园镇劳动和社会保障事务所所长
顾小平　　桃园镇劳动和社会保障事务所农保员
房　琴　　东陈镇劳动和社会保障事务所所长
韩祥生　　搬经镇劳动和社会保障事务所所长
丁晓波　　高明镇劳动和社会保障事务所办事员

如东县（14名）：

顾淑英　　如东县委常委、常务副县长
朱馨平　　如东县农村社会养老保险管理中心主任
邱晓晖　　如东县农村社会养老保险管理中心副主任
徐柏山　　如东县农村社会养老保险管理中心副主任
江新泉　　曹埠镇党委书记
顾新彦　　大豫镇党委副书记
杨　一　　马塘镇党委副书记
王孝明　　双甸镇纪委书记
司正国　　新店镇人大副主席
刘永军　　掘港镇劳动和社会保障服务所副所长
崔卫红　　长沙镇劳动和社会保障服务所所长
徐宝华　　丰利镇劳动和社会保障服务所所长
戴五明　　袁庄镇劳动和社会保障服务所所长
刘炳杰　　苴镇劳动和社会保障服务所所长

海门市（14名）：

姜　龙　　海门市委副书记、市长
陆一飞　　海门市委常委、常务副市长
黄学新　　海门市劳动和社会保障局局长
江耀翔　　海门市劳动和社会保障局副局长

樊　敏　　海门市农村社会养老保险事业管理处主任
陈　平　　海门市农村社会养老保险事业管理处业务股长
江　华　　王浩镇党委书记
张　鸣　　麒麟镇镇长
张　锋　　滨海新区管理委员会党工委委员
陆宣平　　三厂镇劳动和社会保障服务所所长
陆善芬　　四甲镇劳动和社会保障服务所所长
黄洪兴　　三阳镇劳动和社会保障服务所所长
冯建忠　　正余镇劳动和社会保障服务所所长
林建兵　　临江新区农保经办员

启东市（14 名）：

徐　锋　　启东市委副书记、市长
张蓉蓉　　启东市副市长
高红宇　　启东市人民政府办公室主任
朱咏梅　　启东市人民政府办公室副主任
杨莹莹　　启东市劳动和社会保障局局长
袁　燕　　启东市劳动和社会保障局副局长
陈胜辉　　启东市农村社会养老保险管理事业处主任
宋　逵　　启东市财政局副局长
顾建涛　　启东市经济开发区管理委员会常务副主任
黄松涛　　东海镇党委书记
陈　飞　　海复镇镇长
周学恒　　吕四港镇副镇长
姚政东　　汇龙镇副镇长
孙素平　　吕四港镇农保所办事员

通州区（14 名）：

李淑芳　　通州区劳动和社会保障局局长
包　坚　　通州区劳动和社会保障局副局长
季晓鹏　　通州区农村社会保险基金管理中心主任
陈伟平　　通州区财政局局长
高　翔　　金沙镇党委副书记
张剑冰　　三余镇党委书记
瞿祖平　　四安镇党委书记

高　荣　　东社镇副镇长
姚晓兰　　兴东镇镇长助理
郭年新　　西亭镇政府副主任科员
江　俊　　五接镇企业服务中心副主任
钱宏智　　骑岸镇劳动和社会保障服务所所长
于　水　　刘桥镇劳动和社会保障服务所所长
杨志华　　石港镇劳动和社会保障服务所所长

港闸区（6名）：

周　强　　港闸区农村社会养老保险事业管理处主任
刘　峰　　港闸区农村社会养老保险事业管理处办事员
张　霞　　陈桥街道劳动和社会保障服务所所长
张惠兰　　幸福街道劳动和社会保障服务所所长
邱朝明　　天生港镇街道劳动和社会保障服务所办事员
顾　琍　　港闸经济开发区劳动和社会保障服务所办事员

开发区（6名）：

陆敏剑　　南通市经济技术开发区劳动就业管理处科员
李士香　　小海镇党委副书记
陈小苏　　竹行镇劳动和社会保障服务所所长
黄　娟　　小海镇新镇村劳动保障民政服务站办事员
单婷婷　　竹行镇竹行村劳动保障民政服务站办事员
赵双乐　　新开镇星盛社区劳动保障民政服务站办事员

市直（4名）：

江　航　　南通市劳动和社会保障局局长
王　伟　　南通市劳动和社会保障局副局长
汤鹏飞　　南通市劳动和社会保障局养老保险处主任科员
沈雨林　　南通市农村社会养老保险基金管理中心主任

7．2011年2月28日市政府表彰（通政发〔2011〕14号）

南通市农村居民社会养老保险全覆盖先进个人（80名）

海安县（11名）：

王晓斌　　海安县常务副县长
杨国来　　海安县人民政府办公室信息调研科科长
鞠欣荣　　海安县农村社会养老保险管理中心主任
张　胜　　海安县农村社会养老保险管理中心综合科科长

洪德宇　　海安县农村社会养老保险管理中心业务科长
周国俊　　海安县财政局文行科科长
赵亚芳　　海安县人力资源和社会保障局财务中心副主任
王春山　　海安县老坝港镇人力资源和社会保障服务所所长
张全平　　海安县孙庄镇人力资源和社会保障服务所所长
费国平　　海安县墩头镇人力资源和社会保障服务所所长
陆丽芬　　海安县雅周镇人力资源和社会保障服务所所长

如皋市（10名）：

黄　成　　如皋市委常委、常务副市长
周太荣　　如皋市人力资源和社会保障局局长
李晓红　　如皋市财政局副局长
郝晓东　　如皋市郭园镇党委书记
卢志敏　　如皋市丁堰镇党委书记
施俊芳　　如皋市经济技术开发区人力资源和社会保障分局副局长
房　琴　　如皋市东陈镇人力资源和社会保障所所长
徐竹梅　　如皋市雪岸镇人力资源和社会保障所所长
郭朝霞　　如皋市石庄镇人力资源和社会保障所所长
张　伟　　如皋市软件园人力资源和社会保障所办事员

如东县（11名）：

朱　慧　　如东县大豫镇人力资源和社会保障服务所所长
刘永军　　如东县掘港镇人力资源和社会保障服务所副所长
刘炳杰　　如东县苴镇人力资源和社会保障服务所所长
王亚军　　如东县曹埠镇镇长
夏雨洲　　如东县马塘镇人力资源和社会保障服务所所长
徐宝华　　如东县丰利镇人力资源和社会保障服务所所长
石朗山　　如东县洋口镇人力资源和社会保障服务所所长
沈　华　　如东县栟茶镇人力资源和社会保障服务所所长
杨建忠　　如东县新店镇人力资源和社会保障服务所办事员
戴五明　　如东县袁庄镇人力资源和社会保障服务所所长
徐　琳　　如东县双甸镇人力资源和社会保障服务所所长

海门市（11名）：

姜　龙　　海门市委副书记、市长
张建华　　海门市委常委、常务副市长

黄学新　　海门市人力资源和社会保障局局长
江耀翔　　海门市人力资源和社会保障局副局长
肖　飚　　海门市财政局副局长
樊　敏　　海门市农村社会养老保险事业管理处主任
沈　伟　　海门市农村社会养老保险事业管理处副主任
茅凯军　　海门市万年镇劳动和社会保障服务所所长
倪国强　　海门市余东镇劳动和社会保障服务所所长
朱永美　　海门市悦来镇劳动和社会保障服务所农保员
吴华忠　　海门市树勋镇劳动和社会保障服务所副所长

启东市（10名）：

陆卫东　　启东市委常委、常务副市长
张蓉蓉　　启东市人民政府副市长
宋　逵　　启东市政协副主席、财政局副局长
杨莹莹　　启东市人力资源和社会保障局局长
袁　燕　　启东市人力资源和社会保障局副局长
陈胜辉　　启东市农村社会养老保险管理事业处主任
华　伟　　启东市吕四港镇党委书记
陈　飞　　启东市海复镇镇长
姚政东　　启东市汇龙镇副镇长
陈　霞　　启东市北新镇农保所所长

通州区（10名）：

邰江淼　　通州区委常委、常务副区长
曹建新　　通州区人民政府办公室主任
金　剑　　通州区人力资源和社会保障局局长
包　坚　　通州区人力资源和社会保障局副局长
季晓鹏　　通州区农村社会保险基金管理中心主任
陈伟平　　通州区财政局局长
殷学军　　通州区十总镇党委书记
张正杰　　通州区先锋镇党委书记
陶文龙　　通州区五甲镇党委副书记
杨金泉　　通州区平东镇劳动和社会保障服务所所长

崇川区（3名）：

王　喆　　崇川区农村社会养老保险事业管理处主任

孙志仁　　崇川区人力资源和社会保障局社会保障科科长
杨俊蓉　　崇川区钟秀街道中心村社区劳动保障服务站工作人员
港闸区（3名）：
刘　峰　　港闸区农村社会养老保险事业管理处办事员
张　霞　　港闸区陈桥街道人事劳动与社会保障服务所所长
庄爱萍　　港闸区秦灶街道桥北村社区人事劳动与社会保障服务站工作人员
市经济技术开发区（3名）：
季　静　　南通市经济技术开发区劳动就业管理处农保专管员
李晶晶　　南通市经济技术开发区竹行街道劳动保障服务所协理员
袁丽佳　　南通市经济技术开发区新开街道劳动保障服务所专管员
市直（8名）：
张　明　　南通市人力资源和社会保障局副局长
严红梅　　南通市人力资源和社会保障局养老保险处处长
张纪芝　　南通市人力资源和社会保障局办公室副主任
张晓艳　　南通市人力资源和社会保障局养老保险处副处长
程　鸣　　南通市农村社会养老保险基金管理中心副主任
陈　甜　　南通市人民政府办公室农村经济处副主任科员
熊　鹰　　南通市财政局社会保障处副主任科员
许　可　　南通市农村社会养老保险基金管理中心工作人员
8. 1993年10月20日市老龄问题委员会表彰（通老龄委〔93〕37号）
兴办老年经济实体工作先进个人（17名）：
陈宗耀　　南通市法律服务处　主任
何　平　　南通市老年科学工作者协会　理事
卞汉新　　南通市凌云电子厂　厂长
张志宏　　崇川区狼山镇人民政府老龄委　主任
曹锦生　　港闸区闸东乡党委　副书记
狄应虎　　海安县章郭乡党委　书记
万里程　　海安县辉煌工商联合发展公司　经理
阮汝国　　如皋市郭元乡人民政府　副乡长
董　芷　　如皋市如城镇丰乐街道　副书记
吴竹君　　如东县岔河镇老龄委　副主任
刘文渊　　通州市松龄建筑安装工程公司　总经理
顾维才　　通州市江海船用铁链厂　厂长

马金城　　通州市迎阳农科所所长
袁义悦　　海门县黄海劳动服务公司　经理
陆汉连　　海门县海门镇人民政府　副镇长
柴灿新　　海门县老龄委办公室　秘书
陈志林　　海门县银发物资经理部　经理

9．2003年9月26日市老龄工作委员会表彰（通老工委发〔2003〕3号）

（1）南通市敬老先进个人

周其寅　　江海晚报社
王　峰　　海安镇李堡镇敬老院
高兰英　　海安镇仇湖镇敬老院
王飞云　　如皋市邮政局
冒保民　　如皋市盐业局
单银凤　　如皋市如城镇东皋新村32号
陈读和　　如东县掘港镇掘西村
王咸仪　　如东县丰利镇月河村二组
薛兴堂　　如东县神怡制药厂
钱国均　　通州市新联镇人民政府
汤金荣　　港闸区陈桥乡人民政府
樊祥秀　　通州市北兴桥镇新华村
陆宗琴　　海门黄金珠宝行
陆亚萍　　海门市亚萍布业有限公司
邵　琴　　启东市汇龙镇饮服新村
马启良　　启东市惠丰镇敬老院
周德华　　南通大通实业公司
朱跃华　　南通市开发区中兴街道富民一居

（2）南通市先进老龄工作者

王苏敏　　南通市退休人员管理服务中心
丁忠模　　海安镇双楼镇人民政府
王　军　　海安县雅周镇人民政府
郭载群　　如皋市老龄工作委员会办公室
张　俊　　如东县丰利镇人民政府
徐志良　　如东县掘港镇人民政府
季风敖　　通州市三余镇人民政府

陆汉俊　　通州市老龄工作委员会办公室
曹思平　　海门市民政局
顾维新　　海门市三和镇政府
彭蔼如　　启东市汇龙镇街道办
陈立祥　　启东市民政局社救科
蔡大泉　　崇川区和平桥街道办事处
陈　钧　　港闸区老龄工作委员会办公室
张天玲　　南通市竹行镇人民政府
李锦诚　　南通市老龄工作委员会办公室

（3）南通市模范老人

李　峰　　江苏大生集团
周　魁　　南通市人民检察院
袁盛祥　　江苏省苏中建设集团股份有限公司
刘宝民　　海安县委组织部
朱轩臣　　如皋市老年大学
谢庆生　　如皋市夏堡镇鞠桥村
虞　进　　如东县第二人民医院
秦爱道　　如东县马塘镇老干部党总支
翁培康　　通州市人大
曹祝衡　　通州市东社镇中心小学
袁桂山　　海门市余东镇木桩港村
朱学同　　海门农副产品批发市场
陈淑珍　　启东市明珠新村
茅建刚　　启东市教育局
吕延申　　崇川区通师一附
纪唯先　　港闸区老年大学
朱漱梅　　南通市开发区星湖花园
吴正友　　南通农场大明分场

10．2012 年 10 月 15 日市老龄工作委员会表彰南通市孝亲敬老十大模范、老有所为十大模范、老龄工作先进个人（通老龄委发〔2012〕2 号）

（1）南通市孝亲敬老十大模范

许树银　　海安县城东镇立发村长池二组居民
张文艺　　如皋市桃园镇敬老院院长

王亚乙　　如东县曹埠医院退休医生
李淑珍　　海门市货隆镇有余村三组居民
武　彤　　启东市王鲍镇塌水桥村三组居民
姚汉群　　通州市二甲镇西居十五组居民
朱建勇　　崇川区虹桥街道虹桥南村居民
胡勇霞　　港闸区幸福街道敬老院副院长
马汉美　　开发区中兴街道富民社区服务人员
叶　军　　南通市社会福利院职工

（2）南通市老有所为十大模范

顾嘉禾　　南通市老年协会会长
王秀和　　海安县慈善会会长
石秀峰　　如皋市老龄协会会长
缪云山　　芳岑志愿服务站站长
江启龙　　海门市包场镇长桥村老年协会会长
李锦文　　启东市老科协理事
卫树人　　通州老区开发促进会、扶贫开发协会理事长
钱洪伶　　“钱洪伶工作室”主任
胡汉生　　天生港镇街道龙潭村九组居民
周文进　　开发区民主新村居民

（3）南通市老龄工作先进个人

王兆华　　海安县民政局老龄工作科科长
吴冠宝　　海安县人民政府民政助理
刘　荣　　如皋市民政局副局长
郭载群　　如皋市老龄办副主任科员
高　建　　如东县民政局社会福利科科长
冯素健　　如东县社会福利中心主任
黄永健　　海门市民政局主任科员、老龄协会秘书长
施盘石　　海门市东灶港镇政府党工委副书记、镇人大主席
高乙今　　启东市民政局老龄科办事员
陈洪平　　启东市寅阳镇晁汀村老年“关爱之家”院长
高国荣　　通州区民政局福利科科员
瞿品德　　通州区金沙镇老干部党总支老干部组长
尹　伟　　崇川区民政局党组成员

王　敏　　崇川区学田街道办事处社会事务办主任
郭振忠　　港闸区民政局副局长
严江云　　港闸区永兴、天生港镇街道办民政科科长
刘　峰　　开发区组织部部长
徐善贵　　开发区组织部民政处处长
吴　斌　　市政府办公室服务业处处长
朱茂萍　　市委老干部局市直处处长
朱炎清　　市发改委社会发展处副处长
任建成　　市财政局社保处处长
严红梅　　市人社局养老保险处处长
桑永旺　　市民政局救灾救助处处长
倪向阳　　市民政局福善处处长
王保权　　市司法局政治部主任科员
王　琴　　市卫生局医政处处长
朱鸿彬　　市老龄办业务处处长
罗　蓓　　市老年人活动中心主任

二、全国、全省、全市表彰的先进集体

（一）全国表彰

全国表彰的先进集体一览表

表 17-3-1

时间	获奖单位	奖　项	授奖单位
2012.10	海门市人力资源和社会保障局	全国新型农村社会养老保险和城镇居民社会养老保险工作先进单位	国务院
1992.2	南通市老年大学	全国老年事业先进集体创新奖	
1992	南通县观音山镇敬老院	国家级文明敬老院	民政部
1995	南通县观音山镇敬老院	全国模范敬老院	民政部
1997.10	南通市民政局 启东市民政局	全国农村社会养老保险先进单位	民政部
2005.4	如皋市	全国老龄工作先进县（市、区、旗）	全国老龄工作委员会
2005.4	南通市老龄工作委员会办公室	全国老龄工作先进单位	全国老龄工作委员会
2006.9	南通市老年学学会	中国老年学学会工作先进集体	中国老年学学会

续表 17-3-1

时间	获奖单位	奖 项	授奖单位
2006.11	海门市老龄办 南通市公安局 南通市公证处	全国老年维权示范岗	全国老龄办、公安部、司法部
2006.11	海安县曲塘镇刘圩村 如皋市如城镇大治街道安定社区 如东县岔河镇迎春社区 通州市先锋镇双盟村 海门市正余镇正基村 启东市汇龙镇明珠新村社区 崇川区城东街道德民花苑社区 港闸区天生港镇街道爱国村 南通市中兴街道富新社区	全国敬老模范村居（社区）	全国老龄办
2008.12	南通市老龄工作委员会办公室	优秀组织者奖	全国敬老爱老助老主题教育活动组委会
2009.10	南通市老年大学	全国先进老年大学	中国老年大学协会
2010.10	南通市老年学学会	第二届中国老年学会工作先进集体	中国老年学学会
2010.11	启东市民政局	全国农村五保供养工作先进单位	民政部
2010.11	如东县马塘镇敬老院 南通开发区敬老院	全国模范敬老院	民政部
2010.12	如皋市	全国老龄工作先进县（市、区、旗）	全国老龄工作委员会
2010.12	南通市老龄工作委员会办公室	全国老龄工作先进单位	全国老龄工作委员会
2011 年度	如皋市福利中心	全国第三批示范养老活动单位	民政部
2012.12	海安县社会福利院	全国敬老模范单位	全国敬老爱老助老主题教育活动组委会
2013.6	南通市老年学学会	第二十届世界老年学与老年医学大会·中韩论坛组织奖	中国老年学学会
2013.9	南通市老年人活动中心 南通汽运实业集团有限公司南通汽车站 中国人寿保险股份有限公司南通分公司团体业务部 崇川区任港街道居家养老服务中心 如皋市社会福利中心	第一届全国“敬老文明号”	全国老龄工作委员会
2013 年度	崇川区常青乐龄老年护理院	全国爱心护理工程建设基地	中国老龄事业发展基金会、全国老龄办

（二）全省表彰

全省表彰的先进集体一览表

表 17–3–2

时间	获奖单位	奖项	授奖单位
1994.9	通州市五总乡老龄委员会 海门市老龄委员会办公室 港闸区闸东乡老龄协会	江苏省老龄工作先进集体	江苏省人民政府
1990.9	南通市老年医务工作者协会 南通市老年教育工作者协会 南通市老年科学工作者协会 南通市城区城东街道老年协会 南通市郊区八厂乡老年协会 南通市郊区八厂狼山乡临江村老年协会 海安县染织厂退休职工管理委员会 如皋县雪岸乡老年协会 如皋县何庄乡老年协会 如东县古坝乡老年协会 南通县五窑乡老龄协会 海门县树勋乡老龄协会 启东县汇龙镇城北村老龄协会	江苏省老龄工作先进集体	省老龄委、省委老干部局、省人事局、省民政厅、省劳动局、省总工会
	南通市城区西公园街道剧场居委会 如皋县高井乡人民政府 海门县临江乡人民政府 如东县双南乡人民政府 海安县王垛乡法律服务所 南通县小海镇沙家圩村村委会 启东市新安乡法律服务所	江苏省保护老年人合法权益先进集体	
1993.1	如东县桐本乡人民政府 南通市老年大学	江苏省老有所为创新奖	江苏省敬老颁奖委员会
1999.11	南通市老年大学 海安县老干部大学 如皋市老年大学	江苏省优秀老年大学	省教委、省委老干部局、省老龄委
	海安县老干部大学仇湖分校 如皋市吴窑镇老年学校 如东县岔河镇老年学校 通州市骑岸镇老年学校 启东市寅阳镇老年学校	江苏省优秀老年学校	

续表 17-3-2

时间	获奖单位	奖项	授奖单位
2000.9	港闸区芦泾乡老龄工作委员会 中共通州市委老干部局 海门市老龄委员会办公室 如皋市老龄委员会办公室 启东市老龄委员会办公室 如东县岔河镇老龄委员会 崇川区虹桥街道工作委员会 海安县双楼镇党委 南通市老科技工作者协会	江苏省老龄工作先进集体	江苏省老龄问题委员会
2002.10	通州老干部活动中心	文明老年活动室	省民政厅、退管会、老龄委
2002.12	通州市二甲敬老院 通州市平东敬老院	江苏省文明敬老院	江苏省民政厅
2003.9	南通市老龄工作委员会办公室 南通市退休人员管理服务中心 南通市崇川区钟秀街道联合社区 南通市港闸区闸西乡八一村 启东市汇龙镇人民政府 海安县海安镇敬老院 如皋市老龄工作委员会办公室 南通市公安局政治部老干部处 通州老干部局	2002 — 2003 年度江苏老龄工作先进单位	江苏省老龄工作委员会
2005.1	如皋市 海门市	2003 — 2004 年度江苏省老龄工作先进县（市、区）	江苏省老龄工作委员会
2005.12	海安县体育局 通州市体育局 如皋市老年人体育协会 南通市老年体协长跑专业委员会	江苏省老年人“走向十运”健步行活动先进单位	省体育局、老龄委办公室、老年人体育协会
2006.9	崇川区钟秀街道城东村社区老龄协会 港闸区唐闸镇街道公园社区老年人协会 海安县曲塘镇老年人协会 如皋市如城镇大治街道老年人协会 如东县岔河镇迎春社区老年人协会 通州市金沙镇老年人协会 海门市茅镇街道老年人协会 启东市老干部羽毛球协会	江苏省先进老年人协会	江苏省老龄工作委员会

续表 17-3-2

时间	获奖单位	奖项	授奖单位
2007.5 — 7	通州市二甲敬老院 通州市平东敬老院 如皋市如城敬老院 如皋市九华敬老院 如皋市石庄敬老院 如皋市长江敬老院 如皋市丁堰敬老院 通州市三余敬老院	2007 年度江苏省文明敬老院	江苏省民政厅
2007.10	南通市老龄工作委员会办公室 南通市财政局社会保障事业处 南通市公安局老干部处 如东县老龄工作委员会办公室 如皋市老龄工作委员会办公室	2005 — 2006 年度江苏老龄工作先进单位	江苏省老龄工作委员会
2009.11	如东县马塘镇社会福利中心 海安县社会福利院 海门市老年福利中心 通州区社会福利院 南通开发区敬老院	江苏省示范性养老机构	江苏省民政厅
2010.8	南通市老龄工作委员会办公室 如皋市老龄工作委员会办公室	全省老龄宣传工作先进单位	江苏省老龄工作委员会办公室
2010.12	如皋市长寿研究会	老年学研究先进集体	省老年学会
2010	南通市社会福利院	江苏省青年文明号	共青团江苏省委
2010	如皋市福利中心	江苏省示范性养老机构	江苏省民政厅
2010	海安县白甸镇敬老院 海安县曲塘镇敬老院 海安县墩头镇敬老院 海安县城东镇南屏敬老院 如皋市如城敬老院 如东县掘港镇童店敬老院 如东县洋口镇敬老院 如东县岔河镇岔东敬老院 海门市东灶港镇敬老院 海门市悦来镇敬老院 海门市四甲镇敬老院 启东市汇龙中心敬老院 启东市王鲍中心敬老院 通州区二甲镇敬老院 通州区平潮镇敬老院 通州区金沙镇敬老院 通州区石港镇敬老院 开发区敬老院	江苏省文明敬老院	江苏省民政厅

续表 17-3-2

时间	获奖单位	奖项	授奖单位
2010	启东市汇龙中心敬老院 崇川区沣和老年公寓	江苏省示范性养老机构	江苏省民政厅、省老龄办
2011.9	海安县永安街道居家养老服务中心 海门市三厂镇居家养老服务中心 启东市南城区居家养老服务中心 崇川区任港街道居家养老服务中心	江苏省示范性养老机构	江苏省民政厅、省老龄办
2011.11	崇川区张芝山镇居委会社区居家养老服务站 通州区平潮镇栖凤社区居家养老服务站 港闸区天生港镇街道社区居家养老服务中心 开发区竹行街道社区居家养老服务中心 海安县李堡社区居家养老服务站 如皋市如城镇花园社区居家养老服务站 如东县掘港镇盐垣社区居家养老服务站 启东市北城区居家养老服务中心	江苏省示范性居家养老服务中心	江苏省民政厅、省老龄办
2011.12	如皋市　海门市　崇川区	全省尊老爱老先进单位	江苏省老龄工作委员会
2012	崇川区城山老年公寓	江苏省示范性养老机构	江苏省民政厅、省老龄办
2012	如皋市长江敬老院 如皋市九华敬老院 如皋市白蒲敬老院	江苏省文明敬老院	江苏省民政厅
2013.10	南通市老年人活动中心 南通市汽车站 中国人寿保险股份有限公司南通分公司团体业务部 南通市崇川区任港街道居家养老服务中心 如东县邮政局 如皋市邮政局 137“爱心邮路” 如皋市社会福利中心 海门市地方税务局 启东市地方税务局 中国人寿保险股份有限公司启东支公司团体业务部	第一届江苏省“敬老文明号”	江苏省民政厅

（三）全市表彰

全市表彰的先进集体一览表

表 17-3-3

时间	获奖单位	奖项	授奖单位
1990.10	启东市汇龙填城北村老年协会 启东市吕复乡小圩村老年协会 启东市大洋港乡香堂村老年协会 启东市海复镇竹林村老年协会 海门县青龙港镇老年协会 海门县三星乡老年协会 海门县包场镇老年协会 南通县五窑乡老年协会 南通县刘桥镇老年协会 南通县西亭镇灰场边村老年协会 如东县桐本乡老年协会 如东县饮泉乡老年协会 如东县浒澪乡老年协会 如东县卫海乡贫垦村老年协会 如皋县何庄乡老年协会 如皋县高井乡老年协会 海安县海安染织厂退休职工协会 海安县章郭乡老年协会 郊区任港乡老年协会 郊区钟秀新桥村老年协会 南通市老年科学工作者协会	先进老年协会	中共南通市委、市人民政府
	启东市圩角乡法律服务所 启东市新义乡旗角村 如东县景安乡法律服务所 如东县人民广播电台 南通县余西缫丝厂 南通县小海镇沙家圩村村民委员会 南通县观音山镇海洪村村民委员会 如东县广播电视局 海安县王垛乡法律服务所 城区剧场居委会 城区陈家小园居委会 市民政局生教科 市纺工局 市退委会 天生港发电厂退委会 通棉三厂退委会 城区城中街道办事处退委会	保护老年人合法权益先进集体	

续表 17-3-3

时间	获奖单位	奖项	授奖单位
1991.12	海门县 启东市	五保工作先进县（市）	中共南通市委、市人民政府
	如东县民政局 启东市民政局社会救济科 海安县民政局社会救济股	五保工作先进集体	
	海安县胡集镇敬老院 海安县新生乡敬老院 如皋市东陈镇敬老院 如东县凌河乡敬老院 如东县桐本乡敬老院 如东县华丰乡敬老院 南通县李港乡敬老院 南通县观音山镇敬老院 南通县忠义乡敬老院 南通县金沙镇敬老院 海门县临江乡敬老院 海门县万年乡敬老院 海门县余东镇敬老院 启东市惠丰乡敬老院 启东市志良乡敬老院 启东市东海乡敬老院 启东市海复乡敬老院 港闸区闸东乡敬老院	南通市文明敬老院	
1995.10	南通市老年大学 南通市老年人体育协会 南通市退休职工管理委员会 中国工商银行南通分行 启东市汇龙镇人民政府 启东市老年大学 海门市三星镇老年协会 海门市老年法律服务所 通州市老龄委办公室 通州市老干部大学三余分校 如东县老年大学 如东县掘港镇掘西村老协分会 如皋市雪岸乡党委 如皋市吴窑镇党委 中共海安县委老干部局 海安县王垛乡老龄委 崇川区新城桥街道老龄委 崇川区西公园街道老龄委 港闸区陈桥乡老龄委	老龄工作先进集体	中共南通市委、市人民政府

续表 17-3-3

时间	获奖单位	奖项	授奖单位
1998.3	海安县海安镇敬老院 海安县新生乡敬老院 海安县隆政乡敬老院 海安县壮志乡敬老院 海安县胡集乡敬老院 海安县仁桥镇敬老院 如皋市丁堰镇敬老院 如皋市石庄镇敬老院 如皋市戴庄乡敬老院 如东县岔河镇敬老院 如东县苴镇镇敬老院 如东县凌河乡敬老院 如东县新店镇敬老院 如东县马塘镇敬老院 如东县岔北乡敞老院 通州市观音山镇敬老院 通州市四安镇敬老院 通州市金沙镇敬老院 通州市骑岸镇敬老院 海门市三星镇敬老院 海门市三和镇敬老院 海门市六匡乡敬老院 海门市三阳镇敬老院 海门市万年乡敬老院 海门市悦来镇敬老院 启东市汇龙镇敬老院 启东市惠丰乡敬老院 启东市新安乡敬老院 启东市久隆镇敬老院 启东市惠和乡敬老院 启东市海复乡敬老院 港闸区闸东乡敬老院 港闸区芦泾乡敬老院 港闸区陈桥乡敬老院 港闸区幸福乡敬老院	1995 — 1997 年度市级文明敬老院	南通市人民政府
1998.3	狼山镇敬老院 南通市民政局社会救济科 海安县角斜镇人民政府 海安县新生乡人民政府 如皋市石庄镇民政办公室 如皋市东城镇民政办公室 如东县环镇乡人民政府 如东县石甸乡人民政府 通州市民政局社救科 通州市五接乡人民政府 海门市民政局社救科 海门市三星镇人民政府 海门市余东铜管厂 启东市新安乡人民政府 启东市惠丰乡人民政府 港闸区芦泾乡人民政府	南通市五保工作先进集体	南通市人民政府

续表 17-3-3

时间	获奖单位	奖项	授奖单位
1998.10	中共海安县委老干部局 海安县老龄委办公室 启东市老龄委办公室 启东市退（离）休教育工作者协会 南通市退委会办公室 南通市公安局老干部科	老龄工作奉献奖	南通市人民政府
	如东县人民政府 如皋市如城镇人民政府 通州市五窑乡老龄工作委员会 港闸区秦灶镇人民政府	发展老龄事业功德奖	
	如皋市薛窑人民法庭 海门市建设委员会 中国人民武装警察部队南通市消防支队 南通市烟草分公司 南通市老年大学 南通汽车站 南通市社会福利院 南通市老年教育工作者协会	尊老服务爱心奖	
	南通市关心下一代工作委员会 南通市离退休干部革命传统报告团	老有所为金秋奖	
2010.3	海安县人民政府 海安县劳动和社会保障局 海安县财政局 海安县农村社会养老保险基金管理中心 海安县海安镇人民政府 海安县南莫镇人民政府 海安县西场镇人民政府 如皋市劳动和社会保障局 如皋市农村社会养老保险管理处 如皋市劳动和社会保障局经济开发区分局 如皋市劳动和社会保障局如皋港分局 如皋市劳动和社会保障局如城镇分局 如皋市九华镇人民政府 如皋市袁桥镇人民政府 如东县人民政府 如东县劳动和社会保障局 如东县农村养老保险管理中心 如东县河口镇人民政府 如东县洋口镇人民政府	南通市新型农村社会养老保险工作先进集体	南通市人民政府

续表 17-3-3

时间	获奖单位	奖项	授奖单位
2010.3	如东县栟茶镇人民政府 如东县岔河镇人民政府 海门市人民政府 海门市劳动和社会保障局 海门市农村社会养老保险事业管理处 海门市王浩镇人民政府 海门市滨海新区管理委员会 海门市包场镇人民政府 海门市货隆镇人民政府 启东市人民政府 启东市劳动和社会保障局 启东市农村社会养老保险事业管理处 启东市东海镇人民政府 启东市寅阳镇人民政府 启东市汇龙镇人民政府 启东市吕四港镇人民政府 通州区劳动和社会保障局 通州区农村社会保险基金管理中心 通州区平潮镇人民政府 通州区平东镇人民政府 通州区十总镇人民政府 通州区五甲镇人民政府 通州区二甲镇人民政府 港闸区人事劳动和社会保障局 港闸区唐闸镇街道办事处 港闸区秦灶街道办事处 南通市经济技术开发区管理委员会 竹行镇人民政府 新开镇劳动和社会保障服务所 南通市劳动和社会保障局 南通市农村社会养老保险基金管理中心	南通市新型农村社会养老保险工作先进集体	南通市人民政府
2011.2	通州区人民政府 海门市人民政府 海安县人民政府 如东县人民政府 如皋市人民政府 启东市人民政府 崇川区人民政府 港闸区人民政府 南通市经济技术开发区管委会	南通市农村居民社会养老保险全覆盖达标县（市）区	南通市人民政府

续表 17-3-3

时间	获奖单位	奖项	授奖单位
2011.2	海安县人民政府 海安县农村社会养老保险管理中心 海安县西场镇人民政府 海安县李堡镇人民政府 海安县曲塘镇人民政府 如皋市人民政府 如皋市农村社会养老保险管理处 如皋市如城镇人民政府 如皋市袁桥镇人民政府 如皋市白蒲镇人民政府 如东县人民政府 如东县农村养老保险管理中心 如东县岔河镇人民政府 如东县长沙镇人民政府 如东县河口镇人民政府 海门市人民政府 海门市人力资源和社会保障局 海门市农村社会养老保险事业管理处 海门市海门镇人民政府 海门市常乐镇劳动和社会保障服务 启东市人民政府 启东市人力资源和社会保障局 启东市财政局 启东市汇龙镇人民政府 启东市吕四镇人民政府 通州区人民政府 通州区人力资源和社会保障局 通州区农村社会保险基金管理中心 通州区五接镇人民政府 通州区四安镇人民政府 通州区五接镇天后宫村 崇川区农村社会养老保险事业管理处 崇川区观音山街道办事处 港闸区人力资源和社会保障局 港闸区幸福街道办事处 南通市经济技术开发区人力资源和社会保障局 南通市经济技术开发区小海街道办事处 南通市人力资源和社会保障局 南通市财政局社会保障处 南通市农村社会养老保险基金管理中心	南通市农村居民社会养老保险全覆盖先进集体	南通市人民政府

续表 17-3-3

时间	获奖单位	奖项	授奖单位
1993.10	南通市惠众贸易公司 南通开发区南木贸易公司 南通市邮电局退管会电话报刊亭 南通市崇川区正太纺织染料公司 南通市闸西环保设备厂 南通市方正劳护用品经营部 海安县李堡兴星废品购销经营部 如皋市银潮肠衣厂 如皋市电力信息咨询公司 如东县桐本工贸公司 如东县精诚文印微务社 启东市新厦房屋改建公司 启东市老干部局	兴办老年经济实体工作先进单位	南通市老龄问题委员会
2003.9	南通市公安局政治部老干部处 南通市退休职工公寓海安镇敬老院 海安县双楼镇罗町村 如皋市如城镇党委、政府 如皋市老龄工作委员会办公室 如东县广播电视局 如东县老龄工作委员会办公室 通州市老龄工作委员会办公室 通州市委老干部局 海门市老龄工作委员会办公室 海门市万年镇人民政府 启东市汇龙镇人民政府 启东市老龄工作委员会办公室 崇川区钟秀街道联合村社区 港闸区闸西乡八一村 南通农场城镇管理办公室	南通市敬老先进单位	南通市老龄工作委员会
2009.4	如皋市 海门市 崇川区	2008 年南通市敬老助老先进县（市）区	南通市老龄工作委员会
2010.1	如皋市 海安县 港闸区	2009 年南通市敬老助老先进县（市）区	南通市老龄工作委员会
	通州市 开发区	2009 年南通市老有所养先进县（市）区	
	如东县 海门市	2009 年南通市老年维权先进县（市）区	
	启东市 崇川区	2009 年南通市老年福利设施建设先进县（市）区	
2010.1	海安县曲塘镇农村社会福利中心 海安县墩头镇农村社会福利中心 如皋市郭园镇农村社会福利中心 如皋市九华镇农村社会福利中心 如东县掘港镇童店农村社会福利中心 如东县马塘镇农村社会福利中心 海门市悦来镇农村社会福利中心 启东市汇龙镇农村社会福利中心	南通市示范性农村社会福利中心	南通市老龄工作委员会

续表 17-3-3

时间	获奖单位	奖项	授奖单位
2010.1	通州区平潮镇农村社会福利中心 通州区石港镇农村社会福利中心 港闸区陈桥街道农村社会福利中心 南通经济技术开发区农村社会福利中心	南通市示范性农村社会福利中心	南通市老龄工作委员会
2010.1	海安县镇南街道镇南社区居家养老服务站 如皋市如城镇宏坝社区居家养老服务站 如东县扶海洲街道青园社区居家养老服务站 海门市茅镇街道居家养老服务中心 启东市南城区居家养老服务中心 通州区城区社区居家养老服乡中心 崇川区学田街道学田北苑社区居家养老服务站 崇川区虹桥街道虹东社区居家养老服务站 崇川区新城桥街道易家桥南区社区居家养老服务站 港闸区唐闸镇长岸社区居家养老服务站 港闸区永兴街道越江社区居家养老服务站 港闸区秦灶街道费桥村社区居家养老服务站 开发区竹行镇星辰社区居家养老服务站 开发区中兴街道富新社区居家养老服务站 开发区新开镇新开苑社区居家养老服务站	南通市优秀居家养老服务（中心）站	南通市老龄工作委员会
2013.10	海安县退休人员管理服务中心 海安县社会福利院 如皋市 137“爱心邮路” 如皋市社会福利中心 如东县邮政局 如东县公安局 海门地方税务局 海门市法律援助中心 启东地方税务局 韩华新能源（启东）有限公司 通州地方税务局 崇川区任港街道居家养老服务中心 崇川区新城桥街道办事处 港闸区居家养老服务指导站 港闸区陈桥街道敬老院 南通开发区敬老院 中国人寿保险股份有限公司南通分公司 南通市老年人活动中心 南通市老干部活动中心 南通市退休人员管理服务中心 南通市国资委老干部管理处 南通市第三人民医院 南通汽车站 南通市老年大学 南通市退休职工公寓 南通市老年体育协会	南通市“敬老文明号”	南通市老龄工作委员会

第十八章 文件辑存

本章所辑存的文件，主要为中共南通市委、南通市人大常委会、南通市人民政府及其办公室、南通市老龄工作委员会等有关老龄工作方面的重要文件，以及南通市和有关县（市）申报、评审“世界长寿之都”（“世界长寿乡”）、“中国长寿之乡”的有关文件，南通市老龄协会文件。其中，中共南通市委文件5件（含与市政府联合发文1件），南通市人大常委会文件3件，南通市人民政府文件5件，南通市人民政府办公室文件9件，南通市老龄工作委员会等部门联合发出的文件1件，申报、评审“世界长寿之都”（“世界长寿乡”）、“中国长寿之乡”的文件12件，南通市老龄协会文件1件。目录如下：

第一节 中共南通市委文件

常委会议纪要（1985年12月11日）

市委常委会关于老龄工作的会议纪要（1987年7月15日）

市委常委会关于老龄工作的会议纪要（1990年1月5日）

市委常委会关于重视做好老龄工作的会议纪要（1997年6月10日）

中共南通市委员会、南通市人民政府关于加快我市老龄事业发展的实施意见（2010年4月14日）

第二节 南通市人大常委会文件

南通市人民代表大会常务委员会关于进一步贯彻执行《老年人权益保障法》的决议（1999年6月30日）

南通市人民代表大会常务委员会关于进一步加强老龄工作、加快老龄事业发展的决议（2005年12月24日）

南通市人民代表大会常务委员会关于进一步加快建设社会养老服务体系的决议（2013年3月29日）

第三节 南通市人民政府文件

关于老龄工作的会议纪要（1994年7月29日）

关于组建市老龄协会的会议纪要（2001年10月23日）

市政府关于完善南通市区老年人社会优待和服务工作的通知（1999年7月14日）

市政府关于印发《南通市老年人优待办法》的通知（2005年12月30日）

市政府关于加快推进我市社会养老服务体系建设的意见（2012年5月4日）

第四节 南通市人民政府办公室文件

市政府办公室转发南通市老龄事业“九五”发展计划的通知（1997年6月5日）

市政府办公室关于印发南通市老龄事业发展“十一五”规划的通知（2006年12月31日）

市政府办公室关于印发南通市“十二五”老龄事业发展规划的通知（2012年5月9日）

市政府办公室转发市民政局关于加快实现南通市社会福利化的意见的通知（2004年11月9日）

市政府办公室关于推进居家养老服务工作的实施意见（2010年8月5日）

市政府办公室关于加强社区老年社会组织建设的实施意见（2011年5月4日）

市政府办公室转发市民政局等四部门关于进一步加强全市农村敬老院建设管理工作的意见的通知（2011年12月20日）

市政府办公室关于2013年加快社会养老服务体系建设主要工作责任分解的通知（2013年2月4日）

市政府办公室关于印发进一步加快社会养老服务体系任务分解表（2013—2016）的通知（2013年7月20日）

第五节 南通市纪委、组织部、老龄委、监察局、人事局文件

中共南通市纪律检查委员会、中共南通市委组织部、南通市老龄问题委员会、南通市监察局、南通市人事局关于共产党员、国家干部尊老敬老的若干规定（1993年9月20日）

第六节 申报、评审“世界长寿之都”（“世界长寿乡”）、“中国长寿之乡”文件

关于请求授予中国江苏省南通市“世界长寿之都”称号的函（2013年5月31日）

世界长寿之都——南通确认书（2013年12月）

确认中国·如皋为“世界长寿乡”（2011年10月25日）

如皋市人民政府关于请求授予“中国长寿之乡”的申请（2008年5月29日）

专家评审委员会对如皋市申请“中国长寿之乡”的评审意见（2008年8月23日）

关于确认江苏省如皋市为“中国长寿之乡”的复函（2008年10月6日）

如东县人民政府关于请求授予“中国长寿之乡”称号的请示（2011年6月30日）

专家评审委员会对如东县申请“中国长寿之乡”的评审意见（2011年9月15日）

关于授予江苏省如东县“中国长寿之乡”称号的决定（2011年10月10日）

启东市人民政府关于申报“中国长寿之乡”的请示（2012年10月10日）

专家评审委员会对启东市申请“中国长寿之乡”的评审意见（2013年4月28日）

关于授予江苏省启东市“中国长寿之乡”称号的决定（2013年6月4日）

第七节 南通市老龄协会文件

南通市老龄协会章程（2002年10月19日）

第一节　中共南通市委文件（5件）

常委会议纪要[①]

（1985年12月11日）

时间：1985年12月11日

地点：市委常委会议室

主持：朱　剑

出席：张佑才、唐真寿、李明勋、黄　冰、朱文涛、褚佩言、沈鹏千、严绍恭、朱家荣

列席：王益众、姜祝三、王光钧、任文彬、程亚民、孙国涛、胡　忠

内容：讨论老龄工作

常委听取了老龄委员会关于省在苏州召开的老龄工作现场会及我市的老龄工作汇报，并研究了加强老龄工作的有关问题。

我市老龄委员会自今年五月成立以来，积极地开展了工作。全市相继建立了老年体育协会、老年钓鱼协会、老年园艺学会、老年戏剧协会等，使老年人的文体活动更加丰富多彩。市退休职工委员会也做了大量工作，受到全总的好评。如东县成立的《关心下一代协会》，在协助搞好校内外教育，培养教育青少年方面作出了重要贡献。

最近，我市根据老同志的爱好和专长，还将成立一批协会。老年事业的形势是好的，老年工作是大有作为的。但与我省的先进市县相比还存在一定的差距。

为了进一步开创老年工作的新局面，常委对老龄工作作了讨论。明确了以下几个问题：

一、全党各级领导要重视老龄工作，提高对这项工作重要意义的认识。常委认为老龄工作面广量大，老年人口越来越多，这是一个新的事业，我们必须认真研究老龄工作，使老年人“老有所养，老有所医，老有所学，老有所为，老有所乐”。要从维护社会安定团结、促进两个文明建设的高度来认识这项工作的重要意义。

二、开好老龄工作现场会。会议在十二月下旬于如东召开，市委、市政府分管领导到时参加会议，一定要把这次会议开成一个开创老年工作新局面的会议。

三、关于老龄工作机构。市老龄委员会是一个协调机构，下设办公室，作为日常工作机构，编制五人。其办公地点放在老干部局内，为便于学习宣传党的方针、政策，决定发给县团级文件，由老龄委员会办公室负责文件管理。

① 1985年12月24日中共南通市委办公室以常委会议纪要（九）印发。

四、为推广如东县《关心下一代协会》的经验，决定成立《南通市关心下一代协会》，目前着手进行筹备。协会的日常事务也由老龄委员会办公室承担，两块牌子，一套工作机构，不增加新的编制。

五、为老龄工作创造条件。要从思想上、组织上、工作上、财力上支持老龄工作。市老干部局、民政局、劳动人事局、总工会等各有关部门要相互协作，把工作协调好。老龄委员会的用车由老干部局统一调度使用，待市汽车统一清理后再作适当调度。活动经费在今年已拨一万元的基础上，准备再拨五千元，以补其不足，明年活动经费由老龄委员会办公室编造预算，统筹安排。老年活动场所以市及基层各老干部活动室为基础，根据现有条件逐步改善。关于建立市老年活动中心，老年疗养院，扩大老干部病房等社会事业要根据尽力而为、量力而行的原则，逐步创造条件，加以解决。

市委常委会关于老龄工作的会议纪要①

（1987 年 7 月 15 日）

七月十五日下午，市委举行常委会议，研究我市老龄工作。会议由朱剑同志主持，张佑才、唐真寿、徐志球、李明勋、褚佩言、刘正高等出席了会议。省顾委委员王益众同志也参加了会议。王光钧、任文彬、濮九康、田海宝、宗永和、胡忠、马骏列席了会议。

会议首先听取了市老龄委主任任文彬同志关于全国老龄工作经验交流会和省老龄工作会议精神的传达，以及我市老龄工作情况的汇报，然后就我市老龄工作的进一步开展和当前需要解决的问题进行了认真的讨论和研究。会议认为，面对老年人口增长的趋势，大力发展老龄事业已日益成为全市各级党委和政府的一项重要任务。要从促进两个文明建设、促进政治体制改革、促进社会安定团结的战略高度，继续从上到下统一对老龄工作的认识，把老龄工作提到党委、政府工作的议事日程上来，同时建议各级人大常委会分工一名领导同志抓老龄工作。

会议充分肯定了我市各级老龄委成立以来开展的工作和取得的成果。会议认为，老龄事业不仅是老年人的事业，还要发动中年人、青年人来做，发动全社会来做，从精神上、物质上为老龄工作创造良好的条件，在全社会造成尊老、敬老、抚老的良好风气。为了进一步促进老龄工作的开展，会议决定，今年下半年的老龄工作，要本着求实的精神，着重办好以下十件实事：

① 1987 年 7 月 29 日中共南通市委办公室以通委办〔1987〕33 号文《关于印发〈市委常委会关于老龄工作的会议纪要〉的通知》印发。《通知》全文如下：“各县（区）委，市委各部、委、办，市各委、办、局、院、行、社党组（党委），市各群团党组：现将《市委常委会关于老龄工作的会议纪要》印发给你们，请认真贯彻执行。中共南通市委办公室　一九八七年七月二十九日”。

1. 在总结推广我市已取得的经验的基础上，继续巩固、发展、提高农村“老有所养”的工作。各级党委、政府要关心和支持老龄委抓好这项工作。

2. 进一步解决老龄工作条件，看手筹办市区老干部活动中心，地址落实在原市委机关西片，就地改造，统一规划，分期实施，下半年搞好规划、拆迁等准备工作，明年动工。

3. 继续办好深受老年人欢迎的市老年大学，同意今年下半年增设两个班，目前临时借用职工业余大学的教室，今后教室、办公用房在市老年活动建设中一并解决。

4. 依靠社会各方面力量，发展老年福利事业，同意成立南通市老年基金会，推选王益众、王光钧同志担任名誉会长，徐志球同志担任会长，曹兴福、任文彬同志任副会长，工会、共青团、妇联等参加。目前即着手进行筹备工作。

5. 支持老年人开展生产经营活动，以解决老龄工作的部分经费。同意老龄委组建老年服务公司、老年大学兴办校办工厂，在生产经营中，要关心和帮助他们开展挂钩活动。

6. 在落实“老有所养”的同时，筹建乡（镇）老年协会，组织离休退休人员和社会老人开展各种有益的活动，促进老龄工作的开展。

7. 支持工会系统兴建老年公寓，解决退休的孤寡老人的实际困难，减轻企业和家庭的负担。

8. 为维护老年人的合法权益，建议市人大常委会通过一项我市关于维护老年人合法权益的若干意见的决议，发动全市各级政府履行自己维护老年人合法权益的职能。

9. 为广泛开展尊老爱老活动，促进良好社会风气的形成，决定将每年的“九九”重阳节定为我市的敬老日；同时，要广造舆论，充分利用报纸、电台、电视台等大众舆论工具，宣传报道老龄工作的经验、动态，反映老年人的呼声。

10. 同意召开一次由各县（区）老龄委和乡（镇）负责同志参加的市老龄工作会议，总结工作，交流经验，部署和落实十件实事。

市委常委会关于老龄工作的会议纪要①

（1990年1月5日）

一月五日下午，市委召开常委会议，听取了市老龄委主任徐志球同志关于全国“两奖”表彰大会、全国第二次和省在淮阴召开的老龄工作会议精神的传达以及我市1989年老龄工作情况和1990年老龄工作打算的汇报，认真研究了老龄工作。会议由吴镕同志主持并作小结。

① 1990年1月18日中共南通市委办公室以常委会议纪要（1）印发。

会议强调，要充分认识老龄工作的重要性。目前，全市老年人已达95万，占全市总人口的12.47%，每年以0.3%的速度递增。老龄问题越来越成为重要的社会问题。各级党委和政府一定要充分认识老龄工作的重要性和紧迫性，并予以高度重视，要动员社会各方面力量，支持、关心老龄工作，做到党委重视，社会关注，政府推动、单位负责。市、县（区）老龄委成立以来、在落实“五有”方面做了不少工作，创造了一些好的经验，取得了较为显著的成绩，要在原有的基础上再接再厉，继续把老龄工作做好。

会议研究了老龄委机构的性质、归属问题，确定市老龄委为市委、市政府领导下综合管理全市老年人事业的机构，其办公室挂靠市政府办公室，列入市发文和参加会议的单位。各县、区老龄委及其办公室的性质和归属亦参照执行。为加强领导，市委仍由戴志良同志分管老龄工作，建议市政府由龚虎城同志分管老龄工作，由副秘书长宋决平同志具体分工抓老龄工作。市委常委每年听取一次老龄委工作汇报，研究老龄工作。

会议议定在老龄工作方面切实办好几件实事：

1. 同意在如东县召开一次由各县、区分管老龄工作的负责同志和老龄委办公室主任参加的现场会，传达贯彻全国“两奖”和第二次老龄工作会议，交流老龄工作经验，进一步研究部署1990年老龄工作。

2. 在全市范围内开展评比先进老龄工作者、先进老年协会，维护老年人合法权益先进集体和先进个人的活动，重阳节召开表彰大会。

3. 按少而精的原则和有关的组织程序，调整健全市老龄委员会，动员社会各方面力量支持、关心老年事业。

4. 健全乡、镇老龄工作组织网络。各乡、镇建立老龄、老干部工作领导小组，统管老龄、老干部工作，同时建立老年人的群众组织——乡、镇设老年协会，村设分会。老龄、老干部工作领导小组由乡、镇一名负责同志兼组长，由退二线或已离退休但身体较好、热心于老年事业的原乡、镇负责司志担任副组长，兼任老年协会会长。

5. 按原定统一规划、分期实施的计划，继续进行市老年活动中心的建设。作为第一期工程的老年大学已完成，其余工程采取社会资助的办法进行。1990年开始，由市老年基金会制定章程，报市有关方面批准，集资单位立碑纪念。抓紧磋商市劳动局、卫生局搬迁事宜。市虹桥新村老干部活动室部分资金缺口问题，由市委机关行政处按有关会议纪要联系落实。

6. 切实采取措施、逐步解次离退休老干部看病难的问题。市区在目前财力较紧的情况下，可在市各大医院分别增设老干部病房，以缓解老干部病房紧张的状况。市老年康复中心，今年组织有关部门先进行筹划，拿出可行性方案，待条件成熟后，逐步实施。

7. 鉴于我市离退休干部活动经费偏低，建议市财政尽可能适当增加。同意在集体所有制企业内实行退休职工退休金统筹。

8. 对年满60周岁的乡镇、村老年协会会员，可实行免除义务工的照顾政策。

9. 广泛开展尊老敬老宣传活动。每年9月9日（重阳节）后的一周内，在全市范围内集中开展群众性的尊老敬老宣传活动，弘扬中华民族尊老敬老的传统美德，造成良好的社会风气。

10. 改善老龄委工作条件问题，建议由市政府具体分工的同志专题研究处理。

市委常委会关于重视做好老龄工作的会议纪要①

（1997年6月10日）

6月10日下午，在市委书记周福元主持召开的市委常委会上，听取了市老龄委主任顾嘉禾关于省第十五次老龄工作会议精神的传达、我市老龄工作的现状及今后工作意见的汇报。与会者认真分析研究了我市老龄工作的形势和对策，现将有关事项纪要如下。

1. 要充分认识老龄工作的重要性。会议认为，我市的老龄工作在各级党委和政府的领导下，在有关部门的配合和老龄工作者的努力下，经过10多年的积极探索，已经职得了较为显著的成绩。但也要看到，我市老龄工作面临的任务十分艰巨。目前，我市老年人已达120.9万，占全市总人口15.4%，且每年以3%的速度递增，到2000年将达132万，进入人口老龄化高峰期的2030年，将达到280万。老龄问题是一个社会问题，老龄工作是一项重要工作，各级党委和政府要从实现社会可持续发展的战略高度来认识老龄工作的重要性和紧迫性，要象重视计划生育工作那样，抓好《老年法》的学习、贯彻，切实做好老龄工作。

2. 建立健全老龄工作机构。市老龄委是在市委、市政府领导下主管全市老龄工作的职能部门。要按照中央领导同志关于老龄工作只能加强不能削弱的精神，加强我市老龄组织的建设，建立健全组织网络。各县（市）区老龄委领导班子要进行必要的调整和充实，老龄专职干部县（市）不能少于3人，区不能少于2人；各乡镇（街道）也要有专人做老龄工作；村、居委会要有兼职人员抓老龄工作，使老龄工作形成各级有组织，层层有人抓的良好局面。

3. 加强对老龄工作的领导。市委、各县（市）区委每年要安排一定的时同研究老龄工作，并明确一名领导同志分管老龄工作，加强对老龄工作的领导。要将老年事业

① 1997年6月26日中共南通市委办公室以常委会议纪要第1期印发。

纳入国民经济和社会发展计划，逐步增加对老年事业的投入，并鼓励社会各方面投入，使老年事业与经济、社会协调发展。从1998年起市将逐步增加对老年事业的拨款。

要特别关心扶助生活贫困的老人和高龄老人，使他们的生活水平随着社会经济的发展逐步得到提高。

出席 周福元 程亚民 张 琛 曹能新 王德忠 侯宪和

列席 黄 冰 邹运才 沈鹏千 潘宝才 季 康 李 炎 季金虎 顾嘉禾
陆兴达 孙国涛 孙应杰 杨永康 黄静森 顾乐鸣

中共南通市委员会、市人民政府 关于加快我市老龄事业发展的实施意见

通委发〔2010〕4号

各县(市)区委、人民政府,市委各部委办局,市各委办局,市各群众团体,市各直属单位:

为进一步加快我市老龄事业发展，切实维护广大老年人的合法权益，提高老年人生活质量，根据省委、省政府《关于加快我省老龄事业发展的意见》，结合我市老龄工作实际，现提出如下实施意见：

一、进一步统一思想认识，增强加快老龄事业发展的责任感和紧迫感

（一）充分认识加快老龄事业发展的重大意义。我市1982年进入人口老龄化社会，比全国早17年，比全省早4年。至2009年底，全市60岁以上老年人口170万，占人口总数22.29%，高于全国9.76个百分点，全省5.26个百分点。目前，我市已进入人口老龄化加速发展阶段，预计到2012年，全市老年人口将达到182.01万，占人口总数23.95%。近年来，全市各地、各部门大力推进老龄事业发展，老龄工作取得了显著成绩。但必须清醒地看到，我市老龄事业发展与老年人的实际需求、与人口老龄化发展趋势、与基本现代化建设还有一定的差距。加快老龄事业发展，已成为一项重大而紧迫的战略任务。实现好、维护好、发展好老年人的根本利益，不断满足广大老年人日益增长的物质文化生活需要，是贯彻落实科学发展观、坚持以人为本的重要体现，也是推进“两个率先”、基本现代化建设的重要内容，对扩大内需、增加就业岗位、推动服务业发展等具有重要促进作用。各级党委、政府要充分认识加快老龄事业发展的重要性和紧迫性，进一步增强责任感和使命感，推动老龄事业在新的起点上加快发展。

（二）明确加快老龄事业发展的总体要求。加快老龄事业发展，要以邓小平理论和“三个代表”重要思想为指导，全面贯彻落实科学发展观，按照构建社会主义和谐社会、开启南通现代化建设新征程的要求，坚持党政主导、社会主体、全民参与，统筹推进城乡、区域之间老龄事业发展，围绕持续提高老年人生活水平和生活质量，加

快建立覆盖城乡老年人社会养老和医疗保障制度，进一步促进健全社会化养老服务体系，大力发展老年服务产业，积极营造敬老、爱老、助老的社会氛围，推动老龄事业发展与经济社会发展相协调，与基本现代化建设进程相同步。

二、不断完善老年人社会保障制度，进一步提高老年人社会保障水平

（三）健全老年人社会保险制度。进一步完善我市新型农村社会养老保险制度，继续巩固新型农村社会养老保险基本全覆盖的成果。高度重视退休人员社会化管理服务工作，将企业退休人员全部纳入社区管理服务。加快建立养老补贴制度，为没有纳入基本养老保险范围、无固定收入的城乡老年人发放生活补助金。进一步提高老年人医疗待遇水平，确保到2010年参加城镇职工基本医疗保险和城镇居民基本医疗保险的老年人医保范围内报销比例分别达80%和60%。新型农村合作医疗参保老年人住院费用补偿率达50%，门诊补偿率达30%。探索建立老年人长期护理保险，推广老年人意外伤害保险。

（四）提升老年人社会福利水平。全面设立“尊老金”制度，从2010年起，对崇川区、港闸区、南通经济技术开发区百岁以上老人按每人每月不低于300元标准发放长寿补贴，90—99周岁老人每人每月补贴100元，80—89周岁老人每人每月补贴50元；各县（市）和通州区根据财力情况，按照适度普惠原则，今年内建立80岁以上老人尊老金发放制度。崇川区、港闸区、南通经济技术开发区65周岁以上的老年人凭优待证免费进入旅游景点、公共体育健身场所，持卡免费乘坐城市公共汽车。各县（市）和通州区也应结合实际，根据省有关要求明确优惠措施。

（五）重视老年人医疗保健服务。建立完善老年人健康档案，到2011年全市60周岁以上老年人健康电子档案建档率城市、农村分别达90%、60%以上。每两年为65周岁以上老年人和实行社会化管理的企业退休人员免费体检，并进行健康指导。加强对老年人慢性病的随访管理，高血压、糖尿病患者的规范管理率达90%以上。扶持老年医疗设施建设，确定市第三人民医院为老年病防治中心，扶持其基础设施和人才队伍建设，不断提高老年病防治能力。建立健全以社区卫生服务为基础的老年医疗保健服务体系和大病医疗专家咨询服务体系，加强社区卫生服务与医疗保险制度的衔接，推行首诊负责制和双向转诊制。

（六）加强对困难老年人社会救助。各县（市）区要认真落实农村“五保”供养政策，按不低于当地上年度农民人均纯收入的45%确定供养标准，并随经济社会发展逐步提高保障水平。全市“五保”集中供养率达到80%以上。认真落实低保人群分类救助制度，建立低保标准科学调整机制，适当向低保老年人倾斜，确保困难老年人家庭得到更多救助。对城乡低保对象中的70周岁以上的老年人，每月可增发保障标准金额10%-20%的保障金。同时，根据城市居民人均可支配收入水平，建立城市“三无”

老人供养标准增长机制，将困难老年人特别是鳏寡孤独老人作为临时生活救助、医疗救助、司法救助的重点对象，加大救助力度。将住房困难且低收入的城镇户籍老年人家庭优先纳入廉租住房保障范围。

（七）加大对老年重点优抚对象保障力度。各县（市）区要在老年人保障标准基础上，按“不低于所在城乡居民平均生活水平”，着力提高老复员军人（含老残疾军人）生活质量。一是提高抚恤标准，以县（市）区为单位，按不低于所在地农民人均收入确定抚恤标准，并实行自然增长机制。二是优化医疗保障，实行优抚医疗保障全覆盖、定点医疗机构费用减免全兑现、基本医疗费用按规定报支、大病重病对象全救助，推行“一站式”结算报销或“零垫付”看病治疗。三是实施重点救助，对老复员军人家庭突发性困难，区分不同情况实施救助。

三、加快推进社会化养老体系建设，进一步满足老年人养老服务需求

（八）建立健全养老服务体系。加快建立以居家养老为基础、社区服务为依托、机构养老为补充的养老服务体系。按照省政府到2012年养老机构总床位数达老年人口总数3%左右的总要求，分解年度任务，2010年达2.0%左右，2011年达2.5%左右。到2012年，市、县建设公办示范性养老机构的床位数分别不低于1200张、600张，乡镇（街道）敬老院（社会福利中心）的床位数不低于250张，力争达到350张。鼓励民办养老机构扩大建设规模，对床位数100张以上的民办养老机构努力增加资助标准。全力推进居家养老服务设施建设，努力将社区托老服务设施纳入社区配套设施建设。2012年前，全市城市社区基本建立起多形式、全覆盖的居家养老服务网络；农村60%以上的社区（村）依托敬老院、村级组织活动场所等现有设施资源，建立综合性老年服务中心（站）。积极建设老年友好城市，创建全国老年人宜居社区，为老年人营造良好的生活服务和人文生态环境。

（九）加大对老年服务机构扶持力度。根据国家和省有关规定，各地可通过床位建设补贴、床位运营补贴以及购买服务、入院老人意外伤害保险补贴等方式，吸引和鼓励社会资本投资兴办福利性、非营利性的老年公寓、老年康复中心（站、点）、托老所、老年护理院等养老服务设施。政府投资建设的养老服务机构，采取土地划拨供地，规费减免等方式；社会投资兴建的其他养老服务机构，采取出让、租赁等方式供地并预留发展用地，确保养老服务机构建设土地供应。着力解决养老机构老人就医难的突出问题，对符合医疗机构设置标准的养老机构，可申办医疗机构执业许可证；床位数达100张以上的养老机构和“爱心护理院”，其医疗服务站（点）符合医保定点单位条件的，定为医保定点单位，享受社区公共卫生服务的有关优惠政策。建立居家养老服务补贴自然增长机制，提高居家养老服务补贴标准，提升居家养老服务质量。2010年起，对市区新建的社区居家养老服务站给予每站6万元的一次性建设补贴，已建成的社区居家养老服务站每年给予1万元运营补贴。对特殊困难老年人实行政府购买居家养老服务。以上费用市财政补助崇川区、港闸区、南通经济技术开发区50%。各县（市）和通州区应结合本地实际，对社区居家养老服务站给予建设补贴、运营补贴，对特殊困难老年人实行政府购买服务。

（十）促进养老服务规范化。对照省示范性养老机构评估细则，省、市级文明敬老院评比标准和南通市农村敬老院（福利中心）标准化管理规范要求，制定完善各类养老服务机构护理、康复、医疗、教育、娱乐、心理关爱等服务项目的内容和标准。制定服务人员岗位职责，加强技能培训，实行持证上岗，做到服务队伍专业化。建立年度考核制度，促进养老机构实现管理规范化，服务人本化。

四、进一步加大老年维权工作力度，切实维护老年人合法权益

（十一）加大老年法律法规的宣传和检查力度。各级老龄工作部门要认真履行职责，督促、协调各部门依法开展老龄工作，发展老龄事业，积极配合、协助司法部门做好维护老年人合法权益工作。大力宣传老年法，强化维护老年人合法权益的法制观念和老年人知法守法意识，提高老年人自我保护能力，老年人普法教育率不低于80%。加强老年法律、法规落实情况的检查与监督，形成保障老年人合法权益的社会环境。

（十二）建立健全老年维权网络。建立健全维护老年人合法权益的服务组织和法律援助组织市、县（市）区、乡镇（街道）、社区（村）四级网络，保证老年人就地、就近、及时得到有效的法律服务和援助。公安、检察、法院等部门要加大查处侵犯老年人合法权益案件的力度。法院、法律救助机构等部门要扩大援助受益面，确保困难老年人获得法律援助。市、县（市）区法院要建立涉老案件优先立案、优先审理、优先执行制度和涉老纠纷陪审员制度，严格执法，提高办案效率和质量。

五、高度重视老年人精神关爱工作，进一步丰富老年人精神文化生活

（十三）加强老年人精神关爱。各级政府要扶持建立老年心理服务组织和服务网络，为老年人尤其是病残、空巢、高龄、临终等老年人提供专业的心理疏导服务。乡镇（街道）及有条件的社区（村）设立聊天、心理咨询等服务场所，开展心理健康等咨询服务。各级卫生、老龄部门要积极筹建“爱心护理院”，市确定市紫琅医院为“爱心护理院”，各县（市）区确定1所“爱心护理院”，为老年人开展长期护理和关怀服务。“爱心护理院”以政府主办、非营利为主，纳入当地医疗机构设置规划。

（十四）丰富老年人文化体育生活。各地、各部门、各单位要把老年人文化体育工作摆上重要议事日程，纳入文化体育事业总体发展规划。大力发展老年教育，继续办好市、县（市）区老年大学，改善教学设施，提高教学质量。到2012年，市、县（市）区、街道（乡镇）和社区（村）都要有老年文化活动中心（站、室），使用面积分别达3000平方米、1500平方米、500平方米、100平方米。所有的社区（村）和老年人居住相对集中的区域要建有老年健身活动场所。在体育彩票公益金留成中每年安排一定经费，用于扶持老年体育事业的发展。文化部门要积极组织开展形式多样、丰富多彩的老年文化艺术活动；体育部门要加快推进老年体协向城市社区和农村乡镇覆盖延伸，实现老年人体育组织网络的全覆盖。办好南通市老年人文化艺术节，建立扶持优秀老年文艺节目及老年文艺团体的激励机制。民政、旅游部门要重视老年人旅游，开展动态养老、旅游养老活动，切实提供“候鸟式”旅游养老服务。

六、建立健全保障机制，进一步促进老龄事业全面发展

（十五）切实加强组织领导。各级党委政府要高度重视老龄工作，积极营造老龄工作新优势，将老龄事业列入重要议事日程，纳入本地区经济社会发展总体规划和年度计划，主要领导定期召开会议，认真听取汇报，及时研究部署，明确发展目标，抓好责任落实。进一步建立健全党政主导、老龄工作机构组织协调、相关部门各司其职、社会广泛参与的领导体制和运行机制。各地各有关部门要定期对老龄事业发展政策措施落实情况进行督查，对老龄事业发展规划执行情况进行评估；认真组织开展敬老助老先进县（市）区竞赛活动，通过社会广泛参与，促进社会不断强化老龄意识和敬老意识，提高我市老龄工作的整体水平。

（十六）加强老龄工作机构和队伍建设。各级老龄委要充分发挥组织协调、调查研究、检查指导职能，每半年召开一次全体会议，通报老龄事业发展状况，部署工作，商讨解决老龄工作的有关重要问题和重要事项。老龄委成员单位要切实履行职责，加强沟通和协作，整体推进老龄事业发展。加大对基层老龄工作的督查指导，建立工作报告、经验交流、督办反馈等制度。推进老龄工作信息平台建设，提高老龄工作信息化水平。要加强各级老龄工作机构组织建设，根据老龄工作任务，落实工作人员，切实提高老龄工作人员的政治和业务素质。县（市）区老龄工作机构配备必要的工作人员，乡镇（街道）要调配力量实行老年协会与民政办合署办公，为开展老龄工作提供必要条件。

（十七）营造老龄事业发展环境。围绕建设社会主义核心价值体系，大力弘扬中华民族传统美德，开展形式多样的敬老、爱老、助老活动。机关、企事业单位和社会团体要把敬老、爱老、助老宣传教育作为干部职工思想道德建设的重要方面。各级组织、人事部门在发展党员、党员评议、干部考核评选、干部选拔任用过程中，应将尊老敬老纳入考察、考核内容。宣传、文化等部门要认真办好老年宣传栏目，建设好老龄宣传文化阵地。教育等部门要把敬老、爱老、助老作为中小学德育教育的重要内容，把养老机构作为学生德育教育基地。共青团、工会、妇联、科协等组织要将助老服务纳入大中学生社会实践内容，广泛开展结对帮扶、和谐家庭和孝亲敬老评选等活动。各地要结合文明社区、文明村镇、文明家庭等创建活动，树立和弘扬敬老先进典型，形成人人尊重、关心、帮助老年人的良好社会风尚。鼓励和支持有关部门和单位、大专院校和科研院所，针对人口老龄化趋势，深入开展调查研究，为做好老龄工作服务提供信息和技术支持。

（十八）加强老龄社团组织建设管理。加强和扶持各类老年群团组织建设，建立健全市、县（市）区、乡镇（街道）、社区（村）四级老年人协会网络，发挥老年人自我管理、自我教育、自我保护、自我服务和服务社会的作用。各地要结合本地实际，对各类老年群团组织予以一定的经费扶持。规范老年社团组织管理，促进老年社团组织健康发展。

各地各有关部门要根据本意见精神，制定具体实施办法。

中共南通市委员会

南通市人民政府

2010年4月14日

第二节　南通市人大常委会文件（3件）

南通市人民代表大会常务委员会
关于进一步贯彻执行《老年人权益保障法》的决议

（1999年6月30日南通市第十一届人大常委会第十次会议通过）

南通市第十一届人大常委会第十次会议听取和审议了市人民政府副市长袁瑞良所作的《关于贯彻执行〈老年人权益保障法〉情况的报告》。会议认为，《老年人权益保障法》（以下简称《老年法》）颁布实施以来，我市各级政府在抓好学习宣传、完善养老保障体系、建设老年公益设施、维护老年人合法权益以及兴办老年教育事业等方面取得了一定的成绩。我市是全国较早出现人口老龄化的地区。1982年全市60岁以上老年人占当时全市总人口的10.3%，进入人口结构老龄化。到1998年底，全市60岁以上的手人为128万，占总人口的16.3%，高出全国平均水平的6个百分点以上。我市人口老龄化已呈现“来得早、基数大、发展快”的态势，成为我市国民经济和社会发计划中不可忽视的一个重要问题，必须引起高度重视。

会议指出，《老年法》贯彻实施以来虽取得了一定成绩，但对我市人口老龄化带来的矛盾和问题，人们还缺乏清醒的认识，《老年法》的贯彻执行还存在着各种问题，老年社会保障和社会福利等政策措施在一些地方和单位得不到落实，少数人敬老、养老的道德观念淡薄，侵犯老年人权益的现象在家庭和社会上仍时有发生。为此会议要求各级政府：

1、进一步加大对《老年法》宣传教育的力度。要结合精神文明建设和“三五”普法教育，开展多种形式的宣传教育活动，努力使全市人民了解《老年法》的基本内容。要加强在青少年学生中的敬老、养老教育，在全社会弘扬敬老、养老的优良传统，形成维护老年人合法权益的良好社会氛围。

2、加强老龄工作，发展老龄事业。要把老龄事业纳入全市国民经济、社会发展计划和财政预算，纳入政府每年为民办实事的计划。要在办好现有老年公寓、敬老院、托老所、老年大学、老年康复医院等老年事业的同时，努力探索按市场经济规律兴办各种老龄事业的路子。要制定鼓励和扶持社会组织或个人兴办老龄福利事业的政策措施，促进老龄事业的发展，以丰富老年人的精神文化生活。城市要建立社区养老服务体系，搞好社区服务。新批住宅区建设项目时要把为老年人服务的配套设施一并列入，做到：同时设计、同时施工、同时交付使用。

3、逐步完善养老保障体系，保障老年人的基本生活。要完善生活保障、医疗保障等各项制度，确保城乡无劳动能力、无生活来源、无赡养人和扶养人的，或者赡养人、扶养人确无能力赡养、扶养的老人，能得到政府救济或集体“五保”供养。要确保老年人的患病医疗能得到优惠、适当的帮助和救助。要加强对农村社会养老保险基金的管理，以保证农村养老保险事业的健康发展。家庭养老也要纳入轨道，使居家养老的老年人同样能受到法律的保护。

4、加强对老龄工作的领导。老龄工作要列入政府的重要议事日程，定期研究，总结经验，解决存在问题。要理顺现行老龄工作机构间的关系，充分发挥各自的职能作用。城市街道、居委会，农村村民委员会要把执行《老年法》作为一项经常性的工作，长抓不懈。要扩大市区老年人优待服务项目，把它作为“民心工程”切实予以落实。

会议还要求各级政府、司法机关要认真调解和查处涉和案件。要重视对老年人的权益、财产、赡养、居住以及婚姻等方面矛盾的调解处理。诉讼到法院的涉老案件要坚持维护老年人的合法权益，做到优先立案、优先审理、优先执行。

南通市人民代表大会常务委员会
关于进一步加强老龄工作、加快老年事业发展的决议

（2005年12月24日南通市第十二届人大常委会第二十七次会议通过）

南通市第十二届人大常委会第二十七次会议听取和审议了市政府副秘书长缪三义受市政府委托所作的《关于积极应对人口老龄化挑战，努力推进老年事业健康发展的议案办理情况的报告》。会议认为，市政府及相关部门在该议案办理过程中，紧紧围绕“老有所养、老有所医、老有所为、老有所学、老有所乐”的目标，认真贯彻执行

国家老龄工作方针和《老年人权益保障法》等法律法规，努力实施《南通市老龄事业发展“十五”计划纲要》，取得了较大成绩，推进了我市老年事业的健康发展。

会议指出，面对我市人口老龄化迅猛发展和“未富先老”的严峻形势，我市老年事业在总体上仍然滞后于经济和社会的发展，投入机制还不够健全，老年人的需求与社会供给的矛盾日益突出，老年社会保障制度有待完善，老年服务设施建设还比较缓慢，老龄产业发展滞后，农村老龄问题更加突出。为此，会议要求：

一、进一步提高思想认识，加强对老龄工作的组织领导。各级政府要从实践“三个代表”重要思想、落实科学发展观、构建和谐社会的高度，充分认识做好老龄工作的重要性和紧迫性，将其摆上重要议事日程。要抓紧编制我市《老龄事业发展“十一五”规划纲要》并认真组织实施。要进一步理顺市、县（市）区老龄工作体制、充实人员，完善基层老龄工作网络。市各涉老部门要在市政府的统一领导下切实做好各自职责范围内的涉老工作，形成合力。

二、进一步加强宣传教育，努力营造敬老、养老、助老的良好社会氛围。要采取多种形式，认真做好教育宣传工作，把加强老龄工作、发展老年事业作为弘扬中华民族传统美德，加强我市精神文明建设的一项重要内容，与创建文明社区、文明村镇、文明家庭活动结合起来，不断提高全体公民特别是青少年的敬老道德意识和法制观念，为广大老年人的生活、工作创造一个良好的社会环境。

三、进一步加大维护老年人合法权益工作的力度。要按照《老年人权益保障法》等法律法规，切实维护老年人的各项合法权益，保障老年人共享经济社会发展的成果。要不断完善我市老年社会保障制度，认真解决好老年人的基本生活和基本医疗问题。要根据需要和可能，逐步增加对老年事业的投入，并在此基础上完善投入机制。要重视老年活动场所和设施建设，加快市老年活动中心建设步伐并尽快投入使用。要依法制裁各种侵犯老年人权益的违法行为，为经济有困难的老年人依法维权提供法律援助和司法救助。要进一步完善我市老年人优待规定，加强督促检查，保证各项优待措施落实到位。

四、进一步推进老龄产业的发展。要把发展老龄产业纳入全市国民经济发展总体规划，制定出台引导和推动老龄产业发展的优惠政策，并积极鼓励非公有资本投入。要按照“政府引导、社会兴办，市场推动、加快发展”的方针，逐步建立起符合我市实际的多元化，多层次的养老设施网络和老年社会服务体系。

五、要进一步加强社区为老服务工作，为老年人居家薪老创造良好条件。农村乡镇村组和城市街道社区居委会要把做好老龄工作作为一项重要职责，尽力帮助辖区内的老年人解决生活中的各种困难，并进一步发展各级各类老年公益事业，有条件的地方要为高龄、空巢老年人家庭安设具有多种功能的信息化服务装置。要积极探索为老年村民、居民服务的新路子，吸引和组织辖区内的志愿者和下岗待业人员，为老年人提供家政、医护、精神慰籍等服务，解决老年人的后顾之忧。

南通市人民代表大会常务委员会关于进一步加快建设社会养老服务体系的决议

（2013年3月29日南通市第十四届人大常委会第六次会议通过）

南通市第十四届人大常委会第六次会议，听取和审议了市人民政府副秘书长薛谦受市人民政府委托所作的《关于加快建设社会养老服务体系的议案办理情况的报告》。会议认为，市人民政府积极应对人口老龄化挑战，高度重视社会养老服务体系建设，在连续多年把养老服务作为为民办实事项目的基础上，不断完善政策体系，加大建设投入，创新工作举措，强化督促检查，取得了明显的成效，在推动全市经济社会发展、促进社会和谐稳定等方面发挥了重要作用。

会议指出，相对于快速扩张的老年群体和日益旺盛的养老服务需求，我市养老服务工作还存在不少困难和问题，主要有：社会养老服务设施规划和建设相对滞后；养老服务供不应求和供需结构性矛盾较为突出；养老服务从业人员缺乏、专业服务能力不足；养老服务体系建设的工作机制尚需进一步健全等等。

会议强调，养老服务体系建设应与人口老龄化相适应、与经济社会发展相协调、与基本实现现代化相同步，要按照“政府主导、政策扶持、社会参与、市场推动”的思路，加速推进“以居家养老为基础、社区服务为依托、机构养老为支撑、信息服务为辅助、覆盖城乡”的社会养老服务体系，实现老有所养、老有所医、老有所学、老有所为、老有所乐的目标。为此，会议要求：

一、凝聚共识，形成养老服务体系建设工作合力。要采取多种形式，充分运用各种舆论平台和载体，大力宣传加快社会养老服务体系建设的重要意义，引导民众关心养老服务事业，尊重养老服务从业人员，提升从业人员职业荣誉感和社会归属感，在全社会营造敬老孝老助老的浓厚氛围。要加大对养老服务事业的财政投入，建立经费保障逐步增长机制，并从实际出发，制定更加积极、更具可操作性的引导和扶持政策，积极发挥市场配置资源的基础性作用，营造养老服务社会化的发展环境。要进一步完善养老服务体系建设工作机制，充实工作力量，明确责任主体，细化考核举措，狠抓工作落实。要建立口径明确、完整统一的养老服务体系数据统计系统，以准确的信息、完备的资料为养老服务体系建设提供科学的决策依据。

二、突出重点，提升机构养老和居家养老服务水平。要在年内将养老设施布局规划和新建住宅小区养老服务设施配套作为开发要件落实于城市建设具体项目之中，并在开发项目建设方案审查和竣工验收中加以落实，确保新建住宅项目留足养老服务设施空间场所。老小区升级改造要充分考虑养老设施配套。要按照统筹城乡发展的要求和养老服务体系“十二五”规划要求，用三年左右时间完成农村敬老院的标准化改造目标，提升其服务功能。要大力兴办和积极扶持专业护理院的建设，力争用三年左右时间使我市专业护理院及护理床位建设达到预定目标，进一步优化养老机构的结构和功能，为失能老人提供有质量、有尊严的晚年生活空间和生活条件。要充分发挥社区居家养老服务的基础性作用，大力推进社区居家养老服务站建设，以强化日间照料为重点，着力完善社区居家养老服务站的助餐送餐、医疗保健、文化娱乐、精神关爱等服务功能，扩大覆盖范围，力争到今年底有30%的城市社区养老服务站实现常态化运行，到2016年全面实现常态化；在农村社区要探索符合自身特点的多种形式的居家养老服务模式，提高居家养老服务水平。要加快居家养老信息服务平台建设步伐，整合社会资源，拓展服务项目，力争用三年左右时间实现呼叫网络全覆盖，为更多的居家老年人提供便捷高效、价格低廉、形式多样的优质居家养老服务，逐步实现居家养老服务由补缺型向适度普惠型发展。

三、创新推进，完善养老服务体系建设各项机制。要进一步完善老年福利制度，落实对城乡“三无”老人政府供养、困难老人政府购买服务、80岁以上老人尊老金发放和老年人意外伤害保险制度，并根据经济发展情况逐步提高标准。要积极探索医疗服务与养老服务的最佳结合点和结合方式，为老年群体搭建便捷高效的就医平台和医保通道。要积极策应老年教育需求，在继续扩大现有的市及各县（市）区老年大学规模，改善办学条件的同时，合理调配人力、物力资源，形成以市老年大学为龙头，县（市）区老年大学为骨干，社区教育中心老年办学点为补充的老年办学体系。今明两年，县（市）区老年大学要实现全覆盖，市经济技术开发区新建一所老年大学，有条件的街道、乡镇要设立老年大学分校或办学点，为文化养老、教育养老创造必要条件。要积极扶持建立各类养老服务行业协会，促进交流，引导自律。要重视培育和扶持老年服务产业的形成和发展，在服务老年群体的同时，促进产业结构调整和转型升级，使之成为地方经济发展新的增长点。要研究开辟养老服务管理人才培养渠道和老年服务从业人员培训途径，提升养老服务水平，促进养老服务事业的可持续发展。

第三节 南通市人民政府文件（5件）

关于老龄工作的会议纪要[①]

（1994年7月29日）

为了贯彻落实江泽民总书记、李鹏总理等党和国家领导人关于“重视老龄工作，发展老龄事业”的重要指示和苏办发〔1994〕4号文件精神，1994年7月29日上午，徐燕市长主持召开市长办公会议，专题研究老龄工作。副市长李炎、市老龄委领导徐志球、朱文涛和市财办、财政局、税务局、工商局等部门的有关负责同志参加了会议。会议听取了顾乐鸣副主任关于市老龄工作的情况汇报，与会同志进行了认真的讨论，徐燕同志作总结讲话。

会议认为，近几年来，我市老年事业发展较快，老龄工作成绩比较显著。但是，必须充分地认清我市人口老龄化的趋势。我市现有60岁以上的老年人108万多，占全市总人口的13.8%，且每年以老年人数3%的速度递增。预测到2000年至2025年进入人口老龄化的高峰期，老年人口将占总人口的25%左右，目前百岁老人已有256人，占全省百岁老人数的一半左右，人口平均寿命达到73岁。据此，我市人口老龄化具有超前到来，发展速度快，老年人绝对数大，高龄老人多的特点。老龄问题对经济发展、社会稳定的影响越来越大，老龄工作是一项涉及各行各业、千家万户的非常复杂繁重的社会工作，各级政府应从战略高度予以足够的重视，摆上位置，切实抓好。要动员全社会共同来关心和支持老龄工作，积极为老年人办实事好事，为老年人创造良好的生活环境。

会议就汇报中提出的几个问题商定如下意见：

一、加强老龄机构和队伍的建设。为做好老龄工作提供组织保证。要保持老龄机构和队伍的稳定，老龄专职干部的力量不能削弱。市、县（市）区老龄委的领导班子要根据需要适时地进行调整。对乡（镇）一级，可以推行通州市的做法，即老龄委（老年协会）、老干部领导小组、关心下一代协会和老区促进会合并办公，四块牌子一套班子。县（市）区和乡镇的老龄委主任应挑选刚从党政领导岗位上退下来的、年龄相对较轻、身体健康的、德高望重的、热心干老年事业的老同志来担任，以利于发挥整体优势，提高工作效率。关于市、县（市）区老龄问题委员会更名为老龄工作委员会及其机构的设置、性质、级别问题。由市老龄委出具专题报告，提交市委、市政府讨论。

二、加强老年公益设施的规划建设，丰富老年人文化娱乐生活。要动员社会各方

① 1994年8月11日南通市政府办公室以会议纪要第36期发出。

面力量，在老年人密集区，积极兴建创办老年活动场所（室）。今后在规划建设居民新村时，要同时考虑老年活动室的建设，配套实施，以利于老年人就近方便地进行活动。在市区中心地段，筹建一个示范型、服务型、经营型的老年活动中心，由市劳动局、老龄委、老干部局、人事局、退管会共同筹建。可采取股份制事业机构的形式，动员有实力的有关单位和企业参加投资开发。

市区各公园、公共场所、公共绿地对60岁以上的老年人晨间锻炼实行凭卡免费开放；对70岁以上的老年人实行随时免费服务。任何单位和个人不得向晨炼的老年人设卡乱收费。

多渠道筹集老年事业基金，动员社会力量给予资助，为老年人献一份爱心。

三、支持老年人为经济建设和精神文明建设继续作贡献，鼓励兴办各类老年经济实体。对各级老龄部门、老年组织及各单位兴办的旨在为老年事业积累基金改善老年人物质生活待遇的，其从业人员中老年人占一半以上的老年经济实体，在政策上给予照顾，可享受民政福利企事业单位同样待遇。但减免税所得收益的大头，必须作为老年事业基金上缴，适当奖励经营承包人。

四、及早部署，搞好今年敬老日活动。今年是第四个国际老人节，市第八个敬老日，又是国际家庭年。搞好今年敬老日活动具有重要意义。重阳节前后，要集中一段时间，造成一定声势，开展敬老活动。同意市老龄委对敬老节活动的安排。具体意见另行发文。

五、对市老龄委的事业经费，按照实际需要尽量给予增拨。今年敬老节时召开"百佳尊老育幼好家庭"表彰会所需的少量经费由市财政局给予安排。

对全市百岁老人给予定期定额营养补贴，标准每月20元至30元，经费由各县（市）区地方财政解决。

六、市政府由李炎副市长分管老龄工作，今年年底结合老龄委换届召开一次全市老龄工作会议。

关于组建市老龄协会的会议纪要[①]

（2001年10月23日）

10月23日上午，市委常委、常务副市长、市老龄委主任黄利金就组建市老龄协会等事项，在市民政局主持召开了现场办公会议。出席会议的有：市政府副秘书长、市老龄委副主任王昀，市民政局局长、市老龄委副主任兼办公室主任陈德宏，市老年学会会长徐志球、市老龄协会筹备组负责人顾嘉禾、市老龄委办公室副主任印亚平等。

会上，顾嘉禾同志汇报了有关设想和需要解决的若干问题。会议经讨论，明确了

①2001年11月7日南通市政府办公室以南通市人民政府专题会议纪要第20号发出。

以下几点。

一、面对人口老龄化的发展态势和我市老龄工作的实际状况，市委领导同志对老龄协会的事已有过明确意见，赞成建立老龄协会。考虑到我市原来已建有老龄学会，按照《社会团体登记管理条例》的要求，已有相近社会团体的，不再重复建立，因此可将原老年学学会更名为老龄协会。协会的章程按规定拟订。原老年学学会的职能可充实到协会的章程中。

市老龄协会的领导成员（含理事长、副理事长、秘书长和副秘书长）及理事，请顾嘉禾同志和有关方面协商排拟，商老龄委办公室主要负责同志后报市委组织部。

三、有关准备工作做好后，由市民政局负责变更登记注册。

四、市老龄协会办公地点可由民政局妥善安排。

五、市老龄协会提出的6万元办公经费由市财政在有关部门预算中考虑安排，经市政府批准后专户存储，专款使用。今年的工作经费仍按原渠道列支。

六、车辆问题。考虑到市老龄协会同志年事较高的特点，市老龄办的一辆轿车应尽可能优先保证协会领导同志使用。

七、老年发展基金及原市老龄办的财产多年来未予审计，在这次机构调整中，请审计部门予以审计。有关资金的处理待审计后定。

八、市老龄委办公室与市老龄协会工作性质不同，但目标完全一致。在老龄工作中应充分发挥协会中老同志的作用。老龄委办公室与老龄协会应及时沟通有关情况，并尽量提供必要的服务。

会议最后还讨论了召开市老龄工作会议的相关问题。

市政府关于完善南通市区老年人社会优待和服务工作的通知

通政发〔1999〕124号

各县（市）、区人民政府，市各委、办、局，市各直属单位：

尊老敬老是中华民族的传统美德，是社会文明进步的标志。为进一步弘扬我国这一优良传统，更好地关心照顾老年人，在全社会范围内形成尊老敬老的良好社会风尚，根据《中华人民共和国老年人权益保障法》（以下简称《老年法》）和《省政府关于认真做好老年人社会优待和服务工作的通知》（苏政发〔1998〕73号）要求，结合我市实际，现就南通市区60周岁以上的老年人实行社会优待、服务项目及有关部门职责分工等事项，通知如下：

一、凡本市市区（含崇川区、港闸区、市经济技术开发区、狼山旅游度假区，下同）年满60周岁的老年人，均可发给老年人优待证，并按照规定凭证享受各种优待和服务。

此项工作由市、区老龄委负责办理。

二、市区城乡无劳动能力、无生活来源、无赡养人和抚养人，或其赡养人和抚养人确无赡养能力或抚养能力的老年人，由当地政府实行保吃、保穿、保住、保医、保葬的“五保”供养，对其中无生活自理能力的，实行集中供养，并使他们的生活费标准不低于当地居民的平均生活水平。对70周岁以上生活特困老人的救济标准，应高于其他特困对象的救济标准。此项工作由市民政局负责，市老龄委协同办理。

三、对农村男满60周岁、女满55周岁及以上的老年人，免除其义务工和劳动积累工。此项工作由市农经委负责落实。

四、各级、各类医院在挂号室、收费处、就诊室、药房、住院处等窗口设置“老年人优先”标志，对持优待证的老年人优先照顾。有条件的医院要开设老年病专科门诊，设立老年家庭病床，提供上门医疗、送药等服务。百岁老人由属地医院（卫生院）每年免费作一次体格检查。此项工作由市卫生局负责督促落实。

五、各公园、园林、寺庙、图书馆、展览馆、博物馆、纪念馆、老年活动中心，老年人可凭优待证免购门票；进入电影院、影剧院、文化宫（馆）、体育场（馆）、旅游景点等公共文化体育场所，除大型文艺演出和重大比赛活动外，老年人凭证享受半价优惠。进入收费的公共厕所，老年人一律免费如厕。上述场所应设置“老年人免购门票”或“老年人半票”的明显标志。此项工作由市建委、民族宗教事务局、文化局、体委、总工会等单位负责落实。

六、长途汽车站、港口客运站、市内公共车站均需设置“老年人优先购票”的标志，车船上均需设置一定数量的老人席。老年人乘坐车船时，可优先购票、检票、进站、上下车船。逢法定节假日（含元旦、春节、五一节、国庆节和重阳敬老日等），70周岁以上老年人可凭证免费乘坐市内公交汽车。该项工作由市交通局、南通港务局、市建委及公交公司负责落实。

七、各级电信部门和有线电视台对老年人优先办理有关业务，对纯老人户、敬老院、托老所、老年公寓、社会福利院安装电话和有线电视，其初装费在当地现行标准基础上给予优惠。此项工作由南通电信局、市广播电视局分别组织落实。

八、对全市百岁以上老年人，每人每月发给不低于50元的长寿补贴金，资金由各级财政负担。其中，市区百岁老人每人每月补助一百元，由市、区两级财政各半负担。

九、重视研究和开发老年人用品，满足老年人日益增长的物质和文化生活需要。贸易、供销部门要积极做好老年食品、用品的供应，对老年人提供热情周到的服务。大型商场应设老年用品专厅（柜）。各类理发厅（室）、浴室等服务性行业，应对老年人提供优质、优先和优惠服务。此项工作由市经委、财办、贸易局、供销联社和各大商场负责落实。

十、把发展老年社会福利事业纳入国民经济、社会事业发展规划和本级财政预算，鼓励社会各界和个人兴办老年事业。兴办老年公寓、老年康复中心、老年活动中心、老年学校等各类老年公益设施，可视情减免地方收取的各类费用。充分利用现有闲置的设施，为老年人提供服务。乡（镇）敬老院在保证“五保”对象入院的前提下，尽可能吸收自费寄养的其他社会老人。此项工作由市计委、财政局、民政局及相关部门负责落实。

十一、大力弘扬尊老敬老的传统美德，每年九九重阳节（敬老日）和春节前后，各地应开展多种形式的敬老活动，走访慰问百岁老人、“五保”老人和其他生活有困难的老人，为广大老年人送温暖，办实事，奉献爱心，排忧解难。对敬老工作搞得好的单位和个人以及敬老好儿女、好家庭、老有所为积极分子要给予表彰奖励。此项工作由市老龄委、民政局及有关部门组织实施。

十二、要把尊老、养老纳入创建精神文明建设的范围，搞好家庭美德、社会公德和尊老敬老教育，营造尊老敬老的良好的社会氛围。此项工作由市文明办负责。

十三、切实维护老年人合法权益，进一步宣传贯彻《中华人民共和国老年人权益保障法》，并纳入“三五”普法规划，进一步加以宣传贯彻。各级法律服务机构应对老年人免费提供法律咨询，对老年人诉讼提供法律援助。此项工作由市司法局负责落实。

各部门、各单位要大力弘扬尊老、敬老的传统美德，热心关心老龄事业，采取切实有效措施，确保省、市政府关于做好老年人社会优待和服务工作规定的落实。各老龄工作部门要会同有关部门加强督促检查，使广大老年人感受到政府和社会对他们的体贴、关怀，为老年人营造一个温馨的社会大环境。

各县（市）老年人社会优待和服务工作可参照本通知精神执行。

南通市人民政府

1999年7月14日

市政府关于印发《南通市老年人优待办法》的通知

通政发〔2005〕85号

各县（市）、区人民政府，市各委、办、局，市各直属单位：

《南通市老年人优待办法》已经2005年12月27日市第十二届人民政府第49次常务会议审议通过，现予印发，请认真贯彻执行。

南通市人民政府

2005年12月30日

南通市老年人优待办法

第一条　为了弘扬中华民族尊老、敬老、助老的传统美德，切实关心爱护老年人，依据《中华人民共和国老年人权益保障法》、《江苏省实施〈中华人民共和国老年人权益保障法〉办法》，结合本市实际，制定本办法。

第二条　本市行政区域内的国家机关、社会团体、企事业单位、群众自治组织和公民，都应当按照本办法的规定，履行优待老年人的职责和义务。

各级老龄工作委员会办公室负责本行政区域内的老年人优待工作，组织实施本办法。

第三条　鼓励和提倡机关、企事业单位及其他社会组织和个人为老年人提供优惠、优先服务。对敬老助老成绩突出的单位和事迹突出的个人，由各级老龄工作委员会给予表彰和奖励。

第四条　凡具有本市常住户口年满60周岁的老年人，可以申请办理《老年人优待证》（以下简称《优待证》），凭证享受本办法规定的优惠待遇。

《优待证》的制作、发放和管理办法，由市老龄工作委员会办公室另行制定。

第五条　各级医疗卫生服务机构应当在挂号处、收费处、药房、住院处等服务窗口设置老年人优先的标志，对老年人实行挂号、就诊、划价、收费、取药、住院等优先服务。

城市和农村社区卫生服务机构应当为辖区内的老年人建立健康档案。有条件的医院要为行动不便的老年人开展上门服务，开设家庭病床。

第六条　70周岁以下老年人，凭《优待证》可以免费参观游览南通市区各公园、寺庙、博物馆、艺术馆、纪念馆等场（馆）所；可以半票游览狼山景区、剑山景区、军山景区、黄马山景区。70周岁及以上老年人，凭《优待证》可以免费参观游览上述所有场（馆）所、景区景点。

上述场（馆）所、景区景点应当在入口醒目处设置老年人优待标志。

第七条　老年人在全市各影剧院、文化宫（馆）、体育场（馆）等公共文化体育场所，观看演出、比赛的，凭《优待证》享受半价优惠（大型商业性文艺演出和重大比赛活动除外）。

第八条　老年人在法定节假日（元旦、春节、“五一”国际劳动节、国庆节休假日）和重阳节，凭《优待证》免费乘坐南通市区公交车。南通市区70周岁以上的老年人，可凭《优待证》到市公交公司免费办理专用IC卡，凭证持卡免费乘坐市区公交车。

第九条　老年人凭《优待证》免费使用收费公共厕所。

第十条　火车站、长途汽车站和机场等场所，应当在各服务窗口设置老年人优先的标志，并设置老年人候车、候机室（或专座），对老年人实行优先购票、检票和上下车、飞机的优待服务，老年人凭《优待证》进入老年人候车、候机室（或专座）休息。

第十一条 邮政、电信以及商场、饮食、维修等窗口服务单位应结合自身服务特点，为老年人提供各种优先、优惠服务。

第十二条 各级老年活动中心、老年活动站（室）、老年阅览室等一律免费对老年人开放。

第十三条 对年满100周岁的老年人，由户口所在地县（市、区）人民政府负责发放每人每月不少于100元的长寿补贴，并由同级卫生行政部门负责每年组织免费常规体检一次。

第十四条 农村老年人不承担一事一议筹劳（原义务工和劳动积累工）；对缴纳一事一议筹资确有困难的老年人，村集体经济组织应予照顾免缴。

第十五条 对70周岁以上的城乡居民最低生活保障对象，其保障待遇在当地最低生活保障标准的基础上上浮10% — 20%。

第十六条 符合法律援助条件的老年人，各级法律援助机构和有关法律援助组织应当及时提供法律援助。

公证机关办理养老协议公证时，对经济确有困难的老年人，免收公证服务费。

第十七条 支持和鼓励老年人参加各类老年院校开设的老年教育课程学习。各级财政应按有关规定落实老年教育经费。

第十八条 国际老人节、敬老日（重阳节）和春节等节日，各地要组织开展多种形式的敬老助老活动，为老年人办实事、做好事。

第十九条 对不按本办法规定履行优待老年人义务或拒绝履行优待老年人义务的单位，同级老龄工作委员会办公室应当协调督办；经协调督办仍不改正的，由其主管部门按规定追究有关负责人及直接责任人的责任。

第二十条 本办法自2006年2月1日起施行。1999年颁布的《南通市人民政府关于完善南通市市区老年人社会优待和服务工作的通知》（通政发〔1999〕124号）同时废止。

市政府关于加快推进我市社会养老服务体系建设的意见

通政发〔2012〕46号

各县（市）、区人民政府，市经济技术开发区管委会，市各委、办、局，市各直属单位：

为认真贯彻落实党的十七届五中全会提出的“注重发挥家庭和社区功能，优先发展社会养老服务，培育壮大老龄服务事业和产业”的要求和江苏省委实施“民生幸福工程”的总体部署，依据《省政府关于加快构建社会养老服务体系的实施意见》（苏政发〔2011〕127 号）、《省政府办公厅印发省政府关于加快构建社会养老服务体系实施意见责任分解方案的通知》（苏政办发〔2011〕164 号）和《江苏省老龄事业发展“十二五”规划》精神，现就加快推进我市社会养老服务体系建设提出如下意见：

一、进一步提高对加快推进社会养老服务体系建设重要性的认识

加快推进社会养老服务体系建设，是贯彻落实科学发展观、坚持以人为本的重要体现，是加强社会管理创新，推动现代服务业发展的重要内容，也是着力保障和改善民生，促进社会和谐稳定的重要保证。近年来，我市先后出台了一系列政策措施，初步建立起社会养老服务体系，促进了老龄事业的发展。但我市仍面临着严峻的人口老龄化形势，截止到 2011 年底，我市 60 岁及以上老年人口达 178 万人，占总人口的 23.26%。其中 80 岁以上高龄人口达 30 万人，占老年人口的 16.9%；空巢老人近 86.6 万，占老年人总数的半数以上，老龄化、高龄化、空巢化程度是全省乃至全国最高的地区之一。我市社会养老服务体系发展还不完善，还存在总量供给不足，结构不合理，专业队伍缺乏，服务水平不高等问题，社会养老服务供需矛盾仍然十分突出，加快推进社会养老服务体系建设已成为一项重大而紧迫的战略任务。各地、各有关部门要进一步提高对推进社会养老服务体系建设重要性和必要性的认识，增强责任感和紧迫感，采取更加有力的措施，切实把社会养老服务体系建设提高到一个新的水平。

二、进一步明确社会养老服务体系建设的总体要求和主要目标

（一）总体要求。按照“政府主导、政策扶持、社会参与、市场推动”的总体思路，进一步加大政府投入，强化政策引导，充分调动社会各方面力量，全面推进社会养老服务体系建设，建立与经济社会发展相协调、与基本实现现代化进程相同步、与人口老龄化水平相适应，以居家养老为基础、社区服务为依托、机构养老为支撑、信息服务为辅助、覆盖城乡的社会养老服务体系，加快形成投资主体多元化、服务层次多样化、服务方式社会化、服务队伍专业化，运行机制顺畅、监督管理到位、可持续发展的养老服务新格局，努力实现“老有所养”。

（二）主要目标。到 2015 年，基本形成“9073”养老服务格局，即全市老年人口中，90% 的老年人由家庭自我照顾，7% 享受社区居家养老服务，3% 享受机构养老服务。基本建成组织健全、制度完善、设施先进、投资多元、服务规范、城乡一体、人民满意的社会养老服务体系。

—— 市、县（市、区）、乡镇（街道）、村（居）居家养老服务网络全面建成，城乡社区居家养老服务覆盖率达 100%；

—— 全市各类养老机构床位数达到 6 万张，占老年人总数的 3%；

—— 社会投资兴办的养老机构床位数占养老床位总数的比例达到 50% 以上；

—— 护理型床位占养老床位总数的 30% 以上；

—— 养老服务信息管理系统、老年人居家呼叫服务系统和应急救援服务网络基本实现城乡全覆盖；

—— 养老护理人员持证上岗率达到 85% 以上；

—— 以县（市、区）为单位建立政府为困难老年人购买养老服务制度；

—— 市、县（市、区）、乡镇（街道）和社区（村）建有老年文化活动中心（站、室）建成率达到 100%。

三、进一步细化社会养老服务体系建设的各项任务

（一）大力发展社区居家养老服务

充分发挥居家养老基础性作用，建立健全居家养老服务网络，完善社区居家养老服务功能，培育居家养老专业服务队伍，鼓励社会力量参与居家养老服务，为居住在家的老年人提供以解决日常生活困难为主要内容的社会化、专业化服务。

1. 建立健全居家养老服务网络。建立健全市、县（市、区）、乡镇（街道）和社区（村）四级居家养老服务网络，到 2015 年，全市乡镇（街道）及社区（村）居家养老服务中心（站）建成率达到 100%。（责任部门：市民政局、老龄办，各县（市、区）政府）

2. 完善居家养老服务中心（站）功能。推进乡镇（街道）居家养老服务中心及社区（村）居家养老服务站标准化建设，使每个中心（站）具备日间照料、助餐送餐、健身康复、文化娱乐和精神关爱等基本服务功能，为老年人提供短期托养、日间照料、助餐、助洁、助浴、助医、助行、助购，以及文化娱乐、学习教育、体育健身、精神关爱、社会参与、权益维护等多种服务。鼓励多模式开展农村居家养老服务，倡导邻里相助、结对帮扶、组建居家养老流动服务队等形式，组织村干部、志愿者或低龄老年人与困难老人家庭结成对子，实行“一帮一”“一帮多”“多帮一”帮扶服务。（责任部门：市民政局、人社局、老龄办，各县（市、区）政府）

3. 加强居家养老服务指导机构建设。建立健全市、县（市、区）居家养老服务指导站，市居家养老服务指导站负责为市区居家养老服务中心（站）日常工作进行服务、协调和业务指导，对社区居家养老服务站的服务质量进行监督和考核。县（市、区）居家养老服务指导站负责指导、规划、协调、检查督促辖区居家养老服务工作，按项目要求组织开展培训指导、经验推广和考核评估等，全面提高居家养老服务质量。到 2012 年底，县（市、区）全部建立居家养老服务指导站。〔（责任部门：市民政局、老龄办，各县（市、区）政府）〕

4. 健全居家养老服务队伍。通过公益性岗位购买服务，充实居家养老服务专职人员，全面承担居家养老机构管理服务工作。各县（市、区）居家养老服务指导站配备 4 — 5 名、乡镇（街道）居家养老服务中心配备 2 — 3 名、社区（村）居家养老服务站配备 1 — 2 名专职人员。〔（责任部门：市人社局、财政局，各县（市、区）政府）〕

5. 鼓励社会力量参与居家养老服务。采取购买服务、资金补助、提供场所等扶持措施，引导和鼓励社会组织以及家政服务企业专业机构参与居家养老服务，提高居家养老服务专业化水平。至2015年，社会力量参与营运管理的乡镇（街道）、社区（村）居家养老服务中心（站）覆盖面达到50%以上。〔（责任部门：市民政局、老龄办，各县（市、区）政府）〕

6. 培育发展家庭服务业。设立政府扶持基金，引导中介制向员工制家政服务企业转变发展。到“十二五”期末，争取实行员工制或部分员工制的家政服务企业达到70%以上。充分利用国家、省、市家政服务及服务业扶持引导资金，在市区重点扶持2－3个、各县（市、区）1－2个规模较大、管理先进、服务一流的为老服务家政公司，实行规模化、连锁化、品牌化经营，形成地方特色品牌。〔（责任部门：市人社局、商务局、民政局、老龄办，各县（市、区）政府）〕

（二）加快发展机构养老服务

加快各类养老服务机构建设，推进养老服务主体多元化，整合社区养老服务资源，优化养老床位结构，努力形成高、中、低档配套，养、护、助功能齐全，公办、社会投资兴办、合作经营等多种形式共同发展的机构养老服务。

1. 加强示范性养老机构建设。市级建一所1200张床位以上的公办示范性养老机构。各县（市）及通州区建有1所600张床位以上的公办示范性养老机构。〔（责任部门：市民政局，各县（市、区）政府）〕

2. 拓展农村敬老院服务功能。加强农村敬老院硬件设施建设，进一步改善服务条件。到2015年底，5万人以下乡镇敬老院床位建设规模不少于200张，5－8万人口乡镇敬老院床位建设规模不少于250张，8万人口以上乡镇敬老院床位建设规模不少于350张。鼓励乡镇（街道）将农村敬老院在做好“五保”人员集中供养的基础上，通过增加服务项目、拓展服务功能，整合为集五保供养、社会寄养、老年服务、残疾康复、临终关怀等功能于一体的新型农村养老服务中心。〔（责任部门：市民政局，各县（市、区）政府）〕

3. 整合社区养老服务资源。按照就近方便、小型多样、功能配套的要求，整合社会服务资源，将闲置的医院、学校、企业以及各类公办培训中心、活动中心、小旅馆、小招待所等公共设施资源，建设和改造一批社区养老服务设施。鼓励农村利用个人、集体空置房或空闲地，通过政府、集体、社会和个人出资的办法，建设一批小型互助式养老服务设施，并实行规范管理，确保安全运行。〔（责任部门：市民政局、老龄办，各县（市、区）政府）〕

4. 鼓励民办养老机构发展。加大扶持力度，落实相关政策，通过公建民营、民建公助等形式，扶持多种类型的民办养老服务机构建设。到2015年，社会力量投资兴办

养老服务机构床位数达到总床位数的50%以上。〔（责任部门：市民政局、财政局，各县（市、区）政府）〕

5．提高养老护理床位比例。优化养老床位结构，提高具有医疗护理和临终关怀性质的养老护理床位比例，优先保障失能、半失能等困难老年人服务需求。政府重点投资新建和鼓励社会资本兴办具有长期医疗护理、康复促进、临终关怀等功能的养老机构。到2015年，市级建有1所250张以上床位的、以介护或临终关怀服务为主的爱心护理院。各县（市）及通州区各建1所200张以上床位的爱心护理院，重点满足失能、病残、高龄等困难老年人入住需求，护理床位占养老床位的比例达到30%以上。〔（责任部门：市民政局、卫生局、人社局，各县（市、区）政府）〕

（三）积极发展老年人精神关爱服务

加快老年活动场所建设，鼓励社会文化场所向老年人开放，加强老年人心理疏导服务，关心老年人心理健康，扩大老年人社会参与，努力实现“老有所乐”。

1．加快老年活动场所建设。各地、各部门要把老年人文化体育设施建设纳入文化体育事业总体发展规划。到2015年，市、县（市、区）、乡镇（街道）和社区（村）都要建有老年文化活动中心（站、室），使用面积分别不低于5000平方米、3000平方米、500平方米、300平方米。所有的社区（村）和老年人居住相对集中的区域建有老年健身活动场所。〔（责任部门：市发改委、文广新局、体育局、民政局、老龄办，各县（市、区）政府）〕

2．推动社会活动场所向老年人开放。各地要在现有或新建的公益性文化设施中开辟老年人活动场所，利用公园、绿地、广场等公共空间，开辟老年人文化和运动健身场所。鼓励部门和单位管辖的文化活动场所向老年人开放，鼓励各类符合对外开放条件的学校活动场所节假日向老年人开放。公园、图书馆、文化馆（站）、体育馆、博物馆等公共文化活动设施要优惠向老年人开放。〔（责任部门：市发改委、城乡建设局、教育局、文广新局、财政局，各县（市、区）政府）〕

3．加强老年人心理疏导服务。建立老年心理服务组织和服务网络，购买心理关爱服务，培训心理服务专业人员，为老年人提供专业的心理疏导服务。乡镇（街道）及有条件的社区（村）要设立聊天、心理咨询等服务场所，开展心理健康和生命观等方面教育。（责任部门：市民政局、老龄办、卫生局、教育局、各县（市、区）政府）

4．扩大老年人社会参与。加强和扶持老年社会组织建设，鼓励老年人成立各类文体型、服务型、公益型社会组织，为老年人参与社会创造条件。“十二五”期间，设立老年协会、退休人员协会的城镇社区超过95%，设立老年协会的村超过80%。〔（责任部门：市民政局、人社局、老龄办，各县（市、区）政府）〕

（四）全面推进信息化养老服务

加快养老服务网络平台建设，在社区普遍建立数字网络服务系统、养老服务热线、紧急救援系统，推进养老服务手段信息化，努力为广大老年人提供高效便捷的养老服务。

1. 建立养老服务信息网络。“十二五”期间，依托城乡社区综合服务管理信息平台，基本建成上下贯通、左右连接、覆盖全市的养老服务信息网络和管理系统，实行统一软件标准、统一操作流程，实现信息共享、业务协同。开设网络服务热线，及时收集老年人的服务需求，实现养老服务与养老机构、养老企业的对接。〔（责任部门：市民政局、经信委、人社局、老龄办，各县（市、区）政府）〕

2. 建设居家呼叫服务系统。加快建立县（市、区）级居家呼叫和应急救援综合服务平台，为老年人提供多种需求呼叫服务。2012 年，市区全部建立老年人居家呼叫服务系统和应急救援服务网络；2015 年前，县（市）全面建立居家呼叫服务系统和应急救援服务网络，基本实现全市 80 周岁以上独居、“空巢”家庭老年人居家呼叫系统和应急救援网络全覆盖，其中困难老人的呼叫系统安装、服务费用由当地政府承担。〔（责任部门：市民政局、人社局、老龄办，各县（市、区）政府）〕

（五）加强养老服务专业人才队伍建设

加快养老服务人才队伍建设，提高养老护理人员素质，建立从业人员待遇增长机制，推动助老志愿行动长期健康发展。

1. 提高从业人员素质。推行养老服务机构工作人员和居家养老服务人员持证上岗、定期培训制度，提高养老服务专业化水平。吸引一批学历较高、年轻优秀的人才充实到养老服务队伍中来。鼓励大中专院校及职高、职业技术学校设置养老护理专业，开展委培业务。到 2015 年 85% 以上的护理员实现持证上岗。〔（责任部门：市人社局、教育局、民政局，各县（市、区）政府）〕

2. 稳定养老护理人员队伍。利用再就业援助和公益性岗位等优惠政策，吸引有就业意愿的失业人员加入到护工队伍。建立养老从业人员工资待遇与专业技能等级挂钩制度，吸引更多的人才从事养老服务工作。对持有《国家职业资格证书》并在同一养老服务机构工作一年以上的服务人员，每月给予特殊公益性岗位补贴 200 元，就业困难人员每月给予400元补贴；养老服务组织吸纳具有社工专业资格人员从事为老服务的，每月发放特殊公益性岗位补贴 200 元。上述补贴资金崇川区、港闸区、市经济技术开发区由市就业专项资金负担，各县（市）、通州区应根据财力情况相应配套。根据经济和社会发展情况，建立养老护理人员待遇增长机制，逐步提高从业人员待遇。〔（责任部门：市人社局、民政局、财政局、卫生局，各县（市、区）政府）〕

3. 鼓励志愿者参与养老服务。重视发展和壮大各类志愿者服务组织，建立健全志愿者服务活动长效机制，开展志愿者与被服务老人的结对服务和有针对性的专业服务。调动社区老干部、老教师和老年医疗工作者的积极性，广泛参与低龄老年人服务高龄老年人等志愿服务活动。建立义工服务时间储备制等互助服务机制，推动助老志愿行动长期健康发展。〔（责任部门：市文明办、民政局、教育局、人社局、卫生局、团市委、文广新局，各县（市、区）政府）〕

（六）加强养老服务规范管理

加快养老服务制度建设，加强对养老服务机构运营的监督管理，建立健全养老服务标准，提高养老服务质量，完善社会评价机制，推进养老服务管理规范化建设。

1. 加强对养老服务机构运营的监督管理。建立健全养老服务准入、监管、退出制度，促进社会养老服务体系健康有序发展。建立和实施养老服务机构认证、评级、年检制度，监督养老服务机构落实设置标准、服务规范、技术规范等行业标准，强化对养老服务机构，尤其是营利性养老服务机构的服务范围、服务质量及服务费用收支情况的日常监督和年度检查。〔（责任部门：市民政局、物价局）〕

2. 建立健全养老服务标准。建立老年人服务机构基本建设规范，健全居家养老服务标准，进一步细化生活照料、康复护理、医疗保健、心理关爱等各项具体服务项目的内容和标准，规范养老服务行为。积极推行养老服务机构 ISO9001 质量体系认证，切实提高养老服务质量。〔（责任部门：市民政局）〕

3. 建立社会评价机制。制定社会养老服务效果评估办法，积极引入第三方评估机制，对养老服务机构的服务技能和服务质量、入住公办养老机构和享受政府购买服务对象资格、财政资金补助对象资格等开展社会评估评审。〔（责任部门：市民政局、人社局、老龄办）〕

4. 发挥行业协会自律作用。在市、县（市、区）成立老年服务行业协会。行业协会要积极协助民政部门加强养老服务机构规范化建设，制定行业标准，进行资质评估，开展行业培训，对全市养老服务机构实施行业自律管理。〔（责任部门：市民政局、老龄办，各县（市、区）政府）〕

四、进一步完善社会养老服务体系建设的各项扶持政策

（一）制定养老服务机构设施布点规划。根据《南通市老龄事业发展“十二五”规划》，结合各地实际，编制市区和各县（市）老年服务设施布局专项规划。通过科学布局、合理设点、分类实施，将养老机构、居家养老服务设施等养老服务设施建设项目逐一落实到各个乡镇（街道）、社区（村）。把养老服务设施建设作为与幼儿园、中小学等社会配套设施同等重要的内容，纳入社区配套用房建设范围，按照每百户 20 平方米建筑面积的标准，相对集中地进行配建。市区（含通州区）养老设施布局专项规划由市民政部门会同市规划部门共同编制，由市政府颁布；各县（市）及通州区根据市专项规划原则、目标、任务和本地实际，编制相应的养老服务设施布局专项规划。规划主管部门在规划编制与规划管理中予以落实，建设单位在组织老年服务设施项目的竣工验收时，邀请民政、老龄部门参加。〔（责任部门：市发改委、国土局、规划局、民政局、人社局、老龄办，各县（市、区）政府）〕

（二）完善土地供应政策。老年服务设施建设用地选址应符合当地土地利用总体规划，在当地年度土地利用计划分配时对急需用地的重点老年服务设施建设用地给予倾斜安排。对福利性和非营利性养老服务机构，采取划拨方式供地；对营利性养老服务机构，采取招拍挂出让或租赁方式供地。重点项目用地重点保障，对建设规模达到1000张以上床位的养老机构或500张以上的养老护理院等重点项目，使用点供指标供地。对农村集体经济组织使用本集体经济组织土地兴办养老服务机构的，可依法办理农村集体建设用地使用手续。加强养老机构消防安全工作，完善消防管理制度，提高建筑耐火等级，配备相应的器材设施。经县级以上民政、卫生等部门同意筹建的养老机构、护理院等，消防部门按国家或行业消防技术标准予以审批备案。对不能达到消防要求的养老机构，由消防部门和民政部门研究具体的整改规范意见，对经整改仍不符合消防标准或不具备整改条件的既有养老机构，民政部门依法予以取缔。〔（责任部门：市国土局、民政局、卫生局，市消防支队，各县（市、区）政府）〕

（三）落实税费优惠政策。对养老院提供的养老服务免征营业税，对非营利性的老年服务机构符合条件的免征企业所得税。养老机构自用房产、土地，暂免征收房产税、城镇土地使用税。个人通过非营利性社会组织和政府部门向福利性、非营利性养老机构的捐赠，在缴纳个人所得税前准予全额扣除。企业对包括养老机构在内的公益性捐赠支出符合规定的，在年度利润总额12%以内的部分，准予在计算应纳税所得额时扣除。对新建的老年服务设施，免收市政基础设施费等行政事业性收费。养老服务机构使用水、电、燃气、有线电视、固定电话、宽带网络，有关单位应当按照居民用户标准收取费用，有初装费的减半收取。对符合规定的小型微利养老服务机构给予税费优惠。〔（责任部门：市财政局、国税局、地税局及相关部门）〕

（四）提供金融信贷服务。不论公办还是社会力量兴办养老机构，金融部门应当给予支持。凡具有本市户籍、登记失业人员兴办养老服务机构，已领取工商营业执照，并符合条件的，可以按规定享受小额担保贷款的相关政策。〔（责任部门：市人社局、财政局、人民银行）〕

（五）健全医疗服务政策。支持在养老机构内设置或合作设立医疗站（点），凡养老机构和护理院其医疗服务站（点）符合医保定点单位条件的，纳入城镇职工（居民）基本医疗保险和新型农村合作医疗定点范围，享受社区公共卫生服务的有关优惠政策。基层医疗卫生机构应当免费为辖区内老年人建立居民健康档案，定期为老年人提供健康管理服务。鼓励和引导社区卫生服务机构转变服务模式，主动为长期卧床、70周岁以上和独居等行动不便老人提供医疗规范许可的上门服务。对入住养老机构的低保低收入家庭需生活照料的老人给予每人每月不低于200元的定额补贴。推行60周岁以上老年人意外伤害保险制度，其中“三无”、“五保”、城乡低保及低收入家庭老年人群的保险费用由各级政府承担，其他对象由各级财政按保险金额给予不低于1/3的补助。〔（责任部门：市卫生局、人社局、财政局、民政局、老龄办，各县（市、区）政府）〕

（六）实行政府供养和补贴政策。逐步提高尊老金发放标准，从2012年始，全市80周岁以上老年人每人每月不低于60元，90周岁以上不低于100元，100周岁以上不低于300元。今后各地要结合当地经济发展水平，逐步提高发放标准。建立以县（市、区）为单位的政府为困难老年人购买养老服务制度，以服务券形式给予政府购买服务对象，建立服务券管理制度，加强对服务券发放和使用情况的检查。到2015年，全市60岁以上分散供养“三无”“五保”老人，低保、低收入家庭中的空巢、失能老人，70岁以上无固定收入的重点优抚对象，80岁以上重度失能老人，以及90岁以上高龄老人纳入政府购买服务范围。提高老年人优待水平，全市65周岁以上的老年人凭优待证免费进入旅游景点、公共文化体育健身场所，持卡免费乘坐城市公共汽车；60－64周岁的老年人享受半价优惠。〔（责任部门：市民政局、财政局、城乡建设局、交通运输局、人社局、老龄办，各县（市、区）政府）〕

（七）落实居家养老服务机构经费补贴制度。乡镇（街道）居家养老服务中心建设补助不少于20万元，运营补助每年不少于10万元；社区居家养老服务站建设补助不少于10万元，营运补助每年不少于2万元。其中崇川区、港闸区、开发区社区居家养老服务中心（站）建设及营运，市财政给予适当补助。通州区及其它县（市、区）建设补助及营运补助由县（市、区）级财政负责承担。〔（责任部门：市财政局，各县（市、区）政府）〕

（八）提高民办养老机构经费补贴。对新建、改扩建的民办机构的床位建设补贴由现行的2400元－3000元提高到平均5000元；对机构的营运补助标准由目前的平均每床每月50元提高到80元。床位补贴、营运补助经费由入住老人户籍所在地政府承担。其中，崇川区、港闸区、开发区床位补贴和营运补贴，市财政给予适当补助。〔（责任部门：市民政局、财政局，各县（市、区）政府）〕

（九）扶持老年用品和产品市场开发。突出做好老年人的医疗卫生、康复辅具、信息服务、文化产业等老年用品和服务产品的开发，给予必要的资金补助和投资担保，拓展适合老年人多样化需求的特色护理、家庭服务、健身休养、文化娱乐、金融理财等服务项目，形成一批生产老年用品和提供老年服务产品的龙头企业，打造一批养老产业品牌。探索建设一批县（市、区）级老年服务产业园区及乡镇（街道）老年服务街区，开发一批适宜老年人居住的住宅小区（社区）。〔（责任部门：市民政局、规划局、卫生局、老龄办等相关部门，各县（市、区）政府）〕

五、进一步健全社会养老服务体系建设的保障措施

（一）加强组织领导。建立南通市社会养老服务体系建设联席会议制度，由市政府分管领导担任召集人。联席会议由市发改委、民政局、财政局、人社局、国土资源局、规划局、商务局、国税局、地税局、老龄办、人行、公安消防支队等部门和单位组成。联席会议负责研究协调解决社会养老服务体系发展中遇到的重大问题，检查监督工作落实。联席会议相关成员单位要切实履行工作职责，加强沟通、密切协作，努力形成推进社会养老服务体系发展的整体合力。

（二）加大公共财政投入。各级政府要从促进老龄工作的实际出发，将老龄工作经费纳入财政预算，保证老龄工作正常顺利开展，并根据经济社会发展水平逐步增加。建立养老服务专项经费，逐步加大公共财政对社会养老服务体系的投入，保证社会养老服务体系发展有关建设资金及扶持资金足额到位。

（三）强化督查指导。进一步理顺老龄工作管理体制，设立各级老龄工作机构并明确职责，配齐配强工作人员。老龄部门要充分发挥组织协调、调查研究、检查指导职能，督促相关法规政策和工作任务的落实，定期对社会养老服务体系推进政策措施落实情况进行督促检查，并将优惠政策及政策落实情况向社会公布。

（四）完善考核机制。各级政府要把社会养老服务体系发展摆上重要议事日程，纳入国民经济和社会发展规划及现代服务业发展行动计划，重大养老服务设施项目每年都要列入政府为民办实事项目，并把社会养老服务体系特别是居家养老服务和机构养老工作作为社会管理创新的重要指标，纳入各地社会管理综合考核指标体系，进行逐级考核。

（五）营造社会氛围。围绕建设社会主义核心价值体系，大力弘扬中华民族传统美德，在全社会深入开展敬老、爱老、助老教育。加大宣传力度，及时报道各地、各部门发展社会养老服务体系的好经验、好做法。充分发挥典型引领作用，结合各地实际，树立和表彰先进典型，形成全社会关心、支持社会养老服务体系发展的良好社会氛围。

南通市人民政府

2012 年 5 月 4 日

第四节　南通市政府办公室文件（9件）

市政府办公室转发
南通市老龄事业“九五”发展计划的通知

通政办发〔1997〕124号

各县（市）、区人民政府，市各委、办、局，市各直属单位：

经市政府同意，现将市老龄委、民政局、计委、人事局、劳动局、财政局、建委、卫生局、老干部局、总工会、妇联等部门制订的《南通市老龄事业“九五”发展计划》转发给你们，请认真贯彻落实。

南通市人民政府办公室

1997年6月5日

南通市老龄事业“九五”发展计划

到本世纪末，全国老年人口总数为1.3亿，占总人口比例的10%，开始进入老龄化的国家。老龄问题作为一个重大的带战略性的社会问题，已经引起了全社会的广泛关注。党和政府历来十分关心和重视老龄问题，大力支持老龄事业的发展。党的十三大、十四大报告中明确提出了“要注意人口迅速老龄化的趋向，及时采取正确的对策”、“重视研究人口老龄化问题，认真做好这方面的工作”等要求。1996年8月29日全国人大常委会颁布了《中华人民共和国老年人权益保障法》，为维护老年人合法权益，加强老龄工作，发展老龄事业提供了法律保障。

1982年，我市已经跨入老龄化地区的行列，老龄化呈现时间早、速度快、程度高、高龄化的特点。至1995年底，我市老年人口已达116.38万，约占总人口的14.88%，人口老龄化、高龄化问题十分突出。

我市的老龄工作和老年事业在市委、市政府的领导下，取得了显著的成绩，初步形成了市、县（市、区）和乡（镇）三级老龄工作网络，老有所养、老有所为、老有所医、老有所学、老有所乐（以下简称“五个老有”）有了较快的发展，敬老养老的社会风气初步形成，老年活动阵地和服务于老年人的公益设施有所发展，为进一步加大老龄工作的力度，制订老龄事业“九五”发展计划，使我市老龄事业与整个经济和社会事业发展相适应，与全市人口老龄化发展形势相适应。

一、指导思想

根据党的十四届六中全会关于加强精神文明建设的要求，认真贯彻落实《老年人权益保障法》，按照市委、市政府《关于完善“两级政府、三级管理”体制，加强社区建设和管理的若干决定》中有关精神，“九五”期间，全市老龄工作和发展老龄事业总的指导思想是：贯彻执行邓小平同志建设有中国特色社会主义理论和党的以经济建设为中心的基本路线，以《老年人权益保障法》作为发展老龄事业的大纲和依据，在市委、市政府的领导下，依靠全社会共同努力和各有关部门的协同配合，调动广大老年人的积极性和老龄工作者的创造精神，有计划、有目标、有步骤地发展符合我市经济水平、具有沿海开放城市特色的老龄事业，努力实现“五个老有”这一具有中国特色的老龄事业总目标。

发展我市老龄事业，要坚持以发展生产力、增强经济实力为基础，做到老龄事业同我市的国民经济和社会事业协调发展；坚持以改善老年人物质生活和精神生活为内容，做到老年服务和老年医、学、乐等各项事业的全方位发展；坚持以家庭养老为主，充分发挥家庭对老年人的经济供养、生活照料、精神慰籍等方面的功能，大力促进社区服务、养老保险、社会保障较快地发展；坚持以《老年人权益保障法》为准绳，依法保障老年人的合法权益，做好宣传教育工作，弘扬尊老敬老的传统美德，促进社会风气的健康发展；坚持以兴办老年公寓、老年活动场所、老年医院、农村敬老院等老年公益设施为基础，促进老年社会化服务体系的发展。

二、目标与任务

（一）保障老有所养，在城乡广泛建立国家、集体、个人相结合的养老保险，切实保障老年人晚年基本生活。要采取措施，在整个社会生活水平有所改善的同时，保证老年人生活水平相应提高。要把老年人奔小康作为全面实现小康社会中一个突出的问题予以重视，促进老年人达到小康生活水平。在城镇，要逐步建立健全适应社会主义市场经济要求的养老保险体系，全面组织动员企业、职工、个体劳动者及其他各类人员参加养老保险，城镇养老保险覆盖面达到100%；同时进一步加强养老保险事业的管理，强化社会化服务功能，鼓励有条件的单位和个人参加补充养老保险及其他类型的保险。在农村，老年人养老主要依靠家庭，家庭赡养人对老年人经济上供养、生活上照料和精神上慰藉具有义不容辞的责任和义务，逐步建立社区扶持体系以帮助和加强家庭的养老功能。大力发展农村社会养老保险，为未来老年人养老创造有利条件，力争到2000年，人人都要参加养老保险，农村社会养老保险投保率达到100%。对无子女老人，由所在地乡镇实行保吃、保穿、保住、保医、保葬的“五保”供养制度。努力扩大城乡老年社会化服务，逐步发展社区服务中心，建立老年生活服务、医疗保健、文体娱乐三大服务体系，提倡老年人自我服务、相互服务、为高龄和病残老人服务。

（二）做好老有所医，加强老年人的疾病预防、保健、医疗和康复工作。卫生部门要重视老年病研究防治，组织和动员各医院搞好对老年疾病的医疗工作，大力促进老年医疗事业的发展。逐步把市第三人民医院改建成南通市老年病医院，建设成为我市老年病的专门研究、防治和医疗中心，把南通市老年康复医院办成老年病康复中心；在各县（市）、区医疗机构调整中，创办一批老年病护理医院或康复医院，较大的医院设置老年病防治专科，开设老年病门诊和老年病房；乡（镇）卫生院要加强老年病的诊治，提供热情周到的服务，确保老年人生病能得到及时治疗。对有特殊情况的家庭和老人开展送医上门，建立家庭病床，确保老年人看病就医得到优先安排，优质服务，优惠收费。在城镇，逐步实行医疗基金社会统筹，建立职工医疗保险制度。在农村，广泛推行合作医疗制度，因地制宜地发展医疗保险机制，完善农村医疗保障体系。以“健康老龄化”为目标，分别在市、县（市、区）、乡（镇）各级医疗机构中建立老年健康指导中心、指导站、指导室，帮助老年人提高自我保健能力。在城乡积极推广拳功操，突出老年保健、传统医学、自然疗法等特色的老年健康教育普及工作。

（三）实现老有所为，鼓励老年人参与经济建设和精神文明建设，为发展经济和繁荣文化事业作贡献。重视发挥老年人作用，加强老年人才开发利用，支持老年人开展革命传统教育，关心下一代，参加各种有益的社会活动。在城镇，组织和动员低龄的、健康的老年人创办老年经济实体。在农村，发挥老年人生产技能和经验，根据各地实际发展种植业、养殖业、加工业和庭院经济。促进城乡老年人实现“以为促养、养为结合”的积极养老目标，提高生活质量，增进身心健康，丰富晚年生活。

（四）围绕老有所学，不断地发展老年教育事业，提高老年人精神生活质量。进一步巩固现有老年大学的办学成果，提高办学质量。根据老龄化的形势和老年人加强学习的迫切要求，不断扩大老年教育范围和拓展教学领域，在办好老年活动中心（室）的基础上，市和县（市）要扩大老年教学场所，增加招生数目。推进老年学校向乡（镇）、街道和大型企业延伸，要把老年教育纳入乡镇成人教育的范筹，从组织上证老年教育事业健康稳步发展。到2000年，乡（镇）办老年学校的面不少于60%。市和县（市、区）的广播电台、电视台要多办老年节目，力争在南通电视台开辟“空中老年大学”，使我市的老年教育走上电化教育的发展道路。各类报纸、刊物要多刊登保健、医疗、生产生活常识等老年人喜闻乐见的资料，开展丰富多彩的老年教育成果展览活动，增强老年人的学习兴趣。

（五）丰富老有所乐，充实老年人的精神文化生活。广泛征订老年人爱看爱读的报刊和书籍。发动各类影视放映点对老年人看电影提供半价、免费等形式的优惠服务。开展多种形式的老年人自编、自演、自娱的文化娱乐活动和老年体育健身活动。在基础设施方面，2000年前，初步建成规模较大、功能较全的市级老年活动中心，并对全社会老年人开放；各县（市）、区各建一所老年活动中心，已建的要扩大规模，向社会老年人开放。发展乡（镇）、街道老年活动中心，“九五”期间，力争100%的乡（镇）、街道都有一所老年活动场所，80%的农村行政村及城镇居委会都有老年活动室。

（六）加大对老年公益设施的投入，加快老年公益设施建设步伐，兴办一批老年公寓、托老所、敬老院。“九五”期间，市区力争兴建一所具有一定规模和上档次的老年公寓。各县（市）、区各建一所老年公寓。100%的乡（镇）因地制宜地建好或改建好敬老院（老年公寓），达到既能确保五保老人居住，也能接受社会老人入寓寄养。动员有条件的街道兴办老年公寓和托老所，有条件的居委会也可办托老所。新建住宅区要配套建设老年公益设施。城市规划、市政建设、居民住宅、公共设施必需考虑老年人特殊需求，搞好设计和配套设施建设。

（七）重视老年学的探讨和老龄问题的调查研究，及时提出解决人口老龄化问题的对策建议。办好市老年学会，加强学会组织建设和会员发展工作，充分发挥热心于老年学研究的专家、学者和老龄工作者的作用，多出成果。在加强理论研究的同时，重视实践经验的总结推广，使理论和实际相结合，使研究成果得到开发运用。

三、主要措施

（一）全面贯彻执行《老年人权益保障法》。《老年人权益保障法》是老年人晚年生活的保护神，是发展老龄事业的根本大法，贯彻落实该法是老龄工作部门及全社会义不容辞的责任。发展老龄事业，维护老年人的合法权益，也就是全面执行《老年人权益保障法》的各项要求。要扎扎实实做好老龄工作，推进我市老龄事业的进一步发展，就必须全面贯彻《老年人权益保障法》。各地要切实保障老年人晚年生活安定，有关部门对老年人的来信来访、检举控告要认真待，及时受理，秉公办理，并对老年人提供方便，对侵害老年人合法权益、虐老弃老的行为要坚决依法惩处。

（二）真正把老龄事业纳入我市国民经济和社会发展总体规划，统筹安排，重点实施，逐步增加对老龄事业的投入，使老年公益设施在“九五”期间有较明显的发展。在发展老年公益设施的过程中，一方面要加大财政的投入，另一方面要鼓励社会各界积极为发展我市老龄事业作贡献。在加大对老龄事业投入的实施过程中，要注意研究和解决好各种矛盾和问题，加强监促、检查，努力实现预期的目标。

（三）加强老龄问题的宣传和敬老养老的教育，把它作为社会主义精神文明建设的重要内容，认真加以落实。各地、各部门和单位要运用报纸、电台、电视台及其他舆论宣传工具，广泛宣传党和政府有关老龄工作的方针、政策，宣传《老年人权益保障法》，宣传老年人的社会作用和地位，弘扬中华民族敬老养老的传统美德。要切实搞好一年一度的南通市敬老。日活动和敬老宣传周活动，深入持久地开展“敬老育幼文明好家庭”、“敬老养老好儿女”、老年社区服务先进单位的创建评比表彰活动。

要广泛动员社会各方走访慰问高龄老人、特困老人，大力开展为老年人送温暖、献爱心、扶危济困、志愿助老活动，努力形成敬老养老的社会氛围和良好的社会道德风尚。

（四）进一步强化老龄组织建设，完善老龄工作管理体制，各县（市）都要充实完善强有力的老龄委领导班子，根据需要配备好老龄工作专职干部。解决好老龄工作人员的生活、待遇等问题，努力造就一支适应人口老龄化需要的老中青、专兼聘相结合的老龄工作队伍和科研队伍，发挥乡（镇）老同志在做好地方老龄工作中的重要作用。对老龄工作干部要有计划有目的地进行培训，提高他们的思想素质和工作能力，增强事业心、责任感和使命感。

（五）千方百计筹措基金，增强发展老年事业的物质基础。加强政府投入，各级财政要随着经济的发展逐年增加老年事业经费。加强社会发动工作，要动员效益较好的企事业单位、社会团体、民营经济以及港澳台同胞对老年事业进行捐助。加强自我创收，努力扩大积累，积极为发展老龄事业创造条件，把市老年基金会发展成为有较强实力的经济实体。“九五”期间，各县（市）、区也要相应建立老年基金促进会，有条件的乡（镇）、街道也可建立老年基金促进分会，适当开展集资募捐工作。

（六）加强对发展老龄事业的组织领导。各级政府要高度重视老龄问题，真正把老龄事业纳入工作目标，加强研究部署。进一步发挥好老龄工作部门作为党委、政府的参谋助手作用，发挥老年人和老年群团组织的作用，全社会共同来关心、支持老龄事业的作用，努力促使老龄事业不断上新的台阶，以优异的成绩迎接21世纪的到来。

南通市老龄工作委员会
南通市民政局
南通市计划委员会
南通市人事局
南通市劳动局
南通市财政局
南通市城乡建设委员会
南通市卫生局
中共南通市委老干部局
南通市总工会
南通市妇联
1997年6月5日

市政府办公室关于印发
南通市老龄事业发展“十一五”规划的通知

通政办发〔2006〕164号

各县（市）、区人民政府，市各有关部门和单位：

《南通市老龄事业发展“十一五”规划》已经市政府同意，现印发给你们，请认真组织实施。

南通市人民政府办公室

2006年12月31日

南通市老龄事业发展“十一五”规划

为了推进老龄事业发展，适应人口老龄化形势，根据党的十六届五中全会和国家、省关于“十一五”老龄事业发展的有关要求，结合我市老龄事业发展的实际，制定《南通市老龄事业发展“十一五”规划（2006－2010年）》。

一、老龄事业发展现状

“十五”期间，在市委、市政府的正确领导下，在上级业务部门悉心指导和各成员单位的大力支持下，经过各级老龄工作者的共同努力，我市的老龄事业取得了显著的成绩。

——老龄工作体制基本理顺，基层老龄工作的组织网络初步建立。全市市、县（市）区老龄组织的覆盖面达100%，乡镇（街道）达95%以上，村、居委会基层老年协会覆盖面已达90%以上。

——养老保障体系不断健全，老年人基本生活得到切实改善。养老保险覆盖面进一步扩大，基本养老金水平逐步提高。在确保城镇退休职工养老金及时足额发放的同时，建立了城乡老年人最低生活保障制度，提高了城镇贫困老人最低生活保障标准。农村五保老人供养水平有了新的提高。全市现有农村敬老院176所，床位9807张，集中供养7456人，占45.42%；分散供养8958人，占54.58%。积极推广农村家庭签订养老协议的做法，进一步健全了居家养老为主、社会养老为辅的农村养老保障体系

——老年人医疗保障得到加强，医疗救助制度基本建立。市区构建社区卫生服务体系，方便城市老人就地就诊；农村推行合作医疗制度，解决农村老年人大病医疗难问题，农村老年人参加合作医疗人数达90%。启动大病医疗救助，将农村“五保”户等困难群体纳入救助范围。

——老年优待服务工作得到进一步落实，老年人合法权益得到有效维护。方便老年人的无障碍设施建设初见成效；市区70周岁以上老年人免费乘公共汽车、免费进入公园景点游览得到落实。为老援助和法律服务体系逐步建立，较好地维护了老年人的合法权益。市、县两级分别建立了老年维权法律援助中心，生活确有困难的老年人基本得到法律援助。

——老年人精神文化生活日益丰富，老年教育、文化、体育事业有了较大发展。全市老年大学县级以上有9所，乡镇级96所，在校人数达18000多人。老年大学的办学层次和开设的专业都有了新的突破和发展。“十五”期间，各地普遍开展了走访慰问、结对帮扶、评比表彰、广场服务、文艺演出等丰富多彩的社会尊老敬老活动，弘扬了中华民族的传统美德，极大地丰富了老年人的精神文化生活。

“十五”期间，我市老龄工作扎实有效的开展，为我市老龄事业的发展奠定了良好的基础。但是，面对人口老龄化现状和发展的新形势，我市老龄事业在总体上仍滞后于社会经济的发展，老年人的需求与社会供给的矛盾日益突出，老龄工作机制还不够完善，老年社会保障制度有待完善，老龄事业投入机制还不健全，老年服务设施建设比较缓慢，老龄产业发展滞后，这些问题都需要在“十一五”期间切实加以解决。

我市人口老龄化程度在全省最高，全市现有老年人147.67万，占总人口的18.95%，并以每年3.2%的速度递增。未来五年，我市人口老龄化具有增长速度快、老年人口数量大、农村养老资源减少、人口高龄化显著等特点。预计到2010年，全市60岁以上老年人将增加到172万。人口老龄化直接关系到人民群众的切身利益，直接影响着改革发展、稳定的大局，也直接作用于我市政治、经济、文化、和社会的可持续发展。因此，加强老龄工作刻不容缓，必须下大气力加强老龄工作。加快老龄事业发展，综合解决人口老龄化问题，是落实“三个代表”重要思想和以人为本科学发展观的重要体现，是经济社会发展的必然要求，是实现全面小康社会和构建社会主义和谐社会的重要内容。

二、指导思想、总体目标

（一）指导思想

以邓小平理论和“三个代表”重要思想为指导，深入贯彻落实“党政主导、社会参与、全民关怀”的老龄工作方针，紧密结合我市老龄工作的实际，突出改革精神，正确处理老龄事业与经济社会发展的关系，努力完善社会保障制度，维护老年人的合法权益，充分发挥政府、社会、家庭和个人的作用，提高老年人的生命质量和生活质量，按照构建“和谐社会”的要求，促进老龄事业和经济、社会的协调发展。

（二）总体目标

“十一五”期间，我市要建立完善“五大保障体系”：一是建立完善养老保障体系。到“十一五”期末，全市城镇职工基本养老、医疗保险实现100%覆盖；力争使我市养老机构床位数达到千名60岁以上老人拥有床位数15张以上（其中市区达17张以上）。二是建立医疗保障体系。加快推广以大病统筹为主的新型农村合作医疗，逐步形成较为完善的农村医疗保险制度，使老年人的参加率达85%以上。三是建立老龄事业基础设施保障体系。市区建一所设施完善、功能齐全的老年人活动中心，一所示范性的老年福利机构；各县（市）区也要有一所以上老年活动中心（场所）。四是建立适应居家养老和社会养老相结合的为老服务体系。市区建1－2所老年人用品服务场所；各街道（镇）建一所老年服务中心；各社区普遍建老年服务站。五是建立老龄事业经费投入的保障体系。各级财政要逐年增加老龄事业的经费投入，要从政策上鼓励引导社会兴办公益福利事业和老龄产业。通过落实“五大养老体系”，进一步营造“敬老、爱老、助老”和代际和谐的良好社会氛围，力争实现“老有所养、老有所医、老有所教、老有所学、老有所为、老有所乐”的老龄工作目标，促进积极老龄化，使每位老年人共享经济社会发展的成果。

三、主要任务

（一）建立完善社会养老保障制度

1．完善城镇企业职工基本养老保险制度。要继续确保企业离退休人员基本养老金按时足额发放，切实保障离退休人员的合法权益。扩大基本养老保险覆盖范围，加强基本养老保险基金征缴与监管。逐步做实个人账户，不断积累基本养老保险基金。改革基本养老保险金计发办法，进一步完善鼓励职工参保缴费的激励机制。发展企业年金，建立多层次的养老保险体系，更好地保障企业职工退休后的生活。做好企业退胜人员社会化管理服务工作，社会化管理服务率达99.6%。

2．大力推进农村社会养老保险，不断提高全市适龄农民参加农村社会养老保险率。在有条件的地方，要逐步建立个人出资、集体扶助、财政投入相结合的农民养老保险新模式，使保障水平与农村经济社会发展相适应。完善被征地农民基本生活保障制度。推进计划生育家庭养老扶助制度。

3．进一步完善城乡居民最低生活保障制度。进一步完善城乡居民最低生活保障制度，将符合相关规定的固难老年人纳入低保，做到应保尽保，保障率达100%。各地要根据城乡经济发展的程度，逐步完善科学的城乡居民最低生活保障自然增长机制。

4．进一步加强农村“五保供养”工作。争取实现农村“三无老人”应保尽保；加强管理和服务，使分散供养老人的生活水平不断得到提高；进一步整合农村养老资源，加强农村敬老院的改扩建，力争改、扩建50所农村敬老院；全面落实农村“五保”供养政策，“五保”供养率达100%，集中供养率达55%以上。

5．大力兴办社会养老福利事业。进一步加大政策优惠和资金扶持力度。积极探索老年福利机构“民办公助、公办民营”的新思路，实现老年福利事业投资主体多元化、运行机制市场化、服务方式多样化、服务手段信息化。在我市基本建成以国家兴办的福利机构为示范、其他多种所有制形式的福利机构为骨干、社区福利服务为依托、居家供养为基础的老年福利服务网络。市区建立一所床位数达500张以上，集养护、医疗、康复、护理、职业培训等功能为一体的综合性的示范养老机构；各县（市）、区均应建立一所床位数达150张以上，功能齐全的综合性福利机构。

（二）改革和完善医疗保健体系

全面实施以大病统筹为主的新型农村合作医疗制度。加大对老年人的健康状况的动态管理，对农村老年人建立健康档案，建档率达80%。做好农村贫困老年人参加新型合作医疗和大病医疗费用的补助工作，提高农村老年人健康水平。

加快发展社区医疗服务机构，建立和完善以社区卫生服务为基础的老年医疗服务网络。城镇老年人建档率达85%。提倡设立家庭病床。使老年人得到就近、方便、及时的医疗服务。加强社区老年卫生保健工作，增加服务项目，改进服务措施，为老年人提供预防、医疗、护理和康复等多种服务。改善老年病医疗设施，重视老年人常见病和多发病的防治和康复研究，提高老年病急救、治疗和康复水平。大力开展老年健康教育和预防保健工作，健康教育普及率达到85%以上。加强老年病专科建设和老年保健科学研究，促进老年卫生工作与社会经济协调发展。

（三）推进老龄事业基础设施建设

1．公共服务设施建设。坚持“以人为本”的指导方针，“十一五”期间，全市各公益文化娱乐场所逐步向老年人100%免费开放。有偿服务场所向老年人优惠或低偿开放。60%以上单位所属的文体活动场所、活动中心逐步向社会老年人开放。

2．老年活动服务设施建设。“十一五”期间，市及各县（市）要制定投资计划，安排项目，加大对老年活动中心（场所）和老年公寓的建设。以乡镇（街道）和村（社区）为重点，加快老龄事业基础设施建设，巩固乡镇老年人健身路径，大力推进农村基层老年人的体育健身场所，建立满足老年人生活服务、文化体育活动、保健、学习、维护自身权益的老年服务中心和老年活动室，为丰富老年人文化生活和为老年人服务打下坚实基础。

3．城市道路和建筑物设计建设。各地新建城市道路、公共建筑和养老机构场所必须严格执行《城市道路和建筑物无障碍设计规范》要求，在规划、设计、施工、监理、验收等各环节严格把关。“十一五”期间，各地新建城市道路和养老机构场所无障碍率达到100%。对已建成并投入使用的与老年人生活、娱乐密切相关的居住区、城市道路和养老机构，要明确政策措施，落实资金渠道，制定改造计划，增设无障碍设施，2010年上述公共设施无障碍率达到80%以上。

（四）引导和促进养老服务业的发展

面对人口老龄化的问题，必须加快养老服务业发展，这是贯彻落实科学发展观，坚持以人为本的具体体现，也是推动经济增长的新兴产业。把老龄产业纳入全市经济社会发展规划。制定出台引导和推动老龄产业发展的优惠政策，积极鼓励非公有资本投资老龄产业发展。大力支持以公建民营、民办公助、政府补贴、购买服务等多种方式兴办养老服务业。围绕老年人需求，构建养老设施、生活照料、卫生保健、康复护理、文化教育、体育健身、老年用品、老年食品等老龄产业基本框架。按照“政府引导、社会兴办、市场推动、加快发展”方针，逐步建立符合我市实际的多元化、多层次的养老设施网络和老年社会服务体系。

服务业工作要依托社区。要重视基层养老服务业的拓展。各地政府要按辖地管理的原则，加强对街道社区养老服务业的布局，拓展社区养老服务业的发展，发挥各社区群团组织的作用，促进养老服务业在基层的蓬勃发展。

（五）丰富老年人精神文化生活

大力发展老年教育。努力扩大老年教育覆盖面，建立老年教育领导体系，老年人接受教育学习的人数不低于老年人总数的10%。建立和完善老年教育网络，街道、乡镇都应建立老年学校，有条件的社区、村可建立老年学校分校（办学点）；提供我市老年人参加老年广播电视大学、老年网上大学学习的条件。提倡和鼓励社会办学。逐步改善老年大学办学条件，提高办学水平。

广泛开展基层老年文体活动。各地要组织开展经常性的基层老年文化活动，发展适合老年人身体特点的体育活动和健身项目。积极组织送文化下基层活动，丰富城乡老年人的精神文化生活。鼓励老年人成立各种兴趣爱好小组，并积极为老年人自发的文体活动提供条件。

（六）保障老年人合法权益

1. 建立健全老年法律服务网络。认真贯彻实施老年法律法规，建立和完善维护老年人权益的法律服务体系。要进一步加强老年人法律服务援助工作，市、县建立老年法律服务所或援助站，乡镇以司法机构为依托，建立老年法律服务点，法院开设老年法庭；要充分利用“12348”法律服努热线，倡导和鼓励法律工作者为老年人提供优惠、优先、及时、高效的法律服务。有关部门要依法受理、及时处理涉及老年人合法权益的申诉、控告和举报，有效预防、严厉打击各种侵害老年人人身和财产安全的违法犯罪行为。加大维权力度，加强执法检查监督，促进保障老年人合法权益的法制和道德环境的形成，使老年人的权益得到切实维护。

2. 建立人大、政府、政协及相关部门整体联动，共同推动老龄工作的体制。各地各级老龄工作委员会机构负责综合协调、督促老年维权工作的落实。

3. 加强普法教育工作。开展老年法律、法规的宣传，把涉老法律的普法宣传纳入“五五”普法规划，普法教育普及率达到90%以上。把法制教育与敬老道德教育结合起来，推动形成社会主义敬老思想道德观。大力开展各项以敬老为主要内容的评比表彰活动，倡导敬老养老的传统美德和文明之风。重视加强对青少年“敬老爱老助老主题教育”活动。

（七）鼓励和支持老年人参与社会发展

1. 根据社会发展的需要和老年人群的实际情况，研究出台有关鼓励和支持老年人参与社会发展的政策措施，政府机关、企事业单位、民间组织、社区居委会和村委会要创造条件，为老年人参与政治文明、物质文明和精神文明建设营造良好的社会氛围。

2. 鼓励和支持老年人参与经济社会发展。鼓励和支持专业技术型老年人才参与科技发展和经济建设。发挥老年人在教育下代中的示范和教育作用。引导和鼓励老年人参与维护社会治安、社区建设等社会公益活动。积极倡导老年人自助和互助活动。鼓励农村低龄老年人从事种植、养殖和加工业等经济活动，努力探索实现老有所为新形式。大力表彰各类老有所为的先进典型，保障老年人参与经济社会生活，依法取得应有的报酬。

3. 建立全市老年人才市场和老年人才信息中心，把老年人才的开发和利用纳入人才市场建设的总体规划之中，为老年知识分子和具有专业技能的老年人参与经济社会发展搭建平台。

（八）“十一五”期间市级老龄事业发展重点项目

1. 南通市老年人活动中心，投资额800万元，建筑面积3300平方米，主要功能健身、娱乐、康复。

2. 南通市社会福利院迁址重建，投资额9980万元，总建筑面积40000平方米，主要功能用于集中供养、老年寄养、综合服务。

四、保障措施

（一）加强领导。各级党委和政府要切实加强对老龄工作的领导，把老龄事业纳入各级政府的国民经济和社会发展规划，将老龄工作列入重点工作的议程，列入各级目标考核的重要内容范围；市、县（市）区党委和政府每年要专门研究老龄工作1—2次，听取老龄工作的汇报，将老龄工作列入为民办实事内容。增强老龄工作委员会办事机构的组织协调能力，充分发挥各级老龄工作委员会成员单位的作用，进一步明确工作目标和责任，各负其职，形成老龄工作整体活力。

（二）加大老年工作的宣传力度。“十一五”期间，加大对老龄工作的宣传力度，及时报道老龄工作的典型经验，反映老龄工作动态，对维护老年人合法权益的正反两方面典型进行宣传和曝光，积极反映广大老年人的所需以及奋发向上、与时俱进的精神风貌，反映各地、各部门落实“六个老有”的新措施和新气象在继续办好电台、报纸现有的老年人专题节目、栏目的基础上，开办老年人电视专题节目。通过利用各种宣传资源和多种宣传形式，努力为老龄事业的发展创造良好的舆论环境。

（三）多渠道筹集资金加快老龄事业的发展。随着经济的发展逐年增加对老龄工作经费的投入。建立老年文化教育经费保障机制，从2007年起，市财政每年安排经费用于开设电视老年栏目、老年科普教育、扶持老年文艺团体等基层老年群团组织开展活动。县级以下政府财政也要设立一定的专项经费用于老龄事业发展。在福利彩票收益中按照不低于10%的比例用于涉老工程或其它涉老事业。要积极引导民营资本和吸收国外资金投资老龄事业，逐步形成国家、社会、个人、境外资金等老龄事业的多元化投入机制。

（四）加强老龄工作机构和老年群众组织建设。进一步加强市老龄工作委员会的日常办事机构建设，要提高人员素质，优化结构，强化机构功能，以适应“十一五”期间人口老龄化的发展趋势。健全县（市）、区老龄工作机构，要配强专职干部，进一步改善工作条件。乡镇也要配备专门人员从事老龄工作。要重视各级老年协会、学会等老年社团组织建设，充分发挥老年群众组织的作用。各村、居都要建立老年人协会，从上到下形成网络，把老龄工作真正落实到基层。

（五）加快为老服务队伍建设。市及各县（市）区建立养老服务协会。加快培养老龄产业所需的各类人才，特别要加快培养急需的老年产业管理人员、服务人员。充分利用各类社会培训机构，大力开展养老护理和家庭服务人员的培训，加强岗位职业培训，落实持证上岗的要求。引导、培育一批老龄中介组织，在全市逐步形成基层为老服务体系。

（六）加强老龄工作的科学研究。“十一五”期间，适时召开老龄工作研讨会，针对老龄事业中出现的新情况、新特点、新问题，认真开展研讨，提出科学的建议和对策，为党委和政府决策老龄工作当好参谋和助手。

（七）建立督查、评估考核机制和激励机制。各地、各部门要按照本《规划》的要求，根据各地实际和部门职责，制定本地、本部门实施方案。劳动保障部门要制定完善养老保障的实施意见；卫生部门要制定完善医疗保障的实施办法；民政部门要加强对老年福利机构的扶持；老龄办要加强对各成员单位工作的联系协调；体育文化部门要想方设法不断丰富老年人的精神文化生活；各群团组织要积极支持党委政府兴办老龄事业。市政府对各部门履行《规划》的情况要适时进行督查评估和考核。2010年对《规划》的执行情况进行全面评估。在《规划》实施过程中，市政府每两年组织开展一次老龄工作先进单位和个人的评选表彰活动。

市政府办公室关于印发南通市“十二五”老龄事业发展规划的通知

通政办发〔2012〕98号

各县(市)、区人民政府,市经济技术开发区管委会,市各委、办、局,市各直属单位:

《南通市“十二五”老龄事业发展规划》已经市政府同意,现印发给你们,请认真组织实施。

南通市人民政府办公室

2012年5月9日

南通市“十二五”老龄事业发展规划

南通市于1982年进入老龄化社会,是全国最早进入老龄化社会的地区之一,也是目前全省老龄化程度最高的地区。为积极应对人口老龄化,加快推进老龄事业发展,根据国家、省“十二五”老龄事业发展规划,《省委省政府关于加快我省老龄事业发展的意见》、《江苏省老年人权益保障条例》,以及市委市政府《关于加快我市老龄事业发展的意见》、《南通市国民经济和社会发展第十二个五年规划纲要》,制定本规划。

一、背景

(一)“十一五”时期老龄事业发展的主要成就

“十一五”时期,是我市老龄事业快速发展的五年。社会养老保障体系不断健全。城镇企业职工基本养老保险参保人数达到113.8万,参保率98.4%。全市34.46万企业退休职工按时足额领取养老金,月平均养老金达到1451元,比“十五”增长78%。新型农村养老保险在全省率先实现全覆盖,近110万农村老年人领取了养老金。老年医疗保障水平不断提高。城镇老年人全部纳入城镇职工基本医疗保险和居民基本医疗保险,职工医保和居民医保医疗费用可报销比例分别达到80%和60%以上。农村新型农村合作医疗参合率达到99.5%,参合农民住院医疗费用实际补偿比例提高到45%以上。老年救助机制日趋健全。低保、“三无”、“五保”老年人全部纳入相应的救助和供养制度。农村五保老人应保尽保集中供养率达到72%,供养标准达到上年度农民人均纯收入的45%。城乡计划生育家庭奖励扶助政策得到较好落实。养老服务体系初步构建。初步建立以居家养老为基础、社区服务为依托、机构养老为支撑的社会养老服务体系,全市各类养老机构总床位达到29038张,占全市老年人口的1.7%,比“十五”末增长68%。建成社区居家养老服务站1250家,城市社区和农村社区建站率分别达到

100%、超过46%。老年人精神文化生活更加丰富。全市各类老年活动中心（站、室）达到500个，近15万老年人经常参加文体活动。老年协会网络逐步健全，乡镇（街道）老年协会覆盖率达83%，社区老年协会覆盖率50%。敬老助老社会氛围逐步形成。建立高龄老年人尊老金发放制度，受益老年人达28.21万人。出台和落实老年人优待政策，公园、旅游景点、体育健身场所、交通等公共服务单位普遍对老年人实行优惠服务，全社会尊老意识不断增强。

（二）“十二五”时期老龄事业面临的形势

“十二五”时期是南通加快建设“一中心三城市”，在全省江北率先基本实现现代化的加速推进阶段，也是应对人口老龄化挑战，加快老龄事业发展的重要战略机遇期。各级党委和政府深入贯彻落实科学发展观，认真落实“八项工程”，全面推进“八个领先”，奋力开启基本实现现代化新征程，对老龄事业发展的要求更高，老龄工作的战略地位更加重要，必将为老龄事业发展带来机遇和动力。但是必须清醒认识到，老龄事业发展还面临不少困难和挑战。主要表现在：一是人口老龄化形势更加严峻。据测算，预计到2015年，全市60岁以上老年人口将达到197.29万人，占同期人口总数的26.09%。80岁以上高龄老人或超过35万，约占到老年人口数的18%左右。随着人口老龄化的加剧，高龄、空巢、失能、半失能老年人的数量将持续增长。人口老龄化程度将长期处于全国全省前列，人口老龄化将成为“十二五”及未来一段时期基本市情特征。二是社会养老保障负担日益加重。随着城市化进程的加快和养老保险覆盖面的扩大，特别是征地农转非人员和城乡老年参保人员快速增加，全市参保人员中领取养老金的人数越来越多，同时，随着养老金待遇标准的不断提高，老年社会福利和城乡低保标准的不断提高，社会养老保障支付压力愈来愈大，负担日益加重。三是老年服务体系不能满足需求。随着家庭小型化、核心化，老年群体快速增加和日益高龄化，养老服务的领域需要从基本生活照料向精神慰藉、法律服务、紧急援助等方面延伸。老年人患病概率较大，特别是高龄老人患慢性病、失能或半失能比例较大，使得老年医疗康复护理服务需求更加迫切。目前居家养老专业化、产业化、社会化程度不高，机构养老总量不足、结构不合理，养老服务还不能满足老年人日益增长的多层次、多样化需求。此外，为老服务设施还不健全，老年人合法权益保护存在薄弱环节，老年人参与经济社会发展的积极作用还发挥不够等等，这些问题有待“十二五”乃至更长时期逐步加以解决。

二、指导思想、基本原则和发展目标

（一）指导思想

以邓小平理论和“三个代表”重要思想为指导，深入贯彻落实科学发展观，按照全市经济社会发展总体目标和“民生幸福工程”部署要求，全面实施积极老龄化战略，坚持以人为本，坚持改革创新，坚持党政主导、社会主体、全民参与，统筹推进城乡、区域老龄事业发展，进一步完善老年社会保障制度，优先发展社会养老服务，培育壮大老龄服务事业和产业，加快老龄事业基础设施建设，维护老年人合法权益，创新老龄事业管理体制和运行机制，营造和谐的老龄社会环境，不断满足老年人不断增长的物质文化生活需求，努力提升老年人的幸福感和满意度，推动老龄事业与经济社会发展相协调，与“两个率先”进程相同步，与人口老龄化水平相适应，在更高层次上实现“老有所养、老有所医、老有所教、老有所学、老有所为、老有所乐”的目标。

（二）基本原则

坚持以人为本。以提高老年人生活品质为出发点，不断改善和提高为老服务水平，切实保障老年人基本生活，逐步满足老年人的经济保障、医疗卫生、养老服务、精神文化、社会参与等多方面、多层次的需求。不断完善老年法律援助和司法救助机制，依法保障老年人合法权益。

坚持协调发展。统筹老龄事业与经济社会发展，围绕加快基本实现现代化进程的宏伟目标，确立老龄事业在经济社会发展大局中的战略地位和作用，纳入国民经济和社会发展总体规划、年度计划，促进建立老龄事业与经济社会发展相协调、与老年人口增长相适应。

坚持统筹推进。统筹城乡发展，在稳步推进城市老龄事业发展的同时，大力加强农村老龄事业发展。统筹区域发展，兼顾不同地区经济社会和人口老龄化发展差异，立足全局，因地制宜，发挥优势，分类指导。统筹不同人群发展，关注特殊老年群体，促进老年群体同其他社会群体之间，不同老年群体之间共享经济社会发展成果。

坚持均等服务。从维护社会公平和正义的高度，推动养老基本公共服务均等化，合理分配社会养老资源，提高老年人社会福利水平，确保老年人共享经济社会发展成果。充分关注农村“五保”、城镇“三无”、低保、残疾、高龄、独居等老年群体的需求，确保基本生活有保障、医疗卫生有依靠、日常生活有服务。

坚持开放创新。充分发挥政府的主导作用和市场配置资源的基础性作用，支持和引导社会力量参与发展老龄事业，培育和壮大养老服务业，鼓励和支持家庭养老，倡导和探索个人储蓄养老和以房养老，形成政府主导、社会参与、市场运作的老龄事业发展格局。

（三）主要发展目标

—— 社会养老保障体系更加健全。城乡居民社会养老保险实现全覆盖，初步实现人人享有基本社会保障。

—— 老年基本医疗保障水平不断提高。参加城镇职工基本医疗保险和城镇居民基本医疗保险的老年人医保范围内报销比例分别超过 80% 和 65%，新农合参保老年人住院费用补偿率超过75%以上，老年人健康档案建档率超过85%，人均预期寿命达到79.5岁。

—— 社会养老服务体系基本构建。以居家养老为基础、社区服务为依托、机构养老为支撑、信息服务为辅助的社会养老服务体系基本构建。城乡社区居家养老服务实现全覆盖。全市每千名老年人拥有养老床位数达到30张以上。

—— 老龄产业加快发展。老龄产业政策不断完善，老龄消费市场得到发展，培育一批生产老年用品、用具和提供老年服务的龙头企业，打造一批老龄产业知名品牌。

—— 老年精神文化生活更加丰富。市、县（市、区）、街道（乡镇）和社区（村）建有老年文化活动中心（站、室）及老年健身活动场所。参加各类老年教育机构学习的老年人达到老年人口10%以上，经常参加文体活动的老年人比例超过50%。

—— 老年人合法权益保障体系不断健全。建立健全老年人法律援助网络，县（市、区）建立法律援助老年工作站实现全覆盖，法律援助服务覆盖面超过85%。

—— 老年人社会管理全面加强。县（市、区）老龄工作组织网络健全，退休人员纳入社会管理实现全覆盖，基层老年协会覆盖面达到95%以上，老年志愿者数量达到老年人口的15%以上。

三、主要任务

（一）加快完善覆盖城乡的老年社会保障体系

以“老有善养”为目标，以基本养老保险为基础，以最低生活保障、城镇“三无”和农村“五保”集中供养、困难老人救助为支撑，以计划生育奖励扶助、高龄老人津贴为补充，加快形成覆盖城乡、惠及全体老年人的基本社会保障体系。

1. 健全基本养老保险制度。巩固城镇职工基本社会养老保险和农村新型养老保险全覆盖成果，全面实施城镇居民社会养老保险制度。完善企业职工基本养老保险制度，解决未参保集体企业退休人员基本养老保障等历史遗留问题。稳步推进机关事业单位养老保险制度改革。按时足额发放养老金，企业退休人员社区管理率实现全覆盖。建立随工资增长、物价上涨等因素调整退休人员基本养老金待遇的正常机制。

2. 保障困难老人基本生活。完善城乡最低生活保障制度，将符合条件的老年人全部纳入保障范围。落实农村“五保”和城市“三无”老年人供养政策，建立财政保障机制，实现应保尽保，完善供养标准增长机制。对城乡低保对象中的70岁及以上老年人，增发保障标准金额的10%—20%保障金。把困难老年人作为临时生活救助、医疗救助、司法救助的重点对象，加大救助力度。将城镇户籍居民低收入住房困难家庭的纯老年人户优先纳入廉租住房保障范围。

3. 完善老年优待制度和措施。健全高龄老人尊老金制度，完善尊老金发放管理和操作办法。各地要根据本地区经济社会发展情况，逐步提高高龄老人尊老金发放标准。

健全计划生育家庭养老保障和照料服务支持政策，完善农村计划生育家庭奖励扶助制度和计划生育家庭特别扶助制度。落实城镇独生子女父母年老奖励政策，建立奖励扶助金动态调整机制。

4. 提高老年社会保障水平。根据城镇居民可支配收入和农民人均纯收入力争5年倍增的目标，逐步提高城乡社会养老保险基本养老金（基础养老金）、老年救助金和老年福利待遇水平。根据居民收入水平和物价变化，适时提高保障标准。发展企业年金和职业年金，鼓励、支持商业保险机构开办形式多样的商业养老保险。

（二）加快健全惠民共享的老年健康支持体系

以“病有良医”为目标，以基本医疗保险、新型农村合作医疗为基础，完善医疗保障政策，健全医疗救助制度，提高老年健康教育和预防保健水平。

1. 进一步完善医疗保障政策。将所有老年人纳入城镇职工基本医疗保险、城镇居民基本医疗保险和新型农村合作医疗等保障制度，切实保障老年人的基本医疗需求，逐步提高老年人医疗保障待遇。享受最低生活保障的老年人和其他低收入家庭的老年人参加城镇居民基本医疗保险、新型农村合作医疗的，其个人缴费部分由财政给予补贴。逐步提高城镇职工基本医疗保险和城镇居民基本医疗保险的老年人医保范围内报销比例，提高新农合参保老年人住院费用补偿率和门诊补偿率。完善老年人医疗保险异地结算和便捷支付管理，方便老年人就医。

2. 提高老年病防治水平。增强老年病医疗技术人员力量，增加相关技术设备和设施投入，加强老年多发病、常见病的防治和康复研究。市及各县（市）指定1所二级及以上综合医院作为老年病防治中心，有条件的综合性医院设立老年病科。建立健全以社区卫生服务为基础的老年医疗保健服务体系，加强社区卫生服务与医疗保险制度的衔接，推行首诊负责制和双向转诊制，为老年人提供便捷优质的医疗、护理、保健、体检等服务。社区卫生服务机构等基层医疗机构要为老年人提供适宜的家庭医疗服务。

3. 大力开展老年保健。广泛开展老年健康教育，积极开展老年健身活动，增强老年人保健意识和能力。针对老年病共性致病因素，实施宣传、教育、咨询、普查、主动介入服务等综合干预措施，促进老年人疾病早预防、早发现、早诊断和早治疗。每两年为企业退休人员和新农合参保人员免费体检1次。建立老年人健康档案，建档率超过85%。

（三）加快建设多方参与的社会养老服务体系

建立以居家养老为基础、社区服务为依托、机构养老为补充，城乡一体化、投资多元化、管理规范化、队伍专业化的社会养老服务体系，满足各类老年人群多层次、多样化的养老服务需求。

1. 重点发展居家养老服务。坚持政府引导与市场化运作相结合、政策扶持与规范管理相结合，大力发展居家养老服务。健全市、县（市、区）、乡镇（街道）、村（社区）四级居家养老服务网络，搭建居家养老服务平台。健全居家养老服务机构运营补贴制度。通过公益性岗位和购买服务等方式，充实居家养老服务专职人员，保证居家养老服务机构正常开展服务。加快居家养老服务信息系统建设，老年人居家呼叫服务系统和应急救援服务网络实现城乡全覆盖。以县（市、区）为单位建立政府为困难老年人购买养老服务制度。大力发展家庭服务业，并将养老服务特别是居家老年护理服务作为重点发展任务。积极拓展居家养老服务领域，实现从基本生活照料向医疗健康、辅具配置、精神慰藉、法律服务、紧急救援等方面延伸。

2. 大力发展社区养老服务。按照就近方便、小型多样、功能配套的要求，整合社会资源，争取政府政策扶持和资金支持，通过整合、置换或转变用途等方式，建设和改造一批托老所、老年之家等社区养老服务设施。加强社区卫生服务机构建设，为居家老人提供健康教育、健康体检、疾病防治、康复护理、家庭病床等项服务。加强社区日间照料机构建设，为居家老人提供日托照料服务。鼓励各类社会服务企业和中介组织参与社区居家养老服务。鼓励社区餐饮单位为老年人提供配送餐服务。鼓励社区各单位的生活服务和文化体育设施向老年人开放。

3. 统筹发展机构养老服务。按照统筹规划、合理布局的原则，加大社会筹集和财政投入力度，推进示范性养老机构建设，满足“三无”、失能、贫困、空巢、高龄等特殊老年人群的专业照料服务需求。增加养老机构床位供应量，切实提高入住率和服务水平。提升发展公办养老机构，扩大服务面，完善服务功能。通过建设资金补贴、公建民营、税费优惠、购买服务等优惠措施，大力支持社会力量投资兴办养老服务机构，社会力量投资兴办养老服务机构床位数占比达到50%。优先发展照护型养老机构，政府重点投资兴建和鼓励社会资本兴办具有长期医疗护理、康复促进、临终关怀等功能的养老机构，护理床位占养老床位总数的30%以上。加快养老机构进入医保定点单位进程，实现医疗保险与养老服务对接，方便老年人获得护理康复服务。

4. 加快发展农村养老服务。改善农村敬老院服务设施，扩大服务范围，在确保“五保”供养对象生活的前提下，拓展社会寄养、日托照料、支撑区域内居家养老服务等多种功能，逐步向区域性养老服务中心转型。加强老年人服务场所和老年集中居住生活区建设，鼓励利用个人、集体空置房或空闲地，通过政府、集体、社会和个人出资的办法，建立小型互助式老年集中居住生活区、小型托老所和幸福院等。

（四）加快发展科学合理的老龄产业体系

1. 完善老龄产业政策。把老龄产业纳入经济社会发展总体规划，将老年服务产业纳入现代服务业统一规划、统一部署。将发展养老服务产业与拉动消费、增加就业岗位结合起来，推进全市养老服务业产值明显增长，使之成为南通服务业发展新亮点。

加大政策扶持和资金支持力度，扶持老龄产业发展。积极研究相关促进政策，探索建设一批县（市、区）级老年服务产业园区及乡镇（街道）老年服务街区，开发一批适宜老年人居住的住宅小区（社区），集聚各类养老资源要素，加快推进老年服务产业集中区建设。

2. 培育老年消费市场。鼓励和扶持开发老年产品，引导企业生产满足老年人各种需求、门类齐全、品种多样、经济适用的老年用品。拓展适合老年人多样化需求的特色护理、家庭服务、健身休养、文化娱乐、金融、理财、保险等服务项目。优先发展养老护理、康复保健、社区服务和老年特殊用品等产业。大力发展老年旅游业，推出适宜老年人的旅游线路和服务项目。鼓励商家设立老年用品专柜，举办老年产品展示会，促进流通、扩大销售。引导老年人更新消费观念和行为，促进老年消费市场的繁荣与发展。培育一批生产老年用品、用具和提供老年服务的龙头企业，打造一批老龄产业知名品牌。

3. 引导老龄产业健康发展。研究制定老年产品用品质量标准，加强老龄产业市场监督管理。发挥老龄产业行业协会和中介组织的积极作用，加强信息服务和行业自律，建立老龄产业诚信管理体系。疏通老龄产业发展融资渠道。

（五）加快建设和谐健康的老年精神关爱体系

建立文化艺术丰富多彩、体育健身全面普及、终身教育乐在其中、社会参与积极主动、生活观念和谐健康的老年精神关爱体系，丰富老年精神文化生活。

1. 提升老年教育工作水平。建立健全老年继续教育体制机制。巩固市、县（市、区）老年大学办学成果，改善教学条件，扩大招生规模，丰富教学内容，提高教学质量。利用电视、广播、网络等媒体拓展老年大学办学形式。引导乡镇（街道）和社区（村）利用文化活动设施开办老年学校。整合老年教育资源，积极鼓励、规范管理社会力量参与老年教育服务。把老年教育纳入党政工作重要议程，加强老年思想政治工作。发挥党支部、老年协会、老年大学等纽带作用，组织、引导老年人进行政治学习，参与民主政治生活。

2. 推动开展老年文体活动。积极争取各级财政支持和社会赞助，提升市老年人活动中心规模和档次，加快县（市、区）、乡镇（街道）和社区（村）老年文化活动中心（站、室）建设，并免费向老年人开放。利用公园、绿地、广场等公共空间，开辟老年人文化和运动健身场所。促进老年文化事业繁荣发展，把老年人纳入“文化惠民”工程的重点对象。各县（市、区）每年至少举办 1 次有一定规模和影响、老年人广泛参与的文化活动。开发符合老年人生活习惯和生理心理特点的健身活动，增加具有老年特色的体育项目。办好一年一届的市老年人文化艺术节和老年人体育节，努力形成品牌效应。支持和引导老年人开展丰富多彩、有益身心健康的文化娱乐和健身活动。

3. 加强老年人心理疏导服务。建立老年心理服务组织和服务网络，购买心理关爱服务，培训心理服务专业人员，为老年人提供专业的心理疏导服务。乡镇、街道及有条件的社区要设立聊天、心理咨询等服务场所，开展心理健康和生命观等方面教育。重点做好病残、空巢、高龄、临终等老年人心理关爱工作。市及县（市）都要确定1所“爱心护理院”，开展长期护理和关怀服务。

4. 扩大老年人社会参与。鼓励和支持老年人参与社会发展，在社区服务和管理、关心教育下一代、调解邻里纠纷和家庭矛盾、维护社会治安等方面，充分发挥老年人、老年协会的作用。发挥老年专业社团作用，支持离退休专业技术人员开展送医、送科技、送文化活动。鼓励低龄健康老年人开展与高龄、高危独居老年人结对关爱志愿服务活动，老年志愿者数量达到老年人口的15%以上。开发老年人才资源，推进“银龄行动”，探索实现“老有所为”的新形式、新途径。

（六）加快建设公正平等的老年人权益保障体系

建设法律法规更加完善、法律服务渠道更加通畅、老年优待更加全面、基本权益得到普遍保障、彰显公正平等的老年合法权益保障体系，切实保障老年人权益。

1. 完善老龄法规政策体系。认真贯彻落实国家、省养老服务有关政策，制定相应的实施办法和操作细则。全面贯彻落实市委〔2010〕4号文件精神，并在此基础上，逐步扩大优待对象，提高优待标准，实现老年优待工作城乡之间、区域之间平衡发展。各地、各部门要结合自身实际，制定相应的实施办法。把老龄工作纳入政府目标管理考核体系，建立健全督查、奖惩制度，确保各项政策规定落到实处。

2. 开展老年权益保障法律法规宣传教育。在全社会广泛宣传《老年人权益保障法》和《江苏省老年人权益保障条例》，充分运用各种宣传媒体，通过各种公众喜闻乐见的形式，全面开展老龄法制宣传教育，深入开展重点人群的老龄法制普及教育，增强社会各界的老龄法制意识。

3. 做好老年人法律服务工作。重点在涉及老年人医疗、保险、救助、赡养、住房、婚姻等方面，为老年人提供便利、高效、优质的法律服务。公安、司法、民政、社保、卫生、信访等部门建立信息交流机制，及时掌握涉老案件发生情况，采取相应措施，积极化解矛盾纠纷，加大侵害老年人合法权益案件的处理力度，切实保护老年人合法权益。

4. 加大老年法律援助服务力度。加强各级法律援助站建设，健全老年人法律援助网络。拓展法律援助渠道，完善法律援助机制，扩大法律援助覆盖面。县（市、区）及以上法律援助机构与老龄工作部门建立健全老年人法律援助工作站，基层法律服务机构为老年人优先优惠提供法律服务。

（七）加快构建高效有序的老年人社会管理服务体系

1. 建立健全老龄工作机构。健全老龄工作机制，恢复县（市）区老龄办建制并配备专职工作人员，加强乡镇（街道）老龄工作力量，整合社区（村）老龄工作资源，确保老龄服务工作顺利开展。各级党委、政府要充分发挥老龄工作委员会的职能作用，在机构建设、人员编制、办公条件、工作经费上给予切实保证。村（居）党支部应当有人分管老龄工作。加强村（居）委会和党支部对老龄工作的领导。

2. 加强老龄社会组织建设。鼓励老年人成立各类文体型、服务型、公益型社会组织，为老年人参与社会创造条件。“十二五”期间，设立老年协会的城镇社区超过95%，设立老年协会的村超过80%。做好老年社会组织的登记注册和备案管理工作，引导基层老年协会等各类老年社会组织规范发展，发挥其“自我管理、自我教育、自我服务”的积极作用。开展基层老年协会骨干培训，提高协会整体素质和服务能力。

3. 做好退休人员社区管理服务工作。逐步建立家庭、社区、单位、党委和政府工作部门相结合的老年人社会管理服务体系。推进街道（乡镇）、社区劳动保障工作平台建设，积极拓展服务内容，不断提高社会化管理服务水平。充分发挥社区劳动保障平台作用，为退休人员提供方便、快捷、高效、优质服务。不断完善退休人员社会化管理服务工作，将退休人员全部纳入社区管理服务。

4. 提升老龄工作信息化水平。建立老龄事业信息化协同推进机制，建立老龄信息采集、决策分析平台，建立城乡老年人生活状况、老龄事业发展跟踪监测系统和监测指标体系，为老龄政策制定和业务工作高效运转提供有力支撑。把为老服务信息化建设纳入政府信息化发展总体战略。建立老年人求助热线和为老服务网络，形成市、县（市）区、乡镇（街道）、社区四级联网的基本养老服务信息系统。依托城市社区服务信息载体，在社区普遍建立数字网络服务系统、养老服务热线、紧急救援系统，建设便捷高效的养老服务信息化平台。

5. 开展“老年友好型城市”和“老年宜居社区”创建活动。把应对人口老龄化和老年基础设施建设纳入城乡建设规划。通过新建、整合等途径，加强街道、社区“老年人生活圈”配套设施建设，为老年人提供安全、便捷、良好的环境。鼓励开发老年人集中宜居住宅和代际亲情住宅，鼓励老年家庭成员共同生活或就近居住，减少空巢现象。大力推进“老年温馨家庭”创建活动，强化尊老爱幼家庭美德建设。积极推进城市无障碍建设，新建城市道路和养老场所无障碍率达到100%，已建居住区、城市道路、公共建筑和养老场所的无障碍改造率超过70%。采取政府、社会、个人共担机制，积极帮助居家养老的高龄、失能老年人进行家庭无障碍改造。

四、保障措施

（一）建立健全党政主导的老龄事业发展格局

各级党委和政府要认真贯彻落实“党政主导、社会参与、全民关怀”的老龄工作方针，提高对老龄工作重要性的认识，将积极应对人口老龄化上升为加快转变经济发展方式、创新社会管理方式、构建社会主义和谐社会的重要组成部分。坚持党和政府在制定规划、出台政策、投入资金、培育市场、营造环境等方面的主导作用。发挥企业、中介组织、家庭等方面的作用，引导社会各方面力量积极参与和兴办老龄事业。弘扬中华民族尊老敬老的优良传统，夯实老龄事业发展的社会基础。形成和巩固党委和政府主导、老龄委组织协调、相关部门协同配合、社会力量广泛参与、人人关心支持的工作格局。

（二）进一步营造敬老助老良好社会氛围

继续利用重阳节、国际老人日等重大节日，组织开展系列敬老爱老助老活动。充分发挥报刊、广播、电视、新闻网络等主流媒体的作用，大力做好老龄宣传工作。抓住党委、政府方针政策、决策部署中与老年人利益相关的结合点，突出以人为本、关注民生，扩大老龄宣传的社会影响力。鼓励新闻媒体积极做好老龄化发展形势、老龄政策、老龄工作和社会为老服务等方面的宣传报道。积极创新宣传形式，充分发挥全市党员干部尊老敬老模范带头作用，把敬老爱老活动与党员干部道德体系建设结合起来，把敬老尊老情况作为党员干部考核任用的重要依据，在全社会努力营造尊老、敬老、养老、助老的社会氛围。积极开展敬老文明号创建工作。继续开展敬老助老先进县（市、区）竞赛活动和老龄工作先进单位、先进个人评选表彰活动。

（三）建立长效稳定的老龄事业投入机制

把老龄事业作为重要的民生工程，纳入公共财政支出体系重点，加大投入力度，确保经费逐年增长。将养老服务纳入政府引导资金扶持范围。鼓励引导社会资金、慈善捐助支持老龄事业，福利彩票、体育彩票公益金的一定比例用于老龄事业。加大对养老机构的直接补贴，对民办养老机构给予资金扶持，建立床位建设补贴，并按服务的老年人数给予营运补贴。对接受低收入家庭入住养老机构的按实际接收人数给予基本生活补贴。引导拓宽养老服务事业投资渠道，发展多种融资方式。研究制定引导和扶持老龄产业发展的信贷、投资等优惠政策。

（四）推进老龄事业体制机制创新

按照新时期基本公共服务体系和社会管理改革的发展方向，推进养老服务业运营机制和老龄事业管理体制创新。推进公办养老机构改革，探索多元化、社会化的投资建设和管理模式，满足老年人多样化的服务需求。建立和完善相关政策体系，形成多元化投入的激励机制和公平竞争的经营机制。探索和推行民办公助、公办（建）民营，社会化参与、规范化管理、市场化运作、专业化服务的建设和运营方式。鼓励和引导社会资本兴办老年康复中心、失能和失智老人寄养护理机构、临终关怀医院等，形成多元化投资兴办格局。以满足需求为导向，建立养老服务需求评估、信息发布制度。建立健全养老服务行业准入制度，研究制订养老服务质量评估办法，强化行业管理和服务指导。推动改革户籍迁移管理政策，为老年人与赡养人随迁提供方便。

（五）加强老龄工作人才队伍建设

把老龄工作干部培训纳入组织人事部门培训计划，提高老龄工作干部的政治、业务素质和工作能力。根据老龄事业发展需求，增设为老服务管理公益性岗位，并提供服务岗位政府补贴。建立以专业服务人员为主体、老年社会工作者为骨干、志愿服务者为补充的养老服务队伍。建立实施社会工作者专业资格和为老服务从业人员职业资格认证制度。专业养老护理队伍的持证上岗率达到85%以上。建立志愿服务储蓄制度，广泛动员社会力量参与公益养老服务。根据养老市场需求，开展订单式培训、定向培训和在职培训，壮大居家养老、老年精神关爱等为老服务队伍。对农民转移就业和失业人员、城镇零就业家庭参与养老服务的，给予免费或优惠培训。

（六）健全规划监督和评估机制

各县（市）区、有关部门要结合老龄事业发展实际和老龄工作职能，按照本《规划》的要求，制定本地、本部门的规划和实施方案，建立完善老龄事业目标考核制度，对《规划》实施情况定期开展自查和监督。各级老龄工作机构要会同有关部门对《规划》实施情况进行协调、监督，2013年对规划执行情况进行中期评估，2015年对规划的执行情况进行全面评估，评估报告必须及时报送和发布。

附件：

1. 南通市“十二五”时期老龄事业发展主要指标
2. 南通市“十二五”老龄事业重点项目表

附件1：

南通市“十二五”时期老龄事业发展主要指标

类别	指标	2010年实绩	2015年市目标	2015年省指标
养老保障	企业职工基本养老保险参保率（%）	98	95以上	95以上
	新型农村社会养老保险参保率（%）	93.5	95以上	95以上
	城镇居民社会养老保险参保率（%）	—	95以上	95以上
	职工基本医疗保险参保率（%）	98	95以上	95以上
	新型农村合作医疗参保率（%）	99.5	95以上	95以上

类别	指标	2010年实绩	2015年市目标	2015年省指标
养老服务	养老床位数（万张）	3	6	44.5
	千名老人拥有养老床位数	17	30以上	30以上
	护理型床位占养老床位比例（%）	20	30	30
	社会办养老机构床位占养老床位比例（%）	23	50	50
	城市社区居家养老服务中心建有率（%）	100	100	95以上
	农村社区（村）居家养老服务中心建有率（%）	46	100	80
	老年居家呼叫服务及应急援助服务网络覆盖率（%）	—	100	95以上
老龄工作	乡镇及以上政府健全老龄工作委员会（%）	—	100	100
	社区（村）老年人协会覆盖率（%）	80	95	95

附件2：

南通市“十二五”老龄事业重点项目表

序号	项目名称	建设单位	主要建设内容及规模	投资估算
1	市社会福利中心三期工程	市社会福利院	建筑面积13048平方米，设计床位600余张	预计3500万元
2	市老年人活动中心改扩建工程	市老年人活动中心	扩建面积7500平方米	预计4000万元
3	市爱心护理院	市民政局	床位250张以上	预计2000万元

序号	单位	项目	“十二五”目标	截止2010年累计数	2011年	2012年	2013年	2014年	2015年
总计		机构养老床位数（张）	60000	29038	3701	7188	7150	7205	5718
		乡镇（街道）居家养老服务中心（个）	115	51	18	24	12	10	0
		社区（村）居家养老服务站（个）	1934	1165	483	148	70	68	0
1	崇川区	机构养老床位数（张）	3300	2134	400	200	200	200	166
		乡镇（街道）居家养老服务中心（个）	10	10	0	0	0	0	0
		社区（村）居家养老服务站（个）	107	107	0	0	0	0	0

序号	单位	项目	“十二五”目标	截止2010年累计数	2011年	2012年	2013年	2014年	2015年
2	港闸区	机构养老床位数（张）	1800	560	300	240	240	230	230
		乡镇（街道）居家养老服务中心（个）	6	0	6	0	0	0	0
		社区（村）居家养老服务站（个）	60	31	29	0	0	0	0
3	开发区	机构养老床位数（张）	1000	374	80	200	100	100	146
		乡镇（街道）居家养老服务中心（个）	4	2	2	0	0	0	0
		社区（村）居家养老服务站（个）	37	37	0	0	0	0	0
4	通州区	机构养老床位数（张）	10300	5400	562	1038	1100	1100	1100
		乡镇（街道）居家养老服务中心（个）	19	19	0	0	0	0	0
		社区（村）居家养老服务站（个）	270	143	127	0	0	0	0
5	如皋市	机构养老床位数（张）	11200	4360	500	1610	1610	1610	1510
		乡镇（街道）居家养老服务中心（个）	20	0	10	10	0	0	0
		社区（村）居家养老服务站（个）	347	233	58	26	20	10	0
6	海门市	机构养老床位数（张）	7800	5094	577	500	500	565	564
		乡镇（街道）居家养老服务中心（个）	20	20	0	0	0	0	0
		社区（村）居家养老服务站（个）	290	168	121	1	0	0	0
7	启东市	机构养老床位数（张）	7800	4033	280	1100	1100	1100	187
		乡镇（街道）居家养老服务中心（个）	12	0	0	4	4	4	0
		社区（村）居家养老服务站（个）	327	186	64	22	30	25	0
8	如东县	机构养老床位数（张）	9500	3100	500	1600	1600	1600	1100
		乡镇（街道）居家养老服务中心（个）	14	0	0	5	5	4	0
		社区（村）居家养老服务站（个）	261	153	25	30	20	33	0

序号	单位	项　目	"十二五"目标	截止 2010 年累计数	2011 年	2012 年	2013 年	2014 年	2015 年
9	海安县	机构养老床位数（张）	7300	3983	502	700	700	700	715
		乡镇（街道）居家养老服务中心（个）	10	0	0	5	3	2	0
		社区（村）居家养老服务站（个）	235	107	59	69	0	0	0

说明：

1. 机构养老床位数根据每千名老人拥有养老床位数达到30张的目标测算，到2015年全市养老床位总数约为60000张；

2. 居家养老机构年度建设计划根据城乡社区居家养老服务全覆盖目标及全市乡镇（街道）、社区（村）总数测算，到2014年全市乡镇（街道）居家养老服务中心和社区（村）居家养老服务站建成率达到100%；

3. 城市社会福利机构建设目标：到2015年，市级建一所1200张床位以上的公办示范性养老机构，各县（市）及通州区建有一所600张床位以上的公办示范性养老机构；

4. 农村敬老院建设目标：到2015年，5万人以下乡镇敬老院床位建设规模不少于200张，5—8万人口乡镇敬老院床位建设规模不少于250张，8万人口以上乡镇敬老院床位建设规模不少于350张。

市政府办公室转发
市民政局关于加快实现南通市社会福利社会化的意见的通知

通政办发〔2004〕130号

各县（市）、区人民政府，市各有关部门和单位：

经市政府同意，现将市民政局《关于加快实现南通市社会福利社会化的意见》转发给你们，请认真贯彻执行。

南通市人民政府办公室

2004年11月9日

关于加快实现南通市社会福利社会化的意见

（市民政局　2004年10月）

社会福利事业是社会保障制度的重要组成部分，是衡量一个地区社会文明程度的重要标志之一。改革开放以来，我市社会福利事业有了长足的发展，为保障老年人、残疾人、孤儿等特殊困难群体的基本生活权益，维护社会稳定，促进社会进步发挥了积极作用。目前我市已进入人口老龄化城市行列，现有60岁以上的老年人145万，约占全市总人口的18.65%，位于全省之首；我市仅有国家办养老福利机构9家、集体办养老福利机构178家、社会组织办养老福利机构2家、个人办养老福利机构12家，总床位10348张，占全市老年人口总数的0.71%左右，老年福利服务的供需矛盾十分突出。同时，残疾人、孤儿及社会弃婴的养护康复条件也亟待改善。因此，我市社会福利事业必须坚持在党委、政府的领导下，广泛动员和依靠社会力量，大力推进社会福利社会化的进程。

一、明确推进社会福利社会化的指导思想、目标任务和总体要求

（一）指导思想

以邓小平理论和“三个代表”重要思想为指针，围绕全面建设小康社会的目标，在供养方式上坚持以居家为基础、以社区为依托、以社会福利机构为补充的社会福利事业发展方向。加快建立政府倡导资助，社会力量兴办发展，覆盖老年人、残疾人和孤残儿童的社会福利服务体系；建立政府管理调控、中介组织指导协调、社会福利机构自行运作、政府和社会共同监督的管理体系和运行机制，促进社会福利事业健康有序地发展，逐步实现全市的社会福利社会化。

（二）目标任务

到2006年，在我市基本建成以国家举办的社会福利机构为示范、其他多种所有制形式的社会福利机构为骨干、社区福利服务为依托、居家供养为基础的社会福利服务网络。全市社会福利机构的床位数和集中收、寄养人员数量每年以10%左右的速度增长，老年福利设施床位总数力争达到1.4万张，基本实现养老设施床位总数占老年人口总数的1%。各县（市）至少建立一所集养护、医疗、康复、娱乐等功能为一体的综合性示范社会福利机构，确保内设床位不少于150张，有条件的县（市）建一所儿童社会福利院。各街道确保其养老床位不少于30张，各社区要改善或增设老年人服务设施，为老年人、残疾人提供日托或上门护理的服务项目，逐步形成社区居委会有站点、街道有服务中心的社区老年人福利服务设施网络。农村所有乡镇要建立以“五保”老人为主要对象，同时面向所有老年人、残疾人和孤儿服务的社会福利机构，确保内设床位不少于80张。

（三）总体要求

一是投资主体多元化。采取国家、集体和个人等多种渠道投资方式，形成多种所有制形式的社会福利机构并存、共同发展的新格局。各级政府应根据经济、社会发展的需要和物价指数的变化，逐年增加对社会福利事业的投入，重点用于一些基础性、示范性社会福利机构的建设项目；同时采取民办公助等形式，鼓励、支持和资助各种社会力量兴办社会福利机构，具体资助办法由各级财政部门会同民政部门研究制定。

努力扩大福利彩票发行规模，拓展福利彩票市场，筹措更多的资金支持社会福利事业的发展。实行优惠政策，鼓励集体、社会团体、个人以多种形式捐助或兴办福利事业。现阶段的儿童福利机构在今后一段时期仍以政府管理为主，同时也可以通过收养、家庭寄养、助养和接受捐赠等多种形式，走社会化发展的路子。

二是服务对象公众化。社会福利机构在确保国家供养的“三无”对象（无劳动能力、无生活来源、无法定抚养人或赡养人）、孤儿等特困群体需求外，还要面向全社会老年人、残疾人，拓展服务领域，扩大服务范围和覆盖面。

三是运行机制市场化。社会福利机构要按照产业化的发展方向，逐步建立起适应市场经济要求的运行机制。要深化现有国家、集体兴办的社会福利机构改革，探索社会化管理的新路子，盘活存量。对新办的社会福利机构，要打破旧框框，按照市场经济的要求运作，真正体现市场配置资源、价值规律调节、公平竞争、优胜劣汰的市场经济法则，使各类社会福利机构能够自主经营、自负盈亏、自我发展。

四是服务方式多样化。社会福利机构和社区除集中养老、助残外，应发挥多种服务功能，为家庭服务提供支持。要大力发展社区福利服务设施和网点，建立社区福利服务体系，因地制宜地为老年人、残疾人、孤儿等特殊困难群体提供各种福利服务。要根据服务对象的不同情况，实行有偿、减免或无偿等多种服务，切实满足不同层次人们的需求。

五是服务队伍专业化。要严格依照岗位专业标准和工作规范要求，逐步提高社会福利服务队伍的专业水平。加强社会福利工作系统的专业教育、在职教育及岗位技能培训，逐步建立起一支专业化福利服务队伍，实行社会福利行业的专业化管理。通过倡议、发动、引导志愿者服务活动等方式，不断壮大社会福利志愿者队伍，使志愿者服务制度化、经常化、规范化。

二、落实优惠政策，加大对社会福利事业的扶持力度

依照民政部《社会福利机构管理暂行办法》（民政部1999年第19号令）、《国务院办公厅转发民政部等部门关于加快实现社会福利社会化意见的通知》（国办发〔2000〕19号）、《省政府批转省民政厅等部门关于对发展社会福利事业实行政策扶持的意见》（苏政发〔2002〕96号）的要求，对社会力量投资创办的以老年人、残疾人、精神病人、孤儿和弃婴为主要服务对象的社会福利院、儿童福利院、精神病院、残疾人寄养康复站、老年公寓、老年人护理院、临终关怀医院、老年活动中心（站、室）、敬老院、托老所等社会福利事业单位，各级政府及有关部门应给予政策上的扶持和优惠。

（一）各级政府要将新建和改造社会福利机构及增加床位数作为社会发展的指导性指标，纳入本级国民经济和社会发展计划。要在基本建设规划中统筹安排社会福利设施建设。要按照发展规划，有计划地把新建或改扩建社会福利设施列为政府为民办实事项目，并从资金上予以支持。

（二）各地在制定城市居住区规划时，无论是新区建设还是旧区改造，都应按原国家技术监督局、建设部发布的《城市居住区规划设计规范》（GB50180－93）的有关规定，将社会福利设施特别是老年人服务设施纳入公共设施进行统一规划。城镇人口不足6万人的街道办事处要设立一处老年人综合福利服务设施，同时附设一处可容纳30名老人以上的养老院；城镇人口超过6万人的街道办事处则要按上述要求增设新的老年人综合福利服务设施。要充分考虑社会福利服务对象的要求和社会福利事业发展的需要，尽可能在交通便利，环境良好的地方安排社会福利设施建设，施工中要严格按照规划和福利机构建设、建筑标准及规范实施，建成后任何部门和单位不得挤占。

（三）对符合城市规划的新办社会福利机构项目，计划部门优先审批项目；国土资源管理部门优先安排建设用地；财政部门减免城市基础设施配套费；教育部门免收教育地方附加费。

（四）社会福利机构的建设用地，按照法律法规规定，应当采用划拨方式供地的，应予划拨供地；应当采用有偿方式供地的，在地价上要给予优惠；属出让土地的，要适当降低土地出让金的收取标准。按有关规定，对养老机构建设免征耕地占用税。

（五）福利机构新建房屋产权登记费，执行房屋他项权登记费标准。采取多种所有制形式创办的社会福利机构，有关部门要明确其产权关系，防止发生产权纠纷。

（六）直接为老年人、残疾人、孤残儿童等提供养护、托管、康复服务的非营利性社会福利机构，其用水、用电、用气按居民生活类价格执行；安装电话，免收一次性接入、安装材料费用，使用电话及办理其他有关电信业务，执行住宅电话资费标准；安装有线电视减半收取初装费，月收视维护费按居民收费标准执行；污水排污费暂不征收；地下水资源费、治安联防费以及按职工人数收取的城市人防建设资金予以免收，人防工程易地建设费、绿化费减半收取；生活垃圾清运费用，减免征收；对社会福利机构救护车及生活用车的养路费，按有关政策由福利机构报请交通主管部门审核后减免征收。

（七）对社会福利机构为老年人、残疾人提供的育养服务，免征营业税。对福利性、非营利性的老年服务机构，暂免征收企业所得税以及老年服务机构自用房产、土地、车船的房产税、城镇土地使用税、车船使用税。

（八）各地在制定本区域卫生事业发展规划时，要充分考虑老年人、残疾人、孤残儿童的医疗、预防、保健、康复等卫生需要，积极支持社区卫生服务机构开展老年医疗、预防、保健、康复、健康教育等工作，鼓励并扶持社会力量兴办以老年人、残疾人、孤儿为服务对象的非营利性医疗机构。对社会福利机构所办医疗机构已取得执业许可证并申请城镇职工基本医疗保险定点医疗机构的，由医疗保险经办机构审核合格的，与其签订定点医疗机构服务协议，纳入职工基本医疗保险定点范围，并向社会公布。对社会福利机构内设的医疗机构，符合定点医疗机构条件的，医疗保险经办机构在确定定点医疗机构时应优先考虑。社会福利机构收养人员参加基本医疗保险并按时足额缴纳基本医疗保险费的，在定点的福利机构所办医疗机构就医的医疗费用，按基本医疗保险的规定支付。

（九）对社会福利机构中收养的（包括社会福利机构在社区家庭中分散寄养的）就读于小学、初中的孤儿，免收杂费和书本费；就读于高中（职业高中）、技校、中专、高等学校的孤儿，免收学费、住宿费。对儿童福利机构救治孤儿和弃婴的医疗费用，可由各级民政部门在预算中申请专项经费补助。

（十）鼓励符合收养条件且有抚养教育能力的公民依法收养孤儿。如收养福利院的残疾儿童，被收养的残疾儿童仍可享受国家的生活供养标准，直至自食其力。对各类社会福利机构中具备劳动能力的孤残人员，劳动和社会保障部门、残疾人联合会应参照残疾人按比例就业办法给予推荐安置，接收孤残人员的用人单位，要与其依法签订劳动合同，缴纳社会保险费。社会福利机构的福利企业下岗职工，从事社区居民服务业的，享受国家计委《关于坚决贯彻落实下岗职工再就业各项收费优惠政策的通知》（计价格〔2002〕656号）规定的优惠政策。

（十一）社会福利机构可按规定接受国内外组织和个人的捐赠，可公开向社会募集款物。所募款物必须全部用于改善收养人员的生活和自身设施条件，并接受捐赠人和有关部门的监督检查。募集的资金应纳入财政专户，实行收支两条线管理。对捐赠支持社会福利事业的企事业单位、社会团体和个人，按国家有关规定享受税收优惠政策。

三、努力构建扎实推进社会福利社会化的工作机制

（一）加强领导，促进社会福利社会化有序发展

社会化是我国社会福利事业发展的方向，也是我国社会福利事业管理体制的重大改革，必须积极稳妥地推进。各级政府要切实加强领导，把社会福利社会化列入重要议事日程，作为一件大事抓紧抓好。要从实际出发，因地制宜，积极推进；要注意抓好试点，总结经验，逐步推广。各级民政部门是本行政区域社会福利事业的主管部门，具体负责社会福利机构的规划、协调、指导、管理。各有关部门要密切配合，大力协助，为社会福利社会化健康有序地发展做出积极贡献。

（二）统筹规划，依法规范社会福利事业的发展

各级政府及有关部门要加强调查研究，合理确定社会福利事业发展目标，对社会福利机构的数量、布局、规模档次以及资金、用地等统筹安排，防止盲目发展、一哄而起和重复建设，避免资源浪费。新办老年人福利设施要按照规划和建设部、民政部联合颁发的《老年人建筑设计规划》（JGJ122 — 99）进行设计和施工。

（三）从严督查，确保全市社会福利机构健康运行

各地新办社会福利机构要严格按照国家有关规定办理相关手续。社会福利机构建成后，任何部门和单位不得挤占。因国家建设需要拆迁或占用的，应按国家和省有关拆迁管理规定给予补偿安置。对擅自改变社会福利机构的使用性质、或利用福利机构房产从事核准服务范围以外的其他经营服务活动的，有关部门有权中止并追回其享受部分或全部优惠待遇；违反法律的，应依法追究法律责任。

市政府办公室关于推进居家养老服务工作的实施意见

通政办发〔2010〕132号

各县（市）、区人民政府，市经济技术开发区管委会，市各委、办、局，市各直属单位：

为认真贯彻落实全国老龄办等十部门《关于全面推进居家养老服务工作的意见》（全国老龄办发〔2008〕4号）和省委、省政府《关于加快我省老龄事业发展的意见》（苏发〔2009〕5号）文件精神，经市政府同意，现结合我市实际，就全面推进居家养老服务工作提出如下意见：

一、指导思想和工作目标

以党的十七大精神为指导，努力践行科学发展观，建立“政府主导、民政牵头、部门配合、社会参与”的工作机制，着力打造全方位、多层次的居家养老服务网络，推进以家庭为基础、以社区为依托，为居家老人提供就近便捷的居家养老服务，让老人平安养老、健康养老、幸福养老。到2012年，各县（市）区政府完成相关规划、完善管理体制政策和扶持措施，形成街道（乡镇）、居（村）积极兴办，社会力量广泛参与的居家养老服务体系，实现城市、城镇社区居家养老服务站建设全覆盖，农村社区（村）拥有居家养老服务站60%以上。

二、工作职责

全市建立健全居家养老服务管理体系。市建立居家养老服务指导站。负责为市区居家养老服务站日常工作进行服务、协调和业务指导，对社区居家养老服务站的服务质量进行监督和考核；为开展专业化居家养老服务着力培育和建立一支相对稳定的居家养老服务队伍，解决社区居家养老服务站不能解决的困难和问题；对社会资源进行合理调配，实现资源共享。县（市）区建立居家养老服务总站。负责贯彻执行国家有关养老服务工作政策，负责确定实施方案、专项资金申领审核结算；指导、规划、协调、检查督促辖区居家养老服务工作；按项目要求组织开展培训指导、经验推广和考核评估等。街道（乡镇）建立居家养老服务中心。负责辖区内养老资源和居家养老服务工作的日常管理、服务网点规划建设、服务对象审核、服务质量监督评估等工作；建立

本辖区老年人信息库；设立居家养老服务热线电话，听取老年人意见与建议，解答提出的问题；组织服务人员培训；协调和组织辖区民间组织、志愿者等社会力量开展及时有效的为老服务。居（村）建立居家养老服务站。负责协调、组织辖区居家养老服务具体工作的落实；积极组织社区老年人开展健康有益的活动；完成政府购买居家养老服务的具体落实;接受本社区居民有关居家养老服务的咨询,受理居家养老服务求助;及时完成老年人信息采集、录入和变更工作；协助和组织辖区民间组织、志愿者等社会力量为居家老年人服务。

三、服务内容和责任分工

（一）精神关爱类。开展心理疏导，为老年人提供邻里结对、开设聊天室、上门或电话问询、志愿者等服务。由民政部门牵头负责落实，团委、妇联协助落实。

（二）生活照料类。为老年人提供照料、代购商品、维修维护、家庭陪护、助耕助种、家政中介等服务。由民政部门牵头负责落实。

（三）医疗保健类。为老年人提供健康教育、心理卫生、疾病防治、上门诊疗、康复护理、临终关怀、建立健康档案、开设家庭病床等服务。由卫生部门牵头负责落实，人力资源和社会保障部门协助落实。

（四）法律维权类。为老年人提供法律咨询、法律援助、司法维权等服务，切实维护老年人赡养、财产、婚姻合法权益。由司法部门牵头负责落实。

（五）体育健身类。为老年人提供健身活动场所、健身活动设施、组织健身团队服务。由体育部门牵头负责落实。

（六）文化教育类。为老年人提供老年大学（学校）学习、知识讲座、书法绘画、图书及电子阅览、开展丰富多彩的文化娱乐活动等服务。由教育部门牵头负责落实，文化广电新闻出版部门协助落实。

四、保障措施和组织实施

（一）政府主导、积极推进。各县（市）区政府要科学地研究制定本地城乡社区发展居家养老服务规划，认真制定居家养老服务政策措施，指导、协调、监督居家养老服务工作。要积极开发公益性岗位为居家养老服务，各街道（乡镇）要切实拿出组织实施方案，建立居家养老服务中心，管理和辐射服务所辖社区。

（二）加大投入，落实保障。各级政府应认真落实居家养老服务工作经费，列入财政预算，并力争取得省级财政支持。加大各级财政对居家养老服务项目投入，保障政府购买服务，并对居家养老机构运行给予适当补贴，对符合条件的居家养老服务人员落实公益性岗位待遇和社保补贴，统筹解决居家养老服务设施建设、队伍建设、业务培训、工作评估、运行补贴等资金问题。为加快居家养老服务信息系统、应急求助呼叫系统建设提供资金保证。认真贯彻落实支持居家养老服务的优惠政策，对养老院类的养老服务机构提供的养老服务免征营业税，对各类非营利性养老服务机构免征自用房产、土地的房产税、城镇土地使用税等。

（三）各负其责，密切合作。民政部门要充分发挥组织牵头作用，制定规划及相关政策，指导全市居家养老服务工作顺利开展。卫生部门要制定出台相关政策，督促医疗机构提供居家养老医疗保健服务。司法部门要制定维护老年人合法权益及提供法律服务的优惠政策。人力资源和社会保障部门要开发公益性岗位，配合民政部门，组建专业为老服务队伍，加强对居家养老服务机构人员的业务培训和指导。文化广电新闻出版部门要积极协调指导基层开展适合老年人需求的文化活动，丰富老年人精神文化生活。体育部门要为老年人健身活动场所提供必要的体育健身设施，健全老年人健身体育组织。财政部门要将居家养老服务机构的基础设施建设、信息化建设、正常运行保障、政府购买服务等各项经费列入相关部门的财政预算，并及时拨付。其他相关部门也要各司其职，密切配合，促进居家养老服务工作有序、健康、快速发展。

（四）整合资源，扩充队伍。各地要有选择地吸引辖区内家政、中介机构等服务企业加盟，提供照料、送餐等服务。社区工作人员应履行工作职责，积极参与居家养老服务。社区党员、干部要充分发挥模范带头作用，与社区困难老人结对帮扶。社区老年协会等民间组织尤其是各类涉老组织要充分利用自身资源优势开展为老服务活动。动员全社会参与为老服务，提倡邻里互助，推动志愿者为老服务的普遍开展。

（五）规范管理，强化评估。各地要认真制定居家养老服务制度、居家养老工作管理制度，确保居家养老服务有章可循，运作规范。对服务对象实行动态管理，加强对服务机构的监督，明确服务标准、服务流程和服务人员工作职责。进一步完善居家养老服务工作社会化评估体系，把老年人满意度和社会满意度作为重要的考评标准，在实践中建立健全居家养老服务效果评估制度。建立居家养老服务工作的激励机制，对开展居家养老服务工作成绩突出、表现优秀的单位、个人给予宣传和表彰，促进居家养老服务水平的全面提高。

南通市人民政府办公室

2010 年 8 月 5 日

南通市政府办公室
关于加强社区老年社会组织建设的实施意见

通政办发〔2011〕85 号

各县（市）、区人民政府，市经济技术开发区管委会，市各委、办、局，市各直属单位：

社区老年社会组织是社区老年人自发组织的，以满足社区老年人不同需要为目的，以社区为主要活动范围的非营利性、公益性、服务性的社会团体和民办非企业单位。为了更好地发挥社区老年社会组织在提供服务、表达诉求、民主参与、规范自律、促进和谐等方面的积极作用，经市政府同意，现就加强全市社区老年社会组织建设提出如下意见：

一、提高思想认识，明确目标要求

社区老年社会组织是社会管理创新的重要基础，是社区服务和管理的重要载体，是党和政府联系群众的桥梁，在参与基层民主政治，增强基层政权影响力、凝聚力，维护社会和谐稳定，实现老年人自我管理、自我教育、自我保护、自我服务和服务社会等方面发挥着重要作用。各地和各有关部门要从全面落实科学发展观、加强社会管理创新、加快构建社会主义和谐社会的高度，充分认识加强社区老年社会组织建设的重要意义，按照支持社区养老服务，实现老有所为、老有所学、老有所乐，参与社区社会管理的工作要求，积极支持和引导社区老年人建立以文体型（包括老年书画联谊会、老年人体育协会、老年文艺团队、老年健身团队等）、服务型（包括老年协会、老年人服务中心等）、公益型（包括老年志愿者协会、关心下一代工作委员会、校外辅导站、法律服务咨询机构等）为重点的各类社区老年社会组织。“十二五”期间，每年城镇社区新建老年社会组织 2 个以上，农村社区新建老年社会组织 1 个以上。

二、规范组织建设，保障优质运行

（一）加强社区老年社会组织登记和备案管理。积极引导、鼓励社区老年社会组织建设，对符合条件的社区老年社会组织进行社会团体登记管理，对未达到登记条件的实行备案管理。社区老年社会组织形式、业务范围相同或相近的，同一类组织一个社区原则上只登记、备案一个。社区社会团体登记应具备的条件是：

1、个人发起 5 名以上或单位发起人 3 个以上；2、有 30 个以上的个人会员或者 10 个以上的单位会员；3、个人发起成立的应有 1000 元以上的活动资金，单位发起成立的应有 5000 元以上的活动资金；4、在社区或单位有固定的活动场所。多个社区社团可以合署办公。社区民办非企业单位登记应具备的条件是：1、有 5000 元以上的开办资金；2、在社区或单位有活动场所。在不影响业务正常开展的情况下，若干民办非企业单位可申请登记同一活动场所。社区民间组织的业务主管单位由县（市）区的相关部门担任，也可委托所属乡镇政府或街道办事处担任。对尚未达到上述登记条件，但正常开展活动的社区老年社会组织，由社区居委会初审，街道（乡镇）审核后，报县（市）、区民政局备案。

（二）强化社区老年社会组织日常管理。坚持规范、引导、培育、发展并重方针，使社区老年社会组织建设形成登记（备案）— 管理 — 发展 — 壮大的良性循环。建立科学的社区老年社会组织日常管理制度和运行机制，积极引导社区老年社会组织规范运作。街道（乡镇）和社区（村）要根据社区老年社会组织的性质、规模、功能、成员和服务对象的不同，加强分类指导和管理；要指导他们制定相应的日常规章制度和活动计划，确保社区老年社会组织队伍稳定化、活动常态化、管理制度化。

（三）支持社区老年社会组织开展各类活动。1、积极搭建老年文体活动展示平台。市通过组织开展各类老年主题活动和老年文化艺术节，积极为有质量和特色的社区老年文体团队提供展示才艺的活动平台。各县（市）区、街道（镇）、社区要结合当地实际，精心组织“一社区（村）一品”的老年特色文体活动，引导社区老年文体团队向特色化、品牌化、规模化方向发展。2、引导、组织社区老年社会组织开展各类服务型、公益型活动，为老年人提供居家养老、养生保健、教育情趣、精神慰藉等方面的服务。3、促进壮大社区老年志愿者队伍。注重调动社区老干部、老教师和老年医疗工作者的积极性，广泛参与低龄老年人服务高龄老年人等志愿服务活动，确保助老志愿行动长期健康发展。

三、加强政策扶持，创新工作机制

（一）强化政策扶持。建立社区老年社会组织资助和奖励机制，通过政府补助、福彩公益金、体彩公益金资助等方式，多渠道筹集社区老年社会组织发展资金，推进社区老年社会组织可持续发展。1、县（市）区、乡镇（街道）落实社区老年社会组织建设扶持专项经费。由各社区（村）居（村）委与各社区老年社会组织签订协议，凡达到社区老年社会组织建设标准，活动正常开展，且一个月不少于一次，年度老年人满意率达85%以上的社区老年社会组织，由当地政府给予适当的经费奖励。2、建立奖励机制。对选送参加市以上老龄系统重大比赛获奖或被表彰的社区老年社会组织，每年由市福彩公益金安排专项资金，给予2000元 — 5000元的奖励。市组织开展年度社区样社会组织先进集体和先进带头人评选活动，每年评出若干名先进集体和先进个人，在敬老节期间进行表彰，由市财政给予适当奖励。3、组织促进结对支持。充分整合社会资源，动员、引导、鼓励社会、企业等力量采取共建或以冠名的形式支持、积极扶持社区老年社会组织的发展。

（二）集聚人力物力。充分利用社区公共服务中心阵地资源，为社区老年社会组织提供活动场地和基本服务。积极整合社会各方力量，鼓励和支持辖区内企事业单位利用闲置资源更好放大优势，扶持老年社区社会组织发展。加强社区老年社会组织骨干力量的培养，推荐热心公益事业、政治素质好、业务水平高、在老年人中有影响力的骨干担任社区老年社会组织负责人，增强社区老年社会组织对老年人的凝聚力和影响力。

（三）创新运作机制。县（市）区、街道（乡镇）、社区（村）及各有关部门要拓展与社区老年社会组织的合作领域与项目，力求将居家养老、社区各类主题文化活动、社区健康与环保、关心下一代活动等公益服务项目委托给社区老年社会组织承担，并按照权随责走、费随事转的原则，通过奖励、补贴或委托管理等方式，向社区老年社会组织购买服务。县（市）、区民政（老龄）部门根据服务项目的创新程度、实施情况、社会效果等，委托第三方进行综合评定，成效良好的服务项目向社会公告。市老龄办每年开展社区老年社会组织优质项目评选活动，激发社区老年社会组织的积极性和创造性，引导其自主开发实施社区老年服务项目。

四、加强组织领导，强化保障措施

（一）建立组织，加强领导。市老龄委具体负责对全市社区老年社会组织建设工作的领导，市老龄办负责统筹协调全市社区老年社会组织建设日常工作。县（市）、区及乡镇（街道）也要建立相应的指导协调机构，承担社区老年社会组织发展与管理相关职能，做好社区老年社会组织管理和服务工作。

（二）明确职责，形成合力。各地、各有关部门要按照各自职责，合力推进社区老年社会组织建设。各级老干部工作部门要组织引导老干部积极参与社区老年社会组织建设，示范、引领、组织社区各项为老服务活动。发改部门要将老年社会组织建设列入经济社会发展规划，并做好宏观协调和管理工作。民政部门要加强对社区老年社会组织建设的组织协调工作，在登记管理及活动开展等方面做好服务及扶持工作。教育部门要引领老教师为社区的养老服务多作贡献，广泛开展各类老年教育兴趣培训和辅导，积极为社区老年人提供精神关爱。卫生部门要支持社区退休医疗工作者开展志愿服务活动，为老年人提供各类健康医疗咨询和卫生保健服务。文广新、体育等部门要发挥各自优势，加强对老年文体团队的业务指导和培训，为社区老年文体组织配备文体指导员，帮助老年文体团队实现组织水平、创作水平、演出水平的持续提高。老龄工作部门要协调推动社区老年服务组织的发展，积极为社区老年社会组织搭建展示和活动的平台。

（三）服务支持，增强活力。各地及各有关部门要重视对社区老年社会组织的指导和培训工作，举办知识讲座、信息咨询等活动，发挥好引导、培育、扶持作用，促进社区老年社会组织健康发展；要重视社区社会组织典型培养，发挥典型引路、典型示范的辐射带动作用，培育一批活动规范有序、发挥作用明显、社会影响力强的示范型社区老年社会组织；要定期组织社区老年社会组织开展交流展示，学习借鉴先进经验，推进社区老年社会组织更好发展。

（四）广泛宣传，营造氛围。加强对社区老年社会组织的宣传，广泛宣传社区老年社会组织在社区建设和社会管理中的重要作用，宣传社区老年社会组织发展的典型事例。加大力度鼓励支持社区老年社会组织开展喜闻乐见、健康向上的精神文化活动和为老服务活动，持续营造全社会共同关注、共同支持社区老年社会组织发展的良好氛围。

南通市人民政府办公室

2011 年 5 月 4 日

市政府办公室转发市民政局等四部门关于进一步加强全市农村敬老院建设管理工作的意见的通知

通政办发〔2011〕238 号

各县（市）、区人民政府，市经济技术开发区管委会，市各委、办、局，市各直属单位：

市政府同意市民政局、市编办、市财政局、市人社局《关于进一步加强全市农村敬老院建设管理工作的意见》，现转发给你们，请认真贯彻执行。

南通市人民政府办公室

2011 年 12 月 20 日

关于进一步加强全市农村敬老院建设管理工作的意见

（市民政局 市编办 市财政局 市人社局 2011 年 12 月 5 日）

敬老院是为农村五保对象提供供养服务的公益性机构，是农村社会事业发展的重要窗口，是保障和改善民生的重要阵地。为进一步加强全市农村敬老院建设管理工作，提升农村五保对象等困难群众的幸福指数，促进农村社会福利事业更好更快发展，尽快实现“民富、村美、风气好”的新农村建设目标，根据国务院《农村五保供养工作条例》、民政部《农村五保供养服务机构管理办法》（令第 37 号）、《省政府办公厅关于贯彻实施〈农村五保供养工作条例〉的通知》（苏政办发〔2006〕135 号）等相关规定，结合我市实际，现就进一步加强全市农村敬老院建设管理工作提出如下意见：

一、着力推进农村敬老院硬件建设水平新提升

各级政府要加强对敬老院工作的组织领导，把敬老院事业纳入当地经济和社会发展规划。县（市）、区民政部门要会同有关部门编制本地区“十二五”农村敬老院建设发展专项规划，报同级人民政府批准后实施。鼓励有条件的县（市）区根据实际需要，合理布局、规范化建设能够满足若干乡镇（街道，下同）五保供养对象集中供养需要的区域性中心敬老院。

敬老院建设应遵循因地制宜、合理布局原则，充分利用国有、集体闲置资产，采取新建和改建、扩建等建设方式。原则上每个乡镇设立 1 所敬老院，五保供养人数较多的乡镇可设敬老院分部。敬老院建设一般应达到以下标准：

（一）2015 年底，5 万人口以下乡镇敬老院床位建设规模不少于 200 张，5 — 8 万人口乡镇敬老院床位建设规模不少于 250 张，8 万人口以上乡镇敬老院床位建设规模不少于 350 张。

（二）敬老院各类建筑应当根据老年人、残疾人和未成年人生活需要进行设计，并符合相关建筑设计规范。

（三）具有开展日常工作所必需的居住用房和辅助用房。每名五保对象居住用房不小于 6 平方米。辅助用房要设置办公室、厨房、餐厅、储藏室、活动室、医疗室、浴室和公厕等，有条件的地区还可以建设用于康体保健、文体娱乐等方面的功能室，配备必要的农副业生产基地。

（四）敬老院建设至少要做到“六通”，即通电、通水、通路、通电话、通电视、通网络。

二、规范落实农村敬老院事业单位法人登记和人员配备

由各级人民政府利用国有资产建设的乡镇敬老院，是社会公益性机构，根据事业单位登记管理的有关规定，依法办理事业单位法人登记。

进行事业单位法人登记的农村敬老院，供养对象 50 — 100 人的至少核定 3 名管理人员；100 人以上至少核定 4 名管理人员。其余服务人员根据按需设岗、按岗聘用的原则，按照与在院供养对象比例不低于 1：10 的比例配备，所有人员通过政府购买服务实行劳动合同制管理。

积极探索政府举办敬老院管理新机制，对敬老院实行院长委派管理。

三、进一步加大农村敬老院事业的资金投入

敬老院所需建设资金以及人员工资、办公及维修等管理经费由乡镇财政预算安排，县级财政给予适当补助；条件较好的地区要逐步推行由县级财政统筹安排。各地要进一步加大敬老院管理资金保障力度，敬老院管理人员工资待遇按照不低于当地职工平均工资标准执行，服务人员的工资待遇不低于当地最低工资标准，所有工作人员加班按有关规定享受加班费，缴纳养老、医疗、失业、工伤、生育等职工基本养老保险以及住房公积金；从 2012 年起，按核定的敬老院工作人员数及各地单位公用经费预算标准落实办公经费；各级财政以及民政部门每年应当从本级福彩公益金中安排一定数量，用于支持农村敬老院的建设和维护。

四、积极支持农村敬老院探索建立运营新机制

鼓励基础条件较好的敬老院整合提升为当地集“五保”供养、社会寄养、老年服务、残疾康复等功能于一体的新型农村敬老院（养老服务中心），拓展服务内容，满足社会需求，同时农村敬老院要因地制宜地组织开展农副业生产项目。

敬老院从事的农副业生产和社会寄养等收入必须如数入账，严禁收入不入账或者设立账外账等违规违纪行为。其中院办经济盈余部分经其主管单位批准后可用于改善五保供养人员的生活条件、弥补单位公用经费不足以及工作人员考核奖励等；其中用于工作人员考核奖励部分不超过40%，具体办法由各县（市）区结合当地实际情况制定。

五、切实加强农村敬老院建设管理工作的督查考核

各级民政部门应当加强对农村敬老院工作的业务指导，制定农村敬老院建设、管理和服务的具体标准，加大日常监督检查、业务培训和考核奖惩力度。被评为国家级、省级、市级文明敬老院的，根据各地的考核办法予以奖励。各级财政根据政府考核奖励办法安排资金，对当地的五保工作和“关爱工程”建设工作突出的单位和个人予以奖励。乡镇人民政府要建设管理好其举办的农村敬老院，按标准落实好各项经费，配齐配强工作人员。

进一步加强全市农村敬老院建设管理工作，责任重大，是一项任务繁杂的系统工程，为促进农村敬老院建设管理水平提升，市成立由市政府分管秘书长担任组长，市民政、编制、监察、财政、人社、法制等部门分管负责人参加的农村敬老院建设管理工作领导小组，研究解决农村敬老院建设管理中的重要问题，促进农村五保供养法规政策落实，实现农村五保供养事业又好又快发展。市民政、编制、监察、财政、人社、法制等部门要积极细化举措，加大对各地落实省、市政策情况的指导和督查力度，确保各项政策不折不扣地执行。各县（市、区）也要成立相关组织机构，加强对农村敬老院建设管理工作的组织领导。各敬老院要坚持民主管理、以人为本、文明办院、敬老养老的办院方针，扎实推进农村五保供养事业实现新发展。

市政府办公室关于2013年
加快社会养老服务体系建设主要工作责任分解的通知

通政办发〔2013〕17号

各县（市）、区人民政府，市经济技术开发区管委会，市各委、办、局，市各直属单位：

为认真贯彻市委十一届四次全会和市“两会”精神，加快构建以居家为基础、社区为依托、机构为支撑的社会养老服务体系，根据市委、市政府《关于进一步加强新时期民政工作的意见》（通委发〔2013〕2号）、市政府《关于加快推进我市社会养老服务体系建设的意见》（通政发〔2012〕46号）等文件精神，现将2013年加快社会养老服务体系建设主要工作责任分解通知如下：

一、加快完善养老服务建设规划和政策体系

坚持政府主导与社会参与、家庭养老与社会养老、公益性服务与经营性服务相结合，以实现“老有颐养”为目标，以满足中低收入老年群体基本养老服务需求为重点，加快完善社会养老服务建设规划和政策体系。

（一）完成养老服务设施布局规划编制工作。在编制各地社会养老服务体系建设规划的基础上，年内市区及县（市）完成养老服务设施布局规划编制工作，并同步在控制性详细规划中予以空间落实。〔市区规划由市民政局（老龄办）、规划局牵头完成；县（市）规划由各县（市）政府牵头完成〕

（二）落实养老服务项目建设用地。开设养老服务项目“绿色通道”，实行“保姆式”服务，做好用地报批和用地供应工作。（市国土局）

（三）保障社会养老服务体系建设资金。逐步加大公共财政对社会养老服务体系建设的投入，各级财政要保证社会养老服务体系有关建设资金及扶持资金足额到位。各县（市）及通州区福彩公益金50%以上用于社会养老服务体系建设。〔市财政局，各县（市）、区政府〕

（四）完善社会养老服务政策体系。加快研究推进社会养老服务体系建设的相关配套政策，年内出台入住养老机构低保、低收入家庭老年人定额补贴，养老服务从业人员工资待遇与专业技能等级挂钩实施办法，养老机构安全管理等制度。各县（市）出台鼓励社会力量投资兴办养老服务机构扶持政策。〔市民政局（老龄办）、人社局、财政局、消防支队，各县（市）、区政府〕

（五）加强目标任务考核。将社会养老服务体系建设作为重点工作列入对县（市）、区的考核范围，定期报告进展、定期督办情况，真正建立起责任明确到位、任务落实到位的长效机制。（市监察局）

二、加快提升居家养老服务水平

以提高居家养老服务质量为重点，以开展日托、助餐等养老服务为抓手，进一步完善居家养老服务网络，健全专业服务队伍，完善社区居家养老服务功能，扩大居家养老服务受益面。

（六）弘扬孝亲敬老传统美德。强化尊老敬老道德建设，提倡亲情互助，营造温馨和谐的家庭氛围，发挥家庭养老的基础作用。大力弘扬孝道文化，通过评比敬老文明先进家庭等活动，广泛营造尊老、敬老、养老、助老的良好风尚。加强公民道德建设，凡在尊老、养老方面存在突出问题的，采取一票否决制，不得评为公民道德或精神文明建设先进单位、先进个人。大力宣传新修订的《老年人权益保障法》，提高老年人合法权益保障意识。〔市委宣传部（文明办），市民政局（老龄办）、团市委、妇联、司法局〕

（七）落实家庭养老支持政策。健全家庭养老保障和照料服务扶持举措，完善居民小区无障碍设施，规划建设老年人宜居社区。进一步深化家庭赡养协议签订工作。

做好部分计划生育特殊家庭养老帮扶工作，适时调整、完善我市失独老人养老政策，保障特殊老年人养老服务需求。〔市民政局（老龄办）、城乡建设局、规划局、人口计生委、团市委、妇联，各县（市）、区政府〕

（八）健全居家养老服务网络。全市新建乡镇（街道）居家养老服务中心18家，总数达到81家，建成率达到70%，新建农村居家养老服务站89家，总数达到1906家，建成率达到100%。〔市民政局（老龄办），各县（市）、区政府〕

（九）完善居家养老服务中心（站）功能。崇川区、港闸区及市开发区所有街道居家养老服务中心及30%以上的城市社区居家养老服务站，通州区及其它县（市）30%以上的城镇社区居家养老服务站，在原有服务项目的基础上，均要开展日托、助餐等养老服务；农村社区居家养老服务站也要创造条件，积极开展日托、助餐等服务项目，切实满足辖区内老年人特别是独居、空巢、高龄老人居家养老服务需求。〔市民政局（老龄办），各县（市）、区政府〕

（十）推动社区卫生服务机构参与居家养老服务。以签订健康服务协议为抓手，进一步推进家庭医生制度和健康管理团队服务，为长期卧床、70周岁以上和独居等行动不便老人提供医疗规范许可的上门服务，力争65周岁以上老年人签约率达到50%以上。（市卫生局）

（十一）加强老年人精神关爱工作。出台加强老年人精神关爱工作实施意见，推进社区老年人精神关爱试点工作，完成市老年人活动中心主体工程建设。〔市民政局（老龄办）〕

（十二）健全居家养老专业服务队伍。放宽从事居家养老服务公益性岗位招录条件，提高工资待遇。市区居家养老服务中心（站）按照通政发〔2012〕46号文件要求，配齐公益性岗位专业服务人员，确保居家养老服务工作顺利开展。〔市人社局牵头，市财政局、民政局（老龄办）协同〕

（十三）做好市居家养老服务指导中心机构编制落实工作，指导县（市）、区推进居家养老服务指导机构建设。（市编办）

（十四）扶持社会力量参与居家养老服务。通过提供场地，以及给予资金和政策扶持等措施，支持家政公司、社会中介组织等社会力量参与居家养老服务。年内市区社会力量承接街道居家养老服务覆盖面达到40%，各县（市）及通州区社会力量承接乡镇（街道）居家养老服务覆盖面力争达到30%。〔市民政局（老龄办），各县（市）、区政府〕

（十五）扩大政府为困难老年人购买居家养老服务覆盖面。崇川区、港闸区、市开发区继续为符合条件的6500多名老年人购买居家养老服务，其中“三无”、“五保”、低保、低收入家庭中的失能老人标准提高到每人每月300元。其它县（市）及通州区全部建立政府为困难老年人购买居家养老服务制度，并逐步扩大覆盖面，提高补贴标准。〔市民政局（老龄办）、财政局，各县（市）、区政府〕

（十六）全面实施老年人意外伤害保险制度。市区按照通政发〔2012〕46号文件要求，落实老年人意外伤害保险财政经费补助。年内全市老年人参保率力争达到15%。〔市财政局、民政局（老龄办），各县（市）、区政府〕

三、加快推进养老服务机构能力建设

以加强能力建设及行业监管为重点，大力发展民办养老机构，扶持发展养老护理服务，切实提高养老机构监管水平。年内全市养老床位数新增3200张，总数达到5.02万张，占老年人总数比例达到2.7%。

（十七）加强示范性养老机构建设。年内如东县社会福利中心一期工程主体完工，启东市、通州区、市开发区开工建设600张以上床位示范性社会福利机构。〔市民政局（老龄办），如东县、启东市、通州区政府、市经济技术开发区管委会〕

（十八）加快农村敬老院改造进程。年内全市农村敬老院达标改造完成17家，累计完成50家，达标率达到60%。〔市民政局（老龄办），各县（市）、区政府〕

（十九）加快社区养老机构建设。全市城市小型托老所及农村老年关爱之家床位数年新增1000张，总数达到2500张。〔市民政局（老龄办），各县（市）、区政府〕

（二十）大力发展民办养老机构。进一步完善扶持政策，提高民办养老机构床位建设补助和营运补助标准，支持社会力量投资兴办养老服务机构。年内社会力量投资兴办养老服务机构床位数新增2000张，总数达到1.6万张，占机构床位数的35%。〔市民政局（老龄办），各县（市）、区政府〕

（二十一）优先发展护理康复服务。加强县级老年护理院建设，落实有关扶持政策，鼓励社会资本兴办具有长期医疗护理、康复促进、临终关怀等功能的养老机构。年内海安县、如皋市、如东县开工建设200张以上床位的养老护理院。〔市民政局（老龄办）、卫生局，海安县、如皋市、如东县政府〕

（二十二）研究制定老年护理保险制度，并纳入社会保障范围。（市人社局）

（二十三）提高养老服务机构监管水平。建立健全养老机构长效管理机制，进一步规范养老服务机构的管理。加强养老服务机构年审工作，并向社会公布养老服务机构的年度检查结果。对年审不合格的养老服务机构，责令限期整改，到期整改不到位的，视情取消其享受的有关优惠待遇，并依法处罚。健全相关安全管理制度，加强养老机构安全管理。〔市民政局（老龄办），各县（市）、区政府〕

四、加快实施养老服务信息工程

以居家呼叫及应急救援服务系统建设为重点，加快推进养老服务手段信息化，努力为广大老年人提供高效便捷的养老服务。

（二十四）建立养老服务信息网络。建立市、县、乡镇、社区四级居家养老服务信息管理系统，完善养老信息服务网络。〔市民政局（老龄办），各县（市）、区政府〕

（二十五）健全居家呼叫服务网络。推进居家老年人呼叫服务系统和应急救援服务网络基本全覆盖，全市新增服务对象6000余名。市区70周岁以上的独居老人、80周岁以上空巢老人全部纳入居家呼叫及应急救援服务网络。〔市民政局（老龄办），各县（市）、区政府〕

五、加快促进养老服务产业发展

以建立健全养老服务产业政策为重点，科学规划养老服务产业发展布局，推动养老服务产业快速发展。

（二十六）做好产业发展方向指导。科学规划养老服务产业发展布局，指导各地明确养老服务产业招商方向，形成区域特色鲜明、产业配套完善的养老服务产业集群。（市经信委）

（二十七）强化本市养老产业供需对接。积极搭建供需平台，组织相关医疗器械、保健食品生产企业与我市养老服务机构进行专题对接，为养老机构、社区高标准配送价廉质优的养老产品，为养老服务产业相关企业开拓产品市场、对接养老服务机构营造良好发展环境。（市经信委）

（二十八）鼓励家政服务企业参与养老服务。鼓励家政服务企业、社会中介组织参与居家养老服务。培育服务品牌，重点做好南通亿帮后勤服务有限公司、南通泽旺保洁劳务有限公司等龙头骨干企业的培育工作。引导中小专业型家政服务企业积极参与养老服务，重点做好南通市百帮服务有限公司、南通市好苏嫂家庭服务中心等中小专业型家政服务企业的引导工作。〔市商务局牵头，市民政局（老龄办）、财政局、人社局、妇联协同〕

（二十九）培训家政服务人员。围绕居家养老家政服务项目，优化培训机构、提高教学质量、加强资金扶持，精心组织家政服务员培训，着力提升居家养老家政服务技能。年培训家政服务员600名。（市商务局、财政局、总工会）

（三十）发展老年文化。整合现有资源，积极为老年人文化养老的组织实施创造条件。（市文广新局）

六、加快推进养老服务人才队伍建设

以提高养老护理人员素质为重点，加强养老服务技能培训，提高养老护理人员福利待遇，壮大养老服务志愿者队伍。

（三十一）开展技能培训。加强各类养老服务机构管理人员、护理人员和家庭护理员职业技能培训，年内通过培训的护理人员占护理人员总数的33%。〔市人社局、民政局（老龄办）、商务局、卫生局、妇联〕

（三十二）提高养老护理人员福利待遇。按照通政发〔2012〕46号文件要求，落实养老机构护理员特殊公益性岗位补贴。〔市人社局、财政局、民政局（老龄办）〕

（三十三）发展和壮大各类志愿者服务组织。通过“抓结对、抓活动、抓宣传”，建立健全志愿者服务活动长效机制。建立义工服务时间储备制等互助服务机制，推动助老志愿行动长期健康发展。（市人社局、团市委、妇联）

（三十四）探索建立在养老服务中引入专业社会工作人才机制。〔市人社局、民政局（老龄办）〕

附件：南通市2013年养老服务体系建设主要目标任务分解表

南通市人民政府办公室

2013年2月4日

附件：

南通市2013年养老服务体系建设主要目标任务分解表

序号	项　目	新增总数	累计数	海安县	如皋市	如东县	海门市	启东市	通州区	崇川区	港闸区	市开发区
1	建成乡镇（街道）居家养老服务中心数（个）	18	81	3	10	5	—	—	—	—	—	—
2	开展日托、助餐等服务的居家养老服务站数（个）	150	150	9	20	14	17	15	19	32	12	12
3	享受政府购买居家养老服务的老年人数（名）	6000	12500	1000	1000	1000	1000	1000	1000	—	—	—
4	建设养老床项目位数（张）	3200	50200	450	450	450	520	500	560	100	85	85
5	开工建设600张以上床位示范性社会福利机构的县（市）、区（个）	4	4	—	—	1	—	1	1	—	—	1
6	完成达标改造的农村敬老院数（家）	17	50	3	4	3	3	—	4	—	—	—
7	建设城市小型托老所及农村老年关爱之家床位数（张）	1050	2500	—	156	155	273	360	58	48	—	—
8	社会力量投资兴办养老服务机构床位数（张）	2000	16000	450	300	310	200	150	385	50	85	70
9	开工建设200张以上床位养老护理院的县(市)、区(个)	3	3	1	1	1	—	—	—	—	—	—
10	享受居家呼叫服务和应急救援服务的老年人数（名）	6000	12000	—	1000	—	—	2000	2000	600	300	100

市政府办公室关于印发进一步加快建设 社会养老服务体系任务分解表（2013 - 2016）的通知

通政办发〔2013〕145号

各县（市）、区人民政府，市经济技术开发区管委会，市有关部门和单位：

为认真贯彻落实南通市第十四届人大常委会第六次会议《关于进一步加快建设社会养老服务体系的决议》，经市政府研究同意，现将《进一步加快建设社会养老服务体系任务分解表（2013 — 2016）》印发给你们，请认真组织实施。

南通市人民政府办公室

2013年7月20日

进一步加快建设社会养老服务体系任务分解表（2013 — 2016）

一、2013目标任务（共34项）

序号	目标任务	责任部门	完成时限
1	及时宣传报道我市社会养老服务体系建设的新做法、新成效。	市委宣传部（文明办）、市民政局（老龄办）会同南通日报社、南通广播电视台负责	2013年9月底前
2	编印社会养老服务体系政策汇编	市民政局（老龄办）负责	2013年9月底前
3	组织开展“2013年敬老助老先进县（市）、区”竞赛活动和“南通市敬老文明号”评选活动，举办老年文化艺术节、社区老年活动专场晚会。	市委宣传部（文明办）、市民政局（老龄办）负责	2013年12月底前
4	保障社会养老服务体系建设资金，各县（市）及通州区福彩公益金50%以上用于社会养老服务体系建设。	相关县（市）、区政府负责	2013年12月底前
5	出台市区入住养老机构低保、低收入家庭老年人定额补贴发放办法	市民政局（老龄办）会同市财政局负责	2013年12月底前
6	制定养老机构安全管理规范。	市民政局（老龄办）会同市公安局、市卫生局负责	2013年12月底前
7	各县（市）及通州区按市政府相关文件出台鼓励社会力量投资兴办养老服务机构扶持政策。	各县（市）及通州区政府负责	2013年12月底前
8	成立南通市社会养老服务体系建设领导小组。领导小组建立例会制度，健全议事规则，并适时进行专题会商。	市民政局（老龄办）负责	2013年9月底前

序号	目标任务	责任部门	完成时限
9	市民政局（老龄办）进一步充实、优化社会养老服务体系建设工作力量，完善工作机制。指导督促县（市）、区增挂老龄办牌子。	市编办、民政局（老龄办）负责	2013年9月底前
10	各县（市）、区成立社会养老服务体系建设领导小组，建立办事机构，加强工作力量。	各县（市）、区政府负责	2013年9月底前
11	市区及县（市）完成养老服务设施布局规划编制。在老小区和城中村改造中，对前期未实施建设的空地，优先用于包括养老服务设施在内的居住区公共服务配套设施建设，在养老服务设施布局规划中矛以落实	市区规划由市民政局（老龄办）会同市规划局负责；县（市）规划由各县（市）政府负责	2013年12月底前
12	所有的二、三级综合医院建设老年科	市卫生局负责	2013年12月底前
13	在当地年度土地利用计划分配时，对急需用地的养老服务项目给予倾斜安排。开设养老服务项目绿色通道，实行保姆式服务，做好用地报批和土地供应工作。	市国土局负责	2013年12月底前
14	将新建住宅小区养老服务设施配套作为开发要件落实于城市建设具体项目之中，按照基本控制单元每百户20平方米建筑面积的标准，相对集中配建社区用房，并在开发项目建设方案审查和竣工验收中邀请市民政局参加，确保新建住宅项目留足养老服务设施空间场所。	市规划局、国土资源局、建设局、房管局、民政局（老龄办）负责	2013年12月底前
15	全市高标准农村敬老院建设达标率为60%。开展敬老院等级评定工作，省一星级以上敬老院占不低于30%。五保供养确保应保尽保。	各县（市）、区政府分别负责	2013年12月底前
16	如东县社会福利中心一期主体完工，启东市、通州区、市开发区开工建设600张以上床位示范性养老机构	如东县、启东市、通州区政府、市经济技术开发区管	2013年12月底前
17	每千名老人拥有床位数达到27张以上。新增社区日间照料床位1050张。社会力量投资兴办养老服务机构床位数新增3500张，总数达到17500张，占养老床位总数的35%。全市护理型床位总数达到10000张，占养老床位总数的20%。	市民政局（老龄办），各县（市）、区政府负责	2013年12月底前
18	海安县、如皋市、如东县各开工建设一所200张以上床位的养老护理院。	海安县、如皋市、如东县政府负责	2013年12月底前
19	完成未注册民办养老机构的整治工作。	各县（市）、区政府负责	2013年12月底前
20	健全居家养老服务网络。全市新建乡镇（街道）居家养老服务中心18家，总数达到81家，建成率达到70%，新建农村居家养老服务站89家，总数达到1906家，建成率达到100%。	市民政局（老龄办），各县（市）、区政府负责	2013年12月底前
21	完善居家养老服务中心（站）功能。市各区所辖乡镇（街道）居家养老服务中心及全市30%以上的城镇社区居家养老服务站，均开展日托、助餐等养老服务。	市民政局（老龄办），各县（市）、区政府负责	2013年12月底前

序号	目标任务	责任部门	完成时限
22	健全居家呼叫服务网络，将受益范围扩大到生活困难老人。在崇川区、港闸区、市经济技术开发区及如皋市建设居家呼叫平台的基础上，通州区、启东市年内建成居家呼叫信息平台。	市民政局（老龄办），各县（市）、区政府负责	2013年12月底前
23	全面实施老年人意外伤害保险制度。市区按照通政发[2012]46号文件要求，落实老年人意外伤害保险财政经费补助。全市老年人参保率力争达到15%。	市民政局（老龄办）、市财政局，各县（市）、区政府负责	2013年12月底前
24	放宽从事居家养老服务公益性岗位招录条件，提高工资待遇。市区居家养老服务中心（站）按照通政发[2012]46号文件要求，配齐公益性岗位专业服务人员。	市人社局会同市民政局（老龄办）、市财政局负责	2013年12月底前
25	以县（市）、区为单位全面落实尊老金制度，80—89岁发放60元/月，90—99岁发放100元/月，100岁以上发放300元/月，确保尊老金足额发放到位。	各县（市）、区政府负责	2013年12月底前
26	全面建立政府为困难老年购买居家养老服务制度。崇川区、港闸区、市开发区在原有购买服务的基础上，将“三无”、“五保”、低保家庭中的老人标准提高到每人每月300元。其它县（市）及通州区全部建立政府为困难老年人购买居家养老服务制度，政府购买居家养老服务人数不少于1000名。	市民政局（老龄办）、财政局，各县（市）、区政府负责	2013年12月底前
27	以资源共享、方便就医为原则，在养老机构内设置或合作设立医疗站（点），新建居家养老服务设施同时就近配建医疗服务站点，逐步推进现有社区养老服务设施与医疗服务设施的资源事例；凡养老机构和护理院其养老服务站（点）符合医保定点单位条件的，纳入城镇职工（居民）基本医疗保险和新型农村合作医疗定点范围，享受社区公共卫生服务的有关优惠政策。	市卫生局、规划局、人社局、民政局（老龄办）负责	2013年12月底前
28	推动社区卫生服务机构参与居家养老服务。新建社区居家养老服务站要结合社区卫生服务站布点建设，努力实现居家养老服务“养医”结合。以签订健康服务协议为抓手，进一步推进家庭医生制度和健康管理团队服务，为长期卧床，70周岁以上的独居等行动不便老人提供医疗规范许可的上门服务，力争65周岁以上老年人签约率达到50%以上。	市卫生局负责	2013年10月底前
29	积极策应老年教育需求，在继续扩大现有的市及各县(市)区老年大学规模，改善办学条件的同时，合理调配人力、物力资源，形成以市老年大学为龙头，县（市）区老年大学为骨干，社区教育中心老年办学点为补充的老年办学体系。	市教育局、老干部局、各县（市、区）政府负责	2013年12月底前
30.	筹备市养老服务行业协会	市民政局（老龄办）负责	2013年12月底前

序号	目标任务	责任部门	完成时限
31	积极搭建供需平台，组织相关医疗器械、保健食品生产企业与我市养老服务机构进行专题对接，为养老机构、社区高标准配送价廉质优的养老产品，为养老服务产为相关企业开拓产品市场、对接养老服务机构营造良好发展环境。	市经信委负责	2013 年 10 月底前
32	依托市科技进修学院、南通体臣卫校兴办 10 期养老机构护理员培训，培训总人数力争达 600 名左右。全市养老机构护理人员持证上岗离达到 40%。	市人社局会同市民政局（老龄办）负责	2013 年 12 月底前
33	围绕居家养老家政服务项目，精心组织家政服务员培训，年培训家政服务员达 600 名以上。	市商务局会同市财政局、总工会负责	2013 年 12 月底前完成
34	建立口径明确、完整统一的养老服务体系数据统计系统，以准确的信息、完备的资料为养老服务体系建设提供科学的决策依据。	市统计局会同市民政局（老龄办）负责，各县（市）、区政府负责	2013 年 12 月底前

二、2014 年目标任务（共 13 项）

序号	目标任务	责任部门	完成时限
1	通过各类新闻媒体，及时宣传报道养老服务体系建设行进典型和经验。在市直新闻媒体进行敬老公益广告宣传。组织开展“2014 年敬老助老先进县（市）、区”和“南通市孝亲敬老之星”评选活动，办好南通老龄网。举办老年文化艺术节、社区老年活动专场晚会。	市委宣传部（文明办）、市民政局（老龄办）负责	2014 年 12 月底前
2	我市高标准农村敬老院建设达标率为 80%。开展敬老院等级评定工作，省一星级以上敬老院占比不低于 50%。	各县（市）、区政府负责	2014 年 12 月底前
3	县（市）、区都建有一所 600 张以上床位示范性养老机构，实现全覆盖。	各县（市）、区政府负责	2014 年 12 月底前
4	每千名老人床位数达到 28.5 张以上。新增社区日间照料床位 1000 张。社会力量投资举办养老服务机构床位数新增 8500 张，总数达到 26000 张，占养老床位总数的 47%。全市护理型床位建设总数达 13570 张，占养老床位总数的 25%。	市民政局（老龄办），各县（市）、区政府负责	2014 年 12 月底前
5	县（市）及通州区都建成 200 张以上床位的养老护理院。	各县（市）及通州区政府分别负责	2014 年 12 月底前
6	全市街道（乡镇）居家养老服务中心建设全覆盖。	市民政局（老龄办），各县（市）、区政府负责	2014 年 12 月底前
7	海安县、如东县及海门市建成居家呼叫平台，全市居家呼叫信息平台建设实现全覆盖。全市新增政府购买服务对象 3000 余人。	市民政局（老龄办），各县（市）、区政府负责	2014 年 12 月底前

序号	目标任务	责任部门	完成时限
8	完善居家养老服务中心（站）功能。市各区所有乡镇（街道）居家养老服务中心及全市50%以上的城镇社区居家养老服务站，均开展日托、助餐等养老服务。	市民政局（老龄办），各县（市）、区政府负责	2014年12月底前
9	全面实施老年人意外伤害保险制度，全市老年人参保率力争达到20%。	市民政局（老龄办）、市财政局，各县（市）、区政府负责	2014年12月底前
10	市经济技术开发区新建一所老年大学。全市有条件的街道（乡镇）设立老年大学分校或办学点。县（市）区老年大学实现全覆盖。	市教育局、老干部局，各县（市）、区政府负责	2014年12月底前
11	成立养老服务行业协会。	市民政局（老龄办），各县（市）、区政府负责	2014年6月底前
12	依托市科技进修学院、南通体臣卫校举办10期养老机构护理员培训，培训总人数力争达600名左右。全市养老机构护理人员持证上岗率达到60%。	市人社局会同市民政局（老龄办）负责	2014年12月底前
13	围绕居家养老家政服务项目，精心组织家政服务员培训，年培训家政服务员达600名以上。	市商务局会同市财政局、总工会负责	2014年12月底前

三、2015年目标任务（共9项）

序号	目标任务	责任部门	完成时限
1	强化阶段性宣传，在敬老月期间集中宣传报道养老服务体系建设行进典型和经验。组织开展“2015年敬老助老先进县（市）、区”竞赛活动和“南通市敬老文明号”评选活动，办好南通老龄网。	市委宣传部（文明办）会同市民政局（老龄办）负责	2015年12月底前
2	全市高标准农村敬老院建设达标率为100%。开展敬老院等级评定工作，省一星级以上敬老院占比不低于70%。五保应保尽保。	市民政局（老龄办），各县（市）、区政府负责	2015年12月底前
3	每千名老人拥有床位数达到30张以上。新增社区日间照料床位1500张。社会力量投资兴办养老服务机构床位数新增4000张，总数达到30000张，占养老床位总数的50%。全市护理型床位建设总数达18000张，占养老床位总数的30%。	市民政局（老龄办），各县（市）、区政府负责	2015年12月底前
4	各县（市）及通州区建有200张以上床位的养老护理院达到两家以上。	各县（市）及通州区政府负责	2015年12月底前
5	市各区所有乡镇（街道）居家养老服务中心及全市70%以上的城镇社区居家养老服务站，均开展日托、助餐等养老服务。	市民政局（老龄办），各县（市）、区政府负责	2015年12月底前
6	进一步完善居家老年人呼叫和应急救援服务网络，全市80岁以上空巢老人全部纳入其服务范围，并力争为更多的居家老人提供便捷、高效、价格低廉、形式多样的居家养老服务。	市民政局（老龄办），各县（市）、区政府负责	2015年12月底前

序号	目标任务	责任部门	完成时限
7	全面实施老年人意外伤害保险制度，全市老年人参保率持续提升。	市民政局（老龄办）、市财政局，各县（市）、区政府负责	2015年12月底前
8	依托市科技进修学院、南通体臣卫校举办10期养老机构护理员的培训，培训总人数力争达600名左右。全市养老机构护理人员持证上岗率达到85%。	市人社局、市民政局（老龄办）负责	2015年12月底前
9	围绕居家养老家政服务项目，精心组织家政服务员培训，年培训家政服务员达600名以上。	市商务局会同市财政局、总工会负责	2015年12月底前

四、2016年目标任务（共10项）

序号	目标任务	责任部门	完成时限
1	开展敬老助老征文评选活动，组织开展“2015年敬老助老先进县（市）、区”竞赛活动和“南通市孝亲敬老之星”评选活动，办好南通老龄网。	市委宣传部（文明办）、市民政局（老龄办）负责	2016年12月底前完成
2	每千名老人拥有床位数达到32张以上。新增社区养老床位1000张。社会力量投资兴办养老服务机构床位数新增2500张，总数达到32500张，占养老床位总数的50%。全市护理型床位建设总数达19500张，占养老床位总数的30%。	市民政局（老龄办），各县（市）、区政府负责	2016年12月底前
3	各县（市）及通州区建有200张以上床位的养老护理院达到三家以上。	县（市）及通州区政府负责	2016年12月底前
4	完善居家养老服务功能,全面提升服务功能水平，基本满足老年人居家养老服务需求。	市民政局（老龄办），各县（市）、区政府负责	2016年12月底前
5	全市政府购买居家养老服务人数达到20000人。	市民政局（老龄办），各县（市）、区政府负责	2016年12月底前
6	全市居家呼叫政府购买服务家庭达到20000户以上。	市民政局（老龄办），各县（市）、区政府负责	2016年12月底前
7	市各区所辖乡镇（街道）居家养老服务中心及全市城镇社区均开展日托、助餐等服务。	市民政民局（老龄办），各县（市）、区政府负责	2016年12月底前
8	全面实施老年人意外伤害保险制度，全市老年人参保率持续提升。	市民政局（老龄办）、市财政局，各县（市）、区政府负责	2016年12月底前
9	依托市科技进修学院、南通体臣卫校举办10期养老机构护理员培训，培训总人数力争达600名左右。全市养老机构护理人员持证上岗率达到80%以上。	市人社局、市民政局（老龄办）负责	2016年12月底前
10	围绕居家养老家政服务项目，精心组织家政服务员培训，年培训家政服务员达600名以上。	市商务局会同市财政局、总工会负责	2016年12月底前

第五节 南通市纪委、市委组织部、市老龄委、市监察局、市人事局文件（1件）

关于共产党员、国家干部尊老敬老养老的若干规定

通老龄委〔1993〕32号

尊老敬老养老是中华民族的传统美德。继承这种传统美德并发扬光大，带头尊老敬老养老，争当民众楷模是每个共产党员、国家干部义不容辞的责任。这对于推动党风建设和社会主义精神文明建设，促进社会风气的根本好转，都有着重要的作用。为此，根据中纪委《关于共产党员违反社会主义道德党纪处分的若干规定（试行）》和《江苏省保护老年人合法权益条例》的有关原则，特制定本规定。

一、共产党员、国家干部必须带头宣传和执行《江苏省保护老年人合法权益条例》，自觉维护法律法规赋予老年人的政治权利、民主权利、财产权利、婚姻自由权利、受赡养扶助的权利，从国家、社会和家庭获得物质帮助的权利以及国家规定老年人应享受的其他权益。

二、共产党员、国家干部必须带头尊老敬老养老，自觉履行赡养和扶助老年人的义务，正确处理好与老年人之间的代际关系，模范遵守尊老敬老养老的社会主义道德，切实保证老年人老有所养，安度晚年。

三、共产党员、国家干部不得干涉老年人参加正当有益的政治活动和社会活动；不得侵占、私分老年人的合法收入、房产以及其它合法财产；不得干涉老年人的婚姻自由和妨害老年人再婚后的家庭生活。

四、共产党员、国家干部无论在家庭、工作单位，还是在社会上都要对老年人以礼相待，关心爱护，不得蛮横无理，出言粗鲁，不得有意伤害老年人的人格尊严。

五、共产党员、国家干部属于赡养义务入的，如不承担赡养和抚助老年人的义务，视情节轻重，对党员给予党内警告、严重警告直至撤销党内职务的处分；对国家干部给予警告、记过、降级直至留用察看处分。党员干部犯上述错误，应同时给予党纪、政纪处分。

六、共产党员、国家干部因严重违反尊老敬老养老道德规范，虐待、遗弃老年人，严重侵犯老年人的合法权益触犯刑律被依法判处的，给予开除党籍或开除公职的处分，党员干部同时给予党纪、政纪处分。

七、各基层党组织和单位要把尊老敬老养老的情况作为民主生活会的一项内容，进行对照检查。积极开展尊老敬老活动，主动关心老年人生活，为老年人办实事、做

好事，大力宣传尊老敬老养老的先进事迹和人物，对为老年人提供服务作出显著成绩的单位和个人要给予表彰和奖励。

任何部门和单位不得以任何借口侵犯老年人的合法权益。对侵害老年人合法权益行为的上访控告，应及时查处，不得推诿；对因赡养扶助问题发生的纠纷，以及其它侵害老年人合法权益的事件，要主持公道，及时调解，并对当事人进行必要的批评教育，直至追究其纪律、法律责任。

八、各级党组织和组织人事部门，要把尊老敬老养老的道德标准列入考核干部、发展和评议党员、评选各类先进的一项内容。凡不履行赡养和抚助老年人义务，虐待和遗弃老年人，在群众中造成恶劣影响的，不得发展入党，不得提拔重用，不得当选各类先进。

本规定自1993年10月1日起施行。

中共南通市纪律检查委员会
中共南通市委组织部
南通市老龄问题委员会
南通市监察局
南通市人事局
1993年9月20日

第六节　申报、评审“世界长寿之都”（“世界长寿乡”）“中国长寿之乡”文件（12件）

关于请求授予中国江苏省南通市“世界长寿之都”称号的函

通政函〔2013〕12号

国际自然医学会世界长寿乡调查团
世界长寿乡科学认证委员会：

根据国际自然医学会“世界长寿之都”申报标准，结合南通市的实际情况，我们进行了认真学习、对照、审核，确认南通已具备“世界长寿之都”的条件。现予申请，敬请审批。

一、区域概况

南通位于中国江苏省东部，东濒黄海，南临长江，三面环水，形同半岛，全市陆地总面积8001平方公里，素有“江海门户”、“扬子第一窗口”之称。早在6500年前，南通开始成陆。后周显德年间建城至今已有一千多年历史。现辖8个县（市）、区和南通经济技术开发区。

南通区位优越，交通便捷。国家沿海高速和204国道贯穿南北，宁通高速、扬启高速横跨东西，苏通大桥、崇启大桥跨越长江，新长铁路、南通机场、深水良港，构筑成南通水、陆、空交通便捷的良好格局，使南通具有依托上海、呼应苏南、辐射苏北的独特区位优势。

南通是中国首批对外开放的14个沿海港口城市之一。近年来，南通抢抓江苏沿海开发和长三角一体化发展两大国家战略机遇，充分发挥“靠江靠海靠上海、承南启北”的独特优势，解放思想，真抓实干，2010年底以县（市）为单位达到省定小康标准。2012年全市经济发展稳中有进，主要指标增幅高于全省平均水平、在沿江八市保持领先。地区生产总值继2003年突破千亿元、2007年突破两千亿元后，去年突破4500亿元，增长11.5%。财政总收入1055.9亿元，较2003年增长10倍。社会保障水平持续提高，地方公共财政预算支出中民生投入占比达55.6%，城乡居民收入分别达28730元和13250元，分别增长14.5%和13%，增幅均高于全省平均水平。近年来，南通先后被评为全国文明城市、国家卫生城市、国家环保模范城市、国家园林城市、国家历史文化名城、中国最佳投资环境城市、中国优秀旅游城市，并获联合国人居环境范例奖。

经济发展不仅推动了精神文明、社会文明和生态文明建设，同时也推动了老龄事业的发展。多年来，南通把老龄工作作为关注民生、改善民生的重要大事来抓，不断健全老龄事业发展政策措施，提升老年社会保障水平，加快推进养老服务体系建设，优化老年人生活环境，提高老年人生活质量。老年人的社会保障、社会优待及社会养老服务等工作走在全国前列。

二、长寿现状

据1982年第三次全国人口普查，南通常住人口为741万人，60岁以上人口为76万人，占10.2%，标志着南通进入人口老龄化社会，比全国超前17年，比全省提早4年。此后30年，老年人口快速发展。1990年“四普”，60岁以上人口突破百万，为100.4万人，占同期总人口的13.2%。2000年“五普”，60岁以上人口增至130.89万人，占同期总人口的16.85%。2010年“五普”，60岁以上人口又上升到174万人，占同期常住人口的23.45%，占户籍人口22.89%（南通常住人口为728.28万人，户籍人为762.92万人）。按户籍人口计，南通高出全省5.2个百分点，高出全国9.93个百分点；按常住人口计，南通高出全省5.76个百分点，高出全国10.49个百分点。2012年底，全市60岁以上老年人口186万，占同期户籍总人口的24.22%。30年间全市60岁以上老年人口，共增加了110万人，平均每年净增3.6万人。

高龄化是我市人口老龄化的一大显著特征，2000年“五普”，全市80岁以上老人为17.07万，占老年人总数的13.04%，2010年“六普”上升到26.62万人，占老年人总数的15.58%。2012年末，80岁以上老人增加到31万人，占同期老年人总数的16.67%。其中，90岁以上长寿老人增幅更为突出，2010年“六普”结果，90－99岁老人为3.11万人。2012年末，90－99岁的老人有4.1万人，占老年人总数的2.2%；100周岁以上的老年人有926人，平均每10万人中就有13名百岁老人。

人口预期寿命大幅提高，达到世界发达国家水平。1948年南通平均寿命为32岁，而2000年平均寿命达到74.88岁，52年间增加42.8岁，增幅为131.2%，2012年全市平均预期寿命已达到78.5岁，达到了世界卫生组织确定的长寿标准。

三、形成长寿的因素及主要特点

（一）自然条件

南通古代因为地理位置特殊，加上极少重大自然灾害，被称为“崇川福地”。南通属亚热带季风气候。常年气候温和，日照充足，雨水充沛，四季分明，积温率高，全年无霜期长，日照年均2150小时，总雨量年均1060毫米上下，34℃以上高温天气和零下4℃的酷冷时日均比较少。0℃以上的天数有330－345天，总积至5300－5500℃，年无霜期达212－235天。城乡绿化状况良好，空气比较清新。这样的地域特点，很适合农作物生长和人的居住生活。全市农作物水旱轮作制度稳定，一年可以多熟。南通人既食陆畜又食水产，一年四季新鲜蔬菜不断，粗细搭配，饮食结构比较合理。全市城市地面水、饮用水源水和空气环境质量的达标率，分别是86.7%、94.6%和96.6%。近十年来，村镇规划到位，数以百计的小集镇星罗棋布地沟通城乡，人们生活方便，医疗网点配套，农村合作医疗覆盖到每个村居。村村贯通公路，农村居住条件大为改观。老人们过着相对恬静而温馨的生活，大大有利于他们的延年增寿。

（二）社会氛围

南通建城于后周年代，距今逾千年，东方文化底蕴颇为深厚。清末民初张謇在南通兴办实业与教育，尊师重教蔚然成风。历史的渊源、人文的积淀铸就了南通尊老敬老氛围浓厚，代代沿袭，久盛不衰。逢到高寿人家祝寿，邻里亲朋都要登门祝贺，主人则以“百岁碗”、寿桃、寿面、“长生果”、长命锁片之类的礼物相赠以示答谢。被命名为“百岁巷”、“百岁坊”、“迎春桥”、“健康路”等的街巷路桥常有所见。随着经济社会的发展，南通大力推进精神文明建设，具有高尚道德情操的先进典型不断涌现，尊老敬老传统美德得到进一步弘扬。从为全国广为赞誉和推崇的“莫文隋”典型，到包括干部、教师、企业家在内的涉及社会各个阶层的30多万江海志愿者群体的出现。江海大地乐于助人、见义勇为、甘于奉献的感人事迹层出不穷，闻名全国的先进典型不断涌现。所有这些，都是传统民风在新的历史条件下的升华。南通被中宣部认定为我国公民道德建设中的重大典型，有精神文明“南通现象”之美誉。南通老年人的优待水平不断提高。全市普遍建立高龄老人尊老金制度。百岁以上老年人每人每月领取300元尊老金；80岁以上老人每人每月60－100元。市区百岁老人实施了“五个一”工程（每人每月发放一次长寿补贴；每人每天一袋牛奶；每人每季度提供一次志愿者服务；每人每年送一份生日蛋糕；每人每年免费体检一次）。积极落实老年人优待政策。政府主办的公园、体育健身场所等各类公益性文化设施向老年人免费开放。65周岁以上的老年人（含外地的老年人）凭优证免费进入政府举办的旅游景点。市区65周岁以上的老年人持卡免费乘坐城市公共汽车等优待服务。老人们处处受到崇敬和关爱，倍感自豪和幸福，大大利于延年益寿。

（三）代际关系

南通百岁老人基本上都生活在和儿孙们组成的和睦的大家庭中，身边都有一大批晚辈倾注着自己的爱，给予老人们经济上的抚养、精神上的慰藉和生活上的照料，这种关爱换来了老人的高寿。南通老人的家庭大致是四种结构：一是子女相对较少，以长辈为核心，组成几代同堂的家庭；二是子女较多，按辈份裂变成若干小家庭，但晚辈仍共同承担赡养照料老人的义务；三是兄弟分家后互相体谅，由经济条件较好的某一家承担护理老人的责任；四是兄弟姐妹共同协商，采取轮流供养的办法。不管何种赡养方法，在百岁老人的家庭中，见到的情景总是：代际共融，儿孙绕膝，尽心尽责地侍奉和呵护着长者。家庭成员们都以家有百岁老人为荣，更以替老寿星办事为乐。每位百岁老人都拥有一个以孝道维系着的温馨环境。因此，不少百岁老人精神矍铄，心态特好。有半数百岁老人生活基本上能自理，能从事一些轻微劳动，思维也较清晰；还有一部分百岁老人能在室外走动，但生活需要家人帮助，视力、听力减弱；只有少部分百岁老人属于全依赖型的，他们卧床时间较多，生活起居主要靠别人帮助。在身体较好的老人中，有的还能从事简短的写作，书写对联，或做些手工艺品等。

综上所述，南通是长寿福地、养生天堂，其人口结构、自然生态环境、医疗卫生条件和社会养老保障、文化体育设施等各项指标均已符合“世界长寿之都”的评审标准。南通市人民政府特向国际自然医学会世界长寿乡调查团正式提出申请，恳请对我市长寿现象进行实地调查和评审，授予南通市“世界长寿之都”称号。

专此致函，盼予函复。

南通市人民政府

2013年5月31日

世界长寿之都——南通确认书

国际自然医学会世界长寿乡调查团、科学认证委员会根据中国江苏省南通市提交的“世界长寿之都”的申请报告，经各行业专家于2013年6月17日—19日实地调查、实物检测、考察和评审，确认中国南通“世界长寿之都”。具体授牌时间另行函告。

国际自然医学会中国支部

2013年12月

确认中国·如皋为“世界长寿乡”

经过实地考察和核查统计，如皋现有总人口141万人，其中百岁老人高达265位，总数位居全国县(市)前列。自1975年起，我对世界长寿地区进行了50多次的科学考察，确认了中国广西巴马、中国新疆和田、巴基斯坦罕萨、外高加索地区及厄瓜多尔的比尔卡班巴等五个长寿之乡。我们国际自然医学会中国支部多次对如皋长寿现象进行了调查、考察和研究，专题上报了调研报告，确认了中国·如皋的“世界长寿乡”的资格。另外，我也从相关媒体和专业杂志上了解了部分如皋的情况。2011年9月上旬，我率“世界长寿乡”调查团的专家对如皋进行了实地调查，走访了如皋的百岁老人，研究了如皋的长寿现象，并对如皋的调查数据进行了分析和评估，通过调查走访，调查团一行对这座古老美丽而充满活力的现代化城市所展现的长寿现象和长寿文化印象深刻。经过国际自然医学会和世界长寿乡科学认证委员会研究，确认中国·如皋为“世界长寿乡”。现在，我代表国际自然医学会和世界长寿乡科学认证委员会宣布：中国·如皋为“世界长寿乡”。

国际自然医学会会长、世界长寿乡科学认证委员会主席森下敬一

2011年10月25日

如皋市人民政府
关于请求授予“中国长寿之乡”的申请报告

中国老年学学会：

我市根据中国老年学学会中老学字〔2007〕17号文关于《“中国长寿之乡”评审标准》和《“中国长寿之乡”评审办法》的通知和〔2007〕27号文《补充说明》要求，结合我市的实际情况，进行了认真学习、对照、审核，证实我市已具备“中国长寿之乡”

的条件。现予申请，敬请审批。

现将申报条件报告如下：

一、区域概况

江苏省如皋市地处长江三角洲北翼，北纬32° 00’ — 32° 30’，东经120° 20’ -120° 50’，南临长江，东濒黄海。全市面积1477平方公里。

如皋成陆于扬泰古沙咀最后一列沙脊，海拔高度2.0 — 7.0m，从西北向东南缓慢倾斜。据青墩遗址考古证实，距今5300多年新石器晚期如皋即有农业、渔业、畜牧业。东晋义熙七年（公元411年）如皋正式建县，至今已有1597年的建县历史。经国务院批准1991年撤县建市。全市现辖20个镇，1个开发区，1个港区。

如皋区位优越，交通便捷。国家沿海高速和204国道贯穿南北，宁通高速和沿江高速横跨东西，长江江阴大桥和苏通大桥一左一右，为如皋跨越长江贯通全国插上双翅。穿境而过的新长铁路，距城区仅几十公里的南通机场，可泊万吨级巨轮的长江深水良港，构筑成如皋水、陆、空交通便捷的优势格局，成为依托上海、呼应苏南、辐射苏北，具有通江达海、承南启北的优势区位。

如皋经济发达，社会安定。2007年实现地区生产总值216.92亿元，人均地区生产总值2400美元，财政收入27.07亿元，城镇居民人均可支配收入13503元，农民人均纯收入5742元，跻身全国县域经济基本竞争力和全国中小城市综合实力百强县（市），长三角最具投资价值十大县（市）之一。先后建成国家级生态示范区、江苏省卫生城市、江苏省文明城市和中国优秀旅游城市，通过环保模范城市国家级技术核查、全国卫生城市省级调研，被评为全国老龄工作先进市、全国体育工作先进县（市）、全国群众体育工作先进县（市）、全国老年体育工作先进（县）市、全国乡村青年文化活动先进县（市）、江苏省平安县（市）、江苏省双拥模范城。2006年如皋市“爱心邮路”被中宣部列入全国重大宣传典型，获中华全国总工会“五一劳动”奖状，邮政部先进集体，获得中华慈善会2007年度最具爱心楷模奖。经济发展不仅推动了精神文明、社会文明和生态文明建设，同时推动了老年事业的发展。在苏中苏北地区率先实行农民养老保险补贴政策，在南通地区率先实行大病救助和事业单位养老金社会化发放。2002年如皋市委市政府决定成立长寿研究会，并在全市推行“六有两查一公布”的养老模式，同时实施“八个一”惠老工程。（见附件1）

二、长寿现状

根据2007年如皋市《统计年鉴》资料全市现有人口141.01万人。（见附件2）

1、全市百岁以上老人占全市总人口7.3/10万。

通过对全市百岁以上老人数进行调查核实，截止2008年5月，全市现存活1908年5月份以前出生的百岁老人共103人，占全市总人口7.3/10万。（见附件3）

2、根据全国第五次人口普查资料统计，2000 年全市居民平均预期寿命达 75.58 岁，高于当时全国平均水平（71 岁）4.58 岁（见附件 4）

3、全市 80 岁以上人口经各基层派出所核实，现有人数为 44139 人，占全市总人口 3.13%。表明如皋人口中高龄老人后备人口众多（见附件 5）。

三、形成如皋长寿的因素及主要特点

1、气候温和、舒适宜人。

如皋市气象局曾以《如皋长寿现象与气候条件的分析研究》为题，聘请省内气象专家参加花两年时间对如皋市 47 年的气象资料进行分析研究，形成报告。（见附件 6）。

报告显示如皋常年平均气温为 14.8℃，7 月最高 27℃，1 月最低 2.1℃。四季分明、冬长夏短、气候温和，对人体的健康十分有益。

如皋常年平均降水量 1054.7 毫米左右，平均降水日数 137.2 天。表明如皋雨水充沛，分布平均。暴雨成灾、少雨干旱的天数很少。常年平均相对湿度 80%，年际振幅小，年内月际波动也小，舒适宜人，人们感觉心情开朗，精力充沛。

如皋常年平均日照时数达 2013.3 小时，最多达 2356.9 小时，最少也有 1757.7 小时，年内以 8 月份的日照时间最长，日照百分率年平均值为 45.6%。充裕的日照是防病保健的重要条件。

2、土壤资源多样，水质优良。

如皋土壤主要来源为长江冲积物，且受淮河冲积物的影响，从而使如皋土壤母质的矿物构成比较复杂，为土壤元素组成的多样性奠定了基础。中科院南京土壤研究所，中国科大理化科学中心等多个科研单位，花了两年多的时间，对如皋地区土壤的类型和土壤中各种元素的含量进行了分析研究，结果发现如皋地区的土壤中所含人体必需的常量元素和微量元素含量适中，使如皋人的饮食维持了有益元素的正常水平，加速衰老的有害元素如 PB、Cd 等含量又很低，使人体细胞及生物膜免受过氧化物的损害，保持免疫活力而延缓了衰老，从而能健康长寿。（见附件 7）

如皋境内水网密集，河汊纵横且与长江贯通，饮用水源丰富，水质优良。从如皋长寿人群头发分析的结果可看出：他们的头发中 Ca、Mg、Zn、Fe、Se 等元素含量均较高，这些元素对维持人体生物免疫功能抗衰老起着重要作用。2005 年央视十套曾以《探寻如皋长寿之谜》为题对如皋土壤、水质中常量元素、微量元素含量适中作了专门报道，认为这是如皋人长寿的重要原因。

由于如皋土壤类型多样，再加上雨水、热量、光照三同季，为农作物的生长提供了极为有利的条件，水田作物，旱地作物都有生长，成为我国南北方农作物的交汇地带，农作物多样丰富，给如皋人民长期以粗细搭配的饮食结构创造了条件。如皋地区除盛产水稻、小麦、豆类、玉米、薯类、花生等外，还有许多有利健康的土特产。如：

白萝卜、银杏、荞麦等。

3、绿色满园，空气清新。

由于如皋气候条件优越，境内林木茂盛，绿色植被常年覆盖，至今境内有1500年的银杏树，850年的柏树，800多年的松树，300年的罗汉松、黄杨，300多年的五针松等百年以上古树名木88株，这些充满生机的“活化石”展示出如皋深厚的文化底蕴。自古以来，如皋人重视环境绿化，有中国花木盆景之都美称。如皋普通农家大多是“前有大树，后有大竹，中间才是堂屋”。现在大部分居民都住进了楼房，不少居民在室内或阳台上都放置盆景，既美化了环境，又净化了空气。市政府十分重视环境保护。环保部门上世纪八十年代以来，就开始了大气监测，城市空气环境质量一直保持在国家二级标准以上，广大农村保持在一级标准。

如皋市在90年代初已建成城市区域噪声达标区，等效声级一直小于国家区域环境噪声标准56分贝，广大农村昼夜等效声级平均为49分贝，夜间保持在45分贝以下。

清新的空气、宁静的居住环境也是如皋人健康长寿的因素之一。

4、民风淳厚，社会和谐。

据明朝嘉靖三十九年（1560年）出版的《如皋县志·风俗》论述。称如皋人“畏法耻罪，读书循理，讼狱稀简，生活俭约”。1933年《江苏省志稿》中说：全省民风普查，如皋被定为“淳厚”。“孝道”是华夏伦理道德的精华，是中华民族的传统美德。敬老爱老的风尚在如皋代代相传。“家有一老，如有一宝”，如同是如皋的乡规民约。子女不把老人看成是累赘，而当成家庭的荣耀，家有高寿长者，子女在社会上就受到人们的尊重，这就为老人们的健康长寿提供了最佳的社会环境。

解放以来，尤其是近年来，如皋市委和政府对这一优良道德风尚十分重视，从上到下建立了为老年人服务的组织，制定了多项惠老政策，推动全社会敬老爱老的风尚发扬光大。

此外，市委、市政府还大力推进各种为老年人服务的组织建设和各种文化体育娱乐设施建设，诸如老年大学、老年体协、老科协、老年书协、老年艺术团、老年戏社等，近年来在城市日益增多的社区健身房、社会医疗服务室、城市大面积公共绿地、体育活动中心等，这一切都为老年人实现老有所养、老有所医、老有所学、老有所教、老有所为、老有所乐等提供了良好的条件。

5、温馨家庭，益寿延年。

据调查，有94.1%的如皋百岁老人与子女、孙子女、重孙子女等生活在一起。四代或五代同堂，儿孙绕膝，尊老爱幼，这正是如皋的传统文化和传统美德，也是老人能够健康长寿的重要因素。

2004年第二届“如皋·中国长寿文化节”期间，市委、市政府从全市300多户五代同堂的家庭中挑选了42户家庭314人参加"五世同堂"合家欢活动，让如皋的长寿特色发扬光大。

6、良好习惯，健康生活。

2002年我市对119位高龄老人的生活习惯进行抽查，发现有三个比较共同的特点：

一是粗茶淡饭。百岁老人饮食习惯以素为主，荤素搭配。如皋民谣说："鱼生火，肉生痰，豆腐青菜保平安。"饮食方式一般是一天一干两稀，主食除大米、面粉外，还兼有玉米、麦类、薯类等杂粮，这种粗细相搭配的食物结构为如皋人获得了多种易于吸收的营养物质，如皋俗语说得好，"糁儿粥米打底，吃了能活九十几。"

二是心态平和。在被调查的百岁老人中，绝大多数老人对生活、对周围环境的人与事、对自己的评价，总是体现一种与人为善的豁达胸怀。调查显示，百岁老人的性格开朗，对待人间是非，能够放得下，想得开，淡泊人生，与世无争，经常保持坦荡豁达的精神境界。他们的性情较为温和，无论家庭还是邻里关系都比较融洽。

三是经常活动。他（她）们年轻时都是勤快人，年纪大了仍闲不住，只要身子骨还能动就不肯歇着。喜欢帮儿女干点家务活，到田边地头走走，到邻居家拉拉家常。城里老人参加体育健身锻炼的不断增多。89岁的施秀英获全国老将田径运动会金牌，91岁的原人大副主任杨银聪骑自行车下乡扶贫，100岁的王吴氏老太穿针结网自娱……

如皋长寿历史悠久。历史上有汉代活了180多岁的乐子长，三国有寿高97岁的东吴大司马吕岱，宋朝有109岁的李嵩等长寿名人。清朝县志始辟"耆寿"、"贞寿"等专栏记载长寿老人的事迹，这在地方史志中成为一大特色。仅清嘉庆、道光、同治三部县志中所记80岁以上长寿老人剔除重复的就有1800多位，其中百岁老人51名，且大部分都简略记载了他（她）们长寿的原因。（见附件8）明末清初如皋籍进士丁其誉著《寿世秘典》九卷，系统总结如皋长寿的经验，今仍在全国出版发行。（见附件9）清末如皋籍进士沙元炳在其《志颐堂诗文集》中，涉及祝寿等长寿文化的诗文就有60多篇，充分说明如皋的长寿文化历史悠久。近年来，如皋通过举办"长寿文化节"（已举办3次）"群星拜寿"大型文艺晚会、"太平盛世万岁宴"、"五世同堂合家欢"、百对老人"金婚庆典"、"双星结对共创和谐"以及举办"中华不老城走进长寿乡才艺大赛"、第八届亚洲/大洋洲地区老年学和老年医学大会如皋卫星会议、老年题材摄影展、老年体育运动会等，邀请万承奎、洪昭光等著名专家开展卫生健康讲座，并邀集70多位专家学者举办"二十一世纪长寿论坛"，使长寿研究步步深入，长寿文化丰富多彩。成为地处江海平原经济发达地区的长寿之乡，其典型性、代表性被中央电视台等众多国内外媒体关注，多次报道，广为宣传。

四、支持和保障条件

如皋申报长寿之乡得到了南通市委、市政府的大力支持，南通市委常委、副市长蓝绍敏、老年协会会长顾嘉禾等领导多次调研考察如皋长寿现象，一致同意如皋申报中国长寿之乡（见附件10）。我市也将根据中国老年学学会的申报要求，认真做好各种申报准备工作，并为专家来我市调查、评审创造良好条件，确保专家调查、评审工作顺利开展。

如皋市人民政府

2008年5月29日

（附件1—10略）

专家评审委员会对如皋申请“中国长寿之乡”的评审意见

依照中国老年学学会《“中国长寿之乡”评审标准（试行）》通知要求，以及如皋市2008年5月28日申请“中国长寿之乡”的请示，中国老年学学会于2008年7月正式受理申报，并委托专业机构调查核实，2008年8月23日在如皋进行评审工作。

评审专家阅读了有关申报材料，拜访了部分百岁老人，考察了有关养老设施，听取了市领导和有关部门的情况介绍，咨询了有关问题，专家一致认为：

1、如皋重视长寿之乡申报工作，为评审做了充分准备，提供了丰富翔实的申报材料，符合学会规定的评审程序；

2、专业机构调查核实报告科学、可信。对申报的103名百岁老人，实际核实102名，占总人口比例为7.23/10万，其他数据符合标准。

3、12项考核指标均已达标。

为此，评审专家一致建议中国老年学学会授予如皋市“中国长寿之乡”称号。

“中国长寿之乡”如皋评审专家委员会（名单附后）

2008年8月23日

赵宝华　中国老年学学会常务副会长兼秘书长

萧振禹　中国老年学学会长寿研究委员会主任

原　野　中国老年学学会养老与护理专业委员会主任

姜向群　中国人民大学教授

陶立群　中国老龄科学研究中心研究员

战　捷　中国社会科学院研究生院教授

杨子慧　中国社会科学院人口与劳动经济研究所研究员

关于确认江苏省如皋市为“中国长寿之乡”的复函

中老学字〔2008〕28号

如皋市人民政府：

2008年7月，中国老年学学会受理了你市《关于请求授予“中国长寿之乡”称号的申请》。

根据中国老年学学会《中国长寿之乡评审标准》和《“中国长寿之乡”评审办法》，经过规定的评审程序审议，决定授予你市“中国长寿之乡”称号。

特此函告

中国老年学学会

2008年10月6日

如东县人民政府
关于请求授予“中国长寿之乡”称号的请示

中国老年学学会：

如东县地处长江入海口北翼，东濒南黄海，南与上海、苏州一江之隔。全县总面积1872平方公里，海域面积6000平方公里，境内海岸线全长104公里，占江苏省的九分之一，素有黄金海岸之称。全县户籍总人口104.8万人，人口密度为560人/平方公里。下辖14个镇和1个省级经济开发区。

近年来，如东县坚持以科学发展观为总揽，大力实施“港口引领、科技驱动、城乡一体、可持续发展”四大发展战略，统筹经济社会全面协调发展，全面小康社会已经建成，人民幸福指数逐年攀升，长寿文化发扬光大，百岁老人数量早已超过联合国有关组织制订的长寿之乡标准值，“长寿现象”已引起社会广泛关注，具备了“中国长寿之乡”的主客观环境，申报的呼声越来越高。具体表现在以下三个方面。

一、江生海长的如东，历史厚重、内涵丰富、物阜民富、民风纯朴，天赐一方养生水土，为百姓长寿提供“风水宝地”

如东，早在两千多年前，还是江口海中的一叶沙洲，史称“扶海洲”。古人谓之：“淮南江北海西头，中有一泓扶海洲”，如东涨出江海于春秋，成陆于魏晋，兴旺发达于隋唐，繁荣昌盛于明清——一部扶海洲的成陆史就是如东的孕育史与发展史。

1、垦荒，赋予如东先民强健的体魄，繁衍生息。

“如东人烟之初，即为渔盐之始”，最早来到扶海洲的人群是烧盐人。在县城掘港东边远古时有一座庙，庙正门上有一行字“辟我草莱”，意即召唤如东的子孙们垦荒地，辟草莱，煮海为盐，与大海抗争，向大海要田。如东的先民们就象黄海滩涂上独有的“海子牛”，任劳任怨，勇立潮头，繁衍了一代又一代如东人。如东海子牛彪悍健美，四肢粗壮，四蹄宽大，正是这浩淼无边的大海孕育了海子牛的“力拔山兮气盖世”，已成为如东人的象征。如今，如东人在县城中心地带树起一座青铜牛雕，传扬先民们“不待扬鞭自奋蹄”的不朽精神。“辟我草莱，勇立潮头”如今成为掘港镇精神。

2、移民，造就如东先民包容的品质，代代相传。

从春秋吴越争霸时大批百姓逃避战火的第一次移民到建国后的三峡移民。千百年的移民，千百年来的开发创业，造就了今天如东这个拥有百万人口的繁荣富庶之地，也造就了如东人善于兼收并蓄、包容会通、热情好客的内在气质。北宋名臣范仲淹，率兵夫历尽四年的艰辛，在南黄海之滨，筑起一道二百余公里的巍峨长堤。如东人亲切地称为“范公堤”。“范公堤”不仅起到“束内水不致伤盐，隔外潮不致伤稼”的巨大作用，更为重要的是如东人已把范仲淹“先天下之忧而忧，后天下之乐而乐”的精髓融入血液之中，并发展成为新时期如东精神：“厚德笃行，扶海越江”。

3、海鲜，赠予如东先民非凡的智慧，血脉传承。

如东襟江抱海，这里天高地阔，大海无垠。海洋被称为“地球之肺”，不仅海风特别清新，呼吸这满含负离子的海风，能促进血液循环，调节神经系统功能，提高人体免疫力。还有就是海鲜特别鲜美，辽阔的南黄海赐予如东丰富的海产资源。这里盛产文蛤、对虾、黄鱼、鲳鱼、梭子蟹、泥螺、竹蛏、紫菜等上百种海鲜产品。清朝年间，乾隆皇帝品尝到南黄海的文蛤，啧啧称赞，誉为“天下第一鲜”。如东是“中国海鲜之乡”、中国最大的文蛤、条斑紫菜养殖出口基地和“中华绒螯蟹蟹苗养殖基地”。

为什么在我国同样地处海边，同样吃海鲜物品，有的地方并未表现出长寿迹象呢?就是因为如东特殊的地理位置。如东海域正好处于东海前进波与黄海旋转波的交汇处，浮游生物多，而长江与内河又挟带大量营养盐和有机物流入，因而水质肥美，导致微生物和浮游生物的大量繁殖，使当地海洋生物饵料丰富，海洋生物中所含世界公认的抗衰老营养物质硒、锗等微量元素增多，如今许多健脑、益智、强身的药品和保健食品都由海洋生物提取物制取。以如东特产文蛤为例，如东地产文蛤不仅氨基酸含量高，还有一种醣蛋白，可促进免疫细胞增生及吞噬作用，能提高人体淋巴细胞、巨噬细胞的免疫活性，抗癌作用明显。文蛤煨汤洁白如乳，鲜而不腻，雅而不俗，口感极佳，如东当地的产妇都要喝文蛤汤催奶，婴儿则从母体间接吮吸其营养，自小就具有较强的免疫功能，从而奠定了聪慧的基础。这也可从如东连续 18 年高考成绩名列全省前茅，本科上线率在 90% 以上得到佐证。有“全国教育看江苏、江苏教育看南通、南通教育看如东"之美称。

海鲜食品不仅可供食用，饱口福，而且具有健身祛病功能，这在明朝李时珍所著《本草纲目》中便有明证。如黄鱼等能开胃益气，鱼干炙食"治暴下痢及腹胀不消"，鱼脑石水磨服治小便不通，煮汁服则解砒霜、野菌毒。而文蛤治咳逆胸痹、崩中漏下、止烦渴、利小便、化痰软坚。在民间，当地老百姓都知道，食海蜇能治消化不良，乌贼鱼的海膘壳粉能止血，紫菜能补钙，海带能补碘、降血压、治甲状腺肿，海葵能滋阴补阳。甚至有脚气的人只要赤脚在海滩上走上几天，竟可以不药而愈。肺结核病人，常食用鱼虾蟹贝，可钙化等。

一方水土，育一方精灵。如东人杰地灵，从如东走出全国政协副主席李金华、湖南省省长徐守盛等两位中央委员；还走出国防大学副校长黄玉章中将等十位共和国将军和中国科学技术大学校长、中科院院士管惟炎、中国工程院院士黄先祥等四位"两院"院士；当代著名书画家，美术教育家康平、王冬龄，作家王火都出生如东。良好的生态环境和深厚的文化底蕴，使如东体育人才辈出。击剑世界冠军沈巍巍、游泳世界冠军林莉、羽毛球世界冠军赵剑华、被誉为亚洲"网上飞人"的国家男排教练汪嘉伟、中国女乒教练乔小卫等运动健将都是在浩瀚的南黄海浸润下成长起来的。

二、扶海越江的如东，政通人和、科学发展、繁荣富强、环境优美，构筑尊老敬老保障体系，为百姓长寿营造"世外桃园"

"厚德笃行、扶海越江"是新时期如东精神，传承了如东优秀的历史文化传统，又具有鲜明的时代特征和浓厚的地域特色。"厚德笃行"不仅传承了如东人诚实、苦干、团结、奉献的人文品格，而且弘扬了"忍辱负重、开拓创新"的海子牛精神，"扶海越江"凸显了如东濒江临海的地域特征，凝聚了如东人精、气、神的核心要素，为如东经济社会更好更快发展提供了强大的精神动力。

尊老敬老一直是如东的传统美德。如东县委、县政府始终牢记"发展的一切是为了人民，让发展成果惠及百姓"的宗旨，强力推进经济社会大跨越、大发展，为提高百姓生活质量，健康长寿提供强有力的保障。

1、如东已从全面小康社会建设昂首跨入开启基本现代化建设新征程，经济发达，百姓无愁。

如东县是国家首批沿海对外开放县之一，县域经济基本竞争力连续九年跻身全国百强县，今年位居第56位，先后荣获全国百家明星县、全国科技百强县、全国生态示范区、中国绿色能源示范县、江苏省文明城市、全国基础教育名县、中国最佳文化生态旅游目的地等殊荣，享有中国"鱼米之乡"、"体育之乡"、"民间绘画之乡"等美誉。2010年，实现地区生产总值352亿元，人均地区生产总值35594元，财政总收入50亿元，地方一般预算收入19亿元，城镇居民人均可支配收入20502元，农民人均纯收入9120元。依托东方大港洋口港，海洋铁路、通洋高速、沿海高等级公路应运而生，与如东境内原有的五条省道，将如东与大江南北紧密相连，直接融入大上海2小时经济圈、生活圈，都市文明进一步提升了如东人的生活品位。如东包容开放，先后有日本、韩国、新加坡、美国、法国，俄罗斯和香港、台湾等20多个国家和地区的客商在如东投资兴业，居住生活，如东位列中国长三角最具投资价值县（市）首位。

2、如东已从万人发案率全省最低的阶段目标跨入社会管理创新的“平安如东”时期，社会文明，百姓无忧。

如东一直民风纯朴，社会风气良好，近年来，如东万人发案率全省最低。去年以来，如东紧紧围绕“推进现代化，建设新如东”的主题和社会管理创新这条主线，不断探索建立与经济社会发展相适应的社会管理新体系，不断提升人民群众的安全感和满意度，为在新起点上加快建设现代化新如东创造和谐稳定的社会环境、公平正义的法治环境和优质高效的服务环境。基本建立起与“建设新如东”相适应的社会管理长效新机制，走出了一条具有如东特色的社会管理创新之路。南通市居全国最安全城市（地级）第一，如东公众安全感达99.67%，位居南通市第一位。

3、如东已从单纯长寿人数达标进入量质并举优质长寿可持续增长的时期，生活富庶，百姓无怨。

对照“中国长寿之乡”达标标准，如东均已达标或超标。长寿的代表性：2008年12月31日存活百岁及以上老年人80位，占总人口的7.6/10万；2009年12月31日存活百岁及以上老年人87位，占总人口的8.3/10万；2010年12月31日存活百岁及以上老年人85位，占总人口的8.1/10万；存活百岁及以上老年人占比连续三年均超过7/10万。长寿的整体性：据2000年第五次全国人口普查资料，如东县人口平均预期寿命为75.04岁，高于全国平均水平3.64岁。长寿的持续性：截止2010年12月31日，全县总人口1048358人，其中60岁以上的人口288690人，占人口总数的27.54%；80岁以上高龄人口50054人，占总人口的4.77%（高于指标值3.37个百分点）。高龄老人呈现出基数大，蓄势足的特点。在“中国长寿之乡”中经济增长、社会保障、医疗卫生、人居环境等12项考核指标，有10项达标，占比超过三分之二。

4、如东已从阶段性尊老爱老敬老进入统筹规划构建老龄事业发展体系时期，民生优先，百姓无虑。

如东县委、县政府积极倡导尊老敬老的社会风尚，在南通（县、市、区）率先出台关于加快老龄事业发展的实施意见，将老龄工作纳入“十二五”规划，切实保障老年人生活水平。

养老保险和医疗保险制度全覆盖。将老年人全部纳入城镇职工基本养老保险、新型农村社会养老保险体系。2010年新型农村养老保险累计参保达30.5万人，基本达到全覆盖。将所有老年人纳入城镇职工基本医疗保险、城镇居民基本医疗保险和新型农村合作医疗等保障制度范围内。2010 年新农合参合率达 99.7%。

老年人社会福利制度全落实。全面落实农村五保供养制度，五保集中供养率稳定在 70% 以上。建立了高龄老人尊老金制度，在南通（县、市、区）首家对 80 岁及以上老人发放尊老金，去年全年财政投入 700 多万元。

落实老年人优待服务政策，政府主办的公园、旅游景点和公益性文化设施对 60 岁以上老年人免费开放。城市公交和政府主办的公共体育健身场所对 70 岁以上老人实行免费乘坐和开放。政府主办的公立医疗机构对 70 岁以上老年人免收普通门诊挂号费和诊疗费。

老年人社会救助制度全到位。将符合条件的纯老年人家庭全部纳入廉租房保障范围。城乡低保对象中 70 岁以上老年人增发 20% 的低保金。

老年人医疗保健制度全兑现。县镇村三级预防医疗保健体系健全，全县“15 分钟健康服务圈”基本形成，老年人足不出户可享受到集医疗、预防、康复和健康教育于一体的综合性服务。每年定期免费为百岁老人上门检查身体。免费为辖区内 60 岁以上老人建立健康档案。

养老服务体系建设全面提速。鼓励社会资本进入养老服务领域。对居家养老服务站实行财政补助，城镇社区居家养老服务站实现全覆盖，农村社区达到 50% 覆盖面。提高民办养老机构床位补贴标准，给予政策扶持。投资 1.6 亿元，兴建如东县社会福利中心，满足社会各界养老需求。

三、江风海韵的如东，紫气祥瑞、如日东升、福如东海、文明传承，倡导高质量的幸福生活，让百姓长寿乘上“时代动车”

如东县陆地是典型的江海平原，浸染江风海韵，气候属亚热带海洋性季风气候区，受海洋的调节和季风环流影响，一年中四季分明、光照充足、雨量充沛，年平均气温 15℃，适宜人居和耕种。

如东有“如日东升”之寓意，人们常说的“福如东海长流水，寿比南山不老松”一句中，就包含“如东”两字，可见如东是吉祥之地、养生之地，紫气东来呈祥瑞，江山多娇共徜徉。

1、如东实现了人与自然，人与人的和谐共处

人与自然的和谐共处。如东坚持“经济发展的最终目标是人的幸福”这一标准不动摇。近年来，县委、县政府加大环境保护力度，在城市规划建设、节能减耗、植树绿化上加大投入，在承接苏南等地产业转移中进行招商选资，高污染、高能耗项目一律拒之门外。如东也是全国平原绿化先进县，生态建设持之以恒，森林覆盖率达 22.26%，范公堤沿线成为天然“绿色氧吧长廊”，多年来县内大气质量一直保持在二

级以上。良好的环境保护为百姓生产生活提供了宜居空间，也为百姓健康长寿提供了丰厚的土壤。

人与人的和谐共处。如东每年都要开展“五好家庭”、“尊老敬老孝星”、“十佳和谐家庭”、“文明新风户”等评比活动，县老年协会与相关部门开展了“百税贺百岁，百岁谢百岁”活动，倡导尊老爱老的社会风气，大力弘扬孝亲敬老的传统美德，敬老、爱老、助老在如东蔚然成风。从小就教育孩子尊敬老人，对家里的爷爷奶奶，外公外婆做到：“给老人送一份礼物”、“替老人泡一杯茶”、“为老人表演一个节目”、“给老人捶一次背”、“陪老人做一次锻炼”。人间自有真情在，被评为第四届全国“孝亲敬老之星”的管维川就是如东尊老爱老的典范。管维川几十年如一日照顾身患帕金森的邻居，不要报酬，不辞辛苦，传为佳话。

2、老有所乐，老有所为，老年人的精神生活丰富多彩

莫道桑榆晚，为霞尚满天。如东老年人十分注重自身修养，让生命在奉献中延续。早在1984年，如东县在全省率先成立了关心下一代协会，一大批老年人加入了协会，担当着校外辅导员、网吧监督员、故事演讲员、法制宣传员等角色，其乐融融，其情切切。1988年如东县委、县政府为老年人搭建精神家园，创办了如东县老年大学，坚持“增长知识，丰富生活，陶冶情操，促进健康，服务社会”的办学宗旨，开设了保健、书画、花卉、烹调、文艺、舞蹈、太极拳、摄影、电脑、英语、京剧等20多个专业。老年人在这里，焕发了青春，淘冶了情操。特别是一批老年人自发组织文艺组织，象掘港镇黄海剧团、丰利镇夕阳红老年文艺队，洋口港老来乐宣传队等各级文艺小分队处处活跃着老年人的身影，表演的文艺节目在省市屡屡获奖。

3、修身养性，自我保健，夕阳映白发，晚霞照人生

练书法抑制住了癌症，这传奇故事就发生在家住县城的徐可昆老人身上。徐可昆今年已68岁，5年前被医院诊断为肝癌中晚期，他没有悲观失望，而是通过练习书法来修身养性，一练就是五年，成为南通市书法家协会会员。在去年举行的第三届“中华杯”全国书画家邀请赛上，作品获得一等奖。乐观豁达的徐可昆，以旺盛的热情和超常的勤奋，创作了大量的作品，捐赠给爱心组织和市癌友协会，为社会奉献爱心，自己还收获了健康。

更多的老年人自娱自乐，养花、钓鱼、绘画、摄影、跳舞，收藏，修身养性。现年75岁的退休教师缪云山几乎走遍了全县所有的镇、村、组，行程12000余里，探访了510多位百岁老人的家庭，为334位百岁老人拍摄百岁照数千幅；中华文蛤贝收藏第一人，县总工会退休干部华子裕，历经10年收藏了15方枚文蛤贝。文蛤贝的图纹千奇百态，天工造化，或树木花草、或山水风光、或飞禽走兽、或人文景观，堪称“天下第一奇贝”；现年93岁的原县中校长刘克勤兴趣广泛，书法，绘画，京剧已成为老

年生活的主旋律，他激情赋诗一首：往昔七十古来稀，而今九旬不为奇，盛世人生多幸福，和谐结队奔期颐。

4、有限人生无限求，期颐之年乐陶陶

如东现有的80多位百岁老人，心态都很平和，无忧无愁，日常活动能力、思维反映能力、语言表达能力等方面都正常，他们能够自理吃饭、洗涮、穿衣，有的还能从事拣菜、搓草绳、拔田间草等轻体力劳动。新店镇园北村102岁老人肖玉珍现在还能从县城乘公交车回家，她对生活十分乐观，记者采访她时，她乐哈哈地说："我还年轻，才2岁呢，现在过的共产党的好日子，我还要活100岁"。

综上所述，如东已具备"中国长寿之乡"的条件，如获批准，如东县将是中国连接上海大都市最近的长寿之乡。我们将倍加珍惜"中国长寿之乡"品牌，进一步加强养老服务体系建设，为健康长寿提供更为良好的社会环境；加强生态环境建设，促进人与自然的和谐发展；加强长寿资源的研究和宣传，促进长寿资源的有效保护和开发，加强长寿文化的构建和长寿经济的发展，确保长寿之乡的可持续发展，为我县早日实现基本现代化作出更大的贡献！

如东县人民政府

2011年6月30日

专家评审委员会对如东县申请"中国长寿之乡"的评审意见

根据如东县人民政府2011年6月30日《关于请求授予"中国长寿之乡"的请示》，中国老年学学会正式受理后，在对申报材料进行核实的基础上，于2011年9月13至15日组织专家在如东县进行了评审。

评审专家认真阅读了如东县有关申报材料和北京美兰德信息公司的核查报告，考察了如东县的生态环境、社会事业、历史文化以及百岁老人的生活状况，听取了如东县领导和有关部门的情况介绍，观看了专题录像片，咨询了有关问题。

专家一致认为：

一、如东县各级领导重视申报"中国长寿之乡"工作，专门成立了工作领导小组，把申办"中国长寿之乡"工作与促进地区和谐发展联系起来，做了大量调查研究和申报准备工作，提供了必要的申报材料。

二、中介机构北京美兰德信息公司对如东县申报材料的核查，其调查核实方法得当，核查结果可信。

三、如东县百岁及以上老人占总数人口的比例，已连续三年超过7.0/10万。其中2008年底户籍总人口为105.6734万，百岁及以上在世老人数为80人，占总人口的

7.6/10万；2009年底户籍总人口为105.2981万，百岁及以上在世老人数为87人。占总人口的8.3/10万；2010年底，总人口104.8358万，百岁及以上在世老人数为85人，占总人口数的8.1/10万。2000年人口平均预期寿命为75.04岁。2010年底，80岁及以上老人50054人，占总人口数的4.77%。

四、12项考核指标中9项达标，超过须三分之二达标的要求。

综上所述，参加评审专家一致认为，如东县符合条件，建议中国老年学学会授予如东县“中国长寿之乡”称号。

“中国长寿之乡”如东县专家评审委员会（名单附后）

2011年9月15日

赵宝华　中国老年学学会常务副会长

邹　平　中国社会经济分析研究会常务副会长、高级经济师

李永华　中国科学院地理科学与资源研究所研究员

陆杰华　北京大学社会学系教授

高　和　空军总医院副院长、教授

林　宝　中国社会科学院博士副研究员

萧振禹　中国老年学学会长寿研究委员会主任研究员

关于授予江苏省如东县“中国长寿之乡”称号的决定

中老学字〔2011〕46号

根据《中国长寿之乡评审标准》和《“中国长寿之乡”评审办法》，中国老年学学会受理了如东县（〔2011〕请字0846号附1号）《关于请求授予“中国长寿之乡”称号的请示》的申请，经过规定的评审程序，决定授予江苏省如东县“中国长寿之乡称号”。

中国老年学学会

2011年10月10日

启东市人民政府
关于申报“中国长寿之乡”的请示

中国老年学学会：

近年来，启东市将创建“中国长寿之乡”列入政府民生实事工程，以创建进一步

提升科学发展水平，着力优化人居发展环境，深入推进社会保障体系建设和老龄事业发展，打造“生态启东、宜居启东、长寿启东”的品牌，人民幸福指数逐年攀升，长寿文化不断发扬光大。遵照贵会颁布的《“中国长寿之乡”考核标准》和《“中国长寿之乡”评定办法》的有关规定和要求，我市组织对全市居民健康长寿状况、成因及特点进行了认真的调查和分析，结果表明，我市已具备了申报“中国长寿之乡”的条件。为了进一步落实现代化生态市的战略定位，彰显区域性长寿特色，特向贵会申报“中国长寿之乡”。

一、启东区域概况

（一）自然资源。启东地处东经121° 25’40″至121° 54’30″，北纬31° 1’06″至31° 48’19″，属北亚热带湿润气候区。启东位于祖国大陆东海岸中部，南依长江入海口北支，东、北濒临黄海，全域三面环水，形如半岛，陆域总面积1208平方公里。长江、黄海、东海三水交汇处的圆陀角，是江苏境内最早看到日出的地方。启东全境系长江口不同时期河相、海相沉积平原，境内地势平坦，地面高程在2.0—3.14米之间，成土母质系海相沉积物和长江冲积物，为启东发展农业提供了肥沃的土壤。启东沟河纵横，拥有203公里江海岸线、60多万亩滩涂、中国四大渔场之一的吕四渔场和全国六大中心渔港之一的吕四渔港，水产丰富。

（二）历史沿革。启东市滨江沿海，物源丰富，历史上曾有“粮棉故里，东疆乐土”之说，故谓“启吾东疆”而得名。汉朝以前，启东还是江口海域；清代中叶前，长江口崇明北侧陆续涨出小沙洲，至清末连成一片。因成陆参差，因而今天的启东地域曾分属三个管辖。北部吕四地区原属南通县管辖，中部原属海门县管辖，南部原属崇明县管辖，称崇明外沙。1928年3月，崇明外沙从崇明县析出，设置启东县。1942年9月，为适应抗日战争形势需要，启东县与海门、崇明县及通东地区合并为东南行署管辖区，属苏中四分区。抗日战争胜利后，东南行署区撤销分设各县。1946年12月再并为东南行署辖区。1949年1月，启东全境解放，恢复启东县建制，考虑到原启东县地域过于狭小，且南通县、海门县地域东西向过于漫长，不易管理，将原海门东部海东、二效等区、南通县东部吕四区并入启东县。1954年9月，又将海门县王鲍区等地12个乡并入启东县。同年12月，海门县通兴农场也划归启东县。1989年11月13日，经国务院批准，撤销启东县，设启东市，实行计划单列，市政府驻汇龙镇。2011年底，启东市辖12个镇（乡）。

（三）经济社会。改革开放以来，启东经济社会得到较快发展，先后被授予国家级生态示范区、全国县域经济基本竞争力百强县市、全国农村综合竞争实力百强县市、全国科技进步先进县市、全国百佳明星县市、全国卫生城市等荣誉称号。启东是全国著名的“海洋经济之乡”，每年海产品捕捞量占江苏省的1/3。启东是全国知名的“电动工具之乡”，从事电动工具生产的企业近200家，专业营销人员达5万名，营销网络遍及全国各地，年销售占全国总量的60%，电动工具专业市场被中国五金交电协会授予“中国电动工具第一城”的称号。启东是闻名全国的“建筑之乡”。10万建筑铁军驰骋海内外，曾12次荣获中国建筑质量的最高奖——“鲁班奖”。启东是闻名遐迩的“教育之乡”。基础教育发达，教育质量在全省、全国名列前茅，启东中学学生在国际中学生学科奥赛中先后获得14金2银。启东也是在海内外享有盛誉的“版画之乡”，启东版画院被誉为“中国版画第一院”。

二、“中国长寿之乡”达标情况

根据对全市居民健康长寿状况的调查情况，以及从各有关部门调取汇总的相关数据和资料，我市3项必达指标全部达标，12项考核指标有10项达标。

（一）三项必达指标均已达标

1. 长寿的代表性。2009年12月31日，存活实足百岁及以上老年人80人，占当年总人口1115791人的7.17/10万；2010年12月31日，存活实足百岁及以上老年人82人，占当年总人口1120557人的7.32/10万；2011年12月31日，存活实足百岁及以上老年人85人，占当年总人口1124087人的7.56/10万，连续三年超过7/10万的标准。

2. 长寿的整体性。据2000年全国第五次人口普查资料表明，启东市人口平均预期寿命为74.5岁，高于全国人口平均预期寿命（71.4岁）的3.1岁。

3. 长寿的持续性。据2011年年底统计，我市80周岁以上高龄老人达3.95万人，占总人口数的3.51%。

（二）十二项考核指标十项达标

1. 经济稳定发展，人均年收入不断增长。2008年启东全面实现小康社会。2009年全市完成生产总值为359.50亿元，较2008年同比增长13.8%，2010年全市完成生产总值430.04亿元，较2009年同比增长14.1%，2011年全市完成生产总值520.17亿元，较2010年同比增长12.3%。此项达标。

2. 居民收入差距适中。2011年，我市城乡居民基尼系数，城市为0.221，农村为0.342，全市居民收入分配比较合理。此项达标。

3. 城镇职工基本养老保险制度覆盖面。2011年，全市参加城镇职工基本养老保险的有111757人，占城镇人口比例的35.20%。此项未达标。

4. 城镇职工基本医疗覆盖面。2011年末，全市参加城镇职工基本医疗保险的有120995人，占城镇人口比例的38.11%。此项未达标。

5. 农村新型合作医疗覆盖面。2011年，全市参加农村新型合作医疗的有857251人，占农村人口比例的99.5%。此项达标。

6. 老年人拥有养老床位数。2011年，全市各类敬老院、老年公寓等养老机构共有床位 5196 张，每千名老人拥有养老床位 20.18 张。此项达标。

7. 贫困老年人都能获得政府的社会救助。2011 年，全市救助 60 岁以上城乡贫困老人 15759 人，社会救助比例为 100%。此项达标。

8. 每千人拥有卫生床位数。2011 年，全市共有卫生床位 4338 张，每千人拥有卫生床位 3.86 张。此项达标。

9. 每千人卫生技术人员数。2011 年，全市共有卫生技术人员 5518 人，每千人拥有卫生技术人员 4.9 人。此项达标。

10. 城镇人均公共绿地面积。2011 年底，全市城镇人均公共绿地面积为 9.67 平方米。此项达标。

11. 大气质量。2011 年，据启东市环保局监测，全市空气质量达到优良的天数为 341 天，占全年总天数的比例为 93.42%，大气质量达到国家二级标准以上。此项达标。

12. 生活饮用水。到 2010 年，区域供水入户通水率达到 100%，实现了饮水安全工程全覆盖，生活饮用水达到国家 GB/T5749 — 2006 标准。此项达标。

三、启东长寿现象的原因分析

一方水土养一方人。启东长寿现象的形成绝非偶然，是多种因素长期孕育而成。其中既有良好的自然生态环境、淳朴的敬老社会风尚的因素，也有经济社会发展、卫生医疗保障的因素，还有健康的生活方式、长寿文化传承、现代社会老龄工作提升等诸多因素。

（一）得天独厚的生态环境。这里四季分明、风调雨顺。启东全境属亚热带海洋性温湿气候，日照充足，气候温和，雨水充沛，舒适宜人。境内有不可多得的生态资源宝库 —— 214.91 平方公里的长江口（北支）湿地省级自然保护区。这里土壤肥沃、物产丰富。土地和滩涂资源丰富，并因长江上游泥沙冲积而持续增长。土壤具有年轻、深厚、疏松、呈微咸、作物适种性好等特点，是发展绿色农业的一块净土。长江入海口水乡的地理环境，又为启东人民提供了丰富的海淡水产品。这里空气清新、水质优良。近年来，我市大力实施“蓝天工程”，淘汰市区燃煤锅炉，进行热电改造，实现半径 5000 米范围内集中供热，烟控区内清洁能源使用率达 70.95%。同时强化机动车尾气检测、建筑施工扬尘污染管控、秸秆禁烧，即时环境监测，环境空气质量良好。从 2005 年开始实施区域供水工程，2008 年实施农村安全饮水工程，总投资 20 亿元，让百万人民全部喝上了洁净的长江水。

（二）传承悠久的移民历史。启东史脉悠久深远。启东是典型的冲积平原，为江海交融的产物。南部成陆时间不长，但北部吕四地区已有千余年历史。唐武德三年（公元 620 年），吕四即开辟盐场。从先民辟我草莱至今，一代代启东人追江赶海、牧渔垦荒，主要从江南各地来到这里，以自己的勤劳和智慧在蒹葭苍苍的“白水荡”上立足生根、繁衍生息。启东精神开拓包容。移民后代的老启东人，继承了祖辈励精图治的顽强精神，练就了海纳百川的宽广胸怀，具备了开拓创新、实干包容的精神特质，接纳了一批又一批慕名而至的新启东人，形成团结互助的人口群体，共同建设着现代化海滨新城。启东风物传说迷人。这块土地还有着许多传奇历史。传说这是一块得到神仙眷顾的风水宝地，吕洞宾曾四度驾鹤光临，因此北部千年古镇得名“吕四”，又名“鹤城”。

（三）包容厚重的文化传统。这里文化多元并存。启东境内移民聚居，注重文化教育，民众知书达理。在文化上既保持着吴文化的血缘传统，又沐浴着现代海派文化的气息，具有长江文明和海洋文明的特质，显得古老而年轻。具有启东地方特色的越剧、锡剧、评弹北调等传统文化艺术得到了延续发展，其中“吕四渔号”、“蓝印花布”等还成为“非遗”保护项目。这里长寿文化发达。史书典籍记载吕四鹤城古有“桃园仙乡”美誉，素有尊老、敬老、倡孝传统，经过民间举荐，官方批准的还赐予“寿官”，建立“百岁坊”，组织“乡饮宾”。《两淮盐法志》载，吕四场人朱义生妻李氏，寿登期颐，为通州四寿妇之一，奉旨建立“贞寿坊”；彭大翼高寿九十又一，26次获选“乡饮宾”。《吕四张氏宗谱》载，其祖均高寿，获恩赐粟米，乡人荣之。到了近代，曹家镇郁芑生乐善好施，为孤寡长寿老人每月发送“摺子”。如今民间信奉佛教、道教、基督教和天主教，宗教文化发挥着行善积德的正能量，形成长寿文化熏陶净化着人的心灵。这里尊师重教。启东的教育之乡源头可上溯历史。明代彭大翼16岁中了秀才，50岁那年告老还乡回到吕四。在吕四完成了巨著240卷《山堂肆考》，在乾隆年间被录入《四库全书》。清末两榜进士李磐硕，父子两代在桑梓疏河道、赈灾民、办教育，留下了丰功伟绩。清末状元张謇与李交好，在启东建办大生二厂、通海垦牧公司时，积极发展教育事业，创办了著名的垦牧校。如今的启东中学学子在国际奥赛中屡有收获，金牌银牌接二连三。良好的教育使人明理开智，培养人的健康人格，延续了敬老爱老的传统美德，不断厚泽着启东人生生不息的内在精神动力和丰赡多彩的人文底蕴，滋润着启东淳厚朴实的民风，造就了启东人面对风雨平和淡定、泰然自若的从容心态。

（四）科学合理的生活方式。生活在启东这片土地上的老人们，无论贵贱贫富，命运如何，都是那样的敦厚淳朴、乐观开朗。社交上，柔情热肠、乐施好善；邻里间，互相帮助、关系和睦；家庭里，尊老爱幼，代际和谐，喜过大家庭生活。生活上，热爱劳动、勤于耕作，讲究卫生。饮食上，注重“素、鲜、淡、杂”。民间有“少吃多滋味”，“一顿吃伤，十顿喝汤”的谚语。人们爱吃本地当季生产的新鲜粮食、菜肴、水果，尤有特色的是畜禽“二荤”——启东山羊、三黄鸡，水产“三鲜”——海鲜、江鲜、河鲜，地产“三宝”——香沙芋、香芋、山药；时令“四青”——青蚕豆、青毛豆、青玉米、青豌豆。祖辈传植的玉米、元麦，与外购的大米组合成主食，形成启东人餐饮的一大特色。沙地人家餐桌上不仅常备鱼、虾、蟹、贝，还有本地特酿的米白酒、“素上加鲜”

的农家菜盐荠豆瓣汤、青皮茄子洋扁豆。各种食物自然搭配，不刻意挑拣、暴食暴饮，形成了“饮食清淡、结构合理、营养平衡”的健康饮食习惯。启东人善于养生，爱好运动和娱乐。市区学校体育场馆向市民免费开放，绿地广场聚集了市民跳舞散步、自娱自乐。农村公共服务中心全覆盖与农村公路的四通八达，为农村居民提供了集中娱乐健身的条件。政府文化下乡工程、老龄协会市镇全覆盖、老年大学、老体协、老科协、镇乡文化站、农家书屋等特色文化品牌，给人民送去丰富的娱乐享受和精神食粮，心理健康又对生理健康产生着正效应。健康的生活情趣和人文素养，是众多高龄老人百岁如春、长寿不老的养生的秘诀。

（五）低碳环保的发展环境。启东人保护环境的意识特别强。在推动经济社会又好又快发展过程中，始终强调环保优先，走集约、高效、生态、安全、清洁、可持续的江海联动开发之路。“既要金山银山，又要碧海银滩；有了碧海银滩，才有金山银山”的发展理念深入人心，“经济建设与生态建设一并推进，产业竞争力与环境竞争力一并提升，物质文明与生态文明一并发展”的“三个一并”发展模式在全市上下形成广泛共识。结合创建国家环保模范城市、国家卫生城市、国家生态市、全国文明城市工作，9 年投入环保建设资金 57 亿元，开展污水处理、生活垃圾处理、重点区域流域整治、节能减排、工业污染整治、发展循环经济等工作，改善了生存环境。2006 年开始，我市建立“户集中、组保洁、村收集、镇转运、市处理”的农村生活垃圾收运处置体系，确保生活垃圾无害化处置率达 100%。2010 年全面建立以农村生活垃圾处置、沟河保洁、农村公路管护和绿化养护为主要内容的“四位一体”环境综合整治机制，提高了卫生意识，改良了生活习惯。农村环境管理相关经验在全国推广。

（六）蓬勃发展的老龄事业。近年来，全市上下共同推进老龄工作，建设了 8 所中心敬老院，对五保老人实施养老托底，中心敬老院管理模式获评“全国农村五保供养工作创新奖”，农村五保工作获评全国五保工作先进集体；扩建了市老年公寓，接纳了部分城市老人；在 80 周岁以上老年人群体中实施了尊老金制度，且不断提高发放标准；启动了“敬老文明号”创建活动，大力弘扬敬老美德，鼓励和吸引更多的团队投身尊老敬老服务中来；实施了居家养老服务，为广大老人在家养老提供便利；实施“安康关爱行动”，为 60 周岁以上老年人建立意外保险制度；每年为老人免费体检，按月发给基本养老金，实施医疗救助，有效地保障了老年人的健康长寿；出台了优惠政策，鼓励民间力量兴办民办养老机构，率先探索建设农村老年关爱之家，承办全省现场会，进行放样示范。形成了五保老人进中心敬老院，高龄、空巢、失能半失能老人进“老年关爱之家”，健康老人享受居家养老的“启东模式”。一系列的工作得到了上级的肯定，2012 年市政府出台的《关于加快推进我市社会养老服务体系建设的实施意见》等三个涉老文件被国家民政部作为参阅文件转发全国各地，中央电视台专程来启采访

"启东养老模式"。

综上所述，我市已基本符合"中国长寿之乡"应具备的条件。为此，特正式申报启东市为"中国长寿之乡"，恳求中国老年学学会予以受理，并派员赴我市考察，尽快开展我市"中国长寿之乡"评审工作。

专此请示，盼予示复！

启东市人民政府

2012 年 10 月 10 日

专家评审委员会对启东市申请"中国长寿之乡"的评审意见

根据启东市人民政府 2012 年 10 月 10 日关于《启东市人民政府关于申报"中国长寿之乡"的请示》（启政发〔2012〕114 号），中国老年学学会受理并委托专家核查小组对申报材料进行核查，并于 2013 年 4 月 26 — 28 日组织专家评审委员会在启东市进行了评审工作。

评审委员会专家认真审阅了启东市的申报材料和专家核查小组的核查报告，考察了启东市的生态环境、历史文化、社会经济发展、老龄事业以及百岁老人的生活状况，听取了县领导和有关部门的情况介绍，观看了人口长寿专题录像片，咨询了有关问题。

评审委员会专家一致认为：

一、启东市各级领导十分重视申报"中国长寿之乡"工作，专门成立了工作领导小组，把申办"中国长寿之乡"工作与科学发展联系起来，做了大量调查研究和申报准备工作，提供了必要的申报材料，基础工作扎实。

二、中介专业美兰德调查公司对启东市申报数据的核查，方法得当，对各项指标的核查结论真实可信。

三、3 项必达指标全部达标

2009 年存活实足百岁及以上老人 80 人，占当年户籍总人口 1115791 人的 7.17/10 万；2010 年存活实足百岁及以上老人 82 人，占当年户籍总人口 1120557 人的 7.32/10 万；2011 年存活实足百岁及以上老人 85 人，占当年户籍总人口 1124087 人的 7.56/10 万；连续三年超过 7/10 万的标准；2000 年第五次人口普查，启东市人口平均预期寿命为 74.5 岁，高于全国人口平均期望寿命的 3.1 岁；2011 年全县 80 岁以上老人有 3.95 万人，占总人口的 3.51%。

四、其他 12 项考核指标，除城镇职工基本养老保险制度覆盖面和城镇职工基本医疗保险覆盖面不达标外，有十项达标，超过需 8 项达标的评审要求。。

综上所述，专家评审委员会认为，启东市申报条件符合《"中国长寿之乡"评审标准》，建议中国老年学学会授予启东市"中国长寿之乡"称号。

"中国长寿之乡"启东市专家评审委员会（名单附后）

2013年4月28日

杜　鹏　中国人民大学老年学研究所教授、中国老年学学会副会长

黎　健　卫生部北京老年医学研究所教授、所长，中国医学学会老年医学分会副会长、中国病理生理学会动脉粥样硬化委员会副主任委员

陶立群　中国老年学学会学术部主任、中国老龄科学研究中心研究员、中国心理协会老年心理专业委员会顾问

杨子慧　中国社会科学院人口与劳动经济研究所研究员，中国社会科学院研究生院教授

韩布新　中国科学院心理研究所研究员、中国心理学会副秘书长

柳玉芝　北京大学健康老龄与发展研究中心副主任、教授

吕学静　首都经济贸易大学劳动经济学院劳动与社会保障系主任、教授、博导

关于授予江苏省启东市"中国长寿之乡"称号的决定

中老学字〔2013〕36号

根据《"中国长寿之乡"评审标准》和《"中国长寿之乡"评审办法》，中国老年学学会受理了江苏省启东市人民政府《关于申报"中国长寿之乡"的请示》，经过规定的评审程序，决定授予江苏省启东市"中国长寿之乡"称号。

中国老年学学会

2013年6月4日

第七节　南通市老龄协会文件（1件）

南通市老龄协会章程

第一章　总　则

第一条　根据人口老龄化的形势，经中共南通市委、市人民政府批准，成立南通市老龄协会（以下简称本会）。

第二条　本会是推动老年事业发展的群众性、学术性和非营利性的社会团体。

第三条　本会严格遵守国家宪法、法律、法规，以马列主义、毛泽东思想、邓小平

理论和江泽民关于“三个代表”的论述为指导，联系和组织广大老龄工作者、人口学和老年学理论工作者，以及相关的单位团体，本着解放思想、实事求是、与时俱进、开拓创新的原则，开展老龄方面的调查研究和理论探讨，推动老龄事业和社会老年学的发展，为党委、政府决策服务，为发展老年事业服务，为社会长治久安服务，促进老年人“五有”目标的全面实现。

第四条 本会在市委、市政府领导下，由市老龄工作委员会归口管理；向社团登记管理机关办理登记手续，并接受主管机关的工作指导和监督管理。

第五条 本会设于江苏省南通市环城南路23号。

第二章 业务范围

第六条 本会的基本任务和业务范围如下：

（一）调查研究。对本地区人口老龄化的现状、趋势及其影响，对保障老年人权益的法律、法规的实施隋况，对老龄工作、老龄事业上的重要课题，进行有目的、有重点地调查研究，及时向相关领导机关提出意见和建议。

（二）理论探讨。遵循理论联系实际的原则，有计划地组织社会学、人口学、医学、老年学学者和老龄事业实际工作者，开展理论探讨探讨，总结实践经验，推动老龄事业的发展。

（三）咨询服务。参与全市性老龄事业规划和重大决策的研究；加强与全国和省内老年学学术机构的联系和交流，掌握国内外老龄方面的信息、动态；向社会各方提供老龄的咨询服务。

（四）反映民情。沟通与各专业性码老年协会及各界老年人士的联系，倾听他们的意见、建议和要求，为党委、政府联系老年人发挥桥梁和纽带作用。

（五）舆论宣传。协同各类宣传阵地和新闻媒体以及各涉老单位搞好老龄方面的宣传报道。创造条件，办好内部交流的期刊。

（六）完成市委、市政府和市老龄委交办的其他事项。

第三章 会 员

第七条 本会接纳本市范围内的各专业性老年社团组织为团体会员。

第八条 申请加入本会的会员单位必须具备下列条件：

（一）拥护本会章程；

（二）有加入本团体的意愿；

（三）在老龄工作领域内具有一定影响；

第九条 会员入会的程序是：

（一）提交入会申请书；

（二）经理事会讨论通过。

第十条 会员享有下列权利：

（一）本会的选举权、被选举权和表决权；

（二）参加本会的活动；

（三）获得本会服务的优先权；

（四）对本会工作的批评建议权和监督权；

（五）入会自愿，退会自由。

第十一条 会员履行下列义务：

（一）执行本会的决议；

（二）维护本会合法权益；

（三）完成本会交办的工作；

（四）向本会反映情况，提供有关资料。

第十二条 会员退会应书面通知本会。会员如果长期不参加本会活动的，视为自动退会。第十三条会员如有严重违反本章程的行为，经理事会表决通过，予以除名。

第四章　组织机构和负责人产生、罢免

第十四条 本会成立理事会，领导本会开展日常工作。

第十五条 理事会的职权是：

（一）执行会员代表大会的决议；

（二）选举和罢免会长、副会长、秘书长，决定聘请名誉会长、顾问；

（三）筹备召开会员代表大会；

（四）向会员代表大会报告工作；

（五）决定会员的吸收或除名；

（六）决定副秘书长的人选；

（七）领导本会办事机构开展工作；

（八）制定内部管理制度；

（九）决定其他重大事项。

第十六条 理事会必须有2/3以上理事参加方能召开，其决议须经到会理事2/3以上通过方能生效。

第十七条 理事会如无特殊情况，每年至少举行一次会议。

第十八条 本会会长、副会长、秘书长必须具备下列条件：

（一）坚持党的路线、方针、政策，政治素质好；

（二）在本业务领域内有较大影响；

（三）身体健康，能坚持正常工作；

（四）具有完全民事行为能力。

第十九条 本会会长为本会法定代表人。

第二十条 本会会长行使下列职权：

（一）召集和主持理事会；

（二）检查理事会决议落实情况；

（三）代表本会签署有关重要文件；

（四）决定其他重大事项。

秘书长协助会长、副会长工作。

第二十一条 本会会长、副会长、秘书长任期为五年。因特殊情况需延长任期的，须经主管机关批准，会员代表大会表决通过。

第五章 资产管理、使用原则

第二十二条 本会经费来源：

（一）财政拨款；

（二）接受捐赠；

（三）在核准业务范围内开展活动的服务收入；

（四）利息收入；

（五）其他合法收人。

第二十三条 本会经费必须用于符合国家规定和章程条款的开支，不得在会员中分配。

第二十四条 本会建立严格的财务管理制度，保证会计资料合法、真实、准确、完整。

第二十五条 本会认真执行国家规定的财务管理制度，接受会员代表大会和财政部门的监督。资产来源属于国家拨款或社会捐赠、资助的，必须接受审计机关的监督。

第二十六条 本会换届或更换法定代表人之前，必须接受社团登记管理机关和业务主管单位组织的财务审计。

第二十七条 本会的资产任何单位、个人不得侵占、私分和挪用。

第二十八条 本会驻会人员的生活福利待遇，参照有关规定执行。

第六章 章程的修改程序

第二十九条 对本会章程的修改，须经理事会表决通过后，报会员代表大会审议。

第三十条 本会修改的章程，须经会员代表大会通过后的 15 日内，经业务主管单位审查同意，并报社团登记管理机关批准后生效。

第七章　终止程序及终止后的财产处理

第三十一条　本团体完成宗旨或解散或分立、合并等原因需注销的，由理事会提出终止协议，并经会员代表大会表决通过，报业务主管单位审查同意。

第三十二条　本会经社团登记管理机关办理注销登记手续即为终止。

第三十三条　本会终止后的剩余财产在业务主管单位和社团登记管理机关监督下，按照国家有关规定，用于发展与本会宗旨相关的事业。

第八章　附　则

第三十四条　本章程经 2002 年 10 月 19 日会员代表大会通过。

第三十五条　本章程的解释权属本会理事会。

第三十六条　本章程自社团登记管理机关核准之日起生效。

附表索引

表 1-1-1　1982 — 2012 年南通市日照时数和日照百分率统计表 …………………… 96
表 1-1-2　南通市日照时数和日照百分率季节分布情况表 ……………………………… 97
表 1-1-3　南通市年日照时数和辐射量区域分布情况表 ………………………………… 98
表 1-1-4　南通市水系、河流名称及集水面积一览表 …………………………………… 100
表 1-1-5　南通市主要土壤种类情况表 ……………………………………………………… 106
表 1-2-1　1983 — 2012 年南通市地区生产总值结构情况表 ……………………… 114
表 1-2-2　1983 — 2012 年南通市地区生产总值统计表 …………………………… 116
表 1-2-3　1983 — 2012 年南通市财政收入、地方公共财政预算收入统计表 ……… 118
表 1-2-4　1985 — 2012 年南通市城乡居民收入情况一览表 ……………………… 120
表 1-2-5　1985 — 2012 年南通市县（市）、区职工平均工资一览表 ……………… 121
表 2-1-1　1983 — 2012 年南通市户数、人口数统计表 …………………………… 130
表 2-1-2　1949 — 2012 年南通市人口密度变化情况表 …………………………… 132
表 2-2-1　1954 — 2012 年南通市人口自然变动情况表 …………………………… 134
表 2-2-2　南通市区 1954 — 2012 年人口自然变动情况表 ………………………… 135
表 2-3-1　1949 — 2012 年南通市户籍人口分布情况表 …………………………… 138
表 2-3-2　1983 — 2012 年南通市城乡人口变化情况表 …………………………… 140
表 2-3-3　1983 — 2012 年南通市农业人口与非农业人口变动情况表 ……………… 142
表 2-3-4　1983 — 2002 年南通市农业人口转非农业人口情况表 ………………… 143
表 2-4-1　1983 — 2012 年南通市户籍人口性别情况统计表 ……………………… 145
表 2-4-2　1982 年第三次人口普查南通总人口和男女比例情况表 ………………… 146
表 2-4-3　1990 年第四次人口普查南通市总人口和男女比例情况表 ……………… 146
表 2-4-4　2000 年第五次人口普查南通市总人口和男女比例情况表 ……………… 147
表 2-4-5　2010 年第六次人口普查南通市总人口和男女比例情况表 ……………… 147
表 2-4-6　1970 — 2012 年南通市出生人口性别比例情况表 ……………………… 148
表 2-4-7　第三、四次人口普查南通市从事各种职业人口数统计表 ………………… 150
表 2-4-8　2000 年第五次人口普查南通市从事各种职业人口数统计表 …………… 150
表 2-4-9　2010 年第六次人口普查南通市从事各种职业人口数统计表 …………… 151
表 2-5-1　1949 — 2012 年南通市卫生医疗机构、医卫人员统计表 ………………… 152

表 2-5-2　1982 — 2012 年南通市死亡人数、死亡率统计表 ………………………… 153
表 2-5-3　1954 — 2012 年南通市人口生命指数一览表 …………………………… 155
表 2-5-4　南通市 6 岁及以上人口受教育情况一览表 ……………………………… 157
表 2-5-5　1983 — 1987 年南通市自然科学技术人员分布情况表 ………………… 158
表 2-5-6　1983 年 9 月评定的南通市全民企事业各类专业技术人员统计表 ……… 158
表 2-5-7　2000 年南通市县（市）人才资源总数及学历分布情况表 ……………… 159
表 2-5-8　2000 年南通市人才资源总数构成情况表 ………………………………… 159
表 2-5-9　2008 年南通市县（市）人才资源总数及学历分布情况表 ……………… 160
表 2-5-10　2008 年南通市人才资源总数构成情况表 ………………………………… 160
表 3-1-1　1982 — 2012 年南通市 60 岁以上人口增长情况表 ……………………… 163
表 3-1-2　2012 年末各县（市）、区老年人口分布情况表 ………………………… 164
表 3-1-3　2000 — 2012 年江苏省各市 60 岁以上老年人比重情况表 ……………… 164
表 3-2-1　历次人口普查南通市人口分段结构情况表 ……………………………… 166
表 3-2-2　1990、2000、2010 年三次人口普查南通市家庭户规模情况表 ………… 167
表 3-2-3　2000 年南通市 80 岁以上高龄老人分段情况一览表 …………………… 168
表 3-2-4　2012 年南通市 80 岁以上高龄老人分地区情况表 ……………………… 168
表 4-1-1　2012 年南通市百岁老人分布情况表 ……………………………………… 174
表 4-1-2　江苏省各市百岁老人发展情况统计表 …………………………………… 175
表 4-2-1　南通市百岁老人健康状况调查表 ………………………………………… 177
表 4-2-2　2007 年南通市百岁老人健康状况调查表 ………………………………… 177
表 5-3-1　各县（区）老龄工作机构设立、更名一览表 …………………………… 211
表 6-1-1　1993 年 — 2012 年南通市区养老保险缴费比例一览表 ………………… 221
表 6-1-2　南通市区一体化养老保险制度实施后参保情况表 ……………………… 222
表 6-1-3　1997 年 — 2012 年南通市区机关事业单位参加社会保险人员情况表 …… 226
表 8-1-1　2000 年 — 2012 年南通市敬老院情况统计表 …………………………… 268
表 8-1-2　2012 年年末南通市各县（市）、区敬老院情况统计表 ………………… 268
表 8-1-3　2000 年— 2012 年南通市社会福利院情况统计表 ……………………… 269
表 8-1-4　2012 年年末南通市各县（市）、区社会福利院情况统计表 …………… 269
表 8-1-5　南通市各地民办养老机构补贴政策一览表 ……………………………… 271
表 8-1-6　南通市区养老机构情况统计表 …………………………………………… 271
表 8-1-7　南通市各区社区（村）养老服务设施建设情况统计表 ………………… 272
表 8-2-1　南通市县（市）、区居家养老服务网络建设情况统计表 ……………… 274
表 8-2-2　南通市县（市）、区老年人日托、助餐情况统计表 …………………… 275

表 8-2-3　南通市社区居家养老服务站建设评估结果统计表 ………………… 275
表 8-4-1　组织老干部参加知识竞赛和征文活动一览表 ……………………… 283
表 10-2-1　南通市老区建设促进会负责人名录表 ……………………………… 315
表 10-2-2　2012 年年末南通市各县（市）区老区开发促进（建设）会会长名录表 ·· 316
表 10-4-1　南通市关心下一代委员会负责人名录表 …………………………… 323
表 10-4-2　2012 年年末南通市县（市）、区关工委主任名录表 ………………… 324
表 10-7-1　2012 年年末南通市、县（市、区）慈善总会（慈善会）会长名录表 … 335
表 11-2-1　市十三届人大代表部分涉老建议办理情况表 ……………………… 343
表 11-2-2　市十届政协委员部分涉老提案办理情况表 ………………………… 346
表 12-1-1　南通市民政局直属单位老年服务优惠内容表 ……………………… 360
表 14-2-1　南通市老龄科学研究主要成果一览表 ……………………………… 387
表 14-2-2　《南通市老年医学学术会议资料汇编》目录 ……………………… 393
表 14-2-3　《回望 前瞻 对策——南通应对人口老龄化理论研讨会文集》目录 ……………………………………………………………………………… 395
表 14-2-4　《寿都南通解析——“美丽南通 · 世界长寿之都”发展论坛优秀论文集》目录 ……………………………………………………………………… 397
表 14-2-5　南通市首届老年教育优秀教科研成果目录 ………………………… 400
表 15-1-1　各县（市）、区老龄（年）协会（长寿研究会）负责人名录表 ……… 405
表 15-2-1　南通市老科技工作者协会负责人名录表 …………………………… 407
表 15-4-1　南通市老年书画研究会（联谊会）负责人名录表 ………………… 410
表 15-6-1　南通市老年人体育协会负责人名录表 ……………………………… 412
表 15-7-1　南通市退教协会（老教协会）负责人名录表 ……………………… 414
表 15-8-1　南通市离退休法官协会负责人名录表 ……………………………… 416
表 15-9-1　南通市老年人民警察协会负责人名录表 …………………………… 418
表 15-10-1　南通市老新闻工作者协会负责人名录表 ………………………… 419
表 15-12-1　南通市老年康复协会负责人名录表 ……………………………… 422
表 16-1-1　海安县老龄工作机构负责人名录表 ………………………………… 425
表 16-2-1　1982 — 2012 年如皋市人口老龄化情况统计表 …………………… 432
表 16-2-2　如皋市（县）老龄工作机构负责人名录表 ………………………… 434
表 16-3-1　如东县人口老龄化情况统计表 ……………………………………… 448
表 16-3-2　如东县老龄工作机构负责人名录表 ………………………………… 449
表 16-4-1　海门市（县）60 岁以上人口比例变化情况表 ……………………… 459
表 16-4-2　海门市（县）65 岁以上人口比例变化情况表 ……………………… 459

表 16-4-3　2005 — 2012 年海门市高龄老人在老年人口中比例情况表 …………… 460
表 16-4-4　1985 — 2012 年海门市（县）百岁老人统计表 ……………………… 460
表 16-4-5　1984 — 2012 年海门市（县）人口平均期望寿命一览表 ……………… 461
表 16-4-6　海门市（县）老龄工作机构负责人名录表 ………………………… 462
表 16-4-7　2009 — 2012 年海门市“尊老金”发放标准一览表 ………………… 463
表 16-4-8　2005 — 2012 年海门市养老机构情况统计表 ………………………… 464
表 16-4-9　海门市居家养老服务对象、享受标准、服务项目一览表 …………… 465
表 16-5-1　启东市第四、五次人口普查分龄组人口构成表 ……………………… 473
表 16-5-2　启东市（县）四次人口普查人口老龄化情况统计表 ………………… 473
表 16-5-3　2003 — 2012 年启东市人口老龄化情况统计表 ……………………… 474
表 16-5-4　2010 年启东市人口老龄化地区差异情况表 ………………………… 474
表 16-5-5　启东市（县）老龄工作机构负责人名录表 ………………………… 475
表 16-5-6　1994 — 2003 年启东市企业职工缴纳养老保险金比例变化情况表 …… 476
表 16-5-7　1987 — 2012 年启东市职工养老保险情况统计表 …………………… 477
表 16-5-8　1997 — 2012 年启东市机关事业单位社会保险参保情况表 …………… 478
表 16-5-9　2000 — 2012 年启东市退休人员医疗保险缴费基数比例一览表 ……… 481
表 16-6-1　通州区四次人口普查人口老龄化情况统计表 ………………………… 487
表 16-6-2　1997 — 2012 年通州百岁老人及男女占比情况统计表 ……………… 487
表 16-6-3　通州区（南通县、通州市）老龄工作机构负责人名录表 …………… 488
表 16-6-4　通州区养老机构一览表 ……………………………………………… 492
表 16-6-5　通州区街道居家养老服务中心设施情况一览表 ……………………… 493
表 16-6-6　2005 — 2012 年通州新农合有关情况统计表 ………………………… 495
表 16-7-1　崇川区（城区）老龄工作机构负责人名录表 ………………………… 500
表 16-7-2　崇川区养老机构一览表 ……………………………………………… 504
表 16-7-3　崇川区街道居家养老服务中心设施情况一览表 ……………………… 505
表 16-7-4　1987 — 1997 年崇川区公费医疗支出情况统计表 …………………… 506
表 16-7-5　2012 年崇川区街道老年社会组织统计表 …………………………… 510
表 16-8-1　1982 — 2012 年港闸区人口老龄化情况统计表 ……………………… 513
表 16-8-2　港闸区（郊区）老龄工作机构负责人名录表 ………………………… 514
表 16-8-3　港闸区养老机构一览表 ……………………………………………… 517
表 16-8-4　港闸区街道居家养老服务中心设施情况一览表 ……………………… 518
表 16-9-1　南通经济技术开发区老年被征地农民生活保障情况统计表 ………… 521
表 16-9-2　南通经济技术开发区尊老金发放情况统计表 ………………………… 522

表 16–9–3 南通经济技术开发区养老机构一览表 …… 523
表 16–9–4 南通经济技术开发区街道居家养老服务中心设施情况一览表 …… 523
表 17–2–1 海安县寿星名录表 …… 539
表 17–2–2 如皋市寿星名录表 …… 543
表 17–2–3 如东县寿星名录表 …… 548
表 17–2–4 海门市寿星名录表 …… 552
表 17–2–5 启东市寿星名录表 …… 555
表 17–2–6 通州区寿星名录表 …… 559
表 17–2–7 崇川区寿星名录表 …… 562
表 17–2–8 港闸区寿星名录表 …… 564
表 17–2–9 南通经济技术开发区寿星名录表 …… 565
表 17–3–1 全国表彰的先进集体一览表 …… 587
表 17–3–2 全省表彰的先进集体一览表 …… 589
表 17–3–3 全市表彰的先进集体一览表 …… 593

附图索引

图 1-1-1　1982 — 2012 年南通市日照百分率变化 …………………………… 97
图 1-1-2　南通水系构成图 ……………………………………………………… 99
图 1-1-3　南通市土壤肥力变化图 ……………………………………………105
图 1-2-1　1983 — 2012 年南通市三次产业构成图 ……………………………113
图 1-2-2　1983 — 2012 年南通市地区生产总值变化图 ………………………115
图 1-2-3　1995 — 2012 年南通市财政收入、地方公共财政预算收入变化图 ………117
图 1-2-4　1985 — 2012 年南通市职工平均工资、城乡居民收入变化图 ………119
图 2-1-1　1983 — 2012 年南通市户籍总人口变化图 …………………………129
图 2-2-1　1982 — 2012 年南通市人口密度变化图 ……………………………131
图 2-3-1　1983 — 2012 年南通市农业人口占总人口百分比变化图 ……………141
图 2-4-1　1982 — 2012 年南通市生命指数变化图 ……………………………154
图 2-5-2　2010 年南通市 6 岁及以上人口受教育情况比例图 …………………157
图 4-1-1　南通市百岁老人情况变化图 …………………………………………173
图 4-1-2　2012 年南通市各县（市）、区百岁老人数占全市百岁老人总数百分比图 ……………………………………………………………………………174
图 6-1-1　2006 — 2012 年南通市企业职工养老保险参保人数变化图 …………221

后记

2012年是南通市走上人口老龄化社会的第三十个年头。为了准确记载人口老龄化的历程、应对人口老龄化挑战所采取的举措及取得的成效，以达到存史资政、教化育人之目的，在市委、市政府领导下，市老龄委办公室、市老龄协会、市老年学学会着手编纂《南通市老龄志》。是年4月，《南通市老龄志》编纂委员会及其编辑室成立，编纂工作正式启动。

编纂工作启动前，市老龄办、老龄协会、老年学学会初步商定了志书大纲。在编纂过程中，编辑室把资料齐全作为编纂工作前提和重心，广泛搜集资料，力求广收兼蓄、博观约取，并按志书体例要求及老龄工作领域，确定为总述、大事记、18章87节。在汇集整理本单位占有资料的基础上，先后去市档案馆及市人大常委会、市政府、市委组织部、市民政局档案室寻找、阅读、摘抄相关档案近千卷，从市党史办、方志办查阅、摘录史志书籍、年鉴上百册。同时，向市委宣传部（文明办）、市农委、市人口计生委、市委老干部局、市民政局、市卫生局、市统计局、市人社局、市宗教局等单位征集有关资料。市各老年社团积极提供素材，各县（市）区老龄协会和如皋市长寿研究会认真撰写本地区情况初稿。编辑室还从互联网上搜寻线索、下载资料。在获取大量素材的基础上，进行去粗取精、去伪存真的分析，力求将精确的史料用到志书上。经过几个寒暑努力，于2015年1月拿出《南通市老龄志（征求意见稿）》，广泛征求市领导、市老龄委员会各成员单位和各县（市）、区老龄协会（长寿研究会）、市各老年社团及有关人员意见。接着对《南通市老龄志（征求意见稿）》作了较多修改和增删，于2015年4月形成《南通市老龄志（评审稿）》。5月22日召开有省、市相关专家参加的评审会，认真听取意见。会后根据评审意见又作了进一步的润色，形成了提交方志出版社的送审稿。

市委、市政府对《南通市老龄志》的编纂高度重视，市有关领导悉心指导编纂工作。市委书记、市人大常委会主任丁大卫欣然作序。市长张国华担任编纂委员会主任，市委副书记、市人大常委会副主任陈斌，副市长、市老龄委主任赵闻斌，市人大常委会原副主任、市老龄协会（老年学学会）会长顾嘉禾担任编纂委员会副主任。顾嘉禾还兼任志书主编，具体从事编纂工作。市老领导朱剑、李明勋、朱文涛任编纂委员会顾问，市老领导程亚民，市老领导、省供销社原主任袁静波，市委常委、市政府原常务副市长陈照煌均十分关心志书的编纂工作，审阅了有关内容，朱文涛还多次提出修改意见。

《南通市老龄志》编纂工作由编纂委员会领导，编辑室具体承担谋划、布局、组稿、撰稿等事宜。编辑室由下列同志组成：主编顾嘉禾，副主编王昀、吴明华、王久捷、何惠斌，执行主编王昀，编务吴爱萍、朱鸿彬、邓美林。在整个工作中，编辑室全体成员戮力同心，殚精竭虑，表现了强烈的事业心和责任心。该志的总述和第三、四章，由顾嘉禾执笔撰写；凡例、大事记，第一、二、六、八、九、十一、十三章，先后由何惠斌、王昀修撰增删；第五、七、十、十二、十七、十八章及附表索引、后记，由王昀负责撰编，第十四章，由王久捷着墨成文，第十五章，由市各老年社团提供资料，第十六章，由各县（市）区老龄协会（长寿研究会）提供初稿；彩照，由王昀录选加注。全书经反复交叉校阅，由王昀初步统稿，顾嘉禾最终修正、统稿、审定。在编纂过程中遇到的问题，吴明华等均一起出谋划策，组织协调，全书可谓是群策群力之结晶。

各县（市）区简况（第十六章）初稿，下列人员参与执笔：海安县姜德贵、王兆华，如皋市吴希林、郭载群，如东县方定琦、窦志进，海门市黄永健、高峰，启东市洪善宽、李松涛，通州区马桂林、徐莹莹、夏培娟，崇川区袁增禄、戴昕，港闸区邵汉清，南通经济技术开发区张跃进等。

《南通市老龄志》文、图、表兼蓄，共 98.1 万字。书始彩页列 100 余幅照片，反映南通的自然、社会环境，各级领导关心南通老龄工作，全市“五个老有”情况，创建“世界长寿之都”（“世界长寿乡”）、“中国长寿之乡”和部分百岁老人的情况，评审会和南通市及市区政区情况。第十七章列南通市老龄工作机构负责人像片 20 幅，各章共制表格 139 个、示意图 15 幅。

江苏省老龄工作委员会办公室、江苏省老龄协会、江苏省老年学学会、南通市社科联、南通市地方志编纂委员会办公室等单位专家十分看好《南通市老龄志》。2015 年 5 月 22 日，专家们的评审结论为：“《南通市老龄志》作为南通历史上第一部老龄工作专业志，纵贯历史，横排门类，全面而深入地、翔实而生动地记载了南通市进入老龄社会后的市委、市政府及社会各界对老龄工作的关心和帮助，体现了中华民族尊老的优良传统和党委政府应对老龄社会的决策、举措。全志观点正确，体例得当，资料翔实，记述准确，文字严谨、流畅，图表丰富，具有鲜明的地方特色和专业特征，是一部起点高、质量高、比较成熟的志稿。同意该志在根据意见修改后，交付出版。”

8月上旬至10月上旬，方志出版社组织力量，对《南通市老龄志（送审稿）》经过初审、复审和终审三道程序审阅，同意《南通市老龄志》出版发行。其终审意见说：“《南通市老龄志》比较全面客观地反映了江苏省南通市各个历史阶段老龄事业发展的成就，充分展示了江海大地尊老、敬老、爱老的良好社会风气，融思想性、资料性于一体，记事脉络清晰，文字简洁流畅，既体现了时代特点，又彰显了地方特色，具有较大的出版价值。”根据出版社意见，编辑室对志稿作进一步完善后交付印刷。

市各有关方面对《南通市老龄志》的编纂出版十分关心和支持。市委办公室、市政府办公室、市委老干部局、市卫计委、市人社局及退管中心、市公安局等，热情为志书的编纂提供资料，认真阅核征求意见稿，提出修改意见。各县（市）区老龄协会和市各老年社团、市关工委、市老年大学数次派员参加编纂会议，提供资料，校核征求意见稿。市慈善总会、市老区开发促进会热心提供资料，市方志办公室、市档案馆，市人大办公室、市政府办公室、市委组织部、市民政局（老龄办）等单位档案室，为查阅文档提供诸多方便。省老龄协会、省老年学学会和市老年摄影协会、市老年体协、市老年大学、如皋市老龄协会、港闸区老龄协会、崇川区老龄协会等单位，均提供了若干珍贵的照片。部分已故老领导的家属也提供了老领导的生前照片。市老年活动中心工作人员多次帮助查阅档案、复印文档。在这里，我们谨向所有关心、支持和指导《南通市老龄志》编纂出版的单位和个人表示衷心的感谢！

由于时间跨度较大，部分资料散佚，加之编纂者限于水平和缺乏经验，志书疏漏、错误之处在所难免，敬请广大老龄工作者和专家及读者们不吝赐教。

《南通市老龄志》编辑室

2015 年 10 月